Les *Nouveaux*
Mondes rebelles

Jean-Marc Balencie
Arnaud de La Grange

Introduction de Jean-Christophe Rufin

Les *Nouveaux* Mondes rebelles

Conflits, terrorisme et contestations

ÉDITIONS MICHALON

ONT COLLABORÉ À L'ÉDITION 2005

Alain Antil, docteur en géographie politique, chercheur associé à l'Institut français des relations internationales et à l'Université de Rouen – Al-Qaïda dans la bande sahélienne, Sahara occidental, Côte d'Ivoire.

Stéphane Auvray, diplômé de l'Institut d'études politiques (IEP) de Paris, chercheur associé à l'Institut de recherche sur l'Asie du Sud-Est contemporaine – Philippines.

Christophe Ayad, diplômé de l'IEP de Paris et du Centre de formation des journalistes, journaliste au service étranger de *Libération* – Égypte.

Selma Belaala, politiste, enseignante à l'IEP de Paris – Algérie.

Romain Bertrand, chercheur au Centre d'études et de recherches internationales – Indonésie, Malaisie.

Eric Biegala, journaliste – Turquie.

Dora Chesne, diplômée de l'Institut national des langues et civilisations orientales (Inalco) – Chine.

Pierre-Arnaud Chouvy, géographe chargé de recherche au CNRS, éditeur de www.geopium.org – géopolitique de la drogue en Asie.

Philippe Convers, analyste, spécialiste de l'Amérique latine – Colombie.

Zakhia Daoud, diplômée en sciences sociales et internationales, journaliste et écrivain – Maroc.

Catherine Droszewski, diplômée de l'Inalco – coordinatrice de la zone Asie, Corée du Nord, Thaïlande.

Laurent Gayer, docteur en sciences politiques, enseignant à l'IEP de Paris et à l'Inalco, département Asie du Sud – Afghanistan, Pakistan, Cachemire, Inde, Népal.

Jean-François Hugo, consultant international, spécialiste de l'Afrique centrale – Burundi, RDC, Zimbabwe.

Gabrielle Lafarge, diplômée de l'Inalco et de la School of Oriental and African Studies – Irak.

Isabelle Lasserre, grand reporter au service étranger du *Figaro* – ex-Yougoslavie, Caucase.

Olivier Layal, journaliste, spécialiste du Moyen-Orient – Syrie.

Gwenaëlle Lenoir, journaliste, spécialiste du Proche-Orient – Israël, territoires palestiniens.

Eleanor Pavey, doctorante en relations internationales à l'IEP de Paris – Sri Lanka.

Marc-Antoine Pérouse de Montclos, docteur en sciences politiques, chargé de recherche à l'Institut de recherche pour le développement et enseignant à l'IEP de Paris – Nigeria, ONG et conflits.

Juan-Carlos Ramos, docteur en droit, spécialiste de l'Amérique latine – Venezuela, Haïti, Bolivie, le phénomène des *maras*.

Nicolas Schwaller, doctorant en géopolitique et diplômé de l'École des hautes études internationales – Iran.

Jean Serre, africaniste, docteur en histoire, diplômé de l'Inalco – Soudan, Somalie, Ouganda.

Dominique Thomas, diplômé de l'Inalco et de l'IEP de Paris – Arabie saoudite, mouvance Al-Qaïda.

Éditions Michalon
35 rue Berger – 75001 Paris
ISBN : 2-84186-248-8

La guerre,
un massacre de gens qui ne se connaissent pas,
au profit de gens qui se connaissent mais ne se massacrent pas.

PAUL VALÉRY

Avertissement

L'aventure *Mondes rebelles*, fruit des lendemains de la guerre froide, va bientôt avoir 10 ans et enfante une quatrième édition. À défaut de bénéficier des « dividendes de la paix », notre monde s'est enfoncé dans un tourbillon de conflits et de crises affectant tous les continents et ayant comme caractéristiques communes des logiques difficilement décryptables et des acteurs, très souvent non étatiques, dont on ne connaissait pas grand-chose. Notre ambition a été de fournir quelques éclairages sur ces protagonistes incontournables mais méconnus, dont certains font désormais la « une » de l'actualité (Oussama ben Laden, cité dès 1996, deux fois, pages 128 et 537 dans le tome II de la première édition).

En une décennie, le monde a bien changé, les dynamiques conflictuelles ont fortement évolué. De nouvelles sont apparues et le 11 Septembre a profondément modifié bien des contextes locaux. Le cœur de l'ouvrage, rédigé dans les années 1994 à 1996, bien que réactualisé en profondeur en 1999 et en 2001, a vieilli. Le temps passant, on ne pouvait pas se contenter de plaquer sur la structure de la plupart des chapitres de nouvelles analyses, les textes auraient perdu de leur cohérence. Nous nous sommes donc engagés dans un vaste travail de réécriture, visant à refondre complètement l'ouvrage afin qu'il témoigne à nouveau, le plus fidèlement possible, des turbulences et des soubresauts du monde dans lequel nous vivons (voire survivons pour certains).

Dans la foulée, notre ambition est désormais de ne plus se limiter à recenser des conflits intra-étatiques *stricto sensu* mais d'aborder des formes plus larges de contestation (comme la crise post-électorale en Géorgie ou la crise sociale en Bolivie de ces derniers mois) et d'évoquer de nouvelles catégories d'acteurs – pour certains non violents – dont les agissements sont susceptibles de peser sur le cours des événements en période de crise. Il s'agit toujours de mouvements armés, de groupes terroristes, mais aussi de mouvances dissidentes, de formations d'opposition structurées, de réseaux d'influence, d'ONG ou de personnalités phares, notre « fil rouge » consistant toujours à se focaliser sur les forces de l'opposition, de la contestation, de la rébellion.

Cette refonte complète nous a incités à modifier profondément le concept d'ouvrage unique. Le *Mondes rebelles* originel aura ainsi une triple descendance :
– une version « réactive », éditée sur une base régulière, collant à l'actualité récente et basée pour cette raison sur une approche sélective des sujets traités, avec une iconographie renforcée et une maquette rénovée ;
– l'encyclopédie « Continents rebelles », qui maintiendra la tradition d'exhaustivité et de « somme » de l'édition initiale. Elle comprendra 5 volumes « lourds » (*Afrique rebelle, Asie rebelle, Amériques rebelles, Orient rebelle* et *Europe rebelle*) qui sortiront à compter de 2006 ;

– la collection « Ligne d'horizon », lancée en février 2005. Elle permettra de réagir dans de très brefs délais aux éléments de rupture générés par l'actualité, sous la forme de monographies.

Le premier étage de cette « fusée » vous est présentés avec ce volume des *Nouveaux Mondes rebelles*. Son contenu éditorial privilégie une approche prospective en ne retenant qu'une quarantaine de sujets. Cette sélection tente d'être la plus en phase avec l'actualité et ses évolutions plausibles dans les douze mois à venir. L'approche principale se fait toujours par pays, mais en fonction du contexte, une approche régionale (les bandes de *maras* en Amérique centrale) ou transversale (la mouvance islamiste radicale) a également été retenue. La sélection s'est faite sur la base d'environ deux tiers de sujets incontournables, faisant l'actualité, et un tiers de sujets en devenir, en pariant sur leur marge probable d'évolution. En raison de cette logique de pari, on ne peut exclure de manquer quelque chose – telle est la loi du genre. Mais le handicap éventuel résultant de cette approche sélective sera limité par un rythme de publication plus bref (cycle de douze à dix-huit mois), permettant de rapidement rectifier le tir en cas de « tremblement de terre géopolitique » imprévisible.

Ce format plus réactif est également marqué par diverses innovations :
– une nouvelle maquette et un nouveau format découlant d'une pagination plus concentrée ;
– un effort en matière d'iconographie, avec de nouvelles cartes ;
– l'élargissement et le renouvellement des contributeurs (universitaires, journalistes, analystes) en pointe sur leur sujet, possédant une excellente connaissance du terrain et une expertise solide.

Ces améliorations se combinent avec la préservation des points forts du concept initial, à savoir la construction binaire des chapitres pays : présentation du théâtre et zoom sur les principaux acteurs.

C'est donc une nouvelle aventure qui commence pour nous et nous espérons que vous continuerez à nous accompagner dans nos tentatives de décryptage d'un monde en mouvement, dans lequel la violence et la contestation politiques demeurent de puissants moteurs d'évolution, en bien ou en mal.

Nota bene : Dans les chapitres qui suivent, la ville d'édition des références citées en bibliographie est Paris, sauf mention contraire.

Introduction

Le nouvel homme révolté

Yasser Arafat, récemment disparu, symbolise mieux que quiconque le destin changeant du rebelle à la période contemporaine. Qualifié de hors-la-loi à l'époque où ses hommes pratiquaient le détournement violent d'avions de ligne, il devait plus tard recevoir le prix Nobel de la paix pour avoir accepté de traiter avec Israël. Mais ce fut pour retomber ensuite en disgrâce aux yeux de ceux qui l'accusaient d'avoir imprudemment lancé la deuxième *intifada*. Assiégé, humilié, il devait finalement recevoir des obsèques de chef d'État. Avait-il vraiment changé ? Sans doute pas, et si un parcours politique aussi long connaît nécessairement des infléchissements, sa caractéristique, en l'espèce, est plutôt d'avoir été constant dans sa lutte pour la cause palestinienne.

Ainsi en va-t-il de tous les rebelles : ils mènent des actions simples, dans un but invariable, et cependant le contexte politique international fait porter sur eux un regard qui peut changer aussi vite que complètement. On songe évidemment au 11 Septembre et à ses conséquences : les rebelles, avant cette date, fleuraient bon le romantisme et, quand bien même on n'était pas d'accord avec leurs idées, on reconnaissait leur courage. C'est que, au fond, ils ne comptaient pas. Depuis que Ben Laden a lancé ses pirates de l'air sur les tours jumelles, il a d'un seul coup concentré l'essence même de la rébellion, lui a donné son importance planétaire et, en même temps, en a fait un objet de détestation violente. Il n'y a plus ni romantisme ni courage dans cette rébellion-là, mais seulement barbarie, lâcheté, inhumanité. Du moins est-ce ce que pensent ceux qu'elle prend pour cible. Désormais, les foyers de violence clandestine disséminés tout autour de la planète sont suspects. Des narcos colombiens aux maquisards des Philippines, des factions armées qui s'affrontent dans les Grands Lacs aux indépendantistes basques, l'ombre d'Al-Qaïda est partout. Vrai ou faux, peu importe. Le fait est que l'image du rebelle s'en trouve gravement altérée. Est-ce la première fois qu'elle change ainsi de nature ? Il faudrait avoir la mémoire très courte pour le croire. Le XXe siècle n'a pas cessé de faire varier son appréciation de la guérilla. Bornons-nous à en faire le survol depuis 1945.

L'APRÈS-GUERRE : RESTER FIDÈLES À L'ARMÉE DES OMBRES

Il faut remonter à la Seconde Guerre mondiale car c'est en elle, certainement, que s'enracine la fascination que suscite la lutte armée. L'épopée des Républicains espagnols tombant sous les balles de Franco, le maquis des Glières chanté par Malraux, le courage des Partisans yougoslaves, antifascistes d'abord, communistes ensuite – mais ce n'était en somme qu'un détail –, tous ces combats n'ont pas seulement contribué à la défaite des nazis, ils ont accouché du monde de l'après-guerre. L'Europe nouvelle était, pour partie, fille de ces luttes et, même si ses dirigeants politiques se sont promptement acclimatés aux dorures de leurs palais, ils aimaient rappeler leurs actes de jeunesse : un temps, ils avaient été des rebelles. Leur guerre était juste, leurs combats victorieux et, comme de surcroît ils étaient jeunes, la rébellion avait été pour eux un moment heureux, une geste admirable, presque un droit de l'homme.

Cette époque bénie avait pris fin avec la Seconde Guerre mondiale. Le début de l'affrontement Est-Ouest avait conduit l'Occident à opérer des répressions brutales contre nombre d'insurrections armées, en particulier en Extrême-Orient. Cependant, une partie de la sympathie dont étaient gratifiés les rebelles devait perdurer aux yeux des opinions publiques, par la magie de l'exotisme. À compter des années 50, la rébellion prend en effet ses quartiers loin de l'Europe : dans le monde colonial et en Chine, terre mythique, inaccessible et par définition poétique. Les figures hiératiques de Mao, de Ho Chi Minh, la stature impressionnante d'un Bourguiba, d'un N'Khruma, donnaient à la rébellion de ces époques une dignité à laquelle il était d'autant plus facile, en Europe, de s'identifier qu'elle n'était pas au fond très différente de celle d'un De Gaulle ou d'un Churchill quelques années auparavant. En tant que puissance, la France, l'Angleterre, les États-Unis pouvaient bien protéger leurs intérêts et combattre telle ou telle rébellion, il flottait autour de ces mouvements tropicaux un parfum de romantisme, un goût de « condition humaine ».

N'était-ce pas le même esprit de liberté qui soulevait les Noirs américains à la conquête de leurs droits civiques, les *townships* d'Afrique du Sud luttant contre l'*apartheid*, les populations d'Afrique ou d'Indochine rejetant le colonialisme ? La rébellion, à cette époque, était l'histoire en marche.

Se mettre en travers de cette marche était risqué. Le combat colonial apparut vite comme une partie perdue, le statut des Noirs américains ne pouvait être maintenu dans son injustice. Au début des années 60, le grand mouvement des indépendances est irréversible et Kennedy accorde aux Américains de couleur les mêmes droits qu'aux Blancs. La rébellion avait gagné beaucoup de victoires ; il n'était cependant pas possible de tout lui abandonner. Rapidement, les Américains, chargés en cet après-guerre de responsabilités mondiales, ont compris que le romantisme pouvait être un redoutable cheval de Troie de la guerre froide. Passait encore que la rébellion prît pour cible les vieilles puissances coloniales d'Europe. Mais, quand des *barbudos* fumant le cigare vinrent se déhancher dans les rues de La Havane, le danger n'était plus tolérable.

LES ANNÉES 60 : LA RÉBELLION MENACE L'OCCIDENT MAIS ELLE LE FAIT RÊVER

À partir de la crise des fusées de Cuba, les rebelles, pour la première fois, accédèrent à un statut d'ennemi universel, qui n'a fait qu'ajouter au romantisme de leur épopée. Ils n'étaient plus seulement les adversaires de tel ou tel pouvoir local : c'était à l'Occident qu'ils s'en prenaient, à la super-puissante Amérique. Du coup, ils subirent une terrible répression. Che Guevara le paya de sa vie, Patrice Lumumba également, les Viêt-congs virent se dresser devant eux l'armée américaine. Ces revers, cependant, nourrissaient dialectiquement leur victoire. En effet, dans leur martyre, les rebelles devenaient infiniment admirables pour tous ceux que tentait la contestation du système capitaliste. Le Che, les combattants viêt-congs, les Palestiniens en lutte, la Longue Marche puis la Révolution culturelle étaient

les nouveaux dieux au panthéon des jeunes Occidentaux en révolte. Ainsi, non content de constituer un danger extérieur, relié plus ou moins directement au « grand » ennemi soviétique de l'époque, le rebelle de ces années 60 nourrit avec force la rébellion intérieure. La décennie se termine avec Mai 68, et l'explosion de cette bombe au cœur même de l'Occident.
L'exemple du rebelle tropical a profondément modifié les pratiques de la rébellion dans les pays développés. À l'image classique du militant s'était substitué pendant la Seconde Guerre mondiale ce que Sartre, dans sa célèbre préface au livre de Roger Stéphane, appelait « l'aventurier ». Malraux, Ernst von Salomon, Lawrence d'Arabie en figuraient les modèles. Mais ce n'étaient encore que des modèles isolés, désespérés ou en tout cas sans illusion sur l'issue de leur combat. Tandis que Mao, lui, est un aventurier victorieux, Ho Chi Minh aussi, et qu'Arafat, sans vaincre, résiste aux forces énormes qui tendent à l'écraser. Ils cumulent tous les prestiges : ceux du militant, de l'aventurier, du chef de guerre.
Ainsi se renouvellent, en ces années de croissance économique glorieuse, les formes de la contestation violente. Le militantisme communiste classique est en perte de vitesse. Les modèles d'action qui ont la faveur de la mode sont d'une part les guérillas en zone rurale, selon les doctrines assez semblables de la « guerre populaire prolongée » chinoise ou du « focisme » cubain, et d'autre part le terrorisme tel que les Palestiniens en fixent les codes.
Face à de telles menaces, la riposte américaine est sans merci : les dictatures fleurissent en Amérique du Sud, le Portugal est chargé de faire barrage aux mouvements marxistes qui opèrent en Afrique australe, Israël met un coup d'arrêt aux offensives arabes. Quant aux États-Unis, ils se réservent pour eux-mêmes le gros morceau, à savoir la guerre du Vietnam.
Ce faisant, ils continuent de négocier avec leur ennemi principal, l'URSS, lequel utilise habilement les rébellions dans le monde entier mais sans nécessairement souhaiter leur victoire.

1975 : LA RÉBELLION CHANGE DE CAMP

C'est alors que survient la rupture fondamentale, celle qui va donner aux rebelles un nouveau destin. Dans l'espace de cinq années, entre 1975 et 1980, on voit tomber un grand nombre des citadelles de l'Occident. La chose n'était pas prévue et, si Nixon n'avait pas été victime du scandale du Watergate, jamais sans doute il n'aurait toléré un tel déséquilibre. Mais Carter est faible ou, à tout le moins, idéaliste. Il croit en un monde multipolaire et le ciel va lui tomber sur la tête. Les rebelles triomphent partout sans qu'il juge bon d'intervenir. Sitôt Salazar disparu, le MPLA et le Frelimo, de stricte obédience marxiste, arrivent au pouvoir en Angola et au Mozambique. Le négus d'Éthiopie est déposé par une junte d'officiers « progressistes » ; le shah d'Iran cède sous les coups de Khomeyni ; les sandinistes prennent le pouvoir au Nicaragua, et, pour faire bonne mesure, l'URSS elle-même intervient en Afghanistan tandis que son allié vietnamien s'installe au Cambodge.
Cette poussée des ennemis de l'Occident va avoir un effet inattendu : incapable de se défendre elle-même, l'Amérique va, à son tour, utiliser des stratégies indirectes, c'est-à-dire encourager des mouvements plus ou moins spontanés de résistance, au pourtour de tous les pays qu'elle a perdus.
Les Moudjahidines afghans, les Contras nicaraguayens, les Érythréens en lutte contre l'Éthiopie, l'Unita en Angola, la Renamo au Mozambique et bien d'autres vont être commis à la défense du monde libre.
La rébellion change de camp. Avec les mêmes méthodes empruntées à Mao ou au Che, des forces clandestines vont se mettre à agir dans l'orbite stratégique des États-Unis. Il n'est pas jusqu'au romantisme qui ne change à l'époque de côté, grâce à la création du concept séduisant de « combattants de la liberté ».
Fort du principe qui décrète que « l'ennemi de mon ennemi est mon ami », on a un peu rapidement

repeint aux couleurs de la morale et de la liberté des forces qui avaient pour principal mérite d'être des alliés tactiques. C'est une erreur que les États-Unis paieront cher par la suite. En attendant, dans ces années 80 marquées par la *reconquista* reaganienne, on n'est pas très regardant sur le pedigree de ceux que l'on engage dans cette légion étrangère. Personne ne songe à s'offusquer du large emploi que Jonas Savimbi fait des enfants soldats, ni des activités de narcotrafiquant de Gulbuddin Hekmatyar. Dans le *containment* des Vietnamiens en Asie du Sud-Est, l'Occident va jusqu'à utiliser les maquisards khmers rouges, pourtant de sinistre mémoire.

Quant à Yasser Arafat, toujours pragmatique, il rejoint le camp de la paix, se montre ponctuel aux conférences organisées par Washington, sculpte son propre buste au panthéon de la paix.

Dans cette ultime époque de la guerre froide, le modèle communiste est à bout de souffle et la rébellion se retrouve engagée presque partout sous la bannière de la liberté. Cela lui donne des moyens et une audience inattendue. Pour autant, cette faveur ne repose peut-être pas sur autre chose qu'un malentendu. Car, à cette époque, la polarisation est extrême. Les rebelles ne sont vus qu'à travers le prisme de l'opposition Est-Ouest. Qui n'est pas avec nous est contre nous. Ainsi les Érythréens, formés pour la plupart à l'université Lumumba de Moscou, marxistes bon teint, sont-ils enrôlés sous la bannière de l'Amérique dès lors que, lâchés cyniquement par Moscou, ils s'opposent à une Éthiopie devenue communiste.

La rébellion cesse d'imposer ses modèles et ses codes : elle est au contraire ensevelie sous la rigide et simpliste opposition entre bons et méchants, entre Est et Ouest.

Quand l'URSS s'effondre, beaucoup de ces mouvements armés sont orphelins. Mais ils ont au moins la satisfaction de pouvoir reprendre leur vrai visage.

FIN DE LA GUERRE FROIDE : LES CRAQUEMENTS DU DÉGEL

Chacun sait que les années 90 s'ouvrent sur le retrait quasi complet de l'URSS et de ses alliés des théâtres de crise dits périphériques. Finis les corps expéditionnaires d'Est-Allemands ou de Cubains, les proconsulats vietnamiens, les aventures afghanes de l'Armée rouge. Les rebelles et les gouvernements locaux se retrouvent face à face. Souvent, les choses s'arrangent. Spontanément comme en Éthiopie, où les insurgés tigréens prennent le pouvoir avec modestie, en Afrique du Sud, où l'ANC met à bas le régime d'apartheid en toute légalité ; ou avec l'aide de l'ONU comme au Mozambique ou au Cambodge. Mais souvent la guerre continue, comme en Afghanistan ou en Angola. Et, surprise, parfois, elle s'allume là où on ne l'attendait pas : le Liberia constitue la première alerte, les Balkans suivront, la Somalie, le Rwanda, etc. Ces nouveaux lieux de rébellion suscitent l'étonnement. Mais, au sortir de la guerre froide, la sympathie domine encore, quand il s'agit de considérer ces mouvements armés. Ils conservent pour un temps la réputation débonnaire que leur a valu leur statut passé de « combattants de la liberté ». Après tout, c'est le dégel, la banquise des peuples bouge et parfois même craque, mais c'est pour mieux se réorganiser. L'opinion internationale fait preuve d'une grande curiosité à l'égard de ces nouvelles crises. L'histoire et la géographie reprennent leurs droits, après le règne écrasant de l'idéologie. Conflit après conflit, les médias apprennent à connaître des régions méconnues, ignorées, niées auparavant. Il faut lire les articles de politique étrangère publiés à l'époque, regarder – sans rire – ces schémas bourrés de flèches et de légendes par lesquels la presse tente de rendre compte des nouvelles rébellions. L'espace d'un moment, le lecteur européen ou américain a eu la possibilité de tout savoir sur les moindres clans somali, sur l'imbroglio des peuples en Bosnie-Herzégovine, sur le couple infernal Hutu-Tutsi, sur l'opposition au Liberia

entre *Settlers* (Noirs américains) et *Natives* (Africains de souche).
La rébellion ne renvoie plus au futur d'un avenir radieux ; elle ramène à un passé parfois très lointain : à travers elle, c'est l'extraordinaire diversité de l'histoire humaine qui semblait se révéler. Habitués aux simplifications de la guerre froide, on ne soupçonnait pas le nombre et la profondeur de ces plaies.
La diplomatie des grandes puissances, face à cette poussée d'acné guerrière, a pris des postures médicales. Ce n'est pas un hasard, sans doute, si la politique étrangère, en France, s'est trouvée largement inspirée par les ordonnances du bon docteur Kouchner. Bienveillance était le maître mot. Il fallait comprendre, observer et porter secours. Le cautère appliqué, la paix ne revenait pas forcément mais le patient, c'est-à-dire les populations, souffrait moins.
Les États-Unis se sont associés à cette thérapeutique mondiale avec plus de prudence. Leurs idéologues restaient partagés quant au diagnostic à porter sur la rébellion. Pour un Fukuyama, elle n'était qu'une scorie du passé, destinée à être emportée par la vague universelle de la fin de l'histoire. Huntington y verra une donnée plus constante, l'expression de différences irréductibles de « civilisations ». Quoi qu'il en soit, il fallait rester prudent. Les Américains sont restés assez à l'écart de la gesticulation européenne autour du droit d'ingérence. L'expérience somalienne leur a tragiquement montré les risques encourus à se déployer sans un but de guerre clair. Ils en tireront plusieurs conséquences. D'abord, la nécessité de n'intervenir que si leurs intérêts sont concernés. Ensuite, l'obligation de le faire librement, sans le carcan mou de l'ONU. Ainsi se réserveront-ils pour des questions d'importance. Leur engagement massif en Bosnie, à compter de 1995, scellera le destin de la défense européenne, en démontrant le caractère irremplaçable de l'Otan. Au Kosovo, ils poursuivront cet avantage en recourant directement cette fois à l'Otan, l'ONU ne servant qu'*a posteriori* à légitimer leur intervention. Et ils continueront souvent à encourager des stratégies indirectes, en soutenant des rébellions « amies », telles que l'UCK albanaise par exemple, les Talibans à leurs débuts, voire, plus discrètement, certains mouvements islamistes tchétchènes ou algériens.
Bref, la rébellion, jusqu'à la fin des années 90, a toujours bonne presse. Elle est le sel de la terre, sa jeunesse, sa dignité. Elle exprime la souffrance des minorités, la revanche des exclus, un appétit légitime de souveraineté, d'indépendance. On peut d'autant mieux l'absoudre que, dans la grande majorité des cas, elle ne menace pas grand-chose, sauf quand elle se produit en Europe ou près des champs pétroliers.
Il règne encore dans les esprits, en particulier aux États-Unis, l'idée que « ce qui est petit est gentil » et que la rébellion a été un des instruments de la victoire sur l'URSS. Peut-être est-ce pour cette raison que l'on ne prend pas aux sérieux les premiers faits d'armes des anciens combattants d'Afghanistan, retournés contre leurs anciens protecteurs. Le dynamitage des ambassades américaines au Kenya et en Tanzanie puis l'attentat contre l'USS-Cole au Yémen émeuvent sans encore inquiéter. Les États-Unis continuent de scruter l'horizon à la recherche d'un nouvel ennemi mais ils l'attendent plutôt du côté des grands États. Sera-ce la Russie, la Chine ou, éventuellement, de troubles alliances rouge-brun dans l'Europe orientale, ce que d'aucuns appellent déjà le « national-bolchevisme » ?
En tout cas, héritage de la guerre froide, la rébellion n'appartient pas au domaine des choses sérieuses.
C'est alors que survient le 11 Septembre.

L'ÈRE DE LA PEUR : LE REBELLE COMME ENNEMI IDÉAL ET VIRTUEL

Là, tout à coup, le rebelle prend un visage, un seul, et devient haïssable. En remontant la piste des pirates de l'air, les Américains font un stupéfiant chemin qui les mène de Ground Zero à Manhattan jusqu'aux grottes improbables de l'est des montagnes afghanes. À la source du crime suprême, qui trouve-t-on : un de ces hors-la-loi qu'on a longtemps jugés sympathiques ou en tout cas utiles, un de ces rebelles insignifiants et héroïques, d'abord plantés comme une banderille dans le flanc de l'Armée rouge en campagne et désormais incontrôlables. Et qui découvre-t-on à ses côtés ? Un ramassis de tous les rebelles de la planète, traîne-savates de la violence armée, avec leurs dérisoires kalachnikovs. Talibans, djihadistes de tous poils, islamistes algériens, soudanais, tchétchènes, beurs en rupture de banlieue forment les bataillons de cet ennemi improbable et pourtant bien réel.

Du coup va s'opérer une nouvelle lecture des relations internationales et de la place qu'y tient la rébellion, dont nous ne mesurons pas encore toutes les conséquences tant elles sont énormes. En premier lieu, l'autonomie, la singularité, le foisonnement de la violence politique, un temps reconnus après la fin de la guerre froide, perdent leur légitimité. Une nouvelle grille d'analyse est jetée sur le monde complexe des conflits et l'enserre comme une bête sauvage dans l'arène. Désormais la question est : où est Al-Qaïda ? On en trouve la trace à Madrid, aux Philippines, en Indonésie, dans le Sinaï, un peu partout en Afrique. J'étais récemment au Mozambique pour suivre la campagne électorale. M'interrogeant sur la position des Américains face à ce qui me semblait être une poussée de la Renamo, je m'entendis dire par un des conseillers de Thabo Mbeki : « Jamais les États-Unis n'autoriseront une victoire de la Renamo. Ce mouvement est financé par Al-Qaïda. » Fermez le ban.

De nouveau, comme au temps de la guerre froide, la rébellion, quelles que soient ses formes, se rapporte à un centre unique. La grande différence et j'oserai dire le grand avantage du nouvel ennemi sont qu'il est invisible. L'URSS était menaçante mais observable, donc en partie prévisible. Il existait des limites à la peur qu'elle pouvait susciter et, sur la fin, elle faisait presque pitié. Al-Qaïda est partout, donc nulle part. L'organisation se prête à tous les fantasmes. La peur que l'on peut mettre en scène à partir d'un tel ennemi n'a pas de bornes rationnelles. Toutes les sectes, toutes les mafias, tous les États voyous, toutes les armes chimiques, bactériologiques et, pourquoi pas, nucléaires peuvent être à sa portée. Al-Qaïda est la géniale fusion entre la petitesse du rebelle, mobile, insaisissable, minuscule et la force de tout ce qui, dans le monde, peut être capable de dérapage, d'explosion, de folie.

Les grandes démocraties livrées à elles-mêmes, molles, ennuyeuses, dépolitisées, trouvent tout à coup dans cette peur extérieure l'occasion de se rassembler.

Entre la chute du mur de Berlin et celle des tours du World Trade Center, nous avons flotté : nous voici à présent à bon port. L'ennemi est là. La machine démocratique peut accomplir ce pour quoi elle est faite : tout reconstruire sur d'autres bases, se produire plutôt que se reproduire, jeter les fondations d'un monde nouveau. Nous n'en apercevons pas encore le dessin complet mais nous en voyons déjà quelques traits.

Le premier est la criminalisation de la rébellion. Il ne fait pas bon, où que ce soit, prendre les armes. La sympathie de jadis pour les révoltés fait place à la méfiance, quand ce n'est pas à la répression. De singulières ententes se font sur cette base : si opposés que puissent être aujourd'hui les États-Unis de Bush et la Russie de Poutine, ils s'accordent sur la liberté donnée à l'autre de « combattre le terrorisme », vocable qui autorise l'éradication de toutes les oppositions.

Un fantastique effort de surveillance à l'échelle planétaire est entrepris : systèmes d'écoute et de surveillance des communications, intégration des polices, renseignement. Les nouvelles technologies, qui, dans l'immédiat après-guerre froide, n'avaient guère trouvé à s'employer – au point d'être la cause d'un krach financier –, sont mises en avant dans la nouvelle lutte contre le terrorisme. L'économie des années 50 avait été tirée par les dépenses militaires qu'exigeait la guerre froide : armements lourds, bombes nucléaires et vecteurs intercontinentaux. L'économie du millénaire qui commence est tirée par des investisse-

ments d'État, en particulier aux États-Unis, justifiés de nouveau par la sécurité mais avec des technologies beaucoup plus sophistiquées.
Un autre trait des temps nouveaux est la priorité donnée à la sécurité sur la justice. S'agissant des pays pauvres ou, plus précisément, des régions pauvres, l'effort principal ne porte plus sur le développement mais sur leur contrôle. Les régimes politiques qui peuvent s'enorgueillir de lutter efficacement contre un danger terroriste n'ont aucun souci à se faire : ils seront récompensés. Les choix et priorités en matière de coopération se font de moins en moins par rapport aux besoins des populations et de plus en plus par rapport aux dangers réels ou supposés de déstabilisation – surtout si la main d'Al-Qaïda peut être aperçue dans l'ombre. On disait au temps de Foster Dulles qu'il était inutile d'espérer une aide américaine si l'on n'avait pas un parti communiste puissant chez soi. On peut remplacer le terme « parti communiste » par « groupe terroriste » et l'on aura une sentence d'actualité.

Évidemment, les choses ne se passent pas comme cela. La psychose du terrorisme qui écrase tout n'a pas d'un jour à l'autre fait disparaître les peuples, leurs frustrations, leurs malheurs et leurs combats. La rébellion, quelle que soit la caricature que les uns ou les autres ont intérêt à en faire, n'est pas tout entière réduite aux amis de messieurs Ben Laden et Al-Zarqawi. Même si l'actualité tend à ne retenir qu'un ennemi unique aux mille têtes, le monde reste hétérogène, voire hétéroclite, semé de groupes qui peuvent avoir en commun de recourir aux armes mais ne le font ni pour les mêmes raisons, ni avec les mêmes finalités, ni contre les mêmes adversaires. Plus que jamais, comprendre est nécessaire et difficile.
Le projet de *Mondes rebelles* est ainsi tout à la fois marqué par la constance et profondément renouvelé du fait des circonstances. Né dans l'ambiance de l'après-guerre froide, cet ouvrage a d'abord eu pour objectif de donner corps à cette diversité des rébellions, telle que le reflux de la lecture Est-Ouest la révélait. Comprendre l'histoire, les ambitions, la stratégie et les forces de ceux que l'on avait bien à tort réduits au rôle de « combattants de la liberté » ou de « sous-marins de Moscou » ; montrer surtout que la fin de l'ordre bipolaire ne signifiait pas le chaos, que les acteurs « indépendants » qui continuaient de se battre alors que la lutte idéologique centrale était terminée n'étaient pas des fous ou des sauvages mais qu'ils obéissaient à des motivations rigoureuses, profondes, inscrites bien souvent dans l'histoire longue ; tenter de décrire une planète en mouvement et pas seulement réduite aux deux centaines d'États qui prétendent la constituer car, au-dedans de ces frontières, les peuples bougent et des forces sont à l'œuvre.
À l'origine, *Mondes rebelles* visait à lutter contre l'idée de désordre mondial, d'inintelligibilité de la rébellion, trop souvent qualifiée de « guerre tribale » ou de « guérilla dégénérée, criminalisée, pseudo-mafieuse ». Le même projet, aujourd'hui, sans rien changer à ses méthodes, s'attaque à un nouvel adversaire : l'idée selon laquelle la menace qui pèse sur les démocraties serait unique ou à tout le moins homogène et univoque. Cet ouvrage, par sa précision, sa volonté de comprendre et d'expliquer, rend compte de la complexité du monde. Il décrit quelques-uns de nos adversaires. Mais il se refuse à les réduire à un « ennemi », terme qui nous est totalement étranger.
En somme, *Mondes rebelles* reste un ouvrage engagé. Engagé à comprendre la dimension humaine de la rébellion ; engagé à rejeter les simplifications et la peur qui en procède ; engagé, dans ses figures multiples et profondément dissemblables, à cerner l'être humain d'aujourd'hui dans la dignité de ses luttes. Ces *Nouveaux Mondes rebelles* pourraient tout aussi bien s'appeler « Le nouvel homme révolté ».

JEAN-CHRISTOPHE RUFIN

Sommaire

Asie

Amérique latine et Caraïbes

Europe

Proche et Moyen-Orient, Maghreb

Moyen-Orient

Irak, Gaza, Al-Qaïda... Ce triptyque symbolise à quel point la zone Maghreb/Proche et Moyen-Orient abrite, en ce milieu de la décennie 2000-2010, l'épicentre des principales dynamiques insurrectionnelles contemporaines, sans doute encore pour de longues années. La zone a été au cœur des tensions qui ont abouti au 11 Septembre et sert, depuis, de théâtre majeur aux soubresauts ayant résulté de ce « cataclysme céleste télévisé », pour reprendre l'expression de Bruno Étienne (*Les amants de l'apocalypse*, Éditions de l'Aube, 2002, page 15). Aux multiples situations crisogènes locales, résultant d'antagonismes religieux, de tensions ethniques, de rivalités nationalistes, sur fond d'inégalités socio-économiques et de misères culturelles, se sont ajoutées les répercussions – rarement positives à ce jour – des actions tantôt réactives, tantôt « préemptives » conduites par les États-Unis au nom de la pseudo « guerre contre le terrorisme », avec un bilan plus que mitigé, au regard de l'enlisement en Irak et des soubresauts terroristes affectant l'Arabie saoudite, la Turquie et plus récemment l'Égypte. À des années-lumière de l'espace arabo-musulman prospère, pacifié, démocratique et « occidentophile », rêvé par les stratèges de salon « néo-cons » ayant essaimé à la Maison-Blanche et au Pentagone sous la présidence de George W. Bush.

Mais l'onde de choc post-11 Septembre, si elle a généré certains nouveaux foyers de crise (voir l'Irak « libéré/occupé »), ne saurait occulter l'existence d'autres facteurs d'instabilité propres aux divers pays de la zone. Si la politique américaine, par ses limites, ses présupposés manichéens et son manque d'équité (voir l'attitude de l'administration Bush dans le conflit israélo-palestinien), n'a guère contribué à pacifier la région, elle a du moins incité l'ensemble des sociétés locales à envisager des réformes jusqu'alors difficilement imaginables. Quel que puisse être, selon les pays, l'impact direct ou sous-jacent du 11 Septembre, chaque État de la zone est désormais le théâtre de convulsions internes résultant de la dichotomie réforme/conservatisme. Cette dernière constitue le fondement de la plupart des phénomènes de contestation, d'insurrection ou de rébellion que l'on peut dénombrer dans ce vaste espace s'étendant des rivages de l'Atlantique jusqu'aux confins irano-afghans. Les divers régimes politiques que l'on y rencontre sont chacun confrontés à l'impérieuse obligation de rompre avec des décennies de verrouillages, de *statu quo* et de mauvaises pratiques (prédation, népotisme, malgouvernance...). Impératif qui les conduit, dans la foulée, à ouvrir une déstabilisante « boîte de Pandore » en matière de mouvement, de réforme et d'accès à la modernité. Il s'agit là d'une démarche ô combien dangereuse pour la pérennité de ces régimes sclérosés : une démarche rarement délibérée mais, au contraire, généralement imposée par des facteurs tant externes (l'Amérique « impériale », diverses organisations internationales ou institutions financières, des médias globaux, etc.) qu'internes, en particulier les revendications de leurs jeunesses.

Ces nouvelles générations, en constante expansion numérique, s'affirment d'autant plus comme un moteur des évolutions sociales, économiques et politiques en cours qu'elles s'avèrent culturellement beaucoup plus ouvertes sur le monde extérieur que les précédentes. Un état d'esprit résultant pour une bonne part de l'essor pris dans la plupart des pays de la région par les nouvelles technologies de l'information et de la communication (Internet, télévisions satellitaires...). Ces technologies permettent à leurs jeunes utilisateurs de se connecter au « village-monde » et d'entrevoir un ailleurs (plus ou moins fantasmé mais apparemment accessible) ou, du moins, une alternative aux systèmes politiques rigidifiés qui gèrent tant bien que mal leurs médiocres quotidiens (Iran, Arabie saoudite, Syrie, Égypte, Maroc...). De fait, il s'avère tentant d'avancer l'hypothèse que les aspirations à la réforme que l'on distingue sous diverses formes – tantôt pacifiques, tantôt virulentes, voire franchement violentes – dans la plupart des pays de la zone auront sans doute plus de chances de se concrétiser via les agissements, parfois brouillons et spontanés de ces « nouveaux acteurs », correspondant aux classes d'âge datant des années 80 et en deçà (le lanceur de pierres de Gaza, le chômeur des bidonvilles de Casablanca, le jeune insurgé chiite de Sadr City...) que des grands desseins géopolitiques, baignant dans un virtualisme déconnecté des réalités locales, brossés par quelques brillants cerveaux au service de *think tanks* washingtoniens.

Le choix des situations de crise, l'absence de certains pays comme les Émirats du Golfe, la Jordanie, le Yémen ou la Tunisie, ne signifie nullement qu'ils sont devenus des havres de stabilité. Le suivi de « l'actualité chaude » a été privilégié avec des chapitres sur le « conflit de l'après-guerre » en Irak, l'évolution de la nébuleuse islamiste radicale (Al-Qaïda et consorts), dans son foyer initial de la péninsule arabique, puis dans différents théâtres d'expansion, en Asie du Sud-Est ou en Afrique sahélienne, sans oublier bien sûr les derniers avatars du conflit israélo-palestinien, ni les risques de convergence, à l'avenir, entre ces trois dynamiques conflictuelles (djihadisme planétaire, rébellions irakiennes, résistances palestiniennes), jusqu'à présent distinctes, mais que la maladresse des uns et la radicalité des autres pourraient bien conduire à s'interpénétrer plus profondément que cela n'est le cas actuellement.

D'autre part, la confrontation entre le conservatisme des régimes en place et les aspirations au mouvement de pans de plus en plus vastes et de plus en plus juvéniles des sociétés locales nous a incité à nous focaliser sur une série de pays (Iran, Arabie saoudite, Syrie, Égypte, Maroc, Algérie), en phase de transition démographique et, pour la plupart, à la veille de bouleversements politiques majeurs, qui devraient être plus ou moins régulés par les pouvoirs en place, mais dont certains pourraient déboucher sur un regain significatif de violence aux causes multiples (contagion ou imitation du modèle djihadiste, contestation socio-politique jusqu'au-boutiste, violences xénophobes ou simple criminalité). D'autant que certains d'entre eux viennent de connaître une délicate succession à la tête de l'État (Syrie, Maroc) et que d'autres s'apprêtent à connaître de tels événements (Arabie saoudite, Égypte). Même si, dans ces deux cas précis, le scénario en matière de succession semble connu à l'avance, l'effervescence du contexte local et les soubresauts de l'environnement régional en font un exercice à haut risque. Entre les foyers de crise incandescents (Irak et Israël/Palestine) et les pays où le feu couve sous la cendre (Maroc, Syrie, Égypte...), la matière ne manque pas pour qui veut explorer les « mondes rebelles » de l'espace arabo-musulman et iranien en ce début de XXIe siècle.

Al-Qaïda : de l'Afghanistan à la globalisation

Le 27 décembre 1979, l'invasion de l'Afghanistan par les troupes soviétiques marque le point de départ d'une campagne pour un *djihad* nouveau, ancré dans une dimension internationaliste. Relayé par la prédication d'une partie des oulémas officiels d'Arabie saoudite, dont le mufti du royaume, le cheikh Abdelaziz ben Baz, cet effort de guerre est interprété comme une obligation individuelle envers tous les musulmans de la communauté et doit être mis en œuvre par des moyens financiers, militaires et spirituels. Dès lors, l'Afghanistan, plus que la Palestine, devient la cause par excellence du militantisme islamiste sunnite des années 80, rivalisant ainsi, sur le plan de l'influence idéologique, avec la Révolution iranienne, shiite, intervenue quelques mois plus tôt. Entre 10 000 et 15 000 volontaires essentiellement arabes, surnommés les moudjahidines arabes, affluent du Maghreb et du Moyen-Orient, convaincus de l'appel lancés par les religieux de l'époque. En fonction de leurs formations initiales, ces volontaires pouvaient être incorporés au sein du personnel des organisations caritatives islamiques, présentes sur le terrain, ou intégrer une formation militaire dans des camps d'entraînement avant de rejoindre les rangs de la résistance afghane, et constituer un corps militaire spécial, parfois appelé la Légion islamique.

LE DJIHAD AFGHAN ET LA GENÈSE DU COURANT DJIHADISTE

Tout au long des années 80, les volontaires affluent de toute l'Oumma. En 1984, une première structure d'accueil est créée à l'initiative d'un cheikh d'origine palestinienne, Abdallah Azzam : le Bureau du service des moudjahidines (BSM), majoritairement financé par des dons saoudiens. De fait, Abdallah Azzam est présenté comme le père fondateur des moudjahidines arabes. Grâce à l'impact politique et à la personnalité de ce cheikh, le BSM représente l'une des bases importantes sur laquelle va se construire l'espace idéologique et militaire des combattants arabes. Ce terrain devient un carrefour des influences islamistes, traversé et brassé par les courants des Frères musulmans, l'influence des madrassas pakistanaises et des écoles des oulémas wahhabites. Cette conjugaison de pensées, d'idéologies, va donner naissance à une nouvelle tendance, le salafisme djihadiste, compromis entre le salafisme, lecture fondamentaliste de l'islam, et le djihad. Tout cela contribue à engendrer un djihad en voie d'internationalisation, avec une participation active de nombreux militants arabes qui, une fois le régime prosoviétique abattu à Kaboul, vont se projeter vers la poursuite de leur combat en direction de leur pays d'origine.

OUSSAMA BEN LADEN ET LA NAISSANCE D'AL-QAÏDA

Abdallah Azzam, référence historique des moudjahidines arabes, meurt à Peshawar le 24 novembre 1989 dans l'explosion d'une voiture piégée. (Les commanditaires de cet assassinat ne seront jamais clairement identifiés ; un règlement de comptes entre moudjahidines arabes ou l'implication des services étrangers sont les pistes avancées, mais sans pour autant que des preuves soient apportées.) Oussama ben Laden, fils d'un des plus grands entrepreneurs de travaux publics saoudiens, va en devenir le symbole et la référence absolue. Convaincu par les appels des oulémas du régime, il fonde en 1984 une seconde structure d'accueil : le Beit al-Ansar (« la Maison des partisans »). Contrairement à celle du BSM, la Maison des partisans se consacre exclusivement à la formation militaire des futurs djihadistes, répartis dans plusieurs camps d'entraînement en fonction des nationalités d'origine, grâce aux fonds personnels de Ben Laden. Peu à peu, ses connaissances en droit islamique lui confèrent un statut d'ouléma, de savant pieux prenant le titre de cheikh, capable d'interpréter la *charia* (la loi divine fondée sur le Coran et la Sunna). Sa piété, sa connaissance du terrain doublée d'exploits militaires, lui accordent aussi le droit de diriger la communauté des moudjahidines arabes et d'en devenir leur chef charismatique. D'autre part, sa fortune personnelle, qui dépassait à cette époque le demi-milliard de dollars, assure le financement des campagnes d'entraînement assurées à l'intérieur de plusieurs camps.

En 1988, soit un an avant le début du retrait des troupes soviétiques, Oussama ben Laden commence à réfléchir à l'idée d'éditer une liste de noms répertoriant l'ensemble des moudjahidines arabes qui combattent sur le terrain. Le projet est simple : il s'agit de mettre en place une sorte de banque de données, la Base (Al-Qaïda en arabe), qui récapitulerait les origines, les profils et les compétences de chacun. Le principal objectif est d'initier, à partir de cette liste, de nouvelles orientations, en d'autres termes, lancer de nouveaux djihads, cette fois contre une partie des régimes arabes eux-mêmes, dont les dirigeants sont considérés comme des apostats qui n'appliquent pas la charia. La première phase consisterait à renverser les pouvoirs en place, puis à instaurer un État islamique, point de départ d'une réunification de la communauté musulmane sous un califat restauré. Les combattants arabes présents aspirent, une fois le djihad afghan terminé, à organiser et à centraliser des moyens d'action contre leur propre régime, notamment dans les rangs des Égyptiens et des Algériens dont une partie a déjà baigné dans une opposition islamiste nationale. L'idée fait son chemin entre 1989 et le début de l'année 1990 : Al-Qaïda est créée et commence à se structurer en vue d'actions futures contre les régimes arabes. Oussama ben Laden en est le principal artisan et en devient le guide spirituel, secondé par une direction tripartite essentiellement militaire. Elle regroupe Abou Ayyoub al-'Iraqi, Irakien d'origine, et deux Égyptiens, Abou Obayda al-Panshiri et Abou Hafs al-Masri dit Mohammed Atef. Cette direction est en fait désignée par un conseil consultatif, le Conseil de la *choura*, qui réunit environ 31 membres, tous choisis pour leur piété et leur connaissance religieuse. Parmi eux figurent Ayman al-Zawahiri, alors à la tête du mouvement islamiste armé égyptien Al-Djihad, et un Algérien, qui jouera plus tard un rôle important dans la création des Groupes islamiques armés algériens (GIA), Said Qari al-Djazaïri. Al-Qaïda regroupe également un Comité pour les affaires militaires, dirigé par Abou Obayda al-Panshiri. La Base dispose aussi d'un Comité des finances, composé de Saoudiens, d'un Bureau d'état civil chargé d'effectuer un recensement des nationalités et, enfin, d'un Comité des *fatwa* et des études islamiques qui prend les rênes de la prédication islamique. Plus tard, lorsque la communication d'Al-Qaïda entrera dans une phase de mondialisation, un Comité d'information verra le jour, dirigé jusqu'en 2003 par le Koweïtien Suleyman Abou Gheith.

AL-QAÏDA ET LES RECONVERSIONS DES MOUDJAHIDINES ARABES

Dès la fin du retrait soviétique en 1989, ces professionnels et vétérans du djihad réorganisés autour de la structure d'Al-Qaïda et des organisations islamistes égyptiennes disposent de plusieurs options : rester aux côtés des formations afghanes afin de participer à la mise en place d'un futur État islamique, retourner dans leur pays d'origine pour y construire des foyers de contestation islamiste ou opérer une délocalisation dans des zones de repli, voire sur de nouveaux territoires favorables à l'instauration du djihad contre des forces hostiles, et rechercher des relais internationaux et financiers en s'installant dans des pays occidentaux. Sur le terrain afghan, peu de combattants arabes décident en fait de poursuivre l'expérience. Ils ne se reconnaissent plus dans ce djihad en phase de décomposition, miné par des rivalités internes entre leaders de la résistance afghane. D'autres militants parviennent à rentrer dans leur pays d'origine pour y amorcer une confrontation armée avec le régime en place, en Égypte comme en Algérie, où les ressortissants revenus du front afghan vont venir renforcer les rangs du Front islamique du salut et de son bras armé, l'AIS (Armée islamique du salut), mais aussi participer à la création des GIA. D'autres décident de poursuivre leurs actions au sein d'organisations caritatives. Ils profitent du nouveau contexte international et se retrouvent dans des structures dénationalisées, sillonnant le monde musulman pour apporter une aide humanitaire à leurs coreligionnaires confrontés à des situations de crise, d'oppression ou de conflit, comme en Bosnie, en Somalie ou encore en Tchétchénie. Même si ces stratégies de reconversions paraissent coordonnées, elles n'émanent pas d'une planification centralisée par la structure dirigeante d'Al-Qaïda, car l'organisation d'Oussama ben Laden va privilégier l'option internationale avec un nouvel ennemi à combattre, l'Occident, incarné au premier chef par les États-Unis.

Sur le plan idéologique, la confluence des idées islamistes et du djihad afghan a permis la mise en place d'une structure internationaliste représentée par Al-Qaïda et axée sur le djihad, seul moyen de lutter contre les régimes dits apostats qui gouvernent le monde musulman. Bénéficiant du soutien financier de Ben Laden, Al-Qaïda cherche à matérialiser sa stratégie de dissémination du djihad. Pourtant, lorsque Ben Laden rentre à la fin de l'année 1989 en Arabie saoudite, il assiste quelques mois plus tard, en réaction à l'invasion du Koweït par le régime « apostat » irakien, à l'arrivée de troupes américaines sur le sol saoudien, terre sainte de l'Islam qui abrite ses deux premiers lieux saints, La Mecque et Médine. Pour Ben Laden, c'est une trahison du régime saoudien et de ses oulémas prédicateurs qui lui sont affiliés. À partir de cette époque, il se démarque totalement de la pensée salafiste wahhabite des cheikhs saoudiens accusés de faire le jeu américain. Dans cet espace donnant la primauté au combat, les États-Unis deviennent l'ennemi prioritaire de la communauté, présent sur un territoire musulman qui doit être libéré. En Arabie saoudite, ce discours dérange la position officielle. Ben Laden est encouragé à quitter le territoire, et il décide d'un repli stratégique vers le Soudan, où vient de s'installer un régime islamiste aux velléités « révolutionnaires ». Pour compléter ces nouvelles orientations, Ayman al-Zawahiri développe de son côté le concept d'ennemi proche *(al-adu al-qarib)* et d'ennemi lointain *(al-adu al-ba'id)*. Le premier représente le gouvernement égyptien ; le second est symbolisé par Israël et son allié principal, les États-Unis. Pour Al-Zawahiri, le djihad en Palestine, en Bosnie, en Tchétchénie et dans les autres terres d'Islam (Cachemire, sud des Philippines...) représente un ensemble indivisible, une forme de combat unique qui engage toute la communauté islamique. Progressivement, les stratégies d'Al-Zawahiri et de Ben Laden, installés à Khartoum, s'orientent vers l'option internationaliste.

Dès lors, les idéologues d'Al-Qaïda cherchent à activer des réseaux avec des organisations islamistes dont l'objectif est au départ le combat national. Outre les organisations égyptiennes de la Gamaa Islamiyya et du groupe Al-Djihad, des contacts sont pris avec les GIA algériens, des groupuscules comme le Groupe islamique des combattants libyens (GICL), le Front islamique tunisien (FIT), le parti islamiste Al-Islah (« La Réforme ») basé au Yémen, et la branche de l'United Somalia Congress (USC) du général Mohammed Farrah Aïdid, qui reçoit un appui financier et militaire. Toutes ces organisations islamistes sont apparues au début des années 90 et contribuent, sous l'égide d'Al-Qaïda, à la structuration d'un pôle internationaliste prônant le djihad dans divers pays du monde arabe. Progressivement, Khartoum devient non seulement une zone de contacts, mais sert aussi de base arrière pour des opérations menées contre ceux qui sont désormais devenus l'ennemi prioritaire de cette mouvance, les États-Unis. La lutte armée débute le 26 février 1993 avec la première tentative d'attentat contre le World Trade Center, à New York, et se poursuit par le biais d'affrontements entre certaines factions somaliennes « islamisantes », voire islamistes, et l'armée américaine en Somalie. Confrontées à une redoutable guérilla urbaine dans Mogadiscio, les forces américaines subissent à plusieurs reprises des pertes élevées (en particulier le 3 octobre 1993, lors de la destruction de deux hélicoptères) ; ces incidents à répétition précipitent la fin de l'opération américaine *« Restore Hope »* dans la région. Ils marquent aussi le début d'une coordination active avec des organisations islamistes qui opèrent sur le terrain, encadrées par des instructeurs formés en Afghanistan. Ce phénomène de « franchise » va se développer au fur et à mesure des contacts établis avec des réseaux internationaux. Il permet d'élaborer une technique d'action qui deviendra, à la fin des années 90, le pivot stratégique des opérations menées par Al-Qaïda. De la même manière, au Yémen, le pouvoir du président Ali Abdallah Saleh va s'appuyer sur d'anciens moudjahidines d'Afghanistan afin de mater, en mai 1994, les foyers de rébellion animés par d'anciennes forces socialistes du sud. Cet événement, considéré comme un mini-djihad yéménite, va contribuer à dynamiser le champ islamiste radical dans le pays, avec l'apparition de groupes djihadistes comme l'Armée d'Aden Abyan qui contestera à son tour la légitimité du régime, vers la fin des années 90.

Peu après, le combat contre les États-Unis se poursuit par l'explosion d'une voiture piégée à Riyad en novembre 1995 et par une première opération martyre en juin 1996, contre le camp militaire américain d'Al-Khobar en Arabie saoudite, faisant 19 morts parmi les militaires. Mais face à ces opérations à répétition, le régime soudanais du général Al-Bashir fait l'objet de pressions internationales. Ainsi, en 1996, Ben Laden et la logistique d'Al-Qaïda quittent à nouveau leur sanctuaire pour Jalalabad, en Afghanistan. Ce retour aux sources marque le début d'une alliance fondée sur des bases stratégiques et idéologiques avec le nouveau régime qui contrôle alors les deux tiers du pays, les Talibans.

AL-QAÏDA ET LES TALIBANS : LE NOUVEAU SANCTUAIRE AFGHAN

Avec la fin du sanctuaire soudanais et l'arrivée des Talibans au pouvoir, l'ensemble de la logistique d'Al-Qaïda se réoriente vers ce territoire islamique. En place à Kaboul depuis 1996, les Talibans arrivent avec un projet politique nouveau pour l'Afghanistan, fondé sur un État islamique qui correspond au retour d'un califat « bien guidé », sans les divisions claniques traditionnelles. L'arrivée des Talibans représente en fait l'aboutissement d'un djihad initié vingt ans plus tôt contre les troupes soviétiques et « vraiment » réussi, car ayant abouti justement à l'établissement d'un État islamique. Pour les salafistes-djihadistes d'Al-Qaïda, le nouvel Émirat islamique est le point de départ d'une communauté unifiée par les règles de la charia. Il doit non seulement être un modèle, une expérience à suivre pour les moudjahidines, mais aussi un idéal pour toute la communauté musulmane. La relation que les Talibans vont développer avec Al-Qaïda est une forme de partenariat stratégique. Les Talibans souhaitaient conquérir l'ensemble du territoire, dont une partie restait encore sous le contrôle des forces du commandant Massoud, et reconstruire le pays. Ils étaient à la recherche de soutiens financiers et militaires que l'entourage et les réseaux d'Oussama ben Laden pouvaient leur fournir. Grâce à des contacts anciens établis avec des chefs locaux lors de sa première expérience, le cheikh saoudien parvient à rejoindre la ville de Jalalabad en 1996. Dès la fin de cette même année, les réseaux militaires et logistiques d'Al-Qaïda s'installent jusqu'à Kandahar. Une forme de pacte est alors contractée entre le mollah Omar et Ben Laden. Le premier assurera une protection au second, le considérant comme son hôte, alors que le deuxième fera allégeance politique *(al-bay'a)* au nouveau Commandeur des croyants, sans remettre en cause son autorité sur le pays. À partir du moment où cet espace islamo-révolutionnaire est construit en Afghanistan, il correspond à un effet d'appel pour tous les musulmans qui souhaitent soutenir la cause d'Al-Qaïda. Le premier djihad, mené dans cette région au cours des années 80, a servi de laboratoire. Les mêmes méthodes vont être utilisées. Un certain nombre d'oulémas favorables au djihad prêchent dans différentes mosquées du monde non seulement musulman, mais aussi occidental. Ils cherchent à sensibiliser les jeunes fidèles et à les inciter à entreprendre un véritable exil *(al-hijra)* vers ce nouveau territoire de l'Islam. Les camps d'entraînements des années 80 sont réhabilités. Certains combattants sont également incorporés dans des unités de Talibans afin de participer à la reconquête totale du pays et lutter contre les coalitions afghanes du nord. De même, une partie de l'intelligentsia salafiste-djihadiste qui s'était installée en Europe, notamment à Londres, répond aux appels lancés depuis Kandahar, qui devient le centre névralgique de l'organisation.

Ainsi, Al-Qaïda a pu se délocaliser sur l'ensemble du territoire afghan. Les États-Unis étant devenus l'ennemi numéro un, l'organisation cherche désormais à se doter d'une capacité opérationnelle pour mettre en phase ses actes avec son discours. La structure militaire se développe autour des camps, sous la direction de l'Égyptien Mohammed Atef (Abou Hafs al-Masri). Une première mise en garde est lancée par Oussama ben Laden lui-même. En août 1996, il proclame, sous la forme d'une déclaration au djihad, une fatwa afin d'expulser les infidèles, en l'occurrence les troupes américaines, de la péninsule arabique. Il est demandé, dans le texte, à tous les musulmans pieux « de combattre l'alliance des Juifs et des Croisés qui occupent les territoires des trois Lieux saints de l'Islam, La Mecque, Médine et Jérusalem ».

LA CRÉATION DU FRONT INTERNATIONAL ISLAMIQUE ET LA MONDIALISATION DE LA LUTTE

En février 1998, le Front islamique international (FII) est créé. Il regroupe, outre Al-Qaïda, deux organisations égyptiennes, Al-Djihad et la Gamaa Islamiyya, un groupe cachemiri, Harkat-ul Mujahidin, et une formation islamiste du Bangladesh. Selon les principes du texte fondateur, il s'agit de redynamiser une communauté musulmane en léthargie, leurrée par des régimes corrompus, d'organiser une véritable révolution islamique pour libérer la communauté si longtemps opprimée, de se doter d'une armée islamique sans frontières capable de bénéficier des expériences et de la professionnalisation des combattants pour en faire des moudjahidines internationaux et, enfin, d'identifier l'ennemi principal des musulmans, à savoir les Croisés et les Juifs représentés par les États-Unis et Israël. La fatwa de 1996 et la création du FII marquent le début de la confrontation totale. Six mois plus tard, les ambassades américaines au Kenya et en Tanzanie sont partiellement détruites par des explosions de camions piégés. En décembre 1999, une cellule algérienne est démantelée entre le Canada et les États-Unis. Elle préparait vraisemblablement une attaque spectaculaire sur l'aéroport de Los Angeles et avait été mise en place par un des logisticiens de la mouvance : Amar Makhloufi (Abou Duha), vétéran algérien de l'Afghanistan, arrêté deux ans plus tard en Angleterre. Ensuite, en octobre 2000, une frégate de l'US Navy est touchée par une vedette remplie d'explosifs dans le port yéménite d'Aden, attaque préparée par des activistes du groupe yéménite de l'Armée d'Aden Abyan. Enfin, les événements du 11 septembre 2001 constituent l'opération la plus importante menée contre les États-Unis au cœur de son territoire, visant l'un des symboles de la puissance économique américaine avec les tours jumelles du World Trade Center et le centre de son commandement militaire, le Pentagone. Ces dernières opérations vont déclencher une réaction internationale sans précédent à l'égard des structures islamistes internationalistes. L'intervention militaire américaine qui suit le 11 Septembre met fin au régime taliban en Afghanistan et par conséquent à son sanctuaire djihadiste qui doit une nouvelle fois envisager des départs précipités et des reconversions.

LES RECOMPOSITIONS D'AL-QAÏDA APRÈS LE 11 SEPTEMBRE

Depuis la chute du régime taliban en Afghanistan après l'intervention militaire américaine, la mouvance salafiste-djihadiste, représentée par Al-Qaïda, a accentué son processus de mondialisation. Sur le plan structurel, le FII a été recomposé et a pris une nouvelle appellation depuis avril 2002, Qaïda al-Djihad, qui est en fait le résultat de la fusion entre l'organisation d'Oussama ben Laden et celle d'Ayman al-Zawahiri. Le mouvement se présente désormais sous la forme d'une opposition islamique internationaliste, avec une stratégie de communication moderne : diffusion de cassettes reprises par les chaînes de télévision panarabes, revues djihadistes publiées régulièrement sur Internet afin d'expliquer les différents objectifs et de revendiquer les opérations qui s'inscrivent désormais dans une logique mondialisée.

Certes, la perte du sanctuaire afghan a affaibli le noyau central de la mouvance. Oussama ben Laden et Ayman al-Zawahiri sont traqués dans les montagnes des zones tribales entre l'Afghanistan et le Pakistan. Ils ont perdu leur capacité opérationnelle, mais leur influence sur le plan idéologique reste intacte. Depuis le 11 septembre 2001, la liste des attaques perpétrées par la nébuleuse djihadiste est longue : explosions dans la synagogue de Djerba, dans une discothèque sur l'île de Bali, contre un pétrolier français au large d'Aden, dans un complexe touristique au Kenya, attaques contre les régimes arabes au cœur de Riyad et de Casablanca, puis d'Istanbul, pour terminer par les opérations du 11 mars

2004 dans les trains de Madrid. À travers cette série d'attaques spectaculaires, le plus souvent franchisées par des structures locales, les ennemis et les logiques apparaissent clairement identifiés autour de deux axes : porter des coups contre ceux qui sont considérés comme les représentants « des Croisés et des Juifs » qui oppressent les musulmans, déstabiliser leurs capacités économiques ; provoquer des foyers de tension dans le monde musulman en tentant d'ébranler les régimes qui collaborent avec les États-Unis et ses alliés. Des actions inspirées de la théorie des deux ennemis, initiée par le cheikh égyptien Ayman al-Zawahiri. Les réseaux mondialisés d'Al-Qaïda, qui n'ont parfois qu'une très lointaine relation avec le noyau central, jonglent désormais avec l'ennemi proche, représenté par les régimes musulmans dont la légitimité sur le plan politique et religieux est remise en cause, et l'autre lointain, symbolisé par la puissance américaine et ses alliés. Par ailleurs, la présence de la coalition américano-britannique en Irak, depuis le printemps 2003, constitue assurément un élan fédérateur pour les djihadistes qui souhaitent expulser toute force « impie » des territoires musulmans – ils n'ont plus besoin d'aller combattre l'ennemi sur son territoire puisqu'il vient de lui-même sur un terrain qui lui est peu favorable. Erreur stratégique qui permet aux djihadistes, irakiens et étrangers, d'organiser une forme de guérilla quotidienne, à partir du sol irakien devenu un nouveau laboratoire du djihad.

Aujourd'hui, Al-Qaïda ressemble à une nébuleuse structurée autour de différents cercles, dont les capacités opérationnelles sont devenues totalement indépendantes. La mouvance djihadiste s'appuie sur un noyau central, représenté par les idéologues Ben Laden et Al-Zawahiri. Ils ont en charge de définir les grandes lignes stratégiques, par des recommandations sous forme de communiqués, fatwas et conseils, reprises ensuite au niveau local. Oussama ben Laden lui-même avait donné, dans plusieurs discours, sa caution pour lancer une série d'attaques visant particulièrement les fondements des régimes arabes, appels qui ont été suivis d'effets. Par la suite, pour la première fois depuis décembre 2001, le cheikh saoudien est apparu physiquement dans un message adressé au peuple américain quelques jours seulement avant la réélection du président Bush en octobre 2004. Dans ce document, le leader d'Al-Qaïda s'est présenté cette fois en habit religieux, lisant un texte politique, appelant les Américains à changer d'orientations et réaffirmant son engagement à combattre ceux qu'il nomme les ennemis de l'islam. Par cette intervention, Ben Laden cherche à se positionner en interlocuteur politique, s'adressant directement au peuple « infidèle », comme il l'avait fait après les explosions de Madrid de mars 2004, en proposant aux nations européennes une trêve, conditionnée à la rupture de leur alliance avec les États-Unis en Irak et en Afghanistan. Sur le plan de l'organisation, les éléments autour de ce noyau dur sont essentiellement des proches des deux cheikhs : des gens du Golfe ou des Égyptiens.

Concentré sur un deuxième niveau, on trouve plusieurs autres idéologues ou financiers, partisans du courant djihadiste, qui jouent le rôle de fédérateur, de coordinateur, entre le premier cercle et les terrains d'action. Pour la plupart formés dans les camps afghans, ils peuvent définir les objectifs ou organiser des structures opérationnelles. C'est le cas des Saoudiens Abou Walid al-Ghamdi, Abou Omar al-Sayf en Tchétchénie, Youssef al-Ayeeri et Abdel Aziz al-Mouqrin en Arabie saoudite, ou encore du Jordanien Abou Moussab al-Zarqawi en Irak. Cet éparpillement des terrains et des menaces rend la lutte engagée par les pays visés beaucoup plus difficile aujourd'hui. Même si certains responsables ont récemment été tués, comme Al-Ghamdi, Al-Ayeeri ou Al-Mouqrin, ils ont été immédiatement remplacés, démontrant un renouvellement efficace des structures dirigeantes.

Enfin, se trouvent en bout de chaîne les organisations « franchisées » qui opèrent sur les terrains d'action, que ce soit en Irak, au Pakistan, en Turquie, en Indonésie, au Maroc, en Afrique orientale ou en Europe. Ces groupes locaux, qui ont conservé une structure indépendante, souvent composée de cellules autonomes, appliquent les recommandations générales des idéologues du salafisme djihadiste. Leur connaissance du terrain, leur capacité d'intégration, d'infiltration et d'action sont autant d'atouts dans la mise en place des opérations et le choix des cibles. Leur point faible est qu'ils ne bénéficient pas toujours d'une aisance financière suffisante, dépendant des cercles en amont. Ils sont également les plus exposés aux différentes vagues de répression et d'arrestations.

La structure éclatée et déterritorialisée de la nébuleuse Al-Qaïda fait qu'elle a très bien survécu à la période post-11 Septembre. Malgré les éliminations et les arrestations, elle a conservé une capacité d'action, alternant les attaques déployées sur plusieurs continents. Les cellules, les réseaux, les organisations sont totalement autonomes ; certains n'ont même aucun lien direct avec la mouvance, ils ne font qu'appliquer les lignes idéologiques générales. Dans tous les cas de figure, en fonction des évolutions du contexte international, en particulier au Moyen-Orient, la configuration actuelle d'Al-Qaïda devrait lui permettre de rester active dans la durée, même dans le cas d'une éventuelle disparition des idéologues fondateurs, devenus des icônes : Ben Laden et Al-Zawahiri.

Pour en savoir plus

Alain Chouet, « Terrorismes islamistes : la religion en otage », *Questions internationales* n° 8, juillet-août 2004.

Rohan Gunaratna, *Al-Qaïda : au cœur du premier réseau terroriste mondial*, Autrement, 2002.

Farhad Khosrokhavar, *Les nouveaux martyrs d'Allah*, Flammarion, 2002.

Richard Labévière, *Les coulisses de la terreur*, Grasset, 2003.

Olivier Roy et Mariam Abou Zahab, *Réseaux islamiques : la connexion afghano-pakistanaise*, CERI/Autrement, 2002.

Superficie : 2 149 690 km²
Population : 20 millions environ
Religions : 85-90 % de sunnites, dont la majorité de rite hanbalite, mais aussi de l'école shaféite dans les provinces du Hedjaz et de l'Assir. 10-15 % de chiites, présents en grande partie dans le Hassa, des minorités zaydites et ismaéliennes sont également présentes en petit nombre dans le Sud, près des frontières avec le Yémen

Arabie saoudite

Au lendemain du 11 septembre 2001, tous les regards se sont portés vers l'Arabie saoudite, aussi bien ceux des médias que des pouvoirs politiques occidentaux. Le pays est ainsi montré du doigt non seulement parce qu'une grande partie des militants ayant participé aux opérations contre les États-Unis avait la nationalité saoudienne, mais aussi et surtout parce que Oussama ben Laden, le leader de la mouvance Al-Qaïda, organisation qui revendiquera *a posteriori* ces attaques, est originaire de ce territoire si mal connu. La monarchie saoudienne est régulièrement décrite comme un pays de contradictions, qui a maintenu un partenariat stratégique avec la puissance américaine depuis 1945, mais qui a aussi largement participé au financement de combattants arabes, partis faire le *djihad* en Afghanistan, et qui furent à l'origine de la création, à la fin des années 80 de la nébuleuse djihadiste. Les oulémas, les imams, les prédicateurs de ce pays sont connus pour y diffuser des prêches radicaux, produits d'une idéologie politique fondée sur un courant religieux, le wahhabisme ; les universités et les mosquées sont réputées pour leur enseignement rigoureux et fondamentaliste de l'islam.

Pourtant, depuis près d'une dizaine d'années, le territoire de la péninsule arabique, comme aiment à l'appeler parfois les islamistes, a connu une vague de contestation sans précédent dans son histoire, qui s'est transformée en attaques violentes à l'encontre des intérêts du pouvoir, allant jusqu'à faire trembler la stabilité d'un régime que l'on croyait d'une solidité à toute épreuve. Qui sont ces contestataires qui se réclament d'un islam encore plus fondamentaliste que le wahhabisme traditionnel des cheikhs saoudiens ? Deux courants principaux de la contestation, même si certaines interactions peuvent exister, vont prendre le dessus : l'un réformiste, qui privilégie la contestation politique des institutions saoudiennes ; l'autre djihadiste, inspiré par une idéologie révolutionnaire, désireux de porter le fer du djihad sur le territoire

des lieux saints, usurpé selon eux par une monarchie qui doit être renversée parce qu'elle a renoncé à appliquer les préceptes d'un islam fondamentaliste – le salafisme – dont se réclame pourtant le régime. Tels sont les enjeux et les contradictions de l'Arabie saoudite aujourd'hui : un pouvoir qui, pendant plus de cinquante ans, a été considéré comme le représentant de l'islam le plus pur ; et qui fait face à la contestation de l'un de ses fondements, jusque-là inattaquable, sa légitimité religieuse.

UNE ALLIANCE ENTRE POUVOIRS POLITIQUE ET RELIGIEUX

L'alliance, conclue à la fin du XVIIIe siècle entre la famille des Saoud, originaire du Najd, et un prédicateur musulman, Mohammad ibn Abdel Wahhab, allait sceller les fondements de l'Arabie saoudite. Inspiré de l'école juridique hanbalite, le courant initié par Abdel Wahhab s'oppose à toute forme de pratique de l'islam populaire. Il prône, au contraire un islam pur, rigoriste et orthodoxe, dont les bases sont l'unicité divine de Dieu *(al-tawhid)* et le strict respect des préceptes coraniques. Pourtant ce courant est à distinguer des quatre écoles historiques de l'islam sunnite : les malékites, les shaféites, les hanéfites et les hanbalites. L'appellation de wahhabite – pour qualifier les partisans d'Abdel Wahhab –, ne correspond, en Arabie saoudite, à aucune composante du champ religieux, elle sert surtout à désigner l'idéologie religieuse officielle de la monarchie saoudienne. Tous les savants saoudiens musulmans, les oulémas, se définissent avant tout comme salafistes, autrement dit ceux qui suivent le salafisme originel, basé sur une lecture fondamentaliste du Coran qui s'appuie uniquement sur le Coran, la *Sunna* (actes et propos du Prophète Muhammad) et la jurisprudence ou le droit *(al-fiqh)*, qu'en faisait une partie des premiers docteurs de l'islam, ceux qui suivaient plutôt l'école hanbalite.
Sur le plan politique, le royaume saoudien a pris sa configuration actuelle essentiellement grâce aux stratégies politiques mises en place par le fondateur du troisième État historique saoudien, Abdel Aziz ibn Saoud. Simple chef de tribu à l'origine, il réussit à conquérir sa région d'origine, le Najd, en 1902 et finit par s'installer dans une bourgade qui allait devenir la capitale du futur royaume, Riyad. Rapidement, il annexe la zone côtière du Hassa, obtenant ainsi un accès oriental à la mer. Fort de ses succès, Ibn Saoud signe en 1914 un accord avec une puissance ottomane alors en sursis. Cette entente va s'avérer fondamentale dans sa lutte contre les tribus rebelles du Qassim, une région du Najd. En 1920, il parvient ainsi à soumettre le Djebel Shammar, le fief d'un clan tribal important, les Ibn Rashid, soutenu un moment par les Ottomans. La constitution de pactes, de réseaux de solidarité et d'alliances contractées par différents mariages entre les Saoud et les grandes tribus de la péninsule arabique au cours de leur histoire est un aspect essentiel pour comprendre comment la famille royale s'est emparée du pouvoir et a pu le conserver dans cette région. À partir de 1912, Abdel Aziz ibn Saoud s'appuie sur une armée bédouine pour étendre son territoire, les Ikhwans, originaires des différentes tribus du Qassim et du Koweït. Partisans d'un islam rigoriste, ils prônent alors la pure application des enseignements d'Abdel Wahhab.
L'expansion se poursuit ensuite sur la partie occidentale de la péninsule. Le Hedjaz, région jusque-là sous la responsabilité du chérif Hussein de La Mecque, descendant des Hashem, finit par tomber en 1926. En dépit du soutien des Britanniques à la famille hachémite, Londres doit se résigner au fait accompli et reconnaît, en 1927, Ibn Saoud roi du Hedjaz, du Najd et de ses dépendances. Ce premier rapprochement avec une puissance occidentale va alors provoquer des remous politiques. Les Saoud signent un pacte avec les Britanniques qui gardent la main sur leurs possessions dans le nord de la péninsule et limitent l'expansion des Ikhwans, qui dénoncent cette alliance contre nature, mais aussi le manque d'égard des Saoud à l'encontre des tribus principales. En 1929, ils décident de rentrer en rébellion contre le pouvoir central. Ils seront cependant vaincus uniquement grâce au soutien militaire britannique apporté aux Saoud. En 1932, Ibn Saoud achève ses conquêtes et proclame officiellement le Royaume d'Arabie saoudite.
L'alliance du sabre et du Coran, expression qu'aiment souvent utiliser les historiens pour qualifier l'Arabie saoudite, sera désormais fondée sur ce rapport entre un pouvoir religieux qui tire ses sources de la doctrine wahhabite et un pouvoir politique concentré autour du clan Al-Saoud ; la première composante servant de légitimation religieuse à la seconde. Une première partie du pouvoir religieux, concédé en 1930 aux Ikhwans, est matérialisée par la création d'un organe de contrôle sur la société, appelé les *moutawwaa* ou police religieuse, chargée de veiller au respect de chaque musulman envers les stricts enseignements du courant salafiste. Par la suite, une forme d'institutionnalisation de la religion voit également le jour : les fondations caritatives et certaines mosquées, l'organisation du pèlerinage *(al-hajj)* et la promotion de l'islam à l'extérieur du pays sont gérées par le gouvernement. La prédication reste entre les mains des oulémas sortis des écoles religieuses du royaume, respectant les enseignements du cheikh fondateur Abdel Wahhab et de sa filiation, la famille Al-Sheikh. Plus tard, elle sera assurée par un Conseil supérieur des oulémas, créé en 1971, qui choisit, selon le principe islamique de la consultation *(al-choura)*, le grand mufti du royaume – un personnage destiné à prendre de plus en plus d'importance dans l'élaboration du discours religieux officiel. L'ensemble de ces structures est à l'origine de la création d'un champ religieux institutionnel qui s'est accompagné d'un processus de fonctionnarisation des oulémas,

dont les positions se devaient d'être en phase avec les orientations du régime. Ainsi, afin d'asseoir sa politique sur le plan international, le pouvoir saoudien va constamment s'appuyer sur ses institutions religieuses et sur la prédication des grands oulémas du royaume, fidèles aux concepts du courant wahhabite, tels que le conçoit le régime saoudien.

LES RACINES DU MAL ACTUEL

Durant de longues années, la monarchie considérait que les principales menaces sur son territoire provenaient de l'extérieur, entretenues par les nombreux conflits territoriaux et frontaliers qui ont perduré jusqu'à ces dernières années entre l'Arabie saoudite et ses voisins, en particulier avec l'Iran, depuis la Révolution islamique de Khomeyni en 1979. Le spectre d'une contagion intérieure à l'iranienne dans les rangs d'une communauté chiite dont le soulèvement en février 1980 fut durement réprimé, la Révolution iranienne et le contexte afghan servent de prétexte à l'Arabie saoudite pour se repositionner sur la partie orientale de son échiquier régional. Avec le Pakistan et les États-Unis, la monarchie devient le principal bailleur de fonds du djihad afghan contre l'occupation soviétique qui naît au début des années 80. D'un point de vue religieux et en termes de géopolitique, la stratégie saoudienne était essentiellement motivée par le désir d'appliquer une politique d'endiguement à l'égard de la toute nouvelle République islamique iranienne, afin d'enrayer l'influence grandissante et la portée de cette révolution chiite sur l'ensemble du monde musulman. De même, si la monarchie du shah est renversée en février 1979, l'invasion soviétique intervient en décembre de la même année et arrive donc à point nommé pour la communauté sunnite, à la recherche de cette cause mobilisatrice que va incarner le djihad en Afghanistan et dans laquelle elle va pouvoir se reconnaître. La vision de l'islam qu'ont les oulémas wahhabites est profondément différente de celle des chiites, qui sont même considérés comme des adorateurs d'Ali, le gendre du Prophète, et de ses descendants et partisans, principe contraire aux concepts du salafisme originel. Par sa puissance financière et ses efficaces réseaux associatifs, le pouvoir saoudien va apporter une aide considérable aux moudjahidines arabes, partis combattre aux côtés de leurs coreligionnaires afghans. Sur le plan religieux, les oulémas de l'époque jouent pleinement leur rôle. Par leur prédication vantant les mérites du djihad contre l'ennemi soviétique, ils assurent le recrutement des futurs moudjahidines, leur aura dépassant de loin les frontières de la péninsule. Grâce à leurs discours et aux *fatwa* (les avis religieux) émises par le Conseil supérieur des oulémas, le djihad en Afghanistan prend dès lors une dimension internationale, alimentée par le régime saoudien. On assiste à l'éclosion d'une génération de prédicateurs qui, durant les années 70 et 80, vont constituer l'axe de la politique religieuse saoudienne. Le grand mufti de l'époque, Abdel Aziz ben Baz, mais aussi Mohammad ben al-Uthaymeen, Muhammad Nasser al-Din al-Albani et Hamoud al-Shuaybi sont reconnus, leurs prêches sont diffusés et écoutés dans l'ensemble du monde musulman. Ils deviennent à la fois les garants de la politique religieuse du régime saoudien et la vitrine de l'enseignement du salafisme originel. Cependant, si l'Arabie saoudite devient une puissance régionale et représente l'étendard de l'islam sunnite capable de contrer la Révolution iranienne, elle le doit aussi en grande partie à son développement économique : la prédication internationale, et son financement par les multiples associations islamiques, demande des fonds importants. La découverte du pétrole dans les années 30 a fait de la nouvelle monarchie un État rentier, qui tire la quasi-totalité de ses revenus de l'exploitation de ses immenses ressources en hydrocarbures. Cette donne va profondément changer la vie politique, économique et sociale du pays, qui connaît un processus de modernisation. Successivement, les élites au pouvoir vont essayer d'établir un équilibre complexe entre valeurs traditionnelles et innovations nécessaires au développement économique généré par la manne pétrolière. Ce processus s'amplifie après la flambée des prix du pétrole qui accompagne la crise de 1973 et permet ainsi au pays d'accroître considérablement ses richesses. Aujourd'hui, le pétrole saoudien représente un quart des réserves mondiales et 80 % des revenus du pays.

Pourtant, ce développement économique et les méthodes de redistribution qu'il implique sont autant d'éléments qui vont contribuer à la genèse d'une contestation politique qui prendra toute sa dimension vers la fin des années 80, telle une opposition conservatrice, gardienne des principes fondamentaux de l'islam, jusqu'alors revendiqués par le régime, face aux risques de modernisation séculière qu'impliquent les différentes transformations économiques engagées.

LA CONTESTATION DU POUVOIR ET LES DIFFÉRENTS COURANTS POLITICO-RELIGIEUX

Depuis la révolte des Ikhwans de 1929, le régime saoudien a connu une certaine stabilité jusqu'à la fin des années 70. Les besoins sécuritaires reposaient sur la crainte d'éventuelles menaces extérieures, entraînant une relation de forte dépendance vis-à-vis des États-Unis. Le partenariat stratégique entre les deux pays remonte aux années 40. Les Américains ont d'abord contribué grandement à la formation de l'armée saoudienne moderne. Malgré des dépenses militaires de plus en plus importantes, la défense du territoire saoudien a continué d'être conjointement assurée par les États-Unis, dans le cadre de l'US Central Command. Avec la précipitation des événements de 1979 – Révolution iranienne, invasion soviétique en Afghanistan et début de la guerre Iran-Irak quelques mois plus tard –, l'administration américaine décide de se doter d'une force d'intervention rapide interarmées et décrète la région du Golfe zone stratégique ; les immenses réserves pétrolières saoudiennes occupent une place fondamentale dans sa politique stratégique. Cette relation particulière constitue un

paradoxe : la monarchie saoudienne se présente comme garante des valeurs fondamentales de l'islam alors que la puissance américaine est l'alliée principale d'Israël dans la région. Si ce partenariat est toléré par les oulémas officiels, il n'en est pas de même pour une jeune génération de militants en phase de radicalisation. À l'aube du début des années 80, l'Arabie saoudite reçoit un premier signal qui va profondément modifier la scène intérieure du pays. Le 20 novembre 1979, la menace intérieure devient réalité lorsqu'un groupe de deux cents militants armés s'emparent de la mosquée de La Mecque. Leur discours est basé sur des considérations religieuses, sociales et politiques. Pour l'un des leaders de cette opération, Juhayman al-Utaybi, le régime saoudien a usurpé les valeurs de l'islam, en fondant l'État sur une famille oligarchique accusée de s'être enrichie au détriment de son peuple et d'avoir signé un pacte avec une puissance non musulmane. Cette attaque marque le point de départ d'une contestation du régime. Le groupe en question se voulait avant tout une résurgence du mouvement des Ikhwans de 1929 et, une nouvelle fois, l'Arabie saoudite fait appel à une aide extérieure non musulmane – la France, qui envoie des unités d'élite de la gendarmerie qui vont jouer un rôle clef dans la reprise des lieux saints, moyennant quelques contorsions politico-religieuses (la « conversion express » de plusieurs gendarmes afin qu'ils puissent physiquement pénétrer dans ce haut lieu de l'Islam et diriger au plus près la « neutralisation » des insurgés).
Une deuxième menace intervient à la même époque. Elle vient cette fois de la communauté chiite, dont la majorité des membres est concentrée autour des zones orientales pétrolifères, dans la région du Hassa. En 1980, la monarchie redoute une possible expansion de la Révolution iranienne sur son propre territoire. Une opposition chiite se structure et se développe politiquement au cours de cette même année, peu après les émeutes de Qatif qui furent durement réprimées par la Garde nationale. D'un côté, les chiites revendiquent une plus grande participation dans les affaires du pays, considérant qu'ils sont écartés et victimes de discrimination dans l'attribution de postes à responsabilités locales ; de l'autre, les partisans de la doctrine wahhabite sont fermement opposés à toute émancipation d'une communauté qu'ils considèrent comme hérétique. Influencés par la naissance de la Révolution iranienne, des responsables chiites créent une Organisation de la Révolution islamique qui prend la forme d'un militantisme clandestin. Après l'échec de la confrontation violente de 1980, les chiites adoptent la voie réformiste et privilégie le combat politique, avec le Mouvement pour la réforme qui n'apparaît que plus tard, en 1992. Londres devient une des bases de l'opposition en exil – devant l'impossibilité de se structurer sur le territoire saoudien –, avec comme leaders principaux Tawfiq al-Sheikh et Alawi al-Makili, ainsi que Damas, avec la présence du cheikh Hassan al-Safar. Le mouvement fixe alors son discours sur les autorités religieuses, réclamant une participation dans sa représentation institutionnelle. Le dégel avec les autorités politiques intervient en 1993 et s'accompagne à partir de 1997 d'un rapprochement avec l'Iran. De nombreux dignitaires chiites retournent sur le territoire saoudien, et un représentant de la communauté entre dans le tout nouveau Conseil consultatif *(Majlis al-Choura)* créé en 1993. Le processus de dialogue entre la communauté chiite et la monarchie est désormais amorcé ; il fera intervenir de nombreux dignitaires qui joueront un rôle d'intercesseurs avec le régime saoudien. Si cette menace est relativement bien endiguée, combinant répressions sévères et ouvertures, il n'en demeure pas moins que la question reste encore aujourd'hui un sujet de préoccupation pour la monarchie, notamment après la chute du régime baasiste irakien, dont la partie sud, majoritairement chiite, a conservé des liens familiaux importants avec la minorité chiite de la péninsule.
Le troisième pan historique du discours contestataire va prendre tout son sens au début des années 90, après que la monarchie saoudienne fut dans l'obligation de s'en remettre aux forces américaines pour la protection de son territoire national, réaffirmant un peu plus son alliance avec les États-Unis. Au lendemain de l'invasion irakienne du Koweït en août 1990, elle doit faire face à une contestation menée par des éléments islamistes, une génération arrivée à maturité qui réclame de profondes réformes des institutions politiques et religieuses du pays. Ce contexte de la deuxième guerre du Golfe a représenté un important tournant dans l'évolution des étapes de la pensée contestataire en Arabie saoudite. Elle contribua à affaiblir la crédibilité des cheikhs de l'establishment religieux (Ben Baz et Ben Uthaymeen entre autres), favorables au gouvernement et à la présence de troupes étrangères dans le Golfe et en Arabie. Les lignes politiques adoptées par les cheikhs du courant salafiste originel reposaient essentiellement sur une fidélité absolue au gouvernement saoudien détenteur de l'autorité politique, fondé sur le principe du respect des lois en vigueur *(vilaya al-amr).* Entre mai 1991 et septembre 1992, le processus de structuration de la contestation en Arabie saoudite s'amorce par étapes. Deux pétitions, comportant des critiques voilées, sont tout d'abord adressées au roi Fahd par des étudiants en *charia* et des intellectuels religieux – pour la plupart venus de l'enseignement religieux officiel qui s'est considérablement développé sur tout le territoire saoudien avec la création de grandes universités islamiques. Dans leurs revendications, ils formulent la création d'un Conseil consultatif *(Majlis al-Choura)* indépendant, non affilié au pouvoir, qui prendrait des décisions en matière politique et religieuse. La concrétisation politique de ces revendications prend donc la forme d'un manifeste adressé à la famille royale, dans lequel figure un certain nombre d'oulémas contestataires comme Salman al-Awda et Safar al-Hawali, respectivement imam d'une mosquée saoudienne de la région du Qassim et professeur en droit islamique formé à l'université islamique de Médine. Ces deux cheikhs sont considérés comme les initiateurs d'un courant nommé le Mouvement de la renaissance islamique (Al-Sahwa al-Islamiyya), créé en 1992. Les revendi-

cations des partisans de la Sahwa sont essentiellement basées sur une plus grande ouverture politique, une participation plus active du Conseil supérieur des oulémas dans la vie politique, trop lié selon eux au pouvoir, la mise en place de mesures anticorruption et une redistribution plus égalitaire de la rente pétrolière, dans un pays non épargné par la crise, dont le PIB par habitant est passé de 16 500 dollars en 1981, à 7 200 en 2000. Ils mettent en avant le fait que les dividendes de la hausse de 1973 n'ont pas profité au peuple saoudien, touché par une hausse du chômage, tandis que le taux de croissance de la population demeure important. À la fois politique, économique et social, leur discours s'articule autour d'un appel à une plus grande moralisation de la société face aux hérésies *(bidaa)* occidentales, appuyés par un fort ressentiment régionaliste face pouvoir central du Najd.

Malgré les signaux de 1979 et 1980, la surprise est de taille pour le régime saoudien qui n'avait pas prévu ce type de contestation interne, davantage construite politiquement que les précédentes. En réponse à la crise manifeste, la monarchie met en place, en juillet 1993, un ministère des Affaires islamiques (les cheikhs Abdallah ben Abdel Muhsen al-Turki jusqu'en 2000, puis Saleh ben Abdel Aziz al-Sheikh en seront les ministres). En 1994, le Conseil supérieur des oulémas est réformé. Toujours dirigé par le grand mufti du royaume (Abdel Aziz ben Baz jusqu'en 1999, puis Abdel Aziz ben Abdallah al-Sheikh), sa composition est ainsi élargie et de nouveaux membres, plus jeunes, font leur entrée. Entre 1993 et 1994, le pouvoir saoudien poursuit ses réformes institutionnelles par la création d'un Conseil de la *choura*. Basé sur la consultation, cet organe politique dirigé par le cheikh Saleh ben Humayd est censé prendre part aux débats des pouvoirs exécutif et législatif saoudien, mais en réalité il n'aura que peu d'influence sur le processus de décisions politiques, qui reste entre les mains du Conseil des ministres dirigé par le roi. Mais ces mesures sont perçues par les membres de la Sahwa comme des manœuvres qui permettent au pouvoir saoudien de garder la main sur l'appareil politico-religieux du pays, ce qui, de fait, provoque une césure entre, d'un côté, les oulémas fidèles au régime, détenteurs des fondements du salafisme originel, et, de l'autre, les prédicateurs réformistes considérés comme les acteurs d'une nouvelle génération d'oulémas quadragénaires, appelés aussi parfois les néo-salafistes par la presse arabophone.

Dans la continuité de cette contestation apparaît un autre courant plus radical. L'arrivée des troupes américaines sur le territoire saoudien, après la guerre du Golfe de 1990, a marqué un point de rupture. Car, si l'apparition du courant réformiste a pu prendre souche sur le terrain politique, la génération des combattants arabes, de retour d'Afghanistan, formée religieusement, politiquement et militairement dans les camps afghans, celle qui s'était engagée justement dans cette cause djihadiste sous l'influence des nombreux prêches des oulémas officiels de l'époque, va entrer dans une confrontation violente avec le régime. Autant pour le courant réformiste que pour la majorité des moudjahidines saoudiens de retour d'Afghanistan, la présence d'une force militaire étrangère sur le territoire sacré de l'Islam apparaît inacceptable ; qui plus est pour attaquer un pays musulman voisin. Une nouvelle fois, le doigt est immédiatement pointé sur les dépenses militaires (275 milliards de dollars entre 1975 et 1990, soit un tiers du PIB), avec pour résultat un pays qui ne serait pas capable d'assurer sa propre sécurité en cas de menace extérieure. En 1991, le financier saoudien Oussama ben Laden, fondateur deux ans plus tôt d'une structure internationaliste vouée au djihad et qui prend le nom d'Al-Qaïda (« la base », en référence à une base de données initiale comprenant le nom de combattants arabes du djihad afghan), adresse à son tour un ultimatum à la famille royale. Ses revendications ne sont alors plus axées que sur un seul objectif : chasser ce qu'il nomme « les forces croisées » du territoire de l'Islam. La différence avec les réformistes se situe dans le choix de l'option violente, qui n'est plus écartée mais plutôt encouragée. Dans l'espace idéologique de la pensée islamiste contemporaine, ce courant djihadiste, surnommé aussi salafiste djihadiste devient, après le djihad en Afghanistan, un exemple que les mouvements islamistes, qui entrent dans une confrontation avec le pouvoir, vont s'employer à mettre en pratique. Les salafistes djihadistes vont pouvoir s'implanter en Arabie saoudite grâce à des relais locaux, représentés par des oulémas plus radicaux, issus également des universités saoudiennes mais influencés par la rhétorique du djihad mise en avant par Abdallah Azzam (jordanien), Ben Laden (saoudien) et Ayman al-Zawahiri (égyptien) – idéologues du djihad en Afghanistan. Parmi ces prédicateurs locaux figurent un triumvirat composés des cheikhs Nasser al-Fahd, Ali al-Khudayr et Ahmad al-Khalidi, régulièrement surnommés les cheikhs takfiristes par la presse saoudienne. Ils fondent leur réflexion autour d'une idée centrale qui est de déclarer apostats tous les régimes et les gouvernants des pays islamiques qui n'appliquent pas la charia, le gouvernement des Talibans excepté. Les partisans de ce courant djihadiste ont pu également bénéficier de la renommée d'un cheikh, Hamoud al-Shuaybi, figure emblématique des oulémas saoudiens, mort en janvier 2002, et qui avait suivi la voie du djihad après l'Afghanistan, rompant ainsi avec le reste des cheikhs officiels. Déjà en 1999, il reconnaissait le caractère islamique du régime des Talibans dans une *fatwa*. Il avait prononcé ensuite un deuxième avis en faveur de l'opposition armée aux appareils de sécurité, thématique reprise quelques mois plus tard par les brigades djihadistes qui organiseront des opérations armées sur le territoire saoudien. Ce groupe d'oulémas locaux avaient su également garder l'un des slogans phares utilisé par Ben Laden : « Expulser les troupes américaines et occidentales de la région », appliquant dans ce contexte un célèbre *hadith* du Prophète qui souhaitait l'expulsion des polythéistes de la région pour reconquérir La Mecque. Ainsi, tout au long des années 90, le retour des combattants djihadistes dans la péninsule arabe et le renforcement de l'alliance stratégique entre la monarchie et les États-Unis vont faire le lit d'une opposition violente dans le royaume saoudien. C'est alors que les événements du 11 Septembre, qui portent un coup fatal au sanctuaire afghan, prolongés par la seconde campagne militaire contre l'Irak, précipitent définitivement le passage à la violence sur le territoire des lieux saints ; l'exécutif américain, en amalgamant lutte contre le terrorisme et destruction du régime de Saddam Hussein, ouvre alors une dangereuse « boîte de Pandore », dont les répercussions ne vont pas tarder à se faire sentir, et plus particulièrement dans le royaume saoudien.

Les acteurs

Les salafistes et la contestation du pouvoir

◆ Les réformistes d'Al-Sahwa al-Islamiyya.

En mai 1993, un an à peine après les premiers manifestes adressés à la famille royale, un Comité de défense des droits légitimes (CDDL) est créé à l'initiative de plusieurs oulémas, considérant que le gouvernement n'a pas amorcé un processus de réformes. Ce comité comporte alors des religieux et quelques intellectuels de la société civile saoudienne, dont les figures emblématiques seront le physicien Mohammed al-Masaari, porte-parole du CDDL, et le chirurgien Saad al-Faquih. La structure se présente rapidement comme l'organe représentatif d'une formation nationale d'opposition politique. Des manifestations, pourtant pacifiques, ont lieu au printemps 1993 dans la capitale du Qassim, à Burayda. Face aux risques de déstabilisation interne, la monarchie saoudienne décide de démanteler le CDDL. Le cheikh Safar al-Hawali, initiateur de la toute première contestation quelques mois plus tôt, est placé en résidence surveillée en septembre 1993, tandis que son collègue Salman al-Awda, plus radical dans ses propos, est arrêté en 1994. Ils ne seront libérés qu'en 1999. Dès la fin de l'année 1993, comprenant le refus du pouvoir d'entamer un dialogue avec les jeunes oulémas réformistes, Al-Masaari et Al-Faquih décident de fuir le pays. Ils finissent par s'installer à Londres, espace favorable à l'époque pour l'établissement d'une structure d'opposition politique en exil.

◆ Les salafistes djihadistes (Salafiya Jihadiya)

Depuis la naissance du courant salafiste djihadiste en Afghanistan au milieu des années 80, matrice idéologique de la nébuleuse Al-Qaïda, une partie de ses prédicateurs s'employait à considérer au départ l'ensemble de la péninsule arabique comme le territoire le plus sacré de l'Islam, un sanctuaire sur lequel toutes opérations djihadistes devaient être prohibées même si le pouvoir en place avait perdu sa légitimité depuis l'installation des troupes américaines dans le Golfe en 1990. Volontairement, ils ne mentionnaient pas la crise de novembre 1979, quand des assaillants s'étaient attaqués à la Grande Mosquée de La Mecque, dans leurs écrits dont une partie sera pourtant reprise par la génération des djihadistes saoudiens qui ont combattu sur d'autres terrains dans les années 90. Les oulémas du salafisme originel, même favorables au djihad, ne souhaitaient pas exporter un combat sur le territoire des lieux saints, expliquant que la priorité devait aller à la libération des zones de l'Oumma occupées par des forces étrangères (Palestine, Tchétchénie, Bosnie et Cachemire) et vers le renversement des régimes arabes dit progressistes, comme l'Algérie ou l'Égypte. Ceux qui suivaient les positions de cheikhs comme Abdel Aziz ben Baz restaient fidèles au respect de l'ordre et de la monarchie, tandis qu'Abdallah Azzam et Ben Laden invoquaient comme raison principale l'impératif d'éviter la mort de musulmans innocents. De telles bavures scelleraient irrémédiablement la rupture entre la mouvance et une partie de la population saoudienne, terreau de recrutement indispensable. Seul Ayman al-Zawahiri, que son passé d'opposant et son emprisonnement en Égypte avaient profondément marqué, souhaitait une extension du djihad sans distinction de territoires, fixant ainsi sa théorie des deux ennemis : le lointain, représenté par les États-Unis et leurs alliés, et le proche, représenté par les régimes arabes considérés comme impies.

Sur le territoire saoudien, l'approche des partisans du djihad était sensiblement différente. En particulier au sein du groupe du *takfir,* parmi les cheikhs Al-Khudayr, Al-Fahd et Al-Khalidi, l'option envisagée privilégiait désormais une contestation active du pouvoir, en raison de l'échec du processus politique mis en place par les réformistes qui avait conduit à de nombreuses arrestations. Constatant la radicalisation du discours *takfiri,* le gouvernement saoudien entreprit, au milieu des années 90, d'arrêter ce groupe d'opposants islamistes qui avaient fomenté des troubles à Burayda en 1993 aux côtés des réformistes, investi des bâtiments officiels de la région et s'étaient retranchés dans les mosquées, donnant un caractère plus violent aux manifestations contestataires. Durant leur incarcération dans la prison d'Al-Hayir, les différents courants contestataires, djihadistes et réformistes de la Sahwa, se croisèrent et dialoguèrent sur les stratégies futures à définir, scénario similaire à celui qu'avait connu l'Égypte des années 80, après l'assassinat du président Al-Sadate. Les cheikhs Al-Fahd et Abdel Aziz al-Jarbu représentaient l'aile dure du mouvement ; ils sont aujourd'hui encore considérés comme deux des symboles de la Salafiya Jihadiya en Arabie saoudite. Probablement en concertation avec la mouvance extérieure, le courant radical opta pour la confrontation violente sur le terrain, en concentrant ses objectifs sur la présence étrangère dans la péninsule. Le passage à l'acte surviendra en novembre 1995, lorsqu'une voiture piégée explose à Riyad, tuant plusieurs diplomates américains. Cet épisode marque, pour la mouvance, le début du djihad dans un pays qui est désormais appelé « le territoire des lieux saints » *(Bilad al-Haramein),* par opposition au terme d'Arabie saoudite trop lié à la monarchie. La poursuite des orientations stratégiques du pouvoir saoudien aux côtés des États-Unis

avait fini par unifier les conceptions djihadistes, décidées à porter le combat à l'intérieur du royaume. Le 25 juin 1995, un camion explose devant la base américaine d'Al-Khobar, faisant 19 morts. Pendant longtemps, les services américains, en fonction des sources délivrées par les autorités saoudiennes, ont accusé l'Iran d'être derrière cette attaque. Or, conformément à un mode désormais rôdé chez les djihadistes, les biographies des auteurs, tous saoudiens, ont été diffusées sur des sites proches d'Al-Qaïda, alors que plusieurs leaders de la mouvance (Al-Ayeeri notamment) ont aussi revendiqué la paternité de cette opération aux réseaux d'Oussama ben Laden. Plus tard, le contexte post-11 Septembre allait contribuer à sceller un peu plus le sort de la famille régnante dans l'esprit des salafistes djihadistes. Dans son message de février 2003, Ben Laden lui-même accuse les Saoud d'avoir trahi les préceptes divins et de n'être plus que des apostats en marge de la communauté musulmane. Trois mois plus tard, un premier complexe d'habitations de Riyad-Est est touché par une attaque à la voiture piégée qui fera une trentaine de morts. Le 8 novembre, deux véhicules explosent dans le complexe d'Al-Muhya, toujours à Riyad, tuant 19 personnes. La même méthode est utilisée un an plus tard, lorsqu'un bâtiment de la capitale abritant des membres des forces de sécurité est partiellement détruit le 21 avril 2004 : 6 personnes sont tuées. Aujourd'hui, ces attaques ont stupéfié le monde musulman et ont montré que le pacte tacite de non-agression entre les djihadistes et le pouvoir saoudien avait bien définitivement été rompu.

LE DIALOGUE NATIONAL : ENTRE CONTACTS ET TENSIONS

Après la première opération d'envergure menée par les djihadistes sur le territoire saoudien, en mai 2003 – 34 morts lors d'une explosion dans trois complexes résidentiels de Riyad-Est dans lesquels vivent des étrangers –, le gouvernement, craignant une propagation de la contestation sur tout le territoire, décide d'entamer un processus de dialogue censé englober l'ensemble des courants et des groupes ayant réclamé par le passé des ouvertures *(al-infitah)* sur les plans politique, économique et social. Comme en 1994, le pouvoir prend conscience de l'importance des réformes pour le pays et décide donc de lancer une consultation à l'échelon du pays tout entier. Cette formule de contacts prend le nom de « dialogue national » *(al-hiwar al-watani).* À l'initiative du prince Abdallah ben Abdel Aziz, qui reste le dirigeant le plus épargné par les critiques, une première session s'ouvre dans la capitale en juin 2003, soit à peine un mois après les explosions de Riyad. Le projet reçoit immédiatement le soutien d'une personnalité influente du courant réformiste, le cheikh Salman al-Awda, et de toutes les différentes composantes du champ politico-social saoudien : les libéraux, les soufis, les chiites, les femmes et les intellectuels.

Alors que le dialogue semble prendre ses marques, une deuxième attaque perpétrée par un groupe de djihadistes vient, en novembre 2003, secouer une nouvelle fois le pays, cette fois dans le complexe Al-Muhya de Riyad. Comme lors de la première attaque, les critiques les plus vives adressées au clan djihadiste sont venues naturellement de la part des imams liés au pouvoir. Ils ont condamné les attaques avec la plus grande sévérité, demandant à la population de ne pas soutenir les partisans du djihad, perçus comme des dévoyés de la religion *(al-mounharifoun).* Ils insistent tous sur le fait que, par leurs actions violentes, les djihadistes ont porté sur le territoire saoudien le désordre intérieur *(al-fitna).* Des appels sont aussi lancés dans ce sens par les réformistes, qui demandent expressément aux djihadistes de revenir sur leurs positions, jugées radicales, et d'obéir à un ordre établi *(wali al-amr)* en précisant que le territoire des lieux saints devait être préservé de toute attaque violente. Toujours dans l'espoir d'enrayer la violence, des personnalités réformistes, comme Suleyman al-Dawish et Muhsen al-Awaji, proposent de jouer un rôle de médiateur entre le pouvoir et les djihadistes. Rejoints par deux autres cheikhs réformistes influents, Safar al-Hawali et Suleyman al-Alwan, ils décident de rencontrer les ministres des Affaires intérieures (Amir Nayef) et des Affaires étrangères (Amir Saoud al-Fayçal) et annoncent qu'ils vont lancer, en décembre 2003, un appel aux militants djihadistes, leur demandant de déposer les armes contre un procès équitable ; appel qui n'entraînera la reddition que d'une dizaine de personnes. Parallèlement à ces approches, Al-Awaji tente une nouvelle médiation et entre en contact avec un des oulémas recherchés, le cheikh Fares al-Zahrani, lui demandant de se rendre en échange d'une amnistie partielle, ce que l'intéressé refuse. Même s'il est difficile de savoir si ces initiatives sont volontaires ou non, on constate néanmoins que le pouvoir a cherché, par ces médiations, à s'appuyer sur des personnalités aux réseaux solides. Pourtant, les résultats de ces approches n'ont pas eu les effets escomptés, à savoir provoquer un maximum de redditions. Au contraire, elles n'ont fait qu'amplifier la césure qui existe désormais entre des réformistes, accusés de servir le pouvoir, et une mouvance radicale, convaincue que seul un passage à la violence pourra déstabiliser la monarchie saoudienne.

Entre-temps, une deuxième réunion du dialogue national s'est tenue le 27 décembre 2003 à La Mecque. Dans un premier temps, elle a permis de désigner le cheikh Saleh al-Husayn président du Comité pour le dialogue national. Il est secondé par les docteurs Abdallah Omar Nussayf et Rashid al-Rajah. Appuyé à nouveau par le cheikh Al-Awda, cette rencontre de La Mecque est soutenue par plus de 75 oulémas sur tout le territoire et regroupe une soixantaine de participants. Parmi les plus influents du courant néo-réformiste qui soutiennent l'initiative du dialogue, on trouve des anciens membres fondateurs du CDDL, l'avocat Muhsen al-Awaji, le juge Abdel Aziz al-Qassem, les intellectuels et penseurs Ayedh al-Qarni, Awd al-Qarni ainsi qu'Abdel Wahab al-Turayri et Suleyman al-Dawish. Ils ont approuvé les bases du dialogue qui prévoient le lancement de réformes politiques et institutionnelles, mais aussi une refonte des programmes islamiques d'enseignement, question qui devient désormais centrale et va soulever une nouvelle série d'oppositions au sein même du clan réformiste. À sa tête, le cheikh Al-Hawali s'est clairement positionné contre l'esprit du dialogue national engagé à La Mecque depuis la fin de l'année 2003. Il s'oppose en particulier à la réforme des programmes d'enseignement. Une lettre signée par 156 oulémas du pays a même été publiée à cet effet en janvier 2004. Dans celle-ci, on retrouve des figures historiques du réformisme saoudien, comme d'anciens professeurs de l'Uimis (Université islamique Al-Imam Mohammad ibn Saoud, l'une des plus influentes du pays). Tous mettent en avant le danger d'une telle réforme, perçue comme une remise en cause de la prédication religieuse salafiste en Arabie saoudite, démontrant au passage de réelles divergences par rapport aux positions prises par le groupe Al-Awaji et Al-Awda. Au début de l'année 2004, une troisième session s'est tenue à Jeddah, orientant les propositions de réformes vers un changement des programmes éducatifs et vers l'amélioration de la condition sociale des femmes. La dernière phase du dialogue national s'est achevée à l'automne 2004, à Riyad et dans la région Est, avec la consultation de la jeunesse saoudienne. Cet engagement, pris par le prince héritier Abdallah, devrait se poursuivre durant l'année 2005, même si aucun agenda précis des thématiques discutées n'a été encore avancé. Enfin, après ces différentes consultations nationales mises en place par le pouvoir, la décision politique la plus remarquable est sans doute l'annonce, faite par la monarchie en octobre 2004, de la tenue d'élections municipales dans toutes les régions du pays. Celles-ci devraient avoir lieu au cours du premier trimestre 2005. Elles constituent la première échéance électorale dans l'histoire du royaume saoudien. Destinées à assurer une plus grande ouverture politique, ces élections concerneront plus de 170 conseils municipaux, dans lesquels la moitié des membres seront élus au suffrage direct ; le régime conservant le droit de nommer les membres restants.

Malgré ces tentatives de dialogue, le pouvoir semble néanmoins tergiverser dans sa politique d'ouverture. Le 16 mars 2004, une partie des signataires de l'Association nationale des droits de l'homme (ANDH), présents lors des sessions précédentes du dialogue national, est arrêtée. Il s'agit essentiellement d'intellectuels du courant libéral, comme Abdallah al-Hamid, Mohammad Tayyeb, Tawfiq al-Qassir. Cette association a pourtant été créée quelques jours auparavant, sous le statut d'ONG, alors que le sujet d'un comité des droits de l'homme avait été évoqué pour la première fois en Arabie saoudite en mai 2003, juste après les explosions de Riyad. La mise en place d'une thématique sur les droits de l'homme témoigne de la volonté des réformes politiques et sociales que le prince héritier, Abdallah ben Abdel Aziz, a voulu mettre en place. Dès sa création, l'ADNH annonce officiellement que son rôle est de servir d'intercesseur entre la monarchie et les populations victimes d'injustice, et que ses premiers travaux doivent être consacrés à la condition de la femme. De même, elle affirme que les propositions qu'elle sera en mesure de formuler respecteront les thèses défendues par le pouvoir politique et religieux.

Par ailleurs, les différents tours de vis du régime n'ont pas épargné les milieux réformistes. Des cheikhs influents, comme Saïd ben Zueer, Abdel Karim al-Humayd et Suleyman al-Alwan, ainsi que des groupes de prédicateurs ont été à leur tour emprisonnés pour des prêches trop enflammés, qui témoignaient d'une certaine sympathie envers des activistes djihadistes présents sur le territoire, franchissant une barrière de non-retour pour les autorités locales. Certains intellectuels arrêtés et le cheikh Ben Zueer ont été jugés en septembre 2004, et condamnés à des peines de prison de plusieurs années. Ces décisions ont eu pour effet de déclencher une vague de protestation contre le pouvoir au sein des milieux intellectuels et religieux, protestations qui n'ont pas encore pris une dimension importante, mais qui témoignent du climat tendu entre une société civile saoudienne et un régime de plus en plus contesté. Immédiatement après la prise d'otages opérée dans la ville d'Al-Khobar le 29 mai 2004, le gouvernement saoudien annonce également vouloir prendre des mesures contre les circuits financiers susceptibles d'alimenter les djihadistes sur son territoire, en particulier à travers les organisations caritatives musulmanes qui foisonnent dans le pays ; la plus touchée est la fondation Al-Haramein, dont le budget est estimé entre 40 et 50 millions de dollars, et dont les bureaux à l'étranger ont été démantelés. Les critiques à l'encontre de la mouvance djihadiste et de ses actions vont être relancées par plusieurs oulémas de la Sahwa, après ces nouvelles opérations spectaculaires. En tête, Salman al-Awda affirme que les radicaux ont adopté aujourd'hui une position qui privilégie une lecture figée du Coran et que, par conséquent, l'application du djihad qui en est faite nuit considérablement à l'image de l'islam dans le monde. Afin d'éviter une déstabilisation du territoire plus importante encore, les réformistes ont proposé au pouvoir une forme de concorde civile, un scénario à l'algérienne qui prévoit la remise des armes par les radicaux, en échange de l'ouverture d'un dialogue et de la promesse d'une amnistie générale.

QUELLES PERSPECTIVES POUR L'AVENIR ?

Depuis le milieu des années 90, la monarchie saoudienne a tenté constamment de composer avec la frange modérée de l'opposition, cherchant à l'intégrer dans un processus de décisions politiques qui reste à définir. Néanmoins, l'enjeu majeur pour le pouvoir aujourd'hui est de persuader le groupe des islamistes radicaux d'entrer également dans un processus de réformes qui apparaît pourtant contraire aux principes érigés par les djihadistes. Mais malgré le retour de certains oulémas radicaux sur la voie du dialogue, le gouvernement n'a pas pu empêcher les activistes d'agir sur son territoire, alors qu'ils bénéficient visiblement de soutiens au sein même de la population. Le pacte de non-agression des années 90, qui impliquait l'arrêt des opérations massives sur les territoires des lieux saints, a été régulièrement remis en cause par les partisans du djihad, qui considèrent que les prises de position de la famille royale et l'évolution de la politique internationale dans la région sont responsables du changement de stratégies. Aujourd'hui, l'heure est à l'affrontement direct. La monarchie saoudienne a engagé une campagne de répression sans précédent sur son territoire ; plus de 600 arrestations ont été opérées. Pourtant, les opérations armées se succèdent. Au cœur même de la société saoudienne, le débat fait rage autour de la question principale : en touchant le centre de l'islam, les moudjahidines ont-ils adopté la bonne stratégie ? Les oulémas du régime les accusent de s'être dévoyés. Les partisans du djihad ont même perdu un soutien essentiel, puisque les trois principaux prédicateurs djihadistes, toujours emprisonnés, les cheikhs Ali al-Khudayr, Nasser al-Fahd, et Ahmad al-Khalidi sont revenus sur leurs engagements et leurs *fatwa* précédentes qui préconisaient le djihad armé et condamnaient à l'apostasie le régime. De surcroît, ces trois prédicateurs sont allés jusqu'à relayer les appels du régime à la reddition des combattants. Dans le même registre, la télévision d'État saoudienne a diffusé plusieurs témoignages de militants djihadistes arrêtés puis repentis, expliquant les raisons de leur engagement et relatant les circonstances qui les ont amenés à se rétracter.

Pourtant, on remarque que ces tentatives n'ont pas été suivies d'effets. Au contraire, les opérations violentes se sont succédé. Dans une série de vidéos et de messages sonores, les djihadistes ont annoncé qu'ils poursuivraient leurs attaques contre le régime, ce qui aurait pour conséquence d'entraîner l'Arabie saoudite dans une instabilité de plus en plus durable. Après s'être attaquées aux complexes résidentiels et aux forces de sécurité, les stratégies des djihadistes ont été orientées contre les intérêts étrangers dans le royaume, par une série d'assassinats ciblés et d'enlèvements d'expatriés occidentaux, ayant pour effet d'entraîner un climat d'insécurité sur l'ensemble du territoire. Entre mai et juin 2004, une attaque commando contre des ressortissants étrangers fait 5 morts à Yanbo, une seconde du même type a lieu dans un complexe résidentiel étranger et des bureaux d'un bâtiment d'une société pétrolière américaine dans la ville d'Al-Khobar (22 personnes sont tuées, dont de nombreux étrangers), puis trois instructeurs américains et un caméraman britannique sont successivement assassinés à Riyad. Durant ces opérations, le courant salafiste djihadiste a montré sa capacité à étendre ses réseaux opérationnels, d'est en ouest et du nord au sud de la péninsule, illustrant une nouvelle fois l'ampleur de leur d'implantation.

Face à ces attaques, le régime saoudien a commencé à entreprendre une politique d'*endiguement* interne et de répression, constatant l'échec du dialogue avec la ligne dure des contestataires du régime. Il faut dire que, depuis plusieurs mois, des accusations de complicité entre des activistes et certaines institutions officielles sont régulièrement portées, afin d'expliquer la fréquence et la réussite des opérations violentes. Les forces de sécurité (police et garde nationale) et les réseaux financiers des organisations caritatives sont désormais montrés du doigt. Ainsi, après la flambée de violence du printemps 2004, le régime a engagé des mesures concrètes pour lutter contre la violence des djihadistes. Les contrôles sur les zones frontalières, considérées comme des points de passage dans l'acheminement des armes, seront renforcés. Les réseaux de financements privés, basés sur les fonds en provenance des associations caritatives locales, vont être démantelés, dans le cas où ils financeraient des groupes extrémistes. Autre mesure : un contrôle des prêches de certains imams, qui favorisent le recrutement de jeunes éléments pour le djihad, sera effectué, confirmant probablement la poursuite des arrestations précédentes. Le pays souhaite également engager une coopération plus efficace avec les pays arabes qui ont connu, par le passé, des luttes contre le terrorisme, à l'instar de l'Égypte, et utiliser, par la même occasion, des moyens de communication Internet afin de lutter contre les pensées extrémistes, dont les réseaux de communication sont souvent basés à l'étranger. En échange, comme mesure de bonne volonté, le pouvoir promet de traiter dignement toute reddition des djihadistes armés, approche dont les résultats sont jusque-là quasi insignifiants.

Pourtant, il semblerait que la politique d'arrestations et la multiplication d'accrochages entre les forces de sécurité et les activistes laissent entrevoir de premiers résultats sensibles. Les opérations spectaculaires ont cessé depuis l'été 2004. Le mois du ramadan, souvent propice aux attaques djihadistes, n'a pas connu de recrudescence des activités. Faut-il y voir les prémices d'une nouvelle stratégie de la part du courant radical ? La liquidation, en juin 2004, du chef des réseaux opérationnels d'Al-Qaïda en Arabie saoudite, Abdel Aziz al-Mouqrin, est certes un premier coup significatif porté par le pouvoir aux activistes. Mais sa disparition pourrait justement relancer la stratégie des opérations directes à l'encontre du régime et de ses intérêts, évitant les attaques contre les étrangers, de manière à exercer des représailles contre les forces de sécurité, accusées d'être responsables du démantèlement de plusieurs cellules au cours de ces derniers mois. Pourtant, la succession d'Al-Mouqrin, remplacé à la tête des réseaux par Saleh al-Awfi, pouvait laisser penser que les activistes allaient également poursuivre les attaques contre des intérêts étrangers, voulant préserver de possibles complicités au sein des appareils de sécurité, et évitant ainsi de s'en prendre au régime. Par ailleurs, plusieurs activistes ont pu rejoindre les pays limitrophes comme le Bahreïn, le Yémen ou la Jordanie, afin de se constituer des bases arrière et réorganiser leurs cellules opérationnelles. La période de calme observée vers la fin de l'année 2004 pourrait n'être qu'une trêve dans la confrontation, de manière à reconstituer de nouvelles cellules. Même si les partisans du djihad en Arabie saoudite ont subi de lourdes pertes, leur capacité d'action va demeurer un facteur de déstabilisation récurrent pour le régime, en particulier si les rivalités de succession au sein de la famille royale devaient s'accentuer. Le vivier de recrutement demeure intact, alimenté par des circonstances régionales favorables. Si la génération des combattants du djihad ayant fait leurs premières armes en Afghanistan a pu s'essouffler, celle-ci pourra être renouvelée sans difficulté par les djihadistes saoudiens partis combattre en Irak, estimés à plusieurs milliers, et dont le retour aura sans doute des répercussions sur la scène intérieure du pays. D'ailleurs, la question irakienne est devenue un thème mobilisateur essentiel dans les débats au sein des courants réformistes et djihadistes, mais aussi entre les oulémas officiels du régime. La majorité partage l'idée qu'une aide indispensable doit être apportée à la résistance irakienne sur le terrain. En novembre 2004, une lettre signée par 26 cheikhs réformistes est venue confirmer ces orientations, puisque ces derniers ont appelé les musulmans à soutenir la résistance dans les villes sunnites irakiennes, considérant que la lutte contre l'occupation américaine était bien un djihad à part entière.

Les acteurs

Les organisations de la contestation du pouvoir

◆ MRI – Mouvement du renouveau islamique (ex-Comité de défense des droits légitimes)

(Haraka al-Tajdid al-Islami)

Le Comité de défense des droits légitimes (CDDL) est fondé le 3 mai 1993, par un communiqué signé par des notables religieux et des personnalités du milieu de l'enseignement, dont les plus connus sont un juge de Riyad, Abdallah al-Jibrine, et Abdallah ben Hamoud al-Tuwayjiri, professeur d'une des grandes universités islamiques de la capitale. Une sorte de comité exécutif rattaché au CDDL est ensuite mis en place par des intellectuels islamistes sortis des rangs de la société civile comme Mohsen al-Awaji, Abdel Aziz al-Qassem, Saad al-Faquih et Mohammed al-Masaari, qui devient le porte-parole officiel du mouvement. Les départs d'Al-Masaari et d'Al-Faquih vers Londres étaient en fait planifiés par le comité ; l'objectif était de créer une voix d'opposition en exil, à l'abri des vagues d'arrestations organisées par le pouvoir. Depuis la capitale britannique, ils espèrent disposer de relais médiatiques, en particulier auprès de la presse arabe expatriée. Si, en Occident, le comité se présente comme une organisation pour la défense des droits de l'homme, le gouvernement saoudien le considère comme un mouvement subversif. Dans leur publication mensuelle, les lettres du CDDL, ils tentent d'inciter la population à manifester et les oulémas à s'élever contre la politique du régime. Malgré ces efforts, ils parviennent de moins en moins à se constituer des relais intérieurs ; la répression qui se poursuit sur le territoire saoudien l'affaiblit considérablement.

Dans son programme politique, le CDDL considère qu'une confrontation armée n'est pas la solution privilégiée, car elle provoquerait à coup sûr un coup d'État militaire soutenu par les Occidentaux. De même, une révolution islamique entraînerait des ingérences extérieures, réveillerait les appétits de la monarchie hachémite de Jordanie et conduirait à une division du pays. Le CDDL penche donc plutôt pour un renversement interne au sein de la famille royale, en s'appuyant sur la division entre les différents frères du roi Fahd, à la santé fragile. Il serait plutôt favorable à l'avènement rapide du prince héritier Abdallah ben Abdel Aziz, demi-frère du roi Fahd, loué pour sa piété, en lui demandant de s'écarter du clan des *sudayri* qualifié d'usurpateur et représenté par les princes Sultan ben Abdel Aziz (ministre de la Défense), Nayef ben Abdel Aziz (ministre de l'Intérieur) et Salman ben Abdel Aziz (gouverneur de Riyad) qui sont les frères directs du monarque saoudien. Il ne souhaite pas une modification radicale des institutions dirigeantes, mais prône essentiellement des réformes politiques dans les fondements stratégiques de la monarchie, aboutissant à une rupture avec les États-Unis, ainsi qu'à une plus grande indépendance du champ religieux.

Jugulé en partie par la presse arabe de Londres (les quotidiens *Al-Hayat* et *Al-Sharq al-Awsat* sont financés par des membres de la famille royale), le CDDL développe sa communication à travers Internet et diffuse par mail et par fax des tracts, des communiqués et des bulletins d'information sur la situation intérieure. Pourtant, face à cet isolement, on observe, depuis 1998, que le site du comité tend à s'aligner sur le courant salafiste djihadiste international, désireux de se constituer des soutiens extérieurs. Des contacts sont également noués avec d'autres prédicateurs de la scène islamiste londonienne, comme le cheikh Omar Bakri Mohammad. Mais ces nouvelles orientations éloignent considérablement le CDDL de sa base réformiste originelle. De même, depuis le début des opérations violentes sur Riyad, en mai et novembre 2003, le directeur du CDDL a apporté son soutien aux oulémas qui avaient légitimé la première attaque, les cheikhs Ali al-Khudayr, Nasser al-Fahd et Ahmad al-Khalidi, tous trois incarcérés depuis cet épisode, alors que les réformistes les avaient condamnés de manière explicite. En janvier 2004, suivant cette fois l'exemple de son compatriote Saad al-Faquih, le CDDL a changé de stratégie de communication et lancé sa propre radio islamique, toujours à partir de Londres. Dénommée Al-Tajdid (« le renouveau »), elle est annoncée comme faisant partie du réseau d'informations initié par le CDDL, qui prend désormais le nom de Mouvement du renouveau islamique (Haraka al-Tajdid al-Islami).

◆ MIR – Le Mouvement islamiste pour la réforme

(Haraka al-Islamiyya lil-Islah)

Face aux orientations du CDDL jugées trop alignées sur les internationalistes du djihad, le Mouvement islamiste pour la réforme (MIR – Haraka al-Islamiyya lil-Islah) est créé en avril 1996 par un ancien membre du CDDL, Saad al-Faquih. Son siège est également à Londres, mais il ne dispose pas vraiment de bureau officiel. Contrairement au CDDL, le MIR reste très concerné par les problèmes intérieurs de l'Arabie saoudite. Ses revendications sont proches de celles des premiers oulémas contestataires du régime, Al-Awda et Al-Hawali. Il s'oppose à l'accaparement des pouvoirs politiques et économiques par la famille royale et critique l'alignement des oulémas officiels sur la politique du régime. Le MIR est une organisation islamiste qui se présente comme fidèle au courant salafiste wahhabite originel. Dans sa méthode, il prône une lutte politique sans passage à la violence. Le régime doit se réformer de l'intérieur et accorder plus de poids au Conseil supérieur des oulémas, ainsi que davantage d'indépendance d'action et de décision aux institutions politiques. Le MIR redoute également un démantèlement du pays, conséquence des luttes internes pour la succession du roi Fahd, dont la santé est précaire depuis son accident vasculaire cérébral en 1995. Le mouvement souhaite réformer la monarchie saoudienne sans la faire disparaître : il reste fermement attaché aux fondements de l'État saoudien, autant dans ses principes politico-religieux que dans ses frontières actuelles. Le MIR essaie aussi d'apporter un certain nombre d'éclairages et d'analyses sur la situation actuelle en Arabie saoudite. Depuis le début de la confrontation violente entre djihadistes et pouvoir en mai 2003, le mouvement estime que la popularité de Ben Laden s'est accrue sur le territoire saoudien. Dans le constat établi par le MIR, si Al-Qaïda a perdu des forces depuis la répression qui a suivi le 11 Septembre, ses idées ont gagné du terrain en Arabie saoudite, notamment avec l'alignement total du régime sur la politique américaine. D'autre part, la famille royale est particulièrement visée par ces accusations répétées. Elle est décrite comme déconnectée de son peuple, paralysée par le culte du secret. Sa passivité lors de la guerre en Irak est aussi dénoncée. Alors que, pour les islamistes, l'occupation de Bagdad constitue une nouvelle défaite pour les musulmans qui vient s'ajouter à la perte de Jérusalem en 1967, pour le MIR, les richesses pétrolières du royaume sont pillées, alors que l'ouverture économique n'a fait qu'apporter frustration et désenchantement.

Fondée sur le territoire britannique, cette organisation a communiqué exclusivement sur Internet. Grâce à cette présence sur le terrain médiatique, le MIR est le plus connu des groupes saoudiens d'opposition. Une revue, *Al-Islah,* est publiée chaque semaine, dans laquelle figurent des témoignages de Saoudiens de l'intérieur y décrivant la situation de leur pays. En décembre 2002, le groupe s'est doté d'une radio, puis d'une télévision par satellite en février 2003, Al-Islah TV, avec l'aide d'un autre militant Kassab al-Utaybi. Depuis l'été 2003, le site du mouvement s'est distingué par la publication des lieux et des horaires de manifestations d'opposants pacifiques organisées dans plusieurs parties du pays et lancées au nom du MIR pour montrer son ancrage sur le territoire. De même, la diffusion de détails sur les affrontements entre les services de sécurité et les militants djihadistes depuis les opérations de Riyad en 2003 démontre que le MIR possède de solides relais sur le terrain, ce qui n'était pas le cas il y a encore quelques années. Aujourd'hui, le MIR semble avoir gagné en popularité et en influence. Les membres des forums islamistes saoudiens, très présents sur Internet, se demandent d'ailleurs si la stratégie de la réforme politique n'est pas la meilleure solution par rapport à la confrontation violente.

LA STRUCTURE DES RÉSEAUX DJIHADISTES

Après la publication du manifeste et les événements de Burayda en 1993, des éléments islamistes se sont radicalisés, convaincus de la détermination du pouvoir saoudien à réprimer toute contestation. Les cheikhs les plus représentatifs de cette version radicale du salafisme, présents sur le territoire saoudien, Mohammad al-Farraj, Abdel Aziz al-Jarbu et Walid al-Sinani (alias Abou Subay), sont tous emprisonnés depuis le milieu des années 90. La multitude de publications de cette mouvance donne une vision très segmentée de la société politique saoudienne.

Selon les djihadistes, les réformistes sont présentés comme favorables au dialogue avec le pouvoir, mais ils sont aussi les grands perdants de la contestation, car leurs méthodes modérées n'ont obtenu aucun résultat, si ce n'est une perte de leur identité. Pour l'un des leaders spirituels des djihadistes de la période post-11 Septembre, le cheikh Youssef al-Ayeeri (tué en juin 2003 au cours d'affrontements avec les forces de sécurité, il était considéré par ses disciples comme l'un des responsables djihadistes en Arabie saoudite, il dirigeait aussi un centre d'informations islamistes sur Internet), les initiatives des cheikhs de la Sahwa sont dénuées de fondements. Leur programme d'action politique, qualifié d'utopiste, repose uniquement sur des slogans présents sur Internet, sans volonté de passage à une véritable stratégie de rupture, impliquant des opérations djihadistes et le recours à la lutte armée. Il est aussi reproché aux réformistes de vouloir ôter toute légitimité aux jeunes djihadistes, qui ont souvent complété leur formation religieuse hors du champ éducatif officiel des grandes universités islamiques, préférant l'enseignement plus informel des prédicateurs des mosquées de quartiers. De leurs côtés, les oulémas officiels, liés au pouvoir, sont perçus comme les défenseurs du régime. La rupture définitive intervient lorsqu'ils condamnent les actions djihadistes et acceptent la légitimité des libéraux à participer au débat national. Quant aux chiites et aux confréries soufies, le courant salafiste radical les voit comme des sectes déviantes, à la recherche d'une reconnaissance officielle et d'une intégration dans le champ politique. Cependant, c'est vers les libéraux que les accusations les plus vives sont portées. Ils sont représentés par le courant moderniste, parfois appelé aussi courant libéral, composé d'intellectuels issus de la société civile, écrivains, poètes, journalistes, avocats, professeurs. Ils sont considérés comme les tenants de la ligne des apostats, qui cherchent à s'écarter du rigorisme des salafistes. Les libéraux sont les plus farouches partisans d'un dialogue national, mais leurs principes sont contraires à la vision des djihadistes.

Après la mort d'Al-Ayeeri, les militants djihadistes actifs sur le terrain se structurent en cellules autonomes et prennent le nom d'Organisation Al-Qaïda en péninsule arabe. Cette organisation sera responsable des principales attaques armées perpétrées dans le royaume depuis 2003. La direction de ce groupe a été rendue publique par la diffusion d'une liste de 19 militants recherchés en mai 2003 par les autorités saoudiennes, puis étendue à 26 personnes en novembre 2003. À la tête de des réseaux opérationnels, on trouve successivement Khaled al-Hajj (yéménite, ancien combattant d'Afghanistan, tué en mars 2004), Abdel Aziz al-Mouqrin (connu pour avoir combattu en Afghanistan, en Bosnie et en Somalie) et, depuis la récente mort de ce dernier, Saleh al-Awfi (ancien membre de la police, formé aussi dans les camps afghans vers la fin des années 90). Ces leaders se succèdent à la tête des réseaux pour des périodes souvent très courtes. Le dernier en date, Al-Awfi, n'est plus apparu dans aucune revendication, et semble avoir à son tour été remplacé par un autre membre de la liste des 26 activistes recherchés, Saoud al-Utaybi. À côté des cellules militaires, on trouve les responsables chargés de la prédication et des orientations idéologiques, qui sont assurées par une génération de nouveaux oulémas comme Abdallah al-Rashoud, Fares al-Zahrani, Abdel Majid al-Mouneey, Ayssa ben Awshan, ou encore Sultan al-Utaybi. Ils ne font pas partie des cheikhs disposant d'une grande renommée, ceux-là mêmes qui tiennent les mosquées des quartiers. Ayant suivi, pour certains, les enseignements des idéologues djihadistes que sont Al-Khudayr ou Al-Fahd, ils sont entrés dans une période de clandestinité depuis 2001. Depuis les derniers mois de l'année 2004, la direction idéologique d'Al-Qaïda dans la péninsule arabique a subi de lourdes pertes. L'arrestation d'Al-Zahrani a été suivie par la mort d'Al-Mouneey et de Ben Awshan, tués dans des affrontements armés.

Sur le plan de la communication, le courant djihadiste diffuse sur Internet deux revues bimensuelles, *Sawt al-Djihad* et *Muaskar al-Battar,* consacrées aux orientations idéologiques, opérationnelles et à la formation des militants. Cette dernière publication est d'ailleurs un véritable outil pédagogique pour la formation des djihadistes à l'entraînement militaire, au maniement des armes et à la manipulation des explosifs. Par ailleurs, les attaques armées, les explosions, les assassinats et les enlèvements ont été revendiqués par plusieurs phalanges autonomes comme les Brigades d'Al-Haramein, celles d'Al-Quds et de Falloudja, dans des communiqués diffusés on-line sur des sites djihadistes.

Pour en savoir plus

Kamel Asaad, *Combattant de La Mecque, l'histoire complète d'Oussama ben Laden* (en arabe), Londres, Al-Rafed, 2000.

Mamoun Fandy, *Saudi Arabia and the Politics of Dissent*, Londres, Mac Millan, 1999.

Joseph Kechichian, *Succession in Saudi Arabia*, New York, Palgrave, 2001.

Pascal Menoret, *L'énigme saoudienne*, La Découverte, 2003.

Internet

www.islah100.org
Site du MIR.

www.lajnah22me.co.uk
Site du MRI.

www.islamonline.net
Site d'informations en arabe.

www.islamtoday.net
Site d'information du cheikh Al-Awda.

www.raddadi.com
www.sultan.org
Moteurs de recherches saoudiens en arabe.

Superficie : 430 000 km²
Population : 25,4 millions d'habitants (estimation de juillet 2004)
Composition ethnique : Arabes (75 à 80 %), Kurdes (15 à 20 %), la plupart sunnites et 10 % chiites. Environ 5 % de la population appartient à d'autres petits groupes ethniques, en particulier turcoman et assyrien
Religion : musulmans (97 %), dont 60 à 65 % de chiites, les 35 à 40 % restants sunnites, minorité chrétienne et autres (environ 3 %)

Irak

Comment passer d'une dictature, de trois guerres, d'un régime de sanctions internationales à une nouvelle forme de mise sous tutelle, sans que ces dernières recompositions imposées ne se traduisent encore par de la violence ? Quels que soient les raisons affichées et les objectifs stratégiques ayant prévalu dans la décision américaine (et britannique) d'« en finir » avec Saddam Hussein, l'entreprise déclenchée le 20 mars 2003 a inévitablement conduit non au simple renversement d'un régime placé dans « l'axe du mal », mais bien à l'écroulement de toutes les strates de l'État irakien. L'Irak est aujourd'hui un chantier à ciel ouvert, non pour des projets économiques ambitieux, relégués dans les cartons en raison de l'insécurité, mais bien pour une redéfinition d'un nouveau système. La période à laquelle nous assistons depuis la fin officielle des combats majeurs puis la mise en œuvre d'une transition politique, si le qualificatif d'« après-guerre » peut être employé, met à nu le jeu violent de ces recompositions politiques et sociales.

Si la persistance du sentiment national limite encore les affrontements de type ethnique ou confessionnel, les différentes tendances irakiennes qui ont versé dans l'opposition armée manifestent à leur manière leur volonté de trouver leur place dans ce nouvel environnement. Imposé de l'extérieur, le système en cours d'élaboration leur paraît en effet illégitime, menaçant leurs propres intérêts et les excluant ainsi durablement du nouvel Irak en cours de gestation. Dans le même temps, la plupart de ces éléments contestataires semblent encore incapables de formuler des objectifs ou des demandes abouties, qui pourraient dépasser la seule expression violente de ces frustrations. Celles-ci se manifestent en premier lieu contre la présence étrangère et les autorités transitoires irakiennes perçues comme des supplétifs de cette tutelle étrangère. Ces affrontements témoignent dans le même temps des tensions à l'œuvre au sein des diverses composantes de la société et illustrent la faiblesse de celle-ci, profondément laminée par l'exercice conjugué du pouvoir antérieur et des sanctions, et victime, une nouvelle fois, de ces compétitions.

En dépit des discours officiels américains et irakiens, la violence est en effet diffuse, multiforme, évolutive et ne saurait refléter les seules crispations des anciens bénéficiaires du système Saddam, des courants islamistes radicaux, ou l'accaparement du champ irakien par des organisations djihadistes étrangères instrumentalisées par divers acteurs voisins. Il s'agit avant tout d'un jeu intra-irakien

Irak : mosaïque ethnique

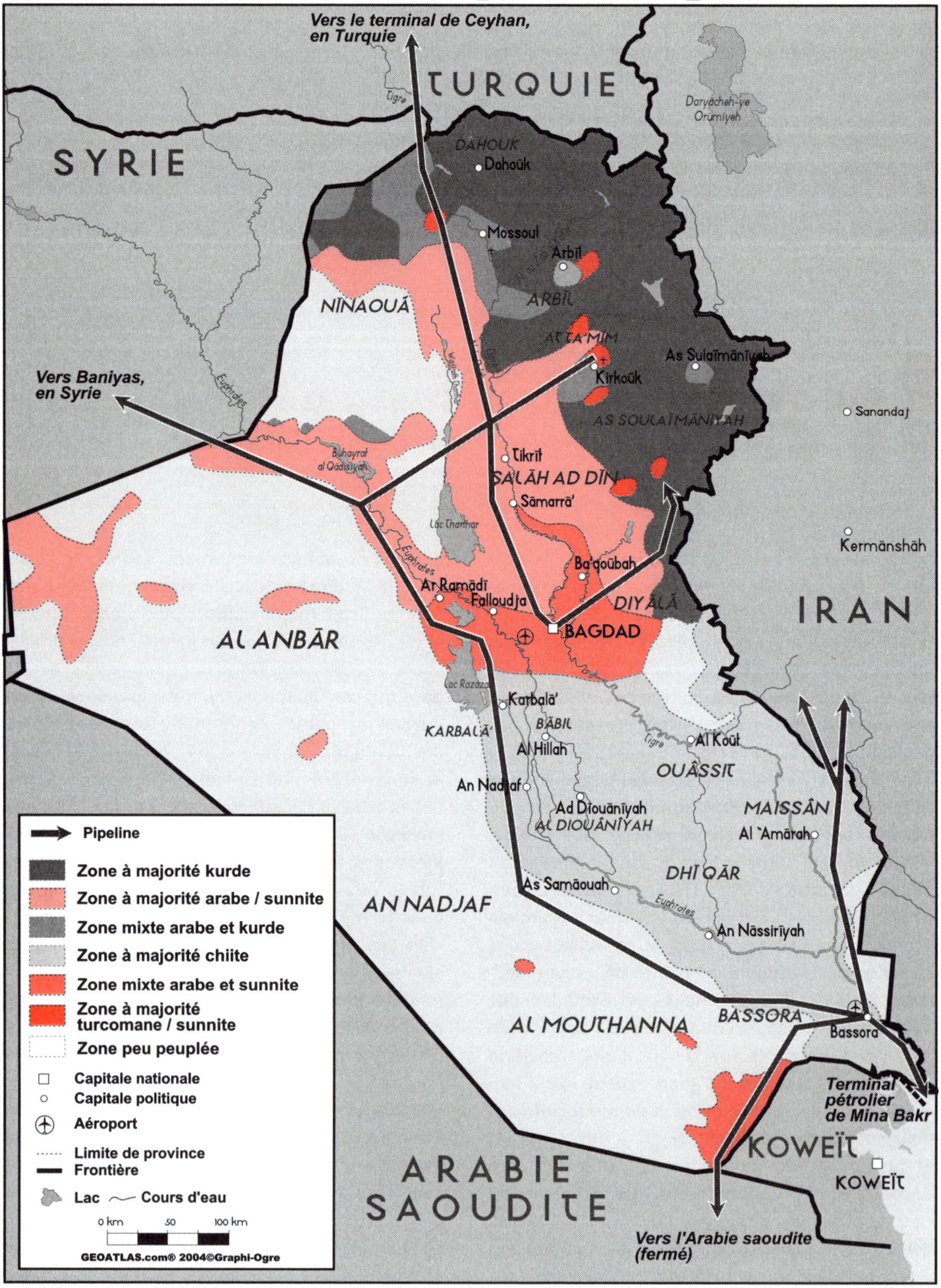

complexe, perturbé par l'héritage de Saddam et la mise sous tutelle prolongée d'une société encore trop affaiblie pour pouvoir énoncer un projet politique d'avenir. On le comprend, ces recompositions violentes, dont les conséquences sont décisives pour l'avenir des équilibres régionaux et internationaux, sont amenées à durer, la redéfinition de l'État irakien constituant une entreprise délicate de long terme. Les prochaines élections prévues pour le 30 janvier 2005, dont le bon déroulement et la crédibilité sont loin d'être acquis, n'en constitueront qu'une étape.

L'IMMÉDIAT « APRÈS-GUERRE » : LA POLARISATION APPARENTE DE LA CONTESTATION

Déclenchée le 20 mars 2003, l'opération anglo-américaine « *Iraqi Freedom* » aura enregistré des succès militaires rapides. Dès le 9 avril 2003, la chute du régime de Saddam Hussein est symboliquement marquée par le déboulonnage d'une statue du président irakien sur une des places du centre de Bagdad. Malgré la joie des Irakiens d'assister à la fin de la dictature et de l'oppression, ce sentiment de libération va du même coup se teinter de l'humiliation ressentie par un pays occupé et qui n'aura finalement opposé que peu de résistance face aux troupes étrangères. Ce sentiment mêlé à l'égard de la coalition, expression de la préservation du sentiment national, sera d'autant plus ressenti que les autorités militaires américaines laisseront se développer pendant trois semaines les pillages, les règlements de comptes et l'anarchie à Bagdad comme dans les principales villes du pays. Alors que certains ministères et infrastructures stratégiques bénéficieront d'une attention renouvelée, l'indifférence manifeste à l'égard du pillage et des destructions dans les musées, bibliothèques et sites archéologiques du pays alimentera les doutes sur les intentions réelles des libérateurs. Cet immédiat « après-guerre » donnera ainsi aux Irakiens l'impression d'un vide sécuritaire et politique prolongé, que les nouvelles autorités américaines et britanniques mettront du temps à combler.

L'émergence de la guérilla. L'immédiat « après-guerre » débute ainsi par une frustration manifeste de la population, globalement favorable à l'intervention, avide de changements drastiques dans son quotidien, subissant pour l'heure une insécurité croissante et souffrant de pénuries d'eau et d'électricité. L'irruption, dès la fin du mois d'avril 2003, d'attaques contre les forces de la coalition vient en outre nourrir les inquiétudes des Irakiens sur la capacité de l'ancien régime à perdurer, alors que les rumeurs les plus fantaisistes circulent sur le sort de Saddam Hussein (il sera finalement arrêté le 17 décembre 2003). C'est en effet depuis la région dite du « triangle arabe-sunnite », qui, autour de Tikrit – berceau familial de Saddam Hussein –, constitue le vivier de recrutement traditionnel des réseaux d'allégeance familiale, tribale et clanique de l'ex-régime irakien, que sont lancées les premières attaques contre la coalition. Malgré l'annonce par le président George Bush de la fin des combats majeurs le 1er mai 2003, et la volonté manifeste des autorités américaines de minimiser ces attaques, d'importantes opérations militaires sont organisées en riposte dès le mois de juin (opération « *Desert Scorpion* », opération « *Peninsula Strike* ») contre des éléments armés à Falloudja, Balad, Tikrit et leurs environs.

Progressivement, le discours officiel américain, qui à l'origine décrivait ces attaques comme des actes isolés, évolue jusqu'à reconnaître avoir affaire à des actions classiques de guérilla. Les autorités américaines portent ces actions au crédit d'un petit nombre circonscrit d'affidés de l'ancien régime (de 5 000 à 9 000 personnes selon le Pentagone). Ceux-ci seraient majoritairement composés d'éléments des anciens services de sécurité et de la garde républicaine spéciale. Profitant de la désorganisation de l'après-guerre, ils se seraient regroupés autour de quelques hauts responsables de l'ancien régime pour mener des actions clandestines contre les troupes étrangères et les installations stratégiques. Dans cette logique, certains à Washington considèrent que l'élimination, le 22 juillet 2003, des deux fils de Saddam Hussein, Oudaï et Qoussaï, constitue une perte décisive pour les insurgés, et estiment que la traque de l'ex-président irakien et des autres figures portées sur la liste des 55 personnes les plus recherchées aura des effets à la fois psychologiques et opérationnels sur la guérilla.

La montée du courant radical chiite. Dans le même temps, la disparition soudaine des anciennes structures de contrôle et de répression laisse la place à l'affirmation de l'identité chiite et à l'expression d'une nouvelle ferveur religieuse au sein d'une communauté opprimée sous Saddam Hussein. Si les chiites (près de 60 % de la population totale) sont loin de constituer une entité homogène scellée autour de la pratique religieuse, les années de persécutions, de marginalisation politique et sociale, et l'occasion historique que constitue alors la fin du régime de Saddam Hussein, favorisent l'expression d'une solidarité de type communautaire. Dès la chute du régime, des symboles de l'identité chiite gagnent les espaces publics : des quartiers entiers, des rues, des ponts, des hôpitaux, des écoles de la capitale et des villes du Sud sont rebaptisés au nom des martyrs vénérés, alors que des portraits de l'ayatollah Khomeyni et de plusieurs figures religieuses chiites, assassinées sous l'ancien régime ou récemment revenues de leur exil, occupent les rues. Cette résurgence de l'identité religieuse chiite culmine à l'occasion des fêtes jusqu'alors interdites d'*Arba'in* qui commémorent le deuil du martyre de l'imam Hussein, voyant fin avril 2003 plus de 3 millions de pèlerins parcourir les routes pour se rendre dans la ville sainte de Kerbala.

Ces différentes manifestations identitaires se font au nom de la *hawza*, centre de la « Maison » religieuse chiite réunie à Nadjaf autour du grand ayatollah Al-Sistani, autorité religieuse suprême qui adopte une position de non-confrontation ouverte avec la coalition. Mais la désorganisation, le vide politique et l'absence d'autorité clairement établie dans ces premières semaines d'« après-guerre » renforcent l'audience des courants plus radicaux. La population, qui, avec l'embargo, dépendait pour 60 % de la distribution de vivres et de biens de première nécessité via le dispositif « pétrole contre nourriture », est en effet à la recherche d'une nouvelle prise en charge que les islamistes chiites seront les plus prompts à offrir. Ces religieux organisent très rapidement un réseau d'assistance sociale, médicale et caritative, déploient dans les rues des milices chargées d'assurer la sécurité, tout en imposant dans leurs quartiers les codes islamiques les plus rigoureux.

Ce phénomène est particulièrement prégnant dans le quartier pauvre chiite le plus peuplé de Bagdad, Saddam City (2 millions d'habitants, près de la moitié de la capitale), promptement rebaptisé « Sadr City » en l'honneur de l'ayatollah Mohammed Sadeq al-Sadr, assassiné en 1999, et dont la figure représente la source la plus populaire d'émulation politique pour les chiites. Très vite, son fils Moqtada al-Sadr, bénéficiant de l'aura de sa famille et de son père, s'impose à la tête d'un mouvement dont l'ampleur et le succès rapide, à Bagdad comme dans les villes du Sud, surprennent à l'époque. Très jeune et sans expérience, Moqtada est en effet dénué de la formation religieuse requise pour faire partie des figures de référence et d'imitation *(marja's)* composant l'*establishment* chiite réuni à Nadjaf. Mais son mouvement incarne une nouvelle tendance populiste teintée de revanche sociale, attirant les plus jeunes démunis de la communauté, encadrés par de petits clercs locaux qui y voient l'occasion de s'émanciper de la tutelle des grandes figures de Nadjaf. Le mouvement de Moqtada al-Sadr s'impose aussi comme un courant chiite de l'intérieur, au regard des autres partis religieux chiites, tels l'Asrii (Assemblée suprême de la révolution islamique en Irak) ou Da'wa, dont les cadres ont dû fuir pendant les années Saddam et peinent à leur retour pour reconstituer leurs réseaux au sein de la population. Le courant de Moqtada cherche en effet à apparaître comme le seul dépositaire de cette « irakité », appelant à la confrontation directe avec la coalition, accusant les autres formations de faire encore le jeu de leurs protecteurs d'exil (principalement l'Iran, la Syrie, la Grande-Bretagne et les États-Unis) et critiquant l'attitude distante de la *hawza* jugée trop conciliante à l'égard des autorités d'occupation. Profitant à la fois des rivalités intestines chiites et de l'incapacité de la coalition à assurer l'ordre et la sécurité, le courant sadriste, bientôt doté d'un bras armé, l'Armée du Mehdi, tente ainsi d'accaparer la montée du sentiment nationaliste irakien. Moqtada al-Sadr adopte très rapidement une attitude provocatrice ouverte, passant par des discours enflammés à l'occasion des prêches du vendredi, et incarne ainsi une nouvelle forme de menace pour le clergé chiite. Ses miliciens sont d'ailleurs suspectés d'avoir participé à l'assassinat, en avril 2003, de l'ayatollah Al-Khoeï, représentant de ces grandes familles de Nadjaf dont les figures religieuses reviennent au pays après de longues années d'exil.

UNE LECTURE AMÉRICAINE ORIENTÉE DE « L'APRÈS-SADDAM »

Le « jour d'après » a semblé mal anticipé et peu organisé par les stratèges américains. Il avait pourtant fait l'objet, tout au long de l'année 2002-2003, de multiples débats, rapports et tiraillements houleux au sein des différentes agences de l'administration américaine et des principaux *think tanks*. Ils avaient été accompagnés de consultations auprès des partis et figures de l'opposition irakienne, débouchant sur la publication d'un document volumineux *(Transition to Democracy in Iraq)* ainsi que sur l'organisation de réunions à Londres et dans la région kurde du Nord-Irak. Certains grands principes étaient ressortis de ces réflexions, décrivant les contours du nouvel « Irak d'après-Saddam » autour notamment du fédéralisme, garantissant le statut d'autonomie des Kurdes du Nord-Irak, de la « débaasisation » et du respect de la diversité ethnique et confessionnelle du pays selon un système de quotas reflétant, au sein du nouveau système politique, le poids démographique de chaque communauté.

La découverte du terrain irakien allait pourtant battre en brèche plusieurs aspects de cette vision orientée et idéologisée. La grille de lecture américaine, profondément imprégnée des idées néo-conservatrices et des partis irakiens en exil désireux de se garantir une place dans cet « après-Saddam », allait en effet s'avérer difficilement applicable par les autorités de la coalition. Ces dernières, tant dans leur composante militaire que civile (l'*Office of Reconstruction and Humanitarian Assistance* – ORHA, remplacé en mai 2003 par la *Coalition of Provisional Authority* – CPA), donneront ainsi l'impression de devoir constamment se réadapter au terrain au fur et à mesure de l'apparition de nouvelles difficultés, mal anticipées ou non identifiées. Dans cette apparente improvisation, la place centrale toujours réservée aux partis d'opposition récemment revenus au pays laissera aux Irakiens « de l'intérieur » le sentiment d'être dépossédés des arrangements d'« après-guerre » : l'administration anglo-américaine donnera tous les signes d'une mise sous tutelle du pays, en dépit du retour de l'ONU rendu possible par la résolution 1483 ; le Conseil transitoire de gouvernement irakien, première instance irakienne installée le 13 juillet 2003 par la CPA, sera avant tout perçu comme une création artificielle et illégitime de cette occupation étrangère.

Une vision idéologisée confrontée aux réalités irakiennes. Avant le déclenchement de l'opération « *Iraqi*

Freedom », l'opinion dominante à Washington consistait à croire qu'une intervention militaire pourrait ne cibler que le cercle des dirigeants réunis autour de Saddam Hussein et laisser intactes les structures de l'État irakien. Cette décapitation du régime devait ainsi permettre aux soldats et fonctionnaires de la coalition, alors accueillis en libérateurs, de s'appuyer sur le système bureaucratique irakien pour mener à bien leur plan de réformes et de reconstruction. La proximité ancienne avec les partis d'opposition irakiens exilés, et en premier lieu avec le Conseil national irakien (CNI) d'Ahmed Chalabi, avait alimenté cette vision optimiste. Les forces de la coalition, l'ORHA, puis la CPA, ont en fait découvert un pays aux structures sociales profondément minées par la dictature, les guerres successives et les sanctions internationales, et où l'État avait progressivement abandonné des pans entiers d'administration au jeu parallèle des relations clientélistes. En outre, avec l'invasion anglo-américaine et les pillages qui ont suivi, les quelques structures administratives encore en fonction se sont trouvées désertées par leurs personnels.

Peu préparées à faire face à ce vide, et confrontées au développement de contestations et de violences multiformes qu'elles identifieront difficilement, les forces militaires de la coalition seront amenées à assurer des missions de maintien de l'ordre pour lesquelles elles apparaîtront mal entraînées et en sous-effectifs. Par manque de connaissance, de relais et de renseignements humains, les autorités militaires auront ainsi tendance à mener des opérations de force qui, dans la brutalité des méthodes employées, auront surtout pour effet de monter contre elles une partie de plus en plus importante de la population. De leur côté, l'ORHA puis la CPA n'auront de cesse de chercher à identifier, en dehors des représentants des anciens partis d'opposition coupés depuis trop longtemps du pays et face au foisonnement de nouvelles formations politiques bien souvent créées à la hâte autour d'une seule personne, des interlocuteurs crédibles et représentatifs de cette société « de l'intérieur ». Repliées à Bagdad et dépendantes de la vision colportée par les anciens exilés, les autorités administratives de la coalition commettront des erreurs d'appréciation préjudiciables dont les effets sont encore palpables actuellement.

Face à une société méconnue ou mal appréhendée, les autorités américaines et britanniques ont reproduit, sans le savoir, certains aspects du fonctionnement clientéliste et ultra-personnalisé du régime précédent, qu'elles interpréteront comme d'authentiques manifestations d'une renaissance du politique en Irak. La coalition s'est ainsi tournée vers des notables, identifiés comme ayant une influence sociale primordiale, pour constituer des relais locaux et préparer les réformes et la reconstruction. Bien souvent, et sans le réaliser, l'ORHA puis la CPA s'appuieront en fait sur les mêmes figures utilisées par le système de Saddam Hussein pour encadrer et contrôler sa société. Ce phénomène sera particulièrement flagrant lors de l'organisation des premiers comités de quartiers et conseils municipaux, laissant alors réapparaître au-devant de la scène des cheikhs tribaux, des hommes d'affaires, etc., se présentant comme « indépendants » et pourtant bien connus par la population comme étant en fait des intermédiaires ou des hommes de main de l'ancien pouvoir. Ces maladresses provoqueront des émeutes et déboucheront parfois sur des règlements de comptes.

La nouvelle politique volontariste de l'administrateur Paul Bremer, imposée dès son arrivée à la tête de la CPA, est certainement venue encore alimenter les frustrations et le ressentiment de la population. Décrétés les 16 et 23 mai 2003, la « débaasisation » et le démantèlement de l'armée, des autres corps de sécurité et des ministères afférents, dont l'application ne sera d'abord suivie d'aucune mesure d'accompagnement et de réintégration, vont en effet directement toucher plus de 400 000 personnes (et avec elles leurs familles élargies) soudainement interdites d'emploi dans le secteur public et sans espoir d'avenir dans le nouvel Irak en cours de gestation. Cette purge, qui se justifie au regard des crimes et des abus commis sous l'ancien régime par des responsables de ces institutions, sera cependant appliquée massivement et sans discernement.

Ainsi, la « débaasisation » touchera tout membre du parti quels que soient son rang et ses responsabilités effectives en son sein, jusqu'aux échelons les plus inférieurs de « membre actif » ou « simple membre ». Dans une société où l'adhésion au parti Baas était incontournable pour accéder aux diplômes et aux emplois publics, et où l'armée se caractérisait au contraire par une dépolitisation au regard des autres services de sécurité et de renseignement, ces décisions apparaîtront aux yeux des Irakiens comme une punition collective frappant indifféremment des pans entiers de la population quelle que soit sa proximité réelle avec l'ancien régime. En outre, dans un système encore symboliquement marqué par la centralisation excessive, le parti Baas constituant la dernière colonne vertébrale d'un État rentier fantoche, le départ massif et soudain des décideurs et des cadres provoquera une désorganisation et une paralysie supplémentaire du pays, accompagnées par une déperdition de compétences techniques ou institutionnelles dans les ministères comme dans les autres services publics. Ceci entravera gravement la remise à niveau des infrastructures essentielles (eau, électricité, secteur pétrolier) et hypothéquera encore la mise en œuvre de plans plus ambitieux de reconstruction. Enfin, alors que le taux de chômage était évalué à près de 40 %, ces décisions entraîneront un gonflement de l'inactivité avec tous les risques de développement de la criminalité et de violence qu'il comporte. La dissolution du parti Baas est dès lors le signal attendu par certains pour verser dans la lutte armée ou se lancer dans des actes de vengeance personnelle contre des figures de l'ancien régime et les « profiteurs d'embargo ». Sous couvert d'épuration antibaasiste, cette violence intra-irakienne sert encore à régler des querelles familiales et intertribales ou à éliminer des compétiteurs politiques ou économiques gênants.

Des méthodes militaires inacceptables. Face au développement de l'insécurité, les forces militaires de la coalition ont paru peu à même de maîtriser le terrain. Les troupes, composées dans les premiers temps des mêmes unités qui avaient participé à l'opération *« Iraqi Freedom »*, n'étaient pas formées pour mener des missions de pacification et de maintien de l'ordre. En outre, leurs effectifs ont vite paru trop restreints pour un pays aussi vaste que l'Irak : en juillet 2003, seuls 21 000 soldats américains étaient présents à Bagdad pour un total de quelque 160 000 hommes. Ce niveau de déploiement a en effet été le résultat d'un compromis entre la volonté du secrétaire d'État à la Défense américain, Donald Rumsfeld, d'engager un format réduit comparable à celui des forces spéciales américaines en Afghanistan et les plans de l'état-major du Pentagone poussant à un déploiement proche de celui de la guerre du Golfe de 1991. En outre, devant la recrudescence des attaques et des actions de sabotage, le plan initial de relève et d'allégement des troupes sera suspendu dans l'attente de contributions internationales et de la formation de nouvelles forces de sécurité irakiennes capables de prendre le relais. Pour autant, une fois votée en octobre 2003 la résolution 1511, les contingents étrangers qui s'intégreront progressivement à la force de stabilisation sous commandement unifié américain seront bien souvent symboliques et affectés en majorité à des tâches humanitaires. De leur côté, les nouvelles forces de sécurité irakiennes, formées à la hâte et manquant de moyens logistiques, s'avéreront, encore pour longtemps, incapables de mener des opérations efficaces sur le terrain.

Ces difficultés opérationnelles, combinées à un manque de renseignements et une mauvaise connaissances des réalités socioculturelles du pays, expliquent en partie le recours à des méthodes militaires brutales amenant les troupes de la coalition à multiplier les raids et les opérations « coups de poing » pour répondre à la propagation de violences qu'elles ont du mal à cerner. Cette tendance sera plus marquée dans les zones sous commandement américain, où les campagnes d'arrestations aveugles, de fouilles et de désarmement forcé se succéderont, à Bagdad et en particulier à Falloudja, Tikrit, Baqoubah et Mossoul, dans cette région dite du « triangle arabe-sunnite » perçue comme l'épicentre de la contestation armée. L'ampleur des arrestations aveugles et la brutalité des pratiques propices aux dérapages apparaîtront pour la première fois à l'occasion de la révélation publique des méthodes « musclées » d'interrogatoire et des sévices perpétrés dans les prisons militaires de la coalition. Le rapport du CICR, divulgué dans les médias au printemps 2004, en plein scandale sur l'affaire des clichés pris à la prison d'Abou Ghraïb de Bagdad, est à ce titre particulièrement accablant pour les autorités américaines, montrant que ces exactions et tortures commises sur des personnes souvent sans liens directs avec la guérilla s'intégraient dans une stratégie délibérée et organisée de recueil d'information. Le rapport d'Amnesty International publié le 11 mai 2004 met également en cause l'armée britannique dans la mort de 37 civils irakiens à la suite de mauvais traitements, et alerte les autorités sur les allégations de torture perpétrée tant par des militaires de la coalition que par des éléments des forces de sécurité irakiennes dans tous les centres de détention depuis plus d'un an.

Le morcellement de l'autorité. Dans ce contexte, la campagne de désarmement volontaire lancée par Paul Bremer est suivie de peu d'effets. L'abondance de l'armement, le poids des traditions et la situation sécuritaire dégradée n'incitent pas les Irakiens à accorder leur confiance aux autorités de la coalition et aux forces de sécurité irakiennes encore embryonnaires. Certains membres du Conseil de gouvernement transitoire irakien ou des entrepreneurs privés qui en ont les moyens ont recours aux services florissants d'entreprises de sécurité, formées de personnels étrangers et irakiens. Ces compagnies de sécurité privées sont aussi particulièrement utilisées par les firmes étrangères, les autorités politiques et mêmes militaires de la coalition. Elles servent tant à constituer un service de protection rapprochée, à assurer la sécurité des chantiers et installations stratégiques, en premier lieu dans le secteur pétrolier, qu'à pallier les effectifs insuffisants des militaires de la coalition dans des tâches aussi spécifiques que la formation des nouvelles forces de sécurité irakiennes ou l'interrogatoire de prisonniers dans les prisons militaires. Cette dizaine de milliers de contractants, comptant de nombreux mercenaires ayant opéré par le passé sur des théâtres notamment africains, sud-américains ou balkaniques, se comporte très souvent en terrain conquis, employant des méthodes peu orthodoxes.

Ce morcellement du paysage sécuritaire est amplifié par la présence de milices constituées et de forces paramilitaires, tels les *peshmerga* kurdes de l'UPK et du PDK au Nord-Irak, ou encore, côté chiite, le « corps Badr » de l'Asrii et « l'Armée du Mehdi » de Moqtada al-Sadr, les gardes armés du Conseil national irakien d'Ahmed Chalabi et de l'Accord national irakien d'Iyad Allawi, pour ne citer que les plus connus. Le maintien de ces branches armées est justifié par les leaders de ces courants au regard du développement de l'insécurité. Les autorités de la coalition, malgré les multiples appels à leur désarmement et à leur dissolution, se voient d'ailleurs contraintes de s'appuyer sur elles dans les premiers temps. Depuis, certaines de ces milices ont officiellement annoncé leur dissolution ou leur transformation en organisation civile, mais leur intégration dans les nouvelles forces de sécurité nationales demeure encore actuellement limitée et opaque. En outre, le statut particulier des *peshmerga* indissociable de la lutte historique kurde, leur importance numérique (environ 70 000 hommes) et leur expérience opérationnelle encore vérifiée par leur participation aux côtés des soldats américains à l'opération *« Iraqi Freedom »* rendent leur dissolution inconcevable aux yeux de leurs leaders. Malgré l'accord conclu le 7 juin 2004 avec 9 mouvements politiques, plusieurs de ces organisations ont ainsi l'intention de conserver en parallèle la majeure partie de leurs combattants, force dissuasive et de pression nécessaire à leurs yeux dans le cours des compétitions politiques. Enfin, à côté de toutes ces milices au noyau constitué (près de 100 000 hommes au total), perdurent des individus armés qui, se rassemblant en groupes plus ou moins organisés selon des logiques géographiques, familiales, tribales, sociales ou criminelles, viennent ponctuellement grossir les rangs de ces formations plus structurées, pour se dissoudre à nouveau si le contexte l'impose. Ce phénomène a été particulièrement observé chez les partisans de Moqtada al-Sadr, les rangs de l'Armée du Mehdi ayant ponctuellement grossi, notamment lors des grands affrontements du printemps et de l'été 2004, pour s'amoindrir par la suite, illustrant ainsi la dimension profondément sociale de ce mouvement. C'est également le cas dans la région dite du « triangle arabe-sunnite », ce qui rend particulièrement difficile l'évaluation chiffrée et l'identification précise des éléments armés et des groupes plus structurés que les autorités américaines et irakiennes désignent comme formant le cœur des « terroristes ».

UNE VIOLENCE MULTIFORME, DIFFUSE ET ÉVOLUTIVE

Depuis les deux grands attentats d'août 2003 ayant fait de très nombreuses victimes, dont, au siège de l'ONU à Bagdad, le représentant spécial, Sergio de Mello, et, à Nadjaf, le chef de l'Asrii, Mohammed Baqer al-Hakim, les attentats à l'explosif dans les lieux publics se sont généralisés. Ce fut en particulier le cas lors de grands rassemblements publics à Erbil fin janvier 2004, lorsqu'une double attaque suicide frappe le siège de l'UPK et du PDK, faisant une centaine de victimes, dont de nombreux hauts responsables kurdes ; à Bagdad et à Kerbala en mars 2004 à l'occasion des festivités religieuses chiites d'*Achoura,* où une série d'explosions cause la mort de plus de 270 pèlerins ; ou encore début août et mi-octobre 2004 dans des églises chrétiennes de Bagdad et de Mossoul.

L'évolution de la violence enregistre en effet des pics significatifs à des étapes importantes du calendrier politique de transition. Depuis l'installation, le 1er juin 2004, d'un nouvel exécutif irakien théoriquement souverain, on assiste ainsi à une aggravation manifeste de la situation sécuritaire : parallèlement à la poursuite, certes moins soutenue, d'actions classiques de guérilla marquées par des attaques contre des convois, des positions militaires ou des installations stratégiques et pétrolifères, on observe un durcissement des affrontements et surtout une systématisation des attentats suicides et des enlèvements d'Irakiens et d'étrangers, originaires ou non des pays contribuant à la force multinationale. Cette violence se voit certainement alimentée par le déclenchement, depuis le printemps dernier, d'opérations américano-irakiennes massives visant à « nettoyer » les bastions rebelles. Depuis les violents combats d'avril 2004 à Falloudja et à Nadjaf (plus de 600 Irakiens et 100 *marines* tués), ces opérations offensives vont s'intensifiant au fur et à mesure que s'approche l'échéance des élections irakiennes prévues le 30 janvier 2005. Alors que les partisans de Moqtada al-Sadr ont choisi de rentrer dans le rang après les derniers combats menés en septembre dernier dans le quartier de Sadr City, les opérations massives se concentrent dès lors sur le « triangle arabe-sunnite » jusqu'à Mossoul et la périphérie sud de Bagdad, surnommée pour l'occasion le « triangle de la mort ». La « bataille de Falloudja » en novembre 2004 et ses prolongements constituent dès lors la mise en œuvre de cette stratégie visant à l'étouffement ou à l'élimination de toute opposition qui pourrait contrarier les plans de transition politique prédéfinis.

Géographie de la violence. Le bilan du gouvernement intérimaire irakien, placé par son Premier ministre, Iyad Allawi, sous la bannière du « tout-sécuritaire », n'est à ce stade guère concluant. Malgré les déclarations tonitruantes des autorités centrales réaffirmant maîtriser plus de 80 % du pays, de nombreuses zones, jusque dans la capitale, ont échappé ou échappent encore à leur contrôle. Le Premier ministre a d'ailleurs décrété l'état d'urgence jusqu'au début du mois de janvier 2005 sur tout le territoire, excepté le Kurdistan irakien, au nord, qui reste relativement calme. La ville multiethnique de Kirkouk, à sa lisière, demeure toutefois le théâtre d'incidents chroniques et d'assassinats ciblés laissant craindre des débordements dans l'avenir. De leur côté, les régions de Bagdad et sa périphérie jusqu'à Mossoul représentent des zones d'instabilité majeure. Déjà, dans la capitale, à la mi-septembre, la rue de Haïfa, qui conduit à la « zone verte » où se trouvent les centres politiques et administratifs irakiens ainsi que les représentations officielles de la coalition, était devenue le lieu de combats intenses. Progressivement déserté par ses habitants, ce quartier, surnommé « la petite Falloudja », était occupé par des éléments armés, dont quelques étrangers, que les forces irakiennes et des unités américaines se sont appliquées à déloger. Dans la région dite du « triangle arabe-sunnite », les villes de Falloudja, Ramadi, Baqoubah et Samarra, principaux fiefs identifiés comme constituant le cœur de la résistance armée, ont essuyé depuis l'été une série d'opérations de reprise en main dont la « bataille de Falloudja », entamée le 8 novembre après d'intenses bombardements, restera le symbole le plus poussé. Mobilisant des effectifs et des moyens inégalés depuis la chute du régime de Saddam Hussein (quelque 10 000 soldats américains appuyés par environ 2 000 Irakiens), cette démonstration de force aura aussi montré toutes ses limites au regard des lourdes pertes civiles infligées, des dégâts matériels provoqués et des dérapages constatés dans le cours des opérations. Elle aura également débouché sur une nouvelle flambée de violences dans les petites localités adjacentes, y compris dans celles « pacifiées » antérieurement, et à Mossoul, troisième ville du pays, déjà en proie à une insécurité chronique.

Enfin au Sud, à majorité chiite, les grandes offensives d'avril et surtout d'août 2004 contre le courant de Moqtada al-Sadr ont aussi profondément marqué les esprits. Les derniers affrontements de l'été perpétrés aux abords du plus haut lieu saint du chiisme, à Nadjaf, ont laissé des dégâts importants, y compris dans l'enceinte du tombeau vénéré et, au bilan, causé la mort de plus de 500 Irakiens. Cette crise aura certainement illustré la capacité de mobilisation du courant de Sadr, débordant des seuls rangs de l'Armée du Mehdi, conduisant ainsi à l'embrasement du quartier de Sadr City à Bagdad mais aussi des principales villes du Sud jusqu'alors plus épargnées. Bien que cette région du Sud ne connaisse pas la même intensité de violences que pendant la crise du mois d'août, la situation y demeure tendue. La trêve conclue le 26 août 2004 a permis la reprise en main de Nadjaf et de Koufa par la police et les forces de sécurité locales et le retour, au moins temporaire, de Moqtada dans le giron du grand ayatollah Al-Sistani. Pour autant, ses miliciens ont regagné, en armes, leur principal quartier d'origine de Sadr City où de violents combats et des bombardements se sont poursuivis en septembre-octobre 2004. Le nouvel accord trouvé depuis avec le gouvernement irakien a certes débouché sur le désarmement de plusieurs centaines de combattants en échange de compensations financières. Moqtada al-Sadr mise dorénavant sur la reconversion de son courant en parti politique et son intégration dans le système « établi ». Cette mise au pas du courant Sadr reste cependant conditionnée à l'assurance d'une place pour leur chef ou l'un de ses principaux représentants dans le cours des tractations électorales et postélectorales interchiites. Cette place devra alors se traduire par des bénéfices directs chez ses partisans, sous peine de voir sa base lui échapper.

Esquisse de typologie des victimes. La population civile est certainement la plus touchée par ces manifestations multiples de la violence. Les bilans d'ensemble, tout comme ceux consécutifs à l'opération *« Iraqi Freedom »* de mars 2003, ne sont pas officiellement communiqués. Les estimations les plus courantes établies sur la période de mai 2003 à août 2004 font état d'une fourchette de 13 000 à plus de 30 000 victimes, dont environ 3 000 du seul fait des attentats. Les soldats américains et les autres éléments de la force multinationale enregistrent toujours des pertes. Le seuil symbolique du millième militaire américain tué a été franchi en septembre 2004. Les opérations de sécurisation préélectorales de l'automne 2004 ont entraîné de lourdes pertes, en morts et en blessés, alourdissant le coût humain d'*« Iraqi Freedom »* même si – en cette fin 2004 – l'opinion publique américaine ne semble toujours guère traumatisée par le sacrifice de ses *boys*. Le commandement cherche toutefois à limiter les pertes en regroupant ses troupes dans des bases en périphérie des centres urbains et en tentant de s'appuyer davantage sur les nouvelles forces de sécurité irakiennes. Ces dernières, souvent perçues comme des « collaborateurs », sont devenues des cibles privilégiées, tant dans les centres de recrutement et les commissariats que lors d'opérations spectaculaires lancées par le nouveau gouvernement. Plus de 800 membres ont été tués depuis avril 2003 selon les chiffres du ministère irakien de l'Intérieur. Si ces nouvelles forces se sont tant bien que mal structurées en différents corps d'interventions spécialisées aux côtés de policiers aux missions plus traditionnelles, leur recrutement peu regardant, leur formation trop rapide et le manque cruel de moyens et d'équipements les rendent peu fiables et encore incapables de prendre le relais de la force multinationale. En dépit de l'effort consacré à la mise sur pied de ces forces irakiennes, les effectifs visés dans les plans américains n'ont pas été atteints et leur emploi demeure encore limité au rôle de simples supplétifs. Les membres des partis et des autorités officielles irakiennes ou leurs représentants locaux sont aussi régulièrement visés. On se souvient notamment de l'assassinat ciblé de l'une des femmes du Conseil de gouvernement intérimaire et ancienne figure baasiste, Aqila al-Hashemi, de l'attentat à la voiture piégée contre Ezzedine Salim, président du Conseil intérimaire de gouvernement, ou plus récemment de celui perpétré contre Bassam Kuba, secrétaire adjoint des Affaires étrangères du nouveau gouvernement irakien. Enfin, le rejet de la tutelle étrangère et des représentants des autorités intérimaires irakiennes à laquelle ils sont assimilés se manifeste aussi contre tout Irakien ou étranger quelle que soit sa nationalité, témoin ou simple participant des tentatives de reconstruction politique ou économique du pays.

LES DÉFIS DE LA « TRANSITION POLITIQUE » : VERS UN NOUVEAU RÉGIME AUTORITAIRE ?

Si les multiples acteurs de la contestation armée se retrouvent dans leur rejet de la tutelle étrangère et de ses différentes manifestations irakiennes, ces violences ne peuvent être assimilées à une insurrection populaire. Dans sa grande majorité, la population irakienne demeure passive et résignée, ou soutient pour certains de ses membres cette opposition en s'en tenant au recueil de renseignements, à la mise à disposition d'abris, de nourriture, etc. En outre, la primauté du sentiment national constitue encore un frein au basculement de cette contestation vers des affrontements intercommunautaires généralisés de nature ethnique ou confessionnelle, même si certains signes à l'œuvre dans le pays peuvent en souligner le risque.
Plus généralement, les Irakiens manifestent avant tout leur lassitude et leur aspiration à retrouver une vie normale. Ils attribuent la persistance de l'insécurité et la paralysie des projets de reconstruction à la présence militaire américaine et étrangère, toujours vécue comme une occupation. La population aspire au départ de ces troupes tout en le redoutant, consciente qu'un retrait précipité pourrait signifier un basculement du pays dans le chaos. De la même manière, elle appelle de ses vœux l'émergence d'une autorité centrale forte, perçue comme seule capable de poser la légitimité du pouvoir via l'affirmation d'une nouvelle personnalité charismatique et d'éviter ainsi une fragmentation tant redoutée du pays, tout en observant avec une distance critique les dérives autoritaires du Premier ministre Iyad Allawi.

À la recherche de la société civile. Résultat d'un processus dont les grandes lignes ont été définies à Washington bien avant la guerre et dont les modalités intermédiaires et le calendrier n'ont été réadaptés qu'à la marge, le nouvel exécutif irakien installé le 1er juin 2004 demeure pour la majorité de sa population une création artificielle, imposée de l'extérieur. Le nouveau gouvernement se voit pourtant chargé de préparer les premières élections générales dans le pays avant la fin du mois de janvier 2005. Mais ces autorités intérimaires, majoritairement issues du Conseil transitoire du gouvernement qui l'a précédé et ayant hérité de ses dérives, n'incarnent pas aux yeux de la population une autorité légitime et représentative de l'ensemble des tendances et des recompositions à l'œuvre au sein de la société irakienne.

Malgré quelques tentatives pour élargir le système politique établi, les ballons d'essai initiés par les Nations unies ont jusqu'alors échoué. Cet échec s'explique du fait même des résistances de cet *establishment* politique de l'« après-Saddam » qui, dans la perspective des élections de 2005, entend conserver à l'avenir sa nouvelle place au centre du système. Il tient aussi à la volonté de la coalition de contrôler au plus près cette « transition politique » et d'assurer ainsi sa mainmise. La Conférence nationale irakienne d'août 2004, exercice parrainé par le représentant spécial de l'ONU, Lakhdar Brahimi, a ainsi été sabordée dès sa préparation par certains partis politiques officiels désireux d'en influencer le déroulement. Conçue à l'origine dans l'espoir de juguler les violences en intégrant des acteurs jusqu'alors exclus, et en premier lieu des Arabes sunnites marginalisés et du courant radical chiite de Moqtada al-Sadr, cette conférence sera en fait décriée par ces mêmes représentants de l'opposition qui n'y verront qu'une parodie d'ouverture.

Après la tenue, fin novembre 2004, de la conférence internationale sur l'Irak à Charm el-Cheikh, en Égypte, la volonté réelle des autorités irakiennes en place de rendre le système politique plus inclusif demeure toute relative – le gouvernement intérimaire d'Allawi donnant jusqu'à maintenant tous les signes d'un pouvoir de type autoritaire. Doté de prérogatives très étendues, notamment dans le domaine sécuritaire, lui permettant d'imposer des lois d'exception et de rétablir la peine de mort supprimée en son temps par la CPA, le Premier ministre irakien, principal candidat de la coalition pour les prochaines élections, a ainsi été placé au cœur du système. Le président Yawwar cumule en effet des charges essentiellement honorifiques. Pour autant, malgré l'étendue de ces pouvoirs, de tels instruments ne suffisent pas pour imposer l'ordre et susciter le respect. Cette carence n'est pas uniquement due aux moyens limités dont disposent les nouvelles forces de sécurité irakiennes, lancées tant bien que mal dans des opérations médiatisées avant tout orchestrées par les autorités militaires américaines. Elle repose sur le déficit de légitimité de cette nouvelle élite qui depuis son installation au pouvoir demeure en grande partie coupée de sa société et accaparée par un objectif de court terme : assurer sa pérennité. Cette élite profite de l'incapacité de la population dans son ensemble à se projeter dans une vision collective d'avenir – cette projection nécessitant tout d'abord un long et douloureux travail de réconciliation nationale. Dans ce contexte, des élections au 30 janvier 2005, dont le bon déroulement, la transparence et la crédibilité restent aléatoires, pourraient s'avérer précipitées et contre-productives. Dans le même temps, leur report, ou l'exclusion de certaines régions sunnites pour cause d'insécurité persistante ou de boycott, générerait certainement une aggravation du niveau de violence.

L'impossibilité des principales figures établies comme des divers courants d'opposition à exprimer des projets politiques, ou ne seraient-ce que des objectifs dépassant l'impasse créée par le calendrier électoral, fait écho à l'état plus général dans lequel se trouve la population dans son ensemble. Traumatisée par la dictature, trois guerres, treize années de sanctions internationales et d'embargo vécu comme une punition collective et plus d'un an et demi de violences, la société irakienne demeure exsangue. Le renversement du régime de Saddam Hussein a vu fleurir une multitude de partis politiques, d'associations, d'organisations humanitaires et de journaux, dont les encarts, les banderoles, les slogans couvrent les murs des villes et des villages. Cependant, ce foisonnement de surface, que certains pourraient prendre comme la manifestation d'une société civile dorénavant en marche vers l'expression libérée de sa pluralité, masque une réalité moins engageante.

Laminée par ces trente-cinq dernières années, la société irakienne, composée aujourd'hui dans sa grande majorité par une jeunesse n'ayant connu que les privations et la violence, est sans repères et semble profondément déstructurée. Dans ce contexte, les individus qui la composent tendent à se replier plus encore vers des solidarités de base que sont la famille, le clan, la tribu, voire la communauté. Le renversement du système baasiste a certainement ouvert la voie à une forme de mobilisation, dont les manifestations majeures se sont traduites par des signes extérieurs d'une ferveur religieuse et sociale marquées par la résurgence des courants islamistes chiites et, dans une autre proportion, sunnites. Cette mobilisation demeure cependant limitée et fractionnée dans le champ du politique. Aucun courant ou aucun parti politique, quel qu'il soit, et y compris au sein des tendances religieuses, ne semble rallier à lui seul des soutiens dans une proportion significative.

Un système politique communautarisé. La fragmentation manifeste du paysage politique et contestataire irakien, la multiplicité des figures qui le composent incitent ces différents acteurs à surenchérir sur le terrain communautaire. Cette compétition inégale, ravivée par la perspective des élections, se voit encouragée par un schéma de reconstruction politique conçu ouvertement, dès avant l'intervention américano-britannique, en tant que système communautarisé. Cette logique s'est nourrie de la volonté de refléter et préserver la diversité ethnique et confessionnelle du pays proportionnellement au poids démographique de chaque communauté, tout en garantissant dans le même temps la préservation des acquis kurdes en matière d'autonomie régionale. Elle semble donner l'avantage au mouvement chiite, structuré autour de son clergé, bénéficiant de l'expérience historique de la lutte revivifiée par la renaissance du courant de Sadr, et misant sur le poids démographique de sa communauté pour emporter la victoire par les urnes. Elle consacre la spécificité de la région autonome kurde au nord du pays, dont l'autorité du gouvernement régional se voit confirmée par la loi fondamentale du 8 mars 2004, Constitution provisoire certes amenée à être rediscutée et approuvée par référendum, mais dont les fondamentaux ne pourront être vraisemblablement modifiés qu'à la marge. Ces derniers confirment en particulier l'autorité du gouvernement régional autonome du Kurdistan au sein d'un Irak fédéral et donnent la possibilité aux Kurdes d'opposer un veto lors du référendum si le texte constitutionnel définitif remettait en cause ces garanties. Les Arabes sunnites de leur côté apparaissent comme les grands perdants de ce système dans lequel la logique communautaire leur fait endosser de fait un statut de minoritaires marginalisés et leur laisse surtout porter, en tant que communauté, la responsabilité des dérives et des atrocités du régime ultra-personnalisé de Saddam Hussein.

Cette logique, on le comprend, rejette chaque acteur voulant prendre sa place dans le nouvel État en cours de refonte dans son appartenance communautaire d'origine, l'amenant progressivement à revendiquer en premier lieu cette identité pour être pris en compte à la fois par les autorités américaines, par les voisins régionaux, par le reste de la communauté internationale et, enfin, par les autres compétiteurs irakiens. Cette nécessité encourage ainsi le communautarisme négatif, chacun voulant apparaître comme le symbole de la communauté qui a le plus souffert ou qui souffre le plus en Irak et faire de cette souffrance une source de pouvoir. Les chiites et les Kurdes ont en particulier payé un très lourd tribut et estiment que les élections leur permettront de prendre leur revanche historique. Les Arabes sunnites peuvent maintenant se prévaloir avec la « bataille de Falloudja » de novembre 2004 d'avoir aussi « payé » en tant que communauté.

Dans ce cadre, le nécessaire travail de réconciliation nationale s'avère être une entreprise ardue de longue haleine. Un procès trop hâtif et mal préparé de Saddam Hussein et de ses sbires, ou l'ouverture à la hâte des fosses communes, ne sauraient suffire. Le danger d'assister à l'éclatement d'affrontements ouverts et généralisés de type intercommunautaire demeure en l'état actuel encore limité. Cependant, l'aggravation des tensions au nord du pays, dans ces zones de peuplement mixte entre Mossoul et Kirkouk, à la lisière de la région autonome kurde, souligne ce risque. Plus généralement, cette communautarisation excessive ouvre la voie à l'élaboration d'un nouveau système administratif qui modifierait profondément la géographie du pouvoir. L'affirmation des provinces, dans le cadre de nouvelles relations négociées avec Bagdad, est un objectif que visent actuellement les responsables kurdes et chiites. Les premiers y voient la poursuite logique de leur projet d'autonomie régionale au Nord-Irak ; les seconds la possibilité de poser l'autorité des religieux dans le Sud. Cette « solution » irakienne permettrait d'afficher le visage laïc du gouvernement central réuni autour d'une figure nationale symbolique, tout en laissant s'exprimer le régionalisme communautarisé des périphéries. Un tel schéma favoriserait les provinces du nord et du sud, au détriment des régions centrales dépendantes des richesses pétrolières. Ce scénario, créant un précédent dans la région, sera certainement au cœur des débats post-électoraux menés autour de la rédaction de la Constitution. Celle-ci devra alors tenter de trouver une solution viable et durable à l'épineuse question du statut de la ville de Kirkouk.

Les acteurs

La diversité des cibles et des modes opératoires donne l'image d'une violence multiforme, diffuse et évolutive, que le discours officiel des autorités de la coalition comme des représentants irakiens a tenté de circonscrire aux « loyalistes » de Saddam Hussein, aux courants radicaux sunnites et chiites soutenus par des pays voisins et à des éléments djihadistes étrangers associés à la mouvance d'Al-Qaïda. En dépit des arrestations et des opérations de ces derniers mois, les estimations officielles des effectifs de ces éléments sont demeurées imprécises et ont tenu à les cantonner géographiquement aux deux « fronts sunnite et chiite » que sont la région du « triangle » et les zones d'implantation du courant de Moqtada al-Sadr. L'importance nouvelle accordée au terroriste Abou Moussab al-Zarqawi, dorénavant désigné comme le principal organisateur des attentats et des enlèvements, est à ce titre significatif de cette volonté de personnaliser la menace et de la présenter ainsi comme circonscrite, marginale, essentiellement importée et donc étrangère aux tensions qui s'exercent aussi de manière plus diffuse au sein même de la société irakienne. Si l'on tente de dresser un tableau de la contestation armée, le paysage de la violence en Irak paraît en effet beaucoup moins cloisonné et certainement non homogène dans son organisation, ses composantes, ses motifs ou ses objectifs.

◆ La criminalité organisée

L'importance du rôle du simple banditisme dans ces violences est souvent minorée. Elle aura pourtant marqué les premières semaines de la chute du régime de Saddam Hussein, illustrant cette faiblesse de la société irakienne par laquelle les phénomènes de prédation, de petite délinquance ou de gangs plus structurés ont pu ressurgir à la faveur du désordre de l'« après-guerre ». Ces gangs, apparus dès la fin des années 90, au moment où l'État irakien montrait ses plus grands signes d'essoufflement, et dont les rangs ont encore grossi avec l'amnistie décrétée par Saddam Hussein en 2002 pour les prisonniers de droit commun, ont été encouragés à reprendre leurs actions au vu de la difficulté manifeste des autorités de la coalition à rétablir l'ordre et la sécurité. Ce sont ces individus qui, aujourd'hui encore, rendent les routes autour de Bagdad et de

Mossoul peu sûres et terrorisent des segments relativement aisés de la population urbaine par leurs actions de kidnapping et de rançonnage, de viols, de vols de voitures et de cambriolages. Ces groupes de criminels constituent certainement également la base des éléments impliqués dans cette industrie particulièrement rentable que sont devenues les prises d'otages irakiens ou étrangers. Certaines de ces organisations criminelles se présentent désormais sous la bannière de la « résistance », conscients que cette étiquette permet de poursuivre plus facilement leurs activités et d'en augmenter les bénéfices.

◆ Les nostalgiques de Saddam Hussein

Les segments les plus associés au régime de Saddam Hussein et à ses atrocités, ou plus généralement les principaux bénéficiaires de l'ancien système ayant tout à perdre de l'établissement d'un nouvel ordre perçu comme désormais défavorable à la communauté arabe-sunnite, représentent aussi une partie des éléments de la société qui ont, les premiers, basculé dans la violence. Encadrés par des responsables et des membres intermédiaires des anciens services de sécurité et de renseignement, les combattants moins aguerris ont ainsi profité de leur motivation et de leur expérience, mais aussi de leurs armes et de leurs moyens financiers. Le groupe du Retour (Al-Awdah) symbolise cette tendance : formée avant tout des anciennes structures de sécurité de l'ancien régime, cette organisation inclut aussi plus généralement des baasistes et entretient des liens avec de nombreuses tribus arabes sunnites de la région du « triangle ».

◆ Les nationalistes

Les rangs de l'opposition armée ont été grossis par de nouvelles recrues poussées dans l'action armée, ou le simple soutien logistique et financier à cette action, par les premières mesures drastiques de « débaasisation », de démembrement de l'armée et des autres forces de sécurité et par la réorganisation des ministères de la Défense et de l'Intérieur. Les liens de solidarité personnels, familiaux et géographiques (de la région dite du « triangle arabe-sunnite » jusqu'à Bagdad et sa périphérie) sous-tendent avant tout ce réseau. Les riches familles de la province d'Al-Anbar, bien implantées dans les secteurs d'activité privée que sont le commerce ou le bâtiment, représentent ainsi des soutiens financiers très importants.
Si la proximité directe avec l'ancien régime peut expliquer ce passage à la contestation et à l'action armée, d'autres motivations peuvent en effet plus largement jouer : la simple conscience d'avoir perdu une position au sein des structures clientélistes de l'ancien système, mais aussi l'expression d'une forme de nationalisme et de rejet de l'occupation, ou encore un sentiment antiaméricain et antioccidental plus diffus. Le groupe armé des Révolutionnaires d'Irak - Brigade d'Al-Anbar incarne cette tendance en se définissant à la fois comme anti-Saddam et profondément nationaliste. C'est le cas aussi des tribus frappées dans les petites localités par les raids et les arrestations « musclées » et faisant alors jouer le code tribal de l'honneur. L'exemple de Falloudja est à ce titre significatif de ce basculement progressif dans la contestation armée selon des logiques locales. Réputée pour ses nombreuses mosquées et son adhésion à un islam sunnite conservateur, cette bourgade semi-rurale n'a jamais été un bastion de l'ancien système baasiste. Les premières opérations lancées par les forces américaines lors de la traque des responsables de l'ancien régime, et les méthodes brutales de fouilles et d'arrestations aveugles, seraient en fait à l'origine du ressentiment profond de la population, encore envenimé par l'emprisonnement qui a suivi de deux imams locaux. Ainsi, la puissante tribu des Alboueissa, comptant près de 50 000 membres établis dans la région de Falloudja, a joué un rôle prédominant dans le déclenchement d'attaques armées ; ses membres ont d'ailleurs revendiqué l'action menée en novembre 2003 contre un hélicoptère américain ayant causé la mort de 17 militaires. Cette spirale de violences débouchera fin mars 2004 sur des manifestations de liesse morbide autour des cadavres de quatre gardes américains de sécurité privée suivies, en avril, d'une riposte massive des *marines* américains pour tenter de reprendre la ville. Malgré plusieurs trêves et négociations via des intermédiaires locaux issus de l'ancienne armée irakienne, la ville de Falloudja va encore longtemps échapper à l'autorité centrale et progressivement se constituer en fief de plus en plus récupéré par les courants islamistes sunnites, et ce jusqu'au déclenchement de la grande offensive du 8 novembre 2004.

◆ La nébuleuse islamiste sunnite

La résurgence de l'islamisme arabe sunnite est un phénomène déterminant et pourtant mal appréhendé. L'étiquette laïque sous laquelle se définissait le système baasiste irakien a longtemps empêché de mesurer la progression de ce courant. Ce d'autant que, par le passé, le « clergé » sunnite n'a jamais constitué une force de mobilisation politique et sociale comparable au mouvement religieux chiite. Apparus à la fin des années 80, les divers courants islamistes sunnites se sont pourtant développés en Irak à la faveur de l'humiliation ressentie par la population à la suite de la défaite de 1991 et de ses conséquences. Entretenu par les privations et la dislocation des liens sociaux aggravées par le régime de sanctions et d'embargo, et récupéré dans les derniers temps par le régime de Saddam Hussein cherchant un nouveau semblant de légitimité, ce retour à la religion a en effet concerné une partie de plus en plus importante de la population, y compris dans les rangs des officiers de l'armée régulière ou des forces paramilitaires.
L'apparition récente et au grand jour de nouveaux partis et d'associations islamistes sunnites, tels le Parti islamique, l'association du Conseil des oulémas ou encore le Mouvement national unifié irakien, a témoigné de la volonté des représentants religieux de s'organiser, du moins dans le champ de l'action politique, afin de constituer un contrepoids face à l'émergence d'un nouveau système qu'ils perçoivent comme menaçant la

Les implications régionales

Les États voisins, et en premier lieu l'Iran, la Turquie, l'Arabie saoudite, la Syrie et la Jordanie, suivent la situation en Irak avec une attention soutenue à la fois inquiète et opportuniste. Les enjeux que recouvre pour eux la crise irakienne sont en effet primordiaux. Les dynamiques et les tensions qui sont à l'œuvre en Irak traversent facilement des frontières poreuses et trouvent des prolongements évidents dans ces États. Sur le long terme, l'échec ou le succès de l'expérience irakienne aura des répercussions décisives sur les régimes voisins qui se trouvent déjà confrontés à des demandes de plus en plus fortes émanant des différentes ethnies, confessions, associations ou forces politiques qui composent leur société. L'évolution de la crise irakienne influencera enfin la nature des relations qu'ils entretiennent avec les États-Unis à un moment jugé critique depuis les attentats du 11 septembre 2001, et alors que les autorités américaines affichent un plan ambitieux de réformes du Moyen-Orient. Pour toutes ces raisons, la majorité des États voisins aspirent à une situation apaisée en Irak mais suffisamment délicate pour accaparer pour longtemps encore toute l'attention de Washington. Ce calcul éclaire les attitudes teintées d'ambiguïté des autorités de la région, aspirant officiellement à une solution irakienne juste et indépendante, mais exerçant parfois en sous-main le jeu des immixtions déstabilisatrices. La Jordanie, dont l'économie dépend structurellement de son voisin, s'attache ainsi à renouveler les liens qu'elle avait développés par le passé avec les réseaux d'affaires et les nouvelles figures politiques irakiennes. Le royaume hachémite cherche en effet à conserver coûte que coûte son rôle de plate-forme incontournable pour tout projet de reconstruction et de développement de l'Irak.

Les nouvelles perspectives offertes aux Kurdes irakiens, impliquant la reconnaissance de leur gouvernement autonome dans le cadre d'un système fédéral, représentent une des principales craintes de contamination régionale. L'exemple irakien revitalise ainsi le nationalisme kurde dans son ensemble, que ce soit auprès des minorités vivant en Turquie, qu'auprès de celles vivant en Iran ou en Syrie. Les manifestations sévèrement réprimées au printemps 2004 à Qamichli, dans cette région kurde de Syrie, ont constitué une alerte sérieuse pour ces trois États. L'intégration éventuelle de la zone pétrolifère de Kirkouk au Nord-Irak, donnant au gouvernement autonome des leviers économiques majeurs, représenterait un des scénarios les plus redoutés en Irak comme chez ses voisins.

La reconnaissance historique du rôle des chiites irakiens dans le nouvel État en gestation pourrait également entraîner une série de bouleversements régionaux. Les régimes arabes de la Péninsule, et en premier lieu la monarchie saoudienne, observent avec inquiétude cette renaissance qu'ils perçoivent, après l'établissement de la République islamique d'Iran, comme une nouvelle résurgence de la menace chiite. L'attention renouvelée qu'ils déploient à l'égard de leurs propres minorités chiites est significative des craintes qui les habitent. De son côté, l'Iran partage avec ses voisins la crainte de voir l'expérience irakienne déboucher à terme sur l'installation d'un système pluraliste et ouvert. Ce succès entraînerait une sérieuse remise en cause de son modèle islamique qui montre déjà de sérieux signes d'essoufflement. Le clergé iranien vit en outre le rayonnement retrouvé des villes saintes de Nadjaf et de Kerbala, plus hauts lieux saints pour l'ensemble du monde chiite, comme une concurrence préjudiciable à son prosélytisme et à ses finances.

Même la contestation armée des divers groupes sunnites contient en germe des sources d'émulation transrégionale. Si les djihadistes étrangers infiltrés demeurent en nombre restreint, le terrain irakien symbolise un nouveau lieu d'affrontements contre la puissance hégémonique américaine et ses manifestations locales. Conjuguée à la cause palestinienne, la crise irakienne cristallise ainsi dans la région les frustrations des populations exprimant de plus en plus vivement leur demande de participation face à des régimes perçus comme illégitimes. La vague d'attentats que subit le royaume d'Arabie saoudite depuis 2003 n'est pas étrangère à ce phénomène.

communauté sunnite dans son ensemble. Pour autant, l'exemple du Conseil des oulémas basé à Falloudja, dont les 50 membres estiment représenter l'ensemble des tendances de la région du nord-ouest de l'Irak, illustre la diversité de vues qui compose ce paysage islamiste sunnite, allant de la tradition soufie, de l'empreinte profonde des Frères musulmans jusqu'à l'approche salafiste radicale, de la lutte armée à la seule action politique ou religieuse.

Si la tendance islamiste sunnite est relativement récente et peu structurée, elle témoigne cependant d'une certaine vivacité dans cette région dite du « triangle » jusqu'à Mossoul. Elle recouvre ainsi une diversité sociale étonnante, englobant aussi bien des urbains que des ruraux, des intellectuels que des universitaires, d'anciens soldats ou officiers que de jeunes tribaux ou fermiers. Ce courant a en effet profité de l'affaiblissement et de la perte de légitimité manifeste des éléments pro-Saddam ou plus largement pro-baasistes dans le cours de l'opposition armée. Cette perte de vitesse a ainsi permis la fusion des sentiments nationalistes et islamistes au sein des éléments combattants. Le développement de cette tendance islamo-nationaliste représente aujourd'hui le phénomène prédominant au sein du paysage de l'opposition armée. Celle-ci se voit essentiellement composée d'anciens militaires « reconvertis », pragmatiques ou convaincus, ayant trouvé leur motivation au combat dans les prêches et les encouragements d'imams locaux empreints d'idéologie salafiste. Dans cette logique, de nombreuses mosquées ont constitué des centres de recrutement, de financement et de stockage d'armements pour les groupes de combattants. Le lien formel de ces combattants avec certains partis ou associations religieuses sunnites reste à prouver. Il semble toutefois établi autour de certaines figures religieuses et d'idéologues issus de la mouvance des Frères musulmans et ayant basculé dans la tendance salafiste.

Difficilement identifiables, de multiples groupuscules (plus d'une vingtaine ont été répertoriés à l'été 2004) se sont ainsi manifestés à travers des communiqués et des revendications diffusés dans les médias arabes, ou encore des tracts distribués clandestinement à la population. Ils sont apparus sous des vocables les plus divers, montrant par là même leur manque de structuration et l'absence de stratégie politique clairement établie. Les formations armées les plus connues, car ayant revendiqué le plus d'actions spectaculaires ou fortement médiatisées, demeurent toutefois opaques. La difficulté tient à ce que certaines d'entre elles ont ponctuellement arboré des appellations, affichant tour à tour une tendance plus islamiste ou plus nationaliste ou plus locale, pour ensuite se rebaptiser sous des vocables différents. Cette fluidité a aussi fait leur force, certains de ces groupes et petites brigades se formant à l'occasion précise d'une opération et incluant ainsi dans leurs rangs des éléments locaux issus d'autres mouvances, des tribaux ou des combattants étrangers, pour ensuite se dissoudre et se fondre dans la clandestinité. La structuration souple et évolutive de ces groupes armés explique aussi pourquoi des actions ont pu être revendiquées par plusieurs à la fois.

Sans viser ainsi à l'exhaustivité, et sachant que cette opposition armée est en constante transformation, certains groupes peuvent être cités, qui illustrent la diversité de ce paysage contestataire. Le Front national pour la libération de l'Irak représente une de ces formations qui incorpore à la fois des éléments nationalistes et islamistes, d'anciens membres de la garde républicaine spéciale et des étrangers. Les Brigades d'Al-Faruq se définissent aussi comme une organisation islamiste mais se voient dans le même temps constituées de petites unités armées englobant des Arabes sunnites laïcs et des étrangers. L'Armée islamique en Irak s'est manifestée depuis le printemps 2004 et a notamment revendiqué l'enlèvement fin août 2004 de deux journalistes français, Christian Chesnot et Georges Malbrunot, et du consul iranien enlevé auparavant à Nadjaf. Les Moudjahidines de la secte victorieuse incarnent cette tendance salafiste rassemblant à la fois des radicaux étrangers et irakiens, au même titre que l'Armée de Mohammad en Irak. Ansar al-Islam et sa scission Ansar al-Sunna sont des formations à l'origine kurdes islamistes se réclamant d'Al-Qaïda, et dont des éléments auraient été présents avec d'autres combattants dans les principales localités du « triangle ».

◆ Le courant radical chiite

Cette mouvance, en particulier la composante dirigée par Moqtada al-Sadr, représente une autre manifestation de cette progression du sentiment islamiste contestataire au sein de la société irakienne. Sans revenir sur les caractéristiques sociales et la dimension profondément populiste de ce mouvement, les deux crises majeures qui sont survenues en avril puis en août 2004 auront démontré à la fois sa force et sa faiblesse. Les combattants, à l'instar de ceux de Falloudja, sont devenus des symboles de la résistance bien que les chiites soient loin de s'être tous reconnus dans leurs luttes. Face à des offensives militaires massives qui, de plus, n'ont pas épargné les civils pris en étau, leur pugnacité a suscité une surprise teintée d'admiration dans la population, dépassant les seuls chiites. Malgré l'importance du rejet qui s'est manifesté dans les villes du Sud lors de la dernière crise d'août 2004, le courant de Moqtada al-Sadr ne bénéficie ni du soutien du clergé chiite ni de celui de la bourgeoisie locale vivant dans les deux villes saintes de l'industrie du pèlerinage. Si l'Armée du Mehdi a compté d'anciens officiers dans ses rangs, elle attire essentiellement de jeunes déshérités peu expérimentés au combat et ne saurait être comparée à d'autres milices chiites armées telles que l'Asrii. En outre, les orientations affichées par ce courant, désormais transformé en organisation politique, qui visent à établir une république islamique proche du modèle iranien, en effraient plus d'un au sein de la génération chiite qui, dans les années 50-60, a fourni de nombreux responsables et cadres au parti communiste irakien. Les méthodes employées par les partisans de Moqtada, accusés d'assassinats, de tortures, d'enlèvements, ont aussi choqué les esprits. Même les relatifs soutiens iraniens, et en premier lieu l'ayatollah Al-Muntazeri, qui réside à Qom, ont pris pendant un temps leur distance vis-à-vis d'un personnage perçu comme non maîtrisable. Pour autant, la dernière crise aura certainement placé ce courant, incarnation de cette nouvelle génération chiite de déshérités issue de la dictature et de l'embargo, comme un acteur politique incontournable avec qui le gouvernement irakien et l'*establishment* chiite se voient obligés de composer sous peine d'être dépassés. Il reste à savoir si ce courant saura mener à bien son inclusion dans le processus politique, le risque étant d'assister à des scissions, peut-être brutales, à sa tête et de voir ce mouvement se couper progressivement de sa base.

◆ La nébuleuse djihadiste

Ce tour d'horizon des acteurs de la violence serait incomplet si l'on omettait le rôle joué par des combattants étrangers, infiltrés en Irak à la faveur de la porosité des frontières. Malgré les annonces des officiels américains tentant de démontrer, bien avant la guerre, la connexion ancienne entre le régime de Saddam Hussein et le réseau Al-Qaïda, cette assertion a été démentie dans un rapport de la CIA. La première vague d'étrangers, essentiellement originaires du Maghreb et du Proche-Orient, s'est manifestée juste

Les nouveaux mercenaires

L'Irak les a placés dans le champ des caméras. Les nouveaux mercenaires ont trouvé là un eldorado. Certains, aussi, y ont trouvé l'enfer. Les images insoutenables de cadavres mutilés de membres américains d'une compagnie de sécurité à Falloudja, en avril 2004, ont choqué le monde entier et précipité l'assaut des *marines* sur la ville rebelle sunnite. Les quatre hommes appartenaient à une PMF *(private military firm)* – une SMP (société militaire privée) selon la terminologie française –, un secteur d'activité florissant. Le marché de la guerre privatisée représenterait aujourd'hui un chiffre d'affaires de 100 milliards de dollars par an. Certains estiment qu'il pourrait doubler d'ici à 2010. En Irak, ils seraient entre 15 000 et 20 000 nouveaux mercenaires déployés sur le terrain, soit le deuxième contingent devant les soldats britanniques. Mais on les retrouve aussi sur bien d'autres théâtres, en Afrique notamment.

Si elles explosent au grand jour aujourd'hui en Irak, c'est en Afrique que des SMP pionnières ont ouvert la voie. Le continent noir a été depuis dix ans une terre de prédilection pour les mercenaires, que ce soit au Liberia, en Sierra Leone, en Angola, au Rwanda ou au Zaïre. Dans les années 90, deux sociétés se sont partagé le « marché » des conflits : la sud-africaine Executive Outcomes et la britannique Sandline. Mais leur poids militaire et même politique grandissant a fini par amener les gouvernements à les brider. L'Afrique du Sud, irritée par cet activisme extérieur incontrôlable qui venait brouiller sa propre diplomatie, a ainsi adopté une législation restrictive sur le mercenariat : la loi sur l'assistance militaire à l'étranger interdit la « participation directe d'un Sud-Africain à un conflit armé dans le dessein d'en tirer un avantage personnel ». Les Balkans torturés des années 90 sont devenus une nouvelle terre d'élection pour les privés de la sécurité. Encadrés par des bataillons de généraux américains à la retraite, les hommes du Military Professional Ressources Inc. ont formé les forces croates ou bosniaques, en coordination étroite avec le Pentagone. En Afghanistan, depuis la chute des Talibans fin 2001, les privés américains de Dyncorp ou Global Security forment les nouveaux policiers afghans ou assurent la sécurité du président Karzaï.

Face à ces nouveaux modes d'intervention privée, le « mercenariat à l'ancienne » – symbolisé par la geste de Bob Denard aux Comores – paraît dépassé, même si certaines résurgences sont apparues ici ou là. Dernière manifestation en date : la tentative de coup d'État ratée en Guinée équatoriale, en mars 2004. Une soixantaine de « chiens de guerre » ont été arrêtés au Zimbabwe alors qu'ils s'apprêtaient à s'envoler pour Malabo pour rejoindre une vingtaine d'autres mercenaires. Parmi les chefs de l'opération, Simon Mann, le cofondateur d'Executive Outcomes. Mark Thatcher, le fils de l'ancien Premier ministre britannique, a été mis en cause dans l'affaire. Les procès sont en cours et les infortunés mercenaires risquent la peine de mort. Entre les SMP et les anciens corsaires de la guerre issus de la « vieille Europe », naviguent tous les anciens militaires de l'ex-Pacte de Varsovie qui offrent leurs services sous des latitudes plus exotiques. En Côte d'Ivoire, ce sont des pilotes biélorusses qui pilotaient les chasseurs Sukhoi qui ont bombardé les forces françaises à Bouaké à l'automne 2004. Les hélicoptères du président Laurent Gbagbo étaient eux aussi mis en œuvre par des hommes issus de l'ex-URSS. Leur présence est logique : ils sont souvent « fournis » avec les armements achetés à l'Est. La deuxième vie des mercenaires a donc véritablement commencé avec la fin de la guerre froide. Certains conflits locaux ont alors perdu de leur importance stratégique, d'où une réticence des grandes puissances à s'y engager. Dans le même temps, les armées voyaient leurs effectifs revus à la baisse, ce qui limitait vite le volet de troupes disponibles pour des opérations extérieures, interventions qui plus est souvent difficiles à justifier vis-à-vis des opinions publiques. Pour former ou encadrer des armées étrangères, nombre de gouvernements préfèrent donc aujourd'hui signer des contrats avec ces SMP plutôt que de mobiliser pour ces missions spécifiques leurs troupes régulières, souvent d'ailleurs peu préparées pour ce type de travail. Toutes ces raisons ont concouru pour offrir un formidable appel d'air aux sociétés militaires privées, qui sont pour certaines devenues de véritables multinationales. On est clairement passé des officines aux entreprises.

Si des entreprises de sécurité privées modernes et plus transparentes se sont créées en France ces dernières années, il n'en reste pas moins que les Anglo-Saxons ont occupé la presque totalité du terrain. Avec une législation mal adaptée et une culture militaro-diplomatique trop figée, Paris semble s'être privé d'un précieux outil d'influence dans des régions troublées mais souvent stratégiques.

avant le déclenchement de l'opération « *Iraqi Freedom* ». Ces quelques jeunes individus, désireux de témoigner une forme de solidarité antiguerre reliée à la situation israélo-palestinienne et à la cause du nationalisme arabe, sont arrivés sans repères à Bagdad et ont eu des difficultés à s'intégrer auprès des Irakiens. Certains d'entre eux ont pris les armes pendant l'invasion, se constituant en petits groupes de combattants indépendants. Ils ont été laissés à eux-mêmes par le régime irakien et la population, puis balayés par les opérations militaires de la coalition. La deuxième vague, plus récente, n'a représenté au total que quelques milliers d'individus, anciens « Afghans arabes » ou surtout jeunes militants djihadistes originaires de la région, se réclamant plus ou moins ouvertement d'une proximité idéologique avec Al-Qaïda. Leur infiltration, essentiellement via la Syrie, et leur passage à l'action armée se voient motivés par la volonté d'affronter la puissance américaine sur le terrain aisément accessible qu'est devenu aujourd'hui l'Irak. Parmi eux se trouvent des Yéménites et des Saoudiens qui se sont repliés en Irak, face à une action plus soutenue des autorités de leurs pays respectifs en matière de lutte contre le terrorisme. Les salafistes saoudiens bénéficient, en outre, des liens familiaux qui unissent les membres de tribus présentes des deux côtés de la frontière – cette relation de cousinage ayant facilité la progression du prosélytisme wahhabite dans certaines localités du grand Ouest irakien ; elle s'accompagne naturellement de soutiens financiers et de trafic d'armes. Au bilan, ces combattants étrangers se seraient souvent mêlés à des éléments irakiens radicaux, formant ensemble des groupes et groupuscules aux ramifications complexes. La présence en leur sein d'Abou Moussab al-Zarqawi et de son organisation Unification et Djihad (Al-Tawhid wal-Jihad) est attestée par les autorités américaines et irakiennes qui le considèrent comme l'un des principaux organisateurs des attentats suicides, des enlèvements et des assassinats d'otages étrangers. Cette organisation, qui depuis la mi-octobre 2004 se place ouvertement sous la référence idéologique de Ben Laden, a en tout cas revendiqué de multiples opérations particulièrement violentes, dont la première d'une suite de mises en scène macabres autour de l'otage américain Nick Berg, ainsi que l'attentat d'août 2003 contre le siège de l'ONU à Bagdad. L'arrestation de deux individus considérés comme ses lieutenants aurait permis aux autorités américaines et irakiennes de recueillir des informations précieuses sur la structure, la composition et les implantations de cette organisation qui, selon elles, a concentré en particulier des effectifs importants à Falloudja. Ces informations ont en tout cas étaient présentées comme motivant le déclenchement des grandes offensives de début novembre 2004 sur Falloudja en particulier et dans les autres localités adjacentes du « triangle ». Pour autant, le nombre de combattants étrangers capturés ou éliminés lors des opérations sur Falloudja, aux dires mêmes des autorités américaines, s'est avéré très réduit. Il semble en tout cas que, avant le déclenchement de ces offensives, ces djihadistes étrangers se réclamant notamment de Zarqawi aient en effet multiplié les contacts avec d'autres combattants irakiens pour, au moins, monter conjointement des opérations. Il est en effet peu vraisemblable que des étrangers, bien qu'originaires de la région mais facilement repérables dans le paysage irakien, aient pu se fondre et se déplacer dans le pays sans l'aide de groupes locaux. De la même manière que la suspicion mutuelle entre les islamistes sunnites, les baasistes, les nationalistes, les tribaux et les gangs de criminels n'a pas empêché des passerelles et des soutiens au moins logistiques entre certains d'entre eux, une connexion pragmatique entre djihadistes étrangers et combattants irakiens extrémistes reste tout à fait concevable. Cette coopération de fait entre ces différents éléments armés du paysage contestataire sunnite pourrait ainsi expliquer le développement, depuis la fin de l'été 2003, des attentats suicides, la multiplication des attaques simultanées et des enlèvements. Elle démontrerait ainsi la capacité de ces groupes à perfectionner leurs actions, comme l'illustrent notamment les attentats perpétrés à Bagdad et l'âpreté des combats menés à Fallouja, à Mossoul et dans les autres localités du « triangle » à l'automne 2004.

Pour en savoir plus

Hamit Bozarslan, *La question kurde*, Presses de Science-Po, 1997.

Hosham Dawod, *Tribus et pouvoirs en terre d'Islam*, Armand Colin, 2004.

Toby Dodge, « A Sovereign Iraq ? », *Survival*, volume 46, n° 3, Londres, automne 2004.

Toby Dodge, *Inventing Iraq : the Failure of Nation Building and a History Denied*, Londres, Hurst & Company, 2003.

Ahmed Hashim, « Insurgency and Counterinsurgency in Iraq », Newport, US Naval War College, juin 2004.

Pierre-Jean Luizard (dir.), « Mémoires d'Irakiens : à la découverte d'une société vaincue », *Maghreb-Machrek*, n°163, janvier-mars 1999.

Pierre-Jean Luizard, *La question irakienne*, Fayard, 2002.

Internet

www.crisisweb.org
Site de l'International Crisis Group, qui y publient ses rapports consacrés à l'Irak.

www.juancole.com
Site personnel d'un professeur d'histoire de l'université du Michigan, spécialiste de l'Irak.

www.occupationwatch.org
Site d'information antiguerre fondé par des altermondialistes européens.

www.electroniciraq.net/news
Portail d'information sur l'Irak.

www.baghdad.com
Portail d'information indépendant américain sur la situation en Irak.

www.icasualties.org/oif
Site d'information sur la situation militaire et sur les pertes des forces d'occupation.

Iran : composition ethnique

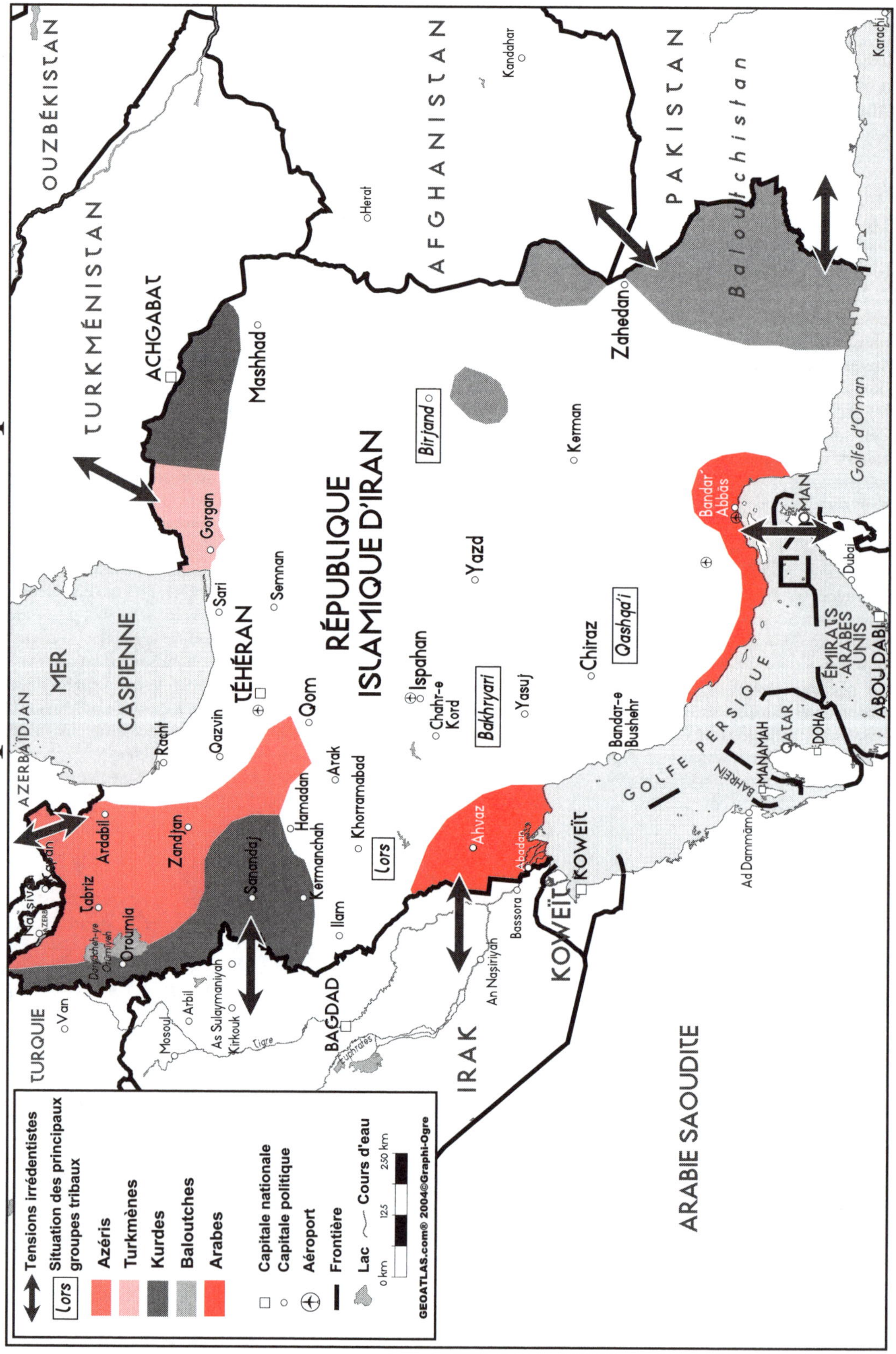

Superficie : 1 648 000 km²
Population : 69 millions
Composition ethnique : Persans (46 % de la population totale), Kurdes (10 %), Lors du Zagros (9 %), populations du littoral caspien (7 %) et Baloutches (2,5 %). Plusieurs groupes distincts turcophones (23 %) sont établis dans le nord et le sud-est du pays (Azéris d'Azerbaïdjan, Turkmènes et groupes tribaux Qashqa'i, Khamsé, Khalach, Afshar, Shahsevan). Les arabophones du Khouzistan et des régions riveraines du golfe Persique seraient 2 millions
Religions : chiites duodécimains (80 %), sunnites (15 %, principalement Kurdes, Turkmènes, Baloutches et Arabes du Khouzistan), zoroastriens, juifs et chrétiens (0,5 %) mais aussi groupes religieux proscrits, perçus comme des entités politiques (Sabéens et Baha'is)

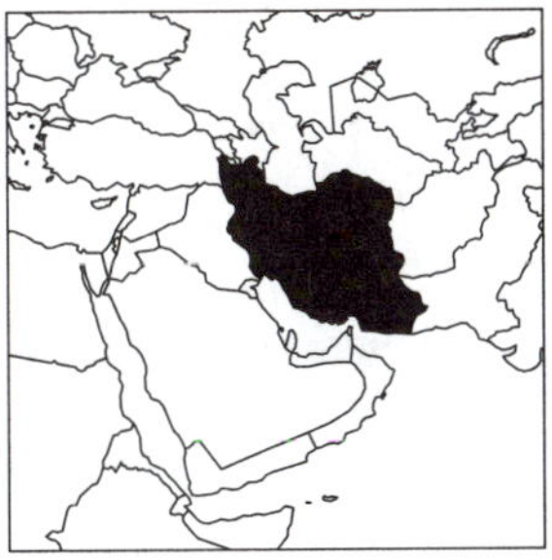

Iran

En vingt-cinq ans de pouvoir sans partage, les autorités iraniennes sont parvenues à pratiquement réduire au silence l'opposition politique dans le pays par un usage systématique de la répression, et en raison de la faiblesse des mouvements qui se revendiquent de la résistance au régime. Pourtant, les potentialités de conflit, de crise, voire d'implosion, demeurent nombreuses en République islamique d'Iran. Le système politique iranien traverse une grave crise institutionnelle, la situation économique est préoccupante et les rapports sociaux tendus. Le pays est encerclé par les forces militaires de puissances perçues comme fondamentalement hostiles, et tout porte à croire que la survie même de la puissance iranienne dans sa forme islamiste soit en péril.

Toutefois, le régime islamique ne connaît pas de mouvement de contestation de masse. Celui-ci a surmonté les tensions extrêmes de la période révolutionnaire des années 80. La stabilisation des années 90 a favorisé l'émergence de mécanismes capables de désamorcer jusqu'à ce jour les situations potentiellement crisogènes.

Dans l'immédiat, la configuration régionale qui émerge de l'intervention américaine en Irak se solde par un affaiblissement de l'opposition armée au régime de Téhéran. Il subsiste néanmoins une nébuleuse de groupes d'opposition, souvent anciens et opiniâtres, basés en Iran et à l'étranger. Ces mouvements sont composites et animés d'objectifs divergents. Aucun d'entre eux ne peut revendiquer à lui seul le soutien de la majorité de la population iranienne ou se targuer d'une légitimité incontestable.

Une alliance de l'ensemble de ses groupes est à exclure au regard de leurs différences idéologiques. Leurs actions sont souvent marginales et isolées, leurs ambitions parfois obscures, en l'absence de toute stratégie préétablie quant à la conquête du pouvoir.

LES DÉTERMINANTS STRUCTURELS ET LES FACTEURS DE CONFLICTUALITÉ

Les facteurs humain, géographique et ethnique. La géographie est à la fois l'atout majeur de l'Iran (qui se trouve au croisement des mondes turc, indien et arabe) et un facteur d'incertitude en raison du profond bouleversement de l'environnement régional du plateau iranien. Les caractéristiques culturelles et ethniques de son peuplement font de l'Iran un État *a priori* exposé à toutes les crises qui bouleversent ses voisins. La pluriethnicité s'articule ici autour de trois types de clivages imbriqués, qui souvent se superposent : le clivage linguistique, celui qui concerne le genre de vie et de mode d'occupation du territoire et le clivage religieux. La majorité des ethnies présentes en Iran sont des populations de langue iranienne, mais les persanophones stricto sensu (les Persans) ne représentent en 2004 que 46 % de la population totale.

À cette mosaïque complexe *(voir fiche signalétique)*, il faut ajouter des considérations historiques et géopolitiques bien particulières. La politique de centralisation est une constante historique qui s'inscrit sur la longue durée. Les crises politiques ou dynastiques ont souvent eu pour conséquence la réapparition de velléités séparatistes ou irrédentistes parmi les peuples dominés par le centre persan (ce fut le cas entre 1906 et 1921, en 1946 et de 1979 à 1985).

Enfin, les tensions ethniques relèvent de facteurs externes, en raison du caractère transfrontalier des grands groupes ethniques (Kurdes, Azéris, Turkmènes, Arabes, Baloutches), dont les foyers de peuplement sont tous situés à cheval sur des frontières politiques séparant l'Iran de ses voisins.

Au début des années 2000, la République islamique fait figure d'exception régionale et de modèle de décrispation des tensions ethno-nationalistes. Contrairement aux cas irakien, pakistanais ou turc, le problème minoritaire n'est plus lié à une solution militaire. Les soulèvements autonomistes kurde, baloutche, turkmène et arabe qui ont marqué les premières années du régime (1979-1982) s'inscrivaient dans le déchaînement des revendications politiques et des événements qui frappaient Téhéran et les autres grandes métropoles durant la période révolutionnaire. Ils n'ont pas résisté à l'idéologie officielle qui a sacralisé l'unité nationale, imposée au nom de l'unicité de l'Islam et de l'iranité, conçue comme fait linguistique partagé par une majorité de la population. Les deux dernières décennies constituent une expérience historique commune à tous les Iraniens. L'isolement de la scène internationale, huit années de « guerre patriotique » contre l'Irak (1980-1988), ainsi que de larges mutations sociales et démographiques ont finalement consacré une uniformisation des pratiques culturelles sur un modèle persan, chiite et urbain. Dans ces conditions, aucun noyau d'irrédentisme potentiel n'est assez puissant pour provoquer une crise séparatiste majeure.

Cependant, les années 2000-2004 ont vu le nombre de troubles directement liés à des revendications ethniques ou religieuses augmenter. Mais, contrairement au passé, la politisation ou l'idéologisation de ces troubles récents n'est que rarement vérifiable. Les sentiments de frustration et la répression des revendications culturelles pourraient générer de nouvelles formes d'opposition à moyen terme et poser de sérieux problèmes au modèle national iranien. La problématique ethnique est donc directement liée à la nature du régime iranien, centralisateur et autoritaire.

Les risques internes de déstabilisation. La crise économique, l'impasse institutionnelle du régime et la somme des promesses non tenues faites au peuple iranien sont des éléments plus cruciaux que les entreprises des mouvements séparatistes ou relevant d'une opposition idéologique affaiblie. Le régime islamique est issu d'une tourmente révolutionnaire brève (1977-1979) mais violente, à l'issue de laquelle ont émergé un système politique fermé et des formes particulières de résistance à ce régime. Ce dernier est marqué par l'ambiguïté idéologique de ses origines. Le principe de la direction politique de l'État par un dignitaire religieux (le dogme du *velayat-e faqih*) doit composer avec le parlementarisme et la pratique républicaine issue de l'événement fondateur du régime, la révolution populaire et démocratique de 1979.

Il résulte de cette combinaison une somme de contradictions fondamentales incapables à long terme de concilier les aspirations démocratiques d'une large partie des Iraniens et la mise sous tutelle de cette population par le clergé à l'aide d'un système coercitif et autoritaire.

La Constitution approuvée par référendum en décembre 1979 stipule que la République islamique repose sur la révélation divine et que la légitimité du pouvoir appartient à Dieu, et de façon subsidiaire au peuple. Mais le système ne se réduit pas à une dictature de droit divin car le suffrage universel joue un rôle essentiel dans l'élection (indirecte) du Guide, celle du Président et celle de l'Assemblée consultative islamique (le *Majles*). Les élections présidentielles de 1997 et de 2001 ont rappelé que la *vox populi* n'était pas qu'un dogme supplémentaire de la République islamique.

Le régime a néanmoins échoué dans l'instauration d'un système de partis compétitifs et s'est enfermé dans un exercice du pouvoir collégial et une logique factionnelle génératrice de blocages. En 2004, aucun véritable opposant ne fut autorisé à participer aux élections législatives. La loi électorale exige que chaque élu s'engage à soutenir formellement le principe du *velayat-e faqih*. La République islamique est donc une démocratie inachevée – bien qu'effective : 20 scrutins au suffrage universel ont été organisés depuis 1979 – dans les limites imposées par le *velayat* et la puissance du Guide suprême (Ali Khamenei depuis 1989). Quels que soient les ambitions et le discours du chef du pouvoir exécutif (le président Khatami), il faut, pour appréhender la totalité du champ politique iranien, garder à l'esprit l'image d'un système dogmatique où tout est affaire de compromis entre membres du sérail. L'idéologie dominante exclut par contre toute conciliation avec les ennemis ou

Les forces de sécurité et de répression de la République islamique

Les forces gouvernementales dévolues à la répression se divisent en trois ensembles selon qu'il s'agit de forces relevant du ministère de l'Intérieur et de celui du Renseignement, de forces militaro-politiques, ou de milices en charge d'imposer l'ordre moral islamique. Cet assemblage complexe révèle l'enchevêtrement des pouvoirs et des prérogatives au sommet de l'État iranien. L'importance ou l'utilisation de ces différentes formations sont dépendantes de l'évolution des rapports de forces entre les factions ou les personnalités en action sur l'échiquier politique.

Pour faire face aux troubles, le ministère de l'Intérieur, outre la police et la gendarmerie (qui ne sont en rapport avec aucune tâche sensible ou d'ordre politique), dispose théoriquement du contrôle de forces anti-émeutes (« les forces d'application de la loi », *niruha-ye entezami*) créées après les troubles urbains de juin 1992 dans les banlieues pauvres de Téhéran et à Mashhad, qui marquent un tournant conservateur et répressif dans la gestion des émeutes en Iran. Dans les faits, les forces anti-émeutes sont dirigées par des responsables nommés par le Guide. Le ministère de l'Intérieur doit aussi composer avec la concurrence des services du ministère du Renseignement, en charge de lutter contre les activités subversives, et dont la majorité des membres sont proches des éléments conservateurs du régime.

Le deuxième ensemble d'institutions responsables du maintien de l'ordre est constitué des organisations militaro-politiques. Créée en mai 1979 sur le modèle de la garde fédérale américaine, l'Armée des gardiens de la révolution islamique (Sepah-e Pasdaran-e Enqelab-e Eslami) a pour mission de contrer toute menée contre-révolutionnaire. Le général-major du corps des *pasdaran* est nommé par le Guide, qui est par ailleurs investi, selon la Constitution, du commandement en chef de l'ensemble des forces armées iraniennes. Cette armée idéologique autonome joua un rôle important dans le cadre de la mobilisation populaire des premières années de la révolution et fut étroitement associée à l'objectif d'exportation de la révolution islamique dans la période 1980-1988. Ses prérogatives évoluèrent progressivement avec l'augmentation du nombre d'émeutes urbaines dans le courant des années 90. Outre d'importants moyens terrestres et navals (estimés à 120 000 hommes), le corps des *pasdaran* dispose du contrôle de forces d'intervention rapide mises en place en 1993 (les brigades Ashura). Il exerce aussi un quadrillage exceptionnel du territoire national grâce à sa mainmise sur le *Bassij*, organisation fondée au lendemain de la révolution pour mettre la jeunesse populaire au service de celle-ci. Le *Bassij* est formé de volontaires – jusqu'à 500 000 au plus fort de la guerre contre l'Irak – et constitué en force de réserve en cas de crise, ou en force d'appoint dans le cadre de la lutte contre le trafic de drogue dans les provinces orientales.

Le dernier type de forces consacrées au contrôle de la population est composé des milices en charge de l'imposition de l'ordre moral islamique. Les Patrouilles de la colère de Dieu (Gasht-e Sarollah) sont contrôlées par les comités de quartiers et les « comités de lutte contre les choses interdites », qui entretiennent un rapport étroit avec les tribunaux révolutionnaires et sont dirigés par des imams locaux. Le cas des Partisans du parti de Dieu (Ansar-e Hezbollah) échappe à cette typologie. À l'origine, le terme de *hezbollahi* désigne les serviteurs du régime, soit tous les dirigeants de la République islamique. Par extension et en raison de la polarisation croissante de l'échiquier politique, le terme est aujourd'hui associé au groupe des défenseurs les plus acharnés du système. Ces ultras sont rompus à la violence de rue, armés et mobiles, et agissent hors de la légalité, quitte à entrer en conflit avec le ministère de l'Intérieur. L'incapacité du gouvernement à mettre fin aux agissements de ces milices stigmatise l'échec plus général de l'expérience réformiste inaugurée en 1997 avec l'élection de Mohammad Khatami à la présidence.

les critiques du régime et de ses dirigeants, auxquels il n'est reconnu aucun droit politique. Il en résulte une modélisation particulière des phénomènes d'opposition et de rébellion, divers dans leurs formes et leurs stratégies. La révolution islamique n'a pas connu de véritable contre-révolution en son territoire, mais doit compter avec une opposition ancienne et hétérogène, issue d'horizons et de parcours fort différents, que seul unit l'objectif final de sa lutte : la chute du régime islamiste.

UN RÉGIME EN CRISE : LA DIFFICILE TRANSITION DE L'ÉTAT IRANIEN VERS LE POST-ISLAMISME

La crise que traverse l'État iranien est à la fois politique, sociale et économique. Cette crise n'a cependant profité à aucun mouvement d'opposition et n'a favorisé l'émergence d'aucune alternative, le système étant doté de mécanismes réducteurs de tensions efficaces et résistants. La République islamique a su mêler de vieilles traditions impériales aux outils mis à sa disposition par un appareil d'État moderne. Les mécanismes de contention consistent en un mélange de concessions limitées et de répression. Pour contenir les revendications issues des catégories sociales les plus exposées à la crise ou des groupes ethniques ou tribaux les plus marginalisés, le régime utilise une politique de redistribution particulière (clientélisme, mesures en faveur des régions défavorisées).

Il concède des droits limités à l'expression des particularismes, notamment par le biais des autorisations de publication en langues régionales, en très forte augmentation depuis le début des années 90. En matière de politique sociale, bien qu'il ait depuis longtemps abandonné les thèmes révolutionnaires de la guerre contre l'injustice sociale au nom des « déshérités », le gouvernement conserve un contrôle important sur les classes populaires, en continuant de pratiquer des politiques de subvention aux produits de première nécessité. Enfin, la coercition et la répression restent les meilleurs moyens de s'assurer le contrôle des secteurs de la société les plus exposés à la rébellion.

En l'absence de pluralité démocratique, le décalage entre le modèle idéologique et social véhiculé par le discours officiel et les aspirations de la société iranienne prend une forme particulière, souvent hors du registre strictement politique. La contestation est profonde et concerne davantage des catégories sociales dans leur totalité (les victimes de la crise économique, les jeunes, les femmes) que des groupes définis par leur appartenance ethnique et religieuse, ou leur engagement politique, la situation sociale et économique de l'Iran en 2004 étant caractérisée par la paupérisation continue d'une large partie de la population, la montée des tensions et des revendications multiples (grèves, émeutes dans les cités-dortoirs des grandes villes, violences urbaines nées de la frustration et du désespoir).

Accoutumé aux contextes conflictuels, le régime a à sa disposition des moyens militaires et policiers capables de faire face aux situations les plus critiques à court terme.

Politiquement, l'année 2003-2004 a été marquée par deux événements importants. Le premier est électoral : la victoire conservatrice au scrutin municipal et aux élections législatives (170 sièges remportés sur 290). Le second est consécutif à l'organisation et au déroulement de ces élections. Une crise politique majeure a éclaté après l'annonce en janvier 2004 du rejet de plus de 25 % des candidatures (dont 84 députés réformateurs sortants) par le Conseil des gardiens de la révolution, composé de juristes et de clercs majoritairement favorables aux conservateurs. Ces deux événements ont accompagné le déclin définitif de l'élan réformateur initié à la fin des années 90. Le front réformateur, malgré le contrôle du Parlement et de certaines institutions, n'a pu imposer son agenda, en l'absence d'une véritable direction politique et en raison de la réorganisation des forces conservatrices. Les résultats des élections de l'année 2003-2004 hypothèquent les acquis de la période 1997-2004, marquée par un renouvellement et un élargissement des cadres du débat politique. L'abandon par le président Khatami, en mars 2004, des projets de loi visant à accroître les pouvoirs exécutifs des organes élus au détriment des organes nommés a consacré la puissance des cercles décisionnels proches du Guide. Le *Majles* est désormais dominé par les factions rigoristes, qui ont su mobiliser leurs réseaux et capitaliser la déception populaire née des renonciations réformistes.

L'absence de réactions populaires à l'annonce de la censure de candidats réformistes, la relative baisse du taux de participation (51 % aux législatives) et une série de troubles mineurs mais persistants dans les régions constituent les éléments générateurs d'une situation marquée à la fois par l'incertitude, la résignation et l'exaspération. L'avènement du Parlement conservateur est de nature à favoriser le retour à la rhétorique de la lutte acharnée contre les agents de la contre-révolution. L'échec de l'*aggiornamento* de la République par les partisans de la réforme peut aggraver une crise qui s'inscrit dans la logique d'un système incapable de dépasser certains dogmes hérités de la période révolutionnaire.

Les conservateurs pourraient alors choisir la stratégie de l'exacerbation du nationalisme iranien, par des actes de provocation dans le cadre du débat sur la prolifération nucléaire, ou par la mobilisation de la population contre les visées hégémoniques de l'impérialisme américain.

La profondeur du décalage entre les aspirations de la population iranienne et les institutions censées la représenter se manifeste à la fois par des irruptions de violences spontanées et par la désillusion et le repli sur soi de larges segments de la société. Certaines formes d'opposition politique subsistent néanmoins en Iran comme dans la diaspora iranienne. Elles nourrissent une grande partie de leur espoir du blocage politique et de l'aggravation

Les forces politiques en présence en 2004

Au lendemain des élections de février 2004, la scène politique iranienne est scindée en deux : entre partisans des réformes *(Eslahgaran)* et conservateurs *(Mohafezekaran)*. Les partisans de la réforme réunis au sein du Front du 2 Khordad sont les membres du Front de participation de l'Iran islamique (Mosharekat, le parti du président Khatami) ; des organisations issues de la renaissance de la gauche islamique dans les années 90 (le Parti de la solidarité de l'Iran islamique, le Parti islamique des travailleurs) ; des technocrates proches de l'ancien président Hachémi-Rafsanjani (les Serviteurs de la reconstruction – Kargozaran) ; et des représentants de la gauche islamique dirigiste au pouvoir entre 1980 et 1988 (Association des religieux combattants, Organisation des Modjahédines de la Révolution islamique). La faction conservatrice est un courant hétéroclite rassemblant les partisans d'un État minimum en matière de politique économique et d'un conservatisme social teinté de rigorisme. La tendance est composée de la droite conservatrice (le Parti de la coalition islamique, le Parti pour le développement et la prospérité, Abadgaran) et d'un groupe de formations et de cercles religieux néofondamentalistes (la Société du clergé combattant, l'Association islamique des ingénieurs) opposés à une lecture trop sociale de l'héritage khomeyniste.

des conditions économiques qui caractérisent le régime islamiste.

LES MOUVEMENTS ACTIFS D'OPPOSITION

Dans le cas des mouvements d'opposition iraniens, on constate une division des tendances à différents niveaux : géographique, entre les groupes en exil et ceux qui luttent en Iran ; tactique, entre le choix de la lutte armée, les variantes terroristes et l'opposition démocratique ; stratégique, entre les mouvements centrifuges à vocation irrédentiste, les groupes d'opposition idéologique et les mouvements spontanés faiblement politisés générateurs d'émeutes urbaines. En outre, la contestation active du régime en place revêt cinq formes principales : une opposition idéologique armée ; une opposition issue des minorités ethniques, tribales ou religieuses ; une opposition démocratique (libérale, nationaliste ou monarchiste) ; une opposition à l'ordre islamique fondée sur l'économie informelle des milieux mafieux ; enfin, une opposition intérieure et intrinsèque au régime constituée de dissidents et d'anciens dignitaires réprouvés.

L'opposition idéologique armée. Ce type d'opposition est principalement incarné par des mouvements qui ont participé aux événements de 1977-1979 avant d'être exclus de l'arène politique à la suite de l'islamisation de l'appareil d'État. Ils sont toujours organisés mais de moins en moins opérationnels.

L'organisation des Modjahédines du peuple (Sazeman-e Mojahedin-e Khalq) est un groupe de guérilla fondé sous l'ancien régime (1965) fidèle à une idéologie syncrétiste d'islam et de marxisme. Critiques quant à la mainmise du clergé sur l'État au lendemain de la révolution, les Modjahédines ont été les principales victimes de la rigoureuse campagne d'éradication de toute opposition politique entreprise par le gouvernement islamique entre 1981 et 1983. L'organisation a riposté en lançant un appel à la rébellion armée contre le régime islamique et a revendiqué l'assassinat d'un grand nombre de ses cadres (notamment durant l'été 1981 l'assassinat du président Mohammad-Ali Raja'i et du Premier ministre Mohammad-Javad Bahonar). Une fois en exil, l'organisation mit au point une stratégie duale, mêlant des activités politiques classiques en Occident et une opposition armée au régime iranien, en Iran ou depuis les bases concédées en Irak par Saddam Hussein en 1986. L'Armée de libération nationale de l'Iran (Alni), le bras armé des Modjahédines, a été créée en Irak en 1987; les estimations quant au nombre de ses combattants varient entre 7 000 et 20 000 hommes. Les Modjahédines n'ont eu qu'une véritable confrontation armée avec les militaires iraniens. En juillet 1988, à la toute fin de la guerre Iran-Irak, les forces modjahédines ont contrôlé pendant une brève période les villes iraniennes de Kerand et d'Eslamabad-e Qarb. La reprise de ces localités par les *pasdaran* eut des conséquences désastreuses pour l'Alni, comme pour les prisonniers politiques associés au mouvement, qui furent exécutés par milliers à Téhéran. Les années 90 ont été marquées par une série d'actions et d'attentats à la bombe à Téhéran et dans d'autres villes, revendiqués par les cellules implantées dans le pays ; et de constantes escarmouches entre l'armée iranienne et l'Alni sont rapportées jusqu'en 2003.

Le sectarisme de l'organisation (dirigée depuis 1993 par la « présidente de la République iranienne », Maryam Rajavi, épouse du leader historique Masud Rajavi) et l'inféodation au pouvoir irakien ont définitivement éloigné les Modjahédines des Iraniens. Leur assise populaire est extrêmement restreinte. Leur crédibilité auprès de la population est faible et l'organisation ne peut renouveler ses cellules de façon efficace dans le pays. C'est donc le facteur externe et surtout la nature de la relation avec les forces d'occupation américaines en Irak qui déterminent l'avenir des Modjahédines du peuple. Dans un premier temps, l'intervention américaine de mars 2003 s'est soldée par le bombardement de leurs bases, par crainte de voir ces corps militaires se joindre à la garde présidentielle irakienne. Depuis mai 2003, l'Alni est désarmée et consignée dans son principal campement en territoire irakien (Al-Ashraf) et a obtenu le statut de groupe protégé par les autorités de la coalition en juin 2004. Les dirigeants de la République islamique perçoivent logiquement ce revirement américain comme la volonté de conserver un moyen de pression militaire contre l'Iran et accusent les États-Unis de pratiquer un double langage vis-à-vis du terrorisme.

Quelque temps après l'échec du soulèvement de juin 1981, l'ancien président Abol-Hassan Bani-Sadr et Masud Rajavi, alors en exil à Paris, formèrent le Conseil national de la résistance (CNR). À l'origine, le CNR était une vaste coalition regroupant les Modjahédines du peuple, le Parti démocratique du Kurdistan iranien (PDKI), des mouvements nationalistes et libéraux en exil, et plusieurs groupes gauchistes. En 1984, un certain nombre de groupes ont quitté le CNR, notamment les libéraux de Bani-Sadr et le PDKI. Néanmoins, les Modjahédines considèrent toujours le CNR (qui est devenu leur vitrine légale) comme la base d'un régime politique pouvant remplacer celui de Téhéran.

Un panorama de l'opposition idéologique et armée à la République islamique serait incomplet s'il ne mentionnait pas les divers groupes marxistes-léninistes et maoïstes, comme l'Organisation des guérilleros fédayines du peuple d'Iran (Feda'iyan-e Khalq, fondée en 1971), le parti communiste Toudeh, le Parti des travailleurs (Rah-e Kargar) ou le Peykar (« Combat » – né d'une scission avec les Modjahédines du peuple), qui sont toujours présents en Iran ou représentés au sein de la diaspora iranienne. Leurs actions sont marginales et de moins en moins efficaces, ces mouvements n'ayant jamais été des organisations de masses et n'étant pas appelés à le devenir. La fin de l'Union soviétique et le déclin du modèle léniniste dans les formes modernes de guérilla ont eu raison des promesses d'un grand soir iranien.

Même à l'extérieur du pays, la portée du militantisme des groupes marxistes est très limitée. Un dogmatisme souvent stérile conforte leur manque de rapport avec la réalité iranienne contemporaine. Dans le petit monde des exilés politiques iraniens, le climat intercommunautaire est à la méfiance et à la suspicion.

Une dernière forme d'opposition armée et terroriste à la République islamique doit être évoquée rapidement, faute d'informations suffisantes et fiables, et en raison de la marginalité de la menace. Il s'agit des mouvements issus des milieux néo-fondamentalistes dont l'objectif est l'exacerbation des tensions entre populations chiites et sunnites en Iran. À partir du milieu des années 90, ces groupes s'attaquèrent à des édifices religieux et à des lieux de pèlerinage (attaque de la mosquée sunnite de Zahédan, attentat à la bombe dans le périmètre sacré de la ville de Mashhad en juin 1994). Parmi ces groupuscules émergent Mercredi noir (Chaharshanbeh-e Siah), organisation terroriste arabe active dans la province du Khouzistan ; le Groupe des martyrs, mouvement extrémiste qui recrute, parmi les Arabes des provinces du Golfe, tous deux d'obédience sunnite ; ou encore l'Association des partisans du Mehdi, organisation terroriste chiite active depuis les années 70.

LES GROUPES D'OPPOSITION FORMÉS PAR LES MINORITÉS ETHNIQUES : VERS UN ABANDON DE LA LUTTE ARMÉE ?

Pendant la révolution, des groupes d'opposition formés au sein des minorités ethniques et tribales (Arabes, Turkmènes, Baloutches, Kurdes et Qashqa'is) ont revendiqué une plus grande autonomie régionale ou un retour à leurs prérogatives traditionnelles. Dans presque tous les cas, les autorités iraniennes ont réussi à étouffer cette opposition organisée et armée dans la période qui suivit l'instauration du régime (1979-1982), les Kurdes étant la seule exception d'importance.

Le Parti démocratique kurde d'Iran (PDKI – Hezb-e Demokrat-e Kordestan, créé en 1946) est le groupe d'opposition le mieux organisé. Le PDKI défend des positions autonomistes mais pas indépendantistes pour le Kurdistan iranien. Le cadre de son combat est celui de l'État iranien et son objectif l'établissement de la démocratie pour l'ensemble du pays. L'organisation est sortie très affaiblie du conflit ouvert qui ensanglanta le Kurdistan iranien entre 1979 et 1985, et ses instances dirigeantes sont divisées à propos de la tactique à adopter vis-à-vis de la République islamique, entre les partisans de la poursuite de la lutte armée (rassemblés autour de l'état-major révolutionnaire du PDKI) et ceux de la négociation, minoritaires depuis la campagne d'élimination systématique des cadres du PDKI en Iran comme à l'étranger menée par le régime de Téhéran.

La fin de la guerre avec l'Irak en 1988 et la situation qui s'imposa au lendemain de la guerre du Golfe en 1991 (notamment l'entente tacite entre l'Iran, la Syrie et la Turquie sur la question du Kurdistan) ont contribué à affaiblir l'opposition kurde en Iran. Toutefois, le PDKI (aujourd'hui dirigé par Abdullah Hassanzadeh) est le seul groupe d'opposition qui puisse continuer à mener une action armée contre le régime islamique. Une menace toute relative, puisque le mouvement ne peut mobiliser que 600 combattants depuis sa base de Koy Sanjak, dans le Kurdistan irakien. Les capacités opérationnelles du PDKI sont d'autant plus limitées que la zone est sous le contrôle de l'Union patriotique du Kurdistan (UPK) de Jalal Talabani, une organisation explicitement liée au régime iranien. Sur le terrain, les opérations militaires sporadiques et limitées conduites par des unités mobiles de *peshmerga* (sabotages, attaques de casernes de *pasdaran*) se concentrent depuis la fin des années 90 dans le centre du Kurdistan iranien.

Outre le PDKI, l'opposition kurde comprend le Komala (l'Organisation révolutionnaire des travailleurs du Kurdistan iranien, fondée en 1969). Comme le PDKI, le Komala doit opérer avec une direction politique en exil. Les cellules encore en activité restent confinées au Kurdistan, principalement autour de Sanandaj, où elles sont placées sous la direction du bras militaire du mouvement, l'Organisation révolutionnaire du peuple kurde (fondée à l'été 2000).

Le PDKI et le Komala conservent un soutien populaire dans les villes au sein de la classe moyenne kurde, mais la majorité des troubles enregistrés entre 1999 et 2004 ne semblent pas être directement associés aux mouvements autonomistes armés. Ils étaient le fait d'un ensemble de causes où l'on retrouve le déterminant ethnique (revendication de la reconnaissance des droits culturels de la langue kurde, manifestations contre certaines censures politiques ou religieuses), mais toujours subordonné au thème de la crise sociale qui persiste dans les régions kurdes, parmi les plus pauvres de l'ensemble du pays. Les limites imposées à l'enseignement du kurde et les polémiques qui ont accompagné les élections parlementaires de 2000 et de 2004 se sont soldées par des manifestations d'intensités diverses dans les agglomérations du Kurdistan. Jusqu'à une période récente (juin 2004), de nombreux journalistes et intellectuels ont été arrêtés ainsi que des publications kurdes saisies pour avoir, selon la justice iranienne, favorisé les dissensions religieuses et ethniques et les idées indépendantistes, et publié des informations sur Qazi Mohammad (président de l'éphémère République kurde autonome de 1946 et fondateur du PDK iranien, pendu en 1947).

L'évolution des conditions politiques dans le Kurdistan irakien conditionne l'avenir militaire du PDKI et, dans une moindre mesure, celui du Komala. Les factions kurdes irakiennes n'ont aucun intérêt à favoriser l'émergence de prétextes à des interventions iraniennes en Irak. Le champ stratégique des mouvements autonomistes kurdes iraniens ne devrait pas forcément bénéficier de la fin du régime baathiste irakien.

Malgré la persistance de revendications kurdes et la survie de groupes armés et de leur propagande, force est de constater que le gouvernement iranien contrôle la totalité du territoire kurde, et ce depuis juillet 1984. Le poids du gouvernement central a été renforcé localement en raison des destructions dues à la guerre contre l'Irak et de l'urbanisation croissante de la population kurde. En quittant les montagnes et leurs villages pour grossir Téhéran ou les grandes villes du Kurdistan (Ouroumia, Sanandaj, Kermanshah), les Kurdes iraniens ont vu leurs solidarités traditionnelles se recomposer, au détriment des représentations véhiculées par les mouvements d'opposition. Ils en sont réduits à combiner défaitisme, rébellion et fuite, via l'exode rural ou l'exil en Europe.

Parmi les minorités sunnites ayant développé une résistance armée au gouvernement central iranien, il faut mentionner le cas des Baloutches, dont le foyer historique de peuplement est aujourd'hui divisé entre les États iranien, pakistanais et afghan. L'autonomie baloutche est un ancien souvenir, mais la marginalité géographique et économique de la province limite de fait l'emprise de Téhéran sur le Baloutchistan. Les phénomènes d'acculturation sont ici moins puissants.

Malgré tout, l'État central conduit toujours dans cette province une politique discriminatoire et répressive. Les Baloutches se plaignent de ne pouvoir choisir leurs dignitaires religieux locaux, désignés par Téhéran. On doit noter à ce propos une tension croissante entre la communauté chiite et les Baloutches sunnites depuis une série de meurtres visant des personnalités religieuses des villes de Zahédan (en 1998) et de Birjand (en 2000), et une suite d'attentats à la bombe visant des lieux de prière sunnites comme chiites. L'évolution de la situation régionale place les territoires peuplés de Baloutches (Sistan et Baloutchistan, Khorasan et Golestan) dans une situation stratégique que ne peut négliger la République islamique. Perdre le contrôle, même partiellement, d'une partie des populations peuplant ces régions est impensable. Indépendamment, les manifestations de l'opposition baloutche armée ne sont pas unies. Elles s'articulent sur les solidarités et les allégeances tribales, et toutes les tribus baloutches ne sont pas opposées au régime de Téhéran. Des groupes comme l'Organisation démocratique du peuple du Baloutchistan ou le Conseil national baloutche (fondé en octobre 1994) sont autonomistes ; alors que le Front de libération du Baloutchistan est une formation irrédentiste et indépendantiste. L'activité de ces différents mouvements est difficile à estimer précisément. Les rapports officiels sur les combats au Baloutchistan sont brouillés par des références à la « guerre contre la drogue », qui a justifié des milliers d'exécutions sommaires depuis le début des années 90 ; et dont le nombre de victimes ne cesse de croître en raison de la reprise d'une production massive d'opium aux frontières des zones où sont implantés les Baloutches à partir de 2002.

On pourrait pu croire à une reprise de l'activisme national turkmène à la suite des décisions administratives de 2002 (la division du Mazandaran en deux entités provinciales distinctes), pensées pour menacer la cohésion de leurs territoires. Ce ne fut pas le cas. Aucun mouvement d'importance n'a pu s'imposer après les dernières opérations de répression menées par le corps des *pasdaran* en 1983. Les revendications de la période 1979-1983 (élections de représentants turkmènes et sunnites dans les conseils locaux, reconnaissance des droits culturels de la langue turkmène, fin des discriminations) n'ont été que très partiellement satisfaites. Les groupes tribaux ont poursuivi leur lente paupérisation, alors que les tensions irrédentistes étaient réduites à l'aide d'une coopération bilatérale active entre l'Iran et la République du Turkménistan du président Nyazov. Les organisations marxistes (essentiellement les Fédayines du peuple) et la guérilla paysanne en activité à l'époque des troubles n'opèrent plus dans ces secteurs.

Les populations arabophones d'Iran présentent une configuration très diverse, selon qu'elles sont urbaines ou rurales, de confession chiite (la majorité des Arabes du Khouzistan) ou sunnite (la majorité des Arabes des provinces de Bouchir et Ormozgan). En termes d'opposition au régime, le critère religieux l'emporte sur le déterminant ethnique, même si les Arabes sont perçus et ont conscience d'appartenir à un groupe spécifique et distinct de leurs voisins persans. Au lendemain de la chute du shah, le Khouzistan (ancien Arabestan) était entré en lutte pour son autonomie, avec la formation de l'Organisation politique et culturelle arabe en avril 1979. Le mode revendicatif laissait progressivement la place à des actions terroristes visant les installations de l'industrie pétrolière au Khouzistan ; puis, en raison d'une intense répression armée, à des actions ciblées contre les ambassades iraniennes à l'étranger. Cependant, contrairement aux prévisions de Bagdad, les populations arabes ont répondu à l'appel de Ruhollah Khomeyni en faveur de la défense de la patrie au lendemain de l'agression irakienne de septembre 1980. Les Arabes chiites du Khouzistan se percevaient d'abord solidaires du destin de la nation iranienne et rejetaient dans leur majorité le discours panarabiste. En 2004, les mouvements d'opposition ou de résistance au régime sont marginaux et de faible intensité. Certains groupuscules (comme le Mouvement de la nation arabe d'Al-Ahvaz – Jabhat Tahrir Ahvaz, ou le Mouvement populaire arabe de l'Arabestan) ont maintenu leurs activités ciblées, telle la destruction d'une installation électrique importante à Ahvaz en juin 2004. L'évolution de la situation sociale et économique de la région (condition des ouvriers de l'industrie pétrolière, sous-développement des régions riveraines du golfe Persique) est un facteur plus décisif en ce qui concerne ces populations.

Bien que mieux intégrées et disposant de plus de droits politiques que les populations sunnites, les minorités ethniques de confession chiite génèrent des mouvements spécifiques d'opposition et de résistance à l'État central. Autrefois symboles de rébellion contre l'État central, les groupes tribaux ne représentent plus de menace armée pour Téhéran depuis la réduction de la guérilla organisée par les Qashqa'is dans le Fars entre 1980-1982 et la pendaison de son instigateur, Khosrow Khan, à Chiraz. Les organisations d'inspiration marxiste ont longtemps espéré que les confédérations tribales se joindraient à la résistance à l'emprise islamiste. Il n'en fut rien et toutes les tentatives d'alliance ou de dialogue avec des autorités représentatives se soldèrent par des impasses. Seuls quelques membres de l'élite tribale Bakhtyari se joignirent au Conseil national de la résistance iranienne.

La minorité turcophone azérie entretient des liens historiques et culturels trop intenses avec les Persans pour qu'une sécession du Nord-Ouest iranien soit envisageable. Toutefois, les Azéris conservent un sentiment très vif de leur identité, plus nuancé parmi les immigrés à Téhéran, mais intact dans les classes moyennes et chez les intellectuels qui occupent des situations sociales élevées (le Guide de la Révolution, Ali Khamenei, est azéri, comme de nombreuses figures historiques de la révolution). Il n'existe aujourd'hui aucun mouvement autonomiste de masse en Azerbaïdjan. L'ambition des Azéris iraniens (la plus importante minorité ethno-linguistique avec 13 millions de personnes) est plus orientée vers la constitution d'un condominium azéro-persan dirigeant la nation que vers l'idée d'autonomie ou de réunion avec la République de Bakou. L'ancienne république soviétique d'Azerbaïdjan, indépendante depuis 1991, a été longtemps séparée par une frontière hermétique avec les provinces iraniennes. Des générations de russification, une religiosité qui ne veut pas de l'Iran et les efforts de la Turquie pour intégrer cet espace dans son giron constituent les principaux facteurs limitant les entreprises irrédentistes azéries en Iran. Des organisations non gouvernementales et des groupuscules nationalistes azerbaïdjanais entretiennent cependant une tension latente entre le gouvernement de Téhéran et certains milieux azéris en Iran. Des mouvements revendicatifs et des personnalités sont entrés en conflit avec les autorités de Téhéran ces dernières années, sur le thème de la lutte contre la discrimination dont seraient victimes les Azéris et du combat pour la reconnaissance de leur spécificité culturelle. La campagne électorale pour le scrutin législatif de 2000 a été marquée dans les trois provinces azéries par une suite de troubles provoqués par l'invalidation de candidatures locales. En octobre 2000, une organisation séparatiste et irrédentiste a émergé à Tabriz : le Mouvement de libération nationale de l'Azerbaïdjan du Sud, dirigé par Mahmud-Ali Chehregani (aujourd'hui en exil à Bakou). Ces évolutions, conjuguées aux rumeurs de présence militaire américaine en République d'Azerbaïdjan, ont conduit les autorités iraniennes à renforcer leur vigilance le long de l'Araxe, où des déplacements de populations locales ont été signalés dans le courant de l'été 2003.

UNE OPPOSITION SE RÉCLAMANT D'UNE RÉSISTANCE DÉMOCRATIQUE AU RÉGIME

Les différents mouvements de contestation libéraux, nationalistes et monarchistes opposent une résistance distante et faible à la République islamique. Leur capacité à incarner une solution alternative est handicapée par leur manque d'unité et par une audience très limitée en Iran.

Au cours des années 60, l'opposition réformiste contre le régime était menée par le Front national, libéral et laïque et par le Mouvement pour la liberté en Iran (MLI), à tendance religieuse. Les héritiers de ces deux mouvements se réclament toujours de l'héritage idéologique du gouvernement de Mohammad Mosaddeq (1951-1953), qui a longtemps incarné la lutte du pays pour l'indépendance et la démocratie. Sur le terrain, depuis l'assassinat en 1998 de son leader Dariush Foruhar, le Front national peine à être actif et représente une forme d'opposition marginalisée.

L'opposition monarchiste n'a jamais organisé d'actions démonstratives significatives. Elle est absente de tout enjeu politique concret en République islamique et son plus grand handicap reste le mépris de ses représentants pour les gens simples porteurs de la tradition iranienne, leur méconnaissance des réalités de l'Iran moderne. L'organisation du Drapeau de Kaviani (Derafsh Kaviani, devenu l'Organisation pour les droits de l'homme et les libertés en Iran en 1992) se définit elle-même comme un groupe clandestin qui vise à établir une monarchie constitutionnelle en Iran (en faveur de Reza Pahlavi, fils du dernier shah). Elle prétend avoir un vaste réseau de cellules de résistance dans le pays, ce qui est indémontrable. Les nombreuses offensives médiatiques menées depuis Los Angeles et le reste des États-Unis sont axées sur un appel à l'abstention électorale et au soulèvement contre le régime. Ces opérations atteignent une frange réduite des foyers iraniens.

Enfin, la République islamique doit compter avec une opposition informelle et mafieuse essentiellement financée par le trafic de stupéfiants en provenance de l'Afghanistan et du Pakistan voisins. Ce trafic organisé à partir de l'Iran oriental a obligé les autorités iraniennes à engager sur place des moyens militaires lourds. Les saisies annoncées par le gouvernement iranien donnent une indication de l'impact de la reprise de la culture intensive de l'opium en Afghanistan. En 2001, 12 tonnes d'opium et 8 tonnes d'héroïne ont été interceptées en Iran. Les chiffres étaient en nette augmentation en 2003, date à laquelle les autorités annonçaient une saisie totale de 52 tonnes de stupéfiants et la mort d'au moins 70 militaires sur ce qui est devenu un véritable front intérieur. Les groupes mafieux et les contrebandiers représentent une opposition irréductible à l'ordre moral islamique et alimentent un énorme marché intérieur, la toxicomanie étant le fléau sanitaire de l'Iran moderne, qui compte officiellement 3 millions d'usagers en 2004.

LES AUTRES FORMES D'OPPOSITION : UNE TYPOLOGIE LARGE

La République islamique nourrit toujours son discours officiel de références à l'imminence d'une contre-révolution, stigmatise les « agents de l'étranger » et établit un clivage fondamental entre ceux qui soutiennent le régime et ses institutions et ceux qui le critiquent. Parmi les révolutionnaires de la première heure et l'élite politico-religieuse, les dissidents nés de l'islamisation de l'État et de la conquête du monopole idéologique par les *hezbollahi* sont nombreux. Les débats et les dynamiques que nourrissent ces formes d'opposition ont un impact sur la société et les cercles dirigeants qui ne peut être négligé.

Le Mouvement pour la liberté en Iran (MLI – Nehzat-e Azadi-ye Iran, fondé en 1961, dirigé par Ebrahim Yazdi) rassemble des nationalistes libéraux et des musulmans progressistes. Le MLI reconnaît la Constitution de la République islamique (son ancien dirigeant Mehdi Bazargan fut le premier Premier ministre du gouvernement en 1979), mais ses militants prônent un régime parlementaire où le rôle du clergé dans le gouvernement serait limité. Bien que la Constitution n'interdise pas les partis politiques (une centaine d'organisations politiques sont reconnues par le ministère de l'Intérieur en 2004) et que la loi sur les partis politiques de 1981 reconnaisse « l'opposition politique pacifique », la demande d'enregistrement présentée par le MLI a été rejetée à différentes reprises et le mouvement a même été interdit en mars 2001. La répression qui frappa le mouvement à cette période fut sévère. Une soixantaine de ses cadres, accusés d'avoir voulu renverser le régime et de collaborer avec des groupes contre-révolutionnaires, ont ainsi été arrêtés en quelques semaines. Le MLI, toujours proscrit mais toléré, a été autorisé à présenter certains candidats lors des municipales de février 2003, mais a décidé de ne pas participer aux législatives de 2004, faute d'avoir pu mener librement campagne.

Au sein des formations gouvernementales, la crispation croissante de la scène politique a conduit des personnalités de premier plan à prendre des positions qui remettent en cause les principes directeurs du système, notamment l'étendue des prérogatives du Guide et des organes institutionnels non élus. En janvier 2004, l'intensification des mesures prises contre les activistes et les journaux favorables à la réforme ont conduit les dirigeants du Front de la participation (Mosharekat) à annoncer que, si l'appel public à une réforme politique, économique et sociale n'était pas entendu, ils considéreraient le régime comme illégitime, ce qui conduirait à « l'effondrement de ce dernier ou à sa transformation en dictature ».

Le haut clergé chiite, traditionnellement piétiste et prudent quant à sa participation à la conduite politique du pays, est, sans constituer une opposition organisée, une force de contestation influente qui pourrait jouer un rôle dans l'avenir. Les titulaires du titre de « grand ayatollah » *(ayatollah ol-ozma)* sont nombreux à mettre en doute les compétences religieuses du Guide Ali Khamenei (qui n'était pas même ayatollah au moment de sa nomination) et à ne pas lui reconnaître le titre de « source d'imitation » *(marja-e taqlid)* nécessaire à l'exercice de ses fonctions politiques. Outre ces considérations canoniques, certains religieux dénoncent la dérive conservatrice du régime et en appellent au respect de l'héritage social et démocratique de la révolution de 1979. L'ayatollah Ali Muntazeri, désigné par l'imam Khomeyni comme son successeur en 1985, puis marginalisé pour gauchisme et assigné à domicile de 1997 à 2003 à Qom – pour avoir critiqué Ali Khamenei– a retrouvé la liberté de critiquer explicitement l'*establishment* de la République.

Enfin, la chute du régime baathiste pourrait être à l'origine de nouvelles dynamiques à partir des lieux saints du chiisme en terre arabe que sont Nadjaf ou Kerbala. Leurs écoles théologiques pourraient devenir des centres d'accueil et de formation pour les membres du clergé iranien en rupture de banc, jusque-là réduits au silence, comme ce fut le cas pour l'ayatollah Khomeyni lui-même en 1964.

La fronde des milieux intellectuels laïques et religieux est encore plus significative du malaise qui a saisi les élites. De nombreux professeurs d'université, de journalistes ou de théologiens appellent de leurs vœux une

Le mouvement étudiant

La plus importante des formations étudiantes est le Bureau de la consolidation de l'unité (Daftar-e Tahkim-e Vahdat), un groupement d'associations fédérées autour du programme d'un plus ample respect des libertés fondamentales, notamment politiques et culturelles. La question du soutien au gouvernement réformateur a provoqué une scission au sein du mouvement au début 2002. La majorité des membres du Bureau (le groupe Allameh) se sont prononcés pour un retrait de l'activisme politique, alors que le groupe minoritaire choisissait de prolonger son alignement sur les réformateurs.

Le président Khatami entretient depuis sa prise de fonction une attitude ambiguë face au problème posé par l'agitation dans les universités. La majorité des étudiants politisés ne pardonnent pas aux réformateurs la tiédeur de leur réaction au lendemain de la répression des émeutes de juillet 1999 (au moins 3 morts parmi les étudiants et des centaines d'arrestations). À partir de cette date et au moins jusqu'en 2002, la force critique que représentaient les cercles étudiants s'est transformée en une opposition radicale émeutière. Il est difficile de déterminer avec exactitude le rôle des mouvements étudiants dans les violences urbaines qui unissent les enfants de la classe moyenne à la jeunesse urbaine pauvre et aux déclassés. Mais l'agitation sur les campus de la capitale et de toutes les grandes villes prouve que ce segment de la société iranienne est resté dynamique et volatile. Les slogans des cortèges de 2003 en appelaient à l'organisation d'un référendum populaire sur la forme du régime, la libération de tous les prisonniers politiques, la fin du monopole des « talibans » sur le système politique iranien, la légalisation des partis, et les démissions du Guide et du président Khatami. La force de la répression, la collusion de nombreux leaders étudiants avec des élus réformateurs, le peu de soutien populaire qu'ont occasionné ces soubresauts violents, l'hésitation de la principale organisation à poursuivre la voie du militantisme politique ont abouti progressivement à ce que le mouvement n'incarne qu'une force de critique incapable de produire un effet d'entraînement.

réforme de l'islam comparable à celle qui bouleversa la chrétienté au XVIe siècle. Ils défendent la stricte séparation de la religion et de l'État, quitte à s'opposer publiquement aux positions du président Khatami, dont la vision d'une démocratie religieuse se base sur l'unité des pouvoirs. Leur engagement est souvent sanctionné par l'incarcération ou la censure, qu'ils soient clercs (Mohammad Shabestari, Moshen Kadivar, l'ayatollah Haeri) ou non-religieux (Abdolkarim Soroush, Ali-Akbar Ganji, Shirin Ebadi, Prix Nobel de la paix 2003). Le cas le plus symptomatique est peut-être celui de l'universitaire Hachem Aqajari, condamné en 2002 à la peine capitale pour apostasie (accusation de négation des principes religieux), malgré sa stature de combattant de la première heure de la révolution islamique et de vétéran de la guerre Iran-Irak. Aqajari avait remis en cause le principe fondamental de la prééminence d'un Guide spirituel sur le politique, en affirmant en public que les musulmans n'étaient pas des « singes » pour « suivre aveuglément un chef religieux ». Il faudra l'intervention du Guide pour que la justice abandonne ses accusations en juin 2004.
Ces dernières années, à cinq reprises (juillet 1999, août et décembre 2002, juin et décembre 2003), les manifestations où furent impliqués les étudiants iraniens ont été à l'origine des plus importants déploiements de force dans le pays. L'organisation de ces mouvements est souvent confuse et le manque d'unité dans les revendications comme chez les acteurs est leur principale caractéristique. L'agitation est numériquement marginale et la grande majorité des 1,5 million d'étudiants iraniens ne sont pas politisés. En 2004, l'opposition étudiante est dans l'impasse et il est peu probable que les universités soient à l'origine, à court terme, d'un mouvement de rébellion d'ampleur nationale.

UNE ÉVALUATION GÉNÉRALE DES FORCES ANTAGONISTES AU RÉGIME

En premier lieu, force est de constater l'existence d'un modèle iranien relativement stable en regard des situations désastreuses ou confuses des pays voisins. L'appareil décisionnel est en crise, mais le régime a encore les moyens de neutraliser, d'intimider ou de répondre à toute tentative de renversement par la force.
Deuxièmement, les formes de lutte adoptées par les mouvements centrifuges et séparatistes originaires des périphéries non persanes ont radicalement évolué depuis le début des années 90. Les mécanismes mis en place par la République islamique sont parvenus à résoudre les tensions ethnonationales constitutives du champ politique iranien. La mobilisation des groupes minoritaires dépend d'une combinaison de facteurs (économiques et sociaux en premier lieu) ; et le critère d'appartenance à un groupe non persan n'est que très rarement le facteur décisif du passage à la rébellion. Les modalités d'expression de l'identité sunnite (15 % de la population en 2003) sont toutefois capables de générer à long terme une redéfinition des problèmes communautaires en Iran. Les conditions politiques nécessaires à cette évolution ne sont pas encore réunies. En un sens, le régime islamique a fait sien le principe soviétique des nationalités, reconnaissant la réalité culturelle de la diversité des peuples d'Iran, mais refusant aux groupes minoritaires une expression politique de leur différence en dehors du cadre institutionnel de la République islamique.
Troisièmement, l'impact du conflit irakien sur la viabilité du régime iranien doit être relativisé. À ce jour, l'occupation de l'Irak a entraîné la fin de la présence militaire d'un mouvement d'opposition aux frontières de l'Iran (les Modjahédines du peuple) et l'amoindrissement des moyens de diffusion de beaucoup de groupes qui opéraient depuis l'Irak.
Enfin, les phénomènes contemporains qui président à l'évolution des recompositions identitaires et les positionnements politiques ne peuvent en rien prédire l'effondrement de l'État ou du régime.

Pour en savoir plus

Chapour Haghighat, *1979. Iran : la Révolution islamique*, Bruxelles, Complexe, 1979.

Bernard Hourcade, *Iran. Nouvelles identités d'une république*. Belin/ La Documentation française, 2002.

Bernard Hourcade et Nicolas Schwaller, « La Révolution lente – L'Iran entre consensus et révolte », *Les Cahiers de l'Orient*, quatrième trimestre 2000, n° 60.

Nikki Keddie, *Iran and the Surrounding World*, Washington, University of Washington Press, 2003.

Farhad Khosrokhavar et Olivier Roy, *Iran : comment sortir d'une révolution religieuse*, Éditions du Seuil, 1999.

Yann Richard, *100 mots pour dire l'Iran moderne*, Maisonneuve et Larose, 2003.

Internet

www.payvand.com

www.rferl.org

www.netiran.com
Un *Who's Who* de la République islamique à consulter.

www.daneshjoo.org
En français, le site des étudiants activistes.

Superficie : 779 000 km^2
Population : 69 millions
Composition ethnique : Turcs (75 %), Kurdes (20 %), Arabes et Syriaques (2 %), Lazes (1 %), Arméniens (1 %)
Religions : islam sunnite (80 %), principalement de rite hanéfite. L'école chaféite est bien implantée chez les Kurdes ; Alévis (près de 20 %, rattachés au chiisme), Arméniens (60 000), Juifs (20 000), Grecs orthodoxes (moins de 3 000), Église Karaman (Turcs de rite grec orthodoxe, de 5 000 à 6 000), et quelque 100 000 Süriani (Église syriaque)

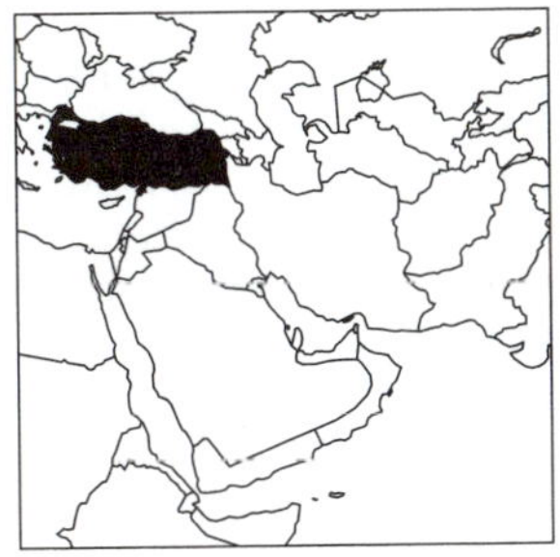

Turquie

République à la fois musulmane et laïque, démocratie parlementaire et régime dogmatique imposant une idéologie officielle, héritière de l'impérialisme ottoman et candidate à l'intégration européenne, membre de l'Organisation de la conférence islamique et alliée militaire d'Israël, la Turquie enchaîne paradoxes politiques et attitudes contradictoires... C'est dans le maquis de ces cohérences difficiles que se sont constituées durant le siècle écoulé les lignes de fracture sur lesquelles prospèrent crises et conflits contemporains.

LA RÉVOLUTION KÉMALISTE

Impossible de présenter le théâtre d'évolution turc sans d'abord évoquer la mutation occidentaliste qui achève le règne des sultans ottomans, et surtout le mentor tutélaire de cette révolution : Atatürk. L'un des seuls généraux victorieux lors des affrontements de la Première Guerre mondiale, et donc auréolé de prestige, Mustafa Kemal mène à partir de 1919 une guerre de libération nationale et nationaliste visant à bouter hors d'Anatolie les puissances européennes qui avaient entrepris de se partager les dépouilles de l'Empire ottoman. Vainqueur des Français, des Britanniques et surtout des Grecs, Kemal impose alors une République : il abolit non seulement le sultanat mais aussi le califat, mettant un terme à la théocratie ottomane qui régnait sur Istanbul depuis le XIVe siècle.

Nationalisme et laïcisme. La jeune république du *Gazi* (« vainqueur ») est résolument occidentaliste, laïque et turque. La langue est réinventée, les caractères romains préférés aux caractères arabes ; on impose l'usage des noms de famille et Mustafa Kemal prend celui d'Atatürk (« père turc »). Les tribunaux islamiques sont remplacés par des cours civiles et le droit occidental est préféré à la *charia*. Les attributs classiques de l'appartenance religieuse : turbans, tchador, etc., sont interdits. De même que les confréries soufies qui structuraient l'islam populaire depuis le XIIe siècle ; les possessions de ces organisations sont d'ailleurs confisquées et certains de ses chefs passés par les armes. Par ailleurs, l'avènement de cet État modernisé doit s'accorder avec la naissance d'une nation et d'une seule : la nation turque. Les Grecs d'Anatolie sont ainsi expulsés, et les Turcs de Grèce invités à s'établir dans la Turquie nouvelle. Ces échanges de populations préfigurent les logiques d'homogénéisation ethnique forcée, poursuivies dans les Balkans anciennement ottomans à la fin du XXe siècle.
Dès les années 20, la plupart des chrétiens d'Anatolie ayant été soit massacrés (les Arméniens), soit échangés (les Grecs), les seuls éléments hétérogènes subsistants sont les Kurdes. Les premières révoltes contre le nouveau pouvoir ne tardent guère : celle de Cheikh

Saïd date de 1925, moins de deux ans après l'avènement de la République. Il s'agit d'une révolte à la fois nationaliste et religieuse. Les Kurdes, ruraux et conservateurs, n'acceptent pas la révocation du sultan-calife, hors de l'autorité duquel il n'est pas d'allégeance possible à la nouvelle Turquie. La révolte de Cheikh Saïd est impitoyablement écrasée, imprimant à la Turquie moderne un tropisme qui ne la quittera plus et qui articule contestation religieuse ou kurde avec des réponses strictement répressives et souvent féroces de l'appareil d'État.

L'HÉRITAGE ET LA DÉRIVE NATIONALISTE

Après la mort d'Atatürk en 1938, la Turquie reste neutre pendant la Seconde Guerre mondiale puis se range dans le camp occidental dès 1946. Sous la pression américaine, le multipartisme est autorisé et la contestation de l'ordre établi prend naturellement les couleurs d'une gauche radicale qui devient combattante à mesure que le pays s'enracine dans les tensions de la guerre froide.

Le rôle de l'armée. L'immixtion directe des militaires dans la vie publique (coups d'État de 1960 et de 1970) ne fait rien pour arranger les choses. Durant la décennie 70-80, les groupes d'extrême droite ou islamistes affrontent les extrémistes de gauche dans des combats de rue et des attentats qui confinent à la guerre civile : 5 000 morts sont comptabilisés. Le putsch de septembre 1980 met un terme à la période d'anarchie en installant le régime autoritaire d'une junte militaire. Le pouvoir reviendra progressivement aux civils dès 1983 mais le caractère autoritaire ne se démentira que beaucoup plus lentement. La guérilla entamée par les indépendantistes kurdes du PKK (Partiye Karkerem Kurdistan – Parti des travailleurs du Kurdistan) permet en effet à l'armée de demeurer très présente dans la vie publique, notamment au travers du Conseil de sécurité national (MGK) qui pilote une sorte de gouvernement de l'ombre dont les attributions et les pouvoirs sont restés secrets jusqu'en 2002. En 1997, le MGK impose ainsi au gouvernement de l'islamiste Necmettin Erbakan de démissionner, considérant que son action est incompatible avec l'idéologie officielle du kémalisme laïc. En un an de pouvoir (1996-1997), Erbakan avait pourtant fait bien moins que les militaires eux-mêmes durant leurs années de pouvoir en termes d'islamisation de la société.

La montée de l'islamisme et l'« État profond ». La période 1980-1995 avait été marquée par l'introduction de l'idéologie dite de la « synthèse turco-islamique », mélange de nationalisme outrancier et d'islamisme. Nombre des anciens militants de l'extrême droite combattante des années 70 sont intégrés au régime et innervent notamment son appareil sécuritaire et judiciaire. L'État s'attache également les services de tueurs affiliés à l'extrême droite pour lutter contre les terroristes de l'Asala (Armée secrète de libération de l'Arménie, très active entre 1975 et 1983) puis contre le PKK. Par ailleurs, des tribus kurdes sont armées en milices de « gardiens de village » pour lutter contre les rebelles. L'État ferme les yeux sur le mode de financement de ces groupes paramilitaires qui organisent une partie du trafic d'héroïne à destination de l'Europe, l'autre partie étant assurée par le PKK lui-même. Les liens troubles qu'entretient « l'État profond », surnom donné à l'appareil sécuritaire du régime, apparaissent au grand jour en novembre 1996 lors d'un accident de voiture dans la petite ville de Susurluk. Le corps d'un trafiquant notoire et tueur d'extrême droite est retiré des décombres du véhicule en même temps que celui d'un chef de la police d'Istanbul. Un député du parti au pouvoir, chef de milice kurde, est le seul survivant. Les faux papiers utilisés par le gang ont été signés par le ministre de l'Intérieur en personne.

Sale guerre au Kurdistan. Entre-temps, une « sale guerre » s'est installée au Kurdistan. L'armée et les gardiens de village pratiquent une politique de la terre brûlée : près de 4 000 villages kurdes sont détruits ; entre 400 000 et 1 million de personnes sont poussées sur les chemins de l'exil. Des « coups tordus » sont par ailleurs organisés pour décrédibiliser le PKK : des miliciens kurdes s'habillent en guérilleros et harcèlent les villages. La pratique de la torture est devenue systématique et l'idéologie qui anime les forces de l'ordre est un nationalisme violent, parfois raciste. Les islamistes sont encouragés dans le Kurdistan et nul ne s'oppose à la montée en puissance du Hizbollah qui, en retour, ne s'attaque pas à un État pourtant officiellement laïc. Essentiellement kurde dans son recrutement, le Hizbollah concentre son action contre le PKK, au point que certains commentateurs l'affublent du sobriquet de *Hizbull-contra*.

La trêve unilatérale du PKK, rebaptisé Kadek puis Kongra-GEL, à partir de l'arrestation de son chef, Abdullah Öcalan, en 1999 ne permet pas de réintégrer les rebelles dans le tissu social. Les milices des gardiens de villages demeurent en place. Souvent, elles se sont approprié les hameaux évacués de force. Le principe du « retour aux villages », officiellement accepté, n'est guère financé et les gardiens continuent d'y faire la loi, y compris par la violence. L'atmosphère dans les villes du Kurdistan s'est en revanche apaisée et l'état de siège a été levé pratiquement partout. Poussées par l'Europe, des mesures de libéralisation quant à la langue kurde (qui, depuis 2003, peut être enseignée à l'école et diffusée à la télévision) participent de cet apaisement, de même que la relaxe en 2004 des députés kurdes Leyla Zana et Hatip Dicle, emprisonnés depuis 1994.

Visées sur l'Irak. Concernant les rebelles armés, cantonnés dans le Kurdistan irakien et ayant cessé le combat, l'état-major est demeuré ferme jusqu'à la fin 2003, n'envisageant qu'une reddition sans condition. Sous la pression américaine, une amnistie très partielle leur a été proposée à l'automne 2003 pendant six mois. Elle n'a rencontré qu'un succès mitigé : 150 combattants à peine se sont rendus et, le 1er juin 2004, le Kongra-GEL

Les Alévis : terreau de la gauche politique

La minorité religieuse alévie est la plus importante de Turquie. Elle regroupe de 15 à 20 millions de fidèles et professe un islam particulièrement libéral. Les cinq piliers traditionnels de la religion ne sont nullement respectés, pas plus que l'interdiction de l'alcool qui entre même dans certains rituels. La femme est largement considérée comme l'égale de l'homme.
Rattachés au chiisme, les Alévis n'entretiennent pas de relations avec le chiisme iranien, bien plus dogmatique. Longtemps en butte à la vindicte des sunnites qui forment la grande majorité des croyants turcs, les Alévis restent généralement discrets. Le dernier pogrom eut lieu en 1993 à Sivas et les forces de l'ordre, aidées de l'extrême droite, organisèrent une répression féroce de la minorité dans un quartier d'Istanbul en 1995. Les Alévis n'ont été reconnus publiquement par le pouvoir qu'en 1998 – un texte officiel mentionnant le mot « alévi » pour la première fois. Fermes soutiens du laïcisme kémaliste, les Alévis ont aussi constitué le gros des forces de la gauche politique. C'est également dans leurs rangs que se recrutent souvent les militants des fractions marxistes violentes comme le DHKP-C ou la Tikko.

a annoncé la reprise de la lutte armée. Même si, dans les grandes villes turques, nul ne peut véritablement constater d'ostracisme antikurde, la lutte contre les rebelles a souvent pris la figure d'une lutte contre les Kurdes au Kurdistan, l'armée se comportant parfois comme une armée coloniale dans son propre pays.
Cet état d'esprit explique peut-être les visées plus ou moins explicites sur le Kurdistan d'Irak. À la faveur de l'intervention américaine de 2003, Ankara avait préparé sa propre opération militaire dans le Kurdistan irakien. L'idée était d'y contrôler les Kurdes et d'éviter que ne se renforce une autonomie effective depuis 1992. Parallèlement à une concentration de troupes sur la frontière, le ministère des Affaires étrangères préparait un argumentaire susceptible de revendiquer pour la Turquie une partie des réserves pétrolières de la ville de Kirkouk, important centre pétrolier du Kurdistan irakien. L'opération a été stoppée *in extremis* par la diplomatie américaine... En Turquie même, son principe n'avait pas rencontré d'opposition.
Dans les mois qui suivent l'intervention militaire américaine, des membres des forces spéciales turques sont surpris dans des manœuvres de déstabilisation du Kurdistan irakien : préparation d'un attentat contre le nouveau gouverneur de Kirkouk et armement des Turcomans d'Irak. Il semble que ces opérations n'aient pas reçu l'*imprimatur* de toute la chaîne de commandement à Ankara : deux généraux ont d'ailleurs été discrètement « cassés » par le chef d'état-major. Il n'empêche qu'elles traduisent le désir d'au moins une partie de l'appareil sécuritaire de s'imposer au Kurdistan irakien, notamment en attisant le feu des tensions entre Kurdes et Turcomans. Des réseaux informels idéologiquement proches de l'extrême droite, comme celui du Kuvay-i milliye (« Force nationaliste » – référence aux troupes d'Atatürk qui portaient ce nom dans les années 20) ou de l'Akinci (« Avant-garde » – essentiellement turcomane), sont présents dans le Nord irakien. Ils regroupent anciens militaires et jeunes retraités des services secrets. Une véritable entreprise de déstabilisation semble peu probable dans le contexte du processus d'intégration européenne mais des exactions répétées contre les Turcomans d'Irak pourraient précipiter les choses. Le bombardement de la ville turcomane de Tall Afar par les forces américaines en septembre 2004 a été très mal reçu en Turquie.

Les acteurs

◆ PKK – Partiye Karkerem Kurdistan

(Parti des travailleurs du Kurdistan)

Il est fondé en 1978 par Abdullah Öcalan, dit « Apo », diplômé de la célèbre université de sciences politiques Mülkiye d'Ankara. Ce n'est alors que l'un de ces multiples groupuscules d'extrême gauche, engagés dans une quasi-guerre civile contre les mouvements d'extrême droite. Prévenu de l'imminence du coup d'État militaire de 1980, le groupe se réfugie en Syrie dès 1979. Il bénéficie de l'aide active de Damas et entame une lutte armée à partir du territoire syrien en 1984, au moment où Turquie et Syrie s'accrochent sur le partage des eaux de l'Euphrate qui prend sa source dans le Kurdistan turc.
Indépendantiste et marxiste-léniniste, le PKK s'attaque d'abord aux « structures bourgeoises et féodales » du Kurdistan de Turquie. Les exactions commises contre les chefs traditionnels, religieux ou les instituteurs accusés d'être des agents de turquisation de la région sont mal reçues par la population. En 1987, le PKK révise sa tactique et s'attaque plus directement aux représentants de l'État. Autour de 1991, il contrôle d'importantes parties du Kurdistan.
En 1991-1992, l'état-major obtient de pouvoir donner toute la mesure de sa puissance militaire. À partir de ce moment-là, et particulièrement après la mort du président Türgüt Özal en 1993, c'est l'armée qui gère le dossier kurde. Les généraux ne s'embarrassent pas de subtilités : près de 4 000 villages et hameaux kurdes sont vidés de leurs habitants et détruits, coupant tout ravitaillement au PKK. La méthode, brutale et lourde de conséquences à terme, se révèle pourtant efficace. Le PKK perd l'initiative. Dès 1993, il fait des offres de cessez-le-feu qui sont ignorées. En 1995, le PKK semble contenu, et le Kurdistan turc est considéré comme contrôlé par les militaires qui lancent une vaste opération dans le Nord irakien pour accrocher les bases

arrière des rebelles. Ankara menace finalement la Syrie d'une guerre ouverte en 1998 si Damas ne cesse pas son soutien à Abdullah Öcalan. Le régime de Hafez el-Assad expulse alors le leader kurde, qui est capturé au Kenya deux mois et demi plus tard avec l'aide des services de renseignement américains et vraisemblablement israéliens.

Condamné à mort en 1999 (peine commuée en prison à vie après l'abolition de la peine capitale) et incarcéré sur l'île-prison d'Imrali, Abdullah Öcalan décrète un cessez-le-feu unilatéral. Cinq mille combattants du PKK quittent la Turquie et se réfugient dans le Kurdistan irakien.

En 2001-2002, le parti renonce à la lutte armée et change son nom en Kadek (Congrès du Kurdistan pour la démocratie et la liberté), mais il ne rend pas les armes. Coincé dans les montagnes irakiennes, à la frontière avec l'Iran, le PKK-Kadek voit sa situation devenir intenable avec l'opération américaine de 2003. L'amnistie, très partielle, proposée par le pouvoir turc sur les conseils de Washington, est rejetée par le groupe en proie à des dissensions. Le parti change à nouveau de nom en novembre 2003 : rebaptisé Congrès du peuple du Kurdistan (Kongra-GEL) il affirme vouloir rompre avec le léninisme et poursuivre un but fédéraliste en Turquie. Son nouveau président, Zübeyr Aydar, un fidèle d'Abdullah Öcalan, n'en déclare pas moins le 1er juin 2004 la fin du cessez-le-feu unilatéralement observé depuis 1999. Entre-temps, Osman Öcalan, frère d'Abdullah et chef de file des modérés, a quitté le mouvement et fondé son propre parti en Irak.

La relance des hostilités dans le Kurdistan turc a repris la forme classique d'une guérilla de harcèlement faite de coups de main. Elle semble devoir se doubler d'actions terroristes dans les villes. Même s'il s'est réarmé durant son exil irakien, le Kongra-GEL ne dispose manifestement plus des infrastructures militaires et politiques pour s'implanter à nouveau durablement dans le milieu rural du Kurdistan. En revanche, il demeure bien organisé et ses membres – entre 3 000 et 5 000 hommes – suffisamment entraînés et disciplinés pour orchestrer d'efficaces campagnes terroristes. Des objectifs économiques et touristiques en Turquie sont au nombre des cibles annoncées par le mouvement.

◆ L'extrême gauche combattante

Il existe plus d'une centaine de groupes d'extrême gauche interdits en Turquie et labellisés « terroristes » par le pouvoir. La plupart sont des avatars ou des recompositions de groupuscules violents, actifs dans les années 70. Ils ne comprennent souvent que quelques dizaines de membres et, si certains prônent la lutte armée, il n'en est que deux pour l'avoir mis effectivement en pratique ces dernières années : le DHKP-C et la Tikko.

◆ DHKP-C

(Parti-Front de libération du peuple révolutionnaire)

Le DHKP-C a été fondé en juin 1978. De ses leaders originaux, seul Dursun Karatas a aujourd'hui survécu. Apôtre de la lutte armée au nom du marxisme-léninisme, le groupe s'est au fil des années recentré sur des activités quasi sectaires. Les opérations militaires de type terroriste ne semblent plus d'actualité, même si un attentat vient de temps à autre rappeler que le groupe est encore actif. L'essentiel de son activité depuis l'année 2000 tourne autour des grèves de la faim ordonnées dans les prisons. Elles visent à protester contre la mise à l'isolement de la plupart des militants déjà détenus en Turquie. Plus d'une centaine de militants sont morts soit des suites de ce « jeûne à mort », soit du fait des violences policières. Le leader Dursun Karatas vit en Belgique, pays dans lequel le groupe est bien implanté. En Turquie même, il compterait au début des années 2000 à peine 200 militants et sympathisants proches. Le ressort de son activité militaire semble s'être brisé. La politique du « jeûne à mort », ordonnée depuis Bruxelles, paraît avoir décrédibilisé le mouvement au sein de ses soutiens traditionnels.

◆ Tikko

(Armée ouvrière et paysanne de libération de la Turquie)

La Tikko est la branche armée du TKP-ML (Parti communiste turc marxiste-léniniste). Fondé en 1972 par Ibrahim Kaypakkaya, mort en détention l'année suivante, elle a pris en 2002 le nom d'Armée populaire de libération. Travaillée depuis de nombreuses années par une dissension interne, elle est active essentiellement dans la région de Tünceli (l'ancien Dersim) où le vieux substrat kurde et alévi lui fournit d'importantes bases pour son recrutement. La Tikko a fait alliance à plusieurs reprises avec le PKK. Son organisation militaire peut être particulièrement efficace dans la préparation d'attentats en milieu urbain où le PKK est mal implanté. Les actions imputées à la Tikko ont toutefois largement décru depuis le début de la décennie 2000.

◆ Les islamistes

La caractéristique des mouvements islamistes violents est leur extrême éparpillement. Des groupes comme le Djihad ou le Mouvement islamique, actifs au début de la décennie 90, ont disparu de la scène publique mais il est probable que certains de leurs membres se retrouvent aujourd'hui sous d'autres appellations.

Le mouvement des Kaplanciler du « calife de Cologne », Metin Kaplan, basé en Allemagne, semble avoir été mis sous contrôle par les services de sécurité allemands. Son dernier fait d'armes fut la tentative avortée de faire s'écraser un avion-suicide sur le mausolée d'Atatürk en 1998. L'idée lui aurait été soufflée par Oussama ben Laden en personne, rencontré six mois plus tôt en Afghanistan. Metin Kaplan, qui a passé deux ans dans les prisons allemandes, était en 2004 sous le coup d'une mesure d'expulsion vers la Turquie, où ses soutiens semblent avoir pratiquement disparu.

◆ Ibda-C

(Front islamique du Grand Orient)

Les combattants de l'Ibda-C forment un conglomérat unique de groupes cloisonnés. Fondé dans les années 70 par Sali Izzet Erdis, alias Salih Mirzabeyoglu, il conjugue une idéologie islamiste violemment antisémite et antichrétienne avec un trotskisme issu directement des années 70. Très actif au milieu des années 90, l'Ibda-C a conduit une centaine d'attentat pour la seule année 1994.

L'émir (chef militaire) du groupe, Salih Mirzabeyoglu, a été arrêté en 1998 puis condamné à mort en 2002, peine commuée en emprisonnement à perpétuité. Auteur d'une quarantaine d'ouvrages, cet ancien boxeur professe un mélange de philosophie soufie, de platonisme et de communisme. Son combat contre « l'athéisme kémaliste » l'a conduit à accepter l'aide de certains cercles proches des services de sécurité grecs à l'époque des plus vives tensions entre Athènes et Ankara. Il n'a pas craint non plus de s'associer avec l'Asala (Armée secrète de libération de l'Arménie) dans le courant des années 80.

Comptant environ 600 membres et sympathisants, l'Ibda-C est organisé en groupes cloisonnés. En sommeil depuis 1998, l'organisation revendique pourtant régulièrement quelques actions. Il s'agit généralement de bombes de faible puissance, voire de simples cocktails molotovs visant des bars, des marchands de tabac, des intérêts juifs ou chrétiens et des statues d'Atatürk. L'Ibda-C a revendiqué les attentats de novembre 2003 à Istanbul mais n'en semble nullement l'auteur.

◆ Hizbollah

(Parti de Dieu)

Créé en 1987, le Hizbollah ne devient véritablement actif qu'en 1991 dans la ville de Batman au Kurdistan turc. Il ne possède pas de liens organiques avec le Hezbollah libanais mais fréquente les mêmes mentors, à savoir les services secrets iraniens. La création du parti fait intervenir plusieurs personnages, dont Hüseyn Velioglu, un fonctionnaire raté, issu comme Abdullah Öcalan de la célèbre université de sciences politiques de Mülkiye, où il fréquentait les groupes proches de la droite politique. Refusé comme *kaymakan* (sous-préfet), Hüseyn Velioglu s'associe avec d'autres extrémistes en rupture de ban, tel Isa Altsoy, un ancien policier. La création du groupe est concomitante de l'exil au Kurdistan de fonctionnaires islamistes ayant pénétré l'appareil sécuritaire et notamment le ministère de l'Intérieur à la fin des années 80.

L'objectif du Hizbollah est la création d'un État islamique en Turquie et dans un premier temps au Kurdistan. Les principaux acteurs du mouvement sont kurdes. Très vite, une importante dissension oppose les *ilimciler* (« scientistes »), conduits par Velioglu et promouvant l'usage de la violence, des *menzilciler* (« gardiens »), qui entendent se cantonner à la simple propagande. Très vite également, le Hizbollah s'oppose au PKK avec qui pourtant il avait d'abord passé une alliance tactique. Entre 1991 et 1993, les *ilimciler* abattent environ 300 *menzilciler* et près de 500 membres du PKK, dont nombre de cadres.

Le rôle de l'appareil sécuritaire dans la perpétuation de l'organisation ne fait guère de doute. Au mieux, l'État laisse faire au Hizbollah le sale travail d'élimination du PKK, au pire il l'arme. Un important stock d'armes de poing destiné à des « forces combinées » chargées de la lutte contre le PKK semble avoir atterri dans les mains du Hizbollah.

L'appareil d'État décide toutefois de réduire le groupe à partir de 1998. En janvier 2000, Hüseyin Velioglu est coincé dans une maison d'Istanbul et abattu. Les forces de sécurité mettent au jour plusieurs dizaines de cadavres dans différentes caches à Istanbul et au Kurdistan. Il s'agit souvent d'islamistes à peine moins radicaux, enlevés à des fins de rançon et torturés à mort...

Décapité, le mouvement est peu à peu réduit et plus de 3 000 personnes arrêtées entre 2000 et 2001. Isa Altsoy en a pris la direction, fuyant la Turquie avec le fils de Hüseyin Velioglu. Ils vivraient actuellement en Allemagne, sous une identité iranienne. Un an après la mort de son chef, le Hizbollah a pourtant pu démontrer qu'il restait puissant en abattant Ali Gaffar Okkan, directeur de la sécurité de Diyarbakir et principal artisan de la lutte contre ses cellules au Kurdistan. La sophistication de l'attentat et surtout le fait que chacun des 20 attaquants y ayant participé ait réussi à s'enfuir dans une ville où le maillage policier est particulièrement efficace indiquent que le mouvement garde quelques complicités au sein de l'appareil sécuritaire.

Depuis 2002, le Hizbollah semble s'être recomposé en une myriade de cellules autonomes aux noms divers. Si l'on s'en tient aux chiffres des services de sécurité, le nombre de militants ou d'anciens militants oscille entre 10 000 et 20 000 personnes. Le vivier ainsi constitué par ces hommes, habitués à une semi-clandestinité et au travail en cellule, représente une véritable aubaine de recrutement pour la nébuleuse Al-Qaïda, comme l'ont montré les attentats de novembre 2003.

◆ Beyyat-al-Imam

(Allégeance à l'imam)

Le nom de Beyyat-al-Imam intervient sur la scène publique en 2003, à la faveur des attentats d'Istanbul qui font 60 morts, dont le consul de Grande-Bretagne, et plus de 700 blessés. Deux synagogues sont prises pour cibles à cinq minutes d'intervalle le 15 novembre. Cinq jours plus tard, c'est le consulat britannique et la banque HSBC qui sont pareillement attaqués. Les attentats sont revendiqués par les Brigades Abou Hafez al-Masri au nom d'Al-Qaïda et de l'Ibda-C, mais l'enquête révélera que les principaux protagonistes, et notamment les kamikazes eux-mêmes, avaient partie liée avec un groupe structuré autour de trois personnes : Asad Ekinci, Habip Aktas et Adnan Ersoz, qui composent le cœur du Beyyat-al-Imam. Ceux-ci avaient fréquenté le Hizbollah au début des années 90 et se sont ensuite rendus au Pakistan et en Afghanistan pour y recevoir une formation militaire.

L'objectif de ces attentats visait, davantage que l'État turc, les intérêts occidentaux ou perçus comme tels, et auxquels la Turquie est souvent associée. Alliée de longue date des Anglo-Saxons, et d'Israël depuis 1996, la Turquie a subi le contrecoup d'un alignement clairement pro-occidental. La majorité des protagonistes de ces opérations sont des Kurdes, anciennement proches du

Hizbollah dans ses années fastes (1991-1993).
Organisé en sous-cellules parfaitement cloisonnées (l'un des complices de l'attentat contre la synagogue de Beth Israel n'était pas au courant qu'un second objectif devait être visé quelques minutes plus tard), le groupe Beyyat-al-Imam a manifestement reçu d'Al-Qaïda argent et directives. Adnan Ersoz assurait le lien avec l'organisation d'Oussama ben Laden. Arrêté alors qu'il entrait en Turquie en décembre 2003, il doit y être jugé. Habip Aktas et Asad Ekinci ont réussi à s'enfuir. Ils auraient été tués en Irak respectivement en septembre et janvier 2004 La cellule Beyyat-al-Imam semble avoir été en grande partie démantelée mais d'importantes saisies d'explosifs dans les cercles proches de l'organisation laissent à penser qu'elle n'était pas isolée et que d'autres attentats étaient en préparation.

Le lien primordial de ces cellules potentielles est constitué par les anciens d'Afghanistan. Environ un millier de Turcs se sont battus dans les rangs d'Al-Qaïda avant 2001. Ils sont le ferment sur lequel l'organisation d'Oussama ben Laden peut compter pour composer des cellules actives en Turquie, les anciens du Hizbollah en constituant le réservoir humain le plus accessible.

Pour en savoir plus

Hamit Bozarslan, *La question kurde*, Presses de Sciences Po, 1997 ; et *Histoire de la Turquie contemporaine*, La Découverte, Coll. Repères, 2004.

Le premier titre est un ouvrage de référence sur ladite question. Le second, un résumé des principaux événements et enjeux en cours.

Bernard Lewis, *The Emergence of Modern Turkey*, Oxford, Oxford University Press, 2001 (3e édition). Un grand classique par l'un des meilleurs spécialistes de la Turquie moderne et contemporaine.

Hugh Poulton, *Top Hat, Grey Wolf and Crescent : Turkish Nationalism and the Turkish Republic*, New York, New York University Press, 1997.

Bonne analyse historique de la montée des différents modes du nationalisme turc et de leur synthèse actuelle.

Cahiers d'études sur la Méditerranée orientale et le monde turco-iranien (Cemoti). Dirigée par Semih Vaner, cette revue ropose régulièrement d'excellents articles de recherche géopolitique notamment dans les éditions suivantes : n° 16, *Istanbul - Oulan-Bator. Autonomisation, mouvements identitaires, construction du politique*; n° 19, *Laïcité(s) en France et en Turquie*; n° 26, *L'individu en Turquie et en Iran*; n° 28, *La Turquie et Israël.*

Internet

www.kurdmedia.com
Site kurde irakien en anglais. Couvre également l'actualité kurde de Turquie.

www.info-turk.be
Site d'opposition au régime, basé en Belgique. En anglais et en français. Relativement peu de propagande et bon suivi de l'actualité, notamment des violations des droits fondamentaux.

www.turkishdailynews.com
Site du journal *Turkish Daily News*. En anglais.

www.teror.gen.tr/english/index.html
Site de contre-propagande proche du régime (en anglais). Informations parfois approximatives.

www.dhkc.org/www/index.html
Site du DHKP-C, diffuse les communiqués du groupe en français.

www.kongra-gel.com/index.php ?lang=en&option=content&task=blogcategory&id=1&Itemid=36
Site du Kongra-GEL (ex-PKK) en anglais.

Voir également le site *www.kurdistanforum.com*

Superficie : 185 000 km²
Population : 17,4 millions
Composition ethnique : Arabes (88 %), Kurdes (9 %), autres (3 %)
Religions : sunnites (73 %), alaouites (11 %), chrétiens (10 %), druzes, chiites (2 %), ismaéliens (0,8 %)

Syrie

Le 3 mai 2003, moins d'un mois après la chute de Bagdad, le secrétaire d'État américain Colin Powel se rend dans la capitale syrienne pour signifier à Damas les nouvelles règles du jeu. Washington attend du président syrien Bachar al-Assad une coopération totale sur le dossier irakien et le conflit israélo-palestinien. Un an plus tard, la fenêtre de négociation avec les États-Unis se referme : George Bush édicte le *Syria Accountability Act and Lebanon Sovereignty Act,* une résolution votée par le Congrès en décembre 2003 qui autorise le président américain à prendre des sanctions à l'encontre de la Syrie, allant du boycott commercial à des rétorsions financières dirigées contre les intérêts du régime. Deux mois plus tôt, l'aviation israélienne menait un raid contre le territoire syrien, brisant le *statu quo* qui prévalait entre les deux pays depuis 1974. L'intransigeance des autorités syriennes et leur manque de flexibilité sur des dossiers jugés non négociables par Washington vont accroître un peu plus l'isolement du pays aboutissant, le 2 septembre 2004, au vote par le Conseil de sécurité de la résolution 1559. Déposé par la France et les États-Unis, le texte réclame le retrait des forces syriennes du Liban et le désarmement des milices armées (Hezbollah et Palestiniens).

Ces pressions internationales interviennent alors que le régime se trouve confronté à de nouveaux défis sur le front intérieur. Profitant de la brèche ouverte par les réajustements imposés par la succession de Hafez al-Assad et l'affaiblissement régional de la Syrie, des voix dissidentes se font entendre : la minorité kurde syrienne manifeste ses revendications identitaires avec violence ; l'opposition syrienne porte ses demandes dans la rue ; une amorce de contestation étudiante se fait jour dans les universités ; au Liban, l'opposition antisyrienne dénonce la dérive dictatoriale de son pays imposée par Damas. À ces foyers de contestation déclarés viennent se greffer des dynamiques sociales porteuses de déstabilisation. Elles sont liées à l'impact de la guerre en Irak et à la détérioration de la situation dans les territoires palestiniens, qui renforcent un antiaméricanisme latent et alimentent un mouvement de réislamisation à l'œuvre depuis les années 90. Les équilibres internes sont aussi mis à mal par les effets pervers de l'ouverture économique et la dérive mafieuse du régime. Pour l'heure, l'hégémonie politique de la minorité alaouite au pouvoir n'est pas menacée car elle conserve des capacités de contrôle pour préserver ses acquis. C'est plus avec Washington que l'actuel régime doit négocier sa survie.

UN SYSTÈME ENTRE INERTIE ET RENOUVELLEMENT

Intronisé comme l'homme du changement, le président Bachar al-Assad s'est finalement contenté de suivre la voie tracée par son père, en poursuivant la timide ouverture esquissée lors des dernières années du règne de Hafez al-Assad. Les déclarations du jeune président syrien sur la nécessité d'ouvrir son pays pour faire face aux défis du XXIe siècle et de la mondialisation, de même que la détente qui a accompagné son arrivée au pouvoir en juin 2000, n'ont pas débouché dans les faits sur une normalisation tant sur le plan politique qu'économique. Loin de s'engager sur la voie de la réforme, la Syrie de Bachar al-Assad privilégie le *statu quo,* résumé dans la formule de l'idéologie officielle baasiste, « la stabilité et la continuité ». À la démocratie et à la libéralisation économique, le régime préfère le modèle chinois ou l'*infitah* égyptienne. Il s'agit moins d'ouvrir le système que de l'adapter aux nouvelles conditions régionales.
Mais si, quatre ans après la mort de Hafez al-Assad, le régime fonctionne par inertie, la succession et le renouvellement générationnel qui l'accompagne ont profondément modifié les équilibres internes. L'affaiblissement de l'autorité présidentielle, inhérente à la disparition du maître et renforcée par le manque d'expérience politique du successeur, a entraîné un relâchement des structures, interprété comme une brèche par ses détracteurs.

L'affaiblissement de l'autorité présidentielle. Si le blocage du processus de réforme est souvent attribué aux résistances des caciques du régime soucieux de préserver leurs acquis, il pose surtout la question de l'assise de Bachar al-Assad dans le système, quelles que soient les velléités de changement qu'on lui prête. Or, quatre ans après son arrivée au pouvoir dans le cadre d'une succession réglée par son père Hafez, le chef de l'État syrien ne dispose toujours pas d'une véritable équipe. Il recourt, de manière ponctuelle, à un réseau de consultants puisés dans le vivier de la Syrian Computer Society (SCS – Société syrienne de l'informatique, institution dépendante du jeune président qui en a fait l'étendard de sa modernité) ou dans la diaspora. Formés à l'étranger, experts dans des institutions internationales, ces technocrates n'ont pas les relais pour s'imposer dans un système qu'ils entendent réformer. De l'ancien ministre du Plan, Issam al-Zaïm, symbole de cette élite mise en avant par Bachar al-Assad dès 2000, à l'ancien ministre de l'Économie et du Commerce, Ghassan Rifaï, tous ces « expatriés » ont fini par être écartés de leur poste ministériel où leur action a été systématiquement entravée. Leur éviction s'est parfois faite de manière violente comme en témoigne la mise en résidence surveillée d'Issam al-Zaïm jusqu'en septembre 2004. De même, le projet de réforme administrative, financière et judiciaire parrainé par la France et sur lequel travaille Nibras Al-Fadel, un polytechnicien promu au statut de conseiller de Bachar al-Assad pour les affaires économiques, a peu de chance d'être mis en œuvre puisqu'il remet en cause les bases mêmes du système : ce sont, en effet, les différentes mafias qui se forment au sein des services de renseignement et de sécurité, du parti Baas et de l'administration, qui tiennent les clés de la redistribution du profit et du système de loyauté. À ces obstructions pratiquées par les caciques du régime – nouvelle garde comprise – s'ajoute une lutte d'influence entre les hommes de Bachar, eux-mêmes instrumentalisés par différents pôles du pouvoir pour contrer les cadres baasistes opposés à la ligne présidentielle. Bachar al-Assad doit également conforter son assise au sein du parti Baas, pilier du régime et surtout relais des services de renseignement. Le 10e Congrès prévu initialement pour juin 2005 devrait permettre de mesurer le rapport de force puisqu'il a pour agenda la réforme, un agenda posé par le chef de l'État. À défaut de pouvoir imposer le changement par des hommes extérieurs au système, Bachar al-Assad semble vouloir initier le renouvellement de l'intérieur en pariant sur la « modernisation » du parti qui traverse par ailleurs une crise importante. Le dernier remaniement ministériel du gouvernement de Naji Otri (3 octobre 2004) pourrait s'inscrire dans cette logique puisque les portefeuilles clefs de l'Économie, de l'Industrie et des Finances ont été remis à des baasistes dits libéraux, à l'instar d'Amer Hosni Lotfi, ancien directeur général de l'Organisme du coton, nommé au ministère de l'Économie et du Commerce.
Ces luttes de pouvoir ont un impact direct sur la légitimité de Bachar al-Assad et la perception de l'affaiblissement du régime, d'autant qu'elles sont présentes au sein même du Palais présidentiel. Des tiraillements opposent le chef de l'État à sa sœur Bushra al-Assad et à son mari, le général Assaf Chawkat, numéro deux de la puissante Sécurité militaire, tous deux partisans d'une ligne dure, ainsi qu'à son frère Maher al-Assad, chef de la garde républicaine, dont la capacité de nuisance est comparée à celle du frère de Hafez al-Assad, Rifaat al-Assad, auteur d'un coup de force contre l'ancien président dans les années 80.

L'atomisation du pouvoir politique et la suprématie des services de sécurité. Quelle que soit l'assise de Bachar al-Assad, l'affaiblissement de l'autorité du chef de l'État syrien, dans un système présidentiel fort, a induit une atomisation du pouvoir politique, déjà caractérisé par son extrême opacité : les acteurs agissent suivant les règles établies par Hafez al-Assad pour assurer la conservation du système, un objectif partagé à la fois par la vieille garde et la nouvelle génération. Devant l'inexpérience du jeune chef de l'État (35 ans), et son manque de légitimité militaire, les directions des services de renseignement et de sécurité estiment avoir une meilleure appréciation des menaces et veulent donc garder l'initiative en matière de sécurité nationale. Même si le dernier mot revient en théorie au président ou à l'arbitrage du Palais présidentiel, ce sont eux qui exercent la réalité du pouvoir. Dès lors, la prise de décision résulte d'une farouche compétition au sein de la nébuleuse sécuritaire (7 services de sécurité et de renseignement), donnant l'impression d'un certain blocage de l'appareil déci-

La crise du Baas

Pilier de la stabilité du régime autoritaire mis en place par Hafez al-Assad, le parti Baas arabe et socialiste est aujourd'hui un facteur de déstabilisation. Instrument de contrôle de l'État et de la société, relais des services de renseignement, son omnipotence est de plus en plus décriée et la légitimité de son idéologie panarabe, laïque et nationaliste, dévalorisée. Peu de Syriens se reconnaissent dans un parti devenu une niche de profiteurs et d'affairistes en lien avec le pouvoir. Cette désaffection est notable dans les villes comme dans la capitale, où seuls 29 000 Damascènes sont des membres effectifs du Baas sur une population de 4,5 millions d'habitants.

La crise de l'appareil baasiste se situe à deux niveaux : pour la base constituée d'ouvriers, de paysans ou de petits artisans appauvris, la corruption des cadres est trop criante, tandis que la nouvelle classe du parti (commerçants, classes moyennes et fonctionnaires plus ou moins riches) réclame davantage de libéralisme et une participation au processus de décision économique et politique. Certes, la base a toujours eu une tradition de contestation, ce qui avait d'ailleurs conduit Hafez al-Assad à ne pas convoquer de Congrès entre 1985 et 2000 et à prendre appui sur le Comité central (90 membres), élargissement du Commandement régional (21 membres). Mais cette contestation prend une nouvelle dimension depuis la chute du régime baasiste irakien. La critique du parti – une « ligne rouge » que le régime a rappelée à plusieurs reprises par la voix du président Bachar al-Assad – n'est plus un sujet tabou pour la population tandis que la référence baasiste peut embarrasser le pouvoir dans le contexte des pressions américaines.

C'est en partie pour répondre à ces pressions, internationales et internes, que le pouvoir a initié une réflexion sur la réforme du Baas dans la perspective du prochain Congrès, prévu initialement en juin 2005.

Quatre commissions ont été constituées pour réviser les fondements théoriques et l'organisation interne du parti tandis que des questionnaires ont été adressés à la base. Preuve de cette profonde crise de légitimité, c'est à des intellectuels de l'opposition et des communistes que le pouvoir a fait appel pour donner un nouveau sens au slogan de l'idéologie baasiste « unité, liberté et socialisme ». Mais la synthèse des travaux qui doit permettre la convocation du 10e Congrès fait l'objet de luttes serrées entre les tenants de la ligne du Président et la vieille garde du parti qui en retarde l'échéance, synonyme de son éviction. Le précédent congrès, qui avait intronisé Bachar al-Assad au poste de secrétaire général pour lui permettre de succéder à son père, avait effectivement permis de renouveler la moitié des cadres du Commandement régional. Cette fois, l'enjeu pour Bachar al-Assad, qui a engagé son autorité sur cette réforme, est de placer ses hommes aux postes de commandes. Sur le plan politique, il est peu probable que les intellectuels qui prônent l'instauration d'un multipartisme pour sauver le Baas de la crise obtiennent gain de cause. Même si le régime a pris des mesures pour relâcher l'emprise du parti sur la société (abandon de l'uniforme militaire dans les écoles, fin des cours d'endoctrinement à l'idéologie baasiste dans les universités...), l'option d'une ouverture est hypothéquée par le fait qu'elle entraînerait inévitablement la mort du Baas en tant qu'instrument de contrôle de l'État et de la société – une remise en cause impensable du pouvoir des services de renseignement. Ainsi le Front national progressiste (FNP), la coalition des partis parrainés par le Baas, a amendé sa charte pour reconnaître le principe de « la pluralité politique », et a autorisé la reprise des activités politiques des partis au sein des universités et des syndicats, mais cette ouverture ne s'applique qu'aux formations présentes dans le Front et donc reste strictement encadrée par le Baas.

En revanche, le 10e Congrès pourrait entraîner la suppression du Commandement national, la structure représentant la nation arabe, pour répondre aux pressions américaines. Washington, qui cherche à neutraliser l'influence de la Syrie sur la scène régionale, a fait savoir que les ambitions panarabes du Baas syrien n'étaient plus de mise. Dans le même sens, le FNP a modifié sa clause qui interdisait toute négociation pour obtenir la restitution du Golan occupé par Israël.

sionnel, voire d'un flottement peu compatible avec le nouvel environnement stratégique marqué par la domination américaine.

L'amnistie décrétée le 20 juillet dernier par Bachar al-Assad, à l'occasion du quatrième anniversaire de son accès au pouvoir, a donné un nouvel exemple de ces tiraillements. Le décret signé par le Président concernait 300 détenus. Seuls une soixantaine d'entre eux dépendant de la Sécurité politique intérieure ont été immédiatement remis en liberté, tandis que les puissants renseignements militaires, partisans d'une ligne dure, ont freiné les autres libérations. Or, ce pouvoir de nuisance exercé par les directions des services est le fait aussi bien des anciens que des nouveaux.

La dérive mafieuse du régime. Le processus de renouvellement des élites qui s'est accéléré sous le mandat de Bachar al-Assad a également affecté les équilibres internes. Alors que Hafez al-Assad avait toujours veillé à une certaine équité dans l'accaparement par le pouvoir des richesses nationales et dans la redistribution de la rente, ce principe est aujourd'hui remis en cause avec ce renouvellement générationnel qui s'accompagne d'une dérive mafieuse et d'une tendance à la monopolisation. Les « héritiers » qui accèdent aux responsabilités s'approprient les instruments du régime à des fins personnelles avec une course à l'enrichissement aux proportions inédites. Profitant du relâchement des structures et de la conjoncture favorable de ces deux dernières années (de bonnes récoltes, un prix du pétrole élevé et l'eldorado du marché irakien), ils se sont engouffrés dans le développement d'un petit capitalisme privé, créant des niches facilement contrôlables dans la société de consommation.

La dérive a commencé par le contrôle des nouvelles industries technologiques et du récent secteur des services, et inclut l'achat progressif des industries traditionnelles et une emprise foncière. Les enjeux financiers sont considérables comme l'illustre le marché de la téléphonie mobile : SyriaTell et Spacetel, les deux opérateurs syriens qui se partagent le marché, réalisent un chiffre d'affaires global estimé à plus de 300 millions de dollars par an. Tous les hommes d'affaires présents dans l'organigramme des deux sociétés sont reliés d'une manière ou d'une autre au régime.

Originaire de Damas et d'Alep, cette nouvelle élite qui a les faveurs du pouvoir et de la présidence est en passe de contrôler les leviers du pouvoir économique en Syrie mais aussi au Liban avec leurs partenaires libanais. Le partage du gâteau est le résultat de perpétuelles négociations et de luttes de pouvoir. Et il est loin d'être égalitaire comme en témoigne l'ascension fulgurante de Rami Makhlouf, cousin du côté maternel du chef de l'État. À la faveur de ses appuis au sein du Palais présidentiel, cet « héritier » s'est bâti un empire colossal qui va de la téléphonie mobile (directeur général de SyriaTell, il contrôle en grande partie SpaceTel) aux magasins *duty free* établis dans les zones franches en passant par une université privée dont il a acheté la licence. Autre indicateur de l'imbrication entre le politique et l'économique, Rami Makhlouf est partie prenante dans le consortium américano-canadien qui a obtenu l'exploitation de gisements gaziers dans le centre du pays. Le contrat qui porte sur 750 millions de dollars a été négocié par Nizar Assad, un alaouite gestionnaire des revenus pétroliers pour la famille Assad, ressource essentielle du Palais et de la garde républicaine, en charge de la protection du régime.

La contestation de la bourgeoisie d'affaires. La classe des entrepreneurs syriens, qui avait émergé dans les années 90 à la faveur de la loi n° 49 autorisant les investissements privés, est sommée de respecter ces règles du jeu si elle veut poursuivre ses affaires, toute remise en cause de ces monopoles constituant une ligne rouge. Les deux hommes d'affaires et parlementaires Riad Seif et Maamoun al-Homsi en ont fait l'expérience. Ces deux figures du « Printemps de Damas » – période d'ouverture qui a marqué les huit premiers mois du mandat de Bachar al-Assad – ont été condamnées à des peines de dix ans de prison par un tribunal militaire pour avoir appelé à une véritable réforme économique. Riad Seif, qui animait par ailleurs le Cercle du dialogue national, un des forums de discussion les plus actifs de cette période d'ouverture, avait surtout dénoncé, dans un rapport au Parlement syrien, la création des deux monopoles de téléphonie mobile.

Mais cette tendance à la confiscation de la rente par les cercles proches du pouvoir est préjudiciable pour la stabilité du régime parce qu'elle menace un des équilibres clefs du système de Hafez al-Assad : l'alliance entre le pouvoir détenu par la minorité alaouite et la bourgeoisie d'État sunnite. Pour protéger les intérêts de sa communauté et garantir son hégémonie politique, l'ancien président syrien a toujours veillé à associer au pouvoir des représentants des communautés sunnite et chrétienne même s'ils étaient placés sous contrôle d'un alaouite. Ainsi, en donnant les clés du pouvoir économique et financier aux commerçants de Damas et d'Alep, l'ancien chef d'État syrien s'était acheté une paix sociale et politique. L'équation se résumait en ces termes : l'élite dirigeante offrait à cette bourgeoisie la stabilité nécessaire pour la conduite de ses affaires, en contrepartie de son allégeance. C'est ainsi que le pouvoir avait pu renverser l'alliance établie entre les Frères musulmans et les commerçants du « souk ». Or la dérive mafieuse met à mal ce contrat puisque le pouvoir ne garantit plus les intérêts de cette puissante bourgeoisie d'affaires. Signe de son mécontentement, une délégation conduite par Ratib Challah, le président de la chambre de commerce de Damas, a entrepris des contacts avec des personnalités de l'opposition syrienne après s'être plainte à maintes reprises auprès de Bachar al-Assad.

Cette évolution favorise aussi l'important mouvement de réislamisation observé ces dernières années au sein de la société syrienne, petite bourgeoise comprise, pour laquelle la morale islamique offre la seule alternative à la corruption du régime. Pour l'heure, le pouvoir parvient à instrumentaliser ce mouvement, mais l'islamisation est l'un des principaux défis des années à venir. Même si la mémoire de la répression sanglante de la révolte islamiste de Hama, en février 1982, éloigne dans l'immédiat le spectre d'une configuration entre forces islamistes et commerçants, le pouvoir de nuisance de cette bourgeoisie d'affaires n'est pas négligeable. Elle pourrait aussi tirer profit d'un mécontentement social alimenté par une situation économique défavorable.

La montée de la pression sociale. La relative bonne croissance observée depuis 2002 (entre 3,5 et 2,5 %) est extrêmement fragile car conjoncturelle. Elle est liée à deux années de récoltes abondantes et surtout à des revenus pétroliers en hausse en raison de la bonne tenue des cours du pétrole et de la livraison non déclarée d'environ 200 000 barils par jour de pétrole irakien. Or cette manne financière inespérée s'est aujourd'hui tarie et le régime ne peut plus compter sur les « fonds arabes » (Koweït, Arabie saoudite, Irak) qui lui étaient accordés en remerciements de ses positions idéologiques. Le pays se retrouve ainsi avec de fortes contraintes : un taux de chômage entre 25 et 30 % de la population active et une croissance démographique de 2,5 %. Chaque année, près de 300 000 jeunes arrivent sur le marché du travail, alors que le secteur public qui représente un filet social important (20 % du PIB) est en totale déliquescence en l'absence de

réformes significatives. Le désengagement annoncé de l'État, qui n'est plus en mesure d'assurer sa fonction de premier employeur, pourrait avoir d'importantes conséquences alors que la population n'a pas vu le PIB évoluer depuis 1983 (1 300 dollars par an).
Signe des tensions sociales à venir, le vote en mars dernier d'un décret dispensant l'État de son obligation d'embauche des ingénieurs et architectes diplômés des facultés syriennes a mis le feu aux poudres dans les universités, nécessitant l'intervention de l'armée pour mettre fin à la protestation au sein du campus d'Alep. Même si le mouvement s'est confondu avec des revendications kurdes, cette contestation étudiante a mis en scène pour la première fois des revendications sociales, rappelant à l'État ses engagements. Après avoir fourni au régime sa base sociale – la population rurale recrutée par le Baas –, le secteur public constitue une bombe à retardement. Pour apaiser ce front social, le pouvoir a consenti plusieurs augmentations de salaires depuis 2001, après six années de gel des salaires, mais ces hausses ne compensent pas l'inflation (1 à 3 % par an) et ne parviennent pas à enrayer l'érosion du pouvoir d'achat.
Or, le choix des autorités d'ouvrir le pays sur le modèle égyptien de l'*infitah* risque d'amplifier ces déséquilibres. En effet, l'économie syrienne commence déjà à subir les effets d'une situation de concurrence avec ses partenaires arabes. La suppression progressive des barrières douanières dans le cadre de la zone arabe de libre-échange prévue pour 2005 a permis à l'Arabie saoudite, à l'Égypte, aux Émirats arabes unis de prendre une importante part du marché syrien des produits de consommation courante. La faillite de l'État en tant qu'instance de régulation peut aussi avoir pour conséquence la remise en cause de monopoles jusque-là protégés par le régime.

UN RÉGIME SOUS PRESSIONS INTERNATIONALES

Les facteurs de déstabilisation proviennent surtout du nouvel environnement stratégique consécutif au 11 Septembre et à la guerre en Irak : alors que la première guerre du Golfe avait consacré son statut d'acteur régional, la Syrie se trouve confrontée aux pressions d'une administration américaine qui, au mieux, entend la priver de toute capacité d'influence dans la région.
Les premières exigences de Washington ont été formulées dès le 3 mai 2003 par le secrétaire d'État Colin Powel venu les exposer à Bachar al-Assad dans la capitale syrienne. Elles portaient essentiellement sur la liberté d'action laissée aux factions palestiniennes basées à Damas et sur les activités de la guérilla du Hezbollah au Sud-Liban ; sur l'accueil réservé aux Irakiens, groupes et responsables proches du régime de Saddam Hussein susceptibles de nourrir les rangs de la guérilla antiaméricaine ; et enfin sur le développement d'armes de destruction massive.
Pariant sur les difficultés des États-Unis en Irak et sur les divisions de l'administration Bush, le régime s'est contenté de répondre d'une manière formelle sur les questions qui n'engageaient pas sa souveraineté : les responsables irakiens et leur entourage furent priés de quitter le territoire syrien, les organisations radicales palestiniennes furent contraintes d'adopter un profil bas, et une accalmie à la frontière libano-israélienne fut négociée avec le Hezbollah. Cette politique de conciliation qui permettait aux Syriens de gagner du temps pour évaluer les ajustements nécessaires de leur politique face à la nouvelle configuration n'a pas eu les résultats escomptés à Washington. Le durcissement de la position américaine sous l'impulsion des néoconservateurs s'est traduit par le vote du Congrès, le 11 décembre, de la résolution dite *Syria Accountability and Lebanon Sovereignty Act* (Salsa) qui autorise le président américain à édicter des sanctions contre la Syrie. La pression s'est aussi exercée à travers les Européens, qui ont conditionné la signature de l'accord de partenariat entre la Syrie et l'Union européenne à l'acceptation d'une clause stipulant l'abandon de tout programme d'armes de destruction massive. Introduite dans la dernière phase de négociations, cette clause a été interprétée par Damas comme la preuve de l'efficacité des pressions américaines sur l'Union européenne. Les Syriens l'ont rejetée au nom de leur droit à se défendre contre Israël qui dispose de capacités nucléaires. Ce faisant, les dirigeants syriens ont surestimé la marge de manœuvre qui leur restait dans leurs négociations avec les États-Unis, entraînant le vote du Salsa par le président George Bush, le 11 mai 2004.
Les premières sanctions sont plutôt symboliques puisqu'elles excluent les investissements dans le secteur pétrolier et n'affectent pas le dialogue entre les deux gouvernements. En revanche, l'application du boycott commercial (partiellement appliqué dans un premier temps) pourrait avoir de plus graves conséquences puisqu'il bloque l'approvisionnement de pièces technologiques et des importations contenant plus de 1 % de produits américains. Ces sanctions, qui sont actuellement détournées par des contournements via un pays tiers (les Émirats arabes unis, l'Iran ou encore le Liban), pénalisent surtout la population. Mais la mise sous surveillance de la Banque commerciale de Syrie (BCS), la seule banque autorisée à intervenir dans le commerce extérieur et détentrice de devises, est bien plus embarrassante pour le régime. Cette mesure prise au titre du *Patriot Act* et dont l'un des objectifs est de récupérer les avoirs de l'ancien régime irakien permet au Trésor américain de bloquer toute transaction en dollars et de paralyser à terme l'activité économique. Washington menace également de rendre publique la liste des responsables impliqués dans des opérations illégales (trafics, blanchiment d'argent) en relation avec la présence syrienne au Liban, ou avec l'Irak, des opérations qui se font par l'antenne libanaise de la BCS. Le gel des avoirs à l'étranger de certaines personnes et entités gouvernementales syriennes est aussi évoqué, et ce alors que les réserves de l'État syrien à l'étranger sont estimées à 12 milliards de dollars.
Signe de l'inquiétude du régime, ces dernières mesures ont conduit les dirigeants syriens à de nouvelles concessions, notamment sur le front irakien : ils ont fini par reconnaître les nouvelles

Le Hezbollah

Privé d'un terrain de confrontation directe avec l'armée israélienne depuis le retrait de Tsahal du Sud-Liban en mai 2000, le Hezbollah s'est efforcé de pérenniser les gains de cette victoire militaire et politique avec le soutien de ses deux parrains, la Syrie et l'Iran.

Sur le plan militaire, la confrontation s'est prolongée dans le secteur des fermes de Cheba'a, un petit territoire de 25 km² aux confins du Liban, de la Syrie et d'Israël, occupé par l'État hébreu avec le Golan syrien depuis 1967, et revendiqué par les Libanais. Ce litige territorial, qui devra être réglé dans le cadre d'un accord de paix global, permet aux autorités de Beyrouth et de Damas de réaffirmer l'unité des volets libano-syrien dans la négociation avec Israël et surtout de présenter le retrait israélien comme inachevé, légitimant du même coup la poursuite des opérations de la Résistance islamique (la branche armée du Hezbollah). Grâce à cette subtilité juridique, la Syrie continue d'instrumentaliser la carte libanaise sur laquelle elle s'appuie pour récupérer le plateau du Golan (occupé à la suite de la guerre de 1967 et annexé par Israël en 1981), tandis que le Hezbollah a pu ajourner la question de son désarmement. Ce *statu quo* est maintenu par le non-déploiement de l'armée libanaise au Sud-Liban y compris dans les zones évacuées par l'armée israélienne. Fort de son alliance conclue avec l'armée libanaise et le président Émile Lahoud, la formation chiite se fait le gardien de la souveraineté libanaise le long de la « ligne bleue » (la frontière du retrait établie par l'ONU), et riposte à toute violation israélienne, ce qui donne lieu à de régulières escarmouches qui ne menacent pas la sécurité régionale mais permettent d'entretenir une tension.

Dans ce nouveau contexte, le Hezbollah a réajusté sa lutte contre l'État hébreu en donnant la priorité à la libération des prisonniers libanais et palestiniens détenus en Israël tout en réclamant la fin de l'occupation des fermes de Cheba'a. L'enlèvement de trois soldats israéliens en octobre 2000 lors d'une opération militaire menée dans le secteur de Cheba'a et d'un Israélien un mois plus tard, le colonel de réserve et homme d'affaires Elhanan Tanenbaum, s'inscrit dans cette stratégie. Ainsi, le 23 janvier dernier, après trois ans de négociations sous l'égide de l'Allemagne, le mouvement chiite libanais obtient d'Israël en échange de ces 4 Israéliens (dont les trois soldats tués lors de l'attaque) la libération de 400 Palestiniens, 23 Libanais, 5 Syriens, 3 Marocains, 3 Soudanais, un Libyen et un Allemand, et la remise des dépouilles de 59 combattants libanais. Pour le Hezbollah et son secrétaire général, Hassan Nasrallah, personnellement impliqué dans la négociation, cet échange de prisonniers constitue une double victoire : elle offre une nouvelle légitimité au mouvement sur le plan national et consacre dans le monde arabe son image de modèle de résistance efficace contre Israël. Dans les territoires palestiniens, le prestige du Hezbollah, déjà considérable depuis le retrait israélien du Sud-Liban en tant que référence tactique, morale et symbolique, s'en trouve renforcé, puisqu'il réussit là où l'Autorité palestinienne a échoué. Ce succès couronne surtout les efforts du mouvement d'investir la seconde intifada, une stratégie esquissée depuis 2000 en accord avec Damas et qui s'est notamment traduite par un rapprochement syro-palestinien – réconciliation avec Yasser Arafat, réactivation de la plate-forme commune des organisations palestiniennes basées à Damas.

Ce réajustement s'inscrit également dans le nouveau contexte régional, du retrait israélien du Sud-Liban aux conséquences du 11 Septembre et de la guerre en Irak. Dès lors qu'il est contraint de garder profil bas sur le front libanais en raison notamment des pressions américaines contre la Syrie qui n'est plus épargnée par les représailles israéliennes – du bombardement de positions syriennes au Liban aux frappes en territoire syrien en octobre 2003 –, le Parti de Dieu élargit son champ d'action et avance ses propres cartes sur l'échiquier régional. Outre la présence possible d'éléments du Hezbollah dans les territoires palestiniens, des soutiens financiers et logistiques aux groupes armés palestiniens sont de plus en plus évoqués. À ce titre, la Syrie, comme l'Iran, profite de l'atomisation des factions armées induite par l'éclatement du leadership palestinien.

Le Hezbollah a également tenté de jouer la carte irakienne en mobilisant la solidarité chiite mais cette politique s'est heurtée à une logique irakienne propre, où la référence libanaise n'a pas le même impact que dans le reste du monde arabe. De fait, les appels à la résistance contre l'envahisseur américano-britannique n'ont pas rencontré l'écho escompté auprès de la communauté chiite irakienne. Si, dans l'Irak de l'après-Saddam Hussein, le Hezbollah était enclin à soutenir l'imam Moqtada al-Sadr et le public des déshérités qu'il représente, le cheikh Hassan Nasrallah s'est finalement joint à l'appel à la trêve lors du siège de Nadjaf en août dernier après avoir rassemblé près de 100 000 personnes à Beyrouth contre l'opération américaine. En l'occurrence, même si la présence d'éléments du Hezbollah a été évoquée à maintes reprises, la résistance à l'occupant américain demeure une position de principe. C'est d'ailleurs la ligne du guide spirituel du Hezbollah, le cheikh Hussein Fadlallah, qui ne soutient pas le radical Sadr et se garde bien d'aller à l'encontre des positions de l'ayatollah Al-Sistani. Outre cette logique irakienne, le mouvement chiite libanais doit tenir compte des intérêts de ses deux parrains, iranien et syrien.

La politique régionale du Hezbollah est en effet la résultante d'une combinaison d'intérêts : les siens mais aussi ceux de Damas et de Téhéran. Sur le plan intérieur, la formation chiite doit respecter le « plafond syrien » auquel sont soumis tous les acteurs de la scène libanaise.

C'est dans ce cadre que le parti a conforté son assise politique, engrangeant là aussi les acquis de sa victoire militaire au Sud. Lors des dernières élections municipales, la formation chiite qui dispose déjà de 12 députés au Parlement (le « bloc de la fidélité à la Résistance ») est sortie grand vainqueur dans ses fiefs de la banlieue sud à Beyrouth et dans la plaine de la Békaa. Au Liban-Sud (ancienne zone occupée par Israël), le Hezbollah a renforcé sa présence dans les villages à majorité chiite situés à la frontière avec Israël, mais son rival, le mouvement chiite Amal, également allié de Damas et dirigé par le président du Parlement libanais, Nabih Berri, conserve une présence significative dans la région. Cet ancrage local, qui récompense un travail de terrain important, fait du Hezbollah la première force politique du pays et sans conteste la mieux organisée. Tirant les leçons des municipales, la direction du parti a ainsi décidé de diviser en deux provinces le Liban-Sud afin d'améliorer le quadrillage social.

Cette stratégie reflète également une anticipation des pressions extérieures. Alors que la communauté internationale accentue ses pressions à l'encontre de Damas et de Téhéran, le Hezbollah, qui figure par ailleurs sur la liste des organisations terroristes de Washington, se sait particulièrement exposé. Son désarmement est une priorité de l'agenda américain et figure au cœur de la résolution 1559 qui demande le désarmement des milices libanaises.

Même s'il est peu probable que les Syriens renoncent à leur soutien d'ici à la conclusion d'un accord de paix avec Israël, à moins d'y être contraints par la force, le Hezbollah connaît les limites de son immunité. Elles lui ont été rappelées brutalement au printemps dernier lorsque son propre allié, l'armée libanaise, a ouvert le feu sur une manifestation contre la cherté de la vie organisée dans la banlieue sud, fief du mouvement, entraînant la mort de 5 manifestants.

Actuellement redevable de ses parrains iraniens et syriens, le Hezbollah peut devenir un acteur libanais à part entière et finaliser une conversion politique débutée depuis plus dix ans.

autorités mises en place par les Américains ; Iyad Allawi, le chef du gouvernement irakien, a été accueilli cet été en grande pompe tant à Damas qu'à Beyrouth, tandis que des patrouilles syro-irakiennes ont été constituées pour prévenir les infiltrations de djihadistes en Irak. Le régime redoute moins les sanctions économiques, qui soudent sa population contre les États-Unis, que des mesures ciblées contre la hiérarchie du pouvoir. Publier la liste des dirigeants impliqués dans ces trafics donnerait de la voix au courant de l'opposition syrienne et libanaise qui s'appuie sur Washington pour sortir du *statu quo*.

C'est aussi pour préserver ses intérêts stratégiques et financiers au Liban que le Palais présidentiel a opté pour la prorogation du mandat du président libanais, le général Émile Lahoud, reconduit à la tête de l'État le 2 septembre 2004, malgré les mises en garde répétées de Washington et de Paris. L'allégeance de l'ancien chef de l'armée libanaise est jugée irréprochable, soudée autour d'intérêts affairistes. Sur le plan sécuritaire, il est, aux yeux de Damas, le mieux à même de faire face aux risques de déstabilisation que font courir le chaos irakien, les pressions américaines en vue du désarmement du Hezbollah et des camps de réfugiés palestiniens du Liban, et les échéances internes libanaises – la crise financière et sociale, les législatives du printemps 2005.

Mais cette erreur d'appréciation des demandes américaines et françaises va priver les Syriens d'une importante marge de manœuvre dans leur épreuve de force avec les États-Unis : la « carte libanaise » acquise à l'issue de la première guerre du Golfe devient un instrument de pression contre la Syrie pour neutraliser sa capacité d'influence régionale. Même si la stabilisation de l'Irak reste la priorité de Washington, la neutralisation du Hezbollah et plus largement du pouvoir de nuisance syrien au Liban figure aussi sur l'agenda américano-israélien. De son côté, Paris, qui n'a pas perçu les gains de son soutien apporté à Bachar al-Assad, entend mettre un terme à la dérive sécuritaire du Liban.

Ainsi, le 2 septembre dernier, le Conseil de sécurité vote la résolution 1559 remettant en cause ouvertement la tutelle syrienne au Liban. Déposé par Washington et Paris, le texte demande « le retrait de toutes les forces étrangères du Liban », « le désarmement et la dissolution des milices libanaises et non libanaises » et réclame la fin « de toute interférence ou influence étrangère ». Un mois plus tard, le secrétaire général de l'ONU, Kofi Annan, établit un rapport particulièrement défavorable, déplorant la non-application de la résolution 1559. Il en résulte une déclaration présidentielle qui institue un mécanisme de suivi de la résolution et consacre l'internationalisation de « la question libanaise ». La mainmise syrienne au Liban figure désormais sur l'agenda du Conseil de sécurité qui doit établir un rapport tous les six mois. La Syrie perd non seulement le soutien de son allié français, mais se retrouve aussi isolée du côté arabe, comme le montrent les condamnations du Conseil de coopération du Golfe et les réactions mitigées du Caire et d'Amman, témoignant des limites de cette solidarité arabe même si la Ligue arabe a accepté de lier la question du retrait syrien du Liban à une restitution du Golan, occupé par Israël depuis 1967.

RÉSISTANCES À L'ORDRE AMÉRICAIN

Isolé sur le plan international, confronté à de nombreux défis sur la scène intérieure, le régime garde malgré tout une capacité de nuisance non négligeable. En effet, le relâchement des structures, inhérent à la succession, n'a pas entamé l'hégémonie politique de la communauté alaouite qui détient encore les clefs du pouvoir. Même les rivalités au sein du Palais présidentiel ne sont pas de nature à mettre en danger le régime en raison de la primauté de l'allégeance familiale. Car la survie du régime se pose en termes confessionnels, mettant en scène la survie de la minorité alaouite dans un contexte de domination démographique sunnite, un argument qui permet de souder autour de lui un noyau dur d'officiers alaouites. De fait, le pouvoir a montré à maintes reprises qu'il disposait encore de capacités d'intervention pour préserver ses acquis. Le coup d'arrêt porté au Printemps de Damas et la sévérité des jugements prononcés à l'encontre des principales figures du mouvement, la répression et l'orchestration de la contestation kurde, le refus d'engager un processus de normalisation avec les Frères musulmans s'inscrivent dans cette même logique de préservation d'intérêts. Par ailleurs, les services de renseignement maintiennent encore la société sous une étroite surveillance même si la gestion de la contestation a évolué : au mur de la peur de la Syrie de Hafez al-Assad, et des arrestations massives, se substitue un arbitraire plus aléatoire qui entretient un climat d'insécurité permanent mais accorde un espace de liberté non négligeable. La nomination du chef de la Sécurité politique, Ghazi Kanaan, au ministère de l'Intérieur reflète également cette volonté de tenir le pays au moment où les pressions internationales atteignent un seuil critique. Outre sa gestion du Liban de 1982 à 2002 en tant que chef des services de renseignement, cet officier alaouite a supervisé lui-même la crise avec Ankara en 1998, et pacifié la frontière turco-syrienne. Une expérience utile, tant pour mettre fin à l'anarchie qui règne dans la nébuleuse des services de renseignement que pour répondre aux demandes américaines de coopération sécuritaire à la frontière syro-irakienne.

Le régime entend également préserver ses intérêts sur la scène régionale en menant une politique extérieure à l'image de celle menée par Hafez al-Assad. La continuité est déjà assurée par les mêmes protagonistes, le ministre des Affaires étrangères Farouk al-Chareh ou le vice-président Abdel Halim-Khaddam, même si la jeune garde est encline à plus d'intransigeance. Pour contrer l'encerclement de son pays – entre les chars américains et la politique d'Ariel Sharon –, le chef de l'État syrien a d'abord consolidé la relation stratégique avec les Iraniens, il a ensuite opéré un rapprochement historique avec la Turquie de Recep Tayyip Erdogan : Bachar al-Assad a ainsi été le premier président syrien à se rendre en Turquie. Ce rapprochement spectaculaire se traduit par une coopération sécuritaire (les autorités syriennes ont extradé 20 suspects vers la Turquie à la suite des attentats d'Istanbul des 15 et 20 novembre 2003) et pose les bases pour un partenariat économique privilégié (échange de gouverneurs, ouverture de routes et de consulats). Cette nouvelle alliance permet de faire le lien avec l'Iran sur des préoccupations communes, de la domination américaine à la question kurde, et d'établir les bases d'un axe Téhéran-Damas-Ankara. Parallèlement, la Syrie entend renforcer sa capacité d'intervention sur la scène régionale afin de conserver, voire regagner, une influence. Damas cherche à peser sur la scène palestinienne, à partir du Liban mais aussi dans les territoires occupés. Cela s'est traduit par un rapprochement avec l'Autorité palestinienne marquée par la visite à Damas d'une délégation du Fatah en juillet dernier, suivie, deux mois plus tard, par celle du ministre des Affaires étrangères palestinien, Nabil Chaath. Cette réimplication dans le jeu israélo-palestinien s'inscrit dans la perspective de l'après-Arafat, et répond au changement du *statu quo* initié par Ariel Sharon en octobre 2003, avec le premier raid israélien en territoire syrien depuis 1974. Alors que la radicalisation des positions américaine et israélienne a fermé toute perspective de négociation avec Israël, l'éclatement du leadership palestinien et l'atomisation des groupes armés, favorisent des interventions extérieures, de la Syrie et de l'Iran.

C'est aussi cette stratégie qui prévaut en Irak. Tout en initiant une coopération sécuritaire avec les États-Unis sur sa frontière avec l'Irak, la Syrie prépare ses relais. Son territoire est devenu une plate-forme de rencontre pour les différents acteurs irakiens, des tribus sunnites et chiites aux forces politiques laïques, incluant non seulement des baasistes irakiens mais aussi des nassériens et des communistes. Or, cette politique, qui s'accompagne d'une renégociation permanente des exigences américaines afin de gagner du temps, est à haut risque dans la nouvelle configuration. La question est de savoir jusqu'où les dirigeants syriens sont prêts à aller pour préserver des positions jugées essentielles à leur indépendance. Les pressions exercées à travers la résolution 1559 ont déjà permis d'accélérer le rythme des concessions sur le dossier irakien et ont relancé le dialogue syro-américain. Les bureaux des organisations palestiniennes ont également été fermés, et leurs leaders priés de quitter la capitale syrienne. De même, les autorités ont adopté un profil bas après la mort d'Ezzedine al-Cheikh Khalil, un cadre du Hamas assassiné dans la capitale syrienne à l'instigation des services israéliens. En revanche, la remise en cause de la « carte libanaise » est une question plus sensible car sa portée dépasse le cadre régional de la confrontation avec Israël. La présence syrienne au Liban est en effet une donnée importante de l'équilibre interne, ayant permis de consolider le régime de Hafez al-Assad. La réaction de Bachar al-Assad, qui, dans un discours dont le style et la terminologie rappellent son père, dénonce « l'internationalisation du dossier libanais », laisse d'ailleurs augurer d'un durcissement de la position syrienne. Au-delà de sa portée interne, ce discours vise à rappeler la capacité de nuisance des Syriens, comme en témoigne la réaction sécuritaire qui a accompagné les déclarations politiques. La probable implication des services de renseignement syriens dans la tentative d'assassinat du ministre libanais, Marwan Hamadé (un opposant notoire à la mainmise syrienne et un interlocuteur de la communauté internationale), de même que l'intervention de Damas dans l'affaire des otages français en Irak – dans l'épisode de la médiation du député Julia – ont pour objectif de signifier que la Syrie reste un acteur incontournable de la stabilité régionale. À moins d'être acculés à céder, les Syriens espèrent profiter de la fragilité

La carte palestinienne

Soucieuse d'incarner aux yeux de « la rue arabe » la résistance contre Israël, la Syrie a toujours voulu contrôler la résistance et se poser en défenseur des droits des Palestiniens, rivalisant directement avec le leadership de l'Autorité palestinienne. Cette constante de la politique arabe syrienne explique la rivalité qui oppose Damas à l'Organisation pour la libération de la Palestine (OLP) de Yasser Arafat et constitue la clef de la stratégie syrienne sur la question palestinienne. La Syrie a donc soutenu et accueilli sur son territoire les factions opposées au processus de paix et les dissidents de l'OLP, parmi lesquels le Front démocratique de la libération de la Palestine (FDLP) de Nayeh Hawatmeh, le Front populaire de libération de la Palestine (FPLP) de Georges Habache, Fath-Intifada ou dissidents du Fatah d'Abou Moussa, le Front populaire de libération de la Palestine-Commandement général (FPLP-CG) d'Ahmed Gibril, la Saïqa d'Isam al-Qadi, le Front de lutte populaire palestinienne (FLPP) de Khalid Abd al-Majid, le Front de libération de la Palestine (FLP) de Abou Abbas, et les mouvements islamistes Hamas et Djihad islamique en Palestine.

Mais la marge de manœuvre de Damas dans ce dossier s'est considérablement réduite en raison des pressions croissantes de Washington qui réclame la fin du soutien syrien à ces organisations inscrites sur la liste du département d'État américain des organisations terroristes. Le bombardement d'un présumé camp d'entraînement palestinien en territoire syrien en octobre 2003, de même que l'assassinat dans la capitale syrienne, le 26 septembre dernier, d'Ezzedine al-Cheikh Khalil, présenté comme le chef de la branche militaire du Hamas hors des territoires, constitue à cet égard une nouvelle érosion du seuil de tolérance américano-israélien. Conséquence de ce tournant dans le *modus vivendi* qui prévalait jusqu'alors entre la Syrie et Israël, les permanences des organisations ont été fermées, et les dirigeants du Hamas et du Djihad ont quitté Damas – Khaled Mechaal (responsable du bureau politique en exil du Hamas) pour le Qatar, de même que Ramadan Chalaa (secrétaire général du Djihad islamique pour l'ensemble des territoires palestiniens et l'étranger). D'autres responsables se sont également repliés sur l'Iran (Imad al-Alami, responsable du Hamas à Téhéran) ou le Liban.

Car l'instrumentalisation des factions palestiniennes dépasse le seul cadre syrien, elle s'opère au Liban à travers les réfugiés palestiniens (de 200 000 à 250 000), ce qui permet aux autorités syriennes de faire le lien entre le volet israélo-palestinien et le volet israélo-syrien. Outre les camps de réfugiés palestiniens du Nord-Liban placés sous la tutelle des services de renseignement syriens, la Syrie a renforcé sa présence par groupes interposés dans le Sud-Liban, où seul le camp de Rachidiyé (près de Tyr) reste sous la domination du Fatah de Yasser Arafat.

Ce retour en force sur la scène palestinienne libanaise a été mis en œuvre dès 1999 par la direction politique du Hamas à partir des réseaux tissés dans les camps par les islamistes de la Jemaah Islamiyah. Pour les responsables syriens, l'implantation du Hamas dans les camps palestiniens libanais permet de contrecarrer les efforts de reprise en main de l'Autorité palestinienne et, dans le même temps, vise à limiter la progression d'un islamisme djihadiste qu'ils ont eux-mêmes encouragé. La mise en scène de ces acteurs radicaux solidement implantés dans les camps répond à un double objectif : réduire l'influence des Arafatistes et entretenir un climat d'insécurité permanente qui, dans le contexte sensible de l'après-guerre civile libanaise, exacerbe les tensions confessionnelles. Cette stratégie de régionalisation du Hamas via le Liban, et l'instrumentalisation de groupes salafistes, est également un moyen de se prémunir des accusations américaines de soutien direct aux organisations palestiniennes radicales. Mais ce double jeu comporte là aussi des limites puisque les États-Unis affichent leur volonté d'ouvrir le dossier du désarmement des camps palestiniens du Liban. C'est surtout une arme à double tranchant car cette politique contribue à alimenter un foyer de contestation islamiste potentiel contre le régime syrien lui-même, contestation qui ne manquera pas de s'affirmer dès lors que Damas sera contraint de jouer la carte de la coopération sécuritaire avec les États-Unis pour assurer sa survie.

de l'alliance franco-américaine pour protéger leurs intérêts stratégiques. Ils attendent également la nouvelle configuration de l'exécutif américain avant d'arrêter leur choix. Dans le cadre d'une fuite en avant, ils pourraient être tentés de miser sur leur capacité de nuisance au Liban et au niveau régional. Pourtant, les risques de déstabilisation sont réels. Ariel Sharon a répété à plusieurs reprises qu'il tiendrait la Syrie responsable des activités du Hezbollah et que la réplique militaire israélienne pourrait viser des installations militaires ou industrielles en territoire syrien. La menace vient aussi de Washington, où certains ne cachent pas leur intention de renverser un régime inscrit sur la liste des États voyous alors que Téhéran, allié de Damas, est dans la ligne de mire des Américains. Paradoxalement, le pouvoir syrien pourrait sortir renforcé de cette épreuve de force. En effet, en choisissant de négocier avec les États-Unis, Bachar al-Assad peut compter sur de nouveaux appuis pour consolider son assise dans le système politique et faire taire ses détracteurs. Si l'actuel régime peut, à court terme, acheter sa survie auprès de Washington, ce choix renforce les facteurs de déstabilisation liés à l'impact de la guerre en Irak et à la situation dans les territoires palestiniens, sans oublier des dynamiques sociales propres, induites par les effets pervers de la libéralisation et la dérive mafieuse du pouvoir. Un tel « deal » ne manquera pas de renforcer une opposition islamiste qui se nourrit justement de l'antiaméricanisme.

Les acteurs

La gauche syrienne/ L'opposition laïque

Le Rassemblement national démocrate (RND) est le principal cadre organisé de l'opposition syrienne dite clandestine. Fondé en 1979, lors de la confrontation entre le pouvoir et les Frères musulmans, le RND regroupe cinq partis, issus de la mouvance de la gauche communiste, nationaliste et nassérienne : le Parti communiste/ Bureau politique, l'Union socialiste arabe (organisation nassérienne), le Parti révolutionnaire arabe des travailleurs (marxiste nationaliste), le Parti Baas démocratique arabe (fidèle à la direction du Baas entre 1956 et 1970), enfin le Parti des socialistes arabes.

Après des années de répression, cette opposition laïque dite de gauche a semblé trouver un nouveau souffle et a renoué avec l'activisme politique à la faveur de la période d'ouverture qui a accompagné les huit premiers mois du mandat de Bachar al-Assad, période connue sous l'appellation de « Printemps de Damas ». La mobilisation s'est traduite par la constitution de *mountadayyat,* des forums de discussion organisés dans des appartements privés. Animés par des personnalités politiques indépendantes, des intellectuels ou des hommes d'affaires, ces enceintes se sont multipliées dans toutes les villes du pays, offrant aux Syriens un espace d'expression inédit. S'y débattaient, sous l'œil attentif de membres du Baas, des questions relatives aux réformes politiques et économiques, à la société civile et à la réconciliation nationale. Certaines prises de paroles ont donné lieu à de vives critiques de la corruption et de l'accaparement du pouvoir par les dignitaires du régime et leurs enfants. L'opposition a également interpellé directement le régime à travers des pétitions publiées dans la presse libanaise : la « Déclaration des 99 » en septembre 2000 suivie quelques mois plus tard du « Manifeste des 1 000 ». Adressés au président Bachar al-Assad, ces deux textes posaient les traditionnelles revendications de l'opposition syrienne : la levée de l'État d'urgence en vigueur depuis 1963, la libération des prisonniers politiques, le rétablissement des libertés publiques (liberté de publication et de rassemblement), la fin de l'hégémonie du Baas sur la vie politique et l'instauration du pluripartisme. Dans une tentative de remobiliser la société civile, le groupe du Manifeste des 1 000 a, par la suite, constitué un Comité fondateur pour la renaissance de la société civile appelant à la mise en place de comités dans tout le pays.

Déstabilisé par cette libération de la parole, le régime a rapidement mis un terme à cette expérience qui témoignait d'une réelle vitalité de l'élite syrienne et posait les bases d'un mouvement de contestation. Les cercles de discussion ont été interdits dès février 2001 et les dix principales figures du mouvement arrêtés à l'automne suivant et condamnés par un tribunal militaire à des peines allant de deux à dix ans d'emprisonnement pour atteinte à la Constitution. À l'exception de l'ancien secrétaire général du Parti communiste/Bureau politique, Ryad Turc, figure emblématique de l'opposition en Syrie (emprisonné pendant dix-sept ans jusqu'en 1998), libéré en novembre 2002 pour des raisons humanitaires et à l'issue d'une importante campagne de mobilisation, leur élargissement ne semble pas à l'ordre du jour. Et les deux militants libérés en septembre dernier l'ont été après avoir purgé leur peine. Leur maintien en détention, alors que des centaines de militants des Frères musulmans ont été libérés ces deux dernières années, est un rappel constant des lignes rouges à ne pas franchir sous le mandat du président Bachar. Le fait que le Forum de Jamal Attassi, censé représenter le RND, ait échappé à la fermeture procède de cette même logique et de cette nouvelle gestion de la contestation par le régime. Comme l'ensemble des militants, il est placé sous l'étroite surveillance des services de renseignement et de leurs auxiliaires baasistes, auxquels ils doivent rendre compte régulièrement de leurs activités.

Depuis cette reprise en main, l'opposition tente de poursuivre ses activités politiques dans la clandestinité et mène des actions ponctuelles en collaboration avec les organismes de défense des droits de l'homme. Il en existe quatre : l'Association des droits de l'homme en Syrie (ADHS), l'Organisation arabe des droits de l'homme en Syrie (OADHS), les Comités de défense des libertés démocratiques et des droits de l'homme en Syrie (CDDS) et, enfin, l'Organisation syrienne des droits de l'homme créée en septembre dernier par des intellectuels de gauche, Jalal al-Azm et Tayeb Tazini. Soumises aux mêmes restrictions que l'opposition politique – intimidations, interrogatoires, arrestations, interdictions de voyage –, ces organisations humanitaires peuvent toutefois mettre à profit leur statut pour médiatiser leur action. Désormais, la mobilisation sort du cadre confiné des salons et investit l'espace public : les manifestations se tiennent dans la rue, devant des lieux officiels, suivant un calendrier symbolique. Le 8 mars dernier, date anniversaire de l'arrivée au pouvoir du Baas, le CDDS a réuni près de 400 personnes à Damas devant le Parlement afin de remettre au président Bachar al-Assad une pétition reprenant les revendications exprimées dans le Manifeste des 1 000. Et, le 21 juin, le RND, associé à deux partis kurdes et aux organisations des droits de l'homme, a tenté d'organiser un *sit-in* à l'occasion de la journée du prisonnier politique syrien. Par ailleurs, cette mobilisation citoyenne ne se limite pas à la capitale. Ainsi, le 20 décembre 2003, le RND, les organisations humanitaires et les partis kurdes ont organisé un rassemblement devant le tribunal militaire d'Alep où se déroulait le procès de 14 intellectuels, arrêtés deux mois plus tôt alors qu'ils s'apprêtaient à se rendre à une réunion sur la levée de l'état d'urgence et les tribunaux d'exception. Contrairement au Printemps de Damas, la contestation sort du cadre restreint de l'élite intellectuelle et s'élargit à d'autres catégories sociales ; elle gagne surtout l'espace étudiant, en particulier l'université d'Alep où les Kurdes constituent un élément mobilisateur. Le 27 janvier dernier, 200 étudiants ont organisé un rassemblement devant la faculté de médecine pour réclamer l'autonomie des syndicats étudiants par rapport au Baas puis, le 26 février, 500 étudiants ont manifesté contre un décret qui mettait fin à l'obligation d'embauche de l'État des ingénieurs et architectes après l'obtention de leur diplôme. Cette remobilisation étudiante profite d'une brèche ouverte par le régime : ce dernier a en effet autorisé les partis du Front national progressiste (la coalition emmenée par le Baas) à avoir des activités au sein des collèges et des universités.

Si ces initiatives témoignent d'une réelle libération de la parole, et d'un certain affranchissement à l'égard des lignes rouges tracées par le pouvoir, leur impact reste limité en l'absence d'une stratégie bien arrêtée et d'une coordination entre les différents regroupements. De fait, l'impasse dans laquelle se trouve l'opposition syrienne n'est pas seulement imputable à la répression, elle est l'expression de la profonde crise que traversent ces formations politiques. Laminés par des années de répression systématique, les partis politiques se retrouvent confrontés à leurs propres contradictions et leurs divisions internes, incapables de dépasser des débats idéologiques et des structures partisanes héritées des années 60, enfermés dans une autocritique stérile. Le cas du Parti communiste/Bureau politique, qui autrefois a joué un rôle fédérateur au sein du RND, est révélateur de cette crise. S'il aspire à se transformer en un parti social démocratique, il peine à réunir son congrès, prévu initialement pour 2003.

Par ailleurs, en prenant pour interlocuteur un régime peu enclin à la négociation, l'opposition se heurte au même refus et se coupe un peu plus d'une société qui a totalement désinvesti le champ politique. Ses revendications, d'ordre politique, n'ont pour ainsi dire aucune prise sur la population qui aspire à un mieux-être économique et social. Or, aucune de ces formations n'a été en mesure d'élaborer un programme répondant aux défis économiques et sociaux du pays. Privée de toute assise sociale, l'opposition réduit par conséquent sa marge de manœuvre vis-à-vis du pouvoir qui peut aisément instrumentaliser ses divisions pour la neutraliser.

L'affrontement qui oppose les partisans d'une coopération avec un pouvoir plus ouvert et les tenants d'un changement radical du régime est en effet de nature à nourrir les rivalités internes et une certaine schizophrénie.

Dans ce contexte, la chute de Saddam Hussein et l'occupation américano-britannique de l'Irak ont approfondi la fracture entre ceux qui croient possible une réforme interne du système portée par Bachar al-Assad, et ceux qui estiment que l'intervention étrangère demeure la seule alternative à l'actuel *statu quo*.

Mais l'exemple de la désintégration de l'État en Irak et la crainte d'un effet domino empêchent la majorité de l'opposition, par ailleurs très nationaliste, de franchir le pas. Tiraillée entre

L'opposition en exil

L'opposition en exil gravite autour de deux pôles : les Frères musulmans et les intellectuels de gauche ou de la mouvance nationaliste. À l'exception des Frères musulmans, contraints d'exporter leur direction politique à Londres, les activités de l'opposition en exil sont limitées. D'une manière générale, les représentants à l'étranger de la gauche tentent de participer au débat intérieur mais ils ne constituent pas un levier pour l'opposition restée en Syrie. Les deux mouvances se sont associées au Printemps de Damas, du manifeste signé par «185 Syriens à l'étranger» en mars 2001 à la Charte des Frères musulmans publiée à Londres en mai 2001. Les Frères musulmans ont aussi initié la première Conférence du dialogue national qui a réuni, en août 2002, toujours à Londres, différentes figures de l'opposition en exil et quatre représentants de l'intérieur, avec la participation de la Commission arabe des droits humains (CADH), une organisation basée à Paris. La Charte nationale en Syrie, adoptée lors de ces assises, pose les bases d'une réconciliation nationale et appelle à l'édification d'un État moderne en Syrie, respectueux de l'islam et de la civilisation arabo-musulmane. Toujours dans une volonté de prolonger le débat syrien et le dialogue entre toutes les forces de l'opposition, la CADH a rassemblé, en mai 2004 à Paris, opposants de l'intérieur et de la diaspora des différentes sensibilités politiques (la gauche, les Kurdes, les Frères musulmans), en présence également d'associations de droits de l'homme invitées en qualité d'observateur. L'impact de cette initiative, présentée comme un soutien à la démarche du RND, est cependant limité en Syrie en raison de rivalités idéologiques et personnelles.

À ces deux pôles il faut ajouter le Parti de la réforme syrien (PRS). Fondé en octobre 2001 à Washington par des expatriés syriens et libanais, le PRS bénéficie du soutien financier du lobby israélien aux États-Unis (Aipac) et relaye l'idéologie des néoconservateurs. Son président, Farid Ghadri, un homme d'affaires syrien à la nationalité américaine, entreprend depuis la guerre en Irak un lobbying auprès du Congrès américain et des Européens. Ainsi, en novembre 2003, le PRS a organisé la première conférence de la Coalition syrienne pour la démocratie à Washington, regroupant une dizaine d'organisations qui aspirent clairement à renverser le régime syrien mais dont la représentativité est douteuse. Une deuxième conférence s'est ensuite tenue à Bruxelles ; depuis, les activités du PRS que l'on compare au Congrès national irakien d'Ahmed Chalabi, le pouvoir de nuisance en moins, sont plutôt moribondes.

sa mission critique et la défense de l'intérêt national, entre la dénonciation du régime en place et celle de l'impérialisme américain, la gauche a opté pour un front commun avec l'État syrien. Ainsi en mai 2003, dans la foulée de la guerre en Irak, le groupe du Comité pour la renaissance de la société civile, emmené par l'intellectuel Michel Qilo, a fait parvenir une pétition au président Bachar al-Assad appelant le régime à organiser une conférence nationale incluant l'ensemble des forces politiques. Le chef de l'État syrien a d'une certaine manière saisi cette main tendue puisqu'il a par la suite associé une partie de ces intellectuels à la réflexion sur la réforme du Baas. Mais cette initiative, qui a permis à l'opposition de transmettre ses revendications, ne devrait pas déboucher sur une normalisation politique incluant un véritable pluripartisme. Pour sortir de cette nouvelle impasse, la gauche syrienne tente d'initier un dialogue avec les partis kurdes et la mouvance proche des Frères musulmans, et d'établir une plate-forme commune sur la revendication démocratique. Mais ce rapprochement se heurte à des blocages idéologiques entre Arabes et Kurdes, dont le nationalisme et l'allégeance sont souvent mis en doute. En revanche, une alliance avec un courant musulman est considérée comme une réelle chance de reprendre l'initiative. La Charte nationale des Frères musulmans publiée à Londres en mai 2001, dans laquelle ils renoncent à la violence et appellent à la réconciliation nationale, a été particulièrement bien reçue par de nombreux intellectuels de l'opposition laïque. Confortés par l'exemple turc et l'accès au pouvoir de l'AKP, ils estiment que cette mouvance, qui représente une composante importante de la société, pourrait offrir la base sociale qui fait défaut à la gauche syrienne.

LE RETOUR DE L'ISLAM

En dépit de l'idéologie laïcisante du parti Baas, le pouvoir a toujours reconnu un rôle central à l'islam. Ainsi, selon la Constitution, le président de la République arabe de Syrie est de religion musulmane et l'islam est une source principale de la législation. Cette importance accordée à l'islam reflète une préoccupation centrale du pouvoir : afin d'asseoir une légitimité entachée par le statut de la minorité alaouite (une branche à caractère ésotérique issue du chiisme) et de donner des gages à la majorité sunnite, Hafez al-Assad s'est évertué à promouvoir un islam modéré. Après les années de violence qui culminent en 1982 avec la sanglante répression des Frères musulmans à Hama, le régime veut éradiquer toute nouvelle forme de contestation islamiste radicale et contrôler l'expression sociale de l'islam.

C'est la mission assignée aux « écoles Hafez al-Assad pour l'apprentissage du Coran », implantées sur l'ensemble du territoire (plus de 120) et aux instituts officiels d'enseignement religieux qui dépendent du ministère des Affaires sociales, auxquels il faut ajouter les facultés de la *charia* des différentes universités syriennes. Pour promouvoir cet islam officiel, le régime s'est aussi concilié les autorités religieuses. Partenaire principal du pouvoir politique, le grand mufti de la République syrienne, le cheikh Ahmed Kaftaro (décédé le 1er septembre 2004) a bénéficié d'importants subsides qui lui ont permis de constituer un vaste réseau d'écoles coraniques, de centres religieux et de mosquées, dont l'impact est tout aussi important au niveau régional qu'en Syrie même, notamment au Liban et probablement en Asie centrale. Il existe également tout un réseau associatif de sociétés de bienfaisance religieuses placées sous l'étroite surveillance des services de renseignement.

Ce faisant, le pouvoir a favorisé le développement d'un mouvement de réislamisation dont l'ampleur constitue un défi pour les années à venir. Ce retour à l'islam concerne, outre les milieux défavorisés, la petite bourgeoise citadine, celle d'Alep (traditionnel foyer de contestation et ancien bastion de l'islamisme radical) mais aussi de Damas. Il s'exprime par un regain des pratiques religieuses qui va de l'augmentation du nombre de mosquées à la généralisation du port du voile et l'islamisation des agendas des centres culturels. Dans la majorité des cas, le voile révèle un phénomène de mode, lié aussi à une logique de consommation ; en revanche l'apparition du voile salafiste traduit l'importation de pratiques des pays du Golfe, effet de l'importante diaspora syrienne. Si cette réislamisation se fait par l'intermédiaire des institutions placées sous contrôle étatique, elle emprunte parallèlement les canaux d'un réseau informel avec l'apparition de cercles religieux privés : l'apprentissage du Coran et de la morale islamique est fait à domicile autour d'un cheikh.

Ces cercles privés offrent aux Syriennes et aux Syriens des espaces d'expression et créent des chaînes de solidarité et une assistance aux démunis. La plus célèbre de ces nouveaux missionnaires de l'islam est sans conteste Mounira al-Qobeissi, qui a fondé plusieurs cercles de femmes dans lesquels s'exerce le travail de conviction pour favoriser le port du voile. Le phénomène a suffisamment inquiété les autorités pour qu'elles procèdent à un certain nombre d'arrestations et interdisent ces réunions privées difficilement contrôlables.

Conséquence de la mondialisation, les télévisions satellitaires arabes jouent un rôle considérable dans la propagation de cet islam. Outre les émissions de la chaîne qatarie Al-Jazira, la chaîne égyptienne Iqra (« Lire le Coran ») connaît un grand succès. Certes, la pression sociale n'est pas comparable à celle existant en Égypte, mais cette évolution traduit un repli identitaire qui vise indirectement le pouvoir dès lors qu'il se présente comme laïc et alaouite. Dans le contexte de la dépolitisation de la société syrienne, l'adhésion à l'islam exprime aussi un refus du politique et une suspicion vis-à-vis de tous les politiques, accusés d'arrivisme. À ses yeux, l'islam et la morale islamique représentent la seule alternative à la corruption du pouvoir. Ainsi en avril 2003, 24 personnes ont été arrêtées à Daraya, dans la banlieue de Damas, après avoir constitué une association de protection de l'environnement au nom des valeurs musulmanes. En cela, ce retour à la mosquée est plus une attitude de sortie du politique qu'une remobilisation porteuse d'un

projet contre le régime, même s'il traduit une perte de légitimité évidente de ce dernier. La référence islamique l'emporte sur la référence nationaliste y compris au sein du Baas, temple de l'idéologie laïque. Des pauses sont aménagées pour permettre la prière, et chaque département de l'administration possède sa mosquée. Certains baasistes prônent même une révision du rôle de l'islam dans la société et appellent le pouvoir à former un parti qui puisse représenter cette composante de la société syrienne.
Si le pouvoir est parvenu à éradiquer la contestation islamiste radicale et si leurs représentants ont aujourd'hui tourné la page de la violence et acquis une maturité politique, cette mouvance d'un islam social constitue, à terme, l'assise d'un contre-pouvoir qui peut menacer les intérêts du régime.

Les Frères musulmans. Bannis de Syrie depuis l'épreuve de force et la répression de Hama (entre 7 000 et 10 000 morts), les Frères musulmans restent sous le coup de la loi n° 49 qui punit de la peine capitale l'appartenance à la confrérie. La sentence est plus symbolique qu'effective puisque aucune condamnation à mort n'a été prononcée depuis les années de plomb et qu'une trêve, conclue en 1995, a abouti à l'amnistie de plus d'un millier de militants. Bachar al-Assad n'a pas remis en cause cette détente – le pouvoir libère régulièrement des Frères musulmans et certaines personnalités ont pu revenir de leur exil, tel Ali Abdelkader al-Ahmar, ancien membre de la *Shu'ra* (« assemblée ») de 1985 à 1989, et rentré en 2002.
Mais le régime se contente de ces gestes, écartant toute normalisation politique. Le droit au retour est toujours soumis à des conditions très strictes – repentir pour le soulèvement de Hama, renoncement à tout activisme politique – et accordé au cas par cas. Et le chef de l'État syrien n'a pas répondu à la politique de la main tendue des Frères musulmans lors de son arrivée au pouvoir. De fait, depuis leur exil à Londres, les dirigeants du mouvement multiplient les gages auprès de l'État syrien et ont entrepris dans cette perspective une vaste autocritique. Cette réflexion a abouti à « la Charte nationale des Frères musulmans », publiée en mai 2001, dans laquelle ils renoncent publiquement au recours à la violence. La revendication démocratique a remplacé la diatribe communautaire dirigée contre les alaouites et ils appellent désormais à l'établissement d'une concertation nationale élargie en vue d'instaurer un État moderne et démocratique en Syrie. Des positions qui seront réaffirmées un an plus tard dans la Charte nationale du 25 août 2002, adoptée à Londres à l'issue de la Conférence du dialogue national qui a regroupé autour des Frères des représentants de la gauche syrienne.
À Damas, des personnalités proches du mouvement ont fait état de contacts entre les Frères et le régime, à l'instar du député Mohammed Habache, qui prône la formation d'un parti islamiste encadré dans le FNP. Mais l'existence d'un dialogue officiel a été démenti depuis Londres par leur chef, Ali Sadreddine al-Bayanouni, un des plus anciens cadres du mouvement, reflétant d'importantes divergences au sein du mouvement sur l'opportunité ou non de s'associer au régime. Une tendance dite modérée plaide en faveur de la participation, alors que le 11 Septembre a modifié leurs conditions d'accueil en exil, mais la direction juge inacceptables les exigences posées par le pouvoir qui conditionne toute réhabilitation à une reconnaissance préalable de leur responsabilité dans les affrontements des années 80.
Le blocage vient surtout du régime qui redoute que la moindre ouverture n'aboutisse à la reconnaissance du poids politique du mouvement. Car, à la différence de la gauche syrienne, les Frères musulmans disposent d'une importante assise socio-économique qui s'est élargie à la petite bourgeoisie citadine, autrement dit à la base originelle du Baas.
Dès lors, le pouvoir recourt à la traditionnelle politique de diabolisation et, à l'instar de l'Égypte et de l'Algérie, agite « le danger islamiste » tout en soutenant le mouvement de réislamisation afin de pallier un déficit de légitimité. Mais, conscient qu'à un moment ou à un autre il faudra trouver une forme d'expression à ce mouvement qui représente une composante importante de la société syrienne, le pouvoir a approché différents partis islamistes pour tirer profit de leur expérience. Ainsi, en avril dernier, une Conférence de la pensée islamique a rassemblé dans la capitale syrienne les principaux responsables de l'islam politique, des Frères musulmans au cheikh Youssef al-Qardawi. Parrainée par Bachar al-Assad, la rencontre a exclu les Frères musulmans syriens.

Une passerelle pour le djihadisme. Grâce à son réseau d'instituts et une politique d'ouverture en matière de visa – les ressortissants arabes n'ont pas besoin de visa pour entrer en territoire syrien –, la Syrie est devenue un important centre d'enseignement religieux islamique et accueillerait près de 3 000 étudiants. Ainsi, l'institut Abou Nour, géré par Salaf Kaftaro, le fils de l'ancien mufti de la République, dispense un enseignement religieux islamique à plus de 900 étudiants de plus de 60 nationalités, arabes et non arabes, y compris des Caucasiens et des Tchétchènes ainsi que de nombreux ressortissants des pays d'Asie du Sud-Est. Certes, l'institut Abou Nour, de même que les écoles islamiques placées sous la tutelle du ministre du Travail et des Affaires sociales, ne forme pas systématiquement des djihadistes. Mais des Syriens ou des étrangers impliqués dans des actions terroristes y ont fait leurs études. C'est le cas notamment du capitaine James Yee, l'aumônier d'origine syrienne du camp de Guantanamo et d'Assef Muhammad Hanif, un musulman d'origine britannique auteur d'un attentat suicide dans un café de Tel-Aviv. De même, parmi les 22 Turcs que la Syrie a extradés après les attentats d'Istanbul de l'automne 2003, trois d'entre eux avaient reçu un enseignement à l'institut Abou Nour. Enfin, Redwan al-Hakim, le premier islamiste français ayant trouvé la mort à Falloudja, en Irak, en juillet 2004, était officiellement parti faire des études en Syrie.
À la suite de pressions américaines, les autorités ont interdit aux écoles privées d'accueillir de nouveaux étudiants étrangers pour l'année 2005, tout en

permettant aux autres de poursuivre leur cursus. Les portes de la faculté de théologie de l'université de Damas, comme celles des autres universités publiques, leur sont encore ouvertes. Par ailleurs, les autorités procèdent à des arrestations régulières des membres du Hizb al-Tahrir al-Islami (le Parti de la libération islamique), une organisation clandestine qui, sans avoir de réelles connexions avec Al-Qaïda, partage les mêmes affinités idéologiques du courant salafiste. Ses adhérents, issues des classes moyennes et des professions libérales, ont un projet politique clairement dirigé contre le pouvoir qu'il s'agit de renverser pour restaurer le califat. En revanche, son influence dans la société syrienne reste très limitée.

D'une manière générale, le pouvoir garde un contrôle sur la tendance djihadiste, sa coopération avec la CIA a d'ailleurs été largement saluée par Washington. De fait, l'éradication des Frères musulmans a permis au régime d'infiltrer ces réseaux. Les services syriens peuvent les réactiver aujourd'hui, soit pour répondre aux demandes de la communauté internationale dans le cadre de la lutte antiterroriste, soit pour servir leurs propres objectifs. Ainsi, dans la foulée de la guerre en Irak, les services de renseignement ont infiltré un groupe de djihadistes dirigé par un religieux d'Alep, le cheikh Abou Ka'ka. Le mouvement aurait peut-être même été encouragé par le régime afin d'identifier ces militants radicaux et prévenir la formation d'organisations clandestines. Par ailleurs, la piste de l'islamisme radical, mise en avant par les autorités pour expliquer les accrochages meurtriers qui ont secoué la capitale en avril dernier (3 morts), n'a pas été confirmée. Il pourrait s'agir d'une affaire de contrebande que le régime a, par la suite, orchestrée pour faire valoir auprès des États-Unis sa propre lutte contre le terrorisme. En juin dernier, Damas a aussi extradé vers la France un islamiste algérien, recherché par les juges Jean-Louis Bruguière et Jean-François Ricard dans le cadre de l'enquête sur les filières tchétchènes. Saïd Arif aurait été en contact avec l'un des plus proches lieutenants du Jordanien Abou Moussab Al-Zarqawi, et des réseaux qu'il anime dans la zone du Caucase. Cette extradition permet de penser que des radicaux ont élu domicile en Syrie, avec ou non l'accord tacite du pouvoir. Mais cette capacité de contrôle peut comporter des limites comme le laisse penser l'apparition de nouveaux groupes inconnus des services de renseignement. Par ailleurs, le djihadisme ne se limite pas à la Syrie mais évolue dans l'espace syro-libanais. Malgré le souci du régime d'empêcher la formation d'un front commun islamiste syro-libanais qui pourrait se retourner contre lui, le salafisme ignore les frontières et des connexions sont établies dans les villes syriennes de Homs, Hama et Alep avec Tripoli (Nord-Liban), entre des éléments radicaux parmi lesquels se trouvent des volontaires pour le combat en Irak.

LES KURDES DE SYRIE

Alors que la Syrie avait jusqu'à présent réussi à neutraliser toute expression de contestation de sa minorité kurde sur son territoire, l'intervention américaine en Irak a bouleversé le *modus vivendi* qui prévalait en mettant au premier plan une identité kurde syrienne systématiquement occultée par le pouvoir baasiste. À la faveur de la nouvelle donne internationale et interne, les Kurdes de Syrie vont faire valoir sur la scène intérieure syrienne leur revendication identitaire, qu'ils inscrivent dans un cadre humanitaire et une logique démocratique.

Estimée à un million et demi de personnes (9 % de la population), la minorité kurde est la communauté la mieux organisée de Syrie. Tout en intégrant des représentants kurdes au Parlement et dans les institutions de l'État baasiste, tout en tolérant les organisations politiques kurdes (12 mouvements), le régime ne lui a jamais reconnu le statut de minorité nationale ou ethnique. En réalité, cette assimilation masque une politique discriminatoire pratiquée avant même l'arrivée au pouvoir du président Hafez al-Assad, au nom de l'idéologie nationaliste arabe. Dès 1962, 75 000 Kurdes du nord-est du pays sont déchus de leur nationalité par le parti Baas, privant leur descendance d'un accès à la citoyenneté syrienne. Selon les estimations du Haut Commissariat aux réfugiés des Nations unies, 200 000 Kurdes – les *Bidoun* (« sans ») – sont actuellement sans nationalité syrienne, pourvus seulement d'une carte de résident étranger, auxquels il faut ajouter 30 000 à 40 000 Kurdes non inscrits sur les registres de l'état civil et qui n'ont donc aucune existence légale – les *Maqtoumin* (« dépossédés »). En limitant *de facto* l'accès à la propriété des Kurdes, cette mesure s'inscrit dans le cadre de la politique d'arabisation d'Al-Jezireh, la zone kurde située aux frontières de la Turquie et de l'Irak. Ainsi, le pouvoir central va favoriser jusqu'en 1978 l'implantation des tribus arabes de l'Euphrate, grâce à des aides financières et agricoles, afin de créer une zone tampon. Si cette « ceinture arabe » ne vit jamais réellement le jour, le pouvoir, en constituant des cantons arabes aux côtés des villages kurdes, est parvenu à casser les liens naturels avec les « frères » turcs et irakiens et à éviter la formation d'un ghetto kurde.

La politique régionale de la Syrie a été aussi un élément clef de cette stratégie de *containement.* Dans le but de catalyser des revendications identitaires, les responsables syriens ont mobilisé la solidarité kurde contre deux régimes ennemis de la nation kurde, l'Irak de Saddam Hussein et la République turque. Cela s'est traduit par un appui aux partis kurdes irakiens et à la guérilla du Parti des travailleurs du Kurdistan (PKK) à laquelle Damas a apporté une aide logistique et militaire dans le cadre de son conflit avec Ankara sur le partage des eaux de l'Euphrate. Ainsi, près de 10 000 Kurdes syriens ont participé à la lutte armée du PKK contre la Turquie. Or, à la faveur des recompositions régionales, ces deux leviers de mobilisation vont disparaître, obligeant le pouvoir à de nouveaux ajustements. À l'hiver 1998, pour éviter une confrontation militaire avec la Turquie, la Syrie est contrainte de mettre fin à son soutien à la guérilla du PKK et livre à Ankara son chef, Abdullah Öcalan, initiant une politique de coopération sécuritaire. Dans la perspective de la guerre en Irak, la question kurde permet de sceller le rapprochement avec Ankara qui, comme Damas, craint une contamination séparatiste. Afin de désamorcer un éventuel front kurde, Damas va d'abord afficher une volonté de normalisation. En août 2003, Bachar al-Assad entreprend une visite historique dans deux fiefs kurdes, Al-Jezireh et Afrin, au cours de laquelle il promet de régler le sort des « dépossédés » et de répondre à leurs revendications culturelles. Loin de calmer les tensions, ce geste d'apaisement offre aux Kurdes l'occasion de revendiquer ouvertement des droits culturels en organisant sur la place publique des manifestations en collaboration avec des associations de droits de l'homme ou l'opposition arabe.

Le blocage du régime, qui ne donne pas suite à ces revendications, et l'impact de la guerre en Irak vont aboutir au mouvement de protestation de mars dernier, sévèrement réprimé par le pouvoir (entre 20 et 40 morts en six jours et plus de 150 blessés). Partis de la ville kurde de Qamichli dans le nord-est de la Syrie (200 000 habitants), lors d'un match de football, ces affrontements opposent deux populations rivales : des Kurdes syriens galvanisés par l'exemple irakien et le succès politique de leurs « frères » irakiens, face à une population arabe humiliée par la guerre en Irak, des baasistes proches du Baas irakien aux tribus de Deir al-Zor qui affichent ouvertement leur soutien à Saddam Hussein. La riposte meurtrière des forces de police qui entraîne la mort d'au moins 10 Kurdes, dont des enfants, déclenche de violentes manifestations dans toute la ville (les symboles du régime y compris les portraits de Hafez al-Assad sont bafoués) et gagnent les jours suivants les zones kurdes de la province de Hassaké, Alep (la deuxième ville du pays à forte population kurde) et sa région, ainsi que la capitale.

Présentée par les Kurdes comme une « intifada », la révolte de Qamichli consacre la fin du *statu quo.* La rapidité avec laquelle les violences se sont étendues sur l'ensemble du territoire syrien manifeste l'existence d'une réelle solidarité kurde qui témoigne de la vitalité de leur sentiment national, mais elle se greffe surtout à un mécontentement de nature sociale. Les violences sont le fait d'une population déshéritée, des anciens combattants du PKK mis au chômage du jour au lendemain sans aucune contrepartie sociale ou politique pour le prix du sang versé. Par ailleurs, si ces affrontements illustrent les failles de la gestion du pouvoir central du problème kurde, ils permettent surtout à ce dernier de reprendre l'initiative sur un dossier qui pourrait être instrumentalisé par des acteurs extérieurs (les États-Unis) pour affaiblir le régime. Quelle que soit la part de provocation du régime, comme l'affirment les partis kurdes, le laisser-faire des autorités et des services de renseignement, notamment vis-à-vis d'une population arabe proche de Saddam Hussein et d'ordinaire réprimée, a en effet permis au pouvoir d'orchestrer par la suite le mécontentement kurde pour rappeler à l'ensemble des acteurs de la scène politique syrienne les lignes rouges à ne pas dépasser. Alors que la Syrie redoute un éclatement de l'Irak qui aurait des conséquences sur les tensions confessionnelles et ethniques du pays, la gestion de la crise kurde a valeur d'exemple.

Parallèlement à la répression qui s'est traduite par l'arrestation de plus de 2 000 Kurdes, en majorité des adolescents, et la mort en détention d'au moins 4 Kurdes, les interlocuteurs politiques du régime ont été rappelés à l'ordre et dissuadés de jouer la carte de l'alliance américano-kurde en Irak. Dans la foulée, le parti Baas a renouvelé l'interdiction de toutes activités politiques, culturelles et de presse des partis non autorisés officiellement, visant ainsi le rapprochement qui s'était opéré entre l'opposition de gauche laïque et les formations kurdes depuis le Printemps de Damas. Afin de désamorcer cette alliance, le pouvoir a aussi réactivé la rivalité entre Arabes et Kurdes en discréditant les revendications démocratiques de l'opposition kurde à laquelle il impute un plan d'action pour obtenir la partition de la Syrie. La condamnation, le 27 juin dernier, par la Cour de sûreté de l'État de 7 Kurdes à des peines allant de un à deux ans de prison, pour « appartenance à une organisation secrète » et « tentative d'amputation d'une partie du territoire syrien pour l'annexer à un État étranger », s'inscrit dans cette logique. Ils avaient été arrêtés en juin 2003 lors d'une manifestation organisée devant le siège de l'Unicef à l'occasion de la journée mondiale pour la protection de l'enfance, et réclamaient la nationalité syrienne ainsi que la reconnaissance des droits culturels du peuple kurde. Cette campagne de dénigrement contre les Kurdes offre aussi au pouvoir l'occasion d'exprimer une solidarité avec la communauté sunnite, un facteur non négligeable tant dans la configuration confessionnelle du pays que dans le contexte régional puisque ces tribus arabes constituent pour Damas de précieux relais en Irak.

Parallèlement à la répression, le pouvoir joue la carte de la réconciliation : outre la libération de la majorité des détenus (près de 1 500 sur les 2 000 arrêtés), le président Bachar al-Assad et le général Moustapha Tlass (l'ancien ministre de la Défense), ont tour à tour réitéré les promesses de 2003. Cette démarche, probablement tactique, qui consiste à capter le mécontentement par ces effets d'annonce et en sollicitant quelques formations politiques, doit cependant tenir compte de la radicalisation de la base, en particulier des jeunes. Elle dépend surtout de l'évolution de la situation irakienne et des pressions américaines. La récente nomination au ministère de l'Intérieur du chef de la sécurité politique, le général Ghazi Kanaan, montre en tout cas que le pouvoir n'entend pas laisser se développer un foyer de contestation kurde. Cet officier alaouite, chef des renseignements au Liban de 1982 à 2002, a lui-même géré la crise turque de 1998 et signé l'accord d'Adana qui scelle la coopération entre Damas et Ankara.

L'OPPOSITION LIBANAISE

Depuis le retrait israélien du Liban-Sud et la mort du président Hafez al-Assad, la contestation de la *pax syriana* occupe une place centrale dans le débat politique libanais. La critique de la tutelle syrienne au Liban n'est plus le monopole du camp chrétien, des partisans du général Michel Aoun, en exil à Paris, à ceux de Samir Geaga, le chef des Forces Libanaises condamné à la prison à perpétuité. Pour la première fois sans doute depuis la fin de la guerre, une ligne de clivage politique s'est établie entre les « soutiens du régime » et une opposition, dite plurielle, qui va du député maronite du Metn Nassib Lahoud au chef druze Walid Joumblatt dans le Chouf, en passant par la gauche libanaise.

Encouragé par l'arrivée au pouvoir du président Bachar al-Assad qui gérait personnellement le dossier libanais, et alors que le rejet de la présence syrienne se nourrit de la crise sociale du pays attribuée à la mainmise de Damas sur les affaires (et notamment la présence des travailleurs syriens dont les estimations varient de 500 000 à 1 million de personnes), ce nouveau front de l'opposition antisyrienne réclame ouvertement un rééquilibrage des relations syro-libanaises. Ces relations sont régies par l'accord de Taëf qui a mis fin à la guerre civile (22 octobre 1989) et par le traité de fraternité et de coopération syro-libanais (signé en mai 1991), mais se traduisent dans les faits par une satellisation du pays assurée par la présence de 15 000 soldats syriens, le contrôle de la police secrète syrienne (5 000 *moukhabarat* placés au Liban sous les ordres du général Rostom Ghazzalé), et des hommes liges aux postes clefs des institutions politiques et économiques libanaises, incluant une coopération des services de renseignement de l'armée libanaise.

En l'absence d'un grand leader chrétien, c'est le patriarche Boutros Nasrallah Sfeir, le chef de l'Église maronite, qui joue le rôle de rassembleur de la communauté chrétienne et s'en fait le porte-parole.

Le camp chrétien a surtout reçu un soutien de taille avec le ralliement du leader druze Walid Joumblatt qui, depuis la nomination à la tête de l'État libanais du général Émile Lahoud (1998), cible ses critiques sur les dérives sécuritaires et mafieuses du régime qu'implique l'accès à la présidence d'un militaire. Dès l'été 2000, le chef du Parti socialiste progressiste (PSP) porte publiquement la question de la présence de l'armée syrienne devant le Parlement libanais, incarnant désormais le porte-drapeau de la résistance à la tutelle de Damas. Une stratégie payante, comme le démontre sa large victoire au scrutin législatif d'août 2000 : la liste du leader druze (8 députés) a remporté l'intégralité des sièges dans la circonscription du Chouf. Par ailleurs, en initiant des alliances avec de grandes familles maronites et en collaborant avec l'ancien président Amine Gemayel et les membres du Bloc national de Carlos Eddé, le leader druze a réussi à reconstituer un axe druzo-chrétien susceptible de déstabiliser le pouvoir. Ainsi, au lendemain de la visite historique du patriarche Sfeir dans la montagne druze du Chouf (3-5 août 2001) qui scelle cette réconciliation entre les deux communautés, les autorités libanaises procèdent à l'arrestation d'environ 150 militants et responsables du courant aouniste et des Forces libanaises.

L'introduction de la question syrienne dans le débat politique libanais a également créé une dynamique entraînant des regroupements et tribunes d'opposition : le Front de la Réforme (en 2000), une sorte de gouvernement de l'ombre animé par des personnalités politiques (les députés maronites Nayla Moawad et Boutros Harb, les anciens chefs du gouvernement Selim al-Hoss et Rachid Karamé, et l'ancien président du Parlement Hussein al-Husseini), le Rassemblement démocratique de Walid Joumblatt, formé à la suite des élections législatives autour des députés de la Montagne (Chouf et Aley), le Rassemblement de Kornet Chehwane (avril 2001) qui regroupe autour du Patriarche des parlementaires et des personnalités politiques, le Mouvement du renouveau démocratique du député Nassib Lahoud (juillet 2001) et la Gauche démocratique qui rassemble les réformistes et compagnons de route du Parti communiste, tel Habib Sadeck (octobre 2004). Initiés par des personnalités de l'opposition chrétienne ou de la gauche, ces rassemblements entendent contribuer au renouvellement du débat démocratique sur une base non confessionnelle. Ils soulignent l'urgence de réformes politiques et économiques pour bâtir la réconciliation nationale, et réclament l'application de Taëf et un rééquilibrage de la relation libano-syrienne. Ces regroupements forment l'ossature de la Tribune démocratique, une plateforme politique commune qui tente de rallier sur ces principes le PSP de Joumblatt, le Rassemblement de Kornet Chehwane, le MRD de Nassib Lahoud et la Gauche démocratique.

Mais ces initiatives se sont systématiquement heurtées à des contre-rassemblements et à des campagnes de dénigrement organisés par le Palais présidentiel et les services de renseignement qui instrumentalisent la polarisation confessionnelle particulièrement présente dans l'après-guerre. Or, ces clivages communautaires sont exacerbés par le fait que la plupart des dignitaires musulmans et les principaux responsables sunnites et chiites défendent la présence syrienne au Liban, qu'il s'agisse du chef du gouvernement Rafic al-Hariri ou bien du Hezbollah qui, pour les besoins de la lutte contre Israël, a noué une solide alliance avec l'armée libanaise et donc le président Émile Lahoud.

Les obstacles proviennent également des rivalités héritées de la guerre et d'une concurrence politique entre différents présidentiables dans le camp chrétien. Par ailleurs, le revirement politique de Walid Joumblatt a considérablement affaibli la marge de manœuvre de cette opposition. Prenant acte des conséquences du 11 Septembre et du nouveau contexte régional, le leader druze a préféré adopter un profil bas vis-à-vis de la Syrie, participant *de facto* à tous les gouvernements en dépit de la mainmise syrienne.

Mais le choix de Damas de reconduire à la tête de l'État libanais le général Émile Lahoud, un fidèle du régime syrien, a permis à cette opposition plurielle de se ressouder et, comme en 2000, Walid Joumblatt se pose en chef d'orchestre de ce mouvement de contestation. Le chef du PSP a voté contre l'amendement constitutionnel permettant la prorogation pour trois ans du mandat d'Émile Lahoud et les trois ministres de son bloc parlementaire ont démissionné du gouvernement. Dans ce contexte, l'adoption de la résolution 1559 à l'initiative des

États-Unis et de la France, qui enjoint à la Syrie de retirer ses troupes du Liban et de ne pas interférer dans la vie politique libanaise, risque de brouiller une nouvelle fois les cartes : si elle conforte les revendications de l'opposition antisyrienne, en internationalisant le dossier libanais, l'intervention franco-américaine risque d'exacerber un peu plus la polarisation confessionnelle en réduisant le clivage politique à deux camps : les « alliés » de Damas et ceux de Washington. D'autant que la question libanaise est de plus en plus présente dans l'espace syrien. Ainsi, au lendemain du coup de force de Damas, 100 intellectuels libanais et syriens ont signé une pétition commune dénonçant « la mise sous tutelle de la volonté des deux peuples ». Publié dans la presse libanaise le 3 septembre 2004, le texte insiste sur la nécessité de procéder à des réformes politiques de l'intérieur dans les deux pays afin de redéfinir des relations syro-libanaises stables pour affronter les menaces régionales. Cette action commune illustre le rapprochement entre les opposants libanais et syriens, notable depuis le Printemps de Damas, mais son impact reste faible en raison des divisions de l'opposition et parce qu'il se limite à des échanges de vue et des manifestes. Cette nouvelle mobilisation antisyrienne doit être également replacée dans la perspective des prochaines législatives du printemps 2005. L'échéance permettra surtout de déterminer la représentativité de cette opposition plurielle alors que, sur le plan local, ces nouvelles alliances politiques n'ont pas produit les résultats escomptés. Ni le regroupement de Kornet Chehwane ni le courant aouniste n'ont réussi à percer lors des élections municipales de mai 2004 alors qu'ils avaient mené une campagne axée sur la question de la présence syrienne.

INTERNET : UN ESPACE DE POLITISATION

Avec une communauté d'internautes estimée entre 130 000 et 220 000 personnes pour plus de 17 millions d'habitants, la Syrie n'en est encore qu'aux balbutiements de sa révolution technologique. Mais l'accès à Internet reste un enjeu important du mandat de Bachar al-Assad qui s'appuie d'ailleurs sur la Syrian Computer Society (SCS), l'un des deux fournisseurs d'Internet en Syrie, pour forger sa légitimité de chef d'État moderne. Dans un pays où la presse officielle se contente de relayer la langue de bois du régime et où les publications privées sont strictement encadrées, Internet offre à l'opposition un espace d'expression politique. Cette évolution notable est moins le fait de sites d'information soumis à la censure – au demeurant très fluctuante –, que des *news letters* qui permettent de faire circuler une information interdite. Si les autorités peuvent aisément interdire des sites ou des adresses électroniques, il est quasiment impossible de bloquer les listes de diffusion des hébergeurs qui véhiculent ces lettres électroniques. Pour l'opposition, elles constituent de véritables tribunes d'opinion, prenant le relais des forums de réflexion fermés par le régime. Les débats se sont donc prolongés dans ces lettres électroniques qui accueillent la production intellectuelle syrienne et constituent un réel lieu d'échanges entre intellectuels et diaspora.
Certes, le phénomène n'échappe pas totalement au pouvoir, qui filtre la Toile et surveille très étroitement les communications électroniques. En contrôlant les deux fournisseurs d'accès à Internet du pays, SCS et Syrian Telecom Establishment, l'État intercepte les e-mails pour repérer et mettre sous surveillance des voix dissidentes. Abdel Rahman Shaghouri a ainsi été arrêté le 23 février 2003 pour avoir transféré par e-mail le bulletin d'information *Levant News,* du site interdit des Frères musulmans, www.thisissyria.net. Le 26 juillet, la Cour de sûreté de l'État a également condamné Haytham et Mouhanad Qouteich, ainsi que le journaliste Yahia al-Aous, à des peines allant de deux à quatre ans de prison pour avoir diffusé sur Internet, des « informations mensongères » et écrit des articles qui portent atteinte à la Syrie et à ses relations avec un État étranger. Ils correspondaient avec un journal électronique aux Émirats arabes unis. De même, un étudiant kurde en journalisme, Massoud Hamid, s'est vu condamné à trois ans de prison pour avoir mis en ligne sur un site kurde des photographies d'une manifestation organisée à Damas par des partis kurdes.
Mais, si les interdits demeurent, les idées circulent. C'est l'acquis majeur d'Internet : en touchant un public qui ne se réduit pas nécessairement aux professionnels de la politique mais englobe les classes moyennes, ces *news letters* ont ouvert un espace de politisation de la société syrienne. La formation de l'opinion se fait également par les *chats* et les réseaux dont le contrôle échappe aux autorités.

all4syria.org. C'est incontestablement l'entreprise de presse électronique la plus réussie. Créé et animé par le baasiste Ayman Abdel Nour, ingénieur civil de formation, ce site s'est imposé en rendant accessible gratuitement une information interdite, des articles de la presse libanaise ou arabe censurés en Syrie et des textes des Frères musulmans. Plus qu'un site d'information, all4syria.org (« Tous pour la Syrie ») est devenu une tribune d'opinion avec pour ligne éditoriale le changement et une liberté de ton inédite : outre la revue de presse quotidienne établie sur une base de 40 journaux, all4syria.org met en ligne des contributions particulières sur un sujet déterminé qui s'inscrit dans le débat politique, économique et social syrien. Les dossiers les plus sensibles sont évoqués par des intellectuels mais aussi des juges, des avocats, des médecins, de l'intérieur et de la diaspora. De la réforme du Baas à celle de la justice, Ayman Abdel Nour fournit les éléments de réflexion pour faire évoluer la Syrie, exerçant de fait un véritable lobbying au sein du système politique syrien. Les commentaires qui accompagnent le traitement de la crise kurde, et les critiques qu'il formule à l'encontre des caciques du Baas qu'il qualifie d'« incapables », lui valent la fermeture de son site. Mais cette fermeture est contournée, et ses opposants au sein du pouvoir finissent par renoncer à bloquer la lettre d'information quotidienne reçue par près de 13 000 abonnés, dont 40 % à l'étranger, sans compter l'impression et la distribution des textes. L'immunité évidente dont bénéficie all4syria.org est à replacer dans les luttes de pouvoir au sein du régime. Ancien conseiller de Bachar al-Assad, Ayman Abdel Nour incarne au sein du système une ligne réformiste, sa présence sur la scène politique syrienne constitue un contrepoids à la vieille garde baasiste. Son bulletin permet également d'identifier et de contrôler les acteurs du débat politique, et établit d'une certaine manière un dialogue entre l'opposition et le gouvernement.

tharwaproject.com. Lancé dans la foulée des troubles Kurdes, tharwaproject.com (*tharwa* signifie « richesses ») partage la même démarche militante que All4syria.org. Son concepteur, un jeune sociologue syrien, invité de la Brookings Institution, entend participer au débat sur le changement à un moment où la stabilité du pays est menacée par les conséquences de l'intervention américaine en Irak. Partant du constat que ni l'élite au pouvoir ni la société civile ne parviennent à dégager une vision d'avenir cohérente, Ammar Abdulhamid veut fournir des leviers pour activer de nouvelles formes de mobilisation citoyenne. Son approche dépasse le cadre national puisque son site s'inscrit dans le cadre d'un programme régional sur la question des minorités au Moyen-Orient, le Tharwa Project. Soutenu par le Centre syrien des affaires européennes (lui-même financé par le programme européen Meda), et des organisations comme Pax Christi, le projet compte parmi ses parrains l'intellectuel et opposant égyptien Saad Eddine Ibrahim ou encore le chercheur français Gilles Kepel. Le site d'Ammar Abdulhamid dispose surtout du soutien de Mawrid (« Ressources »), une ONG pour la promotion des femmes qui a pour marraine la femme de Bachar al-Assad, Assma al-Assad.
Enregistré en Syrie, tharwaproject.com met en ligne des informations sur l'actualité du Moyen-Orient, de l'Irak au Darfour, des questions traditionnellement mises en avant par l'idéologie officielle. Mais la crise kurde a permis à Ammar Abdulhammid d'interpeller le pouvoir sur sa gestion sécuritaire de la question kurde. Tout en replaçant les revendications kurdes dans un cadre national et démocratique, il appelle les autorités à ouvrir un dialogue politique. Autre position courageuse : tharwaproject.com a relayé la pétition signée par 100 intellectuels syriens et libanais réclamant des réformes politiques en Syrie et au Liban et le rééquilibrage de la relation syro-libanaise.

Une presse d'opinion. Les espoirs suscités par Bachar al-Assad et la promulgation, le 22 septembre 2001, d'un décret-loi autorisant les publications non encadrées par l'État ne se sont pas traduits dans les faits, comme en témoigne la fermeture de l'hebdomadaire privé satirique *Al-Domari*. En revanche, une certaine presse d'opinion s'est développée. Outre l'hebdomadaire privé économique *Al-Iqtisadiya*, devenu l'outil de groupes d'intérêts économiques liés au pouvoir, la presse de gauche se démarque avec des prises de positions courageuses, que ce soit *Al-Nour*, l'hebdomadaire du Parti communiste, ou *Al-Raï*, du Parti communiste/ Bureau politique.
Enfin, la presse libanaise offre à l'opposition une tribune non négligeable. Le *Nahar*, premier quotidien de langue arabe et son supplément culturel *Al-Moulhaq*, ainsi que le quotidien anglophone *DailyStar*, ouvrent régulièrement leurs pages aux intellectuels syriens et la liberté de ton y est sans commune mesure.

Pour en savoir plus

Joseph Bahout, « Les entrepreneurs syriens. Économie, affaires et politique », *Cahiers du Cermoc*, n° 7, Beyrouth, 1994.

Sakina Boukaïma, « Bachar al-Assad : chronique d'une succession en Syrie », *Maghreb-Machrek*, n° 169, juillet-septembre 2001.

Judith Cahen, « Les déboires du Printemps de Damas », *Le Monde diplomatique*, novembre 2002.

Les Cahiers de l'Orient, « La Syrie de Bachar », hors-série, été-automne 2001.

Olivier Carré et Gérard Michaud, *Les Frères musulmans*, Gallimard/Julliard, 1983.

Confluences Méditerranée n° 44, « Un Printemps syrien », L'Harmattan, hiver 2002-2003.

ICG Middle East Report n° 24, *Syria Under Bashar*, 11 février 2004.

Daniel Le Gac, *La Syrie du général Assad*, Bruxelles, Complexe, 1991.

Elizabeth Picard, « Fin de partis en Syrie », *Revue des mondes musulmans de la Méditerranée*, n°s 81-82, 1996.

Bernard Rougier, « Dynamiques religieuses et identité nationale dans les camps de réfugiés palestiniens du Liban », *Maghreb-Machrek*, n° 176, été 2003.

Patrick Seale, *Assad, The Struggle for the Middle East*, Berkeley, 1988.

Michel Seurat, *L'État de barbarie*, *Esprit*/Éditions du Seuil, 1989.

Alexis Tadier, « La culture et l'État au Proche-Orient : l'exemple de la Syrie », *Esprit*, juillet 2003.

Leïla Vignal, « Comment peut-on être syrien ? », *Esprit*, juillet 2003.

Internet

Sites d'information sur la Syrie :

www.syria-net.com

www.souria.com

www.mafhoum.com

www.syria-report.com

www.faculty-staff.ou.edu/L/Joshua.M.Landis-1/syriablog

Presse syrienne et sites d'opinion :

www.sana.org
Agence de presse syrienne.

www.teshreen.com/syriatimes
Agence de presse officielle.

www.thawra.com
Agence de presse officielle.

www.arraee.com
Site du PC/Bureau politique.

www.thisissyria.net
Levant News, site des Frères musulmans.

www.all4syria.org

www.tharwaproject.com

Organisation des droits de l'homme :

www.come.to/achr

www.shrc.org.uk

Israël et territoires palestiniens

ISRAËL

Superficie : 20 700 km²
Capitale : Jérusalem depuis 1980 (non reconnue par la quasi-totalité des pays, dont la France, ni par l'ONU)
Population : 6,4 millions dont un peu plus de 1 million de Palestiniens de nationalité israélienne, 430 000 colons environ dans les territoires palestiniens (224 000 en Cisjordanie, 7 000 dans la bande de Gaza, 20 000 dans le Golan et 180 000 à Jérusalem-Est), 1,2 million de juifs russes (17 % de la population totale), 65 000 juifs éthiopiens (falashas)
Religions : juifs (81 %), musulmans (14,5 %), chrétiens (3 %), druzes (1,7 %)
Répartition de la population juive (1996) : 26 % de sabras (seconde génération de juifs nés en Israël), 35 % d'ashkénazes (cette proportion s'est trouvée récemment grossie par l'arrivée de juifs soviétiques), 32 % de sépharades

TERRITOIRES PALESTINIENS

Superficie : Cisjordanie et Jérusalem-Est, 6 600 km² ; Gaza, 360 km²
Population : 3,8 millions dont 2,5 en Cisjordanie (650 000 dans les camps de réfugiés), 1,3 dans la bande de Gaza (900 000 dans les camps de réfugiés)
Religions : musulmans (95 %), chrétiens (5 %)

Territoires palestiniens

28 janvier 2003 : journée d'élections législatives anticipées en Israël. Ariel Sharon, Premier ministre depuis février 2001, a été contraint de les organiser à cause de la défection, trois mois plus tôt, du Parti travailliste. Membre du gouvernement d'union nationale pendant vingt mois, la grande formation de gauche a fait état d'un désaccord sur la politique économique ultra-libérale d'Ariel Sharon. En fait, sa chute dans les sondages et des dissensions internes l'ont poussée à quitter la coalition pour tenter de restaurer son image brouillée. Pendant près de deux ans, en effet, la demi-douzaine de ministres travaillistes s'est presque entièrement alignée sur Ariel Sharon concernant le dossier palestinien, alors que, parallèlement, l'opinion israélienne a glissé largement à droite, exaspérée par dix-huit mois d'*intifada,* d'attentats suicides et de morts quotidiens. La campagne électorale est morne, le taux de participation, 68,5 %, le plus faible jamais enregistré. Sans surprise, la gauche israélienne s'effondre. Le Parti travailliste enregistre son plus mauvais score depuis la création de l'État hébreu, avec 19 sièges à la Knesset contre 25 dans la Chambre précédente. Le Meretz, la gauche laïque et pacifiste, espérait tirer bénéfice de la compromission des travaillistes avec le Likoud dans le gouvernement d'union nationale. Pari perdu : il abandonne 4 sièges, passant de 10 députés à 6. Ces législatives anticipées signent le triomphe du bloc de la droite israélienne. Pour le Likoud, c'est presque un raz-de-marée historique avec 40 sièges sur 120. Si les partis d'extrême droite se maintiennent et les partis ultra-orthodoxes déclinent légèrement, l'autre grand vainqueur est le Shinouï, une petite formation de centre droit dont le programme se résume en deux phrases : ultra-libéralisme et surtout attaques virulentes contre les « hommes en noir », les ultra-orthodoxes. Avec ses 15 députés – au lieu de 6 lors de la précédente législature –, il devient quasiment incontournable pour la formation d'une coalition. Mais le grand vainqueur, c'est Ariel Sharon lui-même. Ces élections le confortent dans son personnage de « sauveur du pays » et dans sa politique. Lui qui avait promis, lors des élections de 2001, « la paix et la sécurité » aux Israéliens, n'a su leur apporter ni l'une ni l'autre. Mais il a mené une politique qui correspondait aux attentes d'une opinion publique tétanisée par les attentats et confortée, depuis le déclenchement de la deuxième intifada, dans l'idée que les « véritables » intentions d'Arafat demeurent la destruction d'Israël. Pendant vingt mois, Ariel Sharon a mené une politique de main de fer. En ce mois de janvier 2003, les territoires palestiniens sont pratiquement entièrement réoccupés, les structures de l'Autorité palestinienne laminées, Yasser Arafat assiégé dans ses bureaux à Ramallah et isolé sur le plan international. Ariel Sharon a une certitude, qu'il martèle à longueur d'interventions : Israël n'a plus de « partenaire palestinien ». En votant massivement pour le Likoud, l'opinion israélienne montre qu'elle l'a faite sienne. Ariel Sharon constitue un gouvernement très à droite. Le Likoud s'allie au Shinouï et à deux partis représentant les colons : le Parti national religieux (PNR) d'Effi Eitam et l'Union nationale d'Avigdor Lieberman, tous deux résolument opposés à toute idée d'un État palestinien. Ariel Sharon, lui, en a accepté le principe du bout des lèvres : un « oui » assorti de très nombreuses conditions. Le Premier ministre reconduit promet en tout cas d'en finir avec l'intifada.

Des promesses qui vont s'avérer pour le moins difficiles à tenir, la situation ne cessant d'empirer sur le terrain. Cette deuxième intifada, dite intifada Al-Aqsa (du nom d'une des mosquées située sur l'Esplanade des Mosquées) se caractérise par sa militarisation très rapide et le cercle répétitif « attaques – représailles ». Les groupes palestiniens recourent plus que jamais aux attentats suicides, ciblant de façon privilégiée les populations civiles vivant à l'intérieur de la « Ligne verte » (c'est-à-dire à l'intérieur des frontières internationalement reconnues d'Israël). Les forces israéliennes, elles, mêlent opérations militaires de grande ampleur et exécutions extrajudiciaires, communément appelées assassinats ciblés. Du point de vue israélien, le déclencheur est une attaque palestinienne à laquelle les forces israéliennes répondent. Pour les Palestiniens, en revanche, les actions qu'ils mènent ne sont que des représailles aux opérations israéliennes. Il semble que les deux analyses soient pertinentes. Parfois, un assassinat dit ciblé rompt une trêve tacitement observée par les groupes armés palestiniens (c'est le cas, par exemple, de l'assassinat de Raed al-Karmi, chef des Brigades des martyrs d'Al-Aqsa pour le nord

de la Cisjordanie, tué le 14 janvier 2002). Dans d'autres cas, un attentat palestinien vient briser net de timides tentatives de reprise du dialogue (l'un des plus emblématiques – et des plus sanglants – étant celui de Netanya le soir de la Pâque juive, le 27 mars 2002).

Au 12 décembre 2004, selon un décompte de l'Agence France-Presse, le bilan de la seconde intifada depuis septembre 2000 s'élevait à 4 614 victimes : 3 573 Palestiniens et 967 Israéliens, le reliquat étant constitué de quelques dizaines d'étrangers.

LES MODES OPÉRATOIRES PALESTINIENS

Les attentats suicides. Après une longue période où les attentats étaient extrêmement fréquents (du début de 2001 à la mi-2003), leur nombre et leur fréquence ont beaucoup diminué. Au cours de l'été 2003, les groupes radicaux ont respecté une trêve *(houdna)*, négociée avec Mahmoud Abbas, alors Premier ministre. Puis, malgré la fin de la *houdna* et les promesses de vengeance proférées à la suite des assassinats ciblés (en particulier ceux du cheikh Yassine et d'Abdelaziz al-Rantissi), les attentats ont été beaucoup plus rares et moins meurtriers que dans la période précédente. Plusieurs explications sont avancées : les groupes armés ont subi de très violents coups de la part de l'armée israélienne, obérant leur capacité d'action ; ils ont leur propre « agenda » interne et négocient avec l'Autorité palestinienne leur place dans les futures structures, notamment dans la bande de Gaza, si bien que des attentats ne servent pas leurs intérêts à telle ou telle période. Il est impossible de déterminer la part de ces deux explications : selon le groupe, le moment et le lieu, l'une se révélera plus pertinente que l'autre. L'immense majorité des attentats est commise par des kamikazes originaires de Cisjordanie. Le mode opératoire le plus fréquent est un homme seul, à pied, parfois déguisé en juif religieux, porteur d'une ceinture d'explosifs ou d'une charge de plusieurs kilos dissimulée dans un sac. En général, des morceaux de ferraille, boulons, clous, sont mêlés à l'explosif, dans le but de le rendre plus mortel et de faire un maximum de blessés. On signale encore quelques tentatives d'attentats à la voiture piégée (le conducteur étant dans ce cas aussi voué à la mort) mais elles sont interceptées avant de pouvoir entrer sur le territoire israélien. Depuis le début de l'intifada Al-Aqsa, un seul attentat en Israël a été commis par des kamikazes venant de la bande de Gaza. L'étroit territoire est hermétiquement fermé par une clôture munie de systèmes de surveillance électronique. Toute personne cherchant à s'en approcher est immédiatement repérée et abattue, même s'il s'agit plus souvent de travailleurs au chômage décidés à tenter coûte que coûte leur chance en Israël que de terroristes.

Les attentats les plus meurtriers ont visé les populations civiles à l'intérieur de la Ligne verte, l'ancienne ligne d'armistice de 1949, dans les grands centres urbains, comme Jérusalem, Tel-Aviv, Netanya et Haïfa. Dans le cas de cette dernière ville, réputée pour la cohabitation entre juifs et Arabes, les victimes sont indistinctement juives et arabes. Les kamikazes choisissent les lieux les plus faciles à atteindre et où ils peuvent faire le maximum de victimes, sans distinction de classe sociale, d'origine ethnique, de religion. Les cibles privilégiées sont donc les transports (bus et autocars) et les lieux publics : marchés, restaurants, cafés, nombreux dans ces grandes villes. Ils choisissent aussi le jour et l'heure en fonction de l'affluence. Un calendrier morbide s'est ainsi dessiné, les périodes les plus dangereuses se situant pendant les veilles de fêtes religieuses, le samedi soir (fin du Shabbat) et le dimanche (premier jour de la semaine). Nombre d'attentats ont eu lieu dans des agglomérations que l'on pourrait définir comme des « cibles par défaut » : des villes de moindre importance mais proches de la Ligne verte, et donc plus faciles à atteindre. Ainsi Afoula, à quelques kilomètres au nord de Jénine, qui possède un « attrait » supplémentaire pour les kamikazes : celui d'abriter une importante gare routière. Ainsi la bourgade de Rosh Ha-Aïn, visée le 12 août 2003, à la limite de la Ligne verte. L'enquête a démontré que, l'alerte ayant été donnée, la bombe humaine a changé d'objectif et fait exploser prématurément sa charge dans le centre commercial de la petite ville. Jérusalem, enfin, constitue un cas particulier. Grosse agglomération urbaine, elle est également proche de la Cisjordanie. Elle est en outre une cible hautement symbolique : ville sainte pour les trois religions monothéistes, proclamée unilatéralement « capitale unifiée et éternelle de l'État d'Israël ». À l'intérieur de la Cisjordanie et de la bande de Gaza, les cibles principales sont les barrages militaires. La mise à feu est volontaire ou « accidentelle » : le kamikaze, se sachant découvert ou craignant de l'être, déclenche sa charge explosive. Au printemps 2004, un nouveau mode opératoire a été utilisé dans la bande de Gaza : la voiture piégée conduite par un kamikaze contre des véhicules de l'armée. Les forces de sécurité sont également visées en Israël même, à des barrages « volants » ou devant des bases militaires. Dans ce dernier cas, ce sont principalement les arrêts d'autobus, où les conscrits se rassemblent pour attendre leur transport, qui sont frappés.

Les pratiques de ce « terrorisme usuel » ne sont pas figées. Certaines évolutions sont perceptibles. Ainsi, pour la première fois, au printemps 2004, les groupes armés ont réussi à commettre un attentat dans un lieu considéré comme stratégique par les autorités israéliennes. Le 14 mars 2004, deux kamikazes ont réussi à pénétrer dans la zone portuaire d'Ashdod, pourtant sous très haute surveillance, dans l'espoir que l'attentat engendre dans la foulée un « accident industriel », et « transcende » la létalité de l'opération. Jusque-là, seuls deux projets similaires, l'un contre une tour de Tel-Aviv, l'autre contre un dépôt de carburant, toujours à Tel-Aviv, avaient été connus. Les deux avaient d'ailleurs été déjoués. Hors opérations militaires et de renseignements dirigés directement contre les Palestiniens, les tentatives de prévention des attentats ont profondément modifié le paysage urbain et la vie quotidienne des Israéliens. L'État et les municipalités ont renforcé les forces de police sur la voie publique, avec mise en place de barrages volants, augmentation des patrouilles pédestres et routières. Des portiques de sécurité ont été installés à l'entrée de certains lieux publics comme les marchés. La compagnie de bus Egged, les propriétaires de cafés, restaurants et centres commerciaux engagent des vigiles qui fouillent les sacs à l'entrée et donnent l'alerte au moindre soupçon. Aussi artisanale que cette dernière mesure puisse paraître, elle a fait la preuve de son efficacité : à plusieurs reprises, le kamikaze, ceinturé, a été arrêté par les forces de l'ordre. Ou, repéré, s'est fait sauter à l'extérieur du lieu qu'il visait, faisant moins de victimes que s'il avait pu y entrer. D'une manière générale, les gens ont tendance à modifier leur comportement : les livraisons de repas à domicile ont fortement augmenté, ainsi que la location de cassettes vidéo. Ceux qui en ont les moyens financiers prennent plutôt le taxi que le bus. À Jérusalem-Ouest, pendant longtemps, les rues piétonnières du centre-ville, très souvent visées, ont été désertées au profit de lieux plus périphériques. Mais les kamikazes eux aussi « s'adaptent » et suivent les déplacements des clients. Aussi le slogan national est « continuer à vivre comme si de rien n'était ». De fait, très rapidement après un attentat, les gens reprennent leur vie habituelle.

Les opérations militaires. Les groupes palestiniens ne possèdent que des armes légères : fusils d'assaut, lance-roquettes de type RPG7, mortiers et roquettes de fabrication artisanale. Certaines opérations, comme les tirs sur des patrouilles, des voitures de colons en Cisjordanie ou même des attaques contre des colonies, ne nécessitent pas de grande préparation. D'autres, en revanche, exigent une capacité d'organisation importante. C'est le cas de la fusillade qui s'est déroulée le 8 juin 2003 au poste militaire israélien d'Erez, qui contrôle l'entrée de la bande de Gaza, une zone sous très haute surveillance. Les trois assaillants étaient habillés d'uniformes israéliens et ont profité du brouillard pour s'approcher. Ils ont tué quatre soldats avant d'être eux-mêmes abattus. Depuis 2001, des milliers de roquettes artisanales, appelées Qassam (du nom d'Ezzedine al-Qassam, héros palestinien des années 30), ont été tirées depuis la bande de Gaza contre les colonies juives du territoire et sur le territoire israélien. Leur portée est réduite et leur précision aléatoire. En général, elles ne font que des dégâts matériels. Le 29 juin 2004, cependant, pour la première fois, l'une d'elles a tué deux personnes (dont un enfant) à Sdérot, ville israélienne au nord de la bande de Gaza. Cela relève plus du hasard que d'une amélioration significative des performances de ces roquettes artisanales. Deux autres enfants ont été tués, en septembre 2004, dans la même ville, entraînant une vive réaction de l'armée israélienne (opération « Jours de Pénitence »).
Les groupes palestiniens tentent en permanence d'améliorer leur mode opératoire. À plusieurs reprises, des blindés, voire même des chars Merkava, la fierté de Tsahal, ont été détruits par des engins explosifs. Ce « savoir-faire » inquiète au plus haut point les autorités israéliennes. D'autant que le 15 octobre 2003, à l'entrée de la bande de Gaza, un engin placé sur le bas-côté de la route a explosé au passage d'un convoi de voitures diplomatiques américaines, tuant trois agents de sécurité de l'ambassade américaine à Tel-Aviv. C'était la première fois que des étrangers, *a fortiori* américains, étaient ainsi touchés. Aucune revendication sérieuse n'a été émise. L'Autorité palestinienne a très vivement réagi. Cette « première » pouvait faire craindre une « contagion à l'irakienne », les États-Unis étant très violemment critiqués dans les territoires palestiniens tant pour leur politique en Irak que pour leur soutien, jugé inconditionnel, à Israël. Washington en a d'ailleurs tenu compte, enjoignant tous ses ressortissants à quitter la bande de Gaza. Jusqu'à ce jour, cet attentat est resté l'unique exemple de passage à l'acte antiaméricain.

Les revendications. Les attentats sont systématiquement condamnés par l'Autorité palestinienne, de façon plus ou moins ferme selon l'état du conflit avec Israël et des discussions avec les groupes radicaux. Quand la situation est totalement bloquée, qu'Israël vient de commettre un assassinat ciblé ou une opération militaire, l'Autorité palestinienne rejette une grande part de la responsabilité sur la politique israélienne. Certes, elle déplore la mort de civils innocents, mais accrédite la thèse de l'attentat comme « représailles ». La condamnation se fait plus virulente quant l'attentat vient rompre une énième tentative de mise en route d'un plan international ou intervient pendant des négociations entre factions palestiniennes. L'Autorité palestinienne considère alors que les « intérêts du peuple palestinien » sont directement visés. Les revendications se font par deux modes différents qui ne sont pas exclusifs l'un de l'autre : par communiqué (téléphonique, distribué, publié sur un site Internet) diffusé par le groupe et/ou par une vidéo « testament » amateur du kamikaze qui, seul ou entouré de ses compagnons, justifie son geste, en mêlant souvent références islamiques et nationalistes. En mai 2004, à Gaza, est apparu un nouveau type de vidéo : l'attentat suicide filmé par le groupe commanditaire (en l'occurrence le Hamas) puis communiqué à des organes de presse. Cette revendication d'un nouveau genre semble copiée sur les vidéos du Hezbollah libanais. Le mouvement chiite avait en effet pour habitude, dévastatrice pour le moral des Israéliens, de filmer chacune de ses « opérations » et de diffuser ensuite la bande sur sa télévision, Al-Manar. Cette innovation illustre l'influence du Hezbollah sur les mouvements islamistes palestiniens, au moins en matière de communication. Depuis le début de l'intifada Al-Aqsa, c'est la branche armée du Hamas, les Brigades Ezzedine al-Qassam, qui a revendiqué les attentats suicides les plus meurtriers. Les revendications uniques, la norme au début de l'intifada Al-Aqsa, se raréfient. De plus en plus, plusieurs groupes armés endossent une responsabilité commune pour la même opération. Cette revendication conjointe est rarement formelle (sauf le 8 juin 2003, avec l'attaque contre le poste d'Erez, revendication signée Hamas, Djihad islamique, Brigades des martyrs d'Al-Aqsa), elle est néanmoins réelle et expliquée par les différents chefs des groupes armés. Cette coordination sur le terrain tient à la proximité géographique et générationnelle des militants. Zakariya al-Zoubeibi, chef des Brigades des martyrs d'Al-Aqsa pour le nord de la Cisjordanie, basé dans le camp de réfugiés de Jénine, expliquait à l'été 2003 : « Ariel Sharon a sa kitchenette, où il décide qui fait quoi. Moi, c'est pareil. J'ai mon petit conseil des ministres. J'ai des ministres Hamas, FPLP, Djihad. C'est moi qui décide qui va envoyer le prochain martyr [kamikaze] en Israël. Ailleurs, c'est le chef du Hamas ou du Djihad. Aujourd'hui, ça marche comme ça, on travaille ensemble. » Sur le terrain, de fait, presque tous les attentats et toutes les opérations militaires sont revendiqués de façon associée : un attentat est commis par le membre d'un groupe armé, mais un autre groupe se joint à la revendication. Ainsi de l'attentat particulièrement meurtrier du 19 août 2003 dans un bus revenant du Mur des Lamentations : le Djihad islamique en a endossé la responsabilité, affirmant venger l'assassinat d'un de ses chefs locaux à Hébron. Le Hamas s'est joint à la revendication par tract.

Le profil des kamikazes. Dans leur grande majorité ce sont des hommes jeunes, souvent étudiants ou entrés dans la vie active. Mais au cours de l'intifada Al-Aqsa, des évolutions notables sont apparues concernant le recrutement et le profil des kamikazes. D'abord avec l'adoption de l'attentat suicide comme mode opératoire par des groupes armés laïcs comme les Brigades des martyrs d'Al-Aqsa, lointaine émanation du Fatah, ou les Brigades Abou Ali Moustafa, branche armée du FPLP. Les bombes humaines ne sont plus forcément des jeunes très pieux attirés par l'islam radical, même si on retrouve chez eux comme chez les kamikazes des mouvements islamistes les testaments filmés avec références à l'islam, prières, Coran, etc. Grande nouveauté également : l'apparition de femmes kamikazes. Elles sont peu nombreuses : sept entre le début de l'intidafa Al-Aqsa et la fin septembre 2004. Cinq d'entre elles ont commis des attentats revendiqués par les Brigades des martyrs d'Al-Aqsa, une par le Djihad islamique (Haïfa, 4 octobre 2003) et une par le Hamas (Erez, 14 janvier 2004). La participation des femmes aux attentats suicides a soulevé de nombreux débats autant théologiques que politiques au sein des groupes palestiniens, notamment des mouvements islamistes. Ils s'y sont d'abord montrés farouchement opposés bien que des voix dissidentes au sein du Hamas y aient été favorables. Le cheikh Yassine s'y est finalement résolu, dans une volte-face qui cache peut-être la difficulté grandissante de recruter des bombes humaines capables de franchir les obstacles sans trop éveiller les soupçons des forces israéliennes. Autre nouveauté qui a profondément choqué la société palestinienne : le recrutement de mineurs, par définition influençables. Certains jeunes apprentis kamikazes arrêtés avant de passer à l'action (en général parce qu'ils abandonnaient le projet) permettent de cerner ce nouveau mode de recrutement. D'après le témoignage de plusieurs de ces jeunes et de leurs familles, ils sont recrutés grâce à leur fragilité psychologique (déficience mentale ou proche tué par l'armée israélienne) et envoyés se faire exploser munis d'une charge et de consignes minimalistes.

Vers une internationalisation de la lutte ? Un cas d'attentat suicide, jusqu'alors resté isolé, a fait craindre une association entre les groupes radicaux palestiniens et des mouvements islamistes étrangers, en somme une « internationalisation » du conflit. Le 29 avril 2003, une explosion devant le Mike's Place, café du front de mer de Tel-Aviv proche de l'ambassade américaine, fait trois morts. Les deux auteurs sont porteurs de passeports britanniques, issus de familles d'origine pakistanaise. Ils auraient séjourné en Syrie. Ils sont entrés par le pont Allenby, la frontière avec la Jordanie, et ont séjourné à Gaza. Ils ont donc franchi sans éveiller l'attention plusieurs points de contrôle israéliens où les fouilles sont habituellement minutieuses et les procédures tatillonnes. Les deux ceintures explosives dont ils étaient munis proviendraient elles aussi de l'étranger. L'attentat a été revendiqué par le Hamas et par les Brigades des martyrs d'Al-Aqsa. Deux options restent en suspens : celle d'une intervention du Hezbollah, que les services israéliens accusent d'avoir déjà envoyé au moins trois personnes pour commettre des attentats sur le sol israélien, ou celle d'Al-Qaïda. Pas de réponse probante jusqu'à présent. L'« internationalisation » redoutée ne s'est en tout cas pas – à ce jour – confirmée, même si le double attentat de Mombasa au Kenya en novembre 2002, puis le triple attentant anti-israélien dans le Sinaï égyptien, début octobre 2004, pourraient traduire une sorte de convergence entre différentes « scènes terroristes » sous couvert de la « Cause palestinienne ».

LES OPÉRATIONS MILITAIRES ISRAÉLIENNES

Très vite après le début de l'intifada Al-Aqsa, les autorités israéliennes ont eu largement recours à l'armée, faisant appel non seulement aux conscrits mais aussi aux réservistes. Toutes les armes ont été utilisées dans les tentatives de venir à bout de l'intifada : infanterie, blindés, aviation, marine. Très vite, les infrastructures de l'Autorité palestinienne ont été visées : casernes, prisons, ministères, aéroport, port, détruits ou fortement endommagés. L'intervention permanente de Tsahal a rendu caduque la géographie des territoires palestiniens telle que dessinée par les accords d'Oslo. Ils divisaient la Cisjordanie et la bande de Gaza en trois types de zones : A ou autonome (contrôle civil et sécuritaire par l'Autorité palestinienne), B (contrôle civil palestinien, sécuritaire israélien), C (contrôle israélien). Depuis l'opération majeure « Rempart », lancée le 29 mars 2002, la Cisjordanie est presque entièrement réoccupée. Quant à la bande de Gaza, elle est elle aussi soumise à de fréquentes incursions et réoccupations. Bien qu'il occupe à nouveau une grande partie des territoires palestiniens, Israël ne prend pas en charge les besoins de la population civile (eau, électricité, salaire des fonctionnaires, etc.), ce qui, de l'avis de nombre de juristes, est contraire au droit international, en particulier aux conventions de Genève.

Bouclages, couvre-feux et autres barrages... Toute une série de mesures a été prise depuis le début de l'intifada Al-Aqsa qui entravent la circulation des Palestiniens non seulement entre les territoires palestiniens et Israël, mais aussi à l'intérieur même de la Cisjordanie et de la bande de Gaza. Les permis d'entrée sur le territoire israélien délivrés aux Palestiniens ont été drastiquement réduits. Des barrages enserrent les localités, que les soldats israéliens soient physiquement présents ou non. Il s'agit parfois de vrais *check-points,* avec guérites, passages pour les piétons et pour les voitures : c'est le cas autour de toutes les grandes villes de Cisjordanie, comme Ramallah (barrage de Qalandia), Bethléem (barrage de Tantour) ou Naplouse (barrage de Hawara) et sur les axes principaux (route Salah ad-Din dans la bande de Gaza). Ailleurs, il s'agit d'installations sommaires, plus ou moins mobiles (barrage de Sourda à la sortie de Ramallah, sur la route menant à l'université Bir Zeit). Le plus souvent, des blocs de pierre et des levées de terre coupent les routes à l'entrée des villes. Ces obstacles obligent les Palestiniens à de longs détours, à de longues attentes aux check-points et à des kilomètres à parcourir à pied, sur des distances parfois grandes, pour changer de véhicule. Tout déplacement est donc soumis au bon vouloir des soldats israéliens. Certaines routes sont interdites aux Palestiniens, réservées aux véhicules immatriculés en Israël. Il s'agit des grands axes menant aux colonies. Selon un rapport de l'organisation israélienne de défense des droits de l'homme B'Tselem publié en août 2004, 17 routes relèvent de ce cas de figure. Sur 14 autres, les Palestiniens peuvent circuler mais avec un permis spécial.
Lors d'une opération militaire israélienne, le couvre-feu est imposé en tout ou en partie dans la localité concernée. Il est en général diurne et nocturne, avec des levées de quelques heures tous les quelques jours. Des couvre-feux particulièrement longs ont concerné la zone sous contrôle israélien d'Hébron (aux alentours du Caveau des Patriarches et de la colonie juive de la vieille ville) qui, en conséquence, s'est désertifiée : déplacement du marché, fermeture des souks, déménagement d'une partie des habitants. À signaler également les cas de la vieille ville de Naplouse, particulièrement visée depuis avril 2002, et les alentours de la Mouqataa, le quartier général de Yasser Arafat à Ramallah.

Incursions et réoccupations. « Détruire les infrastructures terroristes » : telle est la raison officielle pour les multiples opérations militaires menées dans les villes et les villages palestiniens. Ces incursions se sont généralisées depuis avril 2002. Elles se déroulent en représailles à une opération palestinienne, pour poursuivre des militants recherchés, ou pour détruire des bâtiments considérés comme des fabriques ou des caches d'armes. En Cisjordanie, elles visent principalement ce que les Israéliens nomment les « centres de la terreur ». Selon les moments, il s'agit de Jénine et son camp adjacent, de Tulkarem, et surtout, ces dix-huit derniers mois, de Naplouse, en particulier la casbah (vieille ville) et le camp de réfugiés contigu, le camp de Balata, le plus grand de Cisjordanie. Le cas d'Hébron est particulier : la ville est en effet divisée en deux, une zone (le centre historique où habitent quelques centaines de colons radicaux) contrôlée par Israël et une autre sous contrôle – théorique – de l'Autorité palestinienne. Quant aux incursions dans Bethléem et ses réoccupations, elles sont beaucoup plus rares. Jéricho, elle, est l'unique centre urbain palestinien épargné.
Les incursions sont menées à l'aide de blindés appuyés par des hélicoptères de combat. Elles peuvent durer simplement quelques heures ou se prolonger pendant des semaines. Elles peuvent toucher l'ensemble d'une localité ou concerner une partie seulement. À ce titre, l'exemple le plus frappant et le plus symbolique sont les alentours de la Mouqataa, le quartier général de Yasser Arafat, à Ramallah : ils peuvent être sous contrôle israélien, avec présence de soldats et de blindés alors que le centre-ville, situé seulement à quelques centaines de mètres à vol d'oiseau, ne sera même pas sous couvre-feu. Jusqu'au début de 2003, les incursions dans la bande de Gaza concernaient les villes et camps de réfugiés les plus proches d'Israël, notamment Rafah et Khan Younes. À partir de la fin janvier 2003, elles se multiplient jusque dans la ville même de Gaza, et certaines zones du territoire palestinien, comme la bourgade de Beit Hanoun, qui jouxte la « frontière », sont réoccupées régulièrement et durant plusieurs semaines d'affilée. Cette multiplication des opérations militaires dans la bande de Gaza est liée directement au plan de désengagement décidé par Ariel Sharon. L'état-major israélien est en effet décidé à « nettoyer » l'étroit territoire palestinien avant d'évacuer les colonies : il veut empêcher les groupes armés de faire de la bande de Gaza un sanctuaire et présenter le retrait israélien comme une victoire. Rafah constitue un cas un peu particulier : les opérations visent, selon les autorités israéliennes, à détruire des tunnels creusés sous la frontière égyptienne et qui serviraient à la contrebande d'armes et d'hommes. Elles s'accompagnent d'importantes destructions de maisons. L'armée israélienne a en effet mis en place une « bande de sécurité » de plusieurs centaines de mètres de large le long de la frontière (la « route de Philadelphie »). Elle l'élargit à chaque incursion, en rasant de nouvelles habitations. Selon l'ONU, 1 500 maisons avaient été détruites à la date du 31 août 2004. Les incursions

se heurtent parfois à une résistance très vive, notamment dans la bande de Gaza. Ainsi lors de l'opération « Arc-en-ciel » en mai 2004. Lors d'une première offensive dans la ville de Gaza, l'armée israélienne perd 6 soldats dans l'explosion d'un blindé transportant des troupes qui roule sur une mine artisanale. Les restes des soldats sont ensuite exhibés par les militants palestiniens, suscitant un choc dans l'opinion israélienne. Quelques jours plus tard, 5 autres militaires sont tués à Rafah lors d'une autre incursion dans des circonstances similaires.

Les assassinats dits ciblés. Ces exécutions extrajudiciaires ne datent pas de l'intifada Al-Aqsa : cela fait plus de trente ans que les différents gouvernements israéliens pratiquent l'élimination physique d'activistes palestiniens. Après une pause lors de la période qui a suivi les accords d'Oslo (à l'exception de Fathi Chakaki, chef du Djihad islamique, tué à Malte en 1995 et de Yehia Ayache, « l'ingénieur » du Hamas, éliminé en 1996), les assassinats ciblés ont repris avec vigueur dès la militarisation de l'intifada, à la fin de l'automne 2000. Les raids sont terrestres, et opérés en général par des unités déguisées en Palestiniens et parlant arabe, ou aériens, et dans ce cas ce sont majoritairement des missiles tirés par des hélicoptères qui sont utilisés. Les premiers visés ont été les chefs locaux des groupes armés. Les Brigades Ezzedine al-Qassam, aile militaire du Hamas, sont particulièrement traquées, leurs chefs éliminés les uns après les autres. En juillet 2002, Salah Shehadeh, dirigeant des Brigades Ezzedine al-Qassam, est tué dans le bombardement de son immeuble dans la ville de Gaza. Une exécution extrajudiciaire qui soulève un tollé : la bombe pèse une tonne et fait 17 autres victimes, dont des femmes et des enfants. Jusqu'à juin 2003, la direction politique du Hamas est épargnée. Une première tentative d'élimination vise alors Abdelaziz al-Rantissi, un des fondateurs du Hamas. Le 21 août de la même année, Ismaïl Abou Shnab, haut dirigeant du mouvement islamiste, est tué dans sa voiture par plusieurs missiles. Les assassinats dits ciblés se poursuivent, ainsi que l'a promis le gouvernement israélien. En septembre 2003, toute la direction du Hamas échappe de peu à la mort, et parmi eux, le cheikh Yassine, fondateur et chef spirituel du mouvement islamiste, alors que le Hamas envisage une nouvelle trêve. Mais le 22 mars 2003, quelques jours après l'attentat dans le port d'Ashdod, des missiles abattent le cheikh Yassine, seul dirigeant du Hamas à ne pas se cacher. Son élimination choque d'autant plus les opinions palestiniennes et arabes que c'était un vieil homme (67 ans) paralysé depuis son enfance et qu'il a été tué alors qu'il sortait de la mosquée après la prière de l'aube. Étant donné la popularité du cheikh Yassine, l'Autorité palestinienne se voit contrainte de décréter trois jours de deuil national. Dans le stade Yarmouk de Gaza, le mouvement adoube comme nouveau dirigeant Abdelaziz al-Rantissi, considéré comme appartenant à l'aile dure. Il est exécuté par des hélicoptères moins d'un mois plus tard, le 17 avril 2004. Ces liquidations ont eu lieu après l'annonce par le Premier ministre israélien Ariel Sharon d'un plan de retrait unilatéral de la bande de Gaza. Leur objectif officiel est de porter des coups sévères au Hamas afin qu'il ne puisse présenter ce retrait comme une victoire. Ces assassinats dits ciblés sont condamnés plus ou moins vigoureusement par la communauté internationale, d'autant plus quand les pertes civiles « collatérales » sont nombreuses. Depuis, le Hamas n'a pas communiqué le nom de son dirigeant. Les observateurs penchent pour une direction collégiale regroupant notamment Mahmoud Zahar et Ismaïl Haniyyeh.

Les prisonniers. C'est une question cruciale tant pour l'Autorité que pour la société palestinienne. Pas une seule famille n'a été ou n'est épargnée par ce phénomène. Il existe un ministère des prisonniers et une association officielle. Cette question est si sensible qu'elle a participé à la désaffection et à la chute du Premier ministre Mahmoud Abbas : en ne citant pas les prisonniers dans son discours lors du sommet d'Aqaba de juin 2003, il a fait une faute politique et n'a réussi à obtenir que quelques centaines de libérations en août 2003, la plupart des affranchis étant d'ailleurs en fin de peine.
En juillet 2004, le nombre de prisonniers et de détenus était d'environ 7 000. Leur statut est géré par les lois militaires, certaines datant du mandat britannique. Certains d'entre eux, dont ceux qui ont été jugés, sont détenus dans des prisons israéliennes, sur le sol israélien. D'autres le sont dans des centres de détention en Cisjordanie ou dans le grand centre de rétention du Néguev. Près de 2 000 détenus n'ont pas été jugés et près de 1 000 autres sont emprisonnés sous le régime de la détention administrative, sans procès et sans qu'aucune charge ne leur soit communiquée. En août 2004, les prisonniers palestiniens ont observé une grève de la fin de près de trois semaines. Ils demandaient notamment le droit de visite pour leurs familles, la fin des fouilles humiliantes, l'accès à l'éducation par correspondance, la possibilité de communiquer avec le monde extérieur.

Les répercussions sur les populations civiles. Les incursions et réoccupations s'accompagnent en règle générale de nombreuses pertes civiles côté palestinien, avec des dommages tant physiques que psychologiques. Du début de l'intifada Al-Aqsa jusqu'à octobre 2004, 3 500 Palestiniens ont été tués par les forces israéliennes, très majoritairement des civils. Plus de 10 000 ont été blessés au cours de la même période. En outre, la population civile vit dans des conditions difficiles au quotidien : entrave à la liberté de circulation, au droit à l'éducation, difficulté d'accès aux soins médicaux, destruction de maisons, désorganisation de l'économie. Le chômage a considérablement augmenté tant en Cisjordanie que dans la bande de Gaza (où il est estimé à 60 % de la population active). De plus en plus de familles dépendent de l'aide internationale, des cas de malnutrition ont été signalés. Pour la première fois, le Programme alimentaire mondial et le Comité international de la Croix-Rouge ont dû distribuer des produits de première nécessité à plusieurs dizaines de milliers de familles.

LA POURSUITE DE LA COLONISATION

Au cœur de l'échec du processus d'Oslo et des tentatives internationales de reprise des négociations, au cœur même du conflit : les colonies israéliennes en Cisjordanie et dans la bande de Gaza pour les Palestiniens, et celles du plateau du Golan pour les Syriens. La colonisation a commencé dès 1967, juste après la guerre des Six Jours et l'occupation des territoires palestiniens et syrien, et n'a jamais cessé. Les colonies sont considérées comme illégales par la communauté internationale, mais les Israéliens en distinguent deux types : celles qui sont autorisées et donc légales aux yeux de la loi israélienne, et les avant-postes établis sans autorisation. En règle générale, les avant-postes sont créés à distance de la « colonie mère », quelques centaines de mètres parfois, sinon quelques kilomètres. Il s'agit de quelques caravanes, habitées ou pas, ou d'un réservoir d'eau. Les colons cherchent ensuite à obtenir la protection de l'armée, le raccordement au réseau d'eau et d'électricité puis la légalisation de l'avant-poste. Les constructions en dur peuvent alors commencer.

Mi-2004, environ 230 000 colons vivaient dans 145 colonies de Cisjordanie et de Gaza, et plus de 96 avant-postes créés depuis 1996 sans autorisation, dont 51 depuis mars 2001, date de l'accession d'Ariel Sharon au poste de Premier ministre. Environ 7 000 colons vivent dans la bande de Gaza, dans 21 colonies, le reste de la population des colons vit en Cisjordanie. Sur le plateau du Golan, ils sont environ 20 000 répartis dans 33 implantations. Ils tiennent une place particulière dans l'histoire de la colonisation israélienne. Ils n'appartiennent pas au courant sioniste messianique contrairement à beaucoup de colons installés dans les territoires palestiniens. Dans leur grande majorité, ils sont laïcs, beaucoup sont travaillistes. Et soutenus par une majorité d'Israéliens : 53 % d'entre eux ont ainsi approuvé le projet d'expansion des colonies du plateau du Golan décidé par le gouvernement en décembre 2003. Il s'agit d'un des plans les plus ambitieux jamais votés concernant le plateau annexé en 1981 : 60 millions de dollars de financement, mise en chantier de 9 nouvelles implantations. La volonté affichée est de faire venir, d'ici à 2007, 10 000 à 15 000 Israéliens de plus sur le Golan. La presse israélienne a souligné que ce plan était approuvé au moment même où Damas paraissait vouloir reprendre un dialogue interrompu en l'an 2000.

Depuis son arrivée à la tête de l'État, Ariel Sharon semble donner des signaux contradictoires. Ce chantre de la colonisation émet d'abord de fortes réserves à la « Feuille de route », plan de paix international rédigé par le Quartet (réunissant de façon informelle l'Union européenne, les États-Unis, la Russie et l'ONU). Il prévoit entre autres dans sa première phase le démantèlement des avant-postes et le gel complet de la colonisation, même pour les besoins de la « croissance naturelle », argument dont se targuent traditionnellement les autorités israéliennes pour justifier, en violation des accords d'Oslo, la poursuite de la construction de logements dans les colonies. Finalement, quelques jours avant le sommet d'Aqaba de juin 2003, Ariel Sharon accepte officiellement la Feuille de route. Mais la construction de logements dans les colonies se poursuit. Quelques avant-postes sont démantelés avec force déploiement médiatique, mais la plupart sont inhabités et réinstallés aussitôt que les caméras ont le dos tourné. C'est du moins ce qu'affirme l'Observatoire de la colonisation animé par le mouvement pacifiste israélien La Paix Maintenant et considéré comme fiable.

Sharon est intransigeant sur la colonisation en Cisjordanie et dans la vallée du Jourdain : plusieurs milliers de logements supplémentaires ont été annoncés par le gouvernement. Mais dès la fin mai 2003, il commence à préparer son opinion publique à ce qu'il nomme des « concessions douloureuses ». Devant les députés du Likoud effarés, il déclare : « Il est impossible de maintenir 3,5 millions de Palestiniens sous occupation. » Le mot fait grand bruit. Début 2004, il annonce son plan : le retrait unilatéral de la bande de Gaza. Ce qui signifie le démantèlement des 21 colonies de l'étroit territoire palestinien. Il rajoute celui de 4 colonies isolées au nord de la Cisjordanie, des implantations qui se dépeuplent déjà et qui sont de plus en plus coûteuses à protéger. Car Ariel Sharon joue le pragmatisme. Les colonies coûtent très cher : selon *Haaretz,* l'un des trois grands quotidiens israéliens, Israël a dépensé plus de 1 milliard d'euros chaque année pour maintenir environ 10 000 hommes dans les territoires palestiniens au cours de la deuxième intifada. En outre, les colons prélèvent chaque année sur le budget de l'État au moins 550 millions d'euros de dépenses non militaires (subventions pour le logement, les routes, exemption de taxes, etc.). La Paix Maintenant a montré que 77 % des colons se sont installés dans les territoires palestiniens (principalement en Cisjordanie) pour des raisons financières et de confort, et non pour des raisons idéologiques.

Les colonies ne sont guère populaires : pour 55 % des Israéliens, elles constituent davantage un fardeau économique qu'un atout sécuritaire. Et selon les sondages, de 60 à 70 % sont en faveur d'un retrait et du démantèlement, total ou partiel, des colonies. Le plan d'Ariel Sharon reçoit donc une approbation populaire et internationale, notamment la bénédiction des États-Unis. Le Premier ministre a beau affirmer ouvertement que cela lui permettra de consolider la colonisation en Cisjordanie, il est considéré comme faisant un « geste vers la paix ». Aidé, en cela, par son parti, le Likoud, et par les colons qui expriment bruyamment leur opposition à ce plan. Le référendum interne au grand parti de droite organisé le 2 mai 2004 est une gifle pour Ariel Sharon : son plan est rejeté. Mais celui que l'on surnomme le « bulldozer » persiste et fonce : il le fait avaliser par son gouvernement et annonce même qu'il commencera à être réalisé dès février 2005. Le Yesha (conseil des colonies) organise manifestations sur marches, en vain pour l'instant. À chacune d'entre elles, on note la présence de députés du Likoud, voire de ministres du gouvernement Sharon. Qui a trouvé un soutien bien inattendu : celui du « camp de la

Clôture de sécurité ou mur de l'Apartheid ?

C'était une idée portée par la gauche israélienne : pour empêcher les kamikazes palestiniens de pénétrer en Israël, construire un ouvrage défensif entre l'État hébreu et la Cisjordanie, à l'image de la clôture hermétique qui enserre la bande de Gaza. Cette « barrière de séparation » selon la terminologie israélienne, devait être érigée sur la « Ligne verte », frontière virtuelle qui sépare depuis 1949 Israël de la Cisjordanie. À l'origine, la droite israélienne et les instances représentatives des colons y étaient absolument opposées. Deux arguments étaient avancés : cette « barrière » risquait de devenir une frontière politique ; les colonies risquaient de se retrouver isolées en Cisjordanie, coupées d'Israël. Ariel Sharon était contre, lui aussi, mais l'idée était très populaire. Le Premier ministre a donc adopté le projet, en le modifiant très largement. Le tracé avalisé par le gouvernement israélien court sur quelque 660 kilomètres. Il passe systématiquement en Cisjordanie, empiétant sur les terres palestiniennes de quelques dizaines de mètres (région de Tulkarem) à quelque 20 kilomètres (région de la colonie juive d'Ariel). Il englobe à l'ouest la majeure partie des colonies – 145 000 colons environ, hors Jérusalem-Est. À l'été 2004, 145 kilomètres étaient construits selon le gouvernement israélien. La construction a commencé en juillet 2002 dans les districts du nord-ouest de la Cisjordanie, Jénine, Tulkarem, Qalqiliya. Elle s'est poursuivie autour de Jérusalem et la deuxième phase a été inaugurée, en septembre 2004, dans le district d'Hébron, au sud.

Les polémiques sur cet ouvrage sont légion. D'abord sur son but. Pour les Israéliens, il s'agit simplement de protéger l'État hébreu des auteurs d'attentats suicides. De façon récurrente, les autorités de Tel-Aviv affirment que la baisse, significative ces deux dernières années, du nombre d'attentats dans les centres urbains israéliens est la preuve de l'efficacité de l'ouvrage. Elles maintiennent qu'il est temporaire, purement sécuritaire et en aucun cas politique. Pour les Palestiniens, l'ouvrage est purement politique, car érigé sur les terres palestiniennes de Cisjordanie. Selon l'ONG israélienne de défense des droits de l'homme B'Tselem, près de 17 % des terres de la Cisjordanie se retrouvent piégées entre la « barrière/mur » et la Ligne verte. Et il ne s'agit pas là de terres arides : un tiers de la nappe phréatique de Cisjordanie se trouve dans ce sous-sol. En outre, une grande majorité de colonies va être annexée de fait par Israël. Et, toujours selon Btselem, au moins 38 % de la population de Cisjordanie sera affectée par l'ouvrage, coupée de ses terres, des services sociaux, médicaux, administratifs. Voire de ses proches. L'ouvrage consiste, selon les lieux, en un mur de béton de 5 à 8 mètres de haut, dans les zones les plus densément peuplées ou les plus proches d'Israël, ou d'un complexe de tranchées antichars, de barbelés, clôture surmontée de capteurs électroniques et de routes de patrouille. Des « portails » sont censés permettre le passage des Palestiniens vers leurs terres ou les villes et villages alentour. Il s'avère sur le terrain que ces permis sont distribués de façon aléatoire et les portails ouverts de même. Polémique, aussi, sur le nom donné à cet ouvrage : « barrière de sécurité » ou « clôture de séparation » pour les Israéliens ; « mur de l'Apartheid » pour les Palestiniens.

L'Autorité palestinienne a réagi tardivement, puis multiplié, depuis la mi-2003, les initiatives contre la « barrière/mur ». Ainsi, elle a porté la question devant la Cour internationale de justice de La Haye en février 2004. Laquelle Cour a condamné la « barrière/mur » en des termes violents. L'assemblée générale des Nations unies a fait de même en juillet 2004. Mais son principe est soutenu par les États-Unis, alors même que George Bush l'avait qualifié de « problème » à l'été 2003. Plus complexe encore, la « barrière/mur » autour de Jérusalem. Ici, il s'agit bien d'un mur de béton, haut de 5 à 8 mètres. Il coupe en deux des villes – comme celle d'Al-Ram, entre Jérusalem et Ramallah –, des familles, des entreprises, des citoyens, de leurs écoles, de leurs hôpitaux. La situation, absolument inextricable, coupe tout un pan de Jérusalem-Est de son hinterland en Cisjordanie. Bien que condamné par les instances internationales, l'État d'Israël persiste dans sa volonté d'édifier la « barrière/ mur ».

Paix », qui s'est mobilisé en faveur de cette évacuation. Les études d'opinion montrent que très peu de colons sont prêts à résister par la force à une évacuation. Un quart de ceux de la bande de Gaza ont d'ores et déjà annoncé qu'ils étaient prêts à partir et ont commencé à négocier leurs indemnités. Selon Shaul Mofaz, ministre de la Défense, elles pourraient dépasser les 400 millions d'euros. En septembre 2004, le cabinet de sécurité a voté le versement d'indemnités aux colons de la bande de Gaza qui partiraient volontairement : entre 200 000 et 500 000 dollars par famille. Une étude menée par La Paix Maintenant en juillet 2003 démontre que 90 % des colons ne violeraient pas la loi au cas où interviendrait une décision de se retirer des territoires palestiniens, que seuls 1 à 2 % d'entre eux auraient recours à tous les moyens pour s'opposer à une évacuation, et que 83 % accepteraient de partir en échange de compensations financières. La politique d'Ariel Sharon a trouvé, une fois de plus, le soutien sans condition de Washington. Les États-Unis, jusque-là opposés à la colonisation, ont donné leur blanc-seing à la poursuite de la construction de logements dans les colonies de Cisjordanie en se refusant à condamner l'annonce, fin août 2004, de 1 500 nouvelles unités d'habitations.

L'EXTRÉMISME JUIF

Au cours de la deuxième intifada, la société israélienne s'est très largement « droitisée » et les idées de l'extrême droite banalisées. De même, les actions violentes semblent susciter moins de réactions qu'au cours des décennies précédentes.

Le « transfert » publiquement débattu. Ce concept a longtemps été tabou, publiquement utilisé seulement par la frange la plus à l'extrême droite du spectre politique israélien. Il est assez flou : il s'agit du départ, volontaire ou non, des « Arabes ». Dans son sens le plus restrictif – ceux que l'on nomme Arabes israéliens ou Palestiniens de 1948, c'est-à-dire les populations qui n'ont pas quitté leurs maisons et leurs terres en 1948 et qui possèdent aujourd'hui la nationalité israélienne. Ils sont largement discriminés et considérés par une partie assez importante de l'opinion et de la classe politique israéliennes comme une cinquième colonne. À cela s'ajoute la peur démographique, chez les juifs, de ne plus être, à terme, majoritaires en Israël. Chez certains juifs israéliens, le « transfert » doit s'appliquer à « tous » les Arabes, c'est-à-dire également aux Palestiniens vivant en Cisjordanie et dans la bande de Gaza. Pour les tenants de cette option, les Palestiniens ont déjà un État : la Jordanie. Le principal homme public partisan du transfert s'appelait Rehavam Zeevi, il était ministre du Tourisme et a été assassiné par la branche militaire du FPLP (Front populaire de libération de la Palestine) en octobre 2001. Sa mort, qui a donné lieu à des funérailles nationales, a légitimé le débat sur le transfert. Des banderoles et des graffitis violents sont devenus habituels dans les villes israéliennes : « Pas d'Arabes, pas d'attentats », « transfert = paix ». Un sondage effectué au début de 2003 indiquait que 20 % des juifs israéliens voteraient pour le parti Kach s'il pouvait présenter des candidats. Ce parti raciste et violent a été interdit en 1994 après le massacre d'Hébron. L'idée de transfert séduisait, en mai 2003, 57 % des juifs israéliens (enquête *Haaretz*). Elle atteignait des sommets de popularité parmi les religieux et les immigrés de l'ex-URSS. Elle est aussi soutenue par des intellectuels, et non des moindres. Ainsi Benny Morris, un des chefs de file des « nouveaux historiens » israéliens, ceux qui revisitent l'histoire du pays et brisent les mythes. Dans plusieurs entretiens délivrés à des journaux, cet universitaire de renom a déploré que le « travail » n'ait pas été « achevé » en 1948.

Des violences presque banales. Tous les ans depuis le début de l'intifada Al-Aqsa, à l'automne, les journalistes font les mêmes reportages : dans la région de Naplouse, les colons empêchent ou tentent d'empêcher les paysans palestiniens de récolter les olives. Ils tronçonnent les arbres les plus proches des colonies, brûlent des vergers, tirent sur les Palestiniens, lâchent des chiens, etc. La violence est à la fois symbolique et économique : l'olivier est un arbre mythique pour les Palestiniens, et l'olive une source encore très importante de revenus, surtout en ces temps de bouclage. Cette violence est bien relatée par les médias au moment de la récolte des olives, faisant quelque peu oublier qu'elle se déroule à longueur d'année : les habitants des colonies les plus radicales ne laissent jamais leurs voisins en paix. Tirs sur les réservoirs d'eau, chiens méchants lâchés, menaces, intimidations, empoisonnement des bêtes, destruction des infrastructures d'électricité. Les conséquences peuvent être importantes : en octobre 2002, un village entier, celui de Yanoun, proche de Naplouse, s'est vidé de ses habitants. Ils y sont progressivement revenus parce que des pacifistes israéliens et internationaux s'y sont installés en observateurs. Le même type de faits a été observé ailleurs, partout où des colons radicaux proches des mouvements Kach et Kahane Haï sont installés. Ainsi dans la ville d'Hébron, fief de quelque 300 ou 400 colons radicaux : les étals du marché palestinien ont été brûlés et des ratonnades sont régulièrement signalées. Selon les pacifistes israéliens et les Palestiniens, l'armée israélienne montre peu de zèle pour poursuivre les auteurs de ce type de violence.

Des cellules terroristes. Une poignée de juifs extrémistes coupables d'attentats contre des cibles palestiniennes ou projetant d'en commettre a été arrêtée au cours de la deuxième intifada. Dans un cas, il s'agit de colons. L'un d'eux, Shahar Dviv Zeliger, a été reconnu coupable, en septembre 2004, d'appartenance à une organisation ayant tué 8 Palestiniens et en ayant blessé 16 dans des attaques diverses. Ce même groupe avait préparé un attentat à la bombe contre une école de filles de Jérusalem-Est en avril 2002, attentat déjoué au dernier moment. Autre cas, celui d'un jeune homme de 22 ans habitant Haïfa. La police a retrouvé chez lui un véritable arsenal. Il a reconnu avoir planifié 9 attentats contre des cibles arabes dans la région de la métropole septentrionale. Une des bombes avait été placé sous la voiture d'un député arabe. Depuis l'annonce du Plan Sharon de retrait de la bande de Gaza, les autorités israéliennes affirment craindre un attentat contre l'Esplanade des Mosquées. Porter atteinte à ce lieu saint de l'islam embraserait à coup sûr tous les territoires palestiniens et ferait capoter tout retrait, même partiel. Dans ce même contexte a surgi une autre « grande peur » : l'assassinat, par un juif, d'un dirigeant juif, en l'occurrence Ariel Sharon. Depuis le précédent d'Yitzhak Rabin, les services de sécurité prennent cette hypothèse très au sérieux. En juillet 2004, Avi Dichter, le chef du Shin Beth (service de la sécurité intérieure) affirmait qu'un groupe de 150 à 200 juifs extrémistes souhaitaient la mort du Premier ministre. Selon le haut fonctionnaire, il s'agit essentiellement de colons de Cisjordanie prêts à tout pour s'opposer au plan de retrait unilatéral de Gaza. Les signaux alarmants se sont accumulés au cours de l'été 2004. Fin juin, un rabbin radical a cité une expression religieuse qui autorise à tuer une personne mettant en danger la vie d'autrui. En septembre, un autre rabbin radical s'est dit prêt à pratiquer la *pulsa denura,* rituel antique où sont invoqués les feux du ciel pour foudroyer une personne maudite. Personne, en Israël, ne prend ces menaces à la légère : une telle cérémonie avait été

Contestation non violente en Israël

Au cours des premiers mois, voire des deux premières années de l'intifada Al-Aqsa, le « camp de la paix » israélien a été bien silencieux. Comme assommé par l'éruption d'une contestation qu'il n'avait pas vue venir, convaincu par Ehud Barak que la partie israélienne avait « tout » offert aux Palestiniens, qui, le 29 septembre 2000, avaient alors révélé leur vrai visage et leurs vraies intentions – la destruction d'Israël, anesthésié par les attentats suicides qui ensanglantaient les villes israéliennes. Sentiment d'urgence et d'union nationale oblige, les voix dissidentes se faisaient discrètes. Puis la contestation de la politique du tout-répressif menée par le gouvernement israélien a ressurgi. Elle est portée par des groupes traditionnellement inscrits dans le « camp de la paix » comme La Paix Maintenant, le Bloc de la Paix (Goush Shalom) auquel appartiennent des mouvements « historiques » (les Femmes en Noir) et des mouvements nés avec cette intifada (Mahsom Watch).

Est apparue aussi une contestation interne aux forces armées et de sécurité. Celle-ci reste très minoritaire mais, étant donné la place de l'armée dans la société israélienne, elle fait beaucoup de bruit. Ce sont des réservistes qui ont lancé, les premiers, la remise en cause du service dans les territoires palestiniens. La pétition a été publiée sous forme de lettre ouverte au Premier ministre au début de l'année 2002. Elle est intitulée « Le courage de refuser » et signée par 52 soldats et officiers de réserve. Ses signataires ne renient pas le sionisme ni le principe de périodes de réserve (auxquelles sont astreints tous les hommes après leur service militaire, et ce jusqu'à 45 ans) mais refusent de servir en Cisjordanie et dans la bande de Gaza. Aujourd'hui, le nombre de « refuzniks » se monte à un peu plus d'un millier. Les réservistes sont suivis, en septembre 2003, de 27 pilotes, puis, en décembre de la même année, de 13 membres du commando de l'état-major, unité prestigieuse s'il en est. Que le refus gagne l'élite de l'armée fait scandale, même si le phénomène reste extrêmement limité.

La question, pour tous, est celle de la moralité des forces armées israéliennes et, par la même occasion, de celle du pays. En jeu, pour eux, l'avenir même du sionisme et de la démocratie israélienne. C'est également pour mettre en garde contre ce qu'ils estiment être le dévoiement des deux que quatre anciens chefs du Shin Beth, le service de sécurité intérieure d'Israël, s'expriment publiquement dans les colonnes du quotidien à grand tirage *Yedioth Aharonot* en novembre 2003. L'un d'eux, Ami Ayalon, s'est d'ailleurs engagé à formuler un plan de paix alternatif avec l'intellectuel palestinien Sari Nousseibeh. Leur initiative a recueilli des centaines de milliers de signatures. Il en est de même avec ce que l'on a nommé l'« initiative de Genève », portée par les équipes du Palestinien Yasser Abed Rabbo, proche de Yasser Arafat, et de l'Israélien Yossi Beilin, ancien membre du Parti travailliste en rupture de ban. Menées dans le plus grand secret, les négociations, rendues publiques à l'automne 2003, aboutissent à un document où nombre de tabous sont bousculés. Les négociateurs sont allés bien plus loin dans le règlement du conflit qu'à Taba, en janvier 2001, juste avant l'élection au poste de Premier ministre d'Ariel Sharon. Les questions les plus épineuses, comme celle de la souveraineté sur le Mont du Temple/Esplanade des Mosquées ou celle du droit au retour des réfugiés palestiniens sont non seulement évoquées mais résolues. L'initiative de Genève bénéficie d'une forte couverture médiatique, notamment à l'étranger. Mais un an après son lancement en fanfare, elle reste à l'état de vœu pieux politique ou, au mieux, de document de travail pour de futurs gouvernements. Car, si Yasser Arafat l'a saluée du bout des lèvres, Ariel Sharon l'a rejetée dans les poubelles de l'Histoire.

Au printemps 2004, le camp de la paix israélien semble être quelque peu revigoré. Des manifestations rassemblent plusieurs dizaines de milliers de partisans du retour aux négociations avec les Palestiniens. Néanmoins, Ariel Sharon reste un Premier ministre très populaire.

célébrée avant le meurtre d'Yitzhak Rabin, et Ygal Amir, son assassin, s'était senti autorisé à tuer par des autorités religieuses. Plus la date du retrait approche (il devrait commencer au cours du premier trimestre 2005), plus les accusations mutuelles de mener le pays à la guerre civile se font virulentes. Deux cents personnalités d'extrême droite ont signé, en septembre 2004, une pétition appelant les soldats et les policiers à la désobéissance civile. Des dirigeants des colons ont brandi la menace d'affrontements violents avec les forces de l'ordre. Ariel Sharon, de son côté, a dénoncé une « campagne d'incitation » à la violence. La virulence des partisans des colons, qui n'hésitent pas à faire le parallèle avec les nazis, l'aide à asseoir sa toute nouvelle image de modéré prêt à des « concessions douloureuses » selon son expression. À l'automne 2004, ces menaces restaient très largement à l'état de gesticulation. Interrogés directement, les colons concernés, ceux de la bande de Gaza, continuaient à affirmer qu'ils ne lèveraient pas la main sur des soldats juifs.

ÉCHEC DES TENTATIVES DE NÉGOCIATIONS ET INITIATIVE UNILATÉRALE

Dès le début de l'intifada Al-Aqsa, la communauté internationale a tenté de faire stopper la violence et de remettre le processus de négociation sur les rails. Des plans, rédigés par ou à l'initiative des Américains, de l'Europe ou des pays arabes, ont ponctué les violences, sans jamais réussir à les arrêter.

La « Feuille de route ». En décembre 2002, le Quartet finalise un plan de paix international largement inspiré des précédents, mais avec un calendrier précis. Surnommé la « Feuille de route », il comporte trois étapes, durant lesquelles les deux parties doivent remplir simultanément des obligations. La première prévoit notamment, côté palestinien, la mise en route de réformes et l'arrêt de toute violence et, côté israélien, le démantèlement des avant-postes, le gel complet de la colonisation et le retour de l'armée à ses positions d'avant l'intifada Al-Aqsa. La Feuille de route doit mener à la création d'un État palestinien au plus tard fin 2005. Remise officiellement le 30 avril 2003 aux deux gouvernements, celui de Mahmoud Abbas (dit Abou Mazen), nouvellement nommé Premier ministre palestinien (gage de volonté de réformes de la part de l'Autorité palestinienne) et celui d'Ariel Sharon, elle est officiellement acceptée par les deux parties. Les Israéliens posent cependant une série de quatorze réserves. La Feuille de route est lancée, sous parrainage américain, le 4 juin 2003 lors du sommet d'Aqaba. La rencontre internationale se veut un signe fort : la preuve de la volonté des États-Unis de s'atteler à bras-le-corps à la résolution du conflit israélo-palestinien, deux mois après la chute de Saddam Hussein. Mais la Feuille de route ne connaîtra pas plus de succès que les plans antérieurs. Ariel Sharon déclare même en septembre 2004 qu'Israël ne la suivra pas. Officiellement, à l'automne 2004, elle est toujours inscrite dans l'agenda de la communauté internationale. Dans les faits, jamais les États-Unis n'ont réellement poussé à son application et elle est enterrée au moins par une des deux parties. Elle retrouve un semblant de vie après la mort de Yasser Arafat : la nouvelle direction palestinienne demande qu'elle soit à nouveau prise en compte puisque, dit-elle, l'obstacle invoqué par le gouvernement israélien (Yasser Arafat, qui ne serait plus un partenaire) n'est plus. Le calendrier initial de la Feuille de route est, de toute façon, obsolète et George Bush évoque, lui, l'année 2009 pour l'établissement d'un État palestinien.

Le Plan Sharon. En décembre 2003, Ariel Sharon fait une des déclarations choc dont il a le goût : si la Feuille de route ne progresse pas, Israël se verra contraint de mettre en place un plan de séparation unilatéral. Le tracé de la « clôture de sécurité », selon l'expression israélienne, le « mur », selon les Palestiniens, facilite le plan : il s'agit, annonce le Premier ministre israélien en février 2004, de démanteler les colonies de la bande de Gaza (17, puis, finalement, 21, soit toutes les colonies de cet étroit territoire palestinien) et 4 implantations isolées du nord de la Cisjordanie. « Il n'y aura plus de juifs dans la bande de Gaza fin 2005 », martèle-t-il depuis sans faillir. L'initiative unilatérale est accueillie avec prudence par les dirigeants palestiniens et nombre d'observateurs qui craignent que l'« abandon » de la bande de Gaza ne soit qu'une monnaie d'échange contre l'annexion d'une partie de la Cisjordanie, notamment des terres « piégées » entre le mur et la Ligne verte et des grands blocs de colonies. Le conseiller personnel d'Ariel Sharon confirme les craintes en question en déclarant, en octobre 2004, que le plan unilatéral de désengagement vise à « geler le processus politique » et ainsi à « empêcher l'établissement d'un État palestinien, les discussions sur les réfugiés, les frontières et Jérusalem ». Sur la scène intérieure, Ariel Sharon est chahuté. En butte aux critiques virulentes de l'aile droite de son parti, le Likoud, des instances représentatives des colons (le Yesha, principalement) et de l'extrême droite, il doit faire face à une fronde grandissante. Il passe outre. En septembre, son cabinet vote le principe des indemnisations. Les évacuations, volontaires dans un premier temps, doivent commencer en février 2005. Fin octobre, le plan passe au vote devant la Knesset. Sur le plan international, Ariel Sharon reçoit un appui sur toute la ligne de George Bush. En avril 2004, le président américain va même jusqu'à proclamer que les 3,7 millions de réfugiés palestiniens devraient renoncer au droit au retour et qu'un retrait israélien total de Cisjordanie serait « irréaliste ». Autrement dit, une partie des colonies juives resteront en place quoi qu'il arrive. C'est un coup de canif sérieux dans la doctrine américaine jusque-là unanimement respectée par toutes les administrations, républicaines comme démocrates. Dans le cadre de la préparation du retrait, l'armée israélienne a lancé de vastes et meurtrières opérations militaires dans la bande de Gaza (« Arc-en-Ciel » dans le sud du territoire en mai 2004, « Jours de pénitence » dans le nord en septembre 2004). Il s'agit d'empêcher les groupes palestiniens et singulièrement le Hamas de présenter le retrait comme une victoire de la « résistance » palestinienne. Par ailleurs, Ariel Sharon espère que les Égyptiens s'impliqueront d'une façon ou d'une autre dans la bande de Gaza, notamment pour contrôler la frontière sud et éviter une augmentation importante du trafic d'armes en provenance d'Égypte.

TERRITOIRES PALESTINIENS : LA DESCENTE AUX ENFERS DE L'AUTORITÉ PALESTINIENNE

Le 12 novembre 2004, Yasser Arafat, président élu de l'Autorité palestinienne, est enterré dans l'enceinte de la Mouqataa, son quartier général de Ramallah où il était retenu prisonnier de fait depuis décembre 2001. La ferveur populaire est immense, les funérailles se déroulent dans le calme malgré une grande émotion. Mais aucun chef d'État ni même ministre étranger n'est présent. La cérémonie internationale s'est déroulée au Caire. Yasser Arafat, revenu dix ans plus tôt d'exil, est mort à Paris, loin de la terre de Palestine, sans léguer un État à son peuple comme c'était son ambition. Pis encore : lui qui a été, à la fin de sa vie, tragiquement isolé tant par l'interdiction qui lui était faite de se déplacer que par la mise à l'écart dont il était victime de la part de la plupart des pays étrangers, laisse une cause dévaluée aux yeux du monde.

Fin 2004, le constat est cruel : l'Autorité palestinienne est impuissante, ses institutions détruites ou bloquées, sa marge de manœuvre réduite à néant ou peu s'en faut. Les partis et les groupes armés extérieurs à l'Autorité palestinienne semblent prendre une dimension de plus en plus significative politiquement et en termes de popularité, alors que l'on a pu parler de « chaos » ou d'« anarchie » sur le terrain.

Depuis le début de l'intifada Al-Aqsa, l'Autorité palestinienne a cherché à maintenir des discussions avec les partis refusant les accords d'Oslo, comme le Hamas et le Djihad islamique, et à garder le contrôle de groupes armés issus du Fatah – ainsi la nébuleuse des Brigades des martyrs d'Al-Aqsa. Parallèlement, l'Autorité palestinienne s'est déchirée en interne sur les réformes exigées par la communauté internationale ; le vieux dirigeant Yasser Arafat tente, usant alternativement de coups de force et de la ruse, de conserver l'essentiel de ses pouvoirs. Il s'est opposé ainsi parfois frontalement et jusqu'à sa mort à ceux qui, au sein du Fatah et du Parlement palestinien, relaient cette exigence de réformes.

Discussions interpalestiniennes. En novembre 2002 commencent au Caire des discussions entre les principales factions palestiniennes pour aboutir à un arrêt des attentats à l'intérieur d'Israël. Sur le berceau se penchent les bonnes fées les plus attentionnées : Égypte, bien sûr, Arabie saoudite, auteur d'un plan de paix présenté en mars 2002 et recalé immédiatement par Israël, Union européenne et même États-Unis. Washington a inscrit le Hamas sur la liste des organisations terroristes mais les agents de la CIA s'entretiennent avec son dirigeant extérieur, Khaled Mechaal. Au début de son mandat, le tout nouveau Premier ministre palestinien, Mahmoud Abbas, les accélère. Il a toujours condamné la militarisation de l'intifada et les attentats, il a en outre appelé, lors du sommet d'Aqaba en juin 2003, à la fin du soulèvement. Il est très largement aidé par un homme de poids sur la scène palestinienne : Marwan Barghouti *(voir encadré)*, qui œuvre depuis sa prison. Finalement, fin juin 2003, un communiqué signé des principales factions palestiniennes annonce une *houdna* – dans le vocabulaire bédouin, une trêve provisoire entre tribus. Il s'agit de l'arrêt des opérations militaires et des attentats, aussi bien dans les territoires palestiniens qu'en Israël. L'interprétation, parfois divergente, donne la mesure de la complexité de cet accord. Pour le Hamas et le Djihad islamique, la *houdna* est valable trois mois, éventuellement reconductibles, et ne tient qu'à la condition qu'Israël mette un terme aux assassinats ciblés, aux arrestations et aux destructions À noter qu'au sein du Hamas, c'est l'aile modérée (dite aussi pragmatique), représentée par son dirigeant extérieur, Khaled Mechaal, et par le cheikh Ahmed Yassine et Ismaïl Abou Shnab dans la bande de Gaza, qui ont entériné l'accord. L'aile dure, dont Abdelaziz al-Rantissi est le principal porte-parole, était opposée à la *houdna,* mais finit par s'y ranger. Le Fatah, de son côté, prône une trêve de six mois, conditionnée elle aussi par l'arrêt des opérations israéliennes. Deux groupes palestiniens se disent publiquement non concernés par la *houdna* : le Front populaire de libération de la Palestine (FPLP), petit parti d'obédience marxiste, et les Brigades des martyrs d'Al-Aqsa, qui ont échappé au contrôle du Fatah et ne disposent d'ailleurs pas d'un commandement central.

Pendant l'été, Israël poursuit ses opérations militaires, même si leur intensité a diminué. Les accrocs se multiplient, jusqu'à l'élimination à Gaza d'Ismaïl Abou Shnab, dirigeant de très haut rang du Hamas. Dès le lendemain, les groupes palestiniens annoncent la fin de la trêve. Une issue d'autant plus inévitable qu'Ismaïl Abou Shnab avait été un des artisans de la *houdna* et était partisan d'une prolongation de trois mois supplémentaires. Certains, y compris dans la presse israélienne, ont refusé de voir dans son assassinat une simple coïncidence.

En décembre 2003, des discussions reprennent au Caire entre les différentes factions et le gouvernement palestinien dirigé, depuis la démission de Mahmoud Abbas en septembre, par l'ancien président du Parlement, Ahmed Qorei. Elles ne seront jamais complètement rompues. Au-delà d'une nouvelle trêve, elles portent sur le partage du pouvoir après le retrait d'Israël de la bande de Gaza. Pour le Hamas, une participation au pouvoir semble possible : le contrôle de l'étroit territoire par les Palestiniens ne résultant pas d'une application des accords d'Oslo, l'entrée du mouvement islamiste dans les instances dirigeantes ne signifierait pas une reconnaissance indirecte d'Israël. En outre, le cheikh Yassine avait déjà évoqué à plusieurs reprises l'établissement d'un État palestinien en Cisjordanie et dans la bande de Gaza et la possibilité d'une trêve de longue durée laissant aux générations futures le soin de décider du « règlement » du « problème Israël ». L'assassinat par Israël du chef spirituel du mouvement a affaibli quelque peu l'aile pragmatique du mouvement. Mais, bien que traversé de débats houleux, le Hamas poursuit ses discussions avec l'Autorité palestinienne. Yasser Arafat, conscient de la montée en puissance du mouvement islamiste, désire l'intégrer dans les institutions palestiniennes. Le Hamas refuse toujours de participer à une Autorité palestinienne héritée d'accords – les accords d'Oslo – qu'il rejette. Il semble en revanche prêt à entrer dans l'OLP, et a accepté de participer aux élections municipales que l'Autorité veut organiser en décembre 2004, alors qu'il avait boycotté les élections générales de 1996. Si le scrutin local a lieu, il constituera un bon test des popularités réelles du Fatah et du Hamas, qui figurent respectivement à la première et à la deuxième place dans les sondages d'opinion.

Les discussions du Caire se heurtent à un autre écueil : quel rôle pour l'Égypte dans la bande de Gaza après le retrait israélien ? Dix factions, dont le Hamas, le Djihad islamique, le FPLP, le FDLP, ont annoncé, en juin 2004, leur refus de voir Le Caire ou Amman jouer un rôle sécuritaire quelconque. Un élément supplémentaire dans des négociations à de multiples facettes.

Le décès de Yasser Arafat ne remet pas en cause la volonté du Hamas de discuter. Pour le mouvement islamiste, l'heure est plus que jamais à l'unité nationale : hors de question de jouer les tiraillements pendant la période sensible de la succession. Il décide cependant, comme le Djihad islamique, de boycotter les élections présidentielles prévues, en conformité avec la loi fondamentale palestinienne, dans les soixante jours suivant l'annonce officielle de la mort du président de l'Autorité palestinienne.

Vers le chaos ? À partir de la mi-2003, des officiels et des conseillers ont commencé à suggérer en privé la dissolution de l'Autorité palestinienne. Le Premier ministre Ahmed Qorei en a même brandi publiquement la menace en janvier 2004. Plusieurs raisons à cela : d'une part, Israël, bien qu'il réoccupe une large partie des territoires palestiniens, ne prend pas en charge les besoins de la population alors que les conventions de Genève lui en font obligation ; d'autre part, l'autorité palestinienne est en pleine déliquescence. Nombre d'infrastructures ont été détruites, les policiers ne peuvent plus sortir armés sauf à Bethléem et dans la bande de Gaza. Les groupes armés font la loi, se substituant, dans certaines agglomérations, à l'autorité et versant parfois dans la criminalité. Rackets, trafics en tous genres se répandent dans certaines villes. Ailleurs, des hommes armés plus ou moins identifiés enlèvent, bastonnent en place publique, voire abattent des personnalités qu'ils accusent de corruption ou des personnes désignées comme collaborateurs. À l'été 2004, la déliquescence s'accélère. La fronde contre Yasser Arafat s'approfondit quand il nomme son cousin Moussa Arafat à la tête de la sécurité générale. À Khan Younes, les Brigades des martyrs d'Al-Aqsa prennent d'assaut le siège des services de renseignement et y mettent le feu. Le vieux dirigeant fait alors face à une contestation sans précédent. Selon sa façon de procéder habituelle, il fait quelques pas en avant pour calmer la colère, mais conserve l'essentiel de ses pouvoirs, et les troubles persistent. Parallèlement, de plus en plus de voix s'élèvent pour réclamer, pacifiquement, des réformes internes, un meilleur respect de la démocratie et une mainmise moindre de Yasser Arafat sur l'Autorité palestinienne. Sa mort à l'hôpital Percy de Clamart, le 11 novembre 2004, et les hommages qui lui sont rendus ne modifient en rien cet état de fait. Au contraire, beaucoup voient dans cet événement la possibilité d'accélérer le rythme des réformes et l'occasion de « construire la première démocratie arabe ».

Yasser Arafat, le reclus de Ramallah. De décembre 2001 à son évacuation médicale en France fin octobre 2004, le président de l'Autorité palestinienne a été dans l'impossibilité de sortir de ses bureaux de Ramallah. À plusieurs reprises, sa vie a été menacée. À chaque fois, les soldats israéliens ont reçu l'ordre de reculer, les décideurs politiques de Washington refusant le bannissement ou l'exécution du vieux dirigeant palestinien. Car, même s'il est de plus en plus ouvertement et violemment critiqué, y compris au sein de son propre parti, le Fatah, il reste le symbole du peuple palestinien et son président démocratiquement élu en 1996. Mais les menaces sont régulièrement répétées par les officiels israéliens. Et se font de plus en plus précises. Ainsi, en septembre 2003, quelques jours après un double attentat suicide revendiqué par le Hamas, le cabinet de sécurité israélien se déclare-t-il favorable à l'expulsion de Yasser Arafat. Immédiatement, des centaines de Palestiniens convergent vers la Mouqataa pour servir de boucliers humains au vieux *raïs*. L'assassinat du cheikh Yassine, en mars 2004, fait craindre pour la vie du vieux dirigeant : aucune personnalité politique palestinienne n'est plus à l'abri. Moins d'un mois plus tard, Ariel Sharon se dit « libéré » de sa promesse faite à George Bush de ne pas porter atteinte à Yasser Arafat. Et régulièrement, la menace est répétée. Menacé par Israël, contesté sur la scène intérieure, le président de l'Autorité palestinienne est aussi largement isolé sur le plan international. Ariel Sharon a réussi à convaincre George Bush qu'il n'est qu'un chef terroriste et qu'il dessert la cause de son peuple. Le credo de l'administration américaine est désormais : « On ne parle pas à Arafat. » D'autres pays ont suivi. Et les autorités israéliennes sont passées à une politique de boycott : le dirigeant étranger qui rend visite à Arafat ne peut, lors du même séjour, rencontrer les officiels israéliens de haut rang, Premier ministre et ministre des Affaires étrangères en tête. L'Union européenne maintient sa position : Yasser Arafat est un président élu, il est donc un interlocuteur.

Atteint d'un mal mystérieux, gravement malade, le vieux dirigeant est finalement transporté, fin octobre 2004, à l'hôpital militaire de Percy, à Clamart, dans la banlieue parisienne. Son entourage a obtenu la garantie du gouvernement israélien qu'il serait autorisé à revenir à Ramallah. Mais Yasser Arafat mourra finalement à l'étranger. Le lieu de son inhumation donne lieu à une polémique : lui voulait être enterré sur l'Esplanade des Mosquées (Mont du Temple pour les juifs) aux côtés de deux membres de sa famille, par ailleurs héros de la résistance palestinienne. Hors de question pour les autorités israéliennes, et ce pour plusieurs raisons : accepter cette inhumation serait concéder, même de façon symbolique, une souveraineté aux Palestiniens sur ce lieu disputé ; elle donnerait immanquablement lieu à un déferlement de manifestants à Jérusalem ; elle provoquerait la fureur de la droite israélienne. C'est la bande de Gaza qui a les faveurs du gouvernement israélien, car, argumente-t-il, le père et les deux sœurs de Yasser Arafat y sont enterrés. Finalement, après maintes négociations, le chef historique de la lutte palestinienne est enterré dans la cour de la Mouqataa, son quartier général de Ramallah. Une tombe « provisoire » en attendant qu'un contexte politique plus favorable autorise une inhumation définitive sur l'Esplanade des Mosquées.

Quelle succession ? Les dirigeants palestiniens ont tenu à respecter parfaitement la loi fondamentale pour la période transitoire. Le Comité exécutif de l'OLP a procédé à l'élection de son nouveau secrétaire dès l'annonce officielle du décès. C'est, sans surprise, Mahmoud Abbas, jusque-là numéro deux, qui a été désigné. L'ancien compagnon de route de Yasser Arafat,

Marwan Barghouti, le successeur ?

Élu député dans la circonscription de Ramallah, secrétaire général du Fatah, Marwan Barghouti était connu avant l'irruption de l'intifada Al-Aqsa, mais essentiellement localement. Il avait joué un rôle dans le premier soulèvement palestinien, à la fin des années 80, notamment comme chef de file des étudiants de la grande université de Bir Zeit. Il avait goûté, déjà, des geôles israéliennes, y avait appris l'hébreu, avant de partir en l'exil. Jeune – il est né en 1959 –, produit typique de l'« intérieur », en opposition à ceux de l'« extérieur » dits aussi « ceux de Tunis » (la diaspora de l'OLP autour de Yasser Arafat avant les accords d'Oslo), il s'était souvent heurté au président de l'Autorité palestinienne, dénonçant corruption et prébendes. En cela, il n'était qu'un député parmi d'autres. L'intifada Al-Aqsa le propulse aux premiers rangs. Très vite, les Israéliens le désignent comme dirigeant des « Tanzim », nom que l'appareil sécuritaire de l'État hébreu donne aux groupes armés liés au Fatah (*tanzim* signifie « organisation » en arabe et, dans le parti de Yasser Arafat, a une acceptation extrêmement large), puis des Brigades des martyrs d'Al-Aqsa. Marwan Barghouti s'exprime bien, participe à toutes les manifestations, et, de fait, acquiert une dimension nationale, voire internationale. Sa popularité en fait un interlocuteur incontournable et de Yasser Arafat et des Israéliens. Il est arrêté en avril 2002 à Ramallah lors de la vaste opération militaire « Rempart ». Accusé d'être responsable de la mort de 26 Israéliens, il est d'abord détenu au secret. Son procès sera public. Marwan Barghouti a toujours dénié une légitimité quelconque à la cour israélienne chargée de le juger, arguant notamment de son statut de parlementaire jouissant donc de l'impunité offerte par les lois internationales. Il a transformé l'enceinte du tribunal en tribune politique, faisant le procès de l'occupation israélienne des territoires palestiniens. Il a par ailleurs acquis, grâce à son emprisonnement et à son procès, une stature plus large d'homme d'État. Il a ainsi largement participé aux discussions interpalestiniennes ayant abouti à la *houdna* à l'été 2003 et fait dorénavant, pour certains, figure de successeur potentiel à Yasser Arafat.

En mai 2004, à l'issue d'un procès jugé par certains juristes internationaux inéquitable, Marwan Barghouti a été condamné à la prison à vie à cinq reprises, condamnation assortie d'une peine de sûreté de quarante ans. Personne, cependant, ne le voit finir vraiment ses jours en prison.

Son nom est évoqué pour la succession de Yasser Arafat à la présidence de l'Autorité palestinienne. Il est en tout cas le candidat préféré des Brigades des martyrs d'Al-Aqsa. Selon la loi fondamentale palestinienne, rien ne l'empêche de se présenter aux élections : être détenu dans les geôles israéliennes constitue même le seul cas où une personne absente physiquement peut participer à un scrutin.

imposé comme Premier ministre à un *raïs* plus que réticent, en opposition frontale avec lui, devient donc – au moins temporairement – l'homme le plus puissant de la direction palestinienne. Car c'est l'OLP qui est l'organe de décision suprême, notamment en matière de négociations avec Israël. Mahmoud Abbas (Abou Mazen de son nom de guerre) possède la réputation d'être plus enclin à des compromis que Yasser Arafat, sa nomination satisfait donc Tel-Aviv et Washington. Mais il ne bénéficie pas d'une grande popularité chez les Palestiniens, les groupes radicaux, en particulier, lui sont hostiles. Il devra donc prouver qu'il peut obtenir des améliorations de la vie quotidienne des Palestiniens et qu'il n'est en aucune façon l'homme lige des Israéliens ou des Américains.

Toujours en conformité avec la loi fondamentale, Raoui Fattouh, président du Conseil législatif palestinien, a été désigné pour assurer l'intérim de la présidence de l'Autorité palestinienne, avant des élections, qui doivent être organisées dans les soixante jours suivant l'annonce du décès.

Enfin, Ahmed Qoreï a été confirmé à son poste de Premier ministre.

Les acteurs

ISRAËL

Les groupes religieux extrémistes

◆ Les **Fidèles du Mont du Temple.** Leur objectif est de construire le Troisième Temple à l'emplacement du Deuxième Temple détruit en l'an 70 par les Romains dans le but de hâter la venue du Messie. Cela supposerait de détruire les édifices de culte musulman qui se trouvent actuellement sur le Mont du Temple/Esplanade des Mosquées, soit les mosquées Al-Aqsa et Dôme du Rocher. Chaque année, leur chef, Gershom Salomon, adresse une requête à la Haute Cour pour qu'ils puissent se rendre sur l'Esplanade des Mosquées. Requête systématiquement refusée, mais, depuis 2001, les Fidèles du Mont du Temple sont autorisés à poser la première pierre du futur temple au sud de la vieille ville. À l'été 2004, sans citer précisément le groupuscule messianique, les autorités israéliennes ont fait part de leur crainte d'actes terroristes sur le Mont du Temple/Esplanade des Mosquées fomentés par des extrémistes juifs.

◆ Le **Judaïsme unifié de la Torah** a 5 sièges à la Knesset. Ce mouvement de lobbying des ultra-orthodoxes ashkénazes au sein des arcanes du pouvoir est la coalition de quatre petits partis dont Agoudat Israël et Degel Ha Torah. Il milite pour une plus stricte observance de la *Halacha* (loi religieuse juive), un financement public plus important des *yeshiva* (écoles religieuses) et le maintien de l'exemption du service militaire pour leurs étudiants.

◆ Le **Parti national religieux (Mafdal)** a été créé en 1956. Les théories de son père spirituel, le Grand Rabbin Kook (décédé en 1935), ont inspiré également les fondateurs du Goush Emounim. Le Mafdal est le principal soutien des colons sionistes religieux à la Knesset où il compte 6 députés. À ses yeux, Israël est l'État des juifs. Il encourage donc l'immigration vers Israël et considère que la souveraineté de l'État hébreu s'étend sur tous les territoires de Judée, Samarie (Cisjordanie) et de la bande de Gaza. Favorable au développement des colonies, il est farouchement opposé aux accords d'Oslo et à tout établissement d'un État palestinien. Il propose la construction de barrières autour des villes arabes. Religieux, il est opposé à la séparation de la religion et de l'État, partisan du maintien de la législation religieuse et très présent dans les *yeshiva*, notamment celles où étudient les officiers. Il est favorable à ce que les ultra-orthodoxes fassent leur service militaire. Le Parti national religieux est entré dans le gouvernement Sharon après les élections de 2003. Mais ses deux ministres ont brandi la menace de leur démission si le plan unilatéral de retrait de la bande de Gaza était mis en œuvre. Dans le même temps, certains députés du Mafdal sont partisans de rester dans la coalition, se jugeant ainsi plus à même de peser sur les décisions d'Ariel Sharon.

Les organisations de colons extrémistes

◆ Les **Femmes pour l'avenir d'Israël**, dites **Femmes en Vert** est une organisation composée de femmes colons sionistes religieuses. Elle a été fondée dans la foulée des accords d'Oslo, avec l'objectif proclamé de les faire échouer. Elle est dirigée par Nadia Matar, née à Anvers en Belgique, et habitant la colonie d'Efrat, au sud de Bethléem. Les Femmes en Vert, ainsi surnommées parce qu'elles arborent des casquettes et des vêtements verts en opposition au mouvement pacifiste des Femmes en Noir, sont coutumières des actions provocatrices, marches, détournements de slogans, etc. Elles encouragent les femmes colons à s'entraîner au tir et proclament : « Nous devons réaliser que nous sommes en guerre contre les Arabes. » Farouchement opposée au plan Sharon de retrait unilatéral de la bande de Gaza, Nadia Matar a comparé, pendant l'été 2004, le haut fonctionnaire chargé de le mettre en œuvre aux dirigeants de la communauté juive de Berlin, accusés d'avoir mené leurs ouailles à la mort certaine en les enjoignant de ne pas résister.

◆ **Goush Emounim**, « Bloc de la Foi », a été fondé formellement en 1974. Mais il trouve ses racines dans la victoire éclair de 1967 : pour ceux qui fonderont le Goush Emounim, la conquête de la Judée Samarie (nom biblique de la Cisjordanie) et de la bande de Gaza est un message divin. Le rabbin d'origine new-yorkaise, Moshe Levinger, fonde en 1968 une colonie en plein Hébron. Le ton est donné : il s'agit de multiplier les faits accomplis sur le terrain, les implantations en Cisjordanie et dans la bande de Gaza, même sans autorisation officielle. Le Goush Emounim fait le pari que ces avant-postes seront légalisés par la suite, ce qui est en général le cas. Certains tenants de ce sionisme messianique considèrent que la terre donnée par Dieu aux juifs s'étend jusque sur certaines parties du Liban, de la Syrie, de l'Égypte, de la Jordanie et même de l'Irak. Ils sont partisans d'un Grand Israël, de la Méditerranée à l'Euphrate. Le Goush Emounim a acquis un poids important dans le Yesha (Conseil des implantations juives de Judée-Samarie-Gaza), organisation fédératrice des colons. Opposé aux accords d'Oslo et à l'établissement d'un État palestinien, il s'est battu pour que les colonies soient incluses du « bon côté » de la clôture de séparation.

◆ La **Jeunesse des Collines** est un mouvement informel apparu après le début de l'intifada Al-Aqsa. Il rassemble des jeunes de la seconde génération des colonies, les plus idéologiques, entièrement dévoués à la cause du sionisme religieux et partisans du retour à des valeurs qu'ils jugent fondamentales, comme le retour à la terre. Ils mêlent une foi aveugle et des tenues vestimentaires baba cool, refusent l'autorité de leurs parents, du Yesha et de l'État. Méprisant la loi, ils se montrent prêts à recourir à la force s'ils le jugent nécessaire et n'hésitent pas à se heurter aux forces de l'ordre. Méfiants, ils refusent le contact avec ceux qui n'appartiennent pas à leur groupe. Ils sont également très violemment antiarabes. En juillet 2003, selon un sondage publié par La Paix Maintenant, 57 % des colons considéraient la Jeunesse des Collines comme extrémiste et dangereuse, 43 % comme l'élite de la jeune génération.

Les partis nationalistes d'extrême droite

◆ Le **Front national juif (Hayil)** a été fondé par Baruch Marzel, un colon d'Hébron, et Michaël Kleiner, un ancien député du Likoud. Lors des élections législatives de janvier 2003, le Front national juif a obtenu quelque 37 000 voix. Le Hayil est publiquement favorable au « transfert », autrement dit à l'expulsion des Palestiniens. Un de ses slogans proclame d'ailleurs : « La majorité a décidé : l'ennemi arabe doit être expulsé. »

◆ L'**Union nationale**, coalition de trois partis – le russophone Israël Beitenou (« Israël, notre maison »), Moledet et Tekouma –, dispose de 7 sièges à la Knesset. Elle a été fondée par Rehavam Zeevi, dirigeant de Moledet, partisan affiché du « transfert », éphémère ministre du Tourisme dans le premier cabinet Sharon et assassiné par l'aile militaire du FPLP en octobre 2001. Il a été remplacé par Avigdor Lieberman, d'Israël Beitenou, célèbre pour avoir proposé de... bombarder le barrage d'Assouan. Elle prône l'établissement du Grand Israël. Les accords d'Oslo et l'établissement d'un État palestinien sont des « désastres », le plan de retrait de la bande de Gaza un crime qui menace l'existence même de l'État hébreu. Un temps membre du gouvernement Sharon, l'Union nationale en a d'ailleurs été exclue au printemps 2004 à la suite de cette rébellion.

◆ L'organisation **Kahane** est née de la fusion entre le mouvement Kakh (« Ainsi ») du rabbin Meir Kahane (assassiné à New York en 1990) et le mouvement Kahane Haï (« Kahane est vivant) fondé par son fils Benyamin (assassiné à l'automne 2000 près de Ramallah). Fondateur de la Ligue de défense juive aux États-Unis, le rabbin Kahane, ouvertement raciste et favorable à l'expulsion des Arabes de « toutes les terres juives », se fait élire à la Knesset en 1984, puis interdire de mandat électoral en 1988 à cause de son extrémisme. Le mouvement est déclaré illégal à la suite du massacre du Caveau des Patriarches perpétré par Baruch Goldstein en 1994 à Hébron, mais il demeure un mouvement actif, très bien organisé, comptant plusieurs milliers de membres et des bureaux à Jérusalem. Le dirigeant actuel de Kahane n'est autre que Noam Federman, régulièrement accusé de fomenter des actes terroristes antiarabes et placé en détention administrative. Les responsables des services de sécurité israéliens estiment que Kahane est derrière les appels anonymes en faveur de l'assassinat de Shaul Mofaz et d'Ariel Sharon.

TERRITOIRES PALESTINIENS

Seuls les partis, mouvements et groupes réellement actifs dans l'intifada Al-Aqsa ont été pris en compte pour cette édition.

Les organisations membres de l'OLP

◆ Fatah

« Conquête » en arabe, le nom du principal parti de l'OLP et composante majoritaire de l'Autorité palestinienne est composé des initiales inversées de « Mouvement de libération de la Palestine ». Créé en 1959 au Koweït par un groupe de jeunes Palestiniens en exil, Yasser Arafat, Abou Djihad, Abou Iyad, Farouk Kaddoumi et Kamel Adwan, le Fatah se veut nationaliste, indépendant des pays « frères » arabes. Il deviendra, par son implantation dans la diaspora palestinienne et dans les territoires de l'intérieur, et par le charisme de son chef Yasser Arafat, le parti de la lutte palestinienne. Prônant la lutte armée dès sa création, le Fatah sait aussi jouer la carte des négociations. Principale force de l'OLP, c'est lui qui incarne, à partir de 1994, l'Autorité palestinienne. Son aile armée dans les territoires occupés – les Panthères noires en Cisjordanie et les Faucons dans la bande de Gaza –, fer de lance de la première intifada, est massivement intégrée dans les forces de sécurité de l'Autorité.
Majoritaire au sein du Parlement palestinien élu en 1996, le Fatah est traversé de fractures internes relevant aussi bien de divergences d'opinion et de conception des affaires publiques que de luttes de clans. Très tôt après l'établissement de l'Autorité palestinienne, des voix émanant de leaders de la première intifada s'élèvent contre la corruption et le népotisme des « Tunisiens ». Les caciques de l'Autorité sont accusés de détourner l'argent de l'aide internationale, d'abandonner les intérêts du peuple, en particulier ceux des réfugiés, et de traiter par le mépris les aspirations démocratiques de la population. Émergent des personnalités locales qui s'opposent plus ou moins fermement à l'entourage de Yasser Arafat, tout en ménageant le « Vieux », symbole de la lutte. Certains, au cours de l'intifada Al-Aqsa, seront emprisonnés par Israël (Houssam Khader, du camp de réfugiés de Balata à Naplouse) ou prendront une dimension nationale (Ziad Abou Amr, ancien ministre et négociateur avec les mouvements islamistes au Caire). Certains observateurs les qualifient de « jeune garde », en opposition à la « vieille garde » venue de Tunis. Mais les lignes de fracture sont plus complexes : ainsi un Mohamed Dahlan, pourtant de la même génération, n'appartient pas à cette catégorie, étant lui-même violemment pris à partie pour, notamment, son enrichissement soudain, son appétit de pouvoir et ses méthodes fort peu démocratiques.
Les dissensions au sein du Fatah, considérées par beaucoup comme le signe d'une vitalité saine, se sont approfondies au fur et à mesure de la déliquescence de l'Autorité palestinienne et de ses institutions, jusqu'à tourner à la cacophonie. Plusieurs membres du parti ont été visés par des attentats commis par des hommes armés liés à certaines factions du Fatah.

◆ FPLP – Front populaire de libération de la Palestine

Second parti en termes d'importance au sein de l'OLP, opposé aux accords d'Oslo, ne participant pas à l'Autorité palestinienne, le FPLP s'est vu marginalisé jusqu'à l'irruption de l'intifada Al-Aqsa. D'obédience marxiste, fondé par un chrétien, Georges Habache, il était néanmoins bien implanté dans certaines régions comme celle de Bethléem. En représailles de l'assassinat par Israël de son secrétaire général Abou Ali Moustafa, en août 2001, l'aile armée du FPLP a tué le ministre du Tourisme Rehavam Zeevi en plein cœur de Jérusalem. Le successeur d'Abou Ali Moustafa, Ahmed Saadat, a été sommairement jugé puis emprisonné au printemps 2002 par l'Autorité palestinienne au moment du long siège de la Mouqataa, le QG de Yasser Arafat à Ramallah. La branche militaire du FPLP, les Brigades Abou Ali Moustafa, a multiplié les actions et perpétré des attentats suicides en Israël à l'image des groupes armés islamistes et des Brigades des martyrs d'Al-Aqsa. Dans ce cas comme dans d'autres, on constate une convergence des méthodes d'action, malgré les divergences historiques et idéologiques.

Le mouvement islamiste palestinien

◆ Mouvement du Djihad islamique en Palestine

Scission de la branche des Frères musulmans dans les territoires palestiniens, le Djihad islamique en Palestine apparaît en 1980. Il est créé par des membres des Frères musulmans ulcérés par le quiétisme de ces derniers, qui se cantonnent dans des actions sociales. Très vite après sa fondation, il participe à la lutte armée, et ce dès 1983. En 1994, il inaugure la pratique de l'attentat suicide. C'est lui qui signera également le premier acte terroriste de ce type de l'intifada Al-Aqsa. Sa branche armée a pris le nom des Brigades de Jérusalem. Le Djihad ne doit cependant pas être surestimé, malgré son financement en provenance, selon les services de renseignement occidentaux, de Téhéran. Il ne compterait que quelques centaines de membres, et n'est actif – ce que tendent à prouver les graffitis constatés sur le terrain – que dans la bande de Gaza, et dans les villes des plus radicales de Cisjordanie, Naplouse et Jénine, Hébron restant largement contrôlé par le Hamas. À l'instar de tous les mouvements palestiniens, le Djihad islamique organise des camps d'été auxquels participe le dirigeant pour la bande de Gaza, le cheikh Abdullah Shami. Depuis deux ans, Nafez Azzam, souvent considéré comme le successeur d'Abdullah Shami, y fait aussi des apparitions remarquées. Originaire de Rafah, dans le sud de la bande de Gaza, Nafez Azzam y est resté bloqué pendant les deux premières années de l'intifada. Il est maintenant basé dans la ville de Gaza. Il prône l'acceptation d'un État palestinien temporaire en Cisjordanie et dans la bande de Gaza et développe des actions caritatives, avec l'ambition avouée de concurrencer le Hamas.

◆ Hamas

Pendant la première intifada, les dirigeants du mouvement palestinien des Frères musulmans comprennent qu'ils ne peuvent rester à l'écart de la lutte nationaliste. C'est la naissance du Hamas (acronyme en arabe de « Mouvement de la résistance islamique ») et, en 1989, de sa branche armée, les Brigades Ezzedine al-Qassam, du nom d'un des héros de la Révolte arabe tué en 1935. Rapidement, il devient le deuxième mouvement politique dans les territoires palestiniens, derrière le Fatah. Il engrange des résultats dans les élections professionnelles, chez les étudiants et les ingénieurs par exemple, contrôle une grande partie des mosquées. Il s'oppose aux négociations de Madrid puis aux accords d'Oslo. Deux lignes se font jour à partir du congrès de 1994. L'une, que l'on appellera « pragmatique », est favorable à l'établissement d'un État palestinien provisoire sur les territoires de 1967, Cisjordanie et bande de Gaza. Le chef spirituel du Hamas, le cheikh Yassine, s'y joint. L'autre est partisane de la destruction de l'État d'Israël : l'État islamique de Palestine doit être établi sur tout le territoire de la Palestine historique, de la Méditerranée au Jourdain. Celui qui deviendra numéro deux, puis dirigeant, Abdelaziz al-Rantissi, sera le fer de lance de cette ligne.

Les premiers attentats suicides dans les frontières de 1967 ont lieu en 1994. Ce mode opératoire deviendra habituel, comme de la part du Djihad, malgré des trêves négociées avec l'Autorité palestinienne. Il sera même la marque des mouvements islamistes jusqu'à l'entrée en lice, après le début de l'intifada Al-Aqsa, des mouvements nationalistes. Le Hamas, comme le Djihad, sont violemment réprimés à partir de 1996 par l'Autorité palestinienne, des centaines de militants jetés en prison et torturés.

En septembre 2000, quand éclatent l'intifada Al-Aqsa et la répression israélienne, il devient impossible à l'Autorité palestinienne de réprimer le Hamas ou sa branche armée, les Brigades Ezzedine al-Qassam. Ces dernières signent les attentats suicides les plus sanglants commis contre les civils israéliens, et gagnent en popularité dans une population palestinienne en butte à une répression meurtrière. Au moins le mouvement islamiste lui donne-t-il le sentiment d'agir là où l'Autorité palestinienne semble absolument impuissante. Ces attentats déclenchent des opérations militaires longues et violentes, mais le cercle vicieux semble incassable. Pourtant, le Hamas vacille sous les coups de butoir. D'abord, les assassinats dits ciblés s'en prennent aux militants et aux chefs de sa branche militaire. Les raids aériens ou les opérations terrestres deviennent monnaie courante. Un tournant est opéré en juin 2003, quand un raid aérien vise Abdelaziz al-Rantissi. Il échappe de peu à la mort, mais le choc est immense, y compris pour Washington, qui fustige son allié en des termes fort peu diplomatiques et surtout organise des « fuites » pour le faire savoir. Mais le message est là : il n'y a plus d'immunité et, aile politique ou militaire, tout membre du Hamas est une cible. Première concrétisation : l'assassinat d'Ismaïl Abou Shnab, en août de la même année. Peu après, c'est le cheikh Yassine qui échappe de peu à un missile, alors qu'il se trouve avec tout l'état-major du parti au rez-de-chaussée d'un immeuble de la ville de Gaza. Dès lors, presque tous les dirigeants politiques du Hamas plongent dans la clandestinité. Mais rien n'y fait. Le 22 mars 2004, le cheikh Yassine est victime d'un assassinat dit ciblé alors qu'il sort de la mosquée près de chez lui après la prière de l'aube. L'image de son fauteuil roulant calciné fait le tour du monde arabe, nourrissant la colère. Peu après, son successeur adoubé, Abdelaziz al-Rantissi est tué à son tour. Depuis, le Hamas refuse de donner le nom de son dirigeant et il est difficile de rencontrer des membres de la direction. Ces assassinats ont porté un rude coup au mouvement islamiste. Cependant, les discussions entamés avec l'Autorité palestinienne et l'Égypte n'ont pas cessé. À l'automne 2004, le Hamas semble plus près que jamais d'intégrer pleinement le jeu politique palestinien, suivant en cela l'exemple donné par le Hezbollah libanais.

Mouvements armés nés avec l'intifada Al-Aqsa

◆ Brigades des martyrs d'Al-Aqsa

Présentés par les Israéliens comme la preuve de l'implication du Fatah dans le terrorisme, ces groupes armés ont en fait des relations très complexes avec le parti de Yasser Arafat. La date et le lieu de leur fondation font elles-mêmes l'objet de déclarations contradictoires. Selon certains, c'est un groupe d'une cinquantaine d'hommes armés qui a annoncé leur naissance le 16 octobre 2000 à Al-Bireh (ville voisine de Ramallah). Selon d'autres, les Brigades des martyrs d'Al-Aqsa ont été créées par sept hommes du camp de réfugiés de Balata près de Naplouse et l'initiateur serait Nasser Aways, devenu ensuite une figure emblématique de la lutte armée et arrêté en avril 2002 par les Israéliens. Le lien avec le Fatah existe de par les membres des Brigades : ils appartiennent à ce parti. Mais ils affirment que les différents groupes sont autofinancés et n'entretiennent pas de relation directe avec l'Autorité palestinienne. En février 2002, le Conseil révolutionnaire du Fatah annonce la dissolution des Brigades. Sans aucun effet. Elles sont constituées de cellules locales autonomes qui n'ont pas de commandement centralisé. Chaque commandant local décide des opérations qu'il va mener. Les groupes rassemblent à la fois des jeunes trentenaires qui ont fait leurs premières armes au cours de la première intifada puis ont joué le jeu de l'autonomie en intégrant, souvent, les forces de sécurité ; et des hommes plus âgés combattants l'OLP, revenus dans les territoires palestiniens après les accords d'Oslo. Au début de l'intifada, les Brigades des martyrs d'Al-Aqsa limitent leurs opérations à la Cisjordanie et à la bande de Gaza. L'assassinat par Israël, en janvier 2002, de Raed al-Karmi, chef des Brigades à Tulkarem, signe leur entrée massive dans la lutte armée et dans les attentats suicides contre des civils en Israël, jusque-là « apanage » des groupes islamistes. Les Brigades s'enfoncent dans une spirale de violence. De plus en plus, elles agissent en coordination avec les Brigades Ezzedine al-Qassam et les Brigades de Jérusalem, respectivement ailes militaires du Hamas et du Djihad islamique. Elles s'autonomisent complètement, refusant la *houdna* en juin 2003, et signant des attentats contre des personnalités de l'Autorité palestinienne.

◆ Les **Brigades du Retour** se sont intégrées dans les Brigades des martyrs d'Al-Aqsa. Les **Brigades Abou Rish** du nom d'un membre des Faucons du Fatah tué en 1993, sont affiliées au Fatah. Elles sont implantées à Khan Younes, dans le sud de la bande de Gaza. Elles se sont distinguées au cours de l'été 2004 en retenant pendant quelques heures quatre Français et en s'opposant, les armes à la main, aux proches de Yasser Arafat. À cette occasion, elles ont paru très liées à Mohamed Dahlan, ancien chef de la Sécurité préventive en fronde ouverte contre le dirigeant de l'Autorité palestinienne.

◆ Les **Comités de résistance populaire** sont établis exclusivement dans la bande de Gaza. Ils rassemblent les mouvements nationalistes et islamistes.

Pour en savoir plus

Impossible de recenser tous les ouvrages qui sont publiés sur le conflit israélo-palestinien. En voici quelques-uns fort utiles, sans aucune prétention d'exhaustivité.

Collectif, *Jérusalem, le sacré et le politique*, Actes Sud, 2000.

Franck Debié, Sylvie Fouet, *La paix en miettes*, PUF, 2001.

Charles Enderlin, *Le rêve brisé*, Fayard, 2002.

Valérie Féron, *Palestine(s), les déchirures*, Éditions du Félin, 2001.

Irit Gal, Ilana Hammerman, *De Beyrouth à Jénine*, La Fabrique, 2003.

Alain Gresh, *Israël, Palestine, vérités sur un conflit*, Fayard, 2001.

Amnon Kapeliouk, *Arafat l'irréductible*, Fayard, 2004.

Baruch Kimmerling, *Politicide*, Agnès Viénot, 2003.

Georges Malbrunot, *Des pierres aux fusils, les secrets de l'intifada*, Flammarion, 2002.

Theodora Oïkonomides, *Bienvenue à Ramallah*, Flammarion, 2003.

Internet

De très nombreux sites sont consacrés à Israël et aux territoires palestiniens. Les sites recensés ci-dessous abritent eux-mêmes des liens précieux vers d'autres.

Pour les données générales :

www.mfa.gov.il
Site du ministère israélien des Affaires étrangères.

www.knesset.gov.il
Site de la Knesset.

www.passia.org
Site de la Palestinian Academic Society for the Study of International Affairs, centre d'études basé à Jérusalem-Est.

www.nad-plo.org
Site de l'Autorité palestinienne, département des Négociations.

Tous les sites concernant la Palestine et les Arabes d'Israël sont recensés sur *www.mom.fr*. Voir notamment les liens « Guide de Palestine-sur-web » et « Guide de l'intifada-sur-web ».

Situation des droits de l'homme et mouvement pour la paix :

www.btselem.org
ONG israélienne.

www.peacenow.org.il
Site de La Paix Maintenant.

www.rhr.israel.net
Site de Rabbins pour les droits de l'homme.

www.palestinemonitor.org
ONG palestinienne.

www.palestinercs.org
Site du Croissant-Rouge palestinien.

Clôture de séparation/mur :

www.stopthewall.org
Site « global » des ONG contre l'érection de la clôture/mur.

Superficie : 1 002 000 km²
Population : 76 millions (estimations de juillet 2004)
Religions : musulmans (94 %, essentiellement de rite sunnite), coptes orthodoxes (6 %) et petites communautés juives au Caire et à Alexandrie

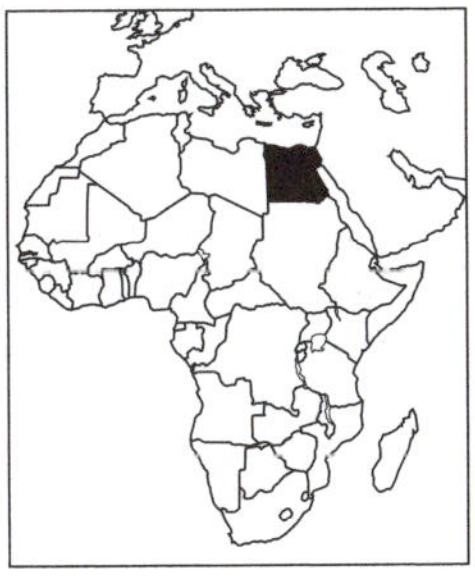

Égypte

Sept ans après l'attentat de Louxor, l'Égypte a été à nouveau touchée de plein fouet par le terrorisme islamiste. En tuant 34 personnes, dont 12 touristes israéliens, dans le triple attentat de Taba et de Ras Chaïtan, au fond du golfe d'Aqaba, l'islamisme djihadiste a fait, le 7 octobre 2004, d'une pierre trois coups. Il touche d'abord au domaine ultra-sensible des relations avec Israël, au moment où Israël menait une sanglante opération (« Jours de pénitence »), dans le nord de la bande de Gaza, ayant fait quelque 130 morts. Il porte ensuite un coup sévère à l'économie d'un pays plongé dans une grave crise depuis 2000 et dont le tourisme était l'un des seuls secteurs florissants. Il déstabilise enfin un peu plus un régime affaibli par les incertitudes concernant la santé du président Hosni Moubarak, à la tête du pays depuis 1981, et surtout celles concernant sa succession.

Environnement géopolitique explosif, crise économique ouverte, crise politique larvée et retour de la violence islamiste : l'Égypte cumule les facteurs d'instabilité. Après avoir été d'un immobilisme désespérant, l'Égypte bouge à nouveau mais contre son gré. Depuis le début de la décennie, le pays n'a cessé d'enregistrer de mauvaises nouvelles. Deux événements, en particulier, ont mis à mal sa rente géopolitique, qui faisait d'elle un acteur incontournable au Proche-Orient, un pont indispensable entre les Arabes et l'Occident et entre Israël et ses voisins : la seconde intifada et le 11 Septembre.

L'IMPACT DU CONFLIT ISRAÉLO-PALESTINIEN

Le déclenchement de la deuxième *intifada* et son ampleur ont rapidement réduit à néant le rôle d'intermédiaire de l'Égypte entre Israéliens et Palestiniens. Surtout, l'implacable répression israélienne a mis l'opinion publique égyptienne en ébullition et contraint le régime à prendre ses distances avec le gouvernement israélien, sans pour autant rompre, au risque de perdre le bénéfice de la précieuse aide américaine (2,1 milliards de dollars par an dont 1,3 en aide militaire, depuis 1980). Le gouvernement égyptien, sur la corde raide, a rappelé son ambassadeur à Tel-Aviv durant les premiers mois d'intifada. Ce qui ne lui a pas évité de violentes manifestations lors de l'opération « Rempart » de réoccupation de la Cisjordanie en avril 2002. Finalement lassée des atermoiements de Yasser Arafat et de sa réticence à réformer, l'Égypte a repris discrètement langue avec le gouvernement Sharon et dépêché Omar Soliman, son chef des services de renseignement, plus qu'à son tour à Ramallah, pour travailler à la refonte des services de sécurité palestiniens. Parallèlement, pour ne pas définitivement perdre son leadership régional, Le Caire a fini par adopter une attitude pragmatique et jouer un rôle de plus en plus actif dans les pourparlers interpalestiniens, tentant, toujours en vain, d'obtenir un accord politique et militaire entre les différentes factions palestiniennes. Depuis qu'Ariel Sharon a annoncé son intention de se retirer de la bande de Gaza, la diplomatie égyptienne a redoublé d'efforts pour être présente dans le dossier palestinien, même si elle s'oppose clairement à la volonté israélienne de continuer à contrôler les frontières maritimes, aériennes et terrestres de la bande de Gaza et à son intention d'y intervenir aussi souvent que nécessaire. Le Caire n'a nullement envie que le territoire palestinien, dont il est frontalier et avec lequel se poursuit une importante contrebande d'armes, devienne un sanctuaire islamiste aux mains du Hamas. D'où les efforts égyptiens pour reconstruire une Autorité palestinienne. Ce réinvestissement dans le jeu israélo-palestinien est d'autant plus nécessaire que les États-Unis ne font pas mystère du peu de considération qu'ils ont pour le rôle de l'Égypte. Seulement, avec Sharon et Bush aux commandes, les règles du jeu ont changé et l'Égypte est contrainte de jouer un rôle de « quasi-supplétif ». Après la mort d'Ezzedine al-Cheikh Khalil, tué dans un attentat attribué au Mossad en plein Damas, fin septembre 2004, la rumeur a ainsi couru que l'Égypte était le pays qui avait transmis les informations nécessaires à l'attentat. Cette stratégie qui visait à faire exploser les auteurs de l'attentat est chargée d'une symbolique très forte : l'attentat a été commis le 7 octobre, au lendemain de l'anniversaire du déclenchement de la guerre contre Israël en 1973 et de l'assassinat d'Anouar al-Sadate en 1981 par des islamistes, et il a visé la station balnéaire de Taba, siège de nombreux pourparlers israélo-égyptiens et israélo-palestiniens.

Paradoxalement, l'attentat a eu, en tout cas dans les premiers temps, l'effet contraire. Sauveteurs égyptiens et israéliens ont travaillé main dans la main pour sortir d'éventuels survivants des décombres. Israël, qui a tout fait pour ménager l'Égypte, a proposé une coopération plus étroite en matière de lutte antiterroriste, offre que Le Caire n'a pas rejetée. Quant à l'Égypte, elle a profité de l'occasion pour demander une présence militaire accrue dans le Sinaï (limitée pour l'instant du fait des accords de paix de 1979), ce qu'Israël s'est dit prêt à étudier.

L'ONDE DE CHOC DU 11 SEPTEMBRE

Le deuxième tournant est celui du 11 septembre 2001. Sans être rangée au rang des « alliés voyous », à l'instar de l'Arabie saoudite, l'Égypte ne peut ignorer que le bras droit d'Oussama ben Laden, voire son véritable cerveau, n'est autre qu'Ayman al-Zawahiri, un médecin égyptien qui a dirigé le groupuscule Al-Djihad, responsable de la mort de Sadate. Facteur aggravant, l'un des quatre pilotes ayant conduit les attaques suicides du 11 Septembre est Mohammed Atta, un Égyptien qui semble, de surcroît, avoir joué un rôle important dans la préparation et l'exécution de l'opération. C'est assez, aux yeux des néo-conservateurs américains, pour faire de l'Égypte une de ces dictatures arabes qui, en écrasant leurs islamistes, n'ont fait que les radicaliser et les exporter. Lorsque l'administration Bush a décidé d'envahir l'Irak, l'Égypte s'est sentie dans la ligne de mire. Les relations se sont tendues entre les deux pays. Cette incompréhension a culminé avec le projet de Grand Moyen-Orient défendu par George W. Bush, lors du sommet du G8 de Sea Island en juin 2004. Hosni Moubarak a ostensiblement boudé la réunion destinée à convaincre les pays arabes d'ouvrir leurs économies et de démocratiser leurs régimes du même pas. Difficile en effet de réformer sur injonction américaine dans une région où l'antiaméricanisme est la chose la mieux partagée du monde. Pour le président égyptien, la réforme ne se décrète pas et doit venir de l'intérieur. Reste que, sous la pression, il a donné quelques gages de changement, en créant par exemple un Observatoire des droits de l'homme dirigé par Boutros Boutros-Ghali. Une ouverture limitée, le pouvoir continuant de bloquer la légalisation de tout nouveau parti politique un tant soit peu crédible.

Les revers américains en Irak ont allégé la pression sur le régime égyptien, redevenu utile aux yeux de Washington. En retour, Le Caire a effectué des gestes de bonne volonté en se disant prêt à accueillir la conférence internationale sur l'avenir de l'Irak, en novembre 2004. L'opposition, tout en étant très hostile aux États-Unis, a profité de la pression sur le régime pour s'autoriser une liberté de parole accrue. Fait sans précédent, quelque 300 intellectuels ont signé une pétition au début de l'été 2004 demandant une démocratisation du régime et des réformes constitutionnelles, à commencer par l'ouverture de l'élection présidentielle à des candidatures multiples. L'actuel mode de désignation du président de la République s'apparente en effet à un plébiscite : les deux tiers des députés désignent un « candidat » qui est soumis ensuite à l'approbation du peuple par référendum. Ce principe bloque tout le système institutionnel puisqu'il « oblige » le parti au pouvoir à contrôler deux tiers des sièges du Parlement. Lors du dernier congrès du Parti national démocrate (PND), en septembre 2004, organisé et mis en scène par Gamal Moubarak, le fils du Président présenté comme son « dauphin », les limites de l'ouverture ont été clairement posées : si libéralisation il y a, elle se limitera à l'économie ; la politique peut attendre. Il n'est toujours pas question de lever l'état d'urgence, en vigueur depuis 1981, ou de permettre la création de partis politiques, surtout issus de la mouvance des Frères musulmans, la principale force d'opposition au pouvoir. Moubarak, père comme fils, veulent moderniser l'Égypte, sans la démocratiser.

UNE SUCCESSION À VENIR DÉLICATE, DANS UN CONTEXTE TROUBLE

Si la critique intérieure s'est enhardie en Égypte, c'est aussi qu'une atmosphère de fin de règne domine. Victime d'un malaise lors d'un discours à l'Assemblée du peuple en novembre 2003, Hosni Moubarak a dû être opéré en Allemagne en juin pour une lésion au genou. Les ratés de la communication gouvernementale, muette au début puis trop prolixe par la suite, ont accentué l'inquiétude des Égyptiens. À 77 ans et après vingt-trois ans de règne, le raïs égyptien apparaît comme le seul garant de la stabilité de son pays, d'autant qu'il n'a jamais nommé de vice-président pour lui succéder en cas de décès, comme c'était le cas de Sadate et de Nasser. Bien qu'il ne fasse plus de doute que Moubarak sera candidat à un cinquième mandat en 2005, la question de sa succession est désormais ouverte. Deux options sont le plus couramment évoquées. La première – et la plus risquée – est celle de Gamal Moubarak, le fils cadet du président, quadragénaire formé en Occident et proche des milieux d'affaires. Il incarne la nouvelle élite libérale du pays et son étoile n'a cessé de monter au cours de ces dernières années : il préside désormais le comité politique du PND au pouvoir et a pu placer des proches au sein du nouveau gouvernement nommé en juillet 2004. Mais cette option continue de faire grincer bien des dents en Égypte, en particulier dans l'armée dont sont issus tous les présidents depuis la révolution de 1952. D'autant que la crise économique et les tensions régionales ne plaident pas en faveur de Gamal Moubarak, perçu comme un civil inexpérimenté et trop enclin au libéralisme économique. « L'Égypte n'est pas une république héréditaire », a assuré Hosni Moubarak le 1er janvier 2004. La deuxième option pourrait offrir une solution transitoire. Omar Soliman, le discret et efficace chef des services de renseignement, est souvent décrit comme capable d'assurer une certaine continuité, en particulier dans cette période trouble. Dernière solution, Hosni Moubarak pourrait passer la main à Omar Soliman, qui ferait de Gamal Moubarak son vice-président. Dans ce contexte de guerre de succession larvée, les attentats du 7 octobre 2004 risquent de peser lourd en faveur des services de sécurité.

Conscient de la montée des mécontentements et du besoin de faire souffler un vent d'air frais, Hosni Moubarak a changé de gouvernement en juillet 2004 et remplacé près de la moitié des 26 gouverneurs de province. Signe des temps, il a même nommé un porte-parole de la présidence. Il s'est débarrassé à cette occasion d'un certain nombre de « dinosaures ». À commencer par le Premier ministre sortant, Atef Ebeid, présent au gouvernement depuis vingt-deux ans, mais aussi Youssef Wali, ministre de l'Agriculture depuis la fin des années 70 et secrétaire général du PND depuis plus de deux décennies, ou encore Safouat al-Chérif, ministre de l'Information depuis 1981. Le nouveau Premier ministre, Ahmed Nazif, né en juillet 1952, est le plus jeune de l'ère Moubarak. Son bilan aux Télécommunications, portefeuille qu'il détenait dans l'équipe sortante, est jugé positif et il a une réputation d'intégrité. C'est un proche de Gamal Moubarak, tout comme les trois détenteurs des ministères économiques, Youssef Boutros-Ghali aux Finances, Mahmoud Mohieddine aux Investissements et aux Privatisations, et Rachid Mohamed Rachid, qui a longtemps dirigé Unilever et Danone Égypte, à l'Industrie. Au total, 7 nouveaux ministres viennent du comité politique du PND contrôlé par Gamal Moubarak. Pour le reste, seuls 14 ministres sur 35 sont des nouveaux venus. Malgré ces changements, l'opposition y a vu un remaniement « cosmétique » : les ministères de la Défense et de l'Intérieur ne changent pas de main. D'autres se sont surtout inquiétés de l'inexpérience du nouveau Premier ministre face aux défis à relever.

C'est dans le domaine économique et social que les Égyptiens seront rapidement fixés sur la nouvelle équipe : est-elle un nouveau gadget ou s'agit-il pour une fois d'un vrai changement ? La tâche paraît quasi insoluble : comment remettre sur les rails une économie à bout de souffle sans pour autant déstabiliser le pays en pratiquant une thérapie de choc ? La nouvelle équipe, formée de libéraux à l'anglo-saxonne, saura-t-elle préserver les délicats équilibres sociaux qui menacent de faire basculer le géant démographique du monde arabe. L'équation paraît insoluble : chaque année, 600 000 jeunes arrivent sur le marché du travail alors que le chômage touche officiellement 11 % des actifs, en réalité le double. Le pays traverse une transition démographique délicate : les 15-24 ans représentent 15 des 76 millions d'Égyptiens. Une croissance annuelle d'au moins 7 % est nécessaire pour absorber ces nouveaux arrivants. Proche de 5 % à la fin des années 90, elle a chuté à un peu plus de 3 % à partir de 2000. La livre égyptienne n'a cessé de perdre de sa valeur depuis cette date et a fini par être dévaluée de 50 % en 2003. Une opération douloureuse qui a relancé l'inflation et touché les catégories les plus pauvres. Pour la première fois depuis des années, des files d'attente se sont formées devant les boulangeries en 2003. Plus de 4 Égyptiens sur 10 sont considérés comme pauvres. Les finances publiques, déjà dégradées, ont plongé, et l'État égyptien a connu des problèmes de trésorerie, qui se sont traduits par des retards de salaires dans la fonction publique. Ils ont été apparemment résorbés. Mais la dévaluation n'a pas eu que des effets négatifs : elle a dopé le secteur du tourisme qui a enregistré des records d'affluence en 2003-2004 avec plus de 5 millions de visiteurs, rapportant 5 milliards de dollars et créant plus de 2,6 millions d'emplois. D'où l'impact important des attentats de Taba et de Ras Chaïtan : les 250 000 touristes israéliens ne représentent certes que 5 % des visiteurs en Égypte mais ce qui s'est passé s'apparente à une catastrophe nationale dont le pays pourrait mettre au moins deux ans à se remettre, comme au lendemain de l'attentat de Louxor en 1997. L'arrivée d'une équipe affichant sa volonté de relancer des privatisations restées au point mort pendant le mandat d'Atef Ebeid, de 1999 à 2004, effraie les Égyptiens et laisse pour l'instant les milieux financiers internationaux sceptiques. La reprise des privatisations, qui ne peuvent concerner le secteur bancaire criblé de créances douteuses, est surtout un signal donné aux investisseurs, indispensables pour assurer la relance d'une économie qui n'a pas grand-chose à exporter et ne peut donc profiter aujourd'hui à plein de la faiblesse de la livre. La marge est d'autant plus étroite que le président Moubarak a imposé à son gouvernement des limites très étroites : pas question de toucher aux subventions des produits de première nécessité, ni de licencier massivement dans les entreprises d'État ou au sein de la pléthorique bureaucratie administrative. Le souvenir des émeutes du pain de 1977 reste vif, tout comme celui des manifestations de chômeurs lors de l'été 2001. De toute façon, l'action du nouveau gouvernement risque d'être ralentie jusqu'à l'élection présidentielle de l'automne 2005. Une parenthèse supplémentaire dans un immobilisme qui n'en finit pas et qui plonge un peu plus l'Égypte dans une crise désormais multiforme.

Les acteurs

Les trois principaux acteurs de la contestation sont les islamistes djihadistes, les Frères musulmans et les groupes de défense des droits de l'homme ou de solidarité avec les Palestiniens.

◆ Les islamistes djihadistes

Le triple attentat de Taba et de Ras Chaïtan a réveillé le spectre des années de plomb qui, de 1992 à 1997, ont causé la mort de plus d'un millier de personnes. L'islamisme djihadiste est-il de retour, sept ans après l'attentat de Louxor de novembre 1997 ? À l'époque, l'ampleur du massacre (58 touristes étrangers) et son horreur avaient paradoxalement précipité le déclin des groupes armés. Perdant tout soutien auprès de la population durement touchée par l'effondrement du tourisme, ces derniers avaient déjà été très affaiblis par une répression sans merci qui avait décimé la plupart des cadres, envoyé de 10 000 à 20 000 personnes en prison et exilé jusqu'en Afghanistan une partie des rares chefs de groupes armés ayant échappé à la police. Peu après l'attentat, la direction emprisonnée des Gamaat al-Islamiya avait appelé à une trêve, entérinée par le guide spirituel du groupe, le cheikh Omar Abdel Rahman emprisonné aux États-Unis pour sa participation à l'attentat contre le World Trade Center de New York en 1993. Profondément divisé, le leadership des Gamaat en Afghanistan s'est divisé sur l'adhésion au Front islamique mondial de lutte contre les juifs et les croisés d'Oussama ben Laden. La chute du régime taliban a un peu plus dispersé la direction en exil, consacrant la primauté des leaders emprisonnés engagés dans une démarche très poussée de renoncement à la violence, réaffirmée au lendemain des attentats du 11 septembre 2001. Les Gamaat al-Islamiya, qui émanent des campus et se sont illustrées par leur travail social dans les années 70, ont l'intention de revenir aux sources de leur action, espérant pouvoir participer un jour au jeu politique. Le pouvoir a « récompensé » cette stratégie en relâchant des milliers de ses membres, souvent sans jugement. Depuis 1998, quelque 6 000 islamistes auraient été libérés, dont Karam Zohdi, l'un des assassins du président Sadate.
Quant au Djihad, le groupe responsable de la mort de Sadate en 1981, il a quasiment disparu d'Égypte, devenant une succursale d'Al-Qaïda, voire la garde rapprochée d'Oussama ben Laden qui compte de très nombreux Égyptiens dans son « premier cercle ». Son chef, Ayman al-Zawahiri, exilé en Afghanistan, a théorisé dans son manifeste diffusé sur Internet, « Cavaliers sous la bannière du Prophète », l'abandon du djihad contre « l'ennemi proche » (les régimes musulmans impies) au profit de la guerre sainte contre « l'ennemi lointain » (les États-Unis et Israël), plus consensuelle et censée rallier la sympathie des opinions publiques arabes. Les attentats du 11 septembre 2001 sont l'application directe de ce changement de stratégie officialisé dès 1998 par la constitution d'un Front islamique mondial de lutte contre les juifs et les croisés, en commun avec Al-Qaïda d'Oussama ben Laden. À tel point qu'Al- Zawahiri est devenu le véritable idéologue d'Al-Qaïda, apparaissant plus souvent que Ben Laden depuis le 11 Septembre. Les attentats de Taba et de Ras Chaïtan marquent-ils un nouveau tournant ? C'est peu probable, non que l'Égypte ne soit pas une cible d'Al-Qaïda, mais en l'occurrence c'était surtout Israël qui était visé.
Contrairement à l'après-Louxor, le gouvernement égyptien a tout fait pour privilégier la piste locale dans le cas des attentats du 7 octobre 2004. Alors qu'en 1997 Oussama ben Laden avait été pointé du doigt par les autorités qui cherchaient à prouver que les problèmes venaient de l'étranger, en 2004, le pouvoir égyptien a tout fait pour se tenir loin de l'orbite d'Al-Qaïda, qui représente un danger bien plus grand que les islamistes locaux. D'après les premiers éléments de l'enquête, 5 des 9 auteurs des attentats du 7 octobre 2004 sont des Égyptiens. Le seul Palestinien du groupe, présenté comme le cerveau et mort dans l'explosion prématurée de sa voiture piégée (et non volontairement, insistent les enquêteurs égyptiens), résidait en Égypte depuis longtemps et n'avait aucun lien avec les groupes armés palestiniens. L'enquête a aussi révélé que le groupe était équipé de bric et de broc, achetant les véhicules et les explosifs nécessaires auprès de Bédouins du Sinaï. Une hypothèse relativement probable tant le Sinaï est une plaque tournante du trafic de drogue, d'armes (à destination de Gaza), voire d'humains (prostituées et travailleurs immigrés à destination d'Israël). Reste que la piste locale et l'équipement rudimentaire, présentés comme des éléments censés minimiser l'ampleur du réseau, n'ont rien de rassurant. L'hypothèse d'une cellule dormante d'Al-Qaïda ou d'un groupuscule « franchisé » n'est pas du tout incompatible. Plus inquiétant, ce petit groupe sans expérience a déjoué la surveillance des services de sécurité égyptiens qui ont une connaissance étendue des milieux islamistes après quinze ans de répression.

◆ Les Frères musulmans

La mort de Mamoun al-Hodeiby, le guide suprême des Frères musulmans, le 9 janvier 2004, a ouvert la porte à une mue de la confrérie. Hodeiby incarnait en effet la « vieille garde », refusant toute réforme du mouvement, *a fortiori* sa transformation en parti politique. Son successeur, Mohamed Mehdi Akef, par son âge – il est né en 1928, l'année de fondation de la confrérie par Hassan al-Banna –, appartient lui aussi à la vieille garde. Arrêté en 1954 pour complot contre Nasser, il ne fut libéré qu'en 1974 par Sadate. Il s'est rendu ensuite en Allemagne pour y diriger le Centre islamique de Munich et travailler à la création de la branche internationale des Frères musulmans, avec Mustafa Machhour, lui-même guide suprême de 1996 à 2002. Cette ouverture sur l'étranger l'a rapproché d'une partie des cadres ayant aujourd'hui la quarantaine ou la cinquantaine, et qui montre un intérêt croissant pour l'expérience turque qui a vu l'arrivée au pouvoir, par les urnes, d'un parti islamiste modéré, héritier des Frères musulmans, l'AKP d'Erdogan. L'exemple turc est controversé – la vieille garde des Frères égyptiens jugeant Erdogan trop laïc et lui préférant nettement Necmettin Erbakan. À peine nommé, le 14 janvier 2004, Mohamed Mehdi Akef, septième guide suprême de la confrérie depuis sa fondation, a opéré un tournant majeur en se disant favorable à la création d'un parti politique, quitte à renoncer à l'appellation de Frères musulmans. Pour la première fois aussi, deux vice-guides ont été nommés aux côtés du nouveau guide. Il s'agit de Mohamed Habib, ancien professeur à la faculté des sciences de l'Université d'Assiout, et de Mohamed Khayrat al-Chater, ingénieur et homme d'affaires spécialisé dans l'informatique. Le premier a un profil de rénovateur tandis que le second serait plus un « faucon » discret.

Les Frères musulmans, bien que disposant officieusement de 16 députés (sur 454) à l'Assemblée du peuple, ce qui fait d'eux le premier groupe d'opposition, ont un grave problème de stratégie politique. Autant la confrérie n'a aucun mal à faire passer son message religieux dans la société qui adopte avec facilité tous les signes d'une religiosité accrue (islamisation des mœurs, de l'habillement, de la culture, etc.), autant elle ne sait pas comment transformer en succès politique cette sympathie ainsi que son important réseau de membres, fort de 30 000 à 2 millions de membres selon les estimations. Le principal écueil de la confrérie est son statut qui fait d'elle une organisation tolérée mais non légale. Cela lui permet de présenter des candidats indépendants aux élections législatives mais jamais sous son étiquette. Ce handicap résulte autant du refus du pouvoir, pour qui la création d'un parti des Frères musulmans est une ligne rouge infranchissable, que des atermoiements de la confrérie. La création d'un parti impliquerait en effet la reconnaissance des règles du jeu démocratique – pour l'instant absentes en Égypte – et donc l'acceptation de l'alternance. Une telle mue a d'autres implications comme la reconnaissance de droits égaux pour les chrétiens. Depuis 1996, Aboul Ela Madi, ancien secrétaire général du syndicat des ingénieurs, plaide pour un *aggiornamento* et cherche à fonder un parti intitulé Al-Wasat. Il n'a jamais reçu l'aval du pouvoir mais s'est de plus fâché avec la vieille garde des « Frères ». L'arrivée de Mohamed Mehdi Akef a largement détendu l'atmosphère au sein de la confrérie et fait avancer le débat, ce dernier se prononçant pour la « liberté de croyance et d'expression » ainsi que pour le principe de « l'alternance politique ».

Dans ce contexte, le pouvoir a beau jeu de manier avec la confrérie la politique de la carotte et du bâton, relâchant de temps en temps la pression pour l'utiliser comme soupape à la colère populaire contre les politiques israélienne et américaine au Proche-Orient, puis resserrant soudain la vis en arrêtant plusieurs de ses membres. Ainsi, le parti avait réuni plus de 30 000 personnes dans une mosquée de la banlieue du Caire pour recevoir les condoléances à la suite de l'assassinat du chef du Hamas, le cheikh Ahmed Yassine, par les Israéliens. À l'automne 2003, puis en janvier et à nouveau en mai, où 58 cadres clés du mouvement ont été mis sous les verrous, le pouvoir a fait arrêter plusieurs dizaines de cadres de la confrérie, manière de lui envoyer un signal d'alarme. D'autant que Mohamed Mehdi Akef avait eu l'outrecuidance de tenir une conférence de presse publique au siège du syndicat des journalistes pour présenter ses vues. Surfant sur le vent de réforme au Proche-Orient, paradoxalement soufflé par Washington, le nouveau Guide suprême a l'intention de faire de la confrérie un parti comme les autres dans le paysage politique. Trop pour le pouvoir.

Malgré ses efforts, les Frères musulmans égyptiens sont en pleine stagnation, incapables de prendre l'initiative face à un pouvoir qui les manipule au gré de ses besoins. Ce dernier n'hésite pas à recourir à des tribunaux militaires, dont les jugements sont totalement arbitraires, comme en 1995. Voire à torturer à mort certains membres comme cela a été le cas de Sayyed Qotb, battu à mort dans un commissariat en décembre 2003. Ou alors, le pouvoir marche allègrement sur les plates-bandes des Frères en donnant libre cours, en juin 2004, à la censure religieuse de l'Université islamique sunnite d'Al-Azhar.

Par rapport aux Jordaniens, très avancés dans la pratique parlementaire, ou au Hamas palestinien, la confrérie égyptienne n'a plus que la légitimité de son antériorité. Ironie du sort, le Hamas palestinien entretient un dialogue soutenu avec le gouvernement égyptien qu'intéresse au premier chef le futur retrait israélien de Gaza. Mais cette reconnaissance de fait qu'il accorde à la branche palestinienne des Frères musulmans, le gouvernement égyptien n'est pas prêt une seconde à la donner à sa branche nationale.

◆ Les ONG et la société civile

Face à l'obsolescence des partis d'opposition traditionnels, les organisations de défense des droits de l'homme ou de solidarité avec l'intifada palestinienne jouent un rôle de plus en plus important. Une forme de nouvel activisme politique a vu le jour à partir de septembre 2000 et du soulèvement palestinien. Porté par un large courant de sympathie dans la population, un Comité populaire égyptien de solidarité avec l'intifada palestinienne a vu le jour, émanant d'une vingtaine d'organisations et de leaders issus de la société civile, tous liés à la gauche. On y retrouve, bien entendu, les traditionnelles organisations de défense des droits de l'homme, déjà largement investies par la gauche égyptienne : le Centre Hisham Moubarak pour les droits de l'homme, l'Organisation égyptienne de défense des droits de l'homme, doyenne des ONG, le Centre Al-Nadim, actif contre la torture, ainsi que le Centre arabe pour l'indépendance de la justice et des professions judiciaires, tous nés dans les années 90. La première grande manifestation publique du Comité a eu lieu le 10 septembre 2001. Ce dernier s'est aussi montré actif dans les mosquées et les universités. Fait notable, il attire à lui nombre d'étudiants de l'Université américaine du Caire, où l'élite du pays envoie sa progéniture étudier. En avril 2002, lors de l'opération israélienne « Rempart » de réoccupation de la Cisjordanie, de violentes manifestations ont rassemblé quelque 10 000 personnes dans le centre du Caire. Le pouvoir, craignant d'être débordé, a réagi violemment en réprimant ces rassemblements par la force. L'année suivante, une grande manifestation de protestation contre la guerre américaine en Irak s'est rassemblée le 20 mars 2003 dans le centre du Caire. L'ampleur de la contestation a poussé le pouvoir à réagir très violemment et à arrêter quelque 1 500 cadres du Comité dans les jours qui ont suivi la manifestation. L'une des inquiétudes du gouvernement égyptien était en effet que se constitue un regroupement de forces politiques issues d'horizons aussi divers que les communistes, les nassériens et les islamistes, sous la bannière du Comité. Un rapprochement d'autant plus spectaculaire qu'une décennie auparavant le mouvement islamiste était en guerre ouverte contre la gauche : en 1992, les Gamaat al-Islamiya avaient assassiné Farag Foda, un penseur laïc renommé.

On compte également dans cette mouvance le Groupe égyptien contre la globalisation, fondé en 2002 par un groupe d'anciens activistes de gauche. Là aussi, à côté des nassériens et des syndicalistes de gauche, on retrouve des Frères musulmans. Ce genre de mouvements transversaux brise en effet deux « lignes rouges » posées par le pouvoir : l'alliance de forces politiques issues de l'ensemble du spectre politique ; et la rencontre entre des activistes politiques et le mouvement social. En décembre 2003, une conférence regroupant différentes associations et syndicats s'est tenue au Caire avec trois mots d'ordre : « non à la globalisation capitaliste et à l'hégémonie américaine », « non à l'occupation de l'Irak et au sionisme en Palestine », « non à l'autoritarisme dans le monde arabe ».

Ces nouveaux mouvements sont d'autant plus difficiles à appréhender par le pouvoir qu'ils n'ont pas de hiérarchie formelle ni de bureaucratie. Les différents courants idéologiques qui y participent le font sur la base de revendications communes, sans pour autant que chacun renonce à ses autres appartenances. Cet activisme *new look* a été encouragé par la rigidité des partis politiques traditionnels et leur incapacité à offrir des responsabilités aux plus jeunes et aux plus dynamiques de leurs membres. Au sein de la gauche et des nassériens, ces blocages ont entraîné un investissement accru des jeunes dans les organisations de défense des droits de l'homme, considérées comme un moyen d'action politique de substitution. Le parti nassérien a connu une scission entre ses jeunes cadres et la direction traditionnelle. Des journaux comme le quotidien *Al-Arabi* (nassérien) ou l'hebdomadaire *Al-Ahali* (gauche) sont aussi devenus des bastions de cette « nouvelle opposition » plus radicale et plus ouverte sur les autres sensibilités politiques.

Chez les Frères musulmans aussi, la « jeune garde », lassée d'attendre, a tenté de fonder un nouveau parti, sans succès. De son côté, le pouvoir s'est montré complètement désarçonné par ce nouveau genre de militantisme caractérisé par l'absence de leadership facilement identifiable. D'où l'importance des rafles (1 500 arrestations) qui ont suivi la grande manifestation du 20 mars 2003 qui, pour la première fois depuis un quart de siècle, avait osé traverser le centre du Caire. Rapidement, un grand nombre de prisonniers ont été libérés. Reste que l'avenir de ce mouvement novateur est difficile à prévoir. La recherche du consensus entre ses différentes composantes prouve son hétérogénéité, voire ses contradictions internes : les manifestations doivent-elles être mixtes ? Sur quels slogans s'accorder ? Autant de questions épineuses qui illustrent la fragilité du mouvement.

Pour en savoir plus

Christophe Ayad, *Géopolitique de l'Égypte*, Bruxelles, Complexe, 2002.

Louis Blin, *L'économie égyptienne : libéralisation et insertion dans le marché mondial*, L'Harmattan, 1993.

François Burgat, *L'islamisme en face*, La Découverte, 1995.

Olivier Carré et Gérard Michaud, *Les Frères musulmans*, Gallimard, 1983.

Gilles Kepel, *Le Prophète et le pharaon : les mouvements islamistes dans l'Égypte contemporaine*, La Découverte, 1984 (rééd. 1993).

Gilles Kepel, *Jihad, expansion et déclin de l'islamisme*, Gallimard, 2000 (rééd.2003).

Gilles Kepel, *Fitan, guerre au cœur de l'islam*, Gallimard, 2004.

Eberhard Kienle, *A Grand Delusion. Democracy and Economic Reform in Egypt*, Londres, Tauris, 2001.

Agnès Levallois et Marie-France Vernier, *Perspectives Égypte*, Nord Sud Export, 2000.

Malika Zeghal, *Gardiens de l'islam*, Presses de Sciences-Po, 1996.

Internet

www.egyptsearchnet.com
Moteur de recherche.

www.egypt.gouv.eg
Site du gouvernement.

www.politicalresources.net/egypt.htm
Annuaire politique.

www.ummah.org.uk/ikhwan
Site des Frères musulmans.

www.cedej.org.eg
Site du Centre d'études et de documentation économique, juridique et sociale (Cedej).

www.egyptresearch.free.fr
Site d'un centre de recherche indépendant.

www.alazhar.com
Site de l'université Al-Azhar.

www.copts.com
Site sur la situation des coptes.

www.eohr.org.eg
Organisation égyptienne de défense des droits de l'homme.

www.hebdo.ahram.org.eg
Site d'*Al-Ahram Weekly*.

Superficie : 2 381 741 km²
Population : 32 millions
Religion : islam sunnite majoritaire

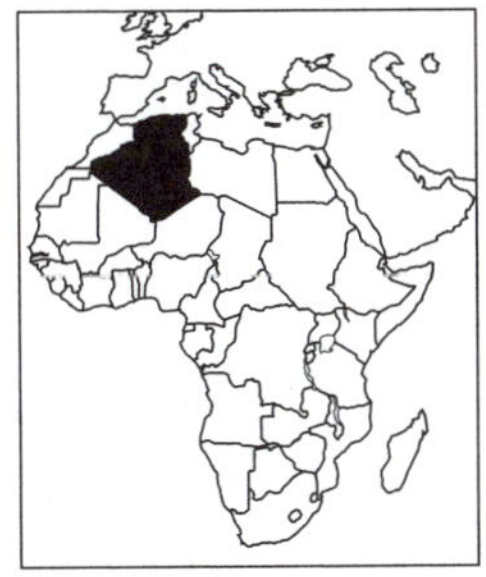

Algérie

Malgré la politique de pacification du président Abdelaziz Bouteflika, l'Algérie reste le théâtre d'un conflit complexe. La guerre a fait plus de 100 000 victimes selon les autorités officielles, 250 000 morts selon les opposants en exil. En dépit de la concorde civile, la violence perdure – les salafistes djihadistes continuant de rejeter la paix. En 2003, le conflit a fait plus de 900 morts selon les organisations internationales et il atteindrait le chiffre de 360 victimes en août 2004, principalement dans les régions du centre, dans le massif montagneux de Sid Ali Bouneb en Kabylie, et de Skikda-Collo.

Comment expliquer la permanence de la violence politique malgré l'application de la concorde civile depuis 1999 et la poursuite de la politique de la paix par le président Bouteflika ? L'année 2004 a été marquée par sa réélection à la tête de la présidence de la République. Contrairement aux élections présidentielles précédentes, celle-ci a eu lieu dans des termes politiques inédits. Alors que l'armée avait pour coutume de choisir le candidat à la présidence de la République, elle a créé la surprise générale en professant sa neutralité vis-à-vis de l'ensemble des candidats à la magistrature suprême.

LA VIOLENCE DE L'APRÈS-GUERRE CIVILE

La constellation de la guérilla fondamentaliste (1992-1999). Il faut revenir au début de la guerre civile pour comprendre le jeu politique actuel. L'annulation des élections législatives, en décembre 1991, remportées par le Front islamique du salut (FIS), est à l'origine du déclenchement de la guerre civile entre les islamistes et l'Armée nationale populaire (ANP). Il faut aussi préciser que les activistes du *djihad* ne constituent pas un tout homogène. La guérilla fondamentaliste n'est pas uniforme. Elle est composée, d'une part, de l'Armée islamique du salut (AIS), bras armé du FIS, créée en 1994 et dissoute en 1997 et, d'autre part, des salafistes djihadistes divisés en deux factions : le Groupe salafiste pour la prédication et le combat (GSPC), créé en 1998, affilié à Al-Qaïda, et le Groupe islamique armé (GIA).

La formule de consolidation du régime algérien en 1994-1999. La concorde civile a joué un rôle important dans l'accélération de la reddition des activistes, amorcée en 1994 grâce à la « loi de la clémence » *(al-rahma)* promulguée par Liamine Zeroual. Cette politique ne peut être considérée pour autant et à elle seule comme étant à l'origine de la consolidation du régime et de l'État algérien. Le maintien de l'État-nation algérien face au GIA et au GSPC, mouvement

Algérie : maquis salafistes djihadistes en 2004

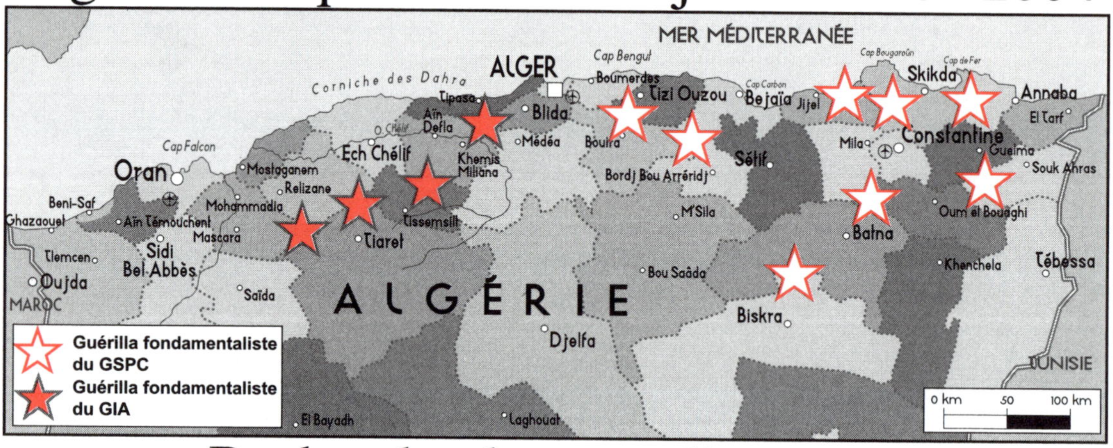

Recherche de nouvelles zones d'implantation dans le Sud (2002-2003)

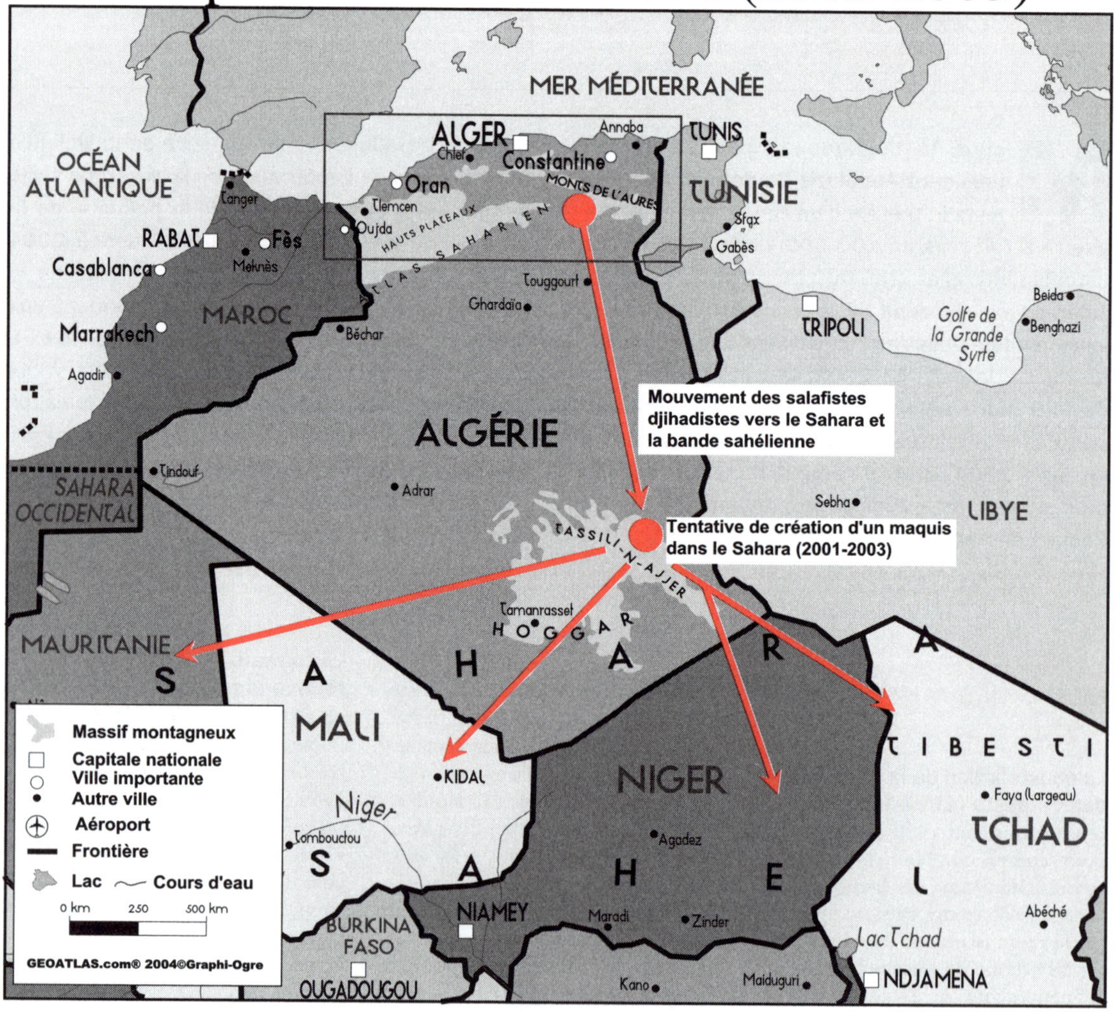

fondamentaliste parmi les plus puissants dans le monde musulman, a été rendu possible non par l'amnistie des activistes mais grâce à une implication de la population dans la guerre. Le concordat promulgué en 1999 a surtout permis de démilitariser les « patriotes », milices de villageois utilisés par l'armée comme bouclier dans la lutte antiterroriste. En refermant l'épisode de la guerre civile de cette manière, le président Bouteflika, principal promoteur de la politique de paix, a permis à l'armée de reprendre à son compte le monopole de la lutte antiterroriste et de verrouiller le débat public sur les années noires de la guerre. Il est difficile, compte tenu de la permanence de la violence aujourd'hui, de parler vraiment de retour à une situation normale ; il n'en demeure pas moins que la restitution des armes par les miliciens a constitué une étape importante dans un processus de retour à la paix civile qui reste en cours.

La stratégie de contre-guérilla de 1994 à 1999. Les assassinats de civils par les salafistes armés et la répression aveugle de l'armée contre la population de 1992 à 1994 avaient montré un affaiblissement sans précédent du régime et de l'État algérien, alors au bord du précipice. La politique de l'armée, consistant à appliquer une stratégie du « tout-sécuritaire » et à pratiquer une répression aveugle contre les militants et les sympathisants des fondamentalistes, avait alors mené le pays dans l'impasse. L'emprisonnement de membres du FIS dans des camps au Sahara a eu pour conséquence de provoquer un départ massif des islamistes vers les maquis du GIA. Le constat de l'échec de cette formule sécuritaire à partir de 1994 a contraint l'armée à changer de fusil d'épaule et à créer des milices de « patriotes » en milieu rural, composées de villageois ralliés à la cause de l'État et opposés aux fondamentalistes armés. La mise en place de cette guérilla « révolutionnaire » a été calquée sur l'expérience de l'Armée de libération nationale (ALN) pendant la guerre d'indépendance, qui consistait à s'appuyer sur la population pour combattre l'armée coloniale. Cette option sécuritaire de grande envergure a constitué un tournant dans la guerre civile et a permis au régime de se consolider lors de l'élection du général Zeroual à la présidence de la République en novembre 1995. Paradoxalement, la consolidation du pouvoir a eu un effet dramatique : celui de démontrer l'échec politique des salafistes djihadistes, qui ont déclenché un cycle infernal d'expéditions punitives contre les populations en 1996, 1997 et 1998, des massacres collectifs qui se sont prolongés de manière ponctuelle jusqu'en 2002 dans les régions isolées du pays. Ces crimes ont fait l'objet d'une polémique médiatique consécutive aux témoignages de rescapés et d'anciens membres des services secrets algériens dans les médias français, accusant les généraux au pouvoir ou les services secrets d'avoir été, dans certains cas, les acteurs de ces tueries. La guerre civile en Algérie a été qualifiée de guerre tribale, ou de vendetta, compte tenu de la dimension locale de la violence opposant les villageois. Ce type d'analyse culturaliste omet de dire que la composante sociologique des milices de patriotes n'est pas clanique ou tribale mais politique, fondée sur un modèle partisan. En outre, ces soutiens de l'État algérien sont constitués de vétérans de la guerre de libération de 1954-1962, devenus le fer de lance de la guerre contre les « terroristes ». Enfin, la tribu, organisation sociale traditionnelle, a historiquement été démantelée en 1863 et ne peut, à ce titre, être considérée comme une réalité culturelle ou sociologique opératoire aujourd'hui. De ce fait, le conflit n'est pas tant le résultat d'une vendetta qu'une guerre civile opposant les partisans du nationalisme algérien aux salafistes djihadistes.

La stratégie de la guérilla fondamentaliste du GSPC. En pratique, l'offre de paix du président Bouteflika a eu plus d'impact sur les islamistes de l'AIS que sur les organisations armées extrémistes, puisqu'elle a exclu les auteurs de crimes de sang contre les civils dont les groupes salafistes djihadistes du GIA et GSPC sont les principaux auteurs. Il est aussi important de noter que les lois de grâce présidentielle sont individuelles et non collectives et, pour cette raison, ne concernent pas les organisations armées en tant que telles mais les repentis voulant réintégrer la société. Le refus de toutes négociations ou redditions du GSPC a maintenu le groupe au rang de principal front armé de lutte contre l'État algérien, stigmatisé dans la vulgate salafiste comme «impie ». Ce n'est pas l'armée uniquement qui est visée par le djihad mais les enseignants, les fonctionnaires et les employés du secteur public, tout autant assassinés que les représentants de l'ordre lors de faux barrages routiers ou d'assauts contre les villages insuffisamment sécurisés dans l'intérieur du pays. L'anathème et l'excommunication de l'État algérien dans son ensemble sont au cœur de la doctrine des salafistes dijhadistes. Ce courant idéologique constitue le point de convergence des groupes armés en activité ralliés à ce qui est communément appelé la « mouvance » Al-Qaïda.

L'amorce de la décomposition du GSPC en 2003-2004. L'exclusion du courant des « exégètes » à la tête du GSPC, tel Hassan Hattab, émir de 1998 à 2003, et la montée des « opérationnels » tel l'émir Nabil Sahraoui à la tête de la mouvance à partir de juin 2003, ont marqué un tournant important dans l'évolution du mouvement salafiste armé en Algérie. L'élimination de ce dernier, en juin 2004, et la nomination de l'artificier du groupe, Abou Moussab Abd al-Wadoud, en septembre 2004, confirment la reprise en main de l'organisation par sa composante la plus violente. L'attentat contre la centrale électrique de la capitale algérienne, au lendemain de l'assassinat du numéro un de l'organisation par l'armée algérienne, et les exécutions de civils en août 2004 dans la région de Relizane ne sont pas sans rappeler la lutte pour le leadership au sein du GIA durant l'année 2002, qui a conduit au déclin et à la disparition progressive du groupe. Les assassinats de civils lors de barrages routiers, ainsi que les déplacements de populations dans les montagnes de Jijel et Skikda durant cette même période, fournissent autant d'indicateurs sur une flambée de la violence parmi le nouveau leadership de l'organisation djihadiste.

La reconfiguration du maquis. Les redditions des repentis sont importantes dans les différentes régions du pays mais elles restent individuelles et ne signifient pas pour autant que les groupes armés aient disparu, même s'ils sont moins puissants qu'ils ne l'ont été en 2001-2003. Il reste que le déclin des salafistes a conduit progressivement à une fragmentation du champ d'opération du djihad. Depuis 2003, la reconfiguration des maquis a eu lieu principalement dans l'est et le sud du pays. Dans la première région, les opérations de ratissage des forces de sécurité algériennes se sont concentrées dans les monts de Sid Ali Bounab en Kabylie. Le but de ces actions a consisté, avant tout, à isoler la guérilla fondamentaliste dans cette région des zones émeutières en Kabylie. Le GSPC a réimplanté des zones de repli dans les montagnes de Jijel, les régions boisées du massif Collo-Millia. Les maquis établis dans les départements de Skikda, d'Annaba et de Guelma représentent une zone d'actions violentes où l'armée algérienne est moins présente du fait de son déploiement prioritaire autour des villes et des agglomérations urbaines au détriment des zones rurales. Dans ces fiefs, le GSPC et le GIA survivent grâce au racket de la population locale.
La deuxième grande région d'implantation des activistes se trouve dans le Sud, la zone d'opération de l'émir Mokhtar Benmokhtar, un chef de guerre devenu parrain de la contrebande de tabac et passeur des candidats à l'émigration en provenance d'Afrique subsaharienne et de Mauritanie. Les contacts avec des éléments étrangers, liés à la mouvance identifiée en mai 2001 dans la région, ont fait redouter la mise en place d'un partenariat entre le GSPC et Al-Qaïda et la création d'une zone opérationnelle saharienne dans la partie septentrionale du Mali, du Niger et dans le désert algérien, tentative qui a finalement échoué. La lutte antiterroriste menée par les États de la région dans le cadre de l'Initiative Pan Sahel (*Pan Sahel Initiative* – PSI), supervisée par les Américains contre les salafistes algériens, a permis d'éviter que ceux-ci ne s'implantent dans le Tibesti, au Tchad, et dans le secteur de Kidal, au Mali. Il sont en effet à la recherche d'une zone de repli dans les immensités désertiques, aux frontières perméables et au contrôle étatique pour le moins irrégulier. Au nom de leur participation à la lutte antiterroriste mondiale, les rebelles toubous du Mouvement pour la démocratie et la justice au Tchad (MDJT) ont fait prisonnier Abderezak « el Para », numéro deux du GSPC, en juin 2004.
L'enlèvement contre rançon d'une trentaine de touristes germanophones dans le désert algérien en 2003, mode opératoire utilisé pour la première fois par le GSPC, témoigne de la décomposition de ce groupe qui s'était par le passé toujours focalisé sur un affrontement armé avec les « suppôts du régime algérien impie ». Si la décomposition du GSPC révèle une inflexion du soutien financier aux activistes, elle n'est pas pour autant rassurante en termes de sécurisation des populations isolées, dès lors que les djihadistes ont été lâchés par les militants et les sympathisants d'antan. Le processus de désagrégation de la guérilla fondamentaliste fait redouter un basculement dans la violence extrême comme cela avait été le cas avec le GIA durant la période 1996-2002.

LE CLIVAGE ENTRE LES GÉNÉRAUX AU POUVOIR ET LE PRÉSIDENT

La fin de la polarisation entre Abdelaziz Bouteflika et l'armée en 2004. L'élection présidentielle d'avril 2004 a eu lieu dans des termes politiques inédits : l'armée algérienne déclarant sa neutralité face à la bataille politique que se livraient le président-candidat Abdelaziz Bouteflika et Ali Benflis, son ancien chef du gouvernement et secrétaire général du Front de libération nationale (FLN). La pré-campagne électorale a dégénéré en crise, opposant les soutiens du président à ceux de son ancien Premier ministre, l'accusant de népotisme. Cet affrontement politique a failli conduire à l'implosion du FLN, parti historique et principal appareil du régime.
L'isolement et la dégradation de l'image de l'armée algérienne, consécutifs à l'annulation du processus électoral en 1991, ont été le principal handicap politique du régime depuis le déclenchement de la guerre civile. Ce péché originel a en effet porté un coup dur à la crédibilité du pouvoir algérien sur la scène internationale, apparaissant depuis comme un régime militaire répressif et antidémocratique. Depuis 2001, les généraux au pouvoir tentent activement d'améliorer cette image. L'élection présidentielle a constitué de ce point de vue un moment opportun pour rectifier le tir. Contrairement à la tradition, l'armée a déclaré qu'elle ne soutiendra aucun candidat. Historiquement, elle avait toujours été à l'origine du choix des candidats, dont le président Abdelaziz Bouteflika lui-même en 1999. En jouant la carte de la neutralité, la stratégie des militaires visait à donner une image de réformateurs au principal acteur et instigateur du jeu politique algérien qu'est l'armée. En réalité, en affichant cette neutralité, et en laissant faire le président Bouteflika, l'armée a réussi à capitaliser la réélection de ce dernier en sa faveur. De ce fait, il n'est pas possible d'interpréter ce jeu comme les prémices d'un retrait de l'armée de la vie politique ou d'une relance de la démocratisation. Le maintien des généraux Mohamed Mediane et Smaïn Lamari à la tête du DRS (services de renseignement algériens), principal organe de la police politique et noyau dur de la répression et du verrouillage du système politique, a constitué un sérieux démenti aux déclarations de neutralité de l'armée algérienne, trop rapidement interprétées comme une amorce de réformes politiques par nombre d'observateurs internationaux et une partie de la presse locale. Il est vrai que le plébiscite du président Abdelaziz Bouteflika, avec 84,49 % des suffrages, est pour beaucoup le résultat de l'amélioration de la situation sécuritaire depuis la promulgation de la concorde civile. Mais l'instrumentalisation de l'administration et des prin-

cipaux médias en sa faveur, ainsi que la fraude dénoncée ici et là par ses détracteurs, laisse planer un certain nombre de questions sur la crédibilité de la politique de réconciliation nationale annoncée par le Président.

Un règne sous le signe du conservatisme politique. En attaquant publiquement l'armée sur sa responsabilité historique quant à l'arrêt du processus électoral et à l'échec de la démocratisation du pays, le président Bouteflika accusait indirectement les militaires algériens d'être à l'origine de la guerre civile. Cette stratégie a conduit à diviser le régime algérien, de 2000 à 2004, en deux pôles : la présidence et l'armée.

Cet antagonisme s'est soldé trois mois après la réélection du Président par la démission du général-major Mohamed Lamari, patron de l'armée, en juillet 2004. Le départ du chef de file des « éradicateurs », tendance laïque pure et dure des militaires, a permis au courant opposé des réconciliateurs, favorables à un pacte avec les islamistes, de revenir aux commandes de l'armée. La nomination du général Gaïd Salah à la tête de l'institution a confirmé l'orientation conservatrice du régime. Le maintien des généraux Mohamed Mediane et Smaïn Lamari au DRS montre que la police politique, favorable à un contrôle étroit au sein de l'armée, a été ménagée par le Président. Grâce à l'acquiescement de ce noyau ultra-nationaliste à la politique de Bouteflika, l'armée a pu maintenir les équilibres traditionnels avec le pouvoir civil. En lâchant le général Mohamed Lamari face au bras de fer qui l'opposait au Président, elle a montré sa capacité à maintenir l'équilibre des rapports de force au sein du pouvoir politique et à durer. Le but en l'occurrence étant de se maintenir au pouvoir au prix de tous les compromis.

Le départ du patron de l'ANP, sans fracas ni remous, montre bien que cette démission n'est qu'un rééquilibrage des rapports internes au sein du pouvoir, n'impliquant aucun changement structurel profond du système. En écartant ses proches, tel le général Brahim Fodil Cherif, chef de la région militaire de la Mitidja, une des plus importantes dans la lutte antiterroriste, et en conservant les chefs du DRS à leurs postes, Bouteflika a clairement infléchi la tendance conservatrice du régime.

Par ailleurs, en maintenant la police politique, instrument incontournable des équilibres sécuritaires et de l'hégémonie politique, le président Bouteflika a porté un coup réel à ses adversaires au sein de l'armée, mais il ne peut opérer pour autant des réformes significatives, faute d'avoir vraiment les coudées franches. Dès lors, il est peu probable qu'il soit capable d'opérer une politique de réforme du régime.

VERROUILLAGE DU CHAMP POLITIQUE SOUS LE PRÉSIDENT BOUTEFLIKA

Une classe politique laminée. Les conservateurs à la tête du régime algérien actuel s'appuient principalement sur des réseaux d'alliance entre les nationalistes et le courant islamiste. Abdelaziz Belkhadem, ministre des Affaires étrangères et homme fort du FLN, incarne ce courant : il a été à ce titre l'artisan de la mobilisation des conservateurs pour la réélection du Président. Les nationalistes du FLN et du Rassemblement national démocratique (RND) ne constituent qu'un pan des réseaux politiques du Président. Le soutien apporté par les leaders islamistes, que ce soit Abassi Madani, l'ancien chef du FIS, ou Rabah Kebir, un des responsables historiques du Front, ainsi que la déclaration de l'ancien émir de l'AIS en reddition montrent que l'assise politique des conservateurs au pouvoir puise dans une alliance islamo-nationaliste. Les Frères musulmans du Mouvement pour la société et la paix (MSP) ne sont pas en reste – le leader de cette mouvance s'est aussi rallié au chef de l'État. Si le discours du Président accrédite cette allégeance comme une option politico-sécuritaire servant à contrer les groupes fondamentalistes armés dans le maquis, il s'avère qu'elle a surtout, pour l'heure, permis aux conservateurs aux commandes de tisser un réseau de clientèle politique parmi les islamistes, au détriment des partis politiques laïcs. Les déclarations de l'ancien Premier ministre algérien (1989-1991) Mouloud Hamrouche, qui s'était façonné une image de réformateur, pointent le paradoxe du succès de Bouteflika, qui aurait été soutenu par un courant du pouvoir opposé aux réformes. Hamrouche déclarait au lendemain de la victoire d'Abdelaziz Bouteflika aux élections d'avril 2004 que, « en dehors du système de clientèle développé par le pouvoir, il ne peut y avoir de place pour quelque courant politique que ce soit ». Ainsi, les partis politiques ont été laminés par le pouvoir qui leur a substitué des réseaux d'allégeance. L'ancien chef de gouvernement précisait aussi que « les artisans du succès vont tout faire pour maintenir le *statu quo* et empêcher Bouteflika de réformer ».

Les pratiques de verrouillage de l'opinion publique témoignent d'une régression politique et rappellent les procédés de la période du parti unique, avant l'instauration du multipartisme en 1989. Le monopole exercé sur la télévision algérienne, transformée en organe de communication du régime, donne la mesure de l'hégémonie du pouvoir et du blocage du débat politique.

La dérive autoritaire du pouvoir a été dénoncée par les organisations internationales des droits de l'homme (notamment Amnesty International et Reporters sans frontières) en 2004. Un constat alarmant notamment pour la liberté de la presse privée. Dans un climat électoral tendu, les atteintes à la liberté de la presse ont augmenté de manière vertigineuse. Plus d'une trentaine de journalistes de la presse écrite privée ont été arrêtés, plusieurs d'entre eux ont été condamnés à une peine de prison, dont le rédacteur en chef du quotidien francophone *Le Matin.* Le directeur de ce journal a été l'auteur d'un pamphlet, *Bouteflika, une imposture algérienne,* à l'heure où la campagne présidentielle battait son plein. Tout au long de cette période, la presse écrite a été très virulente contre le Président, s'en prenant à sa vie privée et à ses proches. Face à la multiplication des attaques violentes à l'égard de

Bouteflika, le gouvernement a choisi d'appliquer de manière radicale l'article 144 du Code pénal prévoyant des peines de deux à douze mois de prison pour toute mise en cause dans des termes injurieux, insultants ou diffamatoires, du président de la République, du Parlement ou de l'ANP. La révélation d'affaires de corruption par la presse n'a pas manqué d'attirer les foudres du ministère de l'Intérieur sur les journalistes qui ont porté ces dossiers sur la place publique. Reporters sans frontières dénonçait dans son rapport de 2004 le musellement qui s'exerce dans la presse ainsi qu'à tous les niveaux des institutions, « le ministère de l'Intérieur décourageant toute tentative d'organisation civile », précisait l'ONG française.

LE SOULÈVEMENT KABYLE ET LES ÉMEUTES RÉGIONALES

Le danger qui guette l'Algérie dans les années à venir ne sera pas tant le terrorisme, qui n'a plus le soutien de la population, que les émeutes régionales dues à la déstructuration de l'État dans de nombreuses régions du pays. L'effondrement de l'appareil d'État au niveau local – communes et régions – dans la Kabylie et les hauts plateaux de l'Est, et dans le sud du pays, sont au cœur d'émeutes sporadiques dans ces régions. Le chômage, l'échec du plan d'ajustement structurel lancé en 1994, les transformations sociales consécutives à la libéralisation économique qui ont accéléré la déstructuration du lien social, accentuent la désintégration politique d'une génération, celle des 15-35 ans, en rupture avec le reste de la société. Au lendemain de l'essoufflement de la guérilla salafiste, les explosions émeutières dans les agglomérations situées dans les régions rurales paupérisées ont donné le signal d'alarme du désengagement de l'État dans de nombreuses régions.

Faisant figure d'avant-garde de cette fronde populaire, le soulèvement en Kabylie en 2001 peut donner l'impression d'une lutte en faveur de revendications identitaires. Mais le soulèvement de cette région montagnarde du Nord-Est algérien ne doit pas être réduit à une expression ethnique. La reconnaissance de la langue et de la culture *tamazigh,* et la demande du départ de la gendarmerie nationale de cette région, sont l'une et l'autre au cœur de la protestation kabyle. Mais elle est aussi le résultat d'un démembrement de localités entières et de disparités régionales criantes. Les frondes de la population dans les localités sous-intégrées d'un point de vue politique et culturel, y compris dans le pays *chaoui* réputé être un bastion du régime, sont le signe des brèches nouvelles entre l'État et la société. Écoles, dispensaires, mairies et postes sont brûlés et détruits par les émeutiers, composés essentiellement de jeunes gens. Face à ces manifestations, les autorités ont choisi d'utiliser la politique de la carotte et du bâton et alternent entre répression et négociations avec le mouvement des *Arouch,* représentants des congrégations villageoises kabyles, pour désamorcer ces dynamiques politiques capables de porter un coup sévère au régime.

Les acteurs

◆ GIA – Groupe islamique armé

Le GIA a été créé en 1992 par un groupe d'activistes, à la suite de la réunification de milices salafistes constituées dans la banlieue d'Alger en 1989. L'organisation comptait alors près de 50 000 membres.

Les exécutions collectives de civils ont commencé durant l'été 1996 dans le pays *chaoui*, situé dans l'Est, considéré comme le bastion politique du régime. Rappelons que le passage à cette violence extrême dans le cas du GIA avait eu lieu quelques mois après l'élection présidentielle en novembre 1995 du général Liamine Zeroual. Ce vote a révélé le déclin du soutien populaire au djihad et a été de ce fait à l'origine du déclenchement des expéditions punitives dans l'est du pays et dans la Mitidja. Ces tueries correspondent à un tournant apocalyptique du GIA: une *fatwa* de l'émir Zouabri sur « l'apostasie collective du peuple algérien » avait légitimé les massacres et les avait revendiqués. Ce communiqué paru dans le quotidien arabophone *Al-Hayat* en septembre 1997 avait été diffusé par Abou Hamza al-Masri, porte-parole du GIA à Londres et leader de l'internationale salafiste djihadiste. Il avait, à cette occasion prononcé l'exclusion du GIA de la nébuleuse djihadiste à la suite des « revendications des tueries contre des musulmans innocents », actions qui selon lui « portaient gravement atteinte à l'image du djihad et [à] son avenir ».

Aujourd'hui, ce mouvement armé ne compte plus qu'une cinquantaine d'éléments isolés dans le maquis de l'Atlas blidéen, dans le centre du pays. La doctrine takfiriste – du nom des partisans du groupe Al-Takfir wal-Hijra (« l'anathème et l'exil ») qui ont décrété les sociétés musulmanes impies – sert de prétexte à la violence extrême utilisée par ce courant salafiste algérien, et est en grande partie à l'origine de l'implosion et de la désagrégation du mouvement. L'élimination de l'émir Antar Zouabri en 2002, chef du GIA depuis 1995, instigateur de la *fatwa* légitimant les massacres collectifs des civils, a conduit aux luttes intestines et au déclin du groupe. La capacité de nuisance des éléments de cette organisation a été quasi nulle en 2003-2004. Les actions armées sont en nette régression et tendent à disparaître. On compte depuis le début de l'année 2004 une seule action du GIA – l'attaque de civils lors d'un faux barrage dans l'Atlas blidéen en octobre, faisant 16 morts, dont des enfants et des femmes égorgés à l'arme blanche. Cet attentat se situait dans la droite ligne meurtrière instaurée par l'émir Antar Zouabri et poursuivie par son actuel successeur, Rachid Oukali, à la tête de l'organisation depuis mars 2002.

◆ GSPC – Groupe salafiste pour la prédication et le combat

Le GSPC a été créé sous le commandement de Hassan Hattab en 1998 par des activistes du GIA opposés à l'émir Antar Zouabri sur la pratique des

massacres collectifs de civils. Au-delà de cette scission, les deux organisations partagent le rejet de « toute trêve, négociation ou dialogue » avec le régime algérien. Nabil Sahraoui (nommé émir du GSPC le 16 août 2003 et éliminé par l'armée en juin 2004) et Abou Moussab Abd al-Wadoud (qui le remplace depuis le 6 septembre 2004), qui ont succédé à l'émir Hattab, écarté de l'émirat en raison de divergences internes, ont chacun réitéré ce choix politique spécifique à la mouvance salafiste djihadiste qui refuse tout compromis politique avec les régimes arabo-musulmans en place déclarés « apostats ».

Néanmoins, ce choix politique d'opposition à toute solution de paix est à l'origine du déclin du GSPC. Cette option ultra-radicale a coûté cher à l'organisation djihadiste : elle a perdu le soutien de la population depuis que son émir, Hassan Hattab, et ses successeurs ont rejeté la concorde civile et poursuivi la politique de violence. Selon les autorités officielles algériennes, les effectifs tournaient autour de 370 éléments en 2002, organisés en petits groupes de 6 à 12 terroristes se déplaçant à travers les maquis de l'est et du sud du pays. Ces chiffres sont à prendre, bien sûr, avec précaution, car le groupe continue à mener des actions armées fréquentes en dépit des pertes importantes qu'il a subies.

La nébuleuse salafiste djihadiste en Algérie compte d'autres groupes armés actifs issus également d'une scission avec le GIA. En déclin, ces phalanges comportent le HDS (Houmat Daawa Salafia – Protecteurs de la prédication salafiste), le GSPD (le Groupe salafiste pour la prédication et le djihad), le GSC (le Groupe salafiste combattant) et le Al-Takfir wal-Hijra. Le nombre d'hommes combattant au sein de cette guérilla était de 240 djihadistes selon les chiffres officiels algériens en 2002. On estime que les effectifs de ces groupes ont été réduits de plus de la moitié à la suite des opérations antiterroristes menées par l'armée algérienne en 2003-2004. Des tentatives de réunification de ces groupuscules avec le GSPC ont été annoncées après les lourdes pertes subies en 2003 sous l'effet des opérations des militaires algériens contre des poches salafistes situées dans les méandres forestiers de l'Atlas tellien et des hauts plateaux.

◆ Les mouvements kabyles

Les violentes altercations qui ont eu lieu dans cette région de l'Algérie, le 18 avril 2001, entre manifestants et forces de l'ordre, ont servi de déclencheur à un mouvement de revendications à la fois politiques et culturelles. Le point de départ est une bavure policière : le jeune Massinissa Guermah est tué par la gendarmerie nationale dans la ville de Beni Douala (Grande Kabylie). Les principaux bastions d'émeutiers sont situés dans des villages anarchiquement urbanisés durant les années 80, tels Aïn el-Hammam, Mekla, Larbaa Nath Irathen, Akbou, El-Kseur, Sidi Aïch et Azazga.

La répression policière, qui a fait plus de 123 morts, a été la cause directe de l'émergence de confédérations villageoises, les *Arouch,* demandant le départ de la gendarmerie nationale des départements kabyles et la reconnaissance de la culture et la langue *amazighe* (berbère). Les revendications plus radicales d'autonomie de la Kabylie sont incarnées par le Mouvement d'autonomie de la Kabylie (MAK) fondé en 2002 par le chanteur Ferhat Mehenni. Ce courant reste très minoritaire au sein de la mouvance protestataire. Aussi, la majeure partie des *Arouch* a appelé à une plus grande démocratisation de la société algérienne dans la plate-forme d'*El-Kseur*, adoptée le 11 juin 2001 par la direction du mouvement qui s'est à cette occasion opposée à toute option sécessionniste.

Pour en savoir plus

Amnesty International, *Rapport annuel*, Londres, 2004.

Charles-Robert Ageron, *Histoire de l'Algérie contemporaine 1830-1999*, PUF, 1991.

Pierre Bourdieu, *Sociologie de l'Algérie*, PUF, 1974.

International Crisis Group, *Annual Report*, Bruxelles, 2004.

Stathis Kalyvas, « Wanton and Senseless ? », *Rationality and Society*, n° 3, août 1999.

Luis Martinez, *La guerre civile en Algérie 1990-1997*, Karthala, 1998.

Reporters sans frontières, *Rapport annuel*, Montpellier, 2004.

Hugh Roberts, *The Battelfield Algeria 1988-2001*, Londres, Verso, 2001.

Benjamin Stora, *La guerre invisible : Algérie années 90*, Presses de Sciences-Po, 2001.

Kamil al-Taouil, *Le mouvement islamique armé en Algérie (ouvrage en arabe)*, Beyrouth, Dar al-Hayat, 1999.

Julia K. Voelker, « The Algerian Presidential Campaign », *Middle East Institute*, 13 avril 2004.

Nesroulah Yous, *Qui a tué à Bentalha ?*, La Découverte, 2000.

Internet

www.algeria-interface.com

www.liberte-algeria.com

www.elkhabar.com

www.quotidien-oran.com

www.crisisweb.org

Superficie : 450 000 km^2 (sans compter le Sahara occidental)
Population : environ 30 millions d'habitants (selon le recensement mené en septembre 2004)
Composition ethnique : mélange de Berbères et d'Arabes, les Berbères ne pouvant être assimilés seulement aux 33 % des habitants des zones montagneuses qui parlent les différents dialectes berbères
Religion : musulmans sunnites à 98 %

Maroc

Longtemps considéré comme un pôle d'équilibre au Maghreb pour son système politique autoritaire et ses alliances résolument occidentales, le Maroc semble entrer, à l'instar des autres pays de la région, dans une zone de turbulence. Trois dangers immédiats menacent sa stabilité : la montée de l'islamisme, le problème récurrent du Sahara occidental dont la non-solution freine le développement du royaume, et l'impatience de populations qui ont espéré, à deux reprises, en 1998 avec l'alternance et en 1999 avec le changement de règne, une évolution plus sensible.

Les attentats du 16 mai 2003 ont fait voler en éclats la fameuse exception marocaine : 45 morts et 100 blessés ont eu raison du mythe. Le Maroc s'est longtemps cru immunisé contre l'islamisme radical du fait de la forme de son régime, monarchie de droit divin, avec un roi Commandeur des croyants, dictant la norme. S'il s'est aussi longtemps cru à l'abri, c'est aussi parce que, la religion ayant toujours été préservée, voire encouragée, aucune rupture n'était intervenue dans une nation et une société, attachées à la règle du consensus et très conservatrices.

UN DANGER TOUJOURS SOUS-ESTIMÉ

La prégnance des mouvements religieux – qui devaient devenir radicaux – a été fortement incitée comme partout dans le monde arabo-musulman, à partir des années 70, à lutter contre les idées socialistes et communistes. Ses fers de lance : les Tabligh pakistanais mais surtout les Frères musulmans égyptiens et les wahhabites saoudiens, appuyés par les États-Unis. Encouragés par le pouvoir, ils en ont été parfois les bras armés. C'est ainsi qu'ils ont pu investir sans problème les universités pour contrer l'emprise de l'Union nationale des étudiants marocains (Unem), contrôlée depuis l'indépendance par l'Union nationale des forces populaires (UNFP, devenue par la suite USFP – Union socialiste des forces populaires). La violence dont ils ont fait preuve entre 1972 et 1975 contre les étudiants de gauche et les enseignants, n'excluant pas le meurtre, notamment celui d'un leader de l'UNFP, Omar Benjelloun, en décembre 1975, fut uniquement imputée à l'activisme du chef de la Jeunesse islamique (Chabiba al-Islamya), Abdelkarim Moti que l'on devait retrouver en 1979 dans l'attaque de la Grande Mosquée de La Mecque. En revanche, lorsqu'en juin 1974, un enseignant, Abdesselem Yassine, dénonce la politique du monarque dans une harangue au roi Hassan II, « L'islam ou le déluge », il est interné en hôpital psychiatrique et passera de nombreuses années en résidence surveillée. En dépit d'incidents souvent sanglants émaillant la conquête par les islamistes de l'université, cette mouvance, diffuse et opaque, qui comptait alors quelque 26 organisations, changeant d'appellations – dont Al-Adl wal-Hissane (« la justice et la bienfaisance ») d'Abdesselem Yassine et Al-Islah wat-Tajdid (« la réforme et la rénovation ») d'Abdelilah Benkirane étaient considérées comme les plus importantes –, n'était pas jugée dangereuse par les autorités, qui affirmaient la contrôler.

Dans les années 80, après la révolution iranienne, il fallut pourtant se rendre à l'évidence que l'islamisme, pas encore taxé de radical, échappait à ses promoteurs officiels, malgré les garde-fous instaurés par Hassan II, tels les conseils des oulémas, censés agir sous ses ordres. Mais le ministre des Affaires religieuses, Driss M'draghi Alaoui, qui devait rester près de dix-sept ans en fonction, était ouvertement wahhabite, les quelque 32 232 mosquées du pays (voire 33 000), une pour 1 000 habitants, quadrillaient le territoire et seulement quelque 10 417 d'entre elles étaient sous le contrôle de l'État. Plus de 400 écoles religieuses, formant le personnel des mosquées, accueillaient 16 550 élèves, souvent promis au chômage et développant donc des frustrations sociales et politiques à l'instar des 1 000 diplômés issus chaque année des universités et facultés religieuses. Au-delà de cet enseignement religieux pléthorique, la situation était pareillement délétère dans le système de l'Éducation nationale. Nombre d'enseignants également frustrés et souvent très religieux utilisaient des manuels scolaires truffés d'appels à l'exclusion, d'incitations à la haine, au racisme et au rejet de l'autre, perpétuant une vision du monde primaire et manichéen, notamment sur les femmes et tous les apports de la modernité, jugés impies.

La base de l'islamisme, ses prolongements estudiantins et caritatifs émergeaient au grand jour, sans être réprimés. Des Marocains combattaient en Afghanistan (on dit aujourd'hui qu'ils auraient été 600).

Dans les années 90, les voiles et les barbes se multiplient, les islamistes impulsent des mouvements sociaux pugnaces comme ceux des diplômés chômeurs ; les prêches radicaux dans les mosquées sont relayés par une presse islamiste vivace ; des cassettes venant du Moyen-Orient sont vendues au coin des rues et autour des mosquées, où l'on recrute ouvertement pour le *djihad,* mais personne ne s'émeut. Pourtant, après la première guerre du Golfe de 1990-1991 et l'installation des troupes américaines en Arabie saoudite, ce que l'on appelle désormais le wahhabisme djihadiste, dont se réclame Ben Laden, se répand au Maroc.

En 1996, Hassan II déclare qu'il ne sévira pas contre ceux qu'il appelle alors les salafistes, tant qu'ils respecteront les lois. Son ministre de l'Intérieur, Driss Basri, négocie leur entrée dans le champ politique moyennant l'acceptation de la Commanderie des croyants et de la sacralité de la personne du roi. La faction d'Al-Islah wat-Tajdid accepte. Yassine, qui refuse de reconnaître le titre de Commandeur des croyants, reste en dehors du jeu politique. Avec l'appui des autorités, les premiers sont incités à investir une petite formation moribonde, le Mouvement populaire, démocratique et constitutionnel, créé en 1967 par un ancien ministre, Abdelkrim Khatib, connu pour être proche des Frères musulmans. Devenue le PJD (Parti de la justice et du développement), cette formation remporte 9 sièges aux élections législatives du 14 novembre 1997, notamment dans les quartiers populaires de Casablanca et, avec des ralliements, constitue un groupe parlementaire de 12 députés. Membres à part entière du paysage politique, ils s'imposent par touches successives : ils obtiennent des plages séparées selon les sexes, leurs propres organisations caritatives, leurs journaux prospèrent, des polémiques naissent avec ceux des formations de gauche.

Néanmoins, lors de l'alternance de 1998, ils appuient le gouvernement Youssoufi, mais se dévoilent lors de la présentation d'un « plan d'intégration de la femme au développement » qui comporte 14 mesures modifiant son statut juridique. Tant le ministre des Affaires religieuses, que les oulémas et les mouvements islamistes manifestent contre ce texte dans les rues de Casablanca, en mars 2000, manifestations qui ressemblent à celles organisées dix ans plus tôt dans les rues d'Alger par le FIS. Le plan est gelé, le gouvernement se défausse sur le nouveau roi Mohamed VI, au pouvoir depuis juillet 1999, qui en confie l'étude à une commission. Une campagne d'alphabétisation prenant pour siège des mosquées profite aux islamistes. En 2000, le PJD passe dans l'opposition au gouvernement.

LES RÉACTIONS TARDIVES DES AUTORITÉS

Tout change après le 11 septembre 2001. Le Maroc adhère à 24 conventions internationales contre le terrorisme. Les services secrets marocains coopèrent avec les États-Unis, 23 Marocains ayant servi en Afghanistan sont emprisonnés à Guantanamo. Au printemps 2002, les services marocains arrêtent trois Saoudiens et sept Marocains suspectés d'avoir voulu attaquer des navires de l'Otan dans le détroit de Gibraltar. La nouvelle presse indépendante marocaine, dans un contexte fortement marqué par un retour de mémoire sur les années de plomb de l'ère de Hassan II et la défense des droits de l'homme longtemps bafoués, s'indigne du traitement réservé aux membres d'une cellule terroriste qui n'est pas prise au sérieux. Durant l'été, un prêcheur, Youssef Fikri, est arrêté et reconnaît divers meurtres dont celui d'un notaire de Casablanca. Quinze personnes sont emprisonnées. Le ministre de l'Intérieur, Driss Jettou, qui deviendra peu après Premier ministre, déclare qu'il va « falloir vivre avec l'islamisme qui sera long à éradiquer ».

Aux élections législatives de septembre 2002, qui devaient être les plus transparentes que le Maroc ait jamais connues, le PJD arrive en troisième position, avec 42 élus, en première pourrait-on dire, puisque, de son propre aveu, le parti n'a présenté de candidats que dans 54 circonscriptions sur 91 « pour ne pas provoquer un raz-de-marée qu'il aurait été incapable de gérer ». Ayant triplé son score, il se déclare satisfait et, du haut de la tribune parlementaire, accentue son emprise morale sur la société : il critique les élèves des écoles et des centres culturels étrangers, qualifiés de non-Marocains ; s'insurge contre certains films taxés de pornographie, dénonce des festivals de musique, des fêtes, des mariages, de jeunes musiciens qualifiés de « satanistes » et s'élève sans relâche contre les « dérives laïcisantes ». L'atmosphère rappelle celle de l'Algérie entre 1988 et 1992 : des prêches particulièrement violents, la multiplication des signes religieux. Le conservatisme marocain est plus un terrain qu'un frein. Les intellectuels se sentent menacés, certains minimisent un danger selon eux toujours maîtrisé, d'autres provoquent des débats qui donnent un écho supplémentaire aux thèses islamistes. Tous se sentent pris en étau entre les islamistes dont ils partagent certaines positions nationales et internationales (Palestine, Afghanistan, Irak) et le pouvoir dont ils se méfient et condamnent la dérive sécuritaire. La répression de certaines manifestations, un recul des droits de l'homme, de nouvelles lois sécuritaires contre le terrorisme et les étrangers, accentuent le malaise. Clairement, l'islamisme politique se greffe sur un islamisme culturel diffus mais puissant. Les jeunes Marocains se servent de l'islam pour exprimer leur mécontentement.

C'est dans ce contexte qu'interviennent des attentats avec, pour la première fois au Maghreb, l'emploi de kamikazes. Ils sont imputés à la Salafiya Jihadiya et à plusieurs groupes annexes tels que Al-Takfir wal-Hijra (« l'anathème et l'exil ») et Al-Sirat al-Moustaquim (« la juste voie »). La guerre d'Irak bat son plein et des volontaires marocains partent combattre à Bagdad via des filières palestiniennes, en passant par la Turquie. L'horreur et la surprise font que l'islamisme est unanimement rejeté par l'opinion publique. Lors de la grande manifestation du 25 mai 2003, à Casablanca, les organisateurs refusent la présence des membres du PJD et de la formation de Yassine, qui ont pourtant condamné les attentats. Un des chefs du PJD, Abdelilah Benkirane, déclare que « ces attentats sont un coup dur pour l'islamisme marocain ». « Nous sommes donc les premiers perdants de ces attentats, puisque nous faisons l'objet de suspicions et d'accusations tout aussi graves qu'extravagantes », dit-il tout en dénonçant des « manipulations ». En effet, le PJD est violemment critiqué, son interdiction réclamée. Se sentant coupé de la société, il joue alors profil bas.

La réponse des autorités est musclée : la loi antiterroriste est votée à l'unanimité des parlementaires le 29 mai 2003 : elle double toutes les peines, prolonge les gardes à vue, autorise les dépassements et sera utilisée pour réprimer les délits de presse. Le roi déclare « la fin du laxisme ».

Cent un procès à travers le pays voient la condamnation de près de 900 personnes, dont 16 à la peine capitale. Tous les prêcheurs radicaux sont arrêtés. Des lieux de prière clandestins fermés. Au moins 6 détenus meurent durant leur garde à vue. Les tortures, notamment dans un centre jusqu'alors secret de la DST à Témara, sont dénoncées par les organisations de droits de l'homme marocaines et internationales. Les voiles et les barbes se raréfient.

Les élections communales de septembre 2003 devaient donc se solder par un net recul des islamistes, qui, sur la demande des autorités, limitent leurs candidats à 4 628 (3,5 % du total). Ce qui ne les empêche pas, par le jeu des alliances avec les autres forces politiques, d'accaparer la direction de plus de 10 villes moyennes (Meknès, Oujda, Khénifra, etc.) et de quelques grands quartiers de Casablanca et de Rabat. Selon la théorie du double langage – la *taqiya* (« retraite et dissimulation ») –, les islamistes, toutes tendances confondues, continuent de s'incliner : ils acceptent le nouveau statut de la femme présenté par Mohamed VI le 10 octobre 2003 et le votent en janvier 2004. Mais le meurtre d'un commerçant juif fin 2003 à Casablanca, le démantèlement de cellules sporadiques, la découverte d'explosifs, des menaces d'attentats attestent que l'islamisme radical reste présent. La presse dénonce les autorités pour leur méconnaissance de la mouvance islamiste, les arrestations préventives (qui ne sont d'ailleurs pas niées par les autorités de justice) et une atmosphère répressive soulignée par des rapports de l'Organisation marocaine des droits de l'homme (OMDH), en novembre 2003, et par Amnesty International, dont les accusations sont si sévères qu'elles font polémique au printemps 2004.

Les attentats de Madrid, le 11 mars 2004, apparaissent pourtant comme faisant suite à ceux de Casablanca. La majorité des inculpés sont marocains, liés au GICM (Groupe islamique combattant marocain), membre de la mouvance islamiste radicale djihadiste et considéré comme une sorte de « franchise » locale d'Al-Qaïda.

Les autorités coopèrent avec la police espagnole et tentent d'assainir le champ religieux : réforme, longue et difficile, des manuels scolaires, face à laquelle les résistances des enseignants sont manifestes ; port de l'uniforme dans les établissements ; nouveau ministre, modéré, aux Affaires religieuses qui lance l'idée, en juin 2004, d'un dialogue avec les cheikhs religieux arrêtés en contrepartie de leur repentance... Le 30 avril 2004, Mohamed VI remanie et élargit les conseils des oulémas, y nomme 36 femmes, monopolise la production de *fatwa* et réforme l'enseignement religieux.

CHANGEMENT DE CONSTITUTION

Préalablement, un responsable politique du PJD, Mustapha Ramid, avocat et député de Casablanca, lance à la veille du 5e congrès de ce parti, en avril, dans le quotidien *Assahifa,* un projet de modification de la Constitution. Le texte stipule que l'islam est le référentiel suprême et que, par conséquent la *charia* doit être la source de toute loi. Surtout, il remet en cause la sacralité du roi. La Commanderie des croyants, écrit-il, n'attribue pas à son détenteur un statut au-dessus de la communauté et de la loi, ni le droit d'interpréter la Constitution. Elle ne garantit ni l'infaillibilité ni ne dispense de la responsabilité vis-à-vis de la nation. En somme, elle est incompatible avec l'État de droit. La monarchie, pour Ramid, n'est qu'une forme de gouvernement, et la démocratie, qu'un mécanisme institutionnel. Cette thèse reprend celle d'Abdesselem Yassine et trouve des échos parmi les constitutionnalistes et certains intellectuels de gauche, qui tous pensent que l'interprétation constitutionnelle actuelle n'est pas la seule possible et que le gouvernement doit disposer de plus de pouvoirs. Elle divise néanmoins le PJD, qui l'évacue comme n'étant pas dans ses priorités immédiates et s'efforce de relancer le débat sur un terrain politique plus balisé, déclarant que « la coalition gouvernementale manque d'homogénéité, d'efficacité et d'unité de programme politique [...] l'exécutif souffre d'une irrésolution structurelle [...] la carte politique du pays n'est pas assez claire [...] », etc. Le tout dans un contexte où le roi Mohamed VI, lance, le 30 juillet, l'idée d'une loi sur les partis politiques, prévue pour la session d'hiver du Parlement marocain et destinée à renouveler le champ politique et les élites dans la perspective des élections de 2007. Très habilement donc, les islamistes « officiels » se positionnent dans l'opposition au gouvernement et prennent leurs marques. Mais, simultanément, des condamnés islamistes entament des grèves de la faim, les journaux islamistes demandent leur libération, des radios balnéaires sont entravées dans certaines villes, des festivals d'été condamnés comme « lieux de dépravation et de luxure », les polémiques renaissent sur le voile et l'uniforme à l'école. Surtout, en juin, Redouane ben Chekroun, nouveau président du conseil des oulémas de Casablanca et prêcheur de la grande mosquée Hassan II, relayé par la télévision nationale qui n'y avait vu que de feu, condamne en chaire le travail des femmes, la mixité et les vêtements légers. Ce « dérapage » est jugé gravissime – le prêcheur en question venait d'être nommé par le roi. On lui impose, la semaine suivante, de prêcher exactement le contraire, mais la conclusion s'impose que le Maroc est condamné à vivre pendant longtemps encore sous une menace islamiste qui renaît constamment de ses cendres, ce que l'hebdomadaire *Le Journal* (19-25 juin 2004) appelle « un système métastasique qui s'autogénère ». Les réponses sécuritaires sont-elles les seules adaptées ? Lors du premier anniversaire des attentats de mai 2003, la presse marocaine, à l'unisson, relève que les banlieues déshéritées de Casablanca dont sont issus les kamikazes n'ont pas vu leur sort s'améliorer et que les mêmes causes peuvent produire les mêmes effets. Selon un sondage paru dans *La Vie économique* du 14 mai 2004, 37 % des Marocains interrogés déclarent craindre toujours pour leur sécurité mais, paradoxalement, incriminent plus la misère et le chômage que la religion proprement dite.

Et, après avoir été mise de côté, la demande de révision de la Constitution s'avère d'autant plus importante qu'elle inclut la question du Sahara – toute formule d'autonomie nécessitera un changement constitutionnel.

Les structures fondamentales de l'État marocain sont donc mises en question. Le Maroc a lancé en 1997 une régionalisation et une décentralisation qu'il doit approfondir s'il veut parvenir à une solution, même négociée, comme y poussent désormais les États-Unis, la France, mais aussi l'Espagne, depuis que les socialistes au pouvoir ont permis le rétablissement de relations plus sereines après le blocage engendré depuis 2000 par le gouvernement Aznar. Les négociations sont constantes sur ce problème entre Rabat, Washington, Paris et Madrid.

SAHARA : ENTRE LE POLITIQUE ET LE SÉCURITAIRE

Car le Sahara, conflit de basse intensité, est un problème que l'on laisse perdurer jusqu'à ce qu'une solution s'impose. Il a vécu depuis la date de son déclenchement, en 1975, toutes les étapes des tensions nationales et internationales : jugement ambigu de la Cour de justice de La Haye en 1974, « marche verte » en 1975, retrait espagnol et création de la RASD (République arabe sahraouie démocratique) en 1976, émanation du Polisario, guerre ouverte entre le Maroc et l'Algérie, retrait de la Mauritanie en 1979, construction des murs de défense marocains entre 1980 et 1987, acceptation par le Maroc d'un référendum en 1981, cessez-le-feu sous l'égide de l'ONU en 1991, sans oublier le ralliement de 7 000 cadres et militants du Polisario au Maroc et la recherche des termes d'un référendum puis de solutions intermédiaires. En 1997, une large autonomie est recherchée dans le giron marocain par James Baker, ancien ministre américain des Affaires étrangères et représentant du secrétaire général de l'ONU pour le Sahara. L'Algérie, qui réclame la partition, et le Polisario, qui veut l'indépendance, s'y opposent. En 2003, James Baker, dans un deuxième plan, élargit l'autonomie projetée et l'assortit, au bout de cinq années, d'un référendum. L'Algérie et le Polisario acceptent. Le Maroc refuse. Il semble avoir gagné son pari, grâce à l'appui d'une Amérique qui, pourtant, alterne avec lui le chaud et le froid, soucieuse de ne pas trop mécontenter le voisin algérien avec lequel elle a de profonds liens économiques et stratégiques et désireuse de le pousser vers une solution négociée. En tout cas, grâce au Sahara et au contexte international, le Maroc est clairement passé dans le camp politique américain, estimant que la solution du problème qui dicte sa diplomatie – celui de son « intégrité territoriale », qui conditionne par là même l'avenir de la monarchie – passe par Washington.

En juin 2004, James Baker, découragé, démissionne et un mois plus tard attaque, via les écrans télévisés américains, le Maroc, taxé d'arrogance et qui s'était d'ailleurs réjoui de sa démission. Mais l'ONU prolonge la mission de la Minurso (Mission des Nations unies pour l'organisation d'un référendum au Sahara occidental) jusqu'en février 2005 « afin d'attendre une issue négociée » ; grâce à l'intervention internationale, le Polisario libère par petits groupes les quelque 2 000 prisonniers marocains qu'il détenait depuis plus de vingt ans (il en resterait encore 500). La démission acceptée par le président algérien Bouteflika du général Lamari, ainsi que le caractère désormais éminemment sécuritaire de l'ensemble du Sahara, auraient dû permettre une issue rapide du problème. Mais le Maroc semble avoir été trop vite. Le 30 juillet, Mohamed VI décide de supprimer l'obligation de disposer d'un visa pour les Algériens imposée en août 1994 après l'attentat de l'hôtel Asni de Marrakech, ceci clairement afin d'amorcer un dialogue, y compris sur le Sahara. Contre toute attente marocaine, l'Algérie réagit négativement : dans une lettre au secrétaire général de l'ONU, Kofi Annan, Abdelaziz Bouteflika rétorque que le Sahara ne doit pas interférer dans les rapports algéro-marocains et se garde bien d'accorder la réciprocité aux Marocains en Algérie. Pourtant, des négociations secrètes entre le Maroc et le Polisario sont plus ou moins annoncées, Paris, Washington et Madrid poussent à la roue et il ne peut faire de doute que les impératifs sécuritaires régionaux vont maintenant dicter l'avenir du Sahara. L'Algérie devrait s'y résoudre, non sans âprement négocier, et non sans continuer une politique d'armement (contrats d'achats aériens avec la Russie notamment pour 7,5 milliards de dollars) qui inquiète les Marocains. Ceux-ci se rapprochent dès lors inexorablement des États-Unis, tant sur le plan sécuritaire qu'économique avec l'instauration d'une zone de libre-échange signée en 2004 et qui entrera en vigueur en janvier 2005.

Ainsi, le Sahara redevient un élément de la politique intérieure marocaine avec le lot de critiques concernant l'alignement diplomatique sur les États-Unis (notamment la réception en septembre 2003 du ministre israélien des Affaires étrangères) et les ratés incessants d'une diplomatie qui, « à vouloir trop gagner du temps, en perd régulièrement ». Des Marocains défendant les thèses « séparatistes » du Polisario ont été incarcérés puis libérés en janvier 2004 – preuve que le Sahara fait partie de ces fameuses « lignes rouges » marocaines qu'il est dangereux de bousculer. Le coût du conflit, qui réclame l'entretien de 200 000 soldats, est lourd, (20 % du budget : 1 milliard de dirhams par jour), sans compter les investissements (3 milliards de dirhams sur les trois dernières années) que l'État marocain a réalisés dans ce territoire où les indicateurs sociaux sont bien meilleurs que dans le reste du pays. Tenus hors de la question, la société civile et les partis politiques tentent de la réinvestir en prônant, eux aussi, des négociations et un dépassement vers la construction politique du Maghreb, toujours dans les limbes.

INÉGALITÉS ET IMPATIENCES

La lenteur des réformes promises, les obstacles politiques à une véritable démocratisation et la revendication d'une meilleure situation sociale et économique, sont également des éléments entachant l'avenir du Maroc. Selon les derniers chiffres officiels, la pauvreté ne concernerait plus que 4 millions de personnes, dont 3 dans les campagnes et 1 million dans le péri-urbain. Mais les écarts se creusent entre villes et campagnes et entre riches et pauvres : le Maroc a toujours été un pays d'énormes inégalités, mais celles-ci sont de plus en plus mal supportées. Certes, la croissance démographique est désormais endiguée (+ 1,45 % par an), mais la pression reste forte sur les jeunes en âge de travailler étant donné le taux de chômage évalué à 19,1 % pour des actifs (+ 2,2 % par an) qui représentent 64 % de la population. Il faudrait créer 400 000 emplois par an. Soixante et onze pour cent des jeunes estiment leur vie médiocre et immigrent clandestinement, au prix de la mort dans le détroit de Gibraltar (3 000 morts ces dernières années, 46 par mois au moins) ou tombent dans l'islamisme. La situation est désespérée dans certaines périphéries de Tanger et de Casablanca. Une économie parallèle se développe, surtout fondée dans le nord du Maroc sur le cannabis dont vivraient environ 800 000 Marocains. Les cultures de chanvre couvrent plus de 130 000 hectares, le quart de la superficie utile, 3 000 tonnes sont produites chaque année dont 2 300 (en 2003) écoulées sur le marché européen. Le Maroc est le premier producteur de cannabis au monde. Avec la contrebande, le phénomène pourrit la vie du pays. Car il n'est un secret pour personne que des groupes maffieux ont pénétré la haute administration et le Parlement.

Pour résorber la détresse sociale, les réponses gouvernementales sont insuffisantes : on prévoit 300 000 logements sociaux par an, mais l'assurance maladie obligatoire, promise depuis 1998, n'est pas été instaurée, le système de santé est catastrophique, seulement 56 % de la jeunesse est scolarisée. Douze pour cent du PIB est consacré au paiement de près de 1 million de fonctionnaires, dont on s'évertue en vain à réduire le nombre. La corruption lamine le pays. Selon de récents sondages, les Marocains la citent en troisième position de la liste des maux qui affectent le pays, après le chômage et la cherté de la vie, et dénoncent une impunité qui perdure.

Les investissements restent insuffisants, encore que beaucoup plus conséquents que sous Hassan II. Mais les nationaux ont expatrié leurs capitaux (2 milliards de dirhams seraient en dépôt dans les banques européennes), la productivité du travail est jugée trop faible comme la croissance du PIB, la dette interne est pesante. L'économie ne décolle pas en dépit d'indicateurs en progrès, de secteurs performants (téléphonie, phosphates) et d'efforts prévus dans le textile, le tourisme, le développement de l'industrie portuaire Elle est à plusieurs vitesses, dominée par une agriculture sujette aux aléas climatiques et par un secteur informel exponentiel. Le « risque Maroc » demeure élevé. Périodiquement, la Banque mondiale et le FMI critiquent le mauvais fonctionnement administratif et l'insuffisance des réformes notamment judiciaires. Le libéralisme sauvage, émaillé de scandales financiers, ne profite pas à tout le monde et engendre des impatiences avivées par la situation politique. Les espoirs liés à l'alternance, à la transition, au changement de règne, ont vécu. « Le projet de modernité dont le roi était porteur n'a pas encore pris », écrit *Le Journal* le 1er mai 2004. Le système se rigidifie à nouveau, surtout depuis le 11 septembre 2001 et le retour en force des « sécuritaires » lié à la montée de l'islamisme. Les apaisements en matière de droit de l'homme, les libérations, les instances chargées du sort des disparus durant les années de plomb, la littérature carcérale et le travail de mémoire perdurent mais semblent appartenir à un passé révolu. Si la primauté du roi sur le champ politique reste globalement incontestée, les réclamations portant sur la réforme constitutionnelle manifestent la recherche d'un meilleur équilibre des pouvoirs. Mais la déliquescence des partis politiques, mise au jour lors des élections communales de septembre 2003, pèse sur la vie politique. Le plus grand parti, l'USFP, arrivé en deuxième position après l'Istiqlal, n'a arraché aucune présidence dans les grandes villes et a perdu tous ses fiefs urbains, par le jeu d'alliances monnayées. Les notables locaux se sont servis des partis politiques comme de simples pourvoyeurs d'étiquette et ceux-ci reproduisent le schéma centraliste et dominateur du *Maghzen* (nom traditionnel de l'État marocain, devenu précisément synonyme de système autoritaire) dans leurs instances, d'où la volonté royale de les « booster », mais qui peut paraître trop dirigiste. La captation des élites par le système, le manque de rotation de celles-ci contribuent aussi à la délégitimation générale. Mohamed VI occupe seul le champ des réformes (ainsi de celle du statut de la femme), sans véritable relais dans l'opinion.

Une presse indépendante très pugnace joue, au prix de répressions répétées, le rôle d'une opposition qui a disparu ou qui n'arrive pas, pour l'extrême gauche, à s'organiser, entravée dans ses tentatives. Les dysfonctionnements du système et son opacité provoquent un divorce entre le pouvoir et la responsabilité. Le gouvernement est vidé de ses fonctions par des fondations et des commissions royales. Le Parlement n'est qu'une chambre d'enregistrement qui valide des arbitrages obtenus ailleurs. Les jeunes cadres de l'administration manifestent leur voracité et multiplient les luttes d'influence.

Dans cette période de fin des illusions, les associations membres d'une société civile très active prennent la relève. Partout, les citoyens se prennent en main et évoluent en marge de l'État. Dans le sud du Maroc, des associations villageoises, impulsées par des émigrés, installent des infrastructures de base (électricité, hydraulique, routes et pistes, dispensaires et écoles) et des coopératives, et remplissent le rôle de l'État. Dans les villes, certains bourgeois font retour aux solidarités ancestrales et, s'appuyant sur des exemples familiaux, prennent en charge le social (banque alimentaire, microcrédits, orphelinats, centres sociaux, appui des associations de quartiers). Ne pouvant plus contrôler le phénomène, l'État l'encourage et s'appuie sur lui. Le dynamisme de la société civile offre au pays un bon point international et permet de juguler l'impatience des populations comme lors du tremblement de terre de février qui a fait 571 morts dans la région d'Al-Hoceima : les populations, révoltées par les entraves officielles, n'ont été secourues que par cette société civile et par la diaspora marocaine de 2 voire 3 millions de personnes, également très active. Ainsi, c'est sur les associations que Mohamed VI peut compter pour relayer le changement de statut de la femme et l'inscrire dans la société.

Cette vitalité au service d'une solidarité retrouvée, cette force de changement sont positives : elles canalisent les impatiences mais peuvent aussi les porter. La situation du Maroc, inclus qu'il le veuille ou non, dans la zone de turbulence des pays arabo-musulmans, est donc très contrastée. Et si le prix à payer pour le besoin de sécurité et la sauvegarde de l'identité à laquelle les Marocains restent très attachés était la lenteur du développement ? Le Maroc vit ce dilemme au quotidien.

Les acteurs

◆ PJD – Parti de la justice et du développement

Né en 1996, ce parti, désormais la troisième formation du pays, est, depuis avril 2004, dirigé par un médecin psychiatre, également diplômé en théologie. Plébiscité par 80 % des 2 000 congressistes contre son concurrent Ramid, dont la demande de réforme constitutionnelle a été désavouée, Saadeddine el-Othmani, visage rassurant et fréquentable de l'islamisme politique, est né en 1956 dans la banlieue d'Agadir dont il est député, mais a longtemps travaillé à Casablanca. Il a choisi sa propre équipe au sein d'un secrétariat national de 21 membres et d'un conseil national de 150 membres et tient un discours très légaliste prônant la moralisation de la vie publique, une bonne gouvernance, acceptant toutes les règles du jeu démocratique, la prédominance du roi et du conseil des oulémas, et déclarant souhaiter avant tout une loi sur les partis politiques, des élections plus transparentes au scrutin proportionnel de liste et une réforme du champ politique. Le programme social et économique est plus flou (fiscalité plus équitable sans réforme de fond). Il est contre l'obligation du port du voile mais aussi contre son interdiction. Toute la classe politique marocaine était présente à ce congrès qui a consacré l'importance d'une formation appuyée sur une centrale syndicale, l'Union nationale des travailleurs du Maroc, des organisations de jeunesse et de femmes, un forum des cadres et plusieurs publications, hebdomadaires *(Al-Asr)* et quotidienne *(At-Tajid)*. Le PJD affiche 8 000 à 9 000 militants qui le subventionnent à raison de 200 dirhams par an, au même titre que l'État (1,26 million de dirhams, aide calculée en fonction du nombre des députés). Les recettes, évaluées à 6,6 millions de dirhams par an, sont gérées via 60 comptes bancaires. Elles sont aussi alimentées par des dons religieux. Certaines actions caritatives sont financées par « de généreux donateurs ». Mais le PJD risque d'avoir un nouveau concurrent : une formation née dans les années 50, le PDI – Parti démocratique de l'indépendance, appelé couramment le parti de la Choura (« concertation »). Ce parti, qui a subi divers avatars au fil des années et était aussi moribond que le MPDC du Dr Khatib, vient d'ouvrir ses portes à des transfuges du PJD groupés sous la houlette d'Abdelbari Zemzmi, un prédicateur de Casablanca dont les prêches ont également été l'objet de polémiques. Ce nouveau

regroupement qui ressemble trait pour trait au PJD à sa naissance aurait été impulsé par un ancien de la Chabiba al-Islamiya, Khalid Mossadeq, dont les idées ont toujours été fortement opposées à celles des partis de gauche, notamment l'USFP. D'autres islamistes connus seraient en train d'intégrer le parti de l'Istiqlal, tout ceci entrant dans la refonte du champ politique et dans la perspective des élections de 2007.

◆ GICM – Groupe islamique combattant marocain

Créé au Pakistan entre 1993 et 1998 selon les sources, le GICM est né de la guerre d'Afghanistan à laquelle ont participé tous ses responsables désormais connus. Ses liens avec Al-Qaïda sont avérés pour certains. Il a été placé en 2002 par le département d'État américain sur la liste des organisations terroristes. Ses chefs seraient Mohamed el-Guerbouzi et Abdelkrim Mejatti. Recherché par la justice marocaine, Guerbouzi aurait créé en 1990 le Mouvement islamique marocain, ancêtre du GICM. Il vit depuis seize ans à Londres d'un commerce d'importation et de subventions sociales (1 000 livres par mois) de l'État britanniqued, qui a refusé à nouveau de l'extrader à l'été 2004. Mejatti est un Casablancais, de mère française, issu d'un milieu aisé, très occidentalisé, qui n'aurait basculé dans l'islamisme que dans les années 90. Il est marié à une Américaine d'origine tunisienne, a vécu aux États-Unis et en Arabie saoudite et aurait participé à des attentats à Riyad en novembre 2002. En fuite, il est l'objet d'un mandat d'arrêt international.
D'autres membres du GICM, Jamal Ahmidan et Jamal Zougan, Tangérois d'origine moyenne ou modeste et d'apparence moderne, donc jugés insoupçonnables, sont apparentés pour certains à des familles proches du PJD. Établis en Espagne depuis longtemps, leur extradition a été demandée par le Maroc en 2003, après les attentats de Casablanca ; mais aujourd'hui on a perdu leurs traces : soit ils sont aux mains de la police espagnole, soit ils se sont suicidés.

Les attentats du 16 mai 2003 à Casablanca

Ces attentats perpétrés en début de soirée, vers 9-10 heures (marocaines), ont fait 45 morts, dont 12 des 14 kamikazes, tous issus de la périphérie casablancaise et longuement entraînés par des chefs intermédiaires dont beaucoup ont été arrêtés ou sont morts lors de leur arrestation comme un certain Moul Sebbata (« le cordonnier », son surnom). Leurs cibles étaient un hôtel où était descendue ou devait descendre une délégation de touristes et de pèlerins israéliens, qui, chaque année, viennent se recueillir sur les tombes de leurs saints dans les divers villages dont ils sont issus (plus de 500 000 Israéliens sont d'origine marocaine) ; un cimetière juif, qui n'a pas été touché ; un centre culturel juif quasi vide (alors que la veille 250 personnes y étaient réunies) ; deux restaurants, dont l'un, la Casa de España, tenu par des étrangers, où s'est concentré l'essentiel des victimes, y compris quelques étrangers, retraités pour la plupart et détenteurs de la double nationalité. Près de 5 000 personnes ont été arrêtées, plus de 900 condamnées, dont 3 prêcheurs à trente ans de prison, et 16 condamnations à mort prononcées, dont celle des chefs reconnus. Des personnes recherchées ont été réclamées sans succès à l'Angleterre et à l'Espagne. L'enquête sur ces attentats et ceux de Madrid rebondit de temps à autre et ne semble pas terminée.

◆ Salafiya Jihadiya

Nébuleuse de groupes islamistes, dont certains sont impliqués dans les attentats de Casablanca, ils sont devenus visibles au travers des batailles, en 1999 et 2000, sur le statut de la femme. Mais depuis 1993 au moins cette mouvance était représentée par des prêcheurs virulents comme Mohamed Fizazi, né en 1949 dans la région de Taza, professeur de français à la retraite et prédicateur dans des mosquées de Fès et de Tanger. D'autres prêcheurs s'étaient également distingués par la virulence de leurs propos : Abdelkrim Chadili, né à Casablanca en 1960, docteur en philosophie, ayant condamné la guerre d'Afghanistan en 2001, Omar Haddouchi, né à Al-Hoceima en 1970, passé par l'Arabie saoudite, Mohamed Abdelwahab Rafiqi, alias Abou Hafs, prédicateur de Fès, ayant séjourné en Afghanistan puis en Arabie saoudite. Ces quatre personnes sont condamnées à trente ans de prison. Au total trois prêcheurs sont arrêtés : Mohamed Fizazi, Hassan Kettani, Abou Hafs. Les chefs du mouvement tels que Youssef Fikri, qui a avoué 14 meurtres, et Zakaria Miloudi, auteur également de plusieurs crimes et chef présumé d'As-Sirat al-Moustaquim ont été condamnés à mort.
On commence désormais à connaître l'histoire de ce mouvement ainsi que la profonde imbrication de ses membres à travers les pays musulmans. Son père spirituel serait un soufi marocain, Mohamed Zemzami qui a fondé dans le nord du pays, en 1968 un mouvement, Tawhid wa Tashid al-Aaqida, duquel serait issue une association, Ansar Sunna, qui a pratiqué assidûment le recrutement parmi les étudiants et en a envoyé des centaines en Arabie saoudite. Des alliances se nouent avec un théologien marocain, Mohamed Taqieddine el-Hilalai, dont les modèles sont trois oulémas wahhabites saoudiens, et un Syrien, Nassredine al-Albani. Les premiers départs s'effectuent pour l'Afghanistan Les rencontres s'opèrent sans problèmes autour de la mosquée saoudienne de Casablanca, construite par le prince héritier d'Arabie saoudite, Abdallah, et jouxtant son palais sur la côte casablancaise. Le retour au Maroc des principaux prêcheurs envoyés en Arabie saoudite tels Hassan Kettani et Abou Hafs, ainsi que la première guerre du Golfe vont servir de catalyseurs, même si certains proches des

Saoudiens sont divisés sur ce premier conflit et spécialement sur la présence américaine en Arabie saoudite. Le djihad pour les jeunes Marocains appelés à combattre en Bosnie, en Tchétchénie et au Kosovo, commence selon certains en 1992. C'est alors qu'un Palestinien exilé à Londres, Abou Qatada, transforme le mouvement en djihadisme armé. Les mouvements se multiplient, liés aussi à Internet. Les chefs reconnus seraient actuellement, outre les Marocains Mejjati et Sehimi (du GICM), un Jordanien, Al-Maqdissi, dont Al-Zarqawi serait le disciple, et ce théologien salafiste marocain, Mohamed Chadili. Mais au Maroc, certains notent un « repli stratégique des membres de la Salafya face à l'offensive sécuritaire », repli qui concernerait essentiellement les pays d'origine. Les prêches actuels reprennent les thèses du PJD et prônent l'intégration dans le champ politique. Une Salafya al-Madkhalia, initiée à Marrakech par un certain Mohamed al-Maghraoui, se présenterait comme une alternative légale à la Salafiya Jihadiya, mais ce courant, très mouvant, n'est pas exempt de scissions répétées et l'on ignore si, désormais, l'Arabie saoudite, ses théologiens et prêcheurs sont aussi influents que par le passé au Maroc et quels sont les liens entre toutes ces organisations.

Pour en savoir plus

Mounia Bennani-Chraibi et Olivier Filleule (collectif), *Résistances et protestations dans les sociétés musulmanes*, Presses de Sciences-Po, 2003.

Pascal Boniface (dir.), *L'année stratégique 2004*, Iris/L'Étudiant, 2004.

Ignace Dalle, *Les trois rois*, Fayard, 2004.

Zakya Daoud, *Gibraltar, croisée de mondes* et *Gibraltar, improbable frontière*, Séguier, 2002.

Raouf Oufkir, *Les invités, 20 ans dans les prisons du roi*, Flammarion, 2003.

Daniel Rivet, *Le Maghreb à l'heure de la décolonisation*, Hachette Pluriel, 2003

Pierre Vermeren, *Maghreb, la démocratie impossible ?*, Fayard, 2004.

Superficie : 260 000 km² (territoire totalement désertique regroupant la région de la Saguiet al-Hamra au nord et de l'Oued al-Dahab (ou Rio de Oro) au sud)
Population : Aucun chiffre précis n'est disponible. Les Marocains estimeraient la population du territoire aux environs de 350 000 personnes (contre 74 000 lors du dernier recensement espagnol en 1974, très discuté). La population sahraouie est composée entièrement de tribus maures, les plus importantes étant les Rgueïbat, les Ouled Delim et les Ouled Bou Sba
Religion : musulmans (100 %)

Sahara occidental

Vaste territoire désertique doté d'importantes ressources naturelles (phosphate, cuivre, fer, ressources halieutiques), cette ex-colonie espagnole n'a toujours pas trouvé de statut définitif, presque trente années après le départ des Espagnols (1975). Exemple de décolonisation ratée, le conflit au Sahara occidental reflète à la fois la lutte d'une population (les Sahraouis, qui sont des Maures) pour son indépendance et la rivalité hégémonique du Maroc et de l'Algérie. Devenu enjeu régional, le dossier du Sahara occidental bloque toujours la construction de l'Union du Maghreb arabe (UMA).

Si ce problème n'a pu jusqu'à présent être résolu, c'est qu'il est source de déstabilisation, quelle que soit son issue. Au Maroc, le peuple est soudé autour du trône en grande partie grâce à cet enjeu national. Une issue défavorable au Maroc risquerait de fragiliser le régime et d'aiguiser l'appétit d'éventuels rivaux pour le pouvoir que sont les militaires. Un règlement hostile à la cause sahraouie signifierait la disparition d'un acteur politique et militaire (la RASD et le Polisario) qui pourrait devenir encombrant pour son allié algérien et son voisin mauritanien.

Le problème saharien est également un des plus vieux dossiers gérés par les Nations unies, qui, depuis 1988, tentent d'organiser un référendum qui n'aura peut-être jamais lieu. Cette organisation a été confiée à la Mission des Nations unies pour l'organisation d'un référendum au Sahara occidental (Minurso).

LE SAHARA OCCIDENTAL : UNE DÉCOLONISATION RATÉE

Colonisé par les Espagnols durant le XIXe siècle, le Sahara occidental ne fut effectivement pacifié qu'en 1934. La présence espagnole fut très discrète, essentiellement sise dans quelques fortins localisés sur le littoral. L'Espagne, surtout intéressée par les richesses halieutiques de la colonie, pratiquait une sorte d'*indirect rule* à l'ibérique.
À la fin des années 50, l'Espagne dut faire face aux revendications territoriales de Mokhtar Ould Daddah, le futur président mauritanien. À la veille de l'indépendance, ce dernier réclamait l'unification de tous les territoires peuplés par des Maures, ce qui incluait les territoires du Rio de Oro et la Saguiet al-Hamra. Pour sa part, Mohamed V, le souverain marocain, revendiquait également ces territoires au nom non pas d'un irrédentisme ethnique, mais de droits historiques. En effet, il considérait, tout comme la majorité de ses sujets et le puissant parti de l'Istiqlal, que le royaume chérifien était un « État démembré », victime de la période coloniale qui l'aurait divisé en 7 zones : 1) Tanger (zone internationale) ; 2) le Rif, Ifni et la province de Tarfaya (protectorat espagnol) ; 3) le territoire entre le Rif, le sud de l'Anti-Atlas, y compris Tindouf, et l'ouest de l'Algérie (colonie française) ; 4) le Rio de Oro (colonie espagnole) ; 5) la Saguiet al-Hamra (occupation militaire espagnole) ; 6) la Mauritanie et une partie du Mali (colonie française) ; 7) Ceuta et Melilla (présides espagnols). Selon le souverain chérifien, une indépendance pleine et entière signifiait le retour de ces entités dans le *maghzen* (système étatique traditionnel marocain qui fonctionnait grâce à l'allégeance des chefs de tribu au sultan).
Des officines marocaines créèrent alors l'Armée de libération marocaine du Sud (ALM), regroupant essentiellement des combattants sahraouis, qui concentra ses attaques contre les Espagnols durant les années 1956 et 1957 dans la région de Tarfaya. Cette armée fut mise hors d'état de nuire par une action franco-espagnole d'envergure, avec appui aérien, l'opération « Écouvillon ».
En 1960, l'ONU adopta la résolution 1514 qui reconnaissait le « droit des peuples à disposer d'eux-mêmes ». Trois années plus tard, la nouvelle Organisation de l'unité africaine (OUA) affirmait le principe d'intangibilité des frontières coloniales dans son article 3, suscitant une réaction de défiance des Marocains. Dès 1966, l'OUA et l'ONU demandaient à l'Espagne de se retirer. Un second mouvement, cette fois-ci indépendantiste, allait naître en 1967, le Front de libération du Sahara, qui allait devenir, le 10 mai 1973 à Nouakchott, le Front populaire de libération de la Saguiet al-Hamra et du Rio de Oro, plus connu sous son acronyme : Front Polisario. L'objectif de ce mouvement est l'indépendance totale du Sahara espagnol. Lors du deuxième congrès du Front, en 1974, Mustapha Sayed Ouali (dit Al-Ouali) est élu secrétaire général. Le Front se dote d'un bras armé, l'ALPS (Armée de libération populaire sahraouie), dont les effectifs devaient atteindre au plus fort de la guerre, jusqu'à 15 000 hommes.

LE DÉCLENCHEMENT DE LA CRISE

Le 17 septembre 1974, le Maroc et la Mauritanie saisissaient la Cour internationale de justice pour lui poser deux questions : « Le Sahara occidental était-il *terra nullius* à l'arrivée des Espagnols ? S'il ne l'était pas, quels étaient les liens juridiques de ce territoire avec le royaume du Maroc et l'ensemble mauritanien ? » Dans sa volonté de contenter les deux parties, la Cour répondit clairement à la première question en disant que le Sahara n'était pas un territoire sans maître, mais donna en revanche une réponse inutilisable à la seconde puisqu'elle déclara qu'il existait des liens d'allégeance entre le sultan du Maroc et les tribus sahariennes, mais sans aucun lien de souveraineté entre le territoire du Sahara occidental et le Maroc (Mohsen-Finan, 1996, p. 41).
Alors que, parallèlement, les négociations bipartites et tripartites avec l'Espagne et la Mauritanie s'enlisaient dans des méfiances réciproques, le roi Hassan II décida de précipiter l'issue de la crise en initiant, en octobre 1975, une action éminemment symbolique, la Marche verte *(voir encadré)*, qui engendra une énorme mobilisation populaire puisque 350 000 personnes suivirent le roi. L'Espagne, préoccupée par la fin de règne de Franco et par sa succession, se retira en février 1976 sans qu'aucune solution n'ait été avalisée par toutes les parties et par les instances internationales.

Le Maroc et la Mauritanie se partagent alors la colonie et affrontent le Front Polisario. Malgré une supériorité numérique écrasante, puisque 100 000 militaires étaient stationnés en permanence dans cette zone, les Marocains accumulèrent, dans une première phase de nombreux revers infligés par les combattants sahraouis, aguerris, motivés et lourdement armés par la Libye puis l'Algérie. Tenus en échec, les Marocains allaient changer de tactique et progressivement construire un mur de défense pour protéger le « pays utile » des très redoutables attaques sahraouies. En effet, les combattants du Polisario étaient divisés en petites unités très mobiles et bénéficiant d'une excellente connaissance du terrain. La Mauritanie, militairement incapable de répondre aux menaces sahraouies, entra vite dans un cycle de crises politiques et économiques. Une junte militaire aux positions neutralistes, voire plus favorable au Polisario, déposa le président Mokhtar Ould Daddah en 1978. Ce renversement de situation s'expliquait par le fait que, durant les premières années du conflit, les Sahraouis avaient concentré leurs attaques sur le maillon faible du camp adverse, la Mauritanie. Les attaques répétées contre le train minéralier Zouerate-Nouadhibou, permettant d'exporter le fer, la principale richesse du pays, avaient lourdement hypothéqué les finances mauritaniennes, qui devaient faire face, en outre, à une hausse considérable des dépenses militaires. Très faible, l'armée mauritanienne devait se montrer incapable d'empêcher le Polisario d'opérer une incursion jus-

La symbolique politico-religieuse de la Marche verte

La Marche verte procédait de deux registres symboliques différents. Du point de vue sultanien, les Sahraouis rebelles à l'autorité du roi choisissaient la dissidence et se rangeaient de ce fait dans les tribus siba (tribus appartenant au *Bled as-Siba :* « le pays du désordre et de la dissidence »). Cette marche symbolisait alors les expéditions punitives *(harkas)* des sultans contre ces tribus rebelles. Comme dans la *harka,* les marcheurs avaient été recrutés en fonction des quotas fixés dans chaque province. La mobilité des sultans était la condition *sine qua non* de la pérennité du *maghzen.*

D'autre part, cette marche puisait dans une symbolique religieuse très forte, puisque le roi et nombre de marcheurs arboraient le Coran. Cette marche était également un *djihad* contre l'occupant espagnol. Elle revêtait, selon le roi, tous les caractères de la légalité religieuse : « L'allégeance, dans le droit musulman, même si elle a revêtu différentes formes, n'a pas toujours été une allégeance qui lie l'individu à l'*Amir al-mouminine,* mais ce que représentait cet individu, les groupements, les tribus et les régions auxquelles il s'apparentait. Nous devons honorer nos engagements. Il est devenu pour nous impératif, inéluctable et même un devoir religieux, et nos oulémas sont là pour émettre une consultation, en tant que serviteur de ce pays, de cette nation en notre qualité d'*Amir al-mouminine,* liés que nous sommes par le pacte d'allégeance, d'honorer nos responsabilités et d'aller rejoindre notre peuple du Sahara » (Discours de lancement de la Marche verte, Hassan II).

Le roi jouait sur deux registres, faisant directement référence à sa qualité de chef du *maghzen* et de protecteur de la religion. Il reprenait ainsi la main face aux partis nationalistes qui, depuis des mois, l'enjoignaient d'agir. Devant la très impressionnante mobilisation populaire suscitée par la Marche verte, le roi sortit renforcé. L'unanimité dans le pays fut totale pour saluer cette action. Les journaux et l'ensemble de la classe politique dénoncèrent l'Algérie et l'Espagne. Le consensus fut si complet que, dès 1976, le roi forma un gouvernement d'Union nationale, intégrant des ministres de l'Istiqlal, ce qui n'était pas arrivé depuis le début des années 60, et il relâcha également la pression sur les médias. Il acquit le titre de réunificateur, tout comme Mohamed V avait eu celui de libérateur. Il sortait enfin de la période des grèves ouvrières, des émeutes, des contestations virulentes et des tentatives de coups d'État perpétrées contre sa personne. Le dossier du Sahara occidental, surtout pendant la période de conflit, permettra de souder la société marocaine autour du trône et du rôle du roi dans la récupération des provinces sahariennes, de mettre au second plan les tiraillements internes de la société marocaine, notamment en éloignant les Forces armées royales (FAR) du champ politique, et enfin de différer l'ouverture politique promise.

qu'aux faubourgs de Nouakchott, la capitale mauritanienne.

En 1979, les nouveaux dirigeants de Nouakchott déclaraient leur neutralité dans le conflit qui allait désormais uniquement opposer le Polisario à Rabat. L'armée marocaine se déployait alors rapidement sur le Tiris al-Gharbia, partie du Sahara occidental laissée vacante par la Mauritanie.

LE MAROC CHANGE DE TACTIQUE

En 1976, dans un contexte international et africain plutôt favorable au camp « progressiste », la République arabe sahraouie démocratique (RASD) était admise dans les instances de l'OUA en tant que 51e État membre. Lorsque, en 1984, la RASD décidera de siéger à l'OUA, elle provoquera le retrait marocain de l'organisation panafricaine. Le lancement de la RASD avait connu un assez grand succès puisque, au début des années 80, plus de 70 pays avait reconnu cette entité politique. Si le Maroc avait, dans un premier temps, décidé de rompre toute relation avec les pays reconnaissant la RASD, il décidait au contraire, à partir de 1985, se rendant compte que cette politique de « dossier clos » était totalement inefficace, de persuader chacun de ces pays de revenir sur leur reconnaissance de la RASD. Hassan II consacra un effort prioritaire en direction des pays africains, car il voulait briser l'isolement consécutif au départ du Maroc de l'OUA.

La première moitié des années 80 fut marquée par un changement de tactique de la part du Maroc, en difficulté sur le plan militaire et de plus en plus isolé sur le plan diplomatique. Le royaume décidait donc de priver l'adversaire de ses avantages tactiques sur le terrain, en construisant le mur (le Berm), qui allait devenir une véritable frontière intérieure. Le mur fut construit en cinq portions entre 1980 et 1987. Le Maroc allait également concurrencer la RASD sur le plan diplomatique, par un lobbying dans chaque pays ayant reconnu l'État sahraoui, mais également en adhérant au principe, lors du sommet de l'OUA de Nairobi du 26 juin 1981, de référendum contrôlé internationalement sur l'avenir du Sahara. Hassan II essayera également de déstabiliser l'adversaire, en portant atteinte à la cohésion du corps social par le biais de ralliements de personnalités résidant dans les camps de Tindouf. Le roi lança même un appel, en 1988, « aux frères égarés pour regagner la patrie clémente et miséricordieuse » qui provoquera le ralliement de centaines de réfugiés de Tindouf. Parallèlement, Hassan II impulsa une politique de mise en valeur des provinces du Sud qui pariait sur la pérennité de la présence marocaine dans les « territoires reconquis » et qui offrait des possibilités attrayantes pour les réfugiés résidant dans des camps depuis 1975.

À la fin des années 80, le Polisario allait connaître de graves dissensions internes. D'une part, la confiance de la base sociale s'effritait, d'abord en raison des appels répétés du Maroc au ralliement, mais également à cause du manque de transparence et de démocratie dans les structures de commandement du Front. D'autre part, les rivalités tribales, qui s'étaient tues lorsque le conflit était ouvert, resurgissaient. La mainmise de la tribu sahraouie la plus nombreuse, les Rgueïbat, sur les instances du Polisario et de la RASD, avait amoindri l'élan populaire. De plus, le principal allié des Sahraouis, l'Algérie du président Chadli Benjedid, était engagé dans un certain nombre de réformes politiques et économiques importantes. Elle abandonnait en réalité l'idéologie développée par Houari Boumediene fondée sur l'économie étatisée, le non-alignement et le socialisme. Le poids du dossier saharien n'avait plus la même importance, même si, aussi bien dans la société algérienne que dans l'armée, de nombreux segments restaient farouchement opposés à l'abdication devant l'« expansionnisme » du royaume marocain, qui était toujours perçu comme l'agresseur de la Guerre des sables entre les deux pays (1963) et avec lequel la question de la délimitation des frontières n'était toujours pas réglée. Néanmoins, en mai 1988, le Maroc et l'Algérie annonçaient la reprise de relations diplomatiques.

Après une médiation de plus de dix années, l'ONU, qui constatait le refus d'Hassan II de négocier directement avec les Sahraouis, profitait de cette conjoncture particulière pour proposer un plan de paix sur le Sahara occidental. Le 30 août 1988, les deux parties approuvaient, à Genève, le plan de paix onusien et s'engageaient à un cessez-le-feu qui allait prendre effet le 6 septembre 1991. L'un des points forts de ce plan était l'organisation d'un référendum d'autodétermination, initialement prévue pour janvier 1992. Le 29 avril 1991, par la résolution 690, le Conseil de sécurité des Nations unies décidait de créer la Mission des Nations unies pour l'organisation d'un référendum au Sahara occidental (Minurso). Le premier travail de cette mission était dès lors d'établir des listes électorales.

QUI EST SAHRAOUI ? L'IMPOSSIBLE DÉFINITION DU CORPS ÉLECTORAL

Organiser un vote, c'est d'abord dire qui peut voter. Dans le cas du Sahara occidental, l'établissement du corps électoral va buter sur de nombreux et redoutables écueils. Tout d'abord, le territoire se trouvait entièrement en zone désertique et la quasi-totalité des populations était nomade. Leurs parcours de transhumance et les lieux de vie n'étaient évidemment pas circonscrits aux frontières de la colonie espagnole. Il s'agissait des mêmes populations qu'en Mauritanie. L'ensemble Rgueïbat, la plus célèbre et la plus grande tribu sahraouie, comprend par exemple de nombreuses fractions présentes sur le territoire mauritanien. L'Ouest saharien est d'abord une zone qui a été très tardivement pacifiée et victime d'une longue période de sécheresse. Ces deux facteurs ont favorisé les déplacements des populations. La présence de l'administration espagnole avait toujours été discrète. La puissance coloniale n'avait pas distribué de papiers d'identité ou ceux-ci avaient été établis sur un mode très lacunaire et partial. Dans un tel contexte, au regard de l'enjeu du référendum, l'établissement des listes constitue à l'évidence un enjeu à part entière.

Prévu initialement pour l'année 1992, le scrutin n'a toujours pas eu lieu douze ans plus tard, faute d'un corps électoral défini. Depuis 1991, les périodes de recensement ont été régulièrement bloquées ; on dénombre actuellement plus de 100 000 recours. La base sur laquelle les deux parties s'étaient initialement entendues était le recensement espagnol de 1974, année où Madrid envisageait d'organiser un référendum. Les préparatifs électoraux espagnols permirent de dénombrer 74 000 personnes. Le principal travail de la Minurso fut, dans un premier temps, de toiletter et d'actualiser ce recensement : le chiffre avoisina alors les 80 000 personnes. Le royaume chérifien, craignant de perdre le référendum, commença à pointer les faiblesses du recensement : « Tous les recensés étaient sahraouis, mais tous les Sahraouis n'ont pas été recensés. » Il est vrai que, bien que menée à l'initiative des autorités espagnoles et supervisée par quatre fonctionnaires, l'exécution matérielle du recensement avait été confiée à des agents de recensement sahraouis secondés par certains notables. Le critère retenu était l'appartenance de l'individu à un groupe familial implanté sur le territoire. Certains ne furent pas contactés par les équipes de recensement, d'autres se trouvaient hors des frontières de la colonie pour des raisons politiques ou économiques.

Devant l'inévitable blocage, la Minurso décida alors, avec l'accord des deux parties, d'élargir les critères d'identification. Mais les enjeux étaient évidemment contradictoires. Soucieux d'élargir le corps électoral, le Maroc estimait que le recensement de 1974 excluait arbitrairement des groupes authentiquement sahraouis. Le Polisario tentait, quant à lui, de prévenir l'intrusion d'une « cinquième colonne » dans le corps électoral élargi. Cinq catégories de personnes pouvaient alors se prétendre sahraouis : 1) les personnes enregistrées en 1974 ; 2) les personnes n'apparaissant pas dans le recensement mais ayant des papiers d'identité délivrés par les autorités du territoire ; 3) les membres de la famille proche (parents et enfants) des catégories 1 et 2 ; 4) les personnes appartenant à une sous-fraction sahraouie et en mesure de prouver que leur père était né dans le territoire ; 5) enfin, toute personne pouvant prouver qu'elle a résidé dans le territoire avant 1974 pendant six années consécutives ou douze ans par intermittence. La Minurso mit également en place des commissions d'identification mixtes représentant les deux parties. Elles devaient intervenir dans la zone occupée, les camps de réfugiés, au Maroc et en Mauritanie.

Dès 1995 apparaissait le problème dit des « tribus contestées ». Il s'agissait de 25 fractions ou tribus du Sud marocain ayant, selon le Maroc, des liens de parenté ou des implantations sur le territoire du Sahara occidental et qui n'avaient pas été recensées par les Espagnols en 1974. Cette inclusion, si elle avait lieu, représenterait 65 000 personnes supplémentaires dans le corps électoral, ce qui était inenvisageable du point de vue sahraoui, car ces « néo-Sahraouis » voteraient immanquablement en faveur du Maroc. Le litige quant au corps électoral portait au total sur 120 000 personnes. Le Maroc acceptait dans un premier temps d'ôter 60 000 demandes. La Minurso, consciente du blocage, allait obliger les deux parties à s'engager à ne pas parrainer des tribus ou des fractions et à admettre le principe qu'aucune tribu ou fraction ne pouvait être acceptée d'un bloc, le recensement devant fonctionner sur la base de la présentation individuelle.

Le cas du référendum pour l'autodétermination du Sahara occidental montre comment l'entrée dans un processus électoral a d'abord été la transposition dans un champ politico-juridique balisé d'un combat diplomatique et militaire enlisé. L'issue du référendum menaçait d'entraîner soit la disparition de l'une des parties (le Front Polisario et la RASD), soit une fragilisation extrême d'un régime pour lequel la question du « rattachement des provinces du Sud » a servi de ciment national et de vecteur de neutralisation de potentiels rivaux politiques. L'enjeu s'est tout naturellement déplacé vers l'amont du processus, c'est-à-dire la définition d'un corps électoral. La tenue du référendum, reportée d'année en année, n'est aujourd'hui plus crédible comme mode de sortie de crise.

À LA RECHERCHE D'UNE AUTRE VOIE

Depuis que l'ONU a pris en charge le dossier du Sahara occidental, le Conseil de sécurité a consacré 48 séances à ce dossier complexe. L'ONU ne limite pas ses activités à la préparation et à l'organisation du référendum, mais réalise des opérations de déminage, s'occupe du problème des prisonniers de guerre et supervise la distribution de vivres aux réfugiés dans les camps de réfugiés tenus par le Polisario en Algérie, dont le plus grand est celui de Tindouf. Devant l'enlisement du dossier du référendum, le secrétaire général de l'ONU, Kofi Annan, nomme en 1997 un envoyé spécial, James Baker, dont la mission est d'imaginer un autre scénario de sortie de crise. Il formalise, en juin 2001, sous la forme d'un accord-cadre, une proposition d'autonomie interne pendant une période transitoire de cinq ans qui devait précéder un référendum. Ce texte est rejeté par le Polisario et l'Algérie, qui dénoncent une intégration de fait du Sahara occidental au Maroc.
L'année suivante, en juillet 2002, le Conseil de sécurité, avec la résolution 1429, demandait à Kofi Annan et à son envoyé spécial au Sahara occidental de soumettre un plan de paix qui prendrait en compte les doléances des deux parties et qui, une fois entériné par lui, ne serait plus négociable. Après avoir retravaillé le texte initial, James Baker présente, au mois de janvier 2003, le « Plan de paix pour l'autodétermination du peuple du Sahara occidental » (appelé également Plan Baker II) aux représentants du Polisario, du Maroc, de l'Algérie et de la Mauritanie. Ce plan de la « troisième voie » reçoit un accueil plutôt hostile de la part de toutes les parties. En juin 2003, John Negroponte, le représentant des États-Unis auprès de l'ONU, rend public un projet de résolution entérinant le Plan Baker. Ce plan doit être examiné au Conseil de sécurité, le 31 juillet suivant. Peu après, prenant de court le Maroc, le plan est finalement accepté par les représentants du Polisario et de l'Algérie. Il prévoit une période de cinq années préalables au référendum durant lesquels le Sahara occidental serait géré par une Autorité du Sahara occidental (ASO) et dirigé par un chef de l'exécutif élu par un corps électoral dont seraient exclues les personnes ayant déposé un recours et dont le dossier n'est pas encore validé. Compte tenu de cette condition, l'ASO serait inévitablement contrôlée par le Polisario. De plus, cette autorité devrait avoir des prérogatives très importantes : maintien de l'ordre, économie, commerce, pêche, transport, protection sociale, budget territorial et fiscalité alors que le Maroc garderait la défense et les relations extérieures ainsi que la souveraineté nationale. En outre, l'ASO aurait la charge de légiférer dans tous les domaines qui ne sont pas du ressort du Maroc. Les Marocains ont refusé cette option qui, selon eux, ressemble à un processus d'émancipation irréversible. La résolution fut votée au Conseil de sécurité le 31 juillet (les deux parties ayant théoriquement comme date limite le 31 octobre 2003 pour mettre en œuvre les dispositions du plan), mais elle n'a évidemment pas d'aspect contraignant. Les plus hautes autorités marocaines ont par ailleurs jugé hostile l'attitude de James Baker, allant jusqu'à demander à George Bush d'intercéder auprès de ce dernier pour plaider leur cause. Le Maroc faisait d'ailleurs savoir qu'il ne voulait plus entendre parler d'un référendum d'autodétermination. James Baker se retrouvait dès lors en position de rupture avec l'une des parties : engagé par ailleurs sur d'autres dossiers importants (dont la renégociation de la dette irakienne), il a tiré les conséquences de cette situation en démissionnant le 11 juin 2004, non sans avoir tenté de renouer les liens distendus.

L'ONU ne dispose désormais plus que d'un représentant spécial, Alvaro de Soto, pour gérer ce dossier qui semble complètement bloqué. Le Maroc ne cédera certainement jamais sa souveraineté sur un territoire au potentiel économique intéressant (gisements de phosphate de Bou Craa, richesses halieutiques, prospections pétrolières en cours) pour lequel le pays a déjà beaucoup investi. Le Maroc, selon des chiffres cités par l'hebdomadaire *Jeune Afrique,* a investi de 1978 à 1992 plus de 1 milliard et demi de dollars et presque autant depuis. L'aéroport d'Al-Ayoune (15 millions de dollars), les équipements portuaires pour la pêche (250 millions de dollars), le réseau de 1 650 kilomètres de routes (70 millions de dollars), des milliers de logements, un port, des dizaines d'écoles, deux hôpitaux sont parmi les réalisations les plus marquantes. En outre, le régime ne pourra se résoudre à un suicide politique. L'Algérie et la RASD restent fermement arc-boutées sur le référendum d'autodétermination, même si l'Algérie avait furtivement proposé, au premier semestre 2003, une « quatrième voie » (partition du territoire en deux, refusée à la fois par le Maroc et la RASD).

Seule une action résolue des États-Unis pourrait faire avancer le dossier car les deux autres pays occidentaux impliqués dans la région (la France et l'Espagne) sont trop marqués dans l'un ou l'autre camp. La France soutient fermement le Maroc depuis le début de la crise et l'Espagne ne fait pas mystère de son soutien à la RASD, même si, depuis leur arrivée au pouvoir, les socialistes espagnols se déclarent strictement neutres et veulent œuvrer à l'édification de l'UMA, qui reste bloquée en partie à cause du dossier saharien, tout en déclarant, par la voie de leur ministre des Affaires étrangère, Miguel Angel Moratinos, vouloir harmoniser la position espagnole avec la position française. Mais les États-Unis ne s'impliqueront certainement pas beaucoup plus à court et à moyen terme, car le Maroc et l'Algérie sont les deux pays du monde arabe avec lesquels la superpuissance entretient les meilleurs rapports dans la lutte contre le terrorisme international.

Les acteurs

◆ Front Polisario – Front populaire de libération de la Saguiet al-Hamra et du Rio de Oro

Il est né le 10 mai 1973 à Nouakchott, créé par des membres du FLS (Front de libération du Sahara) lui-même créé en 1967. L'objectif de ce mouvement est l'indépendance totale du Sahara espagnol. Lors du deuxième congrès du Front, du 25 au 30 août 1974, sont élus le secrétaire général, Mustapha Sayed Ouali (dit Al-Ouali), ainsi qu'un bureau politique comprenant 31 membres et un bureau exécutif de 7 membres. Le 4 mai 1976, peu après le retrait des Espagnols, le premier gouvernement sahraoui est formé, il est présidé par Mohamed Lamine Ould Ahmed. Cette même année, la RASD (République arabe sahraouie démocratique) est reconnue par l'OUA. Le Front se dote d'un bras armé, l'ALPS (Armée de libération populaire sahraouie), dont les effectifs devaient atteindre au plus fort de la guerre jusqu'à 15 000 hommes et qui en compte 2 000 aujourd'hui. L'APLS, armée par la Libye puis l'Algérie, impose, par sa parfaite connaissance du terrain et son extrême mobilité, des pertes très sévères au Maroc et à la Mauritanie, qui renonce officiellement à l'Oued al-Dahab en 1979, laissant le Maroc seul face à l'APLS dans un face-à-face sanglant qu'aucun des deux belligérants ne peut emporter militairement.

En juin 1991, au cours du VIIIe Congrès du Front Polisario, le bureau politique et le conseil exécutif fusionnent pour donner naissance au secrétariat national chargé de préparer le référendum. Au cours du IXe Congrès, en août 1995, qui réélit Mohamed Abdelaziz à la tête du Polisario et de la RASD, le Front décide de privilégier la voie pacifique. En mars 2002, Mohamed Sidati, membre de la direction nationale du Front, déclare à l'adresse du Conseil de sécurité que la RASD n'accepte pas le Plan Baker.

Le 12 juillet 2003, Mohamed Abdelaziz déclare à propos du Plan Baker II : « Le Front Polisario, sans abandonner le Plan de règlement de 1991, serait disposé à contribuer à l'exploration effective de la voie proposée par M. Baker pour arriver à l'objectif inéluctable d'autodétermination du peuple sahraoui. » Lors du XIe Congrès du Polisario (du 12 au 19 octobre 2003), il ajoutera : le Plan Baker II « n'est pas une solution définitive au conflit mais c'est une base d'un nouveau processus ». Mohamed Abdelaziz est réélu président de la RASD durant le congrès à l'issue duquel un nouveau gouvernement est formé. En juin 2004, après la démission de James Baker, le Polisario déclare que le départ de ce dernier ne remet pas en question la validité de son plan de règlement.

Pour en savoir plus

Rachid El Houdaïgui, *La politique étrangère sous le règne de Hassan II*, L'Harmattan, 2003.

Tony Hodges, *Sahara occidental : origine et enjeux d'une guerre du désert*, L'Harmattan, 1987.

Khadija Mohsen-Finan, *Sahara occidental. Les enjeux d'un conflit régional*, CNRS/Histoire, 1996.

Chérif Ouazani, « Coup de tonnerre à Manhattan », dans *Jeune Afrique/L'Intelligent* du 10 août 2003.

François Soudan, « Sahara, le retour du guerrier », dans *Jeune Afrique/L'Intelligent* n° 2180-2181, du 21 octobre 2002.

Afrique

Afrique

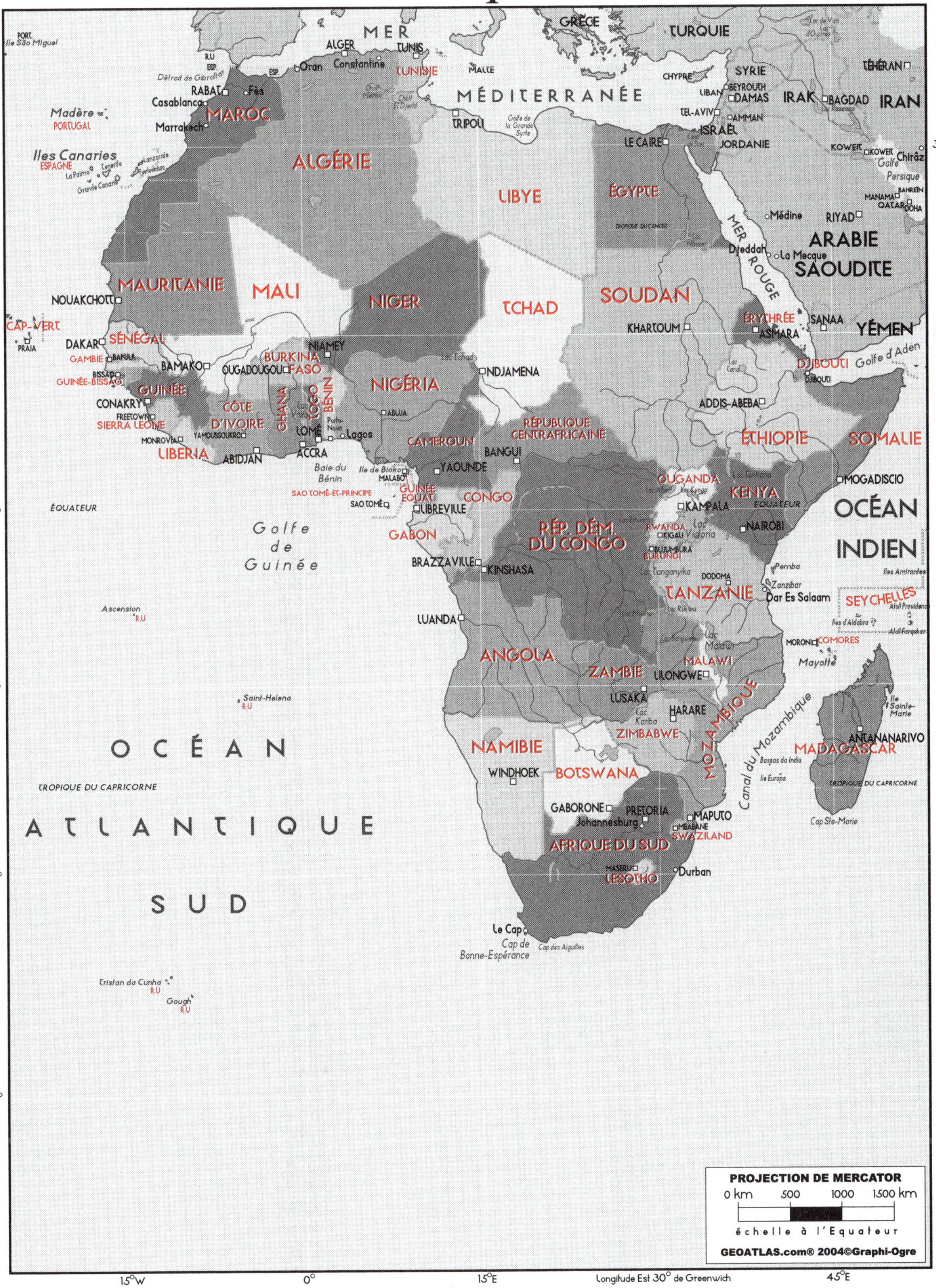

MER MÉDITERRANÉE
GRÈCE
TURQUIE
PORT.
Ile São Miguel
R.U
ESP.
Détroit de Gibraltar
ALGER
Oran
Constantine
TUNIS
TUNISIE
MALTE
CHYPRE
SYRIE
LIBAN
BEYROUTH
DAMAS
TEL-AVIV
AMMAN
ISRAËL
JORDANIE
IRAK
BAGDAD
IRAN
TÉHÉRAN
RABAT
Fès
Casablanca
Marrakech
MAROC
Madère
PORTUGAL
Iles Canaries
ESPAGNE
ALGÉRIE
TRIPOLI
Golfe de la Grande Syrte
LIBYE
LE CAIRE
ÉGYPTE
TROPIQUE DU CANCER
KOWEIT
Golfe Persique
Chirâz
MANAMA
BAHREIN
QATAR
DOHA
Médine
RIYAD
Djeddah
La Mecque
ARABIE SAOUDITE
MER ROUGE
MAURITANIE
NOUAKCHOTT
MALI
NIGER
TCHAD
SOUDAN
KHARTOUM
ÉRYTHRÉE
ASMARA
SANAA
YÉMEN
CAP-VERT
PRAIA
DAKAR
SÉNÉGAL
GAMBIE
BANJUL
BISSAO
GUINÉE-BISSAO
BAMAKO
OUGADOUGOU
BURKINA FASO
NIAMEY
Lac Tchad
NDJAMENA
DJIBOUTI
Golfe d'Aden
CONAKRY
GUINÉE
FREETOWN
SIERRA LEONE
MONROVIA
LIBERIA
CÔTE D'IVOIRE
YAMOUSSOUKRO
ABIDJAN
GHANA
TOGO
BÉNIN
LOMÉ
ACCRA
Porto-Novo
Lagos
NIGÉRIA
ABUJA
CAMEROUN
YAOUNDE
RÉPUBLIQUE CENTRAFRICAINE
BANGUI
ADDIS-ABEBA
ÉTHIOPIE
SOMALIE
MOGADISCIO
Baie du Bénin
Ile de Bioko
MALABO
SAO TOMÉ-ET-PRINCIPE
SAO TOMÉ
GUINÉE ÉQUAT.
LIBREVILLE
GABON
CONGO
OUGANDA
KAMPALA
KENYA
NAIROBI
ÉQUATEUR
OCÉAN INDIEN
Golfe de Guinée
RÉP. DÉM. DU CONGO
RWANDA
KIGALI
BUJUMBURA
BURUNDI
Lac Victoria
Lac Tanganyika
DODOMA
Pemba
Zanzibar
Dar Es Salaam
TANZANIE
BRAZZAVILLE
KINSHASA
Iles Amirantes
SEYCHELLES
Atoll Providence
Iles d'Aldabra
Atoll Farquhar
Ascension
R.U
LUANDA
ANGOLA
ZAMBIE
Lac Malawi
MALAWI
LILONGWE
MORONI
COMORES
Mayotte
LUSAKA
HARARE
Lac Kariba
ZIMBABWE
MOZAMBIQUE
Canal du Mozambique
Saint-Helena
R.U
Ile Sainte-Marie
ANTANANARIVO
MADAGASCAR
NAMIBIE
WINDHOEK
BOTSWANA
Bassas da India
Ile Europa
TROPIQUE DU CAPRICORNE
GABORONE
PRETORIA
Johannesburg
MAPUTO
MBABANE
SWAZILAND
AFRIQUE DU SUD
MASERU
LESOTHO
Durban
Cap Ste-Marie
OCÉAN ATLANTIQUE SUD
Le Cap
Cap de Bonne-Espérance
Cap des Aiguilles
Tristan da Cunha
R.U
Gough
R.U
30°
15°
0°
15°
30°
45°
15°W
0°
15°E
Longitude Est 30° de Greenwich
45°E
PROJECTION DE MERCATOR
0 km
500
1000
1500 km
échelle à l'Equateur
GEOATLAS.com® 2004©Graphi-Ogre

En ce milieu de la décennie 2000, l'Afrique subsaharienne demeure un théâtre d'opérations offrant bien des opportunités pour nombre de dynamiques conflictuelles, entreprises subversives ou projets terroristes. Quiconque suit l'actualité internationale peut aisément recenser une longue litanie de foyers de crises, du Burundi à la Côte d'Ivoire, du Soudan au Zimbabwe, et observer un riche échantillon de formes variées de violences politiques.

Pourtant, quelque chose apparaît avoir subrepticement changé par rapport à la situation prévalant dans les années 90 et encore au tout début des années 2000. Nombre de conflits ouverts, avec leur cortège de combats et d'atrocités en tout genre, ont évolué en des sortes de « paix chaudes », de processus de sortie de crise, délicats, fragiles, complexes, où les rares progrès alternent avec de longues périodes de stagnation, voire des phases de régression meurtrière. Mais, si la « vraie » paix est encore lointaine et si la stabilité ou un minimum de sécurité sont des denrées rares, le niveau de létalité a sensiblement baissé par rapport à la « norme » ayant prévalu dans la décennie 90, dans les guerres civiles en Angola, au Liberia, en Sierra Leone, au Congo-Brazzaville, au Rwanda, au Burundi, au Sud-Soudan, en Somalie, lors des guerres successives en République démocratique du Congo (RDC). Ces conflits faisaient chacun, bon an mal an, des dizaines de milliers de victimes, directement fauchées durant les combats, mais aussi emportées par la famine, les maladies, l'épuisement, des conditions de vie dantesques résultant du dysfonctionnement, voire de l'effondrement d'États mal nés. Les divers protagonistes n'hésitaient pas à employer une violence débridée, dérégulée serait-on tenté de dire, avec ses cortèges d'enfants soldats, de prédations en tout genre, de viols, d'amputations, de massacres et autres nettoyages ethniques commis sur des bases identitaires dont l'« apogée » sera le génocide de 1994 au Rwanda ; l'essentiel des « opérations » se concentrait moins contre les factions adversaires que contre les populations civiles, taillables, corvéables et « massacrables » à merci et sans retenue.

Les bilans totaux de chacun de ces différents conflits se sont élevés au minimum à plusieurs dizaines de milliers de morts, mais trop souvent l'unité de compte s'est révélée être la centaine de milliers, quand ce n'était pas le million (au moins 2,5, voire 3,8 millions de morts en une demi-douzaine d'années de guerre en RDC, de 1997 à 2003).

Mais les temps ont changé. Dans la plupart de ces foyers de crise, les dynamiques conflictuelles se sont étiolées au fil du temps et, souvent, de la lassitude des combattants. Bien que toujours insuffisante et fortement critiquée et critiquable, l'action de la communauté internationale, qu'il s'agisse des Nations unies, de l'Union africaine, d'organisations sous-régionales (Cedeao, Cemac, Igad...) ou de nations « cadres », africaines ou extra-africaines, a aussi permis de faire avancer les choses, sans pour autant aboutir à de vraies solutions durables. Mais dans bien des cas, en ce début d'année 2005, les armes se sont pratiquement tues, les machettes sont en partie rangées. Ces pays font encore parler d'eux non plus du fait de l'évolution des combats et d'énièmes massacres à grande échelle, même si des flambées de violence ponctuelles se produisent à intervalles réguliers, mais en raison de processus de sortie de conflit ou de transition vers « l'après-guerre », difficiles, fragiles, complexes, chaotiques – le risque de rechute étant permanent. Sans être des panacées aux maux subis par les populations depuis des années, ces processus en cours ont eu comme conséquence, au strict minimum, de faire baisser provisoirement de quelques crans le niveau de violence et « d'économiser » ainsi des dizaines de milliers de vies humaines du simple fait de cet état de « fausse guerre » ou de « paix armée ». Parfois, le gain en vies est encore plus spectaculaire pour peu que l'arrêt des hostilités ait permis à l'aide internationale d'affluer et de réduire des situations d'insécurité alimentaire chroniques. Dans le meilleur des cas, les ONG peuvent – dans une relative sécurité – revenir quadriller des territoires dévastés et secourir des populations laissées à l'abandon depuis des lustres. Ces progrès que d'aucuns jureront minimalistes sont néanmoins réels, même si le retour à la normale demeure un horizon lointain.

Dans la plupart des cas cités, la figure du « jeune guerrier », qui hantait ces conflits, a laissé la place à celle du « vieux combattant » ou plus exactement du « néo-démobilisé » dont le retour à une vie normale s'annonce pour le moins délicat, voire pratiquement impossible. Ces masses de jeunes hommes et femmes, imbibées depuis leur plus jeune âge d'une culture de la violence, sont trop souvent laissées à elles-mêmes une fois les combats arrêtés. De problème politique, l'exposition à la violence de ces individus devient question sociale. La réinsertion de ces jeunes « vieux combattants » n'étant qu'un des défis sécuritaires posés aux États en phase de sortie de conflit, avec la profusion des armes légères aux mains des populations, la hausse de la criminalité ou encore l'abondance des mines, généralement posées en dépit du bon sens et sans rigueur, et qui continueront à tuer encore pendant des années.

Sur la dizaine de conflits très meurtriers que l'on pouvait dénombrer au milieu des années 90, la plupart sont entrés en phase de résolution ou de sortie de crise. Désormais, leur suivi passe davantage par l'interprétation des rapports de force électoraux, des manœuvres politiciennes en vue des prochaines élections, des distributions de portefeuilles ministériels et de postes « rémunérateurs » aux adversaires d'hier, souvent devenus aujourd'hui « partenaires » dans la cogestion de la rente étatique (cas de figure illustré de façon exemplaire depuis une quinzaine de mois par l'évolution de la situation en RDC et, espérons-le, demain au Burundi ou en Somalie), que par l'analyse de la progression des combats ou de la modification des rapports de force sur le terrain entre factions politico-militaires. Bien des mouvements armés ont entamé une métamorphose en partis politiques, renonçant (provisoirement ?) à la voie des armes pour tenter de s'imposer par le bulletin de vote. L'évolution de l'Unita angolaise constitue sans doute l'exemple récent le plus frappant.

Plus que le décompte des morts, l'actualité africaine tend désormais à privilégier le décompte des voix. L'agenda électoral de l'année 2005 est ainsi particulièrement chargé. Évolution heureuse que cette transformation de l'Afrique des conflits en Afrique des élections. Mais cette option vertueuse de gestion des confrontations politiques est trop souvent ternie par des dysfonctionnements graves en matière d'organisation des scrutins et par un manque de transparence et d'honnêteté. Plus qu'un moment de vérité, les élections dans nombre de pays africains se révèlent n'être qu'un leurre, qu'une théâtralisation se voulant non violente du combat politique au profit exclusif des pouvoirs en place, certains « perdants systématiques » pouvant à force se lasser de participer à de telles farces, et replonger dans une contestation plus directe, plus radicale, les armes à la main.

D'autant que le spectre « habituel » de la guerre n'a pas disparu : il continue de hanter le nord de l'Ouganda où se déroule un des pires conflits contemporains, quasi totalement ignoré par les médias. Plus récemment, le Darfour s'est imposé comme le principal foyer de crise africain (tant en matière de gestion diplomatique et d'agitation médiatique que de létalité effective), au risque de contaminer le Tchad voisin. Plus à l'ouest, la Côte d'Ivoire constitue un autre sujet d'inquiétude majeur en ce début d'année 2005, la descente aux enfers du « modèle ivoirien » étant susceptible de connaître encore de nouveaux épisodes dramatiques, la pire des hypothèses étant celle d'une dérive « à la libérienne ».

Le panorama sélectif des tensions politiques qui agitent l'Afrique subsaharienne en ce début de XXIe siècle, proposé dans les pages suivantes, a ainsi été composé en fonction de quatre grands critères :

– l'urgence imposée par l'actualité (Darfour, Côte d'Ivoire) ;

– la mutation en cours, bien que trop souvent mal perçue, dans plusieurs foyers de crises (RDC, Burundi, Somalie) où la logique d'affrontements armés a cédé la place à d'inextricables manœuvres et tractations résultant d'un processus de sortie de crise et de transition politique, le risque de rechute dans la guerre demeurant toutefois omniprésent ;

– l'impact, somme toute plutôt réduit à ce jour, du 11 Septembre et des répercussions géopolitiques et sécuritaires qui en ont résulté. Plus que la vigueur d'une hypothétique menace islamiste, néanmoins pas totalement négligeable, la conséquence la plus évidente en la matière tient au renforcement des activités américaines, principalement dans la bande sahélienne et dans la Corne, même si l'engagement africain de Washington au nom de la « guerre contre le terrorisme » semble servir de prétexte à d'autres finalités, en particulier un accès privilégié aux ressources énergétiques du continent noir ;

– les conséquences, souvent déstabilisatrices, de l'existence de rentes énergétiques mal gérées par les autorités locales ; ce pactole accentue les rivalités au sein des élites dirigeantes pour contrôler l'appareil d'État et les prébendes en découlant, mais aggrave aussi la frustration d'une partie des populations dont le quotidien ne s'est guère amélioré en dépit des monceaux de pétrodollars déversés sur leurs pays (Guinée équatoriale, Tchad, Nigeria).

Superficie : 363 463 km²
Population : 16,4 millions dont au minimum 4,5 millions d'étrangers (recensement de 2001). Les plus importantes communautés d'origine étrangère : Burkinabés 3,5 millions, Maliens 1 million, Nigériens 700 000, et aussi Guinéens, Sénégalais, Mauritaniens, Libanais, Français.
Composition ethnique : Akan (Baoulé, Abron, Agni, Abidji, Ébrié...) 4,7 millions ; Mandé (Dioula, Gouro, Malinké, Yacouba...) 3 millions ; Voltaïques (Sénoufo, Lobi, Koulango...) 2 millions ; Krou (Bété, Dida, Krou, Guéré...) 1,4 million (estimations de 1998)
Religions : musulmans (38,6 %), chrétiens (32,8 %), animistes (15,4 %)

Côte d'Ivoire

Le 19 septembre 2002, moins de deux ans après le putsch du général Robert Gueï, à la veille de Noël 1999, la Côte d'Ivoire est entrée dans la plus grave crise de son histoire. Dans la nuit du 19 au 20, le général Gueï et le ministre de l'Intérieur, Émile Boga Doudou, sont assassinés. Le ministre de la Défense, Lida Kouassi, et le chef d'état-major, Mathias Doué, échappent de peu à de mystérieuses équipes de tueurs. Alassane Dramane Ouattara, le leader du RDR, se réfugie à l'ambassade de France. En une nuit, la fragile transition politique symbolisée par le gouvernement d'unité nationale, formé le mois précédent, vole en éclats.

Les Ivoiriens découvrent progressivement l'existence de mouvements rebelles, entraînés et disciplinés, qui prendront rapidement le contrôle de la moitié nord de la Côte d'Ivoire. Il s'agit du Mouvement patriotique de Côte d'Ivoire (MPCI), du Mouvement populaire ivoirien du grand Ouest (MPIGO) et du Mouvement pour la justice et la paix (MJP). Face à ces mouvements rebelles décidés et plus ou moins coordonnés, les Forces armées nationales de Côte d'Ivoire (Fanci) du général Mathias Doué perdent rapidement du terrain. L'armée nationale, secouée par des réformes, des purges et une gestion quotidienne souvent aberrante, montre son impuissance. Le président Laurent Gbagbo demande alors, selon les termes de l'accord de défense franco-ivoirien, l'intervention des militaires français pour sauver son régime menacé, bloquer l'avancée des rebelles et protéger les zones de production cacaoyères. Paris envoie un important contingent pour soutenir le dispositif français déjà en place (plus de 500 soldats français sont présents en permanence à la base de Port-Bouët). Les militaires de l'ancienne métropole interviendront d'abord pour protéger le départ des ressortissants occidentaux, puis feront barrage aux éléments rebelles dans le cadre de l'opération « Licorne ». Mais ce n'était pas assez aux yeux de la présidence ivoirienne et de ses supporters, qui parleront de la « trahison française ». La ligne de cessez-le-feu se stabilisera en janvier 2004. Elle n'a pas évolué depuis, symbolisant ainsi une véritable partition du pays, dominé au nord par les trois mouvements rebelles qui s'allieront dans un mouvement politique unique, les Forces nouvelles (FN).

Le conflit ivoirien

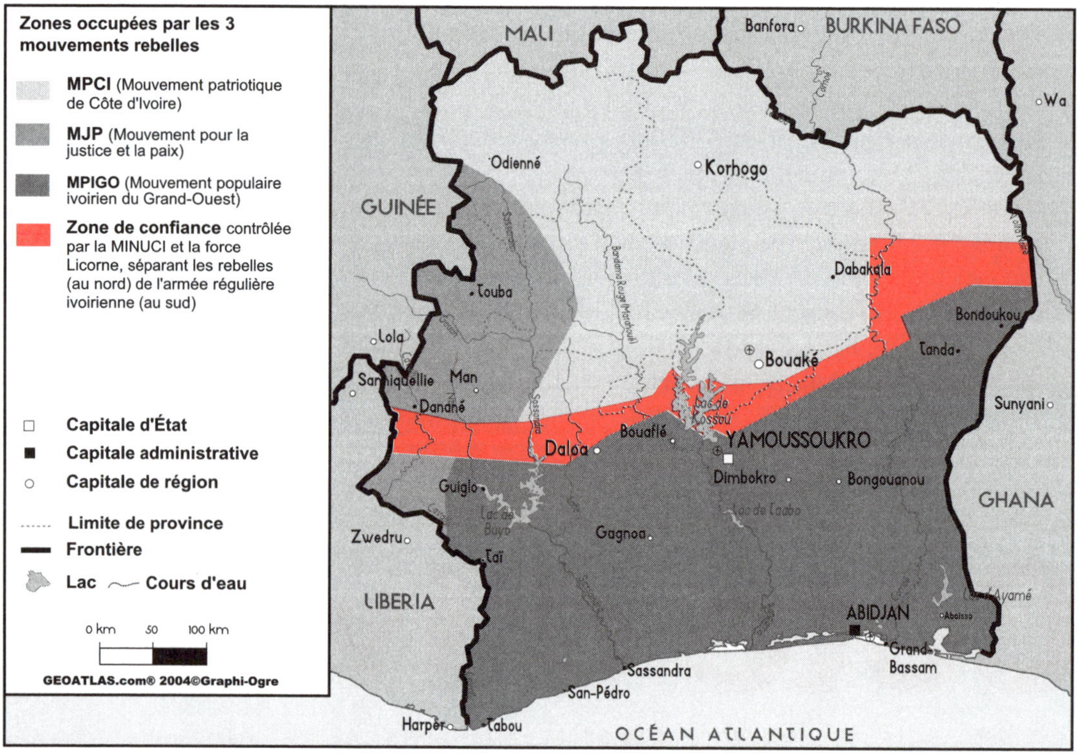

Groupes ethniques

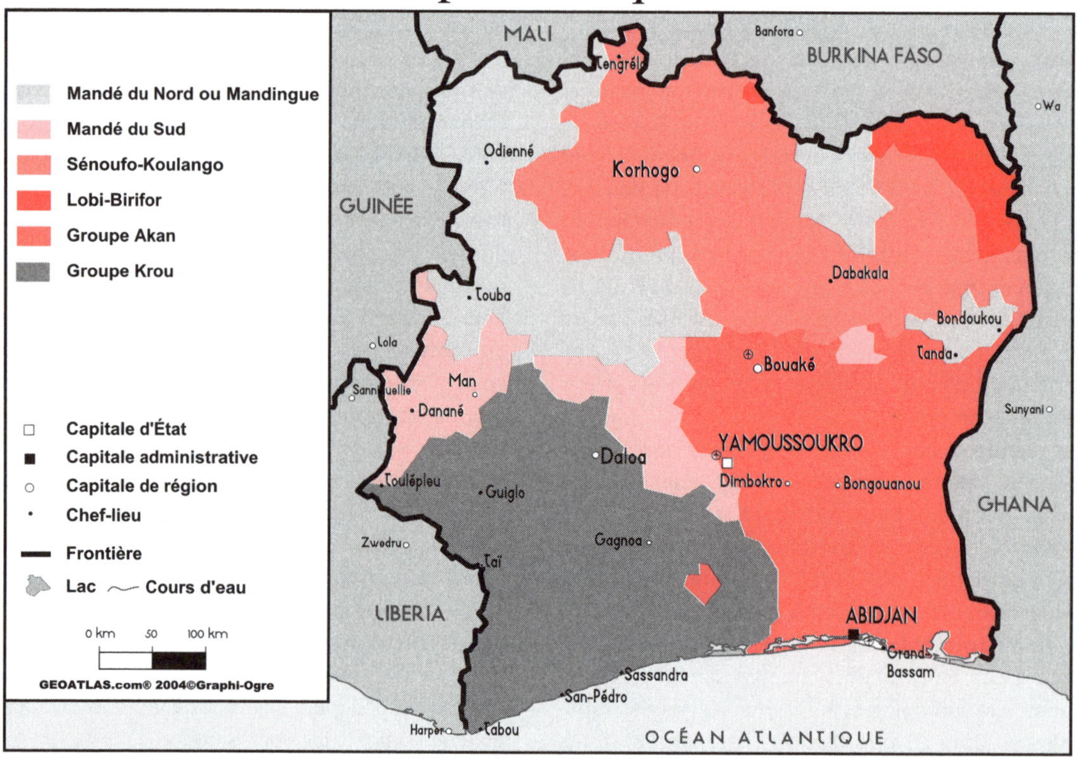

Avant de revenir sur le déroulement de la crise qui secoue le pays depuis septembre 2002 et d'imaginer les scénarios d'évolution les plus probables, il est nécessaire de revenir sur quelques dimensions fondamentales des problèmes du pays et d'isoler quelques acteurs clefs de la scène politique ivoirienne.

LES RACINES DE LA CRISE ACTUELLE : UNE INTRICATION DE DÉSÉQUILIBRES ÉCONOMIQUES ET SOCIO-POLITIQUES

L'épuisement du modèle ivoirien. Le miracle économique ivoirien des décennies 60 et 70 s'est appuyé sur le développement extensif d'une agriculture d'exportation (cacao, café, coton, fruits tropicaux) soutenue par une politique d'aménagement du territoire, sur une immigration massive (plusieurs millions de personnes originaires des pays voisins) et également sur une hausse régulière des cours mondiaux de quelques-uns des produits phares de cette politique, en particulier le cacao, dont la Côte d'Ivoire est le premier producteur mondial. Les taux de croissance annuels du PIB furent en moyenne de 7 % pendant vingt ans. Cette politique fut possible grâce aux réserves de terres disponibles, notamment dans le sud-ouest du pays, où la forêt primaire laissait progressivement la place aux plantations le long d'un véritable front pionnier. Dès l'indépendance, l'État a consenti à mettre un accent particulier sur la formation du capital humain et le développement des infrastructures. La création du port de San Pedro (sud-ouest) permit ainsi de désenclaver une région aux potentialités économiques très importantes. Comme l'explique Jean-Pierre Chauveau *(voir bibliographie)*, le modèle économique s'accompagnait d'un pacte politique : « À partir de 1960, un véritable pacte politique est établi entre l'État-parti, la classe dirigeante urbaine, les marchands, les entrepreneurs privés et les différentes composantes des paysanneries ivoiriennes [...]. En contre-partie de garanties données aux ruraux sur les prix, les débouchés, les intrants, et l'amélioration de leur niveau de vie, il est attendu d'eux une totale soumission politique ainsi que la reconnaissance du monopole exercé par l'État-parti et ses agents sur l'appropriation de la rente agricole [...]. « L'État paysan » avait organisé un système de vente à terme et créé une caisse de stabilisation des prix (Caistab) qui permettait d'amortir les variations de cours et d'assurer un revenu confortable aux producteurs mais également à l'ensemble des filières. En contre-partie, l'État puisait dans les réserves pour financer certains investissements, mais également pour financer le parti unique gouvernemental, le PDCI (Parti démocratique de la Côte d'Ivoire) du président Félix Houphouët-Boigny. Les bons résultats économiques ont conduit l'État à s'engager sur des programmes d'investissement ambitieux, s'appuyant sur des prévisions économiques qui s'avéreront trop optimistes.

Le boom économique s'est accompagné d'importants mouvements de population. La Côte d'Ivoire avait connu des mouvements de population dès les premières introductions de l'économie de plantation par les colonisateurs français (années 30-40). De nombreux Voltaïques (les Burkinabé d'aujourd'hui, en majorité mossi) vinrent, par exemple, s'implanter au centre-ouest du pays durant les années 30 pour défricher et pratiquer l'agriculture d'exportation, dont une grande partie dans le cadre du travail forcé instauré par les autorités coloniales françaises, qui d'une certaine manière, « amorcèrent » ainsi le phénomène migratoire. Mais, durant les décennies 60 et surtout 70, les mouvements furent d'une tout autre ampleur. Attirés par la promesse de revenus plus confortables et réguliers, de nombreux Ivoiriens se déplacèrent du nord et de l'est vers le centre, le centre-ouest et le sud-ouest du pays. Ces déplacements internes provoquèrent en particulier l'installation de nombreux colons et planteurs baoulé en dehors de leur zone traditionnelle d'implantation, encouragés en cela par l'appareil d'État au sein duquel leur groupe ethnique exerçait une influence prédominante. Cette nouvelle donne « humaine » s'est accompagnée d'une importante immigration venue des pays sahéliens voisins (Burkina Faso – Haute-Volta à l'époque –, Mali, Niger...). Ces déplacements et ces implantations occasionnaient parfois des tensions entre « autochtones » et néo-arrivants, étrangers ou nationaux. Le statut d'occupation des terres était ambigu. Si le pouvoir de répartition des terres était laissé aux chefs coutumiers et les règlements encore inspirés par le droit coutumier, le titre d'occupation des néo-arrivants s'apparentait à un titre de propriété, ce qui était en contradiction avec la propriété collective de la terre. De plus, dans la symbolique paysanne, le défricheur, c'est-à-dire celui qui met en valeur le premier, devient le propriétaire de la terre, ce qui peut irriter les populations locales qui considèrent les terres laissées vacantes comme une réserve foncière faisant partie de leur terroir.

Le modèle économique de développement allait connaître une crise très grave au cours des années 80. En effet, la fin du boom du prix du café, du cacao, du coton, les effets des investissements aventureux et la mise en place des politiques d'ajustements structurels ont sévèrement affecté le secteur agricole et, par-delà, toute l'économie ivoirienne, entraînant la dérégulation du modèle politico-économique patrimonial lentement mis en place par le président Houphouët-Boigny. Si, jusqu'en 1978, le PIB par habitant augmentait en moyenne de 3,9 % par an, de 1979 à 1993, il va au contraire régresser annuellement de 3,7 %. En effet, entre 1979 et 1993, le PIB par tête régressait de moitié. Comme le montre Jean-Pierre Chauveau, la contraction de l'économie s'accompagnait d'une cascade de dysfonctionnements :

– la raréfaction des réserves d'espaces (notamment forestiers) dans le Sud se traduit par une compétition accrue sur le foncier ;

– l'épuisement des sols dans les zones de production cotonnière du Nord ;

– la baisse des prix des produits agricoles provoque un endettement croissant chez les agriculteurs et la constitution d'une classe de chômeurs villageois car l'exode vers les villes, autrefois synonyme d'ascension sociale, ne conduit plus que vers les bidonvilles et l'économie informelle ;

– la crise financière de l'État, qui est passé d'une dette publique de 255,6 millions de dollars en 1970 à 11 757,2 millions de dollars en 2000, a induit une importante réduction de la distribution des deniers publics, sur un mode clientéliste, qui maintenait une cohésion sociale en assurant une redistribution de nature à prévenir ou à atténuer les revendications régionales ou ethniques ;

– enfin, la montée continuelle du chômage et l'éclatement des solidarités interfamiliales.

Même si, à partir de 1994, les cours du café et du cacao connaissaient une tendance haussière et que le PIB retrouvait un rythme de croissance annuel supérieur à 2 %, l'ensemble du modèle de fonctionnement de la société, après la « décennie perdue », était atteint.

De vraies questions foncières et une mauvaise réponse : l'ivoirité. Dans les zones rurales, la crise foncière allait entraîner des tensions intercommunautaires. Les autochtones subissaient toujours avec mauvaise grâce l'arrivée des Ivoiriens d'autres régions ou des étrangers. Avec le contexte de raréfaction des terres disponibles sur le « front pionnier », les tensions dégénéraient parfois en heurts entre Burkinabés et Krou, entre ressortissants du Nord et Bété, entre Baoulé et Bété. Ces oppositions étaient régulées par les autorités de l'État, mais certaines rumeurs de favoritisme circulaient, notamment lorsque des Baoulé, l'ethnie des présidents Houphouët-Boigny et Konan Bédié, étaient impliqués. Les tensions allaient atteindre un stade supérieur dans la seconde moitié des années 90. En décembre 1997, le président Henri Konan Bédié annonçait, à la suite d'un conflit meurtrier entre des Wé et des Baoulé, qu'il avait demandé à ses experts de préparer une loi sur le domaine rural, qui devait clarifier le droit de propriété. Cette loi fut finalement adoptée le 23 décembre 1998. Elle comportait une disposition qui excluait les étrangers de la propriété foncière sur les terres coutumières. Cette disposition consacrait une idéologie de l'autochtonie dans le milieu rural qui se conjuguait, au niveau national, avec le concept d'« ivoirité ». À la fin de l'année 1999, des conflits meurtriers éclataient dans le sud-ouest du pays entre des « autochtones » et des Burkinabés. Ces événements étaient suivis de l'évacuation de plus d'une dizaine de milliers de ressortissants burkinabés de cette zone. Les problèmes fonciers opposant les communautés étaient relayés dans tout le pays par des médias qui trouvaient dans cette affaire un exutoire à leur idéologie xénophobe. L'ouverture démocratique (1990) et la liberté de la presse avaient permis l'éclosion de nombreux journaux. Si, jusqu'en 1990, 4 journaux étaient autorisés, on en comptait 176 en 1996. Certains de ces journaux étaient devenus des tribunes pour les discours les plus extrémistes, où l'amalgame entre étrangers et populations du nord du pays était fréquent. D'autres organes de presse relayaient évidemment le ressentiment des populations du Nord qui se percevaient comme des citoyens de seconde zone.

L'ouverture démocratique était suivie de peu par la disparition en 1993 de Félix Houphouët-Boigny. Sa mort marquait clairement un changement d'époque, c'est-à-dire la fin du modèle paternaliste, du pacte économico-politique et annonçait la montée des tensions communautaires qui pouvaient s'exprimer plus ouvertement dans le champ politique. Certes, les tensions ethniques existaient depuis l'indépendance. Félix Houphouët-Boigny avait largement favorisé les Baoulé, son ethnie, allant jusqu'à faire de son village natal, Yamoussoukro, la capitale administrative du pays, embellie par des travaux somptuaires, dont la fameuse cathédrale, réplique de la basilique Saint-Pierre-de-Rome. Cependant, la dimension politique du « père de la nation », les relations personnelles qu'il entretenait avec les chefs coutumiers, le régime autoritaire et le « miracle économique » ivoirien, avaient permis de limiter les expressions de ces frustrations ethnico-religieuses que le président savait entendre et atténuer par des distributions clientélistes d'argent.

Un pays fragilisé par une vive concurrence politique. La Côte d'Ivoire se trouve à la rencontre des 4 grands groupes linguistiques de l'Afrique de l'Ouest : Akan, Krou, Voltaïque et Mandé. Le groupe Akan (Baoulé, Agni, etc.) avait, jusqu'à la présidence de Henri Konan Bédié, monopolisé le pouvoir au détriment des autres groupes : les Voltaïques du Nord-Est, le groupe Krou (dont les Bété de Laurent Gbagbo) qui occupe le quart sud-ouest et le groupe Mandé dont sont originaires le général Gueï et Alassane Ouattara, qui occupe le quart nord-ouest. Le groupe mandé compte deux branches principales : les Mandé du Sud (dont les Gouro et les Yacouba, auxquels appartenait le défunt général) sont animistes, chrétiens et musulmans ; les Mandé du Nord (essentiellement les Malinké), auxquels se rattache Alassane Ouattara, sont essentiellement musulmans. Il faut enfin souligner que la langue dioula, forme appauvrie du bambara et du malinké, est une langue véhiculaire parlée à la fois par les ethnies du nord de la Côte d'Ivoire et par certaines populations des pays voisins (Mali, Burkina Faso et Guinée). Cette langue commune a beaucoup contribué à la naissance, chez les gens du Sud, d'une image faussement unitaire de « ceux du Nord ». L'appartenance ethnique constitue une dimension importante de la vie sociale et politique ivoirienne, mais une dimension parmi d'autres. L'après-Houphouët-Boigny allait cependant être marqué par une instrumentalisation des identités. Henri Konan Bédié, président de l'Assemblée nationale au moment du décès du « père de la nation », acheva le mandat présidentiel. En réalité, le « dauphin » était déjà largement associé au pouvoir lors des années précédant la mort de Houphouët-Boigny. Il avait notamment contribué à la politique répressive vis-à-vis des étudiants lors des grandes manifestations de 1992, à l'occasion desquelles l'opposition, qui les soutenait activement, avait été réprimée. Laurent Gbagbo, leader du Front patriotique ivoirien (FPI), fut même emprisonné durant six mois cette année-là. Henri Konan Bédié, bien que nouveau président, était l'un des barons de l'ancien régime et traînait avec lui tout l'héritage de Houphouët-Boigny, notamment cette sorte de suprématie baoulé établie au cœur du fonctionnement de l'État ivoirien ainsi que des réflexes autoritaires. Désigné comme successeur, Konan Bédié n'avait pas de légitimité ou, tout du moins, avait une légitimité contestée. Il devait en outre préparer les élections présidentielles à la tête d'un Parti démocratique de la Côte d'Ivoire (PDCI) affaibli et resserré sur l'électorat baoulé et akan. À défaut de légitimité, il développa un discours de repli et de rejet des étrangers qui reposait sur le constat que, si la période du « miracle ivoirien » avait nécessité et permis l'arrivée de nombreux immigrés en Côte d'Ivoire, la situation économique du début des années 90 imposait un tarissement des flux migratoires, voire des retours dans les pays d'origine de ces populations devenues indésirables.

Par les glissements de langage de Konan Bédié et de certains leaders du PDCI, les gens du Nord étaient souvent confondus avec les étrangers dans un terme générique, les Dioula, qui renvoie également à une appartenance religieuse musulmane. Ce discours consistait, chez les populations du Sud, en une représentation des gens du Nord (étrangers ou non) comme envahisseurs et allogènes. Les Dioula ont en effet beaucoup migré vers le sud, dans les villes où ils ont été le moteur du commerce et dans les zones de front pionnier, participant au développement de l'économie de plantation. Alors que, dans les zones septentrionales du pays, l'économie locale, malgré la culture du coton, n'a participé que très secondairement au miracle économique ivoirien, les régions du Sud sont devenues le centre de gravité économique du pays. Même si, au Sud, la rivalité entre les groupes Krou et Akan est grande, les deux ensembles se rejoignent dans leur perception négative des gens du Nord. Cette idée était renforcée par les nombreux conflits fonciers, par des rumeurs persistantes de trafic de papiers d'identité et par une polémique qui allait durablement structurer le champ politique.

Alassane Dramane Ouattara (surnommé « ADO »), dont une partie de la famille puise ses racines dans le sud du Burkina Faso, a été fonctionnaire au FMI en tant que ressortissant burkinabé, avant de devenir Premier ministre de la Côte d'Ivoire, un tel cas de figure – un ministre n'ayant pas la nationalité du pays qu'il sert – n'étant pas totalement inhabituel en Afrique de l'Ouest, il n'était d'ailleurs pas le seul dans ce cas en Côte d'Ivoire. ADO allait personnaliser, pour les populations du Sud, le symbole du Dioula à l'origine ambivalente, à la fois ivoirien et étranger. La mise en place, en 1994, d'un nouveau Code électoral établissant des critères d'éligibilité très restrictifs, visait directement la personne d'Alassane Ouattara et écartait ce rival considéré comme dangereux lors des futures élections. On lui refusera par deux fois la candidature à la magistrature suprême en raison de ses origines « douteuses ». Ce refus sera perçu comme un affront par le nord du pays. Alassane Ouattara n'a, de son côté, jamais songé à se désister en faveur d'un candidat de son parti n'ayant pas de problème d'éligibilité. Il a joué sa carte personnelle, alimentant lui aussi les tensions communautaires par son discours victimaire.

Les élections de 1995 devaient alors se dérouler dans une grande tension en raison de leur boycott par l'opposition. La légitimité de Konan Bédié, élu à plus de 90 %, en fut par conséquent réduite à néant. La décennie 90 est marquée par la montée des antagonismes intercommunautaires sur fond de tensions foncières et rythmée par les manifestations étudiantes ainsi que par les discordes concernant le « cas Ouattara ».

Cette décennie allait déboucher sur le coup d'État de décembre 1999, durant lequel le général Gueï obtint le pouvoir presque par hasard. Avec cet événement s'ouvrait un cycle d'instabilité politique chronique qui a pris une tournure encore plus alarmante avec les événements de 2002.

LA DESCENTE AUX ENFERS EN QUELQUES DATES CLEFS

Chronologie de la crise :

5 mai 1990 : Légalisation des partis politiques d'opposition. Quatorze nouvelles formations sont reconnues.

28 octobre 1990 : Félix Houphouët-Boigny est réélu avec 82 % des voix face à Laurent Gbagbo, du Front patriotique ivoirien (FPI). Alassane Ouattara est nommé Premier ministre.

7 décembre 1993 : Décès du président Houphouët-Boigny. Le président de l'Assemblée nationale, Henri Konan Bédié, est désigné pour achever le mandat présidentiel.

1994 : Mise en place d'un Code électoral établissant des critères d'éligibilité très restrictifs visant la personne d'Alassane Dramane Ouattara.

22 octobre 1995 : Henri Konan Bédié est élu président lors d'élections boycottées par l'opposition. Alassane Ouattara n'a pas pu se présenter.

23 décembre 1999 : Une mutinerie de militaires rentrant d'une opération de maintien de la paix en Centrafrique dégénère en coup d'État qui porte au pouvoir le général Robert Gueï.

4 janvier 2000 : Sous l'autorité du général Gueï, un gouvernement de transition est constitué, associant le FPI de Laurent Gbagbo et le RDR (Rassemblement des républicains) d'Alassane Ouattara.

22-26 octobre 2000 : Élections présidentielles au cours desquelles Alassane Ouattara et Henri Konan Bédié sont écartés. Victoire surprise de Laurent Gbagbo, contestée par Robert Gueï. Émeutes sanglantes et tentative avortée de coup d'État qui sera suivie de purges dans l'armée.

5 août 2002 : Formation d'un gouvernement d'unité nationale regroupant toutes les forces politiques, y compris le RDR d'Alassane Ouattara.
19 septembre 2002 : Tentative de coup d'État. Robert Gueï et Émile Boga Doudou (ministre de l'Intérieur) sont assassinés. Tentative d'assassinat de Lida Kouassi (ministre de la Défense) et de Mathias Doué (chef d'état-major).
20 octobre 2002 : Déploiement des militaires français.
28 décembre 2002 : Arrivée de renforts français ; environ 3 000 soldats sont présents en Côte d'Ivoire pour l'opération « Licorne ».
3-4 janvier 2003 : Dominique de Villepin, ministre français des Affaires étrangères, obtient de la part du gouvernement ivoirien et des principales composantes rebelles un cessez-le-feu et leur participation à des négociations en France.
15-24 janvier 2003 : Rencontres de Linas-Marcoussis *(voir encadré)*, au terme desquelles toutes les parties signent un compromis qui sera ensuite soumis aux Nations unies et au sommet des chefs d'État sur la Côte d'Ivoire.
26 janvier 2003 : Rencontres de Kléber, conférence des chefs d'État sur la Côte d'Ivoire qui entérine les accords de Marcoussis. Nomination d'un Premier ministre de consensus : Seydou Elimane Diarra.
4 février 2003: Résolution 1464 du Conseil de sécurité des Nations unies qui autorise le déploiement des militaires français et de la Cedeao (Communauté économique des États d'Afrique de l'Ouest), via la Miceci, mission de la Cedeao en Côte d'Ivoire, mise en place pour six mois.
20 mars 2003 : Seydou Diarra présente son gouvernement, dans lequel des ministres « rebelles » sont intégrés.
27 juin 2003 : Arrivée d'une mission des Nations unies (Minuci) à Abidjan, l'ONU sera représentée par un envoyé spécial : Albert Tévoédjré.
4 juillet 2003 : Déclaration commune de la fin des hostilités entre les Fanci et les Forces nouvelles (regroupement des trois mouvements rebelles).
25 et 26 mars 2004 : Une « grande marche pacifique », organisée par l'opposition à Abidjan pour protester contre le blocage des accords de Marcoussis, dégénère en affrontements avec les forces de l'ordre. La répression très dure de la part des forces de sécurité occasionne plusieurs centaines de victimes et deux charniers sont découverts.
29 et 30 juillet 2004 : Sommet d'Accra ; deux résolutions invitent à modifier les règles d'éligibilité à la présidence et à désarmer les ex-rebelles et les milices, désarmement prévu le 15 octobre, non réalisé à cette date.
6 novembre 2004 : Après deux jours de bombardement des zones rebelles, un aéronef de l'aviation ivoirienne bombarde (par erreur affirme Laurent Gbagbo) le camp français de Bouaké, faisant 7 morts. La France réagit en détruisant à terre l'aviation ivoirienne. Il s'ensuit plusieurs jours d'émeutes anti-françaises à Abidjan, au cours desquels les émeutiers se heurtent à l'armée française. Il en résulte un lourd bilan et un départ massif de la communauté expatriée. Cette « crise de novembre » marque le début d'une période de vive tension entre Abidjan et Paris.

L'ENRACINEMENT DE LA CRISE

La dimension régionale. Le problème ivoirien se greffe sur un contexte régional marqué par plusieurs conflits dans le voisinage immédiat de la Côte d'Ivoire (Liberia et Sierra Leone). Un rapport de l'ONG britannique Global Witness (« The Usual Suspects », mars 2003) met en cause le Liberia dirigé par Charles Taylor, directement impliqué dans le conflit par le soutien actif de certaines personnes proches du chef de l'État, comme Cucoo Dennis, en faveur du Mouvement populaire ivoirien du grand Ouest (MPIGO). Laurent. Gbagbo et Charles Taylor ne se sont jamais appréciés, surtout lorsque ce dernier a donné refuge à Robert Gueï et à certains de ses supporters après son coup d'État raté au lendemain de son élection perdue, fin 2000. Pour limiter le pouvoir de nuisance de Charles Taylor, le président ivoirien a soutenu les rebelles du Lurd (Libériens unis pour la réconciliation et la démocratie), mouvement farouchement opposé à Taylor, et encouragé la création d'un « Lurd oriental », ou Lurd-Model (Mouvement pour la démocratie au Liberia, fraction du Lurd autonome), qui s'est emparé de certaines localités dans l'Est libérien avec l'aide des forces loyalistes ivoiriennes. Cependant, le départ de Charles Taylor, en août 2003, a permis une certaine désescalade. Néanmoins le processus de désarmement au Liberia est tributaire de la normalisation de la situation en Côte d'Ivoire. Une dégradation de la situation ivoirienne et un retour des combats pourraient réactiver les problèmes libériens et sierraléonais, notamment à cause de la circulation d'armes et de mercenaires engendrée par la crise ivoirienne. Du côté burkinabé, il n'est désormais plus un mystère pour personne que les rebelles du MPCI ont préparé leur action militaire et se sont entraînés dans le pays de Blaise Compaoré. La seule inconnue reste le degré exact d'implication du régime burkinabé dans la préparation de ces actions. Cette constatation de l'implication du Burkina Faso dans la tentative de renversement d'un pays voisin pose d'ailleurs un autre problème. La France et la Côte d'Ivoire sont liées par des accords de défense (datant de 1961) qui stipulent que la France interviendra en cas d'attaques provenant de l'extérieur du territoire. Or, les autorités françaises ont refusé de considérer qu'il s'agissait d'une attaque extérieure (ce qu'ils ne pouvaient bien sûr ignorer), préférant parler de guerre civile et se cantonner dans une voie médiane de neutralité et de retour à la paix, à la grande fureur de Laurent Gbagbo et de ses fidèles.
Compte tenu du poids politique et économique de la Côte d'Ivoire, la crise qui débute en septembre 2002 a eu des conséquences humaines et économiques importantes sur ses voisins et en particulier sur le Mali et le Burkina Faso. Entre septembre 2002 et mars 2003, 200 000 réfugiés (des Burkinabés vivant en Côte d'Ivoire) sont rentrés au Burkina. Or, le pays n'a pas les moyens de secourir toutes ces

Les accords de Linas-Marcoussis

Les autorités françaises confièrent le soin à l'ancien ministre et membre du Conseil constitutionnel Pierre Mazeaud, assisté du juge Keba Mbaye, de l'ancien Premier ministre Seydou Diarra et de facilitateurs désignés par l'ONU, l'Union africaine et la Cedeao, de réunir autour d'une table ronde, à Linas-Marcoussis, du 15 au 23 janvier 2003 tous les protagonistes de la crise ivoirienne, à savoir les autorités légales et les leaders des partis politiques et des trois mouvements rebelles. Cette table ronde débouchera sur les accords dits de Linas-Marcoussis, dont les principaux points seront entérinés les jours suivants à l'occasion de la conférence des chefs d'États sur la Côte d'Ivoire de Kléber. L'article 3 résume les principaux points sur lesquels les partis se sont accordés et engagés à œuvrer.

« 3 – La Table Ronde réaffirme la nécessité de préserver l'intégrité territoriale de la Côte d'Ivoire, le respect de ses institutions et de restaurer l'autorité de l'État. Elle rappelle son attachement au principe de l'accession au pouvoir et de son exercice de façon démocratique. Elle convient à cet effet des dispositions suivantes :

a) Un gouvernement de réconciliation nationale sera mis en place après la clôture de la Conférence de Paris pour assurer le retour à la paix et à la stabilité. Il sera chargé du renforcement de l'indépendance de la justice, de la restauration de l'administration et des services publics, et du redressement du pays. Il appliquera le programme de la Table Ronde qui figure en annexe et qui comporte notamment des dispositions dans les domaines constitutionnel, législatif et réglementaire.

b) Il préparera les échéances électorales aux fins d'avoir des élections crédibles et transparentes et en fixera les dates.

c) Le gouvernement de réconciliation nationale sera dirigé par un Premier ministre de consensus qui restera en place jusqu'à la prochaine élection présidentielle à laquelle il ne pourra se présenter.

d) Ce gouvernement sera composé de représentants désignés par chacune des délégations ivoiriennes ayant participé à la Table Ronde. L'attribution des ministères sera faite de manière équilibrée entre les parties pendant toute la durée du gouvernement.

e) Il disposera pour l'accomplissement de sa mission des prérogatives de l'exécutif en application des délégations prévues par la Constitution. Les partis politiques représentés à l'Assemblée nationale et qui ont participé à la Table Ronde s'engagent à garantir le soutien de leurs députés à la mise en œuvre du programme gouvernemental.

f) Le gouvernement de réconciliation nationale s'attachera dès sa prise de fonction à refonder une armée attachée aux valeurs d'intégrité et de moralité républicaine. Il procédera à la restructuration des forces de défense et de sécurité et pourra bénéficier, à cet effet, de l'avis de conseillers extérieurs et en particulier de l'assistance offerte par la France.

g) Afin de contribuer à rétablir la sécurité des personnes et des biens sur l'ensemble du territoire national, le gouvernement de réconciliation nationale organisera le regroupement des forces en présence puis leur désarmement. Il s'assurera qu'aucun mercenaire ne séjourne plus sur le territoire national.

h) Le gouvernement de réconciliation nationale prendra les mesures nécessaires pour la libération et l'amnistie de tous les militaires détenus pour atteinte à la sûreté de l'État et fera bénéficier de la même mesure les soldats exilés. »

personnes, les familles burkinabé non plus. De plus, le Mali et le Burkina sont des pays enclavés dont l'essentiel des échanges économiques transitait par le port d'Abidjan. La Côte d'Ivoire était également l'un de leurs plus importants partenaires commerciaux. Les effets se sont fait sentir dès 2003. À cause de cette crise, il manque chaque mois 6 à 7 milliards de francs CFA dans les caisses de l'État malien. Le Burkina Faso a connu des pertes nettes de 84 milliards de francs CFA pour la seule année 2003. L'Union économique et monétaire ouest-africaine (Uemoa) prévoyait un impact sur l'ensemble des économies de la sous-région, d'où, à court terme, une tension sur le franc CFA. Par ailleurs, la coopération régionale s'est déstructurée. On est passé d'un club étroit des chefs d'État, qui montraient auparavant une solidarité assez remarquable, à un réseau beaucoup plus lâche de dirigeants qui se connaissent peu et aux intérêts de plus en plus divergents, voire aux antipathies personnelles ouvertement affichées. Des clivages sont apparus ; la Côte d'Ivoire, la Mauritanie, le Togo et la Guinée tentent actuellement de monter une sorte de front politique visant à stigmatiser le président Compaoré. Ces pays sont en effet persuadés que le Burkina Faso recueille et aide des opposants, épaulées par des mercenaires, décidés à renverser les régimes en place. La gestion unilatérale par la Côte d'Ivoire du dossier des étrangers vivant sur son sol a accentué la méfiance de ses voisins.

L'après-Marcoussis : le pari de Laurent Gbagbo. Pour Laurent Gbagbo, les accords de Linas-Marcoussis ont entériné une situation militaire défavorable – c'est ce qu'il expliquera à ses partisans désorientés à son retour de Paris. Ces partisans n'ont pas compris que, après avoir sauvé militairement le régime, les Français aient pu traiter sur un pied d'égalité des mouvements rebelles et un pouvoir issu des urnes, ce qui venait en contradiction avec les recommandations venues de l'ex-métropole depuis 1989 et le discours de La Baule. Cette incompréhension se traduisait par une animosité anti-française devenue le fonds de commerce des organisations comme les « jeunes patriotes » : « À chacun son Français » pouvait-on lire sur certaines banderoles lors de manifestations de soutien au président en difficulté. Mais Gbagbo, vieil animal politique, savait que ces accords n'étaient que le reflet d'un rapport de force qui allait immanquablement évoluer. Une fois le cessez-le-feu signé, la lutte se transposait sur le plan politique. Malgré le fait qu'il ait signé les accords qui, entre autres, prévoyaient un Premier ministre ayant la réalité du pouvoir exécutif, il répétera à qui voulait l'entendre « qu'il n'y avait pas de banc présidentiel mais un fauteuil présidentiel ». En clair, il n'allait pas s'en laisser conter et lutterait pour conserver un maximum de prérogatives. Il escomptait également, dans la période menant aux élections présidentielles de 2005, que les Forces nouvelles, en s'entre-déchirant, s'affaibliraient et arriveraient aux élections très divisées. De plus, comme le disent ses adversaires, Laurent Gbagbo préférera être président de la moitié du pays plutôt que de se retirer pour éviter un bain de sang.

Les accrocs au plan de paix de Marcoussis n'ont pas tardé à apparaître, même s'ils ne sont pas tous du fait du Président. Les accords de Marcoussis semblent permettre néanmoins quelques avancées positives. Le 4 juillet 2003, les Fanci et les Forces nouvelles annoncent la fin de la guerre et créent un comité mixte pour contrôler l'application du cessez-le-feu. Le 6 août, une loi d'amnistie est votée à l'Assemblée nationale, préalable au désarmement et à la réconciliation des parties. Le 10 septembre, signe d'apaisement, la frontière avec le Burkina Faso est rouverte. Pourtant, les divergences restent nombreuses, comme celles portant sur la nomination des deux ministres de souveraineté (Défense et Intérieur, c'est-à-dire les postes les plus importants). Le gouvernement de « réconciliation » formé par Seydou Diarra le 20 mars 2003 ne comporte ni le ministre de la Sécurité (de l'Intérieur) ni le ministre de la Défense (portefeuilles devant échoir, selon les accords de Marcoussis, aux Forces nouvelles). Durant la conférence d'Accra I, après d'âpres négociations, fut décidée la création d'un Conseil national de sécurité chargé de proposer des noms. Mais le 12 septembre, Laurent Gbagbo nomme, sans tenir compte de l'avis du Conseil national de sécurité, deux personnalités réputées proches de lui : René Amani et Martin Bléou, respectivement ministres de la Défense et de la Sécurité, provoquant ainsi le boycott du Conseil des ministres par les Forces nouvelles. Laurent Gbagbo, en amorçant ce bras de fer avec les ex-rebelles, portait la division dans le camp adverse.

En effet, la réaction des Forces nouvelles marquait la volonté de l'aile politique du mouvement, représentée par Guillaume Soro, de ne pas se couper de sa base militaire. Depuis plusieurs mois, Guillaume Soro était de plus en plus contesté, on lui reprochait de prendre goût à sa vie de ministre et de trop facilement céder aux volontés de Gbagbo, bref, d'oublier les raisons de la révolte et les termes initiaux des accords de Marcoussis. La divergence allait de plus en plus se creuser entre l'aile politique et les « militaires », qui recoupe en fait une rivalité d'ambitions entre Guillaume Soro, devenu de fait le président de la moitié nord du pays et le sergent-chef Ibrahim Coulibaly, alias IB. IB fut un partisan du général Gueï lors du coup d'État de 1999. Radié de l'armée après la déchéance de Gueï, il s'exila au Burkina Faso où il prépara pendant deux années la rébellion qui allait éclater fin 2002, bénéficiant de la bienveillance du président Compaoré. Après le début des hostilités, il resta mystérieusement discret par rapport à l'importance supposée ou réelle qu'il pouvait avoir au sein du MPCI. En août 2003, lors d'un séjour à Paris, il est arrêté par la police française et mis en examen pour « préparation d'assassinat sur la personne de Laurent Gbagbo ». Des hommes de main ont été arrêtés à Roissy alors qu'ils s'apprêtaient à quitter la France pour la Côte d'Ivoire et IB est soupçonné d'être le commanditaire de l'opération. Depuis, en liberté surveillée, il lui est interdit de quitter le territoire français. En juin 2004, une tentative d'assassinat de Guillaume Soro fut attribuée aux nervis d'Ibrahim Coulibaly. Elle déboucha le 20 juin sur des combats entre les deux tendances, au cours desquels fut tué le caporal Kassoum Bamba, dit « Kass », commandant de la base aérienne de Bouaké et l'un des plus fidèles alliés d'IB. Le processus de fragmentation des Forces nouvelles qu'espérait Laurent Gbagbo semblait effectivement en marche. Au mois de juillet 2004, certains proches d'IB comparaient Soro à Gbagbo alors que, de son côté, Soro dénonçait un pacte Gbagbo-IB-Conté (le président guinéen) destiné à l'abattre. Le 2 août, des enquêteurs des Nations unies découvraient, dans le nord de la Côte d'Ivoire, près de la ville de Korhogo, trois charniers contenant au moins 99 cadavres. Ces charniers étaient dus aux combats, fin juin, entre factions rivales au sein des Forces nouvelles. La rivalité de personnes s'explique également par des tensions ethniques au sein de la rébellion, Guillaume Soro est sénoufo, de confession chrétienne, alors qu'IB est mandé. En avril 2003, Félix Doh, leader du MPIGO, avait probablement été assassiné pour les mêmes raisons par des éléments rebelles non identifiés (le MPCI est très fortement soupçonné).

Côté gouvernemental, le personnage Gbagbo laisse les observateurs perplexes. Il se présente souvent comme un homme de dialogue qui tente d'apaiser ses troupes, mais est (ou fait semblant d'être) dépassé par certains de ses plus fervents supporters. Ainsi, les manifestations devant la base militaire française d'Abidjan, les appels à la haine durant les meetings des « jeunes patriotes » ou encore lorsque de « jeunes patriotes » accompagnés par des militaires des Fanci tentent de franchir, le 29 novembre 2003, la « zone de confiance » (nom de la ligne de démarcation) pour aller libérer Bouaké témoignent d'un emballement dont on ne sait s'il est orchestré en sous-main par le pouvoir ou par des extrémistes qui cherchent à contraindre le Président à être plus ferme. Repoussés par les forces françaises, certains militaires ayant participé à cette tentative prennent d'assaut les locaux de la télévision le 30 et interrompent les émissions pour réclamer la démission de leurs chefs et le retrait des militaires français. L'action de ces militaires, qui semble-t-il n'étaient pas accompagnés d'officiers, est-elle le signe d'un délite-

Laurent Gbagbo

Laurent Gbagbo est né le 31 mai 1945 à Mama, près de Gagnoa (centre-ouest), catholique converti au protestantisme évangélique (d'inspiration « quadrangulaire » – *Foursquare)* sous l'influence de sa seconde épouse Simone Ehivet Gbagbo. Il est historien de formation et enseignant, il a occupé différents postes au ministère de l'Éducation nationale dans les années 70. En 1982, considéré comme le principal responsable du « complot des enseignants » (une contestation directe du pouvoir de Houphouët-Boigny) il s'exile au Burkina puis à Paris et fonde à Strasbourg le FPI, structure clandestine appelée « l'Organisation » en Côte d'Ivoire.

Opposant historique à Houphouët-Boigny, en exil en France de 1982 à 1988, Laurent Gbagbo a goûté à la prison alors que ses deux rivaux politiques d'aujourd'hui, Konan Bédié et Ouattara, étaient au pouvoir. Il rentre en Côte d'Ivoire en 1988, se réconcilie avec le président Houphouët-Boigny et réintègre sa chaire à l'université d'Abidjan.

Personnellement lié aux socialistes français, il prend officiellement la tête du FPI en 1990 à l'instauration du multipartisme. Élu député de Gagnoa, il est en 1990 le seul candidat à l'élection présidentielle contre le président Félix Houphouët-Boigny. En 1992, il est emprisonné pendant six mois sur ordre d'Alassane Ouattara, alors Premier ministre, au titre de la loi anti-casseur, pour avoir organisé une manifestation ayant dégénéré en émeute. En 1995, son parti s'allie avec le Rassemblement des républicains (RDR, libéral), créé l'année précédente, dans un « Front républicain » qui organise le boycott de la présidentielle de 1995. À l'automne 1999, le Front républicain se rompt. Laurent Gbagbo reprend à son compte le discours sur « l'ivoirité » et l'origine bukinabé d'Alassane Ouattara.

Élu en 2000, après une campagne coûteuse et bien organisée, lors d'élections présidentielles qui l'opposèrent à Robert Gueï (alors que Konan Bédié et Ouattara n'avaient pas pu se présenter), Gbagbo ne fut pas plus légitime que son prédécesseur, promoteur comme lui du concept d'ivoirité. Il compte également de solides inimitiés personnelles avec certains chefs d'État d'Afrique de l'Ouest, en particulier Blaise Compaoré (Burkina Faso) mais aussi, plus ponctuellement Lansana Conté (Guinée-Conakry) et Abdoulaye Wade (Sénégal). Obligé de composer un gouvernement d'union nationale en août 2002, et principale cible des rebelles lors de la tentative du coup d'État de septembre 2002, Laurent Gbabgo se présente très affaibli aux négociations de Linas-Marcoussis. Il a depuis réussi à reconquérir les prérogatives théoriquement perdues lors de cet accord.

ment de l'armée ? D'autant plus qu'il semble qu'il n'y ait pas eu de sanction particulière, hormis une admonestation présidentielle. Le pouvoir à Paris penche plutôt pour une fuite en avant du président Gbagbo, qui aurait un temps laissé échapper, par membres du FPI interposés, de vagues menaces sur la communauté française présente à Abidjan.

Le bain de sang de la fin mars 2004. Un palier supplémentaire dans la « descente aux enfers » est franchi lors des événements du 25 mars 2004. Malgré l'interdiction des autorités (un décret daté du 11 mars interdisait toute manifestation jusqu'au 30 avril), le PDCI et le RDR organisent conjointement, le jeudi 25 mars, une marche pacifique de protestation, afin de dénoncer les blocages dans l'application des accords de Marcoussis. Gbagbo avait annoncé qu'il ferait intervenir l'armée et les forces spéciales si cette marche était maintenue. Cette manifestation a effectivement été réprimée dans le sang, avec des tirs à balles réelles sur les militants d'opposition, dont quelques-uns étaient armés. L'armée et les forces de sécurité ont été secondées par des éléments appartenant aux « jeunesses patriotes ». Cette répression a été suivie d'expéditions punitives à l'encontre de militants de l'opposition dans plusieurs quartiers de la ville, notamment Treichville, Abobo et Yopougon, où des hommes armés de machettes et de couteaux entraient dans les concessions. Le bilan officiel fait état de 37 morts, dont 2 policiers, alors que les ONG parlent quant à elles de 600 victimes.

UN STATU QUO INTENABLE

Le blocage des accords de Marcoussis. Le gouvernement du Premier ministre Seydou Diarra, qui devait être l'homme fort chargé de mener le pays aux élections de 2005, est singulièrement impuissant. Après le départ des ministres de l'opposition et des Forces nouvelles, le gouvernement initial, qui comportait 41 membres, n'en comporte plus que 15, dont 10 du FPI. Les partis d'opposition accusent même Laurent Gbagbo d'avoir créé un gouvernement parallèle, où les décisions réellement importantes sont discutées. Le désarmement n'est pas engagé. Au contraire, toutes les sources d'informations confirment le réarmement de part et d'autre et l'engagement de mercenaires. De plus, les ex-rebelles occupent toujours la moitié nord du pays. Enfin, il paraît illusoire, si la situation n'évolue pas, de vouloir organiser des élections présidentielles dans un pays gouverné par deux autorités.

En marge du sommet de l'UA qui s'est déroulé à Addis-Abeba le 6 juillet 2004, une réunion à huis clos entre présidents (Obasanjo, Compaoré, Bongo, Touré...) et Kofi Annan a été organisée pour rappeler Laurent Gbagbo à ses engagements des accords de Marcoussis. Omar Bongo a notamment souligné deux facteurs de blocage : – la question de l'éligibilité prévue par l'article 35 de la Constitution ivoirienne, qui réserve la candidature à la magistrature suprême aux seuls « Ivoiriens de naissance nés d'un père et d'une mère eux-mêmes ivoiriens de naissance » ; – l'insuffisante délégation de pouvoirs

« Aucun des partis politiques n'a tenu les délais pour les réformes législatives et constitutionnelle et le processus de désarmement qui aurait dû commencer le 15 [octobre] n'a pas véritablement commencé. C'est inacceptable. » Début octobre 2004, le FPI demandait la démission de M. Diarra, incapable selon lui de faire appliquer ces accords.

Abidjan, un scénario brazzavillois ?

La frontière de la crise ivoirienne, avant d'être la ligne de démarcation séparant le pays en deux, sillonne l'intérieur d'Abidjan, caisse de résonance des maux du pays. Les « groupes d'autodéfense », l'organisation des « jeunes patriotes », les milices, les sorbonnards et autres « escadrons de la mort » sont devenus les acteurs d'une violence politique, xénophobe, religieuse et ethnique. En octobre 2000, dans le quartier de Yopougon, des personnes étaient malmenées dans une mosquée. Quelques jours plus tard, un charnier était découvert à l'extérieur de la ville. Des jeunes hommes originaires du Nord avaient été pris pour cibles par certains éléments des forces de l'ordre accompagnés de miliciens.

À la suite des événements de septembre 2002, la tension monte encore d'un cran. Une grande partie des mutins d'Abidjan s'est évaporée dans la ville. Laurent Gbagbo a ordonné la destruction progressive des bidonvilles. Les ressortissants du Nord se sentent en insécurité, de nombreux étrangers d'Ajamé, de Yopougon, de Treichville ou d'Abobo sont repartis dans leurs pays. Domestiques burkinabés, boutiquiers maures, commerçantes yoruba, gargotiers guinéens, restauratrices togolaises, chauffeurs maliens ou artisans sénégalais forment encore une partie dynamique du petit peuple abidjanais. Mais la peur et la méfiance se sont largement développées entre les Ivoiriens. Les témoignages montrent la peur et la méfiance : « Seule famille dioula dans un quartier akan, nous avons préféré partir car nous sentions une certaine animosité à notre égard », entend-on ici. « Nous avons quitté ce quartier parce qu'il devient presque exclusivement musulman », se désole-t-on par là. Progressivement, le tissu social se distend. Les « gens du Nord » expriment un malaise vis-à-vis de la partialité de l'administration et des forces de l'ordre. Les « gens du Sud » reprochent aux premiers leur dynamisme commercial et d'occuper trop d'emplois publics. Abidjan est devenu le lieu de cristallisation des antagonismes du pays. Si la situation politique ne se décrispe pas au niveau national, il n'est pas impensable que la situation explose à Abidjan. Certains éléments présents (médias de la haine, milices ethniques qui suscitent en réaction la création de groupes d'autodéfense de quartiers, la ghettoïsation ethnique progressive...) incitent à envisager cette possible évolution.

au Premier ministre Seydou Elimane Diarra.

Le sommet d'Accra (dit Accra III), au Ghana les 29 et 30 juillet 2004, semblait avoir permis aux principaux acteurs de la crise ivoirienne de relancer le processus de paix. En effet, une révision de l'article 35 de la Constitution était alors envisagée, de manière à ce que les candidats à la présidence ne soient plus obligés d'avoir deux parents ivoiriens, mais un seul – réintégrant ainsi Alassane Ouattara dans la vie politique. Le sommet d'Accra, qui a réuni pas moins de 10 chefs d'État africains ainsi que Kofi Annan, prévoyait également le retour des ministres limogés et fixait la date du début du désarmement au 15 octobre. Le début du désarmement était prévu sur deux sites, l'un au nord du pays, l'autre à l'est chez les loyalistes. Aucun des quelque 1 700 ex-combattants, sur les 30 000 concernés par cette opération, ne s'est présenté sur les sites de Bouna (nord) et de Bondoukou (est) qui n'étaient d'ailleurs pas prêts. Les Forces nouvelles, déclaraient que leur désarmement était lié à l'adoption des réformes politiques. De leur côté, les proches du pouvoir rétorquaient que si certains textes avaient déjà été votés, la totalité des réformes ne pouvait être menée à bien tant que le pays serait coupé en deux. Le secrétaire général de la Communauté économique des États d'Afrique de l'Ouest (Cedeao), Mohamed Ibn Chambas, déclarait :

Un enlisement durable ? Laurent Gbagbo a parié sur l'affaiblissement et la division de ses adversaires, les Forces nouvelles, afin de pouvoir garder les commandes jusqu'à la présidentielle de 2005, qu'il n'envisage évidemment pas de perdre. Pourtant, les Forces nouvelles, même minées par des querelles intestines, restent officiellement attachées à un objectif fédérateur, le départ de Gbagbo. Soit le président ivoirien applique les réformes nécessaires, soit le pays se dirige vers d'autres combats qui pourront se solder par la victoire de l'un ou l'autre camp, peu probable, ou par la consolidation de la partition du pays. Ces deux derniers scénarios auraient un impact considérable sur la sous-région. En effet, à elle seule, la Côte d'Ivoire représente encore près de 40 % de l'activité économique de l'Afrique francophone. Pour des pays enclavés comme le Burkina Faso ou le Mali, le port d'Abidjan est un débouché naturel vers la mer. De plus, un effondrement de la Côte d'Ivoire dissuaderait durablement les investisseurs de se risquer en Afrique de l'Ouest et on ne peut évidemment pas exclure, si des populations civiles étaient touchées, l'extension de ce conflit à des pays voisins. Comment le Burkina Faso pourrait rester insensible au sort de ses compatriotes s'ils étaient particulièrement visés ? Enfin, le conflit pourrait déborder également au Liberia, où les deux camps ont des alliés, et réactiver ainsi les combats inter-libériens. L'Union africaine, la Cedeao, l'ONU et la France s'emploient actuellement à éviter cette catastrophe.

À la fin de l'été 2004, les signes sont pourtant inquiétants. Les armes continuent à proliférer dangereusement dans le pays, puisque les rebelles ont refusé de rendre leurs équipements et que, au contraire, les deux camps continuent de s'armer. Les Fanci ont encore acquis de nouveaux hélicoptères de combat en octobre 2004, tandis que, fin octobre 2004, les Forces nouvelles décrétaient le couvre-feu pour la moitié nord du pays, officiellement parce que des éléments rebelles proches d'IB avaient reçu des armes d'Abidjan, pour renverser Guillaume Soro. Plus aucun scénario de sortie de crise ne semblait crédible et évident, les missions de la Minuci (dont le mandat devait s'achever le 27 février 2005) et de la force « Licorne » semblant devoir être reconduites encore pendant de longs mois. Les médiateurs, et particulièrement les chefs d'États africains présents à Accra en juillet 2004, se montrent de plus en plus agacés par les deux camps ivoiriens, qui ne respectent pas leurs engagements. Le projet d'amendement de la loi sur l'identification des personnes et le séjour des étrangers en Côte d'Ivoire est toujours bloqué au Parlement, et les négociations sur le code foncier et sur l'article 35 de la Constitution (celui qui empêche Ouattara de se présenter à une élection) se noient dans des discussions sur l'opportunité de référendums sur ces sujets. La modification de l'article 35, qui devait être opérée le 30 septembre 2004, a été reportée *sine die* et fait l'objet d'un intense marchandage, notamment en contrepartie du désarmement.

Les informations sur les relations entre les deux hommes forts du nouveau paysage politique ivoirien, Laurent Gbagbo et Guillaume Soro, sont contradictoires. Certains journaux ivoiriens et français annonçaient en septembre 2004 un rapprochement de vue entre les deux hommes alors qu'en octobre Soro dénonçait une tentative de déstabilisation du nord du pays par la livraison massive d'armes à des éléments des forces rebelles qui auraient changé de camp.

LES ÉVÉNEMENTS DE NOVEMBRE 2004 : LA FUITE EN AVANT DU RÉGIME ?

Les deux parties ayant renié leurs engagements respectifs prononcés lors des accords dits d'Accra III, le pays se retrouvait fin octobre sans scénario de sortie de crise politique. Les éléments les plus durs du FPI, comme notamment le président de l'Assemblée nationale, Mamadou Coulibaly, et des milices pro-Gbagbo (les « jeunes patriotes ») appelaient alors à une « marche sur Bouaké » fixée au 12 novembre. L'objectif était clairement de pousser le Président et son armée à reconquérir le nord du pays. Soumis à de très fortes pressions de la part de son entourage de « durs », le président Gbagbo donnait son feu vert à une relance des opérations militaires contre la zone rebelle, en dépit d'une ultime tentative du président Chirac pour le dissuader de s'engager dans cette voie pour le moins risquée. L'hebdomadaire *L'Intelligent* du 29 novembre 2004 rapporte à ce propos une remarque de Laurent Gbagbo à Jacques Chirac : « Jacques, il faut que tu le saches : si je ne les lâche pas, ils vont se retourner contre moi », faisant allusion à ses conseillers à la sécurité, Bertin Kadet et Moïse Lida Kouassi, ainsi qu'au colonel Philippe Mangou, nouveau chef d'état-major.

Les 4 et 5 novembre 2004, 3 hélicoptères et 2 avions des Fanci bombardaient des positions des forces rebelles dans les localités de Bouaké, Korhogo, Vavaoua et Banguéra, ce qui semblait annoncer une offensive terrestre. Ces bombardements eurent lieu sans réaction particulière des forces d'interposition internationales et françaises. Le 6 juin, un avion des Fanci bombardait cette fois-ci le camp français de Bouaké, faisant 10 morts (dont 9 soldats) et une trentaine de blessés parmi les militaires français. Jacques Chirac exigeait immédiatement la neutralisation des forces aériennes ivoiriennes, détruites sur plusieurs sites à travers le pays.

La réaction française allait provoquer, à Abidjan, mais aussi à San Pedro, des manifestations anti-françaises et surtout des attaques contre des ressortissants et des intérêts français et européens (commerces, entreprises, écoles et en particulier, fait nouveau, les domiciles...) par les milices pro-Gbagbo. Ces exactions, bien planifiées, qui tournèrent souvent à la « chasse aux Blancs » devaient occasionner le départ de plusieurs milliers de ressortissants européens, libanais et africains. Durant ces « journées de folie », les militaires français durent à la fois aller chercher les ressortissants européens dans les quartiers et contrôler l'aéroport d'Abidjan, n'hésitant pas à faire usage des leurs armes à de multiples reprises contre les émeutiers. Selon les autorités ivoiriennes, les différents affrontements occasionnèrent plusieurs dizaines de morts chez les civils ivoiriens et plus d'un millier de blessés (le ministère français de la Défense reconnaissant que ses hommes, en état de légitime défense, avaient abattu une vingtaine de personnes). Les « médias de la haine » ivoiriens et les plus extrémistes du clan Gbagbo appelèrent alors à la vengeance, faisant notamment courir des rumeurs de décapitations de civils ivoiriens par les militaires français. Cette tension ne retombera que plusieurs jours plus tard. Laurent Gbagbo n'appellera en effet au calme que le 8 novembre, en condamnant *mezza voce* les ultras de son camp.

Il reste cependant des zones d'ombre sur l'élément déclencheur de cette vive tension franco-ivoirienne. Le pouvoir à Abidjan affirme que le bombardement du camp français de Bouaké était une erreur et non un objectif, ce que l'analyse factuelle du déroulement du raid contredit. Les militaires français de Bouaké affirment que l'avion qui les a bombardés est passé deux fois audessus de leur camp en reconnaissance, et qu'il ne peut s'agir que d'un acte volontaire. Selon les autorités françaises, il y eut bien un ordre, mais qui n'émanait pas de Laurent Gbagbo en personne. Toute la question est de savoir qui est le donneur d'ordre et à quel niveau de la chaîne de commandement il se situait. Cette énigme relance les spéculations et les inquiétudes sur le niveau de contrôle de la situation par Laurent Gbagbo. De plus, la riposte française, rapide, radicale (destructions des aéronefs) et sans enquête préalable, a contribué, par ce symbole de l'atteinte à la souveraineté ivoirienne, à la radicalisation des émeutiers. Il semble d'ailleurs que cette « réponse musclée » ait suscité un débat au sein de l'exécutif français, le Quai d'Orsay s'étant opposé à cette option prise par le ministère de la Défense et l'Élysée, en raison des risques pour la communauté expatriée. Les deux pays tentaient ensuite, après quelques accusations échangées, de renouer le dialogue. Laurent Gbagbo appelait même les civils français réfugiés à revenir en Côte d'Ivoire.

Épilogue provisoire. Le départ massif de la communauté expatriée, sans doute définitif pour un grand nombre de personnes, devrait avoir un impact profond et négatif au cours des mois à venir sur le fonctionnement de l'économie ivoirienne. Ralentissement de l'activité économique, montée du chômage, baisse des rentrées fiscales vont mettre les finances publiques ivoiriennes dans le rouge et rendre le budget de plus en plus difficile à assurer pour l'État ivoirien. Une explosion de violence ne manquerait pas de se répercuter économiquement sur l'ensemble de la région et à rallumer des conflits au Liberia, en Sierra Leone, déstabilisant aussi la Guinée, le Mali et le Burkina Faso. Déjà, les premiers signes de cette régionalisation de la crise apparaissent : le financement et l'armement du Lurd-Model par Abidjan est connu de tous et ne s'est pas ralenti depuis qu'un embargo sur les armes frappe ce pays. Enfin, si la situation venait à échapper au traditionnel protecteur de la Côte d'Ivoire, la France, cela ne manquerait pas d'affecter son crédit auprès de nombreuses capitales africaines.

À la crise politique persistante devrait se surajouter une crise sociale, dégradant encore plus un contexte qui n'en avait pas besoin, cela à l'approche d'une période préélectorale. Du moins en théorie. Les élections de 2005 ont de fortes chances d'être reportées. Albert Tévoédjré, le représentant de l'ONU à Abidjan, regrette que le pays prenne du retard pour l'élection présidentielle d'octobre 2005, au risque de se retrouver dans un trou noir institutionnel dans un an. Pour l'instant, Laurent Gbagbo apparaît comme le seul candidat crédible et certain de se présenter. Konan Bédié est fortement contesté dans son propre parti et des rivaux très sérieux pour la candidature suprême sont apparus, comme Charles Konan Banny, actuel gouverneur de la BCAO (Banque centrale d'Afrique de l'Ouest) et Baoulé comme Bédié et Houphouët-Boigny, et très apprécié à Paris. ADO ne semble guère disposé à s'engager dans une campagne qui s'annonce à haut risque, y compris physiquement.

Entre une très hypothétique relance, quasi miraculeuse, d'un processus politique dans l'esprit de Marcoussis, aboutissant à la tenue d'élections – qui pourraient ne rien changer, la réélection du président Gbagbo apparaissant très probable –, et le basculement, très redoutable, dans une « vraie » guerre civile, « à la libérienne », la marge est étroite pour une option médiane. Celle-ci devrait avoir pour objectif de débloquer une scène politique parasitée par des « poids lourds » ayant chacun eu leur part de responsabilité dans la « descente aux enfers » en cours, et de faire émerger une nouvelle génération de décideurs. Cette voie étroite pourrait passer par un report des élections et la mise en place d'un gouvernement de transition, constitué de technocrates sans attache partisane, voire d'une tutelle internationale, le temps de résoudre les questions fondamentales (nationalité, régime foncier..., clefs du drame ivoirien et au cœur de toute solution politique crédible). Mais il n'est pas sûr que les dirigeants ivoiriens aient la sagesse d'opter pour cette voie-là, ni que la communauté internationale soit prête à s'engager de la sorte. Pourtant, l'un des rares éléments positifs de cette crise est l'unité affichée pour l'instant par les chefs d'État africains et la communauté internationale. La résolution du Conseil du 16 novembre (qui décrète un embargo sur les armes et le gel des avoirs et l'interdiction de sortir du pays pour les dirigeants ivoiriens qui ne respecteront pas leurs engagements) fut d'ailleurs votée à l'unanimité.

Malgré tout, à plus d'un titre, il est à craindre que la crise ivoirienne connaisse encore de dramatiques épisodes.

Les acteurs

◆ Les Forces armées nationales ivoiriennes (Fanci) comptent environ 18 000 hommes, dont 8 000 gendarmes. S'y ajoutent la garde présidentielle forte de 1 100 hommes et les forces de réserve qui comptent 12 000 hommes. Renforcées début décembre 2002 par environ 3 000 jeunes volontaires, les Fanci ont en outre été appuyées par une cinquantaine de mercenaires étrangers dont le retrait annoncé par le gouvernement n'est toujours pas effectif.

Les Fanci avaient été, pendant les présidences successives de Houphouët-Boigny, toujours associées à la gestion de l'État ivoirien car elles constituaient l'un des viviers de cadres les mieux formés du pays. On y retrouvait notamment des officiers dans le corps préfectoral, la douane et dans diverses sociétés d'État (Port autonome d'Abidjan, Air Ivoire...). Lorsque la tension montait dans les rangs, le Président a toujours répondu d'une manière ou d'une autre : soldes et conditions matérielles confortables. Comme le note Guy-André Kieffer *(voir bibliographie)*, l'arrivée à la primature d'Alassane Ouattara, au début des années 90, marqua le remplacement de ces officiers par des technocrates. L'exclusion progressive des militaires de la gestion publique s'accompagna d'une réduction constante du budget et d'une modification du rôle assigné à l'armée. Cette dernière a été de plus en plus associée à des tâches de maintien de l'ordre, par exemple lors des grèves de fonctionnaires, des manifestations étudiantes et de l'opposition. Ce rôle de supplétif, conjugué à la marginalisation de l'armée dans la gestion de la chose publique, créa un sentiment de malaise et de déclassement. Cette tension fut renforcée par quelques erreurs politiques du président Henri Konan Bédié, qui voulut d'abord remplacer le très populaire chef d'état-major Robert Gueï (« l'armée n'intervient que quand la République est en danger », dira ce dernier après avoir refusé, malgré l'ordre de Konan Bédié, de

mater une énième manifestation étudiante) et qui refusa ensuite de réévaluer les soldes après la dévaluation du franc CFA. Après que le général Gueï eut refusé de faire intervenir l'armée lors de nouvelles manifestations en 1995, Henri Konan Bédié s'employa à mettre à l'écart les officiers supérieurs de l'époque Houphouët-Boigny et ceux jugés trop proches de Ouattara et à les remplacer par des cadres plus jeunes et majoritairement du Sud, alors que l'essentiel de l'encadrement et de la troupe provenait de l'ouest et du nord du pays. Ces grossières erreurs politiques de Konan Bédié créeront un malaise durable dans un corps traditionnellement calme et loyaliste.

Ce malaise conduira à la mutinerie de décembre 1999, déclenchée par des hommes rentrant d'une opération de maintien de la paix en République centrafricaine qui lèguent à des officiers supérieurs (dont le général Gueï) la gestion de leur coup de force qui se transformera en coup d'État. De nombreux groupes armés informels constitués de militaires (« Camora », « Brigades rouges », « Mafia »...) apparaissent après le putsch et se mettent à racketter. Après la défaite de Robert Gueï à la présidentielle de 2000, Laurent Gbagbo s'emploiera à purger l'armée de nombreux officiers et soldats, principalement d'origine nordiste. On retrouvera, deux années plus tard, un certain nombre de ces personnes impliquées dans les mouvements rebelles.

◆ **Les Forces nouvelles** sont la nouvelle appellation, unitaire, des trois mouvements de rébellion apparus successivement à l'automne 2002 et dont le but commun était de faire tomber le régime de Laurent Gbagbo et de permettre au pays de traiter à égalité tous ses concitoyens. L'appellation Forces nouvelles s'est généralisée après les accords de Marcoussis, symbolisant l'entrée des mouvements rebelles dans la vie politique ivoirienne.

– Le **Mouvement patriotique de Côte d'Ivoire (MPCI)** est né de la crise qui a débuté le 19 septembre 2002. Le MPCI constitue la première vitrine des mutins de septembre 2002. Il est majoritairement formé d'éléments originaires du Nord musulman, mais il ne se réclame pas d'une appartenance ethnique et, d'ailleurs, l'ensemble de la population ivoirienne y est représenté. On y trouve de nombreux supporters d'Alassane Ouattara, mais également des militaires dévoués au défunt général Gueï, qui avaient participé avec lui au coup d'État de 1999. Le MPCI a avoué avoir planifié l'attaque pendant de long mois depuis un pays étranger. Laurent Gbagbo accuse le Burkina Faso de Blaise Compaoré d'aider ce mouvement. Bénéficiant du soutien d'officiers supérieurs exclus des Fanci et fort d'une dizaine de milliers de combattants (dont de nombreux militaires démobilisés), le mouvement contrôle la moitié nord du pays et une partie du centre, soit 40 % du territoire, dont Bouaké, la deuxième cité ivoirienne, servant de « capitale » à la zone rebelle. Ses principaux chefs politiques sont Guillaume Soro, le secrétaire général, et Louis Dacoury-Tabley (un des anciens leaders du FPI), chargé des relations extérieures, sans oublier le « sulfureux » sergent-chef Ibrahim Coulibaly, l'un des rares responsables militaires du mouvement à avoir de réelles ambitions politiques personnelles. Le MPCI a signé le cessez-le-feu du 17 octobre 2002 et participé aux négociations inter-ivoiriennes tenues fin 2002 à Lomé sous l'égide du président togolais Gnassingbé Eyadéma. Le MPCI a rencontré le MJP et le MPIGO le 23 décembre 2002 pour annoncer leur alliance contre les Fanci et les troupes françaises. Il est signataire de l'accord de Marcoussis du 24 janvier 2003.

Guillaume Soro Kigbafori est l'ancien leader d'un syndicat étudiant, la Fesci (Fédération estudiantine et scolaire de Côte d'Ivoire), très liée au FPI. Il a ensuite entamé une carrière politique au sein du RDR (en 2000) avant de rejoindre le MPCI. Il est la figure du mouvement rebelle, devenu ministre avec 8 de ses collègues du MPCI et secrétaire général des Forces nouvelles. Si un nouvel homme politique est apparu depuis la crise, c'est lui. Tête pensante des rebelles, il s'est révélé être un redoutable tribun, polémiste, et un âpre négociateur lors de la rencontre de Marcoussis. Au sein du MPCI, il a été accusé par les plus orthodoxes de faire trop de concessions à Laurent Gbagbo. Il saura rebondir en quittant le gouvernement en septembre 2003. Il connaîtrait des tensions avec le présumé leader militaire du MPCI, le mystérieux sergent-chef Ibrahim Coulibaly, alias IB.

– Le **Mouvement populaire du grand Ouest (MPIGO)** est apparu le 28 novembre 2002 avec la prise des villes de Man, de Bangolo et de Danané, près de la frontière libérienne. Le MPIGO est majoritairement composé d'éléments yacouba, ethnie commune au Liberia (où ils sont appelés Gio) et à la Côte d'Ivoire. Animé par le sergent Félix Doh, le mouvement est composé en partie de combattants libériens et affirme vouloir venger l'assassinat de Robert Gueï. Présent uniquement dans l'Ouest, le MPIGO disposerait de 6 000 hommes. Il a affronté plusieurs fois les troupes françaises pour contrôler une partie de la zone de production cacaoyère, notamment le 6 janvier 2003. À la suite de combats meurtriers, le mouvement a conclu le 8 janvier 2003 un arrêt des hostilités avec l'armée française. Il est également signataire de l'accord de Marcoussis du 24 janvier 2003. Le chef du mouvement, Félix Doh, a été tué fin avril 2003 au cours d'une embuscade près de la frontière libérienne.

– Le **Mouvement pour la justice et la paix (MJP)** est apparu conjointement au MPIGO le 28 novembre 2002 lors de la prise de la ville de Man. Le MJP est le plus petit mouvement et ne compte que 200 à 300 combattants. Le Mouvement est dirigé par le commandant Gaspard Dély. Souvent présenté comme l'aile ouest du MPCI (ses dirigeants sont d'anciens membres de ce mouvement), le MJP a conclu un accord de cessez-le-feu avec les troupes françaises et a signé l'accord de Marcoussis du 24 janvier 2003.

◆ La **Mouvance des « jeunesses patriotes »**

Après le 19 septembre 2002, plus de 10 000 jeunes s'étaient présentés dans les casernes d'Abidjan pour s'enrôler dans l'armée. Ces jeunes « patriotes », chauds partisans de la lutte armée contre les rebelles venus du Nord, ont été récupérés par différentes organisations de soutien à Laurent Gbagbo. On compte aujourd'hui une trentaine d'associations « populaires » de soutien au Président. Certaines ont une vocation plutôt électorale (Deux millions de filles pour Gbagbo, Mouvement Gbagbo 2005...), d'autres sont plutôt des clubs de réflexion, mais les plus populaires sont les différents mouvements qui fédèrent les jeunes hommes, qui peuvent organiser une manifestation de plusieurs milliers de personnes en quelques heures. Dans ce paysage assez flou, quelques leaders se sont imposés : Richard Dakoury (Sorbonne-Solidarité) ou Jean-Yves Dibopieu (Solidarité africaine). Mais une figure charismatique s'est rapidement imposée : Charles Blé Goudé symbolise à lui seul ce phénomène. D'ethnie bété comme le président Gbagbo, Blé Goudé, âgé d'une trentaine d'années, est un ancien président d'un grand syndicat estudiantin, la Fédération estudiantine et scolaire de la Côte d'Ivoire (Fesci), poste auquel il a succédé à Guillaume Soro. Responsable de l'Alliance des jeunes patriotes pour le sursaut national (AJPSN) et du Congrès panafricain des jeunes (Cojep), Blé Goudé est capable d'enflammer son auditoire, constitué en grande partie de jeunes chômeurs, de lycéens et d'étudiants abidjanais. Il est devenu célèbre pour avoir organisé la manifestation devant la caserne française d'Abidjan en décembre 2003. Ses discours sont radicaux, va-t'en-guerre, anti-français, « anti-marcoussiste » et pro-Gbagbo. Blé Goudé, soupçonné d'être très proche de la présidence et particulièrement de Simone Gbagbo, est de moins en moins contrôlable par le pouvoir. On soupçonne certains de ses fidèles d'avoir participé aux bandes armées qui se sont illustrées lors de la répression de la grande manifestation de l'opposition en mars 2004. Personne ne connaît précisément les sources de financement des organisations dirigées par Charles Blé Goudé.

Alassane Ouattara

Né en 1942 à Dimbroko (Nord sahélien et pastoral), son origine nationale est controversée. Il est issu d'une famille frontalière, les Ouattara, qui se disent héritiers de l'empereur de Kong. Durant la période coloniale, son père, El-Hadj Dramane Ouattara, fut chef de canton de Kong, qui englobe alors autant de villages en Côte d'Ivoire qu'en Haute-Volta. Son père est longtemps commerçant, transporteur à Dimbroko, en plein pays baoulé. À sa retraite, en 1949-1950, le vieux Ouattara se retire sur ses terres de Sindou en Haute-Volta avec ses plus jeunes enfants (dont Alassane). Ce dernier connaît ainsi une enfance voltaïque. Il suit ses études primaires et secondaires à Ouagadougou et ses études supérieures à l'université de Philadelphie. Il est diplômé en gestion des entreprises et en économie. Alassane Ouattara a occupé d'importantes fonctions au FMI, où il fut directeur du département Afrique (de 1984 à 1988) et conseiller du directeur général. Pressenti un moment pour devenir ministre de l'Économie et des Finances du gouvernement de Thomas Sankara (Burkina Faso), il se rapproche de Houphouët et se fait délivrer un passeport diplomatique ivoirien. En 1988, il est nommé gouverneur de la Banque centrale des États d'Afrique de l'Ouest (BCEAO), poste toujours attribué à un Ivoirien. Appelé le 7 novembre 1990 comme Premier ministre par Houphouët-Boigny, Ouattara s'était alors donné mille jours pour faire sortir de la crise le pays et applique une cure d'austérité au pays, qui est en fait la mise en œuvre musclée d'un programme de rigueur imposé par le FMI. Ces réformes douloureuses ne le rendent pas populaire. Il est pourtant doté d'une réputation de grand économiste et d'un solide réseau de relations internationales. C'est au cours d'une interview télévisée en novembre 1992 qu'il laisse entendre qu'il serait peut-être candidat à la présidentielle de 1995. Pour ce faire, il doit se construire une base électorale *a priori* limitée au Nord musulman. Henri Konan Bédié, le dauphin naturel, n'aura de cesse de l'en empêcher. À la mort de Houphouët-Boigny, il tente d'interpréter la Constitution à son profit pour succéder au président défunt. Un bras de fer s'engage alors avec Henri Konan Bédié. Bédié l'emporte et Ouattara retourne au FMI. Il conserve à la fois l'image de la rigueur économique qui marqua la fin du miracle ivoirien et celle d'un opportuniste ayant profité de la faiblesse d'un vieil homme pour tenter une captation d'héritage. Pour ses supporters du Nord, il est au contraire le symbole de leur marginalisation. Il est en effet empêché de se présenter aux présidentielles de 1995 et de 2000 ainsi qu'aux législatives de 2001, du fait d'une disposition du Code électoral obligeant les candidats à prouver la naissance ivoirienne de leurs parents.

L'arrivée sur la scène politique des mouvements rebelles s'est déroulée en partie à cause de son empêchement à se présenter aux différentes élections. Il n'a de cesse, depuis le 19 septembre 2002, de démentir tout lien avec les mouvements rebelles.

Les partis politiques « classiques »

◆ Front patriotique ivoirien – FPI

Le FPI (créé dans la clandestinité en 1982 et, officiellement, en décembre 1988 en Côte d'Ivoire) est classé à gauche et fait partie de l'Internationale socialiste. Son premier congrès officiel a lieu après l'instauration du multipartisme en avril 1990. Le FPI crée avec le RDR et le PIT (Parti ivoirien du travail) le « Front républicain » qui boycottera les élections présidentielles de 1995. Lors du deuxième congrès ordinaire, en juillet 2000, le FPI crée un poste de président, qui revient à Laurent Gbagbo. Ce congrès voit également le parti opérer un virage social-démocrate qui marginalise l'aile gauche du parti, et notamment Ahoua Don Mello et Franck Komenan, deux leaders historiques et rivaux de Laurent Gbagbo. Ce dernier est élu président du FPI avec 98,4 % des voix. Le président actuel du FPI est Pascal Affi N'Guessan, ex-Premier ministre. L'organe de presse officieux du FPI est le journal *Notre voie*, dirigé par Diakité Siddick.

Dans le sillage du FPI, un certain nombre d'organisations ont vu le jour, plus ou moins légales et plus ou moins violentes, et destinées à mobiliser la jeunesse comme les « jeunes patriotes » de Charles Blé Goudé. Le « général de la jeunesse » est capable d'organiser en un temps record de grandes manifestations. L'organisation est soupçonnée de liens avec d'autres acteurs de la vie abidjanaise, les « groupes d'autodéfense », ces groupes pro-gouvernementaux, comme le FLN (Front de libération national) ou le GPP (Groupement des patriotes pour la paix) sont accusés d'être des milices ethniques pro-Gbagbo qui se livrent au racket, à l'enlèvement et au meurtre d'opposants politiques ou de Dioula. On parle également des « Sorbonnards », groupe de jeunes qui se rassemblent fréquemment, à Abidjan, dans le quartier du Plateau, dans l'attente d'activités lucratives, quelle qu'en soit la nature.

Paris a directement mis en garde le président ivoirien contre les méfaits de ces « escadrons de la mort » et une enquête de l'ONU est actuellement en cours pour comprendre les liens existant entre les milices et le couple présidentiel Laurent et Simone Gbagbo. Le FPI compte 96 députés (sur 225) depuis les élections législatives de 2001 et contrôle 33 communes depuis les élections municipales de mars 2001.

Henri Konan Bédié

Henri Konan Bédié est né le 5 mai 1934 à Dadiékro dans le département de Daoukro. Il est baoulé, comme le président Félix Houphouët-Boigny. Docteur en économie, il est nommé à l'âge de 27 ans ambassadeur de Côte d'Ivoire aux États-Unis. Rappelé à Abidjan en 1966, il se voit confier durant onze ans le ministère des Finances (il fut éclaboussé par le scandale financier des complexes sucriers, une affaire d'usines surfacturées qui lui valut d'être démis de ses fonctions). Député, il est président de l'Assemblée nationale de 1980 à 1993. La modification constitutionnelle intervenue en novembre 1990, prévoyant que le président de l'Assemblée nationale accède à la présidence de la République en cas de vacance du pouvoir, le porte à la tête de l'État à la mort du président Houphouët-Boigny le 7 décembre 1993. Henri Konan Bédié a eu une riche carrière politique qui a pris fin lorsqu'il s'est fait déposer par le général Gueï, en décembre 1999. Il espère toujours recouvrer son fauteuil et s'érige aujourd'hui en chantre de la légalité constitutionnelle et républicaine. Mais, après l'exil consécutif à sa destitution, il se voit fortement contesté au sein même de son parti où apparaissent de sérieux rivaux.

◆ Rassemblement des démocrates républicains – RDR

Créé au printemps 1994 à la suite d'une scission avec PDCI, la création du RDR illustre la rupture entre Alassane Dramane Ouattara, dit « ADO », et le parti présidentiel historique. De nombreux cadres frustrés de ne pas avoir eu la place à laquelle ils aspiraient au sein du PDCI suivent ADO, qui se trouvera pourtant, les années suivantes, la plupart du temps à l'étranger. Les militants de ce parti sont majoritairement des originaires du nord du pays. Le RDR décide de la constitution d'un Front républicain avec le FPI en 1994, pour contester le régime d'Henri Konan Bédié, ce qui amènera le Front républicain à boycotter les élections présidentielles de 1995. Le congrès constitutif du parti a lieu en 1995, l'orientation politique et économique est libérale.

Lors de la convention du RDR de 1996, qui a lieu à Bouaké, de fortes rivalités opposent les deux ethnies majoritaires au sein du parti, Sénoufo et Dioula. Ces tiraillements seront encore plus vifs après le décès, en 1998, du secrétaire général Djeny Kobina. En raison de ce clivage, la « sudiste » Henriette Diabaté sera nommée secrétaire générale du parti, d'abord intérimaire, puis effective. Financé grâce aux relations d'ADO, le RDR est souvent représenté comme un parti à la dévotion de son chef. Pourtant un antagonisme de plus en plus irrémédiable naît entre les partisans d'ADO qui se focalisent sur ses intérêts et sa ligne intransigeante au détriment du parti, et ceux qui refusent de sacrifier le RDR aux ambitions personnelles d'ADO et de ses positions rigides. Les cadres « sudistes » se retrouvent ainsi en porte-à-faux avec un parti de plus en plus régional et « ethnique ». Les absences répétées d'ADO pèsent lourdement sur l'organisation du parti, surtout lorsque celui-ci doit gérer des situations de crise. Ce fut notamment le cas lorsque le leader, qui ne put se présenter à l'élection présidentielle de 2000, se trouva en France lors de l'élection et des troubles qui suivirent. De même, ADO reste très discret sur les clivages de son parti et se refuse souvent à trancher entre les modérés, emmenés par Henriette Diabaté, et les radicaux emmenés par Ally Coulibaly et Ali Keita. Le parti boycotte les élections législatives de 2001 (il n'obtient que 5 députés), mais remporte un véritable succès lors des municipales suivantes avec 64 communes, contre 59 au PDCI et 33 au FPI.

◆ Parti démocratique de la Côte d'Ivoire – PDCI

En 1944, Houphouët-Boigny fonda le Syndicat agricole africain, à l'origine du PDCI (fondé en 1946) qui adhéra ensuite au Rassemblement démocratique africain (RDA). Député de l'Assemblée nationale française, Félix Houphouët-Boigny fut à l'origine d'une loi abolissant le travail forcé (1946) et fonde le PDCI-RDA en

1947. Parti unique jusqu'en 1990, le PDCI a perdu son leadership après le coup d'État de Robert Gueï, qui a renversé Henri Konan Bédié, élu en 1995 par un scrutin boycotté par le Front républicain (FPI de Laurent Gbagbo et RDR d'Alassane Ouattara). Le PDCI compte actuellement 94 députés et 58 maires.

Pour en savoir

Jean-Pierre Chauveau, « Question foncière et construction nationale en Côte d'Ivoire. Les enjeux silencieux d'un coup d'État », *Politique africaine*, n° 78, « Côte d'Ivoire, la tentation ethno-nationaliste », Kharthala, juin 2000.

Denis Cogneau, Sophie Mesple-Somps, *L'économie ivoirienne : la fin du mirage ?*, Document de travail Dial (Développement et insertion internationale), n° 18, 2002.

Tiemoko Coulibaly, « Sur fond de discriminations ethniques et régionales, lente décomposition en Côte d'Ivoire », *Le Monde diplomatique*, novembre 2002.

« Dossier Côte d'ivoire », *Afrique contemporaine*, n° 206, La Documentation française, été 2003.

International Crisis Group, « *Côte d'Ivoire : The war is not yet over* », ICG Africa report, n° 72, Freetown/Bruxelles, 2003.

Guy-André Kieffer, « Armée ivoirienne : le refus du déclassement », *Politique africaine*, n° 78 « Côte d'Ivoire, la tentation ethno-nationaliste », Karthala, juin 2000.

« La Côte d'Ivoire en guerre : dynamiques du dedans et du dehors », *Politique africaine*, n° 89, Karthala, mars 2003.

Marc Le Pape, Claudine Vidal (dir.), *Côte d'Ivoire. L'année terrible 1999-2000*, Karthala, collection « Les Afriques », 2002.

Internet

www.abidjan.net
Moteur de recherche sur l'actualité en Côte d'Ivoire.

www.fratmat.co.ci
Site du quotidien gouvernemental *Fraternité Matin*.

www.africaonline.co.ci/AfricaOnline/infos/patriote/patriote.html
Site du quotidien du RDR, *Le Patriote*.

Superficie : 924 000 km² – État fédéral de 30 États
Population : 123 millions
Composition ethnique : plus de 250 groupes ethniques dont Haoussa-Peul (32 %), Yoruba (21,3 %), Ibo (18 %), Ibibio (5,6 %), Kanouri, Edo, Tiv, Ijaw, Kataf, Ogoni, etc.
Religions : musulmans (50 %), chrétiens (40 %), cultes ancestraux (10 %)

Nigeria

Le Nigeria fait figure de « géant de l'Afrique ». Ce pays dispose de nombreux atouts pour prétendre exercer un leadership en Afrique occidentale, voire dans toute l'Afrique subsaharienne :
– une position géographique très favorable, au carrefour de plusieurs axes stratégiques : axe saharien reliant la Méditerranée à l'Afrique subsaharienne, axe sahélien, traversant le continent d'ouest en est, du Cap-Vert à la mer Rouge, axe « guinéen », longeant l'Atlantique, de la Mauritanie au golfe de Guinée ;
– une population, considérable à l'échelle africaine, qui dépasse les 120 millions d'habitants, dont des élites de bon niveau, qui forment une société civile dynamique et avide de démocratie ;
– d'importantes richesses énergétiques (pétrole, gaz, mais aussi lignite, charbon et hydroélectricité), qui lui procurent des rentrées massives de pétrodollars.
Pourtant, le Nigeria apparaît comme un « colosse aux pieds d'argile », en raison des multiples lignes de fractures internes qui le parcourent, de nature ethnique, confessionnelle, régionale ou historique.

UNE ENTITÉ COMPLEXE ET VULNÉRABLE

La fédération nigériane apparaît comme une entité artificielle. Fruit des aléas de la colonisation britannique, elle regroupe des territoires fortement contrastés et des ethnies culturellement très diverses. Le pays souffre de ce fait de puissantes contradictions internes. Depuis son indépendance, il n'a cessé de lutter contre des forces centrifuges : révolte des Tiv de la *Middle Belt* en 1960 et 1964, insurrection des Ijaw dans le delta du Niger en 1966 et surtout sécession biafraise à partir de 1967. Ce conflit biafrais, qui a fait plus d'un million de victimes de mai 1967 à janvier 1970, a longtemps incarné l'archétype du conflit interne, avec son cortège de massacres et de famine, avant que de telles horreurs ne se banalisent en Afrique au cours des années 90, comme en témoignent les tragédies du Sud-Soudan, de la Somalie, du Liberia, du Rwanda et, plus récemment, du Darfour.
Ce sinistre épisode biafrais a durablement marqué les esprits au Nigeria et a longtemps servi de repoussoir à toute tentative d'instrumentalisation des clivages ethno-régionaux visant à remettre en cause le fragile équilibre fédéral. Le pouvoir nigérian a su gérer de manière exemplaire la sortie de ce conflit fratricide, en tournant intelligemment la page et en multipliant les efforts pour réintégrer les Ibo au sein de la communauté nationale. Mais, plus de trente ans après la fin du drame biafrais, les cruelles leçons de l'histoire semblent avoir été oubliées par certains apprentis sorciers, qui n'ont eu de cesse, ces dernières années, de manipuler les clivages ethniques, religieux ou régionaux afin

Nigeria : triptyque religieux

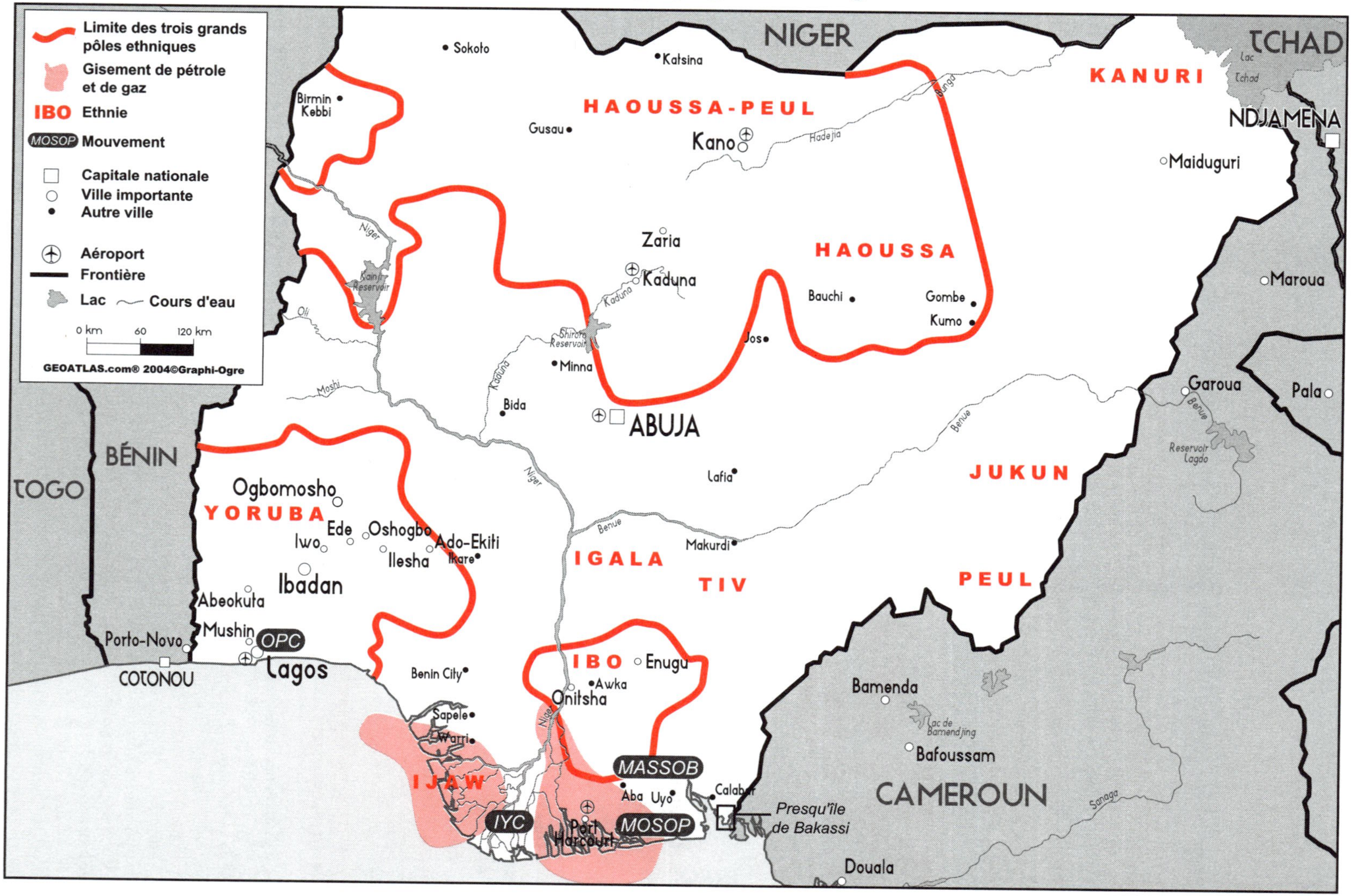

de préserver leurs positions dominantes, conserver leurs accès privilégiés à la rente étatique et paralyser le fragile processus de transition vers la démocratie.

Une mosaïque ethnique difficile à appréhender. La structuration de l'espace politique nigérian est souvent présentée comme reposant tantôt sur un clivage binaire, de nature géographique et religieuse, opposant un Nord musulman et politiquement dominant à un Sud christianisé et animiste, économiquement plus prospère ; tantôt sur une articulation ternaire, constituée autour des trois grandes ethnies dominantes (les *Big Three*) : les Haoussa-Peul du Nord, de confession musulmane (appelé Haussa Fulani en anglais), les Yoruba du Sud-Ouest, à l'appartenance religieuse diversifiée, et les Ibo du Sud-Est, en grande partie christianisés.

Ces trois grands ensembles ethniques regroupent chacun entre 15 et 25 millions de personnes. Ils se distinguent fortement les uns des autres du fait de leur spécificité religieuse, de leur identité linguistique et de leur enracinement territorial. Leur puissance démographique, culturelle, politique et économique leur a permis de déborder de leurs territoires historiques et de satelliser certaines minorités voisines.

Mais ces représentations d'un Nigeria binaire ou ternaire, bien que reposant sur un fond de vérité, apparaissent somme toute beaucoup trop sommaires. Elles ne permettent pas de saisir dans toute son ampleur le caractère segmenté et plural de la société nigériane. Une bonne appréhension de la réalité nigériane nécessite une analyse plus fine, mettant en lumière deux facteurs trop souvent négligés :

– la population du Nigeria est composée, outre les *Big Three*, de plus de 250 communautés linguistiques (dont certaines ne comptent que quelques dizaines de milliers d'individus). Ces « petites ethnies » forment *de facto* un quatrième ensemble, certes hétérogène mais néanmoins influent car bien représenté au sein de l'armée et majoritaire dans les États fédérés du Sud-Est, dont les gisements d'hydrocarbures constituent la richesse essentielle de la fédération. Refusant l'hégémonie des *Big Three*, les groupes minoritaires ont su nouer des alliances complexes, leur permettant de constituer des contre-pouvoirs efficaces. Ayant tout à perdre d'une éventuelle implosion de la fédération, ces minorités se veulent les garantes de l'unité fédérale, et l'ont prouvé en prenant une part prépondérante dans la résolution de la sécession biafraise à la fin des années 60. En retour, elles ont été les grandes bénéficiaires du processus de fragmentation administrative de l'espace politique nigérian qui a fait passer le nombre d'États fédérés de 3 à 36 entre 1960 et 1996 ;

– les *Big Three* ne constituent pas, loin s'en faut, des ensembles homogènes. Chaque grande zone (nord, ouest, est) est parsemée de groupes minoritaires, ethniquement et/ou religieusement. Dans le Nord haoussa islamisé sont ainsi disséminées des poches christianisées peuplées de groupes minoritaires. L'ensemble yoruba, le plus homogène ethniquement, est toujours parcouru par des rivalités régionales aux racines historiques (remontant aux rivalités de jadis qui ont déchiré l'empire d'Oyo). Quant à la zone est, la prédominance démographique des Ibo y est vivement contestée par une kyrielle de petites ethnies qui ont refusé, pour la plupart, de s'engager dans l'aventure sécessionniste en 1967, ce qui a laissé de profondes traces, toujours perceptibles aujourd'hui.

D'une manière plus générale, les rapports entre les différentes ethnies peuplant la fédération sont toujours marqués de manière plus ou moins latente par les traumatismes provoqués par le passé esclavagiste de certaines d'entre elles. Cette dichotomie fondamentale, tabou majeur de nombreuses sociétés africaines, est rarement évoquée en tant que telle. Mais elle induit toujours des rancœurs sous-jacentes et non dépassées, qui se cristallisent ponctuellement sous l'effet de diverses causes, et expliquent bien des antagonismes d'aujourd'hui.

Un triptyque religieux en pleine effervescence. La carte religieuse du Nigeria comprend trois grands blocs : les musulmans, très largement majoritaires dans le nord du pays chez les Haoussa et en voie d'extension parmi les Yoruba du Sud-Ouest ; les chrétiens, majoritaires au sein des ethnies « sudistes », principalement chez les Ibo et les petites ethnies du Centre *(Middle Belt)* et du Sud-Est, mais présents sous forme de poches minoritaires au Nord ; et enfin les adeptes des « cultes ancestraux », encore vivaces parmi les populations du Sud, en particulier chez les Yoruba. Ces trois grands ensembles religieux ne coïncident pas exactement avec le système ternaire ethnico-géographique (Nord haoussa, Ouest yoruba, Est ibo). Il en résulte des situations complexes. Ces dernières décennies, l'islam a fortement progressé en pays yoruba, modifiant l'image de l'islam nigérian, jusqu'alors principalement marqué par les Haoussa nordistes. Mais cela s'est traduit par l'émergence d'un clivage à la fois géographique et ethnique au sein de la « communauté des croyants », les Yoruba musulmans ayant tendance à faire primer leur filiation ethnique sur leur appartenance religieuse. Quant au Nord, son caractère islamisé doit être relativisé par l'existence de populations « non haoussa », animistes ou christianisées. Cette zone est le théâtre de la confrontation entre un prosélytisme panislamique, animé par des groupes radicaux financés par des pays moyen-orientaux, et une vague de « nouvelle évangélisation » qui touche les ethnies minoritaires non musulmanes et est encouragée par des sectes protestantes, principalement d'origine nord-américaine. Il s'ensuit de régulières flambées de violence qui perpétuent un climat de tensions ethniques et confessionnelles exacerbées dans les régions septentrionales du pays.

UNE ACCUMULATION DE DYSFONCTIONNEMENTS

Sur ce fond ethnique, religieux, régionaliste et historique complexe est venue se greffer une série de facteurs politiques, économiques et sociaux, susceptibles de rompre le fragile équilibre institutionnel instauré au sein de la fédération. Les élites au pouvoir apparaissent incapables de dépasser les particularismes géo-ethniques.

Un État en crise permanente. L'organisation institutionnelle du pays n'a cessé d'osciller entre une série d'alternatives : fédération ou confédération, régime civil ou militaire, régime démocratique ou autoritaire. Depuis 1960, le Nigeria a connu une alternance de régimes civils et militaires, ponctuée par plus d'une douzaine de coups d'État ou de tentatives de putschs militaires (le dernier en date au printemps 2004), une série d'assassinats de responsables politiques (dont deux généraux-présidents et un Premier ministre fédéral) et une longue suite de décès aussi brutaux que mystérieux, faisant parfois suspecter de possibles empoisonnements, camouflés en « crimes parfaits ». Cette culture de la violence politique se plaque paradoxalement sur une culture démocratique à l'anglo-saxonne, très vivace, illustrée par une société civile particulièrement active (comme le prouve le foisonnement d'associations de défense des droits de l'homme), une presse libre et variée et une justice relativement indépendante. En dépit de l'existence de tels atouts, preuves d'une certaine maturité démocratique, le pays a souffert d'une grande instabilité de son organisation constitutionnelle et administrative. Il a connu six Constitutions et autant de redécoupages administratifs, qui, sous prétexte de satisfaire les revendications identitaires des ethnies minoritaires, ont permis de préserver la domination des élites des *Big Three*. La prolifération des États fédérés et des collectivités locales au gré des différents redécoupages politico-administratifs a engendré le développement d'un micro-nationalisme dans certains États fédérés, en particulier ceux abritant des richesses pétrolières. Cela a favorisé l'émergence de véritables sentiments xénophobes, les autorités locales privilégiant les autochtones *(natives)* au détriment des nouveaux arrivants *(settlers)* attirés par la manne pétrolière. Mais le dossier potentiellement le plus déstabilisateur pour l'avenir de la fédération concerne le contrôle et le partage de la rente pétrolière. Depuis l'indépendance, la part des *royalties* redistribuées aux États fédérés ou aux populations locales subissant les contrecoups écologiques de l'exploitation pétrolière a beaucoup diminué au profit du pouvoir fédéral. De nombreuses communautés, comme les Ogoni ou les Ijaw, s'estiment lésées par une péréquation inéquitable entre États fédérés producteurs et pouvoir fédéral. Il s'ensuit depuis le début des années 90 une vive agitation antigouvernementale dans le sud-est de la fédération, avec des répercussions explosives.

Un pays en régression. Le Nigeria a connu au cours des années 70 un véritable « âge d'or », celui de l'argent facile et des grands projets. Mais le retournement du marché pétrolier et les grandes évolutions de l'économie planétaire ont sévèrement mis à mal « l'eldorado nigérian ». Le revenu par habitant n'a cessé de décroître au cours des années 80, passant de 1 000 dollars par habitant en 1980 à 250 au début des années 90. Dans le même temps, la dette extérieure n'a cessé de gonfler. L'adoption d'une politique déflationniste destinée à rétablir les grands équilibres a engendré des conséquences sévères sur le plan social pour les populations : inégalités croissantes, paupérisation et frustration des classes moyennes, défaillance des grands services publics (éducation et santé), développement de l'économie informelle et des trafics illicites (essence, voitures volées, armes), essor de la corruption, montée de l'insécurité (Lagos figure parmi les villes les plus dangereuses du monde). Dans le même temps, l'économie s'est profondément criminalisée, du fait de l'essor du trafic de drogue. Le Nigeria fait désormais figure de « narcocratie ». Le pays compte plusieurs cartels très puissants, ayant su nouer des alliances avec leurs « homologues » latino-américains et asiatiques. Ils dirigent des réseaux transcontinentaux, faisant de l'Afrique la plaque tournante de nombreux trafics destinés à approvisionner l'Europe occidentale et l'Amérique du Nord en différentes drogues (héroïne, cocaïne, cannabis). Depuis une dizaine d'années, ils encouragent le développement de la consommation de drogues dures ou de psychotropes au sein des populations africaines, adaptant leurs prix au pouvoir d'achat de ce « marché » démographiquement prometteur. Surtout, les « parrains » nigérians ont infiltré les plus hauts sommets de l'État et parviennent à influencer la politique tant intérieure qu'extérieure du pays. Ainsi, l'implication du Nigeria au Liberia à partir de 1990, outre l'affirmation de son leadership régional, peut s'interpréter comme la volonté de contrôler la seule économie du continent appartenant à la zone dollar, et faciliter ainsi le blanchiment d'argent sale dans l'économie mondiale.

Une armée omniprésente et omnipotente. Depuis son indépendance, le Nigeria a essentiellement été dirigé par des régimes militaires. Avant de revenir au pouvoir en 1999, les civils n'ont exercé le pouvoir qu'à trois reprises :

–pendant la Première République (d'octobre 1960 à janvier 1966), qui fut marquée par la radicalisation des rivalités ethniques entre les *Big Three* et la montée des tensions sécessionnistes qui devaient aboutir à la guerre du Biafra ;

–la Deuxième République (d'octobre 1979 à décembre 1983), caractérisée par la dégradation de la situation économique, l'affairisme des hommes politiques et une accumulation d'irrégularités électorales ;

– l'éphémère Troisième République (de juin à novembre 1993), torpillée par l'annulation de l'élection du milliardaire Yoruba Moshood Abiola.

Ces expériences se sont toutes terminées par un coup d'État militaire (respectivement le 15 janvier 1966, le 31 décembre 1983 et le 17 novembre 1993).

Pour autant, la vie politique du Nigeria ne peut se résumer à une simple alternance de régimes civils et militaires. L'armée a toujours gouverné avec des civils, et inversement ; et les civils, à l'exception de la Première République, ont spécialement pris soin de ménager les militaires. Pendant la Deuxième République, le président Shehu Shagari a ainsi prêté une grande attention au moral des troupes. Les dépenses récurrentes du budget de la Défense ont considérablement augmenté en 1980 et, après avoir un peu diminué de 1981 à 1982, les investissements en capital ont également été réévalués en 1983, ce qui ne devait d'ailleurs pas empêcher le coup d'État de la Saint-Sylvestre cette année-là. De même pendant la Quatrième République, le général à la retraite Olusegun Obasanjo, une fois élu à la présidence en 1999, a re-professionnalisé l'armée en la dotant de nouveaux équipements.

Les liaisons dangereuses entre hiérarchie militaire et élites civiles. Les régimes militaires n'ont jamais gouverné seuls. L'armée a littéralement acheté le soutien de la société civile, à commencer par le vote des notables et des chefs coutumiers lors d'élections locales et d'assemblées constituantes placées sous haute surveillance. Malgré leur réelle autonomie financière vis-à-vis de l'État, les milieux d'affaires ont été séduits par la promesse de contrats alléchants, tandis que le secteur associatif, beaucoup plus démuni, s'est souvent laissé corrompre. Destinées à solliciter l'appui du secteur privé pour financer le service public, les fondations d'États comme Kano et Katsina ont révélé l'étroite imbrication des intérêts marchands et militaires. Leurs relations avec l'armée ont toujours été ambivalentes, sur la base d'un échange de services. Lors de son lancement en 1986, la Kano State Foundation s'est engagée à reverser le quart du revenu de ses campagnes de souscription à un fonds gouvernemental en faveur de l'éducation ; à charge de revanche, les autorités régionales lui ont donné gratuitement un terrain où édifier son siège en 1989. Du fait de leur poids financier, ces organisations de développement sont d'ailleurs assez vite devenues un enjeu important des rivalités locales. Calqué sur le modèle de Kano, le conseil d'administration de la Katsina State Foundation, un temps présidé par le général Mohamed Buhari, a ainsi été dissous en 1991 par le gouverneur militaire John Madaki, qui voulait prendre le contrôle des fonds de l'institution.

Les pratiques de patronage ont également permis à l'armée de canaliser les velléités d'opposition des syndicats ou des mouvements sociaux. Fondé en 1959 à Ibadan, le National Council of Women's Societies (NCWS), par exemple, s'est institutionnalisé et est devenu l'unique interlocuteur officiel du gouvernement pour les questions liées à la condition féminine. Émanation de la bourgeoisie urbaine et de la classe dirigeante, il a publiquement pris position en faveur de l'austérité financière et de l'ajustement structurel. Peu soucieux des masses paysannes et du prolétariat ouvrier, il a notamment approuvé la destruction des petits commerces de rue dont vivaient les femmes issues de milieux plus modestes. En fait d'opposition féministe, le NCWS a reproduit la domination masculine sur les cercles de pouvoir, à l'instar du Better Life for Rural Women Program lancé en 1987 par l'épouse du général Ibrahim Babangida et relayé localement par les femmes des gouverneurs militaires et de la Nigerian Army Officers Wives Association. Des syndicats aux confréries musulmanes en passant par les lobbies ethniques, nombre d'acteurs sociaux ont ainsi collaboré aux diverses juntes qui se sont succédé à Lagos puis à Abuja, la nouvelle capitale fédérale. Des hommes d'affaires comme Arthur Nzeribe, qui a soutenu l'annulation des élections de 1993 puis la candidature du général Sani Abacha à la présidentielle (avortée) de 1998, ont par ailleurs servi de faire-valoir. Et la classe dirigeante n'a pas non plus rechigné à se joindre à des gouvernements militaires. Des politiques issus de la lutte pour l'indépendance ont pu préconiser un « mariage de raison » avec une armée symbolisant l'unité nationale et le maintien de l'ordre depuis sa victoire sur les sécessionnistes biafrais en 1970. Une telle dyarchie a particulièrement séduit les conservateurs opposés au pluralisme, synonyme, pour eux, de tribalisme et de chaos.

Beaucoup croient en effet que l'armée est la seule institution à avoir développé un esprit de corps capable d'assurer l'unité du pays et la neutralité nécessaire à une mission de service public. Dans une optique jacobine, les militaires ont rompu avec l'héritage colonial et présidé à toutes les créations d'États au Nigeria. En vue de diviser pour mieux régner, ils ont instauré une fédération afin de casser les contre-pouvoirs des trois régions héritées de l'indépendance, d'une part, et d'endiguer la multiplication des revendications communautaires, voire sécessionnistes, d'autre part. Ils ont prétendu refuser de souscrire à des logiques ethniques en essayant de dessiner des États sur la base de critères géographiques ou économiques, quitte à leur donner des noms délibérément neutres sur le plan culturel. En 1967, par exemple, il a été un moment question que l'État des Rivers s'appelle Pabod, en référence aux premières lettres des divisions administratives de Port Harcourt, d'Ahoada, de Brass, d'Ogoni et de Degema. En 1975, la région du Midwest, elle, devenait l'État du Bendel, amalgame de Benin et du Delta. En 1996, enfin, naissait l'État du Bayelsa, acronyme composé à partir des *local governments* de Brass, de Yenagoa et de Sagbama.

Mais, en fait d'esprit de corps, c'est seulement au cours de la guerre du Biafra qu'une véritable fraternité d'armes a vu le jour, qui permit ensuite de réintégrer dans les forces nigérianes les militaires rebelles, radiés à l'occasion de la mutinerie du lieutenant-colonel Odumegwu Ojukwu en 1967, tandis que l'argent facile du boom pétrolier des années 70 facilitait la reconstruction du pays. Pour le reste, l'armée n'a pas plus échappé que les politiques aux pressions ethniques et aux querelles personnelles, voire aux controverses idéologiques, comme en témoigne le populisme des jeunes putschistes de janvier 1966 ou le libéralisme à tous crins du général Ibrahim Babangida à partir d'août 1985. La fréquence des coups d'État montre bien à quel point l'armée nigériane est sujette à d'intenses luttes internes et à de graves conflits de personnes, par exemple entre le leader de la sécession biafraise, Odumegwu Ojukwu, et le chef des troupes fédérales à l'époque, Yakubu Gowon, ou bien entre Ibrahim Babangida et son prédécesseur Mohammed Buhari, arrivé au pouvoir par un coup d'État fin 1983.

La supervision des civils par des militaires ne rassure pas moins les sceptiques du parlementarisme. Et, évidemment, les militaires ne sont pas les derniers à défendre cette position. Après avoir rendu le pouvoir à des civils en 1979, le général Olusegun Obasanjo a ainsi proposé l'établissement d'un

Conseil d'État composé de technocrates où seul le président de la fédération nigériane aurait été un politique élu. De son côté, la junte du général Ibrahim Babangida, au pouvoir de 1985 à 1993, ne s'est pas privée d'exploiter de tels arguments. Sous prétexte de casser les votes ethniques, elle a imposé le bipartisme pour mieux surveiller l'émergence d'une nouvelle classe politique inféodée aux militaires. Et, sous prétexte d'éviter les fraudes électorales, elle a instauré un système de « vote à ciel ouvert », l'*open ballot,* qui lui a permis de contrôler ses clientèles en obligeant les citoyens à défiler en public derrière le candidat de leur choix.

Successeur et ancien numéro deux du général Ibrahim Babangida, Sani Abacha est allé encore plus loin à partir de 1993. À l'étranger, il a d'abord tenté de renforcer sa légitimité internationale en soutenant l'élection d'autres chefs d'États africains issus de l'armée, en l'occurrence au Bénin, au Niger et en Gambie. Soucieux de rompre l'isolement diplomatique de son régime, il a également engagé l'armée nigériane dans des opérations de maintien de la paix, notamment au Liberia et en Sierra Leone. En contrepartie, les États-Unis, qui voulaient se défausser de leurs responsabilités et ne souhaitaient plus intervenir directement en Afrique après l'échec cuisant de l'opération *« Restore Hope »* en Somalie en 1994, ont mis un bémol à leurs critiques de la junte en matière de violations des droits de l'homme. Autre « avantage » : la participation du Nigeria à des formations internationales au maintien de la paix a permis au régime de contourner les menaces d'embargo et de se procurer légalement des armes. Sur le plan intérieur, ensuite, Sani Abacha, qui a longtemps rechigné à rendre le pouvoir aux civils, a organisé pour 1998 des élections où tous les candidats se sont récusés pour lui laisser la place lors d'un simulacre de référendum ; c'est la mort « accidentelle » du dictateur qui a interrompu le processus de légitimation d'un coup d'État par les urnes.

L'élection d'un militaire à la tête du Nigeria devait finalement aboutir dans un contexte de rupture, avec l'arrivée au pouvoir du général à la retraite Olusegun Obasanjo en 1999. Mais il ne s'agissait plus, là, de justifier le maintien d'une junte issue d'un coup d'État, à la différence de Sani Abacha, qui avait pour modèle l'Indonésie du général Mohammed Suharto, ou d'Ibrahim Babangida, qui s'inspirait de l'exemple égyptien (pays à propos duquel il avait commandité une étude politique) parce que l'armée y fournissait les candidats à la présidence tandis que les civils y occupaient le poste de Premier ministre. À partir de 1999, l'instauration de la Quatrième République a vraiment obligé les militaires à la retraite à se prêter au jeu de la compétition électorale avec des civils, à l'instar du général Mohammed Buhari, qui s'est présenté aux présidentielles de 2003, ou de l'amiral Augustus Aikhomu, qui s'est investi dans la formation du vétéran nationaliste Anthony Enahoro, Fourth Dimension Nigeria. Ibrahim Babangida, lui, est toujours suspecté de vouloir revenir au pouvoir et de manœuvrer en sous-main des partis tels que la National Solidarity Association ou National Frontiers, qui ne sont pas enregistrés et auraient pour projet de fonder un vaste National Democratic Party avec le National Progressive Forum d'Olu Falae, candidat malheureux face à Olusegun Obasanjo en 1999...

Le régime Obasanjo : entre faux espoirs et petits arrangements.

À la confluence des réseaux de pouvoir civils et militaires, le président Olusegun Obasanjo, réélu en 2003, incarne parfaitement la communauté d'intérêts entre les politiques et leurs homologues en uniforme. Bénéficiant du soutien des notables du Sud et d'une bonne partie des militaires musulmans du Nord, il s'est empressé, dès 1999, de placer des fidèles aux postes de commandes et a purgé l'armée des éléments les plus compromis avec la dictature Abacha. Sans préjuger de la longévité de son régime, il a surtout réussi à reprendre en main l'institution militaire sous prétexte de la professionnaliser. Les chefs d'état-major des trois armées ont ainsi été renvoyés à leurs foyers parce qu'ils avaient publiquement exprimé des réserves contre les velléités de réforme du Président avec l'appui technique des Américains. Sous la houlette du juge Chukwudifu Oputa, une commission d'enquête sur les violations des droits de l'homme a, pour sa part, achevé de discréditer le discours moralisateur des militaires en dévoilant les bassesses de leurs responsables. Plus connu sous le nom d'Oputa Panel, l'exercice, retransmis en direct à la télévision, a été très suivi par la population.

À la différence de la « commission Vérité » de monseigneur Desmond Tutu en Afrique du Sud, Chukwudifu Oputa n'a certes pas eu le pouvoir de remettre les coupables entre les mains de la justice. Mais il a expressément reçu le mandat d'identifier les responsables de la répression, d'élucider les chaînes de commandement et de déterminer la part d'initiative personnelle et de politique étatique dans les violations des droits de l'homme. À défaut de prévoir des compensations pour les victimes, il a été autorisé à émettre des recommandations au gouvernement en vue de redresser les torts du passé et de prévenir de tels dérapages à l'avenir. Un des principaux mérites de l'Oputa Panel, à cet égard, est d'avoir aidé à détruire l'idée fausse selon laquelle les militaires étaient moins corrompus que les civils. De surcroît, les audiences publiques ont eu un fort impact psychologique en mettant fin au sentiment d'impunité des tortionnaires et en rendant officiels les abus commis du temps des dictatures. Le nom d'Ibrahim Babangida a été cité à propos du meurtre, en 1986, du journaliste Dele Giwa, tandis que les généraux Abdulsalam Abubakar et Ishaya Bamaiyi étaient impliqués à leur corps défendant dans la mort mystérieuse, en prison en 1998, de *Chief* Moshood Abiola, le président dont l'élection en 1993 avait été annulée par les militaires.

Par alliés interposés, le déroulement des débats a d'ailleurs eu pour conséquence de gêner à son tour le président Olusegun Obasanjo, qui a refusé d'obliger ses soutiens politiques dans l'armée à comparaître devant la commission. Certains ont même fini par y voir une manœuvre de déstabilisation et une menace contre la démocratie. De fait, l'Oputa Panel n'empêchera sûrement pas un prochain coup d'État militaire. Mais il privera sans doute l'armée des arguments habituellement employés en pareil cas : l'intégrité morale ou le souci de l'unité nationale. Il rendra également plus difficile la coopération de civils servant à cautionner les prises de pouvoir par la force. Hormis quelques personnalités à la réputation douteuse, les notables du pays pourraient désormais hésiter à se compromettre aux côtés de juntes dépourvues de toute légitimité.

La crainte permanente du coup d'État. Confronté à des revendications salariales dans la police et à des mouvements d'humeur dans l'armée, le gouvernement Olusegun Obasanjo n'est certes pas à l'abri d'un coup de force. Si l'on en croit la base de données publiée en septembre 2003 dans le *Journal of Modern African Studies* pour la période 1956-2001, un coup d'État a 40 % de chances de réussir en Afrique subsaharienne et le Nigeria compte précisément parmi les pays où la probabilité d'une intervention militaire est la plus élevée. En février puis mars 2002, la police a, en l'occurrence, entamé deux grèves du zèle qui ont vite été qualifiées de mutineries et matées par l'armée. Sachant la faible influence politique et le piteux état des forces de l'ordre au Nigeria, l'apparition d'un mystérieux syndicat, la National Union of Policemen, n'aurait sans doute pas inquiété le pouvoir si les demandes en faveur d'une augmentation des soldes n'avaient été relayées par les obscures prétentions révolutionnaires d'un Armed Forces and Police Patriotic Front of Nigeria. L'événement ne paraît pas complètement anodin quand on sait que tous les coups d'États au Nigeria ont été le fait de militaires, et non de policiers.

La contestation au sein de l'armée pourrait devenir particulièrement dangereuse si elle mettait en évidence des clivages récurrents entre les hommes de troupe et la hiérarchie militaire. De pareilles dissensions, il faut le noter, ont motivé le premier putsch du Nigeria, en 1966, et des tentatives de coups d'État en 1976 puis 1990. Le mécontentement de simples soldats a ainsi pu aboutir au renversement de régimes civils, quitte à ce que les officiers de l'état-major s'empressent aussitôt d'écarter du pouvoir des juniors par trop intempestifs.

La question policière, elle, se situe à un autre niveau : par défaut de sécurité, en quelque sorte, puisque les lacunes des forces de l'ordre en matière de lutte contre la criminalité ont incité la population à monter ses propres milices d'autodéfense, soit sur une base ethnique avec l'OPC (Oodua People's Congress) en pays yoruba, soit sur une base marchande avec les *Bakassi Boys* en pays ibo, soit encore sur une base religieuse avec les islamistes qui veillent à l'application de la *charia* en pays haoussa. À l'approche des élections législatives et présidentielles de 2003, ces groupes ont été récupérés par les réseaux politiques en compétition. Dans une fédération comme le Nigeria, les gouverneurs des États réclamaient depuis longtemps des polices locales leur permettant de contrebalancer les ingérences du pouvoir central lorsque leur sensibilité politique ne recoupait pas celle de la majorité présidentielle. Nombre d'entre eux se méfiaient à juste titre de la police nationale, très centralisée et déjà utilisée par la présidence pour écraser l'opposition au moment des élections de 1983. À partir de 1999, la restauration d'un régime parlementaire et la montée en puissance des groupements d'autodéfense ont alors donné aux gouverneurs l'occasion de réaliser des avatars de polices régionales, quoi qu'il en soit, par ailleurs, de la couleur politique des États concernés : AD (Alliance for Democracy) pour l'OPC à Lagos, PDP (People's Democratic Party) et APP (All People's Party) pour les *Bakassi Boys* de l'Anambra et d'Abia respectivement.

Concrètement, les méthodes employées pour museler les dissidences locales ont pu aller jusqu'à l'assassinat politique. En avril 2000, par exemple, les *Bakassi Boys* ont commencé par exécuter un président APP de la collectivité locale de Nnewi South, incitant, par contrecoup, un autre opposant du gouverneur PDP de l'Anambra à se rapprocher de la police nationale pour obtenir de celle-ci le détachement d'unités anti-émeutes en vue de protéger les meetings de sa formation politique. En juillet 2001, les *Bakassi Boys* sont ensuite allés à l'Assemblée de l'État d'Ebonyi rouer de coups un parlementaire de la circonscription d'Umuahia North qui dénonçait leurs agissements au moment où il était question de les légaliser. En octobre 2001, encore, les *Bakassi Boys* intervenaient brutalement pour résoudre un conflit local entre les édiles d'Ishiagu, toujours dans l'État d'Ebonyi...

Les autonomistes de l'OPC, pour leur part, se sont mêlés de politique en attaquant les chefs traditionnels suspectés de trahir la cause yoruba. Le 12 janvier 2002 dans l'État d'Ondo, notamment, ils ont pris d'assaut le palais du « roi » d'Owo, l'*oba,* et ont tenté de le remplacer par un rival qui lui disputait le trône depuis quatre ans : une affaire qui s'est soldée par la mort de 36 personnes. La fièvre nationaliste de l'OPC a également touché les marches de l'ancien empire d'Oyo, à la périphérie de l'aire culturelle yoruba. À la lisière de l'État d'Ondo, l'OPC a soutenu les revendications foncières des Ilaje, un sous-groupe yoruba qui s'était plusieurs fois affronté aux Ijaw à propos de terres riches en pétrole. Dans le Kwara, l'OPC a manifesté pour demander la déposition de l'émir d'Ilorin et l'intronisation d'un *oba,* l'*onilorin,* dans une région enlevée aux Yoruba et conquise par les Haoussa-Peul du Nord au début du XIXe siècle.

Les soutiens régionaux et transethniques de la IVe République. Les affrontements de ce type ne doivent cependant pas laisser l'impression que le pays est au bord de la guerre civile. Malgré son impopularité grandissante et une légitimité compromise par les nombreuses fraudes qui ont entaché sa réélection en 2003, le président Olusegun Obasanjo continue de bénéficier d'une indéniable assise sociale dont la complexité des réseaux clientélistes donne un aperçu. En effet, le pouvoir fédéral ne repose assurément pas que sur un parti politique, le PDP (relativement bien implanté dans le Nord et le Sud-Est), face à l'opposition parlementaire, essentiellement l'AD (issue des mouvements de lutte contre la dictature militaire en pays yoruba) et l'APP (rebaptisé Abacha People's Party parce qu'on y a retrouvé un bon nombre de responsables du précédent régime). La présidence peut aussi compter sur le soutien des chefs traditionnels et des milieux d'affaires qui profitent de ses prébendes. La structuration du champ politique au Nigeria fait ainsi apparaître l'existence d'alliances régionales qui transcendent les clivages ethniques, à l'instar des coalitions Afenifere dans le Sud-Ouest, Ohaneze dans le Sud-Est et Arewa dans le Nord.

En pays ibo, Ohaneze Ndi Igbo, la plus vieille des trois, a en l'occurrence été fondée pendant la Deuxième République par des ministres et des notables proches du NPN (National Party of Nigeria) du président Shehu Shagari, qui, en 1981, s'était brouillé avec le NPP (Nigerian People's Party) de Nnamdi Azikiwe. Son objectif initial était de damer le pion à Nnamdi Azikiwe avec, dans le rôle du « cheval de Troie », l'ancien leader de la sécession biafraise, Odumegwu Ojukwu, revenu d'exil et rallié au NPN. Fin 1983, le retour des militaires au pouvoir a cependant donné à l'organisation une autre tournure en l'affranchissant des querelles partisanes pour en faire un véritable lobby pan-ibo. Après s'être séparée de l'ambitieux Ojukwu, qui, se voyant conférer le titre traditionnel *d'ezeigbo,* avait eu des prétentions à devenir le « patron » des Ibo, la plate-forme régionale a milité en faveur d'une confédéralisation du Nigeria lors des négociations constitutionnelles de 1995. La restauration d'un régime parlementaire en 1999 lui a alors permis de porter cette revendication sur la place publique à travers la voix des gouverneurs des cinq États ibo, qui ont cherché à obtenir le soutien de leurs homologues des régions côtières pour contester l'hégémonie du pouvoir central.

Regroupement assez hétéroclite de chefs traditionnels, de politiciens, de hauts fonctionnaires et d'hommes d'affaires, l'association pan-yoruba Afenifere a, pour sa part, été créée par Bola Ige le 18 janvier 1993. Ancien gouverneur UPN (Unity Party of Nigeria) pendant la Deuxième République, ce dernier n'a pas caché les ambitions politiques d'un cercle de réflexion favorable à l'élection du président Moshood Abiola et opposé à la dictature du général Sani Abacha. S'inspirant du modèle de la *Fabian Society* et des travaillistes britanniques du XIXe siècle, Afenifere, qui signifie « groupe d'action » en yoruba, a repris à son compte les idéaux progressistes de l'AG (Action Group), le grand parti politique d'Obafemi Awolowo dans la région Ouest à l'indépendance. À l'instar du « Rassemblement pour l'unité », Egbe Imole, qui avait marqué l'UPN pendant la Deuxième République, et du « Club pour la promotion des Yoruba », Egbe Ilosiwaju Yoruba, qui avait infiltré le SDP (Social Democratic Party) à travers un Council for Unity and Understanding d'apparence plus transethnique pendant la Troisième République, Afenifere a participé de près à la formation de l'AD en 1999. Mais l'association n'a pas empêché la discorde de régner au sein du camp yoruba. Certains l'ont accusée d'avoir usurpé l'héritage et le nom de l'AG. D'autres lui ont reproché de ne pas avoir su prévenir la montée en puissance des milices de l'Oodua People's Congress, ainsi appelé à la fois par référence au mythique ancêtre fondateur de la nation yoruba et à la « Société des descendants d'Oduduwa », Egbe Omo Oduduwa, qui devait donner naissance à l'AG en 1951.

L'Arewa Consultative Forum, lui, est le dernier venu sur la scène politique. Il a justement été créé en réaction à la dérive xénophobe de l'OPC, peu après des heurts entre Yoruba et Haoussa dans la banlieue de Ketu, à Lagos, en novembre 1999. À la différence d'Afenifere ou d'Ohaneze, organisations plus homogènes et moins transethniques, l'Arewa Consultative Forum fait figure de véritable lobby régional au sens géographique du terme. Le mot *arewa,* le « nord » en haoussa, n'est d'ailleurs pas sans rappeler l'appellation vernaculaire du NPC (Northern People's Congress) d'Ahmadu Bello à l'indépendance, le Jamiyyar Mutanem Arewa, qui avait vocation à réunir sous sa coupe des Haoussa et des Peul aussi bien que des Kanouri et des Gwari. De façon significative, la présidence de l'Arewa Consultative Forum a été confiée à un chrétien de la *Middle Belt,* Yakubu Gowon, qui avait déjà dirigé le pays et représenté les intérêts des élites musulmanes du Nord pendant la guerre du Biafra. Sous la coupe de Mohammed Dikko Yusufu, un opposant à la dictature du général Sani Abacha, l'association ne se bat pas pour une application intégrale du droit coranique, la charia, et se distingue de l'Arewa People's Congress, banni par Olusegun Obasanjo et essentiellement composé de partisans d'un retour au pouvoir de l'armée, à commencer par le général Haliru Akilu, un ancien responsable des services secrets militaires du régime Ibrahim Babangida entre 1985 et 1993.

Les réseaux de pouvoir locaux. Parallèlement aux trois principaux partis qui dominent la vie politique, ces coalitions régionalistes ont chacune leurs entrées au pouvoir et mettent en évidence l'importance des associations de natifs qui continuent *de facto* à mailler le pays profond en dépit du traumatisme de la crise biafraise et de l'apparente condamnation du tribalisme par les élites politico-militaires. Dans le Sud, en particulier, les unions tribales s'avèrent plus proches du lobby ethnique que du simple club de notables. Assurant le lien entre la ville et la campagne, elles promeuvent des solidarités lignagères à travers les flux migratoires des ruraux et les échanges commerciaux d'agricultures vivrières qui, à défaut de se développer en cultures d'exportation, demeurent une importante source d'approvisionnement pour les centres urbains. En agglomération, des organisations telles que la Ligue pour le progrès ou le Mouvement pour la défense des droits et des libertés du peuple de Calabar ont certes pu, en leur temps, transcender les affiliations tribales et défendre des intérêts communaux. Mais la plupart ont, dès l'origine, affiché une coloration ethnique prononcée, qu'il s'agisse de l'Efik National League (fondée en 1920), de l'Ijesha Improvement Society (1922), de l'Ibibio Welfare Union (1927), de l'Ijaw People's League (1941), de l'Oron Union (1942), de la Qua Progressive Union (1943) ou de l'Andoni Progressive Union (1949). Le coup d'État militaire de 1966 ayant officiellement interdit les unions tribales, les associations de natifs ont ensuite perduré sous la forme de sociétés religieuses, sportives, féminines, éducatives et culturelles. La restauration de régimes parlementaires en 1979, 1993 et 1999 leur a donné l'occasion de revenir officiellement sur le devant de la scène, quitte à moderniser leur discours avec un vernis indigéniste ou écologiste susceptible d'emporter l'adhésion des défenseurs des droits de l'homme et des lobbies verts en Occident. La nouvelle génération d'unions tribales n'en est pas moins restée engoncée dans des logiques de terroir. Lancé par l'écrivain Ken Saro-Wiwa en 1990, le Mosop (Movement for the Survival of Ogoni People), par exemple, ne s'est battu que pour la « survie du peuple ogoni », ce qui explique d'ailleurs son incapacité à dépasser un cadre géographique restreint et à rallier les autres populations du delta à la lutte contre les compagnies pétrolières ou les militaires. Quant à l'Ijaw National Congress, l'article 7 de sa Constitution, qui date de 1993, a donné une définition purement biologique de l'appartenance ethnique. Au nom du droit du sang dans une société patrilinéaire, seules les femmes mariées à un Ijaw pouvaient être « naturalisées » *(sic)* au sein du groupe.

Aujourd'hui, les associations de natifs, dans toutes leurs limites et leurs fragilités, révèlent une triple dimension politique : elles constituent des lobbies électoraux ; elles défendent des intérêts locaux ; elles fournissent des services sociaux que l'État est incapable d'assumer. Si la répression des militaires a pu contrecarrer les efforts d'organisation de la société civile, la crise économique a en effet obligé la population à recourir à des structures informelles ou caritatives qui ont permis aux élites locales de consolider leurs clientèles. Dans le Nord musulman, l'*establishment* de la Société pour la victoire de l'Islam (JNI) a ainsi fondé une association d'aide aux pèlerins nigérians à La Mecque, tandis que les fondamentalistes Izala se dotaient d'une branche humanitaire sous la forme de secouristes dits *yan agaji* (« les secouristes »). Plus traditionnelles, les confréries soufies – à savoir la Qadiriyya et la Tijaniyya essentiellement – ont aussi joué un rôle caritatif avec des financements qui provenaient surtout des donations de leurs membres, plutôt que de lointains pays arabes.

Les milieux marchands, très présents dans les confréries, n'ont pas été en reste et leurs efforts ont pris un aspect plus corporatiste et religieux que dans le Sud, en proie à des rivalités d'apparence ethnique. Placée sous le signe du triangle *daula gyada,* une pyramide d'arachides symbolisant la prospérité agricole de la région, la Kano State Foundation a par exemple été lancée par un riche homme d'affaires, Aminu Dantata. Elle a commandité la construction d'écoles secondaires, posé les bases d'une banque islamique, commercialisé la production agricole, secouru les victimes des catastrophes naturelles et soutenu l'actionnariat populaire lors de la privatisation des entreprises publiques. Après avoir fait appel à des donateurs privés, la fondation s'est rapidement financée grâce aux revenus de ses investissements et de ses prises de participations dans les entreprises locales : la culture de céréales dans le bassin de la rivière Hadejia Jama'are, une usine de chaussures sous les auspices des artisans de la Bagauda Alheri Association, les activités commerciales de la Kano Traders' Multi-purpose Co-operative Society, etc.

Dans le Sud à dominante chrétienne, Églises et mouvements ethno-culturels ont également mené des œuvres sociales. Pour élargir sa base et venir au secours des victimes de la répression militaire, le Mosop s'est doté d'un Ogoni Relief and Rehabilitation Fund. Des unions tribales plus anciennes n'ont pas non plus caché leurs ambitions en matière de développement, à l'image de l'Ibibio State Union, dont la devise était : « Amour, unité, coopération, dévouement, indépendance » ! Les efforts se sont notamment portés sur le plan éducatif et sanitaire, avec, en l'occurrence, la construction de dispensaires ruraux puis d'une clinique privée, l'Ibibio State Hospital, à Ikot Okoro dans le district d'Abak. Après l'interdiction des associations ethniques en 1966, les entreprises économiques des unions tribales ont pu perdurer sous la forme de coopératives qui ont vite dépassé le demi-million d'adhérents et dont le nombre officiel est passé de 821 en 1951 à 10 591 en 1976. À la différence de l'Afrique francophone, où les sociétés de prévoyance avaient été légalisées sous le contrôle de l'État et du Code de commerce en 1947 puis 1955, ces coopératives ont bénéficié du statut d'association à but non lucratif en vertu d'une ordonnance coloniale de 1935. À ce titre, elles ont continué à fournir des prestations sociales qui ont pallié les insuffisances du service public.

En contribuant à affirmer des identités ethniques, les *State Unions* (les associations de natifs) du sud du Nigeria ont aussi été, à leur manière, les précurseurs du fédéralisme car elles ont milité en faveur de leur propre entité administrative : d'abord des provinces, puis des États fédérés. Leur changement de nom au sortir de la Seconde Guerre mondiale est significatif. En 1948, par exemple, l'Ibibio Union devenait l'Ibibio State Union ; et l'Ibo Union, l'Ibo State Union. Inaugurée le 28 avril 1928 à Uyo, aujourd'hui capitale de l'Akwa Ibom, dans une région qui, à l'époque, recensait déjà plus d'une centaine d'unions tribales autour de Calabar, l'Ibibio Union constitue un prototype en la matière. C'est une des plus vieilles associations du genre au Nigeria et son projet d'État a mis près de soixante ans pour aboutir, en 1987. Fondée en 1942 et dominée par les Ijaw, la Rivers State Union, elle, a dû attendre vingt-cinq ans pour obtenir la création d'un État des Rivières à la veille de la guerre du Biafra, en 1967. Vivier d'élites, ces unions tribales tissent en quelque sorte la trame de fond des activités politiques qui, au niveau le plus local, déterminent les alliances régionales et nationales. À partir de 1999, la Quatrième République voit ainsi des personnalités de premier plan se disputer le contrôle des organisations ethno-culturelles, tels le président du Sénat, Anyim Pius, et le gouverneur de l'État d'Ebonyi, Sam Egwu, à propos de l'Ishiagu Community Development Union dans l'est du pays ibo.

Pour leur part, des figures parmi les plus en vue des unions tribales de la Première République conservent toute leur influence en jouant un rôle d'éminences grises auprès des gouvernants du jour. Il existe par exemple une filiation directe entre un bon nombre d'édiles de l'Akwa Ibom aujourd'hui et le sénateur Udo Udoma, président de l'Ibibio Union de 1947 à 1961, ou entre le chef de la Rivers State Union, Harold Dappa Biriye, et Melford Okilo, premier gouverneur élu de l'État des Rivers en 1979. Aux élections locales de décembre 1998, ce dernier forme d'ailleurs un éphémère National Solidarity Movement qui se situe dans la droite lignée du NDC (Niger Delta Congress), la branche politique de la Rivers State Union dans les années 50. Le National Solidarity Movement, qui remporte quelques collectivités locales à cette occasion, a le soutien explicite de l'Ijaw National Congress, dont la charte constitutive interdit théoriquement à ses membres d'adhérer à une formation politique sans, d'abord, démissionner de l'organisation : une contradiction qui n'est pas sans rappeler les ambiguïtés des unions tribales vis-à-vis des partis nationalistes à l'indépendance...

Les forces de l'invisible. Les réseaux clientélistes du pouvoir politique dévoilent ainsi en filigrane des structures parallèles qui n'apparaissent pas dans l'organigramme officiel de l'administration nigériane. Aux yeux d'une société imprégnée de sorcellerie, il ne fait nul doute qu'il existe aux côtés de l'appareil d'État, ou directement dedans, des cénacles invisibles où se régleraient les plus hautes affaires de la nation. Confréries religieuses dans le Nord musulman et sociétés secrètes dans le Sud jouent en quelque sorte le rôle que les services occidentaux ont voulu prêter aux cellules communistes du temps de la guerre froide, avant que les islamistes ne viennent remplacer la menace soviétique. Aussi irrationnels soient-ils, les divers marabouts, prophètes, cheikhs et prêtres qui interagissent avec les hommes de pouvoir obligent à étudier l'influence des forces de la magie, à en analyser les mécanismes sociaux et à en comprendre la portée politique, en particulier au regard de la puissance de la rumeur.

De fait, le président Obasanjo en personne n'a pas complètement renoncé à de telles croyances, lui qui a d'abord suivi une éducation yoruba traditionnelle avant de s'engager dans la carrière militaire. En 1986, par exemple, il recommandait publiquement à la presse l'utilisation des armes de la magie *juju* en vue de vaincre le régime d'apartheid en Afrique du Sud ; les guérisseurs yoruba devaient d'ailleurs reprendre à leur compte sa déclaration pour demander des subventions gouvernementales dans leur lutte contre les esprits du mal ! Candidat malheureux aux élections présidentielles de 1999, le Yoruba Olu Falae a, pour sa part, accusé Olusegun Obasanjo d'appartenir à la société secrète des Ogboni, qui intronisait et enterrait les rois d'Oyo autrefois et qui a pris les apparences d'une sorte de franc-maçonnerie chrétienne pendant la colonisation.

À dire vrai, le pays yoruba n'est pas le seul à connaître de pareilles formes d'organisations politiques souterraines. De la même façon que la Fraternité Ogboni a été accusée d'avoir influencé l'AG à l'indépendance, les adeptes du culte Owegbe ont été suspectés d'avoir infiltré le NCNC (National Council for Nigeria and the Cameroons) du président Nnamdi Azikiwe en pays edo, autour de la ville de Benin. Plus à l'est encore, on trouve aussi les sociétés secrètes Okonko chez les Ibo, Ozo chez certains Ijaw d'Asaba, Ekpo Nyoho chez les Ibibio d'Uyo et Ekpe chez les Efik de Calabar. On peut bien sûr douter de leur poids politique. Autrefois, la peur qu'inspirait le secret permettait le maintien de leur autorité, qui prenait tout son sens au moment des mascarades, lors des cérémonies religieuses. Aujourd'hui, les masques de ces parades sont fabriqués en série et vendus aux touristes à Oshogbo, en pays yoruba, ou dans les petites cahutes en bordure de la route d'Ikot Ekpene, en pays ibibio. Relativement affranchis de la chefferie coutumière, des cultes initiatiques de type moderne et mafieux n'en ont pas moins pris le relais, notamment sur les campus universitaires où les sociétés secrètes étudiantes (les *cultists*) sont suspectées d'avoir été lancées par les enfants de l'élite militaire et civile au pouvoir, quitte à entretenir des liens avec des organisations plus anciennes comme la Fraternité Ogboni Réformée.

La persistance de telles structures officieuses ne menace sans doute pas la transition démocratique au Nigeria. Mais elle témoigne d'une criminalisation des pratiques politiques qui a résisté à tous les changements de régime depuis le boom pétrolier des années 70. Les sociétés secrètes avaient autrefois une fonction disciplinaire. Aujourd'hui, elles apparaissent plutôt comme des franc-maçonneries dévoyées et destinées à capter les prébendes de l'État et à favoriser les carrières. De la même façon que les confréries soufies défendent les intérêts économiques de l'*establishment* musulman du Nord, les sociétés secrètes du Sud participent au grand découpage du « gâteau national » nigérian. Plus ou moins informelle, la redistribution par la corruption des ressources publiques, essentiellement la manne pétrolière, conforte finalement les groupes de pression qui n'hésitent pas à employer ou à cautionner la violence pour parvenir à leurs fins. De ce point de vue, l'État nigérian semble bien avoir entériné, voire institutionnalisé, la prédation comme une forme « normale » de lutte politique. Les pouvoirs publics savent désormais gérer des niveaux de violence élevés sans aller jusqu'à l'explosion sécessionniste.

Pour en savoir plus

Fayemi J'Kayode, « Entrenched Militarism and the Future of Democracy in Nigeria », dans Kees Koonings et Dirk Kruijt (dir.), *Political Armies*, Londres, Zed Books, 2002.

Marc-Antoine Pérouse de Montclos, « Ordre et sécurité urbaine au Nigeria : qui fait la police ? », dans Laurent Fourchard et Isaac Olawale Albert (dir.), *Sécurité, crime et ségrégation dans les villes d'Afrique de l'Ouest du XIXe siècle à nos jours*, Karthala, 2003.

Marc-Antoine Pérouse de Montclos, « Pétrole et sécurité privée au Nigeria : un complexe multiforme à l'épreuve du "syndrome de Monaco" », *Cultures et conflits*, n° 52, hiver 2003.

Jimi Peters, *The Nigerian Military and the State*, Londres, Tauris Academic Studies, 1997.

Internet

www.nigeriaworld.com
Site d'informations générales.

www.ngrguardiannews.com
www.newswatchngr.com
Site de journaux.

www.biafraland.com/massob.htm
www.biafranigeria.com
Site des partisans d'une indépendance du Biafra.

www.globalsecurity.org/military/world/para/yoruba.htm
Site des partisans d'une autonomie du pays yoruba avec l'Oodua People's Congress.

Superficie : 28 051 km²
Population : environ 530 000 habitants. Certaines estimations évoquent 1 million d'habitants
Composition ethnique : Fang (à près de 90 %), Bubi (environ 10 %), Fernandinos
Religions : catholiques à plus de 80 %, persistance de pratiques animistes

Guinée équatoriale

La Guinée équatoriale est un étrange pays par bien des aspects. Unique pays d'Afrique subsaharienne hispanophone, à la géographie aberrante et à l'histoire contemporaine sanglante (dictature de Macias Nguema), ce territoire est géré depuis son indépendance par le même clan familial, qui en a fait, au propre et au figuré, sa petite entreprise. Mais cette « PME étatique », tolérée par la communauté internationale, s'est transformée depuis le milieu des années 90 en émirat pétrolier, suscitant bien des convoitises. Le « dernier de la classe », considéré avec condescendance par ses voisins, s'est retrouvé doté de moyens financiers conséquents et d'ambitions à l'échelle régionale, pour le plus grand déplaisir des « cadors » du golfe de Guinée et de l'Afrique centrale. Dans ce contexte, la conservation du pouvoir et le contrôle de la rente pétrolière, alors que se profile la succession de l'actuel président, qui souffre depuis plusieurs années d'une grave maladie, sont sources de tensions au sein du clan aux affaires. Fils et oncles aspirent au pouvoir et pourraient s'entredéchirer, à moins qu'un « cousin », aux ambitions bien affirmées, ne mette finalement tout le monde d'accord, *manu militari*.

UN CONCENTRÉ D'EXOTISME GÉOPOLITIQUE

Une géographie singulière. La Guinée équatoriale est un agrégat de « confettis coloniaux » laissés à l'Espagne par les grandes puissances européennes lorsque celles-ci se partagèrent le continent noir, dans la seconde partie du XIXe siècle. Il en résulte aujourd'hui une entité étatique artificielle, façonnée par les aberrations de l'histoire et de la géographie coloniales. Le pays se compose de trois morceaux éclatés sur des centaines de kilomètres dans le golfe de Guinée, une partie continentale et deux ensembles insulaires très distincts :

– le Rio Muni, encore appelé Mbini (26 000 km²), sorte de coin enfoncé aux jointures du Cameroun et du Gabon, peuplé de Fang, ethnie forestière qui constitue plus de 90 % de la population équato-guinéenne et dont la zone de peuplement s'étend au-delà des frontières du Cameroun, du Gabon et jusqu'au nord du Congo-Brazzaville ;
– l'île volcanique de Bioko (2 017 km² et environ 100 000 habitants, anciennement appelée Fernando Poo), située à une trentaine de kilomètres au large de Douala, longtemps réputée pour la qualité de son cacao et désormais entourée d'abondants gisements *off shore* ;
– l'îlot d'Annobon (17 km²), au sud de l'archipel de Sao Tomé et Príncipe.
Il va sans dire que la « continuité territoriale » de ce pays éclaté est loin d'être évidente et constitue un handicap structurel majeur pour sa bonne gouvernance. Des rapports complexes lient le Rio Muni à Bioko, reposant davantage sur des antagonismes que sur des complémentarités. Bioko concentre richesses économiques (cacao jadis, pétrole aujourd'hui) et primauté politique (siège des institutions) alors que le Rio Muni, vaste quadrilatère recouvert de jungle à plus de 90 %, ne disposait – jusqu'à aujourd'hui – que de ses ressources en bois rares et de sa suprématie démographique, permettant aux Fang de contrôler le pouvoir et la rente étatique, depuis l'indépendance. Cette primauté leur a permis de mener à bien une « fangisation » progressive de Bioko, au détriment de sa population autochtone, composée de Bubi et de Fernandinos. La vie politique et économique s'organise ainsi autour des deux seuls centres urbains du pays : Malabo, sur l'île de Bioko, la capitale historique et économique, et Bata, sur le continent, en pays fang, que le régime aimerait bien voir supplanter la grande ville insulaire.

Une indépendance dramatiquement ratée. La situation qui prévaut actuellement en Guinée équatoriale résulte, pour une bonne part, du ratage calamiteux de l'indépendance, acquise le 12 octobre 1968. Sous la férule de l'Espagne franquiste, le territoire connaissait alors une relative prospérité. Le secteur agricole, dynamisé par la présence d'environ 6 000 colons espagnols, était performant, fournissant cacao, café et bois précieux à l'Espagne. Le réseau de missions catholiques permettait à la population africaine de bénéficier – à l'époque – d'un taux d'alphabétisation parmi les plus élevés du continent. Autant de facteurs qui laissaient augurer une évolution du territoire sur le modèle ivoirien d'alors, à condition qu'il trouvât son Houphouët-Boigny. Ce ne fut pas le cas. Au contraire, le pays se choisit comme « Père de la nation » un ancien petit fonctionnaire colonial, Francisco Macias Nguema, qui n'allait pas tarder à se transformer en un tyranneau sanguinaire de la pire espèce et à plonger son pays dans une décennie de régression et de répression.
Son virage vers la dictature s'effectue au lendemain d'une tentative de coup d'État, fomentée en février 1969 par des personnalités pro-espagnoles. Une sévère répression s'abat alors sur les élites dirigeantes. Macias Nguema rompt dans la foulée avec l'Espagne, occasionnant le départ massif des milliers d'expatriés espagnols. Pour compenser, il se rapproche de pays communistes : l'URSS, Cuba et la République populaire de Chine. Il nationalise les plantations et ordonne le départ de la main-d'œuvre nigériane installée à Bioko qui assurait la prospérité du secteur agricole. L'économie s'effondre : la production de cacao chute de 40 000 tonnes en 1968 à 4 000 tonnes dix ans plus tard. Les effets de cette politique brutale et malhabile sont aggravés du fait d'une gestion clanique de la rente étatique, les principaux postes de responsabilité dans les domaines économique et sécuritaire revenant à des parents ou à des proches, tous issus de son clan esangui, originaires de son village natal de Mongomo, en pays fang, près de la frontière avec le Gabon. De telles pratiques suscitent en réaction un mécontentement croissant auquel le régime répond par une répression sanglante : des milliers de morts (de 5 000 à 10 000 selon les sources) et plus de 100 000 exilés en Espagne et surtout dans les pays voisins (Gabon, Cameroun), chiffres considérables pour une population d'environ 300 000 personnes à l'époque.
La descente aux enfers que subit l'ancienne colonie espagnole tout au long de la décennie 70 constitue un modèle du genre, comparable aux exactions commises à la même période par Idi Amin Dada en Ouganda ou par l'empereur-président Bokassa en Centrafrique. Les délires paranoïaques de Macias Nguema ayant atteint de telles proportions et commençant à faire sentir leurs ravages y compris dans les rangs du clan dominant, un « conseil de famille » en arriva à la conclusion qu'il fallait se débarrasser de lui, ce qui fut fait le 3 août 1979, au terme d'une révolution de palais perpétrée par un de ses neveux, le colonel Teodoro Obiang Nguema, commandant des forces de sécurité. Incarcéré dans un premier temps, l'ex-dictateur fut finalement exécuté quelques mois plus tard.

Une « affaire de famille ». Le nouveau chef de l'État mit un terme aux excès les plus sanguinaires du régime de son oncle (arrêt des exécutions sommaires et des représailles aveugles, amnistie pour les exilés, disparitions des pratiques les plus aberrantes). Le régime, sans se départir de ses anciennes alliances « progressistes » (Cuba, Corée du Nord, Chine populaire), s'ouvre vers l'Ouest (rapprochement avec la France, illustré par l'adhésion à la zone franc et l'instauration du français comme seconde langue officielle, et surtout avec les États-Unis, plus exactement le Texas, devrait-on dire, du fait de la question pétrolière). Le président Obiang se garde bien, surtout, de toucher à la pierre angulaire du régime de Macias Nguema : l'omnipotence du clan de Mongomo. Seuls des réajustements familiaux se produisent, permettant à une nouvelle génération d'accéder au pouvoir. La gestion du pays se caractérise toujours par le tribalisme, le népotisme, l'arbitraire, et souvent l'incompétence, sur fond de corruption maximalisée. Le clan de Mongomo contrôle depuis plus de trente ans tous les principaux postes au sein de l'appareil sécuritaire et les postes clefs en matière de gestion de la rente (mines, énergie, forêts...). La Guinée équatoriale offre un exemple quasi caricatural de gestion patrimoniale de l'État, mobilisant pour assurer la pérennité du système un maximum d'oncles, de cousins, de fils du Président. Parmi les figures centrales du « premier cercle » du président Obiang, citons son frère cadet, Armengol, surnommé *El Mono*, (« le Diable »), longtemps directeur-général de la sécurité présidentielle, actuellement général de division, homme clef du dispositif sécuritaire mais en passe d'être suppléé en douceur par deux puissants « sécurocrates » comme le général Antonio Mba Nguema (demi-frère du Président, ancien directeur-général de la sûreté nationale et actuel ministre de la Défense) et le colonel Manuel Nguema Mba, alias *El Nervio* (« l'Esprit qui guide »), oncle du Président et ministre de la Sécurité nationale dans le gouvernement nommé en juin 2004. Ce rapide tour d'horizon ne serait pas complet sans évoquer la nouvelle génération et en particulier les deux fils du Président. Teodoro Nguema Obiang, (alias Teodorino), son fils aîné, contrôle la « filière bois » en tant qu'actuel ministre en charge de l'Agriculture, la Forêt et la Pêche. Député de Bata, il fait office de « vice-roi » au Rio Muni et est connu pour ses frasques souvent ruineuses (ses goûts pour les belles voitures, les jolies femmes, le rap et le hip hop – il est même propriétaire d'une petite compagnie discographique californienne). D'aucuns le pressentent comme le mieux placé pour remplacer son père, à terme, même s'il convient de ne pas oublier son frère cadet, Gabriel Mbegha Obiang Lima, en passe de devenir l'homme fort de la « filière pétrole » (ancien secrétaire d'État aux Hydrocarbures au début des années 2000, nommé vice-ministre des Mines, de l'Industrie et de l'Énergie dans le gouvernement mis en place en juin 2004). Ce premier cercle familial est renforcé par force demi-frères, cousins, neveux, gendres et membres de la belle-famille, occupant toutes sortes de fonctions dans l'appareil sécuritaire ou l'administration économique. À titre d'exemple, la sœur aînée de l'épouse du président Obiang est l'inamovible secrétaire d'État à la Coopération internationale depuis des années. Ayant mis le pays en coupe réglée, le clan allait, à partir de la fin des années 80, transformer la Guinée équatoriale en une sorte de narco-État, profitant des libertés offertes par l'immunité diplomatique pour transformer le pays en plaque tournante du trafic de cocaïne entre l'Amérique latine et l'Europe (une quinzaine de responsables équato-guinéens seront, à cette époque, impliqués dans diverses affaires de drogue dans plusieurs pays occidentaux), avant que les miracles de la géologie n'en fassent une pétro-république.

UN HORIZON APPAREMMENT RADIEUX MAIS PONCTUÉ D'INCERTITUDES

Une marche à reculons vers la démocratie. L'évolution générale de l'Afrique au cours des années 90 (discours de La Baule, « Renaissance africaine », souffle démocratique, « bonne gouvernance »...) s'accommodait assez mal des pratiques népotiques du clan de Mongomo. Sous la pression des bailleurs de fonds, le régime s'est engagé dans une tentative d'adaptation aux temps nouveaux : le multipartisme fut instauré dès janvier 1992 (au lendemain de la visite du Premier ministre socialiste espagnol Felipe González) et des élections, se voulant libres, transparentes et honnêtes, furent organisées à compter de novembre 1993. Ce scrutin législatif et les élections qui suivirent (municipales de septembre 1995, présidentielle de février 1996, législatives de mars 1999, municipales de mai 2000, présidentielle de décembre 2002, législatives et municipales d'avril 2004) furent toutes remportées haut la main par l'ancien parti unique, le PDGE (Partido democrático de Guinea Ecuatorial – Parti démocratique de Guinée équatoriale). Elles furent tout aussi systématiquement contestées, dans leurs déroulements et leurs résultats, par les partis d'opposition, en raison d'une accumulation d'anomalies et de fraudes. Il est vrai que l'observation des pratiques électorales en Guinée équatoriale offre un condensé de ce qui se fait de pire dans le domaine : de la non-publication des listes électorales à l'intimidation des candidats de l'opposition, en passant par l'interdiction de candidature dans certaines régions du pays (par exemple à Mongomo, le fief du Président) ou par la généralisation du vote en public (absence de tout isoloir et de tous autres bulletins de vote que ceux du PDGE). Avec de telles pratiques, rien d'étonnant que le PDGE ait largement triomphé à chaque scrutin, avec des scores impressionnants, face à une opposition faible et divisée. D'autant qu'une partie de cette opposition, regroupée lors des dernières élections au sein d'une « coalition électorale » est totalement soumise au régime et n'exprime plus qu'une pseudo-opposition, récompensée par une distribution de prébendes et de « miettes » de pouvoir, sous forme de quelques portefeuilles ministériels secondaires ou de sièges parlementaires. Dans un tel contexte, la démocratisation affichée n'est que de façade, sorte d'exercice de style imposé de l'extérieur et nullement souhaité par le régime, qui multiplie les manœuvres pour en réduire la portée. Aucune réforme de fond n'a été sérieusement envisagée en faveur d'une ouverture et d'une libéralisation effective du pouvoir. Une répression permanente a frappé ces quinze dernières années les différentes formes d'opposition (les démocrates, les minorités ethniques, comme les Bubi, mais aussi les réformateurs du clan de Mongomo). Au regard d'une décennie de « fausse libéralisation », le sentiment prévaut que le pays a fait – au mieux – du surplace, voire a régressé, dans son évolution démocratique, et qu'un retour *de facto* à un régime de parti quasi unique s'est produit, compte tenu de la faiblesse intrinsèque de l'opposition.

Cette gestion patrimoniale et autoritaire du pays ne semble pas près de prendre fin, les appétits de pouvoir du clan dominant étant décuplés par la question de la manne pétrolière qui a surgi dans le pays depuis le milieu des années 90, question qui ne devrait pas cesser de se poser à l'avenir, la petite Guinée équatoriale étant devenue le 3e producteur d'Afrique subsaharienne, derrière des géants comme le Nigeria et l'Angola.

Une manne pétrolière potentiellement déstabilisante. La découverte de pétrole *off shore* au large de Bioko remonte au début des années 80. Ceci n'avait rien d'étonnant, la Guinée équatoriale se situant entre les gisements découverts, dès les années 60, dans le delta du Niger et ceux situés au large du Gabon. Mais c'est en 1991 que se confirment les potentialités pétrolières du pays, avec la découverte par une petite compagnie américaine du champ d'Alba. Dès lors, la Guinée équatoriale va connaître une véritable *success story* : de nouveaux gisements *off shore* vont être découverts (Zafiro, Cega, Estrella...), attirant de grands noms de l'industrie pétrolière, principalement américains (ExxonMobil, Amerada Hess, Chevron Texaco, Marathon Oil...). La production ne cesse de croître (estimée à plus de 400 000 barils par jour en 2004, soit bien au-dessus de celle des voisins gabonais et congolais), dopant l'économie. La Guinée équatoriale a connu des taux de croissance record dans les années 90 (hausse de 40 % en 1996, de 50 % en 1997) qui se maintiennent au-dessus du seuil des 20 % dans les années 2000). Le pays a opéré en moins d'une décennie une formidable mutation économique. De 1995 à 2000, le PIB s'est accru de 400 %, l'ensemble des agrégats macroéconomiques connaissant une embellie similaire. Le PIB dépasse désormais les 4 500 dollars américains par habitant, mais cette manne pétrolière s'avère particulièrement mal répartie, à peine 2 % de la population en profitant pleinement selon certaines études du FMI. Le pays est devenu un chantier permanent (programmes d'aménagement urbain à Malabo et à Bata, extension du réseau d'électricité dans tout le pays, travaux d'infrastructures divers, projet d'industrialisation), mais sans que la population n'en tire de véritables bénéfices dans sa vie quotidienne. En dépit de certains engagements pris par le régime à la demande des bailleurs de fonds (annonce à l'été 1999 de la création d'un comité de surveillance chargé d'assurer la transparence et l'efficacité de l'utilisation des revenus ainsi que d'un fonds de réserve pour les générations futures), la gestion de la rente pétrolière se caractérise par une forte opacité et la primauté du « fait du prince ». Jusqu'en 2001, les statistiques exactes de production n'étaient jamais rendues publiques et les revenus pétroliers n'étaient pas intégralement pris en compte dans le budget de l'État. Cette gestion patrimoniale au bénéfice exclusif du clan dirigeant et la richesse de plus en plus ostentatoire que ses membres affichent, combinées au manque d'ouverture politique, ne pouvaient susciter que mécontentements et frustrations au sein de la population. Ceci est particulièrement vrai chez les Bubi de Bioko, qui ont le sentiment de se faire voler la manne pétrolière *off shore* produite dans leurs eaux au bénéfice principal des Fang continentaux. Par ailleurs, l'afflux de nombreux immigrés ouest-africains, surtout Nigérians et Camerounais, attirés par l'eldorado équato-guinéen, a suscité des phénomènes de xénophobie au sein de la population, qui craint de se voir, à terme, submerger par des étrangers. L'affaire des mercenaires, en mars 2004, a permis, dans la foulée, d'expulser massivement des immigrés africains, principalement des Camerounais, dont plus de 1 500 ont été chassés *manu militari* dans des conditions totalement déplorables, provoquant une crise diplomatique entre Malabo et Yaoundé. Mais c'est surtout au sein de la société équato-guinéenne, et du clan même au pouvoir, que l'afflux actuel de pétrodollars s'avère très déstabilisant. Le contrôle des centaines de millions de dollars (au minimum 700 millions rien que pour 2003) ou de milliards de francs CFA générés par le pétrole suscite des tensions au sein du clan de Mongomo, alors que de nombreuses interrogations planent sur la santé du président Obiang Nguema et que certains n'hésitent plus à poser la question de sa succession, perspective qui attise bien des ambitions parmi ses proches.

Une succession convoitée. Un *jefe* apparemment déclinant, des montagnes de pétrodollars, un pouvoir autoritaire solidement en place et nullement menacé par une opposition aussi faible que divisée : autant de facteurs suscitant bien des convoitises chez plusieurs membres du clan de Mongomo, qui se verraient bien prolonger la saga familiale à la tête de l'État. La question est de savoir qui, parmi les oncles, les cousins ou les fils de l'actuel président, raflera la mise, et dans quelles conditions cette accession au pouvoir se produira-t-elle : suscitera-t-elle seulement quelques grincements de dents de la part des postulants recalés ? ou provoquera-t-elle une véritable querelle de famille, susceptible de déboucher sur un bain de sang ? Nombre d'observateurs pronostiquent un duel serré entre l'oncle, Armengol, le frère cadet de l'actuel président, le chef de la sécurité présidentielle, et Teodorino, le remuant fils aîné du président Obiang, qui se heurte à l'hostilité d'une partie de l'appareil sécuritaire du régime et traîne quelques casseroles qui pourraient se révéler difficiles à porter. La compétition n'en est qu'à ses prémices. Longtemps limité à des joutes à fleuret moucheté, l'affrontement à venir commence à devenir perceptible au grand jour, avec ses premières victimes, comme Agustín Ndong Ona, demi-frère du Président, ancien inspecteur général des forces armées et ancien conseiller pour la défense et la sécurité du président Obiang, en totale perte de vitesse depuis une altercation violente à Bata avec Teodorino. À la suite de cette querelle de famille entraînant son apparent lâchage par le Président, Augustín allait perpétrer deux tentatives de suicide, aussi rocambolesques l'une que l'autre, nécessitant qu'il se fasse soigner plusieurs mois en Espagne, avant de rentrer en catimini à l'été 2004 pour s'installer dans son village natal et s'y faire oublier. D'autres disparitions brutales (accidents, maladies foudroyantes...) tendent à curieusement frapper l'oligarchie ces deux dernières années, suscitant bien des rumeurs. De même, l'affaire des mercenaires de mars 2004 – au-delà de la mise en cause commode de certains opposants en exil – nécessiterait de s'analyser à la lumière de ces querelles de famille. Mais le président Obiang est loin d'être hors jeu et ne doit pas

Barbouzeries « so british » à Malabo

À la mi-mars 2004, les autorités équato-guinéennes annonçaient avoir déjoué un énième complot visant à renverser le président Obiang. Cette tentative se démarquait de la plupart des précédentes par l'implication de nombreux protagonistes étrangers et l'existence de faits matériels avérés. Deux vagues d'arrestations étaient en effet intervenues une semaine plus tôt au Zimbabwe tout d'abord (70 personnes interceptées à bord d'un avion parti de Sao Tomé pour charger des armes à l'aéroport d'Harare), puis en Guinée équatoriale même (une quinzaine de suspects, sud-africains et arméniens). Il devait s'avérer que ces deux groupes étaient composés de mercenaires de diverses nationalités, emmenés chacun par deux personnalités emblématiques du milieu anglo-saxon des « soldats de fortune » : le Britannique Simon Mann et le Sud-Africain Nick du Toit. Les interrogatoires, souvent musclés, des prisonniers devaient rapidement aboutir à mettre en cause quelques VIP bien connues dans les milieux pétro-affairistes de Londres, comme le *trader* d'origine libanaise Ely Calil, et Mark Thatcher, le turbulent fils de Margaret, la « Dame de fer » qui dirigea le Royaume-Uni dans les années 80. D'autres noms de personnalités britanniques, dont celui d'au moins un ancien ministre, apparaissent au gré de l'enquête, à laquelle devaient participer activement les services secrets sud-africains. Les investigations ont également révélé l'implication dans cette trouble affaire de l'opposant équato-guinéen en exil le plus emblématique, Severo Moto Nsa. Profitant de ces circonstances et prétextant de très hypothétiques ramifications dans le pays, les autorités de Malabo ont engagé dans la foulée une vaste opération de « nettoyage » contre les milieux de l'opposition locale et les émigrés africains, principalement camerounais.

être « enterré » prématurément. Il n'a que 63 ans. Si des rumeurs alarmistes ont couru au début des années 2000 sur son état de santé, celle-ci semble s'être significativement améliorée ces derniers mois. Une étonnante « Sainte Alliance » veille sur son état de santé, combinant médecins cubains (au nom d'une vieille solidarité idéologique) et cancérologues texans (au service des intérêts bien compris des compagnies pétrolières américaines). Mais nul n'est éternel. Sans même évoquer les opposants qui ne rêvent que de lui succéder par tous les moyens *(voir encadré ci-dessous)*, se profile au sein du clan de Mongomo une lutte fratricide entre postulants aux plus hautes fonctions, selon des clivages fonctionnels et générationnels (sécurocrates de la vieille garde contre jeunes *golden boys* de la rente pétrolière). Avec les États-Unis et leurs firmes pétrolières comme probables arbitres, l'intérêt de Washington étant de préserver la stabilité de cette micro « pétro-république » du golfe de Guinée, zone d'où Washington compte tirer près de 25 % de ses importations de pétrole à l'horizon 2015.

Les acteurs

En dépit de ses errements, passés, actuels et sans doute à venir, les positions du clan de Mongomo ne semblent guère menacées par ce que l'on pourrait appeler « l'opposition équato-guinéenne ». Le terme « opposition » recèle en Guinée équatoriale une signification assez ambiguë. Plus d'une trentaine de sigles de partis peuvent être recensés, recouvrant pour la plupart des formations groupusculaires, voire des « parti-individus » ne représentant qu'une personne et sa proche famille. Certains sont regroupés au sein d'alliances ou de coordinations à la représentativité assez hypothétique. Plusieurs dichotomies peuvent être mises en lumière : « véritable » ou « fausse » opposition, opposition en exil ou opposition intérieure, opposition modérée ou radicale, opposition légalisée ou clandestine, opposition nationale ou ethnique, voire même opposition politique ou violente, ces différentes dimensions pouvant s'additionner. Quatre grandes catégories peuvent être distinguées.

L'opposition intérieure, dite « modérée » ou « démocratique », c'est-à-dire légalisée au titre de la loi sur le multipartisme du 6 janvier 1992, n'a plus d'opposition que le nom. Sa combativité à l'encontre du régime est nulle. Elle a été progressivement phagocytée par le PDGE. La douzaine de partis qui la composent font désormais figure de satellites du PDGE, qui leur octroie quelques « miettes » de sa suprématie politique : 12 sièges aux législatives de novembre 1993, 14 sièges (sur 230) aux municipales de mai 2000 et quelques portefeuilles ministériels. Huit de ces partis fantoches se sont regroupés au sein d'une coalition électorale alliée au parti présidentiel lors des élections générales du 25 avril 2004, remportant près de 40 % des voix, soit 30 sièges au Parlement et 76 conseillers municipaux. Ce « succès » permet au camp présidentiel de présenter une scène politique diversifiée et pluraliste alors que dans les faits il contrôle directement ou via ses supplétifs 98 % des sièges du nouveau Parlement et 97 % des postes de conseillers municipaux du pays.

L'opposition intérieure dite « radicale », également légalisée, tente de jouer le rôle d'une véritable opposition et regroupe une demi-douzaine de petites formations, dont une seule, la Convergencia para la democracia social (CPDS), s'avère vraiment active et demeure tolérée par le régime. Elle a obtenu 5,8 % des voix, lui permettant de remporter 2 sièges au Parlement et 8 postes de conseillers municipaux.

L'opposition en exil, non légalisée, regroupe près d'une vingtaine de formations, d'influence et de représentativité variables, implantées en Espagne, au Gabon ou au Cameroun, voire clandestinement en Guinée équatoriale. Les mouvements les plus significatifs

de cette catégorie sont le Partido del progreso (PP) de Sevoro Moto, exilé en Espagne et la Fuerza democrática republicana (FDR), qui recrute parmi les « dissidents » du clan de Mongomo. La plupart de ces formations tentent de se regrouper, sans grand succès, au sein de coordinations successives. La dernière tentative en date remonte à l'été 2004, avec la fondation en Espagne de la Decam (Democrates para el cambio – Démocrates pour le changement).

L'opposition clandestine intérieure est incarnée par le Movimiento de autodeterminación de la isla de Bioko (MAIB), qui défend la cause des Bubi de Bioko.

◆ CPDS – Convergencia para la democracia social

(Convergence pour la démocratie sociale)

La CPDS constitue désormais la principale formation légalisée de l'opposition radicale qui tente de faire face démocratiquement, à l'omnipotence du clan de Mongomo. La CPDS, membre de l'Internationale socialiste, apparaît comme le parti des milieux intellectuels urbains et dispose de ce fait d'une implantation relativement nationale et non circonscrite à certaines zones du Rio Muni ou de Bioko, contrairement à d'autres « micro-formations » de l'opposition. Elle a été en mesure de présenter des candidats dans les 18 circonscriptions du pays lors des élections législatives de mars 1999, enlevant un unique siège à Malabo, remporté par son secrétaire général, Placido Mico Abogo. Du fait de l'exil ou de l'emprisonnement des principales personnalités de l'opposition, ce dernier fait figure actuellement de principal opposant au régime du président Obiang actif sur le territoire équato-guinéen. Pour cette raison, les militants du CPDS ne cessent de subir harcèlements et intimidations de toutes sortes. Placido Mico a été la victime de telles pratiques, ayant été incarcéré à plusieurs reprises ces dernières années. Ses derniers tracas en date remonte à sa condamnation, en juin 2002, à quatorze ans de prison pour « complicité d'attentat contre le chef de l'État » (en fait pour avoir pris contact avec la Force démocratique républicaine – FDR), au terme d'un procès particulièrement inique, en compagnie d'une soixantaine de militants de la Convergence et de cadres des FDR, certains des prévenus ayant été très sérieusement torturés (deux devant décéder ultérieurement en prison faute de soin). Mico a cependant été gracié et libéré en août 2003. Il a pu ainsi diriger son parti lors des élections d'avril 2004, remportant « officiellement » un peu plus de 5 % des voix, de quoi faire élire 4 députés et 8 conseillers municipaux, les seuls « vrais » élus de l'opposition réelle.

◆ FDR – Fuerza democrática republicana

(Force démocratique républicaine)

Ce mouvement, non légalisé, est potentiellement celui qui pourrait poser – à terme – le plus de problèmes au régime en place. Il a été constitué en août 1995 par plusieurs figures du clan de Mongomo, en rupture de ban avec le président Obiang. Les chefs de file du FDR sont Felipe Ondo Obiang, ancien président de l'Assemblée nationale et plusieurs fois ministre, Guillermo Nguema Ela Mangue, ancien ministre des Finances, ainsi qu'Eloy Elo Nve Mbengono, ancien procureur général. Ceux-ci ont rompu avec le régime au cours de l'année 1995, à la suite de divergences sur la manière de conduire l'évolution vers le multipartisme et de gérer la rente pétrolière. Conscientes que le FDR dispose d'un certain écho dans la région du Wele Nzas et à Mongomo même, au cœur du fief du président Obiang, les autorités ont engagé une lutte sans merci contre ces dissidents. Felipe Ondo Obiang, exilé en novembre 1995 au Gabon, a été la cible de plusieurs tentatives d'assassinat en 1996 de la part des services équato-guinéens (la *Seguridad*), avant d'être enlevé, fin octobre 1997 à Libreville, en compagnie de Guillermo Nguema Ela Mangue. Ramenés de force à Bioko, incarcérés quelques jours, ils ont été libérés, à la mi-novembre de la même année, sur ordre du président Obiang. Ils ont été une nouvelle fois incarcérés, mi-mars 1998, et condamnés pour propagation de fausses accusations contre le chef de l'État, avant d'être rejugés en juin 2002, cette fois, pour « complot », dans le cadre d'un maxi-procès, impliquant une centaine de militants de la FDR et de la CPDS (dont Placido Mico) et condamnés à vingt ans de prison, qu'ils purgent à la prison d'Evinayong, dans le centre-sud du Rio Muni.

◆ MAIB – Movimiento de autodeterminación de la isla de Bioko

(Mouvement pour l'autodétermination de l'île de Bioko)

Le MAIB est une formation clandestine qui défend les intérêts des Bubi, la principale ethnie autochtone de l'île de Bioko. Il s'est fait connaître pour la première fois le 12 novembre 1993 en publiant, à la veille des législatives du 21 novembre, un manifeste adressé au président Obiang, exposant ses revendications. Les Bubi ont éprouvé le besoin de s'organiser politiquement afin de préserver leurs droits face à certains phénomènes susceptibles de mettre en cause leur spécificité identitaire :

– la « fangisation » progressive de Bioko, l'afflux de populations continentales ayant rendu les Bubi minoritaires sur l'île (environ 1/3 de la population actuelle) ;

– l'inégale répartition du partage de la rente pétrolière, dont l'essentiel est tiré des eaux adjacentes de Bioko, mais qui, compte tenu de l'opacité prévalant dans la gestion de ce dossier, profite avant tout au clan dominant de Mongomo et à leurs affidés, principalement localisés au Rio Muni ;

– une marginalisation sur la scène politique nationale, avec comme corollaire un rejet croissant du fonctionnement autoritaire du régime Obiang et le souhait d'une meilleure représentation au sein de l'appareil d'État.

L'émergence d'une contestation bubi, longtemps latente, allait éclater au grand jour à la suite des événements de janvier 1998. Le 21 janvier, une « équipée sauvage » d'une vingtaine de jeunes activistes bubi entre Luba, localité bubi (à 50 kilomètres au sud de Malabo) et les faubourgs de Malabo, ponctuée par une série d'attaques contre plusieurs commissariats et postes militaires, se soldait par une douzaine de morts et l'interpellation de plusieurs assaillants au terme d'un ultime accrochage avec les forces de sécurité, à moins de 5 kilomètres de Malabo. Cette première tentative de soulèvement effectif contre le régime Obiang allait être interprétée par les autorités comme un complot perpétré par le MAIB et leur offrir l'occasion de purger les rangs des activistes bubi, jugés trop remuants. Une sévère répression s'abattit les jours suivants sur la communauté bubi : plus de 550 personnes furent interpellées et 110 incarcérées à la suite de rafles brutales donnant lieu à de multiples exactions – perquisitions violentes, pillages, vols, destructions d'outils de travail (en particulier des pirogues de pêcheurs), viols, ainsi qu'un nombre indéterminé de disparitions et d'exécutions sommaires, sans doute une centaine au total. Cette chasse aux Bubi prit également pour cible les milieux de l'Église catholique de Bioko, l'ONG Caritas étant plus particulièrement suspectée d'avoir encourager le sécessionnisme bubi. Les conditions de détention de la centaine de personnes incarcérées allaient se révéler particulièrement dures. Un rapport d'Amnesty International publié en mars 1998 fait état de tortures, de bastonnades et d'autres brimades, comme la fourniture de seulement un litre d'eau par prisonnier et par jour, ce qui, dans le climat équatorial, chaud et humide, équivaut à une sourde condamnation à mort pour les plus fragiles. Alternant répression et réconciliation, le président Obiang fait preuve d'une grande vigilance au sujet de la question bubi. Après avoir fait lourdement condamner plusieurs dizaines de militants du MAIB (dont 15 à mort, mais ces peines n'ont pas été appliquées), il devait octroyer une amnistie ou des remises de peines à la fin décembre 2000.

Mais cette détente est de courte durée. Fin octobre 2003, le pasteur Bienvenido Samba Momesori, membre du MAIB (condamné à mort lors des événements de 1998 puis finalement gracié), était incarcéré dans la sinistre prison de Black Beach à Malabo, à la suite d'une énième rumeur de complot contre le régime. Début mars 2004, une nouvelle vague d'arrestations frappait une trentaine de militants bubi, dont Wejia Chicampo, le coordinateur général du MAIB. Ils sont, depuis, toujours détenus dans des conditions extrêmement difficiles, sans chef d'inculpation.

◆ PP – Partido del Progreso
(Parti du Progrès)

Principal parti de l'opposition en exil, le PP a été légalement constitué au début de 1992, au lendemain de l'instauration du multipartisme, par Severo Moto Nsa. Ce dernier, opposant reconnu du régime de Macias Nguema, emprisonné de 1976 à 1979, allait rapidement apparaître comme une des figures les plus gênantes pour le régime du président Obiang, le PP bénéficiant d'implantations solides dans le sud du Rio Muni. Les pressions et harcèlements habituels n'ayant que peu d'effets sur Moto, ce dernier eut droit à un traitement particulier à compter de 1994. Le décès, dans des conditions mystérieuses, de son frère Vincente, retrouvé pendu en octobre 1994 au Rio Muni, peut s'interpréter comme un « message fort » l'incitant à cesser ses activités politiques. Poursuivant néanmoins son combat, Moto, réfugié politique en Espagne, fut mis en cause au printemps 1995 dans le cadre d'un pseudo-complot contre le régime Obiang et condamné à vingt-huit ans de prison. Convaincu de l'impossibilité de changer les choses en Guinée équatoriale par une voie pacifique, Moto chercha à organiser en avril-mai 1997 une « vraie » tentative de complot, rassemblant pour la circonstance, à Cabinda, une quarantaine de participants étrangers (3 « têtes brûlées » espagnoles, 5 marins russes, une trentaine de mercenaires angolais) épaulés par quelques opposants équato-guinéens. Mais le complot fut dévoilé le 16 mai aux autorités angolaises par l'équipage du chalutier russe recruté pour assurer la traversée Cabinda-Bioko. Moto et ses complices espagnols furent incarcérés quelques jours avant d'être expulsés par les autorités angolaises. Cette affaire offrit l'occasion aux autorités équato-guinéennes de discréditer l'image de Moto et de se débarrasser tout à fait légalement du PP. Moto fut jugé par contumace par la cour d'appel de Malabo et condamné, le 18 août, à cent un ans de prison pour haute trahison, tentative d'assassinat du chef de l'État et plusieurs autres chefs d'inculpation de même nature. Le même jour, les autorités prononçaient la dissolution du PP et réclamaient à l'Espagne l'extradition de Moto, ce que Madrid refusa, arguant du statut de réfugié politique de l'intéressé. Moto fut néanmoins prié de cesser toute activité incompatible avec son statut de réfugié politique. Après quelques années de simple opposition déclaratoire et verbale, au cours desquelles il met en place un fantomatique « gouvernement en exil » en Espagne, Moto cède de nouveau à la tentation de l'option putschiste et s'engage dans la déplorable « affaire des mercenaires » de mars 2004 *(voir encadré)*. Cette affaire devait provoquer une crise diplomatique entre Malabo et Madrid, l'Espagne refusant l'extradition de Moto demandée par les autorités équato-guinéennes. Ces dernières tentent depuis de « gonfler » leur dossier d'accusation à l'encontre de Moto, comme en témoignent les tentatives d'amalgame entre l'activité des militants du PP, désormais dans la clandestinité, et le curieux raid lancé, fin mai 2004, depuis le Gabon, contre un poste équato-guinéen situé sur l'îlot de Mbanié, au cœur d'un litige territorial entre Malabo et Libreville. L'échec de l'opération et le démantèlement du commando devaient donner lieu à une nouvelle vague d'arrestations dans les milieux de l'opposition radicale, visant plus particulièrement les sympathisants de Moto.

Pour en savoir plus

Africa Confidential, « Guinée équatoriale : l'héritage d'Obiang », n° 345, 20 décembre 1999.

Muriel Pomponne, « La Guinée équatoriale sous la botte d'un clan », *Le Monde diplomatique*, juillet 1994.

Janet Roitman et Gérard Roso, « Être "off shore" pour rester "national" », *Politique africaine*, n° 81, mars 2001.

Jean-Christophe Servant, « Offensive sur l'or noir africain », *Le Monde diplomatique*, janvier 2003.

François Soudan, « Obiang et les chiens de guerre », *L'Intelligent/Jeune Afrique*, 22 mars 2004.

Internet

www.afrol.com/es/paises/guinea_ecuatorial
Site en espagnol de l'agence de presse Afrolf.

www.guineaecuatorial.net
Site d'information en espagnol.

www.ceiba-guinea-ecuatorial.org
Site officiel des autorités équato-guinéennes.

www.ccoo.es/guinea.ec_democratic
Site d'information consacrée à la vie politique équato-guinéenne créé par le syndicat espagnol Comisiones Obreras.

www.cpds-gq.org
Site de la CPDS.

www.maib.org
Site du MAIB.

www.guinea-ecuatorial.org
Site du gouvernement en exil dirigé par Severo Moto.

Superficie : 1 284 000 km²
Population : 8,4 millions (chiffres ONU 2003)
– sans doute plus de 9 millions en 2005 (estimations)
Composition ethnique : plus de 150 ethnies dont Négro-Africains (81 %), Arabes (14 %), Sahariens noirs (5 % dont les Toubou)
Religions : musulmans (55 %), animistes et chrétiens (45 %)

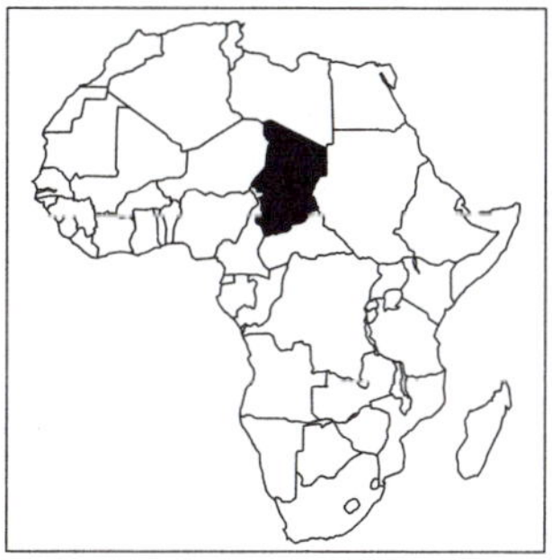

Tchad

Longtemps, le Tchad n'a été perçu qu'à travers les multiples épisodes d'une longue guerre civile et une scène insurrectionnelle foisonnante. Durant ces « années de poudre et de sang », le kalachnikov a trop souvent fait figure de viatique indispensable pour accéder au pouvoir (pour les plus ambitieux) ou à l'une des multiples prébendes qui en découlent (pour les « frères d'armes » les plus fidèles). Cette époque semble révolue. Sous le régime du président Déby, le pays a entamé depuis une dizaine d'années une délicate mutation. Le champ de bataille entre factions rivales, grandement instrumentalisées par des donneurs d'ordre étrangers (français, libyens, soudanais...), s'est engagé dans un délicat processus de démocratisation. Celui-ci est pour le moins chaotique et encore très largement perfectible, mais il a enregistré de réels progrès (multipartisme, libéralisation des médias, émergence d'une société civile dynamique). Cette rupture avec les années de guerre civile est encore amplifiée par l'entrée du pays dans l'ère du pétrole, depuis le début des années 2000. Devenir une « pétro-république » offre bien des opportunités pour un PMA sahélien ensanglanté par trois décennies de conflits et de rébellion. Mais nombre de ses problèmes structurels postcoloniaux demeurent et l'intégration au club des pays exportateurs de pétrole ne va pas sans en créer de nouveaux, tant pour les dirigeants que pour la société tchadienne dans son ensemble (capacité à gérer efficacement la rente pétrolière, adaptation des mentalités aux impératifs de l'économie moderne mondialisée...). Autant de défis à relever pour le régime du président Déby, quelque peu usé par près de quinze années de pouvoir et affaibli par des problèmes de santé récurrents. En ce début d'année 2005, au-delà des questions urgentes (impacts de la crise du Darfour, infiltrations islamistes, gestion problématique de la manne pétrolière, rapports tendus avec les bailleurs de fonds...), se pose de plus en plus ouvertement la question de la succession du chef de l'État, sujet qui anime bien des convoitises, plus particulièrement dans son entourage.

Tchad

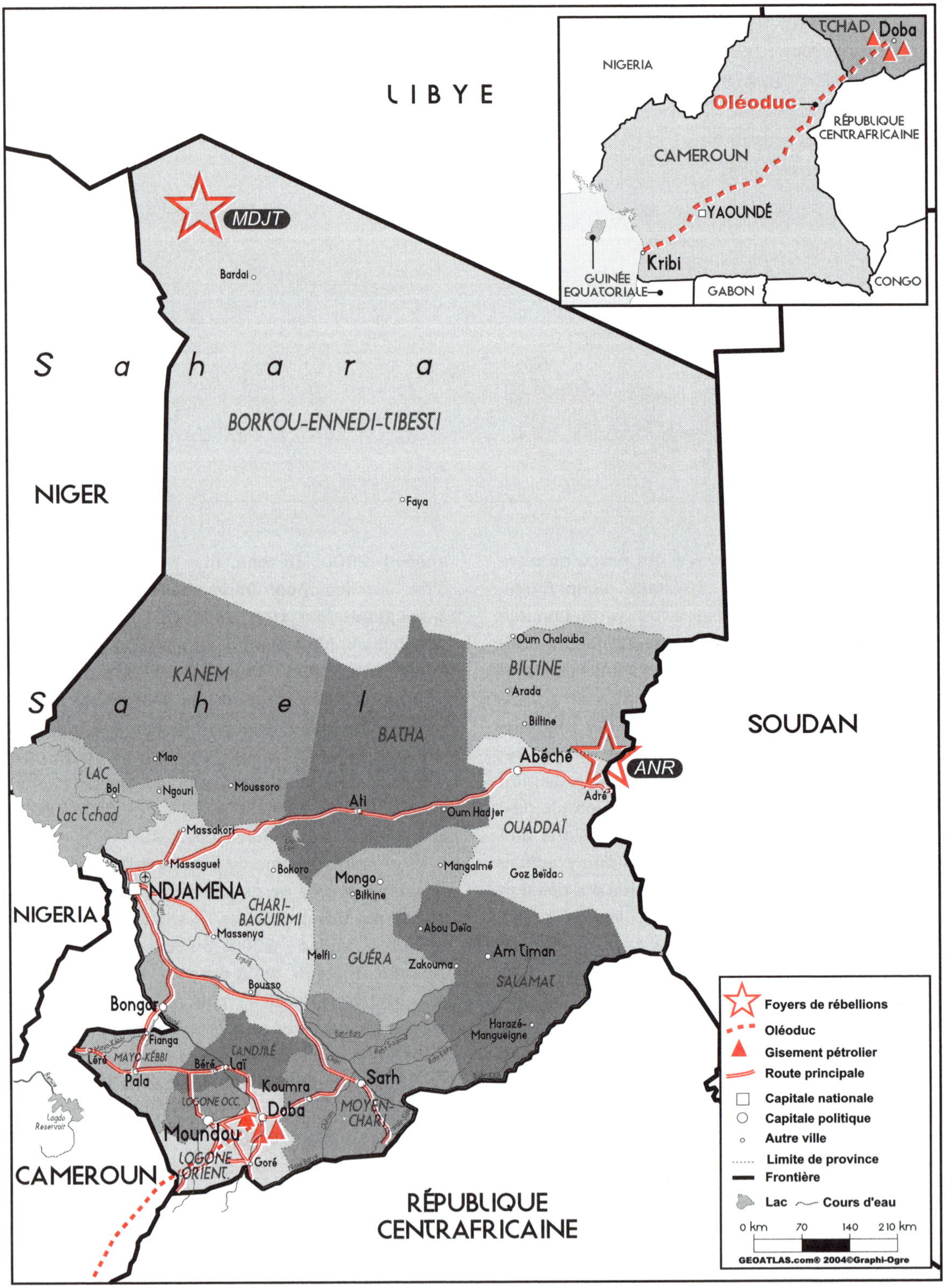

LIBYE
NIGER
NIGERIA
SOUDAN
CAMEROUN
RÉPUBLIQUE
CENTRAFRICAINE
Sahara
Sahel
BORKOU-ENNEDI-TIBESTI
KANEM
BATHA
BILTINE
LAC
OUADDAÏ
CHARI-
BAGUIRMI
GUÉRA
SALAMAT
TANDJILÉ
MAYO-KÉBBI
LOGONE OCC.
LOGONE
ORIENT.
MOYEN-
CHARI
MDJT
ANR
Bardaï
Faya
Oum Chalouba
Arada
Biltine
Abéché
Adré
Mao
Bol
Ngouri
Moussoro
Lac Tchad
Ati
Oum Hadjer
Massakori
Massaguet
Bokoro
Mangalmé
Goz Beïda
NDJAMENA
Mongo
Bitkine
Massenya
Abou Deïa
Melfi
Zakouma
Am Timan
Bousso
Bongor
Fianga
Léré
Pala
Béré
Laï
Koumra
Sarh
Haraze-
Mangueigne
Doba
Moundou
Goré
Lagdo
Reservoir
NIGERIA
TCHAD
Doba
Oléoduc
RÉPUBLIQUE
CENTRAFRICAINE
CAMEROUN
YAOUNDÉ
Kribi
GUINÉE
EQUATORIALE
GABON
CONGO
Foyers de rébellions
Oléoduc
Gisement pétrolier
Route principale
Capitale nationale
Capitale politique
Autre ville
Limite de province
Frontière
Lac
Cours d'eau
0 km
70
140
210 km
GEOATLAS.com® 2004©Graphi-Ogre

GUERRES ET PAIX À N'DJAMENA

Plus que tout autre pays de la bande sahélienne, le Tchad a été marqué depuis son indépendance par un antagonisme profond opposant un Nord géographiquement très étendu mais peu peuplé et dénué – jusqu'à présent – de ressources économiques, à un Sud à la superficie plus réduite, mais concentrant la majorité de la population ainsi que l'essentiel des richesses du pays : l'« or blanc » (le coton), principale ressource du pays durant des décennies, auquel s'ajoute désormais depuis octobre 2003 l'« or noir » (le pétrole), pompé des gisements de Doba. L'histoire récente du Tchad, au gré des multiples épisodes d'une longue guerre civile, peut se résumer en un basculement du pouvoir politique, initialement aux mains des Sudistes, au profit de chefs de guerre nordistes : Goukouni Weddeye, Hissène Habré et Idriss Déby. Ces trois chefs de guerre, originaires de la région du BET (Borkou-Ennedi-Tibesti, dans l'extrême nord du pays), se sont succédé à la tête de l'État à partir de la fin des années 70, au terme d'épopées politico-militaires victorieuses, combinant courage physique, qualité guerrière, chance, et coups de pouce de puissances étrangères – la France, l'ancienne puissance coloniale, étant demeurée durant ces périodes agitées l'ultime et définitive « faiseuse de roi » à N'Djamena. Idriss Déby, un officier bideyat originaire de l'Ennedi ayant rompu avec Habré en avril 1989 pour fonder en mars 1990 le Mouvement patriotique du salut (MPS), est arrivé aux affaires en décembre 1990. Il est donc le dernier en date de ces rebelles victorieux, pénétrant l'arme à la main dans un palais présidentiel tout juste abandonné quelques heures plus tôt par son prédécesseur, enfui avec un dernier carré de fidèles et quelques valises de billets, pour quémander l'asile politique dans un pays voisin compatissant.

Gouverner, c'est d'abord survivre. Depuis quinze ans, l'actuel président a su contenir les ambitions de bon nombre de postulants se voyant déjà à sa place, qu'il s'agisse d'opposants affirmés ou d'anciens frères d'armes entrés en dissidence (Maldoum Daba Abbas, Abbas Kotty, Mahamat Garfa ou encore Youssouf Togoïmi). La décennie 90 est ainsi marquée par une succession de campagnes militaires visant à neutraliser, par un efficace mélange de force brute et d'habiles négociations, la plupart des factions insurgées actives sur le territoire tchadien : les différentes factions du Mouvement pour la démocratie et le développement (MDD/FAO, MDD/FANT...) actives dans la région du lac Tchad ; les diverses dissidences armées présentes dans le Ouaddaï et les zones frontalières du Darfour (Front national tchadien, Conseil national de la résistance, Forces nationales de la résistance), sans oublier les nombreux mouvements sudistes (les multiples « Codos » et leurs successeurs, principalement le Comité de sursaut national pour la paix et la démocratie – CSNPD – puis les Forces armées de la République fédérale – Farf –), implantés dans les départements méridionaux des Logones (occidental et oriental), du Mayo-Kebi, du Tandjilé et du Moyen Chari.

Parallèlement, le régime a survécu à nombre de putschs et de coups de force fomentés par d'anciens piliers du régime, aspirant sans succès à devenir président à la place du président ou rompant avec Idriss Déby en raison de divergences politiques (consécutives à la démocratisation du régime ou encore à la délicate réorganisation de l'armée) ou de simples désaccords matériels concernant la captation et l'appropriation de la rente étatique. La première tentative en ce sens intervient dès octobre 1991 : il s'agit d'un complot hadjaraï (petit groupe ethnique vivant dans le Guéra et ayant joué un rôle actif contre le régime d'Hissène Habré à la fin des années 80, avant de s'allier au dissident Déby), conduit par Maldoum Daba Abbas, un compagnon d'armes historique de Déby, nommé ministre de l'Intérieur au lendemain de la prise du pouvoir. Cette tentative s'achève – après une féroce répression contre les Hadjaraï – par une « paix des braves » et la reddition/pardon des meneurs. D'autres, plus ou moins élaborées, plus ou moins sanglantes, suivront et avorteront plus ou moins rapidement. Le dernier complot en date remonte à la mi-mai 2004 et implique plusieurs personnalités zaghawa, du tout premier cercle du président.

Une démocratisation a minima. Tout en survivant à la tête de l'État, le président Déby va subir de fortes pressions de la part de ses principaux bailleurs de fonds (la France, l'Union européenne, les institutions de Bretton Woods...) pour s'adapter aux temps nouveaux (fin de la guerre froide, discours de La Baule) et engager un processus de démocratisation de son régime. Exercice délicat, compte tenu de la prégnance d'une culture de la violence qui a trop souvent servi de fil rouge au débat politique et de l'absence de tradition démocratique dans le pays. D'autant que les groupes ethniques (Bideyat, Zaghawa) qui constituent l'armature de son régime sont démographiquement peu importants, donc électoralement très minoritaires. L'instauration d'une réelle démocratie pacifiée les condamnerait inéluctablement à une marginalisation politique. Ainsi, tout en guerroyant contre les factions politico-militaires hostiles et en surmontant diverses tentatives de complot « fratricides », Idriss Déby va devoir concilier les exigences de ses soutiens occidentaux (du moins leur donner le change) et les manœuvres des « faucons » zaghawa totalement hostiles à la moindre ouverture politique qui menacerait leur contrôle du pouvoir et l'accès à ses prébendes. Dans ce contexte difficile, le Président organise néanmoins une Conférence nationale de réconciliation (du 15 janvier au 7 avril 1993) qui ouvre la voie au multipartisme, à une nouvelle Constitution (référendum du 31 mars 1996) et à des élections censées être libres et transparentes : présidentielle en juin-juillet 1996 (remportées par Idriss Déby avec plus de 69 % des suffrages) et législatives de mars 1997 (dont sort vainqueur le « Front républicain » dont la pierre angulaire est le MPS, allié à une trentaine de petits partis). Une nouvelle séquence électorale est intervenue au début de la décennie 2000. La présidentielle de mai 2001 a été remportée

– officiellement – dès le premier tour par le candidat sortant, avec plus de 67 % des suffrages, tandis que la majorité présidentielle triomphait largement lors des législatives d'avril 2002. Mais ces scrutins ont été marqués par des violences et une forte contestation de la part de l'opposition. De fait, la transparence de leur déroulement et l'honnêteté des résultats ne peuvent guère être qualifiées d'exemplaires.

LES INCERTITUDES DU DÉBUT DES ANNÉES 2000

Ayant reçu l'onction du suffrage universel (du moins dans la forme, le fond semblant plus contestable), le président Déby n'en a pas moins continué à gouverner le pays en état d'urgence perpétuel, devant prendre garde autant à ses adversaires déclarés (en particulier un nouveau mouvement de lutte armé apparu dans le Tibesti, le Mouvement pour la démocratie et la justice au Tchad – MDJT –, très menaçant au tournant des décennies 1990-2000) qu'à ses « amis », en particulier zaghawa, suspectés de vouloir le renverser à la moindre fausse note de sa part visant à réduire leur marge de manœuvre en matière de prédation de l'appareil d'État et de la richesse nationale. Dans ce contexte tendu, deux thématiques vont plus particulièrement marquer l'évolution politique du pays : la question, de moins en moins taboue, de la succession du président Déby et, surtout, l'impact, très contrasté, de la manne pétrolière dont le Tchad est censé profiter depuis l'automne 2003.

L'hypothétique succession du président Déby. Bien que rarement évoquées ouvertement, les interrogations sur l'après-Déby ont fait et font encore florès à N'Djamena, sous couvert de faits réels et de rumeurs les plus fantaisistes. À la base, deux éléments irréfutables : l'état de santé d'Idriss Déby, qui souffre depuis plusieurs années de maux récurrents, et les dispositions de la Constitution de 1996 qui ne prévoyaient initialement que deux mandats successifs pour le chef de l'État. Élu en 1996, réélu en 2001, le Président semblait condamné par la force de la loi et la rigueur du droit constitutionnel à quitter le pouvoir, un beau jour du printemps 2006, à moins que la nature ou le destin en décide plus précocement, du fait de sa santé défaillante. Un malaise du Président, lors du sommet de l'Union africaine (UA) à Maputo, en juillet 2003, et son hospitalisation en urgence à Paris, pendant plusieurs semaines, ont laissé augurer à certains une accélération du calendrier institutionnel. Il n'en fut rien. Si le président Déby souffre effectivement d'un mal récurrent au sujet duquel peu de chose filtre (il s'agirait vraisemblablement d'une cirrhose ayant entraîné des complications diverses), cette pathologie ne semble nullement engager le pronostic vital de l'intéressé qui n'a qu'une cinquantaine d'années et peut donc – à l'aune des présidences africaines – demeurer encore de longues années aux affaires. S'étant refait une santé durant l'automne 2003, le président Déby allait être soumis à l'« amicale pression » de ses proches pour rempiler pour un nouveau mandat. Mais, avant de se faire réélire, il convenait de régler un « petit détail » : être effectivement candidat, et pour cela, changer tout simplement la Constitution, en l'occurrence son article 61 prévoyant que « le président de la République est élu pour un mandat de cinq ans au suffrage universel direct. Il est rééligible une seule fois ». S'inspirant de l'exemple offert par le président togolais Eyadéma, confronté à une situation similaire (bien qu'ayant promis en 2001 au président Chirac qu'il ne se représenterait plus au prochain scrutin présidentiel, il avait procédé subrepticement à un toilettage de la Constitution togolaise, le 31 décembre 2002, afin de pouvoir se représenter et de remporter la présidentielle du 1er juin 2003), le président Déby a fait sauter cet obstacle au terme d'une procédure politico-institutionnelle conduite au pas de charge. La révision constitutionnelle a été adoptée par le Parlement, le 26 mai 2004, en dépit des critiques vigoureuses émanant tant de l'opposition parlementaire que de la société civile ou de la scène politico-militaire (ou du moins de ce qu'il en reste). Ce passage à la hussarde devait provoquer la défection du principal allié de la majorité présidentielle, le Rassemblement pour la démocratie et le progrès (RDP), fort de 12 députés à l'Assemblée, et donner lieu à une tentative de recomposition de l'opposition sous couvert d'une « Coordination des partis pour la défense de la Constitution » (CPDC), mise sur pied durant le printemps 2004.

Cependant, comme toujours, la principale menace pour le Président devait provenir des rangs de ses proches, sous la forme d'un énième complot visant à le renverser, découvert à la mi-mai 2004. Mais une nouvelle fois la *baraka*, ou du moins des services de renseignement efficaces, devaient éventer le projet. Outre une purge discrète mais meurtrière frappant un certain nombre de responsables sécuritaires, plusieurs membres du tout premier cercle présidentiel devaient être relevés brutalement de leurs fonctions, dont les deux frères Erdemi, Tom (ex-Monsieur Pétrole du régime) et Timan (Monsieur Coton), par ailleurs neveux du Président. Une rafle préventive, survenue en septembre 2004, et ayant permis de saisir un certain nombre d'armes de guerre dans divers quartiers de N'Djamena a été présentée par certains comme une suite des événements de la mi-mai 2004, preuve s'il en est que la vigilance s'impose toujours et encore...

La « révolution pétrolière ». Depuis le 10 octobre 2003, le Tchad est entré dans le club très envié des producteurs et exportateurs de pétrole. Il s'agit là de la concrétisation des espoirs de bénéficier d'une rente pétrolière, caressés dès la fin des années 60. Mais ce ne fut qu'à la fin des années 80 que le rêve semble en mesure de devenir réalité, avec la confirmation de l'existence d'un intéressant potentiel pétrolier dans la région méridionale de Doba, estimé au minimum à 900 millions de barils (soit environ 130 millions de tonnes), pouvant être exploité pendant au moins vingt-cinq ans, voire trente, avec une production maximale d'environ 225 000 barils par jour. Selon des estimations de la Banque mondiale, le pactole attendu pour le Tchad devrait s'élever durant cette période à au moins 2 milliards de dollars. Un beau magot pour un PMA sahélien, sous-développé et sortant de trois décennies de guerre civile. Mais encore fallait-il que ce gisement enclavé, situé dans une zone instable (plusieurs mouvements armés sudistes étant implantés dans la région de Doba et Mondou au cours des années 90), intéresse des compagnies pétrolières. Sans oublier, enfin, la nécessité d'évacuer cet or noir vers un point du littoral africain pour accéder au marché international.

Au terme de différents épisodes, un consortium international, composé *in fine* des compagnies américaines ExxonMobil (40 %), Chevron (25 %), et de la malaisienne Petronas (35 %), se constitua fin 1999. Il opta pour la construction d'un oléoduc reliant les gisements de Doba au port camerounais de Kribi, sur le littoral atlantique, d'une longueur de 1 070 kilomètres (dont 890 en territoire camerounais, Yaoundé étant censé récupéré plus de 500 millions de dollars en droits de passage et fiscalités diverses). Le coût global de l'investissement s'élevait à 3,7 milliards de dollars (1,5 pour l'équipement du champ pétrolier, dont le forage de 300 puits, et 2,2 pour la construction de l'oléoduc), en faisant, au début de la décennie 2000, le plus important investissement industriel en cours sur le continent africain. Pour saisir l'ampleur du projet au niveau tchadien, il faut préciser que le montant de l'investissement envisagé équivalait à six fois le montant total des investissements étrangers enregistrés au Tchad depuis l'indépendance, en 1960. Les travaux débutèrent en octobre 2000. Prévus pour s'achever en 2004, ils furent terminés dès la fin du printemps 2003, avec près de six mois d'avance sur le calendrier initial. Les premiers pompages d'huile eurent lieu en juillet et la première cargaison fut exportée de Kribi début octobre 2003. Mais, pour financer cet important projet, l'État tchadien et le consortium international durent obtenir des financements internationaux conséquents. Sous la pression de nombreuses ONG (inquiètes des répercussions du projet sur les populations locales et sur l'environnement), la Banque mondiale et les autres bailleurs de fonds multilatéraux imposèrent de strictes conditions aux autorités tchadiennes concernant l'utilisation des recettes pétrolières à venir, en matière de transparence et de bonne gouvernance. N'Djamena dut se plier à ces exigences qui empiétaient très sensiblement sur sa souveraineté nationale. Le gouvernement fit voter, le 31 décembre 1998, la loi 001/PR/99, instaurant un collège de surveillance des recettes pétrolières (le CCSRP) et stipulant que 80 % des revenus iront obligatoirement au financement des projets prioritaires de développement, dans des secteurs tels que l'éducation, la santé, l'environnement, l'eau et les infrastructures. Par ailleurs, 10 % des revenus directs du pétrole seront conservés sur un compte à l'étranger en faveur des générations futures tandis que 5 % bénéficieront spécifiquement au développement des régions pétrolifères. Ne restera au gouvernement une totale liberté de manœuvre que sur 5 % des recettes. L'objectif de cette loi « révolutionnaire », qui instaurait un partenariat innovant entre un pays sous-développé, des bailleurs de fonds internationaux et des multinationales pétrolières, était de rompre avec l'opacité et la prédation prévalant traditionnellement chez les autres exportateurs (en particulier les voisins angolais, congolais, équato-guinéens, gabonais ou nigérians) et d'éviter de « gaspiller » cette manne sous forme d'achat d'armements ou de biens somptuaires et de détournement vers des cassettes personnelles.

Après avoir joué au partenaire modèle dans cette approche très novatrice, le gouvernement tchadien n'a pas tardé, une fois l'exploitation lancée, à ruer dans les brancards, en dénonçant cette forme de tutelle internationale sur son libre-arbitre dans un registre incontestablement régalien. Le président Déby est de nouveau écartelé entre la nécessité de respecter les engagements internationaux pris et la pression des grands barons zaghawa de son régime, avides de profiter pleinement de la manne pétrolière, sans nulle contrainte étrangère. Les rapports entre les autorités de N'Djamena et les institutions de Bretton Woods se sont tendus ces derniers mois. Surtout, à l'occasion du premier anniversaire du démarrage de l'exportation, la présidence tchadienne a diffusé un communiqué rageur à l'encontre du consortium, intitulé « Arnaque, opacité et fraude du consortium », dans lequel la présidence dénonce l'attitude des pétroliers étrangers accusés de piller le Tchad et de saigner à blanc son économie, en insistant sur divers points techniques de la convention de 1988 et en contestant le fait que le consortium calcule le prix du baril à 25 dollars alors que les cours mondiaux ont largement dépassé les 40 dollars durant une bonne partie de l'année 2004. Soutenues, pour une fois, par la société civile et l'opposition, les autorités tchadiennes ont pris conscience d'avoir bradé leurs intérêts lors des négociations avec le consortium et tentent tardivement de renégocier certaines clauses, ou du moins d'obtenir des ajustements. Elles dénoncent également la lenteur et la complexité du mécanisme mis en place en matière de reversement des *royalties* à la partie tchadienne, ce qui pourrait préfigurer à terme une remise en cause de la loi 001/PR/99 et ouvrir la voie à une crise majeure avec les institutions de Bretton Woods.

Il convient toutefois de signaler que la marge de manœuvre des autorités tchadiennes n'est pas aussi réduite qu'elles veulent bien le faire croire. En effet, les conditions d'emploi des recettes pétrolières imposées par les bailleurs de fonds ne portent que sur les *royalties* versées par les compagnies pétrolières, soit 55 % des revenus pétroliers globaux attendus. Elles n'affectent pas les ressources tirées des taxes et des droits de douane résultant de l'activité du consortium, qui représentent les 45 % restants. Par ailleurs, la loi 001/PR/99 ne concerne que les trois gisements de Doba (ceux de Bolobo, Kome et Miandoum) à l'exclusion d'autres gisements susceptibles d'être découverts dans le reste du pays. Plusieurs compagnies ont obtenu ces dernières années des permis d'exploitation, couvrant une large étendue du territoire et certains indices sont prometteurs. Dans ce contexte, il est peu probable que les autorités tchadiennes acceptent de repasser sous les fourches caudines des bailleurs de fonds. L'enjeu est important pour elles car elles obtiendraient enfin un accès direct à la « rente », sans garde-fous, avec tous les risques de prédation en découlant.

UN CONTEXTE SÉCURITAIRE TOUJOURS VOLATIL

En ce début 2005, la situation sécuritaire tchadienne apparaît bien paradoxale : les affres des différentes périodes de guerre civile ne semblent plus être que de vieux souvenirs, matérialisés dans la partie nord du pays par des carcasses rouillées de blindés libyens mais aussi par une profusion de mines posées en dépit du bon sens, parfois voici trois décennies, et qui continuent – mécaniquement – à tuer ou mutiler quelques dizaines de malchanceux par an. Mais, si les menaces d'origine interne semblent s'être sensiblement amenuisées ces dernières années, de nouveaux périls sont apparus, en provenance de « l'étranger proche » (espace saharien, confins soudanais), susceptibles de menacer durablement la stabilité du pays.

Une scène insurrectionnelle déliquescente. Les « riches heures » des rébellions tchadiennes ne sont plus ! La scène insurrectionnelle, si foisonnante dans les années 70-80, est désormais quelque peu atrophiée. Le Mouvement pour la démocratie et la justice au Tchad (MDJT), considéré comme potentiellement le plus menaçant au début des années 2000, est en pleine atonie. En dépit de divers succès militaires, certains spectaculaires, enregistrés au début de la décennie 2000 dans le Tibesti, ses dirigeants n'ont pas osé la « descente » sur N'Djamena, alors que le régime Déby semblait alors plus que vulnérable. Mais les rebelles – majoritairement des Toubou du Tibesti– n'ont pas pu ou su saisir l'opportunité qui se présentait. Les forces gouvernementales ont progressivement redressé la barre au cours des années 2001 et 2002, et le MDJT a été très sévèrement affecté par la perte brutale de son fondateur, le très charismatique Youssouf Togoïmi, à la fin de l'été 2002. Le mouvement, devenu orphelin, a été miné par les ralliements au régime Déby, les scissions et autres manœuvres paralysantes, pilotées en sous-main par N'Djamena ou Tripoli, toujours aussi expert pour instrumentaliser les clivages entre clans toubou. Très affaiblie militairement, sa nouvelle direction tente de maintenir un minimum de visibilité médiatique à défaut d'activité opérationnelle, le communiqué rageur, faxé ou diffusé sur Internet ayant désormais remplacé le fusil d'assaut. « Adieu aux armes » ou simple pause, le temps de reconstituer ses forces ? La réponse est sans doute un peu dans le Tibesti, un peu à Tripoli, beaucoup à N'Djamena.

Dans le Sud et la région du lac Tchad, les mouvements rebelles ont quasiment disparu. Si une certaine instabilité y perdure, elle est le fait de bandes armées agissant davantage dans le registre du brigandage que de l'insurrection armée planifiée. Ces éléments ne constituent guère une menace pour le régime Déby et sont contenus à distance du Tchad « utile » (grandes villes, gisements pétroliers, oléoducs, rares infrastructures, zones de culture de coton...). Les flambées de violence que l'on peut encore y dénombrer résultent de l'antagonisme traditionnel entre éleveurs, souvent nomades, et agriculteurs sédentaires, auquel se conjuguent désormais des tensions intercommunautaires entre autochtones sudistes, souvent christianisés, et immigrants nordistes, généralement musulmans, attirés par la manne pétrolière du sud du pays. La profusion des armes à feu rend le moindre incident très meurtrier. Ainsi, fin octobre, une querelle insignifiante entre un nouvel arrivant nordiste et un Ngambaye à Bébéija, à quelques dizaines de kilomètres au nord de Doba, a gravement dégénéré, faisant 12 morts, 26 blessés et laissant une centaine de maisons incendiées, dernier incident en date de tensions affectant tout le Moyen et Sud-Tchad.

D'un point de vue strictement sécuritaire, les autorités tchadiennes sont parvenues à « pacifier » (durablement ?) le Sud pétrolier à la fin des années 90 en éradiquant les mouvements armés qui y étaient actifs, afin de permettre le démarrage du projet de Doba. Ce qui n'était pas gagné d'avance compte tenu de la situation insurrectionnelle prévalant alors. Cette pacification « à la tchadienne » devait combiner actions de force (et son cortège d'exactions à l'encontre de la population civile, la garde républicaine se signalant à plusieurs reprises durant la seconde moitié des années 90 par ses sanglantes interventions) et tractations savantes aboutissant au ralliement des chefs rebelles les plus pragmatiques (les plus habiles se voyant même attribuer temporairement un portefeuille ministériel). Pas de quartier en revanche pour les irréductibles, liquidés à l'image de Laokein Bardé, le chef des Farf (Forces armées de la République fédérale), « neutralisé » dans des conditions mystérieuses au début du printemps 1998.

Dans l'Est, la situation apparaît plus nébuleuse, du fait des interactions ayant traditionnellement prévalu entre certains fronts rebelles tchadiens et le Darfour. Cette région a servi de base arrière à de nombreux insurgés, dont un certain Idriss Déby, alors simple officier dissident, qui y passa près d'une année à la fin des années 80, pour préparer sa « chevauchée fantastique » devant le conduire au palais présidentiel de N'Djamena, après avoir culbuté le régime d'Hissène Habré. D'autres proscrits et d'autres rebelles ne tardèrent pas à venir occuper la place désormais vacante, rêvant d'un destin « à la Déby ». Les déçus furent nombreux ! Différents mouvements s'implantèrent donc dans les confins tchado-darfouriens durant la décennie 90, de nouveaux dissidents du régime Déby s'agrégeant aux strates rebelles précédentes, phénomène donnant lieu à des changements réguliers d'appellation, même si le plus souvent, on retrouvait les mêmes individus combattant simplement sous une « raison sociale » différente : Front de libération du Ouaddaï, devenu Front national tchadien (FLO-FNT) ; Conseil national de la résistance (CNR) ; Forces nationales de la résistance (FNR) ; Armée nationale tchadienne/Dissidente (ANT/D) ; Front national du Tchad rénové (FNTR)... La plupart devaient fusionner en 1995 pour donner naissance à l'Alliance nationale de résistance (ANR), qui a interrompu ses activités militaires début 2003, au terme d'un accord négocié par l'intermédiaire du Gabon. Mais l'éclatement médiatique, début 2004, de la crise du Darfour a sensiblement brouillé les cartes pour ces rebelles tchadiens. Habitués à se mouvoir dans une zone semi-désertique n'intéressant pratiquement personne, ils ont vu en l'espace de quelque mois apparaître de nouveaux protagonistes arpenter leur territoire (les rebelles darfouriens, les milices djandjawid et d'immenses cohortes de réfugiés ou de déplacés) puis converger médias « globaux », grands de ce monde, multitude de forces militaires (armées tchadienne, soudanaise, française, observateurs de l'UA...) sans oublier les agences onusiennes et de nombreuses ONG. Ce déferlement de nouveaux acteurs dans leur « pré carré », combiné aux crispations politiques à N'Djamena, a modifié la donne et l'ANR rompt avec les autorités tchadiennes, à la fin de l'été 2004, laissant préfigurer une reprise des hostilités dans l'Est tchadien. Cette possible reprise de la lutte armée ne manquerait pas de favoriser une intrication accentuée des facteurs de tensions et d'insécurité de part et d'autre de la frontière et complexifierait davantage toute solution de sortie de crise au Darfour.

L'émergence de menaces extérieures. Si les trois décennies de guerre civile ont donné lieu à de multiples ingérences étrangères (Paris et Tripoli étant – dans des registres différents – les plus actifs en la matière), ces agissements s'inscrivaient dans le cadre de dynamiques conflictuelles essentiellement locales, « tchado-centrées » pourrait-on dire. Une réelle rupture est intervenue en la matière au cours de l'année 2004, où, en l'espace de quelques mois, deux dynamiques extérieures de prime abord au jeu politico-militaire local ont affecté le territoire tchadien, suscitant une vive inquiétude au sein de la société tchadienne dans son ensemble et parmi ses dirigeants. Il s'agit, en premier lieu de l'impact de la crise du Darfour, dont l'élément moteur – l'antagonisme entre tribus arabes et populations noires, en particulier les Zaghawa – se prolonge dans l'est du Tchad *(voir chapitre sur le Soudan)*. Le président Déby est confronté à une alternative pour le moins délicate : privilégier la raison d'État (et collaborer avec Khartoum dans la mise au pas des rebelles darfouriens) ou la solidarité clanique (en tolérant, voire en soutenant l'engagement des Zaghawa tchadiens qui l'ont amené au pouvoir, aux côtés de leurs « cousins » darfouriens, au risque de provoquer une très sérieuse crise avec les voisins soudanais). Le choix n'est pas simple et va laisser des traces. Tribus arabes et groupes zaghawa vivent de part et d'autre de la frontière. Nombre de responsables tchadiens issus de ces ethnies ont des « cousins » impliquées dans la crise, de l'autre côté de la frontière. Le risque est réel de voir l'antagonisme Arabes-Zaghawa dégénérer en affrontements fratricides entre certains soutiens du régime Déby. Jusqu'à présent, le pire n'a pas eu lieu, mais les risques de contagion sont réels. Outre le fait que de nombreux militaires zaghawa de l'armée régulière tchadienne, dont des éléments de la garde présidentielle, ont rallié les mouvements rebelles darfouriens, suscitant l'ire de Khartoum, des incursions de miliciens djandjawid ont eu lieu en territoire tchadien, où ils ont continué à persécuter des réfugiés tentant d'échapper à leurs exactions, quand ils ne se sont pas accrochés durement avec l'armée tchadienne. Par ailleurs, les efforts de recrutement d'Arabes tchadiens par les milices djandjawid inquiètent N'Djamena. Les flux croissants de réfugiés soudanais (200 000 fin 2004 et peut-être 100 000 de plus au printemps 2005), combinés à ces incidents frontaliers, contribuent à fragiliser les marges orientales du Tchad, avec des répercussions très nocives jusqu'à N'Djamena sur le régime du président Déby, déjà bien affaibli par ailleurs.

Le second sujet d'inquiétude est relatif à l'odyssée saharienne d'une bande de salafistes djihadistes algériens, issus du Groupe salafiste pour la prédication et le combat (GSPC). Conduite par le fameux Abderezak « el Para » (de son vrai nom Amari Saïfi), elle a été poursuivie à partir de l'été 2003 sur des milliers de kilomètres par les forces de sécurité des États de la région (Algérie, Mali, Niger) activement épaulés par les services américains et français *(voir chapitre sur Al-Qaïda au Sahara ?)*. La traque s'achèvera, en mars 2004, dans le Tibesti, à proximité de la frontière nigérienne, par l'interception musclée des fuyards par l'armée tchadienne, au cours de laquelle plusieurs dizaines d'islamistes seront abattus. Le reliquat de survivants, désemparés, sera capturé quelques jours plus tard par des éléments du MDJT, propulsé bien malgré lui dans un épisode sensible de la guerre contre le terrorisme. Plus qu'embarrassés de détenir « par hasard » des captifs aussi encombrants, et redoutant plus que tout d'être amalgamés à des suppôts de la mouvance salafiste par les autorités de N'Djamena, et être ainsi diabolisés aux yeux des puissances occidentales, les rebelles du Tibesti multiplièrent les efforts pour se débarrasser de ces prisonniers plus qu'encombrants. Ils préférèrent subir les foudres – uniquement verbales à ce stade – du GSPC plutôt que de s'aliéner les autorités algériennes et les puissances occidentales. Après quelques mois d'imbroglio et de rumeurs les plus folles (libération des captifs après le versement d'une rançon versée par les islamistes algériens, alliance MDJT/GSPC, installation de base du GSPC dans le Tibesti retour du Para en Algérie...), el Para se retrouva finalement aux mains des autorités libyennes, au début de l'automne 2004, dans des conditions assez troubles, avant que Tripoli ne l'extrade vers Alger, fin octobre 2004. Si cet épisode semble devoir demeurer isolé, il traduit néanmoins le climat d'ébullition qui prévaut dans l'ensemble de la bande saharienne, de la Mauritanie au Soudan, théâtre de multiples trafics et autres activités illicites et zone d'accueil pour nombre de proscrits de toute nature, en particulier islamistes.

Les acteurs

La contestation du régime Déby peut se décomposer en plusieurs strates : acteurs légalisés (partis politiques et

éléments de la société civile), opposition en exil et mouvements politico-militaires n'ayant pas encore renoncé à l'idée de renverser le régime par les armes.

◆ **L'opposition légale** comprend plusieurs dizaines de partis, la plupart n'ayant qu'une existence symbolique, version tchadienne des « partis individus congolais ». Une demi-douzaine de formations ont su atteindre une taille significative et constituent des protagonistes crédibles sur la scène politique, voire pour certains lors des débats parlementaires. La formation actuellement la plus en pointe contre le régime Déby est le Rassemblement pour la démocratie et le progrès (RDP). Mais ce leadership est très récent, le RDP ayant été jusqu'en novembre 2003 un pion important de la majorité présidentielle, en tant que clef de voûte de l'alliance électorale constituée par le parti présidentiel, le MPS, pour les élections de 2002. Mais le président du RDP, Lol Mahamat Choua (un ancien chef de guerre d'ethnie kanembou, originaire de la région du lac Tchad, éphémère Premier ministre d'avril à août 1979, avant de rallier les régimes Habré puis Déby), a rompu avec le pouvoir en place seulement à l'automne 2003, officiellement en raison de son désaccord avec le projet de réforme constitutionnelle destinée à permettre au président Déby de se représenter à la présidentielle de 2006. Le RDP bascule alors dans l'opposition, perdant au passage ses trois portefeuilles ministériels. Fort de ses 12 députés, il devient le fer de lance de l'opposition parlementaire. Jusqu'alors, celle-ci s'articulait autour de la Fédération action pour la République (FAR – 9 députés aux législatives de 2002), dirigée par le très actif et médiatique Ngarlejy Yorongar qui s'est fait connaître par ses critiques virulentes contre la gestion du projet pétrolier de Doba ; l'Union pour le renouveau et la démocratie (URD – 3 députés aux législatives de 2002) de l'ancien général Abdelkader Kamougué (un ancien chef de guerre sudiste, candidat contre Déby en 1996 et 2001 et ancien président de l'Assemblée nationale de 1997 à 2002) et l'Union nationale pour le développement et le renouveau (UNDR – 5 députés aux législatives de 2002) de l'ancien journaliste et ancien ministre Saleh Kebzaboh. À cette opposition parlementaire, il convient d'ajouter la Convention pour l'alternance démocratique (CAD) qui regroupe depuis avril une demi-douzaine de mouvements d'opposition, plus ou moins bien structurés et plus ou moins représentatifs, comme l'Union pour la démocratie et la République (UDR) dirigé par Jean Alingué Bawoyeu ou le Parti pour les libertés et le développement (PLD) d'Ibni Oumar Mahamat Saleh. Cette opposition politique légale, très émiettée et affaiblie par l'absence de personnalité emblématique et de nombreuses rivalités personnelles, tend à se regrouper depuis le début 2004 sous couvert de lutter contre la réforme constitutionnelle voulue par le président Déby. Une nouvelle plate-forme a été mise en place : la Coordination des partis pour la défense de la Constitution (CPDC). Les partis d'opposition ont reçu sur ce dossier le soutien d'une large partie de la société civile.

L'émergence d'une société civile constitue d'ailleurs un « heureux résultat » du régime Déby qui a permis à une multitude d'ONG, d'associations, de personnalités et de médias indépendants (presse écrite, radios FM et sites Internet) d'éclore dans le paysage politique tchadien et de devenir des protagonistes actifs des grandes questions politiques et de société du Tchad contemporain (projet pétrolier de Doba, réforme constitutionnelle, lutte contre l'insécurité et rétablissement de la peine de mort, bonne gouvernance...). Parmi la multitude d'acteurs existante, citons la Ligue tchadienne des droits de l'homme présidée par Dobian Assingar, l'Association tchadienne pour la promotion des droits de l'homme (ATPDH) dirigée par Delphine Kemnéloum, l'Association des chrétiens pour l'abolition de la torture (Acat-Tchad) de Marc Mbaiguedemn Beoudou ou encore l'Association tchadienne des victimes des crimes et de la répression politiques de Souleymane Guengueng, sans oublier quelques personnalités indépendantes comme Me Jacqueline Moudeina, une des rares femmes avocates du Tchad, responsable de nombreuses associations et très active dans le combat pour obtenir l'extradition du Sénégal de l'ancien président Hissène Habré et sa comparution en justice pour les nombreuses exactions commises en matière de droits de l'homme durant son exercice du pouvoir. Son activisme, récompensé par divers prix internationaux, lui a valu également de nombreuses menaces et d'être gravement blessée lors d'une manifestation en juin 2001 (atteinte aux jambes par des dizaines d'éclats de grenade, ce qui nécessita son hospitalisation en France).

◆ **L'opposition en exil** constitue la seconde strate de forces contestant le régime Déby. Près d'une vingtaine de mouvements peuvent être recensés, certains n'ayant qu'une existence virtuelle. Leur représentativité apparaît des plus réduites, mais ils demeurent actifs sur la scène politico-médiatique, à grands coups de communiqués, de gesticulations diverses et de regroupements au sein de nouvelles alliances, toutes aussi fragiles et dénuées de moyens que les précédentes. L'objectif de ces mouvements est de conserver des contacts avec les mouvements effectivement présents en territoire tchadien et ayant conservé quelques capacités militaires, ou du moins de nuisance, comme le MDJT ou l'ANR. Dans ce paysage très fluctuant, où foisonnent de nombreux acronymes qui ne sont que des coquilles vides, peut toutefois être évoquée, en tant que structure récente et encore active, l'Union des forces pour le changement (UFC – fondée à la mi-mars 2004) qui n'est en fait que le ravalement d'une structure plus ancienne, le Comité politique d'action et de liaison (CPAL). L'UFC regroupe six mouvements politico-militaires plus ou moins actifs (le MDJT, le Mouvement pour la démocratie et le développement – MDD, le Conseil démocratique révolutionnaire – CDR, le Front démocratique populaire – FDP, le Front populaire pour la renaissance nationale – FPRN et le Mouvement pour l'unité et la République – MUR) qui aspirent à « mettre fin au pouvoir dictatorial en place par tous les moyens légitimes disponibles ». Le

coordinateur national de l'UFC est Acheikh Ibn-Oumar, un ancien diplomate, proche de Goukouni Weddeye, et secrétaire général du CDR. Dans le même registre, on peut également citer la Coordination des mouvements armés et politiques (CMAP), fondée en décembre 1999, regroupant une quinzaine de mouvements. La CMAP ne s'est pas remise du départ de 7 de ses membres au printemps 2003 pour fonder le Front uni pour la démocratie et la paix (FUDP), créé à Cotonou, au Bénin, en mai 2003, à l'instigation de la Libye, la présidence de cette coalition revenant à Adoum Togoï, un des hommes liges de Tripoli sur la scène oppositionnelle tchadienne. Au-delà de ces « usines à gaz » politiques, une bonne dizaine de mouvements isolés peuvent être recensés, mais leur influence et leur représentativité sont considérées comme quasi nulles. Parmi les derniers venus dans cette catégorie, citons la Coalition pour la défense de la démocratie et des droits constitutionnels (CDDC), fondée fin mars 2004 à Washington par l'ancien ambassadeur tchadien aux États-Unis et au Canada, Ahmat Hassaballah Soubiane, un autre compagnon d'armes historique du président Déby et un des « sécurocrates » les plus craints du régime (surnommé « la Bavure » à la lumière de ses faits d'armes dans la sécurisation du Sud dans les années 90). Sa reconversion tardive en opposant du régime n'a guère convaincu les opposants historiques.
La dernière strate de l'opposition au régime Déby est constituée par des mouvements disposant encore de moyens militaires (MDJT et ANR). Cette composante a beaucoup perdu en pugnacité ces dernières années et peut être considérée comme moribonde en ce début 2005. Mais un « réveil » spectaculaire ne peut être exclu, au gré de quelques coups de pouce en provenance de Tripoli ou de Khartoum, ou en cas de crise fratricide au sein du régime Déby.

◆ MDJT – Mouvement pour la démocratie et la justice au Tchad

Ce mouvement a constitué au début des années 2000 la menace la plus grave ayant pesé sur la stabilité du régime Déby depuis son installation au pouvoir. Mais la mort de son fondateur, Youssouf Togoïmi, à la fin de l'été 2002, lui a porté un coup quasi fatal dont le mouvement ne s'est toujours pas remis.
La création du MDJT fin 1998 cristallise un mouvement de mécontentement à l'encontre du régime Déby apparu à partir des années 1996-1997 au sein des populations toubou du Tibesti. Celles-ci estiment être négligées par le Président, qui privilégie trop systématiquement les Bideyat de l'Ennedi et les Zaghawa. À ce contexte général va se greffer, à partir du printemps 1997, la rupture intervenue entre Youssouf Togoïmi et le président Déby. Cette forte personnalité toubou du Tibesti (clan teda de la région de Zouar), juriste de formation, réputé compétent et intègre, est alors un pilier du régime, ayant successivement occupé les postes de ministre de la Défense (de fin 1995 à avril 1997) puis de ministre de l'Intérieur. Mais il démissionne du gouvernement en juin 1997, après avoir refusé de réprimer la contestation montante dans le Tibesti.
L'effervescence continue à se développer dans les milieux toubou durant l'année 1998 tandis que Togoïmi, toujours actif sur la scène politique de N'Djamena, se montre de plus en plus critique à l'égard du pouvoir. La présidence craint que la réputation de compétence et de probité de Togoïmi lui permette d'agréger autour de sa personne une partie de l'opposition politique, y compris sudiste. Il devient urgent de se débarrasser du leader toubou. Tout en le harcelant administrativement (fermeture de son cabinet d'avocat à Abéché, entraves multiples à ses affaires commerciales), un poste très rémunérateur lui est proposé au Gabon, qu'il refuse. Le pouvoir semble alors envisager des solutions plus radicales pour faire taire le gêneur. Averti de ce qui se trame contre lui, Youssouf Togoïmi quitte subrepticement N'Djamena début octobre 1998, avec quelques compagnons, et se réfugie dans les environs de Zouar au pied du massif du Tibesti. Le premier accrochage mortel entre les forces de sécurité et des dissidents toubou intervient mi-octobre. Après une petite décennie de relative tranquillité, le BET (Borkou-Ennedi-Tibesti) bascule à nouveau dans la rébellion. Mais, cette fois, la lutte oppose les Nordistes entre eux : Teda du Tibesti, en grande partie soutenus par les Daza de la région de Faya, contre Bideyat et Zaghawa. Cette lutte fratricide peut conduire à un rebasculement du pouvoir aux mains des sudistes.
Embuscades et harcèlements des garnisons isolées de l'armée se succèdent. Togoïmi structure la rébellion en fondant, fin décembre 1998, le Mouvement pour la démocratie et la justice au Tchad (MDJT), l'appellation du mouvement indiquant clairement l'ambition « nationale » du chef de guerre toubou qui se pose ouvertement en alternative au régime clanique de Déby. Dans un entretien accordé à *Jeune Afrique*, début juin 1999, il annonce être en mesure de s'emparer de N'Djamena d'ici à la fin de l'année. Déclaration péremptoire qui enjolive quelque peu la réalité. De fait, le MDJT est handicapé par sa base ethnique très réduite – les Toubou du Tibesti, soit une population de quelques dizaines de milliers de personnes vivant dans une périphérie excentrée de l'ensemble tchadien. Il va tenter de compenser cette faiblesse numérique en recrutant parmi les Toubou du Niger et ceux du Fezzan libyen, mais cela renforce aux yeux des autres composantes ethniques tchadiennes la connotation toubou, toujours mal perçue par les Sudistes (trente ans de guerres obligent). Au printemps 1999, le MDJT aligne au maximum 300 hommes. Togoïmi se méfiant énormément des Libyens, Tripoli adopte une position très ambiguë envers la rébellion, la soutenant un minimum pour qu'elle dispose de quelques capacités de nuisance envers le régime Déby, mais sans lui fournir les moyens militaires nécessaires pour sortir du Tibesti et descendre sur N'Djamena.
La situation militaire se dégrade sensiblement durant l'année 2000. L'armée lance une importante offensive en février qui se solde par un échec mais provoque de lourdes pertes dans chaque camp (environ 50 rebelles et 200 soldats, dont plusieurs impor-

tants chefs militaires liés au président Déby). Embuscades et accrochages se multiplient. Chaque camp est handicapé par d'importants problèmes logistiques pour se battre dans ce massif montagneux désertique, loin de tout. Le MDJT réalise un coup d'éclat en lançant une attaque surprise réussie contre la garnison de Bardaï, la capitale du Tibesti, les 17 et 18 juillet 2000. Le mouvement engage 500 hommes, soit près du tiers de ses effectifs de l'époque et inflige un revers sanglant à l'armée (plus de 150 morts, une vingtaine de véhicules détruits, des monceaux d'armements et de munitions capturés). Un climat délétère s'installe alors pendant plusieurs semaines à N'Djamena, où le sentiment général qui prévaut est que Déby a perdu sa *baraka* et que ses heures sont désormais comptées, l'heure de Togoïmi semblant arriver. Nombre d'observateurs pronostiquent un rezzou éclair motorisé contre N'Djamena pour s'emparer du pouvoir, certaines rumeurs évoquant même le double jeu de barons zaghawa du régime préparant leurs arrières et prêts à évincer – plus ou moins en douceur – Déby pour accélérer les choses et conserver leur accès au pouvoir et aux rentes.

Mais rien ne se passe. Togoïmi n'ose pas la « descente ». Le MDJT n'a pas assez de « muscles » pour l'aventure. De fait, après la victoire de Bardaï, le mouvement n'occupe la localité que pendant quelques dizaines d'heures, avant de se replier. La victoire de Bardaï est certes un coup d'éclat, mais s'avère avec du recul être un coup d'épée dans l'eau, témoignant de l'incapacité du MDJT à se doter d'une base territoriale et à sortir de ses montagnes pour renverser le pouvoir en place.

En dépit de plusieurs revers spectaculaires, les forces gouvernementales commencent à reprendre l'initiative (pressions militaires contre les flux logistiques des rebelles, acquisitions de nouveaux équipements, en particulier des hélicoptères, négociations avec la Libye, manœuvres de division du mouvement en jouant des antagonismes traditionnels entre clans toubou). La situation s'enlise militairement. Chaque camp peut infliger des revers sérieux à l'adversaire, mais sans pouvoir l'emporter. Bien que demeurant actif, le MDJT, qui n'a pas su ou pu saisir la fenêtre d'opportunité qui semblait s'ouvrir à la mi-2000, apparaît désormais davantage comme une nuisance que comme une réelle menace. Le mouvement est actif sur un territoire circonscrit, loin du Tchad « utile » et de la capitale. Sous la pression du colonel Khadafi, le MDJT doit se résoudre à signer un accord de paix à Tripoli le 7 janvier 2002, accord de dupes du fait du manque de volonté politique de chaque camp de mettre effectivement un terme au conflit et de l'absence de moyens matériels et financiers pour soutenir le processus de paix.

Le *statu quo* prévalant va être brutalement rompu par la mort de Togoïmi, à la fin août 2002. Le véhicule de ce dernier saute sur une mine dans les confins tchado-libyens. Son sort est incertain : mort sur le coup ou grièvement blessé avant de décéder quelques semaines plus tard dans un hôpital libyen. Sa mort est officiellement rendue publique le 24 septembre 2002, plongeant le MDJT dans la crise.

L'étiolement du MDJT s'est alors sensiblement accentué. Différents chefs de maquis, conscients de l'impasse de la situation, négocient leur reddition. Les effectifs fondent : de près de 1 500 hommes à son apogée, le mouvement n'aligne plus que 200 hommes actifs à la fin 2002. Le MDJT s'enfonce dans la crise interne. Adoum Togoï, considéré comme l'homme des Libyens, tente de rafler la mise grâce aux subsides en provenance de Tripoli. Mais il se heurte à plusieurs chefs de guerre irréductibles comme Hassan Mardigué et Youssouf Barkai, qui se veulent fidèles à la ligne « orthodoxe » de Togoïmi. Cette guerre des clans conduit au départ, en avril 2003, des rares cadres sudistes du mouvement (Maurice Hel Bongo, Madjadoum Londadjim...). Togoï tente de s'imposer en force, organisant un congrès en Libye, début juillet 2003, vivement condamné par le « Haut commandement militaire » du MDJT qui dément toute adhésion à cette branche fantoche et dénie à Togoï toute « légitimité pour représenter le MDJT ». Avec l'appui de Tripoli, Togoï négocie grâce à une médiation du Burkina Faso un accord de ralliement avec le gouvernement qui est signé le 14 décembre 2003. Il rentre à N'Djamena dans la foulée, le régime organisant un show médiatique pour la circonstance, illustrant son nouveau succès en matière de neutralisation de la scène insurrectionnelle. C'était aller un peu vite en besogne ! La branche « orthodoxe » du MDJT demeure active et organise elle aussi, mi-août, dans le Tibesti, un congrès refondateur, destiné à désigner une nouvelle direction. Les délégués élisent Hassan Abdallah Mardigué, un ancien officier de l'armée tchadienne, membre fondateur du MDJT et jusqu'alors président du « Conseil du Haut commandement militaire », au poste de président du mouvement. Il annonce vouloir continuer le combat, avec une cinquantaine d'hommes en armes répartis au sein de plusieurs petits maquis entre Bardaï et Zouar. Mais, dans les faits, les actions de guerre sont très limitées. Parallèlement, le MDJT s'est rapproché de l'opposition radicale en exil et a participé à la fondation de l'Union des forces du changement, en mars 2004. Depuis lors, le MDJT s'est davantage fait connaître par ses prises de positions politico-médiatiques (en particulier contre le projet de réforme constitutionnelle, via un site Internet et l'activisme de son représentant en France) que par ses opérations de guérilla. Le mouvement a également fait parler de lui courant 2004, du fait de son implication bien involontaire dans l'affaire « Abderezak el Para » et de sa gestion très prudente de cette histoire. La normalisation de fait prévalant dans le Tibesti apparaît bien fragile. Le mode de vie des populations du BET et le fonctionnement de leur société ne reposent en effet que sur la guerre. Ces groupes ethniques se sont socialement structurés autour de valeurs martiales (courage, goût du défi, codes d'honneur, maniement des armes). Le métier des armes (bandit, rebelle ou soldat régulier) constitue le débouché le plus évident pour ces populations qui, compte tenu du faible niveau d'éducation et du taux d'analphabétisme, n'ont guère d'autres options pour évoluer socialement. Au moindre faux pas du gouvernement ou au moindre revirement de Tripoli, l'accalmie actuelle pourrait voler en éclats. Un grand nombre de « ralliés » n'hésiteront pas à déserter et, renforcés par leurs cousins toubou du Niger ou de Libye, ne tarderont pas à reprendre le maquis, sous couvert du MDJT renaissant ou d'une nouvelle « raison sociale ».

◆ ANR – Alliance nationale de la résistance

L'ANR a été constituée le 16 novembre 1995 par la fusion de plusieurs dissidences armées actives principalement dans l'est du pays (l'Armée nationale tchadienne/Dissidente, le Front national du Tchad rénové, le Conseil national du redressement..., en tout huit mouvements au début des années 2000), à l'instigation du colonel Mahamat Garfa (d'ethnie tama, ancien chef d'état-major de l'armée tchadienne au début des années 90, tombé en disgrâce avant d'entrer en dissidence en 1994, s'enfuyant avec un conséquent trésor de guerre). Disposant de bases dans le Darfour soudanais, l'Alliance a été capable de maintenir un relatif climat d'insécurité dans l'est du Tchad durant le restant de la décennie 90 et jusqu'au début des années 2000, effectuant même plusieurs raids spectaculaires contre Abéché. Mais le mouvement a progressivement périclité et sombré dans la criminalité, Garfa négligeant le contact avec ses troupes dans le maquis pour sillonner nombre de capitales africaines à la recherche de soutiens. L'Alliance a toutefois connu une embellie début 2002, avec le ralliement d'un officier supérieur venant de déserter, le colonel Issakha Sarwa (d'ethnie djado, originaire du Guéra). Le nouveau venu allait reprendre en main la base combattante et relancer les opérations militaires dans l'est et le sud-est du pays, sous l'appellation de Fonalt (Forces des organisations nationales pour l'alternance et la liberté au Tchad). Il bénéficiait d'une petite aide de la part du régime centrafricain du président Patasse, dont les relations avec le président Déby étaient alors très tendues. Mais la gestion bicéphale – Garfa en vadrouille et Sarwa dans le maquis – allait conduire l'Alliance à deux doigts de l'implosion, début 2003. Installé à Libreville, Garfa acceptait unilatéralement de signer le 8 janvier un accord de paix avec le gouvernement tchadien, sans avoir consulté ses combattants. Sarwa dénonçait vigoureusement cette manœuvre et annonçait son intention de poursuivre la lutte. Mais d'intenses tractations et le vote d'une loi d'amnistie en avril 2003 devaient inciter les éléments les plus radicaux des Fonalt à accepter l'accord de paix. Garfa se voyait octroyer une belle sinécure, en étant nommé responsable de la sécurité de l'oléoduc Doba-Kribi tandis que Sarwa était réintégré dans l'armée tchadienne. Mais l'accord de Libreville était dénoncé à la fin de l'été 2004 par la nouvelle direction de l'ANR (présidée désormais par Mahamat Abbo Sileck) en raison de promesses non tenues et du projet de réforme constitutionnelle. En réaction, le régime procédait à l'arrestation du colonel Sarwa, fin septembre 2004, dont le sort suscite de réelles inquiétudes de la part des défenseurs des droits de l'homme. Dans la foulée, l'ANR annonçait son ralliement à la Coalition pour la défense de la démocratie et des droits constitutionnels (CDDC), créée en avril dernier à Washington par l'ancien ambassadeur du Tchad aux États-Unis, Ahmat Hassaballah Soubiane. En pleine crise du Darfour, la rupture entre l'ANR et le gouvernement tchadien n'augure rien de bon pour la stabilité de l'est du Tchad.

Pour en savoir plus

Agir ici – Survie, « Projet pétrolier Tchad/Cameroun : dés pipés sur le pipe-line », *Dossiers noirs de la politique africaine de la France*, n° 13, L'Harmattan, 2000.

« Autour du lac Tchad : intégration et désintégration », *Politique africaine*, n° 94, Khartala, juillet 2004.

Robert Buijtenhuijs, *La conférence nationale souveraine du Tchad*, Khartala, 1993.

Robert Buijtenhuijs, *Transition et élections au Tchad 1993-1997*, Khartala, 1999.

Bichar Idriss Hagar, *Tchad : témoignage et combat politique d'un exilé*, L'Harmattan, 2004.

Jacques Le Cornec, *Les mille et un Tchad*, L'Harmattan, 2003.

« Spécial Tchad », *Marchés tropicaux et Méditerranées*, n° 3028, novembre 2003.

Internet

www.cefod.org
Site du Centre d'études et de formation pour le développement (Cefod), *think tank* public tchadien, mine d'informations sur la situation politique, économique et sociale du Tchad.

www.tchadien.com
Site tchadien d'information.

www.ialtchad.com
Site tchadien d'information.

www.tchadforum.com
Site tchadien d'information.

www.alwihdainfo.com
Site d'actualité tchadienne, proche du mouvement d'opposition FNTR.

www.mdjt.net
Site officiel du MDJT.

Al-Qaïda au Sahara ?

Les thèses qui font état d'une implantation de la nébuleuse terroriste islamiste en Afrique, principalement d'Al-Qaïda, ne s'appuient souvent que sur des informations parcellaires, qui, livrées telles quelles, alimentent un certain nombre de fantasmes. Ce qui fait actuellement de l'Afrique, de façon plus établie, une zone convoitée par la nébuleuse terroriste, c'est essentiellement la possibilité de s'y réfugier sans être combattu efficacement par des États africains en déliquescence, disposant de maigres capacités en matière de lutte contre le terrorisme.

À l'analyse, les informations disponibles spéculent davantage sur une potentialité du continent à se muer en havre et en grenier pour la mouvance terroriste en raison de trois caractéristiques majeures actuelles : l'instabilité des États d'Afrique, devenue endémique en raison de la multiplication des conflits armés ; l'existence de vastes territoires échappant au contrôle des autorités nationales, tant en ce qui concerne la circulation des personnes que celle des biens ; l'existence de richesses naturelles qui font l'objet d'exploitation et de trafics illicites et lucratifs.

À partir du premier semestre 2002, de nombreux articles et commentaires, tant dans la presse spécialisée que généraliste, ont évoqué le risque de voir la région saharo-sahélienne devenir un sanctuaire pour des groupes se réclamant de l'islam radical, ramifications locales de l'hydre terroriste international. Par région saharo-sahélienne, il faut entendre une large bande comprenant le grand Sud algérien et les parties septentrionales de la Mauritanie, du Mali, du Niger et du Tchad, zones particulièrement propices à l'implantation et au développement de groupes armés mobiles vivant dans la clandestinité, car le Sahara est bordé au sud par des États fragiles et instables, dont l'une des principales caractéristiques communes est de ne contrôler que très imparfaitement leurs territoires respectifs.

LA FRAGILITÉ DES ÉTATS SAHARO-SAHÉLIENS

La Mauritanie, le Mali, le Niger et le Tchad ont de nombreuses caractéristiques communes. Le découpage colonial français leur a légué d'immenses territoires (respectivement 1 025 000, 1 240 000, 1 267 000 et 1 284 000 km²) majoritairement désertiques. Les autorités coloniales françaises partagèrent le Sahara entre leurs possessions d'Afrique du Nord et d'Afrique noire. Ces pays sont faiblement peuplés (respectivement 2 700 000, 11 000 000, 10 400 000 et 8 000 000 d'habitants). Ces pays sahéliens ont également en commun d'être situés sur une zone de contact entre paysans sédentaires et pasteurs nomades : Maures en Mauritanie, Touaregs au Mali et au Niger, Toubou au Tchad. Hormis le cas de la Mauritanie, ces ethnies nomades ont été intégrées, à l'indépendance, à des constructions politiques dominées par les populations « négro-africaines » sédentaires du Sud, populations dans lesquelles les nomades venaient traditionnellement razzier et puiser leurs esclaves. Ces pays font, en outre, partie des PMA (Pays les moins avancés) et se caractérisent par une fragilité économique chronique, car une majorité de leur population dépend, directement ou indirectement, des activités agropastorales, qui sont fréquemment victimes de l'irrégularité des saisons des pluies.

À l'image de nombreux pays africains, la situation politique de ces pays est incertaine. Au Tchad, les coups d'État se sont succédé régulièrement depuis l'indépendance et une scène insurrectionnelle particulièrement riche (dont le MDJT – Mouvement pour la

démocratie et la justice au Tchad – constitue à ce jour l'ultime avatar) fragilise l'État central. Les dirigeants successifs, François Tombalbaye, Goukouni Weddeye, Hissène Habré ou Idriss Déby, ont tous dû affronter ces mouvements aux revendications communautaires, qui réclamaient davantage une représentation accrue au niveau national qu'ils ne manifestaient une quelconque volonté d'autonomisation.
Au Niger, les régimes d'Hamani Diori puis de Seyni Kountché durent gérer les revendications de la minorité touarègue et les rivalités toujours actuelles entre les groupes Zarma-Songhay et Haoussa. Depuis les réformes démocratiques du début des années 90, le pays est entré dans un cycle d'instabilité où les périodes de blocage institutionnel succèdent aux coups d'État. La rébellion touarègue, théoriquement endiguée par le traité de paix signé en 1995 entre l'Organisation de la résistance armée (ORA – groupement de tous les mouvements rebelles du Niger) et l'État nigérien sous le haut patronage du HCRP (Haut Commissariat à la restauration de la paix), puis par les traités additionnels de 1997 et 1998, semble reprendre vigueur. En effet, les combattants touaregs et arabes devaient être réintégrés à la société par des mesures socio-économiques spéciales. Or, une partie d'entre eux, notamment 3 000 ex-combattants de la région d'Agadez, attend encore la concrétisation de ces mesures. En juin 2004, la rébellion est réapparue dans cette région, sous la bannière d'un mouvement que l'on croyait éteint, le Front de libération de l'Aïr et l'Azawagh (Flaa). Ces scories de la grande rébellion des années 90 se manifestent surtout par des trafics et du grand banditisme.
Comparativement, la situation au Mali est plus calme. Même si le Mali partage avec le Niger ce souci constant de la question touarègue, le processus de réconciliation a été beaucoup plus abouti. Le régime est devenu un exemple de démocratie apaisée pour l'ensemble de l'Afrique de l'Ouest. L'action du président Alpha Omar Konaré, qui s'est volontairement retiré après deux mandats présidentiels, a permis d'inscrire le pays dans un réel mouvement démocratique. Pourtant, le président actuel, Amadou Toumani Touré, ne contrôle que très imparfaitement le nord du pays, car même si Ibrahim Bahanga, l'ex-chef rebelle touareg, a définitivement déposé les armes en septembre 2001, de nombreux trafiquants se drapent dans des causes politiques.
La République islamique de Mauritanie est quant à elle dirigée par le même homme depuis vingt ans, le colonel Maaouya Ould Sid'Ahmed Taya. Il a, peu après de la Conférence de La Baule, enclenché un processus démocratique aujourd'hui au point mort. La tentative de putsch du 8 juin 2003 a marqué l'entrée du pays dans une période de crispation politique inquiétante, accentuée par l'annonce de nouvelles tentatives en août et fin septembre 2004, émanant du reliquat des putschistes de juin 2003 regroupés sous l'appellation des « Cavaliers du changement ». L'autre dossier délicat à Nouakchott est la montée en puissance de mouvements islamistes qui se sont enracinés dans le paysage urbain grâce à des ONG financées par les pays du Golfe, mais qui ne parviennent pas à trouver leur expression politique.
Ces États faibles contrôlent difficilement leurs vastes territoires, traversés par des routes commerciales traditionnelles. Un certain nombre d'axes commerciaux se sont ainsi reconstitués dans lesquels le licite et l'illicite sont étroitement liés. Une route commerciale particulièrement intéressante est l'axe qui part du Cameroun, traverse le Nigeria, le Niger pour atteindre l'Algérie et la Libye. Cet axe s'est structuré autour du commerce du thé produit au Cameroun et acheminé sur les marchés algérien et libyen. Dans les ballots de thé sont cachés des produits de contrebande et des armes. Cette route commerciale est contrôlée par des tribus arabes du grand Sud algérien et du Niger, les Choa, par ailleurs réputés pour leur prosélytisme religieux, notamment au Niger. Les Choa ont lutté pour être les seuls maîtres de cette route, notamment contre les Touaregs. Ces territoires sont également traversés par d'importants axes migratoires qui conduisent les jeunes hommes d'Afrique noire à « tenter l'Europe ». Les deux axes principaux passent par le Niger, la Libye, la Tunisie et l'Italie, pour l'un, et le Mali, l'Algérie, le Maroc et l'Espagne, pour l'autre.
Loin d'être vide, le Sahara est devenu un lieu de transit d'hommes et de marchandises à l'écart du regard des États. Certains villages proches des frontières sont devenus de véritables zones « grises » ou « franches », ouvertes à toutes sortes de trafics d'armes, de voitures volées et de cigarettes de contrebande. Ces activités génèrent une criminalité et une insécurité importantes, d'autant plus que certains groupes ou mouvements : MDJT tchadien, restes des mouvements rebelles touaregs au Mali et au Niger (Front islamique armé de l'Azawagh, Organisation de la résistance armée, Front de libération armé de l'Azawagh...), Polisario, Cavaliers du changement (ex-putschistes mauritaniens), contrôlent une partie de ces trafics pour se financer. Certains assimilent ces régions aux « zones tribales » du Pakistan et affirment qu'elles pourraient accueillir les bases arrière de réseaux pouvant toucher les pays méditerranéens et l'Europe.

L'AFFAIRE DES OTAGES DU SAHARA

En février et mars 2003, 32 touristes européens étaient successivement enlevés dans le désert du Sahara. Un premier groupe de 17 personnes avait été libéré en mai 2003, en Algérie, à la suite d'une opération de l'armée algérienne. Les quatorze autres avaient été relâchées en août dans le nord-est du Mali. Les deux groupes ont disparu dans le triangle Ouargla, Djanet, Tamanrasset. Ces enlèvements eurent un grand retentissement en Europe. Le responsable de ces actions allait se révéler être le Groupe salafiste pour la prédication et le combat (GSPC), un des principaux acteurs de la guerre civile en Algérie, qui avait auparavant menacé d'attaquer le rallye Paris-Dakar. Cette série d'enlèvements, organisée par Mokhtar Benmokhtar, a occasionné une coopération entre les autorités algériennes, maliennes, nigériennes et les autorités des pays européens dont des ressortissants étaient retenus en otage : principalement l'Allemagne, l'Autriche et la Suisse. Enfin, les services français et américains, présents dans les pays sahéliens, participaient eux aussi à la résolution de cette affaire, qui nécessitera tout de même le versement d'une forte rançon (6 millions d'euros) pour la deuxième vague d'otages libérés. Les analystes s'interrogèrent alors sur la stratégie du GSPC : initialement actif dans l'est de l'Algérie et en Kabylie, le mouvement semblait esquisser un virage majeur en commettant de tels actes de grand banditisme à l'extrémité sud du pays. Nouvelle stratégie mûrement réfléchie ou geste désespéré d'un mouvement à bout de souffle ? Sans doute un peu des deux.

UNE ZONE D'EXTENSION DE L'ISLAMISME ET DES MAQUIS ALGÉRIENS ?

Pour les chancelleries occidentales, les pays sahéliens sont exposés, car ils jouxtent plusieurs États sensibles, considérés comme des foyers actifs (ou potentiels) d'islamisme radical : le Soudan, la Libye, le nord du Nigeria et, bien sûr, l'Algérie et ses maquis. En Algérie, bien que la situation ait évolué favorablement, le GSPC demeure particulièrement actif. Né en 1996 d'une dissidence des Groupes islamiques armés (GIA), le GSPC a été dirigé par l'« émir » Hassan Hattab et ses lieutenants Amari Saïfi, dit « Abderezak el Para », et Mokhtar Benmokhtar. Hattab a dirigé le mouvement jusqu'en septembre 2003, date à laquelle Nabil Sahraoui a été désigné pour sa succession. Le GSPC passe aujourd'hui pour être le mieux structuré des mouvements islamistes algériens. Il recrute de nombreux combattants aguerris, y compris chez les étrangers (Tunisiens et Libyens) et est organisé en grandes zones contrôlées chacune par un « émir ». Il comptait, fin 2003, pas moins de 500 combattants. Les émirs de chaque zone pouvaient se réunir et désigner leur représentant. Une mission d'enquête malienne, envoyée dans l'extrémité nord du pays en 2003, constatait que le GSPC s'était transformé, dans le Sahara, en groupe armé très mobile, qu'il s'était implanté dans certaines localités du pays, en particulier dans le secteur de Touadeni, et qu'il recrutait parmi les populations locales. Ainsi, Abderezak el Para s'est déployé dans le Sud algérien avec une cinquantaine d'hommes qui ont participé à l'opération de l'enlèvement des 32 touristes. Il a créé le groupuscule Tarek Ibn Zyad et organisé un trafic d'armes pour alimenter le mouvement. Traqué par les armées maliennes et nigériennes, soutenues par des instructeurs américains, il a été capturé en mai 2004 par le MDJT tchadien, après que sa bande eut été très sévèrement accrochée par l'armée tchadienne, appuyée en la circonstance par les services français et américains. Épilogue d'une traque longue de plusieurs mois à travers une bonne partie du Sahara, du Sud algérien jusqu'au Tibesti, à travers le nord du Mali et du Niger. Il s'ensuivit un imbroglio tchado-tchadien. Idriss Déby accusa le MDJT tchadien d'accointances avec les mouvements radicaux algériens, ce à quoi Mahamat Mahadi Ali, le vice-président et porte-parole du mouvement rebelle, répondit en rappelant que le MDJT était un mouvement laïque sans aucun lien avec les islamistes, contrairement à Idriss Déby, qu'il accusa d'avoir autrefois alimenté les maquis islamistes algériens en transférant des armes venues du Soudan. La direction du mouvement rebelle souhaitait ainsi éviter de faire passer le MDJT aux yeux des Américains pour une organisation terroriste. Après plusieurs mois de tergiversations (hésitations et lenteurs d'Alger à récupérer le fugitif, rumeurs les plus folles sur son « rachat » par le GSPC, annonce infondée d'alliance entre le MDJT et le GSPC...), Abderezak el Para a finalement été remis, courant octobre 2004, par les rebelles tchadiens aux autorités libyennes, qui l'ont extradé vers Alger, fin octobre.

De son côté, Nabil Sahraoui, le chef du GSPC à l'époque, a officiellement prêté allégeance à Al-Qaïda à la fin de l'année 2003 et déclaré la guerre aux intérêts occidentaux. Ancien des GIA, âgé d'une trentaine d'années, il aurait séjourné à la fin des années 90 dans les camps d'entraînement qaïdistes d'Afghanistan. Les autorités algériennes, dans leur lutte contre ce mouvement, aidées par les puissances occidentales, ont réussi à porter des coups très durs à l'organisation. Le 2 juin 2004, dans son fief de Kabylie, Nabil Sahraoui était abattu avec ses principaux lieutenants lors d'une opération de grande envergure. L'évolution du GSPC, qui se réclame désormais d'Al-Qaïda, montre clairement les connexions existant entre le maquis algérien et les confins sahélo-sahariens. Néanmoins, on ne peut pas parler d'une expansion de ces mouvements violents dans les pays sahéliens. Si l'on excepte quelques petites localités sahariennes, les contacts avec les populations sahéliennes et sahariennes sont surtout de nature commerciale.

LES ÉTATS-UNIS ET LA LUTTE CONTRE LE « TERRORISME INTERNATIONAL » ?

Avides de slogans et de nouveau modèles géostratégiques, certains penseurs américains et européens, qui pour la plupart ne connaissent pas le terrain, parlent d'un « arc intégriste » traversant le Sahara et les pays du Sahel. Pour Washington, cette menace justifie la surveillance étroite de la région et une coopération sécuritaire accrue avec les pays sahéliens et l'Algérie. L'Initiative Pan Sahel (ou PSI – Pan Sahel Initiative) a été pensée et organisée à cet effet. Au niveau de la sous-région sahélienne, son budget, initialement fixé à 7 millions de dollars, a été porté à 125 millions de dollars sur cinq ans. Le Pentagone fournit aussi conseils, formations et renseignements aux États et appuie la traque engagée contre le GSPC. La PSI, lancée en décembre 2002 avec le Tchad, le Niger, la Mauritanie et le Mali, vise à assurer la protection des frontières, le suivi des mouvements de personnes, la lutte contre le terrorisme et la coopération régionale. Cette initiative, pilotée par le commandement américain en Europe (Eucom, basé en Allemagne), est en passe d'être soutenue par l'Otan.

Les Cavaliers du changement

Le 8 juin 2003, des militaires, dirigés par les commandants Mohamed Ould Cheikhna et Saleh Ould Hanena, tentaient de s'emparer du pouvoir à Nouakchott et d'assassiner le président Maaouya Ould Sid'Ahmed Taya, qui se réfugiait in extremis dans une caserne loyaliste depuis laquelle il allait diriger la contre-offensive. Les combats cessèrent rapidement et la majorité des mutins furent arrêtés. Cependant, une partie d'entre eux purent s'échapper au Sénégal puis entrer en clandestinité dans les confins désertiques mauritano-maliens. En septembre 2003, les deux leaders du putsch apparaissaient à la télévision Al-Jazira. Ils expliquèrent les raisons de leur tentative de putsch et affirmèrent avoir créé un mouvement rebelle, appelé les Cavaliers du changement, dont le but est de renverser le pouvoir détenu par le président Ould Taya. À Nouakchott, le pouvoir va tenter d'accréditer la thèse de la collusion entre ces rebelles et l'islamisme radical, arguant de contacts plus supposés qu'avérés entre ces groupes rebelles et les salafistes du GSPC présents au Mali. Les rebelles auraient régulièrement circulé dans l'ensemble de la bande saharo-sahélienne (Niger, Nigeria, Libye, Burkina, nord de la Côte d'Ivoire, en zone rebelle) à la recherche de soutiens pour poursuivre leur combat contre le régime Ould Taya. À en croire les autorités de Nouakchott, la quête des rebelles se serait avérée fructueuse puisque ces derniers auraient bénéficié du soutien de Moustapha Ould Limam Chafi, un opposant mauritanien devenu conseiller du président Blaise Compaoré. Grâce à ces connexions burkinabé, les Cavaliers auraient cherché à planifier de nouveaux complots, découverts à temps par les services mauritaniens, début août et fin septembre 2004. Lors de ce dernier épisode, la quasi-totalité de la direction des Cavaliers devait être capturée, dont le commandant Saleh Ould Hanena. À la fin 2004, ne restait plus en liberté que le commandant Mohamed Ould Cheikhna et quelques proches. Les Cavaliers apparaissent durablement décapités. Au total, plus de 180 prévenus – Cavaliers mais aussi militaires sympathisants « purgés » – accusés d'être impliqués dans ces affaires de complot ont été jugés à la fin de l'automne 2004.

Dans la foulée, le régime Ould Taya a tenté d'amalgamer – sans fournir de preuves irréfutables – ces comploteurs bien réels à d'autres contestataires plus pacifiques du pouvoir en place, comme certains responsables islamistes (interpellation le 10 octobre 2004 de l'érudit Mohamed el-Hacen Ould Dedew, de Jemil Ould Mansour, leader politique et ancien élu de la capitale, et de l'ancien ambassadeur Moktar Ould Mohamed Moussa) ou dirigeants de l'opposition politique (dont l'ancien président – de 1980 à1984 – Mohamed Khouna Ould Haidalla, le président du Rassemblement des forces du progrès, Ahmed Ould Daddah, ainsi que le chef du parti non reconnu « Convergence démocratique » Cheikh Ould Horma, les trois hommes étant accusés de trahison et d'avoir apporté un soutien financier aux Cavaliers). Cette campagne de diabolisation des principaux acteurs de l'opposition, à grands coups d'amalgames entre nébuleuse djihadiste internationale, Cavaliers du changement et opposition mauritanienne, traduit la crispation du régime et sa volonté d'instrumentaliser un événement global (la menace islamiste radicale) dans un contexte local. De tels raccourcis laissent augurer d'une possible radicalisation de certaines franges de l'opposition mauritanienne à terme, avec le risque de rendre réel le mensonge d'aujourd'hui.

Les experts américains soulignent que cette collaboration a déjà abouti à l'élimination, conjointement avec l'armée malienne, d'un groupe proche du GSPC au sud de Tamanrasset, début 2004.

Mais les observateurs de la région se sont rendu compte que l'activité américaine dépassait largement les objectifs de la PSI. Les Américains sont en train de s'implanter dans cette région située jusqu'alors à l'angle mort de leurs intérêts. Ils cherchent à installer une puissante station d'écoute pour couvrir l'ensemble de l'Ouest saharien, en plus des équipements « provisoires » déjà mis en place en Algérie (Tamanrasset) et dans la région de Nema, en Mauritanie. Trois pays ont été contactés pour abriter une telle installation, cruciale pour la lutte régionale contre le terrorisme (la Mauritanie, le Mali et l'Algérie). Le plan d'assistance militaire de la PSI permet aux Américains de s'implanter dans une zone d'influence française dont ils sont traditionnellement absents. Ce dispositif est le pendant ouest-africain de la CJTF (Combined Joint Task Force) implantée à Djibouti et agissant dans la Corne de l'Afrique.

La présence américaine dans la région sahélienne prend corps à un moment où l'on découvre des réserves pétrolières : au Tchad, où l'exploitation a déjà commencé, mais également en Mauritanie (exploitation prévue en 2005), au Niger et au Mali (prospections prometteuses en cours). La politique énergétique à long terme des États-Unis est à la diversification de l'origine géographique des importations de pétrole. D'ici à 2025, 25 % des importations de brut de Washington proviendront du continent africain. D'où l'importance pour les Américains de prendre pied dans une zone considérée comme une future plate-forme de substitution dans le ravitaillement énergétique au Moyen-Orient. De plus, les gouvernements des pays sahéliens ont tendance à surévaluer les risques sécuritaires et à utiliser la présence américaine à des fins de politique interne.

LA MAURITANIE ET LE DOSSIER DES ISLAMISTES

Depuis le début des années 90, la Mauritanie connaît, comme les pays d'Afrique du Nord, une poussée de l'islamisme. Cette recrudescence s'est surtout exprimée sur le plan social (ONG caritatives islamiques, création de madrasas, constructions de mosquées d'obédience wahhabite...). Mais un nombre grandissant d'oulémas, formés à l'étranger, allaient alors développer un islam radical, particulièrement critique à l'endroit des couches dirigeantes, dénonçant tous les travers de la société urbaine, attribués à l'impiété et à l'influence néfaste des valeurs occidentales. Une nébuleuse d'organisations allait voir le jour, le Mouvement islamiste mauritanien, Al-Hizb al-Islami... D'autres étaient des variantes locales de mouvement transnationaux : les Frères musulmans ou la Jemaa at-Tabligh. Ces groupes n'avaient toutefois qu'une audience limitée. L'un des oulémas radicaux les plus célèbres du pays, Mohamed Ould Sidi Yahya, allait fédérer différents groupuscules dans un parti politique en 1991, le Parti de la Oumma, lors de l'instauration du multipartisme en Mauritanie. Le pouvoir n'allait pas le légaliser, s'appuyant sur une ordonnance relative aux partis politiques, adoptée en hâte le 25 juillet 1991, qui stipule que « l'islam ne peut être l'apanage exclusif d'aucun parti politique en République islamique de Mauritanie ». Les islamistes « politiques » se répartirent alors dans les partis de l'opposition, et principalement à l'Union des forces démocratiques (UFD) d'Ahmed Ould Daddah. Certains furent aussi récupérés par le pouvoir et vinrent rallier le parti du président Maaouya Ould Sid'Ahmed Ould Taya, le Parti républicain démocratique et social (PRDS).

Le pouvoir décida de toujours canaliser la force politique potentielle que représentent les islamistes en les empêchant notamment de créer un parti politique. Or, la situation intérieure et surtout la politique étrangère d'Ould Taya favorisent l'essor d'un discours contestataire de nature religieuse. En effet, le régime s'est progressivement éloigné de la puissance tutélaire « historique », la France, pour se rapprocher des États-Unis. Ce rapprochement vis-à-vis des Américains a impliqué un rapprochement diplomatique avec Israël. Nouakchott et Tel-Aviv ont élevé leur représentation diplomatique au niveau de l'ambassade. Dans le contexte actuel, cette alliance avec des pays décriés dans le monde arabo-musulman ne va pas sans un divorce complet du pouvoir mauritanien avec son opinion publique. Fragilisé à l'intérieur et sérieusement discrédité dans les pays arabes et africains, le pouvoir se devait de donner quelques gages à son nouveau protecteur américain. Aussi le président est-il devenu un adjoint zélé de la campagne mondiale de lutte contre le terrorisme. Dans ce cadre, la menace islamiste devait apparaître sérieuse pour que les Américains portent un intérêt à ce pays et déploient une présence militaire. Pour s'attirer les bonnes grâces de son nouveau « parrain », le régime d'Ould Taya a abattu un atout majeur en livrant un présumé terroriste mauritanien d'Al-Qaïda aux Américains. Le Mauritanien Mouhamedou Ould Slahi, soupçonné d'être impliqué dans les attentats du 11 Septembre a été arrêté en novembre 2001 et aurait été extradé vers les États-Unis puis à Guantanamo. Cet homme, longtemps exilé en Afghanistan, serait un proche de Ben Laden.

Mythes et réalités de la menace terroriste : le cas du Polisario

En décembre 2003, un groupe d'hommes, dirigé par Mohamed Ould Bakhili, appartenant vraisemblablement au Polisario, était arrêté en République islamique de Mauritanie pour avoir volé une grande quantité d'explosifs (153 bouteilles d'un produit extrêmement inflammable et 12 kilomètres de fils utilisés dans les explosions télécommandées) à la Société nationale d'industries et des mines (Snim) à Zouerate, dans la province septentrionale du Tiris Zemmour. Jugé en janvier 2004, le leader était condamné à cinq années d'emprisonnement. Ce fait a servi de pierre de touche à certains analystes pour affirmer que le Polisario était en train de changer de nature, de brader son idéal socialiste pour se recycler dans une idéologie plus porteuse : l'islam radical. Cette théorie a reçu, on s'en doute, un écho très important au Maroc, qui voit l'occasion de discréditer un adversaire politique dans le dossier du Sahara occidental. Depuis cette affaire, les rumeurs les plus folles courent dans les rédactions marocaines. Après les attentats de Madrid, certains journalistes marocains ont même affirmé que l'explosif utilisé dans la gare d'Atocha était similaire au produit dérobé en Mauritanie, ce qui fut démenti par la suite, car la totalité des produits dérobés en Mauritanie fut retrouvée. D'autres, qui puisent leurs sources auprès des services de renseignements marocains, ont affirmé que les attentats perpétrés en Espagne avaient été planifiés en plein Sahara, par un groupe dénommé Groupe marocain de la prédication et du combat (Jamaat al-Dawaa wal-Qital al-Maghribia), information jamais confirmée... Ces faits illustrent deux tendances actuelles de la zone saharienne. D'abord, la capacité d'utilisation politique de n'importe quel fait par les pouvoirs de la région. D'autre part, des trafics de plus en plus massifs dont ce vol d'explosif est l'inquiétant révélateur. En effet, la région saharienne, et particulièrement cette zone à cheval sur la Mauritanie, l'Algérie et le Sahara occidental, est le théâtre d'importants trafics. N'importe qui ayant de l'argent peut acheter à peu près n'importe quoi. Mais le Polisario n'est qu'un acteur parmi d'autres de ces trafics qui concernent également des hommes d'affaires mauritaniens proches du pouvoir ainsi que des militaires algériens et marocains.

En outre, le pouvoir tente d'accréditer la connexion entre les rebelles appelés Cavaliers du changement (voir encadré) avec les islamistes mauritaniens et les combattants du GSPC algérien.
À l'image du cas mauritanien, le soutien américain à la lutte contre le terrorisme engagée dans les pays de la zone revêt d'autres objectifs, Washington profitant de la conjoncture pour s'installer dans une zone stratégique en devenir. L'islamisme « de maquis » est aujourd'hui en régression dans la zone saharo-sahélienne, mais l'impact de cette idéologie est en revanche de plus en plus fort. Il progresse surtout dans les villes, chez les populations rurales récemment urbanisées, mais aussi dans les classes moyennes de plus en plus anti-occidentales. Les vecteurs principaux sont les médias arabes et les nombreux étudiants en théologie revenus de séjours dans les pays du Golfe. Ce mouvement-là n'a pas encore d'expression politique mais semble beaucoup plus inquiétant et durable.

Pour en savoir plus

CEAN (Centre d'études de l'Afrique noire, *L'Afrique politique 2002. Islams d'Afrique : entre le local et le global*, Karthala, 2002.

Aymeric Chauprade, « Sahara, une base arrière du terrorisme international ? », *L'Économiste*, 5 mai 2004.

Christine Holzbauer, « Afrique : les inquiétants émirs du Sahel », *L'Express*, 28 novembre 2002.

Jean Schmitz, « L'islam en Afrique de l'Ouest : les méridiens et les parallèles », dans *Autrepart/Cahiers de sciences humaines*, n° 16, *Afrique noire et monde arabe : continuités et ruptures*, IRD Éditions, 2000, pp. 117-138.

Superficie : 2 505 813 km²
Population : 29 millions
Composition ethnique : Arabes soudanais (49 %), Dinka (11,5 %), Nuba (8,1 %), Bedja (6 %), Nuer (5 %), Zande (2,7 %), Four (2,1 %), Shillouk, Zaghawa, Massalit, etc.
Religions : musulmans (75 %), chrétiens (15 %), animistes (10 %)

Soudan

Le Soudan est le pays le plus vaste du continent africain. Cependant, du fait de ses dimensions, de ses frontières communes avec neuf États, et des multiples diversités géographiques, ethniques et culturelles qu'elles induisent, il reste aussi l'un des pays les plus fragiles d'Afrique. Il est en proie depuis 1983 à une guerre civile qui oppose les sudistes aux nordistes. Dans ce pays s'affrontent deux mondes : l'arabo-musulman et l'africain. Si cette césure reste toutefois assez schématique (les populations sont mélangées et de nombreux sudistes ont été islamisés), elle n'en reprend pas moins une ligne de fracture historique : celle qui sépare les nordistes arabophones, dominateurs du pays, aux sudistes, globalement de religions traditionnelles ou christianisés, qui forment une mosaïque ethnique dont les principaux représentants sont les Dinka, les Nuer et les Shillouk.

Cette opposition quasi viscérale est fort ancienne. Jusqu'à la révolte mahdiste – soulèvement du *mahdi* contre l'occupant britannique –, les autorités égyptiennes et les marchands d'esclaves arabes faisaient fort peu de cas des populations au sud de Khartoum. Réservoir d'esclaves pendant de nombreux siècles, ces populations sud-soudanaises furent longtemps considérées avec dédain par les membres des confréries soufies, prédominantes au nord du territoire.

À cet antagonisme racial est venu s'adjoindre au XXe siècle un antagonisme religieux, à la suite de la christianisation par les Européens des sudistes qui se sont alors culturellement détachés encore un peu plus des populations du Nord. Malgré la volonté, affichée lors de l'indépendance en 1956, d'unifier ces deux mondes, cette profonde dichotomie n'a jamais permis au Soudan moderne de se développer. L'opposition armée sudiste est ancienne. La première guerre civile qui ravage le Soudan débute, dès avant l'indépendance, en août 1955. Elle va durer dix-sept ans et prendre fin en 1972. Les rebelles sudistes réclament alors l'indépendance de leur région. Ils ne l'obtiennent pas mais parviennent à acquérir un statut de large autonomie. Cependant, dès la mise en place de cette autonomie, le pouvoir de Khartoum ne va avoir de cesse de revenir petit à petit sur les concessions accordées aux sudistes. De fait, en 1983, le conflit reprend de nouveau entre sudistes et nordistes. Depuis, la mise en œuvre d'un processus de paix à partir de 2002 entre les rebelles du Sud et les autorités gouvernementales n'a fait qu'exacerber les revendications des différentes populations ou des mouvements soudanais, entraînant dans son sillage une grave crise humanitaire dans l'ouest du pays, au Darfour.

Soudan : les foyers de rébellions

Après une vingtaine d'années de guerre civile, qui a ravagé le pays et provoqué plus de 1 million et demi de morts et 4 millions de déplacés et/ou de réfugiés, les deux principaux belligérants (le gouvernement de Khartoum et la Sudan People's Liberation Army (SPLA – principal mouvement d'opposition sudiste) ont donc entamé des pourparlers de paix en 2002. Ces négociations ont été initiées à la suite du constat d'échec fait très lucidement par les deux parties : la prise en compte qu'après vingt ans de guerre aucune d'entre elles n'était en mesure de l'emporter définitivement sur l'autre. À ce constat se sont ajoutées la volonté des deux partis de se maintenir ou d'accéder au pouvoir, d'une part, et une très forte pression de la communauté internationale, plus particulièrement de l'administration Bush, en faveur d'un règlement négocié à la crise, d'autre part.

Trois bouleversements ont entraîné une évolution rapide de la situation soudanaise : le développement de l'exploitation pétrolière au Soudan (en changeant la donne économique), les événements du 11 septembre 2001 (qui ont amené les autorités soudanaises à collaborer avec Washington dans la lutte antiterroriste) et la guerre contre le régime de Saddam Hussein (l'administration américaine souhaitant s'investir diplomatiquement dans ce pays pour modifier son image auprès des musulmans). Ces facteurs, ajoutés à une grande lassitude des deux parties, sont à l'origine de négociations lentes et fastidieuses, du fait de la méfiance entre les deux camps.

Il est vrai que l'exploitation des ressources pétrolières du pays, en apportant des moyens supplémentaires au régime, risquait de modifier fortement les équilibres antérieurs, chacun souhaitant disposer d'une partie de la manne des revenus pétroliers. Parallèlement, la pression de la communauté internationale, et au premier plan des États-Unis, s'est accentuée très fortement ces dernières années. Washington avait annoncé, dès les premières semaines de l'arrivée de l'administration Bush au pouvoir, que le Soudan était un des axes prioritaires de sa diplomatie. Les soutiens traditionnels de l'administration Bush sont aussi ceux qui militent en faveur de la rébellion des populations sudistes chrétiennes, en lutte contre un pouvoir musulman voulant imposer l'islam. Même si ce schéma est réducteur, il semble avoir fonctionné depuis des années, plus particulièrement auprès des virulents lobbies religieux et afro-américains.

Cette situation générale a ainsi amené à l'ouverture de négociations de paix au Kenya, à Naivasha, mises en place sous l'égide de l'Igad (*Intergovernmental Authority on Development* – organisation régionale de la Corne de l'Afrique) et sous la médiation de Nairobi. Mais, si des progrès incontestables ont été enregistrés par cette médiation, depuis début 2004, elle semble s'enliser, la problématique Nord-Sud ayant cédé la place au conflit du Darfour. Car, paradoxalement, au moment où l'ensemble des observateurs commençait à envisager sérieusement un accord de paix au Soudan pouvant mettre un terme à la guerre civile, le pays va basculer d'une crise à l'autre.

En effet, en février 2003, a débuté un nouveau conflit dans l'ouest du Darfour, qui dure encore. Il oppose deux mouvements représentant les populations locales aux forces gouvernementales et à leurs supplétifs, tristement célèbres, les *djandjawid*. Ce conflit, que certains dénoncent comme étant un crime contre l'humanité, d'autres comme un théâtre d'atrocités sans nom, est devenu la crise humanitaire la plus importante d'Afrique en 2004 avec près de 1 million et demi de réfugiés ou de déplacés et, au minimum, des dizaines de milliers de victimes.

Aujourd'hui, les acteurs soudanais sont donc divisés en fonction de leur aire géographique d'activité : le Sud pour la SPLA et de nombreuses milices locales sudistes ; l'Est pour les représentants de l'Alliance nationale démocratique (AND), organisation qui regroupe la plupart des opposants aux régimes (y compris la SPLA) et qui agit le long de la frontière érythréenne ; et enfin l'Ouest pour les rebelles du Darfour.

Les acteurs

AU SUD

◆ SPLM/A – Sudan People's Liberation Movement/Army

Le Sudan People's Liberation Movement et sa branche armée la Sudan People's Liberation Army ont été fondés le 15 mai 1983 à Gambella en Éthiopie. Cette rébellion puise son origine dans la réaction immédiate d'un groupe d'officiers sud-soudanais face aux projets centralisateurs et islamiques du régime de Nimeyri qui allaient réduire à néant les accords de paix de 1972.

Ce mouvement s'est voulu dès l'origine pluriethnique en recrutant parmi l'ensemble des ethnies négro-africaines du Sud-Soudan (Nuer, Shillouk, Dinka, etc.). Il est dirigé depuis sa création par le colonel John Garang, originaire de Mabior (membre de l'ethnie des Dinka Bor).

La SPLA va rapidement se distinguer de la première rébellion sudiste, celle de l'Anya Nya (en lutte contre le pouvoir central de 1956 à 1972), car, contrairement à cette dernière, les dirigeants de la SPLA proclament dès l'origine du mouvement lutter « pour l'instauration d'un Soudan uni et socialiste et non pas pour un Sud-Soudan séparé ». Par la suite, John Garang modifiera sa position, en proclamant rechercher l'établissement d'un Soudan « uni, laïc et démocratique », mais il n'a jamais, contrairement à beaucoup de ses hommes, milité pour l'indépendance du sud du pays.

Le mouvement rebelle ne revendique donc pas un règlement de la question sudiste mais plutôt un règlement de la question soudanaise dans sa globalité, avec une redéfinition du partage des pouvoirs et des richesses entre les différentes populations du pays.

La SPLA a connu beaucoup de vicissitudes depuis sa création, scissions nombreuses et défaites militaires. En particulier à l'été 1991, la perte de son allié éthiopien Mengistu amène le

mouvement à quitter son refuge éthiopien et à se réinstaller au Soudan. Il subit alors de graves défaites face aux forces gouvernementales placées en embuscade le long de la frontière. Ces lourdes pertes, alliées au caractère autoritaire de John Garang, provoquent de nombreux troubles au sein de son mouvement puis une véritable implosion, plusieurs de ses lieutenants partant fonder la faction dite de « Nasir » (faction dissidente de la SPLA qui survivra quelques années avant d'exploser elle-même en plusieurs milices ethniques). Les dissidents reprochent alors à John Garang d'avoir trahi ses idéaux, de diriger de manière autocratique son mouvement et d'en avoir fait un simple instrument au service de ses ambitions personnelles.

Cependant, malgré les multiples difficultés que le mouvement a rencontrées en une vingtaine d'années d'existence, John Garang a toujours fait preuve d'une remarquable capacité à encaisser les coups et à surmonter la plupart des obstacles se présentant devant lui. Surtout, depuis 1995, le mouvement rebelle connaît une phase ascendante, grâce aux soutiens actifs que lui ont fournis l'Érythrée, l'Ouganda et les États-Unis, mais aussi grâce à la réactivation de l'Alliance nationale démocratique (AND) qui lui a permis de porter le conflit dans le nord du pays et d'ouvrir ainsi un deuxième front.

Cette politique de pressions accentuées sur le régime de Khartoum, qui connaît une forte accélération depuis l'arrivée au pouvoir de l'administration Bush, a amené le régime soudanais à la table des négociations. Ainsi, depuis 2002, les deux belligérants ont entamé des pourparlers de paix et, depuis lors, ont déjà signé, outre un cessez-le-feu globalement bien respecté de part et d'autre, de nombreux protocoles d'accord devant être, à terme, réunis au sein d'un accord global de paix. À l'automne 2004, les deux protagonistes se sont entendus sur le partage du pouvoir et des richesses que recèle le Sud, ainsi que sur un projet politique qui établira, dès la signature de la paix finale, une période intérimaire de six ans au bout de laquelle un processus d'autodétermination devra être mis en œuvre au Sud-Soudan. Il devrait permettre aux populations sudistes de se prononcer sur l'indépendance ou le maintien du Sud au sein du pays. Cependant, la crise du Darfour a occulté fortement la problématique sud-soudanaise, en accaparant pleinement les autorités de Khartoum. De fait, les discussions qui devaient se clore en principe fin 2003 se poursuivent encore en octobre 2004 et ne devraient pas aboutir avant l'élection présidentielle américaine de novembre. Néanmoins, dans le cadre de ces négociations de paix, John Garang semble avoir obtenu la préservation de l'essentiel de ses prérogatives, à savoir le maintien de sa structure militaire durant la période de transition, garantie pour les rebelles de pouvoir faire face, si nécessaire, à un revirement gouvernemental. Dans cette perspective, la question fondamentale restera bien évidemment l'intégration des autres mouvements rebelles ou milices sudistes au sein de la future force sudiste de transition. D'après les protocoles signés, la période intérimaire devrait voir coexister trois forces, une gouvernementale, une sudiste et une dernière mixte, composée d'unités gouvernementales et rebelles.

Ainsi John Garang s'est-il lancé dans une politique de séduction des autres mouvements rebelles sudistes afin de les intégrer dans sa structure. L'un de ses anciens lieutenants, parti en dissidence en 1991, Rieck Machar, a réintégré la SPLA en 2003.

Aujourd'hui, la SPLA reste le principal mouvement d'opposition armée au Soudan avec un effectif d'environ 25 000 combattants, répartis entre les six « régions militaires » rebelles (ces combattants ayant découpé leur aire d'action en six zones). Ainsi, hormis la branche principale de Garang, trouve-t-on : la SPLA-Blue Nile Brigade dirigée par John Luk Joak, dont les bases sont établies en Érythrée et qui opère généralement dans le secteur de Kassala ; ou bien encore la SPLA-South Kordofan Brigade qui opère, elle, dans le sud du Kordofan sous les ordres de George Deng.

Parallèlement à cette organisation militaire, John Garang, toujours en prévision de l'établissement de la paix et de sa prise de contrôle politique du Sud, restructure le SPLM, la branche politique du mouvement. Il souhaite lui donner une organisation paragouvernementale dont les différents départements seront à même de gérer les affaires publiques après leur prise de contrôle du Sud.

De même, il tente de donner une dimension de plus en plus conséquente à la South Sudan Relief Agency (SSRA), organisme de type « non gouvernemental » mis en place par les rebelles pour gérer l'aide humanitaire internationale aux populations sudistes.

Aujourd'hui, la direction du mouvement se retrouve surtout confrontée à deux grands défis : gérer ses luttes internes et fédérer les mouvements sudistes. Ces deux problématiques pouvant se résumer aux tensions interethniques qui secouent le Sud-Soudan. En effet, John Garang est l'objet de vives critiques, au sein même de son mouvement, où il est accusé de favoriser son ethnie (les Dinka de la région de Bor) au détriment de toutes les autres composantes ethniques du Sud ; et cette situation n'est que le reflet des tractations en cours parmi les populations sudistes en vue du futur partage des pouvoirs et des richesses. Aucune ethnie ne souhaite être marginalisée ou écartée des prébendes à venir. C'est pourquoi la question de l'intégration des milices ethniques sudistes dans les forces est primordiale. De sa réussite dépendra pour beaucoup l'avenir du Sud-Soudan. Une répartition par trop inéquitable pouvant amener à des confrontations ethniques sans fin et à une situation que d'aucuns qualifient de « somalisation » potentielle du Sud.

SPDF – Sudan People's Defence Force

Cette force s'est d'abord fait connaître comme le cœur de la faction des dissidents de la SPLA dite faction de « Nasir ». Elle est constituée de Nuer qui reprochaient à Garang de favoriser son ethnie, de concentrer tous les pouvoirs entre ses mains et d'être opposé au débat démocratique au sein de la SPLA. Par la suite, cette force a pris le nom de South Sudan Independant Movement (SSIM). Elle est dirigée par un ancien lieutenant de Garang, Rieck Machar. Après avoir lutté de façon autonome contre le pouvoir soudanais, il a signé un accord de paix avec les autorités gouvernementales le 10 avril 1996. Mais cet accord n'a pas fait l'unanimité au sein du mouvement et plusieurs dissidents, alors emmenés par John Luk Joak, ont préféré poursuivre la lutte contre les forces gouvernementales. Ils réintégreront d'ailleurs la SPLA en 1997. Puis, à la suite d'un accord de paix avec le régime, le mouvement de Rieck Machar devient un véritable allié du gouvernement. Machar est nommé général au sein de l'armée soudanaise et son mouvement change de nouveau de nom pour devenir l'United Democratic Salvation Front (UDSF). Après trois ans de tergiversations et à la suite de pressions des populations nuer, Rieck Machar sort définitivement en 2000 de la mouvance gouvernementale pour rejoindre l'opposition. Néanmoins, durant ces quelques années d'oscillations, une partie de ses hommes l'a quitté pour former de petites milices ou bandes armées qui combattent l'armée soudanaise. En effet, ses principaux lieutenants n'ont pas apprécié ses retournements d'alliances successifs et son allégeance temporaire au régime de Khartoum. C'est d'ailleurs pour éviter d'être complètement marginalisé par les siens que Machar retourne dans l'opposition. Dès lors, il renomme une nouvelle fois son mouvement qui devient le Sudan People's Defence Force et tente un rapprochement avec la SPLA. Cependant, cette tentative de fusion échoue en mai 2001.

Ce n'est que le 6 janvier 2002 que la SPDF et la SPLA parviennent à s'entendre. Depuis, Rieck Machar a repris une place théoriquement importante au sein de la direction de la SPLA où il est hiérarchiquement le numéro trois. Dans les faits, il est mis à l'écart de la plupart des décisions. Surtout, ses années d'incertitude lui ont coûté l'essentiel de sa force, puisque, de près de 12 000 hommes en 1991, il n'en commande guère plus de 1 500 aujourd'hui. Néanmoins, il peut toujours se présenter comme le chef des Nuer et surtout son intégration au sein des structures de la SPLA lui assure, à terme, un rôle important dans la future direction du Sud-Soudan, au sein de laquelle il devrait servir de pont entre les Dinka et les Nuer. La fusion des deux groupes n'a cependant pas fait disparaître tous les antagonismes et Machar sait pouvoir compter sur la fidélité de ses hommes, c'est pourquoi sa force reste une entité armée spécifique sur l'échiquier sud-soudanais.

◆ SPLA/Faction de Peter Qadet

La faction de Peter Qadet s'est constituée à la fin des années 90. Elle est devenue une pièce essentielle de l'échiquier politico-militaire de John Garang et du Sud-Soudan. Basée dans l'ouest de la région nuer (la grande majorité de ses combattants est issue de cette ethnie), sa situation géographique la positionne sur la zone de transition entre Nuer et Dinka. Elle permet ainsi aux hommes de la SPLA de se déplacer dans une zone qui leur est traditionnellement hostile. De plus, Peter Qadet est devenu le bras armé de Garang dans cette région très sensible de Bentiu, qui reste l'une des principales zones d'extraction de la manne pétrolière. Actuellement forte de près de 1 200 hommes, cette faction, qui avait décrété les sites d'exploitation pétrolière objectifs stratégiques, et qui a mené de nombreuses opérations entre 2000 et 2002, dispose de moyens importants. Elle respecte depuis 2002 le cessez-le-feu en vigueur dans le Sud mais maintient une présence constante dans la région, prête à reprendre les hostilités si nécessaire.

◆ SPLM/A-U – Sudan People's Liberation Movement/Army-Unity

Ce mouvement est dirigé par Lam Akol. Ancien adjoint de Rieck Machar, il s'est trouvé exclu par ce dernier en février 1994 pour avoir prôné dès la fin de l'année 1991 un rapprochement avec les autorités par le biais d'accords partiels et progressifs. Il fonde donc en 1994 le SPLM/A-U, reprenant le nom du mouvement abandonné par Machar, à la création du SSIM. Il se rallie complètement au gouvernement en 1996 et est nommé ministre des Transports en mars 1998. Après plusieurs années de collusion avec les autorités soudanaises, s'estimant floué et devant faire face au mécontentement croissant d'une partie de son ethnie, les Shillouk, puis analysant que devant les progrès du processus de paix, il lui fallait se remettre du côté des rebelles, il rompt son alliance avec le régime. Il se rapproche donc fortement, dès 2002, de la SPLA de John Garang. Sa milice ethniquement homogène (elle ne compte que des Shillouk) opère dans le nord-est du Sud-Soudan, dans le secteur de Malakal. Elle compterait actuellement environ 700 combattants.

◆ SSIM/Tito Biel – South Sudan Independant Movement/Tito Biel

Basé dans le sud de la région du Haut-Nil, il représente une des factions nuer les plus conséquentes. Ses effectifs sont estimés à près de 600 hommes, susceptibles – par le jeu des solidarités ethniques – de rapidement être augmentés en période de crise. Longtemps méfiant à l'égard de John Garang, il s'est rapproché de ce dernier dans le cadre du processus de paix en cours.

◆ EDF – Equatorian Defence Forces

Ce mouvement, implanté très au sud dans la zone comprise entre Torit et la frontière ougandaise, est dirigé par Theophilus Ochieng. Autrefois numériquement importante avec près de 2 000 combattants, cette rébellion est en perte de vitesse et se trouve désormais pleinement alliée à la SPLA. Elle ne compterait plus que 300 hommes dans ses rangs.

À L'OUEST

Parallèlement aux négociations de paix entre le gouvernement et la SPLA et, paradoxalement, du fait de leur relatif succès, la situation s'est dégradée dans le Darfour à partir de 2003.

Depuis l'indépendance du pays, la région du Darfour a connu de nombreux affrontements tribaux (razzia, vol de bétail, etc.). Le pouvoir central, sans moyen ni volonté politique, a laissé faire car le Darfour a longtemps été considéré comme une région sans grand intérêt par le pouvoir central, qui a négligé son développement.

Cette situation a généré de nombreux mécontentements puis un fort ressentiment au sein des populations.
Face à la détérioration de la situation économique, aggravée par les agissements des milices des tribus dites arabes ou d'origine arabe, les djandjawid (milices progouvernementales), les représentants des tribus africaines du Darfour décident, à l'été 2001, de se fédérer au sein d'un vaste mouvement pour exposer leurs doléances au pouvoir central. Mais ce dernier, comme ses prédécesseurs, faisant preuve d'un prisme pro-arabe dans sa lecture des événements comme des priorités, ne donne aucune suite aux revendications des tribus « africaines » du Darfour. De plus, pris par les négociations au Sud, ne voulant pas se lancer dans une politique de concessions à l'endroit de tous les mécontents et ne disposant guère de moyens à consacrer au Darfour, le régime accepte seulement la tenue de réunions avec les autorités locales. Le pouvoir n'a rien à offrir et les gouverneurs locaux ne disposent pas des moyens nécessaires pour mettre un terme aux agissements des « milices arabes » qui se livrent à des razzias et pillent les troupeaux : les négociations ne débouchent sur aucune action concrète. Dès lors, la situation se transforme en un affrontement entre les tribus et l'État. En réaction à l'incurie gouvernementale et devant l'absence de perspective de développement de la région, mais aussi face à l'augmentation en parallèle des razzias des milices progouvernementales, dont la violence va désormais jusqu'à détruire les villages, les plus importantes tribus d'origine africaine du Darfour vont constituer un mouvement de rébellion, le Sudan Liberation Movement (SLM) qui va entraîner rapidement la création d'un second mouvement rebelle, le Justice and Equality Movement (JEM).
À la suite des opérations menées par les deux mouvements rebelles, les milices de djandjawid et les forces gouvernementales, la situation se dégrade très fortement, en près de deux ans, dans le Darfour soudanais où se déroulent des affrontements d'une violence sans précédent qui ont fait près de 70 000 morts et plus de 1 200 000 réfugiés ou déplacés.

◆ SLM – Sudan Liberation Movement

Composé principalement de populations issues des tribus zaghawa, four et massalit, ce mouvement s'est constitué sous le nom de Darfour Liberation Front (DLF) en 2002. Le DLF avait pour but de coordonner les actions des milices d'autodéfense des villages four et massalit. Mais après l'échec des négociations entre les chefs traditionnels du Darfour et les autorités gouvernementales, et devant l'accroissement des exactions des milices djandjawid, il se transforme, début 2003, en Sudan Liberation Movement (SLM) et se dote d'une branche militaire, la Sudan Liberation Army (SLA).
Dès février 2003, il mène ses premières opérations afin d'attirer l'attention des autorités gouvernementales. Ces premiers mois d'affrontements sont les plus violents, mettant en difficulté les forces gouvernementales surprises par l'ampleur de la rébellion, et amènent à la signature d'un cessez-le-feu le 3 septembre 2003. Mais ce dernier devient rapidement caduc, dénoncé par les rebelles qui accusent le gouvernement de ne pas respecter ses engagements et de continuer à favoriser l'action des milices djandjawid qui s'en prennent aux populations. Dès lors, les rebelles vont poursuivre leurs actions, tout en recherchant une solution négociée qui leur semble juste.
Depuis septembre 2004, aux côtés de l'autre mouvement rebelle darfourien, le Justice and Equality Movement (JEM), la direction du SLM participe aux négociations de paix qui se tiennent à Abuja sous l'égide de l'Union africaine. Cependant, les négociations se révèlent extrêmement complexes du fait des exigences contradictoires des différents protagonistes.
Le SLM est le plus important des mouvements rebelles du Darfour. Il compterait de 3 500 à 4 000 hommes. Il a rejoint, en février 2004, l'Alliance nationale démocratique en tant que membre observateur. Par ce geste, il s'inscrit dans l'ensemble des opposants qui se réfère à un même but : faire évoluer le pays vers plus de justice y compris dans la répartition des richesses. En effet, il milite, depuis sa création, pour une meilleure politique de développement du Darfour par les autorités gouvernementales, accusées d'avoir négligé cette région depuis l'indépendance. Son objectif politique est donc parfaitement défini est s'inscrit dans un militantisme en faveur des populations. Il est fortement suspecté d'entretenir des liens étroits avec la SPLM de John Garang.
Sa zone d'action dans le Darfour (près de 500 000 km^2) se situe plutôt dans le Sud-Ouest, la région d'origine des ethnies qui le soutiennent.
Dirigé par Abd al-Wahid Muhammad Nur, avec comme secrétaire général Mani Arko Minawi, le mouvement se présente depuis son origine comme un groupe rebelle parfaitement structuré avec une direction politique et une autre militaire. Bien évidemment, les relations entre les deux sont très étroites, mais, dans sa structure, il se rapproche des mouvements d'opposition de l'AND (SPLA, Bedja Congress, etc.) bien plus que des nombreux groupes rebelles armés aux revendications politiques extrêmement floues.

◆ JEM – Justice and Equality Movement

Les négociations de paix intersoudanaises entre le SPLM et le régime de Khartoum, auxquelles souhaitent se raccrocher toutes les formations politiques nordistes, conduisent, lors de la création du SLM, les populations zaghawa du Darfour, soutenues par la mouvance politique de Hassan el-Tourabi, à fonder leur propre mouvement rebelle : le Justice and Equality Movement (JEM).
En effet, devant l'importance prise par la rébellion du SLM, les sympathisants de Hassan el-Tourabi, nombreux dans cette partie du Soudan, décident d'organiser eux aussi un mouvement rebelle. Plus que la défense des intérêts des populations darfouriennes, leur objectif final semble être de fragiliser le pouvoir, voire d'aider à le renverser en s'alliant avec d'autres mouvements d'opposition. Les tourabistes du Congrès national populaire, écartés du pouvoir par le général Bechir à partir de 2000, estiment avoir une revanche à prendre sur ce dernier.

La fondation du JEM, en février 2003, laisse d'ailleurs entendre qu'il pourrait être issu d'un éclatement au sein de la SLA survenu dès la constitution de cette dernière, et que le JEM pourrait avoir été conçu par les éléments les plus radicaux de la mouvance rebelle du Darfour.

Le JEM va rapidement modifier la donne régionale, car il recrute presque exclusivement chez les Zaghawa, populations qui résident de part et d'autre de la frontière soudano-tchadienne et composent, du côté de N'Djamena, l'ossature de l'armée tchadienne. Face aux exactions des milices djandjawid à l'encontre des populations zaghawa, la solidarité ethnique joue pleinement. Ainsi, des éléments de l'armée tchadienne viennent renforcer les rebelles et participer aux combats à leurs côtés. Cette situation engendre une tension importante entre le Soudan et le Tchad, ce dernier étant suspecté de soutenir la rébellion, d'autant plus que le président tchadien, Idriss Déby, est lui-même un Zaghawa. Mais la mise en œuvre de tentatives de négociations entre les rebelles et le gouvernement de Khartoum, sous l'égide du président tchadien, a quelque peu rassuré les autorités soudanaises, sans toutefois lever toutes leurs interrogations sur la réalité des liens existant entre les forces tchadiennes et les rebelles.

Le JEM opère surtout dans le nord-ouest du Darfour, dans la zone de peuplement zaghawa où il semble pouvoir compter, hormis le soutien d'une partie de la population, sur près d'un millier de combattants. Ces derniers ne disposent pas d'armement lourd mais paraissent toujours bénéficier d'un soutien logistique de la part de quelques unités tchadiennes.

Le JEM est dirigé par Khalil Ibrahim et Ahmad Muhammad Tugod qui cumulent les fonctions de chefs militaires et de représentants politiques du mouvement. À l'automne 2004, dans le cadre des négociations d'Abuja, au Nigeria, entre rebelles du Darfour et gouvernement soudanais, les dirigeants du JEM, prenant systématiquement une position opposée ou différente de celle du SLM, placent volontairement les médiateurs de l'Union africaine dans une position intenable, afin que leur tentative de paix n'aboutisse pas. Par cette politique du double agenda de la part des rebelles, ils évitent un point de vue commun et espèrent entretenir l'état de crise afin de fragiliser le régime soudanais. Le JEM et les tourabistes restent fermement opposés au désarmement des milices dans le Darfour, visant ainsi à mettre en place, à terme, une politique de déstabilisation du gouvernement du président Bechir, en faisant naître un mécontentement général des populations aussi bien dans le Darfour qu'à Khartoum, ce que semble confirmer la tentative de coup d'État déjoué par le gouvernement en septembre 2004.

◆ Les milices djandjawid

Les djandjawid apparaissent pour la première fois en 1991 et leur nom signifie « cavaliers armés ». Ils sont constitués par les milices d'autodéfense des tribus dites arabes du Darfour et sont alors utilisés pour lutter contre les rebelles de Daoud Bolad qui constitue, en 1991, un front rebelle dans le Darfour. Déjà, à cette époque, la rébellion de Daoud milite pour une meilleure reconnaissance des besoins des populations locales. Cependant, Daoud s'allie à la SPLA de John Garang, ce qui vaut à son jeune mouvement d'être rapidement écrasé.

Par la suite, dans le courant des années 90, les milices djandjawid se trouvent employées par l'armée soudanaise. Dès 1992, ces miliciens sont alors utilisés par les autorités gouvernementales dans le sud du pays. Ils sont chargés de sécuriser les principaux axes de ravitaillement des garnisons gouvernementales. Pour ce faire, ils accompagnent les trains ou les barges fluviales et sèment la terreur le long des axes qu'empruntent les différents convois de ravitaillement. Armés et commandés par les autorités soudanaises, les djandjawid prennent aussi l'habitude de vivre sur les pays qu'ils traversent. Ils développent une véritable politique de terreur et de pillages. Durant près d'une décennie, ils vont agir de la sorte, l'ensemble des djandjawid se trouvant répartis en cinq ou six « unités » utilisées au gré des besoins des autorités militaires.

Cependant, avec la mise en œuvre d'un processus de paix Nord-Sud et la signature d'un cessez-le-feu entre Khartoum et les rebelles de la SPLA, le régime soudanais ordonne aux djandjawid de refluer vers leur région d'origine. En effet, Khartoum souhaite éviter le maintien dans le sud du Soudan de ces supplétifs, dont les agissements parfois incontrôlables pourraient entraîner une rupture du cessez-le-feu.

Ces derniers remontent alors vers le nord, au Darfour, où ils rejoignent leurs tribus. Cependant, ils agissent alors vis-à-vis des autres tribus (celles d'origine africaine) de la même manière qu'ils se comportaient avec les populations sudistes. Ces dernières réagissent en levant des milices d'autodéfense. Dès lors, les affrontements se multiplient. Face à l'incurie et au laisser-faire des autorités locales puis nationales, la situation se dégrade rapidement au Darfour. Les populations africaines créent leurs mouvements de rébellion (SLM et JEM) et les djandjawid, eux, poursuivent leurs agissements, dorénavant soutenus par le régime qui les utilise contre les rebelles. Les affrontements prennent alors l'allure d'une véritable « purification ethnique » conduite par ces milices, issues des tribus de nomades arabes (Bani Halba, Riziqat al-Khuzam, etc.) contre les principales tribus d'origine africaine (Four, Massalit, Zaghawa, Medob, etc.). De nombreux affrontements vont s'ensuivre entre 2002 et 2004. Mais, face à la pression de la communauté internationale, le régime soudanais se voit contraint de réagir contre ses supplétifs. Une grande partie d'entre eux est ainsi intégrée au sein d'autres forces gouvernementales (Forces de défense populaires, forces de police ou les diverses forces de sécurité du pays). Néanmoins, d'autres éléments, apparemment moins contrôlables et relevant souvent du banditisme, poursuivent leurs attaques contre les populations, le régime soudanais refusant de les désarmer complètement, au prétexte que les rebelles eux aussi ne baissent pas les armes.

Actuellement, les estimations avancées par les différents observateurs concernant les effectifs de ces supplétifs sont de l'ordre de 3 000 combattants et l'un de leurs principaux chefs, Moussa Hilal, n'est toujours pas inquiété.

À L'EST

Dans l'Est, le régime doit tenir compte depuis 1995 de plusieurs factions d'opposition armée regroupées au sein de l'Alliance nationale démocratique (AND). Les éléments les plus virulents de cette Alliance sont soutenus par le gouvernement d'Asmara et mènent régulièrement de petites incursions en territoire soudanais. Ils occupent aussi d'étroites portions de territoire. Leurs actions, depuis 2002, ont fortement diminué, suspendues aux pourparlers de paix entre le régime et la SPLA qui est elle-même membre de l'AND.

Les principales composantes de cette alliance, outre les sudistes, sont le Democratic Unionist Party (DUP), le Legitim Command (LC), le Sudanese Communist Party (SCP) et le Bedja Congress. Cette Alliance est basée en Érythrée, où elle bénéficie d'un soutien matériel et logistique de la part des autorités d'Asmara qui accusent régulièrement, de leur côté, le gouvernement soudanais de soutenir les opposants islamistes érythréens.

L'AND est présidée par Osman Mirghani, le leader du DUP, et sa branche armée (qui regroupe l'ensemble des forces militaires des différentes oppositions) est sous les ordres du général Saïd.

◆ BC – Bedja Congress

Ce mouvement armé recrute parmi les populations bedja. Ces dernières sont implantées au nord-est du Soudan, dans l'État de la mer Rouge, le long de la frontière érythréenne. Dès 1958, elles s'organisent au sein du Congrès des tribus bedja, fondé par Taha Osman Baleh. Cette formation milite en faveur de la décentralisation du pouvoir. À la suite de spoliations de terrains opérées pour le compte de particuliers, les tribus bedja sont entrées en rébellion contre le pouvoir central en 1994.

Ce mouvement de mécontentement a été récupéré par le pouvoir érythréen qui arme et entraîne ces rebelles. Ces derniers mènent des incursions en territoire soudanais à partir de leurs bases arrière érythréennes. Ces actions ont créé une insécurité le long de la frontière soudanaise entre 1995 et 2002. Depuis cette date, leurs actions se font plus rares, suspendues aux pourparlers de paix Nord-Sud. Les forces du BC sont dirigées par Mohamed Taher Aboubaker et Musa Mohamed Ahmed. Cette force s'est alliée à la SPLA au sein de la New Sudanese Brigade. La zone d'action traditionnelle de cette unité reste le secteur de Kassala. Cette brigade constitue d'ailleurs l'une des unités les plus crédibles de l'opposition à l'Est. À la suite de l'importante sécheresse qui a touché le territoire bedja en 2001, le mouvement a reçu le renfort de nombreuses personnes n'ayant d'autre choix que le recours à la lutte armée pour manifester leur mécontentement à l'encontre d'un gouvernement qui n'a rien fait pour les aider durant cette épreuve. Aujourd'hui, cette force se tient tranquille ; ses effectifs s'établissent autour de 1 500 hommes toujours prêts à en découdre avec les autorités si nécessaire.

◆ Sudanese Alliance Forces

Ce mouvement dirigé par le brigadier général Abdel Aziz Khaled a été créé en 1993. Soutenu, lui aussi par l'Érythrée, il mène des opérations militaires dans le nord-est du Soudan depuis 1996. Sa force, estimée entre 600 et 800 hommes, n'a pas mené d'action depuis 2002. Elle se maintient néanmoins dans les territoires dits « libérés », le long de la frontière érythréenne, où elle est chargée de tenir le terrain conquis.

◆ SCP – Sudanese Communist Party

Entré dans la clandestinité après le coup d'État du général Bechir en juin 1989 et l'interdiction des partis politiques qui a suivi, ce mouvement est traditionnellement implanté uniquement dans les agglomérations urbaines. Principalement basés à Khartoum et à Port-Soudan, ses membres disposent d'armement léger. Très discret, il ne mène pas d'opérations dans les villes soudanaises, attendant le moment jugé propice pour participer à un soulèvement contre le régime. Dans cette perspective, il deviendrait l'un des bras armés de l'explosion populaire. Très structuré, il se compose de cellules clandestines. Ses dirigeants principaux sont Al-Tijani al-Tayeb, Din Amer et Al-Khatim Adlan. Ses effectifs sont estimés à quelques centaines d'hommes très déterminés.

◆ LC – Legitim Command

Le Legitim Command a été constitué en 1990 par des officiers exilés en Égypte. Il est alors fondé par le général Fathi Ahmed Ali, ancien chef d'état-major avant le coup d'État. Il regroupe dès l'origine des officiers démocrates opposés au régime islamistes et renforcés dans leur position par les premières purges touchant les forces armées soudanaises, durant lesquelles ils perdent de nombreux camarades.

Basé dans un premier temps en Égypte, le LC rejoint tout naturellement l'AND en 1995 et s'établit alors en Érythrée. Il participe aux actions de l'AND avec d'autant plus d'efficacité qu'il est composé d'officiers pouvant apporter leur science de la guerre aux rebelles. Mais, à la suite du décès de son fondateur en 1997, il traverse une période de doute. Depuis, ses éléments ont pris l'habitude de se fondre dans l'opposition armée au sein de laquelle ils représentent des cadres militaires à l'expérience fort appréciée.

◆ Oumma Party

Les dirigeants de l'Oumma, parti traditionnel de la scène politique soudanaise, sont divisés entre plusieurs branches plus ou moins opposées à une participation au pouvoir du général Bechir, mais un noyau d'opposants à ce dernier s'est constamment maintenu au sein de l'AND. Disposant de quelques centaines de combattants, ils ont participé à l'ensemble des coups de main ou des opérations qui ont été montées par les rebelles. Depuis 2002, ce noyau armé de l'Oumma, qui a pris son indépendance vis-à-vis du mouvement politique, n'a pas mené d'opération sur le terrain, obéissant ainsi à la direction de l'AND qui reste suspendue aux négociations en cours et ne souhaite pas en hypothéquer les résultats par une reprise des hostilités.

Les milices progouvernementales

À l'ensemble des mouvements rebelles, il convient d'ajouter d'autres acteurs, parfois incontrôlables : les nombreuses milices progouvernementales, c'est-à-dire celles qui, en échange d'un soutien logistique ou militaire, agissent régulièrement pour le compte des autorités. Cependant, depuis le début du processus de paix, elles n'ont pas mené, sur ordre de Khartoum, d'actions militaires, afin de ne pas rompre le cessez-le-feu et ainsi de préserver toutes ses chances lors de la négociation en cours.

◆ SSIM/Duor – South Sudan Independant Movement/Faction de John Duor

Cette milice est composée d'éléments d'ethnie nuer, ayant fait sécession de Rieck Machar, à la suite de ses multiples retournements d'alliance. Actuellement, cette milice compterait environ 500 combattants qui disposent d'un soutien important de la part du régime de Khartoum, car ils sont implantés dans le secteur pétrolier très stratégique de Bentiu.

◆ Milice Toposa

La décision du régime de Khartoum d'armer les populations toposa, vivant dans le sud du pays, et de les organiser en milices s'explique par le profond antagonisme ethnique qui les oppose traditionnellement aux Dinka. Ces deux ethnies vivent près de la frontière éthiopienne, au sud du pays, et entretiennent de manière séculaire de mauvais rapports de voisinage.

Les milices toposa se sont rangées aux côtés des forces gouvernementales dès la fin de l'année 1991. Elles ont joué alors un rôle essentiel lors de la prise de la ville de Kapoeta par les gouvernementaux en mars 1992. C'est alors qu'en représailles les Dinka se sont livrés au massacre de populations toposa dans les mois qui ont suivi, exacerbant d'autant plus l'antagonisme ethnique. À partir de ce moment, cette force s'en est prise systématiquement aux populations dinka. Déployées dans les régions de Torit et de Kapoeta, les milices toposa sont dirigées par Isatah Paul. Elles forment une force d'environ un millier de combattants. Dans le cadre du processus de paix, s'il parvient à son terme, ces milices représenteront une des composantes les plus difficiles à gérer par le nouveau pouvoir sudiste.

◆ Milice de Paolino Matieb

Cette force est composée de près de 600 hommes, sous les ordres d'un ancien compagnon de route de Rieck Machar. Cette milice fait partie des nombreuses milices nuer. Elle est ethniquement homogène et, tout comme la force de John Duor, suivie attentivement par les autorités gouvernementales, car elle agit dans le secteur très sensible de Bentiu, près des réserves de pétrole.

◆ Milice Bechir

Cette milice recrute au sein des populations musulmanes nordistes. Elle est composée de fanatiques musulmans. Elle doit son nom à son chef, un officier des forces armées soudanaises qui a repris le nom du président. Aux côtés des forces gouvernementales, elle s'est distinguée dans le sud du pays, où elle a mené de nombreuses actions contre les forces de la SPLA. Elle est devenue tristement célèbre par les nombreuses exactions qu'elle a commises contre les populations civiles, tout village ou groupe d'individus suspectés d'être venus en aide aux rebelles subissant immédiatement des représailles de la part de ces unités. Sa zone d'action se situe traditionnellement aux alentours de Juba, la « capitale » du Sud-Soudan. Forte de plusieurs centaines de fanatiques, la milice Bechir reste une pièce d'importance dans l'échiquier militaire des forces soudanaises au Sud.

◆ Milice Dabbabin

Composée des éléments les plus fanatiques des Forces de défense populaires (forces gouvernementales composées de jeunes nordistes, à l'image des *pasdaran* iraniens), cette force, dont les effectifs varient de 2 000 à 3 000 hommes, est dirigée par le commandant Maridi. Elle opère traditionnellement dans tout le sud du pays, sans zone d'action privilégiée. En effet, elle sert de renfort aux forces gouvernementales et à ce titre est toujours prête à intervenir partout sur le territoire. Actuellement, son activité étant interrompue par le processus de paix, elle serait déployée dans le secteur de Wau, attendant la suite des événements.

◆ Milice de Gordon Kong

Cette force est dirigée par un ancien compagnon de route de John Garang qui a choisi de se rapprocher des autorités gouvernementales. Cette milice opère au nord d'Akobo, le long de la frontière avec l'Éthiopie. De l'autre côté de cette frontière se situe le secteur éthiopien de Gambella qui connaît actuellement une importante montée des tensions interethniques. Les forces de cette milice seraient d'ailleurs intervenues côté éthiopien dans le cadre de la solidarité ethnique, mais aussi de leur intérêt économique bien compris, puisque de nombreux réfugiés soudanais sont accusés de se livrer à l'exploitation illégale d'or dans cette partie de l'Éthiopie – une des sources principales d'affrontements locaux. Cette force compterait aujourd'hui entre 400 et 500 combattants.

◆ Milice Mundari

Sous le commandement de Clément Wani, elle a longtemps été déployée autour de la ville de Juba, où elle tenait garnison. Cette milice supplétive des forces gouvernementales était alors employée à assurer la sécurité autour de la ville et à prévenir toute tentative d'infiltration de la part des rebelles de la SPLA ou d'opération pouvant être menée dans la région contre les avant-postes gouvernementaux. Depuis l'arrêt des hostilités, cette milice, qui a compté jusqu'à près de 2 000 combattants, s'est établie plus à l'est, dans le secteur de Torit. Ses effectifs actuels seraient redescendus à environ 500 hommes.

Pour en savoir plus

Égypte/Monde arabe, n°s 15-16-17, Cedej, 1993-1994.

Yusuf Fadl Hassan et Richard Gray, *Religion and Conflict in Sudan*, Nairobi, Pauline Publications Africa, 2003.

Douglas H. Johnson, *The Root Causes of Sudan's Civil War*, Bloomington, Indiana University Press and Kampala Fountain Publishers, 2003.

Jok Madut Jok, *War and Slavery in Sudan*, Philadelphia, University of Pennsylvania Press, 2001.

Marc Lavergne, *Le Soudan contemporain*, Karthala, 1989.

Gérard Prunier, « Rebel Movements and Proxy Warfare : Uganda, Sudan and the Congo (1986-1999) », *African Affairs*, Oxford, Oxford University Press, volume 103, n° 412, juillet 2004.

Deborah Scroggins, *Emma's War, Betrayal and Death in The Sudan*, Londres, Harper Collins, 2003.

Superficie : 637 657 km^2
Population : 8,3 millions (estimations)
Composition ethnique : Somali (98,3 %) Bantou, Arabes
Religion : musulmans sunnites (99 %)

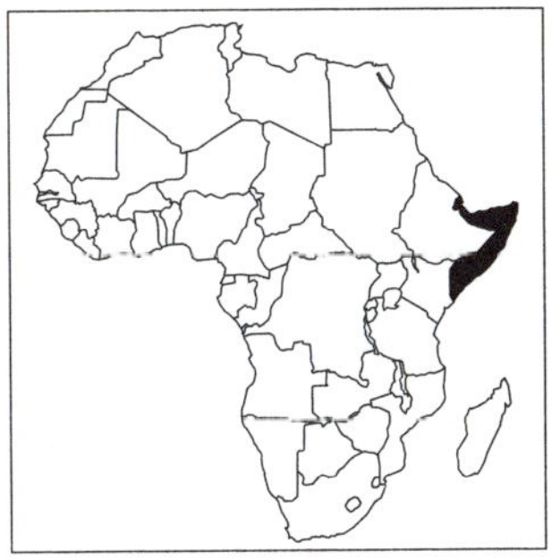

Somalie

La multiplicité des acteurs du paysage somalien en fait l'une des scènes insurrectionnelles les plus complexes de la planète. Paradoxe étonnant au regard de l'apparente unité théorique de sa population. Peu de pays africains présentent une telle homogénéité à la fois ethnique, religieuse et linguistique. Mais c'est oublier le facteur clanique et les rivalités ancestrales que seul le pouvoir colonial ou celui d'un dictateur, comme Siad Barré, ont pu museler par la force.
La population somalienne est, en effet, divisée en cinq grandes confédérations claniques (Darod, Dir, Issak, Hawiyé et Sab), elles-mêmes subdivisées en clans et sous-clans, éclatés en sous-groupes, composés de familles, etc. Il y a en fait dans le pays une multitude d'entités dont plus de trente entités claniques d'importance, plus ou moins alliées ou rivales selon les circonstances. Ces clans sont pratiquement tous dotés d'une organisation politico-militaire ou, à tout le moins, d'une milice. À cela s'ajoutent les milices de certains chefs de guerre ou de bande qui échappent à leurs clans ainsi que les forces qui se veulent supraclaniques du gouvernement national de transition, de la mouvance islamiste ou encore les forces qui se veulent apolitiques, comme les milices de certains hommes d'affaires qui n'existent que pour protéger le business des entrepreneurs qui les dirigent.
La combinaison entre cette balkanisation clanique, la multiplicité des bandes armées incontrôlables, les nombreuses divergences d'intérêts ou rivalités alliées à la prédominance de valeurs martiales au sein de la société (tout homme est un guerrier) et une prolifération d'armes (souvenirs de la guerre froide et de l'effondrement en 1991 des armées somalienne et éthiopienne) expliquent, pour une très large part, le drame vécu par le peuple somalien depuis le début des années 90. La guerre civile, la disparition de l'État et le retrait de la communauté internationale ont favorisé l'apparition en Somalie d'un non-État, aujourd'hui fortement suspecté de pouvoir servir de refuge à des éléments terroristes de la mouvance islamiste radicale, Al-Qaïda pour faire bref.

Somalie : composition ethnique

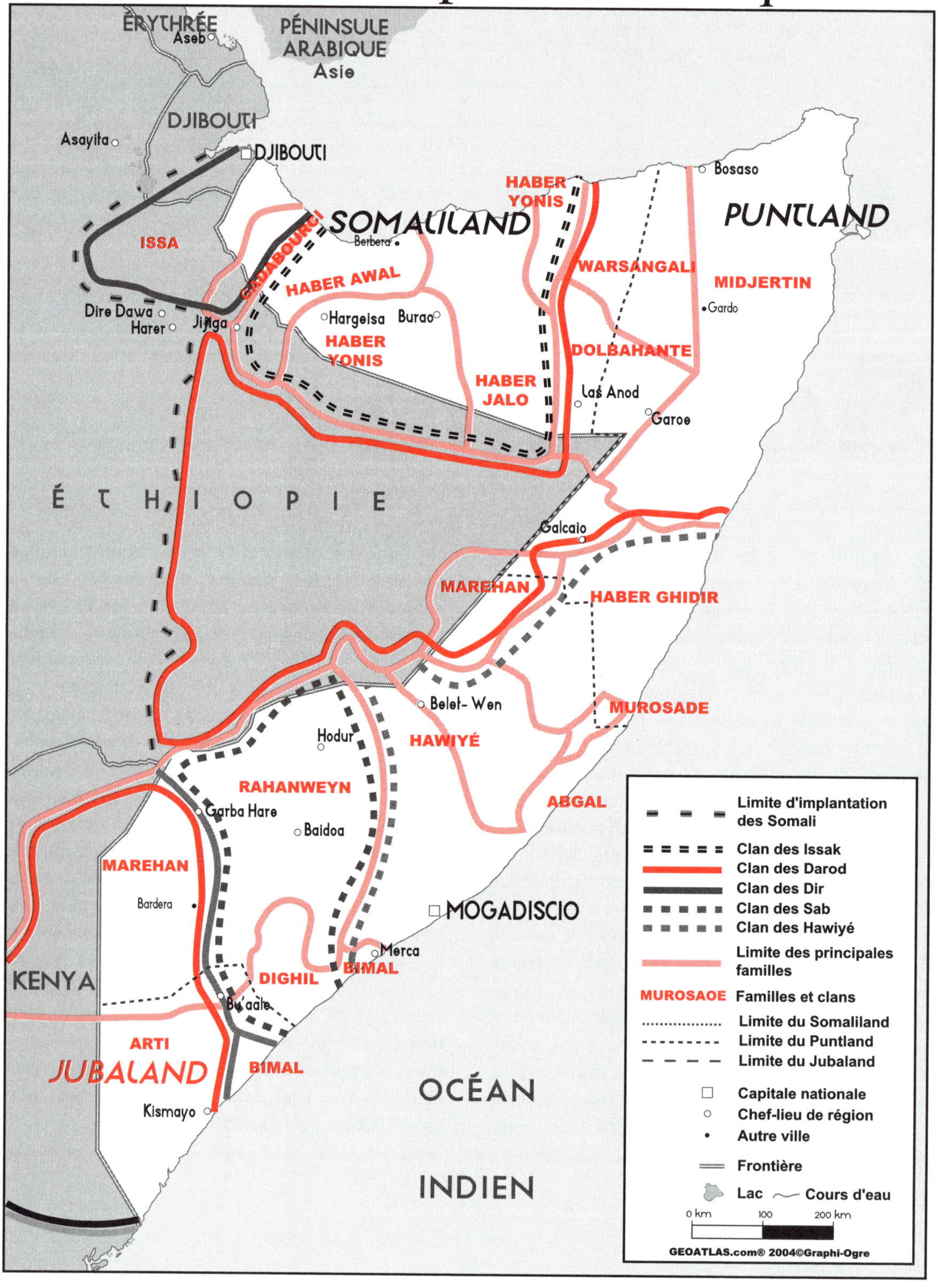

LA DESTRUCTION DE LA SOCIÉTÉ SOMALIENNE, DE LA DICTATURE AU CHAOS

La prise du pouvoir par le major-général Siad Barré en octobre 1969 marque le début de l'ère contemporaine de la Somalie. Deux ans après, ce dernier lance son pays dans la voie du socialisme scientifique, avec pour but politique d'éliminer toute forme de tribalisme ou plutôt de clanisme. Cette orientation est à l'origine d'une des guerres civiles les plus meurtrières qu'ait connue le continent africain. Celle-ci débute réellement dix ans plus tard, lorsque Siad Barré, en 1979, se tourne vers les États-Unis, changeant fondamentalement, en théorie, d'orientation politique au moment où naît le premier des mouvements rebelles somaliens, le Somali Salvation Democratic Front (SSDF), émanation des Darod Midjertin, soutenu par le régime d'Addis-Abeba à la suite de la tentative somalienne de s'emparer de l'Ogaden éthiopien par les armes.
Dès lors les jours du dictateur sont comptés. En 1981, le SSDF est rejoint par le Somali National Movement (SNM) constitué par les Issak (qui résident dans le nord-ouest du pays, le Somaliland), eux aussi épaulés par le gouvernement éthiopien. Les années 80 voient l'émergence de nombreux mouvements rebelles. Chaque clan constitue son front de libération face aux exactions commises par le régime, à ses dérives criminelles et mafieuses et enfin face à l'utilisation, détournée à son profit, des structures de régulation traditionnelle des différends en monde somali. Au résultat, le pays se retrouve totalement déstructuré au début de l'année 1990, alors que les combats se sont étendus à l'ensemble du territoire. La chute du président Siad Barré intervient le 27 janvier 1991, avec la prise du palais présidentiel à Mogadiscio par les Hawiyé du général Mohamed Farah Aïdid qui contraint le dictateur à l'exil.
Cependant, la chute du dictateur ne va pas mettre un terme aux hostilités. Bien au contraire, l'ennemi commun abattu, les différents clans somaliens, ne parvenant ou ne voulant pas s'entendre sur le partage du pouvoir, vont se livrer une lutte acharnée pour s'emparer du contrôle du pays. L'élément déclencheur de cette « nouvelle » guerre civile va résider dans la lutte fratricide que se livrent, à partir de février 1991, les clans hawiyé, après que le général Aïdid, le tombeur de Siad Barré, se fut trouvé écarté du pouvoir.
Dès lors, les affrontements vont être acharnés dans les ruines de la capitale, Mogadiscio. Face aux rivalités intestines qui secouent le sud du pays, les Issak proclament le 18 mai 1991, l'indépendance unilatérale du Somaliland (l'ancienne colonie britannique, rattachée volontairement à la Somalie en 1960 après quatre jours d'indépendance).
Le pays va alors poursuivre sa descente aux enfers, s'enfonçant dans un chaos indescriptible qui provoque la mort de centaines de milliers de personnes, victimes des combats et de la famine. Cette situation va inciter les Américains à déclencher, à partir du 9 décembre 1992, l'opération *« Restore Hope »* (Rendre l'espoir), à la suite d'une gigantesque campagne médiatique mondiale. Le 4 mai 1993, les Nations unies, après une première expérience malheureuse (Onusom I) prennent le relais des États-Unis, avec une force de 28 000 hommes (Onusom II). Cependant, la situation se dégrade entre forces onusiennes et milices tribales, ces dernières cherchant à tirer profit de la situation. S'opposent alors deux logiques incompatibles, celle des Nations unies, qui souhaitent redresser le pays en rétablissant un gouvernement et en aidant à la reconstruction du pays, et celle des clans, qui défendent leurs propres intérêts et s'opposent à toute action qui pourrait donner un avantage à une autre milice ou à un autre clan. Le choc de ces deux logiques antagonistes conduit à une véritable guerre dans Mogadiscio qui fait plusieurs centaines de victimes, dont des dizaines de morts du côté de la coalition internationale.
Face à la dégradation de la situation, les puissances occidentales se sont désengagées rapidement, laissant les contingents d'autres pays poursuivre la mission. Devant la violence des clans et l'animosité des populations, ces contingents se retranchent dans leurs campements jusqu'au moment où l'ONU doit reconnaître son impuissance et son échec. Le 6 mars 1995, les derniers casques bleus sont évacués. Laissant la Somalie à ses démons, la communauté internationale s'est lassée de ces populations dont elle ne parvient pas à comprendre la mentalité. Avec le retrait des casques bleus, la situation ne paraît pas devoir évoluer. Néanmoins, au nord, dans le territoire du Somaliland, après de nombreux affrontements entre les clans de cette région (dir, darod et issak), la situation se stabilise à la fin de l'année 1995. Une administration régionale se met en place qui, en intégrant toutes les milices au sein des forces armées ou de police, parvient à imposer la paix.
Ainsi, trois zones vont survivrent dans ce qui est devenu un non-État, une espèce de *terra incognita* à l'image des atlas des siècles précédents. Tout d'abord, le Somaliland, qui tente de faire reconnaître son indépendance par la communauté internationale, le Puntland, voisin du Somaliland, qui émerge à l'été 1998, et le sud du pays avec Mogadiscio, où continuent de régner les chefs de guerre.

ÉTAT FÉDÉRAL OU ÉTAT CENTRALISÉ : UN CHOIX HÉSITANT

Cependant, l'émergence d'une nouvelle entité politique, le Puntland, va relancer les spéculations sur l'avenir du pays. L'apparition d'un deuxième « État » autoproclamé semble offrir un début de solution à la crise. En effet, jusqu'à ce moment, aucun des acteurs de la vie politique somalienne n'est assez fort ou puissant pour imposer sa volonté aux autres et ainsi parvenir à stabiliser (au besoin par la force) la situation extrêmement chaotique que traverse le pays. Même le phénomène religieux, qui émerge pleinement après 1995 et que certains considèrent comme le facteur permettant de réunifier l'ensemble des Somaliens, s'avère être en fait un élément supplémentaire de dissension. Il est vrai que, des nombreuses réunions de réconciliation qui

se tiennent à partir de 1991, il ne sort plutôt que des divisions.
Néanmoins, en 1998, le pays semble s'acheminer vers une forme d'État confédéral. Ainsi, au début d'octobre 1998, le général Morgan (gendre de l'ancien dictateur Siad Barré, établi dans le sud du pays) proclame son intention d'organiser un référendum, au premier trimestre 1999, pour savoir si les populations du sud de la Somalie seraient d'accord pour créer un Jubaland, État à l'image du Somaliland ou du Puntland. Parallèlement, un peu plus au nord, une démarche similaire est entreprise par les leaders de certains clans hawiyé, dans le but de parvenir à l'émergence d'un État de l'Hiranland.
Dans le même temps, le gouvernement éthiopien, qui reste l'acteur extérieur majeur à la scène somalienne, à travers l'accord de Sodere constitue une alliance de clans lui étant favorables. C'est alors que le conflit qui éclate en mai 1998 entre l'Éthiopie et l'Érythrée va quelque peu geler la situation somalienne, en détournant l'acteur régional le plus redouté vers d'autres préoccupations.
Ce retrait provisoire des Éthiopiens du dossier somalien va permettre au nouveau président djiboutien, Ismaïl Omar Guelleh, d'organiser au printemps 2000, à Arta (en République de Djibouti), une conférence de réconciliation somalienne. Dans le cadre d'un processus faisant appel à la société civile, plusieurs milliers de Somaliens sont réunis en vue d'élire en leur sein les membres d'une Assemblée nationale de transition, eux-mêmes chargés d'élire le président d'un gouvernement de transition. Durant quatre mois, de mai à août, des tractations se déroulent, qui aboutissent aux élections des 247 députés formant l'Assemblée de transition puis d'Abdulkassim Salat Hassan en tant que président du gouvernement national de transition (le GNT) qui se veut représentatif de l'ensemble des Somaliens.
Cependant, de nombreux *warlords* et leurs clans ne se sont pas rendus à Djibouti pour participer à cette réunion. Il en va de même du gouvernement du Somaliland. Néanmoins, à la fin du mois d'août 2000, le nouveau gouvernement s'installe à Mogadiscio, soutenu par quelques clans, des hommes d'affaires et les milices des tribunaux islamiques. Ces derniers se sont développés à partir du milieu des années 90 dans la capitale où ils suppléent à l'absence de justice étatique. Les milices des tribunaux islamiques deviennent d'ailleurs très rapidement le bras armé de ce nouveau gouvernement qui obtient parallèlement une certaine reconnaissance internationale, en participant officiellement aux réunions de l'Igad (l'Organisation régionale de la corne de l'Afrique), de la Ligue arabe et même, à New York, aux manifestations du Millenium, organisées par l'ONU. Grâce à ce début de reconnaissance de la communauté internationale qui veut croire en une nouvelle page de l'histoire somalienne, de nombreux chefs de guerre dénoncent cette différence de traitement et les subventions dont bénéficie le GNT, qui viennent rompre les fragiles équilibres établis. Surtout, ils condamnent les dérives autoritaires et islamistes du régime qui ne peut survivre sans les milices des tribunaux islamiques qui constituent sa seule force.
Parallèlement, la signature d'un arrêt des hostilités et la mise en place d'un processus de règlement au conflit érythréo-éthiopien, à l'été 2000, permettent au régime éthiopien de relancer sa politique somalienne.

DEUX PROJETS POLITIQUES, BOULEVERSÉS PAR LA LUTTE ANTITERRORISTE

À partir de 2000 vont donc s'opposer deux projets politiques qui divisent d'ailleurs les forces somaliennes : celui du gouvernement de transition somalien, principalement soutenu par les pays arabes, qui milite pour une Somalie unifiée et celui d'Addis-Abeba qui souhaite réorganiser, indirectement sous sa direction, via ses affidés, le pays en État fédéral, afin de pouvoir plus facilement exercer un contrôle sur son turbulent flanc sud. Ce projet éthiopien n'est que la reprise du concept des *Building Blocks* développé par les Anglo-Saxons dès 1991.
Mais, derrière les deux conceptions antagonistes du futur de la Somalie, se retrouve donc l'activisme des puissances étrangères et/ou leurs problématiques sécuritaires. En soutenant le GNT et le principe d'une Somalie unifiée, le gouvernement égyptien a tenté de réorganiser sous son égide un pays fort afin de bénéficier d'un moyen de pression sur le gouvernement d'Addis-Abeba dans le cadre des négociations sur l'utilisation et le partage du débit des eaux du Nil. Il s'agit pour Le Caire d'une question stratégique, 80 % des eaux parvenant au lac Nasser provenant du Nil bleu, qui prend sa source au lac Tana, en Éthiopie. Par ailleurs, le soutien des pays arabes à ce projet révèle leur colère à l'idée que l'Éthiopie, puissance chrétienne, puisse dicter son projet à la Somalie musulmane.
De son côté, l'Éthiopie souhaite instaurer une Somalie fédérale (cette attitude a entraîné *de facto* un rapprochement du régime éthiopien avec les gouvernements autoproclamés du Somaliland et du Puntland) afin de mieux la contrôler, de diversifier à terme ses accès à la mer, d'étouffer toute revendication territoriale somalienne sur l'Ogaden éthiopien, mais aussi de mieux maîtriser le phénomène des islamistes radicaux, voire terroristes. Car, à partir de l'automne 2001, la situation va être bouleversée par la lutte antiterroriste. Plusieurs Somaliens ou structures somaliennes vont se voir inscrits sur la liste américaine des mouvements ou personnes accusés d'activités terroristes ou de soutien au terrorisme. Plus particulièrement, le mouvement somalien Al-Ittihad al-Islami se trouve accusé d'être un relais d'Al-Qaïda dans la corne de l'Afrique.
Cette situation va avoir plusieurs conséquences. Tout d'abord, elle va permettre à Addis-Abeba de justifier sa politique et ses actions en territoire somalien au nom de la lutte antiterroriste internationale. Elle va aussi discréditer le GNT, suspecté de fortes sympathies à l'égard des mouvements islamistes radicaux. Elle va de même favoriser une implantation américaine dans la région et, enfin, modifier le paysage politique somalien en relançant une nouvelle conférence de réconciliation nationale, au sein de

laquelle plusieurs chefs de guerre vont dénoncer les collusions (réelles ou supposées) de leurs adversaires avec des islamistes.
Car, à partir de 2003, la représentativité du GNT étant éteinte (il avait été mis en place pour trois ans) et la communauté internationale s'étant penchée de nouveau sur la Somalie, fortement suspectée de devenir une base arrière des terroristes, commence une seizième conférence de réconciliation intersomalienne au Kenya, sous l'égide de l'Inter Governemental Authority on Development.
Au terme de longues tractations, un processus politique destiné à mettre en place de nouvelles institutions somaliennes a été lancé durant l'été 2004. Il devait comprendre cinq grandes étapes : la mise en place, le 23 août, d'un nouveau Parlement transitoire de 275 membres, répartis de manière minutieuse entre les différentes structures claniques (61 sièges prévus pour chacun des grands ensembles claniques – Darod, Dir, Issak et le regroupement Hawiyé et Sab – et un reliquat de 31 sièges pour une alliance de clans mineurs, toutes les factions politico-militaires étant censées être représentées) ; l'élection, le 16 septembre, du président de ce Parlement de transition, en la personne de Sharif Hassan Shaikh Aden, un homme d'affaire (digil, sous-clan mirifle) ; la désignation, le 10 octobre, du président de la République, Ahmed Abdullahi Youssouf (un Darod Midjertin du Nord-Est), jusqu'alors « président du Puntland » ; la nomination, courant novembre, du Premier ministre, Ali Mohamed Gedi (un universitaire hawiyé, au poids politique assez faible), suivie, *in fine,* par la composition du gouvernement fédéral national somalien de transition (GFNST), annoncée le 1er décembre 2004.
Le président Youssouf et son Premier ministre Gedi ont constitué un cabinet d'une trentaine de membres qui se veut un reflet de la société civile et des différents clans, au sein duquel participent de nombreux chefs de guerre. Ce gouvernement de transition est le premier depuis 1991 à être reconnu par la plupart des clans somaliens. Néanmoins, sa tâche est immense et il n'est pas certain qu'il puisse établir son autorité sur l'ensemble du territoire.
En effet, le Somaliland n'a pas participé au processus de réconciliation et ne reconnaît aucune autorité au GFNST. De même, les mouvements islamistes ont également fait part de leur opposition à son existence, ne lui reconnaissant aucune légitimité. Enfin, plusieurs chefs de guerre en sont exclus et d'autres, comme Hussein Mohamed Aïdid et Mohamed Qanyare Afrah, ont refusé de lui prêter serment, estimant que les portefeuilles ministériels qui leur avaient été attribués n'étaient pas suffisamment importants à leurs yeux. Ils réclament donc chacun un poste de vice-Premier ministre. *De facto,* ces deux chefs de guerre risquent de briser le fragile équilibre établi au sein du gouvernement, d'autant que le principe du partage du pouvoir entre clans, inscrit dans la Constitution provisoire, n'autorise théoriquement pas ces chefs de factions à occuper le poste qu'ils revendiquent. Par leur attitude, les deux hommes montrent bien le risque de dissension et d'implosion qu'encourt le nouveau régime, s'il ne parvient pas rapidement à concilier ce qui apparaît inconciliable.
Le GFNST se retrouve donc confronté à une situation difficile, où, malgré la présence de nombreux acteurs armés somaliens (Osman Ali Ato, Mussa Sudi Yalaho...) et celle en son sein de tous les clans importants, sa marge de manœuvre s'avère particulièrement étroite. Il ne peut en l'état actuel des choses s'établir à Mogadiscio et va devoir composer avec de nombreux adversaires tout en tentant de relever d'importants défis : démobiliser les miliciens (estimés au minimum à 55 000), réguler la profusion des armes aux mains de la population (au moins 2 millions en circulation), obtenir le déploiement d'une force internationale de stabilisation (d'environ 15 000 hommes) et fournir une aide aux populations affectées par la sécheresse. Parallèlement, le nouveau gouvernement risque d'être rapidement accusé de n'être que le jouet des Éthiopiens.
En dépit de ces perspectives peu riantes, ce gouvernement de transition constitue cependant un réel espoir pour de nombreux Somaliens, qu'ils soient humbles citoyens, membres éminents de la société civile ou prospères hommes d'affaires, qui, tous, aspirent à la paix. Un désir légitime au terme de quinze ans de guerre civile...

Les acteurs

Aujourd'hui, hormis au Somaliland, il est donc possible de classer les principaux acteurs de la scène insurrectionnelle somalienne en trois catégories : les partisans d'une Somalie fédérale, les tenants d'une Somalie unifiée et les islamistes. Néanmoins, contrairement à ce que l'on pourrait penser, ce positionnement des principaux acteurs en trois camps n'a pas forcément clarifié la situation somalienne : elle a créé un antagonisme supplémentaire venu se greffer sur les précédents.

Les mouvements du Somaliland

Cette ancienne colonie britannique fut réunie à la Somalia italienne en 1960. Bien que les deux zones soient peuplées de Somali, elles n'ont jamais pu se fondre complètement en une seule nation. Rien d'étonnant alors à ce qu'à la première occasion de fortes pulsions sécessionnistes se soient réveillées dans cette partie du pays. Depuis le 18 mai 1991, cette région s'est engagée sur la voie de l'indépendance. Le principal artisan de cette politique est le SNM, mais celui-ci se heurte continuellement aux intérêts de clans minoritaires.
Après plusieurs années de troubles, la stabilité s'impose sous la présidence de Mohamed Ibrahim Egal. Celui-ci va s'engager dans la voie d'un rapprochement avec l'Éthiopie, qui s'accentue à la suite de l'ouverture du conflit érythréo-éthiopien, lequel contraint Addis-Abeba à multiplier ses voies d'approvisionnement et à renforcer ses partenariats régionaux. Ainsi, les Éthiopiens, à la recherche de nouveaux débouchés maritimes, vont utiliser le port de Berbera et accroître leur coopération avec le gouvernement de Hargeisa.

Cependant, si le régime contrôle globalement la situation intérieure qui reste satisfaisante et relativement stable, il n'a toujours pas obtenu la reconnaissance internationale de l'État somalilandais. De plus, depuis 1998, le pouvoir de Hargeisa fait face aux revendications territoriales de son voisin puntlandais. Les deux provinces les plus orientales du Somaliland, le Sool et le Sanag, peuplées de populations darod, sont revendiquées par le « gouvernement » de Garowe qui souhaite intégrer l'ensemble des populations darod au sein de l'entité puntlandaise. Cette situation reste une source de troubles. Néanmoins, la stabilité du Somaliland semble pour le moment assurée, comme l'a démontré l'élection du président Dahir Riyale Kahin (après le décès du président Egal en avril 2002) qui s'est déroulée dans le calme.

◆ SNM – Somalian National Movement

Cette formation est le précurseur de la scène insurrectionnelle somalienne puisqu'elle est la première force d'opposition à Siad Barré à avoir été fondée. Elle naît à Londres en avril 1981, fondée par des opposants issak en exil. Durant les années 80, le SNM s'oppose au régime de Barré et, à ce titre, bénéficie de l'aide éthiopienne. En 1981, il tente une vaste offensive dans tout le nord de la Somalie qui échoue, entraînant une réaction brutale des forces gouvernementales qui bombardent les villes de Burao et de Hargeisa, rasant pratiquement cette dernière localité. Ayant fait face à cette terrible répression, le SNM reprend l'initiative sur le plan militaire et poursuit les hostilités jusqu'à la conquête complète de l'ancien territoire de la *British Somalia.* Cet objectif atteint, ces forces ne poursuivent pas le combat plus au sud, laissant aux autres factions rebelles le soin de renverser le régime. Enfin libéré du joug gouvernemental, le SNM proclame unilatéralement l'indépendance de la Somalie du Nord sous son ancien nom de Somaliland, le 18 mai 1991.

Cependant, le SNM, malgré sa victoire sur le terrain, va basculer dans une lutte fratricide. En effet, son président, Abdurahman Ahmed Ali dit « Tur » (président d'avril 1990 à mars 1993), ne parvient pas à fédérer l'ensemble des clans issak ni même à transformer le SNM d'un mouvement rebelle en une structure gouvernementale. Il s'ensuit une crise politique qui engendre des tensions claniques et un mécontentement populaire d'autant plus grand que Tur s'avère incapable de faire reconnaître l'indépendance de son pays sur la scène internationale, objectif pour lequel le pouvoir lui a été confié. Devant ce manque de résultat, il doit remettre son pouvoir aux 150 délégués du SNM le 31 mars 1993. À la suite de son départ, les clans issak se réunissent et tentent de se réconcilier mais, parallèlement, les *elders* (les aînés) ne trouvent pas de candidat pour lui succéder. Ce dernier espère alors revenir aux affaires lorsque Ibrahim Egal se porte finalement candidat. Son élection rejette rapidement Tur dans l'opposition puis dans la lutte armée, créant une scission au sein du SNM et un conflit qui va perdurer jusqu'en 1996. À cette époque, Egal, accusé de favoriser sa tribu, celle des Issak Haber Awal, reprend le contrôle de la situation et stabilise le pays.

Les forces du SNM sont alors pleinement intégrées au sein des forces de sécurité somalilandaises, Egal semblant parvenir à faire l'union des Issak derrière lui. Néanmoins, avec la constitution, en 1998, du Puntland en entité politique, le SNM doit faire face à un adversaire potentiel beaucoup plus sérieux qui revendique les régions somalilandaises peuplées de Darod. La situation jusqu'à présent n'a pas dégénérée car, à la suite des nombreux incidents et échanges de coups de feu qui sont survenus ces dernières années, les deux entités politiques ont décidé de la mise en place d'une double administration, d'une tutelle commune sur la gestion des affaires de ces régions. Cependant, depuis le décès du président Egal, la situation est beaucoup plus tendue. En effet, l'accession de Dahir Riyale Kahin à la tête de l'État somalilandais a ravivé, au sein du SNM, les antagonismes – . qui ont failli dégénérer en une crise ouverte courant 2003. Si la situation semble stabilisée, elle n'est toujours pas résolue. Or, profitant de ces dissensions internes, les opposants au SNM et au régime somalilandais (SDA, UPS et islamistes) multiplient leurs activités afin de fragiliser le pouvoir. Dans ces conditions, si le gouvernement de Hargeisa peut compter sur un soutien intangible de son allié éthiopien, les incidents pourraient se multiplier et les tensions engendrer une nouvelle crise au sein du SNM.

◆ SDA – Somali Democratic Alliance

Ce mouvement créé à Londres le 4 novembre 1989 est dirigé par Mohamed Farah Abdillahi. Il regroupe principalement des membres des clans gadabourci résidant dans la région de Borama. Il s'est rallié dans un premier temps à l'idée d'un Somaliland indépendant puis, après avoir milité en faveur de Tur, s'est rapproché du président Egal. De fait, l'essentiel de ses militants s'est trouvé intégré au sein des forces de sécurités somalilandaises. Ce mouvement ne faisait quasiment plus parler de lui jusqu'au décès du président Egal. Cet événement a ravivé ses différends avec le SNM et la plupart de ses membres se positionnent maintenant parmi ses adversaires politiques. La direction du mouvement pourrait être tentée en cas d'incidents ou de montée de la contestation d'utiliser la présence de ses anciens miliciens au sein des forces gouvernementales, voire de les faire basculer dans la lutte armée.

◆ USP – United Somali Party

L'USP est une formation anti-indépendantiste qui regroupe des Gadabourci et des Darod installés au nord de la Somalie. Son origine remonte aux années 50. L'ancêtre du mouvement actuel formait alors une coalition non issak, opposée au nationalisme issak de la Somali National League. Après la fusion du Somaliland avec la Somalia, ce mouvement tomba en sommeil. Il devait être relancé en 1991 par ces groupes minoritaires, en réaction à la volonté d'hégémonie manifestée par les Issak du SNM militant en faveur de l'indépendance.

L'objectif principal de l'USP est de contrer la domination issak sur le Somaliland. Après de nombreux affrontements avec le régime somalilandais, le mouvement a fait temporairement alliance avec la branche dissidente du SNM dirigée par Tur. Puis après une période de relatif silence, l'USP s'est tournée à partir de 1998 du côté du Puntland. Dès lors, ce mouvement, qui peut compter sur plus de 500 militants, a participé à l'agitation qui a amené à la mise en place d'une double administration (somalilandaise et puntlandaise) dans les provinces orientales de Sool et de Sanag.
Depuis la mort du président Egal, l'USP contribue à entretenir une agitation et des tensions quasi permanentes dans ces provinces, dont le but est le rattachement au Puntland.

Les mouvements du Puntland

Au Puntland, l'émergence d'une nouvelle entité politique en 1998 a constitué une tentative de regroupement des populations darod du nord de la Somalie au sein d'une structure étatique commune issue du SSDF.

◆ SSDF – Somalian Salvation Democratic Front

Le SSDF est l'une des plus anciennes structures politico-militaires somaliennes. Constitué en 1978 sous le nom de Somali Salvation Front, il regroupe dès l'origine des Darod Midjertin opposés alors au dictateur Barré. Il est à cette époque soutenu par l'Éthiopie. Ce n'est qu'en 1981 que le mouvement prend son appellation actuelle de SSDF. Privé de tout soutien éthiopien en 1988, à la suite d'un accord passé entre les dirigeants somaliens et éthiopiens, il ne bénéficie pas de moyens importants et ne participe donc pas activement à la lutte contre le dictateur somalien en 1990-1991. Profitant néanmoins de la chute de ce dernier, il s'empare tout naturellement du contrôle de la région du nord-est de la Somalie et y instaure une république midjertin. Le SSDF doit alors faire face à deux grandes menaces : la présence de nombreux islamistes qui souhaitent contrôler son territoire et s'emparer du port de Bosaso ainsi que les visées expansionnistes de clans hawiyé désireux d'étendre leur territoire. Confrontée à ce double danger, la direction du mouvement s'allie à des factions hawiyé tout en livrant une lutte acharnée aux islamistes durant la fin de l'année 1991. À partir de 1992, le SSDF instaure un embryon de système administratif et la zone reste relativement épargnée lors des événements de 1992-1993, que ce soit la famine ou les affrontements. Puis, le SSDF ne prenant pas part aux combats qui opposent les chefs de guerre tout au long des années 90, la région de Somalie sous son contrôle paraît stable et ne fait plus parler d'elle. Le SSDF revient sur le devant de la scène lorsque ses trois dirigeants historiques, Mussa Islaan Farah, Mohamed Abshir Musa et Ahmed Abdullahi Youssouf s'accordent pour proclamer l'État du Puntland. Il est alors décidé que celui-ci sera dirigé par Ahmed Abdullahi Youssouf mais que la présidence de trois ans sera tournante entre les trois grandes factions darod du SSDF.
La création de cet État mécontente immédiatement les autorités somalilandaises puisque les frontières de ses deux États virtuels se chevauchent. Le gouvernement du Puntland revendique les territoires du Sanag et du Sool peuplés de Darod, mais inclus officiellement dans le Somaliland à majorité issak. De fait, dès 1999, des incidents importants opposent les forces du SSDF (qui ont été en grande partie intégrées au sein des forces de sécurité du Puntland) à leurs homologues du Somaliland. Cependant, ces incidents ne dégénèrent pas en conflit ouvert, aucune des deux administrations provisoires ne souhaitant s'engager dans la voie d'une confrontation totale.
Néanmoins, à partir de 2001, les dissensions internes au SSDF, à propos de la reconduction de Youssouf à la présidence ou du ralliement du Puntland au groupe des sympathisants d'Addis-Abeba vont entraîner une grave scission au sein du SSDF. Désormais, le mouvement se décompose en deux factions antagonistes.

◆ SSDF – Faction Youssouf

Refusant de céder la présidence au bout de trois ans, Ahmed Abdullahi Youssouf s'est fait reconduire de force dans ses fonctions par l'Assemblée. En réaction, la Haute Cour du Puntland n'a pas avalisé cette décision. Il s'est ensuivi une grave crise qui a principalement opposé les Darod Osmam Mamoud aux Omar Mamoud. Presque rejeté du Puntland par les forces de son adversaire, Youssouf n'a dû son maintien en fonction qu'à l'aide que lui a apportée Addis-Abeba. Aujourd'hui, il conserve la direction du Puntland mais ses forces, estimées de 700 à 800 hommes, ne tiennent toujours le pays qu'avec le secours des forces éthiopiennes. Leur implantation est surtout importante dans le sud du Puntland. Quant à Youssouf, il semble très malade et ses adversaires attendent dans l'ombre... Il continue toutefois à bénéficier du soutien des Éthiopiens, qui ont poussé à le faire élire à l'automne 2004 à la présidence des nouvelles institutions de transition.

◆ SSDF – Faction Jama Ali Jama

Cette faction regroupe les opposants du président Youssouf et plus particulièrement ceux qui n'ont pas accepté qu'il conserve la présidence. Dès lors, Jama Ali Jama s'est proclamé président du Puntland avec le soutien de la Haute Cour. Il s'est ensuivi de lourds affrontements entre les deux branches du SSDF en 2001 et 2002. Dans sa tentative de prise de contrôle du Puntland, la faction de Jama Ali Jama s'est alliée aux islamistes et au gouvernement national de transition. Cette situation lui a permis de tenir pendant plusieurs mois le port de Bosaso, véritable poumon économique du Puntland. Néanmoins, ses forces ont dû céder le pas et se replier après l'intervention des troupes éthiopiennes. Actuellement, l'essentiel de ses forces sont repliées dans le nord et le nord-est du Puntland, attendant la fin de Youssouf pour faire valoir leur prétention à la présidence qui, en théorie se doit d'être tournante entre les factions du SSDF. Bénéficiant du soutien des islamistes, les partisans de Jama Ali Jama (probablement un millier) disposent d'un armement conséquent et tentent d'entretenir une situation d'insécurité à la frontière du Somaliland afin de contraindre les forces de Youssouf à stationner le plus possible dans le Nord-Ouest.

Les mouvements du sud de la Somalie

Hormis les milices et factions du Somaliland et du Puntland, les différentes forces en présence dans le sud de la Somalie, dont Mogadiscio, peuvent se ranger dans trois catégories : les islamistes, les partisans de l'Éthiopie et ses adversaires, souvent plus proches des pays arabo-musulmans et de la notion de Somalie unitaire. Néanmoins, à l'image d'Aïdid qui fut combattu durant de nombreuses années avec acharnement par le régime éthiopien mais est devenu aujourd'hui leur plus fidèle allié, les factions somaliennes sont susceptibles de nouer des alliances de circonstance ou de se lancer dans un changement complet de positionnement et d'alliance si elles y trouvent leur intérêt.

Les mouvements pro-éthiopiens

Ce groupe réunit l'ensemble des factions auxquelles l'Éthiopie apporte une aide financière et en armes. Il s'agit des chefs de guerre du Somali Restoration and Reconciliation Council (SRRC) et de la National Organizing Council of Somalia (NOCS). Les principales forces sont :

◆ SDM/RRA – Somali Democratic Movement/ Rahanweyn Resistance Army

Cette formation est composée, comme son nom l'indique, de Sab Rahanweyn, population d'agriculteurs sédentaires installés dans la région des grands fleuves Shebelle et Juba, dont les plus importants centres urbains sont Baïdoa et Hodur. La RRA est le bras armé du Somali Democratic Movement (SDM) apparu au début des années 90. Après s'être affrontés à de multiples reprises aux milices hawiyé et plus particulièrement aux partisans d'Aïdid, les dirigeants de la RRA se sont rapprochés de l'Éthiopie en 1996. Cette alliance leur a procuré des armes et du matériel en nombre suffisant pour repousser les assauts des miliciens d'Aïdid ou des factions islamistes. Dès lors, les forces de la RRA vont se trouver employées de plus en plus comme forces supplétives par Addis-Abeba.
À l'été 2000, après avoir participé à la conférence d'Arta, le mouvement se désolidarise rapidement du processus de réconciliation nationale et rejoint les rangs des opposants au gouvernement de transition. Parallèlement, Hassan Mohamed Nur « Shatigudud », le chef de la RRA, refuse le poste de Premier ministre du gouvernement de transition. La rupture définitivement consommée, la RRA, avec l'appui éthiopien, monte rapidement en puissance jusqu'à devenir un acteur majeur de la scène somalienne. Forte alors de plus de 2 000 hommes et disposant de matériel lourd, la RRA atteint l'apogée de sa puissance et contrôle une partie du sud du pays. Cependant, à l'été 2002, la direction de la RRA doit faire face à une contestation interne grandissante. De nombreux Rahanweyn souhaitent alors rouvrir le dialogue avec le gouvernement de transition, non pas par conviction politique, mais parce qu'ils s'opposent à l'alliance au sein du CSRR avec des factions de chefs de guerre comme Hussein Aïdid, dont ils accusent les miliciens de s'être appropriés depuis plusieurs années des terres appartenant aux Rahanweyn. Hassan Mohamed Nur, chef de l'Armée de résistance Rahanweyn et coprésident du CSRR, parvient à maîtriser cette fronde, mais la contestation s'amplifie. C'est alors qu'il décide de proclamer une nouvelle entité politique : les États du Sud-Ouest. Devant cette nouvelle orientation, nombreux sont ceux au sein de la direction de la RRA et de celle du SDM qui lui demandent de ne pas cumuler les deux fonctions de chef militaire de la RRA et de dirigeant de la future entité politique. Cependant, se pensant fortement appuyé par l'Éthiopie, Shatigudud décide de passer outre ces recommandations et se proclame dirigeant de cet « État » le 30 mars 2002. Une scission se produit alors au sein de la RRA qui, malgré les tentatives de médiation éthiopiennes, implose en deux factions opposées entraînant le mouvement dans une lutte armée fratricide. Cette dernière s'interrompt le 10 juillet par la signature d'un cessez-le-feu entre la faction de Shatigudud et celle de ses deux anciens adjoints, le cheikh Adam Madobe et Mohamed Ibrahim Habsade. Néanmoins, dès le mois d'août, les combats reprennent avec plus d'intensité. Les deux anciens vice-présidents de la RRA se rapprochent du GNT et de la JVA (Juba Valley Alliance) afin d'accroître leurs capacités militaires. Cette situation va amener à de nombreux affrontements durant toute l'année 2003. Ce n'est qu'avec le développement du processus de paix au Kenya et le soutien apporté par l'Éthiopie à son allié Shatigudud que la situation se calme enfin en 2004. Actuellement, les forces de la RRA ne dépassent pas 1 500 hommes et restent toujours attentives aux évolutions d'une accalmie qui reste fragile.

◆ USC – United Somali Congress – Faction Hussein Mohamed Aïdid

L'United Somali Congress est fondé à Rome en 1989 par des responsables du grand clan des Hawiyé, implanté dans le centre de la Somalie. Si ce mouvement n'est pas le plus actif durant la lutte contre Siad Barré, de par son positionnement géographique et le soutien des Hawiyé de la capitale, l'USC s'empare de Mogadiscio en janvier 1991, raflant la mise « à la barbe » des autres factions. Cependant, le sous-clan hawiyé des Haber Ghidir, composé de ruraux à la tradition guerrière, se sent immédiatement dépossédé de sa victoire par le sous-clan des Abgal, plus citadins, qui ont nommé leur chef Ali Mahdi président par intérim de la Somalie, alors que le général Aïdid (Haber Ghidir) véritable tombeur à la tête de ses troupes de Siad Barré se voyait déjà appelé à un destin national. Il s'ensuit une scission définitive entre les clans hawiyé et une implosion de l'USC qui perdure encore aujourd'hui. C'est la lutte fratricide entre les différentes tendances de l'USC qui engendre le chaos dans Mogadiscio durant les années 90. De plus, avec la mort du général Mohamed Farah Aïdid en 1996, la situation au sein de l'USC se complique un peu plus : son fils, qui lui succède, n'ayant pas son charisme, plusieurs des anciens lieutenants du général font défection et créent leur propre faction.

La faction d'Aïdid est la première à faire scission de l'USC, en février 1991. Dirigée par le général Aïdid, elle est alors la force la plus importante à Mogadiscio. La lutte menée par les Américains contre le général renforce un peu plus son aura et son charisme dans le monde somali, lui apportant des alliances supplémentaires avec de nombreux petits sous-clans hawiyé fiers de collaborer avec le « tombeur » des États-Unis. Le général Aïdid s'oppose à la montée des islamistes dans le pays et tente d'imposer par la force son pouvoir à l'ensemble des Hawiyé. Cependant, il meurt à Mogadiscio lors d'une confrontation entre milices en août 1996. Son fils, Hussein Aïdid, lui succède. Avec lui, les alliances constituées entre sa faction et de nombreux petits chefs de clans se distendent ou se brisent. Il ne parvient pas à s'imposer à la tête de la Somalia National Alliance, la structure supraclanique que son père avait mise en place pour tenter de dépasser les antagonismes traditionnels et se positionner non plus en tant que chef de guerre ou de clan mais en tant qu'homme politique responsable d'envergure nationale.

Finalement, après deux ans à la tête de sa faction, Hussein Aïdid doit s'allier aux islamistes. En effet, il fait preuve d'incapacité et ne parvient pas à redonner confiance à ses troupes. Cette attitude pro-islamiste lui vaut d'être considéré comme un adversaire à abattre par Addis-Abeba entre 1998 et 2000.

Cependant, son opposition au gouvernement de transition et le « lâchage » des islamistes amène le régime éthiopien à reconsidérer sa position. En 2001, Aïdid « Junior » devient l'un des principaux alliés d'Addis-Abeba. Cette position lui permet de revenir sur le devant de la scène, ses forces bénéficiant d'un soutien logistique éthiopien et lui-même retrouvant un stature plus grande, y compris à Mogadiscio, en tant que l'un des dirigeants du Somali Restoration and Reconciliation Council.

Actuellement, loin d'atteindre les effectifs de son père, ses forces comprennent près de 700 à 800 combattants réguliers. Mais sa position dans Mogadiscio et à l'extérieur de la capitale, ainsi que le poids de son clan, lui confère une dimension incontournable. Dans le cadre des négociations de paix intersomaliennes ou de tout autre processus de paix, il est redevenu grâce à cette alliance éthiopienne un acteur d'avenir et peut comme son père briguer un poste de responsabilité dans un futur, mais encore hypothétique, État somalien.

◆ USC – United Somali Congress – Faction Mussa Sudi Yalaho

Hawiyé du sous-clan Abgal, Mussa Sudi Yalaho, profitant des nombreuses dissensions entre les chefs de guerre traditionnels et des luttes intestines au sein de l'USC, a pris son indépendance. En constituant sa propre faction de l'USC, il a cherché à se présenter non pas uniquement en chef de guerre, mais aussi en dirigeant somalien responsable. Il est rapidement parvenu à devenir un acteur incontournable à Mogadiscio.

Il est établi au sud de la capitale et contrôle ainsi l'accès à l'aéroport de la ville. Il bénéficie depuis 1999 d'un large soutien éthiopien. Dès le processus d'Arta, il s'est opposé au gouvernement de transition et aux islamistes. Il a profité du mécontentement engendré par la présence du GNT à Mogadiscio pour agréger à lui de nombreuses petites milices « indépendantes ».

Actuellement membre du SRRC, il se veut aussi président de la SNA. Son fief reste autour du quartier de la Medina, au sud-ouest de la capitale. Ses forces sont de l'ordre du millier de combattants, ce qui en fait l'un des chefs de guerre les plus puissants, d'autant que le régime éthiopien lui a fourni de nombreux armements depuis cinq ans.

Actuellement, seuls les islamistes sont susceptibles d'aligner une force potentiellement supérieure à la sienne. Mais il peut encore compter sur la « location » de forces supplétives (milices d'hommes d'affaires ou bandes armées de délinquants) ou même le soutien de la faction d'Aïdid, si les islamistes se lançaient dans une tentative de conquête de la capitale.

Tout comme Aïdid, il reste l'un des personnages incontournables de la scène somalienne et de la capitale. Il peut espérer jouer un rôle majeur dans le futur et attend un retour sur investissement de sa fidélité à Addis-Abeba, d'autant qu'il participe pleinement à la lutte antiterroriste en Somalie en étant l'un des meilleurs soutiens du régime éthiopien et des Américains dans ce domaine.

◆ SPM – Somali Patriotic Movement – Faction du général Aden Abdulahi Nur « Gabayo »

Le SPM a été fondé en 1989 par des déserteurs darod ogadeni de l'armée somalienne. Ces forces ont plus particulièrement combattu le régime de Siad Barré dans la partie méridionale de la Somalie. À l'image de l'USC, les rivalités personnelles entre chefs de guerre du mouvement ont fait éclater le SPM en diverses factions rivales. Celles-ci se sont entredéchirées principalement pour le contrôle de Kismayo, le grand port du sud de la Somalie.

La faction du général Aden Abdulahi Nur dit « Gabayo », un ancien ministre de la Défense de Siad Barré, s'est constituée à la fin de l'année 1991. Implanté à l'origine près de la frontière kenyane, ce mouvement est apparu à la suite du refus des hommes de Gabayo de combattre les forces du colonel Omar Jess. Obligé de se réfugier au Kenya, Gabayo laisse la gestion des affaires militaires à son partenaire, le général « Morgan ». Il se positionne alors plus comme un dirigeant politique du SPM que comme un chef militaire. De fait, sa faction tombe en sommeil au milieu des années 90.

Mais elle ressurgit après les mésaventures de Morgan dans le sud de la Somalie. À la suite de ses échecs sur le terrain, Morgan voit une partie de ses forces l'abandonner et plus particulièrement les anciens miliciens de

Gabayo qui rejoignent alors leur front d'origine.
Parallèlement à cet événement, Gabayo se positionne contre le gouvernement de transition. Dès lors, il reçoit le soutien d'Addis-Abeba. Cette alliance va lui permettre d'équiper ses forces et de redevenir un acteur essentiel de la Somalie du Sud.
À l'été 2004, coprésident en exercice du SRRC (avec Hussein Aïdid), Gabayo est le dirigeant « officiel » du SPM. Il dispose d'une force estimée à 600 miliciens. Allié des Éthiopiens, il s'est de nouveau rapproché de son ancien compagnon de route, le général Morgan, et tous deux souhaitent reconquérir le port de Kismayo tenu par les forces de la Juba Valley Alliance (JVA), elles-mêmes alliées au gouvernement de transition et aux islamistes.

◆ SPM – Somali Patriotic Movement – Faction du général Mohamed Saïd Hersi « Morgan »

Cette faction s'est constituée dans le courant du printemps 1992. Elle regroupe les partisans du général Mohamed Saïd Hersi dit « Morgan », Darod Midjertin du sous-clan Arti, qui n'est autre que le gendre de l'ancien président Siad Barré. À la suite du renversement de son beau-père, il prend la tête d'une coalition de combattants issus de clans des Darod du Sud et de sous-groupes ogadeni. Dans un premier temps, il parvient à contrôler le sud du pays et plus particulièrement le port de Kismayo. Après de nombreux déboires, il perd et reconquiert successivement Kismayo.
Dès 1996, il s'allie aux Éthiopiens et milite en faveur d'une Somalie fédérale. Ainsi, à l'automne 1998, il annonce la convocation d'un congrès en vue de constituer une région autonome du Jubaland placée sous son contrôle. Mais, en 1999, Morgan et ses hommes sont chassés de Kismayo par une coalition hétéroclite de factions fédérées autour d'islamistes et d'hommes d'affaires. Ces nouveaux maîtres de la région vont faire à l'été 2000 allégeance au gouvernement national de transition tout en se regroupant au sein d'une structure, la Juba Valley Alliance (JVA).
À partir de 2001, le général Morgan tente de reconquérir Kismayo. Mais ses diverses tentatives se soldent par des défaites militaires face aux forces de la JVA.
Actuellement, fortement soutenu par Addis-Abeba qui équipe ses forces, le général Morgan dispose d'environ 700 combattants. Membres du SRRC (dont il est le responsable pour les questions de défense), il s'est établi au nord de la vallée de la Juba, aux limites du pays rahanweyn. Il cherche toujours à constituer, avec l'aide des Éthiopiens, une coalition suffisamment puissante pour s'emparer de Kismayo mais les querelles qui ont divisé les Rahanweyn ne lui ont pas permis de bénéficier du soutien nécessaire à la réalisation de son objectif.
Cependant, début septembre 2004, les dirigeants de la JVA se préparaient à une tentative possible de reconquête de Kismayo par Morgan qui, d'après eux, serait parvenu à réunir près de 1 200 miliciens.

◆ SNF – Somali National Front

Ce mouvement est apparu en 1991, en réaction à la chute du président Barré. Il regroupe à l'origine des éléments fidèles à l'ancien dictateur qui avaient reflué dans leur région d'origine au lendemain de la défaite. Le SNF recrute donc de fait ses membres au sein du sous-clan Darod des Marehan, le groupe ethnique du président déchu (environ 1 % de la population somalienne). Cependant, après l'exil de ce dernier (au Nigeria), les objectifs du SNF se trouvent modifiés.
Cette force qui comptait environ 6 000 hommes à l'origine va rapidement se déliter après le retrait définitif de Siad Barré de la vie politique somalienne. Durant les années 90, le SNF ne fait presque plus parler de lui. Une partie de ses membres se rapproche du SPM de Morgan tandis que l'autre, sous la conduite du général Mohamed Hashi Gani, se rapproche de la faction de Gabayo.
Cependant, avec le processus d'Arta, la mise en place du GNT et les bouleversements qui s'ensuivent, la direction du SNF comprend qu'il lui faut relancer son mouvement afin de se positionner en vue d'un futur partage du pouvoir. De la sorte, les Marehan espèrent ne pas être les laissés-pour-compte des processus de paix. Le SNF se rapproche alors d'Addis-Abeba et reprend une existence politico-militaire. Néanmoins, le SNF, qui contrôle la région du Gedo, est traversé actuellement par d'importantes rivalités internes. Ainsi, en mai 2004, des affrontements ont eu lieu à Bulahawo, capitale du Gedo, entre deux factions du SNF. Ces affrontements ont fait plus d'une trentaine de victimes dans cette ville dont 200 miliciens auraient tenté de s'emparer.
Aujourd'hui, fort d'un bon millier de combattants, le SNF peut probablement accroître substantiellement ses effectifs, puisque, par solidarité clanique, il peut compter sur de nombreux anciens militaires des forces somaliennes. Dans ces conditions, les rivalités internes pourraient dégénérer en affrontements fratricides importants, à l'image de la situation qui a prévalu au sein de la RRA.

Les mouvements anti-éthiopiens

En réaction à la création par Addis-Abeba d'entités politiques supraclaniques, les autres factions, le GNT et ses alliés, des chefs de guerre « indépendants », etc., ont constitué à leur tour des entités politiques comme le Somali National Salvation Council. Si parfois ces différentes factions présentent des points de vue divergents, elles restent toutes opposées à une mainmise éthiopienne sur la Somalie.

◆ TNG – Transitional National Governement GNT – Gouvernement national de transition

Issu de la conférence de réconciliation nationale qui se tient à Arta (Djibouti) au printemps et à l'été 2000, le gouvernement national de transition (GNT) a pour but de redonner à la Somalie une structure gouvernementale qui puiserait sa légitimité dans une représentativité de l'ensemble des clans somaliens. Cependant, s'il réussit, dans un premier temps, à gagner une certaine reconnaissance à l'extérieur des frontières somaliennes (participation à des conférences en tant que gouvernement officiel de la Somalie), le GNT ne parvient pas, dès sa création, à se faire réellement reconnaître sur la scène intérieure.

En effet, après le processus d'Arta, nombreux sont les clans ou les chefs de guerre qui le rejettent, le considérant comme une faction supplémentaire.

De fait, la position de ce gouvernement s'avère très fragile, d'autant plus que son président, Abdulkassim Salat Hassan se trouve rapidement accusé de népotisme et de favoriser outrageusement son propre clan. Surtout, un an à peine après sa mise en place, l'assemblée de transition sur laquelle le pouvoir s'appuie ne compte plus que 127 députés sur les 245 élus à Arta. La représentativité de façade a bien disparu.

Sur le terrain, le GNT s'appuie dès son arrivée à Mogadiscio sur les milices des tribunaux islamiques et les forces des mouvements islamistes. Utilisant ces troupes, le président du GNT les réunit sous le nom de « Force de sécurité nationale ». Cette force réunit alors près de 2 500 hommes commandés par d'anciens officiers de l'armée somalienne, les généraux Muse Cheikh Hassan et Osman Cheikh Ali. Cette force se constitue avec le soutien de l'Égypte et de la Libye qui fournissent quelques armes et des uniformes. Une fois cette force constituée, entraînée et équipée, Salat Hasan décide, en juillet 2001, de l'utiliser pour établir son contrôle dans la capitale. Cette décision provoque de sanglants affrontements entre les hommes du GNT et les milices hawiyé, réunies presque toutes ensemble pour la première fois depuis 1991.

Devant l'échec de son offensive, le GNT se replie dans quelques quartiers de la capitale. C'est alors que surviennent les attentats du 11 Septembre sur le sol américain, à la suite desquels l'administration américaine rédige une liste des mouvements, organisations ou personnes soutenant le terrorisme. Or cette liste contient plusieurs références directes à la Somalie dont le mouvement islamiste Al-Ittihad al-Islami, l'un des principaux soutiens du GNT.

Dès lors, les adversaires de ce dernier, qui ne souhaitent pas le voir accaparer une place importante sur la scène somalienne, de crainte qu'il ne marginalise de nombreux acteurs traditionnels, vont dénoncer de façon virulente les liens existants ou supposés entre le GNT et la mouvance islamiste. Ainsi, l'Éthiopie et ses alliés annoncent que près du quart des membres du GNT et des députés de l'Assemblée de transition appartiennent en fait à des mouvements islamistes, lesquels se trouvent plus ou moins liés au terrorisme. Cette politique leur permet de discréditer le GNT entre fin 2001 et l'été 2003. Salat Hassan a beau créer une cellule de lutte antiterroriste, proposer ses services à Washington, rien n'y fait. Le soutien que lui apportent les mouvements islamistes depuis son arrivée à Mogadiscio fait douter tous les observateurs de la bonne foi de ce « gouvernement » et de son président désormais présenté par ses adversaires comme un simple chef de guerre supplémentaire.

Devant la pression de la communauté internationale et la médiatisation du paysage somalien, les islamistes se font plus discrets. De fait, le GNT perd de sa puissance et, dès 2002, ne contrôle plus qu'un petit quartier de la capitale. Le reste de la zone sous sa direction théorique n'est en fait que la côte sud de la Somalie tenue par ses alliés.

Surtout, depuis août 2003, le GNT n'a plus d'existence légale (ayant été élu à Arta pour trois ans). C'est une des raisons qui l'ont amené à participer au processus de paix qui se tient au Kenya. Sa participation en fait désormais un acteur comme les autres et non plus le représentant de la Somalie. Nul doute que Salat Hassan tentera de briguer la présidence d'un futur gouvernement d'union nationale, mais il s'opposera alors aux alliés de l'Éthiopie.

Pour le moment, le GNT semble représenter dans les négociations, outre le sous-clan du président (il est hawiyé du sous-clan des Eyr), les intérêts des islamistes. À l'été 2004, sa force n'est plus aussi importante qu'auparavant puisqu'il ne dispose que de quelques centaines de combattants. Il peut néanmoins toujours compter sur les centaines de miliciens islamistes toujours présents dans la capitale. Dans tous les cas, s'il sort un nouveau gouvernement du processus de paix initié sous l'égide de l'Igad (Intergouvernmental Authority on Development – une organisation politique qui regroupe les pays de la Corne de l'Afrique), il éclipsera définitivement le GNT, qui se transformera alors peut-être en une nouvelle formation politique.

◆ USC – Faction Ali Mahdi

Cette faction est à l'origine de l'éclatement de l'USC et son opposition à la faction du général Aïdid est pour beaucoup dans le chaos que connaît la Somalie. En effet, la « guerre de Mogadiscio » s'est longtemps résumée (entre 1991 et 1996) aux affrontements entre ces deux factions. Les deux dirigeants se sont disputé la légitimité de leur statut de président par intérim, Madhi ayant été nommé par le congrès de l'USC et Aïdid par la base du mouvement. Cette lutte s'est d'ailleurs un temps étendue à l'ensemble du sud de la Somalie, bien au-delà de la région du Bénadir et de la capitale.

Ali Mahdi est un riche homme d'affaires hawiyé, mais du clan des Abgal qui en raison de leur tradition commerçante sont historiquement bien implantés dans la capitale.

Contrairement aux autres chefs de guerre, Ali Madhi a fait très tôt le choix de s'allier aux mouvements islamistes. En effet, à partir de la fin de l'année 1994, face à l'immense réputation acquise par le général Aïdid dans sa lutte contre les forces américaines, de nombreux groupes hawiyé se rapprochent de la faction du général, au détriment d'Ali Mahdi dont l'aura paraît bien modeste.

C'est pourquoi, dès la fin de l'année 1994, pour préserver son pouvoir, Ali Madhi se rapproche des factions islamistes. Il est le premier chef de guerre à autoriser l'établissement de tribunaux islamiques et l'application de la loi coranique à Mogadiscio, dans le secteur nord, zone qu'il contrôle.

Cette faction parvient à se maintenir en tant que milice incontournable dans la capitale jusqu'en 1997. Mais, par la suite, de nombreux chefs de guerre se renforcent grâce à des soutiens extérieurs ou des alliances de circonstance, situation qui réduit la puissance du clan de Mahdi. Dès lors, il se rapproche d'Addis-Abeba, au moment où les Éthiopiens considèrent Aïdid comme leur adversaire. Néanmoins, un nouveau retournement d'alliances rejette la faction Aïdid du côté de l'Éthiopie, amenant Ali Mahdi à se ranger en 2000 du côté du GNT. Il est d'ailleurs le seul chef de guerre de Mogadiscio à se rallier au président Salat Hassan, renonçant *de facto* à son titre de président par intérim, preuve du déclin de sa faction depuis 1995.

À partir de 2000, il reste fidèle au GNT. En effet, son clan, celui des Abgal, ne lui pardonnerait pas de s'allier au sein d'une même structure et/ou dans un projet politique commun avec Aïdid, du clan des Haber Ghidir. L'antagonisme existant entre les deux clans est encore très vivace. De plus, les Abgal, de tradition commerçante, semblent majoritairement apprécier la présence des islamistes et de leurs tribunaux qui assurent une certaine forme de justice et de tranquillité bénéfique pour les affaires. D'ailleurs, de nombreux business réunissent des Abgal et des islamistes qui eux aussi se sont lancés dans les affaires.

Ayant conservé beaucoup de relations en Égypte, Ali Mahdi servirait toujours de relais entre Le Caire et des factions somaliennes. Il permettrait aussi aux Égyptiens de disposer d'un pion dans le processus somalien.

Sa faction, à l'été 2004, compte de 300 à 400 miliciens qui ont été intégrés pour une partie d'entre eux au sein des forces du TNG mais restent toujours fidèles à leur chef et à leur clan.

◆ USC – Faction Osman Ato

Née de l'implosion progressive de l'USC, la faction Osman Ato s'est constituée en mai 1995, à la suite d'une querelle personnelle entre le général Aïdid et celui qui était alors son principal bailleur de fonds, Osman Ali Ato, Hawiyé du clan Haber Ghidir et du sous-clan Saad comme le général mais du sous-groupe Reer Hilowle. À l'origine de cette rupture se trouve le refus du général Aïdid de s'allier avec son grand rival Ali Mahdi. Ato, en bon financier et homme d'affaires, souhaite que s'instaure une paix durable afin de relancer l'économie et d'asseoir sa fortune. Il montre là une des facettes de son personnage, susceptible de toutes les alliances tant qu'elles s'avèrent bonnes pour les affaires. De 1995 à 2000, Ato et sa milice contrôlent un quartier de Mogadiscio. Sa faction reste un des acteurs clefs de la capitale. Mais, sa position va basculer à l'été 2000. À la suite de la création du TNG, il rompt ses alliances antérieures et rejoint le groupe des opposants au nouveau gouvernement. Il dénonce alors de façon virulente le comportement du président Salat Hassan accusé de népotisme. En juin 2001, il passe des paroles aux actes en venant renforcer la milice d'Aïdid qui affronte alors les forces du GNT. Mais, comme souvent en monde somali, il change de position rapidement au gré de ses intérêts. Ainsi, en août 2001, devant faire face à la pression des forces du GNT et des islamistes, et pour préserver ses affaires, Ato change de camp une nouvelle fois pour intégrer celui des opposants au projet d'Addis-Abeba. *De facto,* il rejoint le clan de ses anciens adversaires, même si, pour lui, il s'agit plus d'opportunisme et de défense de ses intérêts que d'idéologie.

À l'été 2004, Ato reste favorable au nouveau processus de transition politique, pourvu que ce dernier lui réserve une place au sein des futures instances dirigeantes. Sa faction a beaucoup perdu de son importance ces dernières années et elle ne compte pas plus de 300 miliciens. Toutefois, la position de son territoire, au sortir de Mogadiscio, lui accorde des revenus substantiels et lui permet d'introduire de nombreuses marchandises dans la capitale, sources d'importants revenus qui lui assurent la fidélité de ses hommes.

◆ JVA – Juba Valley Alliance

Pendant que les clans darod du sud de la Somalie rivalisaient pour la prise de contrôle de la ville portuaire de Kismayo, en 1999, une alliance de milices parvient à s'emparer de la ville : la Juba Valley Alliance (JVA). Cette alliance est composée par les milices du général Abdi Aziz Alli Barre, du général Ahmed Warsame (un ancien lieutenant du général Morgan) ainsi que par les forces du colonel Aden Chireh Hiraleh (ancien officier des forces armées de Siad Barré), les trois hommes étant des Darod Ogadeni. À ces forces s'ajoutent les milices de clans Marehan et Haber Ghidir. Enfin, les forces de plusieurs hommes d'affaires de Kismayo se joignent à eux. En août 2000, les nouveaux maîtres de Kismayo décident de rallier le GNT. Durant l'année qui suit, les dirigeants de la JVA sont approchés par les islamistes et, en juillet 2001, ils décident tous ensemble de constituer une nouvelle administration à Kismayo qui intègre alors des représentants des mouvements musulmans radicaux. En fait, les dirigeants de la JVA et les représentants des mouvements islamistes sont parvenus à s'entendre car ils ont un objectif conjoint : sécuriser la région pour pouvoir accroître leurs affaires. Et si, pour les islamistes, il s'agit d'étendre aussi leur influence, qu'importe pour les hommes d'affaires si cela peut favoriser leurs commerces. C'est pourquoi, à la suite de cette alliance, ils fondent une milice encore plus importante afin de pérenniser leur mainmise sur Kismayo mais aussi sur son arrière-pays.

Soutenant le TNG jusqu'en 2003, les dirigeants de la JVA se sont ralliés au nouveau processus de réconciliation intersomalienne. Ils défendent dans les négociations leurs intérêts mais aussi ceux des islamistes. Bien évidemment, ils s'opposent à tout processus mis en œuvre par les Éthiopiens, qui soutiennent le général Morgan, seul chef de guerre à souhaiter s'emparer de Kismayo.

Actuellement, le dirigeant politique est le colonel Aden Chireh Hiraleh, alors que la branche militaire de la JVA est sous le commandement du général Warsame. La JVA peut aisément réunir, si nécessaire, près de 1 500 combattants disposant de nombreux *technicals* et de pièces d'artillerie. De fait, la JVA est depuis 2001 la force la plus puissante au sud de Mogadiscio.

Les mouvements islamistes

Implantés dès le début des années 90, les mouvements islamistes ont pris de plus en plus d'ampleur dans le paysage somalien.
Leur discours qui transcende les clivages traditionnels et l'application de la *charia,* qui a rétabli parfois un semblant d'ordre et de sécurité, séduisent de nombreux Somaliens, las de la violence quotidienne. De plus, l'action caritative que mènent ces mouvements leur fidélise une part croissante de la population. Ils pallient les carences dues à l'absence d'État et de gouvernement en offrant une aide sociale aux plus démunis, en scolarisant les enfants dans des écoles coraniques, en ouvrant des dispensaires ou en rétablissant un semblant de justice dans les tribunaux islamiques. Toutes ces actions leur ont permis de s'implanter et de se fidéliser une partie de la population.
Cependant, leurs milices se comportent comme n'importe quelle autre faction armée et combattent tous ceux qui s'opposent à leur projet politique d'établissement d'un régime islamique. Actuellement sous surveillance de la communauté internationale qui considère que certaines factions somaliennes pourraient apporter leur concours à des éléments terroristes, ces mouvements semblent, depuis 2002, avoir réduit la partie la plus visible de leurs activités.

◆ Les Frères musulmans

Comme dans la plupart des pays musulmans, cette « internationale islamiste » a pénétré très tôt le paysage somalien. Combattu sous le régime de Siad Barré, le mouvement a accentué son activité à partir du début des années 90. Dans un premier temps, les Frères musulmans ont dénoncé la lutte armée entre Somaliens et le pouvoir de nuisance des *warlords.* Cependant, dès 1994, ils vont eux-mêmes avoir recours à la lutte armée pour défendre leurs intérêts. Leurs principaux centres restent, depuis dix ans, les villes de Merca et de Barawa. Ils disposent d'un important capital de sympathie mais d'un faible nombre de partisans, ce qui les a obligés à s'allier avec d'autres mouvances islamistes. Ils ne sont probablement pas plus de 300 à 400.
Ils ont cependant maintenu leur puissance grâce à leur alliance avec le GNT. En échange du port de Merca qu'ils ont « apporté » au gouvernement de transition, ce dernier leur a fait une bonne place dans ses structures et leur a permis de bénéficier d'une partie de ses ressources. Surtout, leur alliance avec le GNT les a rapprochés d'un autre mouvement islamiste, Al-Ittihad al-Islami, avec lequel ils se sont entendus pour maintenir leur contrôle sur Merca.

◆ Majam Islaam
(La voie de l'islam)

Ce mouvement s'appuie sur l'islam confrérique traditionnel du monde somali. Ses membres se sont manifestés, à plusieurs reprises depuis 1993, par leurs prises de position publiques dénonçant des soutiens financiers en provenance d'Arabie saoudite qui seraient, d'après eux, exclusivement destinés à des mouvements ou organisations qu'ils qualifient d'extrémistes. Ils tirent une partie de leur force et de leur crédibilité du fait qu'ils sont parfois utilisés comme un moyen de resserrer les clans et de constituer des alliances à partir de fondements traditionnels. Pour préserver ce statut, les dirigeants de Majam Islaam ne souhaitent toujours pas disposer d'une milice armée. Cette particularité leur permet de se maintenir au-dessus des chefs de guerre et ainsi de conserver leur statut de « recours diplomatiques » en cas d'incident grave entre deux clans. Ils tentent aussi de pérenniser l'islam traditionnel somalien qui a fort à faire face à la concurrence des mouvements radicaux à tendance wahhabite. Du fait de ces spécificités, il est impossible de définir l'importance de ce mouvement auquel en théorie se rattache l'ensemble des musulmans radicaux qui souhaitent toutefois préserver tout ou partie de l'islam confrérique somalien.

◆ SIUP – Somali Islamic Union Party

Ce mouvement est implanté au Somaliland. Il a été fondé en 1990 par Mohamed Cheikh Osman. Il a combattu le SNM dans les années 1993-1994, puis a stoppé toute action armée dès lors que la situation s'est stabilisée au Somaliland. Depuis, le SIUP s'est allié avec le mouvement Al-Ittihad al-Islami. Après plusieurs années de faible activité, ce mouvement a ressurgi après 2001. Ses membres semblent avoir fortement accru leur activisme au Somaliland. Ce regain d'activité puise ses origines dans le besoin pour Al-Ittihad al-Islami de faire profil bas après son inscription sur les listes américaines et onusiennes des organisations terroristes. De plus, le SIUP s'oppose à l'alliance entre Hargeisa et Addis-Abeba et, à ce titre, fait partie de la mouvance qui souhaiterait déstabiliser ou, au moins, fragiliser le régime somalilandais. De fait, son activité se développe plutôt dans la zone de peuplement darod, dans les régions contestées au Somaliland par le Puntland.

◆ IUS – Islam Union Sellefia

Apparu dans la région de Borama, en 1992, ce mouvement cherche à établir une république islamique au Somaliland puis à l'intégrer dans la République islamique de Somalie lorsque cette dernière aura émergé du chaos. Il a longtemps entretenu des liens avec le National Islamic Front de Hassan Tourabi au Soudan. Combattus fermement par le régime somalilandais, les membres du mouvement se sont réfugiés plus au sud, en Éthiopie, où ils ont parfois épaulé les mouvements rebelles en lutte contre le pouvoir d'Addis-Abeba. Depuis 1999, ils ont commencé à se réinstaller discrètement dans le sud-est du Somaliland, dans la région de Las Anod, au sein de la zone contestée par le Puntland. De là, ils ont soutenu Jama Ali Jama lorsque ce dernier a tenté de s'emparer du pouvoir au Puntland avec l'aide des islamistes. Les partisans de IUS sont actuellement probablement un peu plus de 200, principalement établis dans la région de Sool, où ils bénéficient du soutien ou de la sympathie de nombreux Darod Doulbahante.

◆ Al-Islah
(La réforme)

Ce mouvement est l'un des plus anciens mouvements islamistes de la scène somalienne. Il émerge pleinement à partir de 1992. Bénéficiant de soutiens financiers en provenance de l'étranger, il suit une trajectoire assez proche de celle d'Al-Ittihad al-Islami en se lançant dans d'importants programmes caritatifs. Parallèlement, il commence à monter sa propre milice et renforce ses positions dans le sud de la Somalie. Lors de l'intervention onusienne, Al-Islah apparaît être le mouvement qui se livre à la plus importante diatribe antioccidentale, allant jusqu'à menacer de mort les infidèles. C'est d'ailleurs à la suite des propos tenus par des membres de ce mouvement que le général Aïdid tentera de contenir le phénomène islamiste, qu'il avait analysé comme un facteur de troubles et de déstabilisation important.
À partir du milieu des années 90, il s'allie avec Al-Ittihad al-Islami pour ne former quasiment qu'un seul et même mouvement. Néanmoins, à la fin de l'année 2001, le mouvement ressurgit. En effet, face à la pression que la communauté internationale fait peser sur Al-Ittihad al-Islami et le besoin pour cette structure de « disparaître », cette dernière va utiliser Al-Islah, entre autres, comme paravent pour ses activités. Le mouvement est implanté essentiellement dans le sud du pays, majoritairement le long de la côte. Du fait de la collusion existant avec Al-Ittihad al-Islami, il n'est pas possible de déterminer les effectifs du mouvement ainsi que les milices qui s'y rattachent. Cependant, en ordre de grandeur, Al-Islah représente certainement près de 15 à 20 % de l'ensemble des membres de la mouvance islamiste somalienne.

◆ Tabligh

Présents dans toute l'Afrique orientale, les Tabligh sont arrivés sur le continent africain grâce aux relais de la communauté indo-pakistanaise, elle-même issue de la colonisation britannique. On retrouve donc cette mouvance dans plusieurs pays (Kenya, Tanzanie, Ouganda, Afrique du Sud, etc.). Cependant, en Somalie, leur présence est beaucoup plus récente. Les premières véritables implantations tabligh se sont effectuées au Somaliland vers la fin des années 80. À partir de la chute de Siad Barré, le mouvement va consolider sa présence puis l'étendre dans plusieurs régions de Somalie.
Normalement, cette organisation se livre au prosélytisme et à l'enseignement du Coran. Il s'agit pour ses membres d'ouvrir des écoles coraniques du type des *madrassa* pakistanaises. Néanmoins, en Somalie, le mouvement est fortement suspecté de s'être livré à bien d'autres activités. Il a cherché en particulier à développer une nouvelle forme d'islam, plus radicale que celle habituellement pratiquée par les Somaliens. Ces derniers pratiquent un islam le plus souvent confrérique et « teinté » d'africanité. Or, les Tabligh, au travers de leurs œuvres caritatives, ont cherché à offrir le gîte et le couvert à une jeunesse issue de familles extrêmement démunies, pour lesquelles l'intégration des enfants dans cette structure était donc une chance.
De la sorte, ils participent fortement, depuis une dizaine d'années, au développement d'une forme d'islam de plus en plus radicale en Somalie. Cette orientation extrémiste s'est d'ailleurs pleinement révélée à partir de 2002, lorsque le mouvement s'est trouvé dénoncé par des chefs de guerre qui l'accusaient d'abriter une partie des activités d'Al-Ittihad al-Islami. Aujourd'hui, les Tabligh poursuivent leur activité relativement destructrice pour la société traditionnelle somalienne. Ils sont suspectés de participer à la mouvance islamiste internationale du fait de la dimension presque mondiale de cette « organisation » qui peut permettre à certains de ses dirigeants d'entretenir de nombreux liens dans des pays étrangers.

◆ AIAI – Al-Ittihad al-Islami
(Union islamique)

Constitué par la réunion d'une nébuleuse de groupuscules et de mouvements se rattachant à la lignée de Mohamed ben Abdallah Hassan, surnommé le « mollah fou » au début du siècle, ou s'en réclamant, ce mouvement est sans conteste la plus virulente et la plus importante de toutes les composantes de la scène islamiste radicale somalienne.
Apparu en 1983, dans l'Ogaden éthiopien, ce mouvement va tout d'abord rassembler des militants islamistes de divers horizons qui partagent le but de défendre les intérêts de la communauté somalie éthiopienne. Rapidement, l'idée de créer une République islamique de Somalie (ou des Somali) va faire son chemin parmi ses membres fondateurs.
Al-Ittihad al-Islami va donc s'établir en Somalie au gré des avatars du retrait des forces armées de Siad Barré. Ses premières implantations ont lieu au Somaliland où il se heurte au sentiment national et à l'idée d'indépendance qui surpassent largement le concept d'une république islamique. Le mouvement s'implante à partir de 1991 dans ce qui deviendra plus tard le Puntland, dans le secteur de Bosaso, où il parvient à séduire une partie des populations midjertin.
Ce mouvement bénéficie dès son origine d'un fort soutien soudanais. Après s'être emparé du port de Las Koreh, il s'implique dans deux secteurs d'activités : le commerce et la perception de taxes sur les marchandises des hommes d'affaires. Il en retire des subsides non négligeables qui lui permettent de se développer. Il peut ainsi financer son expansion à travers l'ensemble du territoire somalien.
La première grande opération menée par le mouvement est, à la mi-juillet 1992, la prise du port de Bosaso – enjeu économique de première importance. Cette opération s'effectue avec un millier d'hommes encadrés par des « Afghans » de nationalités somalienne et étrangère. Mais cette victoire est de courte durée car le SSDF reconquiert rapidement la ville. Ce conflit mené entre le SSDF et Al-Ittihad provenait aussi de l'animosité existant entre les deux mouvements, le SSDF ayant accueilli des militants de AIAI en rupture du mouvement.
Le mouvement islamiste se fait cependant beaucoup plus discret durant les

interventions américaine puis onusiennes. Cette intervention multinationale le sert énormément. Il profite pleinement de l'opportunité qu'elle représente en louant ses miliciens à des ONG, en développant avec l'aide de pays arabo-musulmans ses programmes caritatifs, en bénéficiant d'une certaine tranquillité pour étendre son influence et son contrôle à travers le pays alors que tous se focalisent sur la capitale et le conflit entre Hawiyé et, enfin, en s'équipant militairement à bas prix, en rachetant de nombreux équipements à des milices qui craignent alors d'être désarmées par la force multinationale.
Après le départ d'Onusom II, le mouvement islamiste redevient très virulent. Sa tactique militaire (qui fait aussi sa force face aux autres milices) consiste à regrouper ponctuellement une partie de ses effectifs, éparpillés en temps normal aux quatre coins du pays, afin de frapper un grand coup lorsqu'il le juge nécessaire (prise de contrôle d'une ville, action contre un chef de guerre, un clan ou un mouvement hostile à son implantation, etc.).
Poursuivant sa progression, le mouvement s'implante dès 1995 dans la capitale. Il poursuit alors aussi sa politique d'implantation dans le Sud où il dispose de plusieurs camps et y développe ses fiefs, plus particulièrement dans les régions frontalières du Kenya et de l'Éthiopie. De là, le mouvement soutient les rebelles éthiopiens. Cette attitude provoque une réaction très forte d'Addis-Abeba qui, de 1995 à 1997, se lance dans de nombreuses actions et offensives contre les implantations du mouvement en Somalie. Les Éthiopiens se font alors aidés par leurs forces supplétives de la RRA.
À la suite de ces actions éthiopiennes, le mouvement se montre plus discret, se consacrant plus à ses activités caritatives et commerciales qui lui permettent de développer un fort clientélisme au sein de la population somalienne et de développer son réseau sur l'ensemble du territoire. Parallèlement, ses forces intègrent les tribunaux islamiques dont elles forment les milices et les gardiens de prison.
L'arrivée à Mogadiscio du GNT va lui apporter un souffle nouveau. Le mouvement fournit, en effet, dès le début de ce « gouvernement », les forces qui assurent la protection du président Salat Hassan, lequel est fortement contesté par plusieurs chefs de guerre avant même d'avoir quitté la conférence d'Arta. Le fait que le GNT s'appuie sur les islamistes donne une nouvelle dimension au mouvement et à ses activités. Ainsi, le GNT se met à travailler en étroite collaboration avec le cheikh Omar Maalin Nur qui préside à la destinée des tribunaux islamiques dans la capitale et soutient pleinement le président Salat Hassan.
De plus, les positions tenues par Al-Ittihad al-Islami dans le sud du pays et son contrôle sur une partie de la région de Kismayo confèrent une dimension plus nationale au gouvernement de transition qui, sans les islamistes, n'appliquerait pas son autorité au-delà de quelques rues du secteur nord de Mogadiscio.
Mais, alors que durant un an les différentes factions d'AIAI vont se développer à l'ombre du GNT, les attentats du 11 septembre 2001 vont bouleverser la situation du mouvement.
En effet, AIAI et plusieurs autres Somaliens se trouvent rapidement inscrits sur la liste américaine des mouvements ou personnalités qui soutiennent le terrorisme. *De facto,* la communauté internationale s'intéresse de nouveau à la Somalie. Profitant de cette situation, l'ensemble des mouvements alliés à l'Éthiopie dénonce la collusion existant entre le GNT et AIAI. Ces derniers vont jusqu'à affirmer que plus du quart des membres du GNT sont liés directement ou indirectement à AIAI. Surtout, parallèlement à cela, de nombreux observateurs annoncent qu'ils redoutent que, à la suite de la campagne américaine en Afghanistan, la Somalie ne serve de nouvelle base arrière aux terroristes d'Al-Qaïda. Dès lors, les liens pouvant exister entre Al-Qaïda et AIAI sont analysés. Or, il s'avère que plusieurs dirigeants de AIAI ont été ou sont en relation avec des éléments d'Al-Qaïda, cautionnant la thèse d'une Somalie territoire refuge à l'image des zones tribales du Pakistan. De plus, au milieu des années 90, certains groupes d'AIAI ont accueilli des étrangers. Devant cette situation, les différents groupes d'AIAI décident de faire profil bas et, dès le début de l'année 2002, ils se fondent dans les agglomérations urbaines, se contentant de poursuivre leurs activités économiques et évitant d'apparaître comme un mouvement d'importance.
Actuellement, les différentes cellules d'AIAI représentent une des forces les plus conséquentes de la scène somalienne. En effet, l'ensemble de ces groupes, outre sa dimension économique, représente une force d'au moins 2 500 combattants qui peuvent être réunis rapidement à l'appel de leurs chefs sur un théâtre d'opérations, en provenance de différentes régions somaliennes. Le colonel Hassan Daher Aweis fait figure, actuellement, de chef militaire le plus charismatique du mouvement.
Surtout, la puissance d'AIAI vient de sa répartition sur presque tout le territoire somalien, ce qui en fait un mouvement supraclanique. Il s'agit enfin d'un mouvement en constante augmentation numérique. En effet, AIAI commence à engranger les dividendes de son investissement en termes de scolarisation. Depuis deux ans, il peut intégrer dans ses rangs les jeunes qui ont été formés dans ses institutions et sont aujourd'hui de fidèles combattants ou militants du mouvement. Surtout, ces derniers ont beaucoup moins le réflexe identitaire clanique que leurs aînés, du fait de l'éducation qu'ils ont reçue, éducation qui les a, en partie, coupés de la société somalienne traditionnelle. Ils représentent une nouvelle génération aux référents différents qui, elle, est susceptible de travailler en réseau avec les éléments radicaux à l'extérieur du territoire somalien.
En ayant misé sur l'avenir, dès le début des années 90, les dirigeants d'AIAI ont fait un choix qui pourrait s'avérer extrêmement payant pour eux dans les années à venir. Cette politique a d'ailleurs été initiée par le principal dirigeant politico-religieux du mouvement, le cheikh Ali Warsame (un Issak), à sa tête depuis 1991.

Pour en savoir plus

Abraham Kinfe, *Somalia Calling, the Crisis of Statehood and the Quest for Peace*, Addis-Abeba, Ethiopian International Institute for Peace and Development, 2002.

Jean-Christophe Mabire, « Somalie, l'interminable crise ? », *Hérodote*, n° 111, 4e trimestre 2003.

Keneth Menkhaus, « Somalia : In the Crosshairs of the War on Terrorism », *Current History*, n° 101, mai 2002.

Medhane Tadesse, *Al Ittihad, Political Islam and Black Economy in Somalia*, Foreword by Alex de Waal, Addis-Abeba, Université d'Addis-Abeba, 2002.

Politique africaine, Spécial « Corne de l'Afrique », n° 50, juin 1993.

Superficie : 236 040 km^2
Population : 19,5 millions
Composition ethnique : Bagandai (17 %), Karamajong (12 %), Basogo (8 %), Iteso (8 %), Langi (6 %), Banyarwandai (6 %), Bagisu (5 %), Acholi (5 %), Lugbara (4 %)
Religions : catholiques (47 %), protestants (30 %), animistes (13 %), musulmans (10 %)

Ouganda

Ancienne colonie britannique, surnommée autrefois par sir Winston Churchill « la perle de l'Afrique », l'Ouganda a connu, du milieu des années 60 au début des années 90, plus d'un quart de siècle d'instabilité chronique. Ces années ont été marquées par de multiples convulsions d'ordre politique, humanitaire ou climatique (dictature, rébellions, guerre civile, famines, sécheresses, pandémie du sida, etc.).

La cause fondamentale de cette longue période de troubles qu'a connue l'Ouganda de 1967 à 1986 repose sur un antagonisme séculaire entre les populations nordistes et les populations sudistes, réparties de part et d'autre du cours du Nil et des marécages du lac Kyoaga. Ces deux blocs sont d'ailleurs relativement artificiels et, en tout cas, très hétérogènes car ils sont composés de dizaines d'ethnies distinctes. Ils s'opposent, de façon schématique, en fonction de leur appartenance géographique, ethnique, mais aussi de leur confession religieuse. Ces divisions accentuent par ailleurs leur organisation sociale spécifique, voire leur vision du monde et des valeurs humaines.

Historiquement, le terme de sudiste regroupe les ethnies d'origine bantou (Bagandai, Banyankole, Toro, etc.). Ces populations étaient organisées politiquement et socialement en royaumes fortement structurés, assez similaires à ceux qui prévalaient dans les monarchies préexistantes à la période coloniale, au Rwanda et au Burundi voisins. Très majoritairement christianisées à partir de la fin du XIXe siècle, ces populations furent privilégiées par les Britanniques qui s'appuyèrent sur elles pour diriger et faire vivre la colonie. Elles ont donc *de facto* occupé des postes au sein de l'administration, du moins jusqu'à la fin des années 60, et, surtout, c'est à elles que l'ancienne puissance coloniale a confié le pouvoir à son départ.

Le terme de nordiste désigne les ethnies nilotiques ou nilo-couchitiques (Acholi, Lugbara, Langi, Karamajong, etc.) qui sont, à quelques exceptions près, de confession musulmane ou de tradition animiste. Ces populations se regroupent au sein de sociétés dites « acéphales », dont l'organisation était traditionnellement beaucoup plus sommaire que celles des monarchies bantou du sud du pays.

Durant la période coloniale, les Britanniques les ont marginalisées géographiquement, culturellement et politiquement. Néanmoins, elles furent mises à contribution afin de fournir les effectifs des forces coloniales indigènes et nombreux furent leurs membres à entrer dans le corps des *African Riffles.* Cette position leur permit d'exercer une certaine influence dans l'armée, ce qui devait s'avérer

Ouganda : implantation de la rébellion nordiste

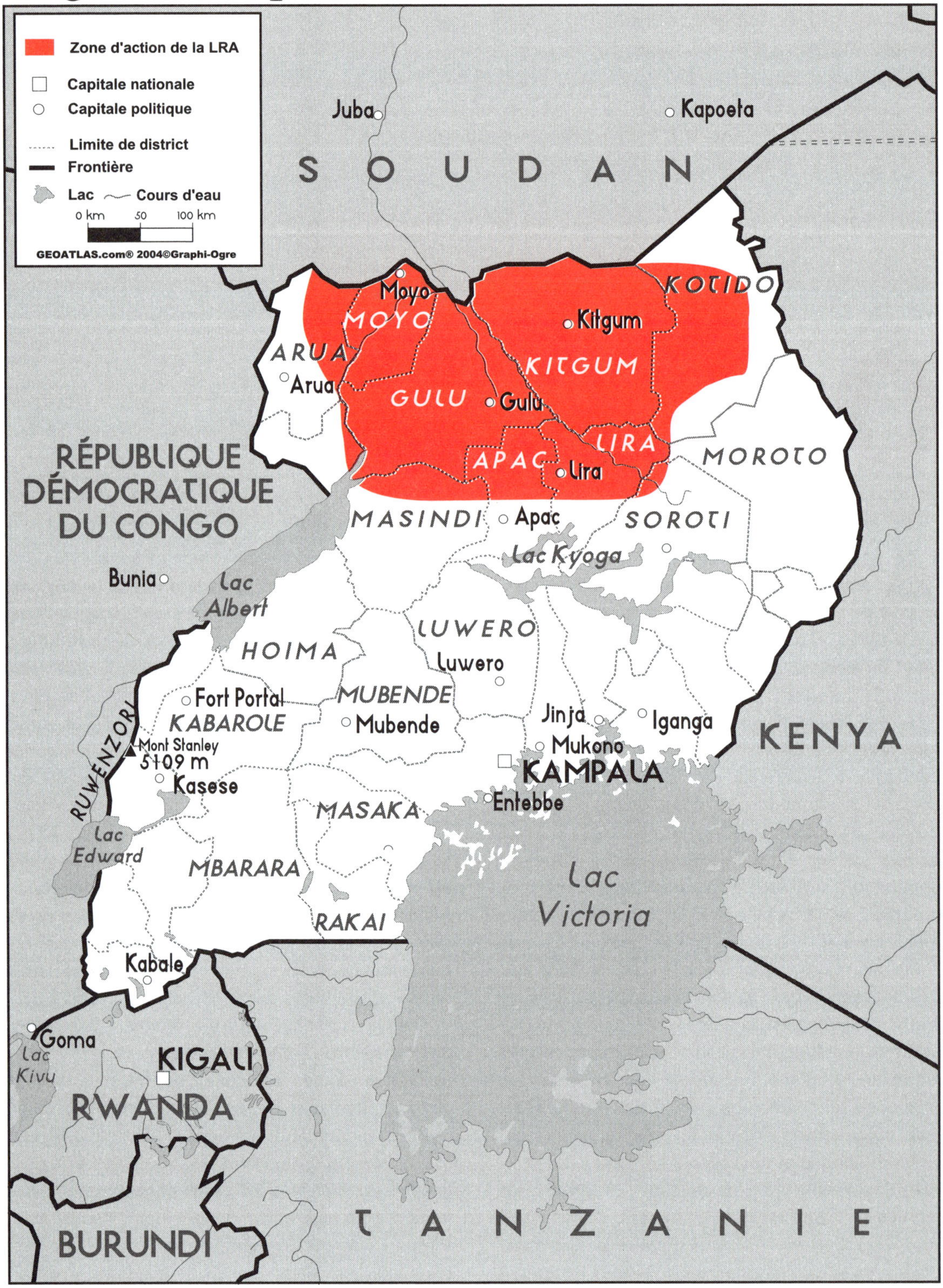

décisif pour elles, et d'accéder au pouvoir par la force en 1966. Devait alors débuter pour l'Ouganda près d'un quart de siècle de troubles et de guerre civile.
En effet, depuis son indépendance acquise en 1962, l'Ouganda a connu sept périodes d'alternance politique, dont plus de la moitié se sont déroulées dans des circonstances dramatiques. L'histoire du pays peut ainsi se résumer entre 1966 et 1986 à un simple jeu de basculement régulier du pouvoir entre les nordistes et les sudistes.

UNE HISTOIRE CONTEMPORAINE MARQUÉE PAR LA VIOLENCE

Initialement placés à la tête du pays lors de l'indépendance, les sudistes se trouvent évincés du pouvoir en mai 1966, lorsque le Premier ministre Milton Obote (un nordiste d'ethnie langi) renversa le président Mutesa, également *kabaka* du Bouganda (c'est-à-dire roi du Bouganda, l'un des royaumes sudistes). Après s'être octroyé les pleins pouvoirs, Milton Obote va confier à son chef d'état-major, Idi Amin Dada (un nordiste également, mais d'ethnie kakwa), la tâche de réprimer l'ensemble des opposants au nouveau régime, entraînant ainsi le pays vers sa première vague de massacres et le début du long martyre de ses populations.
Après cinq années de régime du président Obote, Idi Amin Dada, dévoré à son tour par l'ambition, s'empare du pouvoir, après un coup d'État militaire. Tristement célèbre pour la brutalité et la sauvagerie de son régime, ses excès provoquent en 1978 la réunion de dix-huit partis ou mouvements d'opposition qui se fédèrent lors de la conférence de Moshi au sein de l'Uganda National Liberation Front (UNLF). Les principaux membres de cette coalition sont l'ancien président Milton Obote, le jeune et fougueux dirigeant du Front for National Salvation (Fronasa), Yoweri Museveni, et les Bagandai de l'Uganda Freedom Movement (UFM). Néanmoins, à eux seuls, tous ces mouvements rebelles ne parviennent pas à se débarrasser du dictateur. Ce n'est que grâce à l'intervention de l'armée tanzanienne, qui envahit en 1979 l'Ouganda, qu'Idi Amin Dada est renversé. Les abus du dirigeant (meurtres, tortures, carnages, accusation de cannibalisme, etc.), alliés à des positions politiques et des propos incongrus, lui avaient déjà valu une condamnation internationale, mais sa politique de répression interne, exacerbée et encore plus vive après la création de l'Uganda National Liberation Front, finit par amener le président tanzanien, Julius Nyerere, à décider d'une intervention militaire (la seule dans l'histoire de la Tanzanie) pour renverser le dictateur ougandais. Une fois Idi Amin Dada exilé (il se réfugie en Arabie saoudite – où il mourra en 2003 –, accueilli par Riyad en remerciement pour avoir fait entrer l'Ouganda au sein de l'Organisation de la communauté islamique – OCI), Milton Obote revient à la tête de l'État, dans le cadre d'un programme et d'un gouvernement d'alliance nationale. Néanmoins, la politique répressive qu'il instaure provoque de nouveau des dissensions au sein de la coalition gouvernementale, puis rapidement son implosion. Milton Obote se retrouve seul à diriger le pays alors que ses anciens alliés reprennent le chemin de la rébellion, reconstituant avec plus ou moins de succès leurs mouvements d'opposition armée.
Parmi ces derniers, l'un va rapidement prendre une importance considérable par ses actions tout comme par ses succès militaires sur le terrain : la National Resistance Army. La NRA, fondée par Yoweri Museveni, se veut le successeur de son précédent mouvement, le Fronasa. Durant près de sept ans, la NRA va livrer combat contre le régime d'Obote, puis le gouvernement de Tito Okello, dans ce que ses dirigeants désigneront, plus tard, comme la « guerre du *bush* ». En janvier 1986, alors que des négociations de paix interougandaises entre le régime et la rébellion se tiennent à Nairobi sous l'égide du président kenyan, Daniel Arap Moi, et qu'un accord de paix a été finalisé, les forces de la NRA s'emparent de Kampala, la capitale. Museveni vient de prendre le pouvoir en Ouganda.
Ainsi, après vingt ans de régimes dominés par des ethnies nordistes, de 1966 à 1986, les sudistes reprennent le pouvoir avec Museveni (un sudiste, Hima du groupe des Banyankole).
Et, depuis dix-huit ans, Museveni et son National Resistance Movement (NRM) ont dirigé le pays sans discontinuer.

MUSEVENI OU LA MISE EN ŒUVRE D'UNE POLITIQUE DE RÉDUCTION DES MOUVEMENTS REBELLES

L'arrivée au pouvoir de Museveni et de la NRA (qui s'est petit à petit intégrée au sein des Uganda People's Defence Forces (UPDF – forces armées régulières du pays) favorise la pacification de la majeure partie du territoire ougandais. En effet, le régime a offert l'amnistie à tous les mouvements rebelles qui accepteraient de déposer les armes. Ainsi, de nombreux dirigeants de l'opposition sont rentrés en Ouganda en abandonnant l'idée de la lutte armée et plusieurs mouvements, entre 1986 et 1996, ont renoncé à la violence. Soit ils ont rallié le régime, soit ils sont passés dans l'opposition légale. Néanmoins celle-ci est soumise à de nombreuses contraintes puisque les partis politiques restent encore actuellement interdits en Ouganda.
La scène insurrectionnelle ougandaise s'est donc fortement clarifiée au travers de la politique de pardon mise en œuvre par Museveni. Si, au milieu des années 80, on comptait près d'une vingtaine de mouvements rebelles,

aujourd'hui quatre d'entre eux existent encore et, parmi ces derniers, trois sont en « sommeil » et un seul d'entre eux continue à lutter avec acharnement contre le pouvoir.

Ces mouvements peuvent se diviser en trois catégories : mouvements d'opposition politique ; d'orientation religieuse ou messianique ; et, enfin, poursuivant des finalités sécessionnistes.

Dans la dernière décennie (depuis 1993-1994), les mouvements rebelles ougandais ont réussi à survivre en partie grâce au soutien des pays voisins (Soudan, République démocratique du Congo – RDC) qui ont pu ranimer ou renforcer des factions armées localisées dans les régions périphériques du pays. Cette situation explique ainsi que les mouvements les plus actifs ont toujours été ceux situés dans le nord du pays où ils pouvaient bénéficier du soutien des autorités de Khartoum ou de chefs militaires soudanais. Cette dimension de la rébellion ougandaise s'explique par les très mauvaises relations entretenues entre les autorités de Khartoum et celles de Kampala. Chacune des deux capitales a, durant des années, accusé l'autre de soutenir son opposition. Kampala soutenait la Sudan People's Liberation Army (SPLA) du colonel John Garang, en lutte contre le pouvoir soudanais, et Khartoum lui a « rendu la politesse » en fournissant une aide indirecte à la guérilla chrétienne fondamentaliste de la Lord's Resistance Army (LRA). C'est pour cette raison que Khartoum et Kampala ont rompu leurs relations diplomatiques d'avril 1995 à décembre 2000.

La situation générale va néanmoins changer à partir de 1998 avec l'intervention des forces ougandaises en République démocratique du Congo. Ce déploiement à l'extérieur de l'Ouganda permet au régime de Museveni d'initier une nouvelle politique de lutte contre les mouvements de rébellion de l'ouest du pays, en intervenant directement sur leurs bases arrière établies dans les pays voisins ou dans la chaîne de montagnes en bordures des deux États.

De la sorte, l'intervention dans l'est de la RDC va permettre de faire disparaître presque complètement les mouvements rebelles autres que la LRA. Quant à cette dernière, elle connaît une situation de plus en plus fragile. En effet, après la quasi-éradication des mouvements rebelles de l'est du pays, les unités de l'Uganda People's Defence Force (UPDF) peuvent se consacrer presque exclusivement à la lutte contre la LRA. Bénéficiant de l'aide de rebelles sud-soudanais, l'UPDF espère aujourd'hui parvenir à éliminer le mouvement et s'emparer de son leader. La chose semble possible, encore faudra-t-il que le cours des événements le lui permette. L'armée ougandaise pourrait de nouveau se trouver détournée de cette mission prioritaire si elle était encore amenée à intervenir en RDC, ou bien à revoir son dispositif et son déploiement dans le nord du pays, en cas de participation accrue à la lutte antiterroriste. En effet, depuis 2002, l'Ouganda s'est investi dans la lutte antiterroriste et, à ce titre, redoute une nouvelle vague d'attentats de la part des éléments musulmans radicaux ougandais qui ont déjà été accusés, à la fin des années 90, d'avoir perpétré les attentats à la grenade dans la capitale. De fait, si de tels événements venaient à se reproduire, nul doute que la situation sécuritaire générale en Ouganda s'en trouverait bouleversée.

Les acteurs

La dernière rébellion nordiste

Depuis 1986, le mouvement rebelle ougandais le plus important et le plus médiatisé du fait de la sauvagerie dont font preuve ses membres reste sans conteste la Lord's Resistance Army. Ce mouvement fonde son origine au sein du Holy Spirit Movement *(voir encadré)*. Comme la plupart des mouvements de rébellion nordistes, la LRA puise ses sources dans l'insatisfaction des populations du nord qui redoutent constamment d'être négligées, voire marginalisées, par le pouvoir sudiste. Se sentant, à tort ou à raison, évincées des postes de responsabilité à Kampala, les populations nordistes idéalisent l'époque où elles étaient au pouvoir. Cependant, il est certain que, depuis 1986, elles ont subi une perte d'influence notable au sein de l'appareil militaire, désormais très largement dominé par les anciens combattants de la NRA, ce qui les conforte dans leur sentiment de « déchéance ». Malgré tout, après avoir été un foyer d'insurrections, le nord du pays n'abrite plus que la LRA. Tous les autres mouvements nordistes ne font plus parler d'eux depuis 1999. Cependant, au nord, vient s'ajouter traditionnellement un antagonisme religieux : les musulmans se considèrent lésés par le régime de Museveni, un sentiment qui ne s'est pas atténué dans le contexte actuel de lutte antiterroriste mise en place en Afrique orientale depuis les événements du 11 septembre 2001 et à laquelle participe pleinement Kampala. Cette situation pourrait, à terme, raviver de nouveaux mécontentements.

◆ LRA – Lord's Resistance Army

Ce mouvement est, par bien des aspects, totalement atypique, en raison de sa connotation fortement messianique. Il est issu d'une formation politico-militaire encore plus hors norme, le Holy Spirit Movement (HSM) d'Alice Lakwena. Fondée en 1987 sur les débris du HSM, alors vaincu militairement par la NRA, la LRA se structure en 1989. Elle est dirigée par Joseph Kony, l'oncle de la jeune prêtresse Alice Lakwena. Mais celui-ci a fait évoluer le mouvement, qui ne s'affiche plus aussi messianique que celui de sa nièce, puisque son projet politique vise seulement à instaurer un État chrétien en Ouganda.

Entre 1989 et 1992, le mouvement rebaptisé Uganda Democratic Christian Movement, avec sa branche armée, l'Uganda Democratic Christian Army, se forge une véritable identité politique. S'il veut instaurer un régime chrétien dans le pays, qui gouvernerait en appliquant à la lettre les dix commandements, il se présente désormais aussi comme le défenseur des intérêts des populations nordistes, en particulier des Acholi.

La situation économique déplorable régnant dans le nord du pays et les exactions de la NRA contre les popula-

À l'origine de la LRA : le Holy Spirit Movement

Les exemples de mouvements messianiques, plus ou moins violents, ont été relativement fréquents en Afrique occidentale ou orientale au cours du XXe siècle. Mais, en raison de son ampleur, de sa lisibilité et de son impact politique et militaire, la croisade menée par Alice Lakwena et l'essor pris par le Holy Spirit Movement sont sans équivalent sur le continent africain.

Ce phénomène messianique est apparu dans le nord de l'Ouganda en pays acholi. Il s'est développé très tôt après la prise du pouvoir par Museveni. En effet, l'installation du président Museveni à Kampala va engendrer une période de forte instabilité dans le nord de l'Ouganda. Les populations locales subissent alors le déploiement des forces de la NRA qui, en dépit de leur discipline, se livrent à quelques exactions. Parallèlement, les régions septentrionales subissent également le reflux des anciens dignitaires nordistes et de leurs affidés qui, chassés de Kampala, retournent dans leur région d'origine afin d'y trouver refuge ou d'y constituer de nouveaux mouvements de lutte armée. C'est dans ce contexte, marqué par la précarité extrême des conditions de vie d'une partie de la population acholi, que vont aisément se propager des messages millénaristes reposant sur une vision apocalyptique. Les populations désemparées et apeurées vont, dans un premier temps, massivement y adhérer.

C'est ce qui se produit dans le district de Gulu, où une jeune fille acholi, Alice Auma, se déclarant habitée par un esprit du nom de Lakwena (le « messager » en langue acholi), va prêcher un discours syncrétique, mélangeant références chrétiennes et religion traditionnelle acholi. Dans le contexte délétère et chaotique d'alors, elle rencontre immédiatement un franc succès auprès des masses acholi. Prenant le nom d'Alice Lakwena, la jeune prophétesse se fixe pour objectif de lutter contre le mal qui dévaste, à ses yeux, le nord de l'Ouganda et se trouve incarné par les soldats sudistes de la NRA. Passant à l'acte, elle déclenche, en août 1986, une véritable guerre sainte contre les forces de Kampala. Les milliers de fidèles qu'elle est parvenue à recruter en l'espace de quelques mois (simples paysans acholi, soldats d'ethnies nordistes fraîchement démobilisés, anciens guérilleros en rupture de ban ou simplement opportunistes qui voient dans ce mouvement l'occasion de vivre sur l'habitant) constituent alors le Mouvement du Saint-Esprit qui se dote rapidement d'une branche militaire, la Force mobile du Saint-Esprit (The Holy Spirit Mobile Force – HSMF). Véritable armée de va-nu-pieds, la Force mobile du Saint-Esprit va prendre les forces gouvernementales ougandaises au dépourvu. Rapidement, les rebelles remportent une succession de victoires sur le terrain. Au début de l'année 1987, le mouvement contrôle les districts de Kitgum et de Gulu, dans le nord de l'Ouganda. Confiante en ses victoires militaires, la prêtresse Lakwena entame une longue marche vers Kampala pour tenter de renverser le régime. Mais son aventure se termine en octobre 1987 dans le sud du pays, à une cinquantaine de kilomètres de Kampala. Les troupes de la NRA taillent en pièces les membres du mouvement messianique et la prophétesse s'enfuit au Kenya, alors que ses fidèles encore vivants regagnent comme ils le peuvent le nord du pays. Cependant, son « message » va être repris – et en partie édulcoré – à partir de 1989 par son oncle, Joseph Kony.

tions civiles suspectées de collusion avec les rebelles vont favoriser l'essor du mouvement de Joseph Kony qui prend définitivement l'appellation de Lord's Resistance Army à la fin de l'année 1992.

Au début de l'année 1994, la situation de ce petit mouvement rebelle va changer. Les forces soudanaises, en lutte dans le sud de leur pays contre les forces de la Sudan People's Liberation Army (SPLA), s'établissent près de la frontière avec l'Ouganda. Cette situation va inciter Khartoum à raviver les forces de la LRA, Kampala soutenant, de son côté, la SPLA.

Bénéficiant désormais d'un important soutien des autorités soudanaises (livraison de matériel, mise à disposition de bases arrière), la LRA va multiplier ses opérations contre les forces gouvernementales à partir de mars 1994. Disposant d'une force comptant jusqu'à 4 000 hommes, regroupés en bandes de 200 à 300 combattants chacune, le mouvement mène alors de véritables actions de commando. En réaction, les autorités ougandaises accroissent leur soutien aux rebelles soudanais de la SPLA, transformant le conflit en une véritable crise régionale.

Ce n'est qu'à partir de 1999 que la situation de la LRA va changer et se dégrader. Deux facteurs y contribuent : la désaffection des populations vis-à-vis d'un mouvement qui devient de plus en plus violent, et le lancement de nouvelles opérations militaires.

En effet, l'armée ougandaise commence alors à établir un quadrillage du nord du pays. Parallèlement, Kampala se lance dans une nouvelle politique favorisant le rapprochement entre les autorités locales et les populations acholi. Enfin, l'amélioration des relations entre l'Ouganda et le Soudan va entraîner, dès 2000, une considérable diminution du soutien de Khartoum aux rebelles.

De fait, à partir de 2001, le nombre des infiltrations de la LRA à partir du Sud-Soudan diminue fortement. La mise en place de la politique de quadrillage de la région et de discussions avec les chefs traditionnels locaux alliée à la lassitude des populations semble favoriser, pour la première fois, les autorités gouvernementales. Le résultat de cette politique est l'ouverture de négociations entre les chefs

traditionnels, les autorités et plusieurs commandants rebelles basés en territoire ougandais. Ainsi, les premiers éléments de la LRA acceptent de se rallier au gouvernement et de bénéficier de la loi d'amnistie offerte à tous les anciens rebelles déposant les armes et renonçant à la lutte armée.
Mais, Joseph Kony ne désarmant pas, Kampala parvient à obtenir de Khartoum l'autorisation de poursuivre les rebelles au Sud-Soudan. C'est ainsi que se trouve lancée en février 2002 l'opération *« Iron Fist »* qui ne rencontre pas, tout d'abord, un grand succès. Les autorités militaires se penchent alors sur la région acholi (les membres du mouvement sont acholi à 95 %, les 5 % restants étant issus des districts voisins de Lira ou d'Apac) et analysent les modes opératoires des bandes rebelles. Ces dernières agissent par petits groupes disposant de caches d'armes et de munitions, et se déplacent très rapidement. Pour tenter de désorganiser la rébellion, les forces ougandaises pénètrent en territoire soudanais et commencent à travailler en collaboration avec les rebelles de la SPLA. À partir de 2003, l'opération *« Iron Fist »* va prendre toute sa dimension. Entre les opérations en Ouganda et celles menées au Sud-Soudan, la LRA subit une série de défaites importantes, ses bandes armées étant poursuivies et détruites dès que faire se peut. Surtout, depuis octobre 2003, l'UPDF semble accumuler les succès militaires. Ainsi, au bilan, pas moins d'une douzaine de commandants de la LRA ont été tués en l'espace de quelques mois, dont Paul Okodi, le secrétaire particulier de Kony, ou César Accelam qui dirigeait les services de renseignement du mouvement.
Face à ces revers, plusieurs commandants de la LRA se lancent dans une politique de reddition. C'est ainsi que lors des célébrations du *Liberation Day*, le 26 janvier 2004, le président Museveni proclame que l'UPDF n'a plus que cinq cibles dans la LRA : Kony, Otti, Laska Lukwiya, Odhiambo et Adubema, les derniers chefs rebelles encore vivants. Il faut dire que, durant l'année 2003, les forces ougandaises auraient abattu 986 combattants de la LRA, d'ailleurs dénommés « terroristes », car la LRA a été inscrite sur la liste des mouvements terroristes du département d'État américain, tout comme un autre mouvement rebelle ougandais, l'Allied Defence Forces (ADF).
Face à ces échecs, les éléments de la LRA attaquent plusieurs villages au Sud-Soudan entre mai et juillet 2004, dans la région comprise entre Juba, Mangala et Ngala où la LRA semble s'être recentrée. Pour les observateurs locaux, la LRA tente alors de terroriser les populations afin qu'elles quittent ce secteur pour favoriser les passages des rebelles. Mais, devant ces exactions, la SPLA décide de chasser la LRA du Sud-Soudan, profitant du cessez-le-feu qui règne avec les forces gouvernementales soudanaises. Cependant, pour les membres de la SPLA, début juillet 2004, les forces de Kony sont réfugiées à Nisitu, petite agglomération proche de Juba. Ils accusent d'ailleurs Kony et ses principaux commandants d'être, eux, régulièrement à Juba.
Fin juillet 2004, la situation évolue brusquement. Devant les exactions du mouvement, totalement incontrôlable, Khartoum autorise les forces ougandaises à franchir la « ligne rouge » Nisitu-Juba-Jabulin (c'est-à-dire environ 120 kilomètres de la frontière ougandaise), qui limitait jusqu'alors la zone d'action des forces ougandaises au Soudan. Le 28 juillet, les unités ougandaises attaquent le principal camp de la rébellion dans le secteur de Bileniang. Kony parvient, une nouvelle fois, à s'échapper, mais il doit abandonner de nombreux biens, tandis que quatre de ses épouses et plusieurs de ses enfants sont arrêtés. Il s'agit de la plus importante victoire de l'UPDF dans sa lutte contre la rébellion. Près de 120 rebelles semblent avoir été tués.
Cette situation soulève néanmoins deux questions : la LRA, qui ne semble plus bénéficier du soutien du gouvernement de Khartoum, peut-elle encore compter sur quelques militaires soudanais hostiles au processus de paix ? Et quelle sera l'attitude des différentes milices proches du régime de Khartoum qui contrôlent certains secteurs du sud du Soudan ? De la réponse à ces questions dépend en partie l'avenir de la LRA.
Actuellement, si certaines estimations fantaisistes vont jusqu'à lui attribuer 8 000 membres, les effectifs du mouvement peuvent être estimés autour de 1 500 à 2 000 personnes. Mais parmi ces dernières, il y a beaucoup de femmes et d'enfants. Le nombre des combattants se situerait, plutôt, entre 300 et 400.
La LRA est devenue, au fil des années, tristement célèbre pour les atrocités commises contre les civils, notamment les massacres et les enlèvements de milliers d'enfants, forcés de soutenir les combattants ou transformés en esclaves sexuels. Kony déclarait que, « si votre main, votre bouche ou votre œil commet une faute, il faut le couper ». C'est au nom de tels principes que la LRA fait subir un véritable martyre aux populations qu'elle attaque. En Ouganda, le nombre de victimes du mouvement s'établirait à près de 100 000 morts et 20 000 enfants enlevés et, d'après certaines estimations, les dix-huit années de conflit auraient aussi causé le déplacement de près de 1 million de personnes dans le nord du pays.
Kony poursuivra-t-il sa politique de terreur au sud du Soudan et au nord de l'Ouganda ? Avec la signature attendue d'un accord de paix pour le Sud-Soudan, rien n'est moins sûr car la situation dans toute la région devrait alors s'en trouver bouleversée.

La rébellion à l'Ouest

Après avoir été le théâtre de l'activité de plusieurs mouvements rebelles, l'ouest du pays n'est plus considéré comme une zone d'action de la rébellion. En effet, depuis l'intervention militaire ougandaise dans l'est de la République démocratique du Congo (RDC), les derniers éléments de l'ADF se font extrêmement discrets. Ils se sont véritablement mis en sommeil. Néanmoins, dans cette région du monde où les dirigeants nationaux comme locaux s'opposent régulièrement par mouvements de guérilla interposés, les rebelles de l'Ouest pourraient être réactivés dans le but de gêner ou de s'opposer à la politique régionale de Museveni, ou du moins de chercher à faire pression sur lui.

◆ **ADF – Allied Democratic Forces**

Cette rébellion historiquement basée dans les monts Ruwenzori a été fondée à la fin de l'année 1995. Elle est le résultat de la fusion des forces de l'Allied Democratic Movement (ADM), un mouvement de guérilla bagandai anti-Museveni (qui recrute en effet uniquement chez les populations du Buganda et ne compte que quelques centaines d'hommes à la fin 1995), avec de nombreux opposants en rupture de ban. C'est ainsi que l'ADM se renforce en 1996 en incorporant des soldats ex-FAZ (Forces armées zaïroises) et des membres des ex-FAR (Forces armées rwandaises) fuyant devant la rébellion de Laurent-Désiré Kabila, puis en intégrant les rebelles de la National Army of Liberation of Uganda (Nalu) et les éléments de l'Uganda Muslim Liberation Army (UMLA). Compte tenu de l'hétérogénéité de ses membres, le groupe prend le nom d'Allied Democratic Forces. Au début de l'année 1998, regroupant ainsi de nombreux opposants au régime, l'ADF compte plus de 1 500 combattants dans ses rangs. Elle représente alors une réelle menace dans le sud-ouest de l'Ouganda. Mais la signature d'un accord de coopération en matière de sécurité entre le président Museveni et le président Kabila, suivie par l'intervention militaire ougandaise aux côtés de rebelles congolais dans l'est de la RDC, vont permettre aux forces ougandaises d'encercler totalement les monts Ruwenzori qui servent de base arrière aux rebelles de l'ADF.

Dès lors, privé de voie d'approvisionnement, le mouvement subit de nombreux revers. Il tente bien quelques actions contre des symboles de l'État (poste de police, bâtiments administratifs), mais la pression des forces ougandaises est telle que ses membres doivent fuirent plus au nord. Parallèlement, après plusieurs revers, l'unité même du mouvement vole en éclats et de nombreux petits groupes de rebelles se dispersent sur le territoire ougandais ou trouvent refuge en RDC. C'est ainsi que le secrétaire général de l'ADF, Ali Bwambale, se retrouve capturé dans l'est du Congo en février 2000. D'autres éléments de l'ADF se réfugient plus au nord, dans le secteur de la frontière entre le Soudan, l'Ouganda et la RDC, qui constitue un véritable *no man's land,* paradis pour tous les rebelles et brigands de la région.

Quelques bandes de rebelles de l'ADF continuent cependant jusqu'à la fin de l'année 2001 de mener des attaques dans l'ouest et le centre de l'Ouganda, faisant régner une certaine insécurité dans les districts de Karabole et Kibale. Cependant, ces petits groupes de quelques dizaines de rebelles, ne disposant plus de bases arrière, sont devenus des proies faciles pour les forces ougandaises. En septembre 2000, l'un des principaux chefs de l'ADF, Isa Lubega, est capturé. En 2001, les autorités considèrent le problème ADF comme presque complètement résolu. Ainsi, le parc national des Ruwenzori est rouvert au public après quatre années de fermeture due aux activités rebelles, signe patent d'un assainissement de la situation.

Néanmoins, l'ADF représente toujours un facteur de nuisance potentiel. Si plus aucune action ne lui est attribuée sur le territoire ougandais depuis 2002, les groupes épars de rebelles qui la constituent encore et qui résident en RDC sont susceptibles de mener de nouveau des actions d'éclat (attentats, coups de main sur une localité, assassinats d'autorités, etc.). Surtout, dans le chaudron que représente l'est de la RDC, avec les nombreux intérêts divergents des acteurs de la scène congolaise, d'aucuns pourraient être tentés de restructurer ce mouvement pour l'utiliser à leur profit.

D'ailleurs en 2004, pour la première fois depuis plus de deux ans, la Nalu, l'une des composantes de l'ADF, a refait parler d'elle, en se voyant attribuer la paternité d'une action de guérilla dans le centre-ouest du pays. Il est vrai que, traditionnellement, ce mouvement est composé d'éléments des tribus bakonjo qui restent fondamentalement assez hostiles au pouvoir central. Actuellement, les forces de l'ADF s'établiraient autour de 500 combattants pour la plupart installés en RDC, attendant le moment propice pour mener de nouvelles opérations. Le mouvement conserve d'ailleurs une capacité de nuisance suffisante pour que les Américains l'aient inscrit sur leur liste des mouvements terroristes.

Les rébellions sudistes

Dans cette partie du territoire ougandais, il existe plusieurs groupuscules, à l'activité aujourd'hui extrêmement limitée, mais surtout deux forces disposant d'une réelle capacité de nuisance, la NDA et les éléments musulmans radicaux.

◆ **NDA – National Democratic Alliance**

Ce mouvement a été fondé à l'automne 1994. Il est composé de Bagandai, membres de la principale ethnie du pays. Si les autres guérillas ougandaises n'ont jamais eu la possibilité de déstabiliser le régime, agissant plutôt à la périphérie du pays, les actions des mouvements bagandai peuvent s'avérer, elles, beaucoup plus dangereuses car elles se situeraient au plein cœur de l'Ouganda « utile ». Donnée comme proche de l'opposant Besiguie, ancien candidat à l'élection présidentielle ougandaise, voire même dirigée par lui, la NDA serait formée principalement d'éléments dissidents de la NRA. La NDA se compose d'opposants farouches à Museveni qui contestent son autorité et dénoncent son comportement dictatorial. Si, en 1994 et 1995, le mouvement a mené des opérations dans le secteur de Luwero (attaques contre des symboles de l'État, enlèvement du ministre de la Santé, James Makumbi, en avril 1995), la réaction gouvernementale a été d'autant plus vive que les actions se déroulaient dans une zone stratégique du pays. De fait, dès l'été 1995, la NDA doit faire face à une vaste offensive gouvernementale. Cette dernière est suffisamment importante pour contraindre les dirigeants du mouvement à s'exiler au Kenya ou en RDC. Le major Itogwa, fondateur et premier dirigeant du mouvement, est d'ailleurs arrêté au Kenya puis extradé vers Kampala en janvier 1996. Cependant, le courant politique militant en faveur d'un fédéralisme et de la spécificité bagandai est suffisamment important pour que ce mouvement rebelle ait pu ressurgir à la suite des élections présidentielle puis législatives de mai et juin 2001. En fait, le mouvement disposerait de complicités au sein même de la NRA. C'est ainsi que la NDA aurait accueilli en son sein une cinquantaine d'officiers déserteurs de la NRA, dont le colonel Kyakabale, un des fondateurs de la NRA et ancien compagnon d'armes de Museveni lors de la guerre du *bush*. Aujourd'hui, ce mouvement reste bien calme, il continuerait cependant de recruter des membres parmi les déçus de l'ère Museveni qui critiquent, pêle-mêle, la corruption existant dans les sphères du pouvoir, l'accaparement des postes de responsabilité par les personnalités issues de la guerre du *bush*, l'absence de démocratie, etc.

Le but du mouvement semble être de constituer une force en mesure d'intervenir le moment voulu. Pour ce faire, la NDA disposerait du soutien des autorités rwandaises, avec lesquelles les relations de Kampala se sont fortement dégradées ces dernières années. C'est ainsi que le président Museveni a été jusqu'à qualifier le Rwanda de nation hostile en mars 2001.

Aujourd'hui, fort de plusieurs centaines d'hommes mais extrêmement discret, le mouvement ne semble pas être une menace pour les autorités ougandaises. Néanmoins, si ce mouvement reste en sommeil, à tel point que certains observateurs l'ont considéré comme disparu, c'est probablement pour mieux agir lorsque ses dirigeants le jugeront nécessaire. Il pourra alors sans doute compter sur le soutien du Rwanda qui serait d'ailleurs à même d'utiliser cette rébellion pour relancer la question des trois districts les plus méridionaux d'Ouganda, Kisoro, Kabale et Runkungiri, dont la souveraineté est revendiquée par Kigali.

Le radicalisme musulman

La mouvance islamiste en Ouganda est représentée depuis les années 90 par plusieurs groupuscules ou mouvements armés qui ont tous revendiqué des actions violentes. Les membres de ces petits groupuscules sont à l'origine de plusieurs séries d'attentats dans des villes du sud et du centre de l'Ouganda. Ils se recrutent exclusivement au sein de la communauté minoritaire chiite. La plupart des éléments appartenant à ces groupuscules semblent s'être regroupés au sein de deux factions au milieu des années 90, donnant naissance d'une part à l'Uganda Muslim Liberation Army (UMLA), qui va par la suite rapidement intégrer l'ADF, et d'autre part à la faction dite des Tabligh, du nom de l'organisation prosélyte pakistanaise que la plupart des combattants semblent avoir approchée. Au sein de cette faction, les combattants sont dirigés par des cheikhs, à l'image du groupe Saved commandé par le cheikh Abdul Kyesa. Afin de contrer l'expansion de ce phénomène apparu en 1991, les autorités ont fait appel au cheikh Luwemba, mufti de la communauté musulmane ougandaise. Ce dernier a condamné toute forme d'islam intolérant et ordonné la destruction de deux mosquées, à Massaka et Mulaga, considérées comme des fiefs extrémistes. En février 1995, face à l'ampleur que prenait le phénomène islamiste, les autorités ont lancé une opération dans la région de Halkum Kaira qui a conduit à la destruction d'un camp d'entraînement et à la reddition ou à la disparition de près d'une centaine de militants islamistes. Cependant, cette action d'envergure n'en a pas pour autant diminué la menace. Ainsi, une branche dissidente de la mouvance Tabligh, dénommée les Tigres de la libération de l'Ouganda, est apparue peu de temps après, en juin 1995, et s'est lancée dans des actions violentes contre des symboles de l'autorité. Parallèlement, une partie de la mouvance Tabligh intégrait l'ADF.

Après plusieurs vagues d'attentats à la grenade dans Kampala, de 1995 à 1997, le mouvement islamiste a subi, au printemps 1998, un sérieux revers avec l'arrestation de plusieurs dizaines de ses membres ou de ses sympathisants. Cependant, dès 2001, restructuré et semblant bénéficier de soutiens pakistanais et iraniens, le mouvement islamiste s'est lancé dans une nouvelle vague d'attentats. Trois bombes ont ainsi explosé dans Kampala (deux dans des minibus et une à la gare routière), le 4 juin 2001.

Cependant, depuis les événements du 11 septembre 2001, avec l'inscription de mouvements rebelles ougandais sur la liste américaine des mouvements terroristes et l'implication des autorités de Kampala dans la lutte antiterroriste internationale, la mouvance islamiste ougandaise s'est mise volontairement en sommeil. Elle n'en demeure pas moins présente et il est à redouter qu'elle ne profite, comme entre 1998 et 2001, de ce silence volontaire pour accroître ses effectifs, constituant, à terme, une menace encore plus importante.

Pour en savoir plus

Richard Banegas, *Ouganda, un pays en mutation au cœur d'une zone de fracture*, Siri, 1995.

Gérard Prunier et Bernard Calas (dir.), *L'Ouganda contemporaine*, Karthala, 1994.

Leslie Piquemal, « La guerre au nord de l'Ouganda : une "solution militaire" sans issue ? », *Afrique contemporaine*, printemps 2004.

Gérard Prunier, « La crise du Kivu et ses conséquences dans la région des Grands Lacs », *Hérodote*, nos 85-87, 3e et 4e trimestres 1997.

Gérard Prunier, « Rebel Movements and Proxy Warfare : Uganda, Sudan and the Congo (1986-1999) », *African Affairs*, Oxford, Oxford University Press, volume 103, n° 412, juillet 2004.

Franck Van Acker, « Uganda and the Lord's Resistance Army : the New Order no One Ordered », *African Affairs*, Oxford, Oxford University Press, volume 103, n° 412, juillet 2004.

Superficie : 27 834 km²
Population : 6,8 millions
Composition ethnique : Tutsi (14 %), Hutu (85 %) et Twa (1 %)
Religions : chrétiens (87 %), animistes (11 %) et musulmans (2 %)

Burundi

Le Burundi est la parfaite illustration de ce qu'on ne peut s'appuyer sur le principe selon lequel « les mêmes causes produisent les mêmes effets » en géopolitique. Les causes d'abord : le Burundi présente de nombreuses similitudes avec son voisin le Rwanda. Les deux pays ont été soumis au même colonisateur, la Belgique ; tous deux sont de petits États enclavés avec une forte densité de population et ont une composition ethnique quasi binaire à peu près similaire (Hutu-Tutsi) à l'origine de violences à partir des années 50. Mais les comparaisons s'arrêtent là et l'évolution du Burundi doit être dissociée de celle du Rwanda, même si la perméabilité des frontières et des problématiques parfois semblables entretiennent chez ces deux « faux jumeaux » des phénomènes d'interactions.

Depuis son accession à l'indépendance, le Burundi est marqué par les stigmates d'une violence politique et ethnique qui a plongé le pays dans une succession de coups d'État et de massacres à plus ou moins grande échelle. Contrairement au Rwanda, qui connaît dès 1959 une « révolution sociale » sanglante permettant aux Hutu de prendre le pouvoir, le Burundi reste dominé par les Tutsi grâce à l'hégémonie du parti Uprona et des forces armées. Mais cette prédominance est remise en question à partir des années 90, d'abord par la voie des urnes, puis par les armes. La violence apparaît ainsi comme un des principaux fils conducteurs de l'évolution de ce pays, essentiellement en tant que mode d'accession au pouvoir puis comme déversoir des haines accumulées par une population soumise à l'arbitraire et à la manipulation de ses élites.

LE DIAPASON DE LA VIOLENCE

À partir de 1960, pendant les quelques mois qui précèdent l'indépendance, le Burundi fait l'expérience du jeu politique à travers la rivalité entre le Parti du peuple (PP), proche de la puissance coloniale belge, et l'Union pour le progrès national (Uprona), fondée par le fils du roi, le prince Louis Rwagasore, dont les tendances nationaliste et lumumbiste sont très nettement marquées. Victorieux aux élections législatives de 1960, le leader de l'Uprona est assassiné par un des chefs du PP en octobre 1961. Cet événement témoigne de la fragilité du pluralisme burundais naissant et marque l'entrée du pays dans une spirale où les tensions permanentes pour la conquête du pouvoir sont ponctuées çà et là de meurtres et de coups d'État. Dès janvier 1965, le Premier ministre hutu,

Burundi : implantation des rébellions

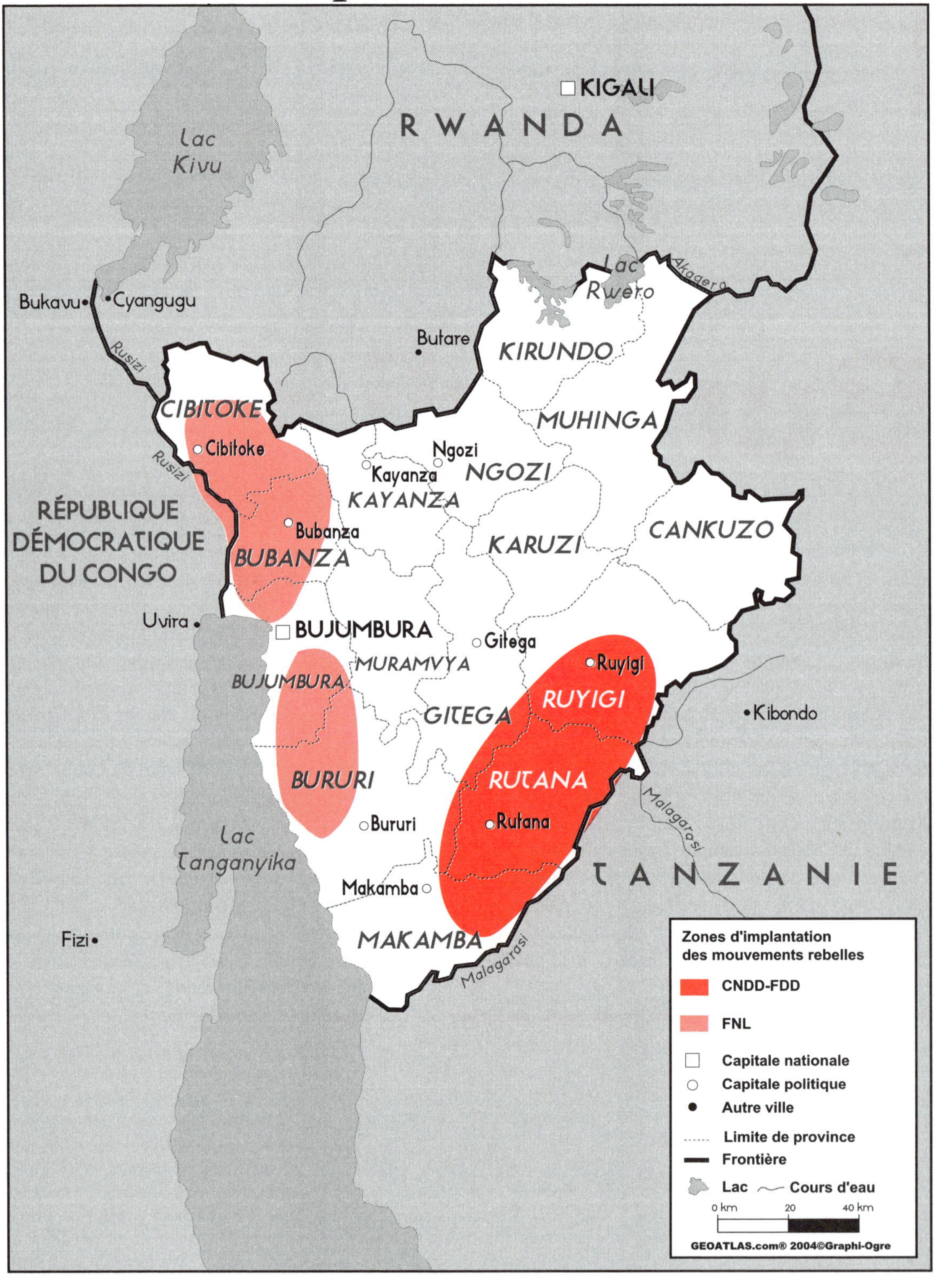

Pierre Ngendandumwe, est assassiné, puis quelques mois plus tard, en octobre, le pays connaît sa première tentative de coup d'État, fomentée par un dirigeant hutu, appuyé par le chef d'état-major de la gendarmerie. Les principaux leaders tutsi, inquiets du précédent rwandais de 1959 (les Tutsi ont dû fuir en masse la « révolution sociale » hutu) ont une lecture ethnique de cet événement, qui les conduit à renverser la monarchie en 1966 et à installer au pouvoir un Tutsi, originaire de la région de Bururi, le major-général Micombero.

Le renversement de la monarchie par les Tutsi marque une évolution majeure dans l'architecture des tensions que traverse le pays, car il répond dans l'esprit de ses promoteurs à un impératif de survie de leur propre ethnie face aux Hutu. Pourtant, contrairement au Rwanda voisin, il n'y a, à l'époque de l'indépendance, aucune assimilation entre les Tutsi et l'oppression du pouvoir royal car ce dernier est détenu par le groupe Ganwa, depuis toujours différencié des deux principales ethnies du Burundi. En 1966, la principale ligne de fracture politique se situe encore entre familles du Sud (région de Bururi) et du centre (Muramvya), mais la prise de pouvoir des Tutsi constitue le premier pas vers l'émergence d'une rivalité ethnique qui va gangrener, au fil du temps, les discours politiques.

En 1972, après une attaque menée par des réfugiés hutu depuis le Zaïre et la Tanzanie, l'armée, dirigée par des officiers originaires de Bururi, se lance dans des massacres d'envergure dont le bilan est aujourd'hui estimé à 200 000 victimes. Les premières cibles sont hutu (paysans, commerçants, militaires, cadres), mais pas seulement, car, dans le Nord, des Tutsi sont aussi exécutés.

Le Burundi entre alors dans un nouvel ordre politique où les militaires originaires de la province de Bururi jouent le rôle de chefs d'orchestre. Quatre ans après les massacres, le président Micombero est renversé par l'armée qui installe le colonel Jean-Baptiste Bagaza au pouvoir. Son « règne » se caractérise par une relative stabilité permettant au pays de développer ses infrastructures grâce à une aide internationale accrue, qui constitue désormais une rente pour le pouvoir en place. À partir de 1984, ce bel ordonnancement est remis en cause par la politique de Bagaza contre l'Église, qu'il juge trop influente. La communauté internationale s'inquiète et l'armée, soucieuse de ne pas la contrarier, dépose le chef de l'État, remplacé par le major Pierre Buyoya.

UN NOUVEAU SYSTÈME POLITIQUE ÉPHÉMÈRE

En août 1988, à la suite d'une infiltration de rebelles hutu qui massacrent des Tutsi dans deux communes du nord du pays, l'armée organise des représailles et extermine plusieurs milliers de Hutu dans la zone où s'est déroulée l'attaque. Le bilan aurait cependant pu être beaucoup plus lourd et il a fallu que le président Buyoya pèse de tout son poids pour arrêter les appels au massacre généralisé des Hutu dans la capitale Bujumbura.

Parallèlement, au niveau international, la démocratisation devient la nouvelle norme à laquelle il faut adhérer pour espérer maintenir le flot des subsides occidentaux. C'est essentiellement pour cette raison et pour tenter d'apaiser les tensions ethniques que le major Buyoya décide en mars puis en avril 1992 de faire adopter une nouvelle Constitution pluraliste et de nommer un Premier ministre hutu. Certainement trop confiants dans le système de contrôle administratif et politique mis en place dans le pays depuis plus de vingt ans, les dirigeants négligent de verrouiller à leur profit le scrutin présidentiel qui se prépare. En juin 1993, le major Buyoya n'obtient que 32 % des votes, devancé par le candidat du Front des démocrates du Burundi (Frodebu), Melchior Ndadaye.

Le nouveau président burundais connaît un double handicap dans ce système de pouvoir accaparé par les Tutsi du Sud, qui rend très aléatoire sa survie politique et personnelle : non seulement il est hutu, mais il est en outre originaire du centre du pays. Melchior Ndadaye est immédiatement soumis à la pression de son électorat, alimentée par la soif de changement de l'ethnie hutu. Des tensions s'exercent d'abord sur la question de la terre : les réfugiés ayant fui pendant les massacres de 1972 rentrent au pays et demandent la restitution de leurs biens, généralement occupés. De plus, dans l'administration publique, les cadres du Frodebu aspirent à une intégration rapide à tous les niveaux de la hiérarchie, au détriment des fonctionnaires tutsi. Enfin, l'armée, symbole de la suprématie tutsi, est, elle aussi, dans la ligne de mire du nouveau pouvoir.

Durant l'été 1993, la tension est exacerbée par des menaces de coup d'État et certains cadres du Frodebu se préparent à défendre le nouveau pouvoir par les armes. Le 21 octobre 1993, un coup d'État, au cours duquel Melchior Ndadaye et de nombreux cadres du Frodebu sont assassinés à Bujumbura, plonge cette fois le pays dans la guerre civile. Dans le centre, le nord et l'est du pays, en représailles, des cadres du parti hutu organisent des massacres de Tutsi. Ce coup d'État procure une nouvelle légitimité à l'embryon de mouvement rebelle hutu du Parti de libération du peuple hutu-Front national de libération (Palipehutu-FNL) et provoque l'émergence d'un second mouvement, celui des Forces de défense de la démocratie (FDD).

En janvier 1994, après deux mois de flottement marqués par la violence et le repli ethnique sécuritaire, le représentant des Nations unies à Bujumbura, Ahmedou Ould Abdallah, parvient à faire signer un compromis aux protagonistes du conflit sur le partage du pouvoir. Mais le 6 avril 1994, le nouveau président burundais meurt dans le même avion que le président rwandais Juvénal Habyarimana. Par ailleurs, les fragiles discussions en cours sont érodées par une lame de fond qui sape toutes les chances d'apaisement de la guerre civile. En effet, le degré de méfiance entre les communautés ethniques est tel qu'il paraît impossible de faire taire les peurs désormais nourries par les cris des victimes du génocide qui se déroule au Rwanda. L'angoisse sécuritaire des Tutsi est renforcée par l'apparition d'une guérilla hutu qui gagne en effectifs et en puissance de feu pendant les deux ans qui suivent.

En outre, les familles de la région de Bururi, n'acceptant pas la marginalisation dont elles sont l'objet dans les négociations, font tout pour saper les reprises de dialogue. Les principaux acteurs choisissent donc la confrontation et le nouveau pouvoir, dirigé par le Hutu Sylvestre Ntibantuganya (Frodebu), est incapable d'arrêter la spirale des violences entre les deux communautés.
Le 25 juillet 1996, devant la recrudescence des massacres, le président Ntibantuganya est renversé et la communauté tutsi, à l'origine du putsch, s'accorde sur la personnalité de l'ancien chef d'État Pierre Buyoya pour reprendre les rênes du pouvoir.

LE RETOUR DE PIERRE BUYOYA

Avec le retour de Pierre Buyoya à la présidence de la République, les Tutsi bururistes retrouvent les cercles du pouvoir qu'ils occupaient jusqu'au début des années 90. Immédiatement, les dirigeants sont confrontés à un double défi. D'abord, en réaction au coup d'État, le président tanzanien Julius Nyerere a obtenu des pays de la région le vote d'un embargo qui pèse lourdement sur l'économie burundaise, étroitement dépendante de ses exportations de café. Cet embargo a trois conséquences particulièrement néfastes : la paupérisation des ménages à revenu intermédiaire, particulièrement en milieu urbain ; l'effondrement de nombreuses entreprises parapubliques ; la réduction des rentrées fiscales. Autre défi de taille : la guérilla hutu se renforce et menace désormais l'ensemble du pays.
La conjugaison des pressions sécuritaires et économiques contraint le président Buyoya à réintégrer le processus de négociation qui s'installe désormais à Arusha, en Tanzanie. Ces concessions finissent par payer et l'image internationale du Burundi s'améliore quelque peu. En janvier 1999, l'embargo imposé par la Tanzanie est levé. Parallèlement, Pierre Buyoya entreprend de mettre au pas toutes les milices ethniques qui font peser la menace de nouvelles flambées de violences, en utilisant un subtil dosage de contrainte et d'incitations financières. En janvier 1997, Jean-Baptiste Bagaza, ancien président du pays et rival extrémiste de Buyoya, est arrêté, puis, le mois suivant, le leader hutu Augustin Nzojibwami fait lui aussi l'expérience de la détention.
À la fin de l'année 1996, les rébellions hutu connaissent une phase de récession induite par l'évolution de la situation au Zaïre voisin. En effet, à partir du mois d'octobre, le Rwanda et l'Ouganda entreprennent une vaste opération militaire contre le régime du maréchal Mobutu, dont la première étape est marquée par le démantèlement des camps de réfugiés qui servent de base arrière aux mouvements de rébellion hutu rwandais et burundais dans l'est du pays. Parallèlement, les Forces armées burundaises (FAB) se lancent dans une politique de regroupement forcé des populations hutu, dans les régions où les rebelles sont le mieux implantés. En mars 1997, 500 000 personnes sont ainsi regroupées dans cinq provinces du Burundi et soumises à une étroite surveillance militaire et administrative dans des conditions sanitaires désastreuses. La brutalité de cette opération s'avère cependant efficace et les rebelles sont chassés des provinces du nord et de l'est du pays.
Pierre Buyoya accepte une timide ouverture et fait entrer des leaders hutu dans le gouvernement. Les efforts de Bujumbura pour renouer le fil du dialogue s'avèrent payants puisqu'en 1998 un « Partenariat intérieur pour la paix » reprenant les principes fondateurs des accords de janvier 1994 est signé. Ces négociations réveillent néanmoins les appétits des différents protagonistes de la scène politique burundaise et celle-ci ne tarde pas à connaître un émiettement préjudiciable à la constitution d'un système de gestion du pouvoir durable. À Arusha, les négociations relancées par le président tanzanien piétinent malgré l'implication de nombreux médiateurs africains et occidentaux. Chaque faction utilise ces négociations comme caisse de résonance et les divisions ne cessent de s'accroître au fil du temps. Après la mort de Nyerere, l'entrée dans le jeu du président sud-africain Nelson Mandela semble donner un nouveau souffle au processus. Finalement, en août 2000, une majorité de factions signent un accord pour l'établissement d'un régime de transition. Salué par l'ensemble de la communauté internationale, cet accord arraché aux forceps est reçu avec circonspection au Burundi. D'une part, plusieurs signataires ont émis des réserves formelles lors de la signature, d'autre part, les deux principaux mouvements de la rébellion armée hutu n'y ont pas souscrit. Il faut dire que depuis 1998 le Palipehutu-FNL et les FDD ont croisé la route de « bienfaiteurs » qui leur ont permis de trouver un nouveau souffle. En République démocratique du Congo (RDC), avec le lancement d'une nouvelle offensive rwando-ougandaise sous couvert du Rassemblement congolais pour la démocratie (RCD), les FDD entrent dans la guerre aux côtés du gouvernement de Kinshasa qui leur fournit armes, munitions et entraînement. De leur côté, les FNL, anciennement implantés en Tanzanie, bénéficient de l'aide de certains cercles militaires et politiques tanzaniens avec l'accord tacite des plus hautes instances du pays, qui considèrent le gouvernement de Pierre Buyoya comme illégitime et déstabilisateur pour l'ensemble de la région.

VERS LE PARTAGE DU POUVOIR

S'il est soumis à de nombreuses critiques au Burundi, l'accord d'Arusha bénéficie néanmoins d'une légitimité régionale et internationale qui permet de l'ériger en clé de voûte du dispositif de transition politique et institutionnel. La Constitution de transition de la République en découle pour une grande part ainsi que nombre de ses lois d'application.
La multiplication des blocages politiques liés à la désignation d'un nouveau président et l'intensification des combats contre les rébellions hutu retardent le début de la transition, qui ne commence qu'en novembre 2001, soit plus d'un an après la signature de l'accord. C'est finalement le président Mandela qui trouve la solution pour

sortir de cette impasse en imaginant une alternance sur trente-six mois : un président tutsi, Pierre Buyoya, gouvernera pendant dix-huit mois, secondé par un vice-président hutu, Domitien Ndayizeye ; la seconde période sera régie par une architecture inverse. Le 28 octobre 2001, le président Buyoya promulgue la Constitution de transition, qui est en fait une synthèse de la Constitution de 1992, de l'acte constitutionnel de transition de 1998 et de l'accord d'Arusha. Ce texte confirme l'institutionnalisation de l'ethnicité comme principale variable politique et, de ce fait, court le risque d'amener à de profonds blocages tant les négociations à venir pour son application paraissent difficiles. Concrètement, le partage du pouvoir s'effectue entre 15 partis mais le Frodebu et l'Uprona se taillent la part du lion. Toute l'année 2002 est marquée par la multiplication de controverses qui soulignent la nature contestée de ce processus. À Bujumbura, les partis extrémistes tutsi continuent de s'opposer radicalement à la mise en œuvre des accords et font constamment peser le spectre d'un coup de force.

Alors que la transition politique commence, la guerre civile semble loin de prendre fin. Les mouvements rebelles qui n'ont pas été associés aux négociations de l'accord d'Arusha ne se sentent aucunement liés par ses dispositions et demandent de nouvelles négociations en faisant table rase du passé. L'ouverture de discussions sérieuses est entravée par les luttes intestines et les multiples scissions au sein des mouvements rebelles. Après le remplacement de Kabura Cossan par Agathon Rwasa à la tête du FNL en février 2001, c'est au tour de Jean Bosco Ndayikengurukiye, le chef des FDD, d'être limogé en faveur de Pierre Nkurunziza en octobre 2001.

Pendant ce temps, les nouvelles institutions fonctionnent au ralenti, entravées par les divisions, la poursuite des combats et par la gravité de la situation socio-économique qui ne cesse de s'effondrer. De nombreuses mesures, notamment dans les domaines judiciaire, militaire, économique et social, attendent toujours d'être adoptées par l'Assemblée nationale. C'est dans ce contexte de marasme du processus de transition, qui menace l'ensemble du nouvel édifice institutionnel, que le président Buyoya laisse planer le doute sur ses intentions de passer le relais à Domitien Ndayizeye au terme de ses dix-huit mois de présidence, le 1er mai 2003. La principale raison évoquée est la guerre civile qui perdure. En arrière-plan, l'armée est méfiante et le président Buyoya pense qu'elle n'est pas encore prête à accepter un Hutu à la tête de l'État. Face à cette incertitude, le Frodebu dénonce des velléités de coup d'État et reste ferme sur la date de passation de pouvoir, même si, en coulisse, le futur président Domitien Ndayizeye ne cache pas ses appréhensions et les craintes qu'il nourrit pour sa sécurité. Face à cette nouvelle menace de blocage, l'Ouganda et l'Afrique du Sud exercent des pressions discrètes mais fermes et, le 29 mars 2003, les présidents du Frodebu et de l'Uprona annoncent que l'alternance aura bien lieu à la date prévue. Dernière question à régler, le nom du prochain vice-président, nécessairement tutsi : après d'âpres négociations, Alphonse Kadege est désigné avec une tâche prioritaire, rassurer l'armée sur son avenir. D'importants défis attendent la nouvelle équipe au pouvoir pour mener à bien la seconde phase de la transition. Le premier, et non des moindres : amener les rebelles hutu à cesser le feu puis à intégrer le processus. La tâche s'annonce d'autant plus ardue que les deux mouvements, FNL et FDD (tendance Nkurunziza) s'engagent dans une surenchère militaire afin de ne pas se voir reprocher d'être « vendus aux Tutsi », accusation qu'ils avaient l'un et l'autre formulée à l'encontre de tous les mouvements ayant intégré le processus politique. De son côté, le nouveau président Domitien Ndayizeye doit exécuter un numéro d'équilibriste excessivement périlleux : amener au moins les FDD, le plus puissant des deux mouvements rebelles hutu, à intégrer la transition afin d'offrir une chance à la paix tout en donnant des gages de sécurité à la minorité tutsi, et principalement aux militaires.

Après plusieurs mois de négociations difficiles pendant lesquelles les Sud-Africains, mais aussi les Tanzaniens, ont pesé de tout leur poids, le président Ndayizeye parvient, le 8 octobre 2003, à faire signer au chef des FDD, Pierre Nkurunziza, un protocole sur le partage des pouvoirs politiques, de défense et de sécurité, confirmé par la signature d'un accord de paix global le 16 novembre à Dar-es-Salam. Au niveau politique, les FDD obtiennent quatre ministères (dont celui de l'Intérieur), des sièges à l'Assemblée nationale et des postes dans l'administration territoriale, la diplomatie et les entreprises publiques. D'un point de vue militaire, 40 % des postes leur sont accordés au sein de l'armée, y compris dans les grades d'officiers. Les FDD s'engagent à cantonner leurs combattants (l'armée est tenue de réintégrer ses casernes), puis à transformer leur mouvement de rébellion en parti politique. Immédiatement, le gouvernement témoigne de sa bonne volonté et les FDD intègrent le gouvernement ainsi que l'Assemblée nationale. Un état-major conjoint, chargé de la planification des opérations d'intégration puis de démobilisation, est constitué. Pour leur part, les FDD semblent avides d'assumer leurs nouvelles fonctions et témoignent d'une ouverture qui étonne les observateurs les plus avertis. Le Frodebu est le grand perdant de cette nouvelle donne car il fait désormais face, au sein de la communauté hutu, à un compétiteur de taille dans la perspective des élections générales à venir : le vote hutu ne lui est plus forcément acquis.

En cette fin d'année 2003, l'optimisme semble gagner les cercles dirigeants burundais, la communauté internationale et la population. À Bujumbura flotte une ambiance de paix retrouvée, mais les défis que doit encore relever le pays avant de pouvoir espérer un réel retour à la stabilité sont nombreux. Le désarmement et la démobilisation des anciens rebelles, le retour des réfugiés et des personnes déplacées, l'organisation des élections à l'automne 2004 et la mise en place des institutions post-transition sont autant de gageures qui recèlent chacune des difficultés propres à remettre en cause l'ensemble des acquis de la transition politique. Parmi tous les risques à venir, l'attitude de l'armée, arbitre traditionnel du pouvoir et place forte tutsi, est une source d'inquiétude et toutes les parties s'accordent sur le fait que la réussite de la transition ne pourra se faire sans son aval. Or, une divergence de fond est apparue entre le pouvoir politique, soucieux d'accélérer le processus d'intégration des rebelles, et l'état-major des Forces armées burundaises, qui veut en contrôler très soigneusement toutes les étapes afin d'éviter de perdre le contrôle de l'appareil militaire.

Pour la majeure partie des acteurs, le cantonnement puis le désarmement des rebelles qui ne seront pas intégrés dans l'armée constituent donc un des chantiers prioritaires de la période pré-électorale. Au-delà des divergences persistantes sur la notion même de « combattant », l'attitude des FDD pose problème : sur le terrain, ils s'improvisent immédiatement comme des supplétifs incontournables de l'armée pour lutter contre le FNL. Leur objectif est d'affaiblir un concurrent qui pourrait devenir un adversaire politique sérieux s'il entrait dans le jeu de la transition politique. En outre, les FDD ont surévalué leurs effectifs (20 000 combattants annoncés) et doivent recruter, parfois de force, dans les territoires qu'ils contrôlent. Dans les zones de rassemblement, où les combattants sont livrés à eux-mêmes, la dégradation des conditions de vie fait planer la menace d'une recrudescence du banditisme, voire d'une récupération de ces hommes par le FNL.

Beaucoup plus inquiétant, malgré les déclarations optimistes du gouvernement, les discussions concernant l'avant-projet de Constitution, qui se tiennent dans le cadre du forum des partis et des ex-mouvements rebelles du Burundi, piétinent sur l'épineuse question des équilibres politico-ethniques. D'un côté, les Tutsi estiment que les garanties qui leur sont proposées sont très largement insuffisantes et demandent que cette nouvelle Constitution leur assure le maintien des quotas prévus par l'accord d'Arusha (40 %) et une alternance Hutu-Tutsi à la présidence de la République. À l'opposé, les partis hutu se refusent à perpétuer une telle répartition, principalement au nom des vertus de la démocratie qui ne sauraient tolérer la partition ethnique du pays. Chacun sait qu'un blocage persistant de ces discussions provoquera immanquablement la résurgence d'un réflexe sécuritaire des Tutsi. De fait, au début du mois de mai 2004, des rumeurs persistantes relayées par les radios burundaises évoquent la constitution d'un mouvement de rébellion tutsi, soutenu par le Rwanda, et dont les combattants s'entraîneraient en RDC.

C'est dans ce contexte tendu, où la transition progresse sous l'aiguillon du camp présidentiel et de la communauté internationale, que se dessine le passage de relais entre la force africaine de maintien de la paix, mise en place en mars 2003, et celle des Nations unies. Privée d'avenir, faute de réels moyens financiers, la mission de l'Union africaine n'a jamais vraiment été autre chose qu'une solution intermédiaire dans l'attente de conditions favorables au vote d'une résolution de l'ONU autorisant l'envoi de Casques bleus au Burundi. C'est chose faite le 21 mai 2004 avec l'adoption de la résolution 1545 créant l'Onub (Opérations des Nations unies au Burundi), qui hérite du mandat de la mission africaine (démobiliser et désarmer les anciens rebelles, aider à leur intégration dans l'appareil de sécurité burundais) et de son contingent (2 700 personnels civils et militaires, principalement sud-africains, éthiopiens et mozambicains). Par ailleurs, la nouvelle mission, qui dispose d'un effectif de 5 650 personnels, sera chargée de surveiller l'organisation des élections et de lutter contre les trafics d'armes avec les pays de la zone des Grands Lacs (principalement avec la RDC).

Le Burundi court toujours le risque d'être encore victime de la perméabilité des crises dans la région des Grands Lacs. En RDC, en effet, la situation dans l'Est connaît, au printemps 2004, une brusque hausse de tension lorsque les forces armées déclenchent une série d'opérations militaires contre les rebelles hutu rwandais des Forces démocratiques pour la libération du Rwanda (FDLR), alliés traditionnels du FNL. Cette situation devrait immanquablement engendrer le renforcement militaire du FNL par des unités des FDLR exfiltrées au Burundi et provoquer une phase de radicalisation du mouvement.

Les acteurs

◆ Palipehutu – Parti de libération du peuple hutu

Branche armée : Front national de libération (FNL)

Le Palipehutu est fondé en 1979 dans le camp de réfugiés de Mishano, en Tanzanie, par Rémy Gahutu, qui mourra en prison à Dar-es-Salam en 1990. Ses revendications politiques portent sur la dénonciation de ce que ses dirigeants considèrent comme une oppression du peuple hutu au Burundi par un pouvoir politique et militaire accaparé par les Tutsi. Mais, confiné dans les camps de réfugiés de l'Ouest tanzanien, sans réel appui politique ou financier, le Palipehutu végète et sa branche armée, le FNL, se contente de quelques raids meurtriers contre des Tutsi, comme en août 1988 dans les provinces de Kirundo et de Ngozi, au nord du pays, ou en 1991 dans les provinces de Cibitoke, Bubanza, et jusqu'aux abords de la capitale. À cette époque, ce mouvement ne constitue pas encore une réelle menace pour le pouvoir en place.

En 1992, l'ouverture politique initiée par Pierre Buyoya prend de court les dirigeants politiques du Palipehutu. Entravé par l'extrémisme de sa branche armée et par l'hostilité de la communauté tutsi qui rejette sa violence, le mouvement ne parvient pas à prendre pied dans le paysage politique burundais. Finalement, la rupture entre la branche politique d'Étienne Karatasi, qui a succédé à Rémy Gahutu, et le FNL, dirigé par Kabura Cossan (un Hutu originaire de la région de Bururi), est consommée. La guerre civile qui s'engage en 1993, à la suite de l'assassinat du président Ndadaye, donne un nouveau souffle au mouvement dont les combattants se font appeler *Intagoheka* (« ceux qui ne dorment jamais »).

L'afflux de réfugiés burundais au Zaïre voisin permet de constituer de nouvelles bases arrière. Mais déjà la concurrence avec un second mouvement de rébellion hutu, les Forces de défense de la démocratie (FDD), provoque des combats fratricides. Affaibli, le FNL va profiter de l'irruption de la guerre au Zaïre et de ses liens avec les Interahamwe (les miliciens rwandais génocidaires) et les soldats des ex-Forces armées rwandaises (FAR) pour augmenter sensiblement son potentiel militaire. Le but de cette alliance est de combattre les « ennemis » des Hutu, où qu'ils se trouvent, et de prendre le pouvoir au Burundi puis au Rwanda. Dès lors, le commandement opérationnel du FNL est confié à d'anciens sous-officiers et officiers des Forces armées burundaises ainsi que rwandaises. Le financement des opérations est largement assuré par des « prélèvements directs » sur les populations et par des subsides collectés au sein de la diaspora hutu.

Tout comme la principale faction des FDD, les rebelles du FNL n'ont pas été associés à la négociation de l'accord d'Arusha, par lequel ils ne se sentent donc nullement liés. Cette exclusion est imputable en grande partie au premier médiateur, l'ancien président tanzanien Julius Nyerere, qui estimait que les rebelles devaient être représentés par leur branche politique. Ces derniers continuent donc à lancer des opérations militaires qui s'intensifieront à l'approche de l'ouverture de la transition politique, le 1er novembre 2001.

En février 2001, Kabura Cossan est évincé de la tête du FNL par le commandant Agathon Rwasa, son chef d'état-major, originaire du nord du pays. L'unité du mouvement n'est pas véritablement assurée car plusieurs petits groupes à la limite de la dissidence ou du banditisme agissent de leur propre chef. Le 8 août 2002, le Palipehutu-FNL et l'état-major du FNL démettent Agathon Rwasa de ses fonctions et le remplace par Alain Mugabarabona. Cette scission marque la volonté d'une partie du mouvement de mener à bien des négociations avec le gouvernement et de ne pas rater « la dernière pirogue » de l'intégration dans le processus d'Arusha et donc dans la vie politique burundaise. Le 7 octobre 2002, un accord de cessez-le-feu est signé avec la faction Palipehutu-FNL représentée par Alain Mugabarabona, qui rentre à Bujumbura le 13 février 2003.

Au début de cette année 2003, Agathon Rwasa dirige encore la faction la plus représentative du Palipehutu-FNL car 5 000 combattants lui sont restés fidèles. Ce groupe est fondamentalement hostile à toute discussion avec le gouvernement, arguant que seule une négociation avec l'armée pourra faire taire les armes. Selon plusieurs témoignages fiables, le FNL constituerait un mouvement très structuré autour de la personnalité de son chef à qui les combattants vouent une foi quasi religieuse. Le FNL est néanmoins marqué par une tendance au morcellement et plusieurs groupes restent à la marge de la dissidence.

Après la signature d'un accord de paix et d'intégration dans le processus de transition par la faction des FDD de Pierre Nkurunziza le 16 novembre 2003, le FNL demeure le dernier mouvement rebelle actif au Burundi. Depuis la fin de l'année 2003, les affrontements se sont multipliés entre les Forces armées burundaises (appuyées par les FDD) et le FNL, particulièrement autour de Bujumbura. Le 29 décembre 2003, comme il traversait une zone de combats, le nonce apostolique, Mgr Michael Courtney, est tué alors que son véhicule était clairement identifiable. Immédiatement, le gouvernement et une partie de la communauté internationale accusent le FNL d'être à l'origine de cet assassinat. Comprenant les risques que comporte cette condamnation unanime, le FNL opère un premier revirement et accepte de négocier non plus avec l'armée, mais avec le gouvernement. Une première rencontre a lieu avec le président Ndayizeye du 18 au 21 janvier 2004. Depuis, les rendez-vous manqués se sont succédé et le FNL continue dans sa logique de lutte armée.

La nature même de l'idéologie du FNL semble peu compatible avec son intégration dans le processus de partage du pouvoir initié par l'accord d'Arusha. Les dirigeants du FNL sont fondamentalement des extrémistes hutu qui considèrent que leur ethnie, majoritaire (85 % de la population), a vocation à diriger le pays et à soumettre les autres communautés. Cette idéologie a toujours conforté le mouvement dans la voie des armes, résumée par une devise du FNL : « Lorsque l'on dispute à un chien un os qu'il tient dans la gueule, on ne peut l'obtenir qu'en lui cassant la mâchoire. » Dans un contexte où, en RDC, les rebelles hutu rwandais (parmi lesquels d'anciens génocidaires) sont soumis à une forte pression et ont renforcé leurs liens avec le FNL depuis le printemps 2004, le caractère extrémiste du mouvement se trouve naturellement renforcé. Peu à peu, Agathon Rwasa a doublé ce discours inspiré de divisionnisme ethnique d'une dimension quasi mystique s'appuyant sur la Bible. Puisant çà et là certains passages de l'Ancien Testament, il se donne une mission divine, et c'est ainsi que ses hommes sont capables de monter au front en chantant des prières et des louanges à Dieu. Cette intrusion de l'irrationnel dans le domaine du politique augure de l'incapacité du mouvement à entrer dans une négociation avec des adversaires qu'il a allègrement diabolisés.

Enfin, il faut reconnaître que ni les Forces armées burundaises ni les FDD n'envisagent d'un très bon œil la participation du FNL à la transition. Pour les premiers, ce sont de dangereux extrémistes qu'il convient d'éradiquer purement et simplement. Pour les seconds, dans la perspective des élections générales qui doivent se tenir à l'automne 2004, l'introduction d'un nouveau mouvement hutu dans le jeu politique doit être évitée.

◆ CNDD – Conseil national pour la défense de la démocratie

Branche armée : Forces de défense de la démocratie (FDD)

La création du CNDD, en juin 1994, résulte d'une scission au sein du parti Frodebu dont l'origine réside dans la lutte interne entre Léonard Nyangoma et Sylvestre Ntibantuganya pour prendre la succession du président Ndadaye, assassiné lors du coup d'État du 21 octobre 1993. Mis en minorité dans le parti, se sentant menacé, Nyangoma décide de prendre le chemin de l'exil en avril 1994. Certes, Nyangoma part, et risque donc de se trouver marginalisé, mais il conserve en fait des contacts importants au sein du Frodebu qui lui assure un financement. Il fait, en outre, le pari de l'option militaire et parvient à gagner les faveurs des Hutu qui ont constitué des embryons de milices afin de contrer la menace d'un renversement du président Ndadaye. C'est sur cette base qu'il constitue les Forces de défense de la démocratie (FDD), il trouve ensuite un soutien auprès d'anciens soldats des Forces armées rwandaises (FAR) contraints eux aussi à l'exil au Zaïre.

Le CNDD-FDD installe son quartier général dans la zone d'Uvira, au Sud-Kivu, et entreprend de se renforcer en recrutant parmi les jeunes Hutu en rupture de ban ou fuyant la répression des Forces armées burundaises. Mais à l'automne 1996, l'offensive lancée par les Rwandais au Zaïre pour éradiquer la menace hutu à leurs portes met en danger le mouvement, qui souffre par ailleurs de graves difficultés d'organisation. Incapables de s'implanter dans les camps de regroupement hutu constitués par les FAB à l'intérieur du Burundi, les FDD sont privées de leurs bases arrière et s'enfoncent alors dans une période de reflux politique et militaire.

Cette période de doute profite au chef des opérations des FDD, Jean Bosco Ndayikengurukiye, qui évince Léonard Nyangoma, discrédité pour son incapacité à trouver de nouveaux fonds et ses absences sur le champ de bataille. Jean Bosco devient le nouveau chef des FDD et profite de la relance de la guerre en RDC en août 1998. Kinshasa trouve en effet auprès des FDD un appui militaire dans l'Est et commence à approvisionner le mouvement et à l'entraîner. Mieux structurées, les FDD s'engagent dans le conflit congolais et jouent un rôle militaire important, en particulier sur le front sud, à Mbuji Mayi et à Lubumbashi. La signature de l'accord de Lusaka en juillet 1999, qui prévoient entre autres le désarmement des forces étrangères en RDC, oblige les FDD à se replier partiellement en Tanzanie (dans les camps de réfugiés où elles trouvent une source de recrutement non négligeable) et à l'intérieur même du Burundi. Autre effet de ces accords, le gouvernement de Kinshasa est provisoirement contraint à confier le soutien aux FDD à ses alliés. Ainsi, fin 1999, la presse zimbabwéenne fait état de l'entraînement des FDD sur une base militaire proche d'Harare et de la signature d'un accord pour l'équipement et le financement du mouvement par le régime de Robert Mugabe.

En octobre 2001, les tensions persistantes au sein du mouvement, entretenues tant pour des raisons de rivalités personnelles que de divergences sur la stratégie à adopter vis-à-vis du pouvoir en place à Bujumbura, conduisent à une nouvelle scission. Jean Bosco Ndayikengurukiye, qui conserve son autorité auprès d'une partie du mouvement, est limogé puis remplacé par Pierre Nkurunziza. Le CNDD-FDD est donc désormais divisé en trois branches : Pierre Nkurunziza prend la direction de la faction majoritaire et Jean Bosco Ndayikengurukiye reste à la tête d'un groupe minoritaire. Pour sa part, Léonard Nyangoma est rentré dans le rang et a signé l'accord d'Arusha d'août 2000, qui fixe les conditions de lancement de la transition politique au Burundi.

En juin 2002, les deux factions rebelles des FDD annoncent leur disponibilité pour négocier un cessez-le-feu. Jean Bosco signe un accord le 8 octobre (tout comme l'aile du FNL d'Alain Mugabarabona) tandis que les discussions se poursuivent avec la faction de Pierre Nkurunziza. Le 3 décembre 2002, sous la pression des pays de la région, ce dernier signe à son tour un accord comprenant deux volets. Le premier, militaire, stipule que les combattants seront cantonnés sous la supervision d'une force africaine de maintien de la paix et prévoit une intégration des rebelles au sein de l'armée. Le second, politique, règle la question de l'association du mouvement aux institutions de transition. À la fin de l'année, l'accord n'est toujours pas mis en œuvre, faute de réel cessez-le-feu sur le terrain et dans l'attente du déploiement de la mission de maintien de la paix. Le 21 février, arguant des violations de l'accord par l'armée, les FDD suspendent toutes les négociations encore en cours. La paix semble à nouveau s'éloigner.

Les mois qui suivent sont rythmés par une longue litanie de combats, parfois coordonnés avec les FNL, contre les Forces armées burundaises, et de tentatives de négociation avec le gouvernement. Finalement, sous la pression conjuguée de l'Afrique du Sud et de la Tanzanie, et par souci de ne pas rater la dernière chance d'intégrer le processus de transition, les FDD signent un protocole puis un accord de paix global le 16 novembre 2003. Immédiatement, Pierre Nkurunziza joue ostensiblement le jeu de la transition, et plusieurs de ses adversaires commencent à reconnaître la volonté de collaboration sincère de l'ancien rebelle. Mais tous ne sont pas de cet avis et perçoivent derrière ces dispositions de bon aloi un redoutable agenda visant à conquérir le pouvoir. Arrivées en position de force dans les institutions de transition par le biais d'une intégration massive dans tous les organes de sécurité du pays, et en particulier l'armée, les FDD suscitent de nombreuses défections chez les cadres des mouvements concurrents : à la fin du mois d'avril 2004, 35 parlementaires (dont l'immense majorité appartenait au Frodebu) ont rejoint le groupe des FDD.

Dans les zones où elles sont actuellement le mieux implantées, dans le sud-ouest du pays, les FDD mettent en place une véritable administration parallèle qui leur permet non seulement de prélever des taxes, mais aussi d'établir un quadrillage de la population. Le mouvement s'appuie sur ses combattants pour mener des opérations de police et s'est arrogé des pouvoirs régaliens qu'il utilise contre ses opposants, principalement les cadres du Frodebu.

Les FDD courent néanmoins le risque d'être victimes de ce qui semble bien être devenu une tradition dans les mouvements de rébellion au Burundi : la scission. Pierre Nkurunziza est en effet sous la pression constante de sa base qui l'accuse d'être incapable de promouvoir ses intérêts. Le 8 mars 2004, le secrétaire général du mouvement, Husein Rajabu, considéré comme le personnage le plus influent au sein des FDD, signe un communiqué exprimant son mécontentement devant les retards de l'intégration dans les institutions, qui sonne comme un avertissement à Pierre Nkurunziza.

Au début de l'été 2004, malgré les tensions qui règnent en leur sein, les FDD ont déjà gagné le pari de leur installation dans le paysage politique burundais et représentent désormais une réelle menace pour le Frodebu.

Les mouvements extrémistes tutsi

Au début des années 90, rompant avec des rivalités régionales traditionnelles au Burundi, certains groupes politiques ou associatifs tutsi trouvent un ciment puissant dans l'opposition que leur inspire l'ouverture du pouvoir aux Hutu. Leur discours se radicalise à la suite des massacres de Tutsi qui sont organisés par des groupes armés hutu en représailles à l'assassinat du président Melchior Ndadaye le 21 octobre 1993. Au-delà du partage des responsabilités entre les grands partis représentant les deux principales ethnies, le Frodebu (pour les Hutu) et l'Uprona (pour les Tutsi), un réel contre-pouvoir tutsi disposant de la protection d'une partie de l'armée se constitue autour de personnalités politiques de premier rang. Ces groupes sont majoritairement composés du noyau dur des régimes des présidents Bagaza et Buyoya mais aussi de groupes tutsi qui en étaient exclus. En arrière-plan de ce refus d'un quelconque dialogue avec les Hutu, ils craignent de perdre leurs privilèges économiques et sociaux ou d'être forcés à l'exil. Dès 1994, ces mouvements président à la création de milices qui utilisent la violence comme arme politique, principalement à Bujumbura. Dans la capitale en effet, des groupes comme Solidarité Jeunesse et Démocratie (Sojedem) ou les « sans échec » et les « sans défaite » font la loi et lancent des mots d'ordre de grève, les journées « ville morte », qui paralysent la capitale. La plupart des partis tutsi (Parena, Raddes, Inkinzo) entretiennent des relations secrètes mais très étroites avec l'une ou l'autre des milices de jeunes Tutsi. Celles-ci ne cachent pas leur objectif qui est de renverser le gouvernement de Sylvestre Ntibantuganya qu'elles qualifient de « génocidaire » (bien que certaines aient entretenu des relations occultes avec le Frodebu avant 1993 dans le but de renverser l'Uprona). Mais dès l'automne 1996, quelques mois après sa seconde prise de pouvoir, le président Pierre Buyoya les neutralise en mettant leurs chefs sous les verrous (dont l'ex-président Bagaza qui, lui, est placé en résidence surveillée), en intégrant leurs membres dans l'armée ou en les renvoyant à l'école. Les plus récalcitrants choisissent l'exil ou une quasi-clandestinité. Les partis tutsi se rallient au nouveau pouvoir (sauf le Parena de Bagaza), mais ce rapprochement est de courte durée car le président Buyoya a bien l'intention de négocier la paix avec les mouvements de rébellion hutu. Au final, la politique d'étouffement des milices tutsi est une réussite, et seuls quelques irréductibles, désormais minoritaires, nourrissent ouvertement une haine farouche à l'égard des Hutu et du pouvoir en place : parmi ceux-là, le mouvement Puissance d'autodéfense (Amasekanya) occupe le devant de la scène en abreuvant les médias et la communauté internationale de messages inspirés par la haine ethnique et la paranoïa. La menace que font planer les extrémistes tutsi n'est pas cependant tout à fait éteinte. Les peurs s'exacerbent à mesure que l'expérience de partage du pouvoir, dans le cadre du processus de transition politique qui doit s'achever en octobre 2004, se concrétise et que la domination des Tutsi dans l'armée est remise en question. Le 3 mai 2004, 49 jeunes Tutsi armés sont interpellés par la gendarmerie dans la province de Cibitoke, à la frontière congolaise. Leur interrogatoire révèle l'existence de camps d'entraînement en RDC. Cette nouvelle ravive la crainte d'une dérive des extrémistes tutsi vers de nouvelles violences afin de faire échouer le processus de paix burundais. Cette menace reste aujourd'hui circonscrite par les autorités burundaises, qui ont organisé une surveillance étroite de la mouvance extrémiste tutsi dont la capacité de mobilisation reste assez faible. Il en sera tout autrement lorsque le processus de démobilisation, dont les Tutsi devraient faire les frais, jettera des soldats désœuvrés dans les bras des mouvements extrémistes encore en sommeil.

Pour en savoir plus

Jean-Pierre Chrétien, *L'Afrique des Grands Lacs : deux mille ans d'histoire*, Flammarion, 2000.

Véronique Parqué, « Le rôle de l'OUA et des pays voisins dans la gestion du conflit burundais, *L'Afrique des Grands Lacs*, Annuaire 1998-1999, L'Harmattan, 1999.

Véronique Parqué et Louis-Marie Nindorera, « L'accord de paix d'Arusha, quel avenir ? », *L'Afrique des Grands Lacs*, Annuaire 2002-2003, L'Harmattan, 2003.

Filip Reyntjens, *L'Afrique des Grands Lacs en crise : Rwanda, Burundi (1988-1994)*, Karthala, 1994.

Internet

www.grandslacs.net

www.crisisweb.org

www.obsac.com

République démocratique du Congo : implantation des rébellions

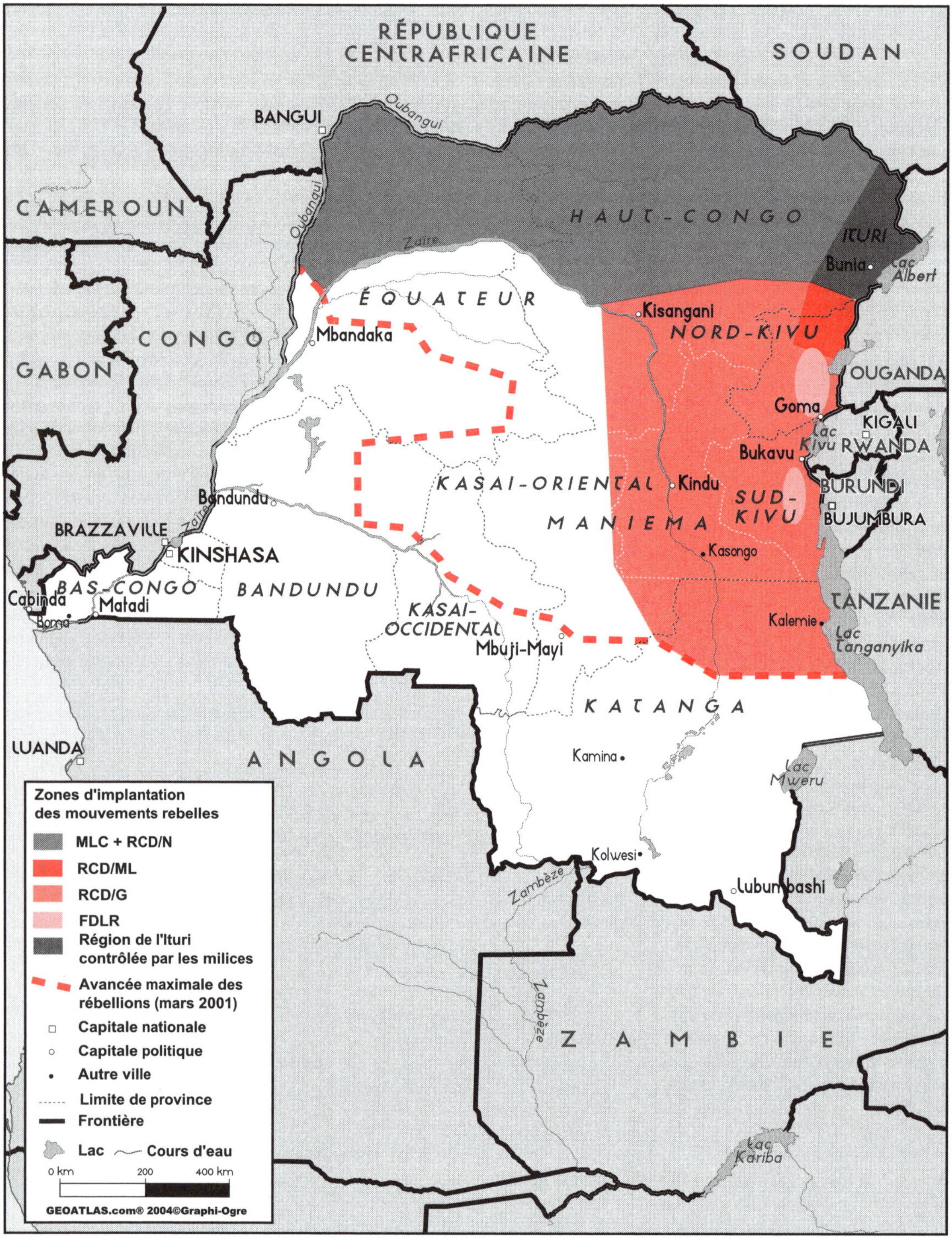

Superficie : 2 345 000 km²
Population : 53 millions
Composition ethnique : plus de 250 ethnies réparties en différents grands groupes : groupe bantou (80 % : sous-groupes mongo, mai-ndombe, bakongo, baluba, lunda) ; populations soudanaises (12 % : Bangala, Ngbandi, Ngbaka, Mbanja) ; groupe nilotique (2 % : Banyarwanda, Banyamulenge, Zande) ; aucun groupe ethnique ne pèse plus de 5 % de la population
Religions : catholiques (50 %), protestants (30 %), animistes (18 %), musulmans (2 %)

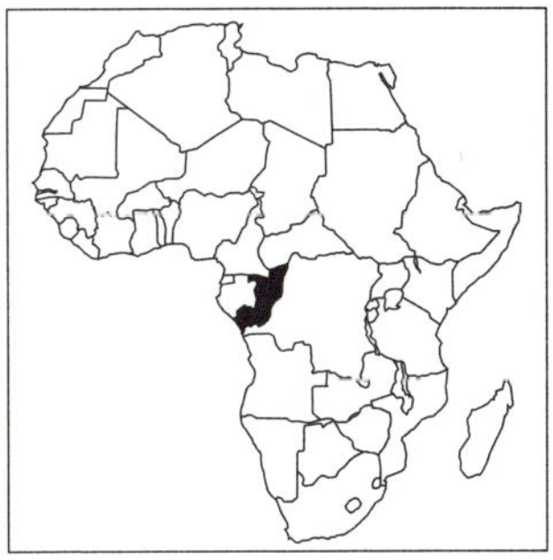

République démocratique du Congo

L'histoire de la République démocratique du Congo (RDC) (ex-Zaïre) est l'histoire d'un échec. Ce pays était pourtant destiné à devenir une grande puissance africaine : au centre du continent, il recèle des richesses minières, hydrographiques et agricoles exceptionnelles. Mais la RDC est immense (2,3 millions de kilomètres carrés), peut-être trop : ses principales ressources, de même que ses populations, divisées entre plus de 250 ethnies, sont majoritairement réparties autour de la « cuvette congolaise » au centre du pays et les voies de communications sont déficientes. L'unité nationale ne s'est donc jamais véritablement imposée et les populations périphériques ont toujours eu tendance à remettre en question l'autorité de la capitale, Kinshasa.

Le maréchal Mobutu Sese Seko, dictateur-prédateur, ruine son pays en l'espace de trente-deux années de règne (1965-1997). Sa gestion erratique contribue fortement à la désagrégation d'un espace national où les territoires périphériques sont soumis à l'autorité de potentats locaux qui ne rendent que très partiellement compte de leur administration à l'État central : peu importe les moyens pourvu que l'autorité du président ne soit pas remise en cause. Le simulacre de démocratisation initié au début des années 90 est aussi un gâchis. Sur un paysage politique en plein renouvellement se greffent des partis dits « alimentaires », opposition de façade manipulée par le pouvoir, qui ont pu faire dire que le pays s'était engagé non pas dans un système de multipartisme mais de multi-mobutisme. À la veille de la chute du régime de Mobutu, l'opposition, percluse de nomadisme politique, a perdu toute crédibilité à l'intérieur du pays comme à l'étranger.

À l'Est, les massacres interethniques, les coups d'État et les guerres civiles n'ont épargné aucun des voisins de la RDC depuis le tournant des indépendances (1959-1962) et le chevauchement des populations de part et d'autre des frontières facilite la propagation des crises au niveau régional. L'attentat contre l'avion du président rwandais Habyarimana, le 6 avril 1994, libère la démence meurtrière des extrémistes hutu : ils poussent la population civile dans un engrenage génocidaire contre la minorité tutsi qui ne prend fin qu'avec la prise de Kigali par les rebelles du Front patriotique rwandais (FPR) en juillet. En quelques semaines 1,2 million de Hutu se réfugient dans les Kivu, déjà minés par des tensions ethniques récurrentes. Personne ne semble alors prendre véritablement la mesure du potentiel déstabilisateur du séisme rwandais au niveau régional. Ses répliques sont pourtant à l'origine, deux ans plus tard, de la chute du régime du maréchal Mobutu puis de l'embrasement de la zone des Grands Lacs.

Qui tient les comptes macabres de la guerre du Congo ? Ni les pays occidentaux ni les médias ne semblent vraiment se soucier des 2,5 millions de morts de ce conflit africain, qui se déroule pourtant sous le regard préoccupé de l'ONU. La guerre à laquelle ont directement participé pas moins de huit nations (RDC, Angola, Zimbabwe, Namibie, Tchad d'un côté, Rwanda, Ouganda et Burundi de l'autre) est aujourd'hui terminée et le pays tente de sortir d'un cycle conflictuel qui dure depuis l'automne 1996. La transformation de ce système régional de guerre en dynamique de paix reste un défi que les Congolais ne peuvent relever seuls : la RDC représente un enjeu stratégique et économique tel que plusieurs protagonistes du conflit ayant intérêt à empêcher la restauration de l'intégrité du pays œuvrent encore à sa désagrégation.

LA PREMIÈRE GUERRE DU ZAÏRE ET LA CHUTE DU MARÉCHAL MOBUTU SESE SEKO

À partir d'octobre 1996, la dictature de Mobutu, dont beaucoup pensaient qu'elle était encore suffisamment solide pour résister aux ferments de déstabilisation qui menacent le pays, est balayée en quelques mois par l'armée rebelle de l'Alliance des forces démocratiques pour la libération du Congo (AFDL), née dans les confins de l'Est congolais. À l'intérieur du Zaïre, il est vrai, des forces centrifuges sont en action depuis plus d'une décennie : elles s'exercent particulièrement sur les Kivu, une région potentiellement très déstabilisatrice à la frontière du Rwanda. Au « pays des mille collines », le 6 avril 1994, l'attentat contre l'avion du président Habyarimana sonne le début du génocide des Tutsi rwandais et d'un nombre important de Hutu. Le macabre travail des « coupeurs » n'empêche pas les rebelles tutsi du Front patriotique rwandais (FPR) de s'emparer du pays. Une partie de la population hutu (1,2 million), craignant des représailles, se réfugie au Zaïre. Parmi les réfugiés, les miliciens Interahamwe et les soldats des Forces armées rwandaises (FAR) passent la frontière avec armes et bagages. Cette arrivée massive de Hutu au Nord-Kivu rompt le fragile équilibre entre Banyarwanda hutu et tutsi, installés au Zaïre depuis plusieurs décennies. Un scénario à la rwandaise se profile. Les extrémistes rwandais du Hutu Power, responsables de la planification et de la conduite du génocide, prennent le contrôle des camps de réfugiés au Zaïre et commencent à mettre sur pied un instrument militaire de reconquête du pouvoir au Rwanda, escomptant bien « finir le travail ». Les nouveaux dirigeants du Rwanda connaissent trop bien, pour avoir eux-mêmes utilisé cette tactique dans le but de constituer une véritable machine de guerre, les dangers que font peser la concentration de génocidaires hutu à leur porte. Kampala et Kigali décident alors d'anéantir cette armée hutu en gestation : ils vont agir à couvert à partir de l'été 1996 en créant de toutes pièces un front de rébellion zaïrois, l'Alliance des forces démocratiques pour la libération du Congo (AFDL), dont le porte-parole, Laurent-Désiré Kabila, deviendra l'homme fort du mouvement.

En réalité, l'objectif principal des Rwandais est de neutraliser les capacités militaires des Hutu à travers tout le Zaïre. Dans le même ordre d'idée, il s'agit pour Kampala de neutraliser les bases arrière des rebelles ougandais dans le Nord-Est. En trois mois, ils gagnent leur pari et parviennent à constituer une zone tampon préservant leurs territoires nationaux de leurs opposants réfugiés au Zaïre. L'avancée des rebelles se poursuit et il s'agit désormais de mettre fin au régime du « vieux léopard », le maréchal Mobutu Sese Seko. Au début de l'année 1997, le régime est aux abois et ses défenses font preuve d'une cruelle désorganisation. À la fin du mois de janvier, les Angolais s'engagent dans la guerre aux côtés des rebelles afin de porter un coup décisif à l'Unita de Jonas Savimbi, opposant de toujours qui s'est engagé dans la bataille zaïroise afin de soutenir son protecteur, le maréchal Mobutu. Le rapport de forces tourne définitivement en faveur de l'AFDL et c'est vers une capitale sans défense, où les dirigeants de l'ère mobutiste s'entre-déchirent, que les rebelles progressent désormais. Le maréchal Mobutu s'enfuit le 16 mai, le lendemain les forces de l'AFDL s'emparent de Kinshasa sans combattre et portent Laurent-Désiré Kabila au pouvoir.

D'UNE GUERRE À L'AUTRE

Le caractère autoritaire du nouveau régime se manifeste immédiatement par la ferme intention de s'arroger l'ensemble des pouvoirs et de confisquer le débat politique à son unique profit. Il se révèle par ailleurs incapable de résoudre deux problèmes ayant conduit au déclenchement de la première guerre du Congo. Bien que le nouveau gouvernement congolais ait passé des accords de sécurité avec le Rwanda, le Burundi et l'Ouganda, les franges orientales du pays restent le refuge des extrémistes hutu et le point de départ d'attaques contre le Rwanda notamment. Autre question épineuse : le statut des populations banyarwanda, et plus particulièrement celui des Tutsi congolais. Le ressentiment dont ces populations font l'objet de la part des autres ethnies des Kivu n'a cessé de croître depuis la victoire des rebelles. La présence visible de l'armée rwandaise à leurs côtés les assimile plus encore à des étrangers se comportant comme une armée d'occupation. Les Tutsi, congolais ou non, deviennent alors des boucs émissaires. Au printemps 1998, les Rwandais et les Ougandais doivent bien se rendre à l'évidence : leur marionnette est devenue incontrôlable. Devant l'impopularité grandissante du président Kabila, Kampala et Kigali imaginent réitérer le coup de force et de maître de l'automne 1996, en s'appuyant à nouveau sur les rwandophones, avec à leur tête les Banyamulenge. Les motifs qui conduisent à une nouvelle intervention rwando-ougandaise en RDC sont cependant d'une tout autre nature que ceux de 1996. Les bases arrière des Hutu ont été démantelées et leur présence dans l'est de la RDC ne constitue plus une menace directe et immédiate pour le régime de Kigali. En fait, les Rwandais et les Ougandais considèrent qu'ils n'ont pas été suffisamment payés en retour de leur effort militaire et financier pour amener Kabila au pouvoir. Désormais, les formidables richesses minières et agricoles congolaises constituent l'enjeu majeur de la guerre à venir.

Après plusieurs semaines de tensions, le feu de la guerre est ravivé le 2 août 1998 dans l'est du pays sous couvert d'une nouvelle vitrine rebelle : le Rassemblement congolais pour la démocratie (RCD). Conscient de la faiblesse de son appareil militaire, Kabila cherche des appuis extérieurs et les trouve. La conquête éclair voulue par les Rwandais et les Ougandais échoue et le conflit s'enlise avec son internationalisation. Le gouvernement congolais est appuyé par le Zimbabwe, l'Angola, la Namibie et le Tchad, soutenu financièrement par la Libye. En face, les rebelles du RCD sont littéralement portés par le Rwanda, l'Ouganda et, dans une moindre mesure, le Burundi. Dès lors, un constat s'impose : l'insurrection du RCD dans l'est du pays s'est transformée en conflit régional interétatique majeur. La « première grande guerre africaine » a commencé et, à l'instar des conflits européens des XIXe et XXe siècles, elle va être amenée à durer.

C'est dans un contexte de tensions croissantes entre Rwandais et Ougandais qu'apparaît, en novembre 1998, une nouvelle rébellion, directement créée par Kampala : le Mouvement de libération du Congo (MLC), dirigé par Jean-Pierre Bemba, le fils d'un baron du régime Mobutu, un jeune et richissime homme d'affaires qui décide de se reconvertir en chef de guerre. Le MLC propose une alternative strictement congolaise et nationaliste au RCD, depuis toujours considéré par les Congolais comme le paravent des Tutsi. Le RCD, quant à lui, est victime de sa composition hétéroclite et la farouche opposition à Kabila n'est pas un ciment assez solide pour assurer la cohésion de ses différents courants qui éclatent entre deux principales scissions : le RCD/Goma (soutenu par le Rwanda) et le RCD/Mouvement de libération (RCD/ML, appuyé par l'Ouganda). En arrière-plan du morcellement des groupes rebelles, la rivalité entre Kampala et Kigali tourne au conflit ouvert au début de l'été 1999 à Kisangani. Désormais farouches adversaires, Rwandais et Ougandais utilisent leurs supplétifs congolais afin d'éviter de nouvelles confrontations entre leurs deux armées. Cette évolution engendre une multiplication des conflits locaux et plonge un peu plus l'est du pays dans le chaos. Pour ajouter à la complexité de la situation, dans les territoires qu'ils contrôlent, les rebelles et leurs alliés se trouvent opposés aux forces dites « négatives » (Maï Maï, Interahamwe, ex-FAR, ADF, rébellions hutu burundaises). Ainsi, dans le grand théâtre congolais, partagé entre coalitions rebelles (au Nord et à l'Est) et progouvernementales (au Sud et à l'Ouest) émergent peu à peu d'autres conflits, plus limités, mais souvent tout aussi meurtriers. Le pillage des ressources naturelles de la RDC devient un des moteurs de la guerre en permettant à chaque belligérant de se procurer toujours plus d'armes et de munitions, alimentant ainsi le cycle des combats.

LES MÉANDRES DU DIALOGUE

La persévérance des médiateurs internationaux successifs conduit à l'accord de cessez-le-feu de Lusaka, signé le 10 juillet 1999 par les six pays impliqués militairement dans le conflit et l'ensemble des mouvements rebelles. Ce texte tant espéré par les Congolais et par la communauté internationale ne met pourtant pas fin au conflit. S'il est peu ou prou respecté sur le front « officiel » entre les deux blocs, ses dispositions demeurent quasiment inapplicables au regard de la complexité d'un conflit où les acteurs se sont démultipliés au fil du temps et où la mauvaise foi et la duplicité, entretenues par le déchaînement de la violence, font figure de *modus vivendi.* La longue marche de la RDC vers la paix semble piétiner à nouveau, chacun des adversaires refusant de faire le premier pas. Contre toute attente, l'élément déclencheur qui va contribuer à débloquer le processus de paix arrive de

Kinshasa. Le 16 janvier 2001, le président Laurent-Désiré Kabila est assassiné dans son bureau de la présidence, apparemment par un de ses gardes du corps. Dès le lendemain, les autorités congolaises annoncent que le pouvoir est confié au général Joseph Kabila, son fils, jusqu'alors connu comme une personnalité effacée. Dans son premier discours à la nation, le jeune dirigeant témoigne d'une volonté de rompre avec les errements de son père et lance quelques signes d'ouverture, parmi lesquels son engagement à appliquer l'accord de Lusaka et son intention de lancer un dialogue intercongolais. Cette nouvelle approche permet à Joseph Kabila de partir à la reconquête des faveurs de la communauté internationale. Cette stratégie d'ouverture et de dialogue, pourtant parsemée d'embûches, s'avère payante. Le 30 juillet 2002, les gouvernements congolais et rwandais signent un accord destiné à mettre fin à leur conflit puis à planifier l'évacuation des troupes rwandaises du territoire congolais. Le 7 septembre Joseph Kabila et Yoweri Museveni ratifient un protocole de paix entre leurs deux pays. Ces deux accords marquent le début du retrait de l'ensemble des troupes étrangères présentes en RDC. Seuls les Ougandais maintiennent un contingent dans la province orientale de l'Ituri afin de limiter les violences ethniques, principalement entre Hema et Lendu, qui l'ensanglantent depuis plus de quatre ans, dans l'attente d'un déploiement des forces armées congolaises.

Le dialogue intercongolais conduit finalement à un accord « global et inclusif », signé le 17 décembre 2002 à Pretoria. Joseph Kabila est maintenu à son poste de président pendant deux années de transition politique, au terme desquelles des élections générales doivent être organisées. Il est assisté de quatre vice-présidents représentant respectivement le gouvernement, le MLC (pro-ougandais), le RCD/Goma (pro-rwandais) et l'opposition non armée. Cette architecture prend le nom de « système 1 + 4 ». Le 7 avril 2003, quelques jours après l'adoption de la Constitution de transition par l'assemblée plénière des représentants du dialogue intercongolais, le nouveau président Joseph Kabila prête serment. Tous les acteurs du dossier congolais ont conscience que la transition qui doit se mettre en place est un processus extrêmement fragile et que le moindre accroc est susceptible de provoquer l'effondrement du système. Or, si de nombreuses régions sont encore soumises à l'arbitraire des mouvements de rébellion et à la violence, l'Ituri est, en ce printemps 2003, l'objet de toutes les inquiétudes. Le retrait des troupes ougandaises, sous une pression aveugle de la communauté internationale qui n'a pas compris que la région était à nouveau au bord de l'explosion, provoque l'embrasement de l'Ituri, les nombreuses milices cherchant à prendre le contrôle des zones « économiquement utiles ».

VERS UNE CONSTITUTION PROVISOIRE ET LA MISE EN PLACE DES INSTITUTIONS DE TRANSITION

Dès l'été 2003, la transition prend forme : les principales institutions et entités administratives ou militaires se mettent en place sous le contrôle prudent du Comité international d'accompagnement de la transition (CIAT). À l'automne, devant les multiples avancées du processus, la plupart des observateurs se laissent aller à un optimisme non dénué d'autopersuasion. Passé les premiers progrès retentissants du processus de transition politique, le début de l'année 2004 est marqué par une hausse générale des tensions entre les anciens belligérants. Si les progrès du processus sont notables, au regard des difficultés nées de la complexité de l'architecture des institutions de transition, ils n'en demeurent pas moins extrêmement fragiles, tant les appétits politiques et économiques ont été aiguisés par les perspectives d'un retour à la stabilité. La RDC est entrée dans une période charnière, propice à toutes les manipulations.

Dès le début du processus, la communauté internationale a pris la mesure des risques qui pèsent sur cette période de transition et a donc mis en place un large arsenal d'appuis aux nouvelles institutions dans trois domaines prioritaires. D'un point de vue politique d'abord, le CIAT joue son rôle d'animateur, souvent d'aiguillon, et il est très largement accepté par l'ensemble des protagonistes. Au niveau économique ensuite, les institutions de Bretton Woods sont au chevet de ce pays exsangue et assurent le volet financier de l'aide à la reconstruction. À la fin de l'année 2002, et pour la première fois en treize ans, la croissance économique de la RDC est positive. Elle a été de 6,3 % en 2004 et devrait atteindre les 7 % en 2005. En outre, la Banque mondiale et le FMI annoncent un allègement de la dette de la RDC de 1,5 milliard de dollars. Les bailleurs de fonds se sont engagés à verser 3,5 milliards de dollars entre 2004 et 2007. Enfin, la Mission des Nations unies au Congo (Monuc), a vu son mandat et ses effectifs renforcés à deux reprises à l'été 2003 puis à l'été 2004 pour atteindre pratiquement les 18 000 hommes et participer activement à la sécurisation du processus de transition. Elle peut désormais recourir à l'utilisation de la force pour protéger les civils menacés de violences. Parmi les principaux défis auxquels la mission onusienne doit répondre, l'accomplissement du programme dit «2D3R » (ce projet vise au désarmement, à la démobilisation, au rapatriement, à la réintégration et à la réinsertion de tous les groupes combattants étrangers présent sur le territoire congolais, et en priorité des rebelles hutu rwandais regroupés au sein des Forces démocratiques de libération du Rwanda) constitue une condition nécessaire pour résorber l'insécurité et limiter le risque d'une nouvelle intervention militaire rwandaise sur le territoire congolais. La surveillance de l'embargo sur les armes constitue désormais une des missions prioritaires de la Monuc, qui voit ses capacités d'actions élargies.

LA FIN DE LA GUERRE ?

Parmi les anciens rebelles, la transition politique semble susciter quelques ralliements de premier plan, tels ceux d'Olivier Kamitatu, secrétaire général du MLC et président de l'Assemblée nationale, et de Jean-Pierre Ondekane, ancien président du RCD/Goma et actuel ministre de la Défense. Certains espèrent un destin politique, d'autres une carrière administrative ou militaire, nombreux sont ceux qui pensent profiter des retombées économiques de l'aide au développement et de la réactivation des flux économiques. Une majorité de ces hommes, qui ont assis leur pouvoir sur les armes, est désormais convaincue des vertus de la reconstruction et du jeu politique. Être parvenu à susciter un espoir dans les propres forces de la nation congolaise sans un recours systématique à ses anciens parrains étrangers constitue une des principales victoires du président Kabila et de la communauté internationale.

Mais, dans un pays n'ayant jamais connu de processus démocratique depuis 1960, l'apprentissage de la vie politique reste marqué par des attitudes héritées de l'ère Mobutu, riche en manipulations. L'opposition « non armée » est éclatée en une myriade de petits partis minés par le tribalisme ou les appétits personnels de leurs dirigeants et leur esprit vagabond fait douter les Congolais de la crédibilité de leur programme politique, lorsqu'ils en ont un. Dans cette bataille naissante, où tous les coups sont permis, les intérêts privés semblent trop souvent prendre le pas sur la défense de l'intérêt général. En outre, nombre des nouveaux acteurs de la vie politique congolaise cherchent à faire durer un processus de transition qu'ils jugent confortable et rémunérateur, d'autant plus que beaucoup d'entre eux, ministres ou parlementaires, pensent qu'ils n'auront finalement aucune chance d'être élus lors des élections générales de juin 2005. Leurs fonctions constituent donc un moyen d'enrichissement rapide et, lorsque le président Kabila, en avril 2004, lance une politique de transparence des biens détenus par les hommes politiques, certains ont l'ingénuité d'avouer que, avant de pouvoir déclarer le contenu de leur portefeuille, il faudrait leur laisser le temps de s'en constituer un !

Par ailleurs, le travail de préparation des élections constitue un vaste chantier qui ne peut souffrir de retards, tant les tâches à accomplir sont immenses, qui plus est dans un délai si court. Selon la commission indépendante électorale, une des cinq « institutions citoyennes » d'appui à la démocratie, plusieurs difficultés majeures doivent être levées avant l'échéance de juillet 2005 : l'absence de données démographiques fiables (le dernier recensement date de 1984), la méconnaissance totale des cadres administratifs dans l'organisation d'une consultation électorale, l'isolement d'une majorité de la population dont le faible niveau socioculturel nécessitera un programme de communication et de vulgarisation des enjeux électoraux, l'insuffisance des moyens financiers et la persistance des groupes armés dans plusieurs régions du pays.

LES KIVU À L'ORIGINE DE NOUVELLES TENSIONS

Au début de l'année 2004, le ciel congolais s'est encore assombri à l'est, dans les Kivu. Depuis l'automne précédent, les signes de nouvelles tensions sont apparus, démontrant que le gouvernement de transition n'a aucune autorité sur cette région et que le scénario d'une déstabilisation des Kivu, et donc de l'ensemble de la RDC, est encore présent dans l'esprit de certains acteurs congolais et étrangers. Confirmant les multiples rumeurs qui circulaient depuis plusieurs semaines, la création d'un nouveau mouvement de rébellion, le Front de libération de l'Est du Congo (Flec), est annoncée le 7 janvier à Bukavu. Dans les Kivu, les opposants à la transition politique congolaise et à la restauration de l'autorité de l'État continuent d'agir en toute impunité et leurs liens avec le Flec sont avérés.

Le 26 mai 2004, Bukavu, capitale du Sud-Kivu, s'embrase lorsque le commandant de la région militaire, le général Mbusa Mabe, fidèle à Kinshasa, ordonne d'appréhender des soldats qu'il suspecte d'organiser un trafic d'armement depuis le Rwanda voisin. Plusieurs unités de l'armée, composées de Banyamulenge et dirigées par le colonel Jules Mutebusi (l'adjoint du commandant de la région militaire), accusent alors les autorités militaires locales de préparer le massacre de Banyamulenge et se soulèvent. La Monuc est incapable de maîtriser la situation et les forces fidèles à Kinshasa sont rapidement débordées par les mutins. Le lendemain, le général Nkunda, un officier de l'ex-ANC stationné dans le Nord-Kivu et suspecté de diriger la branche militaire du Flec, mobilise 4 000 soldats pour venir en aide au colonel Mutebusi. Le général Mbusa Mabe, débordé, doit laisser la ville aux insurgés, qui s'adonnent alors au pillage. La crise mobilise le gouvernement de Kinshasa, qui dénonce le soutien de Kigali aux insurgés et demande au Conseil de sécurité de l'ONU de condamner l'ingérence de son voisin. Pour sa part, Kigali balaye ces accusations d'un revers de main et accuse la RDC de collusion avec les rebelles rwandais des FDLR en vue d'attaquer le Rwanda. La communauté internationale, consciente que ce conflit local peut dégénérer en une nouvelle guerre entre la RDC et le Rwanda, fait pression sur les deux gouvernements afin de faire baisser la tension. L'implication des pays occidentaux, au premier rang desquels les États-Unis, parvient à dégonfler la crise : le colonel Mutebusi est exfiltré au Rwanda et le général Nkunda regagne son fief du Nord-Kivu, sans être le moins du monde inquiété par les autorités militaires de la région.

Cette crise est la menace la plus grave à laquelle le gouvernement de transition ait eu à faire face durant sa première année d'existence. Le RCD/Goma, qui n'a jamais dénoncé ouvertement cette tentative de déstabilisation, est durablement fragilisé par une contestation interne qui refuse que le mouvement continue de faire le jeu de Kigali. Le gouvernement se trouve dans une situation extrêmement délicate : la crise de Bukavu est la preuve flagrante que Kinshasa ne contrôle pas l'est du pays, toujours soumis au bon vouloir des politiciens et des seigneurs de guerre locaux et à l'influence du Rwanda. La restauration de l'autorité du gouvernement congolais sur cette zone est une condition *sine qua non* de la réussite de la transition politique et le moindre faux pas de Kinshasa peut déclencher une nouvelle guerre à l'Est. Une nouvelle poussée de tensions s'est produite début décembre 2004, à la suite des velléités de l'armée rwandaise d'intervenir de nouveau – et unilatéralement – en territoire congolais afin de réduire la rébellion hutu rwandaise des Forces démocratiques pour la libération du Rwanda (FDLR). Prétextant une agression mineure (des tirs de roquettes contre le territoire rwandais n'ayant fait que des dégâts légers), Kigali a cherché à tester la détermination des autorités congolaises, de la Monuc, du Comité international d'accompagnement de la transition (Ciat) et du Conseil de sécurité, dans l'espoir d'y entrevoir une brèche dans laquelle s'engouffrer pour faire dérailler le processus de transition en RDC. Ou du moins, maintenir un climat d'instabilité dans l'est du pays, situation favorable aux intérêts stratégiques et financiers des élites militaires au pouvoir à Kigali.

Les acteurs

◆ AFDL – Alliance des forces démocratiques pour la libération du Congo

À sa création, en octobre 1996, l'AFDL entend « restaurer un nouveau pouvoir démocratique au Zaïre par la lutte armée ». Formée officiellement à Lemera, au Sud-Kivu, le 18 octobre 1996, l'Alliance regroupe plusieurs petits mouvements dont les moyens et les objectifs sont extrêmement disparates :

◆ PRP – Parti de la révolution populaire

Créé par Laurent-Désiré Kabila en 1968, le PRP est une scission du Mouvement national congolais-Lumumba (MNC-L). Le maquis du PRP s'installe dans la région de Fizi-Baraka (Uvira) et fait entendre sa voix par la lutte armée. À ce sujet, ses principaux faits d'armes sont l'enlèvement d'étudiants américains en Tanzanie (1974), la prise de la ville de Moba pendant quelques jours et l'enlèvement d'un ressortissant français (novembre 1984). Cette même année 1984, le mouvement de Laurent-Désiré Kabila est chassé de la région par les Babembe (ethnie du Sud-Kivu majoritaire dans la zone), fatigués des tracasseries dont la région fait l'objet de la part de l'armée. Les chefs coutumiers babembe reprochent, en outre, à Kabila de mener grand train en Tanzanie tandis que les maquisards vivent de chasse et d'agriculture dans leurs montagnes. En 1996, c'est donc Laurent-Désiré Kabila en personne, figure marginale et affairiste de la résistance au Zaïre, que les Rwandais et les Ougandais viennent chercher plutôt que le PRP, qui n'a depuis plusieurs années pratiquement plus d'existence sinon sur le papier.

◆ CNR – Conseil national de résistance

Fondé en 1993 par André Kisase Ngandu (originaire de Kindu, dans la province du Maniema), réfugié politique à Berlin. Pour créer son mouvement, il s'appuie sur un petit socle de combattants lumumbistes qui, depuis 1991, mènent des incursions de faible envergure à partir de l'Ouganda contre le nord-est du Zaïre et sont parfois appelés « rebelles du Ruwenzori ». Kisase Ngandu aurait brièvement servi dans les années 80 dans le mouvement ougandais de la National Resistance Army (NRA) de Yoweri Museveni et reçu un entraînement militaire au Rwanda en 1996. Lors de la formation de l'AFDL, Kisase est désigné comme chef militaire de l'Alliance mais cette charge n'est que de courte durée puisqu'il est tué dès janvier 1997. Selon la version officielle de l'AFDL, il a été assassiné par des miliciens maï maï dans le Nord-Kivu. Mais selon ses partisans, il aurait été assassiné par des hommes de Kabila pour avoir reproché à ce dernier de vouloir prendre le contrôle de l'Alliance en s'appuyant majoritairement sur les Tutsi.

◆ MRLZ – Mouvement révolutionnaire pour la libération du Zaïre

Fondé en 1994 par Masasu Nindaga, ce mouvement regroupe principalement des *kadogo*, enfants soldats recrutés pendant la première guerre du Zaïre. Le commandant Masasu devient le chef des opérations militaires pour le Sud-Kivu aux débuts de la guerre avant d'être désigné comme chef militaire de l'AFDL quelques semaines après la mort de Kisase Ngandu.

◆ ADP – Alliance démocratique des peuples

L'ADP est née en 1994, à l'initiative de Tutsi zaïrois du Nord-Kivu et de Banyamulenge. Ce mouvement, dirigé par Deogratias Bugera, architecte à Goma, entend défendre, y compris par les armes, les Tutsi congolais des massacres perpétrés par les Hutu zaïrois banyarwanda et les réfugiés rwandais appuyés par des soldats zaïrois. Il revendique en outre la reconnaissance de la nationalité zaïroise pour les Banyamulenge et les Banyarwanda.

L'AFDL apparaît immédiatement comme un conglomérat improbable modelé par un démiurge étranger, sur la base d'éléments lumumbistes et tutsi. Cette dichotomie entre les deux obédiences marquera d'ailleurs toute l'histoire du mouvement et sera la cause de multiples tensions. En l'état, l'AFDL aurait été incapable d'emporter le régime du président Mobutu, si des alliés puissants (le Rwanda et l'Ouganda), capables de transformer ces quatre petits mouvements vivotant aux marges de l'immense Zaïre en une redoutable machine de guerre, ne s'étaient présentés. Au fil de sa progression dans l'est du pays, l'Alliance gonfle ses rangs de miliciens tribaux, de déserteurs des forces armées zaïroises, d'opposants politiques, d'enfants rapidement enrôlés, les *kadogo*. Par ailleurs, l'AFDL obtient le soutien financier et matériel de la plupart des pays de la sous-région (Tanzanie, Burundi, Zambie, Zimbabwe, Afrique du Sud) et des États-Unis (financement par des entreprises minières qui obtiennent des contrats sitôt les territoires conquis, appui des médias, présence de conseillers militaires américains au Rwanda). Enfin, la touche finale est apportée par l'Angola en janvier 1997, qui envoie d'abord un contingent de « Tigres katangais » afin d'accentuer la « zaïrinité » de la rébellion, puis des unités de l'armée régulière en avril.

C'est donc un mouvement hétéroclite et politiquement inexpérimenté qui s'empare d'un des pays les plus vastes d'Afrique en mai 1997. Le programme de l'AFDL, façonné au gré des ralliements et de l'avancée sur le terrain, est un maelström de rhétorique révolutionnaire cubaine et tiers-mondiste, mâtiné de discours panafricains, de diatribes anti-occidentales puis xénophobes. Le nombre des acteurs qui se sont rendus maîtres de Kinshasa préfigure la constitution des clans qui se lancent dans une course au pouvoir.

Laurent-Désiré Kabila devient le nouvel homme fort de la jeune République démocratique du Congo et n'accorde en fait sa confiance qu'à son propre clan, celui des Balubakat (Baluba du Katanga). À partir de l'automne 1997, il fait en sorte d'écarter ses puissants rivaux, les Tutsi congolais, qu'il considère à juste titre comme des relais de Kigali. Deogratias Bugera est peu à peu écarté, tandis qu'en novembre 1997, à la suite de divergences de vues avec Kabila, le commandant Masasu est arbitrairement accusé de rébellion et de vouloir constituer sa milice privée. Arrêté, il est condamné à vingt ans de réclusion et sera exécuté par des hommes de Kabila en novembre 2000.

Faisant le vide autour de lui, le président Laurent-Désiré Kabila transforme l'AFDL en machine politique de propagande mais aussi de contrôle de la population. Avec l'entrée en rébellion armée du Rassemblement congolais pour la démocratie en août 1998, l'AFDL se retrouve en première ligne pour organiser la défense civile du territoire, c'est-à-dire l'embrigadement de la population au sein de milices locales dont l'efficacité est à peu près nulle. Finalement, en avril 1999, Kabila prononce la dissolution de l'AFDL, accusant une partie de ses membres de corruption. Une page de l'histoire du nouveau régime est tournée, et avec elle le formidable espoir de la population congolaise d'être libérée de la dictature.

◆ La mouvance présidentielle : l'entourage de Joseph Kabila

La désignation de Joseph Kabila en remplacement de son père vise, d'une part, à éviter la vacance du pouvoir et, d'autre part, à empêcher que les clans constitués pendant le règne de Laurent-Désiré Kabila ne se déchirent pour la conquête du pouvoir. À la mort du *Mzee* (« le vieux », « le sage », surnom donné à Laurent-Désiré Kabila), le cercle quasi familial qui tient les rênes du pays se scinde en deux : les pro-Angolais et les pro-Zimbabwéens. Par ailleurs, la lutte d'influence entre Katangais est relancée : les Balunda (comme le colonel Kapend ou le général Yav) ont du mal à accepter la prééminence des Baluba du Katanga (Balubakat), emmenés par le puissant ministre de la Sécurité intérieure, Gaetan Kakudji. Le jeune président est conscient du poids que fait peser la « vieille garde du kabilisme » sur les négociations de paix. Le 1er mars 2001, Joseph Kabila annonce un remaniement ministériel qui vise à évincer ce noyau dur, regroupé au sein du « Mouvement du 17 mai » (M17), mais renonce temporairement à son projet en raison des menaces qu'il pourrait faire peser sur son pouvoir naissant. Finalement, le 4 avril, il passe à la vitesse supérieure et révoque l'ensemble de son gouvernement ; trois semaines plus tôt, il avait remanié les forces armées congolaises en plaçant des hommes neufs aux plus hautes responsabilités militaires. Au fil des mois, la stratégie de Joseph Kabila consiste à diversifier l'origine ethnique et politique de son entourage afin d'affaiblir la mainmise des Balubakat dans les instances dirigeantes : des anciens membres des forces armées zaïroises (FAZ), des Kasaïens, des Kivutiens, puis des Équatoriens sont progressivement placés à tous les rouages de l'État. Contre l'avis du M17, qui se veut le garant de l'héritage du *Mzee*, le président lève l'interdiction des partis politiques le 17 mai 2001. Cette décision vise d'abord à rassurer la communauté internationale sur sa volonté d'ouverture et de changement. En arrière-plan, le jeune président pense déjà à forger sa propre organisation politique que la garde rapprochée de son père ne pourra pas contrôler. Le 2 avril 2002, le Parti présidentiel pour le renouveau et le développement (PPRD) voit le jour.

Face aux enjeux nés du dialogue intercongolais et à la veille du processus de transition politique en RDC, Joseph Kabila décide de battre le rappel de ses troupes en essayant de réaliser autour de sa personne l'unité de tous les « kabilistes ». Ainsi, au début du mois de mars 2003, il organise le ralliement officiel à son parti des deux mouvements les plus influents créés sous l'égide de son père. La première organisation qui doit rentrer dans le rang est le « Mouvement du 17 mai » dont l'influence sur la gestion des affaires de l'État est encore importante malgré les purges successives orchestrées par Joseph Kabila. La seconde organisation visée est celle des Comités du pouvoir populaire (CPP). Un congrès extraordinaire à Kinshasa, du 6 au 8 mars 2003, décide de leur dissolution. Les CPP étaient nés sur les cendres de l'AFDL, afin d'encadrer la population et de la faire participer à l'effort de guerre contre les rébellions. Leur disparition représente une étape symbolique dans la volonté de faire table rase de l'héritage de Laurent-Désiré Kabila. Malgré ses dénégations, Joseph Kabila met en place un appareil politique dont l'objectif est d'assurer son élection à la présidence de la République en octobre 2005. Dans un contexte politique tendu, où le jeune président est obligé de multiplier les concessions aux anciens rebelles du RCD/Goma, il faut compter avec le noyau dur de l'ancien régime qui pourrait bien céder à la tentation du coup de force afin de redistribuer les cartes d'une transition politique dont ils ont été largement écartés.

◆ RCD – Rassemblement congolais pour la démocratie

Lorsque le 2 août 1998, le Rwanda et l'Ouganda tentent une réédition du coup de force de l'automne 1996 pour, cette fois, renverser la « créature qui leur a échappé », il leur faut à nouveau trouver un socle congolais. Le régime de Laurent-Désiré Kabila étant devenu une véritable machine à créer des opposants, ils n'ont guère de mal à constituer une vitrine politique dans des délais très courts : le 16 août 1998, le Rassemblement congolais pour la démocratie est officiellement créé. Afin de ne pas reproduire les dérives autoritaires du kabilisme, le mouvement se dote d'une direction collégiale. Elle est présidée par Ernest Wamba dia Wamba, professeur d'histoire exilé depuis plus de trente ans à Dar es-Salaam, qui doit cette position au soutien du président ougandais Yoweri Museveni et de l'ex-président de Tanzanie, Julius Nyerere. Parmi les 46 membres fondateurs, on trouve pêle-mêle : des barons du mobutisme désireux de prendre une revanche (Alexis Tambwe Mwamba, Lunda Bululu, Kin Kiey Mulumba) ; des leaders tutsi de l'AFDL écartés du pouvoir (Bizima Karaha, Deogratias Bugera, Shambuyi Kalala, Emmanuel Kamanzi, Moïse Nyarugabo) ; des opposants politiques (Arthur Zaidi Ngoma, Jacques chin).

La branche militaire du mouvement comprend de jeunes officiers des forces armées congolaises (FAC), dont le commandant Jean-Pierre Ondekane, originaire de la province de l'Équateur, et le commandant Sylvain Mbuki, un Mushi, originaire du Kivu. Elle est constituée autour d'un contingent de l'armée patriotique rwandaise (APR), d'anciens soldats des forces armées zaïroises (FAZ), de combattants banyamulenge et banyarwanda, de *kadogo*. Dès les premiers jours de combats, ses rangs sont renforcés par un flot de déserteurs des FAC, qui se plient à la loi du plus fort.

Le premier problème, et sans doute le plus grave, auquel est confronté le RCD, c'est que, contrairement à l'AFDL en 1996, la rébellion n'est pas perçue par la population comme un mouvement libérateur mais comme une marionnette aux mains des Rwandais et des Ougandais. Privé d'assise populaire, le RCD n'a jamais présenté de programme politique cohérent et les courants qui l'animent se révèlent vite inconciliables. En effet, outre les Tutsi congolais qui se battent pour leur propre reconnaissance, mais aussi pour satisfaire les appétits de leurs parrains, le RCD n'est qu'une coalition de politiciens opportunistes qui n'ont guère en commun que leur aversion pour Laurent-Désiré Kabila. Les mêmes maux produisant les mêmes effets, ses dirigeants s'accusent immédiatement de détournements de fonds, de corruption, habillage rhétorique classique qui ne masque qu'imparfaitement les luttes de pouvoir internes. Plusieurs lignes de fracture enchevêtrées apparaissent ainsi rapidement au sein du RCD, principalement entre Tutsi et non-Tutsi, Tutsi congolais et rwandais, ou entre mobutistes et anciens de l'AFDL.

Les tensions s'accentuent au fil du temps et les oppositions se font plus farouches. À la fin du mois de mars 1999, Wamba dia Wamba ne se sent plus en sécurité à Goma, dans le fief des « Rwandais ». Il déménage donc ses quartiers à Kisangani, mais, le 16 mai 1999, il est évincé de la présidence du mouvement et remplacé par le docteur Émile Ilunga, qui restructure le RCD désormais appelé RCD/Goma. De son côté, Wamba dia Wamba crie au coup de force et obtient le soutien d'une partie de l'assemblée du RCD qui le rejoint à Kisangani pour fonder la dissidence du RCD/Kisangani, bientôt renommé RCD/Mouvement de libération (RCD/ML).

◆ RCD/G – Rassemblement congolais pour la démocratie/ Goma

À Goma, la faction d'Ilunga perd continuellement en popularité. L'absence de programme politique est mal perçue par la population de l'est du Congo, au même titre que la présence des Banyamulenge aux postes clés, notamment aux finances et à la sécurité.

L'absence de légitimité du RCD/G est par ailleurs grandement imputable à son incapacité à assurer aux citoyens congolais un minimum de sécurité. En effet, il n'est pas rare que ses combattants abusent des civils placés sous leur protection. Les motivations qui ont présidé à la création du RCD sous-tendent en fait des objectifs difficilement conciliables. Les Rwandais ont trouvé une justification politique strictement congolaise de la guerre, alors que les politiciens congolais qui intègrent le mouvement utilisent les militaires rwandais pour chercher à s'emparer de la tête de l'État. Ces deux objectifs s'avèrent contradictoires et l'effort permanent de Kigali pour dissimuler son ardeur belliqueuse derrière le RCD/G sape la propre crédibilité des rebelles. Les Congolais, eux, ne sont jamais parvenus à gagner un véritable soutien populaire, car le sentiment qu'ils ne sont que des marionnettes de Kigali s'est renforcé avec la scission de 1999 et la majorité des populations sous contrôle du RCD/G se considère en « zone occupée ». La situation empire encore lorsque le mouvement est contraint de suspendre la rémunération des fonctionnaires et des soldats qui, en conséquence, se payent sur la population. Or, cette faillite financière se produit en dépit d'une foule d'impôts nouveaux, du vol pur et simple des dépôts bancaires ainsi que des revenus de l'exploitation de l'eau et de l'électricité, sans parler du pillage organisé des ressources des territoires occupés.

En octobre 2000, Adolphe Onusumba Yemba remplace Émile Ilunga. Afin de favoriser le basculement dans leur camp de la province diamantifère du Kasaï, les Rwandais procèdent à un remaniement de la direction du RCD/G pour renforcer la représentation des Kasaïens au détriment des dirigeants originaires du Kivu.

Pour financer son effort de guerre, le RCD/G crée une société d'exploitation minière, la Société minière des Grands Lacs (SOMIGL), dans laquelle on trouve des capitaux sud-africains, belges et rwandais, et qui dispose de l'exclusivité de la commercialisation du coltan (colombium tantalium). Le RCD/G s'appuie sur une structure militaire, l'armée nationale congolaise (ANC). Forte d'environ 15 000 hommes, l'ANC est constituée de dix puis douze brigades. La capacité opérationnelle de cette « armée rebelle » étant assez réduite, faute d'une formation sérieuse, l'ANC est encadrée et conseillée par des militaires rwandais ou par des Congolais formés au Rwanda. En outre, pendant toute la durée de l'engagement officiel du Rwanda dans la seconde guerre du Congo, chaque brigade rebelle a été systématiquement jumelée avec une unité de l'armée patriotique rwandaise qui intervenait dès que les combats se durcissaient.

À partir d'octobre 2002, lorsque les troupes rwandaises se retirent officiel-

lement de RDC, les effectifs de l'ANC passent miraculeusement de 15 000 à 25 000 hommes.
En fait, malgré un engagement militaire important, le RCD/G ne contrôle véritablement que les principales localités et les sites générateurs de revenus (usines, propriétés agricoles, mines) ainsi que les principaux axes routiers. Les campagnes sont, quant à elles, majoritairement soumises à la loi des milices tribales, les Maï Maï, créées par réflexe nationaliste contre l'hégémonie rwandaise. Afin de reprendre le contrôle des zones menacées par ces milices (de fait progouvernementales) et par les attaques récurrentes des Interahamwe, les Rwandais constituent, à partir de 2001, des milices locales appelées Forces de défense locales (FDL). Au Nord-Kivu, cette entreprise est confiée au gouverneur de Goma, Eugène Serufuli, qui rassemble ainsi en quelques mois une véritable armée privée de 10 000 hommes. Mais l'initiative des FDL suscite rapidement l'inquiétude des autres communautés ethniques du Nord-Kivu car ces milices sont quasiment monoethniques (Banyarwanda en majorité hutu et quelques Tutsi), principalement composées de jeunes Congolais de Rutshuru, Masisi et Goma. La prime de 50 dollars pour trois recrues incite quelque peu les rabatteurs à faire du zèle et les enlèvements d'enfants se multiplient. Dans les villes, chaque chef de quartier est tenu de fournir un quota de recrues aux milices et certains sont suspendus en octobre 2002 pour n'avoir pas rempli ces obligations.
Le 16 juin 2003, le président du RCD/G, le général Onusumba Yemba « est placé en réserve » du mouvement, remplacé par Azarias Ruberwa, ancien secrétaire général du mouvement. Le comité politique du mouvement est réorganisé afin de préparer la transformation du RCD/G en parti politique. Azarias Ruberwa doit occuper l'une des vice-présidences de la transition politique à compter du 30 juin 2003 et cherche à contrôler étroitement son mouvement en prévision des tensions qui devraient naître au cours de ce processus politique délicat. Le RCD/G est en effet constitué de plusieurs clans qui trouvent dans le processus politique transitoire des intérêts et des espoirs très différents. Le principal écueil réside dans la mésentente entre les rwandophones (Banyamulenge et Banyarwanda), qui ont toujours gardé le véritable contrôle du mouvement, et les autres ethnies. Mais, au sein même de la composante rwandophone, les tensions restent importantes entre les « ultras » qui considèrent qu'ils doivent garder le contrôle des Kivu en s'appuyant sur le Rwanda et les modérés, animés d'un authentique sentiment national congolais, qui perçoivent le danger que fait peser cette stratégie sur eux.
Les multiples tensions qui ont failli déstabiliser l'ensemble des Kivu, au début de l'année 2004, et la prise de la ville de Bukavu, à la frontière rwandaise, entre le 28 mai et le 8 juin 2004, par des dissidents banyamulenge du RCD/G ont ravivé les tensions à l'intérieur du mouvement. Plusieurs députés en désaccord avec les prises de position ambiguës d'Azarias Ruberwa, qui refuse de condamner ouvertement les insurgés, décident de manifester leur soutien au processus de transition en créant un nouveau courant, le RCD/Réformé. Si cette initiative est formellement condamnée par le collège des fondateurs du RCD/G, il n'en reste pas moins que la figure même du président du mouvement est nettement affaiblie : contraint à un grand écart entre les « durs », dont certains militent pour l'autonomie des Kivu, et les partisans de la transition politique, Azarias Ruberwa est l'objet de toutes les critiques et c'est bien à l'explosion de son mouvement qu'on pourrait assister dans les mois à venir si les tensions à l'Est persistent.

◆ RCD/ML – Rassemblement congolais pour la démocratie/ Mouvement de libération

La création du RCD/Kisangani, plus tard rebaptisée RCD/Mouvement de libération (RCD/ML), résulte de la révocation d'Ernest Wamba dia Wamba de la présidence du RCD par une assemblée spéciale des fondateurs du mouvement. Devant le fait accompli, ce dernier regagne son fief de Kisangani avec plusieurs membres du RCD et créé un mouvement autonome. Avec l'aide de l'armée ougandaise, le RCD/ML s'assure le contrôle de l'extrême nord du Kivu, entre Beni et Lubero ainsi que de l'Ituri. À partir de mai 1999, les affrontements entre les armées rwandaise et ougandaise pour le contrôle de la ville de Kisangani obligent Wamba dia Wamba à déplacer son quartier général à Bunia, capitale de l'Ituri.
Le RCD/ML est voué au même destin que la plupart des mouvements rebelles congolais : la désagrégation. En juin 2000, Roger Lumbala, chargé de mener une campagne de recrutement pour le compte du RCD/ML dans la zone de Kisangani, prend ses distances et fonde son propre groupe, le RCD/National (RCD/N). À Bunia, les rivalités entre les deux adjoints de Wamba dia Wamba montent en puissance : ils jouent chacun du soutien ougandais et de la carte ethnique pour constituer leurs propres fiefs. Mbusa Nyamwisi, un Nande du Nord-Kivu, manipule l'ethnie lendu, tandis que John Tibassima joue de son origine hema pour recruter des partisans. Sous couvert de désaccords politiques, la première cause de ces tensions réside dans l'exploitation des richesses de la province.
Le 16 novembre 2000, Mbusa Nyamwisi forme son propre « gouvernement » (dans lequel John Tibassima devient son adjoint) et assigne Wamba dia Wamba à résidence. Les Ougandais, qui soutiennent le président déchu, tentent de reprendre Bunia sans succès. Finalement, Wamba dia Wamba est contraint à l'exil à Kampala où il dispose de solides amitiés, dont celle du président Museveni.
Au début de l'année 2001, Kampala essaie d'aplanir les dissensions au sein du RCD/ML en fusionnant le mouvement avec le MLC de Jean-Pierre Bemba qui voit là une belle occasion de mettre un pied en Ituri. Mais, dès la fin de l'année, la rupture entre le chef du MLC et Mbusa Nyamwisi est consommée. Ce dernier n'accepte pas la prééminence du leader du MLC dans le cadre du dialogue intercongolais, d'autant plus que le RCD/ML projette déjà un rapprochement avec le gouvernement de Kinshasa. À la suite

de la signature de l'accord de Sun City (entre toutes les parties au conflit en RDC), le 19 avril 2002, le RCD/ML annonce son ralliement au gouvernement de Kinshasa. Une grande partie des Hema refusent ce changement de cap et créent un nouveau mouvement dès le mois de juin, l'Union pour les patriotes congolais (UPC), dirigé par Thomas Lubanga. À l'été 2003, plusieurs dirigeants du RCD/ML font leur entrée dans les institutions de transition et Mbusa Nyamwisi devient ministre de la Coopération régionale. Parallèlement, il garde le contrôle de son fief du Nord-Kivu, seule enclave progouvernementale dans une zone où l'influence rwandaise reste très marquée.

◆ MLC – Mouvement de libération du Congo

Créé en novembre 1998, dans un contexte où la guerre commence à s'enliser au Nord-Katanga et au Kasai, le MLC, soutenu par l'Ouganda, permet d'ouvrir un nouveau front au nord, dans la Province orientale et dans l'Équateur. Ce nouveau mouvement est confié à Jean-Pierre Bemba, fils de l'ancien chef du patronat zaïrois, avec l'appui financier de quelques barons du mobutisme comme les généraux Kpama Baramoto ou Nzimbi Ngbalé. Le noyau du MLC est ainsi essentiellement composé de soldats des ex-FAZ, de la DSP (l'ancienne garde présidentielle de Mobutu) ou de la garde civile.
Dès son origine, le mouvement se veut nationaliste et « anti-rwandais », il refuse l'ethnisme et recrute des cadres dans l'ensemble du pays. Il offre ainsi une alternative strictement congolaise au régime de Laurent-Désiré Kabila et à la rébellion du RCD. En outre, les motivations économiques ne sont pas étrangères à la création du MLC, chargé de gérer les territoires conquis par l'armée ougandaise (Jean-Pierre Bemba est en relation d'affaires avec le général ougandais James Kazini avant 1998).
Dans la province de l'Équateur, le financement de l'effort de guerre du MLC repose sur les exportations de bois, de café, des diamants de Kotakoli qui rapportent 1 million de dollars par mois, d'or et d'électricité produite par la centrale de Mobaye et vendue à la RCA. Pour rembourser l'aide qu'elle fournit au MLC, l'Ouganda exploite les ressources naturelles (or, diamants et café).
En janvier 2001, les Ougandais appuient la création du Front de libération congolais, fusion entre le RCD/ML et le MLC afin de permettre aux troupes de Bemba d'intervenir dans la région de l'Ituri, en proie à un conflit ethnique meurtrier. Mais, dans les faits, cette intégration fonctionne mal, tant les intérêts économiques et territoriaux sont importants.
Le chef du MLC est très critiqué, dans son propre parti mais aussi à l'extérieur, pour les modalités de son intervention en Centrafrique et son soutien au président Patasse (jusqu'à l'éviction de ce dernier du pouvoir, au début 2003), ses liens avec la Libye et les multiples blocages dont il a été à l'origine pendant les négociations du dialogue intercongolais. En février 2003, le retrait des troupes du MLC stationnées en Centrafrique commence, mais la Fédération internationale des ligues des droits de l'homme (FIDH) porte plainte contre Bemba devant la Cour pénale internationale pour les « crimes de guerre » que sa milice aurait commis dans ce pays. Les soldats du MLC sont aussi accusés d'actes de barbarie en Ituri.
En novembre 2003, Jean-Pierre Bemba, qui occupe une des vice-présidences de la transition connaît quelques difficultés à promouvoir l'implantation de son parti au-delà de son fief de l'Équateur. À Lubumbashi, il est vilipendé par des manifestants, tandis qu'à Beni, au Nord-Kivu, l'installation d'un bureau du MLC suscite des manifestations de Pygmées, qui n'ont manifestement pas oubliés les exactions, dont des actes d'anthropophagie, commises par les troupes de Jean-Pierre Bemba dans la zone de Mambasa. La transition politique donne cependant au président du MLC, personnage contesté et manipulateur, l'opportunité de gagner une stature politique dans l'ensemble du pays. Son engagement sans faille aux côtés de Joseph Kabila en juin 2004 contre l'insurrection banyamulenge de Bukavu renforce son image de nationaliste congolais.

◆ Les Maï Maï

Le nom de « Maï Maï » provient du mot swahili *maji,* qui désigne l'eau, et se réfère aux vertus magiques des liquides dont les miliciens s'aspergent avant de combattre, et qui est sensé les protéger des balles en les rendant invulnérables.
Les Maï Maï, aujourd'hui majoritairement alliées au gouvernement de Kinshasa, représentent une nébuleuse de milices ethniques dans laquelle il est absolument illusoire de chercher une quelconque organisation : il n'existe aucun mouvement fédérateur sauf à une échelle infra-provinciale où certains chefs de guerre, souvent en marge des autorités locales traditionnelles, sont parvenus à rassembler plusieurs groupes de combattants sous leur autorité. Les miliciens, eux, sont le plus souvent recrutés dans les rangs d'une jeunesse vivant dans des conditions de vulnérabilité qui les poussent à une rébellion vécue comme une stratégie de survie et d'autodéfense contre un ordre politique, économique et social qui les écrase.
Par ailleurs, les réflexes nationalistes ont largement participé à la renaissance de ces milices, réapparues dans le courant des années 90. Elles ont pris part aux premières guerres de l'est contre les Banyarwanda, avant de se focaliser à partir de 1995 sur les réfugiés hutu rwandais arrivés en masse en 1994. Elles participent alors, comme forces d'appoint, aux opérations lancées en 1996 par l'armée rwandaise contre les ex-FAR et miliciens Interahamwe, puis rejoignent la rébellion lancée par Laurent-Désiré Kabila contre le maréchal Mobutu.
Dès le début de l'année 1997 cependant, les milices maï maï s'inquiètent de la mainmise des Tutsi et des Banyamulenge sur les Kivu. Se présentant comme nationalistes, les Maï Maï se déclarent alors farouchement opposés à cette présence étrangère et prônent l'expulsion de tous les Tutsi. Dès lors, ils se rapprochent de leurs ennemis d'hier, ex-FAR et Interahamwe, et vont s'opposer ouvertement à l'AFDL. Mais

le lancement de l'insurrection du RCD en août 1998, change à nouveau les données de l'engagement politique et militaire des Maï Maï, qui trouve une légitimité nouvelle dans sa lutte contre la domination rwandaise. À partir de cette période, les Maï Maï agissent majoritairement comme supplétifs du gouvernement de Kinshasa dans les zones occupées par les rebelles et leurs parrains rwandais et ougandais.

L'accord de Pretoria du 17 décembre 2002 consacre leur participation aux institutions de transition et leur confère une dimension politique jusqu'alors balbutiante. Les Maï Maï obtiennent ainsi 2 ministères sur 36 (Développement rural et Environnement), 2 places de vice-ministres sur 26 (Transport, Travail et prévoyance sociale), 10 députés sur 500, et 4 sénateurs sur 120. L'armée leur ouvre ses portes, un des plus puissants chefs maï maï, le général Padiri Bulenda, est nommé commandant de la région militaire de la province orientale.

Dans le prolongement de leur entrée sur la scène politique, certains groupes s'entendent pour créer, en octobre 2003, un parti politique ayant vocation à fédérer l'ensemble des micropartis d'obédience maï maï sous une même bannière prônant le nationalisme congolais et le développement de la démocratie de base : le Mouvement maï maï congolais pour la révolution à l'africaine (MMCRA) dont le secrétaire général est le colonel Marcel Munga (député de l'Assemblée nationale de transition). Ce parti se trouve déjà embourbé dans des rivalités régionales et personnelles, qui risquent fort de limiter son audience dans une perspective électorale. En outre, la prolifération de ces groupes de miliciens à travers l'est et le sud du pays, dont l'effectif total est estimé à plus de 20 000 combattants, commence à faire peser de graves menaces pour la sécurité du pays. Les groupes des Kivu et du Maniema doivent être massivement intégrés dans les rangs de la nouvelle armée afin de contrebalancer l'influence des rwandophones à l'Est. Les autres attendent la mise en œuvre du programme de désarmement et de démobilisation, espérant que le nouvel État leur donne les moyens de se réinsérer. Devant les retards, et l'accumulation des promesses non tenues, plusieurs groupes sont retournés dans leur fief : sans aucun moyen de subsistance sinon leurs armes, ils entretiennent une insécurité permanente dans tout l'est et le sud du pays.

◆ FDLR – Forces démocratiques pour la libération du Rwanda

Les Forces démocratiques pour la libération du Rwanda (FDLR), premier mouvement politique à se réclamer ouvertement porte-parole des Hutu rwandais réfugiés en RDC, apparaissent en juillet 2000.

Ce mouvement hétéroclite regroupe, bien qu'il s'en défende, des soldats des ex-forces armées rwandaises du régime du président Habyarimana (ex-FAR), des miliciens Interahamwe ayant participé au génocide, d'anciens militaires hutu ne figurant pas sur la liste des génocidaires ainsi que de nouvelles recrues, incorporées dans les camps de réfugiés à partir de 1994, qui représentent en fait la majorité des troupes. Bien qu'officiellement les FDLR nient être liées à l'Armée de libération du Rwanda (Alir) qui organisa l'insurrection au nord-ouest du pays des Mille Collines en 1997-1998, elles en sont pourtant l'héritière directe.

L'activité politique du mouvement est coordonnée par un comité directeur, présidé par Ignace Murwanashyaka, dont la majorité des cadres réside en Europe occidentale (Allemagne, Autriche, Belgique). En théorie, ce comité directeur contrôle les Forces combattantes (Foca, branche armée des FDLR) implantées en République démocratique du Congo (RDC), principalement dans le Maniema, le Nord-Kivu et le Sud-Kivu. Cependant, la tête politique du mouvement est indéniablement paralysée par le leadership militaire (issu en grande partie de l'ancien état-major des FAR et des cadres planificateurs du génocide rwandais) qui évite de s'afficher mais influence le mouvement dans l'ombre.

Les FDLR apparaissent sur la scène politique internationale grâce au soutien du gouvernement de la RDC. En effet, devant le succès de l'offensive des rebelles du Rassemblement congolais pour la démocratie (RCD) soutenu par le Rwanda, déclenchée en août 1998, Laurent-Désiré Kabila décide de recruter des réfugiés hutu rwandais ayant fui au Congo-Brazzaville, en République centrafricaine, en Zambie et en RDC. Un des principaux agents recruteurs est Mwenze Kongolo, ancien ministre congolais de la Sécurité aujourd'hui en disgrâce. Conscient de jouer ainsi avec le feu, le président Kabila s'est toujours contenté d'une aide logistique minimale pour contenir la menace de la rébellion et éviter que ses propres alliés ne se transforment en menace contre son pouvoir.

Les liens entre le pouvoir congolais et les rebelles hutu se distendent avec l'accession au pouvoir de Joseph Kabila, qui n'hésite pas à sacrifier ces alliés un peu gênants pour obtenir la confiance de la communauté internationale et apaiser la politique interventionniste du Rwanda en RDC. Cependant, de nombreux observateurs estiment que les approvisionnements aux FDLR n'ont véritablement cessé qu'à partir de juin 2003, lorsque les institutions de la transition politique ont commencé à se mettre en place à Kinshasa. Le mouvement subit un autre revers important lorsque, le 14 novembre 2003, le commandant des Foca, le général Rwarakabidje, se rend aux autorités de Kigali avec une centaine d'officiers de son état-major. Devant la baisse du soutien accordé par Kinshasa et les soupçons selon lesquels les FDLR abriteraient des personnes inscrites sur la liste des génocidaires de 1994, le mouvement décide en mars 2002, de prendre contact avec l'opposition tutsi en exil (les partis Arena et Ingamba) afin de préparer une plate-forme politique commune pour réclamer une ouverture politique au Rwanda. Ce mouvement, baptisé « Alliance démocratique pour la réconciliation nationale » (ADRN Igihango), se fixe pour objectif de redonner une place prépondérante aux Hutu en garantissant un espace politique aux Tutsi et aux Twa.

Les FDLR se disent disposées à désarmer leurs troupes à condition que s'ouvre un dialogue inter-rwandais des droits politiques de tous, seule garantie de réelle démocratie selon le mouvement (cette demande s'accompagne de la création d'une armée nationale, de services de sécurité ainsi que d'institutions politiques qui tiennent comptent de leur mouvement). Le régime de Kigali reste cependant sourd à toute demande d'ouverture de la part d'opposants qu'il ne contrôle pas, quelle que soit leur origine ethnique. Ainsi, les FDLR restent cantonnées dans une logique combattante qui fait d'elles un des principaux obstacles pour un retour à la stabilité dans l'est de la RDC. Elles refusent en effet de se laisser désarmer en l'état actuel, même si les instances dirigeantes avouent parfois que des éléments isolés, las de combattre, pourraient accepter le processus DDRRR (désarmement, démobilisation, rapatriement, réintégration, réinsertion) mis en œuvre par la Monuc.

LES RÉGIONS EN CRISE

L'Ituri

L'augmentation des massacres interethniques et l'instabilité chronique dans la province de l'Ituri, au nord-est du pays, font peser de lourdes menaces sur le processus de transition politique en RDC. Depuis 1999, ce conflit se serait soldé par 50 000 morts et 500 000 déplacés, pour une population totale de 4 millions d'habitants. Ce bilan macabre puise son origine dans la superposition de plusieurs facteurs qui font de l'Ituri une sorte de concentré des maux qui ont ensanglanté la région des Grands Lacs depuis plusieurs décennies. La rivalité entre divers acteurs politiques et militaires congolais, et la lutte qui a éclaté entre le Rwanda et l'Ouganda entretiennent les germes du conflit ethnique entre populations hema et lendu. Autre ingrédient de ce mélange explosif, la région regorge de ressources naturelles qui ont attisé les appétits d'acteurs politiques et militaires locaux et de sociétés étrangères.

Les fondements ethniques du conflit

La mosaïque ethnique dans cette région frontalière de l'Ouganda et du Soudan n'a pas toujours été une poudrière. Certes, des litiges fonciers ont régulièrement opposé pasteurs hema et cultivateurs lendu mais ils n'ont jamais engendré le déchaînement de violence observé ces dernières années. Cette rivalité s'est trouvée renforcée par le colonisateur belge puis par le régime de Mobutu, qui ont appuyé leurs administrations successives sur l'ethnie hema, mieux formée. À partir de la fin des années 80, dans le contexte de déliquescence de l'État central zaïrois, les administrateurs territoriaux et les militaires affectés dans cette région, jouant les potentats locaux, ont commencé à armer des groupes d'entraide ethnique qui ont accouché de milices tribales chargées de protéger leurs intérêts économiques. Le renversement du régime Mobutu et la plongée de l'État congolais dans le chaos aggravent ces tensions et tant les Hema que les Lendu trouvent des alliés extérieurs non dénués d'arrière-pensées. Les premiers obtiennent le soutien des Hima d'Ouganda, tandis que les seconds sont appuyés par de riches hommes d'affaires nande du Nord-Kivu, à la frontière méridionale de l'Ituri.

Les ressources naturelles : le carburant de la guerre

La guerre en Ituri est la parfaite illustration du glissement vers un type de conflit où les armées, les mouvements de rébellion et les acteurs politiques régionaux se transforment en seigneurs de guerre dont la cupidité est alimentée par des réseaux économiques informels très rémunérateurs. Plusieurs rapports des deux groupes d'experts des Nations unies (panels Bandaw puis Kassem) ont ainsi démontré que les appétits des maîtres successifs de l'Ituri ont constamment attisé le feu ethnique. Le contre-rapport de la commission ougandaise Porter n'a guère apporté de dénégations convaincantes, confirmant même certaines des accusations du panel Kassem.
L'Ituri est d'abord une région riche en ressources minérales, et particulièrement en or, dont certaines mines ont une des plus fortes concentrations en minerais du monde. Les bois précieux, le café, l'élevage représentent des attraits non négligeables, d'autant plus que les postes frontières du nord et du sud de la région, de part et d'autre du lac Albert, permettent d'enrichir les revenus tirés de leur exportation par le prélèvement de taxes importantes. Les perspectives d'exploitation pétrolière du lac Albert et de la vallée de Semliki, à la frontière de la RDC et de l'Ouganda, n'ont fait qu'aggraver l'instinct prédateur des acteurs au conflit, alléchés par les pots-de-vin distribués par la société Heritage Oil – notoirement liée à la société de mercenaires sud-africaine Executive Outcomes – et les formidables dividendes que pourrait tirer de cette exploitation celui qui contrôlera cette zone.

La rivalité Rwanda/Ouganda, source d'aggravation des violences

Au début de la deuxième guerre du Congo, en août 1998, l'Ouganda prend de fait le contrôle de l'Ituri. Son premier souci est d'anéantir les quelques bases arrière dont profitent plusieurs groupes de rebelles ougandais. Derrière cet impératif sécuritaire, les chefs militaires de Kampala ont conscience des bénéfices personnels qu'ils peuvent tirer de l'occupation de cette région. Ils optent donc d'abord pour des négociations avec les principaux acteurs congolais locaux, puis pour une politique de déstabilisation de l'Ituri, leur permettant de justifier leur présence à la faveur de laquelle le pillage des ressources peut continuer. Ces manipulations ne font qu'aggraver la haine entre les ethnies autochtones. Après la scission du RCD, qui préfigure les affrontements entre Ougandais et Rwandais, principalement à Kisangani, le RCD/ML de Wamba dia Wamba soutenu par Kampala transforme Bunia, la capitale de l'Ituri, en bastion politique. En novembre 2000, le mouvement est victime de tensions qui risquent de conduire à son éclatement, mais les généraux ougandais maintiennent leurs relations d'affaires avec toutes les factions. Le 1er janvier 2001, le président Museveni cherche à contourner les dissensions internes au sein du RCD/ML en fusionnant le mouvement avec le MLC de Jean-Pierre Bemba qui met ainsi un pied en Ituri. Mais, en novembre, la rupture entre John Tibassima, Mbusa Nyamwisi et Bemba est consommée car le leader du MLC tente de prendre un ascendant sur eux dans le cadre du dialogue intercongolais. De plus, il s'agit pour eux de reprendre le contrôle des postes frontaliers de Mahagi et de Kasindi et des taxes qu'ils génèrent. Après plusieurs affrontements contre le RCD/ML, Bemba annonce son retrait de l'Ituri le 21 novembre 2001.

Après la signature d'un accord à Sun City entre toutes les parties au conflit en RDC, le 19 avril 2002, le RCD/ML annonce son ralliement au gouvernement de Kinshasa. Une grande partie des Hema refusent ce changement de cap et créent un nouveau mouvement dès le mois de juin, l'Union des patriotes congolais (UPC), dirigé par Thomas Lubanga. Bunia tombe entre leurs mains au mois d'août et la violence ethnique réapparaît. Avec le rapprochement de l'UPC du RCD/G, et donc des Rwandais, en janvier 2003, la nature du conflit en Ituri change radicalement de visage et menace d'évoluer en conflit régional. En effet, depuis la rupture entre Kampala et Kigali en 1999 et les combats qui ont directement opposé leurs deux armées sur le sol congolais dans les mois qui suivent, le président Museveni craint que le Rwanda veuille s'infiltrer dans les territoires qui bordent la frontière occidentale de l'Ouganda. C'est précisément ce que Kigali cherche à faire en nouant une alliance avec l'UPC qui lui permet également d'accroître l'instabilité en Ituri afin de perturber le processus de transition politique congolais et de prendre à revers le RCD/ML, le seul allié de Joseph Kabila au Nord-Kivu. Cette évolution est inacceptable pour l'Ouganda, qui voit là une menace directe contre sa propre sécurité. Dès lors, l'activisme clandestin de Kampala en Ituri reprend vigueur alors même que ses troupes doivent se désengager de la région en vertu des accords de Luanda passés avec le gouvernement congolais en août 2002. Kampala procède donc au réarmement des milices lendu réparties entre le Front des nationalistes et intégrationistes (FNI) et le Front de résistance patriotique en Ituri (FRPI) et provoque par ailleurs deux scissions majeures au sein de l'UPC afin de l'affaiblir : en février 2003, le chef Kawha Mandro, un commandant hema du sud de la région, crée le Parti pour l'unité et la sauvegarde de l'intégrité du Congo (Pusic), tandis qu'au nord le commandant Jérôme Gakwavu Bokande prend la tête des Forces armées pour le Congo (FAPC).

Une stabilisation sans cesse menacée

À la fin du mois d'avril 2003, le retrait des troupes ougandaises de l'Ituri laisse le champ libre aux milices, qui se jettent à corps perdu dans la bataille pour la conquête de Bunia en procédant à de véritables opérations de purification ethnique. Répondant à l'appel de l'ONU, qui craint que la déstabilisation de la région ne remette en question le processus de transition politique, l'Europe lance l'opération Artémis, conduite par la France, au mois de juin et déploie plus de 2 000 hommes dans la ville de Bunia, meurtrie par les combats et vidée de sa population lendu. Mais leur mandat est limité dans le temps (1er septembre) et l'espace (Bunia), et les milices continuent leurs exactions dans l'ensemble de la région, Bunia excepté. Les craintes d'une reprise massive des hostilités après le passage de témoin entre Artémis et la brigade « Ituri » de la Monuc se sont révélées partiellement infondées, et ce pour plusieurs raisons : d'abord, les chefs des milices ont l'opportunité de négocier avec le nouveau gouvernement de transition leur intégration dans le processus politique, ensuite, les nouveaux contingents de la Monuc ont réussi tant bien que mal à s'imposer, principalement grâce à l'utilisation d'hélicoptères d'attaque. Enfin, bien qu'ils n'aient jamais réellement cessé, les approvisionnements des milices en armes et munitions par Kinshasa, Kampala et Kigali, ont été considérablement réduits.

Malgré le retour de ce calme très relatif, l'Ituri reste une zone grise menacée par la prolifération des groupes armés. Les réseaux qu'ils ont tissés sur l'ensemble de la région sont en évolution constante et leur identification ne peut pas se satisfaire du prisme ethnique. Leurs stratégies, dont le but est d'asseoir leur domination sur les zones les plus rémunératrices, évoluent au gré des intérêts conjoncturels de leurs chefs : depuis l'automne 2003, les multiples scissions internes témoignent de l'hétérogénéité des milices et rendent leur cantonnement et leur désarmement d'autant plus difficiles. Par ailleurs, devant la montée en puissance de la Monuc dans la région et la restauration éventuelle de l'autorité de l'État, certains extrémistes lendu et hema ont commencé à se rapprocher afin d'organiser des opérations militaires conjointes. De fait, l'exploitation des ressources minières et le contrôle des postes frontaliers restent aux mains des chefs de guerre et continuent d'attiser les convoitises. Si les massacres ethniques à grande échelle ont cessé depuis plusieurs mois, les accrochages pour le contrôle des richesses de l'Ituri n'ont jamais cessé. En arrière-plan, la haine ethnique couve encore dans les villages et ne demande qu'à être instrumentalisée pour relancer le cycle infernal de la violence.

Les Kivu

Les Kivu restent dans l'esprit des Congolais et des observateurs de la région le foyer de départ des deux guerres qui ont ensanglanté la RDC. Cette région frontalière du Burundi, du Rwanda et de l'Ouganda représente un enjeu ayant une portée à la fois sécuritaire, ethnique mais aussi économique. L'instabilité qui y règne quasiment sans interruption depuis le printemps 1994 a favorisé la division des acteurs combattants et politiques. Au fil des années de guerre, les Kivu sont devenus un véritable « chaudron ethnique » où les contentieux menacent toujours d'exploser, une zone de prolifération d'armements et une région convoitée pour la richesse de ses ressources naturelles. La question de la nationalité des rwandophones des Kivu est devenue l'un des débats politiques clés à venir dont la transition politique ne pourra pas faire l'économie. Le sort de ces populations est au cœur de tous les soubresauts politiques et militaires qui ont secoué cette zone, y compris sous le régime du maréchal Mobutu.

Les Banyarwanda et la dynamique des conflits au Nord-Kivu

Jusqu'à une époque récente, la présence d'un peuplement d'origine rwandaise au Nord-Kivu ne semble pas avoir posé de problèmes de conflictualité avec les autres ethnies. Cette région s'organise autour de trois pôles : la zone de Beni-Lubero, exclusivement peuplée de Nande, la zone de Rutshuru, occupée majoritairement par des Banyarwanda autochtones, et la zone de Goma-Masisi-Walikale, beaucoup plus hétérogène sur le plan ethnique et principal lieu d'implantation des Banyarwanda immigrés et réfugiés depuis 1959.

Le facteur démographique permet de donner une première explication aux tensions ethniques : dans certaines zones, la densité de population est supérieure à 100 habitants au kilomètre carré. Il faut ajouter à cela l'accroissement de l'élevage après la période coloniale, dans le Masisi en particulier, qui empiète sur les terres des agriculteurs (en 1995, on dénombre 300 000 têtes de bétail appartenant à des Banyarwanda tutsi).

À partir des années 30 et jusqu'au milieu des années 50, des populations rwandaises sont transplantées par les autorités coloniales belges (60 000 entre 1949 et 1955) afin de décongestionner la colonie surpeuplée du Rwanda mais également pour servir de main-d'œuvre dans les plantations européennes des Kivu et dans l'industrie minière du Katanga.

Entre 1963 et 1965, un premier conflit ethnique, pour le contrôle des espaces politiques et commerciaux de la région, éclate entre Banyarwanda (Masisi et Goma) d'une part et Nande, Hunde et Ngilima d'autre part, qui ne sera réglé qu'avec la reprise en main de la région par l'administration naissante de Mobutu. Les événements politiques successifs au Rwanda vont aussi avoir des répercussions importantes dans les Kivu voisins. L'afflux massif de réfugiés tutsi dans la région de Masisi et le développement concomitant de l'élevage dans cette zone vont provoquer le mécontentement des agriculteurs hunde, autrefois majoritaires. De plus, le clivage ethnique Hutu-Tutsi s'est peu à peu exacerbé. Ainsi, à partir de 1990, le régime du président Habyarimana envoie des agents chargés de dresser les Hutu congolais contre leurs compatriotes tutsi afin de leur faire payer un enrôlement massif dans les rangs de la rébellion du Front patriotique rwandais (FPR).

L'attribution de la nationalité congolaise aux Banyarwanda constitue un autre motif de tensions. La loi du 29 juin 1981 sur la nationalité, très restrictive, abroge celle de 1972 qui était considérée comme favorable aux Banyarwanda puisqu'elle accordait automatiquement la nationalité à toute personne résidant au Zaïre avant 1950. Elle intervient dans une atmosphère où les discours contre les étrangers ayant soi-disant usurpé les droits des Congolais se sont multipliés et vise principalement les Tutsi de la région de Masisi, dont les activités d'élevage ont connu un essor important à partir de 1977. Cette loi remet également en cause la nationalité d'une majorité de Banyarwanda, principalement dans le territoire de Masisi, où les populations transplantées à partir des années 30 se retrouvent de fait apatrides. Dès lors, la confusion est entretenue par la loi elle-même et, bien qu'elle s'applique à tous les Banyarwanda, les Tutsi, plus facilement identifiables, sont l'objet des principales vexations.

Avant 1994, la majorité des conflits ethniques oppose donc les Banyarwanda aux Hunde, aux Nande et aux Nyanga. Mais l'arrivée massive des réfugiés rwandais, dans la foulée du génocide et de la conquête du pouvoir à Kigali par le FPR, modifie ces rivalités. L'instillation de la haine entre Hutu et Tutsi congolais atteint en effet son apogée avec la fuite des planificateurs du génocide rwandais au Zaïre. Dès lors, dans le territoire de Masisi par exemple, Hunde et Tutsi se trouvent faire front commun contre les Hutu congolais et rwandais qui entendent imposer leur présence dans la zone. Lors de l'offensive de l'AFDL, les Tutsi congolais reviennent en force dans les territoires d'où ils ont été chassés mais leur hégémonie suscite rapidement des oppositions. Cette première guerre du Congo agit sur les deux facettes du conflit ethnique dans le Nord-Kivu : le clivage se creuse en effet entre Hutu et Tutsi congolais d'une part, entre les Tutsi et les autres communautés d'autre part.

Avec la seconde guerre du Congo, à partir d'août 1998, la politique de Kigali change radicalement dans le Nord-Kivu. Le Rwanda comprend alors qu'il a intérêt, afin de couper court à l'alliance entre les Hutu et les autres forces hostiles à sa présence, à promouvoir la réconciliation entre Hutu et Tutsi du Congo, et pour ce faire impose la promotion de cadres hutu au sein du RCD, puis du RCD/G. Parallèlement, l'hostilité des autres communautés se renforce et s'étend jusque dans les couloirs du pouvoir à Kinshasa où les extrémistes opposés aux Banyarwanda ont une influence non négligeable.

Les Banyamulenge, acteurs et victimes de la déstabilisation du Zaïre

Le terme « Banyamulenge » est utilisé pour identifier les populations d'origine tutsi rwandaise implantées au Sud-Kivu depuis le XIXe siècle, entre Bukavu et Uvira, et pratiquant des activités de type pastoral.

Le déclenchement de la guerre du FPR contre le régime du président Habyarimana au Rwanda en 1990 agit comme un aimant sur les Banyamulenge qui s'engagent massivement dans les rangs de la nouvelle rébellion et lancent des collectes de fonds pour soutenir l'effort de guerre du FPR. Cet engagement participe à la montée d'une véritable paranoïa des autres ethnies, non dénuée d'arrière-pensées prédatrices, selon lesquelles les Banyamulenge rejetteraient massivement leur pays d'adoption, le Zaïre, pour retourner au Rwanda. En avril 1995, la situation s'envenime lorsqu'une résolution du Haut Conseil de la République les associe à des « immigrés et réfugiés » rwandais, remettant ainsi en cause les titres de propriété détenus par les Banyamulenge. Les autorités locales, principalement dans le territoire d'Uvira, ne vont pas manquer d'appliquer à la lettre les termes de la résolution.

Face à la menace grandissante du radicalisme hutu en RDC, et afin de faire cesser les vexations et les menaces dont ils sont l'objet depuis plusieurs années, les Banyamulenge s'engagent massivement au sein de l'AFDL en 1996 contre le régime de Mobutu. À la suite de la première guerre, le comportement des Tutsi rwandais, qui investissent tous les champs d'activités dans les Kivu, contribue à renforcer l'isolement des Banyamulenge, qui peu à peu sont assimilés aux nouveaux maîtres de la région.

Lors de la mutinerie de la 10e brigade banyamulenge à Bukavu en août 1998, qui précipite le pays dans une deuxième guerre, cette communauté est désormais résolument associée à l'occupation rwandaise. Entre-temps, les ténors de la rhétorique anti-Tutsi multiplient les interventions publiques dans les Kivu et compromettent toutes les tentatives de réouverture du dialogue avec les communautés voisines. Dans la région du Haut Plateau, les Banyamulenge sont harcelés par les Maï Maï et les rebelles hutu rwandais qui prospèrent dans le Sud-Kivu. Dépendant économiquement de l'accès au marché d'Uvira pour y vendre le bétail et s'approvisionner, ils ne peuvent rien produire eux-mêmes et sont obligés de descendre jusqu'au Moyen Plateau, hostile, sous escorte de l'ANC, la branche armée du RCD puis du RCD/G. Le voyage entre des villes comme Bukavu et Uvira peut s'avérer fatal s'ils sont malencontreusement arrêtés par des miliciens anti-Tutsi. Les conditions ne sont guère meilleures en ville, où les Banyamulenge risquent d'être attaqués s'ils s'aventurent dans des quartiers dangereux.

Cependant, au fil du temps, la brutalité de l'occupation rwandaise et le pillage des ressources naturelles du Sud-Kivu au profit de Kigali commence à soulever une certaine opposition de la part d'une partie des Banyamulenge qui considèrent que cette politique creuse tous les jours un peu plus le fossé entre leur communauté et les autres ethnies de la région, obérant ainsi les chances de retour à la paix civile. Ces doutes sur les intentions et les motivations réelles ayant conduit Kigali à lancer la deuxième guerre du Congo conduisent une partie des Banyamulenge, sous l'autorité d'un officier de l'ANC, le commandant Masunzu, à se rebeller contre l'hégémonie rwandaise en février 2002. La lutte contre ce mouvement constitue désormais une des priorités de Kigali car le Rwanda voit la justification officielle de son intervention, la protection des Banyamulenge, battre sérieusement de l'aile.

Le résultat des années de guerre et d'occupation rwandaise est extrêmement préjudiciable aux Banyamulenge, malgré le combat d'une partie d'entre eux pour le maintien de la souveraineté congolaise dans l'est de la RDC. Dans tout le pays, ils sont désormais assimilés au Rwanda auquel les Congolais prêtent des tentations hégémoniques sur les Kivu. Au mieux, les Banyamulenge sont donc devenus des étrangers, au pire, ils sont encore perçus comme la cinquième colonne de Kigali.

Le Flec, nouveau ferment de déstabilisation ?

Le Front de libération de l'Est du Congo (Flec), apparu au début de l'année 2004 dans les Kivu, est constitué majoritairement d'anciens officiers de l'ANC, la branche armée du RCD/G. Ce mouvement serait dirigé par le gouverneur du Sud-Kivu, Xavier Chiribanya (démis de ses fonctions en février 2004 pour avoir caché des armes dans sa propriété de Bukavu), et le général Laurent Nkunda. *A priori*, le Flec, qui rassemble tout au plus quelques centaines de combattants, ne semble pas représenter une grande menace et, malgré quelques effets d'annonce, ne lance aucune opération militaire. Les principaux dirigeants du mouvement sont connus pour les liens très étroits qu'ils entretiennent avec Kigali et le Flec fait quelque peu figure de nouveau supplétif rwandais dans l'est de la RDC. Depuis janvier 2004, les officiers du Flec se sont lancés dans une campagne de recrutement appuyée par des contacts avec d'autres milices dans l'ensemble des Kivu mais aussi en Ituri. De plus, ils continuent d'entretenir des liens étroits avec les officiers de l'ANC intégrés dans les nouvelles forces armées congolaises. Le résultat de cette intense activité « diplomatique » est difficilement appréciable mais le soutien du général Nkunda aux insurgés de Bukavu, entre le 26 mai et le 8 juin 2004 témoigne de capacités de mobilisation importantes : en quarante-huit heures, le général Nkunda a pu rassembler 4 000 combattants pour venir appuyer le colonel Mutebusi. La résolution de la crise de Bukavu n'a pas le moins du monde amoindri les capacités du Flec dans les Kivu : le colonel Mutebusi est réfugié au Rwanda, tandis que le général Nkunda s'est retiré dans son fief du Nord-Kivu. Il ne reste cependant pas inactif et continue de recruter des combattants en attendant que son heure vienne.

Pour en savoir plus

Paule Bouvier, *Le dialogue intercongolais. Anatomie d'une négociation à la lisière du chaos*, L'Harmattan, 2004.

Colette Braeckman, *Les nouveaux prédateurs. Politique des puissances en Afrique centrale*, Fayard, 2003.

Olivier Lanotte, *République démocratique du Congo : guerres sans frontière*, Bruxelles, GRIP/Complexe, 2003.

Bernard Leploup, « Le contentieux rwando-ougandais et l'est du Congo », *L'Afrique des Grands Lacs*, Annuaire 2002-2003, L'Harmattan, 2003.

Stefaan Marysse et Catherine André, « Guerre et pillage en RDC », *L'Afrique des Grands Lacs*, Annuaire 2000-2001, L'Harmattan, 2001.

Roland Pourtier, « L'Afrique centrale dans la tourmente. Les enjeux de la guerre et de la paix au Congo et alentour », *Hérodote*, n° 111, 4e trimestre 2003.

Internet

www.digitalcongo.net

www.grandslacs.net

www.crisisweb.org

Superficie : 390 757 km²
Population : 12,6 millions
Composition ethnique : Shona (74 %), Ndebele (15 %) et autres groupes bantous (10 %), Blancs (0,5 %), Indiens et métis (0,4 %)
Religions : chrétiens (60 %), animistes (38 %), musulmans sunnites (2 %)

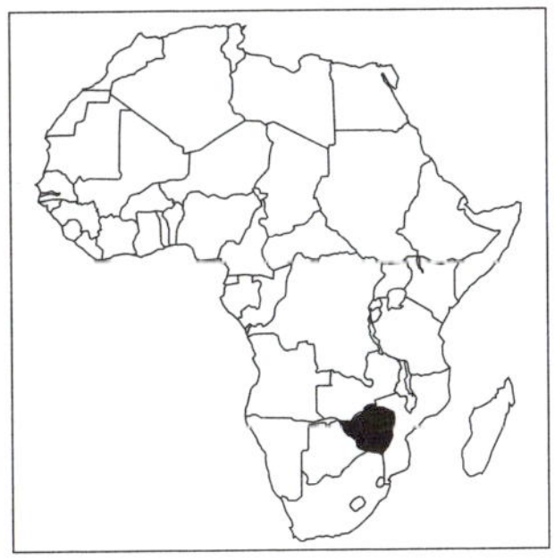

Zimbabwe

Le Zimbabwe, un des plus jeunes États de l'Afrique postcoloniale, a été longtemps loué pour la sagesse de son président, Robert Mugabe, qui a su intégrer la minorité blanche afin de ne pas détruire le puissant appareil économique du pays. Applaudi pour sa stabilité politique, le Zimbabwe était aussi admiré pour son potentiel de développement. Le président zimbabwéen pouvait en outre se vanter d'appartenir au club des grands libérateurs de l'Afrique australe et, à ce titre, il bénéficiait de la solidarité historique des organisations nationalistes et des anciens États de la « ligne de front » contre l'apartheid sud-africain. Et pourtant, en l'espace d'une décennie, ce pays est devenu une véritable dictature, usant d'une dialectique anti-occidentale et abusant de la violence politique pour maintenir le régime à flot. Dans le même temps, le Zimbabwe a sombré dans une crise économique qui laisse aujourd'hui un pays exsangue qu'une partie de la population cherche à fuir pour se réfugier en Afrique du Sud. L'histoire du Zimbabwe depuis sa libération de l'autoritarisme colonial est celle d'une lente descente aux enfers sur laquelle on peut mettre un nom : celui de Robert Mugabe.

DES ORIGINES DE LA COLONISATION À LA LIBÉRATION DU ZIMBABWE

En 1890, Cecil Rhodes, à la tête d'une compagnie commerciale britannique, la British South Africa Company, franchit le fleuve Limpopo et trouve une vaste étendue de terres fertiles. Un traité est signé avec le roi des Shona puis celui des Ndebele, qui accorde aux étrangers le droit d'exploiter l'or du sous-sol. Voilà le hold-up originel de cette terre africaine : aux yeux de Cecil Rhodes, il s'agit d'un transfert de souveraineté et il introduit dans le pays colons et soldats afin de prendre possession de sa nouvelle propriété qui prend le nom de Rhodésie avec l'accord du gouvernement britannique en 1897. Les deux ethnies principales du pays, les Shona et les Ndebele, se lancent alors dans une guerre de libération de leur terre, la *« Chimurenga »*, vouée à l'échec.

En 1965, alors que l'Afrique est en pleine période de décolonisation, Ian Smith, Premier ministre de la colonie, d'origine européenne, refuse le processus en cours et se sépare de la tutelle du Royaume-Uni en déclarant l'indépendance unilatérale du territoire. La communauté internationale ne reconnaît pas le nouvel État et les Nations unies, à la demande de Londres, mettent en place des sanctions économiques qui se transforment en véritable embargo.

Deux mouvements de libération nationale, dont les dirigeants sont emprisonnés, prennent le maquis pour mener une lutte armée contre le pouvoir blanc ségrégationniste : la Zimbabwe

African National Union (Zanu) de Robert Mugabe, à majorité shona, soutenue par la Chine et la Corée du Nord ; la Zimbabwe African's People Union (Zapu) de Joshua Nkomo, à majorité ndebele, appuyée par l'URSS. La seconde « *Chimurenga* » est lancée. En 1975, après l'indépendance du Mozambique, la Rhodésie n'est plus soutenue que par l'Afrique du Sud. Smith opte pour une position plus conciliante et engage des pourparlers avec les deux dirigeants noirs, libérés de prison.

En 1979, la conférence de Lancaster House, à Londres, rassemble les deux mouvements de rébellion, et les gouvernements rhodésien et britannique. Une nouvelle constitution garantissant les droits de la population noire est élaborée et un cessez-le-feu est signé. Le Parlement annule alors la déclaration unilatérale d'indépendance et le pays redevient brièvement une colonie britannique jusqu'aux élections législatives de 1980 remportées par la Zanu-PF (Patriotic Front – branche dissidente majoritaire de la Zanu). Robert Mugabe, son dirigeant, qui a passé onze années en prison, apparaît donc comme le grand vainqueur de ces élections. L'indépendance du pays, qui prend le nom de Zimbabwe, est proclamée et le révérend Canaan Banana devient le premier président de la République alors que Robert Mugabe est désigné Premier ministre et que son partenaire mais aussi rival dans la lutte armée, Joshua Nkomo, est ministre de l'Intérieur. La lutte contre les inégalités est au centre des espoirs de la population noire qui attend beaucoup de la redistribution des terres : en effet, à peu près 6 000 fermiers blancs tiennent 45 % des terres cultivables, les meilleures. Seulement, le pouvoir a les mains liées : afin de ne pas démanteler une agriculture qui assure près de 50 % des devises du pays (grenier de toute l'Afrique australe), les rebelles ont accepté de signer un moratoire de dix ans sur la question des terres, qui ne peuvent donc pas être saisies. Elles peuvent cependant être vendues de gré à gré et un fonds de compensation est alors créé afin d'indemniser les fermiers blancs qui acceptent de céder une partie de leurs terres.

L'INDÉPENDANCE : LES PREMIERS SIGNES DE LA LENTE DÉRIVE AUTORITAIRE DU RÉGIME

Les dissensions profondes entre la Zanu et la Zapu se manifestent rapidement et, le 17 février 1982, Joshua Nkomo, accusé de complot, est limogé du gouvernement. Une dissidence armée naît alors dans le Matabeleland, le fief de Nkomo : une véritable guerre civile éclate avec son cortège de massacres, principalement dans la région du Matabeleland, à majorité ndebele. Il faut attendre 1987 pour voir le retour au calme. La Zanu (qui a abandonné l'appellation PF en 1984) met peu à peu en place un système d'État à parti unique en absorbant tous les partis d'opposition. Le projet du président Mugabe est double : il consiste d'abord à renforcer le pouvoir de l'exécutif en abandonnant le principe de sa dualité (une modification de la Constitution supprime le poste de Premier ministre et Robert Mugabe est aisément élu chef de l'État), puis à concrétiser son projet d'État à parti unique dans lequel les rivalités tribales pourraient être étouffées. Le 22 décembre 1987, un accord est signé avec la Zapu, défaite, et les deux anciens mouvements rebelles fusionnent pour former un parti qui reprend le nom de Zanu-PF.

En 1990, l'état de grâce du président Mugabe touche à sa fin : cinq ans de guerre civile et dix années de « socialisme scientifique » ont contribué à dégrader la santé économique du pays, et le gouvernement du Zimbabwe, malgré les discours du président, est contraint d'accepter la mise en place d'un programme d'ajustement structurel défini par la Banque mondiale qui, comme à l'accoutumée, va contribuer à l'aggravation de la crise sociale. Pourtant, le pays s'est lancé dès l'indépendance dans une politique sociale ambitieuse avec la construction d'infrastructures et un programme d'éducation remarquable. Entre 1980 et 1990, les étudiants de l'enseignement primaire et secondaire sont passés de 1,2 à 2,2 millions et le taux d'alphabétisation atteint le taux record de 93 % de la population. L'université d'Harare, reconnue pour la qualité de ses enseignants, forme une grande partie de l'intelligentsia de l'Afrique australe. Cependant, lorsque la crise économique commence à s'installer en ce début des années 90, cette jeunesse diplômée confrontée au chômage et à la précarité va constituer un réservoir pour l'opposition et une véritable bombe à retardement sociale.

Dans ce contexte de marasme économique, la motivation initiale de l'intervention zimbabwéenne en République démocratique du Congo (RDC), à partir de septembre 1998, doit être cherchée dans la rivalité politique et militaire que le président Mugabe prétend entretenir avec l'Afrique du Sud pour le leadership de l'Afrique australe. En contrepartie à l'entrée en guerre du Zimbabwe à ses côtés, la RDC consent à octroyer des privilèges économiques, notamment miniers, à des entreprises proches du régime d'Harare et permet ainsi à des cadres politiques et militaires zimbabwéens de se lancer dans une carrière mafieuse couronnée de succès financiers privés. Avec l'enlisement de la guerre en RDC, le régime se trouve confronté à un dilemme délicat : d'un côté, les finances publiques peuvent difficilement supporter le coût de la guerre, d'autant plus que les accords économiques profitent essentiellement à des intérêts privés ; mais, de l'autre, le président Mugabe ne peut envisager un retrait unilatéral de ses troupes sans voir son rêve de leadership régional s'effondrer et risquer le mécontentement d'une armée qui profite largement de cette opération extérieure. Finalement, avec le retrait de ses troupes en octobre 2002, c'est une armée exsangue mais « victorieuse » que le président Mugabe voit revenir.

LE ZIMBABWE, UNE DICTATURE ? L'ÉPREUVE DES FAITS

À partir de 1997, la crise économique s'aggrave et, en décembre, une grève nationale paralyse le pays. Un mois plus tard, les émeutes les plus violentes qu'ait connues le pays depuis l'indépendance sont provoquées par une hausse des prix des produits de base et sont violemment réprimées par le pouvoir. Une véritable opposition commence à se structurer autour du monde syndical et de la société civile. Le pouvoir doit donc trouver un nouveau thème de ralliement autour du parti au pouvoir et du président Mugabe. L'idée d'utiliser la terre, signe authentique d'appartenance nationale, est alors émise et les fermiers blancs, qui exploitent les zones les plus fertiles du pays, apparaissent comme des boucs émissaires fédérateurs. En effet, en 1991, au terme du moratoire de dix ans sur les acquisitions de terres négocié dans le cadre des accords de Lancaster House, le gouvernement fait voter une loi qui accroît le pouvoir d'acquisition des autorités. Le principe du dédommagement des fermiers est maintenu, à condition que les Britanniques et les Américains tiennent leur promesse de financer le fonds de compensation qu'ils se sont engagés à alimenter lors de la signature de ces accords. Or en 1988, après une première série de versements, les gouvernements britanniques successifs refusent de payer davantage au motif que les terres rachetées sont octroyées aux amis politiques du régime de Mugabe et non à la population. Le gouvernement zimbabwéen n'a pour sa part aucun moyen de financer la redistribution des terres.

Le phénomène de réquisition des terres reste marginal en cette fin des années 90, mais, devant la montée en puissance du mécontentement populaire révélée par le vote sanction de février 2000 qui rejette le projet de réforme constitutionnelle, le pouvoir zimbabwéen se lance alors dans une véritable guerre populiste contre l'opposition, fédérée autour du Movment for Democratic Change (MDC) et les fermiers blancs qui la soutiennent en majorité. Ce même mois, l'occupation des fermes commence, accompagnée d'une rhétorique anticoloniale agressive qui renvoie explicitement à la guerre de libération nationale. Ce discours est destiné à raviver la légitimité historique du pouvoir et à mobiliser les *war's vets* regroupés au sein de l'association des vétérans (ZNLWVA), dont le soutien à Mugabe n'est pas acquis d'avance tant les déceptions ont été grandes dans la décennie 80. Le 24 mai, le président Mugabe utilise des pouvoirs spéciaux que le Parlement lui a conférés un mois plus tôt afin de modifier la loi de manière à permettre d'exproprier les fermiers blancs : la dernière phase, la plus radicale, de la réforme agraire est lancée.

Le traitement réservé au MDC n'est guère plus enviable et la violence politique encadre les aspirations au changement d'une partie de la population, selon des méthodes éprouvées depuis les années 80 : les milices des jeunesses de la Zanu-PF, appuyées par la police politique de la Central Intelligence Organisation (CIO) et avec le soutien logistique de l'armée, sèment la terreur dans les circonscriptions soupçonnées de sympathie avec l'opposition. Face à cette intimidation perpétuelle ponctuée de violence, l'opposition du MDC ne parvient pas à définir une stratégie claire. Elle hésite à déclencher des protestations de masse par crainte des violences. Face à l'intransigeance du pouvoir en place, le mouvement n'est absolument pas préparé à une quelconque lutte armée, d'autant que la majorité de ses dirigeants y répugne par principe. Après avoir remporté quelques succès aux élections législatives de juin 2000, le MDC s'engage dans des tergiversations qui menacent sa propre survie politique. Dans ces circonstances, les deux seuls remparts contre les tendances autoritaires de Robert Mugabe restent les deux bastions de la liberté d'expression, pourtant gravement menacés par les manipulations du pouvoir : une presse indépendante de qualité en pleine expansion depuis 1997 et un pouvoir judiciaire qui ne se prive pas d'exprimer son autonomie vis-à-vis du pouvoir politique.

L'IMPASSE AUTOCRATIQUE

En juillet 2003, le MDC tente un geste d'ouverture vers le pouvoir en mettant fin à son boycott de l'ouverture solennelle des sessions parlementaires par le président Mugabe et annonce qu'il est prêt à suspendre son recours en annulation des résultats de l'élection présidentielle de mars 2002. Dans le même temps, le président sud-africain, qui s'est impliqué dans la crise politique zimbabwéenne en s'opposant à toute sanction contre le pays, prétend que sa « diplomatie tranquille » peut venir à bout de la crise dans l'année à venir. Mais le pari de Thabo Mbeki, dicté par la ferme volonté de préserver la stabilité au sein de l'organisation régionale regroupant les pays d'Afrique australe, la South African Development Community (SADC), reste jusqu'à présent perdu. Non seulement l'ouverture d'un dialogue avec l'opposition reste lettre morte, mais, en outre, le régime zimbabwéen s'enfonce dans un isolement dont il est seul responsable. La violence politique est à l'origine des sanctions de l'Union européenne (UE), dès février 2002, puis des États-Unis contre le président zimbabwéen et certains dignitaires du régime. Depuis octobre 2000, la Banque mondiale a inscrit le Zimbabwe sur la liste des pays n'ayant pas respecté leurs engagements de remboursement de la dette et le FMI a suspendu ses versements, aggravant ainsi la crise économique. Face aux critiques répétées de l'Angleterre, le régime s'est muré dans une rhétorique anticolonialiste et anti-occidentale assortie de racisme, voire de propos injurieux à l'encontre de Tony Blair et de son cabinet. En point d'orgue de cette bataille, le 7 décembre 2003, le Zimbabwe annonce son retrait du Commonwealth, malgré les tentatives de conciliation des présidents nigérian Obasanjo et sud-africain Mbeki. Dans cette véritable guerre diplomatique, Robert Mugabe, figure historique du nationalisme africain, bénéficie de la bienveillance de ses pairs africains. Mais son intransigeance et un lobbying accru du MDC ont commencé à venir à bout de la patience de certains. Fidèle à sa réputation, Mugabe réplique lors d'un entretien télévisé, le 23 février 2004, au cours duquel il accuse la « majorité » de ses homologues africains d'être « manipulés par l'ennemi occidental ».

Si Robert Mugabe a laissé entendre le 20 février 2004 qu'il ne se représenterait pas à l'élection présidentielle de 2008, il semble bien qu'il ait l'intention de mener encore plusieurs combats. En premier lieu, le vieux président cherche à garder intacte son image de père de la nation zimbabwéenne : dans cette optique, la réforme agraire étant officiellement achevée, la lutte contre la corruption, sur laquelle il a fermé les yeux et dont il a personnellement profité, apparaît comme un nouveau cheval de bataille. Par ailleurs, le renforcement autocratique du régime n'a jamais été remis en question et l'objectif d'anéantir le MDC lors des prochaines élections législatives, en 2005, est clairement affiché. En vingt ans, le Zimbabwe, présenté comme un espoir de démocratie et de développement pour l'Afrique, est devenu une dictature. Malgré les discours populistes de son président, les leaders de l'indépendance ont laissé la place à une oligarchie affairiste et cynique. Pendant ce temps, le pays s'enfonce dans une crise économique sans précédent qui l'a d'ores et déjà ruiné.

Les acteurs

◆ Zanu-PF – Zimbabwe African National Union-Patriotic Front

Les années 50 marquent l'éveil des premiers mouvements politiques noirs en Rhodésie du Sud, qui deviendra le Zimbabwe. Le parti souche, l'African National Congress of Southern Rhodesia (ANCSR), est créé en 1957 avec à sa tête le leader syndicaliste Joshua Nkomo. Ce premier mouvement est rapidement interdit et il faut attendre le 17 décembre 1961 et la création par le même Joshua Nkomo de la Zimbabwe African's People Union (Zapu) pour voir une radicalisation des revendications de la majorité noire. Le parti se dote en effet d'une branche combattante. En 1963, les positions indépendantistes se durcissent avec la création de la Zimbabwe African National Union (Zanu) par le révérend Sithole et Robert Mugabe, scindé en deux en 1976 avec la création de la Zanu-PF (Patriotic Front) par ce dernier.

À l'aube de l'indépendance et de la création du Zimbabwe, au printemps 1980, seules restent véritablement en lice la Zanu-PF et la Zapu. L'état de grâce insufflé par la libération nationale est de courte durée et les conflits idéologiques et partisans entre les deux mouvements conduisent à une véritable guerre civile entre 1982 et 1987. La première ligne de fracture se situe entre les ex-militants de la Zapu et ceux de la Zanu dont les mentors, URSS pour les premiers et Chine pour les seconds, ont durablement marqué les esprits. Il existe, par ailleurs, une profonde rivalité ethnique entre Ndebele et Shona, accentuée par des divergences personnelles importantes entre leurs deux leaders, Joshua Nkomo et Robert Mugabe.

Pendant les années 80, marquées par la violence, la Zanu-PF utilise déjà des méthodes de contrôle des élections, comme l'achat de voix, la fraude, la modification des limites de circonscriptions, qui visent à asseoir sa suprématie sur l'ensemble du pays. Au sortir de la guerre civile, tous les partis minoritaires ont été éliminés. Ne reste plus que la Zapu, sinon moribonde, du moins affaiblie par des années de combats. Le 22 décembre 1987, l'accord de fusion des deux mouvements est signé : le nouveau parti (qui garde l'appellation de Zanu-PF) fait officiellement allégeance aux principes du marxisme-léninisme. De fait, le Zimbabwe s'engage dans une ère de parti unique. La crise économique et la mauvaise gouvernance qui marquent les années 90 conduisent à l'émergence d'une opposition. Celle-ci se fédère autour du Mouvement pour la démocratie et le changement (MDC), créé en 1999, premier parti d'opposition viable depuis 1987.

La Zanu-PF semble inconsciente du danger politique que représente cette nouvelle opposition, et les préparatifs de l'élection législative de juin 2000 témoignent de rivalités entre une vieille école révolutionnaire marquée par les discours marxistes et une nouvelle génération de militants qui ose désormais prôner la libéralisation économique et politique, parfois en des termes extrêmement critiques. Dès les années 90, on assiste à la multiplication de primaires pour la désignation des candidats aux élections, signe de l'émergence de contradictions au sein du parti. Cependant, devant l'incapacité de la Zanu-PF à se remettre en question, le mécontentement de la base se traduit par une chute de popularité des dirigeants. Le « politburo » réagit en resserrant son contrôle sur les structures locales. C'est dans ce contexte de perte de repères que la Zanu-PF se lance dans un exercice de réforme constitutionnelle. La voix de l'opposition montante se fait entendre et le projet de Constitution est rejetée par référendum en février 2000. De l'aveu même de plusieurs cadres de la Zanu-PF, cet échec provoque une crise interne au sein du parti au pouvoir, qui se cristallise principalement sur l'attitude à adopter face au MDC. Ce renouvellement du paysage politique provoque, particulièrement entre avril 2000 et l'élection présidentielle de mars 2002, un resserrement des rangs de la Zanu-PF, où les clivages se font plus discrets.

À partir de cette période, les stratégies mises en œuvre pour préserver la cohésion du parti face à une opposition montante ont considérablement augmenté l'influence des « durs » et la marginalisation des voix favorables aux réformes et au dialogue. Une dialectique authenticité/trahison structure les discours et les dirigeants les plus radicaux, comme Jonathan Moyo ou Patrick Chinamasa, augmentent leur influence tandis que les modérés sont progressivement poussés hors du gouvernement et du politburo de la Zanu-PF. Le discours prend alors une tournure nettement agressive et le MDC ainsi que toutes les autres formes d'opposition sont assimilés à des organisations non authentiques, marionnettes des Blancs portées à la trahison. C'est donc un véritable discours guerrier qui se met en place (auquel fait écho celui sur la troisième « *Chimurenga* », la lutte de libération de la terre « occupée » par les Blancs), massivement relayé dans toutes les réunions du parti et par les médias. Dans un contexte aussi manichéen, l'expression d'une opinion divergente peut apparaître comme une forme de trahison et le pluralisme relatif, encore faiblement enraciné dans la culture du parti, est perçu comme un luxe auquel il faut renoncer. Les espoirs de changement ne sont toutefois pas totalement éteints et certains cadres en viennent, dans un élan d'optimisme quelque peu coupé des réalités, à espérer secrètement la défaite de Mugabe aux élections présidentielles de mars 2002 afin de pouvoir s'emparer de la direction de la Zanu-PF.

Leurs espoirs sont déçus lors de sa réélection, mais cette naïveté politique témoigne de l'émergence d'une nouvelle phase de l'évolution de la Zanu-PF, née de la crise politique et économique grave dans laquelle s'enfonce le pays : la succession du président Mugabe est désormais évoquée. Deux camps s'affrontent au gouvernement et au sein du parti. Emmerson Mnangangwa, le président du Parlement, est perçu comme le prétendant le plus probable, principalement parce qu'il est le favori de Mugabe. Il dispose en outre du soutien du ministre des Affaires étrangères, Stan Mudenge, du chef des armées, le général Zvinavashe, et de puissants hommes d'affaires. Face à lui, l'ampleur de la coalition qui s'organise témoigne de son immense impopularité tant auprès du grand public que des militants. Elle rassemble l'influent général en retraite Simon Mujuru, le président délégué du parti, John Nkomo, le ministre de la Défense, Sydney Sekeramayi, et plusieurs gouverneurs de province. Outre son affairisme et ses responsabilités dans les atrocités commises dans le Matabeleland au cours de la guerre civile des années 80, une majorité des cadres de la Zanu-PF ne peuvent pas tolérer son image de dauphin imposé par le fait du prince.

Quels que soient les résultats de cette véritable guerre de succession à la tête de la Zanu-PF, il ne semble pas qu'une ouverture vers les opposants du MDC soit à l'ordre du jour. En effet, le parti s'est replié sur un discours de combat qui s'appuie essentiellement sur un impératif de fidélité à la lutte contre l'oppression du pouvoir colonial, auquel le MDC a progressivement été assimilé. Malgré les divergences, la Zanu-PF s'est déjà rangée en ordre de marche serré pour remporter les élections législatives de mars 2005 et les moyens employés sont déjà tristement connus : intimidations, violences, trucages des votes sont au menu de la prochaine campagne électorale.

◆ ZNLWVA – Zimbabwe National Liberation War Veterans Association

Les vétérans sont issus des deux mouvements de guérilla ayant combattu lors de la guerre contre le régime ségrégationniste de Ian Smith : la Zanla (branche armée de la Zanu) et la Zipra (branche armée de la Zapu). Cette différenciation persiste après l'indépendance de 1980 et des affrontements armés éclatent entre les deux organisations en novembre 1980 puis en février 1981. Finalement, les deux mouvements fusionnent fin 1981. Une majorité de vétérans sont intégrés à l'armée mais les luttes d'influence persistent et le gouvernement s'appuie sur les anciens membres de la Zanla pour asseoir sa domination et sa légitimité. Pendant la guerre civile, entre 1982 et 1987, les anciens combattants de la Zipra sont victimes d'une répression acharnée et leur contribution à la guerre est minimisée. Avec le retour de la paix et la fusion entre Zapu et Zanu, les démobilisés de la Zipra retrouvent néanmoins une certaine légitimité. Ce n'est qu'en 1990 que le gouvernement autorise les vétérans à constituer leur propre organisation, à condition qu'elle soit placée sous le patronage du parti au pouvoir. Il faut encore attendre deux ans pour que l'association se structure véritablement.

La relation entre le pouvoir et les vétérans n'est certes pas linéaire mais plutôt faite de collaborations, de tensions et de compromis. La Zanu-PF les a utilisés pour asseoir sa légitimité, les employant par ailleurs comme supplétifs contre ses opposants. De leur côté, les vétérans ont mis en avant leur rôle dans la lutte de libération pour obtenir des avantages : emplois, promotions, pensions, redistribution des terres.

Jusqu'en 1997, les membres de cette association font pression pour leurs pensions et leurs indemnités, dont l'indigence est une insulte aux services rendus. Ils revendiquent un meilleur accès aux terres des fermiers blancs et une reconnaissance politique. Les *war's vets* disposant d'une écoute importante auprès de nombreux cadres de la Zanu-PF, Mugabe décide de leur donner satisfaction en leur accordant une prime de 50 000 dollars zimbabwéens et une pension annuelle. Cette décision, sans préparation budgétaire préalable, a un effet désastreux sur l'économie zimbabwéenne. C'est à cette période qu'éclate l'affaire du pillage des fonds d'indemnisation (avec la création de dossiers fictifs) dans laquelle le leader des vétérans, Hitler Hunzvi, ainsi que bon nombre de cadres dirigeants du parti au pouvoir et d'anciens combattants intégrés dans l'armée et la police, sont impliqués. L'affaire est finalement étouffée afin de ne pas entacher la popularité des vétérans. Ces versements généreux et les réseaux d'alliance qu'ils induisent vont permettre de mobiliser les vétérans dans la lutte pour l'occupation des fermes et dans les violences contre les opposants à partir de l'année 2000.

En janvier 2003, les relations entre le pouvoir et les vétérans se crispent à nouveau lorsque le président Mugabe semble vouloir prendre les rênes de leur association en se faisant nommer comme nouveau président. Une levée de boucliers d'une partie des militants de la Zanu-PF, de ses cadres et de membres du gouvernement proches de vétérans y répond immédiatement. Les vétérans, dont la déception concernant la redistribution des terres pour laquelle ils se sont tant battus augmente de jour en jour, suspectent le chef de l'Etat de manipulation pour asseoir définitivement son contrôle sur la ZNLWVA. Il ne s'agit nullement d'un divorce entre les vétérans et le chef de l'État, dont les intérêts partagés sont un motif suffisant d'apaisement des conflits. Leur collaboration a encore de beaux jours devant elle tant que le régime devra faire face à l'opposition du MDC.

◆ MDC – Movment for Democratic Change

Le MDC est le rejeton de la centrale syndicale du Zimbabwe Congress of Trade Unions (ZCTU). Cette dernière s'engage à partir de 1990 dans une critique du programme d'ajustement structurel imposé par la Banque mondiale, avant de radicaliser ses revendications en remettant en cause la gestion gouvernementale de l'économie zimbabwéenne. Les syndicats dénoncent également la corruption qui gangrène tous les rouages de l'État. Au début de l'année 1998, un nouveau degré de la contestation est atteint avec la création de la National Constitutional Assembly, mouvement d'origine urbaine qui regroupe des personnalités du ZCTU, avec des groupes civiques comme le conseil des Églises du Zimbabwe, des ONG et des associations. Mais, face au refus du gouvernement d'engager le dialogue, le ZTCU pense créer un « mouvement politique vigoureux et démocratique pour réaliser le changement » : il s'agit désormais pour cette opposition de se lancer à la conquête du pouvoir. Le 11 septembre 1999, le MDC est officiellement constitué. La direction du nouveau parti est majoritairement composée de syndicaliste auxquels se sont ajoutés quelques représentants des organisations civiques.

Après sa défaite au référendum de février 2000, le gouvernement répond par la violence en visant d'abord les fermiers blancs qui ont soutenu le MDC puis les structures du parti qui tentent de s'implanter en milieu rural, chasse gardée de la Zanu-PF. Durant la campagne des législatives de juin 2000 et dans les semaines qui suivent, 30 personnes appartenant pour la plupart au nouveau parti son tués. Environ 18 000 sont victimes d'atteintes aux droits de l'homme (violences et intimidations). Parallèlement, une campagne de discrédit se met en place sous la direction du puissant ministre de l'Information, Jonathan Moyo : les membres du MDC sont décrits comme une minorité urbaine vendue aux Blancs et à l'étranger et qualifiés par Robert Mugabe de *mabwidi*, c'est-à-dire d'étrangers sans totem. Lutter contre eux est présenté comme un devoir de résistance nationale.

Le MDC, quant à lui, tente de promouvoir un programme d'inspiration sociale-démocrate fondé sur le « développement équitable et respectueux de la personne, mis en œuvre dans un environnement de pluralisme politique, de démocratie participative et de gouvernance transparente et responsable ». Certains au sein du parti sont nettement de tendance néolibérale et s'opposent ainsi à l'inspiration ouvrière. La troupe des opposants au régime de Mugabe n'est certainement pas homogène et le MDC souffre de la coexistence de conceptions politiques et économiques contradictoires. Cela ne l'empêche nullement de remporter plusieurs succès aux législatives de juin 2000, et de consolider ainsi sa position en affichant désormais un statut d'opposition parlementaire. Mais ce premier succès ne doit pas masquer des faiblesses internes préjudiciables au développement du parti : les structures locales sont faibles, et le manque de ressources et de canaux de communication est patent.

Le MDC reste sous la pression constante du pouvoir, qui procède à un harcèlement permanent de ses partisans, assorti d'emprisonnement ou de violence à l'encontre des cadres. Son leader, Morgan Tsvangirai, fait l'objet de deux poursuites judiciaires, la première pour complot contre le président Mugabe (le chef du MDC est tombé dans un piège pourtant grossièrement tendu par un Israélien, réputé proche du pouvoir). La seconde accusation concerne une tentative de « renversement du pouvoir » en juin 2003 par l'organisation de manifestations de masses. Le chef du MDC n'a pour le moment pas été emprisonné (le gouvernement craint de faire de lui un martyr), mais son droit d'expression et ses déplacements sont sérieusement limités.

Si le MDC souffre incontestablement de la répression du régime zimbabwéen, il est également handicapé par une absence de stratégie clairement définie face à l'omnipotence de la Zanu-PF. D'un côté, le MDC continue de contester devant les tribunaux les résultats des élections présidentielles de 2002 et organise ponctuellement des manifestations dans les rues des grandes villes du pays, de l'autre, il accepte d'ouvrir des négociations avec le pouvoir par le biais des autorités religieuses. Entre opposition farouche à la dictature de Mugabe et négociation avec ses hommes liges, les militants du MDC paraissent quelque peu décontenancés par les changements de posture incessants de leurs leaders, d'autant plus qu'ils n'ont connu aucun réel succès dans chacune de ces deux voies. Ces tergiversations traduisent une fracture profonde au sein des cadres du parti, divisés entre les partisans du dialogue et les « durs » qui veulent s'engager dans une logique d'affrontement. Face à ces incohérences, la Zanu-PF joue à souffler le chaud et le froid afin d'aggraver les dissensions du MDC.

Pour en savoir plus

Jean-Louis Balan et Michel Lafon, *Le Zimbabwe contemporain*, Karthala, 1995.

« Zimbabwe, l'alternance ou le chaos », *Politique Africaine*, n° 81, Karthala, 2001.

Stan Darnolf et Liisa Laakso (dir.), *Twenty Years of Independance in Zimbabwe. From Liberation to Authoritarianism*, Londres, Palgrave MacMillan, 2004.

Internet

www.crisisweb.org
www.daily-news.co.za
www.newzimbabwe.com
www.herald.co.zw

Les ONG humanitaires et la guerre

Les ONG (organisations non gouvernementales) humanitaires sont aujourd'hui des acteurs incontournables de la scène diplomatique mondiale. Médecins sans frontières ou Action contre la faim du côté français, Oxfam ou Save the Children du côté britannique, Care (Cooperative for American Relief Everywhere) ou CRS (Catholic Relief Services) du côté américain : derrière ces noms se profilent désormais de véritables contre-pouvoirs, des groupes de pression transnationaux qui interviennent aussi bien dans les instances intergouvernementales que dans les situations d'urgence. Leur influence est à la mesure de la rapidité de leur essor. Ces vingt dernières années, l'aide à destination des pays en crise a en effet connu une croissance vertigineuse.

Le phénomène n'est certes pas complètement nouveau. Auparavant, une poignée d'organisations « caritatives » et « proto-humanitaires », missionnaires notamment, intervenaient dans les régions d'outre-mer en proie à des conflits, des famines ou des catastrophes naturelles. Ainsi, en Afrique au XIXe siècle, des groupes de pression se sont dressés contre la traite des Noirs et les razzias esclavagistes, tandis les Églises ont assisté les victimes des guerres dites tribales. Dès 1860 dans le Sud-Ouest du Nigeria, par exemple, la mission d'Abeokuta a collecté des fonds depuis la Grande-Bretagne pour secourir les enfants affectés par les affrontements fratricides du pays yorouba ; lancé dans le Massachusetts et fondateur d'un embryon d'université à Monrovia en 1862, le Trustees for Education in Liberia a pour sa part encouragé l'alphabétisation et le « rapatriement » vers la côte ouest africaine des esclaves affranchis en Amérique ; en 1899, encore, l'Universities Mission to Central Africa distribuait de la nourriture lors d'une famine dans le nord du Tanganyika. Propriété personnelle du roi belge Léopold II, l'État indépendant du Congo a quant à lui été créé et géré par une ONG, l'Association africaine internationale, mettant en évidence un des grands paradoxes de « l'ingérence humanitaire » : la colonisation du continent noir sous prétexte de « civiliser » et de « pacifier » des terres « sauvages ».

Mais toutes ces initiatives, publiques ou privées, n'ont jamais atteint l'ampleur de l'aide internationale dans les zones de conflits à présent. À l'échelle de pays extrêmement pauvres, quelques chiffres remettent en perspective l'impact économique des secours. En 2001, par exemple, les fonds versés au titre de l'aide humanitaire ont représenté la troisième source de revenus du gouvernement en Guinée Conakry et étaient vingt fois supérieurs au budget de l'État en Sierra Leone. Sur le plan stratégique, l'enjeu est également militaire car les secours internationaux ciblent des populations dont le contrôle est, précisément, l'objectif premier des parties en lice. Les personnes déplacées, victimes des combats, le savent d'ailleurs fort bien : au Liberia, elles ont supplié les équipes de Médecins sans frontières de ne pas leur venir en aide, sous peine d'être aussitôt attaquées et pillées par les diverses factions armées se disputant le pouvoir. Pour les belligérants, les camps de réfugiés, en particulier, représentent une formidable ressource politique, à la fois comme outil de représentation médiatique et diplomatique, comme plateforme logistique, comme réservoir de main-d'œuvre et comme vivier de combattants.

Les mouvements de lutte armée ne sont évidemment pas seuls à tirer parti de l'assistance que les agences d'aide fournissent aux populations déplacées. Les gouvernements aussi savent fort bien ponctionner les humanitaires et leur imposer le paiement de droits de douanes ou des taux de change qui surévaluent les devises locales. À propos des Burundais qui avaient fui des massacres en 1972, le président de la Tanzanie, Julius Nyerere, l'avouait franchement : « J'aime les réfugiés. Ils viennent cultiver le pays pour moi. Et comme je n'ai pas d'argent, c'est [le Haut Commissariat des Nations unies pour les réfugiés] qui m'en fournit » (cité par David Lamb, *voir bibliographie*). Tout est bon à prendre. En Éthiopie, la junte marxiste au pouvoir à la fin des années 80 a tenté d'exploiter les Soudanais chassés par la guerre et réfugiés dans la province de Gambella en vue de collectiviser l'agriculture et de développer les plantations d'État chez les Anuak de la région d'Akobo, près de la frontière. Au cours de la décennie suivante, les services d'immigration kenyans ont, pour leur part, entrepris de taxer les réfugiés somaliens et de leur fournir des papiers d'identité en échange d'un vote favorable à la mouvance présidentielle lors des élections de 1997, qui répondaient aux exigences démocratiques des bailleurs de fonds de la communauté internationale. À partir de 2001, le gouvernement sierra-léonais, enfin, a directement chargé les ONG occidentales de lui remettre 5 % des achats réalisés dans le pays, ce qui lui a évité d'avoir à mobiliser une administration fiscale défaillante pour collecter l'impôt auprès des commerçants locaux.

L'ARGENT, NERF DE LA GUERRE

Dans de tels contextes, l'aide apportée aux populations déplacées s'avère jouer un rôle politique et militaire fondamental. Sa récupération par les belligérants vient de ce que, structurellement, l'injection de fonds et de logistique humanitaires dans un conflit participe toujours d'une économie de guerre. L'introduction des ressources de l'aide élargit le champ des affrontements et multiplie les enjeux de la prédation. Les représentations sensationnalistes et misérabilistes de la « sauvagerie » du tiers-monde ne doivent pas tromper à cet égard : le problème ne se limite pas aux régions les plus pauvres et s'était déjà posé en Europe pendant la Première Guerre mondiale. En Belgique et dans le nord de la France occupés par les Allemands, une commission de secours américaine avait, en l'occurrence, émis des tickets de rationnement qui avaient acquis une valeur monétaire en l'absence de devises locales. Sous prétexte de réparations de guerre, Berlin avait alors commencé à taxer les bénéficiaires au grand dam des Britanniques et des Français, qui avaient voulu mettre un terme aux programmes d'assistance afin d'asphyxier l'économie allemande en maintenant un blocus sans failles à son encontre. Pour limiter la circulation des tickets de rationnement et éviter leur recyclage au profit des troupes d'occupation allemandes, la commission de secours américaine avait finalement dû battre des « monnaies » différentes dans chacune des 1 200 communes à sa charge.

Pecunia nervus belli. L'adage romain selon lequel « l'argent est le nerf de la guerre » s'applique tout aussi bien aux pays du Sud. Une armée ne peut pas combattre si elle n'a pas les moyens de se payer à la fois des fusils et des vivres. Lui donner de quoi se nourrir revient à lui fournir une assistance militaire. Relativement aux guerres civiles du tiers-monde, qui ne sont pas des conflits interétatiques, les observateurs devaient bientôt s'en rendre compte lors de la crise du Biafra au Nigeria, entre 1967 et 1970. À l'époque, les associations caritatives – on ne parlait pas encore d'ONG humanitaires – ont été accusées de contribuer à prolonger le conflit de dix-huit mois. Dès 1968, les sécessionnistes biafrais se savaient défaits sur le plan militaire. Ils avaient perdu leur dernier débouché maritime et se trouvaient complètement encerclés par les troupes fédérales du Nigeria, dont le blocus impitoyable provoqua une effroyable famine. Se mit alors en place un pont aérien digne de la crise de Berlin en 1948. Les vivres largués par avion nourrirent les civils aussi bien que les combattants et permirent aux rebelles de résister plus longtemps. Fin 1969, le ralentissement des opérations humanitaires, pour des raisons logistiques et politiques, coïncida avec la chute du Biafra.

Les conflits périphériques des décennies suivantes n'allaient pas démentir le phénomène. Les guérilleros ont fréquemment recruté des hommes et des femmes dans les camps approvisionnés par le système humanitaire international. Selon le journaliste William Shawcross, les Khmers rouges en exil ont ainsi pu détourner entre 30 % et 84 % de l'aide destinée aux réfugiés cambodgiens en Thaïlande après l'invasion vietnamienne de 1979. Une enquête des Nations unies menée en 1991 dans les camps de la province frontalière du Nord-Ouest au Pakistan a, quant à elle, montré que 83 % des réfugiés repartis en Afghanistan avaient en fait pris les armes pour aller se battre contre les Soviétiques. Dans le même ordre d'idée, en Yougoslavie, pendant la guerre de Bosnie, Susan Woodward estime que plus de la moitié des secours a été captée par les combattants. D'après Fiona Terry, une chercheuse de Médecins sans frontières, un tel ratio atteignait 60 % au Liberia dans le port de Buchanan en 1995.

Le détournement de l'aide s'apprécie de façon diverse à cet égard. À un premier niveau, il y a la prédation directe : le braquage des 4 × 4, le pillage des entrepôts alimentaires, le vol des médicaments, la revente des tentes des réfugiés, l'escorte des convois de vivres, l'enlèvement des travailleurs humanitaires, libérés moyennant le paiement d'une rançon, etc. À un deuxième niveau, plus subtil à identifier, il y a les effets d'entraînement de l'assistance internationale : une route construite pour désenclaver et développer une région sera utilisée par les troupes gouvernementales en vue d'aller réprimer des populations autrefois inaccessibles, comme en Éthiopie ; des médecins formés par les Occidentaux seront monopolisés par les guérillas pour soigner exclusivement les combattants sur les lignes de front, comme au Cambodge... Plus généralement, les ONG louent des maisons, fournissent des emplois aux autochtones, paient des droits de douanes à des dictatures sanguinaires et « achètent » la complaisance des seigneurs de guerre. À un troisième niveau, enfin, l'aide permet de libérer des ressources locales pour la poursuite des combats en laissant le soin aux humanitaires d'assurer un minimum de services publics en matière de santé, d'éducation ou de voirie.

LE PROBLÈME DE FOND : L'AIDE HUMANITAIRE AIDE TOUJOURS LA GUERRE

Le problème de fond est d'alimenter des populations engagées tout entières dans des guerres civiles. Face à la masse anonyme des bénéficiaires de l'aide, nombre de travailleurs humanitaires croient possible d'extraire le mal du corps social en distinguant les bons des mauvais réfugiés et les victimes des bourreaux. Représentation par excellence de l'innocence prise dans la tourmente des conflits armés et des exodes, les femmes et les enfants, notamment, ont droit à un traitement de faveur, symptomatique de l'illusion selon laquelle certaines catégories de population ne feraient pas la guerre et n'en subiraient que les conséquences. En réalité, les femmes participent aux hostilités, sans parler des enfants soldats. « Les rapports que les femmes entretiennent avec la guerre ont remarquablement peu changé au cours de l'histoire, constate Martin Van Creveld *(voir bibliographie)*. En quelque temps ou lieu que l'on se trouve, un petit nombre de femmes a contribué à déclencher les guerres. [Et] un grand nombre a suivi les armées et leur a fourni un soutien essentiel mais mal reconnu. »

Un tiers des guérilleros du Front populaire de libération de l'Érythrée, des Forces armées révolutionnaires de Colombie et des Tigres tamouls du Sri Lanka était des femmes, peut-être jusqu'à la moitié dans le cas du Sentier lumineux au Pérou. Dans le nord de l'Ouganda, une prophétesse, Alice Lakwena, a même pris la tête d'une insurrection armée, le Mouvement du Saint-Esprit. Si, en général, les hommes sont effectivement les premiers à partir sur le champ de bataille, les femmes sont chargées de les secourir, de les approvisionner et, au vu de la pression sociale qui s'exerce sur elles, d'assurer la « reproduction des combattants » à l'arrière du front. On aurait ainsi tort d'imaginer que l'aide apportée à une femme dans le besoin ne bénéficie pas aussi aux hommes et aux dynamiques guerrières du lignage. De fait, les différences de genres et de classes d'âge dans les pays en développement ne dessinent pas une ligne de partage claire entre combattants et non-combattants. Civils et militaires sont inextricablement liés et les ONG humanitaires prennent toujours le risque de nourrir un ancien ou un futur guerrier, quand il ne s'agit pas de ses complices. Sachant les convoitises et les détournements que suscite l'aide, la question est plutôt de savoir combien de tueurs il faut sustenter pour ravitailler la bouche affamée d'un innocent toujours susceptible de devenir, à son tour, un bourreau. Le dilemme rappelle un peu la problématique du *Soldat Ryan,* film dans lequel on voyait l'armée américaine mettre en péril la vie de huit hommes envoyés à la rescousse d'un camarade fourvoyé dans le camp ennemi. Fondamentalement, on ne sait pas combien de vies l'aide sauve dans la durée. Certes, il est impossible d'anticiper les effets pervers des secours internationaux quant à la prolongation des hostilités. Mais on ne peut pas non plus savoir, rétrospectivement, ce qu'il serait advenu sans intervention extérieure. On ne saurait, d'emblée, écarter l'hypothèse selon laquelle le conflit se serait asséché et éteint de lui-même si on ne l'avait ranimé en mettant de « l'huile humanitaire » sur le feu : un baume qui ne ferait qu'apaiser les souffrances du moment.

Autrement dit, l'aide humanitaire aide toujours la guerre. Bien sûr, elle ne fait pas que cela. Mais il s'avère impossible d'en mesurer scientifiquement les effets pervers et positifs pour essayer d'établir l'existence d'un seuil à partir duquel il vaudrait mieux se retirer. Faute de données précises, des logiques comptables conduisent trop souvent les bailleurs à juger du succès d'une opération en nombre de sacs de riz ou de tentes distribués, sans s'interroger sur l'usage ultérieur de ces ressources au profit des belligérants. Quant aux volontaires sur le terrain, beaucoup refusent d'admettre les implications politiques et militaires de leurs actions. Plus ou moins dupes, nombre d'entre eux jouent à l'autruche et font semblant de ne pas voir les divers détournements de leurs secours. « On ne réveille pas celui qui prétend dormir », rappelait ainsi un anthropologue de Cultural Survival en citant un proverbe oromo à propos des agences d'aide qui, de peur d'être expulsées d'Éthiopie lors de la famine de 1985, refusèrent de dénoncer la façon dont la dictature Mengistu les utilisa pour déporter les populations suspectées de soutenir la guérilla.

« LE BON, LA BRUTE ET LE TRUAND »

Bien entendu, certains opérateurs sont indéniablement plus lucides que d'autres et il serait regrettable de les incriminer pêle-mêle dans un même fourre-tout humanitaire. En réalité, il faut distinguer « le bon, la brute et le truand ». Des associations de solidarité internationale ont su professionnaliser avec succès leurs activités dans des environnements très difficiles. Mais d'autres poursuivent des objectifs plus douteux, qu'il s'agisse d'évangéliser ou d'islamiser les populations dans le besoin, de défendre les intérêts d'un groupe industriel ou d'un mouvement politique, ou encore de servir de couverture à une mouvance terroriste ou criminelle. Environ 1 % des 2 010 ONG accréditées à l'ONU ne méritent pas du tout le qualificatif d'humanitaire selon un diplomate cité dans *Le Monde* du 4 février 2001. Quant aux « brutes » de notre registre cinématographique, elles évoquent « l'idiot utile » que dénonçait un ancien secrétaire général de Médecins sans frontières, Alain Destexhe, en paraphrasant le mot de Lénine à propos des « capitalistes américains » dont les fondations caritatives avaient aidé à consolider la révolution bolchevique lors de la famine de 1922 en Russie et en Ukraine.

Le meilleur côtoie le pire. Pour appréhender le positionnement stratégique d'une association de solidarité internationale dans un pays en guerre, il s'avère nécessaire de travailler au cas par cas. Parmi les ONG du Sud, en particulier, les initiatives sincères méritent d'être différenciées des sous-marins émanant de mouvements politiques, des entreprises masquées au service d'intérêts commerçants et des relais créés de toutes pièces par les agences intergouvernementales et destinés à dépérir une fois leur programme terminé. Dans le lot, on relève un bon nombre de coquilles vides, des *« one-man-show »* montés à la va-vite pour capter les fonds de la manne humanitaire redistribuée par les opérateurs sur place ou les institutions spécialisées en Occident – notamment via les fondations établies par le Congrès américain, d'abord à destination de l'Amérique latine et des Caraïbes avec l'Inter-American Foundation en 1971, puis du continent noir avec l'African Development Foundation en 1984. Pénalisées par un certain amateurisme et un cruel manque de moyens, les associations caritatives des pays du tiers-monde apparaissent souvent comme le maillon faible et périphérique d'un système tripartite dans lequel les États développés se sont déchargés de leurs responsabilités sociales sur des ONG du Nord qui sous-traitent elles-mêmes les opérations d'assistance auprès d'acteurs locaux : corporations professionnelles de médecins ou d'ingénieurs, regroupements d'originaires, œuvres sociales et religieuses antérieures à la mode humanitaire, etc.

La variété des opérateurs oblige en fin de compte à repérer les organisations de solidarité internationale en prêtant une attention soutenue aux modalités d'ouverture et de fermeture de leurs missions à l'étranger, à leurs exercices de lobbying diplomatique et médiatique, à leurs accointances avec les partis politiques et les armées gouvernementales, à leurs relations avec les mouvements de rébellion, à l'impact, enfin, de leur aide et aux conséquences, en retour, des activités sur le terrain : détournements, enlèvements ou assassinats des travailleurs humanitaires, etc. Quatre principaux critères permettent d'affiner le portrait signalétique et stratégique des ONG intervenant dans des zones de conflit armé : l'engagement idéologique ; la neutralité politique sur le terrain de l'action ; la proportion de financements publics et privés ; la transparence.

Sur le plan de l'engagement idéologique, un soutien délibéré ou imposé à un belligérant fait toute la différence, quels que soient, par ailleurs, les vœux pieux du Comité international de la Croix-Rouge (CICR) quant à une neutralité de toute façon impossible au vu des enjeux politiques de l'aide. Pour venir au secours de populations en danger, certains choisissent ouvertement leur camp, à l'instar des Brigades internationales du côté républicain pendant la guerre d'Espagne en 1936. Leur ralliement perd alors de son sens humanitaire quand il revient à appuyer un effort militaire et ne consiste plus, simplement, à payer une dîme révolutionnaire en vue d'avoir accès aux victimes des conflits. Pareille option distingue bien le volontariat « mercenaire » des compromis d'une ONG qui, pour essayer de sauver des vies, assisterait impuissante au détournement de sa logistique à des fins militaires et se retrouverait à jouer le rôle de Croix-Rouge d'une armée ou d'une guérilla. Les limites sont vite franchies lorsqu'on accepte d'intégrer une force combattante, de signer un accord formalisant la prédation et de sélectionner politiquement les populations autorisées à bénéficier de soins médicaux ou de distributions de vivres.

ENGAGEMENT IDÉOLOGIQUE ET ACTIVISME

Revendiquée par la plupart des humanitaires, la notion de neutralité s'avère difficile à saisir car elle ne fait pas consensus. La définition qu'en donne Jørgen Lissner consiste à ne pas opérer de discriminations dans le choix des victimes, à ne pas imposer de conditions dans l'attribution de l'aide et à ne pas se mêler des affaires intérieures d'un État bailleur ou d'un pays en développement. Ce dernier point est sans doute le plus problématique car son application *stricto sensu* pourrait obliger les humanitaires à ne rien entreprendre du tout, à l'inverse du droit d'ingérence prôné par un Bernard Kouchner. Depuis l'émergence du mouvement sans-frontiériste dans les années 80, on assiste en réalité à une politisation qui n'a rien de contradictoire avec des objectifs humanitaires et qui assigne aux associations de solidarité internationale une fonction de veille, de témoignage et de lobbying, en particulier dans le cadre des négociations multilatérales sur la protection des réfugiés, les droits de l'homme, l'environnement ou l'établissement d'une cour de justice chargée de sanctionner les crimes contre l'humanité. Handicap International, par exemple, a beaucoup œuvré en faveur d'un traité bannissant l'usage des mines ; à force de pétitions, Médecins sans frontières, pour sa part, a réussi à obtenir l'établissement d'une commission d'enquête parlementaire à propos du rôle de la France au Rwanda lors du génocide de 1994 ; en Italie, les médiateurs de la Communauté de Sant'Egidio mènent quant à eux une diplomatie active qui a notamment permis de mettre fin à la guerre civile au Mozambique avec la signature des accords de paix à Rome en 1992.

Aux États-Unis et en Grande-Bretagne, cependant, des lois interdisent aux humanitaires de prendre position sur les questions de politique étrangère ou intérieure, sous peine de perdre les avantages fiscaux relatifs au statut d'association caritative à but non lucratif. En effet, l'activisme des ONG a toujours été très controversé faute de parvenir à définir précisément leur devoir de réserve. En témoigne la classification pour le moins discutable du juriste israélien Lador-Lederer, qui est un des premiers à avoir étudié les organisations de solidarité internationale. D'après lui, le mouvement de la Croix-Rouge, l'Armée du Salut et les œuvres baptistes ou quakers cherchaient à propager une cause et revêtaient donc un caractère idéologique que n'avaient pas l'Église catholique ou le Congrès juif mondial. Beaucoup ne partagent évidemment pas cette opinion. Aujourd'hui, les organisations d'aide islamique dénoncent au contraire l'inspiration judéo-chrétienne du mouvement humanitaire face à des musulmans qui, selon elles, constituent environ trois quarts des réfugiés recensés dans le monde.

La confessionnalisation des secours est un des aspects les plus marquants du moment. Depuis la fin de la guerre froide, qui a atténué la force des militantismes de gauche ou de droite, les conflits armés ont davantage été analysés sous un angle culturel et la religion a *de facto* repris une dimension politique que la laïcisation de la solidarité internationale avait eu tendance à occulter. Très marquées idéologiquement, des organisations fondamentalistes islamiques et intégristes chrétiennes ont délibérément choisi leur camp et poursuivi des objectifs prosélytes sous couvert d'action humanitaire. Leur activisme tranche avec le quiétisme des missionnaires d'antan qui, une fois venu le temps de la décolonisation, avaient développé une approche œcuméniste, prôné le dialogue interculturel et pris soin de secourir les populations dans le besoin indépendamment des croyances individuelles. Des ONG laïques ont, il est vrai, adopté des postures tout aussi combatives. Les « branches humanitaires » de guérillas ou les « sous-marins » de dictatures sanguinaires ne sont pas seuls en cause. Constatant l'impossibilité de rester neutre sur le terrain, les agences d'aide scandinaves n'ont pas non plus hésité à soutenir des mouvements révolutionnaires en Afrique australe, au Nicaragua et au Soudan...

Naturellement, il faut faire la part des choses. L'engagement idéologique d'une ONG ne préjuge pas forcément de la qualité de ses actions. Le soutien affiché à une guérilla peut se révéler positif pour peu que cette dernière respecte les lois de la guerre et tente d'éviter les abus. Parmi les différentes branches humanitaires des mouvements de lutte armée en Afrique, par exemple, l'ERA (Eritrean Relief Association) ou la REST (Relief Society of Tigray) se sont bien distinguées de coquilles vides comme la SRRA (Sudan Relief and Rehabilitation Association) au Soudan, et ont sincèrement cherché à aider les populations dans le besoin, respectivement en Érythrée et en Éthiopie. En d'autres termes, une association de solidarité internationale ne devrait pas se jauger négativement à l'aune de son appui à un belligérant mais de son incapacité à apprécier la conduite de celui-ci. La justesse d'une cause politique ne détermine nullement le positionnement humanitaire d'une des parties en lice : combattre la junte islamiste au pouvoir à Khartoum, en l'occurrence, ne fait pas de la SRRA l'appendice démocratique d'une guérilla par ailleurs connue pour ses nombreuses exactions et atteintes aux droits de l'homme. De la même façon, les bonnes intentions d'un travailleur humanitaire n'excusent nullement son aveuglement.

L'IMPOSSIBLE NEUTRALITÉ POLITIQUE SUR LE TERRAIN

En matière de positionnement stratégique, il faut donc distinguer l'engagement idéologique d'une ONG de son impossible neutralité politique sur le terrain. Autant la neutralité idéologique consiste à ne pas afficher d'*a priori* en faveur d'un camp avant d'être intervenu dans un pays en guerre, autant la neutralité politique revient, une fois sur place, à ne pas prendre parti pour un des belligérants. En pratique, un pareil objectif est à peu près irréalisable car les secours apportés à des populations en danger contreviennent forcément aux logiques guerrières, la faim ayant toujours été utilisée comme une arme de destruction massive à des fins d'épuration ethnique ou de victoire militaire.

Deux logiques humanitaires s'affrontent à ce propos. L'une vise à fournir les secours à égalité entre toutes les parties en lice dans un conflit, quitte à privilégier des régions déjà bien approvisionnées et à élaborer les programmes d'assistance en fonction des rapports de force militaires plutôt que des besoins. Le CICR, qui défend souvent cette position, a ainsi réussi à assurer une assez bonne couverture nationale de pays comme le Soudan ou la Somalie, ce qui lui a valu une réputation d'impartialité mais l'a obligé à nourrir des populations qui n'étaient pas forcément nécessiteuses. Moins onéreuse pour les petites ONG ne disposant pas des moyens financiers du CICR, une autre logique tend, au contraire, à essayer de répondre aux besoins observés sur place, ce qui suscite le mécontentement des laissés-pour-compte et range – malgré eux – les opérateurs humanitaires dans un camp politique.

D'une manière générale, le positionnement géographique de l'assistance internationale dans une zone de conflit détermine sa valeur stratégique, l'obligeant à s'adapter aux circonstances. Avec la guerre en Somalie, par exemple, il est vite devenu impossible de monter un projet sans proposer, en guise de compensations, un programme équivalent au clan voisin, potentiellement rival. D'après des chiffres de la fin 2001, les trois quarts des projets humanitaires en Somalie auraient désormais une implantation nationale afin d'éviter de faire des jaloux et de provoquer de violentes représailles à l'encontre des ONG. En perturbant les équilibres locaux, le risque est en effet d'aboutir à une interruption *manu militari* des secours. Certains ont d'ailleurs pris les devants : afin de ne pas attiser les compétitions claniques pour le contrôle d'une ressource aussi rare que l'eau en milieu aride dans le nord de Djibouti, les nomades afar ont préféré reboucher eux-mêmes les puits que les agents de la coopération italienne s'étaient entêtés à creuser.

Bien entendu, l'enjeu stratégique des organisations de solidarité internationale ne s'apprécie pas seulement du point de vue des bénéficiaires, mais aussi de celui des États bailleurs de fonds. Placées aux premières loges des grandes crises de notre temps, les ONG du Nord constituent des informateurs essentiels pour les diplomates, qui ont ensuite beau jeu de rechigner à aller récupérer leurs ressortissants en difficulté sur des terrains officiellement « interdits ». Au Kampuchéa démocratique après la chute du régime Pol Pot, par exemple, Oxfam a joué le rôle d'une ambassade informelle pour le compte des Britanniques dans un pays dont le gouvernement n'était pas reconnu par la communauté internationale. Au Kosovo, les Américains de Care ont quant à eux passé un accord avec l'Organisation pour la sécurité et la coopération en Europe (OSCE) en

vue de rédiger des rapports suivis sur les mouvements de troupes serbes, quitte à fournir des informations à la CIA (Central Intelligence Agency).
La diplomatie par procuration de l'aide humanitaire ne s'arrête pas là. En gérant et en endiguant les flux de réfugiés dans les pays du Sud, les ONG du Nord permettent en effet d'éviter qu'une horde de miséreux débarque en Occident pour demander l'asile. De façon plus ou moins volontaire, certaines ont également été associées de très près aux opérations militaires menées par les grandes puissances. Pendant la guerre du Vietnam, déjà, l'aide de Washington avait visé à établir des « villages de la paix » pour mieux contrôler la population et priver les rebelles du soutien de la paysannerie dans les campagnes. Les ONG américaines, qui s'occupaient des personnes déplacées par les combats, avaient *de facto* facilité le travail des troupes chargées de déblayer le terrain et de brûler les habitations « suspectes ». Quant à l'aide alimentaire, elle avait été revendue par le Vietnam du Sud, lui permettant de continuer à acheter des armes alors que le Congrès avait fini par ne plus vouloir financer l'effort de guerre contre Hanoi. Aujourd'hui en Irak ou en Afghanistan, les ONG subventionnées par Washington contribuent également à rétablir la paix sociale dans des pays dont la stabilité politique sert directement les intérêts de l'armée américaine et dont les programmes de reconstruction rappellent ce que les stratèges du Pentagone désignaient sous le nom de « guerre psychologique », ou Wham *(winning the hearts and minds)*, en vue de « gagner les cœurs et les esprits » des populations placées sous la férule des États-Unis.

L'IMPORTANCE DES SUBVENTIONS GOUVERNEMENTALES

L'instrumentalisation politique de l'action humanitaire par les États conduit alors à s'interroger sur les sources de financement des associations de solidarité internationale. Au regard des pesanteurs de la contractualisation de l'aide et de la conditionnalité des programmes commandités par les bailleurs de fonds, la proportion de subventions publiques dans le budget d'une ONG en dit long sur la marge de manœuvre d'un opérateur relativement aux interférences des gouvernements. Certaines associations se révèlent si étroitement liées à un bailleur institutionnel qu'elles s'apparentent plutôt à des sortes d'entreprises parapubliques. On parle à leur propos d'OVG (Organisations véritablement gouvernementales) ou, chez les Anglo-saxons, de Gongo *(Government Non-Governmental Organizations)*, de Gringo *(Government Run/Initiated NGOs)* et de Quango, les « quasi-ONG » qui ont du mal à émerger quand des régimes totalitaires verrouillent le secteur associatif de la société civile.
La marchandisation de l'aide n'est pas pour rien dans ce phénomène. Devenus les sous-traitants des États développés, nombre de hérauts de l'humanitaire sont de plus en plus tributaires des bailleurs institutionnels. Désormais, les budgets de la plupart des ONG proviennent pour beaucoup de subventions gouvernementales et internationales qui alimentent leur croissance économique, tandis que la collecte de fonds auprès des particuliers stagne. Le secteur public, par exemple, fournit 40 % des ressources des associations de solidarité internationale en France, jusqu'à la moitié au Canada et plus d'un quart aux États-Unis. Globalement, ce pourcentage est passé de 2 % à 27 % entre 1971 et 1991. Parallèlement, la proportion de l'aide publique transitant par des ONG a augmenté, au cours des années 90, de 47 % à 67 % au sein de l'Union européenne et de 17 % à environ 50 % aux États-Unis. À la Banque mondiale également, la mise en œuvre de la moitié des projets est confiée à des ONG depuis 1995, contre une moyenne de 6 % entre 1977 et 1988.
Selon des spécialistes comme Kees Biekart, un tel engouement pour les opérateurs privés s'explique par la crise de légitimité et les échecs retentissants de l'aide publique au développement, ainsi que par la mode du *« small is beautiful »*, la prolifération des ONG du Sud et la professionnalisation des ONG du Nord en matière de communication et de marketing. À la fin de la guerre froide, qui plus est, les États-providence sur le déclin se sont défaussés de leurs responsabilités sociales dans le tiers-monde à mesure que celui-ci perdait de son importance stratégique et que s'apaisaient les tensions Est-Ouest. Les gouvernements occidentaux se sont désengagés financièrement et ont laissé à leurs sous-traitants, sponsorisés par des fonds publics, le soin d'assurer les opérations d'assistance autrefois de leur ressort. L'aide publique au développement, notamment, s'est effondrée au profit d'interventions dans le contexte de catastrophes humanitaires. Le libéralisme triomphant n'est pas seul en cause à cet égard. La logique interne au système a favorisé des actions dont l'urgence requérait des décaissements rapides, ce qui a pu satisfaire les exigences comptables des bureaucrates de l'Union européenne à Bruxelles ou des Nations unies à New York. De surcroît, la montée en puissance des humanitaires a très largement été portée par la sensibilisation grandissante des opinions occidentales à la souffrance d'autrui et, partant, une médiatisation parfois outrancière des crises dans les pays du Sud. En termes de relations publiques, la distribution de sacs de riz au milieu d'une famine « paie » beaucoup plus que des forages de puits dans le Sahel et des procédures d'aide au développement dont les effets ne se font sentir qu'à long terme.

LES DÉFIS DE L'INDÉPENDANCE FINANCIÈRE

Il importe toutefois de nuancer la réduction des travailleurs humanitaires à un rôle de simple exécutant des gouvernements. Les ONG soucieuses d'échapper à la tutelle des programmateurs de l'aide ne s'interdisent pas toujours de rompre le contrat d'un appel d'offres lorsque la poursuite des secours s'avère contre-productive. En outre, le pourcentage de financements publics dans le budget d'une association n'est pas forcément très significatif d'une dépendance politique vis-à-vis des bailleurs de fonds institutionnels. Au vu de la grande variété des « guichets » humanitaires, un opérateur peut fort bien diversifier les sources de revenus en provenance des gouvernements. De surcroît, la distinction entre acteurs publics et privés selon l'origine des fonds ne suffit assurément pas à déterminer le degré d'indépendance des uns et des autres. Des organisations intergouvernementales recourent aussi à la générosité des particuliers, des fondations caritatives ou des entreprises : le Haut Commissariat des Nations unies pour les réfugiés (HCR) s'est doté pour ce faire d'associations de soutien en France et en Grande-Bretagne, tandis qu'environ un tiers des revenus de l'Unicef (United Nations International Children's Emergency Fund) provient de dons ou de la vente de cartes de vœux.

Du côté du secteur privé, les ONG, elles, bénéficient de donations défiscalisées, de legs et d'héritages. La part de l'autofinancement n'est pas négligeable non plus, qu'il s'agisse d'activités commerciales ou de services de consultations. Au-delà des idéaux désintéressés de l'engagement humanitaire, les ONG constituent en effet des acteurs économiques qui doivent présenter des budgets équilibrés sous peine de fermer leurs portes. Certaines ne cachent d'ailleurs pas leur orientation marchande. Dans les pays du Sud, il est fréquent de voir des hommes d'affaires monter des associations prétendument non lucratives afin de profiter des marchés afférents à la distribution des secours : ce que les Américains appellent aussi des Bongo *(Business Organized Non-Governmental Organizations).* Et dans les pays du Nord, bon nombre d'entreprises et de formations payantes vendent des prestations logistiques qu'elles qualifient d'humanitaires, sans parler de la contractualisation de consultants dont Fred Cuny, fondateur après la guerre du Biafra de la compagnie Intertect Relief & Reconstruction à Dallas, reste une des figures les plus connues depuis son assassinat en Tchétchénie en 1995.

De ce point de vue, il est important de noter que les financements privés ne sont pas non plus dégagés de toute conditionnalité. Des mécènes participent de près au montage des programmes et imposent des contraintes géographiques ou thématiques lors de l'élaboration d'un projet. L'action humanitaire sert alors à assurer la paix sociale dans l'environnement immédiat d'une entreprise. L'enjeu s'avère particulièrement sensible pour les multinationales présentes dans les zones troubles du tiers-monde et *de facto* parties prenantes à un conflit du fait qu'elles fournissent des revenus essentiels aux belligérants, qu'il s'agisse de l'industrie pétrolière au Soudan, en Angola ou en Azerbaïdjan, du secteur minier en République démocratique du Congo ou des « diamants du sang » au Liberia et en Sierra Leone. Toutes les organisations caritatives n'ont visiblement pas les mêmes problèmes de conscience à cet égard. Dans les années 50, déjà, l'International Voluntary Services (un regroupement d'ONG protestantes précurseur des *peace corps* du président John Kennedy) acceptait les fonds de compagnies pétrolières américaines pour mettre en œuvre des programmes de développement susceptibles d'apaiser les tensions avec les autochtones. À présent, Africare (qui émane des milieux noirs américains) travaille avec des subventions de la Shell au Nigeria ; or cette dernière assure la majeure partie des rentrées en devises des juntes qui se sont succédé au pouvoir, et elle est très critiquée à la fois par les lobbies écologistes, à cause de sa pollution dans le delta du Niger, et par les organisations de défense des droits de l'homme, à cause de ses connivences avec les autorités militaires, en particulier lors de la répression de la protestation du peuple ogoni et de l'exécution de l'écrivain Ken Saro-Wiwa en 1995.

La question prend toute sa saveur lorsqu'on en vient au financement de certaines ONG par des entreprises d'armement. Il est frappant de constater que des institutions parmi les plus reconnues pour leur travail en faveur de la paix, telles les Fondations Carnegie ou Nobel, ont été lancées par des individus que l'on aurait sûrement qualifiés de marchands de canons en 1914. Remords, sentiment de culpabilité, poids de la religion ? Andrew Carnegie a, en l'occurrence, bâti une partie de sa fortune grâce à une usine spécialisée dans les blindages, tandis qu'Alfred Nobel, l'inventeur de la dynamite, s'est enrichi grâce aux brevets tirés de la production industrielle d'explosifs. Aujourd'hui, on pourrait en dire tout autant des fondations caritatives de Kamran Elahian, milliardaire américain d'origine iranienne et de confession bahaie dont le groupe, Entopia, réalise l'essentiel de son chiffre d'affaires en France avec la Direction générale de l'armement. Dans une interview accordée au *Monde* le 15 octobre 2002, l'intéressé expliquait : « Mieux vaut gagner de l'argent pour en prodiguer ensuite à des œuvres charitables que de ne rien donner du tout. »

LA TRANSPARENCE : UNE QUESTION DE CRÉDIBILITÉ

La fonction de l'aide humanitaire serait-elle donc de fournir un alibi aux entreprises et aux États ? Gageons que non. Encore faudrait-il en savoir plus sur les sources de financement et les agissements des opérateurs. La difficulté est que les associations de solidarité internationale ne publient pas toutes des rapports d'activités et qu'il est difficile de connaître précisément l'origine de leurs ressources, ainsi qu'en témoignent les enquêtes de l'Observatoire de l'action humanitaire. Certes, l'opacité du milieu ne témoigne pas systématiquement de la mauvaise foi des opérateurs, en particulier lorsqu'on songe aux petites associations du tiers-monde, qui travaillent sans moyens. Mais elle n'est pas sans étonner alors que les ONG du Nord sont les premières à exiger plus de transparence de la part des entreprises et des États. Il y va de leur crédibilité si elles ne veulent pas apparaître comme des organisations non gouvernables ou des associations lucratives sans but.

Pour en savoir plus

Kees Biekart, *The Politics of Civil Society Building : European Private Aid Agencies and Democratic Transitions in Central America*, Utrecht, International Books & Transnational Institute, 1999.

Alain Destexhe, *L'humanitaire impossible, ou deux siècles d'ambiguïté*, Colin 1993.

J.J. Lador-Lederer, *International Non-Governmental Organizations*, Leyden, A.W. Sythoff, 1962.

David Lamb, *The Africans*, New York, Random House, 1982.

Jørgen Lissner, *The Politics of Altruism : a Study of the Political Behaviour of Voluntary Development Agencies*, Genève, Lutheran World Federation, 1977.

Marc-Antoine Pérouse de Montclos, *L'aide humanitaire, aide à la guerre ?*, Bruxelles, Complexe, 2001.

William Shawcross, *The Quality of Mercy : Cambodia, Holocaust, and Modern Conscience*, New York, Simon & Schuster, 1984.

Fiona Terry, *Condemned to Repeat ? The Paradox of Humanitarian Action*, Ithaca, Cornell University Press, 2002.

Martin Van Creveld, *Les femmes et la guerre*, Monaco, Éditions du Rocher, 2002.

Susan L. Woodward, *Balkan Tragedy : Chaos and Dissolution After the Cold War*, Washington, Brookings Institution, 1995.

Internet

www.observatoire-humanitaire.org
Site de l'Observatoire de l'action humanitaire.

Asie

Asie méridionale

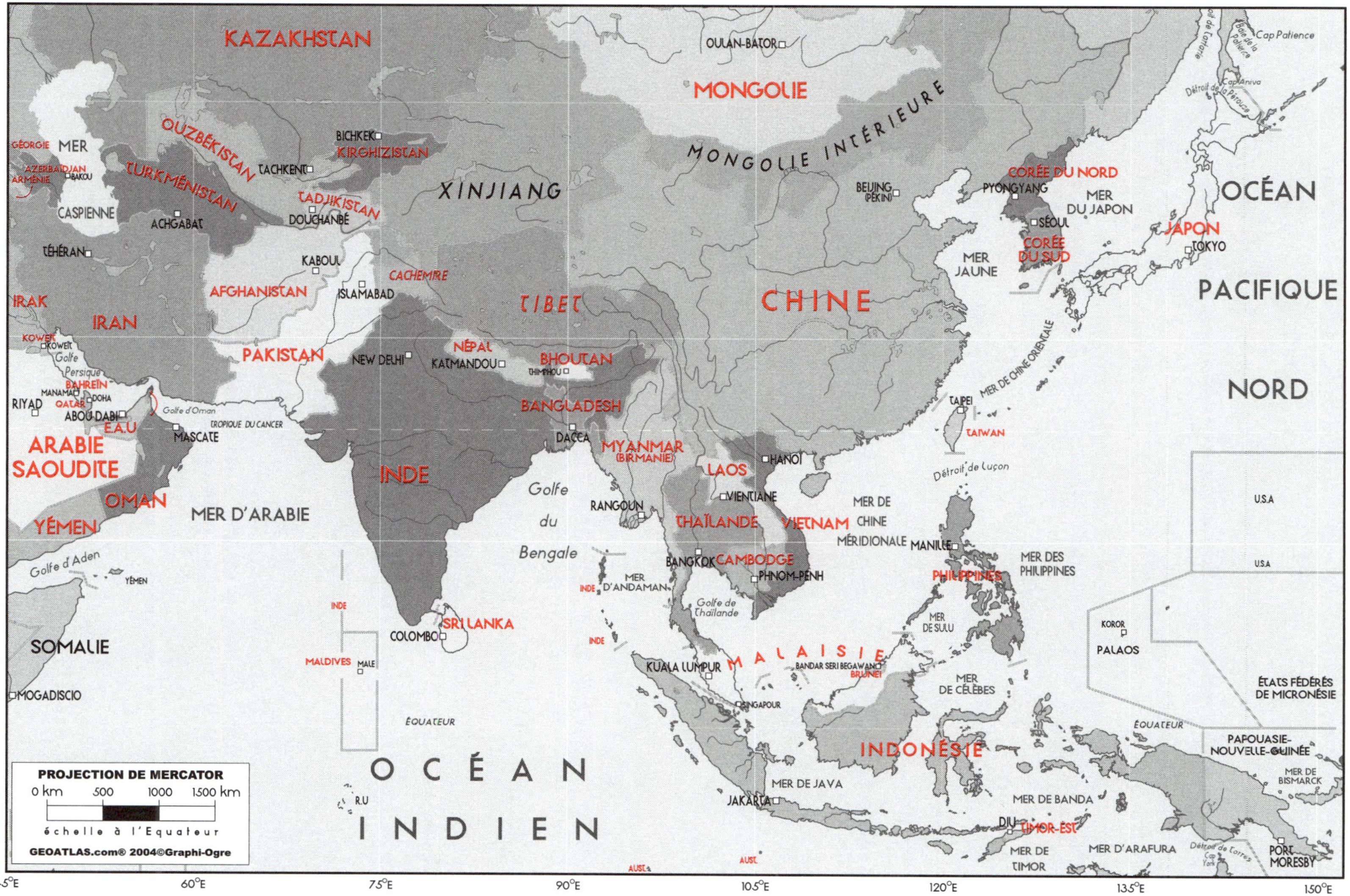

L'Asie a le triste privilège d'avoir fait démarrer l'ère post-11 septembre 2001 avant l'heure : l'assassinat du commandant Massoud, au moyen d'une caméra piégée utilisée par deux faux journalistes autorisés à l'interviewer, le 9 septembre 2001, a fait basculer l'Afghanistan, terre d'élection d'Oussama ben Laden, au cœur de la lutte antiterroriste mondiale menée par les États-Unis. Les attentats de Bali, ensuite, le 12 octobre 2002, dont les victimes étaient principalement australiennes, braquent à nouveau les projecteurs de l'actualité sur cette région du monde et révèlent à l'Occident hébété des projets du réseau islamiste régional, la Jemaah Islamiyah, d'instauration d'un grand sultanat dans le Sud-Est asiatique. Du même coup, des mouvements insurrectionnels teintés d'islam, tels que le Moro Islamic Liberation Front (MILF) et le groupe Abu Sayyaf aux Philippines, se voient propulsés sur le devant de la scène, soupçonnés désormais de soutien au terrorisme international.

Ainsi, en ce début de XXIe siècle, le regard porté sur l'Asie est-il différent : la dimension terroriste a, d'une part, amplifié l'audience de certains mouvements, déjà anciens, voire sur le déclin, et, d'autre part, permis à quelques États, sous couvert de lutte antiterroriste, de durcir la répression contre toute forme d'opposition (comme l'a fait la Chine contre les Ouighours du Xinjiang) et d'obtenir une aide financière des États-Unis (comme les Philippines). Quant aux mouvements insurrectionnels issus de la poussée communiste des années 60 et 70, ou soutenus par Pékin jusque dans les années 80, ils terminent de péricliter... avec la désaffection chronique de leurs membres, une criminalisation croissante de leurs activités, le désintérêt des « puissances extérieures » autrefois prêtes à les instrumentaliser à leur profit. Demeurent enfin quelques rébellions de type ethnique (Hmongs au Laos, Karens en Birmanie) dont les soubresauts ne font plus que rarement la une de la presse internationale.

Ces *nouveaux mondes rebelles* asiatiques sont le reflet de l'évolution de la scène insurrectionnelle, aussi n'a-t-on sélectionné ici que les États dont les mouvements sont toujours actifs et inscrits dans les dynamiques contemporaines.

LE CAS TRÈS PARTICULIER DES RÉGIMES « POPULAIRES » D'ASIE DU NORD-EST

Les théâtres insurrectionnels asiatiques restent principalement limités à l'Asie du Sud-Est et à l'Asie du Sud. La menace que font peser les mouvements présents en Asie du Nord-Est (en Chine notamment) semble relativement faible si on la compare aux risques de déstabilisation sociale, politique et économique qui pèsent sur ces pays. Ce sont ces derniers critères qui ont conduit au choix de deux États d'Asie du Nord-Est dont la scène insurrectionnelle est très réduite pour l'un (la République populaire de Chine) et inexistante pour l'autre (la République populaire démocratique de Corée). Pour ces deux États qui apparaissent très stables, plusieurs indicateurs, économiques et sociaux en particulier, sont proches du niveau d'alerte.

DÉPLACEMENT DU CENTRE DE GRAVITÉ INSURRECTIONNEL EN ASIE DU SUD-EST

L'Asie du Sud-Est, en revanche, apparaît comme une terre propice aux luttes de libération et aux combats en tout genre. La péninsule indochinoise, longtemps le théâtre des conflits dits « périphériques » de la période de la guerre froide (au Cambodge et au Vietnam notamment), se retrouve aujourd'hui presque entièrement pacifiée. Des mouvements résiduels s'opposent encore aux autorités centrales (les Montagnards au Vietnam par exemple) mais leurs capacités de nuisance se sont étiolées avec la disparition de leurs soutiens extérieurs. Ces luttes, qui ont été virulentes et meurtrières, appartiennent déjà au siècle passé et n'ont, de ce fait, pas été retenues ici.

D'autres rébellions, pourtant anciennes, ont connu un renouveau à la faveur des transformations du contexte international (fin de la guerre froide, développement du réseau de l'islamisme radical, début de la lutte antiterroriste). Le cas philippin est, à ce titre, particulièrement représentatif de cette évolution : le Moro National Liberation Front (MNLF), qui s'était constitué sur une revendication identitaire (les Moros) à la fois contre Manille (symbole de l'oppression exercée par un pouvoir catholique) et contre les élites locales (l'aristocratie musulmane), a fini, après plusieurs années de négociations, par signer un accord de paix en 1996. Le flambeau de la lutte est alors repris par la faction dissidente du Moro Islamic Liberation Front (MILF), dont l'orientation identitaire passe notamment par une réaffirmation de la différence confessionnelle par rapport aux autorités de Manille.

Cette orientation « islamique » de la lutte des Moros du sud des Philippines n'est pas un phénomène

isolé. Il rejoint même un courant plus général observable ailleurs en Asie (en Thaïlande notamment), qui est le fruit d'influences croisées entre, d'un côté, une prospérité orientale (Arabie saoudite entre autres) qui se traduit par une aide sous forme de financements de projets sociaux, éducatifs, culturels et commerciaux (domaines où l'État central fait très souvent défaut) et, de l'autre côté, une volonté de « retour aux sources » de l'islam de la part des communautés musulmanes. C'est ainsi que l'on a observé une sorte de « réislamisation » des minorités musulmanes à travers l'Asie du Sud-Est et, pour certains groupes en lutte, à une radicalisation de la revendication, à la faveur de l'augmentation des échanges avec le berceau de l'islam (étudiants boursiers accueillis au Caire, à Médine, imams saoudiens invités dans les écoles coraniques asiatiques, etc.).
La version plus militante de ce brassage a donné lieu à des bourses d'études un peu particulières, dans des camps d'entraînement au Pakistan, en Afghanistan, tandis que des « instructeurs arabes » ou asiatiques venaient délivrer leur enseignement dans les places fortes de certains mouvements rebelles (le MILF aurait ainsi mis quelques-unes de ses infrastructures à la disposition du réseau régional de la Jemaah Islamiyah).
Ainsi, entre les années 90 et ce début du XXIe siècle, un double déplacement du centre de gravité insurrectionnel en Asie du Sud-Est peut être observé : le premier, géographique, de la péninsule indochinoise vers l'Asie du Sud-Est archipélagique, et le second, idéologique, d'une lutte de type nationaliste vers une revendication identitaire islamique.
La Malaisie, qui ne comporte pas de mouvement de lutte armée sur son sol, s'inscrit cependant dans cette dynamique. C'est là en effet que le chef spirituel de la Jemaah Islamiyah, Abu Bakar Baachir, en exil après avoir quitté l'Indonésie, élabore son enseignement coranique dont se nourrissent militants et futurs moudjahidines. Comprendre les courants et les enjeux de l'islam en Malaisie permet d'avoir une vision plus claire du reste de l'Asie.

DES CONFLITS EN VOIE D'APAISEMENT EN ASIE DU SUD ?

Si l'Afghanistan a inauguré la nouvelle ère post-11 septembre 2001, le pays est aujourd'hui à la croisée des chemins, entre une lutte antiterroriste qui se poursuit par la traque d'Oussama ben Laden dans le cadre de l'opération *« Enduring Freedom »*, et une phase de reconstruction politique et économique qui s'annonce longue et difficile. Les pays voisins, comme le Pakistan, ont tout intérêt à la stabilisation de l'Afghanistan : des solidarités ethnique et culturelle sont fortes de part et d'autre de la frontière et le maintien d'un tel « abcès » d'insécurité n'est guère acceptable par Islamabad.
Entre l'Inde et le Pakistan également, la persistance de litiges, dont celui du Cachemire est de loin le plus meurtrier, n'est pas gérable à long terme. Certes, une escalade des tensions entre ces deux États nucléaires ne peut être exclue, mais la pression internationale est telle que cette probabilité demeure faible. Comme pour l'Afghanistan où le temps représente un élément déterminant pour l'avenir.
Les conflits tels que celui des Tigres tamouls sri-lankais, s'ils connaissent encore des épisodes violents, semblent désormais engagés sur la voie d'une recherche de solution négociée. Passage délicat qui, s'il n'est pas ménagé avec habileté, comporte le risque de voir émerger une faction radicale avec laquelle tout le travail d'approche et de négociation sera à reprendre.
Enfin, le Népal est l'exception qui confirme la règle : une lutte armée maoïste y fait rage alors que les rébellions communistes dans le reste de l'Asie sont en totale perte d'audience : seule la New People's Army philippine, qui s'est criminalisée depuis plusieurs années, fait encore parler d'elle.
L'Asie rebelle du XXIe siècle présente un visage différent à bien des égards. Certaines tendances déjà observables dans les années 90 se sont affirmées, tandis que d'autres ont pris des proportions inattendues à la faveur de la lutte antiterroriste menée depuis fin 2001. C'est ce que la sélection de crises, de foyers de déstabilisation et de rébellions tente de montrer dans les chapitres qui suivent.

Superficie : 9 561 000 km²
Population : 1,3 milliard (estimations 2004)
Composition ethnique : Han (92 %), minorités ethniques (8 %), dont Zhuangs (16 millions), Mandchous (10 millions), Huis (9 millions), Ouighours (8 millions), Mongols (5 millions), Tibétains (4,5 millions), Miaos, Buyis, Coréens, Kazakhs, etc.
Religions : bouddhisme, taoïsme, islam et christianisme

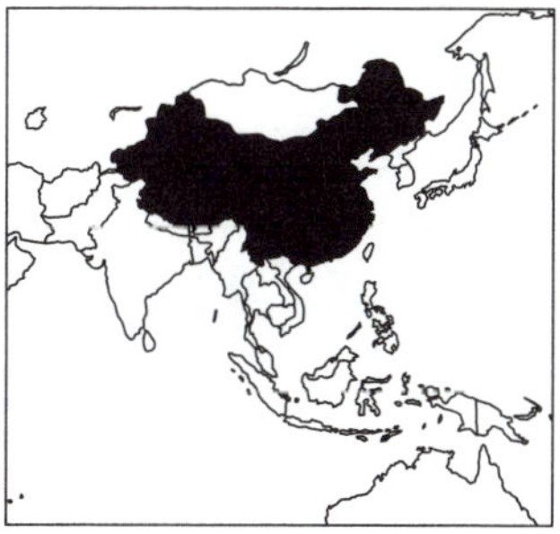

Chine

Le régime chinois semble avoir trouvé dans le succès de la croissance économique (moyenne annuelle de 8 % dans les années 90) une nouvelle confiance en son avenir. Sa légitimité de système de parti unique réside aujourd'hui dans sa capacité à pérenniser la dynamique de développement amorcée avec la politique d'ouverture et de réforme (1978). Depuis le milieu des années 90, la transition vers un système de marché s'est cependant accompagnée de l'aggravation des tensions sociales. Ce contexte a engendré chez les autorités chinoises une perception renouvelée de la subversion. Alors que celle-ci était, jusqu'à la fin des années 70, largement centrée sur la notion d'« ennemi » au régime (« forces impérialistes » et « ennemis du peuple »), elle met désormais l'accent sur le concept de « menace ». Les conflits d'intérêts au sein de la société chinoise et les dysfonctionnements de l'appareil bureaucratique (« contradictions internes ») sont, dans une certaine mesure, reconnus comme sources potentielles ou réelles de déstabilisation. Divers types de « menaces » internes sont identifiés par le régime : le séparatisme, le terrorisme, l'extrémisme religieux, la dissidence politique et le mécontentement populaire associé à différents groupes sociaux. La vigilance à l'égard d'éventuels soutiens extérieurs (« forces anti-chinoises », y compris les « forces pro-indépendantistes à Taiwan ») demeure, comme le montre la création, fin mars 2004, du « Groupe dirigeant central relatif aux trois anti » (lutte contre différents types d'espionnage). La communication des autorités chinoises sur les facteurs de déstabilisation du régime marque un certain tournant réaliste. Force est d'ailleurs de constater l'utilisation habile par la Chine du discours sur la lutte antiterroriste développé dans le sillage du 11 septembre 2001 afin de justifier la répression. Cependant, l'idéologie au service de la perpétuation du rôle dirigeant du Parti communiste chinois (PCC) continue d'imprégner l'identification des menaces et l'évaluation de leur dangerosité. Compte tenu de son vaste dispositif de contrôle social, l'État chinois est moins préoccupé par des actes individuels ou collectifs isolés, qu'il peut neutraliser de façon relativement aisée, que par certains mouvements « rebelles » (« contre-révolutionnaires » selon le référentiel marxiste-léniniste). Pour le PCC, l'objectif de « stabilité » justifie l'encadrement officiel de l'action collective. Les organisations autonomes sont « illégales ». Dans ces conditions, la charge déstabilisatrice pour « l'ordre social et la sécurité de l'État », associée à certains acteurs « incontrôlables », est parfois surdimensionnée, soit que le Parti appréhende un phénomène dans des

Chine continentale

termes plus dangereux qu'il n'est pour lui que pour la population chinoise, soit qu'il exagère délibérément une menace pour légitimer la répression tout en préservant l'image internationale du pays. Aujourd'hui, quatre types de mouvements défiant le pouvoir chinois peuvent être distingués : nationalistes, religieux, politiques et sociaux.

LES NATIONALISMES TIBÉTAIN ET OUIGHOUR

La Chine est confrontée, au Tibet et au Xinjiang, à deux grands mouvements contestant sa souveraineté. La menace qu'ils représentent est appréhendée par les autorités de Pékin à travers la notion de « séparatisme ». Le régime communiste a fait de l'« unification de la patrie » un des ressorts fondamentaux de sa légitimité. La volonté de couper court à toute revendication de type autonomiste va donc au-delà du souci de maintenir un environnement stable à la croissance du pays. La « lutte contre le séparatisme » sert également à justifier la répression des revendications en faveur de la préservation de l'identité culturelle et d'une meilleure intégration économique de ces populations. Elle tend ainsi à renforcer les tendances indépendantistes des mouvements d'affirmation identitaire tibétain et ouighour.

Le Tibet, un rebelle pacifiste. Au Tibet, la résistance à la politique d'assimilation du régime a donné lieu à un mouvement largement pacifique. La majorité de la population soutient les revendications portées par les moines et les nonnes en faveur sinon de l'indépendance de l'ancien royaume de l'Himalaya, du moins d'une autonomie renforcée. L'opposition intérieure est relayée par la diaspora tibétaine à l'étranger et le gouvernement du Dalaï lama en exil installé en Inde (à Dharamsala). Le mouvement identitaire tibétain pose un double défi à la Chine : limiter l'écho que celui-ci trouve au sein de la communauté internationale, véritable arme diplomatique contre ses droits à la souveraineté sur le Tibet ; prévenir la montée en puissance d'une résistance intérieure qui pourrait être tentée de se lancer dans une lutte ouverte.

Le mouvement de résistance au régime chinois se nourrit de l'ambiguïté de l'ajustement de la politique chinoise du Tibet dans les années 80-90. Reconnaissant partiellement les abus de la Révolution culturelle (en 1976, la plupart des 600 000 moines et nonnes bouddhistes que comptait le Tibet en 1950 étaient morts, disparus ou en prison), les autorités de Pékin se sont engagées dans une nouvelle politique de modernisation économique et de réhabilitation partielle de la culture tibétaine, tout en accordant une plus grande liberté religieuse. Néanmoins, la sinisation du système éducatif s'est poursuivie. Tandis que l'État restaure certains temples, il restreint le nombre de religieux et limite l'enseignement du bouddhisme. Sur le plan démographique, la politique d'assimilation passe par la promotion des mariages mixtes et l'encouragement à l'immigration Han qui s'est accélérée depuis 1992 (officiellement, 14 % de la population de la Région autonome du Tibet – RAT ; plus de 30 % dans les autres provinces du Grand Tibet – Qinghai, Gansu, Yunnan). L'afflux de populations chinoises est d'autant moins supporté que le régime limite le nombre des naissances par foyer.

La résistance tibétaine s'alimente également au sentiment éprouvé par la majorité de la population autochtone de ne pas bénéficier de la croissance économique (10,9 % entre 1998 et 2002). Essentiellement liée à de grands projets (construction de la ligne de chemin de fer transhimalayen entre la province du Qinghai et la Région autonome du Tibet), elle a un faible effet d'entraînement sur le développement local. L'exploitation des ressources sert surtout l'industrie chinoise. La population rurale (85 % des Tibétains) a un revenu moyen inférieur à celui du début des années 90 alors que celui-ci est l'un des plus faibles de la République populaire chinoise. Elle est peu associée à la politique de mise en valeur de l'Ouest chinois *(Xibu da kaifa)* lancée en janvier 2000, qui profite avant tout à la population d'origine Han. Or la politique d'urbanisation à l'échelle nationale, avec un objectif de 50 % en 2020, ouvre peu de perspectives d'emploi à la population tibétaine du fait d'un système d'emploi sélectif lié à l'origine ethnique et aux requis en matière linguistique ou éducative auxquels la majorité des Tibétains ne peut satisfaire.

La marginalisation économique de la population tibétaine se double d'une mise à l'écart de l'appareil de décision politique. Malgré un effort de « tibétisation » de l'administration de la région autonome (60 % des cadres sont tibétains), les cadres chinois continuent d'occuper les postes de direction. Ainsi les hauts cadres tibétains eux-mêmes ne sont-ils pas insensibles aux revendications des Tibétains demandant de ne plus être considérés comme des citoyens de second ordre. La forte présence militaire chinoise (30 000 hommes en 1950, 500 000 au début des années 80) contribue par ailleurs à entretenir le sentiment d'occupation du territoire tibétain par une force étrangère.

Une résistance de portée limitée, soudée par le charisme du Dalaï lama. L'opposition tibétaine au pouvoir de Pékin ne présente pas pour lui un danger immédiat. Les attentats à la bombe tels que ceux qui se sont produits dans la capitale de la RAT, Lhassa, fin 1996 et en octobre 2000 demeurent isolés. La condamnation à la peine capitale du moine Tenzin Delek Rinpoche (52 ans) en 2002 avec deux ans de sursis reflète la dureté de la répression. Ce dirigeant spirituel non violent a été accusé d'avoir mené des « activités terroristes » à la suite d'une série d'explosions au Kham (partie tibétaine du Sichuan). Son coaccusé, Lobsang Dondrup (28 ans), a été exécuté en janvier 2003.

Le pacifisme de la résistance tibétaine a été imposé par le charisme du quatorzième Dalaï lama, Tenzin Gyatso. Considéré par Pékin comme le principal responsable de la persistance du « séparatisme » tibétain, tout écrit ou image relatifs à sa personne sont proscrits en Chine. Mais alors que sa photo s'affiche de façon clandestine, celui-ci assure un lien symbolique entre les résistances intérieure et extérieure. Dans la seconde moitié des années 80, le Dalaï lama a réussi à faire admettre l'abandon de l'objectif d'indépendance, lui substituant celui d'un large degré d'autonomie pour l'ensemble du Tibet historique. Sa position, définie par deux discours qui font date (« Plan de paix en cinq points », 21 septembre 1987 ; « Proposition de Strasbourg » – équivalant à l'application du modèle « un pays, deux systèmes » en vue de la mise en place d'un régime démocratique au Tibet –, 15 juin 1988), constitue aujourd'hui l'agenda dominant du mouvement nationaliste tibétain

En Chine, la résistance intérieure est surtout animée par des moines et des nonnes bouddhistes. On estime que 75 % environ des 145 prisonniers politiques tibétains recensés sont des religieux. Les manifestations de protestation, pour la plupart organisées de façon spontanée, se concentrent largement à Lhassa. Elles sont fondées sur la mobilisation du rituel bouddhiste comme arme de politique symbolique. Les manifestations de septembre-octobre 1987 en ont fourni le modèle. Les exécutions publiques de deux Tibétains avaient conduit un groupe d'une trentaine de moines de Sera, ensuite rejoints par une foule de 200 personnes, à profiter de la déambulation rituelle autour du temple du Jokhang à Lhassa pour brandir des drapeaux tibétains interdits par les autorités et scander des slogans en faveur de l'indépendance du Tibet.

La protestation mobilise des lieux et des dates symboliques. Elle se déroule souvent autour du Jokhang. Temple le plus sacré du Tibet, il est privilégié au Potala, siège de l'autorité séculière du Dalaï lama, devenu le lieu des grandes célébrations officielles. Le 10 mars, anniversaire de la fuite du chef du bouddhisme tibétain en Inde en 1959, est une journée placée sous haute surveillance. Cette date avait constitué, en 1989, la toile de fond de manifestations de quelques centaines de personnes ayant conduit à la proclamation de la loi martiale le 7 mars 1989 dans la RAT (elle sera levée le 1er mai 1990).

À l'étranger, le gouvernement du Dalaï lama en exil représente le cœur de l'opposition à la souveraineté chinoise sur le Tibet. Créé lors de la fuite de ce dernier en Inde, il n'est pas reconnu par la communauté internationale. Se référant à sa Constitution promulguée en 1963, fondée sur les principes du *dharma* (la loi bouddhique) et de la démocratie, il préside à la vie des 150 000 Tibétains réfugiés en Inde. Son exil à Dharamsala l'a coupé de la situation au Tibet jusqu'à ce que les autorités chinoises autorisent quelques délégations à se rendre sur place au début des années 80. Depuis, les contacts entre Tibétains de l'intérieur et de l'extérieur ont repris. Leur caractère discret, voire clandestin, ne permet toutefois pas de constituer un rapport de force favorable face aux autorités de Pékin.

Le Congrès de la jeunesse tibétaine, basé à Dharamsala, a été créé en 1970 pour organiser le combat des exilés tibétains en faveur de l'indépendance. Cette ONG revendique 13 000 membres et 63 représentations à travers le monde. Elle est à l'initiative de manifestations et de grèves de la faim dans différents pays. Aujourd'hui fidèle à la voie pacifiste du Dalaï lama, elle n'exclut pas le recours à d'autres moyens, « y compris le terrorisme » (sabotages de lignes électriques, de ponts et de routes à l'exclusion de toute atteinte à la vie de personnes).

Vers une radicalisation de l'opposition tibétaine au pouvoir chinois ? La lutte incarnée par le Dalaï lama pour la préservation du patrimoine tibétain place l'essentiel de ses espoirs dans la diplomatie et la communication. Le soutien international à la cause tibétaine constitue un moyen de pression relatif sur le pouvoir chinois – action de nombreuses ONG occidentales telles que Campagne internationale pour le Tibet et Tibet Foundation, préoccupation exprimée par les gouvernements occidentaux à l'égard de la situation des droits de l'homme au Tibet, engagement pro-tibétain de personnalités à fort potentiel médiatique, comme l'acteur hollywoodien Richard Gere...

Les perspectives de résolution de la question tibétaine par la négociation semblent toutefois fermées à moyen terme. Les autorités chinoises paraissent avoir dit leur dernier mot pour longtemps avec la publication d'un livre blanc sur le Tibet en mai 2004. Pour elles, il ne fait pas de doute que le temps joue en leur faveur. Le développement du Tibet devrait rallier la population locale au régime chinois tandis que la disparition du Dalaï lama (69 ans) entraînerait l'extinction de l'opposition intérieure.

Pour le chef spirituel du mouvement identitaire tibétain en revanche, l'ajournement indéfini des négociations laisse se profiler le spectre d'une radicalisation de ses militants. La volonté d'indépendance du Tibet reste au cœur des résistances intérieure et extérieure, comme l'illustrent les slogans scandés lors des manifestations de protestation à Lhassa ou la position du Congrès de la jeunesse tibétaine, pourtant proche du gouvernement en exil. Le risque d'une reprise de la lutte armée au Tibet (guérilla de 1951 à 1974) est l'argument ultime avec lequel Dharamsala tente de convaincre Pékin de poursuivre le dialogue avec ses émissaires.

L'action violente au sein du mouvement indépendantiste ouighour. Par ses origines contemporaines, le mouvement nationaliste ouighour présente de nombreux points communs avec le tibétain. Il exprime un vaste mécontentement face à la domination politique, économique et culturelle imposée par Pékin à la première des « minorités » de la Région autonome du Xinjiang – RAX (8 millions de Ouighours) : politique de colonisation Han depuis 1949 (40 % environ de la population locale, soit 7 millions de « Chinois »), récemment alimentée par de nouveaux flux de travailleurs saisonniers et le transfert de 50 000 à 100 000 personnes de la région du barrage des Trois Gorges ; limitation des naissances ; sous-représentation au sein de l'appareil dirigeant (seuls 28,8 % des cadres de l'administration de la RAX sont issus des « minorités ») ; exploitation des ressources au profit des intérêts Han (les unités militarisées de production – *bingtuan* – regroupant 2,4 millions de personne à 90 % Han, occupent le tiers des surfaces arables et réalisent le quart de la production industrielle locale) ; écarts persistants de revenus entre populations Han et ouighoure malgré la politique de développement de l'Ouest ; accès inégal à l'éducation en dépit d'un système de discrimination positive ; restrictions exercées sur la vie religieuse.

Le nationalisme ouighour a connu une renaissance au début des années 90. À la différence de celui qui animait sa mouvance marxiste-léniniste jusqu'à son écrasement dans les années 70, celui-ci place désormais l'islam au centre de son affirmation identitaire. L'ouverture de la Chine depuis 1978 a permis des contacts renouvelés avec le monde musulman (pèlerinage à La Mecque...). Si la recherche d'opportunités en matière éducative et commerciale prime souvent sur des motifs religieux, un fondamentalisme de type wahhabite et l'idéologie de la « guerre sainte » contre les mécréants *(Djihad)* trouvent là les voies d'une pénétration certaine.

L'instabilité récurrente en Afghanistan durant la décennie 90 et l'accès à l'indépendance des républiques ex-soviétiques d'Asie centrale ont donné un nouvel élan au militantisme des Ouighours. Selon certaines évaluations, 500 000 d'entre eux vivraient dans la partie occidentale de ce que les plus radicaux revendiquent comme leur territoire historique (royaume des Xe et XIe siècles s'étendant jusqu'en Ouzbékistan, au Kazakhstan, au Tadjikistan et au Turkménistan). Les émeutes anti-chinoises apparues dans le district de Kachgar en 1990 à la suite du refus opposé à la construction d'une mosquée ont conduit les autorités à réévaluer la menace de ce qui fut dès lors qualifié de « rébellion révolutionnaire armée ». Depuis, la RAX a connu un millier d'incidents (explosions de bombes, assassinats...) en raison desquels les autorités chinoises lient le séparatisme ouighour au terrorisme islamiste.

Le recours à la violence est largement associé à des réseaux localisés dans la région de l'Ili. Plusieurs attentats hors du Xinjiang, dans les métropoles de l'Est chinois, leur sont attribués (explosion de bombes dans deux universités prestigieuses de Pékin, février 2003). La lutte armée est contestée par la mouvance pacifiste de l'indépendantisme ouighour. Il lui manque toutefois pour s'imposer un dirigeant aussi charismatique que le Dalaï lama. Son leader le plus probable, Erkin Altpekin, n'est pas aujourd'hui en mesure de jouer ce rôle. À Munich, en avril 2004, deux des plus importantes fédérations indépendantistes ouighoures basées à l'étranger (Congrès national du Turkestan oriental et le Congrès mondial de la jeunesse ouighoure) ont fusionné pour créer le Congrès mondial ouighour. Si la cause ouighoure y a sans doute gagné en cohérence, le mouvement indépendantiste reste divisé.

La Chine a publié en décembre 2003 sa première liste des « organisations terroristes » définissant quatre cibles privilégiées dans sa lutte contre l'indépendantisme ouighour : le Mouvement islamiste du Turkestan oriental (Etim, selon son sigle anglais) – placé sur la liste des organisations liées à Al-Qaïda établie par le Comité 1267 de l'ONU en 2002 ; l'Organisation de libération du Turkestan oriental (Etlo), basée à Istanbul ; le Centre d'information du Turkestan oriental (Etic), basé à Munich ; le Congrès mondial de la jeunesse ouighoure (Wuyc).

Le régime chinois lutte efficacement contre la dissidence ouighoure. Parmi les 11 personnes recherchées pour « terrorisme » citées fin 2003 aux côtés des quatre organisations placées hors la loi, la plupart sont mortes ou en prison. Pékin a obtenu l'extradition de ses ressortissants ouighours auprès des pays voisins (le Pakistan ainsi que les cinq républiques d'Asie centrale membres de l'Organisation de coopération Shanghai qui a adopté, en 2001, un « Pacte de lutte contre le terrorisme, le séparatisme et l'extrémisme » et inauguré, en janvier 2004, le Centre de lutte contre le terrorisme de Tachkent). Mais la répression, qui s'est accrue depuis le 11 septembre 2001, intervient alors que les autorités officielles n'ont fait état d'aucune attaque par des groupes terroristes au cours des trois dernières années.

FALUN GONG ET LES MOUVEMENTS RELIGIEUX DÉVIANTS

Le Falun gong représente aujourd'hui l'un des groupes organisés les plus dangereux pour le pouvoir chinois. Le mouvement s'est développé autour d'un type de gymnastique fondée sur des exercices respiratoires et associée à une spiritualité mêlant éléments du bouddhisme et du taoïsme. Sa politisation remonte à sa mise hors la loi en 1999. Le Falun gong est devenu un puissant appareil de mobilisation de l'opinion chinoise et internationale. Il prône le renversement du régime communiste stigmatisé comme gouvernement du mal. Son potentiel déstabilisateur relève des menaces que le gouvernement chinois identifie comme « doctrines néfastes » ou « hétérodoxes » *(xiejiao)*. Sont visés les mouvements spirituels non enregistrés auprès du ministère des Affaires civiles. Ceux-ci se multiplient depuis la fin des années 70, parallèlement au déclin relatif de l'idéologie communiste. La recherche de nouveaux repères et de nouveaux types de sociabilité dans une société marquée par un individualisme croissant a fait renaître un certain attrait pour les religions et les sectes au sein des couches défavorisées comme parmi la classe moyenne.

Après une phase d'éradication de toute croyance associée à de la superstition entre les années 50 et 80, la Constitution de 1982 a entrepris de protéger la liberté confessionnelle (art. 36). Le régime tolère la religion jusqu'à sa « disparition naturelle ». Les bureaux des affaires religieuses des différents échelons administratifs et des associations nationales forment la structure d'encadrement des cinq religions considérées comme orthodoxes (bouddhisme, catholicisme, islam, protestantisme, taoïsme).

Menace d'un leadership spirituel en concurrence avec le Parti. Toute organisation non autorisée est associée à une « doctrine hétérodoxe ». La Cour populaire suprême a été amenée à en préciser la définition peu après la plus vaste manifestation qu'ait connue la Chine depuis les événements de Tiananmen (octobre 1999). Celle-ci avait réuni, le 25 avril 1999, plus de 10 000 adeptes du Falun gong autour du siège du Parti communiste chinois à Pékin. La loi chinoise soumet ainsi à la répression « toute organisation illégale qui, au nom de la religion, du *qigong* ou sous tout autre titre, trouble l'ordre social en diffusant des superstitions, cherchant à contrôler leurs membres et se livrant à toutes sortes d'escroqueries ». Pour le pouvoir en place, trois types de mouvements religieux entrent dans ce cadre : l'Église catholique souterraine, les mouvements messianiques et apocalyptiques d'obédience chrétienne et certains mouvements de *qigong*.

L'Église souterraine refuse, par opposition à l'Église patriotique, de reconnaître aux autorités chinoises une quelconque autorité spirituelle. Alors que la Chine compte 4 millions de catholiques affiliés à des structures officielles, le nombre d'adeptes du catholicisme clandestin est évalué à 10 millions. Les arrestations régulières touchant son clergé (dénonciation de l'interpellation de l'évêque de Xuanhua par le Saint-Siège le 23 juin 2004) montrent que le problème de l'affiliation religieuse est aujourd'hui avant tout, pour le pouvoir chinois, un conflit d'allégeance. Pour la communauté chrétienne souterraine, le sens de la dissidence est toutefois moins politique que religieux. Les liens informels qui se tissent entre certains évêques de l'Église patriotique et le Vatican tendent à nuancer le défi qu'elle représente pour le régime chinois. La normalisation des relations avec Pékin souhaitée par le pape Jean-Paul II pourrait en outre mettre fin au statut de groupe rebelle associé à l'« Église du silence ».

Les mouvements issus de différentes traditions sectaires protestantes constituent un défi autrement plus important. D'une part, ils forment un phénomène beaucoup plus massif (le nombre de protestants est évalué à 60 millions, dont seuls 10 millions seraient légalement enregistrés). D'autre part, ils diffusent un message de subversion à la fois religieux et politique. Ainsi, la secte « Éclair de l'Orient » *(Dongfang shandian)*, qui s'est développée à partir de 1994, présente-t-elle sa fondatrice, originaire du Henan, comme le second Christ. En professant l'avènement prochain d'une nouvelle ère, elle s'attaque aussi bien aux références bibliques qu'aux dysfonctionnements du régime en Chine.

La « Société des disciples du Christ » *(Mentuhui)*, qui revendique 500 000 membres, constitue l'une des cibles principales de la répression menée par les autorités. Fondée en 1989 par un paysan, Ji Sanbao, selon le principe de l'élection par un maître de douze disciples, elle s'est d'abord développée dans des régions pauvres et reculées du Shaanxi, du Sichuan et du Hubei. Dès 1995, elle comptait 350 000 adeptes dans quinze provinces différentes, essentiellement dans les zones rurales du Nord-Ouest.

Malgré la répression, les mouvements sectaires ne cessent de se renouveler. Les associations déclarées hors la loi réapparaissent sous couvert d'autres appellations. Surtout, la force d'attraction du message millénariste suscite les vocations de chefs spirituels par scission de courants existants ou par création d'un groupement propre. Ainsi, le développement de l'« Église holistique », fondée par Xu Yongze au Henan en 1984, n'est-il pas sans lien avec l'« École de l'appel » *(Huhan pai)*. Sa doctrine de base, qui repose sur l'idée que crier le nom du Seigneur permet de libérer son âme, a été développée par un Sino-Américain installé en Californie en 1962. Elle a pénétré la Chine continentale depuis Hong Kong à travers le Zhejiang, le Henan et le Fujian pour trouver un accueil particulièrement favorable chez les jeunes. Xu Yongze a été condamné à des peines de rééducation par le travail à plusieurs reprises pour avoir appelé à se révolter contre le gouvernement qualifié de « monstre rouge ».

La politisation des sectes religieuses. La mobilisation du référentiel religieux au service d'un appel à la subversion politique et le mode d'implantation des sectes d'obédience chrétienne se retrouvent chez les mouvements qui puisent aux traditions du bouddhisme, du taoïsme et du *qigong*. Les groupes « contestataires » religieux en Chine ont en commun de se fonder sur des syncrétismes s'efforçant de répondre au mécontentement social. Ils se développent aussi bien à partir de zones rurales pauvres pour s'étendre à des régions plus favorisées que dans les métropoles. Ils s'articulent autour de groupes d'affiliation relativement fermés et difficilement contrôlables. En exigeant l'obéissance à de nouveaux chefs charismatiques qui s'autodivinisent, ils concurrencent directement l'autorité du Parti.

Ces caractéristiques ne sont pas sans rappeler les mouvements millénaristes qui ont défié le pouvoir impérial depuis la révolte de la secte taoïste des Turbans jaunes au IIIe siècle avant J.-C. Surtout, elles incitent les autorités à prévenir la renaissance des sociétés secrètes que le régime avait démantelées au lendemain de sa prise du pouvoir en 1949. Selon les statistiques du ministère chinois de la Sécurité publique, depuis le début des années 80, les « organisations hétérodoxes » augmenteraient de 10 à 30 % par an. Les provinces du Henan, du Shaanxi, du Sichuan et du Yunnan seraient les plus concernées. Le nombre, rapporté par les médias officiels, de 1 500 églises chrétiennes et temples taoïstes ou bouddhistes fermés entre novembre et décembre 2000 indique l'ampleur du phénomène auquel des campagnes régulières antisuperstition tentent de faire face.

Certaines branches du *qigong* sont particulièrement visées. Cent quatre-vingt-cinq auraient été éliminées dans la seule province du Shaanxi en 2000. Initialement encouragée par les autorités communistes, la gymnique *(gong)* fondée sur un travail sur le *qi* (« énergie vitale ») a donné naissance à une véritable mode à partir du début des années 80. Dès les débuts du régime (1949) et après son bannissement durant la Révolution culturelle (1966-

1976), trois types d'avantages y ont été associés : 1) le *qigong* représente une alternative laïcisée aux religions « superstitieuses » tout en continuant de puiser aux traditions chinoises ; 2) les vertus qui lui sont attribuées en matière de conditionnement physique, voire ses effets thérapeutiques, permettent de pallier les insuffisances du système médical et le problème de l'accès inégal aux soins ; 3) il permet une sociabilité distincte de l'action politique.

L'ensemble de techniques corporelles composant le *qigong* n'a cependant pas supprimé un certain référentiel métaphysique, voire parascientifique. La croyance professée par le fondateur du Falun gong, Li Hongzhi, en une menace contre l'humanité provenant d'extraterrestres en est une illustration extrême. Les organisations destinées à diffuser les techniques du *qigong* ont vu l'apparition de chefs charismatiques dont la fonction de guide a pu se doubler de la prétention à donner des capacités surnaturelles en échange de l'obéissance des adeptes. Li Hongzhi incarne le type du maître spirituel qui s'autodivinise en changeant sa date de naissance pour la calquer sur celle du Bouddha Sakyamuni.

La puissance du Falun gong. Plus que les sectes d'obédience chrétienne, les organisations de *qigong* ont, par leur capacité de mobilisation en Chine comme à l'étranger, un potentiel réellement déstabilisateur pour le régime. Le Zhong gong (« Gymnique chinoise ») revendiquait 30 millions d'adeptes à l'apogée du mouvement. Il a été interdit le 1er février 2000 et son fondateur, Zhang Hongbao, s'est enfui à Guam pour demander l'asile politique aux États-Unis. Le Xiang gong (« Gymnique parfumée ») a pu constituer une des plus grandes organisations de Chine, avec plus de 10 millions de membres. Mais, par ses capacités logistiques et son réseau mondial, c'est le Falun gong qui est aujourd'hui l'organisation ennemie numéro un du régime. Le mouvement qui se fait enregistrer en 1992 au Jilin auprès de l'Association de recherche sur le qigong de Chine sous l'appellation « Société de recherche de la grande méthode de la roue de la loi » *(Falun dafa yanjiuhui)* est déclaré illégal le 22 juillet 1999, puis de nouveau dans le cadre de la loi antisecte adoptée le 30 octobre 1999. Li Hongzhi, qui avait émigré aux États-Unis dès 1996, est sous le coup d'un mandat d'arrêt international depuis le 28 juillet 1999. Le mouvement Falun gong a pu compter entre 2 millions (selon les statistiques officielles chinoises) et 70 millions (selon l'organisation) d'adeptes en Chine. Ces chiffres, rapprochés des 60 millions d'adhérents du PCC, montrent l'ampleur du défi que le pouvoir en place a pu concevoir. Le succès du Falun gong, notamment auprès de l'élite éduquée et des cadres du Parti (un tiers de ses adhérents auraient été membres du PCC), expliquent les mesures répressives dont il a fait l'objet dès avant son bannissement en 1999. En avril 2000, Pékin déclarait avoir persuadé 98 % des adeptes du mouvement d'abandonner leur affiliation. Toutefois, la mobilisation constante de la population pour dénoncer toute pratique du Falun gong et l'appel à la vigilance concernant la diffusion de matériels de propagande du mouvement (ouvrages, cassettes...) montrent la préoccupation des autorités à l'égard d'une possible résurgence du mouvement. Les médias internationaux et le site Internet en chinois (www.dajiyuan.com – non accessible en Chine) font régulièrement état de mesures d'emprisonnement arbitraires et de mauvais traitements infligés aux membres du Falun gong (100 000 adeptes en camp de rééducation selon certaines sources).

Depuis l'intensification de la répression à partir de 1999, le Falun gong se maintient en Chine sur la base d'une structure plus lâche. Dans ce contexte, il a pu donner lieu à des actions plus radicales de certains de ses membres. Ainsi, bien que le mouvement ait nié toute implication, 5 personnes se sont immolées par le feu, place Tiananmen, en signe de protestation à la veille du nouvel an chinois, le 23 janvier 2001. Cependant, le plus grand danger que représente le Falun gong pour les autorités chinoises aujourd'hui est sa puissante organisation à l'étranger. Le mouvement indique compter à ce jour 100 millions de pratiquants dans plus de 40 pays.

L'action du Falun gong est aujourd'hui basée sur une stratégie de communication visant à décrédibiliser le régime communiste vis-à-vis de l'opinion publique. À cette fin, il s'appuie sur les moyens techniques les plus modernes (chaîne de télévision à l'étranger, détournement de faisceaux satellitaires pour diffuser ses émissions sur les écrans chinois depuis 2002, médiatisation de la répression en Chine par Internet...). Son réseau militant dispose d'une forte capacité à organiser la visibilité du mouvement par des manifestations lors d'événements symboliques (visite de dirigeants chinois à l'étranger, commémoration du 4 juin 1989...). Le lobbying effectué auprès des gouvernements et des parlementaires étrangers, ainsi que la sensibilisation des ONG à sa cause, entretiennent la pression des diplomaties occidentales sur les autorités chinoises afin que celles-ci mettent un terme à leurs violations des droits de l'homme. Pour ces activités, le produit de l'organisation de cours et de la vente de livres et de vidéos lui assurent des ressources financières considérables. Le problème que constitue pour la Chine la vitalité du Falun gong à l'étranger est reflété dans la dénonciation des « forces anti-chinoises » soutenant le mouvement (protection légale des mouvements associatifs, soutiens financiers en Occident et à Taiwan notamment).

L'ACTION POLITIQUE ENTRE DISSIDENCE ET RÉFORMISME

L'opposition au régime de parti unique est une menace persistante pour le Parti communiste aujourd'hui. Elle dépasse cependant le phénomène de dissidence politique. Dans sa transformation d'un système totalitaire en un système dictatorial, la Chine est restée un État policier qui dispose encore de moyens puissants contre toute remise en question ouverte du régime. Les racines de la dissidence chinoise ont été pratiquement réduites à néant par l'écrasement du mouvement démocratique sur la place Tiananmen, le 4 juin 1989, et la répression des réseaux qui ont tenté de faire enregistrer un parti d'opposition en 1998. L'action en faveur d'un *aggiornamento* politique n'a cependant pas disparu à l'intérieur comme à l'extérieur du système.

Le mouvement démocratique au-delà de ses deux morts en 1989 et 1998. Le cœur du mouvement démocratique qui s'est manifesté dans plusieurs grandes villes de Chine en 1989 était constitué d'un noyau d'étudiants soutenus par une certaine élite du monde enseignant et ouvrier, ainsi que par la frange réformiste des hauts cadres du Parti. Il a été démantelé avec la neutralisation de la mouvance progressiste au sein du PCC et l'emprisonnement ou l'exil de ses principaux acteurs. La reprise en main du pouvoir par les conservateurs durant les deux ans qui ont suivi l'« incident de Tiananmen » a porté un coup d'arrêt à la politique d'ouverture et de réforme lancée en 1978. Chez les partisans de la démocratisation chinoise, dans le pays comme à l'étranger, l'espoir a néanmoins persisté de voir la base sociale soutenant l'opposition politique se développer et l'ultime crispation du régime annoncer sa chute.

L'essor de la croissance amorcé par la reprise des réformes économiques en 1992 (tournée de Deng Xiaoping dans le Sud) a porté un coup d'arrêt plus fatal à la dissidence que la répression elle-même. Depuis les années 90, les opportunités d'enrichissement ont été synonymes d'un moindre attrait pour l'engagement politique. Parallèlement, l'idée d'échec qui affecte la transition politique en Union soviétique a tendu à justifier auprès des nouvelles élites la mise à mort du mouvement de 1989 en faveur du passage à la démocratie.

Une approche plus radicale de la réforme politique s'est renouvelée dans la seconde moitié des années 90. La tentative avortée, en 1998, de constituer le premier parti d'opposition depuis la fondation du régime a toutefois achevé d'imposer des modes d'action moins confrontationnels. Le Parti démocratique de Chine *(Zhongguo minzhu dang)* avait déposé ses statuts auprès du Bureau des affaires civiles de différentes provinces. La visite du président Clinton en Chine lui avait laissé quelques semaines de répit avant l'arrestation de ses dirigeants.

A posteriori, le jugement porté sur le type de stratégie adoptée alors par ce réseau de militants est sans appel. Une large part de la mouvance prodémocratique exilée outre-mer le considère comme suicidaire. En Chine, choisir l'affrontement ouvert avec les autorités est désormais conçu comme un prix trop cher à payer pour un faible gain. Les groupes provinciaux composant le Parti démocratique de Chine avaient réussi à fédérer quelque 200 membres. Leurs noms et coordonnées téléphoniques, indiqués sur Internet, les exposaient directement à la répression. L'un de ses principaux animateurs, le physicien Wang Youcai (37 ans), condamné à onze ans de prison, a été libéré en mars 2004 et vit depuis en exil aux États-Unis. L'expérience de mise en place d'un parti d'opposition, occultée par les médias, ne pouvait avoir d'effet en termes de mobilisation plus large.

Tirant les leçons des expériences de 1989 et 1998, le *minyun* (« mouvement démocratique ») a radicalement évolué dans son mode de structuration. Le caractère illégal des organisations politiques autonomes l'a conduit à privilégier l'« action individuelle en réseau ». À cet égard, la diffusion des hautes technologies de communication a joué un rôle crucial dans la transformation de la contestation politique en Chine. Par Internet ou par les supports de la téléphonie cellulaire, des individus peuvent désormais communiquer entre eux sans grande traçabilité, voire diffuser des messages sans échanger directement en s'exprimant sur des sites.

Le *minyun* est aujourd'hui composé d'un large spectre d'acteurs, partageant une même volonté de réforme politique. En le réduisant aux appels dissidents à la démocratisation, on négligerait la charge subversive de l'action des partisans d'une évolution progressive. L'action du mouvement démocratique oscille ainsi entre propositions constructives, sous le contrôle des autorités de censure, et critique frontale du régime menée dans des conditions plus ou moins clandestines. Dans l'ensemble, le mouvement démocratique s'est, depuis 1989, largement transformé d'un « groupe rebelle » en un moteur de changement interne.

Toutefois, un nouveau courant de dissidence s'est développé ces dernières années, à la confluence entre mouvements d'opposition politique et de revendications sociales. Il est composé d'activistes politiques, mais aussi de nouveaux syndicalistes et de militants de mouvements de défense des droits des citoyens. Au terme de l'évolution du mouvement dans les années 90, deux grandes figures de l'action politique apparaissent comme les héritières des « personnalités démocratiques » *(minyun renshi)* des années 80 : l'intellectuel libéral et le cyberdissident. Elles incarnent en quelque sorte des modes de lutte de « faible » et de « haute » intensité contre le régime politique actuel.

Nouvelles figures de la contestation du régime : intellectuels libéraux et cyberdissidents. L'élan donné au développement de l'économie chinoise a érodé l'assise de la faction la plus orthodoxe au sein du PCC. Le Parti est aujourd'hui dominé par le consensus sur la réintroduction de mécanismes de marché. Dans le domaine politique, si la mise en place du pluripartisme n'est pas à l'ordre du jour, une réflexion limitée sur l'amélioration des modes de gouvernance est réapparue. Pour les autorités chinoises, celle-ci doit contribuer à élaborer les remèdes aux effets pervers de la transition économique (montée du chômage, écarts de richesse croissants, développement de la corruption...). La promotion du libéralisme politique s'est néanmoins engouffrée dans le relatif assouplissement du contrôle exercé sur la pensée. Celle-ci est tolérée dans la mesure où elle est le fait d'intellectuels relativement isolés du reste de la société. Au-delà des réflexions individuelles, des réseaux diffus d'intellectuels libéraux se sont reconstitués. Cercles de connaissance plutôt que groupes d'échanges formalisés, ils sont avant tout fondés sur des affinités politiques et des amitiés intellectuelles. Leur plus haut degré d'organisation correspond à des réunions informelles, le plus souvent dans le cadre d'institutions académiques.

« Salons », « séminaires », « conférences » – élargissant l'horizon des programmes d'enseignement et de recherche approuvés – ont été de nouveau autorisés à partir de 1994-1995. Trois caractéristiques les préservent de la répression au titre de rassemblements subversifs : leur caractère ouvert (notamment à la présence de personnels au service de la Sécurité publique), la relative discrétion entourant leur organisation (faible nombre de participants) et l'absence de prosélytisme actif s'agissant de leurs idées politiques. Les thèmes abordés ne débordent d'ailleurs généralement pas le cadre du nouveau pacte entre élites politique et économique pour assurer la stabilité du régime.

Seule une minorité dans la minorité soutient ouvertement une démocratisation de la Chine. Les intellectuels libéraux peuvent se rattacher à la dissidence selon deux modalités : soit l'« étiquetage » comme subversifs des écrits ou des activités menées, en dépit d'une perception de soi qui n'est pas celle d'un « dissident » ; soit l'implication plus ou moins directe dans l'expression d'une opposition au régime, notamment par le biais d'Internet.

Le « dissident » est, en chinois, un « élément possédant des idées différentes ». Le « cyberdissident » en est une figure récente. Elle est apparue dans le contexte du développement exponentiel d'Internet, depuis que la Chine s'est ouverte à cette nouvelle technologie en 1995. Le nombre d'internautes chinois est ainsi passé de 9 millions en janvier 2000 à 80 millions en janvier 2004. La Chine, qui compte 30,9 millions d'ordinateurs connectés à la « Toile », se classe ainsi au deuxième rang mondial après les États-Unis par le nombre de ses utilisateurs. L'engouement pour les forums de discussion a fait d'Internet un embryon d'espace public virtuel, pouvant abriter des activités politiques.

Les appels à la démocratisation du régime par Liu Di – de son nom de plume, « souris inoxydable » –, étudiante en psychologie de 23 ans restée un an en prison sans jugement (de novembre 2002 à novembre 2003), sont caractéristiques des nouveaux canaux d'expression où viennent se nicher les voix de la dissidence. Tout aussi significatives furent les deux pétitions lancées sur le Web en janvier et mars 2003 pour demander sa libération. Elles avaient recueilli la signature de près de 3 000 internautes, dont certains avaient été appréhendés par la suite. La répression des cyberdissidents place le pouvoir face au dilemme de la diffusion en Chine de l'information de pointe et du contrôle de l'opinion des « netoyens » (citoyens du Net). Certaines sources évaluent à une demi-douzaine le nombre de « révoltes en ligne » en 2003 dénonçant des cas de violences perpétrées par les forces de l'ordre, de corruption ou d'injustice sociale.

L'affaire Sun Zhigang est emblématique de celles-ci. Ce graphiste de 27 ans avait été interpellé par la police cantonaise le 17 mars 2003. Il n'avait pas pu produire ses documents d'identité au cours d'un contrôle de routine. Battu par les gardiens du centre de détention provisoire où il avait été placé, il mourait trois jours après son arrestation. Le quotidien *Nanfang Dushi Bao* (« Les Nouvelles de la métropole du Sud ») s'était emparé de l'histoire que les parents de la victime avaient rapportée sur Internet. En l'espace de deux heures après la publication de l'article sur le plus grand portail chinois, sina.com, la nouvelle avait suscité 4 000 commentaires.

Le 29 mai 2003, quatre professeurs, dont deux juristes de l'Université de Pékin, faisaient parvenir une pétition à l'Assemblée nationale populaire. Ils demandaient qu'une enquête soit diligentée concernant la mort de Sun Zhigang. Ils appelaient également à un examen de la constitutionnalité de la « loi sur la détention et le rapatriement ». Le système de détention administrative exposait, en effet, les migrants chinois de l'intérieur aux abus des autorités publiques. Trois mois plus tard, le gouvernement coupait court à tout débat sur le contrôle de la légalité du droit en vigueur en supprimant le texte litigieux.

Plate-forme d'expression qui contourne la censure du monde de l'édition, Internet est ainsi devenu le vecteur d'un nouveau pouvoir de pression du « bas » sur le « haut ». L'acquittement d'une conductrice de BMW, qui avait écrasé un paysan avec sa voiture et blessé douze autres personnes en décembre 2003, marque les limites de son influence. Dans ce cas, les victimes n'avaient pas dégagé le passage assez rapidement pour la voiture. Le scandale avait déclenché un mouvement de protestation en ligne. Les relations haut placées de la dame ont néanmoins permis l'abandon des poursuites à son égard. Par ailleurs, les trois responsables du *Nanfang Dushi Bao* qui avaient rapporté l'affaire Sun Zhigang et révélé les risques de réapparition du Sras au Guangdong fin 2003 ont été arrêtés entre février et mars 2004. Leur condamnation pour corruption s'inscrit dans un mouvement de reprise en main des médias et du cyberespace depuis le début de l'année.

Internet procure cependant aux voix protestataires ponctuelles comme aux « hactivistes » (activistes *hackers*) une réelle capacité à provoquer des réactions en chaîne au sein de l'opinion. Les autorités chinoises s'efforcent par conséquent d'encadrer l'accès au réseau (d'avril à juin 2004, 16 000 cybercafés auraient été fermés, dont 7 000 en mai, selon l'AFP) et à certains sites (10 % des sites mondiaux seraient bloqués d'après certaines estimations). Les fournisseurs d'accès, dont le nombre est limité, sont étroitement contrôlés par l'État. Le moteur de recherche Google avait été fermé pendant une semaine en septembre 2002. Face aux pressions des autorités, le portail Yahoo ! en Chine a signé la charte par laquelle il s'engage à « ne pas diffuser d'information susceptible de nuire à la sécurité de l'État et de porter atteinte à la stabilité sociale ». Les sites officiels ont également aménagé des forums de discussion afin de canaliser l'opinion vers un espace de pseudo-débat.Une force de 30 000 policiers a été formée aux techniques les plus avancées afin de poursuivre les cyberdissidents. Les adresses électroniques par lesquelles sont diffusés des messages considérés comme subversifs sont repérées à partir d'un système de filtrage par mots clés. Selon Amnesty International, le nombre d'arrestations de cyberdissidents aurait augmenté de 60 % en

2003, plaçant la Chine au premier rang mondial dans ce domaine. Entre 50 et 70 administrateurs de site seraient actuellement en détention (61 selon Reporters sans frontières).

Le constitutionnalisme : danger perçu différemment par les factions du PCC. Comme le montre l'affaire Sun Zhigang, la mobilisation d'intellectuels libéraux (professeurs, journalistes, avocats...) peut constituer une force d'entraînement de l'opinion publique aussi déstabilisatrice pour le régime que la dissidence. Celle-ci se rattache toutefois désormais essentiellement à la promotion du « constitutionnalisme » ou de l'« institutionnalisme ». En développant l'idée de séparation entre le Parti et l'État, que l'aile progressiste du PCC avait commencée à explorer dans les années 80, ce nouveau courant du réformisme politique insiste sur un nécessaire réaménagement des institutions qui sanctionnerait le pouvoir du droit *(fazhi)* sur la volonté arbitraire de personnes *(renzhi).* Il met en avant l'application des provisions en matière de libertés individuelles, inscrites dans la Constitution de 1982, comme le préalable à une évolution du régime. Les rapports de force au sein de la direction du Parti jouent un rôle important dans la catégorisation des intellectuels libéraux en menaces pour le régime. Leur action bénéficie des déclarations de son numéro un depuis novembre 2002, Hu Jintao, tendant à affirmer la supériorité de la Constitution sur l'autorité du Parti. Sa ligne est toutefois contestée par l'approche conservatrice en matière de réforme politique. L'ancien secrétaire général du PCC, Jiang Zemin, continue pour l'heure d'incarner cette ligne malgré le retrait récent de ses fonctions officielles (septembre 2004). Pour elle, la mise en place d'institutions et de forces politiques indépendantes menacerait à terme le rôle dirigeant du PCC. Compte tenu de la capacité extrêmement limitée pour le mouvement démocratique chinois outre-mer d'influer sur la situation en Chine, la protection apportée par la « faction Hu (Jintao)-Wen (Jiabao) » à une certaine réflexion sur le libéralisme politique paraît aujourd'hui constituer la meilleure chance d'une évolution en douceur du régime.

LE MALAISE SOCIAL, UNE BOMBE À RETARDEMENT POUR LE RÉGIME ?

Manifestations de protestation d'une ampleur croissante. Le potentiel déstabilisateur des malaises sociaux générés par la transition économique est pris au sérieux par les autorités chinoises. Selon des données officielles, en 2003, la protestation populaire se serait exprimée à travers des rassemblements ayant réuni au total 10 millions de personnes. Le Henan, le Liaoning, le Hubei et le Hunan auraient connu des manifestations de plus de 1 million de personnes. Entre 500 000 et 1 million de personnes se seraient rassemblées pour manifester au Shandong, au Shaanxi et au Heilongjiang. Le nombre de manifestations ou de rassemblements ayant donné lieu à des heurts violents avec les forces de l'ordre se serait élevée à 279 en zone urbaine et à 415 en zone rurale.

Les autorités censurent les informations relatives aux manifestations. Cependant, elles suivent avec attention leur évolution statistique. Ces dernières années, en particulier depuis que Hu Jintao est devenu secrétaire général du Parti communiste chinois (novembre 2003), la publication des données recensées est utilisée pour faire pression sur les bureaucraties locales dont les abus de pouvoir sont présentés comme l'une des sources principales du mécontentement populaire.

Les mouvements sociaux ne sont pas fondamentalement de nature politique. Ils correspondent à l'expression d'une indignation lorsque la voie de la médiation par le dialogue a été fermée par les autorités concernées. L'origine directe du problème soulevé réside souvent dans la non-application par les administrations locales des mesures définies par le pouvoir central afin de limiter les tensions sociales. Celles-ci concernent en priorité les facteurs d'instabilité sociale énumérés par le Premier ministre chinois, Wen Jiabao, dans le rapport du Conseil des affaires d'État (gouvernement) qu'il a présenté à la deuxième session de la dixième Assemblée nationale populaire en mars 2004 : l'importance des écarts de richesse, doublée d'une situation de précarité croissante pour certains groupes sociaux et d'une corruption persistante, la lenteur de la progression du revenu des paysans, le poids du chômage et les insuffisances de la protection sociale, les déséquilibres régionaux et la détérioration de l'environnement.

Les mouvements de protestation sont aujourd'hui du côté du pouvoir central. Celui-ci est perçu comme un souverain juste, allié à la population pour lutter contre les abus d'une bureaucratie locale corrompue. Les nouvelles mesures préconisées en 2003 par les autorités de Pékin afin de limiter l'irruption de mouvements de protestation en disent cependant long sur les difficultés du régime chinois à gérer le développement des tensions sociales. Elles font ordre aux dirigeants locaux de se rendre sur les lieux de manifestations réunissant en milieu urbain plus de 1 000 personnes pour apaiser le climat par la discussion. Elles interdisent également le recours à la force armée. Afin d'accroître l'efficacité de la lutte contre le potentiel déstabilisateur pour le régime de ces manifestations, une distinction a été introduite entre celles qui contiennent une dimension politique, devant être systématiquement réprimées, et celles dont la portée est essentiellement sociale. L'expression d'un certain mécontentement est tolérée comme soupape de sécurité limitant l'accumulation des tensions. Les manifestations non spontanées (de plus de 30 personnes selon les critères officiels) doivent être rapportées aux autorités centrales dans les vingt-quatre heures lorsqu'elles concernent plus de 100 personnes et dans les deux heures lorsqu'elles en réunissent plus de 5 000.

Les mouvements sociaux traversent aujourd'hui l'ensemble de la Chine. Le Tibet semble moins concerné du fait de son verrouillage au nom du contrôle des « forces séparatistes ». La contestation est un phénomène autant rural qu'urbain. Cinq types de phénomènes pourraient constituer autant de bombes à retardement pour le régime, faute d'un apaisement à moyen terme des tensions dans lesquelles ils s'enracinent : les mouvements de paysans *(nongchao),* d'ouvriers *(gongchao),* d'urbains des classes moyennes et de travailleurs migrants *(mingongchao).*

La protestation rurale comme annonce de la fin du mandat du Ciel. Le développement de la protestation en milieu rural est essentiellement lié à deux facteurs : le fardeau des taxes prélevées par les autorités locales, souvent de façon illégale, et la perte par les paysans de leurs terres provoquée par la spéculation immobilière que favorise une urbanisation rampante. Les terrains restant propriété de l'État, les expulsions interviennent selon un rapport de force défavorable aux paysans. Le dédommagement pour le retrait du droit d'exploitation des sols est souvent défaillant. Les paysans frappés par les expulsions foncières seraient aujourd'hui environ 40 millions. Selon la tendance récente, ce chiffre augmenterait de 2 millions par an. La contestation en milieu rural est également associée à la dénonciation d'irrégularités dans la gestion des biens publics. Quant à la remise en question du déroulement d'élections locales au nom de l'« exercice des droits démocratiques », elle montre que, si l'évolution du régime n'est pas revendiquée, les mouvements paysans ne sont pas complètement apolitiques.

Depuis les années 80, le Hubei, le Hunan et le Jiangxi comptent parmi les régions les plus concernées par les manifestations rurales. En 2003, le Henan et le Shandong arrivaient en tête des provinces chinoises ayant connu des affrontements entre paysans et autorités locales (respectivement 74 et 55 cas recensés). Au Henan, la vitalité de la protestation paysanne semble avoir été encouragée par le Bureau provincial chargé de recevoir les plaintes des paysans *(shangfangju).* Les divergences d'intérêts entre administrations centrales soucieuses de voir appliquer les directives du gouvernement et des bureaucraties locales pléthoriques peuvent donc constituer l'un des ressorts des mouvements de contestation.

À côté des messages de doléances adressés, à titre individuel, aux différents échelons administratifs, la protestation paysanne s'est, au cours des années 90, organisée en action collective. À partir de 1998 environ, celle-ci a connu une nouvelle évolution : les réponses ponctuelles aux abus des pouvoirs locaux ont peu à peu fait place à des mouvements développant des revendications de fond. Des organisations « molles » ont fait leur apparition. Agissant au grand jour malgré l'absence de procédure d'approbation par les autorités officielles, elles fonctionnent sans documents écrits afin d'éviter l'accusation d'association illégale. Récemment, certains districts ont vu le développement de liens transversaux entre groupes villageois pour constituer de nouveaux réseaux d'entraide.

Les progrès de l'organisation de la protestation paysanne sont indissociables de l'émergence de nouveaux leaders du monde rural. Leur action est double. Elle consiste à diffuser la politique du Parti pour faire pièce aux injustices infligées par des cadres corrompus. Par ailleurs, par leur existence même, les porte-parole des intérêts paysans limitent les abus d'autorité de la bureaucratie locale. Ces porte-parole se distinguent du milieu rural pour lequel ils se sont engagés par leur capacité à problématiser les conditions de vie des paysans dans les termes du Parti. Peu connus jusqu'ici, ils semblent disposer d'un niveau de connaissances supérieur par rapport aux standards locaux, acquis dans le cadre du premier cycle du secondaire au moins et d'une expérience de travail hors de la région natale (passage par l'armée, retour au moment de la retraite...). Ils paraissent également bénéficier de conditions de vie moyennes ou supérieures en comparaison des paysans qu'ils défendent. Ils possèdent ainsi une certaine maîtrise des canaux permettant d'accéder à l'information relative aux directives du Parti (journaux, télévision, circulaires, discours de dirigeants...).

Mais, si le spectre des révoltes rurales ayant renversé les dynasties de l'empire chinois hante les autorités de Pékin, l'extension des mouvements de protestation aux villes est l'objet d'une vigilance plus grande encore. Centres du pouvoir politique, elles sont le lieu où se joue en dernier ressort la fin des régimes. À cet égard, la vague de protestation ouvrière *(gongchao)* – qui concerne plus largement les employés des entreprises d'État (ouvriers, techniciens et personnels de bureau) – est particulièrement préoccupante pour le gouvernement chinois.

La mobilisation du secteur d'État et le spectre d'un Solidarnosc chinois. La relance de la réforme du secteur d'État lors du 14e Congrès du PCC (1992) a été suivie de faillites en série des entreprises publiques. Dans certaines régions, en particulier dans le Nord-Est touché par la désindustrialisation, le chômage concerne désormais 30 à 50 % de la population active (contre une moyenne nationale de 4 % selon les autorités chinoises et de 10 % d'après certains experts). Les manifestations qui se sont produites dans le Nord-Est chinois en mars 2002, qui ont été parmi les plus importantes depuis le lancement de la politique d'ouverture et de réforme, sont significatives du contexte actuel de la protestation au sein du secteur d'État.

À cette date, un premier mouvement de contestation est apparu dans le plus grand champ pétrolifère de Chine, à Daqing. La détérioration des conditions d'existence de l'élite ouvrière du secteur des hydrocarbures, sans comparaison avec le train de vie des hauts cadres de la région, a suscité un mécontentement croissant. En 2000, la société pétrolière locale, en situation économique difficile, licenciait 50 000 travailleurs avant l'âge de la retraite. Deux ans plus tard, alors que le versement des allocations sociales revient encore largement aux unités de travail, l'allocation chauffage était supprimée au sortir du rude hiver du Heilongjiang. Le remboursement des frais médicaux s'était effondré. La cotisation de l'assurance sociale avait, en revanche, été augmentée.

Les employés avaient également le sentiment d'avoir été trompés par l'administration en renonçant à une large part de leurs droits de pension. Face au risque de faillite de l'entreprise, ils avaient accepté de toucher une somme forfaitaire annuelle plutôt que leur allocation retraite. Depuis, la société mère s'était néanmoins dotée d'une filiale cotée sur les places hongkongaise et américaine, Petrochina, et réalisait plusieurs dizaines de milliards de yuans de bénéfices. En réaction, des rassemblements avaient mobilisé entre quelques milliers et 50 000 personnes pendant plusieurs semaines. Un « comité syndical temporaire » avait été mis en place, bien que ses responsables aient été arrêtés par la suite.

De façon pratiquement concomitante, mais sans se présenter comme une manifestation de solidarité avec les travailleurs de Daqing, un mouvement de protestation éclatait à plusieurs centaines de kilomètres au sud, à Liaoyang (province du Jilin). Parti de six sociétés industrielles le 1er mars 2002, il s'était étendu à une vingtaine d'autres le lendemain. Après l'arrestation des meneurs des manifestations, l'appel au dialogue avec la direction du Parti s'était vu imposer une fin de non-recevoir. Dans ce contexte, les rassemblements s'étaient amplifiés pour atteindre 10 000 personnes le 20 mars. La répression du mouvement avait cependant été assurée par l'envoi d'une centaine de troupes de la Police populaire armée d'autres régions.

Toute esquisse d'alliances interentreprises ou transrégionales entre groupes protestataires est supprimée par l'arrestation de leurs dirigeants. Le *China Labour Bulletin* basé à Hong Kong et animé par un ancien militant de la place Tiananmen, Han Dongfang, s'efforce depuis 1994 de promouvoir un syndicalisme autonome et le respect des droits du travail en mobilisant un réseau d'activistes sur le continent. Son action est toutefois limitée de façon efficace par les pouvoirs publics chinois.

Sans poser un défi politique direct au régime, les problèmes d'emploi et de couverture sociale restent un facteur de déstabilisation majeur. Les « vagues de protestation des travailleurs » persistent malgré leur répression par les autorités. Les retards de versement des salaires qui peuvent s'étendre sur plusieurs mois cristallisent également les tensions au sein des unités de travail publiques. Les employés de l'industrie ne sont pas les seuls concernés. Certaines sources affirment que plus de la moitié du corps enseignant chinois serait touchée par ce phénomène.

Après avoir brisé le « bol de riz de fer » des travailleurs des entreprises d'État, les autorités chinoises ont décidé en janvier 2003 de mettre fin, au cours des cinq prochaines années, au système d'emploi à vie des 30 millions d'employés de l'administration publique. La libéralisation du système de gestion des ressources humaines de la bureaucratie devrait aggraver la situation explosive à laquelle sont confrontés de larges pans du secteur public.

La classe moyenne urbaine sur les pas de la société civile. Récemment, la protestation urbaine a entrepris de dépasser le cadre des mouvements de travailleurs pour constituer des « mouvements de citoyens ». Pareille protestation correspond à l'émergence d'une nouvelle conscience s'agissant des droits individuels, en particulier ceux du consommateur. Dans les villes, les expulsions des quartiers en réhabilitation, qui interviennent souvent sans que les conditions de relogement soient bien pensées et sans que soient versées des compensations suffisantes, ont suscité un premier type de mouvements visant à défendre les intérêts des résidents. Caractérisés pour la plupart par des manifestations de contestation isolées, ils avortent dans la plupart des cas.

Plus inquiétant pour le gouvernement chinois est le développement de mouvements de propriétaires fondés sur les réseaux associatifs informels mis en place par une nouvelle classe moyenne urbaine. Selon certaines estimations, 20 % des complexes immobiliers de Pékin seraient dotés de comités officieux de propriétaires. Produits de la politique d'encouragement de l'accès à la propriété à la fin des années 90, leur activisme militant concerne des droits catégoriels. Le mouvement de propriétaires de la résidence de Huilongguan, située dans la banlieue nord de Pékin, est représentatif à cet égard. Ayant pris une certaine ampleur fin 2003 avant que ses animateurs ne fussent arrêtés en février 2004, il visait à empêcher la construction d'immeubles sur un terrain avoisinant pour lequel un ensemble paysager avait été annoncé lors de la vente. Un site Internet avait été constitué. Une opération de plantation d'arbres sur le terrain litigieux avait été organisée le jour de la fête nationale chinoise (le 1er octobre).

Quoique ce type de militantisme associatif soit dépourvu de tout agenda politique, il pourrait préfigurer l'émergence d'une société civile indépendante du pouvoir en place. La population concernée possède des ressources éducatives qui lui permettent de mobiliser un discours juridique potentiellement dangereux pour les autorités. Sa formation aux systèmes de communication modernes pourrait l'aider à cristalliser une opinion publique hostile au régime. En refusant l'enregistrement d'associations de citoyens, les autorités chinoises veillent à ce qu'aucun embryon révolutionnaire n'émerge au sein de la nouvelle bourgeoisie chinoise. Mais le reflux idéologique du régime a moins promu une poussée de la sphère publique qu'un repli sur la sphère privée. Pour l'heure, la classe moyenne urbaine se contente de défendre par des moyens légalistes et non confrontationnels les acquis de la croissance économique dont elle a été la principale bénéficiaire.

Les travailleurs migrants, nouvelle « classe dangereuse ». La politique de réforme et d'ouverture a, en exigeant une flexibilité accrue de l'offre de travail, conduit à un assouplissement du contrôle des mouvements de population. L'afflux d'une partie du surplus de la main-d'œuvre rurale vers les villes a entraîné le développement d'une nouvelle catégorie de travailleurs à partir du milieu des années 90. Le système du permis de résidence demeure toutefois en vigueur. Il soumet les individus dont l'état civil ne correspond pas au lieu de domiciliation à une demande de carte de séjour temporaire. Les travailleurs urbains possédant une carte de résidence rurale, dits « travailleurs du peuple » *(mingong),* constituent une population flottante évaluée à 120 millions de personnes. Plus de 100 000 d'entre elles seraient présentes à Tianjin, Shanghai, Canton. Pékin en accueillerait à elle seule 330 000 selon des données de 1994.

La situation de ces travailleurs est marquée par la précarité. L'offre pléthorique

rique de main-d'œuvre permet aux employeurs publics et privés de consentir des niveaux de salaires très bas dans des conditions de vie rudimentaires. Occupant les emplois les plus pénibles que les urbains ne souhaitent plus effectuer (ouvriers de chantiers, domestiques de la nouvelle classe moyenne, éboueurs, balayeurs...), les *mingong* sont exclus des avantages sociaux associés au lieu d'enregistrement du permis de résidence (accès aux soins médicaux, à l'éducation...). Les obstacles administratifs à l'obtention des permis de séjour placent nombre d'entre eux dans une situation de résidence à la frontière de la légalité. Ceux-ci constituent ainsi une vaste réserve de travailleurs vulnérables aux abus de leurs employeurs. La multiplication des accidents de travail du fait de l'absence de respect de mesures de sécurité élémentaires en est l'une des conséquences. Pour les autorités chinoises, l'émergence d'une contestation liée au non-versement des salaires est toutefois le phénomène le plus préoccupant.

Les récentes manifestations de *mingong* se concentrent en particulier au moment du nouvel an chinois. La fête du printemps représente pour la plupart d'entre eux la seule occasion de retourner auprès de leur famille, dans leur région natale. Les retards dans l'acquittement des salaires cristallisent le mécontentement en rendant impossible le rapatriement des économies accumulées. L'un des plus importants mouvements de protestation est ainsi intervenu à Pékin, en janvier 2003. Plusieurs centaines d'ouvriers du bâtiment, construisant une résidence de luxe dans la banlieue nord de la capitale, se sont rassemblés pour exiger le versement d'un à deux ans de rémunération. Deux enquêtes publiées par l'Agence Chine nouvelle montraient qu'à la fin 2002, 75 % des travailleurs migrants de Pékin, de l'Anhui et du Zhejiang étaient concernés par des problèmes de dédommagement du travail effectué.

L'aggravation du phénomène a conduit les autorités chinoises à envisager, en 2003, l'affiliation des travailleurs migrants à la Fédération nationale des syndicats chinois. Un double objectif est poursuivi : la canalisation de la contestation émergeant au sein de la population flottante et la mise au pas des employeurs peu respectueux du droit de leurs salariés. Sa mise en œuvre se heurte cependant à la logique de flexibilité et d'écrasement des coûts de production qui font des secteurs occupés par les *mingong* les locomotives de la croissance économique chinoise.

Le potentiel de déstabilisation de la population flottante est donc loin d'être complètement maîtrisé par le pouvoir en place. Il l'est d'autant moins que les travailleurs migrants sont associés au développement de la criminalité. Ceux-ci forment, à ce titre, la nouvelle « classe dangereuse » dans l'imaginaire social. Néanmoins, les délits commis par ce sous-prolétariat urbain sont loin de constituer un défi à l'État chinois aussi important que la renaissance des mafias (trafic de drogue, trafics humains touchant plus particulièrement les femmes, trafics d'armes vers Taiwan et l'Asie du Sud-Est, contrebande...). Les *mingong* eux-mêmes sont victimes de leurs rackets, alors que les quartiers des grandes villes où leur habitat se concentre (« villages du Zhejiang », « du Fujian », « du Xinjiang » à Pékin) peuvent se transformer en lieux de non-droit où la police est présente en civil plutôt qu'en uniforme.

Le retour des mafias : avec et contre le pouvoir. En comparaison des ressources mobilisées pour réprimer les opposants au régime, les autorités chinoises déploient peu de moyens pour faire face à la mafia entendue au sens large de criminalité organisée. Les fins lucratives poursuivies par des groupes restreints constituent pour elles un moindre danger que l'alternative politique proposée à l'ensemble de la société chinoise par la dissidence. Les campagnes « Frapper fort » à répétition contre les activités illégales témoignent toutefois de la préoccupation du gouvernement à l'égard du phénomène mafieux.

Les données partielles des autorités chinoises témoignent du développement des organisations criminelles. De 1986 à 1994, le nombre d'arrestations de membres de tels groupes serait passé de 30 000 à 114 000. Or les personnes arrêtées représenteraient 20 à 30 % de l'effectif des groupes mafieux. Le nouvel élan donné à la libéralisation économique à partir de 1992 a vu le développement de l'échelle des mafias et de leurs ramifications à l'étranger.

L'éradication des mafias se heurte toutefois aux compromissions des agents de la puissance publique pour l'accaparement des ressources. Dans les campagnes, les autorités locales n'hésitent pas à recourir aux services de bandes criminelles pour intimider les paysans récalcitrants. Les zones de reconversion industrielle telles que le Nord-Est ont vu se développer des bureaucraties mafieuses gérant la privatisation des entreprises d'État au mépris des intérêts de la population locale.

La suppression des mafias bute finalement sur les limites de la lutte contre la corruption. Du fait de l'absence de mécanismes de supervision indépendants, celle-ci se retrouve souvent associée aux batailles intestines du PCC. Ainsi, le « scandale » de la compagnie Yuanhua qui a éclaté en 2001 visait-il, à travers la mise en cause de son président et des complicités dont il avait bénéficié au sein de l'*establishment* du Fujian, Jia Qinglin et son protecteur, Jiang Zemin. La contrebande de pétrole, d'automobiles et de cigarettes en provenance de l'étranger lui avait permis de détourner plusieurs milliards de dollars à partir de 1996. L'exil de l'intéressé au Canada, mais aussi les connexions aux plus hauts niveaux de la direction du Parti, expliquent que l'affaire n'ait pas connu à ce jour de dénouement judiciaire. Le régime joue pourtant aussi sa légitimité dans la lutte contre la criminalité économique. Selon la logique marxiste-léniniste du déterminisme économique, les autorités de Pékin considèrent que l'élévation des niveaux de vie viendra à bout des mouvements qui défient l'autorité du régime. Rien n'est moins sûr, pourtant, tant il est vrai que le doublement du PIB depuis de début des années 80 a coïncidé avec le développement de la contestation en Chine. Pour le long terme, la survie du régime actuel fait face à deux risques majeurs : le basculement total dans la lutte armée des mouvements centrifuges tibétain et ouighour et la politisation des mouvements sociaux ou religieux. Finalement, le mode de gestion des conflits adopté par le PCC, fondé sur la répression, pourrait devenir la matrice même de l'instabilité sociale dans le pays. À interdire toute forme d'organisation autonome, les autorités chinoises ouvrent la voie aux actions radicales qu'une discipline de groupe pourrait circonscrire. Pour l'heure, cependant, le Parti capitalise sur son contrôle relatif des acteurs « rebelles » et ne semble pas prêt à envisager que le dialogue entre l'État et la société civile puisse intervenir sur un mode constructif et non subversif.

Pour en savoir plus

Jean-Philippe Béja, *À la recherche d'une ombre chinoise. Le mouvement pour la démocratie en Chine (1919-2004)*, Éditions du Seuil, 2004.

Rémi Castets, « Le mal-être des Ouighours du Xinjiang », *Perspectives chinoises*, n° 78, juillet-août 2003

Liao Yiwu, *L'empire des bas-fonds*, traduit du chinois par Marie Holzman, Bleu de Chine, 2003.

Françoise Pommaret, *Le Tibet : une civilisation blessée*, collection « Découvertes », Gallimard, 2002.

Benoît Vermander, « La Chine au miroir de Falun gong », *Perspectives chinoises*, n° 64, mars-avril 2001.

Zhang Lun, *Les intellectuels en Chine depuis la mort de Mao*, Fayard, 2003.

Internet

www.china-labour.org.hk
Site du *China Labour Bulletin.*

www.falundafa.org, www.clearharmony.net
Sites du Falun gong.

www.tibet.com
Site du gouvernement tibétain en exil.

www.iso.hrichina.org
Site de Human Rights in China (Hong Kong).

www.hrw.org
Site de Human Rights Watch in China (New York).

www.uygur.org
Site du East Turkestan Information Center (Etic).

www.alliance.org.hk/links/
Liens vers différents sites promouvant la démocratisation et la défense des droits de l'homme en Chine.

www.rfa.org
Site de Radio Free Asia.

Superficie : 132 237 km²
Population : 22,5 millions (estimation)

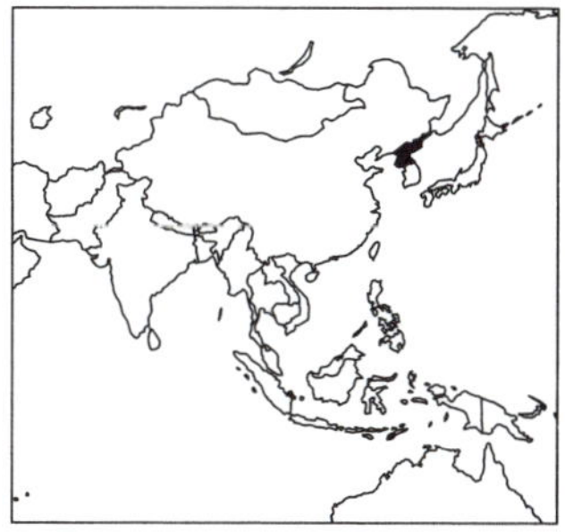

Corée du Nord

La Corée du Nord est le seul État au monde à être dirigé par un « Président éternel », Kim Il-sung, décédé le 8 juillet 1994. Son image, celle du fondateur de la République populaire démocratique de Corée, hante tous les monuments érigés à sa gloire, orne tous les lieux publics et accapare tous les espaces. 1911, année de conception du « grand leader » est désormais l'année zéro de l'ère du *juche* (autarcie). En 2005, la Corée du Nord vit en l'an 94. Mais en termes de culte de la personnalité, son fils et successeur, Kim Jong-il, n'est pas en reste : à l'instar de la *kimsungilia*, variété d'orchidée rose créée par un horticulteur indonésien en l'honneur de Kim Il-sung en 1965, la *kimjongilia*, de la famille du bégonia, a été élaborée à l'occasion du 46e anniversaire du fils du « grand leader », en 1988. C'est désormais la fleur nationale. Le « cher leader », Kim Jong-il, bien qu'il cumule les plus hautes charges de l'État – il est Commandant suprême de l'Armée populaire nord-coréenne, préside la Commission de la Défense nationale et occupe le poste de Secrétaire général du Parti des travailleurs –, ne sera jamais nommé président, titre désormais exclusivement réservé à son père.

Qualifiée de « royaume ermite », d'« État voyou », de « pays du grand mensonge » ou encore de « dernier paradis » *(voir la bibliographie)*, la Corée du Nord suscite de nombreuses interrogations et provoque des réactions passionnées tout en étant au cœur d'une crise internationale sur ses capacités et ses ambitions nucléaires militaires. Pourtant, les témoignages demeurent rares et souvent très partiaux : les « visiteurs » admis en Corée du Nord sont peu nombreux – quelques diplomates, des membres d'ONG, certains hommes d'affaires plus intéressés par les perspectives de contrats que par l'idéologie et, depuis peu, quelques « touristes » – et les transfuges qui sont parvenus à fuir le pays en donnent une vision cauchemardesque, entre Kafka et Orwell.

La Corée du Nord est donc un objet d'études très particulier, pour lequel une démarche scientifique s'appuyant sur des enquêtes de terrain est encore du domaine de l'impossible. L'analyse de quelques données, notamment économiques, est certes faisable, mais tout chercheur est vite réduit à des spéculations dès qu'il s'agit d'interpréter ces données. Les sources sont restreintes, trop exceptionnellement de première main et, par conséquent, toute analyse demeure sujette à caution.

Pourquoi, dans ce cas, consacrer à la Corée du Nord tout un chapitre ? En effet, la « rébellion », voire simplement la contestation, a-t-elle une place en

Corée du Nord

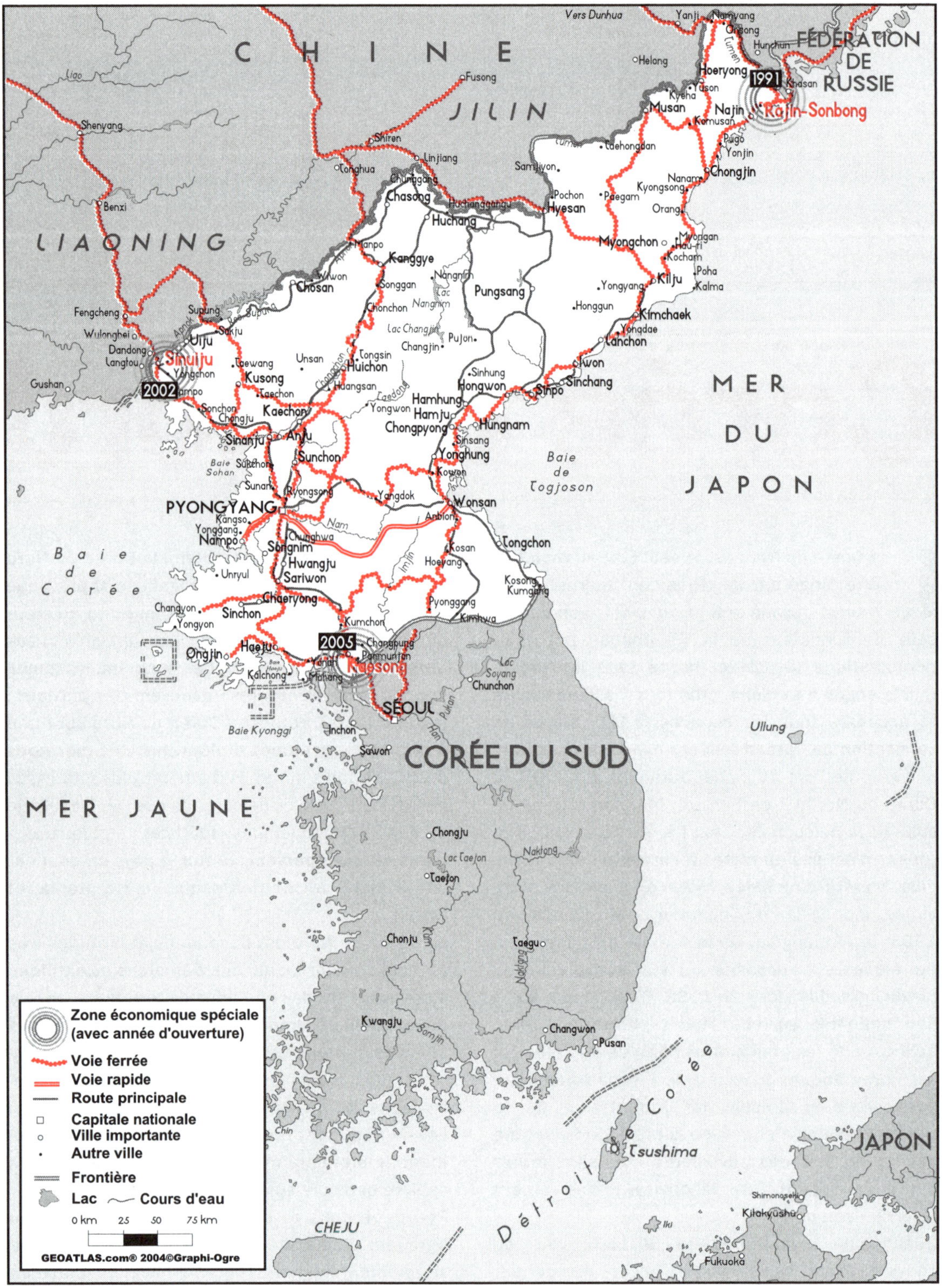

Corée du Nord ? Est-elle seulement envisageable ? Si l'État nord-coréen devait faire face à une opposition armée sur son sol, il serait sans doute prompt, dans une rhétorique d'un autre âge dont seule la Corée du Nord a encore le secret, à accuser telle ou telle puissance étrangère impérialiste de tenter de saper les fondements du régime. Mais rien de tel sous la chape de plomb imposée par le Parti des travailleurs. Pas même l'embryon d'un mouvement d'opposition qui pourrait rassembler, en exil notamment, quelques transfuges autour d'un projet de gouvernement alternatif. Certains, en Corée du Sud, forment des associations d'aide aux réfugiés, mais en règle générale, les transfuges, à l'exception des anciens membres de la nomenklatura nord-coréenne, tel Hwang Jang-yop, un des théoriciens du *juche* ou de l'autarcie à la nord-coréenne, cherchent principalement à se faire oublier par crainte de représailles de la part des services spéciaux nord-coréens. En effet, ceux qui ont choisi de quitter le « paradis des travailleurs » savent que les membres de leur famille demeurés au pays sont internés dans des camps et qu'eux-mêmes risquent la mort. C'est le sort que connut notamment un neveu de Kim Jong-il, Lee Il-nam, tué d'une balle dans la nuque en février 1997, près de Séoul, sans doute davantage à cause du livre qu'il venait de publier sur la vie de Kim Jong-il que du fait de sa défection, quinze ans auparavant, période durant laquelle il était resté silencieux. Son assassinat est par ailleurs étrangement intervenu au moment où Hwang Jang-yop, intouchable du fait de la publicité faite autour de sa défection à Pékin, venait de passer dans l'autre camp, en Corée du Sud.

En l'absence de mouvement d'opposition structurée, l'observateur en est réduit à guetter le moindre signe d'évolution du régime.

UN RÉGIME STABLE ENVERS ET CONTRE TOUT ?

La pérennité de la République populaire démocratique de Corée repose à la fois sur la déification de Kim Il-sung, Président éternel, auquel la population voue un véritable culte, et sur la théorie du *juche* dont l'objectif est de rendre le régime indépendant de toute influence extérieure, aussi bien au niveau économique que politique. Le verrouillage politique et social par le contrôle exercé par le Parti des travailleurs a permis au régime de faire face à plusieurs crises, dont la plus grave a sans doute été celle de l'été 1994 où le décès de Kim Il-sung est intervenu en pleine tension internationale autour des capacités nucléaires nord-coréennes. Contre toute attente, Kim Jong-il s'est révélé le digne successeur de son père, alors que les thèses les plus variées circulaient sur son incapacité à gouverner qui conduirait à la chute inéluctable du régime, rapide et brutale. Cette hypothèse trouvait dans la terrible famine de la fin des années 90 un argument supplémentaire accréditant l'effondrement proche du système. Or rien de tout cela n'est intervenu.

Quelle évolution possible ? La chute du mur de Berlin, en novembre 1989, qui conduisit à la réunification de l'Allemagne, puis l'effondrement de l'URSS, qui s'est traduit, pour la Corée du Nord, par la disparition de son principal soutien, ont relancé les spéculations sur une éventuelle réunification du pays du Matin calme. Mais la « réunification pacifique » à laquelle aspire chacun des deux États de la péninsule coréenne ne recouvre pas tout à fait le même schéma, ni pour Séoul ni pour Pyongyang.

Si le modèle allemand d'absorption de l'État de type socialiste par l'État d'économie de marché a, dans un premier temps, séduit la Corée du Sud, il n'est plus qu'un objectif à long terme, principalement en raison des coûts économiques et sociaux qu'il impliquerait. En effet, la différence du niveau de développement entre les deux régimes coréens est nettement plus considérable que celle qui existait entre les deux Allemagne : le PNB par habitant de l'Allemagne de l'Est atteignait un tiers de celui de l'Allemagne fédérale, alors que celui du régime de Pyongyang n'équivaut qu'à 10 % de celui de Séoul.

Pour la Corée du Nord, les disparitions de l'Allemagne de l'Est et de l'URSS sont les scénarios que Pyongyang souhaite éviter à tout prix : une absorption pure et simple par la Corée du Sud ou l'implosion du système autarcique, qui serait synonyme d'échec et marquerait la fin du régime nord-coréen.

Ainsi, dès le tout début des années 90, les dirigeants nord-coréens, Kim Il-sung le premier, ont-ils mené une réflexion sur une évolution du régime qui puisse, tout en assurant la pérennisation du pouvoir, le raccrocher à une dynamique internationale de croissance et de développement. Dans ce contexte, les expériences chinoise puis vietnamienne d'une ouverture strictement limitée au domaine économique ont été étudiées de très près. Si l'on est loin, aujourd'hui, d'une transposition de ces modèles d'ouverture à la Corée du Nord, il n'en demeure pas moins que des expériences, infructueuses à ce stade, ont bien été tentées.

L'ouverture économique : quelques pistes

• *L'échec de Rajin-Sonbong*

Une première zone franche a été créée en 1991, aux confins du nord-est du pays, près des frontières chinoise et russe. La zone économique spéciale de Rajin-Sonbong fait partie d'un projet beaucoup plus large, relatif au développement du bassin du fleuve Tumen et rassemble autour du Programme de développement des Nations unies (Pnud) la Chine, les deux États coréens, la Mongolie et la Russie. L'idée de départ était de faire de cette région un centre industriel et commercial comparable à Hong Kong. Si, côtés chinois et russe, des travaux ont effectivement encouragé un certain développement, côté nord-coréen, en revanche, un terrible immobilisme des structures étatiques, un délabrement des infrastructures et une absence de moyens financiers ont sérieusement handicapé le projet. Aujourd'hui, les espoirs de prospérité placés dans la zone économique spéciale de Rajin-Sonbong semblent avoir vécu : l'investissement majoritaire demeure celui du groupe hongkongais Emperor qui a construit, en 1996, un grand hôtel cinq étoiles, dont seul le casino attire quelques centaines de Chinois par an. La Corée du Nord a ainsi entrouvert une toute petite zone, bien éloignée des centres névralgiques du pays, dans le but d'en retirer des bénéfices, mais à moindres frais... (les photos de Rajin-Sonbong publiées sur le site de koryogroup.com illustrent bien cette triste réalité).

• *Tentative avortée à Sinuiju*

Autre tentative d'ouverture économique, beaucoup plus récente mais guère plus concluante, celle de la région administrative spéciale de Sinuiju. Située à l'extrémité ouest de la frontière chinoise, la région offre la perspective de nombreux échanges fructueux avec le voisin chinois. Moins d'une semaine après l'adoption, le 12 septembre 2002, des nouveaux statuts de Sinuiju, un Chinois naturalisé Hollandais, Yang Bin, homme d'affaires prospère, notamment dans les orchidées, et dont la réussite avait su attirer l'attention de Kim Jong-il, est nommé à la tête de la région administrative spéciale. Ce dernier vante, un peu hâtivement, les mérites de cette enclave « libre et capitaliste » qui doit voir le jour : pas de visa, pas de taxe, toutes les devises peuvent avoir cours, etc., bref, un petit paradis libéral au « paradis des travailleurs ». Non seulement doit-il se rétracter mais encore doit-il affronter la justice chinoise pour évasion fiscale. Avant même d'avoir pu installer son bureau à Sinuiju, Yang Bin est arrêté en Chine et condamné à dix-huit ans de prison. Manœuvre de Pékin qui, depuis le début, voyait d'un mauvais œil Sinuiju concurrencer la ville chinoise de Dandong, sise juste de l'autre côté du fleuve Yalu ? Plutôt qu'une concurrence, Pékin semble avoir davantage craint l'émergence, juste à ses portes, d'une ville de jeux et de casinos, sur le modèle de Macao. Ce projet demeuré en suspens a, de plus, pâti de l'accident ferroviaire qui a détruit la gare de Ryonchong, le 23 avril 2004, sur la ligne qui relie Sinuiju à Dandong.

Ces deux expériences, à Rajin-Sonbong puis à Sinuiju, sont révélatrices d'un malentendu profond sur les termes de « l'ouverture économique ». La Corée du Nord ne semble y voir qu'un moyen d'attirer les devises, les investissements, la technologie et le savoir-faire dont elle a cruellement besoin. Les infrastructures du pays sont dans un état de délabrement tel qu'il nécessiterait une remise à niveau considérable : seules 8 % des routes sont goudronnées, le réseau ferroviaire, ancien et dépendant à 90 % de l'énergie électrique, assure par conséquent la majeure partie du trafic de marchandises et le transport des hommes.

• *Le projet coréen de Kaesong : plus réaliste ?*

Qu'à cela ne tienne, un nouveau projet est dans les cartons ! Les enjeux politiques sont ici au moins aussi importants que les perspectives commerciales : les investissements sont proposés en priorité aux hommes d'affaires de Corée du Sud, sur le site de Kaesong, en face de Panmunjom, ce village de la zone démilitarisée où fut signé, le 27 juillet 1953, le traité d'armistice. Sur ce lieu chargé d'histoire, les deux États coréens projettent de créer un parc industriel relativement modeste au départ (un site d'un peu plus de 92 000 m² a été inauguré en juin 2004), spécialisé dans l'industrie légère (confection, assemblage). Une quinzaine de sociétés sud-coréennes doivent délocaliser une partie de leur production et employer environ 5 000 ouvriers nord-coréens dès la fin de 2004. En 2006, le complexe industriel devrait s'étendre sur plus de 20 ha et proposer ses services à 1 000 entreprises sud-coréennes. Un accord a été conclu pour l'ouverture de deux routes et de la voie ferrée de part et d'autre de la frontière. L'approvisionnement électrique doit être assuré par la Corée du Sud.

Contrairement aux deux autres projets, celui de Kaesong allie objectifs industriels et ambitions politiques et, pour cette raison, bénéficie de bons atouts. Sur le plan économique, la proximité géographique de la Corée du Sud (la ligne ferroviaire relie Séoul à Kaesong puis à Pyongyang) et le faible coût de la main-d'œuvre nord-coréenne sont deux arguments de poids pour les investisseurs sud-coréens. Reste à voir si, au-delà des discours de bonne intention, le projet saura éviter les ornières dans lesquelles sont tombées les expériences antérieures.

• *La réalité des réformes économiques*

Les tentatives d'ouverture économique, cantonnées à des projets bien précis, s'appuient sur des réformes mises en place progressivement par Pyongyang, mais avec une si grande circonspection qu'elles n'ont guère conduit à des résultats concluants. Une des premières mesures autorisant les investissements étrangers remonte à une vingtaine d'années, par la promulgation, en 1984, d'une loi permettant de signer des joint-ventures. L'étape suivante s'est concrétisée par la création de Rajin-Sonbong en 1991 qui, malgré son échec, est à l'origine d'une législation adoptée en avril 2001 et applicable sur l'ensemble du territoire pour le commerce en zones franches.

L'inadéquation du cadre législatif et les insuffisances en matière d'infrastructures sont les handicaps majeurs de la Corée du Nord. Même si, par la révision de la Constitution en 1998, les notions de coût, prix et bénéfice sont désormais admises au plus haut niveau, encore faut-il que leur transposition dans une économie contrôlée par l'État puisse se faire sans heurts. Il faut attendre jusqu'au 1er juillet 2002 pour voir une évolution notable : une « libéralisation » des prix est instituée, provoquant, dans la foulée, une augmentation de 55 % du prix du riz notamment et une dévaluation du won nord-coréen de 6,8 % par rapport au dollar américain (voir à ce sujet l'excellent article du chercheur allemand Rüdiger Frank sur www.nautilus.org/fora/security/0331_Frank.html). Cette réforme a une signification profonde dans le système nord-coréen – qui avait déjà abandonné, à la moitié des années 90, la planification économique – car elle admet que l'État ne joue plus le rôle d'intermédiaire entre l'offre et la demande et consacre ainsi la monétarisation du système. Les Nord-Coréens doivent désormais acquérir leurs biens par l'argent, plutôt que par les tickets de rationnement – argent qu'ils sont autorisés à gagner par le commerce de biens. Les marchés se sont ainsi multipliés, fournissant par la même occasion une soupape de survie à une population éprouvée par des années de famine et de privations.

L'élite nord-coréenne : sensible aux réformes ? L'ouverture très contrôlée de l'économie nord-coréenne est loin de provoquer une lame de fond déstabilisatrice du régime. Tout au plus permet-elle à la Corée du Nord d'engranger quelques devises, d'initier la population à la notion de l'argent et, surtout, de survivre. L'équipe dirigeante, auprès de Kim Jong-il, « Soleil du XXe siècle », évolue quant à elle dans une autre galaxie. Membres du parti, militaires et proches de la dynastie des Kim ne partagent pas le sort du peuple. Ils nécessitent, conformément à la théorie du *suryong* (dirigeant) élaborée au début des années 80 par Hwang Jang-yop, un traitement de faveur en rapport avec le rôle essentiel qu'ils remplissent. Cette théorie, qui compare la société coréenne au corps humain, assigne à chacun une place selon sa fonction : le peuple est le « corps » qui ne peut se mouvoir que sous l'impulsion du « cerveau parfait », incarné par le dirigeant et, rouage essentiel, la nomenklatura assimilée au « système nerveux ».

La question de la succession. Depuis la fin de 2003, la question de la succession de Kim Jong-il taraude la presse asiatique (sud-coréenne et japonaise principalement), épineux problème qu'amplifie encore davantage la presse anglo-saxonne, sur fond de crise nucléaire américano-coréenne rythmée par les rencontres à six (Corée du Nord et du Sud, Chine, Japon, États-Unis et Russie).
Kim Jong-il a été désigné comme successeur alors que son père, le « grand leader », ne s'apprêtait pas à céder le pouvoir. Il paraît ainsi logique que Kim Jong-il, à son tour, prépare sa succession en amont. Le candidat idéal selon les critères nord-coréens, incarné par le fils aîné, Kim Jong-nam, présente toutefois quelques handicaps et les spéculations vont bon train sur les autres dauphins potentiels qui peuvent représenter, chacun, une faction réclamant une part plus importante du pouvoir ou souhaitant sortir la Corée du Nord de l'impasse dans laquelle elle s'est fourvoyée.

• Kim Jong-nam, le dauphin déchu ?

Si l'on se reporte à l'interview de Lee Nam-ok publiée par la revue japonaise *Bungei Shunju* en février 1998 (voir www.kimsoft.com/1997/namok.htm), Kim Jong-nam a passé son enfance dans une cage dorée, coupé des réalités extérieures. Il a quitté sa vie princière à l'âge de 10 ans, en 1981, pour suivre une scolarité à Genève puis à Moscou où sa mère avait été nommée en poste, stratagème pour l'écarter de Pyongyang (Kim Jong-il avait alors rencontré une autre femme, Ko Young-hi, dont il a eu deux fils – *voir encadré*).
Kim Jong-nam a été élevé comme le fils aîné destiné à succéder à son père. Son parcours en témoigne : son éducation, ses séjours à l'étranger qui l'ont peu à peu familiarisé avec le monde extérieur et, à partir du milieu des années 90, les premières responsabilités au sein de l'appareil d'État. En 1996, il aurait, au titre de ses fonctions dans la police secrète, procédé à une purge à Hyesan, près de la frontière chinoise, de personnalités engagées dans des activités commerciales « privées ». Une quarantaine de personnes auraient alors été exécutées. Par ailleurs, Kim Jong-nam serait chargé de la mise à niveau du secteur informatique nord-coréen afin de développer une industrie nationale destinée à l'exportation. Selon un transfuge récent, Kim Jong-nam aurait également été nommé, à la fin des années 90, vice-directeur au Comité central du Parti des travailleurs.
Le premier handicap dont souffre Kim Jong-nam tient à sa naissance. Sa mère, Sung Hae-rim, était une starlette en vogue dont Kim Jong-il, alors marié, s'était épris. Leur liaison puis la naissance de leur fils en 1971 n'ont été révélées au public qu'après la mort du « grand leader » en 1994. En outre, Sung Hae-rim a des origines sud-coréennes de la classe « hostile » puisque son père était un riche propriétaire foncier.
Le second handicap est lié à un incident qui a provoqué sa disgrâce en 2001 : Kim Jong-nam, en possession d'un faux passeport dominicain, s'est fait arrêter à son arrivée à l'aéroport de Narita au Japon. Son arrestation et son expulsion du Japon lui valent de perdre tout crédit aux yeux de son père. Bien qu'en mauvaise posture depuis 2001, un retour en grâce de Kim Jong-nam ne peut être totalement exclu.

• Des oncles ambitieux

Dans l'hypothèse, peu probable, d'une succession à court terme, un Kim Jong-nam déchu de ses prérogatives d'aîné pourrait s'incliner face à deux de ses oncles. L'un d'eux, Kim Pyong-il, est le demi-frère de Kim Jong-il. Nommé ambassadeur en Hongrie dans les années 80, il a volontairement été éloigné de Pyongyang au moment où Kim Il-sung « intronisait » son fils comme dauphin. Il a depuis passé une grande partie de sa carrière comme diplomate à l'étranger et ne semble pas être en mesure de revendiquer la part de pouvoir qui pourrait lui revenir.
En revanche, un autre oncle, Chang Song-taek, l'époux de la sœur de Kim Jong-il, paraît représenter un candidat nettement plus sérieux. Décrit comme un homme intelligent et ambitieux, il a su grimper les échelons de l'appareil d'État au point d'être considéré

Kim Jong-il

Selon l'histoire officielle, le « cher leader » est né le 16 février 1942, sur le mont Paektu, dans une petite masure qui servait de camp retranché d'où son père, Kim Il-sung, dirigeait la guérilla. Sa naissance aurait été « auréolée » d'un double arc-en-ciel et d'une étoile brillante apparus dans le ciel ! Le site est aujourd'hui un lieu de pèlerinage obligé, vénéré par de nombreux Nord-Coréens comme un « lieu saint ». On voit, par cet exemple, à quel point le culte de la personnalité emprunte à la symbolique religieuse chrétienne. La réalité est quelque peu différente : Kim Jong-il est né en 1941, près de Khabarovsk, en Sibérie. Ce n'est que plus tard, suivant son père, qu'il aurait rejoint la péninsule coréenne. Kim Jong-il a une sœur cadette, Kim Kyung-hi, née en 1949. Leur mère est décédée des suites de ce deuxième accouchement. De la seconde union de Kim Il-sung naissent trois enfants : Kim Kyung-jin, Kim Pyong-il et Kim Young-il. Tous les enfants de Kim Il-sung occupent, ou ont occupé, des fonctions au sein de l'appareil d'État.

À la fin de ses études de sciences politiques et économiques à l'Université Kim Il-sung de Pyongyang, en 1964, Kim Jong-il fait ses débuts au Comité central du Parti des travailleurs. Fils aîné, il est tout naturellement élevé pour succéder à son père. Sa désignation comme « dauphin » est décidée lors de la 8e session plénière du Comité central du Parti des travailleurs, en 1974, mais n'est rendue publique qu'en 1980. Tout en poursuivant sa progression au sein du Comité central du Parti des travailleurs, il est nommé Commandant suprême de l'Armée populaire nord-coréenne en 1991 et président de la Commission de la Défense nationale en 1993. Un an avant la mort de son père, il occupait déjà les postes stratégiques. On considère généralement qu'il a véritablement le pouvoir en main en 1997, lorsqu'il est nommé Secrétaire général du Parti des travailleurs, après une période de deuil de trois ans.

Les témoignages de transfuges et de certains de ses anciens employés (dont un cuisinier japonais, Fujimoto Kenji, qui a publié un livre racontant avec force anecdotes ses années au service de Kim Jong-il, de 1988 à 2001, ou encore ce cuisinier italien dont le récit a été publié par *Asia Times on line* en 2001) donnent de Kim Jong-il l'image d'un dirigeant dont le mode de vie est en complet décalage avec les réalités de son pays. Fantasque, bon vivant, envoyant ses sbires à travers le monde pour se procurer des denrées introuvables en Corée du Nord, amateur de jolies femmes et organisateur d'orgies dans ses somptueuses résidences à travers le pays, tel est le portrait qui en ressort. En revanche, si l'on s'appuie sur l'interview qu'a accordée sa nièce, Lee Nam-ok, à la revue japonaise *Bungei Shunju*, on retient l'image d'un bon père de famille, responsable et travailleur.

Toujours est-il que Kim Jong-il a eu de nombreux enfants de ses différentes maîtresses... Outre une fille née de son mariage, il a eu un fils, Kim Jong-nam, en 1971, avec l'actrice de cinéma Sung Hae-rim, et au moins deux autres fils, Kim Jong-chul en 1981 et Kim Jong-un en 1984, avec la danseuse Ko Young-hi. Ces témoignages parcellaires n'ont fait que rendre le personnage encore plus mystérieux, énigmatique, fascinant, voire odieux et cruel. Cette image de dictateur imprévisible vole en éclats lors du sommet historique entre les deux Corée de juin 2000 : le « monde libre » découvre un dirigeant beaucoup moins irrationnel que prévu !

comme le numéro deux du régime. Il a cependant été mis à l'écart et serait en résidence surveillée depuis le printemps 2004. Selon la presse japonaise, la raison de sa disgrâce est à rechercher du côté de sa prise de position à l'encontre de la façon dont sont menées les réformes actuelles. Mais Chang Song-taek n'en est pas à la première sanction de ce type et pourrait rapidement réapparaître dans les cercles du pouvoir.

• *Les demi-frères : une menace ?*

Kim Jong-nam a deux demi-frères, nés de la liaison de Kim Jong-il avec Ko Young-hi, dont les parents, résidents coréens du Japon, s'étaient installés en Corée du Nord dans les années 60. Ko Young-hi fait l'objet d'une campagne de glorification – elle est notamment qualifiée de « mère estimée » – depuis le début de l'année 2003, période qui suit de quelques mois le décès de la mère de Kim Jong-nam à Moscou. De nombreux observateurs ont interprété cette campagne comme le signe indiquant que l'un de ses fils serait favorisé dans la succession, au détriment de Kim Jong-nam. Le décès de Ko Young-hi, au cours de l'été 2004, révélé par la presse asiatique mais tu par les autorités nord-coréennes, n'a fait que relancer encore davantage les spéculations sur la succession...

Toutefois, très peu d'éléments sont connus sur le parcours de ces deux fils, Kim Jong-chul, né en 1981, et Kim Jong-un, né en 1984. Ils auraient, comme tous les enfants des membres de la nomenklatura nord-coréenne, bénéficié de la meilleure éducation dans les écoles réservées à l'élite du pays.

Des failles dans le « système nerveux ». Dans l'organisation de l'État nord-coréen actuel, l'élite ne semble avoir aucune raison de vouloir abandonner ses privilèges. Tout dévoué à son rôle de transmission entre le « cerveau parfait » et le « corps », le « système nerveux » n'aspire qu'à la réalisation pleine et entière du paradis socialiste sur terre.

Pourtant, cette élite représente justement le groupe qui est le plus en contact avec l'extérieur et, de ce fait, le plus exposé à une influence potentiellement subversive. Composée de plusieurs centaines de membres de la nomenklatura, proches de la famille dirigeante et fonctionnaires de l'appareil d'État, cette élite peut en effet être conduite à profiter de sa situation privilégiée (pratiques de corruption et d'enrichissement personnel) ou à rejeter le système en place et à le dénoncer à l'étranger (défection).

La Corée du Nord est accusée de nombreux trafics lui permettant de se procurer des devises et de renflouer ses caisses, qu'il s'agisse de matériel militaire ou de denrées illicites (drogue, faux documents, etc.). Si certains de ces trafics sont indubitablement organisés avec l'assentiment des plus hautes autorités de l'État (pour tout ce qui concerne les technologies liées à la défense), d'autres ne sont probablement que tolérés tant qu'ils demeurent discrets et sans retombées négatives sur le régime. Mais ce n'est pas toujours le cas. L'affaire du navire nord-coréen, *Pong-su,* arraisonné par la police australienne en avril 2003, a permis la saisie de 125 kilos d'héroïne pure et l'arrestation de l'équipage dont le commandant serait un secrétaire du Parti. Par la publicité faite autour de l'incident, la Corée du Nord s'est retrouvée accusée d'avoir recours à des pratiques de « narco-État » pour pallier les déficiences de son économie. Certains ont affirmé que le régime s'était lancé dans la fabrication d'opium (la culture du pavot s'étendrait sur des milliers d'hectares dans le nord-est du pays selon un transfuge cité par Pierre Rigoulot – *voir bibliographie*), d'héroïne et de méthamphétamines. D'autres informations font état de trafics de diamants, de faux dollars, de faux passeports, voire de CD piratés ou de cigarettes, et accréditeraient la thèse d'une criminalisation de l'État nord-coréen, poussé dans cette voie par l'échec total du système. Que penser en effet de l'expulsion de diplomates nord-coréens en poste à Sofia, accusés de trafic illégal ?

Le sujet des transfuges est, pour la Corée du Nord, beaucoup plus délicat à gérer. Distincte de celle des réfugiés qui fuient le pays pour des raisons économiques, la question des défections pose le problème de la remise en cause, de façon ouverte et publique, du système nord-coréen. Chaque transfuge est un traître pour Pyongyang. C'est ainsi qu'a été ressentie la défection, très médiatisée, en février 1997, de Hwang Jang-yop, un des théoriciens du *juche* et du *suryong*. Les témoignages et les analyses de ce dernier ont offert la possibilité d'approcher de très près l'équipe dirigeante qui entoure Kim Jong-il et de comprendre les rouages de l'État nord-coréen. Son parcours au sein de l'appareil d'État et son rôle d'éminence grise auprès des Kim, père et fils, sont au cœur même de ce que le système nord-coréen est aujourd'hui. C'est en effet Hwang Jang-yop qui, alors qu'il est chargé de la propagande, lance en 1966 le culte de la personnalité. C'est également lui qui élabore la théorie du *juche* dès le début des années 60, théorie érigée ensuite en principe politique. Enfin, c'est à Hwang Jang-yop que l'on doit la comparaison du dirigeant à un cerveau parfait.

La plupart des transfuges, pour des raisons linguistiques évidentes, se retrouvent ensuite en Corée du Sud. Ils n'ont pas tous la notoriété et les capacités de rebond de Hwang Jang-yop et certains, contraints à la clandestinité, admettent avoir du mal à s'adapter à leur nouvelle vie.

LES VECTEURS D'UNE INFLUENCE EXTÉRIEURE

L'ouverture timide du système économique nord-coréen, bien qu'étroitement contrôlée, laisse filtrer d'autres éléments que les seuls fonds d'investissement et les technologies. Ce sont notamment des méthodes de travail qui sont importées et, peut-être, une curiosité pour ce qui est étranger et pas forcément hostile au régime. Les flux d'échanges font en outre intervenir un élément humain dont l'importance est primordiale à long terme.

La « diaspora » nord-coréenne. Les Nord-Coréens à l'étranger sont peu nombreux et ne constituent pas, en tant que telle, une véritable diaspora. Elle n'est guère organisée qu'au Japon et dispose de peu de relais, surtout si on la compare à la diaspora chinoise à travers le monde. En effet, les ouvriers nord-coréens envoyés sous contrat dans différents pays (Europe centrale et orientale, Russie, Chine) ne forment pas véritablement une communauté expatriée. Ils honorent un contrat et rentrent au pays avec devises et produits étrangers. Des bûcherons « ouvriers modèles » nord-coréens ont ainsi été envoyés en Extrême-Orient russe dès les années 40. Leur nombre atteignait près de 30 000 dans les années 80. Ils ne seraient plus que 5 000 aujourd'hui. En Chine, on constate par ailleurs une augmentation de l'ouverture de restaurants nord-coréens, dans les zones frontalières (à Dandong par exemple) et dans les grandes villes (Pékin et Shanghai). Parmi les critères de sélection figure bien évidemment une loyauté sans faille à Kim Jong-il. Ce type d'expatriés n'a d'autre impact sur la Corée du Nord que celui des devises rapportées.

Le cas très particulier des résidents coréens du Japon. La communauté coréenne du Japon tire sa spécificité de l'histoire : la péninsule coréenne était dans sa totalité une colonie japonaise de 1910 à 1945. Autant les hommes que les ressources naturelles ont été durement exploités. Près de 2,5 millions de Coréens ont été déportés comme travailleurs forcés au Japon qui s'était lancé dans une grande aventure militariste (pour mémoire, la Mandchourie et une grande partie de l'Asie du Sud-Est étaient sous la dépendance du Japon). À la défaite du Japon, en 1945, environ 600 000 Coréens se trouvaient encore dans l'archipel, prêts à retourner sur leur terre natale. Mais la péninsule était déchirée par la guerre. L'armistice de 1953, qui a consacré la division de la péninsule le long du 38e parallèle et créé deux États distincts, rend leur retour au pays problématique. Au Japon, la communauté coréenne se scinde à son tour en deux groupes, chacun affilié à l'un des régimes de la péninsule, en fonction de l'origine géographique et de l'engagement politique de ses membres. Très rapidement, le groupe étiqueté « pro-nord-coréen » se structure : l'Association générale de résidents coréens au

Japon, la Chosen Soren (pour *Zainichi Chosenjin Sorengokai* ou *Chongryon* en coréen) est fondée le 25 mai 1955.
La Chosen Soren a joué le rôle de représentation officieuse du gouvernement nord-coréen au Japon. Son siège est à Tokyo et plusieurs branches sont éparpillées dans l'archipel, avec des ancrages particulièrement forts dans la région d'Osaka, au sud, et près de la ville portuaire de Niigata, au nord. Par l'intermédiaire de la Chosen Soren, des sommes énormes ont transité de part et d'autre : des « dons » pour les membres des familles en Corée du Nord (les estimations varient entre 1,5 milliard de dollars par an à 600 millions de dollars) et, dans l'autre sens, les financements nord-coréens pour les différents projets culturels et commerciaux de l'Association au Japon. En effet, Pyongyang gère environ 130 écoles pro-nord-coréennes au Japon par l'intermédiaire de la Chosen Soren. L'enseignement qui y est dispensé est très politisé et les salles de classe étaient ornées, jusqu'en 2002, des portraits de Kim Il-sung et de Kim Jong-il. L'Association est par ailleurs très fortement soupçonnée d'avoir servi de couverture à de nombreuses opérations de contrebande et d'espionnage nord-coréennes.
Mais les difficultés croissantes de la Corée du Nord, la diminution des financements ainsi que le détachement progressif de la communauté coréenne du Japon de Pyongyang (les enfants coréens nés au Japon ne se sentent guère attirés par l'image que projette la Chosen Soren du « paradis des travailleurs »...) se sont traduits par une diminution considérable de ses membres. Et, coup fatal, la reconnaissance officielle par Kim Jong-il, lors du sommet historique avec le Premier ministre japonais Koizumi, en septembre 2002, de l'enlèvement de 13 citoyens japonais par les services secrets nord-coréens dans les années 70 et 80 a conduit de nombreux membres de la Chosen Soren à reconsidérer leur affiliation.
Malgré une baisse continue, les membres et sympathisants de la Chosen Soren ont contribué à un apport non négligeable de fonds au régime nord-coréen, depuis les années 60 jusqu'à nos jours. La crise actuelle que traverse l'Association au Japon n'est pas sans retombées pour Pyongyang. Tokyo, qui a longtemps fermé les yeux sur les transferts opérés entre l'archipel et la Corée du Nord, notamment par la voie maritime (le ferry *Mangyongbong 92,* est le seul navire de la flotte commerciale nord-coréenne à assurer une liaison avec transport de passagers entre Niigata et Wonsan), a opté pour une politique de contrôle plus ferme : une loi permettant aux autorités de refuser l'entrée dans les ports japonais de tout bateau susceptible de représenter une menace pour la sécurité a été votée en juin 2004. Cette loi, qui vise, sans les mentionner, les navires nord-coréens, a pour objectif de faire pression sur Pyongyang dans le cadre des négociations bilatérales concernant les kidnappés japonais et, plus largement, sur l'abandon par Pyongyang de ses ambitions nucléaires.

Les zones frontalières. La mer n'est pas la seule voie de pénétration en Corée du Nord, ni la plus aisée. La voie terrestre offre de nombreuses autres possibilités. Au sud, la frontière est verrouillée : la zone démilitarisée qui sépare les deux États coréens constitue une barrière infranchissable. Au nord, en revanche, la Chine et la Corée du Nord sont séparées par une frontière terrestre longue de 1 400 km qui permet, en plusieurs points, le passage des hommes et des marchandises. À l'ouest de cette délimitation, le fleuve Yalu et, à l'est, le fleuve Tumen, gelé durant les mois d'hiver.
Les deux premiers projets de zones économiques spéciales sont situés sur cette frontière septentrionale. Ce sont également des voies de transit naturelles où les populations se sont toujours mêlées, sous l'œil plus ou moins bienveillant, ou rendu bienveillant par une « taxe de passage », des autorités. Selon les organisations humanitaires sud-coréennes, il y aurait eu jusqu'à 300 000 clandestins nord-coréens du côté chinois (les estimations varient entre 30 000 et 300 000), sans compter ceux qui font de courts allers et retours, le temps de faire quelques transactions et de revenir chargés de produits chinois. Ces échanges profitent essentiellement à la population nord-coréenne poussée par les difficultés économiques et la famine à rechercher des moyens de survivre.
Toutefois, la législation chinoise ne reconnaît pas le statut de réfugiés à ces Nord-Coréens et Pékin n'est pas prêt à ouvrir davantage sa frontière. C'est même l'inverse. Craignant une marée humaine, un exode incontrôlable, susceptible de déstabiliser sa frontière et risquant de préfigurer une implosion du régime nord-coréen, Pékin a renforcé les mesures de sécurité depuis 2002. La Chine a notamment refusé d'installer des camps de réfugiés comme le demandent avec insistance plusieurs organismes. Le rapporteur des Nations unies pour le droit à l'alimentation, Jean Ziegler, a dénoncé, dans un communiqué en mai 2004, l'attitude criminelle des autorités chinoises, affirmant que « la persécution systématique et à large échelle des réfugiés de la faim nord-coréens sur le sol chinois constitue une violation grave et répétée du droit de l'homme à l'alimentation ».
Pour les autorités chinoises, il ne s'agit que de « migrants économiques », non de réfugiés, qu'il convient dès lors de rapatrier chez eux, manu militari s'il le faut. Les mesures ont été efficaces puisque la population nord-coréenne passée en Chine par le Tumen aurait été ramenée à environ 20 000 personnes. Selon le médecin allemand Norbert Vollertsen, qui a passé plusieurs années en Corée du Nord et qui est toujours très actif dans le domaine humanitaire, la Chine détiendrait 850 Nord-Coréens dans la région du bassin du Tumen, en attente de reconduction à la frontière (chiffres en date du 25 juin 2004, mentionnés par le site www.freenorthkorea.net). La reconduction à la frontière est synonyme de séjour en prison ou en camp de rééducation par le travail.
L'effroyable univers des camps, tel que décrit par Kang Chol-hwan dans son livre *Les aquariums de Pyongyang,* ainsi que par de nombreux autres transfuges dont les témoignages sont largement diffusés, paraît incroyable de cruauté et d'abjection. Il ne fait que rappeler d'autres expériences de ce type, en d'autres lieux, en d'autres temps pas si éloignés.
Faillite des réformes économiques, introduites trop tardivement et trop

parcimonieusement dans le système totalitaire nord-coréen, aggravée par un dérèglement climatique et de mauvaises récoltes à l'origine d'une terrible famine : autant de facteurs qui forment un dangereux cocktail pour la Corée du Nord.

Les associations et ONG

• *Le difficile travail en Corée du Nord*

Dans ce contexte particulièrement tendu, le rôle des ONG et des réseaux d'aide est fondamental. La plupart des organisations humanitaires ont quitté la Corée du Nord et celles qui ont fait le choix de rester appuient leur décision sur le refus d'abandonner à son sort une population coupée du monde extérieur (les postes radio, les téléphones portables et, bien sûr, l'accès à Internet sont interdits, seuls les proches de l'entourage de Kim Jong-il peuvent y être autorisés) et dont les droits les plus fondamentaux sont quotidiennement bafoués. Ces ONG font le pari que, même si l'aide fournie est en grande partie détournée au profit de la nomenklatura, elle parvient néanmoins à maintenir le régime sous perfusion et empêche la catastrophe humanitaire qui ne manquerait pas de se produire si la Corée du Nord venait à imploser. À titre d'exemple, le Programme alimentaire mondial (PAM) fournit près du tiers des besoins alimentaires de la Corée du Nord.

Le travail humanitaire en Corée du Nord est très particulier car contrôlé à l'extrême par les autorités qui ne donnent que rarement accès aux sites où cette aide (alimentation, semences, médicaments, etc.) est censée parvenir. Les expatriés des différentes ONG sont regroupés à Pyongyang et ne se rendent en province que sous la haute protection de leurs guides et interprètes. Les contacts directs avec la population sont strictement limités. À cet égard, le journal qu'a tenu Violaine de Marsangy durant sa mission de trois mois en Corée du Nord pour Action contre la faim est révélateur du fonctionnement kafkaien de l'administration nord-coréenne et des efforts, ainsi que des frustrations, des travailleurs humanitaires (voir les *Cahiers d'histoire sociale* n° 17, printemps-été 2001).

• *Les réseaux d'entraide hors de Corée*

Outre les ONG qui tentent d'avoir une action à l'intérieur du pays, d'autres organismes ont noué tout un réseau d'entraide aux portes de la Corée du Nord. Ce réseau est composé d'ONG à vocation humanitaire ou confessionnelle et cherche, le plus discrètement possible, à faciliter la fuite des réfugiés qui, la plupart du temps, souhaitent rejoindre la Corée du Sud. La quasi-absence de moyens de communication rend le facteur humain essentiel à ces réseaux. Chaque année, il y aurait environ 1 000 Nord-Coréens qui se rendraient en Corée du Sud par la Chine. Selon les autorités sud-coréennes, 760 réfugiés sont parvenus à quitter le pays durant le premier semestre de 2004 et au moins 700 autres sont attendus cette même année, traduisant une augmentation du flux des réfugiés.

Les associations à vocation confessionnelle, principalement protestantes, sont très actives. La plupart agissent à partir de la Corée du Sud et s'appuient sur un réseau de contacts en Chine. Le christianisme a été introduit dans la péninsule coréenne à la fin du XIXe siècle par l'arrivée de nombreux pasteurs protestants, particulièrement prosélytes. On estime à environ 3 000 le nombre de lieux de culte dans le nord de la péninsule coréenne à la fin de la Seconde Guerre mondiale. Dans les années 50, le régime nord-coréen a qualifié la religion de « moyen de pénétration impérialiste » et les temples et les églises ont été détruits. S'il y a bien aujourd'hui deux temples protestants et une église catholique à Pyongyang, leur fréquentation est sujette à caution. Certes, selon le pasteur Chang Sung-bok, qui est la tête de l'église de Pongsu à Pyongyang, la liberté de culte est une réalité en Corée du Nord. Il a d'ailleurs l'occasion d'accueillir des délégations chrétiennes de Corée du Sud et, ensemble, ils prient pour la réunification pacifique de la péninsule... D'après des observateurs sud-coréens liés à ces réseaux confessionnels, il est difficile de déterminer dans quelle mesure les églises de Pyongyang ne sont qu'une vitrine destinée aux délégations étrangères. Le culte lui-même semble suivre une voie toute spécifique à la Corée du Nord où, comme le dit Lim Soon-he, de l'Institut coréen pour la réunification nationale à Séoul, « le kimil-sungisme est considéré comme une religion et s'oppose à tout autre idéologie (...). En Corée du Nord, la "sainte trinité" est représentée par Kim Il-sung, Kim Jong-il et le *juche* » (dans « Underground Christians keep faith in a hostile North Korea », *Washington Post Service*, 12 avril 2001).

Parallèlement à ces contacts officiels, de nombreuses associations basées à Séoul tentent d'entrer en relation avec les « crypto-chrétiens » de Corée du Nord, estimés entre 10 000 et 300 000 (l'amplitude de cette estimation montre bien à quel point il est ardu de trouver des données fiables sur ce pays !). Leur objectif va bien au-delà de la simple prière commune et vise à aider les Nord-Coréens à fuir le régime. Elles rejoignent en cela d'autres associations non confessionnelles d'aide aux réfugiés.

Toutefois, la constitution de ces réseaux d'entraide se heurte non seulement au blocage du système nord-coréen, mais aussi au durcissement de la politique chinoise vis-à-vis des « migrants économiques » nord-coréens. Les autorités chinoises ont ainsi instauré, en 2004, une prime de délation atteignant 200 dollars pour toute information sur les lieux où se cachent les Nord-Coréens, parfois plusieurs semaines avant d'entamer un long périple vers la Corée du Sud, ainsi que sur les personnes leur apportant une aide logistique et matérielle. C'est dans le cadre de ces mesures répressives qu'a été condamné à huit mois de prison, le 28 juin 2004, un travailleur humanitaire japonais, Noguchi Takayuki, qui œuvrait en Chine pour le compte de Life Funds for North Korean Refugees. Il a été arrêté à Nanning, dans la province méridionale chinoise du Guangxi, alors qu'il aidait deux Nord-Coréens nés au Japon à retourner dans l'archipel via la Chine et l'Asie du Sud-Est.

Le réseau d'entraide aux réfugiés se développe également hors de la péninsule coréenne. Plusieurs associations offrent leurs services au Japon et, récemment, aux États-Unis. En

Californie, des transfuges nord-coréens ont décidé de partager leur expérience et de proposer un soutien aux nouveaux transfuges arrivant aux États-Unis et ont créé, en août 2003, une nouvelle association. Elle est dirigée par un ancien transfuge, Kim Yong, qui a fui le régime en 1998.
L'audience internationale du réseau d'entraide aux réfugiés et transfuges nord-coréens est relativement faible. Elle ne repose aujourd'hui que sur le travail inlassable de quelques militants des droits de l'homme, comme le médecin Norbert Vollertsen, et d'anciens transfuges, tel Kang Chol-hwan, relayé par des associations et des ONG.

Pour en savoir plus

Michael Breen, *Kim Jong-il, dictateur nord-coréen*, Saint-Honoré Média, 2004.

Guy Delisle, *Pyongyang*, L'Association, 2003.

Philippe Grangereau, *Au pays du grand mensonge, voyage en Corée du Nord*, Le Serpent de Mer, 2001.

Kang Chol-hwan, *Les aquariums de Pyongyang, dix ans au goulag nord-coréen*, Robert Laffont, 2000.

Dorian Malovic et Juliette Morillot, *Les évadés de Corée du Nord*, Belfond, 2004.

Nicolas Righetti, *Le dernier paradis*, Genève, Olizane, 2003.

Pierre Rigoulot, *Corée du Nord, État voyou*, Buchet-Chastel, 2003.

Internet

www.korea-dpr.com
Site officiel de la Corée du Nord.

www.korea-np.co.jp/pk/
Site de l'association japonaise pro-nord-coréenne Chosen Soren.

atimes.com
Site d'Asia Times on line.

www.kimsoft.com
Site d'information sur la Corée du Nord.

korea-is-one.org
Site de l'association du même nom qui fait la promotion de la réunification, tendance pro-nord-coréenne.

www.freenorthkorea.net
Site d'information et de promotion des droits de l'homme en Corée du Nord.

www.nknet.org/
Site du Network for North Korean Democracy and Human Rights.

nkzone.typepad.com
Site d'information sur la Corée du Nord.

www.koryogroup.com/
Site qui propose des voyages touristiques en Corée du Nord.

Superficie : 299 764 km² émergés, 7 107 îles
Population : 82,2 millions (estimation 2004)
Composition ethnique : Malais (95 %), Chinois (1,5 %), autres (aborigènes)
Religions : catholiques (82,9 %), protestants (5,4 %), musulmans (4,6 %), Église indépendante des Philippines (2,6 %), Iglesia Ni Christo (« église charismatique », 2,6 %)

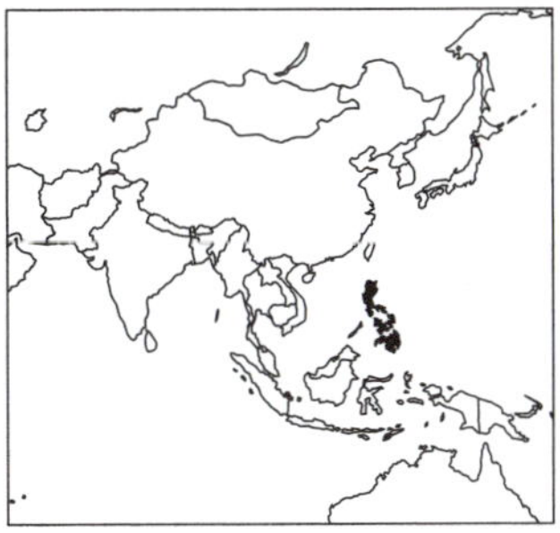

Philippines

Pivot de la présence militaire américaine en Asie du Sud-Est depuis plus d'un siècle, les Philippines sont le verrou de la mer de Chine. Colonisé plus de trois siècles durant par l'Espagne, puis les États-Unis, terrain d'affrontement contre le Japon impérial, l'archipel, devenu indépendant en 1946, s'est inscrit dans le dispositif de la guerre froide, concentrant ressources logistiques et outils de renseignement pendant le conflit vietnamien. La fermeture, début 1992, des bases militaires de Subic Bay et de Clark a pu laisser croire à un effacement de ce rôle stratégique. Mais l'affirmation de la puissance chinoise et la donne internationale inaugurée le 11 septembre 2001 l'ont replacé au cœur des enjeux contemporains, à proximité de l'Indonésie et des détroits contrôlant les routes maritimes.

Actif depuis le début des années 90, le groupe Abu Sayyaf a fait irruption sur la scène médiatique en 2000, avec la prise en otage d'une vingtaine de touristes, dont une moitié d'Occidentaux, dans un centre de plongée de Malaisie. Présentés par Manille et Washington comme liés au réseau Al-Qaïda, les Abu Sayyaf juxtaposent activisme idéologique, grand banditisme et manipulation militaire. Pour l'armée philippine, insister sur la menace que représente cet entrelacs de bandes armées permet de justifier son maintien en masse dans le Sud musulman, théâtre d'un conflit de basse intensité depuis plus de trente ans.

Considérée par certains experts comme un vivier de militants islamistes, l'île de Mindanao a vu naître deux mouvements séparatistes majeurs : le MNLF (Moro National Liberation Front), d'inspiration marxiste et nationaliste, puis le MILF (Moro Islamic Liberation Front), d'inspiration nettement plus religieuse. Divisé et en partie récupéré par le gouvernement central, le MNLF ne représente plus aujourd'hui qu'une nuisance annexe. Malgré une série de revers qui lui ont fait perdre ses principaux camps depuis 2000, le MILF, dont des cadres subalternes entretiendraient des liens avec la Jemaah Islamiyah (JI) indonésienne, reste en configuration de combat, malgré les annonces répétées d'un processus de paix à venir. Sous l'œil attentif de l'administration Bush, le MILF a été mis sur la défensive par la « guerre contre le terrorisme ». Pourtant, comme en atteste par ailleurs la survie, depuis 1969, de la guérilla communiste de la NPA (New People's Army) sur une large partie du territoire, la persistance des mouvements rebelles aux Philippines s'explique d'abord par des blocages politiques et économiques internes.

Guérillas et pauvreté aux Philippines

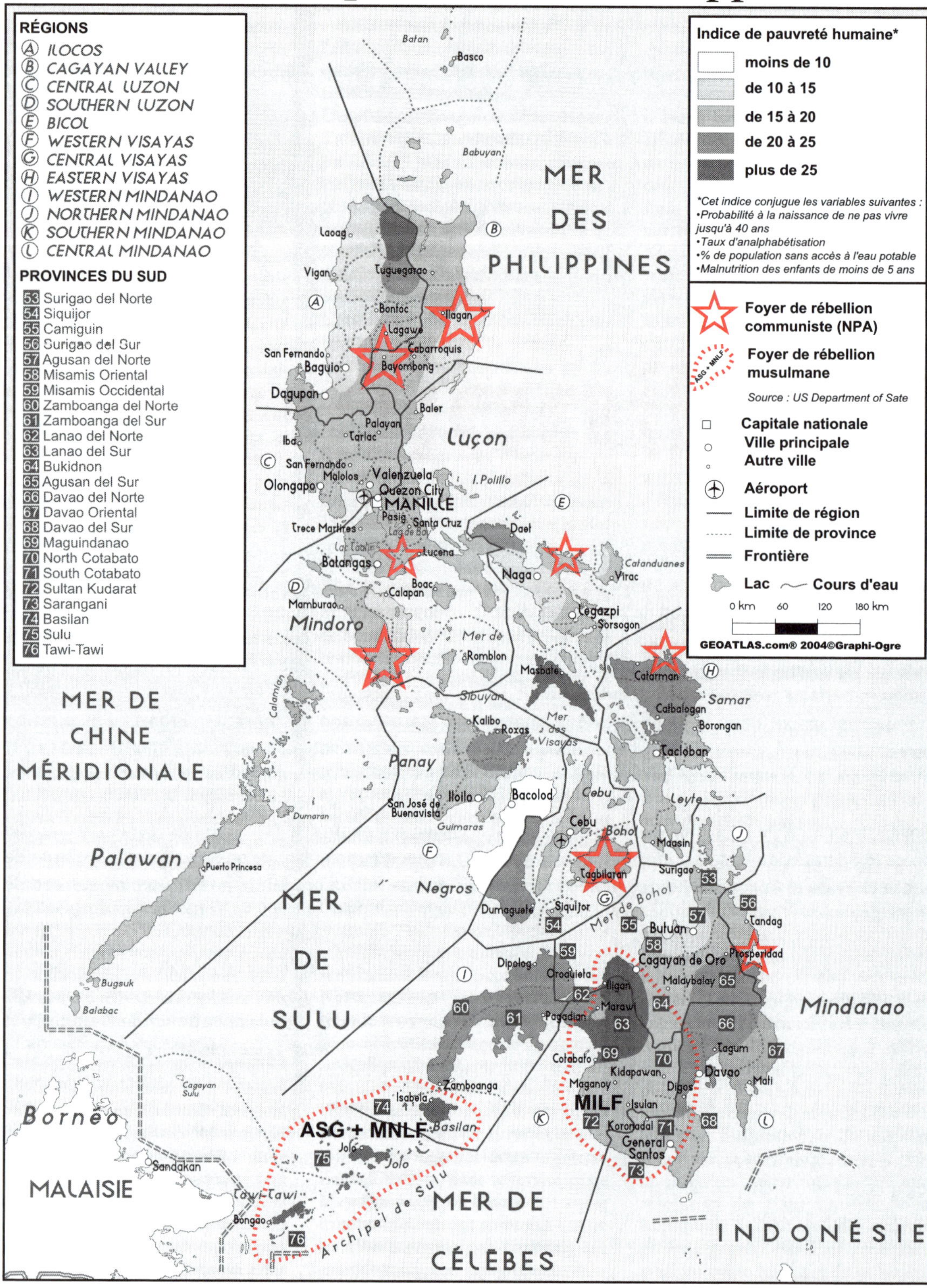

2004, ANNÉE ÉLECTORALE

Traduction brutale des règlements de comptes qui rythment la vie politique des Philippines et définissent son équilibre général, près de 150 personnes, candidats ou hommes de main, ont payé de leur vie leur engagement dans la campagne électorale pour les présidentielles de mai 2004, les troisièmes organisées depuis la chute de Ferdinand Marcos (1965-1986). Milices privées, forces de l'ordre, crime organisé, paramilitaires, guérilla communiste et séparatistes musulmans : dans cet archipel de plus de 7 000 îles, où sont parlées 11 langues et 87 dialectes, il est souvent difficile de déterminer qui combat qui. D'autant plus que, comme la société philippine dans son ensemble, chacun de ces acteurs est tributaire de logiques claniques qui rendent possibles toutes les combinaisons d'alliances et de rivalités.

Opposant sur un seul tour une multitude de candidats – ils étaient cinq cette année à se disputer la magistrature suprême –, les élections philippines sont une compétition où toutes les fraudes sont permises. Elles mettent en jeu des sommes considérables, de nature à peser sur l'équilibre macro-économique du pays, et occasionnent des luttes acharnées entre clans adverses pour la maîtrise politique et économique de leurs territoires, du local au national. Avec cette année environ 200 000 prétendants en lice, pour un peu moins de 18 000 postes à pourvoir (outre la présidence, la totalité de la Chambre des représentants et la moitié du Sénat étaient à renouveler), les motifs de vendetta ne manquaient pas. Il faut remonter à la présidentielle très agitée de février 1986, déclencheur du soulèvement populaire contre Ferdinand Marcos *(« People Power »)* et prélude d'une période de forte instabilité politique, pour trouver un tel nombre de règlements de comptes politiques.

La course à la présidence opposait, en 2004, deux candidats phares : Gloria Arroyo, 57 ans, économiste de formation et fille de président, donnée favorite sur Fernando Poe Jr., 64 ans, « fils du peuple » ayant quitté l'école très tôt, novice en politique, mais héros des masses déshéritées. La campagne de cet acteur vedette, à défaut d'exposer un programme clair, a mis l'accent sur son image d'homme intègre qui ne devait son succès à aucune des inévitables compromissions d'une carrière politique. Et ce en dépit de la croyance largement répandue que sa candidature a été financée par l'entourage et la cassette personnelle de son ami, l'ancien président Joseph Estrada. Dans la mesure où l'immense majorité des contributions de campagne se règle en liquide, le point est difficile à établir.

Ce qui est sûr, en revanche, c'est que Joseph Estrada, qui fut également une star adulée du cinéma philippin, est l'un de ceux qui ont poussé à se déclarer un Fernando Poe longtemps hésitant à le faire. Élu en 1998 avec une avance historique de 6 millions de voix, « Erap » (verlan de *pare,* « pote » ou « copain »), a été accusé d'avoir détourné à son profit plus de 60 millions de dollars en dix-huit mois de mandat. Renversé en janvier 2001 après une tentative d'*impeachment* avortée, il a été emprisonné quelques mois plus tard, sans que ne débute jamais vraiment son procès pour « pillage économique ». Entre désir de vengeance et volonté d'échapper à la justice, il avait toutes les raisons de souhaiter la victoire de Fernando Poe, pour lequel il a appelé à voter.

La présidente sortante a reçu le soutien des milieux d'affaires, paniqués à l'idée d'une réédition de la scandaleuse expérience Estrada, auquel, alors vice-présidente, elle succéda sans se faire élire pour la fin du mandat en cours. Le suffrage qui l'opposait à Fernando Poe devait donc, dans l'esprit de ses partisans, asseoir enfin sa légitimité démocratique. Il n'en a rien été. Entaché d'irrégularités, le vote s'est déroulé dans la plus grande confusion. Des journalistes ont témoigné d'achats de voix, de listes incomplètes et d'urnes manquantes, tandis que les médias locaux signalaient de nombreux cas d'intimidation. Au terme d'un laborieux décompte de six semaines, Gloria Arroyo, porte-étendard des élites traditionnelles, a été proclamée victorieuse par la Cour suprême, avec 1,1 million de votes d'avance sur son concurrent direct.

Menaces de déstabilisation. Le jour de sa prestation de serment, la victoire de Gloria Arroyo n'avait pas été reconnue par Fernando Poe, qui a toutefois déclaré qu'il ne porterait pas plainte devant la Commission électorale parce que ce serait une « perte de temps ». En affirmant par ailleurs qu'il n'était pas sûr de pouvoir maîtriser la colère de ses partisans, le candidat malheureux a laissé planer le spectre d'une insurrection populaire. Presque trois ans jour pour jour après les émeutes sanglantes, aux abords du palais présidentiel, déclenchées par l'arrestation de Joseph Estrada, fin avril 2001, et dix mois après la mutinerie du groupe de Magdalo, la menace a été prise très au sérieux. Les 17 000 policiers et militaires déployés dans les rues de Manille le jour de l'élection ont été maintenus en alerte longtemps après cette date. De sources officielles, on indiquait qu'une bombe de forte puissance avait été découverte à Manille le matin de la proclamation des résultats, près du ministère de l'Intérieur. Un autre engin explosif était retrouvé plus tard dans la journée dans le camp Aguinaldo, quartier général de l'armée. Sans identifier de suspects, le secrétaire adjoint à la Défense, Ricardo Blancaflor, indiquait qu'il était possible que ces actions se soient inscrites dans une logique de déstabilisation.

Le lendemain, une troisième bombe était découverte et neutralisée dans une église, à l'entrée de Forbes Park, l'un des « villages » privés et gardés les plus huppés de Manille, où se côtoient diplomates et *happy few*. Là encore, aucune revendication mais une piste politique privilégiée, étayée par la composition de l'engin, identique à l'un des deux découverts la veille. S'y mélangeaient C4, un explosif militaire, et 5 à 6 kg de nitrate d'ammonium. Deux jours plus tôt, la police avait fait usage de canons à eau pour disperser quelque 1 500 partisans de Fernando Poe qui tentaient de marcher sur le palais présidentiel, afin de protester contre les irrégularités commises, selon eux, lors du scrutin.

Pour compléter le tableau, un sabotage massif est intervenu le jour suivant la proclamation de la victoire de Gloria Arroyo, selon une technique déjà utilisée par le passé dans les rues de Manille : des pics de métal ont été dispersés sur quelques axes principaux de la mégalopole, aggravant encore sa circulation chaotique. Un acte revendiqué, cette fois, par un certain Elly Pamatong, leader d'un groupe pro-américain proche du courant charismatique, Discovery Crusade of the Philippines, Inc., dont la candidature avait été écartée.

Une économie fragilisée. Conséquence immédiate de cette instabilité politique, les marchés financiers, à l'approche des échéances électorales, ont été très volatiles. Sur l'ensemble de l'année 2003, le peso est la seule monnaie d'Asie à s'être dépréciée, malgré la faiblesse du dollar.

Avec un taux de chômage en hausse, à 13,7 % de la population active, les Philippines continuent de faire pâle figure en comparaison de ses voisins de l'Asean. En 2004, l'archipel devrait arriver, avec un PIB en hausse de 4,5 %, en queue de peloton de l'Asean selon les calculs du Fonds monétaire international (FMI), contre 7 % pour la Thaïlande, 5,7 % pour la Malaisie ou 4,8 % pour l'Indonésie. Et ce alors que plus de la moitié des 84 millions de Philippins vivent avec moins de 2 euros par jour.

Dans un pays où les réseaux de clientèle irriguent une bonne partie du corps social et où les dépenses électorales par tête sont connues pour être parmi les plus élevées au monde, il est admis, les années de consultation, que l'équipe sortante profite de son contrôle sur le budget pour chercher au mieux à donner un coup de fouet à l'économie, au pire à s'attacher un maximum de votes et de visibilité médiatique. En 1969, les déficits consécutifs à la réélection de Ferdinand Marcos avaient causé une dévaluation de 100 % du peso. D'une ampleur moindre aujourd'hui, le phénomène persiste. L'administration Arroyo s'était fixé pour plafond, en 2004, un déficit équivalant à 4,2 % du PIB (soit 3,53 milliards de dollars). Objectif dépassé au premier semestre, malgré un blocage des dépenses à partir de juin. Cette fragilité de l'équilibre budgétaire est l'une des causes de la vulnérabilité des Philippines aux chocs extérieurs. L'autre tient au poids de la dette extérieure, la deuxième plus importante d'Asie après le Japon et qui représentait début 2004 57,4 milliards de dollars, soit 90 % du PIB. Un tiers du budget de l'État, d'après la Banque asiatique de développement, est immobilisé par son seul service.

Parmi les autres points de blocage de l'économie : la corruption, le contrôle des naissances (l'archipel a le taux annuel d'accroissement naturel de la population le plus élevé d'Asie : 2,36 %) les lacunes du système éducatif, des infrastructures insuffisantes ou encore une organisation féodale de la propriété foncière agricole. Or, sur tous ces points, la marge de manœuvre du gouvernement est limitée. Il semble peu probable par exemple que la présidente, fervente croyante soutenue par une hiérarchie catholique très conservatrice, mais aussi très influente, préconise le recours à des méthodes contraceptives modernes. Les structures administratives peinent à imposer leur autorité sur des intérêts particuliers remarquablement puissants, dans un pays où une seule famille, les Ayala, descendants de colons espagnols, concentre près de 17 % de la capitalisation boursière. Le poids politique des dynasties locales et nationales, qui se confondent encore le plus souvent avec les grands intérêts fonciers du pays, augure mal de l'adoption de véritables réformes agraire et fiscale. Alors que les déficits continuent de se creuser, les recettes tirées de l'imposition sont passées de 16 à 12 % du PIB depuis 1997, soit l'un des taux les plus faibles d'Asie. Une étude de la Chambre de commerce américaine publiée en 2003 estimait que la « moitié des impôts n'était pas collectée » et qu'un « pourcentage substantiel », de 20 à 50 %, de ceux qui l'étaient, était ensuite « perdu ». Pour les grandes sociétés privées, c'est-à-dire familiales, des Philippines, la fraude fiscale est la règle plutôt que l'exception, les risques étant couverts par la prévarication des fonctionnaires et une participation au financement de la vie politique.

RELATIONS AVEC LES ÉTATS-UNIS, LUTTE CONTRE LE TERRORISME ET GUERRE EN IRAK

« Encouragements » sur la menace terroriste. Au climat déjà très lourd de la campagne électorale 2004 se sont ajoutées des menaces supposées d'attentats de la part des milieux islamistes, dont le sud des Philippines, théâtre depuis des décennies d'un conflit entre gouvernement central et séparatistes musulmans, constituerait un refuge, selon la commission d'enquête américaine sur le 11 Septembre. Sont en cause, selon le rapport dont les conclusions ont été jugées « dépassées » par Manille, la difficulté du terrain et la faiblesse de l'État, qui s'est pourtant targué de quelques succès en la matière.

Le 6 mai, le ministre de la Défense, Eduardo Ermita, annonçait l'arrestation, à Cotabato (île de Mindanao), d'un Jordanien de 46 ans présenté comme un membre d'une « cellule logistique » de la Jemaah Islamiyah *(voir encadré)*, ce réseau terroriste aux contours flous dont les gouvernements de la région affirment qu'il irradie, depuis son centre de gravité indonésien, au sein des mouvements malaisiens et philippins se réclamant de l'islam politique. Selon les autorités, cette arrestation fit échouer des attentats prévus dans l'archipel et mit en évidence des « liens clairs » entre la JI et des « personnalités terroristes philippines à Mindanao » – mais aucun nom ne fut donné. L'arrestation eut lieu courant avril mais ne fut rendue publique que quatre jours avant la présidentielle, nourrissant l'hypothèse d'une utilisation politique, par le gouvernement sortant, de la thématique de la lutte contre le terrorisme, pierre angulaire des orientations de Gloria Arroyo.

Terrain d'entente privilégié des administrations de Gloria Arroyo et de George W. Bush, la question sécuritaire illustre comment l'influence de Washington aiguillonne l'action de Manille. Selon des informations publiées par le *New York Times*, les États-Unis, la Grande-Bretagne et l'Australie ont adressé de concert, le 21 mars 2004, un avertissement aux

Philippines, leur reprochant de ne pas en faire assez contre les groupes implantés sur leur territoire. Le 30 mars, la Présidente annonçait que les forces de sécurité avaient arrêté un groupe d'activistes de la JI et des Abu Sayyaf et saisi une grande quantité d'explosifs qui devaient leur servir à commettre des attentats contre des cibles civiles, de l'ampleur de ceux perpétrés à Madrid deux semaines auparavant. Sans reconnaître le terme d'« avertissement », l'ambassade américaine a toutefois indiqué quelque temps plus tard que ses services avaient fourni aux autorités philippines des informations « importantes ».

Remontrances sur l'Irak. Ces relations de confiance ont connu une très nette dégradation à propos de la question irakienne. Fin juillet, cédant au chantage des ravisseurs d'un civil philippin, qui exigeaient le retrait des troupes de Manille en échange de sa libération, la présidente Arroyo s'est attiré les foudres de Washington. Même s'il ne s'est agi dans les faits que de devancer de quelques semaines la date du retour prévue du contingent philippin, la manœuvre a été décrite comme une « récompense » pour les preneurs d'otages par le secrétaire d'État Colin Powell, qui n'a pas caché la grande « déception » de son gouvernement ; « la faiblesse est une provocation », a renchéri le ministre de la Défense, Donald Rumsfeld. La brouille s'est étendue aux rapports des Philippines avec l'Australie, qui s'est fortement impliquée aux côtés des États-Unis et dont le ministre des Affaires étrangères, Alexander Downer, après avoir accusé Manille d'« encourager » les actes de terrorisme, a refusé de s'excuser.

La résistance de Gloria Arroyo aux pressions de ses alliés tient principalement à des considérations de politique intérieure. Mise en délicatesse par les circonstances de sa réélection, la présidente a sans doute cherché à couper l'herbe sous le pied de ses adversaires, alors que l'engagement, même limité à une cinquantaine d'hommes, de l'archipel en Irak avait suscité une vive polémique. Il était également essentiel de tenir compte de l'avis des 7 millions de travailleurs émigrés (les OFW – *Overseas Filipino Workers*), au rôle économique vital et au poids politique indirect – par familles et proches interposés – potentiellement déterminant sur une question de ce type, susceptible d'en mobiliser un très grand nombre. L'Arabie saoudite et les pays du golfe Persique accueillant le pourcentage le plus important de ces OFW, Manille est toujours attentive à ne pas compromettre ses relations avec le monde arabe. Cela aura au moins permis à Gloria Arroyo d'afficher l'image d'une présidente qui a du cœur, en s'associant aux larmes de soulagement des proches du chauffeur rescapé. Une nécessité urgente, sans doute, au vu des représailles qu'elle ne pouvait manquer de prévoir de la part de Washington. De source diplomatique philippine, on a déclaré s'attendre à une réduction, voire à une suspension de l'aide au développement versée par les États-Unis. Une perspective très dommageable, quand on sait que via la seule agence d'aide publique au développement, l'USAID, les États-Unis ont prodigué en trente ans une somme totale d'un peu plus de 4 milliards de dollars à leur ancienne colonie.

Ce refroidissement, le plus sérieux depuis le non-renouvellement, par Manille, des baux de location des bases aérienne et navale de Clark et Subic Bay, ne devrait pas pour autant entraîner de spectaculaires bouleversements d'alliances géostratégiques. D'abord, parce que Manille s'est engagé à participer à la reconstruction de l'Irak, en y envoyant des ouvriers. Ensuite, parce que « les Philippines et les États-Unis ont un lien centenaire », comme l'a rappelé la présidente Arroyo, « et aucun président ne peut le briser parce qu'il est maintenu par une histoire permanente ». De fait, l'essentiel semble devoir être préservé : le département d'État a fait savoir que le statut « d'allié majeur hors Otan », octroyé début octobre 2003 par le président George W. Bush, ne serait pas remis en cause. Un statut qui confère aux Philippines un accès privilégié aux équipements de guerre américains et les place au 4e rang mondial des pays bénéficiaires de l'aide militaire des États-Unis, avec qui elles sont liées depuis 1951 par un traité de défense mutuelle. En 2003, l'archipel a reçu 114,5 millions de dollars en assistance militaire. Un Hercule C-130, une dizaine d'hélicoptères Huey, une vedette rapide et près de 30 000 fusils d'assaut M-16 lui ont en outre été promis.

Les acteurs

Une nouvelle génération de militaires mutins

Un leader charismatique au physique de jeune premier et un noyau d'officiers subalternes « idéalistes » servant dans des unités d'élite et entraînant dans leur sillage les hommes sous leur commandement. Un discours radical contre les gabegies d'une institution militaire et d'un gouvernement considérés comme irrémédiablement corrompus. Enfin, un fort parfum de récupération politique. Les points de comparaison ne manquent pas entre la faction putschiste du RAM (Reform the Armed Forces), active à la fin des années 80, et les mutins du groupe Magdalo, qui s'enfermèrent tout un week-end de juillet 2003 dans un centre commercial du quartier des affaires de Manille, après en avoir piégé les abords, pour réclamer la démission du ministre de la Défense, du chef des services de renseignement de l'armée – obtenue après coup – et de la présidente Arroyo.

Partisans d'une remise au pas généralisée, les hommes du RAM participèrent aux six tentatives de coup d'État lancées à la fin des années 80 contre la présidente Corazon Aquino (1986-1992), avec l'aval d'une partie de la nomenclature des années Marcos, notamment l'ancien ministre de la Défense Juan Ponce Enrile. C'est le colonel Gregorio « Gringo » Honasan, ancien meneur du RAM reconverti dans la vie politique sous Fidel Ramos (1992-1998), qui négocia la reddition des officiers de Magdalo, dont la traduction en cour martiale a été bloquée en mars par la Cour suprême. Élu sénateur en 1998, rallié au populisme de Joseph Estrada, Gregorio Honasan

a été accusé par les partisans de la présidente Arroyo d'avoir initié la mutinerie à des fins de déstabilisation. Il a dû se réfugier un moment dans la clandestinité, comme au temps de sa splendeur.

Arbitre de la vie politique

Propulsée au cœur de la vie politique et économique des Philippines sous Ferdinand Marcos, l'armée s'est du même coup divisée en clans concurrents. Les remous consécutifs à l'élection présidentielle de 2004 (qui ont notamment vu l'équipe de Gloria Arroyo accuser l'opposition de « conspirer avec des éléments des forces armées » pour provoquer un soulèvement et l'arrestation en mai d'un colonel basé à Zamboanga, dans le Sud, pour ses « activités électorales » en faveur de Fernando Poe) semblent devoir ancrer cette tendance dans la durée.

En janvier 2001, en retirant son soutien à Joseph Estrada, le chef d'état-major Angelo Reyes avait permis une transition en douceur, qui lui valut d'être nommé ensuite ministre de la Défense. L'assaut du palais présidentiel par les fidèles du président déchu, en mai suivant, comme la mutinerie de juillet 2003 ont rappelé par la suite à Gloria Arroyo l'importance de la fidélité de l'armée. Nul doute donc que l'avis de l'état-major, prépondérant sur les questions relatives aux insurrections communiste et musulmane, conservera l'oreille attentive de l'exécutif tout au long du mandat inauguré en mai 2004.

Gloria Arroyo a de même accepté de composer avec le sénateur Panfilo Lacson, chef de la police sous Joseph Estrada, dont il est considéré comme un proche, où il a conservé de nombreux relais. Lacson, après s'être très vivement opposé à la présidente et avoir accusé son mari de corruption systématique dans une série d'interventions au Sénat, avait lancé une candidature de nuisance. Mais, soupçonné de trafic de drogue, de blanchiment d'argent et de violations graves des droits de l'homme, il a conclu en toute fin de campagne électorale un accord avec le camp présidentiel, se retirant de la course au profit de la présidente.

La rébellion communiste

◆ NPA – New People's Army

(Nouvelle armée du peuple)

Nourrie du mécontentement social et de la pauvreté du monde rural, la New People's Army (NPA) est une héritière des soulèvements ponctuels qui agitent les campagnes philippines depuis l'occupation espagnole. Dans les années 30, elle s'incarna dans un bouillonnement de petites organisations d'extrême gauche, interdites par les gouverneurs américains. Puis ce fut la guérilla *Huk*, née contre les forces d'occupation japonaise et matée dans les années 50 à la suite de l'implication massive de la CIA. Bras armé du Parti communiste philippin (CPP), la NPA a été créée en 1969 par José Maria Sison. Portée localement par l'exigence d'une réforme agraire, son opposition à la présence militaire américaine et la répression orchestrée par Ferdinand Marcos, elle a compté jusqu'à 15 000 hommes en 1974. Victime de dissensions internes sanglantes et de sa perméabilité au banditisme, le mouvement a progressivement perdu de ses capacités opérationnelles, dans les années 80 et 90, sans renoncer à ses actions.

Même si les négociations de paix avec Manille ont repris début 2004, après trois ans d'interruption, les forces de sécurité qualifiaient la NPA, avant le scrutin de mai, de « principale menace pour la démocratie ». Sur le terrain, de fait, le conflit armé se perpétue : l'armée philippine a recensé 460 accrochages dans les six premiers mois de l'année 2004, dont le bilan s'établirait à 201 morts. En incluant les 27 membres des Civilian Armed Forces Geographical Unit (Cafgu) aux 90 pertes du côté des forces gouvernementales, l'État philippin reconnaît que, dans sa lutte contre l'insurrection communiste, il continue d'armer et d'entraîner des milices civiles, aux agissements beaucoup moins contrôlables que ceux des troupes régulières.

Forte de près de 9 000 hommes et implantée dans quelque 2 000 localités rurales, la guérilla a pris racine en encadrant les « masses » et a coutume de rendre la justice. L'essentiel de ses ressources provient du racket qu'elle exerce sur les entreprises qui se trouvent dans ses fiefs ou celles qui voudraient s'y implanter. Les années électorales sont, de ce point de vue, des périodes fastes, la collecte s'étendant aux hommes politiques souhaitant faire campagne auprès des populations locales. Elle a interdit l'accès de ses terres à ceux qui s'y présentaient escortés de gardes armés, de policiers ou de militaires. Pour avoir enfreint ces consignes, un conseiller municipal d'une localité de l'île de Mindoro a été exécuté, et une députée, alliée de la présidente Arroyo, blessée à la tête.

Émanation légale du Parti communiste philippin, le groupe *Bayan Muna* (« le peuple d'abord ») a de son côté porté plainte en mai 2004 auprès de la Commission électorale (Comelec) pour les exécutions, depuis 2001, de 41 de ses représentants. Six d'entre eux, dont un conseiller municipal et avocat des droits de l'homme, ont perdu la vie au cours de la dernière campagne. Sept autres, portés disparus depuis début 2004, n'ont plus donné signe de vie. Premier suspect, aux yeux des dirigeants du parti, les forces armées dont les intimidations et les exactions sont une donnée constante de la vie politique nationale. Le texte de la plainte dénonce des cas « d'incitation directe », par les militaires, à ne pas voter en faveur de Bayan Muna.

Après une première session de pourparlers début 2004 à Oslo, gouvernement d'un côté et mouvance communiste de l'autre représentée par le CPP-NDF (Communist Party of the Philippines et National Democratic Front, branche politique de l'insurrection) ont promis d'aborder dans leurs prochaines rencontres, peut-être à Pékin, les réformes socio-économiques exigées par la guérilla. Les points de blocage ne manquent pas : l'impossibilité de se mettre d'accord sur un cessez-le-feu en atteste. À ce jour, le principal handicap demeure l'inscription, courant 2002, de la NPA sur la liste des organisations terroristes définies par le département d'État américain. Selon Manille, cette initiative, en autorisant le gel de ses supposés avoirs aux États-Unis, aurait coupé le finance-

ment extérieur de la guérilla, en provenance de ses soutiens européens.
D'inspiration maoïste, en principe portée à l'autogestion, la NPA compenserait ces manques, selon le gouvernement, par une recrudescence de son racket. Depuis les Pays-Bas où il vit réfugié depuis 1987, José Maria Sison a menacé de suspendre les pourparlers en cours tant que le Trésor américain n'aura pas levé son embargo sur les droits d'auteur d'un livre qu'il vient de coécrire. Gel qui, d'après Sison, ne concerne que des gains personnels et non une source de financement du parti.

L'insurrection musulmane du sud des Philippines

Les musulmans constituent une minorité représentant de 4,6 % de la population philippine. Répartis en treize groupes ethnolinguistiques distincts, ils sont originaires de la grande île de Mindanao et de l'archipel des Sulu, chapelet de 369 îles qui s'étend de Basilan à Tawi-Tawi, à la limite des eaux territoriales malaisiennes. Ils se présentent comme les héritiers des sultanats restés insoumis trois siècles durant à l'autorité espagnole, et revendiquent une identité commune cimentée par la religion et un territoire sur lequel ils ont été progressivement marginalisés par l'arrivée continue de colons chrétiens du nord. De 70 % de la population de Mindanao en 1903, ils n'en représentent plus que 20 % aujourd'hui, et ne sont majoritaires que dans 5 provinces.
L'indépendantisme musulman dans sa configuration actuelle est né dans les années 70, avec le déclenchement de la loi martiale. La gestion de plus en plus brutale des conflits fonciers et politiques de la part de l'État central et des milices chrétiennes créées pour l'occasion a constitué l'élément déterminant de cette émergence du mouvement « moro ». Différentes factions se sont unifiées au sein du Front moro de libération nationale (MNLF), sous la conduite de Nur Misuari *(voir encadré)*, qui entre en guerre contre le gouvernement. Au plus fort des hostilités, entre 1973 et 1975, le MNLF semble avoir été en mesure d'aligner 30 000 hommes armés, tandis que l'armée philippine déployait les trois quarts de ses effectifs opérationnels. Le mouvement a bénéficié de l'appui logistique de la Libye et de la Malaisie, ainsi que de leur médiation, à la fois auprès de Manille et de « l'opinion arabe » incarnée par l'Organisation de la conférence islamique, pour gagner en reconnaissance.
Après la signature d'un accord de paix, resté lettre morte, en 1976 à Tripoli, le MNLF s'est progressivement morcelé suivant des bases politiques, ethniques et conjoncturelles, victime d'une pression militaire constante et des revirements de nombre de ses commandants, coupés de leurs chefs exilés et séduits par les offres du gouvernement. Après la mise à l'écart, fin 2001, de Nur Misuari et le décès de Hashim Salamat, « émir » du MILF, en juillet 2003, la page des pères fondateurs et des idéologues semble devoir être tournée. Leur héritage, indéniable en termes de prise de conscience et d'encadrement de la population musulmane, est aujourd'hui aux mains d'une génération tiraillée entre engagement politique conventionnel, banditisme de grand chemin et tentation radicale.

◆ MILF – Moro Islamic Liberation Front

(Front moro de libération islamique)

Membre fondateur, avec le leader Nur Misuari, du Front moro de libération nationale (MNLF) à la fin des années 60, Hashim Salamat a pris la tête d'une branche dissidente en 1977, après la signature l'année précédente à Tripoli de l'accord de paix prévoyant l'autonomie de la minorité musulmane. Salamat, issu de la noblesse de Cotabato et formé à l'université Al-Azhar du Caire, où il côtoya les Frères musulmans, a reproché à Nur Misuari ses orientations laïques et marxistes ainsi que son favoritisme

Nur Misuari

Emprisonné depuis deux ans et demi dans l'attente d'un hypothétique procès, le fondateur et dirigeant historique du MNLF, Nur Misuari, a publiquement affiché début 2004 son soutien à la candidature de Gloria Arroyo, assurant qu'elle l'emporterait par un raz-de-marée électoral à Mindanao. C'était une façon pour lui de mettre en avant sa propre popularité supposée au sein de ses frères musulmans, que les commentateurs n'ont pu s'empêcher de relever.
Nur Misuari a commencé sa carrière comme professeur de sciences politiques à l'université des Philippines. Il s'impose à partir de 1972, au moment où l'armée multiplie les opérations avec la proclamation de la loi martiale, comme la figure de proue de la résistance musulmane face à la colonisation des « terres vierges de Mindanao » par des catholiques venus du nord. Proche de l'extrême gauche, il se réfugie en Libye après le déclenchement des hostilités entre Manille et le MNLF, et y reste pendant près de vingt ans.
Signataire de l'accord de paix de 1996, il devient gouverneur d'une Région autonome musulmane de Mindanao créée à cette occasion. En avril 2001, il est chassé de la direction du mouvement par un « conseil des 15 », formés par ses anciens lieutenants, soutenus par Manille. Toujours populaire à Jolo, berceau de l'ethnie tausug dont il est issu, Misuari y a gardé des partisans armés qui contrôlent une partie de l'arrière-pays. Refusant de céder son poste de gouverneur, il fut accusé de rébellion par le gouvernement central après des affrontements qui firent près de 100 morts à Jolo, en novembre 2001. Réfugié en Malaisie, il y fut capturé en janvier 2002. Il est détenu depuis lors dans un camp militaire des environs de la capitale. L'échec du processus de paix avec le MNLF, symbolisé par cette trajectoire sinueuse, explique en partie la méfiance réciproque du gouvernement et du Milf dans leurs pourparlers.

pour son propre groupe ethnique, les Tausug de Jolo. Devenue MILF en 1984, sa faction, qui rassemblait essentiellement des représentants des ethnies Maguindanao et des Maranao, appela à la création d'un État islamique indépendant. Aujourd'hui estimé à près de 10 000 combattants par l'armée philippine, le MILF en a revendiqué le double à son apogée, dans les années 90. Au moment où le MNLF acceptait de reprendre des négociations qui aboutirent à la signature d'un nouvel accord de paix en 1996, le mouvement d'Hashim Salamat s'est organisé militairement et politiquement.

Alors que les cadres du MNLF rejoignaient un par un le gouvernement depuis des années, l'intransigeance idéologique du MILF lui a attiré les faveurs d'une partie de la population – les jeunes, notamment – soumise à un conflit qui a fait 120 000 morts depuis 1972. Mindanao et les îles avoisinantes comptent parmi les régions les plus pauvres des Philippines ; à Jolo, plus de 80 % de la population vit en dessous du seuil de pauvreté. Chaque reprise des combats entraîne un flot de réfugiés, très hésitants ensuite à revenir vers leurs terres. Dans un rapport de mars 2003, la Banque mondiale estimait à près de 1 million le nombre des déplacés par la campagne militaire de l'administration Estrada, à 85 % musulmans. L'offensive, plus localisée, de 2003 avait quant à elle forcé près de 200 000 personnes à fuir.

Après la mort du fondateur et dirigeant religieux du MILF, Hashim Salamat, le responsable des négociations avec Manille depuis 2001, Al-Hadj Murad, considéré comme un modéré, a pris la relève et réussi tant bien que mal à imposer son autorité sur l'ensemble du mouvement. Le cessez-le-feu décrété en juillet 2003 n'a pas connu de violations majeures et des mesures visant à restaurer la confiance ont été prises de part et d'autre. Avant sa mort, Hashim Salamat avait solennellement condamné la pratique des attentats, dont la responsabilité est systématiquement déniée par les porte-parole indépendantistes, et dénoncé tout lien avec des organisations terroristes. Le gouvernement s'est quant à lui engagé à annuler les poursuites lancées contre une centaine de membres et dirigeants du MILF après les attentats de mars 2003 à Davao, qui avaient fait 23 morts. Il a par ailleurs promis de retirer totalement ses troupes du complexe de Buliok, principale base du MILF – et lieu de naissance et de décès de Salamat – tombée lors de l'offensive de février 2003. Retrait insuffisant, selon le MILF, qui accuse Manille de reculer des unités pour en faire avancer d'autres. D'une manière générale, les perspectives de paix semblent aussi minces que sont éloignées les perceptions des deux camps, malgré des déclarations de principe communes en faveur d'une solution « équitable, durable et exhaustive ». Le MILF n'a pas renoncé à son objectif d'un État islamique indépendant. Proposition inacceptable : l'intégrité territoriale n'est pas discutable pour le gouvernement. Quand l'un dit « combattants de la liberté », l'autre répond « terroristes islamistes ».

Après l'île de Basilan, fief des Abu Sayyaf, début 2002, les armées américaine et philippine ont mené trois semaines durant, en juillet et août 2004, des « exercices conjoints » dans la province de Nord-Cotabato, sur Mindanao, à proximité des terres du MILF. Les crispations causées par ces manœuvres et les accusations de collusion entre la guérilla – ou, du moins, certains de ses commandants de terrain – et la Jemaah Islamiyah font craindre un nouveau report de la reprise des négociations de paix, annoncée pour le mois de septembre 2004. Après deux échecs en 2000 et 2003, couronnés par des offensives des troupes gouvernementales, les pourparlers devaient reprendre en mai, à la suite des discussions exploratoires organisées en février à Kuala Lumpur, mais ont été repoussés pour cause d'élections présidentielles.

Fin juillet 2004, chacun des deux camps accusait l'autre de préparer des attaques armées. D'après l'état-major philippin, des cargaisons d'armes automatiques et de munitions continuent d'être livrées aux rebelles. Selon les organisations non gouvernementales citées dans la presse nationale, quelque 150 soldats américains ont participé à des opérations en dehors des infrastructures militaires, en violation des règles encadrant ce type de manœuvres. En juin, l'armée philippine avait déjà concentré des forces à proximité de ce qu'elle qualifie de « camp d'entraînement de terroristes ». Côté MILF, on dénonçait un « prétexte » pour envahir des zones échappant au contrôle du gouvernement, à la limite des provinces de Maguindanao et de Lanao del Sur. Et l'on invitait les autorités à venir inspecter les sites en cause, sans résultat.

Depuis le 11 septembre 2001, la lutte contre le terrorisme islamiste a placé la guérilla musulmane dans une position délicate. Sur le plan idéologique, alors qu'Hashim Salamat, qui avait très tôt incité au *djihad* et citait volontiers les théoriciens radicaux Sayyed Qotb et Abul Ala Maududi parmi ses inspirations, faisait figure d'inspirateur et de rassembleur, sa disparition a révélé des tensions croissantes entre « modérés » et « extrémistes », selon un rapport de l'International Crisis Group (ICG) sur le sud des Philippines, publié en juillet 2004. Sans que l'on puisse encore parler d'émiettement, ces désaccords sont à mettre en relation avec la structure beaucoup moins rigide et centralisée que le MILF a adoptée depuis la chute de ses camps en 2000 et 2003, privilégiant dorénavant les petits groupes mobiles aux grandes concentrations de troupes et laissant aux chefs de rang subalterne beaucoup plus d'autonomie opérationnelle. Un terrain propice à l'infiltration des djihadistes de tous horizons, estime l'ICG, qui fait toutefois remonter à 1994 les premiers contacts entre le MILF et la JI.

Prédicateurs formés aux mêmes écoles de pensée, Hashim Salamat et les premiers dirigeants de la JI, comme le cofondateur Abdullah Sungkar et le chef des opérations militaires Zulkarnaen, auraient été des « amis personnels ». Salamat a ainsi accepté l'installation d'un centre de formation aux explosifs dans le lointain périmètre du camp Abubakar, quartier général du Front, confié à 5 combattants indonésiens revenus d'Afghanistan. En 1998, devenu une « académie militaire » appelée camp Hudaibiyah, le centre accueillait sa première « promotion » régulière de 17 membres, venus des Philippines, de Malaisie, de Singapour et d'Indonésie. Perturbée par les développements du conflit, la formation s'est toutefois poursuivie jusqu'en 2002, affirme l'ICG, et a permis de « produire une nouvelle génération d'agents aptes à prendre la relève des vétérans afghans », devenus trop voyants après l'attentat de Bali, en octobre 2002.

Renforçant à Mindanao des relations personnelles souvent tissées en Afghanistan, cette génération de cadres intermédiaires est à l'origine d'une série d'attentats entamée à Djakarta le 1er août 2000, contre l'ambassadeur des Philippines, poursuivie fin décembre 2000 à Manille et achevée à Davao en mars 2003, sans qu'il soit possible de déterminer si les instances dirigeantes du MILF ont laissé faire ou simplement ignoré ce qui se passait dans leurs rangs. Ce rapport de l'ICG a été qualifié de « grossièrement exagéré » par Eid Kabalu, porte-parole du MILF, jugeant qu'il ne faisait que recycler des informations déjà publiées et pour certaines « non crédibles ». On relève dans les conclusions du rapport une référence aux affirmations des mutins du groupe Magdalo, qui avaient accusé l'armée en juillet 2003 d'avoir fomenté les attentats de Davao. L'enquête officielle ordonnée après coup, sans avoir apporté la preuve d'une telle manipulation, avait aussi exonéré le MILF.

Côté musulman, on s'interroge également sur les circonstances abracadabrantes de l'évasion du quartier général de la police, en janvier 2003, du terroriste indonésien Fathur Roman al-Ghozi, qui n'avait pas forcé la moindre porte. Il fut tué à Mindanao trois mois plus tard, son corps présenté à la presse quelques jours avant une visite officielle du président Bush à Manille. La classe politique et l'état-major sont majoritairement hostiles à l'idée de céder un pouce de souveraineté territoriale, la preuve d'une coopération entre la JI et le MILF pourrait justifier une reprise des hostilités. Dans le même temps, les États-Unis et les bailleurs de fonds internationaux ont conditionné le déblocage d'une aide massive à Mindanao à la signature d'un traité de paix.

◆ ASG – Abu Sayyaf Group

(Groupe Abu Sayyaf)

Réseau lâche de bandes armées sans véritable stratégie commune, les Abu Sayyaf sévissent depuis presque quinze ans au sud des Philippines. De la prise d'otage aux campagnes d'attentats, la vocation et la nature de leurs actions combinent banditisme et visées stratégiques, racket local et opérations spectaculaires, relayées par les médias internationaux. Centralisés sur deux pôles, les îles de Jolo et de Basilan, à proximité de la frontière malaisienne, ils sont considérés par les gouvernements américain et philippin comme liés au réseau terroriste Al-Qaïda, dont ils constitueraient une tête de pont et un réservoir de militants. Au début des années 90, le noyau originel du fondateur, Abdurajak Janjalani, a reçu le soutien financier de Mohammad Djamal Khalifa, un beau-frère d'Oussama ben Laden dirigeant, entre autres participations financières, l'antenne locale de l'organisation caritative saoudienne International Islamic Relief Organization (Iiro). Formé en Libye où il s'opposa violemment à Nur Misuari, accusé de « trahison » à la cause moro, Janjalani aurait aussi, de source officielle, combattu en Afghanistan contre l'armée soviétique, mais l'épisode est contesté par ceux qui l'ont côtoyé. Aujourd'hui, il est régulièrement fait état par les autorités de relations entre les Abu Sayyaf et des agents de la JI, pour des entraînements ou des opérations.

Appuyant l'essentiel de ses recherches sur les données des services de renseignement philippins, l'ICG suggère une coopération plus systématique et plus étalée dans le temps, via une aide logistique fournie par le MILF. Frère et successeur en titre de l'émir Abdurajak, tué par les forces de l'ordre en décembre 1998, Kadaffy Janjalani – évadé de prison à Manille en 1996 – aurait bénéficié d'une formation religieuse à Marawi City, dans la province de Lanao del Sur, au cœur de Mindanao, dans un centre créé par l'Iiro. L'entraînement militaire suivi parallèlement était dispensé dans un camp du MILF, où auraient opéré des cadres tels que Wali Khan Amin Shah, membre d'une cellule d'Al-Qaïda neutralisée à Manille en 1995. Celle-ci aurait été constituée par des instigateurs du premier attentat contre le World Trade Center à New York, en 1993. Entre 2001 et 2003, la coordination aurait été réactivée par des opérateurs indonésiens de la JI tels que Taufiq Rifqi et Zulkifli, ce dernier étant présenté comme le « cerveau » toujours en liberté des attentats de Davao.

Cette vision a été confortée par l'arrestation à Manille, en mars 2004, d'une équipe se préparant à commettre des attentats de grande ampleur, selon les autorités, et par les déclarations du ministre de la Défense sur la recherche de possibles « liens opérationnels » entre la JI et les Abu Sayyaf. Appréhendés en possession de 50 kg de TNT, selon la police, les six hommes ont été présentés menottés à la presse. Devant les caméras, deux d'entre eux ont été identifiés par une de leurs anciennes otages, une Philippine kidnappée en mai 2001 qui, contactée début 2003, avait exigé d'être payée pour témoigner sur sa captivité. Quelques semaines plus tôt, l'incendie et le naufrage d'un ferry au large de Manille, provoquant la mort d'une centaine de passagers, avaient été revendiqués par un porte-parole des Abu Sayyaf. D'abord rejetée par la police, l'hypothèse fut à nouveau évoquée après la capture des six hommes, sans que l'enquête ait pu déterminer l'origine de l'explosion qui s'était produite à bord. Entre-temps, la compagnie visée confirmait avoir reçu des lettres de menaces signées Abu Sayyaf. Dans leur ensemble, les objectifs des groupes Abu Sayyaf, infiltrés dès leur origine par les services de renseignement philippins, semblent fluctuer suivant les contextes. Celles du leader manchot Radulan Sahiron, un Tausug de Jolo, ancien cadre du MNLF considéré comme un « politique », sont à rapprocher des intérêts de la faction restée fidèle à l'ancien gouverneur Nur Misuari *(voir encadré)*. Autre ancien du MNLF, Galib Andang, le « Commandant Robot » responsable de la prise en otage de touristes occidentaux, en 2000, incarne de son côté une figure qui a semblé bien davantage motivée par des considérations matérielles. Autrefois garde du corps d'un *warlord* qui était gouverneur de Jolo au moment de la crise des otages, Robot a été capturé début décembre 2003 ; grièvement blessé lors de son interpellation, il a dû être amputé d'une jambe. S'il parlait à la justice lors de son procès, il lèverait certainement un coin du voile sur les réseaux de corruption qui ont bénéficié de cette affaire très médiatisée. Robot aurait avoué avoir empoché 10 millions de dollars du versement des rançons, selon l'armée, tandis que Roberto Aventajado, délégué en 2000 par le président Estrada pour négocier à titre exclusif avec les Abu Sayyaf, dit en avoir versé 11 millions. De source diplomatique européenne, on reconnaît avoir déboursé, « au final », 25 millions de dollars.

Autre figure des Abu Sayyaf également neutralisée en 2004 : celle du commandant Hamsiraji Sali, dont la tête avait été mise à prix 5 millions de dollars par le gouvernement américain pour son implication dans le rapt des époux Burnham, des missionnaires américains, en 2001. Sali a avoué dans la presse – ce sera confirmé par un témoin de l'échange –, avoir touché des services de renseignement une grosse somme d'argent fin 2002, pour une reddition qu'il avait finalement refusée. Il a enchaîné après coup les déclarations intempestives, revendiquant l'attentat de Davao – une affirmation jugée improbable par les autorités – ou rapportant, avant le déclenchement de l'offensive américaine sur Bagdad, des liaisons entre son mouvement et des diplomates irakiens en poste à Manille. Deux jours après la mort de Sali dans un accrochage avec les forces armées, le 6 avril 2004, 53 prisonniers s'évadaient de la prison d'Isabela, capitale de Basilan, après que l'un d'entre eux se fut fait livrer une arme. Parmi eux figuraient de nombreux Abu Sayyaf, dont huit furent tués au cours de l'empoignade. Le gouverneur de l'île, le *warlord* Wahab Akbar, compagnon de route du fondateur Abdurajak Janjalani et souvent cité comme un protagoniste de l'industrie locale du kidnapping, a identifié trois « commandants » parmi les évadés, dont la presse n'avait jamais évoqué l'existence auparavant.

Pour en savoir plus

J. Edgardo Campos (dir.), *Corruption : the Boom and Bust of East Asia,* Quezon City, Ateneo de Manila University Press, 2001.

Sheila S Corone (dir.), *Betrayals of the Public Trust, Investigative Reports on Corruption*, Quezon City, Philippine Center for Investigative Journalism (PCIJ), 2000.

Victor N. Corpus, *Silent War*, Quezon City, VNC Entreprises, 1989.

Jacinto C. Jr Gavion, Ma. Virginia B. Quinto-Gonzalez, Patricia Denise J. Lopez, Francisco L. Jr. Roman, Andrea L. Santiago, Andrea L. Abriña, Mary An K. Gonzalez, *Family Corporations in Transition*, Makati City, Asian Institute of Management, 2001.

Eric Gutierrez, Aijaz Ahmad, Francisco L. Gonzalez, Eliseo Mercado, Joel Rocamora, Marites Dañguilan Vitug, Abddulwahab Guialal, *Rebels, Warlords and Ulama. A Reader on Muslim Separatism and the War in Southern Philippines*, Quezon City, Institute for Popular Democracy, 2000.

Alfred W. Mac Coy, *Closer than Brothers. Manhood at the Philippine Military Academy*, New Haven, Yale University, 1999.

Alfred W. Mac Coy (dir.) *An Anarchy of Families : State and Family in the Philippines*, Quezon City, Ateneo de Manila University Press, 1998 (première éd. 1994).

Thomas M. Mac Kenna, *Muslim Rulers and Rebels. Everyday Politics and Muslim Separatism in the Southern Philippines*, Berkeley, Regents of the University of California, 1998.

Outre-Terre, revue française de géopolitique, publiée en coédition avec le laboratoire OGRE (Observatoire géopolitique des régions européennes), Université de Marne-la-Vallée, Érès, dossier spécial « Asies, tiers du monde », décembre 2003.

Ellen Tordesillas, Greg Hutchinson, *Hot Money, Warm Bodies, The Downfall of Philippine President Joseph Estrada*, Manila, AnvilPublishing Inc., 2001.

Marites Dañguilan Vitug, Glenda M.Gloria, *Under the Crescent Moon : Rebellion in Mindanao*, Quezon City, Ateneo Center for Social Policy and Public Affairs, Institute for Popular Democracy, 2000.

Internet

www.philnews.com
Site d'accès à la plupart des quotidiens et magazines philippins *(Malaya, Philippine Daily Inquirer, The Daily Tribune, The Manila Times, The Philippine Star, ABS-CBN news).*

www.ibon.org
Site de la Fondation IBON.

www.pcij.org.ph
Site du Philippine Center for Investigative Journalism.

www.luwaran.com
Site du MILF.

Superficie : 1 900 500 km²
Population : 214 millions
Composition ethnique : Javanais (45 %), Soundanais (14 %), Minangkabau (5 %), Balinais (2,5 %), etc.
Religions : islam (80-85 %), christianisme (5-10 %), hindouisme (8 %)

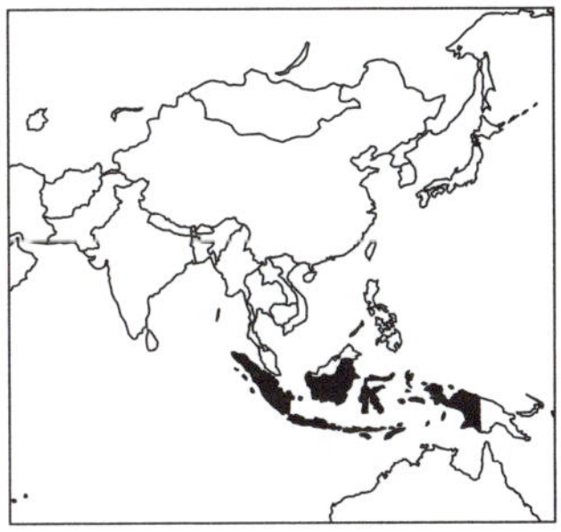

Indonésie

Depuis la démission forcée du président Suharto en mai 1998, l'Indonésie est entrée dans une période de profonds bouleversements sociaux et politiques, dont l'on n'a peut-être pas encore pris toute la mesure. En juillet 2003, commentant le déroulement pacifique du premier tour de l'élection présidentielle à Djakarta, l'ancien président américain Jimmy Carter se réjouissait d'assister à une « merveilleuse transition à la démocratie ». La réalité, malheureusement, est autrement plus complexe que ne le suggère ce diagnostic hâtif. Plus grand pays musulman du monde, l'Indonésie vit une étrange expérience. Dans le temps même où s'y réinstallent un pluripartisme et une liberté de presse abolis par les pouvoirs autoritaires depuis le début des années 60, les théâtres de violence et de cruauté ne cessent de s'y multiplier. Pogromes anti-Chinois à Java en 1998, conflits « interreligieux » aux îles Moluques en 1999 et 2000, massacres de civils par des milices anti-indépendantistes au Timor Est fin 1999, affrontements « intercommunautaires » entre colons javanais et Dayaks dans l'ouest de Kalimantan (Bornéo), reprise de vastes opérations antiséparatistes à Aceh (nord de Sumatra) depuis le printemps 2002, assassinats de militants nationalistes en Papouasie occidentale : la liste des avanies de la « merveilleuse transition » indonésienne est trop longue pour ne pas inciter à scruter plus en détail la situation politique de l'archipel.

LA FIN DU RÉGIME DE L'ORDRE NOUVEAU ET LES DÉBUTS DE LA « REFORMASI »

Avant de pointer les ratés de la transition indonésienne, encore faut-il saluer comme il se doit ses avancées. La rupture avec le passé autoritaire du régime de « l'Ordre nouveau » n'était pas chose aisée. Le général Suharto, parvenu au pouvoir en octobre 1965 au prix d'un gigantesque massacre anticommuniste (plus de 600 000 victimes en quelques mois), avait édifié au fil des années 70 et 80 un système de répression d'une incroyable envergure. La vie politique avait été réduite à une parodie de parlementarisme : trois partis « légaux » s'affrontaient tous les cinq ans en une lutte inégale que le parti corporatiste du gouvernement (le Golkar) remportait sans coup férir, avec des scores usuellement supérieurs à 70 % des suffrages. La dissidence politique était traquée jusque dans les moindres recoins de la vie individuelle

Foyers de contestation en Indonésie

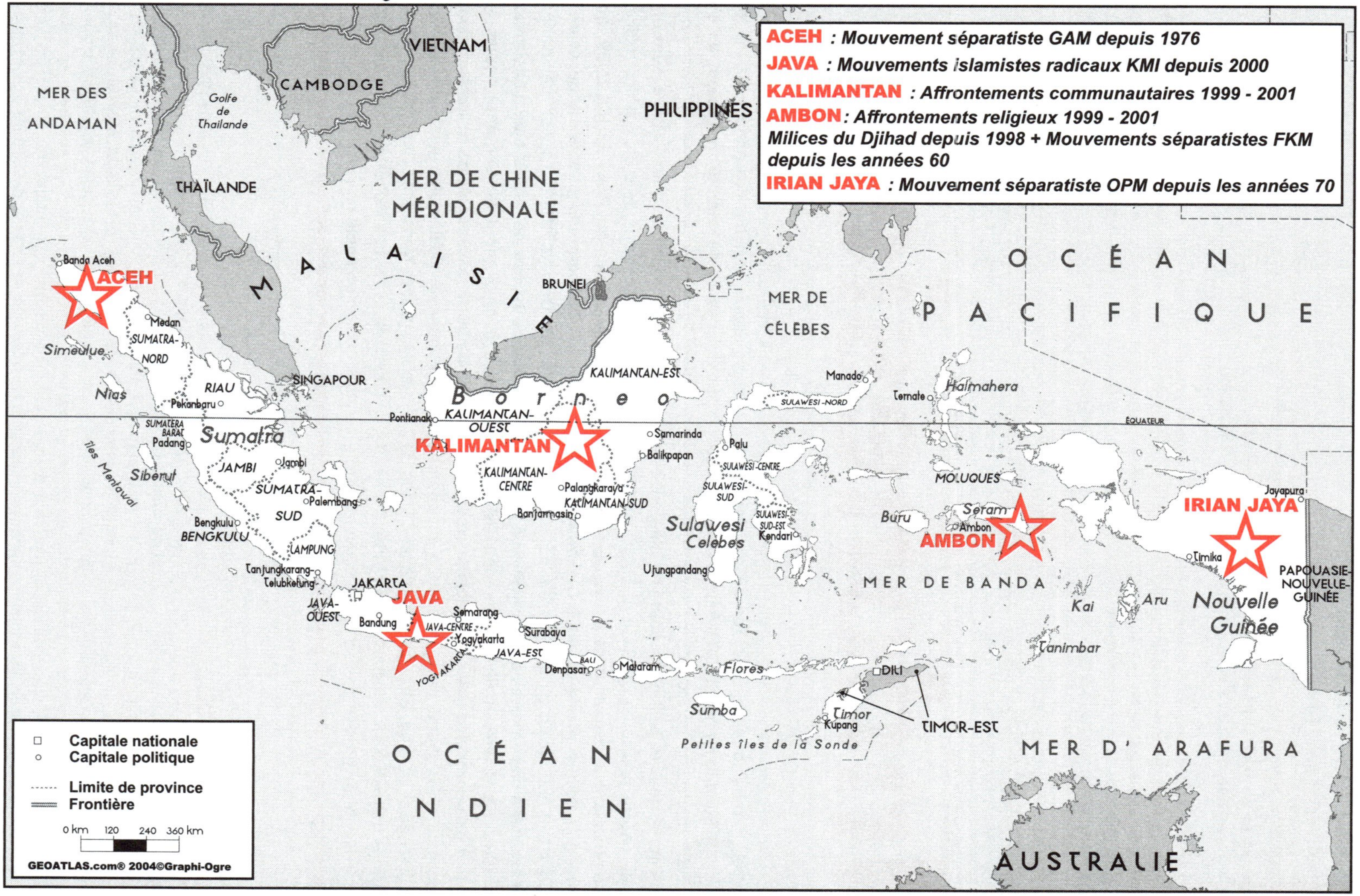

et collective. L'armée et la police, réunies en un seul instrument sécuritaire, veillaient à la « dépolitisation » musclée des villages comme des campus. L'Ordre nouveau avait en outre des velléités expansionnistes, tolérées sinon même encouragées par l'Occident au nom de la lutte contre le péril communiste. L'organisation d'un référendum truqué lui permit de reconquérir définitivement l'Irian Jaya (partie occidentale de l'île de Papouasie) en 1969. En 1975, il envahit l'île de Timor, anciennement sous domination portugaise, au prix de l'élimination physique de plus d'un quart de la population. Le régime de Suharto commença pourtant, dès le milieu des années 80, à se fissurer. Le général avait placé ses enfants et ses proches à la tête de puissants cartels privés. Or, ces derniers entraient en concurrence directe avec les entreprises publiques et parapubliques gérées par l'armée de terre. Plusieurs généraux demandèrent alors publiquement à Suharto de mettre un frein à son népotisme débridé, mais la fronde fut écrasée dans l'œuf. Par ailleurs, la répression de l'islam politique menée par l'armée n'avait pas réussi à éliminer toute critique religieuse du régime. Les réseaux clandestins de l'ex-parti Masjumi (dissous en 1960) entamèrent une guérilla de propagande contre Suharto et ses *cronies* (sa « clique » – terme péjoratif très utilisé en Asie pour désigner le réseau d'amis politiques qui profite d'un homme d'État), multipliant les prônes et les pamphlets incendiaires, tandis que les artificiers du Komando Jihad perpétrèrent une vague d'attentats en 1982-1984. La création en 1990 de l'Association des intellectuels musulmans d'Indonésie (ICMI), sous le patronage du protégé de Suharto, B. J. Habibie, permit de canaliser une partie du ressentiment des mouvances islamistes en cooptant certains de leurs intellectuels. De même, le contact fut renoué dès 1994 avec les radicaux du Bureau indonésien pour la propagation de la foi (*Dewan Dakwah Islamiyah Indonesia* – DDII) par l'entremise de hauts gradés de l'armée de terre. Mais la critique continua à gronder dans les cénacles activistes, qui fustigeaient le caractère « impie » de l'Ordre nouveau.

Le déclin de l'Ordre nouveau. Au début des années 90, un mouvement *pro-demokrasi,* enraciné dans les milieux étudiants et les réseaux syndicaux, parvint cependant à faire entendre sa voix dans les médias. Il trouva un allié de poids en la personne d'Abdurrahman Wahid (dit Gus Dur), *kyai* (ouléma) respecté et dirigeant de l'organisation musulmane traditionaliste du *Nahdlatul Ulama* (Renouveau des oulémas), qui compte près de 30 millions de sympathisants. Surtout, le mouvement, jusque-là morcelé, s'unifia en se dotant d'une égérie. Megawati Sukarnoputri, fille du premier président de la République d'Indonésie Sukarno et dirigeante du Parti démocratique indonésien (PDI), défia le chef de l'État en réclamant une libéralisation du système politique. En 1996, Suharto tenta de l'évincer de la tête du PDI : les services de renseignement noyautèrent le congrès du parti, puis l'armée prit d'assaut le bâtiment où s'étaient retranchés les fidèles de Megawati à Djakarta. Cette surenchère dans la répression cristallisa les ressentiments à l'encontre du régime. Un deuxième événement vint l'affaiblir plus irrémédiablement encore : la crise financière asiatique de l'été 1997. Celle-ci se transforma rapidement, en Indonésie, en une crise bancaire puis économique d'une ampleur sans précédent depuis les années 50. Les grandes entreprises industrielles procédèrent à des centaines de milliers de licenciements et le pays connut une hyperinflation. De novembre 1997 à mai 1998, les marches protestataires se multiplièrent, associant cols blancs et étudiants. Tant les milieux économiques nationaux que le FMI et la Banque mondiale firent connaître leur insatisfaction quant à la façon dont Suharto tentait de gérer la crise. Le général dut *in fine* se résigner à démissionner : le 21 mai 1998, il passa la main à son dauphin, B. J. Habibie, qui exerça la présidence par intérim jusqu'en octobre 1999. L'Ordre nouveau, qui avait vécu sur la promesse de l'entrée dans l'ère de la croissance à deux chiffres mais n'avait plus les moyens de rémunérer ses soutiens, s'effondra au cri de *reformasi !* (« la réforme »).

Les débuts de la « reformasi ». Habibie octroya ce qu'il ne pouvait que concéder : il fit voter un train de lois qui rétablirent le multipartisme concurrentiel et organisa en juin 1999 le premier scrutin libre depuis 1955. La grande gagnante de l'élection fut Megawati Sukarnoputri : son Parti démocratique indonésien Combat (PDI-P) remporta plus de 33 % des voix. Mais en octobre 1999, lorsque le Parlement réuni en session extraordinaire désigna le nouveau président, la logique des reports de voix de ses ennemis la privèrent d'une victoire totale : Gus Dur fut élu à sa place, grâce aux voix des députés du Golkar – qui ne pouvaient plus décemment élire à la tête de l'État Habibie, frappé par une motion de défiance de l'assemblée quelques semaines auparavant. L'arrivée à l'Istana Merdeka – le palais présidentiel – d'un ouléma modéré parut consacrer l'entrée en démocratie de l'Indonésie, d'autant que le scrutin législatif s'était déroulé dans le calme et sans tricheries de grande ampleur. Mais Gus Dur exerça le pouvoir d'une façon erratique. Accordant bien plus de crédit aux prédictions de ses conseillers mystiques qu'au verdict des sondages d'opinion, il mit gravement à mal le fragile équilibre entre institutions en confinant Megawati dans un rôle de vice-présidente purement honorifique et en traitant le Parlement de « jardin d'enfants ». Or, il ne disposait pas d'une majorité parlementaire stable : son parti (le Parti du réveil national – PKB) n'avait remporté que 54 sièges sur 462. Les députés se saisirent de plusieurs dossiers de détournement de fonds publics impliquant indirectement Gus Dur pour lancer à son encontre une procédure d'*impeachment.* En juillet 2001, il fut destitué et remplacé par Megawati. Cette dernière confirma l'orientation ultraprésidentialiste du nouveau régime et noua, contre toutes les attentes de la communauté internationale, un pacte idéologique avec l'armée, au nom de la nécessité de préserver l'unité nationale mise à mal par la résurgence des menaces séparatistes à Aceh et en Papua Barat.

LE DÉSENCHANTEMENT DÉMOCRATIQUE ET LA CRISE DE CONFIANCE DANS L'ÉTAT

Nationaliste et républicaine intransigeante, Megawati ne conserva pas longtemps l'image de « mère du petit peuple » dont elle avait joué à plein durant la campagne électorale. Prise en otage par les intérêts de classe des puissants notables de son parti, issus en grande majorité de la petite bourgeoisie commerçante et des professions libérales, elle ne prit aucune des mesures sociales (pour la réfection des quartiers miséreux et la création d'une assurance-chômage) qu'elle avait annoncées. Pis : elle soutint, en 2002, la réélection du gouverneur de Djakarta, Sutiyoso, haï par les « petites gens » de la capitale pour son autoritarisme. S'étant ainsi aliéné le soutien des milieux populaires, elle connut une cuisante défaite lors des élections législatives de juin 2003 : le PDI-P n'obtint que 19,8 % des voix, derrière le Golkar (23,2 %). Ce scrutin de juin 2003 confirma ainsi le désenchantement démocratique de citoyens qui ne voyaient dans la *reformasi* qu'un changement en trompe l'œil, et dont la confiance dans l'État s'était érodée au rythme des coupures d'électricité, des périodes de disette et des scandales de corruption. Au terme de six années de péripéties politiques, le bilan de la *reformasi* n'est pourtant pas si mince. Même si les hommes (et les femmes) politiques ont déçu, les institutions se sont consolidées. La création en 1999 d'une Commission nationale des élections (KPU), qui contrôle de bout en bout la mise en œuvre des scrutins, et en 2003 d'une Cour constitutionnelle, qui sanctionne la fraude électorale, signalent l'émergence d'un espace de règles du jeu politique qui limitent et, parfois, découragent les propos et les comportements contraires au débat démocratique. Trois scrutins (deux élections législatives et une élection présidentielle au suffrage universel direct) ont eu lieu. Au sortir de trois décennies d'autoritarisme, plus de 140 millions d'électeurs se sont rendus librement aux urnes dans plus de 580 000 stations de vote (taux de participation moyen de 75 %), et ce, sans effusion de sang ni fraude massive.

Le bilan mitigé de la « reformasi ». Est-ce à dire pour autant que l'Indonésie est devenue « la troisième plus grande démocratie du monde » après les États-Unis et l'Inde ? De tragiques réalités rendent pour l'heure prématurée l'attribution d'un tel brevet de bonne conduite démocratique à l'archipel. Tout d'abord, la rétrocession des libertés publiques ne s'est pas encore accompagnée de l'élargissement des droits sociaux. Le suffrage est véritablement universel : tout citoyen, pourvu qu'il soit âgé de 21 ans et que son casier judiciaire soit vierge, peut s'inscrire sur les listes électorales. Mais le sentiment de liberté politique du plus grand nombre reste fugace dans un pays clivé entre une micro-élite urbaine richissime et des groupes populaires qui vivent en permanence aux portes de la misère (l'Indonésie connaît ainsi un taux de pauvreté avoisinant les 40 %). Les réseaux de clientèle et de patronage jouent à plein dans la mobilisation de « banques de vote » locales. Le hameau qui « vote mal » prend le risque de voir se tarir les financements que lui alloue le conseil de régence. Malgré le caractère ouvert de la compétition politique, la *reformasi* n'a accouché que d'une démocratie de notables. Ne siègent au Parlement que des hommes et des femmes issus des groupes sociaux dominants : aucun « mandataire du peuple » *(wakil rakyat)* n'est le représentant véritable des milieux ouvriers ou du monde des bidonvilles. Une grande majorité des nouveaux élus, toutes couleurs confondues, sont en outre de vieux briscards de la politique, qui occupaient déjà des positions de pouvoir sous l'Ordre nouveau. La politique de décentralisation, qui a mené à la création des conseils de régence et des conseils de province, si elle a modifié la configuration des arènes de pouvoir, n'a provoqué aucun renouvellement du personnel politique local. Le gouverneur de la province de Banten (ouest de Java) créée en 2000, Haji Tubagus Chasan Sochib, a ainsi commencé sa carrière d'homme d'affaires à la fin des années 60 en devenant l'un des fournisseurs attitrés de la Division Siliwangi de l'armée de terre, qui venait tout juste de procéder avec une rare violence à l'éradication de dizaines de milliers de militants communistes. Sochib fit rapidement fortune dans l'industrie du bâtiment en bénéficiant plus qu'à son tour de juteux contrats publics. Il assit son pouvoir local sur ses relations privilégiées avec le monde des *jawara :* les petits truands de quartier versés dans les arts martiaux *(pencak silat).* Admirateur zélé de Suharto, il prit toutefois en 1999 le train de la réforme en marche, concourant aux élections sous l'étiquette d'un Golkar rénové. Habile cumulard, il est aujourd'hui à la tête de plusieurs associations d'entrepreneurs et il se targue publiquement de pouvoir « compter à tout moment sur 3 000 *jawara* » (cité dans Okamoto Masaaki, *voir bibliographie*). Le cas de Sochib est la règle, et non l'exception, car la *reformasi* a produit par milliers des « rois au petit pied » *(raja kecil)* qui tiennent d'une main de fer leurs fiefs locaux, au besoin en recourant aux services des professionnels du crime.

Dans les faits, le droit de grève est rarement respecté : les dirigeants des entreprises du textile, du tabac et de l'électronique font fréquemment appel à des gangs de voyous pour « briser » un piquet de grève, tandis que le syndicalisme par trop contestataire se voit taxé d'être la « résurgence du marxisme-léninisme », proscrit depuis 1966. Contester le pouvoir d'État reste de fait une menée périlleuse. En 2001, des militants du Parti démocratique du peuple (PRD), suspectés d'œuvrer à la propagation du « communisme », ont été incarcérés, alors que Gus Dur les avait élargis un an auparavant. En 2002 et 2003, plusieurs manifestants accusés d'avoir profané le portrait de la présidente ont été condamnés à de lourdes peines de prison ferme. Même la liberté de la presse n'est pas à l'abri de ces crispations autoritaires. En 2003, le journal *Kompas,* principal quotidien d'informations national, a perdu le procès qu'il avait intenté aux nervis d'un baron du crime djakartanais : ceux-ci avaient saccagé ses locaux et malmené ses journalistes pour se venger d'une édition consacrée à leurs activités délictueuses. En Aceh et en Papua Barat, les journalistes qui tentent d'enquêter sur les méfaits de l'armée de terre sont aussi régulièrement victimes de menaces et d'agressions.

L'ARMÉE INDONÉSIENNE ENTRE « AGGIORNAMENTO » ET « RECONQUISTA »

Par ailleurs, la tenue réussie de scrutins « libres et honnêtes » depuis 1998 ne doit pas devenir l'arbre qui cache la forêt. Le pouvoir réel appartient toujours pour partie à des institutions non élues, au premier chef desquelles l'armée (Tentara Nasional Indonesia – TNI). Celle-ci a certes été partiellement purgée des « chiens de guerre » qu'avait installés à sa tête Suharto. Prabowo Subianto, gendre du général et commandant en chef des Commandos opérations spéciales de l'armée de terre *(Kopassus)*, a ainsi été contraint de quitter l'uniforme après avoir été mis en cause dans des crimes de guerre à Aceh entre 1989 et 1992, ainsi que dans l'enlèvement et la torture de syndicalistes et de meneurs étudiants en 1998. Après avoir pris le large à Amman et à Singapour, il n'est revenu à Djakarta que pour y monter sa société de sécurité privée – bien que la rumeur publique l'ait un temps crédité de l'intention d'entamer une carrière législative sous la bannière du Golkar. Pour s'assurer de reprendre la haute main sur tous ses personnels, le général Wiranto, ministre de la Défense sous la présidence de Gus Dur, a brisé les réseaux de pouvoir personnels de Prabowo au sein de la TNI. Malgré son affligeante passivité dans ce domaine, l'Indonésie s'est dite et redite prête à traduire en justice, non pas devant la CPI mais devant des tribunaux militaires nationaux, les officiers responsables de la mise à feu et à sang du Timor Est en septembre 1999. Quelques sous-officiers et hommes du rang ont été reconnus coupables de viol et de pillage à Aceh en 2002 et 2003, et par voie de conséquence radiés de l'armée. Mais ces timides avancées sur le chemin du respect des droits de l'homme ne doivent pas faire oublier l'essentiel, qui est que la TNI, en dépit de l'opprobre qui l'a frappée, a réussi à préserver son influence, tant au niveau central qu'au niveau local.

Une armée dont le rôle politique est contesté... Il était, en 1998, question d'abolir la « double fonction » *(dwifungsi)* de l'armée, c'est-à-dire de mettre un terme au rôle de protection de la nation contre les « menaces intérieures » qu'elle s'était assigné depuis la fin des années 50. Cette fonction « sociopolitique » l'autorisait à intervenir directement dans le champ politique et à justifier l'enkystement des colonels et des généraux dans les conseils d'administration des grandes entreprises publiques. Quelques pas ont été faits dans la bonne direction. En 2000, une loi a ainsi consacré la séparation des forces de police et de l'institution militaire, redonnant aux personnels de la *Polri* (police nationale) la prééminence dans la gestion des affaires criminelles. De même, la loi sur l'état d'urgence a été amendée afin d'accroître les prérogatives du pouvoir civil dans le processus de mise sous tutelle militaire d'une province. Le « nouveau paradigme » de la TNI, énoncé en 2000, insiste sur la neutralité politique de son état-major, sans pour autant faire tout à fait fi de la nécessité de continuer à accomplir des « missions intérieures ». En sus, le chef d'état-major des armées doit dorénavant être agréé par le Parlement et nommé par la Présidence, et les divers services de renseignement ont été agrégés en un Bureau national (BIN) placé sous l'autorité directe de l'Istana Merdeka. *Last but not least,* le quota de sièges réservés de l'armée et de la police au sein du Parlement a fondu comme neige au soleil (il n'y en a plus que 38 sur 500 à la Chambre basse), et devrait disparaître tout à fait en 2008. Pour autant, l'armée indonésienne n'a pas encore vraiment viré sa cuti. Si elle a accepté de transiger avec le nouveau pouvoir civil, et donc de délimiter soigneusement les domaines réservés des uns et des autres en matière de questions de défense nationale, elle est loin d'avoir admis le principe de la suprématie absolue du pouvoir démocratiquement élu. Outre que la majorité des officiers de la TNI estime que la nouvelle classe politique ne peut que mener promptement le pays au chaos, le Mabes AD (quartier général de l'armée de terre, situé à Cilangkap) est parvenu à conserver son pouvoir d'initiative, aux dépens du ministère de la Défense.

... mais qui reste très influente. Forte de 250 000 hommes d'active et disposant d'un accès privilégié aux sommets de l'État par l'entremise des conseillers militaires de la présidence, la TNI est rien moins qu'une armée à genoux. Preuve de la pérennité de son influence politique, en 2003, deux des cinq candidats à la fonction présidentielle arboraient des barrettes de grade. Le général Wiranto concourait en effet en compagnie d'Abdurrahman Wahid, ralliant 22 % des suffrages au premier tour. L'ex-général Susilo Bambang Yudhoyono, prenant appui sur la formation qu'il venait de créer (le Parti démocratique) ainsi que sur le prestige de son colistier Yusuf Kalla (« faiseur de paix » aux Moluques), emportait quant à lui le second tour de l'élection avec 61 % des voix, devant Megawati Sukarnoputri (39 %). Présenté par toutes les chancelleries comme un réformiste, Yudhoyono n'en est pas moins un homme d'ancien régime, qui a servi durant vingt-cinq ans l'Ordre nouveau sous l'uniforme. Marié à la fille du général Sarwo Edhi – qui a assuré le succès des opérations d'intimidation lors du vote truqué de rattachement de l'Irian Jaya à l'Indonésie en 1969 –, Yudhoyono a commencé sa carrière militaire au Timor, participant à la campagne d'annexion de l'île en 1974-1975, puis assumant un poste de commandement à Dili. Sa route a plusieurs fois croisé, mais du mauvais côté, celle de la dissidence démocratique. En 1996, lorsque les soldats ouvrirent le feu sur les partisans de Megawati Sukarnoputri, il était à la tête du commandement militaire de Djakarta. De 1997 à 2000, il était *Kassospol,* chef de la branche « sociopolitique » de l'armée de terre, et à ce titre régnait sur le redoutable service de renseignement des armées (BAIS). Il a quitté l'armée lorsque Gus Dur lui a demandé de rejoindre son équipe gouvernementale au titre de ministre de la Sécurité intérieure. Diplômé de plusieurs académies militaires américaines et adversaire résolu de l'islamisme radical, Yudhoyono apparaît aux yeux de l'Occident comme « l'homme à poigne » seul à même d'empêcher le pays de sombrer dans le fondamentalisme. Mais son ascension aux sommets de l'État témoigne surtout de l'échec de la *reformasi* à sécréter une vraie classe politique civile. Le drapeau de la *reformasi* se teinte donc irrémédiablement de kaki.

Dans les zones frontières de l'archipel, où l'État central administre *a minima* par manque de moyens comme par intérêt bien compris, l'armée reste le centre de gravité du pouvoir local. Il est rare qu'un gouverneur ose aller à l'encontre des ordres de son homologue militaire. Là où les opérations antiséparatistes font rage, comme à Aceh et dans la région de Timika en Papua Barat, ou encore là où sont durablement implantées des unités d'élite (fusiliers-marins, bérets verts du *Kostrad* ou bérets rouges des *Kopassus*), comme à Ambon (îles Moluques) ou dans la partie orientale de Kalimantan, les personnels militaires sont fréquemment impliqués dans des affaires criminelles : extorsion, trafic de drogues, contrebande, prostitution. Il ne s'agit pas là seulement de dérives individuelles. Le porte-parole de la TNI indiquait publiquement en 2000 que 70 % des ressources mensuelles des soldats étaient de « nature non officielle ». La faible rémunération des officiers explique les ramifications criminelles de l'armée. Un général trois étoiles ne gagne pas plus de 800 euros par mois, mais en dépense cent fois plus lorsqu'il marie sa fille en grande pompe. Dès lors qu'une province bascule sous loi martiale ou devient un théâtre d'opérations stratégiques prioritaires, elle est transformée en territoire de prédation par l'armée, qui n'hésite pas à prendre langue avec les barons du crime locaux pour s'assurer de revenus additionnels réguliers.

L'INQUIÉTANTE MONTÉE EN PUISSANCE DES MILICES

La criminalisation persistante de l'armée représente, pour l'avenir, un danger d'autant plus grand que l'État indonésien est loin d'avoir consolidé son monopole des moyens de violence. La montée en puissance de milices partisanes ou islamistes armées est l'alarmant indice de cet état de fait.

Le cas des Milices du djihad. En 1999 et 2000, les Milices du djihad *(Laskar Jihad),* organisation d'orientation salafiste djihadiste née en 1998 et dirigée par Jafar Umar Thalib, sont parvenues à envoyer à Ambon plusieurs milliers de combattants en armes pour y mener une guerre sans merci contre des « chrétiens » accusés d'avoir échafaudé un vaste plan de conversions. Il a fallu au pouvoir central plus de dix-huit mois pour mettre un terme au conflit, à coups d'envoi de troupes et d'accords de paix *in situ* (bilan : 3 000 victimes). Les Milices du djihad se sont dissoutes en 2002, probablement à la demande de l'armée, qui semble en effet les avoir tolérées sinon soutenues, dans un premier temps – le chef de la police Da'i Bachtiar leur aurait laissé libre accès aux docks de Surabaya tandis que l'ancien commandant de la Division Brawijaya de Java-Est, Djaja Suparman, les aurait financièrement aidées en puisant dans les caisses des fondations de l'armée. Jafar Umar Thalib a également bénéficié, lors de son premier séjour en prison en 2002, du soutien public du numéro deux de l'État : Hamzah Haz, chef du gouvernement et dirigeant du Parti uni du développement (PPP), qui approuvait l'anti-américanisme délirant de Jafar en un temps où Washington exerçait une pression constante sur l'Indonésie pour parfaire son dispositif antiterroriste régional. Les complicités dont les Milices du djihad ont bénéficié aux plus hauts échelons de l'appareil d'État attestent de la porosité entre services sécuritaires, monde politique et monde de la violence.

Un niveau élevé de violence politique. L'Indonésie a été jusqu'à présent épargnée par les vagues d'assassinats politiques qui endeuillent maints pays d'Asie *(voir chapitre Philippines)* et d'Afrique. Depuis 1998, on dénombre très peu de meurtres de fonctionnaires de haut rang ou d'hommes politiques. En 1999, l'assassinat du juge de la Cour suprême, Kartasasmita, par un tueur à gages, commandité selon toute vraisemblance par Tommy Suharto (fils du général déchu sur lequel enquêtait le juge), a provoqué une indignation généralisée, de même qu'un attentat à l'explosif perpétré contre le président de la Commission nationale des droits de l'homme, Marzuki Darusman, quelques mois plus tard. Dans certains cas, il semble pourtant que ce soit l'armée elle-même qui ait fait procéder à l'exécution de dirigeants politiques séparatistes : la disparition en novembre 2001 de Theys Eluay, figure de proue du mouvement nationaliste papou, a été ainsi imputée à des soldats des *Kopassus*.

Si, dans l'ensemble, l'assassinat politique n'est pas monnaie courante en Indonésie, le niveau de violence politique y reste très élevé, notamment du fait de l'essor de nombreux organismes de type paramilitaire. Il y a tout d'abord les puissants corps de supplétifs civils de l'armée et de la police. Ces auxiliaires de sécurité, appelés *satpam* et *hansip,* se comptent par centaines de milliers dans l'archipel. Depuis la création du Système de sécurité de l'environnement (dit *Siskamling*) au début des années 80 à l'initiative du chef de la police Awaludin Djamin, ces *satpam* et ces *hansip* sont formés par la police et par l'armée, qui leur délivrent un certificat et un badge au terme d'un entraînement. Mais ils sont rémunérés par leurs employeurs privés – grandes entreprises, centres commerciaux ou communautés villageoises. Ils ont pour mission d'assurer la sécurité des biens et des personnes, mais un certain nombre d'entre eux sont issus du monde du crime et continuent à entretenir des relations équivoques avec les *preman* – les caïds de quartier qui « tiennent » les marchés et les stations de bus. L'expérience a montré que ces corps de supplétifs pouvaient rapidement acquérir une base de pouvoir autonome au sein de l'appareil d'État et être mis à profit pour accomplir les basses besognes politiques. Sous le régime de l'Ordre nouveau, les Jeunesses du Pancasila *(Pemuda Pancasila)* étaient utilisées par le Golkar pour intimider les opposants politiques. En 2000, les membres des milices de la Sécurité populaire *(Kamra),* recrutés par contrat par le ministère de la Défense pour sécuriser les centres-villes (c'est-à-dire en interdire l'accès aux cortèges étudiants), menacèrent l'État d'une véritable guérilla urbaine s'ils n'étaient pas recrutés dans l'administration publique : ils eurent gain de cause et furent intégrés par milliers dans les officines de la municipalité de Djakarta et dans les services de sécurité de l'entreprise publique Astra Motors. La question du statut de ces corps de supplétifs reste entière : les nouvelles lois concernant le rôle de l'armée et de la police n'y font jamais directement allusion. Enfin, tous les partis politiques se sont dotés eux aussi de « services de sécurité » : le PDI-P de Megawati a ses *satgas* en rangers tandis que le PKB de Gus Dur peut compter sur les membres des *Banser,* le service d'ordre du mouvement de jeunesse du Nahdlatul Ulama. Ces « services de sécurité » ont été mêlés à de nombreuses rixes. Même s'ils n'appartiennent pas tous *stricto sensu* au monde du crime, ils contribuent à peupler les ornières du champ politique de professionnels de la violence – dont la loyauté se destine moins à la *reformasi* qu'à des patrons politiques.

Au final, le diagnostic reste réservé : l'Indonésie s'est certes arrachée à son passé autoritaire, mais « l'homme malade » de l'Asie du Sud-Est est toujours en convalescence. Si le pays a fait de grands pas sur le chemin de la guérison démocratique, en réinstituant un système électoral performant et en dotant le processus de transition de solides institutions de tutelle, il n'en reste pas moins que les métastases autoritaires continuent à proliférer. Le pouvoir de l'armée n'est pas encore cantonné à ses seules missions légitimes de défense extérieure de la nation. Et la criminalisation continue du champ politique et de l'État augure mal de l'acceptation sincère des nouvelles règles du jeu par les principaux partis et par les administrations publiques. La maladie antidémocratique de l'Indonésie provient pourtant peut-être moins du virus étranger de l'« islam radical », combattu pied à pied par des anticorps libéraux, que des bacilles locaux du clientélisme et de la corruption.

Les acteurs

Les mouvements séparatistes

Depuis 1998, diverses provinces de l'archipel ont connu des regains de tensions séparatistes : Aceh, à l'extrémité septentrionale de Sumatra, Papua Barat, sur l'île de Bornéo, à la frontière de la Papouasie-Nouvelle-Guinée, et les Moluques.

Aceh

◆ GAM – Gerakan Aceh Merdeka
(Mouvement Aceh libre)

Le cas de la province d'Aceh, située dans la partie septentrionale de l'île de Sumatra, est sans conteste celui qui mérite de retenir l'attention : c'est en effet le seul lieu où les affrontements entre troupes gouvernementales et combattants d'un mouvement indépendantiste armé ont atteint le niveau d'intensité propre à une situation de guerre. La rébellion est organisée par le GAM. Il est doté d'un bras militaire, l'Agam (Angkatan-GAM), qui comptait en 2000 près de 3 000 hommes, retranchés dans les maquis montagneux de la régence de Pidie.

Le GAM est dirigé depuis Stockholm par son fondateur Hassan Di Tiro. Héritier d'une famille de la haute aristocratie du sultanat d'Aceh décimée par les troupes coloniales néerlandaises durant la guerre d'Aceh (de 1873 à 1906), Hassan Di Tiro a rejoint dans les années 50 le mouvement insurrectionnel du *Dar-ul Islam,* commandé à Aceh par Daud Beureuh. Réfugié aux États-Unis, il devint dans les années 70, grâce à sa société de transports maritimes et de minerais Doral International, un riche *businessman,* habitant la Cinquième Avenue et ayant ses entrées au Capitole. Il revint clandestinement à Aceh en 1976 pour y créer le GAM et proclamer « l'indépendance de l'État d'Aceh-Sumatra ». Trois ans plus tard, il dut à nouveau quitter l'Indonésie.

Le GAM connut au fil des ans des fortunes diverses. De 1989 à 1992, l'armée lança des opérations répressives de vaste envergure, connues sous le nom de code *Rencong,* qui firent près de 10 000 victimes. Transformée par décret en Territoire d'opérations militaires (DOM), la province vécut alors dans la terreur. Une partie des cadres militaires du GAM furent arrêtés ou tués. Mais à partir de 1998, profitant du climat de libéralisation politique consécutif à la démission de Suharto, le mouvement intensifia à nouveau sa propagande. En 2000, le président Wahid décida de doter la province d'un statut spécial d'autonomie et prit langue avec les oulémas locaux pour tenter de désamorcer le conflit. Un processus de paix s'enclencha : des pourparlers eurent lieu sous l'égide du Centre Henri Dunant, à Genève, et un accord de cessez-le-feu fut conclu fin 2002. Mais la trêve tourna court, du fait que ni le GAM ni l'armée, approuvée en cela par Megawati Sukarnoputri, ne souhaitaient céder sur le fond. En mars 2003, une nouvelle série d'opérations répressives furent déclenchées. La province passa sous loi martiale, puis fut maintenue sous un régime d'État d'urgence civil. L'armée déclara à la mi-2004 avoir mis hors d'état de nuire près de 1 500 combattants du GAM.

Dans le même temps, les autorités de Djakarta faisaient pression sur l'ONU ainsi que sur les gouvernements occidentaux pour faire inscrire le GAM sur la liste des mouvements terroristes transnationaux, arguant de liens entre Al-Qaïda et l'état-major d'Hassan Di Tiro, mais sans en apporter la preuve. L'idéologie du GAM diffère en effet radicalement de celle des réseaux et mouvances d'islam radical : Hassan Di Tiro souhaite restaurer un sultanat laissant la part belle aux grandes familles aristocratiques, non aux oulémas. On le soupçonne d'avoir fait instruire certains de ses commandants dans l'art de la guérilla en Libye, à la fin des années 80. Mais il ne semble pas que cette prestation, dûment rémunérée, ait impliqué de véritable connivence idéologique entre les parties.

La situation paraît pour l'heure bloquée : l'armée indonésienne poursuit sa « sale guerre » à Aceh, malgré les protestations de l'Union européenne et de pays tiers qui réclament une internationalisation du dossier et l'envoi sur place d'observateurs. Les enjeux économiques et stratégiques expliquent certes pour une large part les envois massifs de troupes à Aceh (60 000 hommes). La province est riche : la Pertamina (compagnie nationale des hydrocarbures) y exploite avec Mobil Oil des gisements de gaz naturel, et des cimenteries s'y sont installées dans les années 70. En outre, Aceh est située en bordure du détroit de Malacca, par lequel transitent les supertankers et les cargos en provenance et à destination de Singapour – principal port d'Asie. Mais les raisons du conflit sont aussi, et peut-être d'abord, idéologiques, car Aceh est considérée comme l'un des berceaux de la nation indonésienne. La province est ainsi surnommée « la véranda de La Mecque », car c'est par l'entremise de ses sultanats que l'islam aurait gagné le monde insulindien. Elle a, par ailleurs, joué un rôle crucial de base arrière des maquis républicains de Sukarno durant la guerre d'indépendance de 1945-1949. L'Indonésie ne serait plus vraiment l'Indonésie sans Aceh : aussi aucun général n'est-il pour l'heure disposé à envisager la sécession de la province rebelle. La classe politique reste par ailleurs très profondément nationaliste, donc attachée à la défense de l'intégrité territoriale de la nation. Même les partis islamistes n'ont jamais pris fait et cause pour l'indépendance de la province, tant par patriotisme que par antipathie à l'égard d'Hassan Di Tiro. Le fait est qu'il n'est pas possible concernant Aceh, à la différence de Mindanao (Philippines), de faire valoir l'oppression d'une communauté musulmane par un État chrétien, laïc ou athée. Les soldats des *Kopassus* semblent bien plus proches des mouvances d'islam radical que leurs adversaires du GAM, quand bien même on a noté récemment une islamisation du discours du mouvement rebelle sous l'influence de jeunes prédicateurs venus de Malaisie (où la diaspora acehnaise de Penang reste influente et où certains intellectuels islamistes plaident en faveur de la sécession d'Aceh par « solidarité islamique »).

Papua Barat

◆ OPM – Organisasi Papua Merdeka

(Organisation pour l'indépendance de la Papouasie)

Par rapport au GAM, qui a montré par le passé qu'il pouvait renaître de ses cendres et tenir en respect la TNI, les autres mouvements séparatistes ne représentent pas un danger réel pour le pouvoir central.

L'OPM est la branche armée d'un mouvement indépendantiste actif dans la province de Papua Barat (anciennement Irian Jaya). Elle s'est fait internationalement connaître en 1995-1996 par une série de prises d'otages spectaculaires. Mais depuis lors le mouvement, qui ne compterait pas plus de 300 combattants répartis en petits groupes mobiles, paraît avoir été largement décimé par l'armée indonésienne. La plupart de ses chefs militaires, tels Ondawame, Mathias Wenda et Seth Rumkorem, ont été arrêtés ou exécutés.

Sous la houlette d'une nouvelle génération de commandants (comme Hans Yoweni et Kelly Kwalik), l'OPM continue toutefois à mener une guerre d'escarmouches contre les intérêts industriels implantés dans la province. Mais l'un de ses dirigeants, Yance Hembring, a été arrêté début 2004 et est actuellement jugé à Jayapura. Dans la région de Timika, où l'entreprise minière Freeport Mac Moran exploite des gisements à ciel ouvert, des troubles ont éclaté en 2004, à la suite de la disparition de syndicalistes qui dénonçaient les collusions entre l'armée et les intérêts industriels. L'OPM est par ailleurs liée au mouvement nationaliste papou dont la figure de proue, Theys Eluay, secrétaire général du Papua Presidium Council, a été assassiné par des soldats des *Kopassus* en novembre 2001 (les auteurs de ce crime ont été jugés en avril 2003 et condamnés à des peines de deux à quatre ans de prison ferme). Les indépendantistes légalistes de Papua Barat, regroupés dans le Congrès papou, rejettent la tutelle de Djakarta au motif des nombreuses irrégularités ayant entaché la consultation coutumière de 1969, organisée sous tutelle de l'ONU, et qui s'est soldée par un rattachement à l'Indonésie.

Moluques

◆ FKM – Front Kedaulatan Maluku

(Front pour la souveraineté des Moluques)

À Ambon, le FKM en est réduit depuis les années 80 à une existence épisodique. Le véritable centre de gravité du séparatisme moluquois se situe désormais aux Pays-Bas, à La Haye, où le FKM a établi ses quartiers d'exil.

Le FKM se présente comme l'héritier en ligne directe du Dr Soumokil, éphémère dirigeant d'une non moins éphémère République des Moluques du Sud (RMS) créée en 1950 à la faveur des troubles régionaux auxquels était alors confronté le pouvoir central. Plusieurs vagues d'arrestations de militants du FKM ont été rapportées par la presse indonésienne en 1999. Le nombre de combattants du FKM à Ambon ne semble pourtant pas excéder quelques dizaines. Le dirigeant du FKM à La Haye est le Dr Alexander Manuputty, et son secrétaire général Hengky Manuhutu.

Le FKM est organisé sur le sol néerlandais en gouvernement, avec des départements ministériels (Justice, Diplomatie...). Le discours de ses dirigeants est ambigu à plus d'un titre. D'une part, ils se veulent les légataires de la RMS, mais militent pour une république des Moluques qui recoupe la province indonésienne du même nom. Autrement dit, ils cherchent désormais à dépasser le cadre des Moluques méridionales qui était celui du Dr Soumokil, et qui se justifiait d'un certain nombre d'expériences historiques particulières. D'autre part, ils se présentent comme les seuls porte-parole de la communauté moluquoise des Pays-Bas, mais leur représentativité pose problème du fait de l'existence de mouvements concurrents, comme le Forum Reformasi Maluku. En avril 2004, les autorités militaires ont arrêté à Ambon l'épouse du dirigeant du FKM, Oly Manuputty, venue assister au lever illégal des couleurs du drapeau indépendantiste. Jugée pour trahison aux termes de l'article 106 du Code criminel, elle risque jusqu'à vingt ans d'emprisonnement.

Les réseaux d'islam radical

La menace qui guette l'Indonésie relève bien plus d'un processus d'implosion politique que d'un cycle de désintégration territoriale. Le danger gît non pas aux marges, mais au cœur même du système politique, dans les collusions entre les mouvances d'islam radical, les autorités politiques centrales et le monde du crime. On a beaucoup glosé, depuis l'attentat de Bali d'octobre 2002 imputé à la Jemaah Islamiyah, sur le risque d'un vaste embrasement fondamentaliste de l'archipel. Le fait est que la place des valeurs de l'islam dans la vie publique fait à nouveau débat en Indonésie, comme au temps de la fondation de la république, en 1945, et que la fin du régime Suharto a libéré des énergies politiques potentiellement destructrices. Mais les réseaux d'islam radical désireux et susceptibles de perpétrer des actions violentes sur le sol indonésien sont très peu nombreux et n'ont qu'une audience limitée. Il faut avant tout souligner l'ancienneté des mouvements d'islam radical, qui ne sont pas nés, tant s'en faut, au lendemain du 11 septembre 2001.

◆ Dar-ul Islam

(Territoire de l'islam)

Dès l'indépendance, une violente polémique a opposé les partisans de Sukarno à une faction d'oulémas souhaitant l'instauration d'un « État islamique » *(negara islam)* avec la *charia* (loi coranique) pour Constitution. Le débat a été tranché par Sukarno, en août 1945, dans le sens du compromis. L'Indonésie est un pays religieux mais non confessionnel, puisque le premier des principes fondateurs de l'État, ou *Pancasila,* pose l'obligation de la croyance en un dieu unique, sans accorder de prééminence à l'islam. De 1948 à 1962, la rébellion islamiste du Dar-ul Islam, qui embrasa une partie de Java et de Sumatra, se fit au nom de l'idéal d'un État islamique fédéral. Défaits militairement, les militants du Dar-ul Islam optèrent pour la voie de la *dakwah,* la prédication clandestine : c'est de leurs rangs qu'est issu Abu Bakar Baachir, le dirigeant du pensionnat coranique de Ngruki suspecté d'être le « cerveau » des attentats de Bali. Plusieurs des membres présumés de la Jemaah Islamiyah se sont en outre référés explicitement, lors de leur procès tenu en 2003, à la *Tentara Negara Islam,* l'Armée de l'État islamique, c'est-à-dire au Dar-ul Islam.

◆ DDII – Dewan Dakwah Islamiyah Indonesia

(Bureau indonésien pour la propagation de la foi)

Autre filiation de l'islamisme radical contemporain : le parti social-démocrate musulman Masjumi, créé en 1942 et interdit par Sukarno en 1960. Là encore, contraints à la cessation de leur activité politique légale par la répression, une partie des cadres du mouvement, qui avait jusqu'alors œuvré à la réconciliation de l'islam et de la démocratie parlementaire, décident de verser dans la prédication clandestine. Sous la houlette de l'intellectuel Mohamad Natsir, ils fondent en 1967 le Bureau indonésien pour la propagation de la foi (DDII), qui se complète quelques années plus tard du Comité indonésien pour la solidarité avec le monde islamique, le Kisdi. Propalestinien et anti-impérialiste, le Kisdi noue dans les années 70 des relations avec de nombreux réseaux islamistes moyen-orientaux et asiatiques. Le DDII est aujourd'hui encore l'un des centres névralgiques de l'islamisme radical indonésien. Il soutient le magazine *Sabili* (« Justice »), dans lequel le prédicateur Ahmad Sumargono appelle régulièrement à la « déchristianisation » de l'Indonésie. Din Sjamsuddin, secrétaire général de l'Association des oulémas (*Majlis Ulama Indonesia* – MUI), maintient des contacts avec le DDII et assure une pénétration des thèses radicales au cœur de l'appareil d'État : il n'hésite pas à inviter, dans les locaux du Parlement, les Milices du djihad. Maintenus à la périphérie du champ politique par Suharto dans les années 70 et 80, les chantres de l'islamisme radical « historique », antichrétien plus qu'anti-occidental et nationaliste plus que salafiste, ont été ramenés en son sein au milieu des années 90 par le biais d'une faction d'officiers « verts », et notamment par le gendre de Suharto, Prabowo Subianto.

Les membres du DDII militent pour l'insertion, dans le préambule de la Constitution, de la « charte de Djakarta » : une phrase qui enjoint les citoyens musulmans « à respecter scrupuleusement la charia », et dont l'adoption paverait la voie à la transformation du Coran et des *hadith* (dits du Prophète) en principale sources de droit public. Ils défendent également l'« indigénisation » *(pribumisasi)* de la fonction publique, c'est-à-dire qu'ils prônent une politique de discrimination positive en faveur de la majorité musulmane. Même si les enquêtes piétinent, il est probable que plusieurs attentats commis contre des lieux de culte chrétiens à Java-Est de 1996 à 2000 ont pour origine les virulentes diatribes antichrétiennes et antisionistes des hérauts du DDII.

◆ FPI – Front Pembela Islam

(Front des défenseurs de l'islam)

L'État républicain indonésien a donc toujours eu maille à partir avec l'islamisme radical, qu'il a tour à tour réprimé et coopté. La nouveauté, depuis le début de la *reformasi* en 1998, tient à l'apparition de mouvements violents qui ne se réclament plus de cette histoire nationale, mais du « *djihad* international ». Tel est le cas du FPI. Son dirigeant, Habib Rizieq, est issu du quartier de Kwitang à Djakarta, où vit une importante communauté d'origine yéménite (les Hadramis, qui ont émigré de la péninsule arabique depuis le XIXe siècle). Ayant fait une partie de ses études à Riyad et se situant explicitement dans l'orbite du néo-wahhabisme, Rizieq entend « promouvoir la vertu et combattre le vice » par le biais du développement de milices de quartier. Actives surtout dans la banlieue de Djakarta où elles bénéficient du soutien tacite de la police et de la municipalité, elles traquent les couples impudiques, matraques de rotin en main. Elles n'ont pas hésité, en 1999 et 2000, à incendier tant les débits de boissons alcoolisées que les hôtels de passe. Mais le FPI reste un acteur marginal de la scène islamiste.

◆ **Laskar Jihad**
(Milices du djihad)

Milice musulmane néo-fondamentaliste, créée en 1999, les Laskar Jihad sont une émanation du Forum Komunikasi Ahlu Sunnah wal-Jama'ah créé à Surakarta (Java-Centre) en février 1998. Mouvement d'inspiration salafiste, qui prône une stricte application de la charia et développe un discours antichrétien et antisémite, les Laskar Jihad se sont rendues tristement célèbres lorsqu'elles ont envoyé plusieurs milliers d'hommes aux îles Moluques (Ambon) en 1999 et 2000 pour incendier des villages chrétiens, selon toute vraisemblance avec l'aide de quelques éléments radicaux de l'armée de terre et de la police indonésiennes. Les Laskar Jihad se sont officiellement dissoutes en 2002, prétextant la fin de la « discrimination antimusulmane » à Ambon, mais plus vraisemblablement à la suite de fortes injonctions de l'armée qui supportait mal leur incrustation progressive au cœur des marchés de ressources illicites. Depuis lors, les membres des Laskar Jihad sont surtout actifs dans le domaine de la propagande et continuent à participer aux réunions de mouvements radicaux organisées sous l'égide du Congrès des moudjahidines de Jogjakarta.
Le principal dirigeant des Milices du djihad est Jafar Umar Thalib. Il est né dans une famille d'ascendance arabe (yéménite) à Malang, dans l'est de Java, en décembre 1961. Son père était un membre actif de l'organisation *Al-Irsyad,* mouvement créé en 1913 par la communauté arabe des Indes néerlandaises et qui continue à jouer un rôle de premier plan dans la diffusion d'idées réformistes en Indonésie. Après avoir été scolarisé dans les pensionnats coraniques de Java-Est, Jafar a étudié à l'Institut d'études arabes et islamiques de Djakarta – un centre d'enseignement sponsorisé par le gouvernement saoudien. En 1986, grâce au soutien financier du Bureau indonésien pour la propagation de la foi (DDII), il s'inscrit à l'Institut islamique Maududi au Pakistan. En 1987, avant de regagner l'Indonésie, il transite par l'Afghanistan, où il prétend avoir appartenu aux commandos du Hezb-i Islami de Gulbuddin Hekmatyar. De retour à Java en 1989, il enseigne dans un pensionnat coranique de Salatiga, à Java-Centre. Il se rend en 1991 au Yémen, puis à La Mecque et à Médine, où il assiste aux enseignements de grands maîtres à penser de l'islam salafiste comme Al-Albani et Abdelaziz bin Baz (tous deux morts en 1999). À son retour en Indonésie en 1993, il s'installe à Jogjakarta (Java-Centre) et fréquente les cercles militants étudiants. En 1994, il crée son propre pensionnat coranique à Kaliurang, près de Jogjakarta. En 1998, il fonde un forum regroupant les principales organisations islamistes radicales, puis met sur pied en 1999 les Milices du djihad. Inquiété par la police pour ses appels au meurtre antichrétien, il séjourne en prison mais, grâce à de puissants soutiens dans les cercles dirigeants, échappe à de lourdes condamnations. Il dissout les Milices du djihad fin 2002.

◆ **KMI – Kongres Mujahidin Indonesia**
(Congrès des moudjahidines d'Indonésie)

Le Congrès des moudjahidines indonésiens, qui a vu le jour à Jogjakarta en août 2000, est devenu le principal point de ralliement des radicaux en rupture de ban avec l'islam officiel. Le KMI revendique, par la voix d'Abu Bakar Baachir, qui ne cache pas son admiration pour les Frères musulmans, l'application totale et immédiate de la charia. Il fédère de nombreux groupuscules radicaux, parmi lesquels le FPI et les Laskar Jihad, bien sûr, mais aussi la branche locale du Hizbut Tahrir, parti islamiste transnational né à l'initiative d'immigrés pakistanais du « Londonistan » et qui prône la création d'un nouveau califat mondial. L'influence politique directe du KMI est faible, mais la plupart des militants violents gravitent autour de lui. Les hommes de la Jemaah Islamiyah – Hambali, Ali Imron, Imam Samudra – ont tous, à un moment ou à un autre de leur itinéraire idéologique, transité par le pensionnat coranique de Ngruki (près de Solo, à Java-Centre) ou croisé la route des hérauts du KMI. Le numéro deux du KMI, Irfan Awwas, a récemment réaffirmé l'incompatibilité absolue, selon lui, de la démocratie et de l'islam : « L'un détruit l'autre », a-t-il déclaré lors d'un entretien (cité dans Andrée Feillard, *voir la bibliographie*).

Les réseaux d'islam libéral

Les intellectuels musulmans « néo-modernistes »

Ce serait mentir par omission que de ne pas mentionner, immédiatement après les tenants de l'islam radical, leurs adversaires résolus : les partisans d'un islam « libéral ». Depuis le 11 septembre 2001, ils n'ont pas la tâche facile, tant le climat idéologique a changé. Ils sont régulièrement accusés, par les oulémas conservateurs comme par les islamistes, d'être des renégats, des laquais des États-Unis, voire des apostats (dont l'assassinat est un acte licite).

Citons ici quelques-uns seulement de ces intellectuels modernistes :

◆ **Nurcholish Madjid,** titulaire d'un doctorat de l'Université de Chicago, préside l'Association des étudiants musulmans (HMI) de 1966 à 1971 et crée en 1986 la fondation Paramedina, qui gère une université et organise des séminaires *high-tech* pour appeler à concilier éthique islamique, tolérance religieuse et performance économique. Madjid incarne un islam néo-moderniste qui fait de la charia non pas d'abord un projet politique collectif mais un impératif de perfectionnement individuel, impliquant un usage permanent de la raison critique.

◆ **Ulil Abshar Abdallah,** animateur du réseau Islib (acronyme d'Islam libéral), s'efforce de promouvoir une interprétation « libre » du Coran et enjoint au dialogue entre religions, mais il a été frappé à plusieurs reprises de *fatwa* le condamnant à mort.
Enfin, il faut tenir compte, au registre des intellectuels musulmans qui font contrepoids à l'islamisme radical, de nouveaux prédicateurs « dans le vent », et en particulier d'Abdullah Gymnastiar, dit Aa Gym, *star* de la jeunesse citadine. Le style « cool » d'Aa

Gym, qui parade dans Bandung en Harley Davidson et mobilise toutes les ressources d'une chorégraphie sophistiquée empruntée à l'univers de la *pop music*, concilie le rappel à la droiture morale et l'affirmation de la compatibilité entre l'islam et la modernité capitaliste.

Ces porte-parole de l'islam néo-moderniste jouent un rôle crucial dans le débat public indonésien. Leur discours, concession obligée à l'humeur de leur public, n'est pas toujours exempt d'anti-américanisme. Mais, à l'instar des deux grandes organisations musulmanes de Java (le Nahdlatul Ulama traditionaliste et la Muhammadiyah réformiste), ils condamnent sans ambiguïté le recours à la violence, et ce faisant canalisent les pulsions populaires que l'islam politique n'a pas réussi à inscrire au cœur du système parlementaire.

Jemaah Islamiyah

Association ou communauté islamique. Nom donné par les journalistes et les magistrats indonésiens aux réseaux fondamentalistes impliqués dans une série d'attentats antichrétiens et anti-occidentaux : Noël 2000 à Djakarta ; octobre 2002 à Bali (Sari Club) ; 5 août 2003 à Djakarta (Hôtel Marriott). Le centre de gravité indonésien de la Jemaah Islamiyah serait le pensionnat coranique *(pesantren)* de Ngruki, près de Surakarta (Java Centre), où ont étudié plusieurs des auteurs présumés de ces attentats, comme Imam Samudra et Ali Imron (tous deux condamnés à mort par les tribunaux indonésiens) et Latin Sani (mort dans l'attentat-suicide contre l'Hôtel Marriott). Bien que l'on manque toujours de preuves déterminantes à ce propos, les experts sont convaincus que la Jemaah Islamiyah entretient des relations suivies avec plusieurs mouvances fondamentalistes malaisiennes et philippines (groupes combattants de Mindanao), voire avec Al-Qaïda. Elle pourrait être l'émanation clandestine du Congrès des moudjahidines d'Indonésie (Kongres Mujahidin Indonesia – KMI), une plate-forme de groupes d'islam radical créée en 2000 à Jogjakarta (Java Centre). La Jemaah Islamiyah aurait selon certains pour objectif l'instauration d'un « califat sud-est asiatique » regroupant l'Indonésie, la Malaisie, Singapour et le sud des Philippines, c'est-à-dire recouvrant le monde malais musulman. Le caractère clairement anti-occidental (majoritairement anti-américain) de ses actions violentes indique en tout cas qu'elle est en prise, à tout le moins idéologique, avec un islam antimoderniste international, de type salafiste-djihadiste. Elle a été portée en 2002 sur la liste des organisations terroristes établie par le Comité contre-terroriste (CCT) de l'ONU.

Le maître à penser et « guide spirituel » de l'organisation serait le chef religieux Abu Bakar Baachir. La carrière militante d'Abu Bakar Baachir, aujourd'hui âgé de 85 ans, commence véritablement dans les années 60, lorsqu'il rejoint le pensionnat coranique de Ngruki, où il enseigne avec Abdullah Sungkar un islam antimoderniste. En 1978, il est arrêté dans le cadre d'une enquête sur une organisation suspectée de menées subversives, la Jemaah Islamiyah, qui aurait tenté de ressuciter le mouvement islamiste rebelle du Dar-ul Islam défait militairement au début des années 60. Au milieu des années 80, il est à nouveau inquiété par la police indonésienne pour ses liens présumés avec les membres du Komando Jihad qui ont perpétré les attentats à la bombe contre le temple de Borobudur. Il choisit alors l'exil en Malaisie et à Singapour. Plusieurs des auteurs des attentats de Bali, comme Imam Samudra et Hambali, auraient suivi son enseignement, et il aurait essayé d'orchestrer en 2000 une tentative d'assassinat contre Megawati Sukarnoputri (ancienne présidente de la République indonésienne). Il été arrêté et jugé en septembre 2003 pour activités portant atteinte à la sécurité de l'État. En dépit de ses dénégations, il a été condamné par les tribunaux de Djakarta à quatre années de prison ferme. Sa participation directe aux attentats de Bali n'a pu être établie, pas plus que ses liens personnels avec Al-Qaïda, mais alors qu'il avait été relâché pour raisons de santé en 2003, il a de nouveau été placé en détention au printemps 2004 – la police alléguant de la découverte de nouvelles preuves permettant d'établir son implication dans la préparation d'attentats.

Le cerveau présumé de la Jemaah Islamiyah, serait Hambali, alias Riduan Isamuddin. Il aurait orchestré les attentats de Bali perpétrés en octobre 2002. Selon les agences de renseignement occidentales, il serait également l'un des membres du conseil exécutif d'Al-Qaïda en Asie. Il aurait à ce titre rencontré et aidé plusieurs des auteurs de l'attentat du World Trade Center, dont Zacharias Moussaoui. Né à Java Ouest, âgé de 36 ans, marié à une Chinoise malaisienne du Sabah convertie à l'islam, il a fréquenté dans les années 80 le pensionnat coranique de Ngruki. Il aurait également participé à la lutte antisoviétique en Afghanistan dans les années 80 et combattu aux côtés de groupes Moros à Mindanao (au sud des Philippines). Dans les années 90, il aurait vécu en exil en Malaisie. Le pseudonyme d'Hambali vient du nom d'un célèbre saint musulman du VIIIe siècle. Il a été interpellé en Thaïlande par les services de renseignement américains en août 2003, alors qu'il projetait un attentat contre le Sommet de l'Apec (Forum économique de l'Asie-Pacifique). Il serait depuis lors détenu aux États-Unis, qui pour l'heure n'ont pas accédé aux demandes d'extradition présentées par Djakarta.

Pour en savoir plus

Romain Bertrand, *Indonésie, la démocratie invisible. Violence, magie et politique à Java*, Karthala, 2002.

Andi Faisal Bakti, « Nurcholish Madjid and the Paramadina Foundation », *IIAS Newsletter*, n° 34, juillet 2004.

Andrée Feillard, « L'Indonésie face aux réseaux de l'islam radical en Asie du Sud-Est », dans François Godement et Régine Serra (dir.), *Asie Orientale*, La documentation française, 2003.

Robert Hefner, *Civil Islam. Muslims and Democratization in Indonesia*, Princeton, Princeton University Press, 2000.

International Crisis Group, *Indonesia Backgrounder : Why Salafism and Terrorism Mostly don't Mix*, Djakarta/Bruxelles, 13 septembre 2004.

Okamoto Masaaki, « Local Politics in Decentralized Indonesia : the Governor General of Banten Province », *IIAS Newsletter*, n° 34, juillet 2004.

Numéro spécial de la revue *Archipel* (Maison des sciences de l'homme), « Indonésie : retour sur la crise », n° 64, 2002.

Internet

www.thejakartapost.com
Site du principal quotidien anglophone d'Indonésie, qui dispose d'archives.

www.crisisweb.org
Site de l'organisation de prévention des conflits International Crisis Group, qui dispose d'une branche à Djakarta et publie régulièrement des rapports détaillés sur la situation politique en Indonésie.

Superficie : 329 750 km²
Population : 22 millions
Composition ethnique : Malais (40 %), Chinois (30 %), Indiens (20 %)
Religions : islam (45 %), christianisme-taoïsme (30 %), hindouisme (20 %)

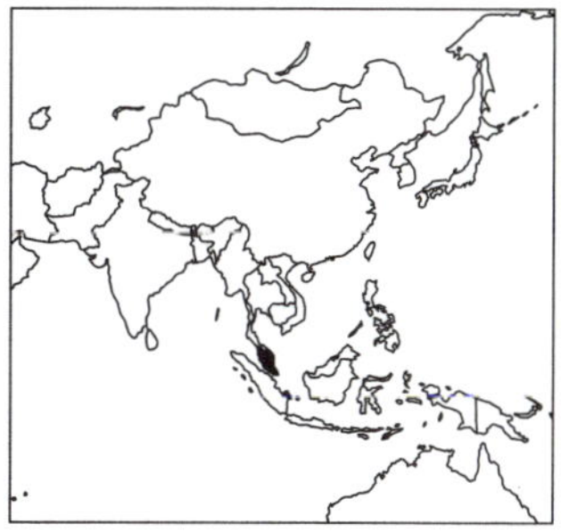

Malaisie

Monarchie fédérale, la Malaisie est un pays économiquement prospère, qui a relativement bien survécu à la crise financière de 1997. Dirigée par le parti UMNO (United Malays National Organization) – une plateforme nationaliste créée dans les années 40 –, la Malaisie est un mélange d'État policier et de démocratie représentative qui, sous la direction du Premier ministre Mohamad Mahathir (1981-2003), s'est forgé une réputation de modèle en matière de gestion de la « diversité ethnique », mais au prix du maintien sous le boisseau de l'opposition libérale. La vie politique malaisienne s'organise essentiellement autour de l'affrontement de plus en plus virulent entre le parti au pouvoir (UMNO) et le Parti islamique de Malaisie (PAS). Ce dernier a connu aux élections de 2003 une cuisante défaite dans son fief du Terengganu, mais a préservé son emprise sur l'État du Kelantan. La Malaisie connaît peu d'agitation fondamentaliste proprement dite. Mais elle est suspectée par de nombreux analystes d'avoir été, à son corps défendant, une plaque tournante pour les réseaux d'islam radical indonésiens, afghano-pakistanais et philippins dans les années 80 et 90. Le pays joue un rôle diplomatique de premier plan dans la résolution pacifique du conflit philippin (opposant le gouvernement de Manille aux rebelles du MILF), ainsi que dans les négociations entre la communauté internationale et la junte du Myanmar (Birmanie). Il est en outre très impliqué dans les activités de l'Organisation de la conférence islamique (OCI), dont il préside plusieurs sous-commissions. Le Premier ministre Mahathir a quitté la vie publique en 2003, passant la main à son dauphin désigné, Abdullah Badawi. Ce dernier est crédité de l'intention de mettre un frein au népotisme et à la corruption des instances supérieures de l'UMNO, ainsi que de lancer un ambitieux programme de développement rural.

LE PROGRAMME D'ISLAMISATION CONTRÔLÉE DE L'UMNO

Le 12 novembre 2003, le Parti islamique de Malaisie (PAS) a organisé, dans son quartier général de Taman Melewar dans la grande banlieue de Kuala Lumpur, une cérémonie rassemblant l'ensemble des cadres et des dignitaires du parti, afin de rendre public un opuscule intitulé *Le document sur l'État islamique*. Fruit, selon les dirigeants du parti, de plus d'un an de consultations « avec les membres et les sympathisants du PAS », ce « document » est ni plus ni moins que la réaffirmation de l'engagement pris par le PAS auprès de son électorat d'œuvrer à l'institution d'un *negara islam* : un État islamique. Cette notion qui effraie tant les chancelleries et les intellectuels libéraux d'Occident est devenue en Malaisie l'objet et l'enjeu d'une violente querelle politique entre le parti de gouvernement, l'UMNO du Premier ministre Abdullah Badawi, et le principal parti d'opposition, le PAS, dirigé depuis 2002 par Hadi Awang. Les deux compétiteurs politiques se targuent tour à tour d'en proposer la vision adéquate et, dans une course à la surenchère, tentent de se disqualifier mutuellement selon des critères de probité religieuse (s'accusant l'un l'autre d'être des *munafikin* – des Tartuffe).

Du côté de l'UMNO, le recours à la rhétorique du *negara islam* date du milieu des années 80. Parvenu au pouvoir en 1981 avec un programme moderniste et ultranationaliste de transformation de la Malaisie en géant économique et politique, Mohamad Mahathir sentait le danger poindre du côté des milieux musulmans. Pour préempter la critique d'oulémas prompts à le taxer d'impiété (son surnom au PAS était *Mahazalim* : « Mahatyran »), Mahathir choisit de coopter la jeune garde réformiste du mouvement islamiste. Il fit venir à ses côtés, en mars 1982, une figure emblématique de l'agitation religieuse sur les campus : Ibrahim Anwar, le charismatique dirigeant du Mouvement des jeunesses musulmanes de Malaisie (*Angkatan Belia Islam Malaysia* – Abim). Promu dauphin de Mahathir, Anwar eut à charge d'inventer et de gérer un ambitieux programme d'islamisation contrôlée de la société malaisienne, impulsé par l'UMNO. En l'espace de quelques années furent créés un Conseil national des *fatwa*, une fondation d'aide aux pélerins du *haj*, une compagnie d'assurances islamique (Takaful), une Banque islamique, une Université islamique internationale, des programmes télévisuels de *dakwah* (prédication) et surtout des *think tanks* chargés d'élaborer une éthique musulmane de la réussite économique susceptible de conforter les assises idéologiques du régime. Dans le même temps, les manifestations jugées « dangereuses » de l'islam militant furent sévèrement réprimées. En novembre 1985, sur ordre du vice-Premier ministre Musa Hitam, les unités spéciales de la police malaisienne donnèrent l'assaut au village de Memali, où s'étaient retranchés le religieux Ibrahim Lybie et une quinzaine de ses partisans : tous furent tués. Ibrahim Lybie était un féroce critique d'Anwar et de Mahathir. En 1986, fragilisé par cette affaire, le PAS subit la pire défaite électorale de toute son histoire, ne recueillant que 15,3 % des suffrages et n'obtenant qu'un seul siège au Parlement fédéral au titre d'une circonscription du Kelantan. En 1987 et 1988, dans le cadre des actions de police *« Opération Lalang »* et *« Opération Kenari »*, le régime procéda à l'arrestation de plusieurs centaines de militants et de prédicateurs du PAS en usant de l'*Internal Security Act* (une loi d'exception permettant la détention préventive sans ouverture de procès pour une durée de deux ans renouvelable).

Après l'élimination politique d'Anwar (allié par trop indocile) en 1999, lorsque le régime le fit accuser de « pratiques sexuelles honteuses » et le jeta en prison, Mahathir poursuivit et accentua sa politique d'islamisation. Fondé en 1992, l'Ikim (Institut pour la compréhension de l'islam malaisien) reçut pour mission de démontrer que la Malaisie, contrairement aux allégations des thuriféraires du PAS, était bel et bien un *negara islam*, un « État islamique » respectant scrupuleusement les principes de la *charia*. Les imams de l'Ikim produisirent des centaines d'articles et des dizaines de rapports visant à souligner la stricte conformité de l'idéologie moderniste de l'UMNO au Coran et aux *hadith* (les dits du Prophète et des grands érudits qui forment la Tradition, la *Sunna*). Abu Bakar Abdul Madjeed, l'un des plus prolixes chroniqueurs de l'Ikim, s'évertua, colonne après colonne, dans le *New Straits Times* et le *Star*, à prouver qu'il existait une façon islamique d'être moderne (autrement dit, une façon islamique de se maquiller, de se soigner, de vivre en entreprise, etc.), et que l'UMNO en était le seul garant légitime. Ce projet de faire de l'islam une éthique du développement était une réponse au souci de conserver les classes moyennes (malaises) citadines dans l'orbite du régime. Mais aucun ouléma de renom n'appuya jamais les efforts de l'Ikim pour réconcilier le Coran et le mascara : ce discours resta sans effet au plan religieux. En revanche, la politique d'islamisation du régime permit à des centaines d'étudiants des *madrassa* (institutions d'éducation religieuse) de rejoindre un ministère des Affaires religieuses devenu pléthorique. Ceci joua en faveur d'une plus grande tolérance des administrations centrales fédérales à l'égard des décisions des tribunaux islamiques locaux et, partant, enclencha le processus de « chariatisation » de la jurisprudence civile en matière non seulement de droit personnel (mariages, héritages, divorces), mais aussi, par extension, de droit de la propriété et même de droit commercial.

LA NAISSANCE D'UN FRONT D'OPPOSITION À L'UMNO

L'arrestation d'Anwar eut pour conséquence immédiate la formation, sous la direction de son épouse Wan Azizah, d'un nouveau forum d'opposition, le Parti de la justice (Parti Keadilan). Ce dernier prit langue avec le PAS et avec le DAP (Democratic Action Party, parti social-démocrate chinois) pour former un Front alternatif (Barisan Alternatif) menaçant l'UMNO sur ses propres terres électorales. Le régime eut alors plus que jamais besoin de redorer son pedigree islamique. Les intellectuels de l'Ikim et les conseillers de politique intérieure du Bureau stratégique du Premier ministre décidèrent de lancer une contre-offensive sur le terrain même des oulémas du PAS, en faisant usage de la notion d'« État islamique ». Dans un discours de juillet 2001 intitulé « La Malaisie est déjà un État islamique », Mahathir accusa ouvertement le PAS de ne pas vouloir reconnaître cette vérité évidente : le pays obéissait déjà parfaitement aux prescriptions coraniques. Mahathir en prit pour preuve les déclarations d'oulémas célèbres d'Al-Azhar et du Conseil européen pour les fatwas (tel le cheikh Al-Qardawi), qui rangeaient élogieusement la Malaisie dans la catégorie des « États islamiques ».

Anwar Ibrahim et le Parti de la justice (Parti Keadilan)

Né en août 1947, Anwar Ibrahim est, dans les années 70, l'un des principaux dirigeants des mouvements étudiants musulmans de Malaisie. Sur les campus, il se pose en champion de la « cause malaise », alors mise en avant par le Dr Mahathir, et participe à des manifestations anti-impérialistes. Il crée en 1971 l'Association nationale des étudiants musulmans malaisiens (Persatuan Kebangsaan Pelajar Islam Malaysia), qui se transforme quelques années plus tard en Association des jeunesses musulmanes de Malaisie (*Angkatan Belia Islam Malaysia* – Abim). Il est arrêté en 1974 pour avoir défendu les paysans du village de Baling, acculés à la famine par des projets de développement industriel. À la surprise de ses partisans, il rejoint en mars 1982 l'UMNO – le parti de gouvernement. Il y occupe rapidement des positions de premier plan, devenant l'un des vice-présidents du parti en 1986. Il est en outre nommé tour à tour ministre de la Jeunesse et des Sports (1983), ministre de l'Agriculture (1984), ministre de l'Éducation (1986) et ministre des Finances (1991). En 1993, Mahathir le nomme vice-Premier ministre en remplacement de Ghafar Baba, qui a peu auparavant pris la tête d'une faction dissidente au sein de l'UMNO. Au milieu des années 90, Anwar est ainsi considéré comme le dauphin désigné de Mahathir. Mais, lorsque éclate la crise financière de 1997-1998, Anwar prend parti contre le flottement du ringgit prôné par Mahathir et se met à dénoncer avec virulence la corruption aux sommets de l'État. Durant l'assemblée générale de l'UMNO en 1998, les barons du système font circuler un libelle accusant Anwar de pratiques sexuelles déviantes (homosexualité). Le 2 septembre de la même année, Anwar est déchu de son poste de vice-Premier ministre et expulsé de l'UMNO le jour suivant. L'un de ses assistants est sommé de témoigner à son encontre devant les tribunaux. Le 20 septembre, Anwar prend la tête d'une manifestation en faveur de la réforme libérale du système politique *(reformasi)*. Il est arrêté le soir même et comparaît devant les juges, le 29 septembre, le visage tuméfié : on apprend alors qu'il a été passé à tabac par l'un des chefs de la police nationale. Au terme d'un procès mascarade, durant lequel la défense est sans cesse muselée par le juge, Anwar est condamné, en avril 1999, à six ans de prison pour corruption et, en août 2000, à neuf ans pour sodomie. Son épouse, Wan Azizah Ismail, crée alors le Parti de la justice (Parti Keadilan), qui réunit des membres de l'opposition chinoise et islamique et des militants d'ONG de défense des droits de l'homme. Sous le nom de Front alternatif (Barisan Alternatif), le Parti de la justice conclut une alliance électorale avec le DAP, parti social-démocrate chinois, et le PAS, parti islamiste légaliste. L'alliance vole toutefois en éclats en 2001, lorsque le PAS admet publiquement que son objectif reste la création d'un « État islamique ». Le cas d'Anwar semble alors désespéré. Mais Abdullah Badawi, qui remplace Mahathir à la tête de l'État en octobre 2003, souhaite se concilier les bonnes grâces de la communauté internationale et couper l'herbe sous le pied des défenseurs islamistes d'Anwar : ce dernier est libéré le 2 septembre 2004, après qu'un panel de juges eut invalidé sa deuxième condamnation. Toujours reconnu coupable de corruption, Anwar reste interdit de prendre part à la vie politique jusqu'en 2008. Dès sa libération, Anwar a quitté la Malaisie pour rejoindre une clinique privée à Munich, afin d'y subir une opération du dos. Son avenir politique reste des plus incertains : il ne dispose plus de base politique propre depuis que l'Abim a opté pour un rôle de courtier entre l'UMNO et le PAS, et nombre de ses amis d'antan se sont détournés de lui. Il reste néanmoins une figure emblématique de la *reformasi* malaisienne, et pourrait à ce titre redevenir un jour l'une des voix fortes de l'opposition libérale dans le pays.

Le discours de Mahathir provoqua un vif émoi et un immense débat parmi les mouvements politiques chinois (et en particulier au sein du Gerakan et du DAP). Prenant conscience de la banalisation de l'idée même d'un État confessionnel, de nombreux intellectuels appelèrent l'UMNO à faire marche arrière. Mais le coût politique de cette volte-face était par trop élevé : Mahathir se contenta, au fil d'interviews, de « rassurer » les non-musulmans. Un opuscule publié en août 2001 sous l'égide du ministère de l'Information essaya de préciser le sens du discours de Mahathir. Selon ce document, un État peut être dit « islamique » lorsque : 1) son gouvernement est entre les mains de musulmans, 2) sa défense est assurée par des musulmans, 3) les musulmans y sont dans une position sociale et économique dominante, et 4) le *hukum fiqh* (jurisprudence coranique) y est appliqué. Le texte ne rechigne pas à mentionner la mise en œuvre des *hudud* (les « peines fixes » : la lapidation de femmes adultères et l'amputation des voleurs) au titre d'objectif à plus long terme, et reste flou sur le statut juridico-politique des *dhimmi* (les non-musulmans). Autrement dit, c'est dans les textes commandités par l'UMNO et dans les discours de Mahathir, autant que dans les prônes des oulémas du PAS, que la notion d'État islamique en est peu à peu venue à être précisée, en référence à des interprétations antidémocratiques du message coranique. Le discours prononcé en juillet 2001 par Mahathir a bien représenté un tournant – d'aucuns diraient un point de non-retour – dans la course à l'islamisation entre le PAS et l'UMNO.

En souhaitant préempter la menace islamiste par une politique d'islamisation contrôlée de la société et de la vie publique, Mahathir a ouvert la boîte de Pandore de l'État islamique. Car, même s'il n'existe à proprement parler aucune définition consensuelle de cette notion (ni dans le monde malais ni au Moyen-Orient), le simple fait de parler politique en des termes religieux induit un basculement des critères de légitimité politique du côté des autorités religieuses. Sur le terrain du *negara islam,* les oulémas auront toujours le dernier mot. En une vingtaine d'années, le débat public malaisien s'est de fait très fortement islamisé. Il aurait été pratiquement impossible, dans la Malaisie pourtant beaucoup plus rurale des années 60 et 70, de faire de l'islam le principal répertoire du discours politique.

Les acteurs

◆ PAS – Parti Islam se-Malaysia

(Parti islamique de Malaisie)

À sa naissance, en 1951, sous le nom d'Association des oulémas de Malaisie *(Persatuan Alim Ulama sa-Malaya),* le PAS n'était pas véritablement un parti confessionnel, mais plutôt un club d'intellectuels de sensibilité sociale-démocrate, pour qui le message coranique enjoignait certes de lutter contre la misère, mais non de créer un État islamique comme nouvel ordre institutionnel. Dans les années 50, le PAS, tout comme le Masjumi en Indonésie, était ainsi un parti social-démocrate musulman : ses mots d'ordre relevaient du registre de l'anti-impérialisme plus que de celui de l'exégèse de la charia. Ses premiers dirigeants, Ahmad Fuad Hassan et le Dr Abbas Elias, appartenaient en effet à l'élite occidentalisée de la Malaya britannique : ils avaient tous deux servi l'État colonial avant de le combattre. Et Burhanuddin al-Helmy, qui le présida de 1959 à 1969, aimait à le présenter comme un « parti de gauche ». C'est sous la direction de Burhanuddin que le PAS commença à jouer un rôle politique de premier plan. C'était alors un parti cherchant à concilier progressisme et islam. Ayant fait le choix de la démocratie parlementaire, il remporta l'État du Kelantan aux élections de 1959, puis celui du Terengganu quelques années plus tard. Mais dans les années 70, sous la direction d'Asri Muda, le PAS opéra un virage conservateur qui l'aligna sur la rhétorique du nationalisme ethnique « malais » de Mahathir. Ce fut l'époque de la collaboration avec le Barisan Nasional et donc des compromis idéologiques avec l'UMNO. De nombreux militants quittèrent alors le parti pour l'Abim.

En mars 1982, Anwar Ibrahim accepta, au grand dam de ses partisans, de devenir vice-Premier ministre à la demande de Mahathir. Une faction ultraconservatrice accomplit alors un coup d'État au sein du PAS. Cette faction dite « des oulémas » se composait d'Hadi Awang, de Nik Aziz, de Fadzil Noor et de Yusof Rawa. Pressentant distinctement le danger politique que représentait le ralliement d'Anwar au régime, cette faction décida d'ouvrir les hostilités avec l'UMNO. Hadi Awang publia en 1982 un opuscule intitulé *L'édit du Tuan Guru Haji Hadi Awang,* dans lequel il lista dix « péchés » grevant l'accession au paradis. Parmi ces péchés irrémissibles figurait le fait de « soutenir un gouvernement travaillant contre les intérêts de la communauté musulmane ». Le message était clair et l'UMNO rétorqua en taxant le PAS de « fondamentalisme ». En mai 1983, Yusof Rawa devint président du parti. Jusqu'à la fin de son mandat en 1989, il fit de l'envenimement du conflit idéologique avec l'UMNO l'axe du repositionnement politique du PAS. Il s'entoura d'une garde rapprochée d'ex-membres de l'Abim, tels Syed Ibrahim Rahman et Ustaz Nakhaie Ahmad. Ces hommes étaient de fins connaisseurs des principaux réseaux de l'islamisme international, avec lesquels ils avaient tissé des relations de confiance durant leurs années de militantisme aux côtés d'Anwar. Le PAS développa un discours violemment antisécularise et antimatérialiste. Dans une allocution de 1984, Yusof Rawa rejeta l'ethno-nationalisme sans concession de l'UMNO, assimilé à une manifestation d'*asabiyyah* (« clanisme », condamné par le Coran). Il promut aussi les oulémas au rang d'idéologues et surtout de « guides spirituels » du parti. Le régime enclencha alors une vague de violentes opérations répressives. En 1987 puis 1988, plusieurs dizaines de cadres du PAS furent arrêtés et détenus au moyen de l'*Internal Security Act.* Le PAS dut faire marche arrière pour éviter l'interdiction pure et simple. À partir de 1988, Fadzil Noor, devenu président du parti, choisit la voie d'une « normalisation » politique et usa à l'égard du régime d'une stratégie de confrontation indirecte.

Un parti d'opposition de la jeunesse urbaine

Depuis cette époque, le PAS a peu à peu confirmé sa vocation de principal parti d'opposition de la Malaisie péninsulaire. Il faut en effet se départir de l'image simpliste du PAS qu'ont produite l'UMNO et la presse acoquinée au régime. Le PAS n'est pas ce ramassis d'oulémas obscurantistes et de paysans arriérés que les idéologues de Mahathir ont dépeint afin de se dédouaner des excès répressifs des années 80 et 90. C'est avant tout un parti de plus en plus jeune, qui séduit tout spécialement une fraction de la jeunesse (malaise) urbaine : les moins de 30 ans qui n'ont pas connu la Malaisie pauvre des années 60 et n'éprouvent pas pour l'UMNO l'admiration et la reconnaissance que lui témoignent leurs parents, premiers bénéficiaires des mécanismes d'ascension sociale ethnique (la *New Economic Policy,* instituée en 1970 au lendemain des « émeutes ethniques » de mai-juillet 1969, qui coûtèrent la vie à des milliers de Chinois). Si le bastion historique du PAS est bien le nord-est de la Malaisie péninsulaire, où la proportion de Malais dans la population est très supérieure à ce qu'elle est dans le Sud et dans les États du nord de Bornéo, et où le rapport de l'islam au politique s'est fixé dans des formes très différentes de celles qu'ont connues les sultanats de la côte, il faut noter que la marge de progression potentielle du PAS est supérieure dans le Selangor. C'est à Penang et dans les quartiers huppés de la grande banlieue de Kuala Lumpur, comme à Shah Alam ou à Petaling Jaya, que sont nées le plus de cellules de jeunesse du parti dans les années 90, à rebours de ce que soutiennent les stratèges de l'UMNO pour qui le PAS reste un parti rural, voire agrarien. La base politique du « clan » d'Hadi Awang, président du parti depuis la mort de Fadzil Noor en 2002, n'est pas située dans les collines du Kelantan, mais au cœur de l'agglomération de Johore Baru. Aujourd'hui encore, l'idée que le PAS est un parti rural, rivé aux États économiquement défavorisés du nord, est à ce point prégnante au sein de l'UMNO que le nouveau Premier ministre entend combattre l'opposition par une politique de grands travaux agricoles, dans l'espoir que la prospérité détournera les petits paysans kelantanais des sirènes de l'islamisme.

Les « mouvements islamistes insurrectionnels »

Les stratèges de l'UMNO ont maintes fois affirmé que le PAS était lié, ou avait donné naissance, à des mouvements insurrectionnels : le groupe d'Ibrahim Lybie (compagnon de route du PAS), la secte néo-soufie Darul Arqam interdite en 1994, le mouvement Al-Maunah démantelé en juillet-août 2000, et récemment le Mouvement des moudjahidines de Malaisie (Kumpulan Mujahidin Malaysia – KMM). Le fils du guide spirituel du PAS, Nik Aziz, a de fait été arrêté dans le Kelantan au motif de sa participation à des réunions clandestines du KMM visant à « déstabiliser le régime ». Il n'est bien sûr pas du tout impossible que, à titre individuel, des militants du PAS aient rejoint certains de ces groupes violents. Il faut encore noter que le profil sociologique des militants du Darul Arqam et d'Al-Maunah recoupait exactement celui des cadres urbains du PAS. Il s'agissait en effet de mouvements de « cols blancs » (ingénieurs en informatique, employés de compagnies d'assurances), et non pas de sectes messianiques agraires. Mais il faut souligner que le PAS est, depuis sa naissance, un parti légaliste, qui n'a jamais incité ses membres au passage à la violence armée. À plusieurs moments critiques de l'histoire du pays (révoltes communistes des années 50, « émeutes ethniques » de 1969), il a même été un facteur de modération idéologique de la communauté « malaise-musulmane ». Du fait du rôle de gouvernement qu'il a été amené à jouer dans le Kelantan et le Terengganu dès 1959, le PAS est devenu un parti d'opposition, donc un élément à part entière du jeu politique national. Ce n'est aucunement un parti antisystème.

Une culture d'opposition

Si le PAS n'a rien à envier, en termes de professionnalisme, aux partis politiques européens, il a en revanche développé une culture d'opposition, enracinée dans un martyrologe qui diabolise l'UMNO. Il y a ainsi une grande différence entre le discours public policé des VRP du parti et le discours interne de ses militants, notamment au sein du Dewan Pemuda, le Bureau de la jeunesse, pépinière de dirigeants locaux et nationaux du parti. La plupart des cadres du Dewan Pemuda, qui ont entre 30 et 45 ans, ont en effet connu les opérations de répression de la fin des années 80. Nombre d'entre eux, qui avaient alors à peine plus de 20 ans, ont été arrêtés et emprisonnés durant l'opération Lalang de 1987 et l'opération Kenari de 1988. Mohammed Sabu, alors membre du Comité exécutif du Dewan Pemuda, fut emprisonné pendant deux ans à compter d'octobre 1987. Haji Arif Yakoob, l'un des dirigeants du Bureau des oulémas de Perak, passa aussi deux mois dans les geôles de l'État. Mahfuz Omar, ex-secrétaire général du Dewan Pemuda (devenu membre du Comité exécutif du parti), fut détenu durant dix mois, de novembre 1987 à septembre 1988. À la suite de l'*« Opération Kenari »*, 31 militants du PAS furent interpellés sous *Internal Security Act*. Ces épisodes noirs de l'histoire du PAS, vécus dans leur chair par plusieurs centaines de cadres du parti, sont incessamment rappelés dans les opuscules produits par le Bureau de la jeunesse, sous la rubrique infâmante de la *kezaliman ISA* (« l'impiété de la loi d'exception »). Cette expérience directe de la brutalité policière explique le radicalisme de certains cadres du PAS. Pour eux, le remplacement de Mahathir par Badawi n'est en aucun cas le signe d'une diminution de l'intensité de la lutte idéologique. Tous considèrent que le « système UMNO » perdure en se transformant et que Badawi restera prisonnier des intérêts acquis des grands barons malais de la *New Economic Policy*, quoi qu'il dise et fasse. Le fait que Badawi soit réputé plus « pieux » que son mentor, qu'il ait à ce titre présidé les funérailles de Fadzil Noor (défunt président du PAS) et que son grand-père, Abdullah Faham, ait participé à la fondation du PAS, ne change rien à l'affaire.

Clivages au sein du PAS

Mais le PAS est en réalité clivé entre une aile « politique modérée » et une aile « religieuse radicale ». L'aile « politique modérée » est surtout soucieuse d'engranger les bénéfices d'une participation vieille de plusieurs décennies au jeu politique légal. Composée des analystes du Bureau stratégique, tel Hatta Ramli, et des parlementaires du parti dirigés par Nasharudin Mat Isa, le charismatique député du Kedah, ce courant a connu son apogée sous la présidence de Fadzil Noor, qui entendait parachever la normalisation du PAS en en faisant une plate-forme politique conservatrice. Depuis l'arrivée à la tête du parti d'Hadi Awang en 2002, on note un retour en force des « ultras » dans les instances dirigeantes. Cette évolution n'est pourtant pas le seul fait de circonstances personnelles. Car, dès l'introduction en 1983 de la notion de « direction éclairée », le rôle du Conseil des oulémas dans la définition des axes stratégiques du parti s'était considérablement accru. La montée en puissance du référent religieux dans le discours du PAS est donc un processus de long terme. Depuis le virage conservateur d'Asri Muda dans les années 70, et surtout depuis le coup d'État de la « faction des oulémas » en 1982-1983 et l'entrée dans le parti d'ex-activistes de l'Abim à l'invitation de Yusof Rawa, le PAS s'est clairement aligné sur un islamisme de contestation, qui le pousse à la confrontation permanente avec l'UMNO. Le radicalisme des quadras du Bureau de la jeunesse, tel Mahfuz Omar, n'est ainsi pas le fruit de quelques dérives individuelles, mais le produit d'une véritable culture d'opposition nourrie depuis plus de vingt ans par les actions répressives du régime. De même, les écarts de langage du guide spirituel *(murshidul'am)* du PAS, le Tuan Guru Niz Aziz Nik Mat, ne sont pas des bévues incontrôlées, car chacune de ses interventions est soigneusement préparée et reçoit l'approbation en amont du Conseil des oulémas. Ses propos rétrogrades sur le statut des femmes ou sur la « décadence de l'Occident » visent en fait à

Piraterie maritime

Depuis la fin des années 80, les actes de piraterie sont en nette augmentation en Asie du Sud-Est. De 3 en 1989, ils sont passés à 167 en 2001 (avec un pic de 253 en 2000), selon le centre antipiraterie du Bureau maritime international de Kuala Lumpur. Au lendemain de la guerre froide, le retrait des superpuissances des eaux asiatiques a laissé la mer libre aux pirates, dans une région propice entre toutes aux activités illicites de contrebande ou de flibuste. Maillé de milliers d'îlots et de nombreux détroits par lesquels transitent chaque année de vastes flottes de cargos et de supertankers, l'espace maritime d'Asie du Sud-Est est le plus dangereux de la planète : 50 à 90 % de l'ensemble des actes de piraterie s'y produisent. Mais la géographie n'explique pas tout. La situation politique de la région y est aussi pour beaucoup. Cet espace maritime est en effet sis au carrefour de zones d'influence dont les limites sont sans cesse contestées par les puissances régionales. Si les douanes nationales participent à un nombre croissant d'exercices conjoints de surveillance, aucun dispositif interétatique efficace n'a encore vu le jour. Seuls Djakarta et Singapour ont signé un accord bilatéral permettant aux forces maritimes des deux pays de poursuivre les navires pirates dans leurs eaux territoriales respectives. Pour le reste, les interceptions au-delà des limites territoriales (19 kilomètres) sont impossibles, dans une région où abondent les conflits de souveraineté. En avril 2000, le Japon (dont 80 % des hydrocarbures traversent les détroits malais) avait beau réunir à Tokyo de hauts responsables des questions maritimes et de sécurité de quinze pays asiatiques, afin d'envisager la mise en place de patrouilles conjointes, l'opposition ouverte de la Chine empêchait toute résolution contraignante. La multiplication des «vaisseaux fantômes» (*kapal hantu* : les navires détournés puis rebaptisés) dans les eaux de la région n'est pourtant pas une menace économique de nature à provoquer un effondrement du fret interinsulaire, ni le ralentissement des activités portuaires. Les bâtiments pillés sont surtout de petits navires de cabotage et des voiliers de plaisance, rarement les supertankers assurant l'approvisionnement énergétique du Japon ou de la Corée, ou les porte-containers qui convoient leurs exportations vers l'Europe. Il s'agit en effet le plus souvent d'une « petite piraterie » impliquant les voyous des villages pauvres du pourtour côtier septentrional des îles de l'archipel des Riau, qui font face à la cité-État de Singapour. Autrement dit, d'une piraterie « de subsistance » permettant aux « gens de mer » *(orang laut)* de pallier la décrue de leurs revenus légaux depuis que la pollution des eaux côtières a rendu la pêche peu profitable.

tester la résonance populaire des thèses de combat de l'islamisme radical. Si l'argument fait mouche, provoquant le débat dans la presse et obligeant les barons de l'UMNO à se présenter en champions de Babylone, alors le thème est repris et amplifié dans les « réunions de base » *(ceramah)* que le parti organise dans les villages.

Les chances du PAS de parvenir prochainement au pouvoir au niveau fédéral par la voie des urnes sont quasi nulles. De fait, l'UMNO garde sa complète mainmise sur les États de la côte ouest de la péninsule et sur le Sabah et le Sarawak (États du nord de Bornéo) au moyen d'une politique de patronage, de « primes au développement » et, le cas échéant, d'achat des voix. L'alliance entre le PAS et le DAP chinois a en outre volé en éclats en 2002, lorsque le PAS a mis en avant la notion d'État islamique : le « front alternatif » ne représente donc plus aucune menace pour l'UMNO. Enfin, la nature fédérale du régime empêche le PAS d'appliquer son programme de mise en œuvre de la charia dans les États qu'il parvient à contrôler – puisque l'emploi des forces de police, les tribunaux d'appel et les administrations pénitentiaires restent de la prérogative exclusive du gouvernement fédéral. Le véritable danger n'est donc pas que le PAS parvienne rapidement aux commandes de l'État et fasse descendre la chape de plomb de l'État islamique sur la société malaisienne. Il est plutôt que l'UMNO rogne peu à peu la place du PAS dans le jeu politique national et ne favorise ainsi le passage au radicalisme d'une partie de ses militants, qui pour l'heure ne renoncent à l'action protestataire que parce que le parti retire des bénéfices concrets de sa participation au jeu parlementaire. Car en s'attaquant trop violemment au PAS, tout particulièrement en lui retirant ses ressources de patronage dans les États du nord et en diabolisant ses cadres comme suppôts de Ben Laden, les « ultras » anti PAS de l'UMNO feraient le jeu de ceux qui, dans les madrassas, estiment que la démocratie est un jeu qui ne rapporte finalement rien à l'islamisme.

Pour en savoir plus

Farish Noor, *The Other Malaysia. Writings on Malaysia's Subaltern History*, Kuala Lumpur, Silverfish Books, 2002. Et « Islam et politique en Malaisie : une trajectoire singulière », *Critique internationale*, n° 13, octobre 2001.

Khoo Boo Teik, *Beyond Mahathir. Malaysian Politics and its Discontents*, Londres, Zed Books, 2003.

Internet

www.freeanwar.com
Site de la campagne pour la libération d'Anwar Ibrahim.

www.malaysiakini.com
Site d'un magazine d'informations « alternatif », qui tient notamment le compte des arrestations sous *Internal Security Act*.

www.nst.com.my
Site du principal quotidien anglophone de Malaisie, souvent progouvernemental.

Superficie : 514 000 km²
Population : 61 millions (estimation ONU pour 2003), dont Thaïs (75 %), Chinois (14 %), autres (11 %)
Religions : bouddhisme (90 %), islam (8 %), autres (2 %)

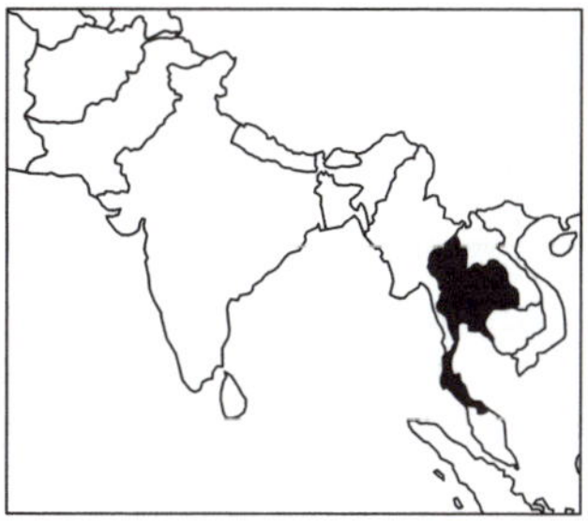

Thaïlande

Le royaume de Thaïlande, au cœur de la péninsule indochinoise, est entouré d'États qui sont encore loin d'atteindre son niveau de développement économique et de maturité politique. À l'ouest, la Birmanie, avec laquelle elle partage sa plus longue frontière terrestre (1 800 kilomètres), est une dictature militaire réticente à toute transition démocratique. À l'est, la République démocratique populaire lao accuse un retard de développement qui pénalise son éventuelle ouverture. Au sud-est, le royaume du Cambodge peine à se remettre des dernières décennies marquées par une histoire particulièrement violente (dictature militaire suivie par le régime des Khmers rouges). Tout au sud, sur l'isthme de Kra, le royaume de Thaïlande partage une frontière terrestre d'un peu plus de 500 kilomètres avec la Malaisie, pays majoritairement musulman. Son dynamisme économique, sous la houlette de Mahathir, au pouvoir de 1981 à 2003, fait figure de modèle pour toute l'Asie émergente. Même si les institutions démocratiques n'ont été instaurées que récemment (1992, avec une nouvelle Constitution entrée en vigueur en 1998), le royaume semble les avoir relativement bien assimilées, comparé à ses voisins. Sur le plan économique, la Thaïlande entraîne dans son sillage les pays de la péninsule indochinoise avec lesquels elle multiplie les échanges commerciaux.

La crise financière de 1997 l'a durement frappée en plein essor (son taux de croissance frôlait alors 9 % depuis la deuxième moitié des années 80), mais force est de constater que la Thaïlande a rapidement repris le chemin de la croissance et ce, dès 1999. Les épidémies de grippe aviaire, de syndrome respiratoire aigu (Sras), ont certes affecté son économie mais sans pour autant provoquer une crise profonde.

La scène insurrectionnelle en Thaïlande a été dominée, dans la seconde moitié du XXe siècle, par la guérilla communiste active sur l'ensemble du territoire, mais aussi par le séparatisme musulman dans la partie méridionale du royaume, proche de la Malaisie. Si les groupes communistes ont cessé leur lutte dans les années 90, celle des séparatistes musulmans a repris au début de la décennie 2000, après une accalmie de près de vingt ans.

Thaïlande et Sud musulman

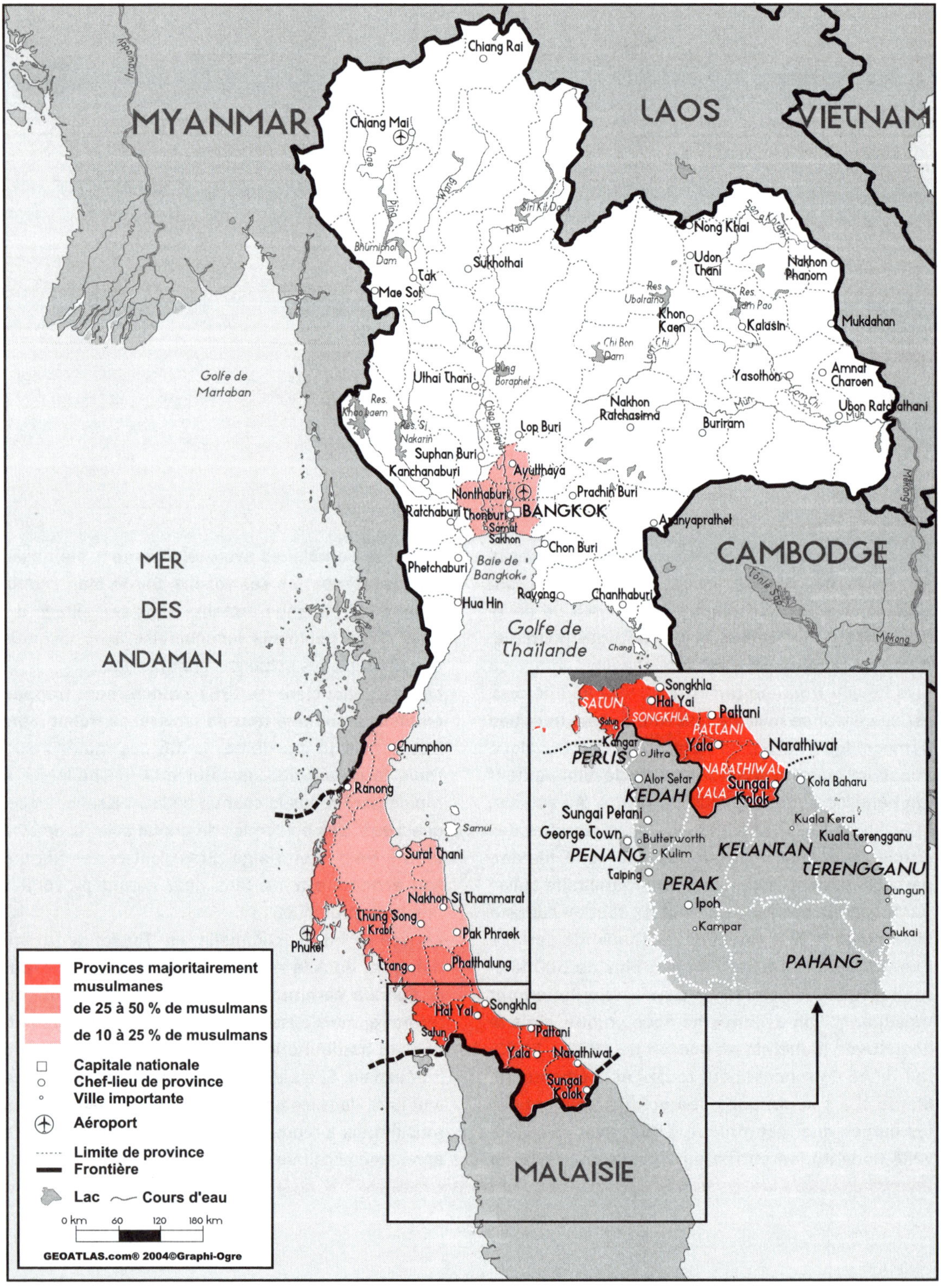

LE SUD MUSULMAN

L'islam en Thaïlande. L'islam, la religion des commerçants arabes et persans qui sillonnaient le monde, atteint les côtes de la péninsule malaise à la moitié du XVe siècle. Elle s'implante dans ce qui constitue aujourd'hui les provinces méridionales de la Thaïlande, et un sultanat voit le jour à Patani en 1457. C'est la communauté musulmane la plus ancienne de Thaïlande. D'autres musulmans s'installent sur le reste du territoire au fil du temps. Des dignitaires persans fondent une communauté à Ayutthaya, au nord de Bangkok, à la fin du XVIe siècle, et des commerçants musulmans bengalis s'établissent à Bangkok et à Chiang Mai, dans le nord du royaume.

Aujourd'hui, c'est uniquement dans la région de l'ancien sultanat de Patani que la communauté musulmane est majoritaire, en particulier dans les provinces de Pattani, Yala, Narathiwat, Satun et Songkhla, où elle représente entre 75 et 80 % de la population *(voir carte)*. Dans ces cinq provinces, on compte 1 805 mosquées. À titre de comparaison, il y a 165 mosquées à Bangkok, 58 à Ayutthaya et 13 à Chiang Mai (chiffres cités par Michel Gilquin). Outre la différence de religion, cette population se distingue également par son appartenance ethnique, linguistique et culturelle au monde malais.

L'histoire de cette communauté malayo-thaïlandaise est émaillée de luttes et de soulèvements durant tout le XXe siècle, à compter de l'intégration des terres du sultanat de Patani au royaume de Siam en 1902. Entre 1903 et 1922, pas moins de quatre révoltes éclatent contre l'autorité de Bangkok *(voir Che Man)*.

La rébellion musulmane, qui se développe à partir des années 60, prône le séparatisme au nom d'un nationalisme pan-malais. Elle ne concerne que les musulmans du Sud, les autres communautés musulmanes du royaume ne se reconnaissant pas dans cette lutte séparatiste. Tout au plus peuvent-elles fournir, à l'occasion, contacts et soutiens au nom de la solidarité musulmane. C'est pourquoi la question musulmane en Thaïlande est souvent assimilée aux seules provinces du Sud.

Une guérilla en déclin. L'« apogée » de la rébellion musulmane, menée principalement par la Pattani United Liberation Organization (Pulo), se situe entre 1976 et 1981. Un lent déclin de la lutte armée s'ensuit. À partir des années 80, Bangkok change en effet de stratégie pour rétablir l'ordre dans cette région où les affrontements entre rebelles et forces thaïlandaises font régner l'insécurité et, de ce fait, marginalisent les provinces du Sud. Au tout-répressif succède une recherche de solutions négociées qui, peu à peu, porte ses fruits : une amnistie est octroyée aux combattants qui se rendent, les autorités thaïlandaises accordent davantage d'attention aux revendications identitaires de la population et tentent de favoriser le développement des provinces méridionales. De plus, la Malaisie voisine, dont deux provinces ont fourni une base arrière aux mouvements rebelles thaïlandais (le Kelantan et le Kedah), durcit également sa politique contre les insurgés. Ainsi, privés à la fois du soutien de la population locale et d'une base de repli fiable en Malaisie, les groupes séparatistes ont progressivement décliné.

Les mouvements encore actifs ont tenté de regrouper leurs forces dès 1989 en cherchant à former une coalition ayant comme objectif commun la création d'un État musulman. C'est ainsi qu'en 1994 le mouvement Bersatu (« Uni » en malais) voit le jour.

Une reprise de la lutte en plusieurs vagues. La création de Bersatu ne parvient pas cependant à relancer immédiatement la lutte séparatiste. Les quelques attentats ou affrontements ponctuels qui se produisent sont encore souvent attribués à la Pulo. C'est à la fin des années 90 que Bersatu émerge véritablement sur la scène insurrectionnelle avec l'opération « Falling Leaves » qui vise en priorité les représentants des autorités thaïlandaises. Ces actions – attentats contre des postes de police et des entreprises tenues par des Thaïs – sont accompagnées par une campagne d'information sans précédent : Bersatu signe ses opérations par des feuillets de propagande anti-thaïlandaise. Bangkok abandonne sa politique de conciliation et opte pour la répression. Début 1998, l'arrestation de plusieurs responsables de la Pulo et de la New Pulo porte sérieusement atteinte à l'ensemble du courant séparatiste.

Toutefois, une nouvelle vague de violence, enclenchée en avril 2001 par des attentats à la bombe à Betong (Yala) et à la gare de Hat Yai (Songkhla), marque le retour de Bersatu. La presse thaïlandaise de l'époque affirme que certains de ses combattants auraient bénéficié d'une formation dans un État du Proche ou du Moyen-Orient. La répression des autorités thaïlandaises se fait encore plus dure : des troupes sont envoyées en renfort et la coopération avec la Malaisie est encore améliorée.

L'effet du 11 Septembre. L'électrochoc des attentats du 11 septembre 2001 aux États-Unis et, rapidement, la désignation de l'Asie du Sud-Est comme second front de la lutte antiterroriste mondiale laissent pourtant les autorités thaïlandaises de marbre : Bangkok, qui considère avoir maîtrisé les violences séparatistes du Sud, se sent à l'abri de la mouvance islamiste et se montre nettement plus préoccupé par le fléau de la drogue (lutte contre la culture du pavot, les trafics d'opium et d'héroïne et la production à grande échelle de *yaa baa,* cette méthamphétamine largement consommée sur place – *voir encadré*).

L'attentat d'octobre 2002 à Bali, en Indonésie, n'interpelle pas davantage les autorités thaïlandaises. Au contraire, le discours officiel se veut rassurant de peur de perdre une part importante des revenus issus de l'industrie du tourisme... Cependant, les enquêtes sur la Jemaah Islamiyah, considérée par les États-Unis comme une sorte de filiale régionale d'Al-Qaïda, n'épargnent pas la Thaïlande. Il faut attendre l'arrestation d'Hambali, chef opérationnel de la Jemaah Islamiyah, à Ayutthaya, en août 2003, pour que Bangkok prenne enfin conscience d'un phénomène qui ne l'épargne pas.

Comme ailleurs dans la région, les communautés musulmanes de Thaïlande fournissent un terreau idéal de « réislamisation » : la politique conciliante de Bangkok des années 80 s'est révélée insuffisante à satisfaire les attentes de la population du sud de la Thaïlande qui, malgré une reconnaissance de son identité, se trouve toujours en marge du développement. Rancœur et frustration des jeunes générations, associées à un système d'écoles coraniques ouvertes aux imams étrangers (de Malaisie mais aussi d'Arabie saoudite) ont poussé certains musulmans du sud de la Thaïlande vers la réappropriation de la lutte séparatiste au nom d'un islamisme radical.

Flambée de violence en 2004. Dès l'été 2003, la multiplication des attaques meurtrières contre des policiers thaïlandais, des incendies d'écoles, des raids contre des arsenaux dans les provinces de Narathiwat, de Songkhla et de Yala préfigurent une flambée de violence qui n'est pas sans rappeler celle de la fin des années 70. À la différence près que les actions menées depuis janvier 2004 semblent particulièrement bien coordonnées.

Le 4 janvier, 21 écoles sont incendiées et 2 postes de police sont attaqués dans 10 des 13 districts de Narathiwat, sans compter l'assaut contre le camp principal de l'armée de terre thaïlandaise dans le sud du pays. Bangkok réplique immédiatement par l'instauration de la loi martiale dans les provinces de Pattani, de Yala et de Narathiwat. Le 19 mars, ce sont 36 bâtiments publics qui sont incendiés à Pattani, Songkhla et Yala. Durant le premier trimestre 2004, les troubles font 50 morts parmi les représentants de l'autorité thaïlandaise (policiers, fonctionnaires) ainsi que parmi quelques moines bouddhistes (le bouddhisme étant la religion majoritaire du reste de la Thaïlande, ses représentants sont assimilés au pouvoir).

Deux événements, qui attirent particulièrement l'attention internationale, font réagir les autorités thaïlandaises. Le premier, le 27 mars, provoque les premières victimes étrangères (principalement malaisiennes) lors de l'explosion d'une bombe devant un bar-karaoke de Sungai Kolok (Narathiwat). Le second, très médiatisé, le 28 avril, concerne une série de raids coordonnés contre des postes de police dans trois provinces (Pattani, Yala et Songhkla) et culmine avec l'assaut meurtrier lancé par l'armée contre la mosquée de Krue Su (Yala) où s'étaient retranchés des jeunes « séparatistes ». Le bilan est lourd : 108 « séparatistes » tués ainsi que cinq policiers.

Fidèle à sa politique répressive, Bangkok envoie 1 400 hommes en renfort aux 2 500 déjà sur place. La coopération avec les autorités malaisiennes se traduit par un contrôle encore plus étroit des frontières (contrôle facilité, côté malaisien, par la défaite électorale du Parti islamiste malaisien – PAS – dans le Kelantan). Cette brusque montée des tensions provoque un mouvement de panique dans le Sud : près de 5 000 fonctionnaires, dont la moitié d'enseignants des écoles publiques, demandent leur mutation hors des zones troublées.

Trois attentats contre des temples bouddhistes à Narathiwat, le 16 mai, font craindre une évolution des troubles vers un conflit communautaire, opposant musulmans et bouddhistes. En juillet, le bilan des victimes des violences s'alourdit et atteint 300. Pour éviter l'embrasement, le ministère thaïlandais de la Défense (en désaccord avec les Affaires étrangères) cherche à amorcer le dialogue avec les « rebelles » et se tourne vers l'universitaire Wan Kadir Che Man *(voir encadré)*, considéré par les autorités de Bangkok, comme un des responsables de Bersatu. Ce dernier, en exil en Malaisie depuis une quinzaine d'années, accepte de jouer les intermédiaires tout en se défendant de diriger et même d'appartenir à Bersatu.

Les autorités thaïlandaises réfutent toujours l'assimilation des troubles du sud du royaume à la mouvance islamiste régionale, voire internationale. Tout au plus reconnaissent-elles l'influence de quelques prêcheurs malaisiens. Bangkok s'évertue à considérer cette flambée de violence comme un problème strictement intérieur (il s'agit d'une lutte « séparatiste ») et refuse d'en voir la portée régionale. Même dans les sanctions annoncées fin juillet contre 21 écoles coraniques (5 à Yala, 8 à Pattani et 8 à Narathiwat), les accusations portent sur l'enseignement « antigouvernemental » de ces professeurs, non sur le caractère radical de leur enseignement islamiste.

Le niveau de la tension monte encore d'un cran fin octobre 2004. Une manifestation de 3 000 personnes, devant le commissariat de Tak Bai (Narathiwat), dégénère lors de sa dispersion : 7 manifestants sont tués et, parmi les 1 300 personnes interpellées, 78 décèdent des suites de leurs blessures et par asphyxie durant leur transport en camion militaire vers leur lieu de détention, le camp militaire de Pattani. La population locale est sous le choc, la Pulo menace de représailles sur son site Internet. Trois jours plus tard, le 28 octobre, un premier attentat à la bombe, à Sungai Kolok, fait 2 morts (un Malaisien et une Thaïlandaise), tandis qu'un autre engin explosif est désamorcé dans la ville de Narathiwat. Le lendemain, deux bombes explosent à Yala, faisant une vingtaine de blessés. Fin 2004, malgré quelques efforts de la part des autorités thaïlandaises en vue de nouer un dialogue, le fossé semble s'être profondément creusé entre le Sud musulman à feu et à sang, sous le coup de la loi martiale, et les autorités de Bangkok. En moins d'un an, entre janvier et novembre 2004, ce sont 420 morts qui sont mis sur le compte des troubles attribués à une mouvance dont Bangkok peine à identifier les contours.

Les acteurs

◆ Bersatu

Bersatu, qui signifie « uni » en malais, est une fédération de groupes séparatistes musulmans du sud de la Thaïlande. Il rassemble la Pulo (Pattani United Liberation Organization), la New Pulo (groupe issu de la Pulo), le BRN (Barisan Revolusi Nasional) et le GMIP (Gerakan Mujahidin Islam Pattani).

Bersatu voit le jour en 1994, après plusieurs tentatives infructueuses, depuis le tout début des années 90, de regrouper, sous une même bannière, différents mouvements aux objectifs similaires. Le séparatisme musulman était

alors en plein déclin et les différents commandos s'adonnaient davantage au banditisme qu'à la lutte armée.
L'objectif de Bersatu est de revigorer ce courant séparatiste pour parvenir à l'instauration d'un État musulman dans les provinces du sud de la Thaïlande. Bersatu est dirigé par Samsudin Khan, vivant en exil en Suède. Mais c'est Wan Abdul Kadir Che Man qui, depuis la Malaisie, est considéré comme son mentor. Les autorités thaïlandaises le considèrent comme le chef de Bersatu et, à ce titre, se sont tournées vers lui, en juillet 2004, pour tenter de désamorcer la flambée de violence dans le Sud, qui a culminé par le carnage de la mosquée de Krue Su (province de Yala), le 28 avril 2004.
Bersatu, comme les mouvements dont il est l'agrégation, trouve son principal soutien en Malaisie et en particulier dans les provinces frontalières dont certaines étaient dirigées, jusqu'aux élections de mars 2004, par le PAS. Le Kelantan, considéré comme le fief du PAS qui y était majoritaire depuis 1990, a joué le rôle de base arrière des différents mouvements et ce, depuis que les musulmans de Pattani sont entrés en rébellion contre les autorités de Bangkok. C'est en effet de l'autre côté de la frontière que les chefs, comme la plupart des combattants, trouvaient et trouvent encore le plus souvent refuge.
Bersatu s'est fait connaître par l'opération *« Falling Leaves »*, lancée en décembre 1997, qui visait à « faire tomber comme des feuilles à l'automne » les représentants de l'autorité thaïlandaise, accusée de mener une politique néocoloniale dans les provinces du Sud. L'opération s'est traduite par une vague d'attentats visant la police, les écoles et les entreprises tenues par des Thaïlandais. La répression est d'autant plus dure qu'elle bénéfice de la coopération des autorités malaisiennes. En 1998, l'arrestation de responsables de la Pulo et de la New Pulo porte un coup sérieux à la mouvance séparatiste. Une deuxième vague de violences, dont la responsabilité est attribuée à Bersatu, est organisée en avril 2001. Elle est également durement réprimée. Enfin, le nom de Bersatu est à nouveau évoqué en 2004 comme étant à la tête de la coordination des différentes actions conduites depuis le mois de janvier (incendie de 21 écoles de la province de Narathiwat, le 4 janvier, et affrontements à la mosquée de Krue Su, le 28 avril). Ces dernières opérations témoignent en effet d'un très bon niveau de préparation et d'organisation. Elles sont le fait de petites cellules d'une dizaine de combattants, sans contact les unes avec les autres, pouvant être appelées à agir ensemble ou de façon coordonnée à des endroits différents.
Il est difficile de déterminer quelle est la nature exacte des liens de Bersatu avec des groupes malaisiens, voire avec la Jemaah Islamiyah *(voir encadré dans le chapitre Indonésie)*. Toujours est-il que le mouvement subit l'influence de la mouvance islamiste internationale, avec la tendance de vouloir créer des tensions d'ordre confessionnel entre musulmans, d'une part, et bouddhistes, d'autre part, un peu à l'exemple de ce qui a pu être observé en Indonésie, aux Moluques en particulier.

Wan Abdul Kadir Che Man

Wan A. Kadir Che Man est un enfant de Pattani. Né en 1942, il y effectue sa scolarité primaire et secondaire. Il est ensuite envoyé à La Mecque pour y suivre un enseignement islamique durant deux ans, à l'issue desquels il se rend aux États-Unis pour étudier à la Rutgers University, dans le New Jersey. Il rentre en Asie sept ans plus tard et, en 1983, il soutient un mémoire de recherche à l'Université de Malaisie de Penang, intitulé « The Muslim Elite and Politics in Southern Thailand ». Il termine ses études à l'Australia National University de Canberra et rédige une thèse de doctorat sur le séparatisme musulman. Son travail est publié par Oxford University Press, en 1990, sous le titre de *Muslim Separatism : the Moro of Southern Philippines and the Malays of Southern Thailand*, qui demeure un ouvrage de référence sur la question. Durant ses recherches, il entre naturellement en contact avec les responsables des groupes séparatistes qu'il étudie. Il est accusé par les autorités thaïlandaises, au début des années 90, de faire partie de la Pulo et, pour cette raison, ne retourne pas en Thaïlande. De fait, il est contraint à une sorte d'« exil » en Malaisie et à Brunei, où il enseigne. Lorsque l'actualité de son pays le rattrape, en 2004, il est professeur à l'Université islamique internationale de Malaisie. Âgé de 62 ans, il passe davantage pour un intellectuel de la mouvance séparatiste musulmane thaïlandais que pour un « chef spirituel », voire un commandant militaire. Chargé de représenter Bersatu dans le cadre des négociations avec les autorités thaïlandaises, il affirme que le mouvement est prêt à renoncer au séparatisme si le gouvernement accorde un statut d'autonomie aux provinces musulmanes du sud du pays, position qui n'est pas sans rappeler celle du Moro National Liberation Front (MNLF) philippin dans les années 90.

◆ BRN – Barisan Revolusi Nasional
(Front révolutionnaire national)

Né en mars 1960, le BRN est une faction issue du BNPP (Barisan Nasional Pembebasan Pattani – Front national de libération de Pattani) fondé en 1959 et dont les orientations étaient trop conservatrices et éloignées du terrain selon les dissidents.
Le BRN se veut un mouvement nationaliste pan-malais et se réclame du « socialisme islamique ». Il lutte pour l'instauration d'une république de Pattani indépendante, en rupture avec la société traditionnelle considérée comme féodale.
Avant tout politique, le combat mené par le BRN évolue vers la lutte armée à partir de 1968, principalement dans les provinces de Yala et de Narathiwat. C'est surtout dans les années 70 que le BRN fait parler les armes.
À partir des années 80, le groupe est fragilisé par des tensions internes et ses activités se criminalisent progressivement. En effet, les commandos

répartis sur les provinces séparatistes sont amenés à s'autogérer, ce qu'ils font en organisant des « collectes de fonds » auprès de la population. À cette dérive criminelle s'ajoute une perte de soutien. Le discours et les méthodes du BRN ne correspondent plus ni aux attentes de la population, ni à la stratégie de la mouvance séparatiste régionale.

C'est ainsi un groupe en déliquescence (quelques dizaines de « combattants ») qui rejoint, au début des années 90, la coalition de groupes séparatistes Bersatu et voit donc le combat reprendre.

En juillet 2004, le BRN est représenté par un de ses responsables, Masae Useng, lors de la visite en Malaisie, mi-juillet, du ministre thaïlandais de la Défense, venu entamer des pourparlers avec les groupes séparatistes affiliés à Bersatu et tenus pour responsables de la flambée de violence dans le Sud.

◆ Pulo – Pattani United Liberation Organization

(Organisation de libération de Pattani)

La Pulo est l'organisation emblématique de la lutte séparatiste des musulmans du sud de la Thaïlande si bien que lui est souvent attribuée hâtivement la responsabilité des troubles dans cette région.

L'organisation est née en 1968, sous l'impulsion d'un groupe d'étudiants inscrits à l'université islamique d'Aligarh, en Inde. Son fondateur, Tengku Bira Kotanila (ou Tunku Bilor), passe davantage pour un intellectuel, au départ, et la Pulo recrute principalement des étudiants suivant un enseignement islamique à l'étranger (en Arabie saoudite notamment). Elle bénéficie de plusieurs soutiens extérieurs, parmi lesquels la Libye et l'Iran.

C'est à partir des années 70 que la Pulo se lance dans la lutte armée. Plusieurs faits d'armes lui sont attribués dans les provinces de Yala, de Pattani et de Narathiwat. Comme le BRN, le mouvement connaît des dissensions internes à partir des années 80 et voit émerger des groupuscules dissidents, trop petits pour être représentatifs de la mouvance séparatiste dans son ensemble. Ces scissions ne font qu'affaiblir la Pulo.

En 1995, prenant acte de son déclin, elle tente de revigorer le mouvement en désignant de nouveaux responsables, Haji Hashim Abdulrahman (ou Haji Buzo Betong) pour la politique et Haji Daud Haji Hasan pour les affaires militaires. Mais une nouvelle scission l'affaiblit davantage, avec la création, en 1997, de la New Pulo.

Sur le terrain, une meilleure coopération entre la Malaisie et la Thaïlande se traduit par plusieurs arrestations en février 1998, dont celle de responsables de la Pulo, Haji Buzo Betong et Haji Sama-ae Thanam (un des chefs militaires). Ces derniers ont vu leur condamnation à mort commuée en prison à vie en octobre 2002. Étant donné la situation désastreuse de la Pulo, le fondateur, Tengku Bira Kotanila, choisit de fuir et de se réfugier en Syrie, la Malaisie n'offrant plus de repli aussi sûr que par le passé.

La Pulo recentre ses activités sur le domaine politique. Elle dispose d'un site Internet sur lequel sont publiés informations, communiqués et revendications.

◆ New Pulo

(Nouvelle Pulo)

Née de la scission de la Pulo, en 1997, la New Pulo relance l'action sur le terrain. Près d'une quinzaine de commandos sont formés et agissent principalement dans les provinces de Pattani, de Songhkla et de Narathiwat. Ils se spécialisent dans les attentats visant des représentations de l'autorité thaïlandaise et le harcèlement des postes militaires, où ils volent des armes. Ces dernières sont destinées à leur propre usage, mais il arrive également qu'elles soient revendues.

La New Pulo subit rapidement des revers : mi-janvier 1998, son fondateur, Haji Abdulrahman Bado, est arrêté en Malaisie et extradé vers Bangkok, en même temps que son adjoint Haji Mae Yasa et son chef militaire Haji Da-o Thanam (frère cadet du chef militaire de la Pulo, Haji Sama-ae Thanam, lui aussi arrêté la même année et qui purge une peine à perpétuité dans les geôles thaïlandaises).

◆ GMIP – Gerakan Mujahidin Islam Pattani

(Mouvement islamique des moudjahidines pattanis)

Le GMIP a été fondé en 1986, par un ancien combattant de la Pulo, Vae-Hama Vae-Yuso. Du fait de désaccords internes, le mouvement est dissous en 1993 et reformé l'année suivante, sous l'impulsion de l'un des adjoints du fondateur, Jekumae Arhama. Bien qu'entachées de criminalité, les actions du GMIP tentent de s'inscrire dans la dynamique islamiste radicale internationale. À partir de 1997, les moudjahidines signent leurs actions par des tracts de propagande laissés sur place. Ils y revendiquent non seulement l'indépendance du Sud musulman, mais également son intégration dans un projet plus vaste de création d'un sultanat qui engloberait le nord de la Malaisie et le sud de la Thaïlande.

Pour en savoir plus

Peter Chalk, « Muslim Separatist Movements in the Philippines and Thailand », chapitre 9 de *Indonesia's Transformation and the Stability of Southeast Asia*, Rand Corp., 2001.

Wan Kadir Che Man, *Muslim Separatism : the Moro of Southern Philippines and the Malays of Southern Thailand*, Singapour, Oxford University Press, 1990.

Michel Gilquin, *Les musulmans de Thaïlande*, L'Harmattan, 2002.

Farish A. Noor, « The Killings in Southern Thailand : a Long History of Persecution Unrecorded », article paru le 30 avril 2004 sur le site : www.muslimwakeup.com/mainarchive/2004/04/000760print.php.

Internet

www.nationmultimedia.com/specials/southBlazed/index.php
Dossier spécial sur le site du quotidien thaïlandais anglophone *The Nation.*

www.feer.com
Site de la revue *Far Eastern Economic Review.*

www.muslimthai.com
Site d'information sur l'islam en Thaïlande, en thaïlandais.

www.pulo.org
Site de la Pulo, en thaïlandais.

www.quibla.net/asie/tailand1.htm
Chronologie récente des événements en Thaïlande du « quotidien online des musulmans libres et actifs et leurs alliés ».

Production et trafic de drogues illicites

QUELLES PRODUCTIONS EN ASIE ?

La production de drogues illicites en Asie est caractérisée par trois catégories de produits : les dérivés de l'opium (opium, morphine, héroïne), ceux du cannabis (marijuana, haschisch) et, enfin, les stimulants de type amphétaminique (amphétamine, méthamphétamine, ecstasy).
La production de cannabis est de loin la plus répandue en Asie en termes de superficies cultivées, puisque l'on peut raisonnablement estimer qu'elle est entreprise dans l'immense majorité des pays du continent. Les pays producteurs parmi les plus connus et les plus réputés sont ceux dont les productions atteignent jusqu'à (parviennent jusqu'en) l'Europe, où elles sont particulièrement appréciées des connaisseurs (l'immense majorité du haschisch consommé en Europe provenant du Maroc) : haschisch afghan, pakistanais et indien (Cachemire notamment), népalais, marijuana thaïlandaise et cambodgienne. Mais les républiques d'Asie centrale ou la Chine sont bien sûr loin d'être exemptes de surfaces cultivées en cannabis.
C'est toutefois la production d'opium qui est la plus vigoureusement dénoncée par les États et les instances internationales les plus impliqués dans la « guerre contre la drogue » qui est menée depuis qu'elle fut lancée au début des années 70 par l'administration Nixon. De fait, avec 3 600 tonnes et 810 tonnes d'opium récoltées en 2003, l'Afghanistan et la Birmanie sont les deux plus importants pays producteurs illicites d'opium au monde, totalisant à eux seuls 95 % de la production mondiale. Les quantités d'opium produites ont toutefois connu de profonds bouleversements en 2004, à la baisse en Birmanie (370 tonnes, soit -54 %) et au Laos (47 tonnes, soit -64 %), et à la hausse en Afghanistan (4 200 tonnes, soit + 17 %). Néanmoins, de tels bouleversements ne remettent pas en cause le rang de ceux qui restent les trois premiers producteurs mondiaux.
Mais la production de méthamphétamine *(voir encadré)* est elle aussi une activité illicite dont le développement récent est important en Asie du Sud-Est, en Birmanie surtout (mais aussi au Laos, au Cambodge, aux Philippines...). Elle a d'ailleurs provoqué une « guerre contre la drogue » sans précédent en Thaïlande (2003), principal marché de consommation du *yaa baa* (surnom thaï donné à la méthamphétamine).

DROGUES DES CONFLITS ET CONFLITS DES DROGUES

En Asie, la production d'opium et d'héroïne, concentrée comme elle l'est en Afghanistan et en Birmanie, apparaît comme étant et l'un des nerfs et l'un des enjeux des conflits des guerres « civiles » afghane et birmane. En effet, comme cela a été le cas pendant de nombreuses années, voire des décennies, en 2003 et en 2004 les productions afghane et birmane ont encore procédé, d'une part, des économies de guerre et, d'autre part, de l'état de délabrement des économies des deux pays, les deux facteurs étant bien évidemment liés. On peut estimer que, en Afghanistan comme en Birmanie, l'opium, notamment nerf et enjeu de la guerre, joue toujours contre le retour à la stabilité politico-territoriale et donc à des paix et à des développements durables.
Dans le Triangle d'Or et le Croissant d'Or, les stratégies individuelles et collectives des acteurs du narcotrafic constituent des moyens d'intégration dans les jeux économiques et politiques régionaux et mondiaux, en même temps que des moyens de contournement, économique et politique, des

Itinéraires majeurs du narcotrafic en Asie

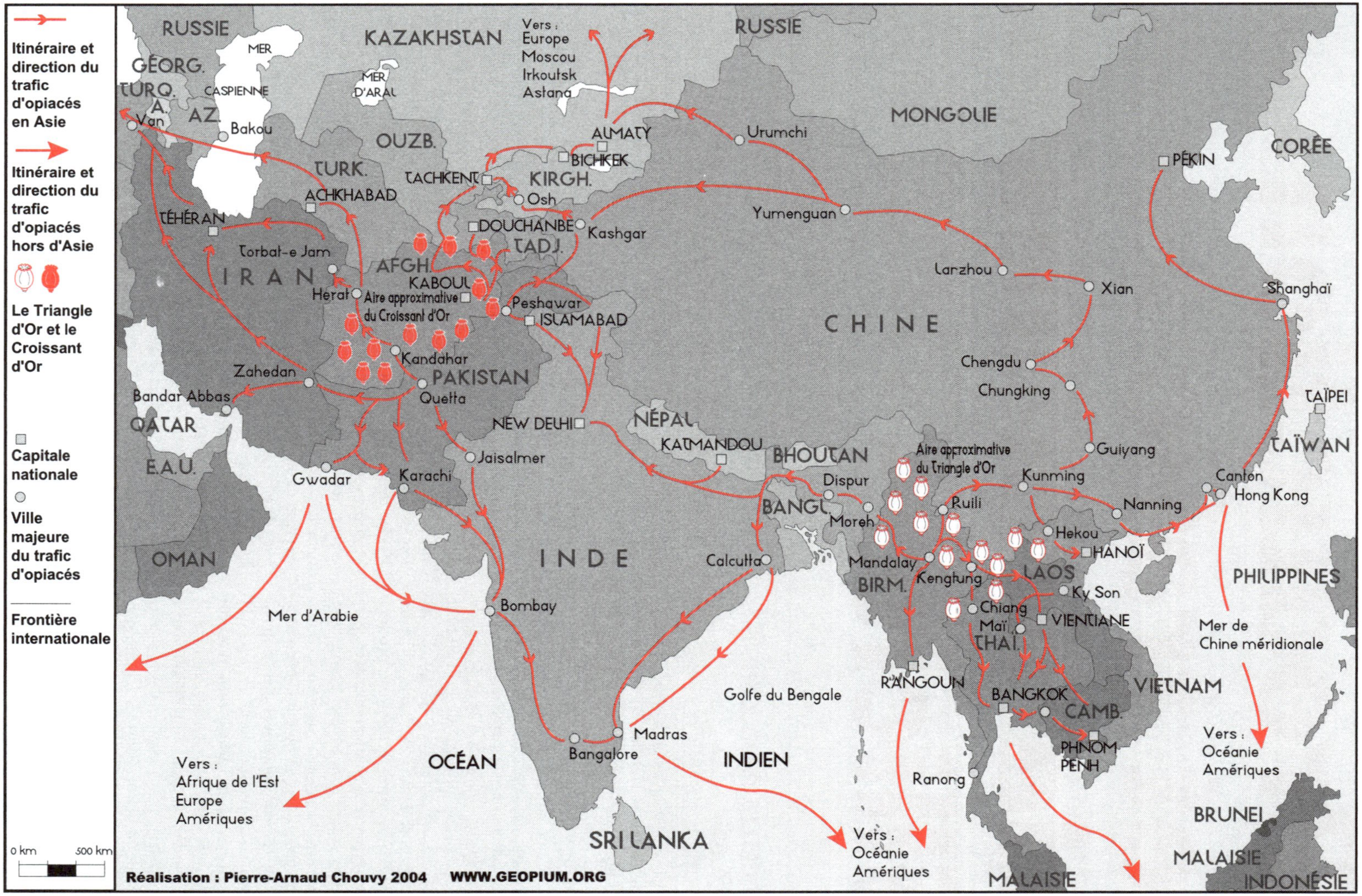

Le « yaa baa » en Asie du Sud-Est

Si les quantités d'opium produites en Birmanie ont baissé de façon significative au cours des dernières années, la méthamphétamine, elle, y est fabriquée en quantités croissantes. Le *yaa baa* est un dérivé amphétaminique qui provoque une hyper excitation physique et psychique. Il est produit à partir de l'éphédrine, un alcaloïde contenu dans certains Ephedra, des buissons qui poussent notamment en Chine.

Il faut 1,6 tonne d'éphédrine, laquelle peut également être obtenue par pure synthèse, pour obtenir une tonne de méthamphétamine qui permettra de produire près d'un million de pilules. Cette production illicite présente de nombreux avantages par rapport à celle d'héroïne. En premier lieu, la complexité du procédé d'extraction et de raffinement nécessaire à l'obtention d'héroïne n° 4 est incomparable avec la simplicité des quelques étapes de la production de méthamphétamine.

Les autorités thaïlandaises estimaient que près d'un milliard de pilules de *yaa baa* avaient été produites en 2003. Bangkok considère depuis plusieurs années que le *yaa baa* constitue une menace sécuritaire majeure pour le royaume, d'une part en fonction de la violence armée qui caractérise tant le trafic que sa répression, mais aussi en raison de l'explosion de la consommation dans tout le pays, la Thaïlande en étant de loin le premier consommateur régional. Toutefois, le Premier ministre thaïlandais a lancé en 2003 une vaste « guerre à la drogue » destinée à éradiquer le trafic et la consommation de *yaa baa*, guerre menée dans des conditions extralégales qui a fait plusieurs milliers de victimes et dont le succès largement revendiqué reste à prouver.

Les premiers laboratoires régionaux de méthamphétamine ont probablement été installés dans les régions collinéennes wa (au sud-est de Pangshang) vers 1993 et surtout après 1995. La production est désormais largement concentrée en Birmanie, principalement dans les régions contrôlées par la United Wa State Army (UWSA), alliée à Rangoun, le long des frontières thaïlandaise et laotienne. Si d'autres lieux de production existent bien sûr en Asie du Sud-Est, comme en Thaïlande, au Laos, où l'UWSA délocaliserait ses productions, et au Cambodge, mais aussi en Chine et aux Philippines, l'immense majorité du *yaa baa* (plus de 90 %) provient toutefois de Birmanie. Un autre groupe armé, la Democratic Karen Buddhist Army (DKBA), également allié à Rangoun, y est d'ailleurs engagé dans la production et le trafic de *yaa baa* et gère là encore quelques dizaines de laboratoires au sud de la frontière birmano-thaïlandaise.

États. Mais l'importance du facteur politique dans l'explication de l'émergence des deux espaces de production illicite peut être mesurée à l'aune des situations géopolitiques afghane et birmane, dans lesquelles les motivations premières des conflits sont clairement politiques, et non économiques. Dans les deux cas, ce sont les situations conflictuelles prolongées, initiées par des griefs et des revendications politiques, qui ont accru le recours à l'économie de la drogue, autant qu'elles ont été augmentées par celle-ci. Une hypothétique issue aux productions afghane et birmane passe ainsi inévitablement par le règlement politique de leurs conflits respectifs.

LE CAS AFGHAN : VERS L'ÉMERGENCE D'UN « NARCO-ÉTAT » ET D'UN « NARCO-TERRORISME » ?

Dans un pays au relief tourmenté et aux rudes conditions climatiques, aggravées depuis quelques années par une longue sécheresse, la production commerciale de pavot à opium est, pour nombre de paysans, un des seuls moyens de subsistance disponibles. Les surfaces arables, qui, avant la guerre, ne correspondaient qu'à 12 % de la superficie totale du pays, ont décliné de 37 % entre le début et la fin des années 90. L'Afghanistan détient certes le triste record du pays le plus miné au monde, les Nations unies estimant que quelque 700 kilomètres carrés sont contaminés par divers explosifs qui, selon la Banque mondiale, font près de 500 victimes par mois et rendent l'accès aux champs particulièrement dangereux.

Toutefois, dans un tel contexte, les 80 000 hectares de pavot cultivés en 2003 n'occupaient que 1 % des surfaces arables d'avant-guerre. Ainsi, même lors de la saison record 1998-1999, les 90 000 hectares de pavot n'avaient occupé que 2,6 % de l'ensemble des terres effectivement cultivées. Des superficies aussi limitées, tant en valeur relative qu'en valeur absolue (à titre de comparaison, au moins 135 000 hectares de cannabis ont été recensés au Maroc en 2003), ont quand même permis aux paysans afghans de vendre leur production pour l'équivalent d'un milliard de dollars américains (prix à la ferme), ce qui correspondait à 23 % du PIB afghan. Certes, lorsque l'on ajoute les revenus des trafiquants à celui des paysans, c'est alors à un peu plus de la moitié du PIB afghan que la somme correspond.

Mais ces faibles superficies ne manquent pas de soulever quelques questions quant à l'attractivité si fréquemment décrite d'une telle activité économique. En effet, au vu des revenus disproportionnés que la production d'opium permet par rapport à la culture du blé par exemple, le recours à la production agricole de drogue devrait être considérablement plus étendue. Des études ont donc montré que les métayers, qui composent l'essentiel des paysans afghans, ne reçoivent au maximum qu'un tiers du prix de vente à la ferme, voire un sixième s'il ont dû, comme c'est souvent le cas, contracter un crédit auprès de leur propriétaire terrien. La production d'opium en Afghanistan procède certes indéniablement de la grande pauvreté de sa paysannerie

Myanmar : groupes armés et régions spéciales de l'État shan

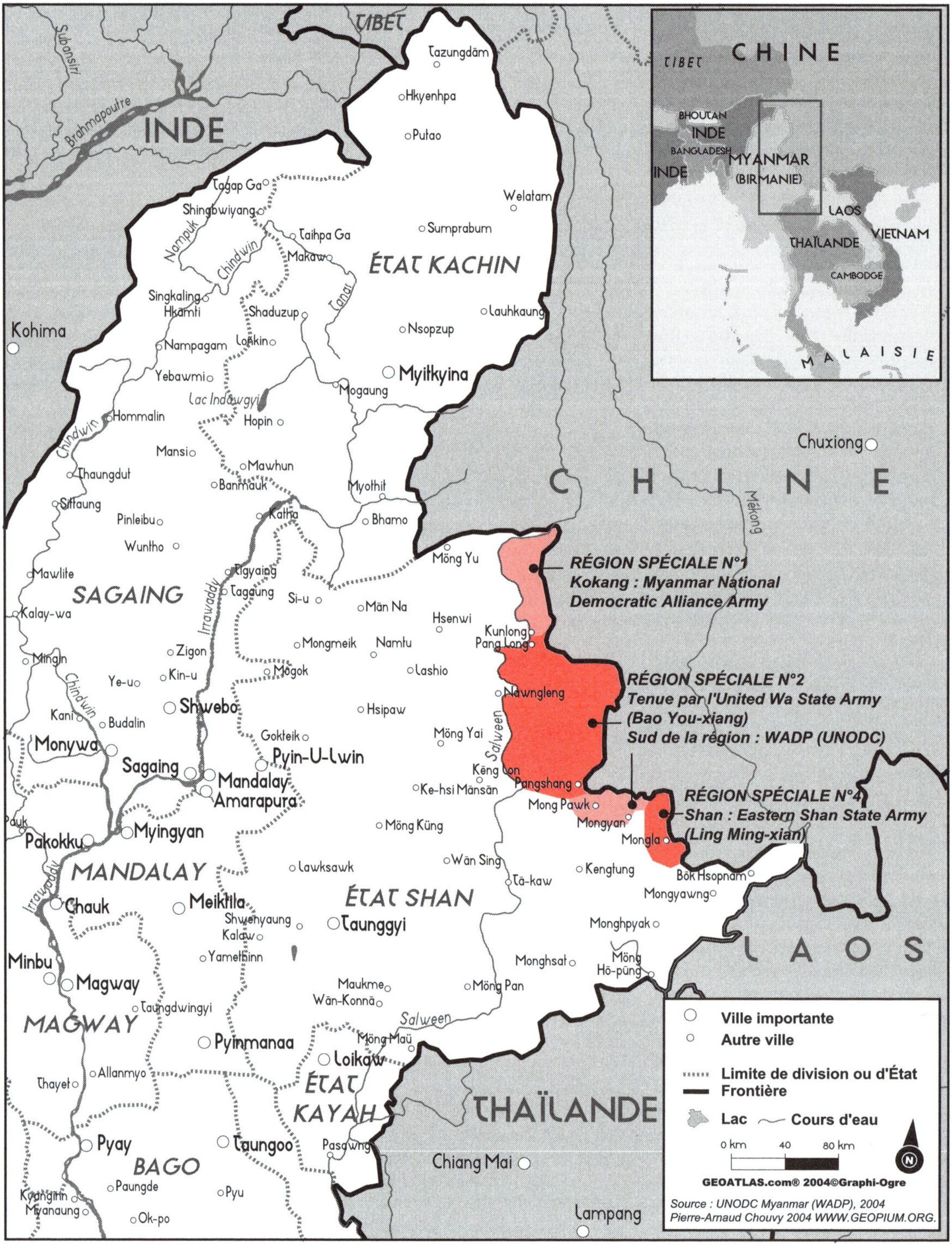

mais ces conditions socio-économiques complexes qui la sous-tendent sont quant à elles directement liées au contexte politico-territorial conflictuel du pays depuis des décennies.
En effet, la guerre, à ses divers stades (invasion soviétique, guerre civile transnationale et, enfin, situation post-conflictuelle marquée par une grande insécurité et un recours à une certaine forme de « terrorisme »), a empêché tout développement économique dans le pays, laissant par exemple à l'économie de l'opium le rôle de pallier l'absence de crédits agricoles ou la nécessité d'une réforme agraire. Surtout, l'opium a permis à nombre d'Afghans parmi les plus pauvres de subvenir à leurs besoins les plus élémentaires.
Mais l'opium a aussi enrichi d'autres Afghans, dont des propriétaires terriens et les trafiquants. Il a, surtout depuis le retrait soviétique, permis que le conflit opposant les commandants entre eux et les factions entre elles puisse se perpétuer. Si les Talibans, qui ont hérité d'une économie de l'opium préétablie, ont certes taxé la production et le commerce de l'opium *(usher* et *zakat),* comme ils l'ont fait avec toute autre production, ils n'ont toutefois pas fait de l'Afghanistan qu'ils contrôlaient un « narco-État », comme certains ont pu le dire.
À ce propos, d'aucuns mettent désormais en garde contre le fait que l'Afghanistan d'Hamid Karzaï est sur le point de (re)devenir un « narco-État », que le problème principal du pays est donc l'opium et que les Talibans et autres contestataires du pouvoir de Kaboul (notamment Gulbuddin Hekmatyar et son Hezb-i-Islami) sont devenus des « narco-terroristes ».
Toutefois, les notions même de narco-État et de narcoterrorisme, outre qu'elles ne sont jamais définies par ceux qui les emploient et qu'elles ne sont que très peu opératoires pour résoudre le problème réel de l'Afghanistan puisqu'elles tendent à en masquer la complexité, semblent devoir favoriser une guerre conjointe contre la drogue et contre le terrorisme et non une concentration des efforts, politiques, économiques et institutionnels, pour le développement du pays. Si la restauration de la sécurité est certes incontournable en Afghanistan, seule la substitution d'une économie légale (notamment agricole) à celle de l'opium permettra de diminuer durablement la culture du pavot.
Enfin, il est important de garder à l'esprit que l'économie de l'opium n'est pas à la source des problèmes rencontrés par l'Afghanistan, ainsi qu'il nous est souvent donné d'entendre, mais que c'est la longue série de crises traversées par le pays qui a permis le développement d'une telle production illicite. En d'autres termes, on peut dire que c'est une économie de guerre civile qui a d'abord alimenté celle de l'opium et non l'inverse. La production d'opium en Afghanistan est donc une manifestation de la crise afghane et non sa cause. Le retour à la stabilité politique et à la sécurité permettra seul le développement économique des paysans de l'opium, dont la plupart ne demandent rien de mieux que d'en abandonner la production.

BIRMANIE : ENTRE ÉRADICATIONS FORCÉES ET CRISES HUMANITAIRES

La Birmanie a ceci en commun avec l'Afghanistan qu'elle est notamment caractérisée par la perpétuation d'une guerre civile et d'une très importante production d'opium, les deux phénomènes étant là encore inextricablement liés. Selon les Nations unies, les cultures de pavot auraient baissé entre 2002 (81 000 hectares), 2003 (62 000 hectares) et 2004 (44 000 hectares), ce que des sources locales contestent en arguant du fait que la diminution observée dans le nord de l'État shan aurait été plus que compensée par un regain de production dans le sud du même État.
Toujours selon les Nations unies, en 2003, l'État shan de Birmanie, frontalier de la Chine (Yunnan), du Laos et de la Thaïlande, aurait été la source de 92 % des 810 tonnes d'opium produites en Birmanie. 34 % de la production birmane viendrait de la seule région spéciale n° 2 tenue le long de la frontière chinoise par la United Wa State Army (UWSA), où une augmentation de 21 % aurait été enregistrée entre 2002 et 2003. Cette augmentation serait notamment due à la très forte réduction des superficies cultivées plus au nord dans la région spéciale n° 1 (Kokang), réduction amorcée dès 1998 et maintenue entre 2002 et 2003 (- 60 %). En 2004, à la suite d'efforts d'éradication et d'interdiction, la superficie plantée en pavot aurait diminué de 18 % dans la région spéciale n° 2, de 28 % dans l'ensemble de l'État shan, et de 29 % dans le pays tout entier, la différence avec la réduction de la production nationale (-54 %) s'expliquant par le déficit pluviométrique que la région a connu.
En Birmanie comme en Afghanistan, l'opium joue certes un rôle stratégique, en tant que ressource et source de revenus, en pesant dans les balances de négociations locales : certains des nombreux cessez-le-feu signés par la junte au pouvoir à Rangoun l'ont été notamment au regard de la liberté de commerce conférée aux groupes rebelles concernés. Mais, à l'échelle locale, la dimension économique n'est pas moins importante et l'économie de guerre, en rendant impossible tout développement économique, favorise l'économie de la drogue.
Ainsi, le nord de l'État shan est à la veille de faire l'expérience d'une crise humanitaire provoquée par de très importants déficits vivriers. En effet, dans les régions spéciales n° 1 et 2, régions collinéennes et montagneuses très isolées, 80 % de la population a recours à la production d'opium pendant la saison sèche, lorsque le riz ne peut être cultivé sans irrigation (inexistante ou très peu développée), afin de pallier son important déficit de production rizicole par l'achat de riz. L'opium, seule production de rente, est donc aussi la seule source de revenus pécuniaires permettant l'achat de riz dans une région où la production rizicole d'environ 75 % de la population ne suffit à couvrir les besoins que pendant six à huit mois de l'année.
La crise humanitaire qui a déjà frappé la région spéciale n° 1 et qui menace désormais la numéro 2 procède directement des interdits soudains visant la

production d'opium que les armées ethniques locales (respectivement MNDAA – Myanmar National Democratic Alliance Army – et UWSA) ont proclamés. Les Wa de l'UWSA ont ainsi exprimé leur volonté de suppression complète de la culture du pavot d'ici à 2005 et ce sans que l'économie paysanne de la région puisse se retourner d'une façon ou d'une autre. En effet, l'isolement tant géographique que politique des régions considérées, aggravé sinon expliqué par le statut d'État paria de la Birmanie, n'y permet que très peu d'intervention extérieure susceptible de contrebalancer le double déficit qui va désormais se manifester : déficit structurel en riz et déficit pécuniaire interdisant tout achat de riz donc toute soudure.

Certes, le Bureau des Nations unies contre la drogue et le crime (UNODC), qui mène déjà les enquêtes de terrain visant à évaluer les productions d'opium dans la partie – la WADP : Wa Alternative Development Project – de la région spéciale n° 2 (sous le contrôle de l'UWSA) où il intervient, a entrepris l'introduction de l'irrigation et de nouvelles variétés de riz, ce qui devrait permettre d'atteindre au moins l'autosuffisance en riz en quelques endroits. La Chine, quant à elle, développe notamment autour de la capitale de l'UWSA (Pangshang) une agriculture de rente à grande échelle (hévéa). Mais les quelques entreprises visant à amortir l'impact d'une suppression aussi rapide de la seule production agricole de rente de la région ne suffiront pas à prévenir une crise humanitaire d'envergure. Ainsi, le Programme alimentaire mondial a déclenché en 2004 une intervention d'urgence à destination de la population de la région spéciale n° 1 où l'interdiction de production d'opium a provoqué de graves disettes et la fuite plus au sud (région spéciale n° 2 de l'UWSA) d'un certain nombre de cultivateurs de pavot (y expliquant, selon l'UNODC, l'augmentation de production d'opium).

L'UWSA (ici, à nouveau armée) aurait d'ailleurs voulu anticiper les effets de l'interdiction qu'elle allait imposer en pratiquant le déplacement forcé de 40 000 à 50 000 personnes du nord de la région spéciale n° 2 (frontière chinoise et limite sud du Kokang) vers la frontière thaïlandaise où elle contrôle quelques territoires. Le but affiché d'un tel déplacement serait, selon la faction wa, de remédier à ce qui, sans le recours à l'économie de l'opium, équivaudrait à une surpopulation locale. C'est à l'endroit (Yong Kha) où ces relocalisations de populations ont eu lieu, dans des conditions extrêmement difficiles, que la fondation royale thaïlandaise de Mae Fah Luang a mis en place un projet de développement alternatif dont le modèle a déjà fait ses preuves à Doi Tung en Thaïlande.

Cette volonté de suppression affichée par les chefs de l'UWSA procède clairement du besoin qu'ils ont de redorer leur blason après avoir été dénoncés par les États-Unis mais aussi par la Thaïlande en tant que dirigeants de la « plus grande armée de narcotrafiquants au monde ». Les paysans wa pâtissent en tout cas des sanctions qui visent le régime dictatorial birman et limitent les aides internationales au développement dans le pays, d'une part, et, d'autre part, de l'ostracisme qui frappe les Wa, qu'ils appartiennent ou non à l'UWSA. Dès lors qu'il ne peut y avoir de suppression durable de la production d'opium sans aide extérieure au développement, il semble bien que ce soient les paysans wa eux-mêmes qui souffriront le plus et de la suppression et des sanctions internationales. La production d'opium, elle, sera très vraisemblablement déplacée ailleurs en Birmanie, selon le principe bien connu désormais des vases communicants.

Pour en savoir plus

Pierre-Arnaud Chouvy, *Les territoires de l'opium. Conflits et trafics du Triangle d'Or et du Croissant d'Or*, Genève, Olizane, 2002.

Pierre-Arnaud Chouvy, Laurent Laniel (dir.), *Géopolitique des drogues illicites*, *Hérodote*, n° 112, 1er trimestre 2002, La Découverte, 2004.

Pierre-Arnaud Chouvy, Joël Meissonnier, *Yaa baa. Production, trafic et consommation de méthamphétamine en Asie du Sud-Est continentale*, Irasec – L'Harmattan, 2002.

Alain Labrousse, *Géopolitique des drogues*, PUF, coll. « Que sais-je ? », 2004.

Alfred W. McCoy, *The Politics of Heroin. CIA Complicity in the Global Drug Trade (Afghanistan, Southeast Asia, Central America, Colombia)*, Chicago, Lawrence Hill Books, 2003.

Internet

www.geopium.org
Site édité par Pierre-Arnaud Chouvy (CNRS), proposant articles, cartes, liens et bibliographies ayant trait à la problématique des drogues en Asie.

Superficie : 652 100 km²
Population : 28 millions
Composition ethnique : 40 % de Pachtounes, 30 % de Tadjiks, 10 % d'Ouzbeks, 8,5 % d'Hazaras, 3,3 % de Turkmènes, 1,7 % de Baloutches
Religions : sunnisme hanafite (75-80 %), chiisme (15-20 %)

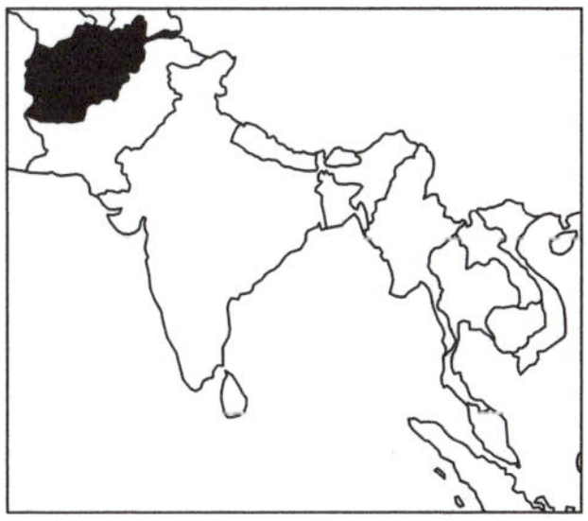

Afghanistan

Avec la chute du régime des Talibans, à l'automne 2001, à la suite du déclenchement de l'opération « *Enduring Freedom* », l'Afghanistan est entré dans une phase de transition politique. L'accord de Bonn de décembre 2001 a fixé le cadre du processus de reconstruction de l'État central afghan, encadré par l'ONU. Si ce processus a déjà bien avancé, avec la formation d'un gouvernement de transition présidé par Hamid Karzaï, l'adoption d'une nouvelle Constitution et l'organisation d'élections présidentielles, la reformation de l'État afghan sera longue et conflictuelle. Les élites politico-militaires (les « commandants ») et les acteurs politico-religieux (les Talibans) produits par vingt-cinq années de guerre s'opposent en effet aux projets politiques du président Karzaï, qui, en agissant à la manière des grands émirs du passé, voudrait recentraliser le pouvoir autour de sa personne. Le rôle de la « communauté internationale » sera décisif pour conduire ce processus de reconstruction politique à son terme. Le rôle des États voisins de l'Afghanistan sera tout particulièrement important à cet égard, ceux-ci s'étant par le passé livrés à des luttes d'influence par factions afghanes interposées.

UNE SOCIÉTÉ HÉTÉROGÈNE

Bien que la moitié de son territoire soit occupé par de hautes montagnes, notamment par la chaîne de l'Hindu Kush, au nord-est du pays, l'Afghanistan n'est pas un État enclavé. Il s'ouvre au nord sur les plaines de l'Ouzbékistan et du Turkménistan et au sud sur les grandes étendues désertiques du Baloutchistan iranien et pakistanais. Depuis des siècles, en dépit de sa géographie difficile, l'Afghanistan constitue un lieu de passage, où marchands, missionnaires et conquérants se sont succédé. Carrefour des empires moghol et persan, puis russe et britannique, l'Afghanistan est devenu au fil des siècles un creuset de peuples et de cultures.

Une vingtaine d'ethnies se côtoient en Afghanistan, et l'on y parle près de trente langues. Les Pachtounes, qui se concentrent dans le Sud et l'Est, constituent la communauté la plus importante du pays. En l'absence de recensements récents, on ne peut cependant se fier qu'à des estimations de leurs effectifs. Les plus fiables évaluent la part des Pachtounes à au moins 40 % de la population totale. Longtemps, le terme « Afghan » s'est d'ailleurs confondu avec celui de « Pachtoune » et tous les souverains afghans sont issus de cet ensemble de tribus linguistiquement et culturellement apparentées

Conflits intérieurs de l'Afghanistan

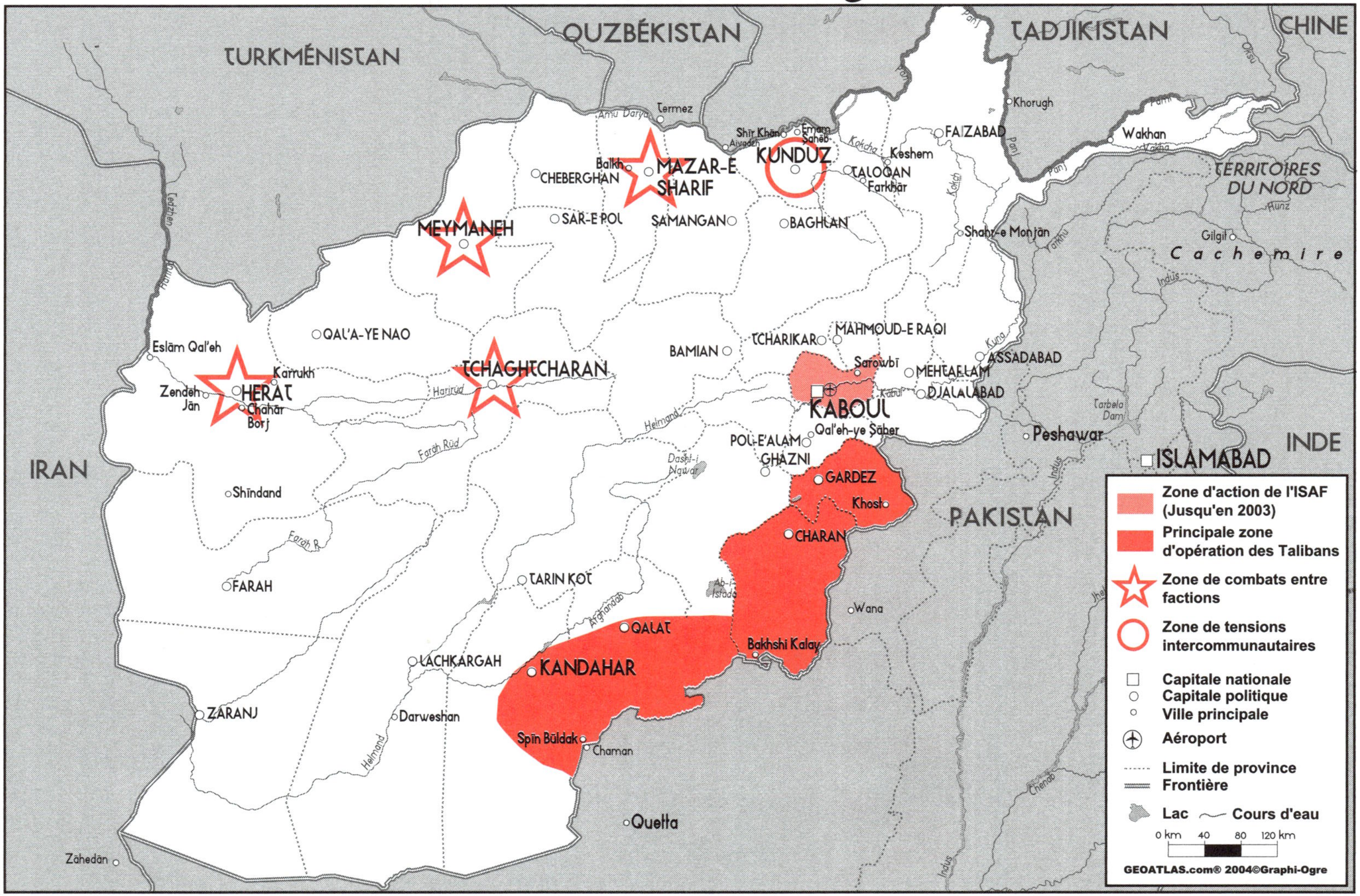

(elles parlent toutes le pashto et partagent un code coutumier, le *pakhtunwali*), dominées par deux confédérations tribales, celle des Ghilzaï et celle des Durrani. Si les Pachtounes se concentrent dans le Sud et l'Est, la région de Kunduz, au nord, a également accueilli une petite communauté pachtoune sous le règne d'Abdur Rahman, à la fin du XIXe siècle.
L'Afghanistan compte également une importante minorité persanophone sunnite, qui se subdivise en deux branches : les Panshiris, qui peuplent la vallée du Panshir, au nord de Kaboul, et les Tadjiks de Herat, à l'ouest du pays. Le nord-ouest du pays abrite pour sa part des populations apparentées aux ethnies d'Asie centrale : turkmène dans le cas des Turkomans de la province de Badghis et ouzbèke dans le cas des turcophones des provinces de Faryab, Jozjan et Sar-i Pul.
Si les sunnites sont majoritaires, les chiites représentent 15 à 20 % de la population et se répartissent en trois branches : les Hazaras, de souche turco-mongole (qui représentent 80 % de la communauté chiite), les Kizilbashs et les Tadjiks.

Les réfugiés afghans

Dans les années qui suivirent l'invasion soviétique de décembre 1979, 3,5 millions d'Afghans se réfugièrent au Pakistan, où le régime du général Zia mit à leur disposition des camps situés dans la NWFP, au Baloutchistan, au Pendjab et à Karachi. 2,9 millions d'Afghans choisirent pour leur part de se réfugier en Iran. Dans ces deux pays, les Afghans ont reçu le soutien des autorités, sous forme d'une aide alimentaire aux populations civiles et d'une aide militaire aux combattants. Dans le même temps, les réfugiés afghans ont cependant fait les frais de l'hostilité des populations locales, qui les accusent d'être massivement impliqués dans des activités criminelles (trafic d'armes, de drogue...).
La chute du gouvernement de Najibullah, en 1992, incita de nombreux réfugiés afghans à prendre le chemin du retour (1,5 million au Pakistan et 1 million en Iran). Dans les années suivantes, la dégradation de la situation sécuritaire, en particulier à Kaboul, suscita cependant de nouveaux flux de réfugiés vers l'Iran et le Pakistan.
Depuis la chute du régime des Talibans, les autorités pakistanaises et iraniennes incitent les réfugiés afghans à prendre le chemin du retour, avec l'appui du Haut Commissariat des Nations unies pour les réfugiés (HCR). Depuis 2002, 2 millions d'Afghans réfugiés au Pakistan sont ainsi rentrés dans leur pays, contre 900 000 réfugiés en Iran. Ces réfugiés qui font le choix du retour bénéficient d'une aide financière minimale de la part du HCR (entre 3 et 30 dollars par personne pour le voyage et 8 dollars d'aide à la réinstallation) et sont souvent confrontés à des conditions de vie difficiles à leur retour. À Kaboul, le prix des logements a explosé depuis 2002 du fait de ces retours massifs et de l'afflux d'expatriés.

LES DÉFIS DE LA RECONSTRUCTION

La reconstruction politique. Depuis la chute du régime des Talibans au cours de l'automne 2001, le processus de reconstruction politique encadré par le « processus de Bonn » s'est opéré en trois étapes :
– la tenue d'une grande assemblée tribale *(Loya Jirga)* en juin 2002, dont est issu le gouvernement de transition afghan présidé par Hamid Karzaï ;
– l'adoption d'une nouvelle Constitution en janvier 2004 ;
– la préparation d'élections générales programmées pour juin puis pour l'automne 2004 ; l'élection présidentielle s'est finalement tenue le 9 octobre 2004 et s'est soldée par une victoire de Hamid Karzaï au premier tour avec 55 % des suffrages. Les élections législatives, provinciales et locales se tiendront quant à elles au printemps ou à l'été 2005.
En dépit d'incidents sécuritaires répétés (entre août 2003 et mai 2004, 650 personnes ont été tuées dans le sud et dans l'est du pays, dans des attaques attribuées aux Talibans) et des retards pris à chaque étape du processus, celui-ci paraît désormais bien engagé. En août 2004, 90 % des 12 millions d'électeurs afghans (dont 41 % de femmes) s'étaient ainsi inscrits pour participer à la première élection présidentielle de l'histoire du pays. Le président Karzaï, qui a gagné en assurance depuis 2003, fait cependant face à de nombreux obstacles. Tout en donnant naissance à de nouveaux groupes de solidarité, définis par l'appartenance à une localité plutôt que par l'ethnicité, la guerre a engendré de nouvelles élites, politico-militaires (les « commandants ») et politico-religieuses (les *mollahs* déracinés et radicalisés formés au Pakistan). Or, ces élites qui ont émergé au cours de la guerre seraient les principaux perdants d'un éventuel processus de reformation de l'État central, qui viendrait à la fois limiter l'autonomie des minorités, affaiblir les potentats locaux et reléguer les religieux en marge du champ politique. Ces élites politiques engendrées par la guerre opposent donc une résistance à l'action du président Karzaï, à travers des stratégies d'opposition ouverte et continue (dans le cas des Talibans) ou à travers des formes d'esquive et de provocations épisodiques du pouvoir central (dans le cas de certains seigneurs de guerre et de petits commandants locaux), qui constituent autant de moyens de contourner ou de retarder le processus de Bonn et, avec lui, l'inéluctable renégociation des relations entre l'État afghan et la société.

Les défis économiques. L'Afghanistan, exsangue après deux décennies de conflit *(voir encadré)*, ne pourra assumer seul le coût de sa reconstruction. En janvier 2002, les pays donateurs réunis à Tokyo se sont donc engagés à accorder 4,5 milliards de dollars pour la reconstruction du pays, dont 1,8 milliard dès 2002. En 2004, à la conférence de Berlin, la

Le bilan du conflit

Le coût humain du *djihad* des années 80 fut terrible. Côté afghan, on déplore plus de 1 million de victimes et des centaines de milliers de blessés et d'amputés, souvent victimes des mines antipersonnelles (près de 10 millions de mines demeuraient enfouies dans le pays en 2001). Côté soviétique, les pertes furent moins lourdes, puisque l'on dénombre 13 000 tués et 35 000 blessés.
Le coût économique de la guerre est tout aussi impressionnant. Tous les efforts de développement entrepris dans les années 60 et 70 par Zaher Shah puis par son cousin Daoud ont été ruinés et l'Afghanistan est devenu l'un des pays les plus pauvres de la planète, où l'espérance de vie ne dépasse pas les 42 ans. Les routes sont hors d'usage, les usines détruites et le système bancaire a disparu. Plusieurs années de sécheresse, à la fin des années 90, ont encore accru la précarité des conditions de vie des Afghans, 75 % d'entre eux vivant toujours en milieu rural.

« communauté internationale » s'est cette fois engagée à débourser 8,2 milliards de dollars sur la période 2004-2007, dont 4 à 5 milliards dès 2004. Cette somme, dont il reste à voir si elle sera effectivement versée, sera de toutes les façons très inférieure à celle réclamée par le président Karzaï, qui a évalué le budget de la reconstruction afghane à 27,5 milliards de dollars pour la période 2004-2011.

RÉINTÉGRER L'AFGHANISTAN DANS UN ENVIRONNEMENT RÉGIONAL PACIFIÉ

La prolongation de la guerre civile afghane, après le départ des Soviétiques, s'explique en partie par les rivalités régionales qui s'y sont greffées. L'Inde et le Pakistan, d'un côté, l'Iran et l'Arabie saoudite, de l'autre, se sont livré une véritable guerre par procuration dans le pays. La pacification de l'Afghanistan ne pourra donc s'opérer que dans un environnement régional apaisé, où l'Afghanistan cessera de servir de terrain de jeu à ses voisins.
L'action du Pakistan a été particulièrement décisive. Islamabad a joué un rôle crucial dans la guerre civile afghane, en accueillant 3,5 millions de réfugiés afghans *(voir encadré)* et en offrant l'asile ainsi qu'une aide militaire et financière aux sept principales factions de la résistance, qui firent de Peshawar leur quartier général (quatre de ces factions étaient dominées par les islamistes – le Jamiat-i Islami, le Hezb-i Islami (Hekmatyar), le Hezb-i Islami (Khales), le Ittehad-e Islami – et trois par les « traditionalistes » – l'Afghan National Liberation Front, le Harkat-i Inqilab-i Islam et le Mahaz-i Milli-i Afghanistan). Les autorités pakistanaises ont par la suite apporté leur soutien aux Talibans, avant de rompre avec leur mouvement au cours de l'automne 2001.
La politique afghane du Pakistan obéit depuis ses origines à une logique obsidionale ; elle est destinée non seulement à réduire la capacité de nuisance de son turbulent voisin, mais également à contrer l'influence de New Delhi sur son flanc occidental. L'Inde étant devenue le principal partenaire stratégique de l'Afghanistan depuis les années 50, la politique afghane du Pakistan s'explique essentiellement par sa volonté de briser l'étau indien pour accéder à une « profondeur stratégique » en Asie centrale. Cette stratégie fut, pour un temps tout au moins, un franc succès. L'arrivée au pouvoir des Talibans « soulagea » effectivement Islamabad, comblé par l'instauration d'un régime pro-pakistanais à Kaboul qui pourrait lui ouvrir des débouchés commerciaux en Asie centrale. Cette stratégie montra cependant rapidement ses limites : les Talibans échappèrent bien vite au contrôle de leurs mentors, et l'Afghanistan devint un sanctuaire pour les islamistes radicaux pakistanais, en particulier pour les djihadistes internationalistes du Harkat-ul Mujahidin et du Lashkar-e Taiba, ainsi que pour les sicaires anti-chiites du Sipah-e Sahaba et du Lashkar-e Jhangvi. De surcroît, l'appui d'Islamabad aux Talibans, perçus comme un facteur de déstabilisation régionale par les régimes laïcs d'Asie centrale, a considérablement nui à l'image du Pakistan dans une région où celui-ci cherchait pourtant à étendre son influence.
Depuis la chute du régime des Talibans, le Pakistan s'inquiète de voir l'Inde reprendre pied en Afghanistan et les relations entre Kaboul et Islamabad sont redevenues houleuses. Au cours de l'été 2003, l'ambassade pakistanaise à Kaboul a été dévastée par une foule patronnée par le gouverneur de la Banque centrale afghane et des échanges de tirs à l'arme lourde ont opposé les gardes-frontières pakistanais aux miliciens afghans le long de la ligne Durand. En 2004, les relations entre les deux voisins (dont les échanges commerciaux atteindront bientôt une valeur de 1 milliard de dollars) se sont cependant apaisées. Le Pakistan n'en demeure pas moins une terre d'asile pour les Talibans, qui disposent de solides soutiens dans certains partis religieux pakistanais tels que le Jamiat Ulema-e Islam (JUI), qui participe depuis 2002 au gouvernement provincial de la North West Frontier Province (NWFP) et du Baloutchistan, où les Talibans ont trouvé refuge.
L'Inde, qui a vu son influence s'accroître en Afghanistan au fur et à mesure que celle du Pakistan déclinait, est l'une des grandes bénéficiaires de la chute du régime des Talibans. Après avoir soutenu diplomatiquement et militairement l'Alliance du Nord, elle a pu ranimer l'axe Delhi-Kaboul rompu par la guerre civile. Bien que le Pakistan accuse régulièrement son voisin indien de renforcer sa présence en territoire afghan pour y mener des activités anti-pakistanaises, il semble que les ambitions de New Delhi dans le pays soient surtout d'ordre économique. En partenariat avec l'Iran, l'Inde voudrait en effet contribuer au désenclavement de l'Afghanistan et à l'acheminement des ressources pétrolières et gazières d'Asie

centrale. Conscient que la rivalité stratégique qui l'oppose à l'Inde en Asie centrale se joue désormais sur le terrain économique plutôt que militaire, le Pakistan a répondu à ces projets en 2003 en renégociant au bénéfice de Kaboul les termes de l'*Afghan Transit Trade,* cet accord remontant aux années 20 et permettant à l'Afghanistan d'importer des produits étrangers détaxés *via* le Pakistan.

L'Iran a également vu son influence s'étendre en Afghanistan depuis le djihad des années 80, au cours duquel Téhéran a apporté son soutien à la minorité chiite afghane. Dans les années 80, les principaux bénéficiaires de l'aide iranienne furent le Sazman-i Nasr d'Abdul Karim Khalili et le Sepah-i Pasdaran-i Islam. À la fin de la décennie, craignant de se trouver marginalisé sur la scène politique afghane par un accord entre les Soviétiques et les Pakistanais, l'Iran chercha à organiser un front chiite en Afghanistan, qui vit le jour en 1990 avec la fondation du Hezb-i Wahdat à Téhéran. Au même moment, l'Iran chercha à étendre ses soutiens hors du camp chiite pour se rapprocher des sunnites persanophones, afin de contribuer à l'émergence d'une coalition anti-Pachtounes, qui se matérialisa en 1992 avec la création de l'Alliance du Nord. Rapidement, cette coalition se défit et son chef, Mohammed Shah Massoud, prit ses distances avec Téhéran. L'Iran se rapprocha alors de son principal rival, Gulbuddin Hekmatyar, longtemps soutenu par l'Arabie saoudite.

La percée des Talibans, en 1995, constitua un revers important pour les Iraniens et incita Téhéran à renouer avec Massoud et Rabbani pour contenir leur avancée. La chute de Mazar-e Sharif aux mains des « étudiants en religion », en 1998, s'accompagna du massacre de sept diplomates iraniens dans les locaux de leur consulat, qui provoqua la fureur de Téhéran et une mobilisation massive des troupes iraniennes à la frontière de l'Afghanistan. Avec la chute du régime *taleb,* l'Iran a lui aussi vu son influence s'accroître dans le pays. La présence iranienne est aujourd'hui de plus en plus visible dans l'ouest et dans le nord du pays, et Téhéran peut compter sur le soutien de responsables afghans tels qu'Ismaïl Khan, ex-gouverneur de la province de Herat, Rachid Dostom, vice-ministre de la Défense, Abdul Khalili, vice-président, ainsi que Haji Mohammad Mohaqeq, l'un des leaders du Hezb-i Wahdat.

En janvier 2003, Kaboul et Téhéran ont également signé un accord historique, qui permettra à l'avenir à l'Afghanistan d'utiliser le port iranien de Chabahar pour des activités d'import-export, et ce en se trouvant exonéré de 90 % des droits de douane et des frais d'utilisation du port en ce qui concerne les produits non pétroliers. Au même moment, New Delhi a annoncé que l'Afghanistan bénéficierait des mêmes facilités sur les produits indiens arrivant à Chabahar. À terme, ces projets pourraient bouleverser la donne géo-économique régionale, en faisant concurrence à l'*Afghan Transit Trade* contrôlé par le Pakistan.

L'influence de l'Arabie saoudite en Afghanistan ne doit pas non plus être négligée. Aux côtés des États-Unis, le royaume des Al-Saoud a financé le recrutement des volontaires étrangers partis s'engager dans la résistance afghane – la principale compagnie aérienne saoudienne accorda même des réductions de 75 % sur ses vols pour les candidats à la guerre sainte – et il fut le principal bailleur de fonds des moudjahidines afghans au cours des années 80. Soutenant les factions sunnites les plus proches idéologiquement du wahhabisme, tels l'Ittehad-e Islami d'Abdul Rasul Sayyaf et le Hezb-i Islami de Gulbuddin Hekmatyar, les Saoudiens se livrèrent à une véritable lutte d'influence face à leur rival iranien, qui se trouve à l'origine de l'affrontement entre l'Ittehad et le Hezb-i Wahdat. À l'issue de la guerre du Golfe de 1991, Riyad interrompit cependant son soutien financier à ses « clients » afghans, après que ces derniers se furent rangés du côté de Saddam Hussein. À l'instar des Iraniens, les dirigeants saoudiens ont alors cherché à étendre leurs soutiens hors de leur clientèle traditionnelle, notamment en se rapprochant de Dostom et de Massoud. Le gouvernement Massoud-Rabbani de 1993-1994 bénéficia d'un soutien financier d'un montant de 150 millions de dollars de la part de Riyad ; par comparaison, l'Arabie saoudite avait distribué 2 milliards de dollars aux factions afghanes en 1991-1992, dont l'essentiel revint à Hekmatyar. Au cours de la seconde moitié des années 90, les Saoudiens ont apporté un soutien financier et logistique au mouvement des Talibans et l'Arabie saoudite est l'un des trois États à avoir reconnu diplomatiquement l'émirat des Talibans, avec les Émirats arabes unis et le Pakistan.

LA PERSISTANCE DE L'INSÉCURITÉ

Le contingent international déployé en Afghanistan dans le cadre de l'opération *« Enduring Freedom »* et de l'International Security Assistance Force (Isaf), mandatée par le Conseil de sécurité de l'ONU et commandée, depuis 2003, par l'Otan, qui s'élève en cumulé à un peu moins de 25 000 hommes, ne permet pas de sécuriser l'ensemble du pays. La présence militaire internationale se concentre à Kaboul, où est positionnée la majorité des effectifs de l'Isaf, ainsi que dans le sud-est du pays, principal terrain d'opération des forces alliées engagées dans l'opération *« Enduring Freedom »*. Dans le reste du pays, certaines nations de la coalition (États-Unis, Grande-Bretagne, Allemagne, Nouvelle-Zélande...) ont déployé des Équipes de reconstruction provinciale (*Provincial Reconstruction Team* – PRT) et, depuis octobre 2003, l'Isaf a vu son mandat s'étendre à tout l'Afghanistan, en vertu de la résolution 1510 du Conseil de sécurité de l'ONU. Mais la « communauté internationale » peine à fournir les moyens logistiques et humains nécessaires au renforcement de la présence militaire internationale en province. La nouvelle Armée nationale afghane (ANA), formée par les États-Unis, la France et la Grande-Bretagne, est appelée à jouer un rôle décisif dans la pacification du pays et le renforcement du pouvoir central, mais ses effectifs sont encore limités (12 000 hommes, en juillet 2004) et elle n'a pas les moyens d'assumer seule la sécurisation du pays, perturbée par les anciens Talibans et par les entrepreneurs de guerre qui dominent toujours la scène politique nationale.

La résistance islamiste. Le président Karzaï et les troupes étrangères présentes dans le pays depuis 2001 font d'abord face à la résistance de combattants islamistes pachtounes, affiliés au mouvement des Talibans ou au Hezb-i Islami et opérant à partir de leurs bases situées en territoire pakistanais. Le président Karzaï et les États-Unis ont cherché à diviser ce camp islamiste radical en entamant un dialogue avec leurs éléments jugés les plus « modérés » mais ces tentatives n'ont pas encore abouti et ces acteurs conservent donc une réelle capacité de nuisance, même s'ils n'ont pas les moyens de renverser le régime du président Karzaï.

Les acteurs

◆ Les Talibans

Les Talibans (ou « étudiants en religion ») ont émergé à partir de 1994 sur la scène politico-militaire afghane. Ces jeunes réfugiés pachtounes, parmi lesquels dominent les Durrani, furent formés idéologiquement et militairement dans les écoles coraniques *(madrassa)* du mouvement déobandi pakistanais (courant fondamentaliste issu de l'école coranique de Deoband, près de New Delhi, fondée en 1867), notamment dans celle d'Akora Khattak, située dans la NWFP, et dans celle de Binori Town, à Karachi. Au Pakistan, ces jeunes réfugiés afghans se lièrent non seulement aux partis religieux patronnant ces séminaires (en particulier le Jamiat Ulema-i Islam de Sami-ul Haq), mais aussi à la « mafia des transporteurs », dominée par les Pachtounes. Cette dernière cherchait alors, à l'instar de l'ISI (Inter Services Intelligence – les services secrets pakistanais), à sécuriser les axes routiers afghans afin de relancer la circulation des camions pakistanais vers l'Asie centrale, et notamment vers le Turkménistan. Le ministre de l'Intérieur de Benazir Bhutto, le général Naseerullah Babar, s'enthousiasma pour ce projet et organisa le soutien pakistanais aux Talibans. Des officiers de l'armée pakistanaise furent ainsi envoyés en Afghanistan aux côtés de la milice fondamentaliste, peut-être pour la contrôler autant que pour la conseiller. Les Talibans reçurent également le soutien de grands groupes pétroliers comme Bridas (argentin) puis Unocal (américain) et Delta Oil (saoudien), ces derniers étant associés dans un projet de pipeline destiné à faire transiter le pétrole et le gaz turkmènes par l'Afghanistan vers le Pakistan.

Les Talibans – dont les effectifs passèrent de 2 000 à 25 000 hommes entre 1994 et 1995 – conquirent d'abord le Sud pachtoune, en promettant de rétablir la sécurité et de contribuer à l'avènement d'un nouvel ordre moral. En 1995, ils lancèrent une vaste offensive couronnée de succès sur Herat mais ne parvinrent à prendre Kaboul qu'en 1996 et Mazar-e Sharif en 1998. À la veille du déclenchement de l'opération *« Enduring Freedom »*, au cours de l'automne 2001, ils contrôlaient 95 % du territoire afghan, seule la vallée du Panshir leur échappant encore. À cette date, le soutien dont ils avaient initialement bénéficié de la part de la population afghane, pour leur réputation de probité et leur promesse de ramener la sécurité, s'était largement dissipé. La nature extrêmement répressive du régime *taleb* et son radicalisme idéologique, tranchant avec les pratiques religieuses et culturelles de la population, lui aliénèrent une large partie de ses soutiens initiaux.

Ostracisés par la « communauté internationale » pour leurs pratiques jugées « rétrogrades », les Talibans se sont progressivement rapprochés des djihadistes internationalistes qui étaient alors en train de donner forme à Al-Qaïda. Refusant d'extrader Oussama ben Laden, au nom du principe d'hospitalité pachtoune autant que par connivence idéologique et par défiance vis-à-vis de la puissance américaine, les Talibans sacrifient leur État en 2001. Ils poursuivent depuis la lutte à partir de leurs bases pakistanaises, situées dans les zones tribales pachtounes mais aussi au Baloutchistan.

Le mouvement des Talibans n'a jamais été d'une grande homogénéité. Il rassemble une coalition d'islamistes d'obédience déobandie, réunis par des ennemis communs (l'Alliance du Nord jusqu'en 2001, le gouvernement intérimaire et les forces de la coalition depuis) et par un leader charismatique, le *mollah* Mohammad Omar. Le pouvoir de ce dernier s'exerce dans l'effacement, celui-ci ayant toujours été extrêmement discret, refusant toute médiatisation et passant la majeure partie de son temps en prière, y compris lorsqu'il se trouvait à la tête de l'État.

◆ Le Hezb-i Islami

(Parti de l'Islam)

Le Hezb-i Islami a été fondé à Kaboul, à la suite de la scission apparue dans les rangs du Jamiat-i Islami à l'issue du soulèvement islamiste de 1975, ce schisme ayant opposé les islamistes modérés conduits par Rabbani et les fondamentalistes dont Gulbuddin Hekmatyar allait prendre la tête. À l'instar de son futur rival, Mohammed Shah Massoud, Hekmatyar était originaire du nord de l'Afghanistan (Kunduz) et étudia l'ingénierie à Kaboul. Inspiré par les structures organisationnelles des partis communistes, il conçut son organisation comme un ensemble de cellules reliées par une chaîne de commandement pyramidale. Plus radical que Rabbani, Hekmatyar prônait la création immédiate d'un État islamique, faisant fi des traditions locales. À la différence du Jamiat, le Hezb n'a jamais eu de base territoriale et a trouvé ses principaux soutiens dans les camps de réfugiés du Pakistan ainsi que chez les populations pachtounes Ghilzaï de la province du Nangarhar et de la région de Kunduz. Parti élitiste conduit par des islamistes laïcs, à l'instar du Jama'at-i Islami pakistanais dont il a toujours été très proche, le Hezb est le seul mouvement de résistance afghan à avoir exclu les oulémas de ses instances dirigeantes et il n'a jamais eu vertu à recruter massivement. Il cherche avant tout à rallier les élites et à diffuser son idéologie par le biais de l'éducation, ce qui l'a amené à fonder un réseau d'écoles au Pakistan. Le groupe d'Hekmatyar fut le principal bénéficiaire de l'aide financière et militaire du Pakistan, des États-Unis et de l'Arabie saoudite au cours du djihad. Ainsi le Hezb devint-il rapidement une force politico-militaire de poids, mobilisant 15 000 combattants aguerris et bien équipés. Fort de cette puissance militaire, le Hezb chercha à s'imposer sur la scène politique afghane après la chute du régime de Najibullah. D'abord écarté du pouvoir par le Jamiat-i Islami, Hekmatyar parvint à se faire désigner Premier ministre sous la présidence du professeur Rabbani, après s'être affronté avec le Jamiat-i Islami pour le contrôle de Kaboul de 1992 à 1994. Dans la seconde moitié des années 90, il a pourtant perdu ses principaux soutiens au profit des Talibans et trouvé asile en Iran, avant d'en être expulsé en février 2002. Espérant sans doute être associé au gouvernement de transition, il a finalement échoué à se réinsérer dans le jeu politique afghan et a alors appelé ses fidèles à mener le djihad contre les nouvelles autorités afghanes et les forces étrangères présentes en Afghanistan.

En 1979, le Hezb-i Islami a connu une scission qui a donné naissance au Hezb-i Islami (Khales), du nom de son principal leader, Younous Khales. Originaire de la province du Nangarhar, Khales a étudié à la madrassa d'Akora Khattak au Pakistan, qui a également formé la plupart des dirigeants talibans. Le radicalisme de Khales lui a rallié de nombreux jeunes pachtounes au cours du djihad, à l'instar du futur chef des Talibans, le mollah Omar. La faction de Khales, qui mobilisait environ 10 000 combattants « professionnels » au début des années 90, a progressivement décliné, la plupart de ses commandants s'étant ralliés aux Talibans, alors que Khales était vieillissant (il est né en 1919).

Seigneurs de guerre et rivalités entre factions

En juillet 2004, le président Karzaï a reconnu que les « seigneurs de guerre » *(warlords)* représentaient une menace plus sérieuse pour la pacification de l'Afghanistan que les Talibans. Cette déclaration traduit la volonté du nouveau président afghan de mettre au pas ces élites politico-militaires engendrées par la guerre, qui contestent l'autorité du pouvoir central, rançonnent la population et se livrent fréquemment à des accrochages meurtriers. Encore faut-il distinguer la demi-douzaine de « seigneurs de guerre », commandant une province ou une région (Ismaïl Khan à Herat, les généraux Dostom et Atta Mohammed qui se disputent le contrôle de la province de Balkh, le maréchal Fahim Khan dans le Panshir...) et les milliers de petits « commandants » dont l'influence se limite souvent à quelques villages. Les premiers commandent parfois des dizaines de milliers d'hommes soutenus par des blindés et de l'artillerie lourde *(voir encadré sur le DDR)*, alors que les seconds ne mobilisent souvent que quelques centaines de miliciens mal équipés.

Pour réduire la capacité de nuisance de ces entrepreneurs de guerre souvent financés par le trafic de drogue *(voir le chapitre sur la production et le trafic de drogues illicites)*, le président Karzaï a alterné la carotte (des portefeuilles ministériels ou des postes de gouverneur) et le bâton (en envoyant à plusieurs reprises la nouvelle ANA s'interposer entre les factions en conflit). Ce bras de fer devrait se poursuivre au cours des prochaines années, dans un savant mélange de cooptation et de répression, si caractéristique de la pratique du pouvoir de Hamid Karzaï, qu'il a empruntée aux grands émirs afghans du passé.

◆ Jamiat-i Islami

(Le groupe islamique)

Le Jamiat-i Islami est le plus ancien parti islamiste d'Afghanistan ; il est surtout implanté dans l'ouest et le nord-est du pays, dans les zones de peuplement tadjik. Ce parti a d'abord émergé, dans les années 60, sous la forme d'un cercle de discussion organisé autour d'intellectuels influencés par l'idéologie des Frères musulmans égyptiens, tels que le professeur Ghulam Niazi, qui avait étudié à l'université Al-Azhar du Caire. Ce n'est qu'en 1975 que le Jamiat vit formellement le jour, à l'initiative de jeunes « éduqués » et d'oulémas islamistes réfugiés au Pakistan.

Au cours du djihad, cette organisation jusqu'alors confinée aux universités s'est transformée en l'une des principales forces politico-militaires du pays, défendant les intérêts du camp « tadjik ». Après l'exécution de Niazi, en 1972, le leadership du mouvement revint à Burhanuddin Rabbani, professeur de théologie et de philosophie à la faculté islamique de Kaboul. Ce dernier, originaire du Badakshan, avait lui aussi étudié à Al-Azhar et s'était familiarisé avec les écrits de Sayyed Qotb au cours de ce séjour en Égypte. Contraint de s'exiler au Pakistan par la répression du régime de Daoud, il s'établit à Peshawar, où il réorganisa le Jamiat pour en faire une véritable organisation militaire, mobilisant 20 000 combattants. Il devint le président du gouvernement des moudjahidines en 1992 et hérita du siège de l'Afghanistan à l'ONU après la prise du pouvoir par les Talibans.

Un autre membre éminent du Jamiat, et son principal « commandant », fut Mohammed Shah Massoud. Fils d'un officier, élevé au lycée français Istiklal de Kaboul, il est lui aussi issu de la minorité persanophone sunnite parfois qualifiée de « tadjike ». Il milite dans les rangs islamistes dès son adolescence et se rapproche du cercle de Niazi alors qu'il étudie à l'Institut polytechnique de Kaboul. Après un bref exil au Pakistan, il participe au soulèvement islamiste de 1975 et anime la résistance contre les Soviétiques puis contre les Talibans à partir de son fief de la vallée du Panshir. Assassiné par de faux journalistes marocains le 9 septembre 2001, Massoud s'était largement discrédité auprès de la population afghane du fait de son implication dans les batailles de Kaboul des années 1992-1996. Sa disparition a cependant privé le camp Panshiri d'un chef charismatique et ses successeurs se sont disputé son héritage. Parmi eux, le général (fait maréchal en 2001) Muhammad Fahim Khan, ancien chef des services de renseignement de Massoud, s'est imposé comme le principal leader du camp Panshiri mais s'est à son tour discrédité auprès de sa base par son affairisme et son opportunisme politique. Réticent à désarmer sa milice et à réformer les structures du ministère de la Défense, dont il avait la charge depuis l'hiver 2001, Fahim Khan a parallèlement suscité l'irritation de la « communauté internationale » et du président Karzaï, qui a progressivement cherché à l'écarter du pouvoir. Alors que Fahim était pressenti pour devenir le premier vice-président de Hamid Karzaï, ce dernier lui a finalement préféré l'un des frères cadets de Massoud, Ahmed Zia Massoud, jusqu'alors ambassadeur de l'Afghanistan à Moscou. Après avoir conquis Kaboul et s'être taillé la part du lion dans le gouvernement intérimaire dirigé par Hamid Karzaï, les Panshiris ont peut-être entamé leur déclin politique au bénéfice des Pachtounes, qui n'ont cessé de renforcer leur emprise sur le jeu politique depuis la *Loya Jirga* constitutionnelle de l'hiver 2004.

◆ Jumbesh-i Milli Islami

(Mouvement national islamique)

Le Jumbesh était à l'origine une organisation milicienne, chargée d'épauler les forces régulières du président Najibullah, après le retrait du contingent soviétique. Il recrute principalement dans les populations turcophones du nord-ouest du pays (Ouzbeks et Turkomans) mais compte également un certain nombre d'anciens cadres communistes d'origine pachtoune ainsi que des officiers tadjiks au passé communiste. Le Jumbesh s'est d'abord illustré en combattant les moudjahidines. Son principal commandant, le général Abdul Rachid Dostom, lui-même originaire de l'ethnie ouzbèke et issu des rangs communistes, gagna rapidement une réputation sulfureuse en raison de la sauvagerie de ses troupes, surnommées les « voleurs de tapis » pour leur propension au pillage et aux exactions en tous genres.

En 1992, Dostom retira son soutien à Najibullah pour se rapprocher du Jamiat, avant de trahir ce dernier en 1994 en s'alliant avec le Hezb-i Islami d'Hekmatyar puis avec les Talibans en 1995. Changeant une fois de plus de camp, Dostom se lia de nouveau à l'Alliance du Nord en 1996, avant de s'exiler en Turquie à la suite d'un différend avec l'un de ses anciens protégés. De là, il se rendit régulièrement en Iran et en Asie centrale. Revenu en Afghanistan, il fut nommé vice-ministre de la Défense par le président Karzaï et s'efforça de consolider ses positions dans la province de Balkh, où ses troupes n'ont cessé de se heurter à celles de son principal rival, le général tadjik Atta Mohammad. Dostom a rencontré un échec sévère au cours de l'été 2004, du fait de la décision du président Karzaï de nommer Atta Mohammad gouverneur de la province de Balkh. En signe de protestation, il s'est porté candidat à l'élection présidentielle d'octobre 2004, contre Hamid Karzaï.

◆ Ittehad-e Islami

(L'alliance islamique)

Cette organisation d'obédience wahhabite a été fondée en 1980 par Abdul Rasul Sayyaf, avec le soutien de l'Arabie saoudite. À l'instar des leaders du Jamiat, Sayyaf est un théologien réputé formé au Moyen-Orient (Égypte et Arabie saoudite), où il a noué de nombreux contacts. Réfugié au Pakistan dès les années 70, il y fonde l'Ittehad, professant une haine virulente des chiites tout en rejetant les pratiques soufies et les valeurs occidentales.

L'Ittehad n'a jamais eu de base territoriale et recruta surtout des combattants opportunistes et des transfuges d'autres organisations, attirés par les largesses saoudiennes. À son apogée, dans les années 80, il n'alignait qu'une dizaine de milliers d'hommes et son influence se réduisait à la ville de Kaboul ainsi qu'aux provinces de Kapisa, de Baghlan et de Kunar.

Au cours des années 80 et 90, Sayyaf a pris en charge la formation religieuse et militaire de plusieurs milliers de combattants étrangers, venus du Moyen-Orient mais aussi d'Afrique et d'Asie du Sud-Est (Indonésie, Malaisie, Philippines et Thaïlande – les leaders du Dar-ul Islam indonésien, Abdullah Sungkar et Abu Bakar Baachir, envoyèrent leurs militants se former dans les camps de Sayyaf, en particulier dans celui de Saddah, situé dans l'agence de Khurram des Fata (*Federally Administered Tribal Areas* – les zones tribales) pakistanaises, à partir de 1985. Ces militants deviendront le fer de lance de la Jemaah Islamiyah indonésienne dans les années 90. Le fondateur du groupe Abu Sayyaf des Philippines, Abdurajak Janjalani, fut également formé dans les camps de Sayyaf, auquel le nom de l'organisation moro rend hommage). Sayyaf a également noué des liens étroits avec les futurs dirigeants d'Al-Qaïda : Oussama ben Laden, mais aussi et surtout Khaled Sheikh Mohammed, le numéro trois d'Al-Qaïda, qui fut le secrétaire personnel de Sayyaf.

L'Ittehad s'est surtout illustré, au cours des années 90, en s'attaquant au Hezb-i Wahdat, dans le cadre d'un conflit à la fois politique (pro-Saoudiens contre pro-Iraniens), ethnique (Pachtounes contre Hazaras) et religieux (sunnites contre chiites). Soutenant le camp présidentiel rassemblé autour de Rabbani, Sayyaf devint ministre de l'Intérieur dans le gouvernement des moudjahidines. Son influence a cependant décliné dans la seconde moitié des années 90, après que les Talibans l'eurent privé de son principal adversaire, en écrasant le Hezb-i Wahdat et en liquidant son chef, Ali Mazari. Depuis la chute des Talibans, Sayyaf a cherché à assurer sa survie politique en offrant sa médiation entre le camp Panshiri et le président Karzaï.

◆ Hezb-i Wahdat Islami

(Parti de l'unité islamique)

Cette plate-forme rassemblant les principales organisations chiites du pays, à l'exception du Harkat-i Islami, a vu le jour à Téhéran en 1990. Témoignant du regain d'intérêt de l'Iran pour l'Afghanistan, au terme de son conflit avec l'Irak, la fondation du Hezb-i Wahdat était destinée à constituer un camp chiite unifié sous la tutelle idéologique et militaire de Téhéran. Couvrant tout le spectre politique, des plus modérés aux plus radicaux, cette coalition avait pour ambition de défendre les intérêts de la minorité chiite, en exigeant qu'elle soit représentée politiquement en proportion de ses effectifs (estimés à 25 % de

Le programme de Désarmement, démobilisation et réintégration (DDR)

Ce programme, piloté par la Mission d'assistance des Nations unies en Afghanistan (Manua) et financé par le Japon, prévoyait initialement de désarmer 100 000 ex-moudjahidines avant 2005, ce chiffre ayant été revu à la baisse en juillet 2004, après que l'ONU eut réévalué le nombre de miliciens à 60 000. Début 2004, le ministère de la Défense afghan et les Nations unies se sont mis d'accord pour désarmer 40 % de ces miliciens avant l'été, dans la perspective des élections. Mais la faction des Panshiris dominant le ministère de la Défense et les grands seigneurs de guerre, notamment Ismaïl Khan et Rachid Dostom, ont tout fait pour ralentir ce processus, qui les priverait d'une grande partie de leur pouvoir. À la mi-juillet 2004, seuls 11 000 hommes avaient été démobilisés et 30 % des 5 000 armes lourdes détenues par les dix grandes milices du pays collectées.

la population du pays par les leaders chiites) et que le culte chiite soit mieux reconnu.

Mobilisant entre 10 000 et 15 000 hommes, soutenus militairement par l'Iran, le Hezb-i Wahdat s'est solidement implanté dans le Hazarajat ainsi que dans les quartiers chiites de Kaboul. Le parti s'est rapidement divisé entre une faction modérée, conduite par Mohammed Azem Akbari, et une faction plus radicale et plus proche de Téhéran, animée par Ali Mazari, qui prit la tête du Hezb-i Wahdat en 1993. Suite à ces dissensions, le camp des modérés se rapprocha du « camp présidentiel » dominé par le Jamiat du duo Massoud-Rabbani. Les troupes de ce « camp présidentiel » ont alors porté de rudes coups au Hezb-i Wahdat, tout en perpétrant de nombreuses exactions contre les populations chiites, notamment à Kaboul. Au cours de la même période, les militants du Hezb-i Wahdat se sont affrontés aux wahhabites de l'Ittehad, puis avec les Talibans. En 1995, ces derniers s'emparèrent du quartier général du Hezb-i Wahdat, à Taj Beg, et éliminèrent Mazari. Sous les pressions de Téhéran, le parti se rapprocha alors du Jamiat pour contrer les Talibans.

Depuis la chute du régime des Talibans, le Hezb-i Wahdat s'est replié sur son fief du Hazarajat, tout en s'efforçant d'obtenir une représentation substantielle au sein du gouvernement de transition. L'un des principaux leaders du parti, Karim Khalili, est devenu vice-président du gouvernement de transition en 2002 et il a été choisi par le président Karzaï pour être son colistier au cours de l'élection présidentielle d'octobre 2004.

Pour en savoir plus

Peter L. Bergen, *Holy War, Inc. The Secret World of Osama Bin Laden*, New York, The Free Press, 2001.

Gilles Dorronsoro, *La révolution afghane. Des communistes aux tâleban*, Karthala, 2000.

Ahmed Rashid, *L'ombre des taliban*, Autrement, 2000.

Olivier Roy, *L'Afghanistan, islam et modernité politique*, Éditions du Seuil, 1985.

Barnett R. Rubin, *The Fragmentation of Afghanistan. State Formation and Collapse in the International System*, Oxford, Oxford University Press, 2003.

Internet

www.afghannews.net
Site présentant une sélection quotidienne d'articles de la presse internationale sur l'Afghanistan.

www.eurasianet.org
Site consacré à l'Asie centrale, avec une bonne section sur l'Afghanistan.

Conflits intérieurs du Pakistan

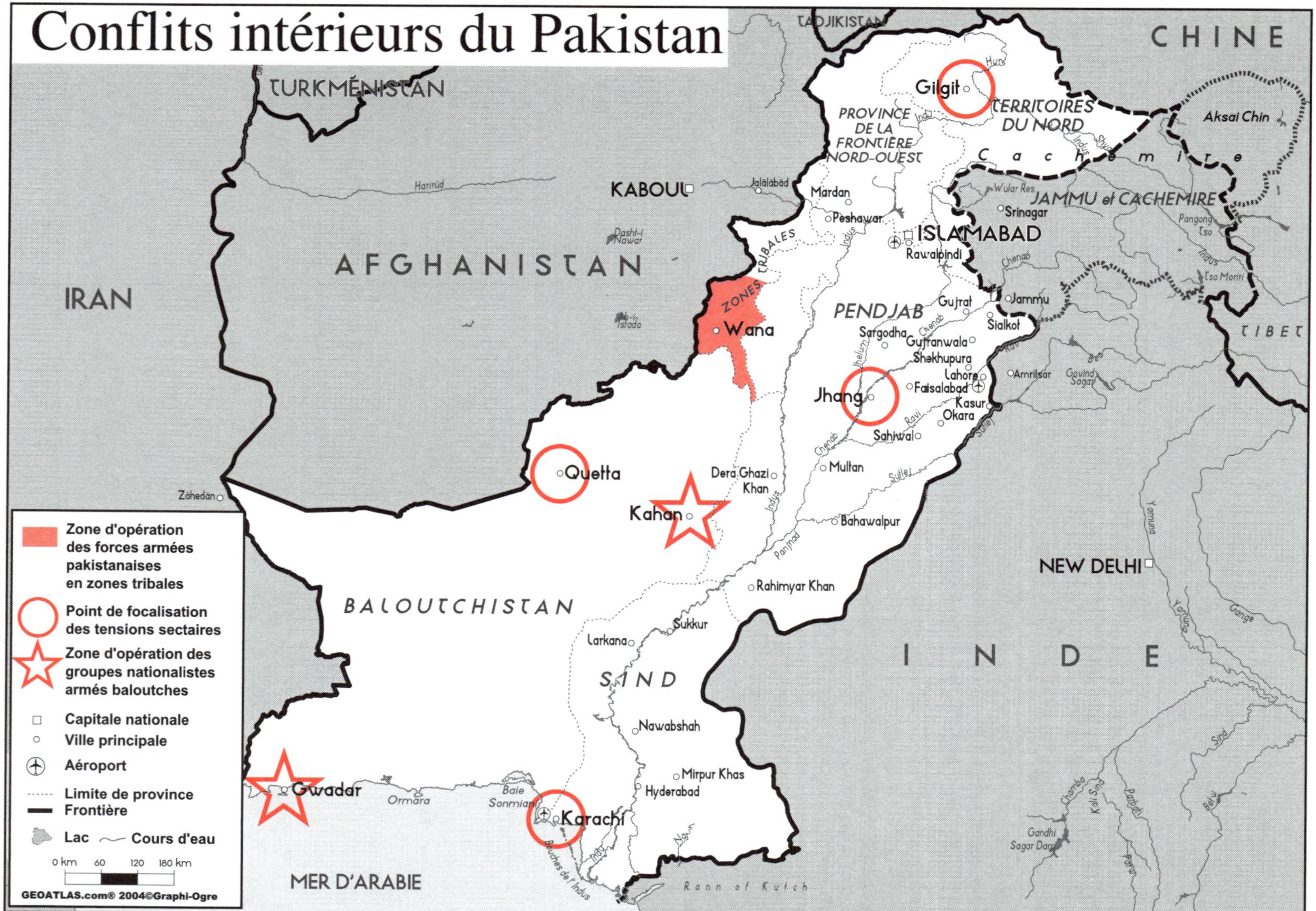

Superficie : 796 096 km²
Population : 150 millions
Composition ethnique : Pendjabis (64 %), Sindis (12 %), Pathans (Pachtounes du Pakistan) (8 %), Mohajirs (7 %), Baloutches (3 %), Cachemiris (1,5 %)
Religions : musulmans (96 % dont 15 à 20 % de chiites), chrétiens, hindous

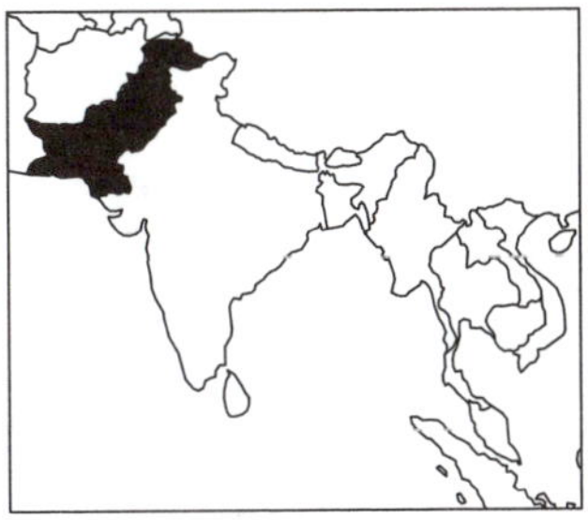

Pakistan

En apportant son soutien à la « guerre au terrorisme » conduite par les États-Unis et leurs alliés en Afghanistan, puis en s'engageant dans un processus de rapprochement diplomatique avec l'Inde, le général-président Pervez Musharraf est parvenu à réhabiliter son régime – issu du coup d'État d'octobre 1999 – sur la scène internationale. Cet *aggiornamento* de la politique étrangère pakistanaise et les décisions de politique intérieure qui l'ont accompagné (interdiction des organisations djihadistes, projet de réforme du secteur éducatif, rétablissement de l'autorité de l'État dans les zones tribales...) ont suscité l'ire des groupes islamistes jusqu'alors patronnés par l'armée pakistanaise et ses puissants services de renseignement. Le Pakistan a ainsi fait les frais, ces dernières années, d'un regain de violence terroriste à l'encontre des intérêts étrangers, des minorités religieuses (chrétiens et chiites) et, depuis 2003, de l'armée elle-même. Parallèlement à ce regain de violence des groupes terroristes locaux, on assiste depuis 2002 à une dégradation de la situation sécuritaire à Karachi, dans la province méridionale du Baloutchistan ainsi que dans le pays pachtoune. La métropole pakistanaise est le théâtre d'une rivalité entre le parti nationaliste du Mohajir Qaumi Movement (MQM) et le parti islamiste du Jama'at-i Islami. Le Baloutchistan est pour sa part confronté à une résurgence du mouvement nationaliste baloutche, dont les leaders s'inquiètent notamment des conséquences économiques et sociales de la construction du port en eaux profondes de Gwadar. Les opérations « antiterroristes » conduites par l'armée pakistanaise depuis 2003 dans les zones tribales pachtounes bordant l'Afghanistan ont, quant à elles, conduit à l'éclosion d'un conflit de basse intensité dans cette région, dont l'évolution est encore incertaine.

UNE SOCIÉTÉ HÉTÉROGÈNE

La société pakistanaise est, dans son écrasante majorité, de confession musulmane. Le pays a d'ailleurs été créé, en 1947, pour accueillir les musulmans indiens, qui craignaient de se trouver soumis au joug des hindous dans l'Inde postcoloniale. En dépit de cette appartenance religieuse partagée et des tentatives des fondateurs du Pakistan pour faire de cette identité religieuse un facteur d'unité nationale, les musulmans pakistanais ne constituent pas un ensemble homogène mais se divisent en de nombreuses écoles juridiques et courants idéologiques. La majorité des musulmans pakistanais (entre 75 % et 85 %) pratique le sunnisme hanafite, mais le pays abrite également une importante minorité chiite, qui s'est affirmée politiquement dans le sillage de la révolution iranienne.

Le Pakistan abrite également de petites minorités chrétienne et hindoue. Les chrétiens se concentrent dans les grandes villes du pays et sont souvent issus de basse caste et réduits à des travaux peu qualifiés. Les hindous se concentrent eux aussi dans les villes, en particulier à Karachi, même si le Sind abrite une petite communauté hindoue rurale.

Au niveau linguistique, la diversité est également la règle. Au moment de l'indépendance, les Bengalis étaient majoritaires au Pakistan. La position géographique excentrée du Pakistan oriental et la marginalisation de sa population dans les institutions fédérales alimentèrent cependant le ressentiment des Bengalis et aboutirent finalement à la création du Bangladesh en 1971. Depuis cette amputation douloureuse, le Pakistan est en majorité composé de locuteurs du pendjabi, et la langue nationale du pays, l'ourdou, n'est la langue maternelle que d'une petite minorité de Pakistanais, surnommés les « Mohajirs ». Ces derniers sont les descendants des musulmans indiens qui migrèrent au Pakistan à l'issue de la Partition. Depuis les années 70, cette population ourdouphone, qui se concentre dans les centres urbains du Sind, et notamment à Karachi, se trouve en compétition avec la population sindie dans l'accès aux universités et aux emplois de cols blancs. En 1972, la décision des autorités provinciales de faire du sindi l'unique langue officielle du Sind provoqua de violents affrontements entre Sindis et Mohajirs. Ces conflits linguistiques ont cependant décru d'intensité au cours des années 80, cédant le pas à des affrontements sur des lignes ethniques et religieuses.

À ces divisions de la société pakistanaise sur la base de critères religieux et linguistiques s'ajoutent des clivages statutaires et identitaires qui prennent leurs racines dans le système des castes hindou ainsi que dans le système tribal de ces peuples de la frontière que sont les Pachtounes et les Baloutches.

Le système des « castes » au Pakistan ne renvoie pas à des questions de pureté et d'impureté, comme en Inde, mais à la « qualité » du lignage. Les hautes castes pakistanaises prétendent ainsi descendre de la lignée du Prophète (dans le cas des Syed), de ses proches (dans le cas des Qureshi) ou des descendants des conquérants arabes, moghols et afghans qui ont répandu l'islam dans le sous-continent (dans le cas des Abbasi, Pathan, Mughal, Sheikh...). Ces hautes castes sont connues sous le nom d'*ashrafs* et s'opposent aux *ajlafs*, qui descendent de convertis hindous à l'islam. La qualité du lignage se mesure également à travers l'honneur *(izzat)* détenu par la *biraderi* – ce groupe familial étendu qui couvre trois à quatre générations.

Cette juxtaposition d'oppositions qui caractérise la société pakistanaise alimente les rivalités et suscite régulièrement des flambées de violence, qui constituent autant de moyens pour les acteurs minoritaires de s'affirmer dans un jeu politique qui leur est traditionnellement fermé.

UN SYSTÈME POLITIQUE PRÉTORIEN

Le poids de l'armée dans la vie politique. Dans l'esprit des pères fondateurs du Pakistan, ce pays devait être une république islamique organisée sur des bases démocratiques. Très vite, le Pakistan a cependant suivi une pente autoritaire qui a abouti à des coups d'État militaires à répétition, entrecoupés de brèves périodes démocratiques, synonymes de désordres sociaux et économiques plutôt que de stabilisation du système politique. Le Pakistan constitue donc un type idéal de ces régimes « prétoriens », où la faiblesse des institutions démocratiques conduit les militaires à assumer la gestion de l'État et la régulation de la société, dont les griefs sont souvent médiatisés par la violence en l'absence de canaux d'expression démocratique.

Depuis son putsch d'octobre 1999, le général Musharraf s'est fait nommer président à l'issue d'un référendum contesté et il a organisé des élections générales au cours de l'automne 2002, qui se sont soldées par une victoire de ses protégés de la Pakistan Muslim League (Quaid-e Azam) et par une marginalisation des partis démocratiques (PPP et PML-N). Depuis, le général Musharraf s'est efforcé d'institutionnaliser la tutelle de l'armée sur la vie politique, à travers une série d'amendements à la Constitution de 1973, connus sous le nom de *« Legal Framework Order »* (LFO). Et, après s'être engagé à renoncer à son uniforme (c'est-à-dire à quitter l'armée) à la fin de 2004, le général Musharraf semble désormais déterminé à conserver sa double casquette de président et de chef des armées. Le renvoi du Premier ministre, Zafarullah Khan Jamali, en juin 2004, et son remplacement par le ministre de l'Économie et des Finances, Shaukat Aziz, témoigne lui aussi des frustrations du général Musharraf, dont la majorité parlementaire n'est pas autant aux ordres qu'il le souhaiterait et dont l'opposition démocratique s'avère plus tenace qu'il ne le prévoyait.

La « diplomatie du désordre » de l'armée pakistanaise. Le pouvoir de l'armée pakistanaise ne se limite pas à son contrôle de la vie politique intérieure, mais s'étend à la prise de décision en matière de diplomatie et de politique de défense. Tout en justifiant sa tutelle de la vie politique intérieure par la menace du chaos, l'armée pakistanaise a légitimé son contrôle de la politique étrangère du pays en entre-

Le Pakistan, terre d'asile de la mouvance djihadiste internationaliste

À partir de 1983, le Pakistan a accueilli des milliers de combattants étrangers venus participer au djihad contre les Soviétiques. Recrutés et financés par la Ligue islamique mondiale (Rabitat al-Alam al-Islami), basée à La Mecque, ou par les « services » saoudiens et égyptiens, ces djihadistes originaires du Maghreb et du Moyen-Orient (Égypte et péninsule arabique, principalement) ont fait de Peshawar leur principal centre d'opération, à l'instar de leurs camarades d'Afrique (Tanzaniens, Kenyans, Nigérians, Soudanais...) et d'Asie du Sud-Est (Moros des Philippines, Indonésiens, Malaisiens, Thaïlandais...), dont les effectifs étaient plus réduits. Encadrés par le Bureau des services (Maktab-ul Khidmat) fondé en 1984 par le Palestinien Abdullah Azam, mentor d'Oussama ben Laden, les 25 0000 volontaires étrangers venus participer au djihad afghan se sont répartis entre le Jamiat-i Islami du commandant Massoud (qui attira un certain nombre d'Algériens, mais aussi de Cachemiris et de Turcs), l'Ittehad-e Islami d'Abdul Rasul Sayyaf (qui avait la faveur des djihadistes d'Asie du Sud-Est mais qui accueillit aussi un certain nombre d'Arabes et d'Africains), le Hezb-i Islami de Gulbuddin Hekmatyar et la faction rivale de Younous Khales (qui accueillirent surtout des Arabes). Dans les années 90, le Lashkar-e Taiba pakistanais a également accueilli des volontaires étrangers dans ses camps de la Kunar, à l'est de l'Afghanistan. Dans les camps d'entraînement mis à leur disposition par leurs hôtes afghans ou pakistanais, ces volontaires étrangers étaient généralement regroupés en fonction de leur origine, ou de leur « tribu » *(qabilah).* Dans les camps de Sayyaf, qui ont accueilli la majorité de ces volontaires étrangers, la formation dispensée s'étendait généralement sur trois ans et incluait à la fois des enseignements religieux et une instruction militaire.

Ces djihadistes étrangers sont pour la plupart retournés dans leurs États d'origine à la fin des années 80 et ils ont été surnommés les « Afghans » en raison de leur rigorisme idéologique et corporel. Certains de ces « Afghans » ont suivi Ben Laden dans le périple qui l'a conduit au Soudan avant de le ramener en Afghanistan en 1996.

Chassés d'Afghanistan par le déclenchement de l'opération *« Enduring Freedom »* en 2001, ces djihadistes étrangers se sont réfugiés au Pakistan. Certains d'entre eux se cacheraient dans les agences tribales, en particulier au Sud-Waziristan, mais aussi et surtout dans les villes du Pendjab et du Sind. Tous les cadres de haut niveau d'Al-Qaïda arrêtés au Pakistan depuis 2001 l'ont en effet été dans des villes et non dans les zones tribales. Parmi eux figurent un proche de Ben Laden, Abu Zubaidah (interpellé à Faisalabad, au Pendjab, en avril 2002), les deux principaux planificateurs des attentats du 11 Septembre, Ramzi ben al-Shaiba (interpellé à Karachi en septembre 2002) et Khaled Sheikh Mohammed (interpellé à Rawalpindi en mars 2003), ainsi que le chef de la garde personnelle de Ben Laden, Walid ben Attash (arrêté à Karachi en mai 2003) et Ahmad Khalfan Gailani, le logisticien des attentats de 1998 contre les ambassades américaines de Nairobi et Dar es-Salam (interpellé à Gujrat, au Pendjab, en juillet 2004).

tenant un complexe d'insécurité obsidional, à travers lequel le Pakistan apparaît constamment menacé d'encerclement par ses deux ennemis : l'Inde et l'Afghanistan. Cette double menace, qui s'appuie sur des éléments objectifs mais qui répond aussi à des logiques instrumentales, constitue en quelque sorte le « fonds de commerce » de l'armée pakistanaise.

Pour répondre à ces menaces extérieures, l'armée pakistanaise s'est engagée dans un véritable partenariat stratégique avec les organisations djihadistes nationales et internationales. Au cours des années 80 et 90, l'armée pakistanaise a ainsi sous-traité à des acteurs privés sa politique d'influence en Afghanistan puis sa politique de nuisance au Cachemire.

En Afghanistan, les militaires pakistanais ont apporté un soutien logistique et financier aux moudjahidines combattant l'occupant soviétique. Le Pakistan devint ainsi, au cours du *djihad*, un sanctuaire pour les combattants islamistes du monde entier. Regroupés à Peshawar, où ils se trouvaient encadrés par le fameux « Bureau des services » d'Abdullah Azam, qui donnera naissance à Al-Qaïda dans les années 90, ces volontaires étrangers bénéficiaient alors du soutien financier et logistique des services secrets pakistanais et, par leur intermédiaire, de celui de la CIA.

Bien que les moudjahidines soient parvenus à chasser les Soviétiques d'Afghanistan, la stratégie américano-pakistanaise se solda par un échec, dans la mesure où les factions résistantes afghanes s'avérèrent incapables de constituer un gouvernement stable à Kaboul. L'effondrement de l'État afghan s'accompagna d'une généralisation de l'insécurité dans le pays et, en conséquence, d'une perturbation des routes commerciales entre le Pakistan et l'Asie centrale. C'est dans ce contexte que l'armée pakistanaise apporta son soutien au mouvement des Talibans afghans, qui conquirent Kandahar en 1994 puis Kaboul en 1996. Si l'armée pakistanaise apporta son soutien au mouvement des Talibans, c'est donc au nom de considérations économiques et stratégiques bien plus que par connivence idéologique. Cette stratégie déboucha, elle aussi, sur un échec. Les Talibans

Les « madrassas » pakistanaises, vivier de recrutement pour les organisations djihadistes

L'enseignement religieux s'est développé au Pakistan sous le régime de Zia-ul Haq (1977-1988). Les écoles coraniques *(madrassa)* sont venues pallier les déficiences du système éducatif public, notamment en offrant aux plus démunis la possibilité de scolariser gratuitement leurs enfants, ces établissements étant généralement financés par des dons privés. Toutes les madrassas pakistanaises ne préparent pas leurs élèves au djihad. Les plus actives, en ce domaine, sont les établissements déobandis *(voir le chapitre sur l'Inde)* affiliés au Jamiat Ulema-e Islam, en particulier le séminaire d'Akora Khattak, situé non loin de Peshawar. Dans les années 90, le complexe religieux de Binori Town, à Karachi, s'est également illustré en formant de nombreux cadres du mouvement des Talibans afghans, en particulier le mollah Omar. L'un des principaux dirigeants de Binori Town, Nizamuddin Shamzai, a également participé à la création de l'organisation djihadiste Jaish-e Mohammed en février 2000 *(voir le chapitre sur le Cachemire)*. Ces madrassas déobandies ont accueilli la plupart des étudiants étrangers au Pakistan, dont le nombre était évalué à 35 000 en mars 2002 par les autorités pakistanaises (dont 16 000 Afghans et 15 000 Arabes). Depuis les événements du 11 septembre 2001, Islamabad a imposé aux 4 000 madrassas du pays de déclarer leurs étudiants étrangers, dont le nombre serait tombé à 16 600 en 2003 (sur un total de 1,5 million d'étudiants). Les autorités pakistanaises ont également cherché à réformer le cursus de ces écoles religieuses, dans le sens d'une plus grande modération. Ces mesures sont cependant restées largement déclaratoires, l'État pakistanais ne s'étant pas donné les moyens de les faire appliquer.

s'autonomisèrent rapidement de leurs « patrons » pakistanais pour tomber sous la coupe des djihadistes internationalistes d'Al-Qaïda. Aussi, lorsque le général Musharraf apporta son soutien à l'opération militaire américaine qui devait conduire à la chute du régime *taleb,* il ne fit qu'officialiser la rupture déjà consommée entre son armée et ces radicaux afghans qu'elle ne parvint jamais à vassaliser.

Le partenariat stratégique entre l'armée pakistanaise et les acteurs privés des conflits régionaux s'est étendu au Pendjab puis au Cachemire indiens dans la seconde moitié des années 80. En offrant un sanctuaire puis une aide logistique aux insurgés sikhs et cachemiris, par l'intermédiaire de ses services de renseignement, l'armée pakistanaise espérait affaiblir son puissant rival indien, dans le cadre d'une véritable « guerre par procuration » *(proxy war).* Comme en Afghanistan, l'armée pakistanaise a ici cherché à diviser ses « clients » étrangers pour mieux les contrôler. Les « services » pakistanais ont ainsi réparti leur aide financière et logistique entre des organisations rivales, qui sont progressivement entrées en dépendance vis-à-vis de leur « patron » étranger. Comme en Afghanistan, cette stratégie a pourtant débouché sur un échec patent. D'un point de vue militaire, les moudjahidines indiens et pakistanais opérant au Cachemire ont rencontré une résistance farouche de la part de l'armée et des troupes paramilitaires indiennes. Et, sur le terrain diplomatique, le soutien apporté par le Pakistan à des organisations reconnues comme « terroristes » par la communauté internationale a nui à l'image de marque du pays.

UN PAYS PARCOURU DE TENSIONS IDENTITAIRES

En dépit du rôle stabilisateur joué par l'armée, dont le coût s'est avéré prohibitif en matière de démocratisation, le Pakistan demeure parcouru de sérieuses tensions identitaires. Celles-ci ne remettent plus en cause l'existence ou l'intégrité territoriale du pays, comme dans les années 70, mais elles entretiennent un climat d'insécurité et d'intolérance peu propice au développement politique et économique.

La violence sectaire. La violence « sectaire » désigne dans le contexte pakistanais, les affrontements entre groupes armés sunnites et chiites, qui prennent généralement la forme de tueries aveugles de membres de la communauté adverse ou d'assassinats ciblés de leaders religieux. Bien que le Pakistan ait régulièrement connu des heurts entre sunnites et chiites, en particulier à l'occasion des processions d'*Ashura* du mois de *moharram,* les violences « sectaires » qui ensanglantent aujourd'hui le pays prennent leur origine dans les bouleversements politiques nationaux et internationaux de la fin des années 70.

À partir de son berceau de Jhang, au Pendjab, le sectarisme s'étendit rapidement à toute la province au cours des années 80, puis à l'ensemble du pays. À partir de 1994, Karachi a été durement touchée par ces violences, les militants sectaires du Pendjab trouvant dans cette ville, alors en plein chaos, un refuge et un terrain d'opération idéal, au moment où l'infiltration de ces groupes par la police du Pendjab rendait leurs actions plus difficiles dans leur province d'origine. Karachi présentait un autre attrait stratégique pour les organisations sectaires : son économie est dominée par de grandes familles chiites, souvent originaires de l'Inde, qui constituaient autant de cibles potentielles. Au même moment, l'afflux de migrants sunnites dans les Territoires du Nord, majoritairement peuplés de chiites, provoqua des heurts sectaires à Gilgit. En 1993, la ville fut le théâtre de violences anti-sunnites qui aboutirent, en représailles, à la mort de 20 chiites. La région de Gilgit a de nouveau été agitée par des heurts entre sunnites et chiites en 2001, 2003 et 2004, prenant leur origine dans une querelle autour du contenu des manuels scolaires.

L'Inter Services Intelligence (ISI)

L'ISI a été fondée en 1948 par un officier britannique, le général Cawthome, alors *Deputy Chief of Staff* de l'armée pakistanaise. L'ISI était destinée à pallier les faiblesses de la principale agence de renseignement civile du pays, l'Intelligence Bureau, en matière de renseignement militaire. Dans les années 50, le général Ayub Khan étendit cependant les compétences de l'ISI au renseignement intérieur. Depuis, ce service interarmes théoriquement placé sous l'autorité du Premier ministre, constitue le principal outil de manipulation du système politique par le chef de l'exécutif, surtout lorsqu'il s'agit d'un militaire.

Au cours des années 80, l'ISI a été chargée de coordonner la « diplomatie du désordre » pakistanaise, en Afghanistan puis au Pendjab et au Cachemire indiens. L'agence s'est chargée d'assurer la distribution des armes destinées aux moudjahidines afghans, mais aussi l'acheminement de l'héroïne finançant le djihad contre les Soviétiques. Au cours des années 80, l'ISI a également été chargée de collecter des renseignements dans le domaine du nucléaire militaire.

Dans la décennie 90, l'ISI a apporté son soutien aux organisations djihadistes opérant au Cachemire, puis aux Talibans. Cette connivence de l'ISI avec les Talibans et avec la mouvance djihadiste internationaliste dont est issue Al-Qaïda a conduit le général Musharraf à la purger de ses éléments soupçonnés de sympathies à l'égard des thèses islamistes. Son chef, le lieutenant-général Mahmud Ahmed, a ainsi été remplacé fin 2001 par le lieutenant-général Ehsan-ul Haq.

Depuis la chute du régime des Talibans afghans, au cours de l'automne 2001, nombre de terroristes sectaires ont quitté l'Afghanistan, où ils avaient trouvé refuge, pour rentrer au Pakistan. Le régime du général Musharraf a cependant interdit leurs organisations en août 2001, avant d'arrêter plusieurs milliers d'entre eux. Les attentats imputés à ces terroristes sectaires, en particulier au Laskhar-e Jhangvi, ne s'en sont pas moins multipliés depuis 2001. Karachi et Quetta sont désormais les principaux foyers de ce terrorisme sectaire, qui a fait près de 200 morts en 2003-2004. Karachi est en effet devenue, depuis les années 90, un vivier de recrutement autant qu'un sanctuaire pour les organisations sectaires en perte de vitesse au Pendjab. À Quetta, les violences sectaires se sont nourries de la rivalité entre les Pachtounes sunnites et les chiites hazaras, dont la présence est ancienne dans la région mais dont l'influence s'est accrue à la suite de l'afflux de réfugiés hazaras originaires d'Afghanistan au cours des années 80.

Les acteurs

◆ TNFJ – Tehrik-e Nifaz-e Fiqah-e Jafria

(Mouvement pour l'application du rite jafarite)

Cette organisation chiite a été fondée en avril 1974 par le mufti Jaffar Hussein mais n'a pris son essor qu'à la fin des années 70, dans un contexte de mobilisation politique sans précédent des chiites du Pakistan.

À la mort du mufti Jaffar Hussein, en 1983, le TNFJ s'est scindé en une branche légaliste et conservatrice et en une branche plus radicale et ouvertement pro-iranienne, dirigée par Arif al-Husseini. C'est de cette mouvance pro-iranienne, proche du Hezbollah libanais, qu'est issu le principal parti politique chiite pakistanais, le Tehrik-e Jafria Pakistan (TJP), fondé en 1993. Ce parti a fait l'objet d'une interdiction officielle le 12 janvier 2002.

◆ SMP – Sipah-e Mohammad Pakistan

(L'armée du Prophète)

Le Sipah-e Mohammad a été fondé en 1994, en réponse à la création du TJP, dans le district de Jhang, au Pendjab. Rejetant la stratégie légaliste du TJP, les jeunes radicaux chiites unirent leurs forces pour se doter d'une organisation susceptible de rivaliser avec les groupes armés sunnites. Le SMP s'attaqua en priorité aux cadres du Sipah-e Sahaba et 250 attentats lui ont été imputés entre 1994 et 2001.

Le SMP s'est scindé en deux factions en 1995, la première (dirigée par Ghulam Raza Naqvi) étant favorable à une participation de l'organisation à la vie politique, alors que la seconde (dirigée par Allama Murid Abbas Yazdani) était hostile à cette stratégie légaliste.

L'organisation a entamé son déclin en 1996, à la suite de l'interruption du soutien financier iranien et à l'assassinat d'Allama Murid Abbas Yazdani, qui aurait été commandité par son rival. Avec cet assassinat, l'organisation s'est discréditée et la communauté chiite de Thokar Niaz Beg, qui constituait jusqu'alors le bastion du SMP, s'est finalement retournée contre les militants, ce qui a facilité la capture de Ghulam Raza Naqvi et de ses acolytes. Depuis, de nombreux cadres de l'organisation se sont réfugiés en Iran et au Sud-Liban. Le SMP a été officiellement interdit le 14 août 2001 et semble aujourd'hui moribond.

◆ SSP – Sipah-e Sahaba Pakistan

(L'armée des compagnons du Prophète)

Cette organisation « sectaire » sunnite a été fondée en 1985 par Maulana Haq Nawaz Jhangvi, un militant du Jamiat Ulema-e Islam (JUI), le principal parti religieux d'obédience déobandie du pays. Le berceau du SSP est le district de Jhang, au cœur du Pendjab rural, qui présente la particularité d'être régi par un système féodal dominé par les grands propriétaires terriens chiites, en compétition avec la petite bourgeoisie urbaine de la région, majoritairement sunnite. Le SSP reçut ainsi le soutien financier des hommes d'affaires, des commerçants et des petits fonctionnaires sunnites de Jhang et de la localité voisine de Chiniot, qui trouvèrent dans l'organisation sectaire un défenseur de leurs intérêts économiques et un instrument de mobilisation de la population sunnite contre les possédants chiites. Avant d'être un conflit religieux, le conflit « sectaire » du Pendjab s'enracine donc dans un affrontement localisé entre deux classes sociales rivales.

Au-delà de ces facteurs locaux, l'essor du SSP, dans la seconde moitié des années 80, s'explique par les soutiens dont ils disposaient au sein de l'ISI, des « mafias » de transporteurs et des milieux du narcotrafic, qui ont tous financé l'organisation, à l'instar d'États étrangers tels que l'Irak et, surtout, l'Arabie saoudite. La diaspora pendjabie a également apporté un important soutien financier à l'organisation, qui a ouvert des bureaux en Arabie saoudite, aux Émirats arabes unis, au Canada et au Royaume-Uni.

Après s'être attaqué dans ses discours aux musulmans barelvis du Pakistan, proches du soufisme, Jhangvi se mit à professer un anti-chiisme virulent. Le SSP avait ainsi pour objectif de faire déclarer les chiites non musulmans et de faire du Pakistan un État sunnite appliquant la *charia*. L'audience de l'organisation s'accrut rapidement et les violences sectaires débordèrent du district de Jhang (où elles firent 300 morts entre 1986 et 1989) pour s'étendre à tout le Pendjab puis au reste du pays, en particulier à Karachi à partir de 1994.

Après l'assassinat de Haq Nawaz Jhangvi le 22 février 1990, puis de ses successeurs Maulana Esar-ul Qasmi et Zia-ul Rehman Farooqi, la direction du SSP revint à Maulana Azam Tariq. Ce dernier parvint à deux reprises à se faire élire à l'Assemblée nationale dans le district de Jhang. Poursuivant un double jeu, en soutenant le terrorisme tout en s'efforçant depuis 1992 de s'intégrer à la scène politique légitime, le SSP passa une alliance avec le gouvernement de Benazir Bhutto (1993-1996), tout en se rapprochant au même moment de la faction dissidente du Mohajir Qaumi Movement (MQM) à Karachi, les *Haqiqi*. Assigné à résidence par le général Musharraf tout en bénéficiant d'une pension mensuelle de 10 000 roupies (200 euros), Azam Tariq a été libéré peu avant octobre 2002, afin de se présenter aux élections à Jhang. Réélu à l'Assemblée nationale, il a été assassiné en octobre 2003.

Longtemps considéré comme une des organisations les plus centralisées et disciplinées du pays, qui n'avait d'égale que le Jama'at-i Islami, le SSP est en déclin depuis la fin des années 90. Le parti s'est en effet trouvé dépassé par des organisations plus radicales, rejetant sa stratégie d'insertion au système politique pour privilégier la lutte armée. L'organisation a été interdite par le général Musharraf le 12 janvier 2002 et 1 600 de ses militants emprisonnés dans les semaines qui ont suivi cette interdiction. En dépit de ces mesures répressives, le SSP est parvenu à poursuivre ses activités en les délocalisant dans les madrassas et les mosquées qu'il contrôle.

◆ LeJ – Lashkar-e Jhangvi

(L'armée de Jhangvi)

Cette organisation, issue du SSP, a été fondée en 1996 par Riaz Basra, qui prétendait poursuivre l'œuvre de Maulana Haq Nawaz Jhangvi en rejetant la stratégie légaliste du SSP. En dépit de leurs prises de position divergentes, le SSP et le LeJ entretenaient des liens étroits, à tel point que le LeJ a pu être présenté comme la branche armée du SSP, agissant en coordination avec ses leaders.

Le leader du LeJ porte le titre de *Salar-e-A'ala* (« commandant en chef ») et s'appuie sur 12 lieutenants ainsi que sur une assemblée de conseillers *(shura)*. Les membres du groupe, qui changent régulièrement d'identité, n'ont jamais dépassé les 500. En dépit de ses effectifs réduits, le LeJ est la plus redoutable des organisations sectaires du Pakistan : 350 attentats lui sont attribués sur la période 1996-2001. Cette organise cultive le secret et les candidats au recrutement doivent s'engager à servir la cause sectaire jusqu'à la mort et à rompre tout lien avec leurs proches.

Le LeJ a durement souffert de la répression conduite par le gouvernement de Nawaz Sharif en 1998-1999, années au cours desquelles plusieurs dizaines de militants de l'organisation ont été éliminés par les services de sécurité, en particulier au Pendjab. En réponse à cette répression, le LeJ est soupçonné d'avoir planifié l'attentat à la bombe qui faillit coûter la vie du Premier ministre Nawaz Sharif le 2 janvier 1999.

Pour échapper à cette répression, le LeJ installa son quartier général à Kaboul. Avec la complicité des Talibans, l'organisation ouvrit des camps d'entraînement en Afghanistan, contrôlés par Qari Abdul Hai. À la suite du déclenchement de l'opération *« Enduring Freedom »*, les militants du LeJ ont été contraints de quitter leur sanctuaire afghan pour retourner au Pakistan, où les principaux leaders de l'organisation ont depuis été éliminés par les services de sécurité. Riaz Basra, arrêté à son retour d'Afghanistan en décembre 2001, a ainsi été abattu au cours d'un « accrochage » fictif avec la police du Pendjab le 14 mai 2002, avant que son successeur, Akram Lahori, ne soit arrêté le mois suivant à Karachi. Un autre cadre important de l'organisation, Asif Ramzi, a pour sa part disparu dans une explosion survenue à son domicile à Karachi le 19 décembre 2002.

Même si l'organisation a durement souffert de l'élimination de ses chefs, sa capacité de nuisance demeure intacte et les services de police pakistanais lui attribuent la majorité des attentats perpétrés contre les minorités chrétienne et chiite du pays depuis 2001. Depuis quelques années, le LeJ n'hésite plus à recourir aux attentats suicides pour s'attaquer aux chiites du pays, comme l'ont montré les attentats survenus à Quetta et à Karachi en 2003-2004, qui ont fait près de 200 morts.

Les conflits du Sind urbain. Au moment de la Partition, le Sind accueillit plus de 1 million de réfugiés musulmans venus d'Inde, les Mohajirs. Ces réfugiés se concentrèrent pour la plupart dans les grands centres urbains de la province, en particulier à Karachi, où 600 000 réfugiés s'installèrent entre

1947 et 1951. Dans la décennie suivante, plusieurs dizaines de milliers de travailleurs pathans et pendjabis se sont également implantés à Karachi et, au cours des années 80, la capitale économique et financière du Pakistan devint un lieu de refuge pour plusieurs centaines de milliers de réfugiés afghans, bangladais, birmans, sri-lankais... Mégapole en perpétuelle ébullition, soumise à d'intenses pressions démographiques, Karachi est le théâtre de conflits urbains qui ont fait près de 10 000 morts entre 1985 et 2004.

Bien que Karachi se trouve en proie à une violence endémique, il est possible de séquencer ces conflits urbains :

– En 1985-1986, Karachi fut le théâtre d'affrontements « ethniques » entre Pathans et Mohajirs, dont l'enjeu véritable était le contrôle du marché de l'immobilier informel dans la ville.

– De 1987 à 1991, Karachi et Hyderabad virent s'affronter les branches armées des principaux partis nationalistes de la province. Ces années furent marquées par l'émergence du Mohajir Qaumi Movement (MQM), parti ethnique défendant les intérêts de la population mohajire du Sind, en majorité ourdouphone et dominant les grandes villes de la province. Cette population, qui revendique à juste titre un rôle de premier plan dans la création du Pakistan, s'estimait alors délaissée par les pouvoirs publics et réclamait un meilleur accès aux universités et à la bureaucratie provinciale et fédérale.

– De 1992 à 2001, Karachi est devenue un terrain d'affrontement entre les deux factions du MQM, le MQM (Altaf) et le MQM (Haqiqi). Les dissidents *haqiqi,* soutenus par l'ISI, s'emparèrent des bureaux de la faction adverse à l'issue de l'opération *« Clean-Up »* de 1992, au cours de laquelle l'armée s'attaqua à la branche armée du MQM (A). Peu avant le déclenchement de cette campagne répressive, dont il avait été averti, le leader du MQM, Altaf Hussain, s'exila à Londres, d'où il dirige depuis le parti.

– Depuis 2002, avec le retour du MQM au pouvoir aux niveaux provincial et fédéral, on assiste à un nouveau conflit entre les militants du MQM et leurs adversaires islamistes du Jama'at-i Islami. Ce conflit a pour enjeu le contrôle de Karachi, qui fut longtemps un bastion des islamistes avant de basculer en faveur du MQM à la fin des années 80.

À ces conflits propres à Karachi, qui s'enracinent dans une crise urbaine endémique et dans le legs de la Partition, s'ajoutent des violences sectaires importées du Pendjab dans la seconde moitié des années 90. Celles-ci ont gagné en intensité depuis 2001, suite à l'afflux de terroristes sectaires chassés d'Afghanistan par l'opération *« Enduring Freedom ».*

Les acteurs

◆ JI – Jama'at-i Islami

(L'organisation islamique)

Cette organisation islamiste a été fondée en Inde en 1941 par Maulana Sayyid Abul Ala Maududi, qui en demeura le chef jusqu'à sa mort, survenue en 1972. Maududi prônait la création d'un État islamique qui devait être la panacée à tous les maux des musulmans du sous-continent indien. Ce grand théoricien de l'islam politique, dont l'influence se répandit dans tout le monde musulman, était un réformateur : opposé à l'islam traditionnel et à ses représentants, il prêchait une modernisation radicale de l'islam à travers le combat politique. Le Jama'at devait tenir lieu d'avant-garde à cette révolution islamique d'où émergerait à la fois un État idéal et un islam rénové, répondant aux défis de la modernité. Dans l'esprit de Maududi et de ses héritiers, cette révolution islamique devait cependant demeurer pacifique et s'opérer à travers le travail des élites plutôt qu'à travers la mobilisation des masses. Cette stratégie élitiste fait la spécificité du Jama'at dans le champ de l'islam politique pakistanais et le distingue à la fois des partis religieux dominés par les oulémas (tels que le Jamiat-i Ulema-i Islam et le Jamiat-i Ulema-i Pakistan) et des organisations de terrain qui ont opté pour la réislamisation par le bas (tels que le Jama'at-al Tabligh). Le JI est une organisation extrêmement centralisée, commandée par un « émir » (Qazi Hussein Ahmed, actuellement) élu par les membres de l'organisation. L'organisation hiérarchique du JI s'inspire de celle des confréries soufies mais aussi des partis léninistes et fascistes, que Maududi avait étudiés. Au fil des ans, le JI a adopté une attitude plus pragmatique pour s'insérer sur la scène politique pakistanaise, sans pour autant renoncer à son idéologie islamiste. Ainsi le parti a-t-il noué des liens étroits avec le pouvoir militaire, en particulier sous le régime de Zia-ul Haq (1977-1988). Au cours de cette période, le parti a fait preuve d'une plus grande préoccupation pour les crises politiques affectant les musulmans de la région, de l'Afghanistan au Cachemire. C'est dans ce contexte que le JI s'est impliqué dans la guerre civile afghane, en apportant son soutien au Hezb-i Islami de Gulbuddin Hekmatyar, puis sa médiation dans le conflit opposant ce dernier au duo Rabbani-Massoud, après le départ des Soviétiques. Dans les années 90, le JI a également soutenu le groupe djihadiste Hizb-ul Mujahidin, qui se compose en majorité de militants cachemiris, à la différence des autres organisations djihadistes pakistanaises opérant au Cachemire indien, rassemblant principalement des Pendjabis (comme le Lashkar-e Taiba et le Jaish-e Mohammed) et des Pachtounes (comme le Harkat-ul Mujahidin depuis 2000). Dans la perspective des élections générales de 2002, le JI a surmonté ses divergences idéologiques avec les principaux partis religieux sunnites et chiites du Pakistan pour participer à la création du Muttahida Majlis-e Amal (MMA). Cette coalition de 6 partis a remporté un succès inédit au cours de ces élections, qui s'explique autant par la poussée du nationalisme anti-américain dans le pays que par les manipulations de l'ISI, qui voit dans ces partis religieux un instrument d'endiguement des partis démocratiques laïques. Le JI est ainsi entré dans le gouvernement provincial de la North West Frontier Province et dans celui du Baloutchistan. Le parti a également consolidé ses positions à Karachi, dont il a pris la mairie en

2001. Dans cette ville, le parti fait cependant face à l'opposition armée du MQM, qui se prépare aux élections municipales de 2005, au cours desquelles il espère rafler la mairie à son rival. Les violences qui ont accompagné les élections partielles organisées en mai 2004 dans trois circonscriptions de la ville et qui ont fait une quinzaine de morts (principalement dans les rangs du JI), offrent un aperçu des troubles qui pourraient affecter la capitale économique du Pakistan à l'occasion des prochaines échéances électorales.

◆ MQM (A) – Mohajir Qaumi Movement (Altaf)

(Mouvement national mohajir – Altaf)

Ce parti nationaliste a été fondé en 1984 par un groupe de syndicalistes étudiants issus des facultés de médecine de Karachi. Guidé par un leader charismatique, Altaf Hussain, ce parti entend représenter les intérêts des Mohajirs ourdouphones et gujaratiphones du Sind urbain. Ces derniers, après avoir dominé les institutions fédérales et la bureaucratie nationale, sont entrés dans un déclin relatif au cours des années 70, marquées par l'essor du Parti du peuple pakistanais (PPP), à dominante sindie. Le MQM entendait donc répondre à la remise en cause du statut de minorité privilégiée des Mohajirs, ainsi qu'aux violences dont ils faisaient l'objet de la part des groupes criminels pathans apparus dans le sillage du djihad afghan.
Après avoir conquis la mairie de Karachi en 1987, le MQM a cherché à se transformer en parti de gouvernement, en se rapprochant du PPP puis de la PML (N). Cette stratégie d'insertion au système politique a cependant suscité les résistances de la branche armée du parti, dont les leaders ont fait défection en 1991 pour former le MQM (Haqiqi). Et, alors que le général Zia avait apporté son soutien au MQM au moment de sa création, afin de marginaliser le PPP dans les centres urbains du Sind, l'armée se retourna contre le MQM au début des années 90 pour soutenir les *haqiqi*. Enivré par ses succès politiques, le MQM finit par susciter l'hostilité de l'armée, irritée par la rhétorique anti-*establishment* du parti mohajir et craignant qu'il n'étende ses activités hors du Sind. L'intervention de l'armée à Karachi (1992-1994) se solda cependant par un échec et Karachi sembla basculer dans la guerre civile à partir de 1995, année au cours de laquelle les violences politiques firent plus de 1 500 morts dans la ville.
Depuis 1992, le MQM (A) est dirigé de l'étranger. Altaf Hussain s'est exilé à Londres, où l'International Secretariat du parti est entré en activité en 1993. Ce quartier général du parti, situé dans la banlieue d'Edgeware, commande aux unités du MQM au Pakistan mais aussi au Royaume-Uni, aux États-Unis, au Canada, en Afrique du Sud et au Moyen-Orient, où le parti mohajir s'est solidement implanté depuis le début des années 90, du fait de l'exil de centaines de militants chassés par la répression militaire.
Depuis le coup d'État du général Musharraf, en 1999, le niveau de violence a baissé à Karachi et le MQM est finalement parvenu à retrouver le statut de parti politique légitime après l'accord qu'il a passé avec le général-président en 2002. Fort de ce patronage, le MQM (A) est parvenu à écraser la faction *haqiqi* depuis 2003 et il voudrait aujourd'hui régler ses comptes avec le JI, auquel il a abandonné la mairie de Karachi en 2001 en boycottant les élections municipales.

◆ MQM (H) – Mohajir Qaumi Movement (Haqiqi)

(Mouvement national mohajir – véritable)

Le MQM (H), ou *Haqiqi* (véritable), a été créé en 1991 par les leaders de la branche armée du MQM, Afaq Ahmed et Aamir Khan. Craignant de subir la vindicte d'Altaf, les leaders *haqiqi* se réfugièrent aux États-Unis jusqu'au déclenchement de l'opération « *Clean-Up* » à Karachi en juin 1992. Les *Haqiqi* firent leur retour à Karachi dans les camions de l'armée, qui leur apporta son soutien afin d'écraser la faction d'Altaf. Les dissidents prirent alors le contrôle du sud de la ville et transformèrent les quartiers de Landhi et de Korangi en *no-go areas* pour les militants de la faction adverse. Ces quartiers restèrent sous le contrôle du MQM (H) jusqu'au printemps 2003, au cours duquel le quartier général du MQM (H) à Landhi a été rasé par les bulldozers de la Karachi Building Authority, à l'instigation du MQM (A). Ce dernier s'est en effet rapproché du président Musharraf depuis 2001, apportant son soutien au projet de « démocratie guidée » du président en échange de l'interruption du soutien des *haqiqi* par l'armée et ses services secrets. En vertu de cet accord, le MQM est entré dans la coalition de partis loyaux au président, dans le Sind et au niveau fédéral, et les leaders du MQM (H) ont été placés sous les verrous. Désormais en position de force vis-à-vis de leurs adversaires, les militants du MQM (A) ont pu régler de vieux comptes avec eux. Depuis le printemps 2002, des militants *haqiqi* sont régulièrement enlevés et assassinés par des « assaillants non identifiés » à Karachi. Privé de ses chefs et de ses protections, le MQM (H) est aujourd'hui moribond.

La résurgence du nationalisme baloutche. Le Baloutchistan, qui occupe 40 % du territoire pakistanais mais ne compte que 7 millions d'habitants, est à la fois la province la moins développée et la plus riche en matières premières du Pakistan. Dans les années 70, elle fut le théâtre d'une insurrection nationaliste soutenue par Moscou, qui fit plusieurs dizaines de milliers de morts. Écrasée par Zulfikar Ali Bhutto, cette agitation violente a repris depuis quelques années, les nationalistes baloutches protestant contre la multiplication des cantonnements militaires dans la province et contre les grands projets des autorités pakistanaises. Les gouvernements pakistanais et chinois se sont en effet engagés dans un projet pharaonique au Baloutchistan : la construction d'un port en eaux profondes à Gwadar, voué à devenir la « Dubaï pakistanaise » et à tenir lieu de centre d'exportation du pétrole et du gaz naturel d'Asie centrale – la première phase de la construction du port devrait s'achever en janvier 2005 et une activité portuaire débuter dès lors sur le site. Ces grands projets auront naturellement d'importantes répercussions pour les populations locales. Les autorités pakistanaises prévoient d'« importer » 25 000 travailleurs qualifiés non baloutches pour développer les installations et l'économie de la ville portuaire. Tenus à l'écart de ces grands projets et accusant le gouvernement central de « piller » les ressources naturelles locales tout en projetant de « coloniser » la province, les nationalistes baloutches ont aujourd'hui le vent en poupe et s'efforcent de coaliser leurs forces. L'attentat perpétré contre des ingénieurs chinois à Gwadar, le 2 mai 2004, faisant trois victimes, pourrait ainsi s'expliquer par les frustrations de ces nationalistes, qui s'opposent moins à ces grands projets qu'ils ne demandent d'y être associés. Cet attentat s'inscrivait dans le conflit de basse intensité qui agite le Balouchistan depuis 2002, et qui se traduit par des attaques régulières contre les installations gazières de la province (en particulier dans la région de Sui). Ces attaques sont destinées à interrompre la livraison du gaz de ville au Pendjab, afin de contraindre le gouvernement à négocier.

Ici, comme dans le pays pachtoune, l'extension de l'autorité de l'État à ses marches tribales n'ira pas sans difficultés. Les projets d'intégration de ces zones semi-autonomes à la société pakistanaise sont en effet voués à l'échec, en l'absence de programme de développement économique et social profitant aux populations locales. L'armée pakistanaise semble cependant résolue à répondre militairement à l'agitation baloutche – une campagne de répression ayant ainsi été déclenchée au cours de l'été 2004 contre les combattants de la tribu des Marri, dans la région de Kohlu.

Les acteurs

◆ BLA – Balouchistan Liberation Army

Ce groupe est apparu en 2000 et serait essentiellement composé de partisans du leader tribal Khair Baksh Marri, encadrés par des vétérans du mouvement insurrectionnel de 1973-1977 ainsi que par d'ex-officiers des armées du Golfe, où les Baloutches ont occupé une place importante jusque dans les années 90. Cette organisation mal connue (dont les autorités du Balouchistan ont longtemps nié l'existence) a revendiqué la plupart des attentats à la bombe et des attaques à la roquette qui ont agité la province ces dernières années. Dans ses communiqués, la BLA s'engage à épargner les civils et à se concentrer sur des cibles militaires, ainsi que sur les symboles de l'autorité gouvernementale dans la région (convois et bases militaires, infrastructures gazières et bâtiments administratifs). Le 2 juin 2004, 5 soldats ont trouvé la mort après que leur jeep eut sauté sur une mine, à proximité des installations gazières d'Uch. Le 19 juin, l'aéroport de Sui a à son tour été détruit dans une attaque à la roquette, avant qu'un soldat ne soit tué dans une attaque contre le quartier général des forces paramilitaires à Kohlu, chef-lieu de la région tribale de Marri. Début juillet 2004, l'un des principaux gazoducs de la province a également été endommagé dans la localité d'Uch, située à la frontière du Pendjab. La BLA a également revendiqué l'attaque d'un véhicule militaire à Khuzdar, la deuxième ville de la province, au cours de laquelle 5 militaires et un civil ont trouvé la mort le 31 juillet 2004.

Vers une déstabilisation générale du pays pachtoune ? Les autorités pakistanaises n'ont jamais détenu qu'une souveraineté formelle sur les zones tribales pachtounes, les Federally Administered Tribal Areas (Fata), qui sont soumises à un régime juridique spécial, hérité de la période coloniale, leur accordant une grande autonomie politique et culturelle. Les Fata sont placées sous l'autorité directe du président pakistanais et seules quelques lois nationales s'appliquent à leurs « agences ». La consolidation de l'autorité de l'État (c'est-à-dire essentiellement de l'armée) dans les zones tribales n'ira donc pas sans heurts et comporte de nombreux risques pour la sécurité du Pakistan comme pour la stabilité de l'Afghanistan voisin.

Loin de se trouver figée dans un passé « féodal », cette région connaît depuis quelques années une modernisation sans précédent, qui se traduit notamment par l'afflux de liquidités et la corruption généralisée des leaders tribaux. Ces changements sociaux ont contribué à décrédibiliser les autorités et les institutions tribales, ce qui explique l'échec des tentatives de médiation proposées par ces acteurs traditionnels. Le principal risque, dans ce contexte, est de voir émerger de nouvelles élites contestataires, formées idéologiquement et militairement en Afghanistan, ranimant l'imaginaire d'insoumission des populations locales pour les mobiliser contre Islamabad. Comme à son habitude, l'armée pakistanaise a d'abord cherché à coopter ces élites émergentes, en négociant avec leurs représentants. L'échec de cette stratégie de négociation s'étant avéré patent, l'armée a finalement fait le choix de recourir à la force pour venir à bout de cette résistance encore embryonnaire. Les opérations militaires déclenchées dans l'agence du Sud-Waziristan, depuis 2002, ainsi que l'assassinat du porte-parole de ces Pathans réfractaires, Nek Mohammad, en juin 2004, témoignent de cette évolution.

L'évolution de ce conflit de basse intensité, qui se traduit par des embuscades régulières contre les forces de sécurité et par des attaques à la roquette de leurs positions, est encore incertaine. Après avoir connu un échec patent en mars 2004 dans l'opération de Kalosha, l'armée pakistanaise a remporté un succès important en éliminant (sans doute grâce au soutien logistique des États-Unis) le leader militant Nek Mohammad. Décapitée, la résistance du Waziristan pourrait cependant rapidement se réorganiser et l'évolution de ce conflit dépendra de l'attitude des tribus voisines du Waziristan, en particulier de celle des Massoud, qui se sont jusqu'à présent tenus à l'écart de l'agitation.

La tribu des Ahmadzai et ses « invités » étrangers

La tribu pathane des Ahmadzai, qui appartient à l'ensemble tribal des Wazirs, est répartie entre le Waziristan pakistanais (dont elle constitue 30 % de la population) et la province afghane de Khost. Cette tribu relativement prospère a activement participé au djihad afghan avant d'apporter son soutien au mouvement des Talibans.

Depuis la chute du régime des Talibans, certains membres de cette tribu, combattant jusqu'alors en Afghanistan, sont rentrés au Waziristan où ils ont offert l'asile à certains combattants étrangers soupçonnés d'être affiliés à la mouvance d'Al-Qaïda. La plupart de ces djihadistes étrangers, dont le gouvernement pakistanais demande vainement la reddition, sont originaires d'Asie centrale (Ouzbékistan et Xinjiang chinois), bien que les autorités et les médias locaux les qualifient fréquemment de « Tchétchènes ». L'opération militaire, déclenchée en mars 2004 contre les positions de ces djihadistes dans la région de Kalosha, avait ainsi pour cible un groupe de combattants du Mouvement islamique d'Ouzbékistan (MIO), dirigé par Tahir Yuldashev. La présence de djihadistes arabes dans la région est cependant avérée, certains d'entre eux s'étant mariés au Waziristan depuis le djihad des années 1979-1989.

Refusant de livrer leurs « invités » étrangers, par affinité idéologique et en respect du principe d'hospitalité pachtoune, les hôtes locaux de ces djihadistes sont pour la plupart issus du clan des Yargukhel et bénéficient du soutien du Jamiat Ulema-e Islam de Fazlur Rehman. Les plus célèbres de ces Pathans réfractaires, Nek Mohammad, Haji Mohammad Sharif et Abdul Haziz, ont participé au djihad contre les Soviétiques puis à la guerre civile du côté des Talibans, avant d'ouvrir des écoles coraniques au Pakistan. Depuis 2002, ces hommes ont utilisé les subsides d'Al-Qaïda pour recruter et entraîner des combattants prêts à tenir tête à l'armée pakistanaise. Il n'est donc pas surprenant que cette dernière se trouve confrontée à une résistance farouche dans sa campagne militaire au Waziristan, qui répond à des logiques de politique intérieure (rétablir l'autorité de l'État sur ses marches tribales) autant qu'à des logiques de politique étrangère (répondre aux pressions des États-Unis, dont certains diplomates ne cessent de reprocher au Pakistan son manque de détermination dans la « guerre au terrorisme »).

L'EFFET DE BOOMERANG DE LA « DIPLOMATIE DU DÉSORDRE » DE L'ARMÉE PAKISTANAISE

L'« aggiornamento » de la politique étrangère pakistanaise et ses retombées intérieures. Au lendemain des attentats du 11 septembre 2001, le Pakistan s'est trouvé soumis à d'intenses pressions de la part des États-Unis, inquiets des protections accordées par l'armée pakistanaise à des organisations djihadistes à la fois anti-indiennes et anti-américaines. Face à ces pressions, le général Musharraf a pris une série de décisions qui étaient d'abord symboliques. Après avoir interdit les deux principales organisations sectaires (le SSP et le SPM) en août 2001, il fit interdire la plupart des organisations djihadistes le 12 janvier 2002, en même temps qu'il annonçait le gel de leurs avoirs financiers. Ces mesures demeurèrent essentiellement déclaratoires et les djihadistes reprirent rapidement leurs activités, à l'intérieur comme à l'extérieur du Pakistan, sans se trouver inquiétés. Sous les pressions américaines, le général Musharraf accepta cependant de livrer aux États-Unis plusieurs centaines de militants d'Al-Qaïda, qui avaient trouvé refuge au Pakistan après la chute du régime des Talibans en Afghanistan au cours de l'automne 2001. Au Cachemire, les militants djihadistes se virent intimés l'ordre d'opérer avec plus de discrétion, voire de suspendre temporairement leurs opérations militaires.

Pour les plus radicaux de ces islamistes, ces demi-mesures étaient déjà inacceptables, le président Musharraf trahissant selon eux les intérêts nationaux du Pakistan autant que la cause sacrée du djihad au Cachemire. Pour ces islamistes radicaux comme pour les militants d'Al-Qaïda en quête d'un nouveau sanctuaire, le général Musharraf devint ainsi l'homme à abattre et fit l'objet de plusieurs tentatives d'assassinat au cours de l'année 2003. La dernière d'entre elles, survenue le 25 décembre 2003, a manqué aboutir et a convaincu le général Musharraf de s'engager plus avant dans la mise au pas de ces organisations djihadistes qui, après avoir servi les intérêts stratégiques du pays, se sont retournées contre leurs anciens mentors.

La riposte des djihadistes. La mouvance djihadiste pakistanaise, que le général Musharraf s'est aliénée depuis 2001, a émergé au début des années 80, dans le contexte du djihad afghan. La première organisation djihadiste pakistanaise, le Jamiat-ul Ansar (« Société des partisans »), a ainsi été fondée à Kaboul en 1980 par des étudiants de la madrassa de Binori Town, à Karachi. À la fin de la décennie, une partie de ces djihadistes internationalistes sont partis combattre au Cachemire, avec le soutien de l'ISI *(voir le chapitre sur le Cachemire)*.

La rupture du partenariat stratégique entre ces islamistes radicaux et leurs « patrons » militaires n'est pas encore entièrement consommée. Ainsi le Lashkar-e Taiba (LeT) a-t-il jusqu'à présent été peu affecté par les mesures répressives du général Musharraf. D'autres organisations ont en revanche été durement touchées dans leurs capacités opérationnelles, en particulier le Harkat-ul Mujahidin (HuM) et le Jaish-e Mohammed (JeM). Ces deux organisations, issues du Harkat-ul Djihad-ul Islami (Huji), font l'objet d'une vindicte particulière de la part des autorités pakistanaises, qui accusent ses militants d'être impliqués dans les attentats qui ont failli coûter la vie au général Musharraf les 15 et 25 décembre 2003. L'attentat suicide du 25 décembre a en effet été perpétré par un militant afghan du Huji et par un ancien capitaine de l'armée pakistanaise, Mohammed Jamil, qui aurait rejoint le JeM à son retour d'Afghanistan, où il fut arrêté par les troupes de l'Alliance du Nord avant d'être livré aux Américains. En juin 2004, les autorités ont également accusé un militant du JeM, Amjad Farooqi, d'avoir planifié ces attaques. Farooqi est un natif du Pendjab, qui dès son adolescence s'engagea dans les rangs du Huji. En 1992, alors âgé de 18 ans, il fut envoyé en Afghanistan pour y recevoir un entraînement militaire. Avant de rejoindre le JeM, il combattit l'Alliance du Nord aux côtés des Talibans. Également soupçonné d'être impliqué dans l'assassinat du journaliste Daniel Pearl en 2002, Farooqi aurait planifié les attaques de décembre 2003 avec le soutien de sous-officiers de l'armée pakistanaise proches du Jama'at-al Tabligh et il entretiendrait des liens avec Al-Qaïda. Farooqi a finalement été éliminé par les forces de sécurité pakistanaises au cours d'un raid dans le Sind, le 26 septembre 2004. L'assassinat du guide spirituel du JeM, le mufti Nizamuddin Shamzai, en juin 2004 à Karachi, pourrait pour sa part avoir été perpétré par l'ISI en représailles à l'implication du JeM dans les attaques de décembre 2003.

Quand bien même les autorités pakistanaises parviendraient à enterrer la hache de guerre avec le JeM et le HuM, elles trouveraient d'autres adversaires issus des milieux djihadistes et sectaires, qui reprochent au général Musharraf d'avoir trahi la cause cachemirie avant d'avoir déclenché une guerre contre sa propre population au Waziristan. Cette hostilité nouvelle de certains djihadistes à l'égard de l'armée dépasse désormais la personne du général Musharraf pour s'étendre à l'institution militaire dans son ensemble, où ils disposent pourtant de complicités, en particulier parmi les sous-officiers. Le 10 juin 2004, Karachi a ainsi été le théâtre d'une attaque spectaculaire et sans précédent contre le convoi du commandant du 5e corps d'armée de Karachi, le lieutenant-général Ahsan Saleem Hayat. Celui-ci en a miraculeusement réchappé, mais 16 personnes ont trouvé la mort dans l'attentat, qui a, cette fois, été imputé à une organisation baptisée Jundullah (« L'armée de Dieu »), qui aurait été fondée en 2003 ou en 2004 par de jeunes Mohajirs de Karachi bénéficiant à la fois de soutiens dans l'armée et dans la résistance du Waziristan.

Les acteurs

◆ Jamiat – ul Ansar
(Société des partisans)

◆ Huji – Harkat-ul Djihad-ul Islami
(Mouvement du djihad islamique)

◆ HuM – Harkat-ul Mujahidin
(Mouvement des moudjahidines)

Le Jamiat-ul Ansar a été fondé en 1980 à Kaboul, par de jeunes Pakistanais originaires de Karachi. Cette organisation a donné naissance au Harkat-ul Djihad-ul Islami (Huji) en 1988. Le Huji est une organisation internationaliste, prônant l'extension du djihad à travers le monde. Ses militants ont d'abord combattu en Afghanistan, aux côtés de Younous Khales et de Jallaludin Haqqani (qui deviendra un des principaux commandants talibans, avant de s'illustrer dans la guérilla contre les Américains), puis en Bosnie et au Tadjikistan.

En 1991, le Huji a connu une scission qui a donné naissance au Harkat-ul Ansar puis au Harkat-ul Mujahidin (HuM), dirigé par Fazlur Rehman Khalil et Masood Azhar. Ce dernier est l'une des grandes figures du djihadisme pakistanais. Il est né à Bahawalpur, au Pendjab, et a fait ses études à la grande madrassa de Binori Town, à Karachi. Proche du SSP, il aurait suivi Ben Laden au Soudan en 1992 et combattu en Somalie aux côtés du général Aïdid, avant d'être fait prisonnier au Cachemire indien en 1994. Il fut libéré à l'issue du détournement d'un avion d'Indian Airlines sur Kandahar le 25 décembre 1999. En février 2000, Masood Azhar annonça la création du Jaish-e Mohammed (« L'armée de Mahomet »), auquel s'affilièrent la plupart des militants pendjabis du HuM, alors que les Pachtounes demeuraient fidèles à Fazlur Rehman Khalil. Arrêté à plusieurs reprises pour ses critiques virulentes du président Musharraf, Masood Azhar a noué des liens étroits avec les services secrets pakistanais et son audience s'étend à la diaspora, en particulier en Grande-Bretagne. Fazlur Rehman Khalil, pour sa part, a été arrêté au Pakistan le 8 août 2004.

◆ JeM – Jaish-e Mohammed
(voir le chapitre sur le Cachemire)

◆ Harkat-ul Djihad-ul Alami
(Mouvement international pour le djihad)

Cette organisation, qui n'est autre que la branche internationale du Harkat-ul Mujahidin, s'est vu attribuer la majorité des attentats anti-occidentaux perpétrés au Pakistan depuis 2001, en particulier à Karachi. Le Harkat aurait notamment organisé l'attentat suicide contre un bus de la Direction des constructions navales (DCN) française, le 8 mai 2002, qui fit 14 morts (dont 11 Français). Ses militants seraient également impliqués dans un autre attentat suicide, perpétré le 14 juin 2002 contre le consulat américain à Karachi, qui fit 12 victimes pakistanaises. Selon la police du Sind, cette organisation djihadiste aurait été démantelée au mois de mai 2004, après l'arrestation de « Kamran », alias « Atif », considéré comme l'un de ses principaux responsables. Ces informations, difficilement vérifiables, doivent être traitées avec précaution, et elles visent surtout à convaincre l'opinion publique pakistanaise et les partenaires du Pakistan de l'efficacité de ses services de police.

◆ Jundullah
(L'armée de Dieu)

Cette organisation a fait son apparition à Karachi en 2004 et la police pakistanaise soupçonne ses militants d'être à l'origine de l'attaque du

10 juin 2004 contre le Corps Commander de Karachi. Jundullah se composerait de quelques dizaines de militants aguerris, pour la plupart des Mohajirs originaires de Karachi, issus de la classe moyenne et diplômés de l'enseignement supérieur. L'organisation est dirigée par Ata-ur Rehman, qui présente le profil type de la nouvelle génération de djihadistes pakistanais, qui opéreraient en étroite coopération avec les militants d'Al-Qaïda. Diplômé de l'université de Karachi, il s'est politisé dans les rangs de l'Islami Jamiat-e Tuleba, la branche étudiante du Jama'at-i Islami, avant de rompre avec l'organisation islamiste pour fonder son propre groupe.

Le 14 juin 2004, le ministre de l'Intérieur a affirmé que l'organisation avait été démantelée à la suite de l'arrestation de son chef, Ata-ur Rehman, et de 10 membres de l'organisation. Trois autres de ses militants ont été arrêtés quelques jours plus tard dans une madrassa du quartier d'Orangi Town, à Karachi. Ces derniers auraient, dans le passé, milité au sein du SSP. Le 12 août 2004, un autre militant de cette organisation, Rao Khalid, a également été interpellé à Karachi. Selon la police du Sind, une dizaine de militants de Jundullah demeurait encore en fuite, à la mi-août 2004.

Pour en savoir plus

Mariam Abou Zahab et Olivier Roy, *Réseaux islamiques. La connexion afghano-pakistanaise*, Autrement, 2002.

Frédéric Grare, *Le Pakistan face au conflit afghan, 1979-1985 : au tournant de la guerre froide*, L'Harmattan, 1997.

Christophe Jaffrelot (dir.), *Le Pakistan*, Fayard, 2000.

Christophe Jaffrelot (dir.), *Le Pakistan, carrefour de tensions régionales*, Bruxelles, Complexe, 1999.

Internet

www.crisisweb.org
Site de l'International Crisis Group (ICG), donnant accès aux rapports sur le Pakistan.

www.thefridaytimes.com
Site du meilleur hebdomadaire en langue anglaise du Pakistan, réputé pour son franc-parler et ses analyses sur les questions de défense.

www.newsline.com.pak
Site du meilleur magazine anglophone du pays.

Superficie : 220 000 km² (pour le Cachemire revendiqué par l'Inde)
Population : 14 millions
Religions : islam (75 %), hindouisme, bouddhisme

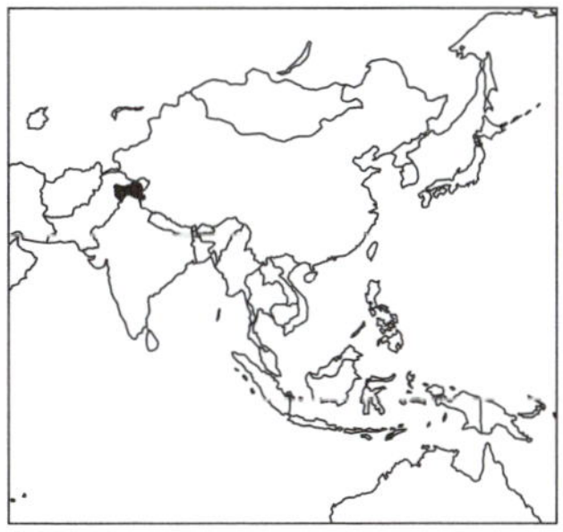

Cachemire

Partagé entre l'Inde et le Pakistan et objet de la première guerre indo-pakistanaise en 1947-1948, le Cachemire est dans sa partie indienne le théâtre d'une insurrection séparatiste qui a déjà fait plus de 50 000 morts depuis 1989. Les premiers groupes armés, tels que le Jammu & Kashmir Liberation Front (JKLF), réclamaient l'indépendance totale de la province. Dans les années 90, ces organisations nationalistes ont cependant été marginalisées par les organisations djihadistes soutenues par le Pakistan, qui demandent le rattachement de la partie indienne du Cachemire au « Cachemire libre » *(Azad Kashmir)* annexé par Islamabad en 1949. La montée en puissance de ces organisations djihadistes patronnées par l'armée pakistanaise s'est accompagnée d'une hausse du niveau de violence et de l'introduction de nouveaux modes opératoires (tels que les attentats suicides) chez les insurgés. Surtout, l'entrée en scène des djihadistes pakistanais s'est traduite par une extension du champ de bataille, le Lashkar-e Taiba s'étant ainsi illustré par des attaques spectaculaires à New Delhi. L'un de ces attentats, en décembre 2001 contre le Parlement indien, a de nouveau conduit l'Inde et le Pakistan – puissances nucléaires déclarées depuis 1998 – au bord de l'affrontement. En 2003, le niveau de tension entre les deux voisins est cependant retombé, après que le Premier ministre Vajpayee eut tendu « la main de l'amitié » au Pakistan, qui a répondu à cette initiative en décrétant un cessez-le-feu le long de la ligne de contrôle (LoC) qui sépare les deux États au Cachemire. En 2004, l'Inde et le Pakistan se sont engagés sur la voie d'un « dialogue composite » et Islamabad s'est efforcé de contrôler les infiltrations des moudjahidines pakistanais au Cachemire indien. Malgré ces signes encourageants, de nombreux obstacles demeurent sur la voie d'une solution négociée à ce conflit meurtrier, où se chevauchent rivalités interétatiques et logiques internes à chaque État.

Cachemire : le contentieux

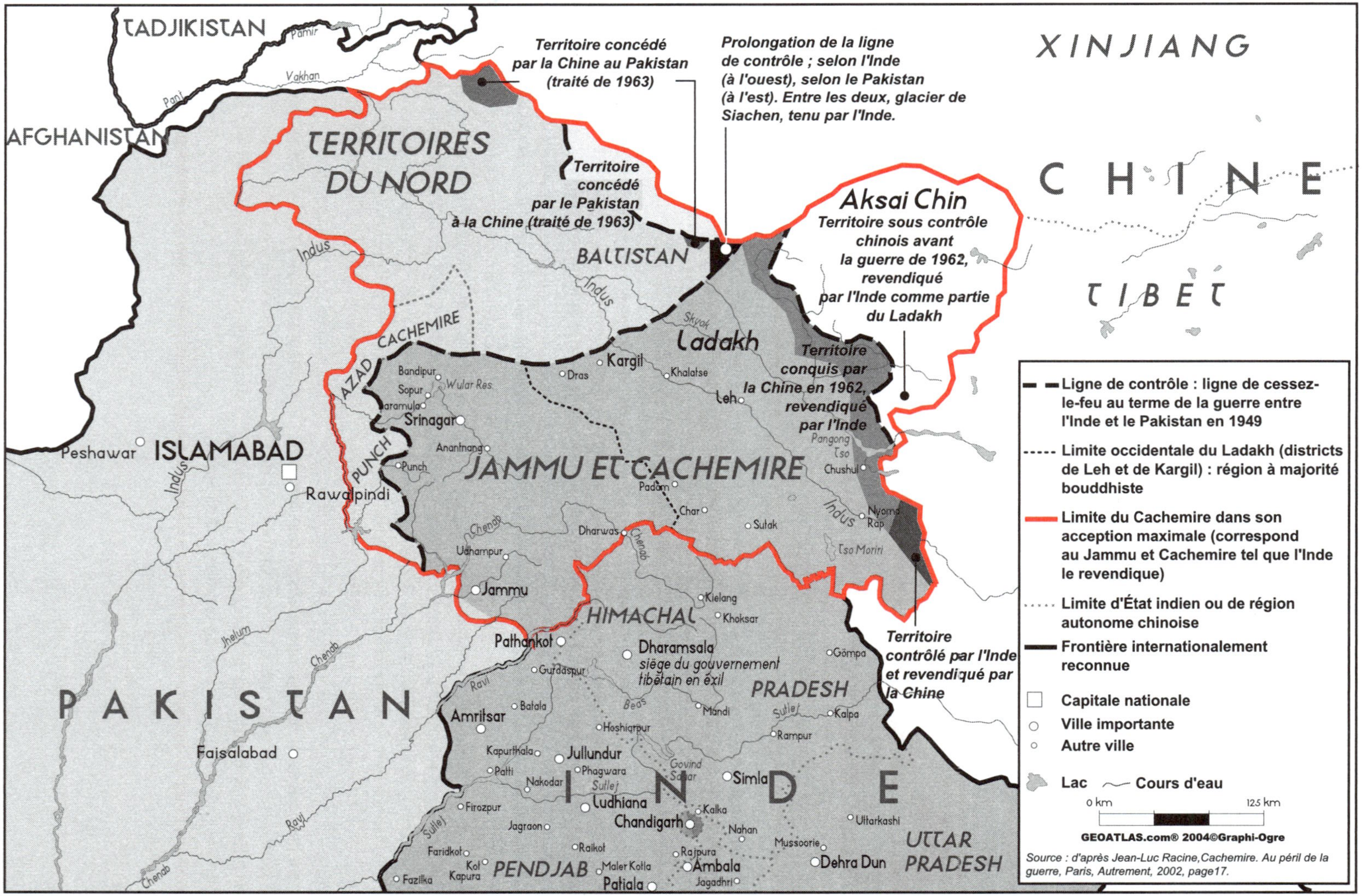

UN TERRITOIRE CONTESTÉ

L'éclatement du Cachemire « géographique ». Véritable nœud himalayen, le Cachemire moderne, qui s'est constitué au XIXe siècle et que revendique aujourd'hui l'Inde, est traversé par trois chaînes de hautes montagnes, la chaîne du Pir Panjal, le Grand Himalaya et, plus au nord, le Karakoram. Il est également entouré de chaînes montagneuses, les monts Kunlun au nord, le Pamir et l'Hindu Kush à l'ouest, qui constituent ses frontières naturelles. Au sud, le Cachemire s'ouvre en revanche sur la plaine du Pendjab, d'une plus grande densité humaine.

Ce Cachemire « géographique », qui correspond aux frontières de l'État princier consolidé par la dynastie des Dogras au XIXe siècle, est aujourd'hui partagé entre trois États : l'Inde, le Pakistan et la Chine.

L'Inde occupe presque la moitié du Cachemire « géographique » et abrite près de 70 % de sa population. La province indienne du Jammu et Cachemire s'étend sur 101 387 km², où vivent plus de 6 millions d'habitants. C'est ici que se trouve le cœur historique du Cachemire, dans la vallée de Srinagar, qui rassemble à elle seule 5 millions d'habitants, à 90 % des musulmans de rite sunnite. Le Jammu est quant à lui une région de piémont peuplé en majorité d'hindous, alors que le Ladakh, frontalier du Tibet, est majoritairement peuplé de bouddhistes lamaïstes.

Le Pakistan a pour sa part annexé en 1949 la partie occidentale du Cachemire géographique, partagée entre l'*Azad Kashmir* (le « Cachemire libre », qui s'étend sur 13 000 km² et compte 2,6 millions d'habitants) et les « Territoires du Nord », plus vastes (65 000 km²) mais moins densément peuplés (600 000 habitants), où la population est majoritairement chiite. Ces deux parties du Cachemire pakistanais sont placées sous des régimes juridiques distincts, l'Azad Kashmir jouissant en théorie d'une importante autonomie (et même de sa propre Constitution, depuis 1974), alors que les Territoires du Nord sont placés sous l'administration directe d'Islamabad.

Dans les années 50, la Chine a établi un contrôle de fait sur la région de l'Aksai Chin (37 500 km²), où l'on ne recense aucune habitation permanente mais qui revêt une importance stratégique particulière dans la mesure où elle permet de relier le Tibet au Xinjiang. Après avoir discrètement construit une route dans cette région reculée, la Chine l'a annexée à l'occasion du conflit sino-indien de 1962. L'année suivante, le Sino-Pakistan Boundary Agreement a transféré à la Chine la vallée de Shaksgam, jusqu'alors rattachée aux Territoires du Nord.

Le Cachemire dans la rivalité indo-pakistanaise. État princier peuplé en majorité de musulmans mais gouverné par un maharadja hindou depuis le XIXe siècle, le Cachemire se trouvait en 1947 dans une situation inconfortable, dans la mesure où son souverain était hostile à l'adhésion au Pakistan, réclamée par sa population. Au moment de la Partition, la population locale se souleva contre le maharadja Hari Singh, à l'instigation du parti de la Conférence musulmane. L'intervention de 5 000 combattants pathans, en octobre 1947, compliqua la situation. Appelés en renfort par la Conférence musulmane, les miliciens conquirent rapidement la partie occidentale de l'État et y proclamèrent un gouvernement du Cachemire libre *(Azad Kashmir),* avant de poursuivre leur route vers Srinagar, aux portes de laquelle ils arrivèrent le 24 octobre 1947. Le maharadja Hari Singh se résolut alors à demander l'aide des autorités indiennes, qui conditionnèrent leur assistance au rattachement de l'État à l'Inde. À la fin de l'année, le conflit fut porté devant les Nations unies, sous l'égide desquelles un armistice fut conclu le 1er janvier 1949. Dans les années 50, le rattachement à l'Inde du Jammu, de la vallée du Cachemire et d'une partie du Ladakh fut officialisé, mais sans référendum (et donc en violation des résolutions successives du Conseil de sécurité ; *voir encadré sur l'ONU et le Cachemire*), alors que l'Azad Kashmir, officiellement indépendant, se trouvait *de facto* rattaché au Pakistan.

Depuis lors, le Cachemire demeure un territoire contesté entre l'Inde et le Pakistan et a été, à plusieurs reprises, le théâtre d'affrontements entre les armées indienne et pakistanaise, notamment lors des conflits de 1965 et de 1971 et de la « guerre de Kargil » de 1999. Au cours de ces affrontements, chacun des protagonistes est parvenu à mordre sur le territoire de l'adversaire, mais ces avancées ont généralement été annulées au moment de l'armistice.

Pour l'Inde, la défense du Cachemire est un enjeu stratégique autant qu'idéologique. Stratégique, d'abord, parce que l'occupation du Jammu et Cachemire permet d'exercer un moyen de pression sur le Pakistan en contrôlant le débit des grands fleuves du Pendjab. Idéologique, ensuite, parce que la préservation de la souveraineté indienne sur cette province, la seule à majorité musulmane de l'Union, est un élément central du discours sécularisté national, qui voit dans l'Inde une union de peuples transcendant leurs clivages religieux et linguistiques pour se fondre dans une nation plus politique que culturelle. Il en va de même pour le Pakistan, pour qui le Cachemire constitue un enjeu stratégique décisif en même temps qu'il occupe une place centrale dans l'imaginaire national. La « libération » du Cachemire (en fait, de ses zones à majorité musulmane) constitue depuis la création du Pakistan une cause nationale, permettant de transcender les clivages sectaires ou de caste. De manière plus prosaïque, cette « cause sacrée » – qui n'a été présentée comme un *djihad* à l'opinion publique qu'à partir des années 90 – permet à l'armée pakistanaise de justifier le maintien des dépenses de défense du pays à un niveau particulièrement élevé.

DU MOUVEMENT DE LIBÉRATION NATIONALE AU DJIHAD

L'insurrection nationaliste. L'organisation nationaliste à l'origine de l'insurrection de 1989, le Jammu & Kashmir Liberation Front (JKLF), bénéficiait du soutien des services

L'ONU et le conflit du Cachemire

L'ONU est intervenue dans le conflit du Cachemire dès la Partition, afin de défendre le droit des Cachemiris à disposer d'eux-mêmes. Le Conseil de sécurité a ainsi adopté une série de résolutions, de 1948 à 1957, demandant notamment à l'Inde et au Pakistan d'organiser un référendum « libre et impartial » sur l'avenir de la région. L'Inde a toujours refusé la tenue de ce plébiscite, en considérant que la participation des Cachemiris au processus électoral suffisait à témoigner de leur attachement à la démocratie indienne. Le Pakistan, qui s'efforce depuis 1948 d'internationaliser la question du Cachemire, réclame pour sa part l'application de ces résolutions, même s'il se montre hostile à l'indépendance du Cachemire. L'ONU conserve une petite présence sur le terrain depuis 1949, à travers le Groupe d'observateurs militaires entre l'Inde et le Pakistan (Unogip), qui compte une trentaine d'observateurs, pour la plupart déployés au Cachemire pakistanais.

secrets pakistanais (ISI) et disposait de bases d'appui à Muzzafarabad, en Azad Kashmir, où réside toujours l'un de ses principaux dirigeants, Amanullah Khan. En dépit de ses soutiens extérieurs, le soulèvement de 1989 fut bien un mouvement autochtone. Depuis l'indépendance, les autorités indiennes s'étaient aliéné la majorité musulmane de la province en refusant de concéder l'autonomie promise par l'article 370 de la Constitution de 1950. Les dirigeants de la Conférence nationale, issue d'une scission de la Conférence musulmane à la fin des années 30, furent même emprisonnés, à l'instar de cheikh Mohammad Abdullah, ou acculés à la démission, comme son fils et successeur, Farooq Abdullah. La crise du fédéralisme indien n'est pourtant pas la seule explication au soulèvement de 1989, auquel contribua également la marginalisation de la Conférence nationale au profit d'organisations plus radicales. La détérioration de la situation économique de la province contribua elle aussi à cette crise, en aiguisant les frustrations des jeunes diplômés sans emploi qui, comme dans le Sind pakistanais ou au Pendjab indien, ont fourni aux groupes armés leurs principaux cadres.
Le soulèvement de 1989 se concentra sur des cibles urbaines : bâtiments publics, représentants du pouvoir central... Très vite, les services secrets pakistanais (Inter Services Intelligence – ISI) prirent cependant leurs distances vis-à-vis du JKLF, trop sécularistе et surtout trop nationaliste à leur goût. En se présentant comme un défenseur de l'identité cachemirie *(kashmiriyat)* et en demandant l'indépendance du Cachemire plutôt que son rattachement au Pakistan, le JKLF est rapidement devenu suspect aux yeux de l'ISI. À partir de 1991, les services pakistanais changèrent donc de stratégie, pour promouvoir des groupes islamistes plus facilement contrôlables. Le choix de l'ISI se porta d'abord sur le Hizb-ul Mujahidin, proche du Jama'at-i Islami du Jammu et Cachemire et du Pakistan. Cette organisation islamiste recrute essentiellement chez les Cachemiris indiens mais son chef, Syed Salahuddin, installa son quartier général à Muzzafarabad, en Azad Kashmir. À partir de 1993, le Hizb-ul Mujahidin fut à son tour marginalisé par l'ISI, au profit des « internationalistes islamiques » du Lashkar-e Taiba puis, à partir de 2000, du Jaish-e Mohammed.

Les acteurs

◆ JKLF – Jammu & Kashmir Liberation Front

Le JKLF, fondé en Grande-Bretagne en 1977 par Amanullah Khan, avec le soutien d'immigrés pakistanais originaires de Mirpur (Azad Kashmir), est issu d'un mouvement nationaliste des années 60, le Jammu & Kashmir National Liberation Front (JKNLF). Dès le début des années 70, les leaders du JKNLF s'étaient illustrés par des actions spectaculaires, comme le détournement d'un appareil d'Indian Airlines en 1971. Le principal leader de ces militants nationalistes aux penchants socialistes, Maqbool Butt, fut arrêté en Inde en 1976 et condamné à mort en 1980.
Avant de participer au soulèvement de 1989 au Cachemire indien, le JKLF se trouva impliqué dans une opération « terroriste » sur le sol britannique. Le 3 février 1984, un groupe de jeunes militants du JKLF kidnappèrent le consul indien à Birmingham, Ravindra Mahtre. Réclamant la libération de Maqbool Butt, ces jeunes radicaux assassinèrent Mahtre le 6 février, provoquant en retour l'exécution de Butt, le 11 février.
En 1988, le JKLF organisa une série d'attentats à la bombe à Srinagar et, l'année suivante, donna le signal de l'insurrection en enlevant la fille du ministre de l'Intérieur de l'Union, Mohammed Sayeed. Le JKLF réclama alors l'indépendance complète du Cachemire, tenant un discours plus nationaliste qu'islamiste qui, en mettant en avant la notion de « cachemirité », s'adressait à toutes les composantes de la société cachemirie.
En 1995, le JKLF s'est divisé en deux branches rivales. La première, dirigée par Amanullah Khan, compte surtout des soutiens en Azad Kashmir. La seconde, dirigée par Yasin Malik, conserve le soutien des militants de la vallée de Srinagar et de Grande-Bretagne (Bradford et Birmingham). Bien que les deux factions poursuivent le même objectif (l'indépendance du Cachemire), la faction Malik a renoncé à la violence pour parvenir à cette fin.

◆ APHC – All Parties Hurriyat Conference

Ce collectif, fondé en 1993, rassemble les principales forces légales du nationalisme cachemiri. Composé de 26 organisations, l'APHC rassemble aussi bien des nationalistes laïcs (JKLF) que des islamistes (Jama'at-i Islami). Parcourue de nombreux clivages internes, cette coalition hétéroclite prétend être la seule représentante

du peuple cachemiri. Bénéficiant de l'appui du Pakistan, la Hurriyat fait également l'objet de manipulations de la part d'Islamabad, qui a cherché à imposer ses protégés à la tête de l'alliance. En 1998, l'arrivée de Syed Ali Shah Geelani à la tête de la Hurriyat, fut ainsi dénoncée par certains membres de l'alliance comme un complot pakistanais, Geelani étant connu comme un fervent partisan du rattachement du Jammu et Cachemire au Pakistan. Promouvant une interprétation religieuse plutôt que politique du conflit, Geelani est une personnalité controversée qui, en 2003, a été chassé de son propre parti, le Jama'at-i Islami, avant d'y être à nouveau admis en août 2004. Il a au même moment créé sa propre faction au sein de la Hurriyat, opposée à toute négociation bilatérale avec les autorités indiennes. Depuis 1999, les modérés de la Hurriyat sont en revanche revenus sur leur demande de négociations tripartites entre l'alliance, l'Inde et le Pakistan, pour entamer un dialogue avec New Delhi. En 2003, ces nationalistes modérés ont répondu favorablement à l'offre de dialogue du Premier ministre Vajpayee mais se sont trouvés confrontés aux menaces des groupes armés islamistes, qui ont éliminé le plus célèbre d'entre eux, Abdul Gani Lone, en mai 2002. Ces pressions ont conduit à la démission du président de l'alliance, Maulvi Abbas Ansari, en juillet 2004. Divisée et privée de chef, la Hurriyat a temporairement suspendu ses discussions avec les autorités centrales, au moment où le « dialogue composite » entre New Delhi et Islamabad connaissait un premier accroc, après que le président Musharraf eut déclaré que la question du Cachemire devait être résolue « dans un délai raisonnable », sous peine de voir le dialogue engagé se vider de tout son sens.

L'entrée en scène des djihadistes étrangers. La scène insurrectionnelle cachemirie s'est trouvée bouleversée dans les années 90 par la montée en puissance des organisations djihadistes pakistanaises. D'idéologie salafiste, ces groupes armés perçoivent le conflit cachemiri non plus comme un mouvement de libération nationale, mais comme un djihad destiné à s'étendre au reste de l'Inde. L'entrée en scène de ces organisations s'est accompagnée d'une radicalisation du conflit. Les militants pakistanais et les volontaires étrangers – principalement afghans ou vétérans du djihad afghan, ces combattants étrangers seraient au nombre d'un millier – ont fait preuve d'une brutalité sans précédent à l'égard des forces de sécurité et de leurs informateurs cachemiris, en n'hésitant pas à les exécuter rituellement (les pratiques d'égorgement, de décapitation et de mutilation se généralisèrent pour terroriser l'ennemi). Face à ces rebelles formés au Pakistan, les services de sécurité indiens ne se sont guère montrés plus respectueux des droits de l'homme. Cinq cent mille soldats, soit la moitié des effectifs de l'armée indienne, ont été déployés au Jammu et Cachemire pour venir à bout de quelques milliers de combattants. Alors que le conflit s'étendait progressivement à l'ensemble de la vallée de Srinagar puis au Jammu à partir de 1995, les populations civiles se sont trouvées prises en étau entre une guérilla qui n'hésitait plus à recourir aux massacres pour obtenir leur soutien et des forces de sécurité qui avaient recours à la torture, au viol et aux exécutions sommaires pour venir à bout des « terroristes ». Au cours de la même période, les minorités religieuses (sikhs et hindous) et les musulmans modérés commencèrent à être pris pour cible par les organisations djihadistes, cherchant à « communaliser » le conflit pour en faire une véritable guerre de religions.

Au cours du printemps 1999, ces djihadistes formés au Pakistan et soutenus par l'ISI ont lancé une vaste offensive au Cachemire indien, bientôt épaulés par les forces régulières pakistanaises. La « guerre de Kargil » de mai-juin 1999 fut le premier conflit ouvert entre une Inde et un Pakistan devenus puissances nucléaires déclarées en 1998. Très vite, ce conflit tourna à l'avantage de l'Inde, qui parvint à repousser l'incursion pakistanaise, au prix de lourdes pertes. Le Pakistan, qui n'a de cesse d'internationaliser le dossier cachemiri depuis le conflit de 1947-1948, est bien parvenu à ses fins en 1999, mais le résultat obtenu fut à l'opposé de celui recherché, Islamabad ayant fait l'objet d'une condamnation unanime pour son aventurisme et son soutien à des groupes « terroristes ».

Le soutien d'Islamabad aux djihadistes opérant au Cachemire a de nouveau conduit l'Inde et le Pakistan au bord de la guerre en décembre 2001, après qu'un attentat contre le Parlement indien, attribué par New Delhi au Lashkar-e Taiba (LeT) et au Jaish-e Mohammed (JeM), eut conduit au déploiement de plus d'un million d'hommes le long de la ligne de contrôle et de la frontière indo-pakistanaise. Cette mobilisation s'est achevée en 2003, après que les dirigeants indiens eurent renoncé à franchir la ligne de contrôle, comme en 1999. Le Pakistan a cette fois pu se réjouir : sa force de dissuasion nucléaire l'a préservé d'une intervention indienne, aux conséquences imprévisibles. Pourtant, à la suite du 11 septembre 2001 et des révélations sur les liens unissant les djihadistes pakistanais à la mouvance d'Al-Qaïda, l'armée pakistanaise a été contrainte de revoir sa stratégie militaire au Cachemire, où ses supplétifs sont désormais considérés comme des « terroristes » par Washington. Islamabad a progressivement pris ses distances avec les djihadistes. L'attentat perpétré par le Jaish-e Mohammed contre le Parlement de Srinagar, en octobre 2001, a fait l'objet d'une condamnation officielle et, en janvier 2002, les principales organisations djihadistes ont été interdites et leurs avoirs financiers gelés. Cédant aux pressions indiennes et surtout américaines, le Pakistan a également entrepris de limiter les infiltrations des groupes combattants au Cachemire indien. Ces mesures sont restées sans grand effet, mais elles ont suffi à fragiliser le pacte stratégique entre l'armée pakistanaise et (certains de) ses supplétifs djihadistes. Frustrés, ces derniers ont juré de supprimer le général Pervez Musharraf, qu'ils accusent de trahir la cause sacrée du djihad cachemiri (*voir le chapitre sur le Pakistan*).

Les obstacles à une solution négociée au conflit du Cachemire. Si la violence a diminué au Jammu et Cachemire depuis 2001, de nombreux obstacles demeurent sur la voie d'une solution négociée au problème du Cachemire. Le « dialogue composite » engagé par l'Inde et le Pakistan en janvier 2004 demeure fragile et il ne pourra aboutir qu'au prix d'importantes concessions de part et d'autre. Le Pakistan semble avoir renoncé à faire référence aux vieilles résolutions de l'ONU demandant la tenue d'un référendum au Cachemire, mais il refuse toujours de transformer la ligne de contrôle (LoC) instaurée par les accords de Simla de 1972 en frontière internationale *de jure,* comme le demande l'Inde. De plus, l'armée pakistanaise n'a ni les moyens, ni d'ailleurs l'ambition, d'interrompre les infiltrations de « terroristes » au Cachemire indien, qui ont connu une recrudescence au cours du mois de juin 2004. Cette reprise des infiltrations, au moment où le « dialogue composite » entrait dans une phase critique, était destinée à envoyer un message clair à New Delhi : l'Inde devait s'engager plus avant dans la résolution du conflit du Cachemire, sous peine de voir le Pakistan relâcher la bride des djihadistes. Ces pressions, qui s'ajoutaient aux déclarations du général Musharraf sur la nécessité de résoudre la question du Cachemire « dans un délai raisonnable », ont profondément irrité les autorités indiennes. Refusant de céder à ce qu'elles tiennent pour un chantage au terrorisme, celles-ci ont fait part de leur mécontentement à Islamabad. La méfiance demeure donc de mise entre les deux rivaux du sous-continent, alors que les évolutions futures du djihadisme pakistanais demeurent imprévisibles. Le JeM semble aujourd'hui marginalisé et le LeT est désormais à l'origine de la majorité des incidents violents au Jammu et Cachemire. Bénéficiant toujours du soutien de l'ISI, le LeT agit pour l'heure sous son contrôle mais ce partenariat pourrait rapidement se déliter, si Islamabad décidait de s'engager dans un véritable processus de négociation avec New Delhi. Rien ne permet de présager de la réaction du LeT dans une telle situation. À l'instar du JeM depuis 2003, le LeT pourrait alors se retourner contre ses anciens protecteurs, délaissant le djihad en Inde pour porter la lutte au Pakistan. C'est sans doute par crainte d'un tel scénario, autant que pour exercer des pressions sur l'Inde, que l'armée pakistanaise s'abstient pour l'instant de démanteler l'appareil militaire du LeT et d'autres organisations djihadistes. Atouts stratégiques, ces groupes armés agissant en territoire « ennemi » sont aussi un instrument de dérivation des pulsions mortifères d'une certaine jeunesse pakistanaise.

Les acteurs

◆ HuM – Hizb-ul Mujahidin

(Mouvement des moudjahidines)

Cette organisation islamiste, proche du Jama'at-i Islami, a été fondée en 1989 par un ancien maître d'école, « *Master* » Ahsan Dar. En 1990, l'organisation s'est dotée d'une « constitution » et est passée sous la direction de Maulana Salahuddin, originaire du Cachemire indien mais réfugié à Muzzafarabad. À la différence des organisations djihadistes qui firent leur entrée sur la scène insurrectionnelle cachemirie dans la seconde moitié des années 90, le Hizb recrute principalement au Cachemire. Plus libéral que ces organisations djihadistes, le Hizb réclame pourtant lui aussi le rattachement du Jammu et Cachemire au Pakistan. Progressivement marginalisé par ses rivaux plus radicaux, recrutant en majorité hors du Cachemire, le Hizb s'est compromis en décrétant un cessez-le-feu unilatéral en juillet 2000. Il compterait encore 1 500 combattants « professionnels », mais ses capacités militaires ont été durement touchées après l'élimination de plusieurs de ses commandants par l'armée indienne, à la suite de la reprise de la lutte armée dès le mois d'août 2000. Le Hizb a également été fragilisé par ses querelles intestines, la branche pakistanaise de l'organisation, dirigée par Salahuddin, s'étant ainsi heurtée à la faction opérant clandestinement au Cachemire indien, conduite par Abdul Majeed Dar (assassiné en mars 2003).

◆ HUJI – Harkat-ul Djihad-i Islami

(Mouvement du djihad islamique)

Voir le chapitre sur le Pakistan.

◆ LeT – Lashkar-e Taiba

(L'armée des purs)

Le Lashkar-e Taiba, fondé en 1989, est la branche armée de l'organisation pakistanaise Markaz Dawat wal Irshad (Centre de prédication et d'orientation), fondée en 1987 par le Palestinien Abdullah Azam, mentor d'Oussama ben Laden, ainsi que par deux Pakistanais, le Dr Zafar Iqbal et Hafiz Saïd, tous deux formés à l'université islamique de Médine. Affilié au courant Ahl-e Hadith, proche du wahhabisme, le Dawat wal Irshad entend « purifier » la société pakistanaise de ses influences hindoues, à l'instar de tous les grands mouvements réformistes sunnites du sous-continent indien. Pour ce faire, le Dawat wal Irshad se consacre à la prédication *(dawa)* mais entend également réhabiliter la notion de djihad, dont il fait une interprétation résolument combative, empruntée au théologien wahhabite Ibn Taimiya.

Le Dawat wal Irshad a installé son quartier général à Muridke, au Pendjab. Véritable embryon de cité islamique idéale, selon les canons de ces fondamentalistes, le terrain détenu par le Dawat wal Irshad à Muridke (offert par le général Zia-ul Haq) abrite une mosquée, un complexe éducatif, des ateliers textiles et de fonderie, une exploitation agricole...

Financé par les commerçants du Pendjab et de Karachi, par la « diaspora » pakistanaise (selon les autorités indiennes, plusieurs hommes d'affaires indiens établis au Royaume-Uni financent à hauteur de près de 6 millions de livres par an des groupes armés opérant au Cachemire, dont le LeT et le JeM) et par des sources saoudiennes – peut-être par Oussama ben Laden lui-même –, le Dawat wal Irshad a bâti un réseau national de centres éducatifs à partir de 1994. Ces écoles, installées dans les quartiers défavorisés des villes ou dans les zones rurales du Sind, accueillent un nombre croissant d'élèves. On y enseigne les sciences coraniques mais aussi l'arabe et l'anglais, dans une optique clairement internationaliste. Les concepts de djihad et de *shahadat* (martyre) sont au cœur de l'enseignement prodigué dans ces écoles, dont les élèves sont incités à se préparer au sacrifice suprême. Contrairement aux madrassas, qui attirent les enfants des classes les plus pauvres, ces écoles (le Dawat wal Irshad en revendique 140, qui scolariseraient 20 000 élèves) sont payantes et accueillent principalement des enfants de la classe moyenne, séduite par l'accent donné à l'enseignement de l'anglais et de l'informatique dans ces établissements. La majorité des élèves issus de ces écoles rejoint ensuite le marché de l'emploi au Pakistan, tandis qu'un petit nombre est orienté vers le LeT.

Dès 1987, des militants du LeT reçurent un entraînement en Afghanistan et, au cours des années 90, entre 100 000 et 300 000 jeunes garçons auraient reçu un entraînement militaire dans ces camps ou dans ceux d'Azad Kashmir. Seule une minorité de ces jeunes recrues est finalement envoyée au combat, avec l'aval de leur famille. Les autres se consacrent à des activités de collecte de fonds ou de propagande dans les villes pakistanaises.

Dans la seconde moitié des années 90, le LeT est devenue l'organisation la plus active au Cachemire indien et ses dirigeants revendiquent l'assassinat de 14 369 soldats indiens entre 1989 et 2000. Le LeT s'est illustré par ses exactions contre les populations civiles (massacres de femmes et d'enfants, victimes égorgées, décapitées et éviscérées), ainsi que par ses actions spectaculaires contre des casernes de l'armée indienne au Jammu et Cachemire mais aussi dans les grandes villes indiennes (en décembre 2000, le Lashkar s'est ainsi attaqué au Fort-Rouge de New Delhi, au cours d'une opération à forte charge symbolique, évoquant la reconquête du siège du pouvoir moghol). De fait, les dirigeants du LeT n'ont eu de cesse de rappeler que le djihad au Cachemire n'était qu'une étape dans la « libération » totale de l'Inde, participant elle-même à une lutte plus globale, dont l'enjeu n'est autre que la conquête du monde par l'islam radical et la restauration du califat. Dans ce but, le LeT a mis sur pied un réseau national de recrutement au Pakistan, qui s'appuie sur 2 000 bureaux répartis à travers le pays. Le LeT recrute pourtant essentiellement dans la classe moyenne inférieure des villes du centre du Pendjab (Gujranwala, Lahore, Multan), d'où sont également originaires la plupart des sous-officiers de l'armée pakistanaise. Dans les campagnes, le LeT trouve ses principaux soutiens dans les familles Ahl-e Hadith, souvent converties au wahhabisme à l'issue d'un séjour du père en Arabie saoudite.

Depuis la fin des années 90, le LeT a noué des liens avec les migrants indiens dans le Golfe (Émirats arabes unis, Koweït et Arabie saoudite) ainsi qu'avec certains groupes radicaux musulmans en Inde même. Il chercherait à mettre sur pied des cellules terroristes destinées à frapper des cibles civiles dans les grandes villes indiennes, comme à Bombay en 2003 *(voir le chapitre sur l'Inde)*. Dans une optique plus internationaliste, le LeT a envoyé des représentants en Irak, sans qu'il soit pour l'heure possible d'établir avec certitude les motifs et l'ampleur de cette présence. En mars 2004, l'armée américaine a interpellé un cadre du LeT en Irak, Dilshad Ahmad, qui aurait participé à la création de cellules terroristes en Inde à la fin des années 90. Quatre autres militants du LeT auraient été arrêtés au cours de la même opération.

Depuis son interdiction, en janvier 2002, le LeT s'est replié en Azad Kashmir et s'est doté d'une structure de commandement exclusivement composée de Cachemiris. Hafiz Saïd, principal leader du LeT, s'est recentré sur des activités de prédication, à la tête du Jama'at-ul Dawat (Association pour la prédication). Au cours du sommet de la South Asian Association for Regional Cooperation (Saarc) à Islamabad en janvier 2004, les autorités pakistanaises ont voulu s'assurer que le LeT ne perturberait pas la réunion et elles ont à cette occasion fait fermer le site Internet de l'organisation, tout en interdisant à Hafiz Saïd de participer à une manifestation à Multan, au Pendjab. Dans les mois qui ont suivi, ces restrictions ont cependant été levées et, en février 2004, Hafiz Saïd a été autorisé à assister aux funérailles du fils d'un homme d'affaires pakistanais, Zahoor Ahmad Awan, tombé en « martyr » au Cachemire. Dans les semaines qui ont précédé la fête de l'Aïd, le LeT a même repris ses traditionnelles collectes de fonds et de peaux animales, qui lui auraient permis de rassembler plus de 10 millions d'euros.

◆ JeM – Jaish-e Mohammed

(L'armée de Mahomet)

Cette organisation djihadiste a été fondée à Karachi en février 2000 par Masood Azhar, avec le patronage d'un professeur de *hadith* du célèbre séminaire de Binori Town, le mufti Nizamuddin Shamzai. Dès sa fondation, le JeM bénéficia du soutien de l'ISI, qui voyait en lui un moyen de contrebalancer la puissance croissante du LeT. Cette stratégie se solda pourtant par un échec, les deux organisations étant rapidement entrées en concurrence. Cette rivalité conduisit à une montée en puissance de la violence terroriste au Cachemire indien et dans le reste de l'Inde, menaçant le fragile équilibre de la terreur qui prévaut dans le sous-continent depuis les essais nucléaires de 1998.

Le Jaish-e Mohammed est issu d'une scission du Harkat-ul Mujahidin, dont Masood Azhar était l'un des principaux dirigeants *(voir le chapitre sur le Pakistan)*. Azhar emmena avec lui les militants pendjabis du Harkat ainsi qu'un certain nombre de militants du groupe sectaire sunnite Sipah-e Sahaba Pakistan (SSP). À l'instar du SSP, le Jaish recrute dans la classe moyenne inférieure et dans les madrassas. Il compte aussi des soutiens dans la « diaspora » pakistanaise, en particulier au Royaume-Uni.

À l'instar du Lashkar-e Taiba, le JeM a eu recours à la technique des attentats suicides importée du Moyen-Orient. L'organisation a ainsi revendiqué l'opération suicide d'un jeune Pakistanais de Grande-Bretagne, Mohammed Bilal, contre une base de l'armée indienne, le 25 décembre 2000. D'autres opérations analogues ont suivi, culminant dans l'attentat contre le Parlement de Srinagar, en octobre 2001, puis contre la Chambre basse indienne, deux mois plus tard.

Le JeM a été interdit en janvier 2002 et Masood Azhar interpellé à plusieurs reprises, avant d'être assigné à résidence. En 2002, le Jaish (rebaptisé Khuddam-ul Islam) s'est scindé en deux factions, après que son numéro deux, Abdul Jabbar, eut fait sécession. Il n'est pas à exclure que l'ISI se soit trouvée impliquée dans cette scission, qui a affaibli l'organisation. Depuis 2003, Masood Azhar se fait plus discret et l'armée pakistanaise semble avoir rompu le pacte stratégique qui la liait au JeM, dont certains militants se trouveraient impliqués dans les attentats qui ont failli coûter la vie au général Musharraf en décembre 2003. L'assassinat de Nizamuddin Shamzai à Karachi, en mai 2004, pourrait ainsi avoir été organisé par l'ISI en guise de représailles et d'avertissement aux djihadistes du JeM.

Pour en savoir plus

Sumit Ganguly, *Conflict Unending. India-Pakistan Tensions Since 1947*, New Delhi, Oxford University Press, 1997.

Alastair Lamb, *Kashmir. A Disputed Legacy, 1846-1990*, Hertingfordbury, Roxford Books, 1994.

Jean-Luc Racine, *Le Cachemire, au péril de la guerre*, Autrement, 2002.

Victoria Shoffield, *Kashmir in the Crossfire*, Londres, I.B. Tauris, 1996.

Internet

www.kashmir.org
Site du gouvernement d'Azad Kashmir.

www.jammukashmir.nic.in
Site du gouvernement provincial du Jammu et Cachemire.

www.armyinkashmir.org
Site de l'armée indienne consacré au conflit du Cachemire.

www.geocities.com/CapitolHill/Lobby/8215/jklfpages.html
Site du Jammu & Kashmir Liberation Front (JKLF).

www.clas.ufl.edu/users/gthursby/kashmir
« Bibliothèque virtuelle » de l'université de Columbia consacrée au Cachemire.

Superficie : 3 290 000 km²
Population : 1,1 milliard
Religions : hindouisme (82 %), islam (12 %), christianisme (2,3 %), sikhisme (2 %), bouddhisme (0,8 %), jaïnisme (0,4 %)

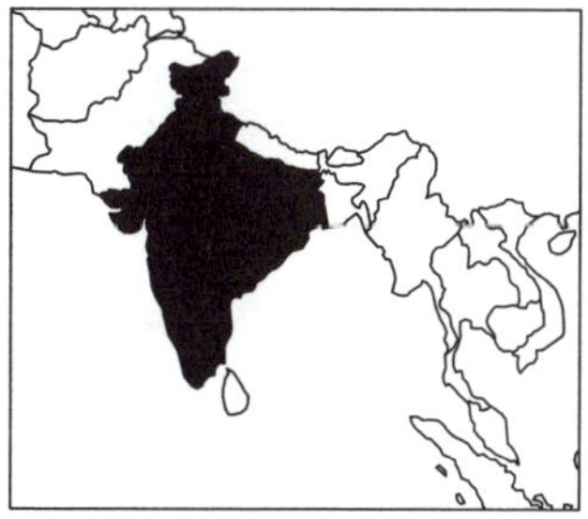

Inde

La « plus grande démocratie du monde » est, depuis sa naissance, confrontée à des conflits intérieurs (Cachemire, Nord-Est, puis Pendjab) ainsi qu'à des rivalités interétatiques (avec la Chine et surtout avec le Pakistan) qui ont à plusieurs reprises débouché sur des conflits ouverts (en 1948, 1965, 1971 et 1999 avec le Pakistan et en 1962 avec la Chine). Depuis la fin des années 90, l'Inde est cependant parvenue à résoudre un certain nombre de ses conflits sécessionnistes, en particulier au Pendjab et au Nagaland, où les principaux groupes combattants ont déposé les armes. Le Cachemire demeure le théâtre d'une guérilla séparatiste musulmane particulièrement meurtrière, mais les groupes armés s'y sont affaiblis militairement depuis 2001, en raison de la réduction du soutien pakistanais dont ils bénéficiaient jusqu'alors *(voir le chapitre sur le Cachemire)*. Au cours de l'été 2004, la principale guérilla maoïste d'Andhra Pradesh, le People's War Group (PWG) a pour sa part engagé un dialogue avec les autorités provinciales. Parallèlement, l'Inde a considérablement amélioré ses relations avec ses rivaux voisins. Le rapprochement avec la Chine, initié à la fin des années 80, a connu une accélération depuis 2003. La relation indo-pakistanaise a également connu un réchauffement spectaculaire en 2003-2004, même s'il est encore trop tôt pour parler d'un véritable « processus de paix » entre les deux puissances nucléaires du sous-continent indien. En dépit de ces signes encourageants, l'Inde demeure fragilisée par ses conflits « communalistes », entre castes et surtout entre communautés religieuses. Les pogromes perpétrés à l'encontre de la minorité musulmane du Gujarat, qui ont fait 2 000 morts au printemps 2002, ont accru le sentiment d'insécurité des musulmans indiens. Ces attaques sans précédent, par leur degré d'organisation et leur extrême violence, ont également radicalisé une fraction de la jeunesse musulmane. Depuis quelques années, on assiste ainsi à l'émergence de groupuscules terroristes indo-musulmans qui n'ont d'autre ambition que de venger les victimes musulmanes des violences « communalistes ». Épaulées par certaines organisations djihadistes pakistanaises, comme le Lashkar-e Taiba, ces cellules terroristes ont déjà démontré leur capacité à monter des opérations de grande envergure avec des moyens logistiques limités, comme en ont témoigné les attentats de Bombay du 25 août 2003, qui ont fait une cinquantaine de morts.

Conflits intérieurs de l'Inde

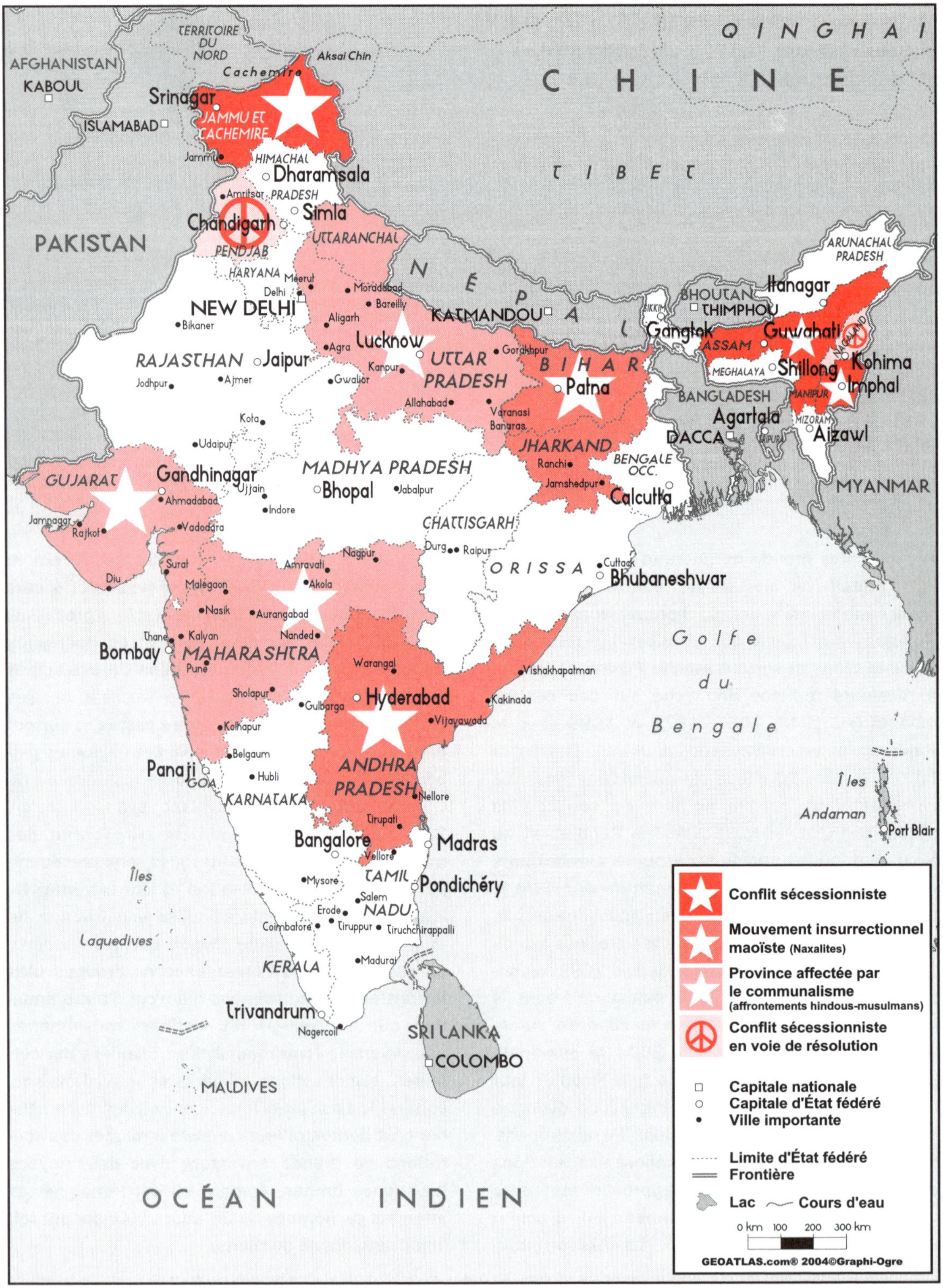

L'ESSOUFFLEMENT DES PRINCIPAUX MOUVEMENTS INSURRECTIONNELS

La résolution du conflit du Pendjab. De 1984 à 1995, le Pendjab a été le théâtre d'une insurrection séparatiste qui a fait près de 30 000 morts. Animé par des groupes armés sikhs *(voir encadré)* revendiquant la création d'un État souverain au Pendjab indien, ce mouvement prend son origine dans les frustrations engendrées par la modernisation agricole des années 60-70 (la « révolution verte »). Dès le début des années 70, les nationalistes sikhs, rassemblés dans le parti du Shiromani Akali Dal (SAD), formulèrent une série de revendications économiques et politiques destinées à mieux répartir les fruits de la croissance pendjabie entre la province et le pouvoir central. Refusant de donner suite à ces demandes légitimes, le gouvernement d'Indira Gandhi apporta son soutien aux fondamentalistes sikhs pour déstabiliser les modérés du SAD. Ces fondamentalistes, dont le chef de file était Sant Jarnail Singh Bhindranwale, échappèrent rapidement au contrôle de leur mentor et, en 1984, se réfugièrent dans l'enceinte du plus grand lieu saint sikh, le Temple d'or d'Amritsar. Pour déloger ces extrémistes (qui n'avaient guère de visées politiques), Indira Gandhi eut recours à l'armée. L'opération « *Bluestar* » de juin 1984, déclenchée le jour d'un important pèlerinage, fit plusieurs milliers de victimes et choqua profondément la population sikhe, en Inde comme à l'étranger (où vivent 2 millions de sikhs, principalement au Royaume-Uni, au Canada et aux États-Unis). La violence de cette répression et l'impunité accordée aux auteurs des massacres de sikhs survenus à Delhi et dans le nord du pays à la suite de l'assassinat d'Indira Gandhi par ses gardes du corps sikhs en novembre 1984, aliénèrent durablement les sikhs du Pendjab et de la « diaspora ». C'est dans ce contexte que la revendication d'un État souverain sikh, le Khalistan (ou « État des purs »), pour la première fois formulé en réponse à la demande du Pakistan dans les années 40, réapparut sur l'agenda des nationalistes sikhs. Soutenus par le Pakistan, qui accorda l'asile aux combattants sikhs dès 1984 puis commença à les entraîner à partir de 1986, les groupes « khalistanis » ont également bénéficié du soutien politique et financier des sikhs de l'extérieur.

Entre 1992 et 1995, la féroce répression conduite par le chef de la police locale, K.P.S. Gill, a laminé les groupes armés sikhs. À cette victoire militaire, acquise au prix de nombreuses exactions contre les populations civiles, s'est ajouté un succès politique pour New Delhi. Dès 1992, le Pendjab a en effet connu un début de normalisation démocratique, avec l'organisation d'élections dans la province. Depuis, le Pendjab a progressivement été réintégré à la société politique indienne, cette réconciliation entre l'Union indienne et les sikhs ayant culminé en 2004 par l'accession de l'un d'entre eux, Manmohan Singh, au poste de Premier ministre.

Les acteurs

◆ Le premier comité panthique

Dans les mois qui suivirent l'opération « *Bluestar* » de juin 1984, plusieurs centaines de sikhs, parfois issus des forces de police, se rendirent clandestinement au Pakistan pour préparer leur riposte. À partir de 1986, la guérilla « khalistanie », aux revendications sécessionnistes, s'est dotée de structures politico-militaires, avec l'aide des services secrets pakistanais, l'ISI. Le 29 avril 1986, plusieurs milliers de sikhs se réunirent à Amritsar pour adopter la « déclaration d'indépendance du Khalistan», proclamant la souveraineté du Pendjab indien.

Les sikhs

Au nombre de 16 millions en Inde et de 2 millions à l'étranger, les sikhs sont aisément reconnaissables par leurs cinq signes distinctifs (les « 5 K ») : les cheveux longs *(kesh)*, un peigne *(kanga)*, une dague *(kirpan)*, un bracelet d'argent (kara) et des caleçons courts *(khachha)*. Le sikhisme est une religion monothéiste qui s'est constituée entre le XVe et le XVIIIe siècle autour de dix gourous, inspirés par les mouvements dévotionnels hindous et musulmans. Confrontée aux persécutions du pouvoir moghol, la communauté sikhe *(Panth)* s'est progressivement militarisée et a développé des valeurs qui firent l'admiration du colonisateur britannique. Celui-ci vit dans les sikhs, en particulier dans la caste des Jats, une « race martiale », dont il fit un vivier de recrutement pour l'armée coloniale. Bien que les gourous sikhs aient rejeté le système des castes, par égalitarisme, celui-ci a survécu dans le sikhisme ; les Jats sont issus d'une caste agricole qui, depuis le XIXe siècle, conteste le leadership du *Panth* aux castes marchandes (Khatris et Aroras) dont sont issus les dix gourous. Dans la seconde moitié du XIXe siècle, le sikhisme se politisa et s'ethnicisa. L'identité sikhe, réinventée par le mouvement de réforme socio-religieuse des Singh Sabhas, devint alors une identité ethno-politique, distinguant clairement les sikhs des hindous. Dans les années 20, le *Panth* se dota d'un parti politique (le Shiromani Akali Dal) et, dans les années 40, en réponse à la demande du Pakistan, les premiers nationalistes sikhs revendiquèrent la création d'un État sikh, le Khalistan. Cette demande resta inassouvie et, en 1947, le Pendjab fut divisé entre l'Inde et le Pakistan, les sikhs demeurant en Inde. En 1966, grâce au comportement héroïque des soldats sikhs au cours du conflit indo-pakistanais de 1965, les autorités indiennes finirent par accéder à la principale revendication du SAD : la formation d'une province du Pendjab à majorité pendjabiphone (et en pratique à majorité sikhe). Cette mesure ne suffit pourtant pas à contenter les nationalistes sikhs, réclamant une plus grande autonomie, en particulier dans le domaine économique.

À l'issue de cette réunion, un comité « panthique » de cinq membres fut formé pour conduire la lutte armée contre l'« occupant » indien. La Khalistan Commando Force (KCF) fut officiellement désignée comme la branche armée du *Panth* (la communauté sikhe) en lutte. Sous la conduite de ses deux principaux commandants, Lakhbir Singh et Manbir Singh Chaheru, la KCF attira environ 400 combattants, pour la plupart de jeunes sikhs issus de la petite et de la moyenne paysannerie de caste Jat, éduqués mais privés d'emploi. Bien que les guérillas sikhes aient toujours recruté dans l'ensemble de la province, la KCF était particulièrement bien implantée dans deux districts frontaliers du Pakistan, celui de Gurdaspur et celui d'Amritsar. En octobre 1986, ses militants s'illustrèrent par un hold-up spectaculaire contre la National Bank de Ludhiana, où ils s'emparèrent de 57 millions de roupies (1 million d'euros).

Dès 1987, la KCF a connu une première scission, après que l'un de ses commandants, Gurbachan Singh Manochahal, eut décidé de former son propre groupe armé, la Bhindranwale Tigers Force of Khalistan (BTFK). La KCF a également souffert, dans les années suivantes, de l'élimination de ses principaux chefs militaires, tels Labh Singh en 1988 puis Kanwarjit Singh en 1989. Au total, près de 200 combattants de l'organisation furent éliminés entre 1986 et 1989. L'organisation fut alors reprise en main par le dernier membre vivant du comité panthique affilié à la KCF, Wasson Singh Zaffarwal. Principale figure de la KCF, Wasson Singh Zaffarwal milita dans les rangs de la mouvance naxalite du Pendjab, avant de s'en distancier du fait de l'athéisme professé par les maoïstes. Après avoir contribué à la réorganisation de la KCF, il s'exila au Pakistan puis à Zurich en 1995, avant de rentrer en Inde en mars 2001, à la suite d'un accord passé avec le gouvernement provincial. Les efforts de Zaffarwal en vue de créer une structure décisionnelle centralisée se soldèrent par un échec, de nombreux commandants de la KCF ayant choisi de faire défection pour fonder leur propre groupe ou pour rejoindre d'autres organisations moins contraignantes.

À l'étranger, le premier comité panthique s'est trouvé représenté par le Dr Gurmit Singh Aulakh, un ancien biologiste établi à Washington, qui fonda le Council of Khalistan en 1986.

◆ Le second comité panthique

Le second comité panthique a été créé en novembre 1988 par des dissidents de la KCF, alliés aux éléments les plus fondamentalistes de la résistance. Il rassemble la BTFK, la Khalistan Liberation Force d'Avtar Singh Brahma, la KCF de Parmjit Singh Panjwar, la faction de la All India Sikh Students Federation de Daljit Singh Bittu ainsi que la Babbar Khalsa. Cette dernière, fondée en 1978 et inspirée par un mouvement terroriste des années 20 (celui des Babbars Akalis), n'avait à l'origine aucune visée politique et se préoccupait exclusivement de « purifier » la société sikhe. Avec le soutien de l'ISI pakistanais, la Babbar Khalsa devint rapidement la plus redoutable des guérillas sikhes et elle se dota à partir de 1981 d'une branche internationale, opérant à partir de la région de Vancouver, en Colombie-Britannique. Animée par Talwinder Singh Parmar, la Babbar Khalsa International (BKI) organisa en 1985 un attentat contre un appareil d'Air India qui fit plus de 300 morts. Cet attentat discrédita largement la cause séparatiste sikhe aux yeux de l'opinion publique mondiale.

À l'étranger, le second comité panthique est représenté par Satinder Pal à Vancouver et par Amarinder Singh à Washington. Le premier se trouve à la tête de l'une des factions de l'International Sikh Youth Federation (ISYF), organisation fondée à Birmingham en 1984, qui à l'instar de la BKI a été déclarée organisation terroriste par le Royaume-Uni en février 2001, rapidement imité par les États-Unis et par l'Union européenne. Amarinder Singh est pour sa part à la tête du Khalistan Affairs Center, une organisation dont l'audience ne dépasse pas la région de Washington, à la différence de l'ISYF et de la BKI, qui disposent de soutiens au Royaume-Uni, au Canada, aux États-Unis et en Allemagne.

Les principaux leaders du second comité panthique demeurent réfugiés au Pakistan, à l'instar de Wadhwan Singh Babbar, de la BKI, de Ranjit Singh Neeta, de la KLF, et de Parmjit Singh Panjwar, de la KCF. Depuis 1995, ces organisations se cantonnent à des actions terroristes contre des cibles civiles (trains, marchés...) au Pendjab et, plus rarement, à New Delhi. Et, bien que l'Inde s'inquiète régulièrement des projets de l'ISI de relancer le mouvement khalistani, la capacité de nuisance des groupes armés sikhs s'est considérablement réduite ces dernières années.

Vers une résorption des conflits du Nord-Est ? L'Assam et ses marges tribales constituent un carrefour entre l'Inde, le monde transhimalayen du Tibet, le monde chinois et surtout l'Asie du Sud-Est. Rattachée à l'Inde au XIXe siècle, cette région est depuis les années 50 le théâtre d'insurrections mêlant marxisme, nationalisme et parfois fondamentalisme chrétien, d'inspiration baptiste. Les populations tribales de l'Assam ont été converties au christianisme au XIXe et au XXe siècle par des missionnaires baptistes américains, qui ont gardé des liens forts avec la région.

La plus ancienne de ces insurrections est celle du Nagaland, province peuplée en majorité de tribus tibéto-birmanes christianisées, qui réclament leur indépendance par les armes depuis les années 50. Le conflit naga semble aujourd'hui en voie de résolution, depuis que le principal mouvement de guérilla de la province, le National Socialist Council of Nagaland (NSCN) a déposé les armes en août 1997. D'autres États de la région demeurent en revanche en proie aux exactions de l'armée et des groupes insurgés, en particulier l'Assam, le Manipur et le Tripura. Dans ces États, les groupes armés revendiquent l'indépendance ou un degré substantiel d'autonomie mais aussi le départ des millions de musulmans bengalis qui se sont installés illégalement dans la région depuis les années 70, parfois au point de réduire les autochtones au statut de minorité sur leur propre sol, comme au Tripura. Dans l'ensemble du Nord-Est, les affrontements entre les groupes armés et les forces de sécurité indiennes ont fait près de 15 000 morts depuis 1992, dont 5 506 en Assam, 3 400 au Tripura, 3 171 au Manipur et 1 876 au Nagaland. En 2003, on recensait encore une trentaine de guérillas actives dans la région.

S'ils conservent une réelle capacité de nuisance, notamment au moment des élections, les groupes armés de la région se sont cependant affaiblis ces dernières années. Ils conservent des camps mobiles en Birmanie et au Bangladesh, mais les autorités de ces États se montrent plus conciliantes vis-à-vis de New Delhi depuis quelques années et les insurgés ne peuvent plus y opérer en toute impunité. Ces groupes ont également échoué à faire du Bhoutan leur nouveau sanctuaire, après que l'armée bhoutanaise eut déclenché une opération antiterroriste d'envergure en décembre 2003, destinée à chasser les insurgés indiens du pays.

Les acteurs

Nagaland

◆ NSCN – National Socialist Council of Nagaland

Le NSCN a été fondé en janvier 1980 par Thuengaling Muivah et Shang Nu Shangwang Khaplang, qui dénonçaient la signature de l'accord de Shillong de 1975, venu mettre un terme au conflit armé entre les autorités indiennes et le Naga National Council (NNC) d'Angami Zapu Phizo. En 1988, le NSCN a éclaté en deux factions : le NSCN (K), dirigé par Khaplang et implanté dans le nord du Nagaland, et le NSCN (I-M), dirigé par Thuengaling Muivah et Isaac Swu, qui s'est pour sa part implanté dans le sud de la province ainsi que dans le nord du Manipur et dans les districts de Karbi Anglong et des North Kachar Hills en Assam. Ce découpage recoupe un partage tribal : le NSCN (K) est principalement soutenu par les tribus Konyak alors que le NSCN (I-M) trouve ses principaux appuis dans la tribu des Thangkul. Cette scission prit donc ses origines dans une rivalité intertribale mais aussi dans la lutte de pouvoir entre Muivah et Khaplang ainsi que dans la dérive fondamentaliste chrétienne de Muivah, qui lui aliéna les Nagas du nord de la province, encore marqués par les traditions animistes locales. Ces deux factions poursuivaient cependant le même objectif : la création d'un « Grand Nagaland », rassemblant la province indienne du Nagaland (créée en 1963) mais aussi les zones peuplées de Nagas en Birmanie et dans la province indienne du Manipur. Idéologiquement, cet État souverain devait être organisé sur la base des principes chrétiens, comme le résume le slogan de la guérilla naga : « le Nagaland pour le Christ ».

Le NSCN (I-M), la plus puissante des deux factions nagas, disposait de 4 500 combattants au début des années 90 et s'est financé par l'extorsion de fonds, qui lui rapportait plus de 30 millions de dollars par an, mais aussi par des activités économiques légales à l'étranger, notamment aux Pays-Bas et en Irlande. Le NSCN (I-M) est également impliqué dans le trafic de l'héroïne birmane, transitant par le Nagaland et le Manipur avant de rejoindre Calcutta. En 1992-1993, le contrôle de la route nationale 39, reliant Imphal (Manipur) à Kohima (Nagaland), par laquelle transitait l'héroïne birmane, a fait l'objet d'affrontements entre le NSCN (I-M) et la Kuki National Army (KNA). Les Kukis du Nagaland, apparentés aux Chins de Birmanie, ont été victimes d'une véritable campagne de nettoyage ethnique de la part des militants nagas, en représailles aux actions de la KNA et en raison du soutien apporté par certains Kukis à l'armée indienne dans sa répression de la guérilla naga. Ce conflit s'est rapidement étendu au Manipur et a débouché sur de nouveaux affrontements intertribaux en 1996, qui ont fait plusieurs centaines de morts.

Bien que les Chinois aient considérablement réduit leur aide militaire aux groupes insurgés indiens depuis les années 60, le NSCN (I-M) aurait bénéficié d'un soutien discret de Pékin. Dans les années 90, ses leaders se sont exilés en Thaïlande et ils ont cherché à construire un réseau transnational de lobbying, en adhérant à l'Unrepresentend Nations and People's Organisation (UNPO), basée à La Haye, et en se rendant régulièrement à Genève pour participer aux réunions de la Commission des droits de l'homme de l'ONU.

Depuis 1997, le NSCN (I-M) s'est engagé dans un processus de négociation avec les autorités indiennes qui l'a conduit à déposer les armes. La faction Khaplang, disposant de 2 000 combattants, demeure cependant opposée à ces négociations et poursuit la lutte armée dans le nord de la province. Les affrontements entre les deux factions ensanglantent régulièrement le Nagaland, la faction Khaplang accusant sa rivale d'avoir trahi la cause naga.

L'Assam

◆ ULFA – United Liberation Front of Assam

L'ULFA a été fondé en avril 1979 par un groupe d'étudiants nationalistes et marxistes revendiquant la création d'un État souverain en Assam. Dénonçant la « colonisation » de la province par New Delhi et le « pillage » de ses ressources naturelles (pétrole, notamment), l'ULFA s'est également mobilisée contre la présence des immigrés bengalis dans la province.

Finançant ses activités par l'extorsion (en particulier auprès des grandes compagnies de thé, très actives en Assam), mais aussi par des activités économiques légales, l'ULFA a noué des contacts avec les services secrets pakistanais (ISI) et bangladais (DGFI). Après avoir bénéficié d'un véritable sanctuaire au Bangladesh à partir de 1989, l'ULFA a fait les frais du réchauffement des relations entre New Delhi et Dhaka depuis la fin des années 90. Le secrétaire général de l'organisation, Anup Chetia, a ainsi été arrêté à Dhaka en décembre 1997 et il y demeure emprisonné. À la suite du changement d'attitude des autorités bangladaises à leur égard, les militants de l'ULFA se sont déplacés au Bhoutan, mais une vaste offensive de l'armée bhoutanaise, en décembre 2003, a conduit au démantèlement de leurs camps dans ce pays ainsi qu'à l'arrestation ou à l'élimination d'un millier de combattants assamais. Depuis, l'ULFA se cherche un nouveau sanctuaire et dispose de points d'appui en Birmanie, dans les monts Garo du Meghalaya, dans le district Mon du Nagaland, dans certaines régions du Bangladesh ainsi que dans la plaine du Teraï, au Népal.

Après avoir activement coopéré avec les guérillas birmanes (Kachin Independence Army, KIA), tamoule (LTTE) et naga (NSCN) à partir de 1986, l'ULFA s'est récemment rapproché du mouvement maoïste népalais, auquel il apporterait un soutien financier, en échange de camps d'entraînement mis à sa disposition par les *maobadis* népalais. Dans les années 90, le mouvement pouvait compter sur le soutien de 3 000 combattants aguerris, formés par les Kachins birmans puis par les rebelles tamouls du LTTE. Depuis quelques années, l'organisation a pourtant souffert de la fermeture de ses camps au Bhoutan et de l'arrestation de plusieurs de ses chefs, au Bangladesh et en Inde.

◆ NDFB – National Democratic Front of Bodoland

Fondé en 1986 par Ranjan Daimary, qui demeure son principal leader, ce groupe armé milite pour la création de l'État souverain du « Bodoland », destiné à rassembler les populations tribales bodo de la rive nord du Brahmapoutre. Ce groupe, qui ne compte probablement que quelques centaines de combattants « professionnels », pratique un véritable « nettoyage ethnique » à l'encontre des migrants bengalis dans les districts à forte présence bodo. Ce groupe a durement souffert, à l'instar de l'ULFA, de l'opération militaire déclenchée par le Bhoutan contre ses camps d'entraînement dans le pays en décembre 2003.

Le déclin du mouvement naxalite. Le mouvement naxalite doit son nom au village de Naxalbari, situé dans les contreforts himalayens du Bengale occidental, où le 3 mars 1967 trois paysans soutenus par 150 membres du Parti communiste (marxiste) s'emparèrent de la récolte de riz du *jotedar* (grand propriétaire foncier) local sans lui en reverser la moindre part. Dans les mois qui suivirent ce premier fait d'armes, les maoïstes indiens se dotèrent d'un organe central, le All India Coordination Committee of Communist Revolutionaries (AICCCR), formé en novembre 1967 à Calcutta après que le chef de file des maoïstes indiens, Charu Mazumdar, eut décidé de « déclarer la guerre » aux politiques « révisionnistes et bourgeoises » du Parti communiste indien (marxiste), le CPI (M). Le 22 avril 1969, l'AICCCR se transforma en Parti communiste indien (marxiste-léniniste). Dans les années qui suivirent, le CPI (ML) s'implanta au Bengale, au Pendjab, au Bihar, en Andhra Pradesh et au Maharashtra. Il n'a jamais été soutenu autrement que verbalement par Pékin mais il aurait noué des liens étroits avec les partis marxistes-léninistes albanais, sri-lankais et britanniques, ainsi qu'avec de petits groupes radicaux des États-Unis, d'Australie et du Népal. Le CPI (ML) disparut en 1972 mais réapparut en 1977 sous la conduite de Satya Narayan Singh, choisissant cette fois la voie parlementaire. D'autres groupes naxalites sont en revanche restés fidèles à leur idéologie révolutionnaire et refusent toujours de déposer les armes.

La mouvance naxalite demeure active au Bengale et surtout en Andhra Pradesh et au Bihar, où l'insurrection maoïste a fait plus de 20 000 victimes depuis les années 80. Cette mouvance naxalite se compose aujourd'hui de six acteurs principaux : trois groupes armés (le Maoist Communist Centre et le CPI-ML-Party Unity au Bihar, ainsi que le People's War Group en Andhra Pradesh) et trois partis politiques (New Democracy et Jana Shakti en Andhra Pradesh, ainsi que le CPI-Liberation au Bihar).

Les acteurs

◆ PWG – People's War Group

Fondé dans les années 70 par Kondapalli Seetharamaiah, le PWG opère surtout dans le nord de l'Andhra Pradesh, à partir de son bastion du Telangana. Ce district se caractérise par son système social « féodal », dominé par les grands propriétaires terriens et hérité de la période coloniale, au cours de laquelle l'État de Hyderabad était gouverné par un souverain musulman, le *nizam*. Le Telangana fut le théâtre d'une première insurrection communiste dès 1946, qui fut rapidement écrasée.

Depuis la fin des années 90, le PWG a durement souffert de la répression des forces de sécurité, qu'il accuse d'avoir éliminé 1 400 de ses cadres dans des accrochages fictifs depuis 1996. Parallèlement, l'organisation a été confrontée à des désertions massives, ses effectifs étant passés de 3 500 à 1 500 hommes.

Après le départ de nombreux propriétaires terriens, dans son fief du Telangana, le PWG a changé de cible et s'attaque désormais en priorité aux responsables politiques et à la police. En 2003, 35 hommes politiques ont ainsi été assassinés par l'organisation maoïste, contre 23 en 2002. En octobre 2003, le PWG s'est même attaqué au Chief Minister de la province, Chandrababu Naidu, qui a échappé de justesse à l'attentat. À la suite de la victoire électorale du Congrès, en 2004, le PWG a engagé un dialogue avec les nouvelles autorités provinciales. Celui-ci a peu de chances d'aboutir, tant que le PWG ne s'engagera pas à déposer les armes. L'organisation maoïste s'efforce probablement, par cette trêve, de gagner du temps pour regrouper ses forces, laminées par la répression et par les défections. Le déclin du PWG semble cependant inexorable, la fin de la guerre froide ayant conduit nombre de ses militants à s'interroger sur la pertinence de leur combat.

◆ MCC – Maoist Communist Centre

Également fondé dans les années 70, le MCC se montre surtout actif au Bihar et au Jharkand, où il bénéficie principalement du soutien des populations tribales, à l'instar du PWG en Andhra Pradesh. Le MCC s'est illustré par sa justice expéditive, administrée par des tribunaux révolutionnaires

qui n'hésitent pas à décapiter publiquement les « traîtres à la révolution » et autres « ennemis de classe ».
Réputé proche des insurgés maoïstes népalais *(voir le chapitre sur le Népal)*, le MCC entretiendrait également des liens avec le PWG, ces organisations étant résolues à créer un « corridor rouge » entre l'ouest du Népal et le nord de l'Andhra Pradesh, traversant la plaine du Teraï et celle du Gange, où les insurgés pourraient se déplacer librement. Ces connivences suscitent naturellement la crainte des autorités indiennes. Depuis 2003, New Delhi s'est donc montré plus ferme vis-à-vis des maoïstes népalais réfugiés sur le sol indien, ceux-ci étant soupçonnés d'avoir aidé les combattants du MCC à moderniser leur armement ces dernières années. De fait, les attaques attribuées au groupe ont redoublé depuis 2002, faisant 88 morts dans le seul État du Jharkand. Au Bihar, seuls 4 incidents furent recensés en 2000 mais ce chiffre est passé à 25 au cours des huit premiers mois de 2003.

Le mouvement nationaliste hindou

La « famille » nationaliste hindoue (le Sangh Parivar) s'est constituée par étapes depuis le début du XXe siècle. Le réseau militant du mouvement, le Rhastriya Swayamsevak Sangh (Réseau des volontaires nationaux, RSS) a été fondé en 1925. Professant une haine virulente des musulmans, cette organisation veut insuffler un esprit martial chez ses militants, notamment à travers des activités sportives et paramilitaires. À cette organisation fascisante s'est ajouté un réseau de religieux, la Vishva Hindu Parishad (Église hindoue universelle, VHP), fondée en 1964. Le mouvement nationaliste hindou s'est par la suite doté d'un bras séculier avec la fondation d'un parti politique, le Jana Sangh, qui deviendra le Bhartiya Janata Party (Parti du peuple indien, BJP) en 1981.
Malgré leurs divergences, notamment en matière de stratégies de conquête du pouvoir, ces organisations sont réunies par une idéologie commune, celle de l'« hindouité » *(Hindutva)*, qui voit dans l'Inde une « nation hindoue » *(Hindu Rashtra)*, où les minorités religieuses n'ont leur place que si elles acceptent de faire allégeance aux valeurs de la communauté majoritaire.

LA TRANSFORMATION DES CONFLITS « COMMUNALISTES »

Bien que les conflits entre communautés religieuses, ou « communalistes », se soient structurés au cours de la période coloniale, ils ont connu un regain d'intensité au cours des années 90. Cette décennie a été marquée par l'essor politique des nationalistes hindous *(voir encadré)*. Pour accroître leur audience, ces derniers ont politisé les rivalités entre la majorité hindoue et la minorité musulmane, notamment autour de la question de la mosquée de Babbour à Ayodhya, qui aurait été élevée il y a quatre cents ans sur le lieu de naissance supposé du dieu Ram. Le mouvement d'agitation autour de la « Terre de Ram » *(Ram Janmabhoomi)* a fait plusieurs milliers de victimes en 1992 et a propulsé le Bhartiya Janata Party (Parti national du peuple indien, BJP), bras séculier du mouvement nationaliste hindou, sur le devant de la scène politique. Allié à une coalition de partis régionalistes, le BJP est parvenu au pouvoir en 1998. En 2002, le gouvernement d'Atal Behari Vajpayee – qui appartient pourtant à la faction la plus « modérée » du BJP – est resté largement passif devant les pogromes antimusulmans orchestrés au Gujarat par la branche locale du parti. Ces violences ont fait plusieurs milliers de victimes. Le recours systématique des « émeutiers » aux atrocités (viols, mutilations, exactions contre les enfants...) traduisait leur volonté de chasser l'ensemble des musulmans du Gujarat, dans le cadre d'une véritable campagne de nettoyage ethnique patronnée par les cadres locaux du BJP (en particulier par le Chief Minister de la province, Narendra Modi) et coordonnée sur le terrain par les activistes du Bajrang Dal *(voir infra)*. Ces violences, qui présentent de nombreuses analogies avec celles qui ont marqué la Partition de l'Inde en 1947, constituent-elles les prémisses de futurs crimes de masse ? Il est trop tôt pour en juger et l'on peut espérer que le retour du Parti du Congrès au pouvoir, depuis le printemps 2004, s'accompagnera d'un apaisement des relations communautaires dans le pays.

Les acteurs

◆ Bajrang Dal
(L'armée de Bajrang)

Le Bajrang Dal a été fondé en octobre 1984 par Vinay Katiyar, qui a d'abord milité au sein du RSS *(voir encadré sur le nationalisme hindou)*. Après avoir mis sur pied le Bajrang Dal, il a rejoint le BJP et s'est fait élire à l'Assemblée nationale dans la circonscription de Faizabad, qui inclut Ayodhya. Le Bajrang Dal a d'abord tenu lieu de service d'ordre au BJP au cours de la campagne en faveur de la construction du temple de Ram à Ayodhya. Le nom de l'organisation fait référence au dieu singe Hanuman (également connu sous le nom de Bajrang Bali), célèbre figure de l'épopée du *Ramayana*. En 1990, les militants du Bajrang Dal, identifiables par leurs bandeaux safran, furent chargés d'assurer la sécurité du *Ram Rathyatra*, le pèlerinage organisé par Lal Krishna Advani de la ville de Somnath, au Gujarat, à Ayodhya, en Uttar Pradesh. Le 6 décembre 1992, ces jeunes miliciens passèrent pour la première fois à l'action violente, en participant à la destruction de la mosquée de Babbour à Ayodhya.

Le Bajrang Dal, qui revendique aujourd'hui 1,25 million de membres, s'est d'abord montré actif dans sa province d'origine, l'Uttar Pradesh, où sont situés les principaux lieux de culte associés au dieu Ram. Au début des années 90, il a étendu ses activités à l'ensemble du pays et la Vishva Hindu Parishad en fit officiellement sa branche étudiante en 1993. Depuis cette date, cette organisation milicienne s'est montrée très active au Rajasthan, en Orissa et au Gujarat. Elle s'attaque en priorité aux missionnaires et aux communautés chrétiennes : des dizaines d'églises ont été incendiées par les militants du Bajrang Dal depuis la fin des années 90 et un de ses militants, Dara Singh, s'est illustré en brûlant vif un missionnaire australien et ses deux jeunes enfants, en Orissa, en janvier 1999. Condamné à mort, il fait désormais figure de héros auprès les militants du Bajrang Dal. Ces militants, qui reçoivent une formation paramilitaire après leur entrée dans l'organisation, ont également constitué le fer de lance des massacres du Gujarat en février 2002. Enfin, dans les villages à majorité hindoue du Jammu et Cachemire, le Bajrang Dal aurait secrètement infiltré les milices villageoises luttant contre les rebelles cachemiris.
Gagnant en assurance dans les États passés sous le contrôle du BJP, le Bajrang Dal tend à s'y transformer en une police religieuse, épaulant les forces de sécurité dans la répression des activités « anti-hindoues ». L'organisation s'en est également pris à la presse hindiphone, pour bénéficier d'une meilleure couverture médiatique.

◆ Simi – Students Islamic Movement of India

Le Simi a été fondé en 1977 à Aligarh par Mohammed Ahmadullah Siddiqui, professeur de journalisme à la Western Illinois University, aux États-Unis. Initialement affilié à la branche indienne du Jama'at-i Islami, le Simi s'en est progressivement distancié, en raison de son radicalisme croissant, qui a incité le Jama'at-i Islami Hind à établir une autre branche étudiante, la Students Islamic Organisation (SIO). Le Simi compterait 400 *ansars* (cadres à temps plein) et quelque 19 000 membres à travers le pays. Seuls les étudiants âgés de moins de 30 ans peuvent rejoindre l'organisation, qui compte une section féminine ainsi qu'un département qui se consacre au travail missionnaire *(da'wah)*. L'organisation fonctionne essentiellement à travers des réseaux interpersonnels, des séminaires et de nombreux magazines publiés en anglais, en ourdou et en diverses langues indiennes. Appartenant à l'école de pensée sunnite déobandie (du nom du grand séminaire de Déoband, dans l'Uttar Pradesh, fondé en 1867 et qui est l'un des centres d'enseignement islamique les plus importants du monde, avec l'université d'Al-Azhar au Caire), le Simi tient un discours panislamiste et serait proche de groupes djihadistes actifs au Cachemire tels que le Hizb-ul Mujahidin, lui-même lié au Jama'at-i Islami pakistanais.
En mars 2001, le Simi a orchestré des émeutes à Khanpur, dans l'Uttar Pradesh, au cours desquelles certains émeutiers ont attaqué un poste de police à la kalachnikov. Son interdiction, peu après les attentats du 11 Septembre, a provoqué de violentes manifestations à Lucknow en 2001, causant la mort de quatre protestataires. L'organisation a été interdite au motif de ses activités « antinationales et déstabilisatrices » et de ses liens avec des groupes djihadistes pakistanais tels que le Lashkar-e Taiba et le Hizb-ul Mujahidin *(sur ces organisations djihadistes pakistanaises, voir le chapitre consacré au Cachemire)*, ainsi que pour ses positions pro-Talibans et pro-Ben Laden. À la suite de la proscription de l'organisation, plusieurs centaines de ses militants ont été arrêtés dans tout le pays (y compris son président, Shahid Badr Falahi) et ses bureaux ont été placés sous scellés. Son secrétaire général, Sadfar Nagori, est pour sa part entré dans la clandestinité et il continue d'œuvrer à la « libération » de l'Inde par le djihad.

◆ GMRF – Gujarat Muslim Revenge Force

Pour les services de police et de renseignement indiens, dont les médias se sont fait l'écho, les attentats de Bombay du 25 août 2003 ont été préparés par une organisation apparue récemment, la Gujarat Muslim Revenge Force (GMRF), destinée à venger les musulmans massacrés au Gujarat au printemps 2002 et bénéficiant de soutiens au Pakistan, ainsi que dans les États du Golfe. Ces attentats, ainsi que trois autres attaques à la bombe survenues à Bombay dans les mois précédents – dans un bus à Andheri, en décembre 2002, contre un marché de Vile Parle, en janvier 2003, et dans un bus de Ghatkopar en juillet 2003 –, auraient été planifiés par quatre individus, interpellés depuis. Ils ne correspondent guère au profil sociologique classique des « terroristes » indo-pakistanais, à l'instar de ceux soupçonnés d'avoir participé aux autres attentats qu'a connus Bombay en 2002-2003 : l'un d'entre eux, le Dr Abdul Mateen Basit, était un médecin hospitalier, un autre, Mohammad Altaf, ingénieur en chimie, et un troisième, Shaikh Zaheer, ingénieur en électronique et télécommunications ; tous étaient âgés de moins de 30 ans.
L'opération du 25 août 2003 a quant à elle été planifiée par un électricien de 45 ans, Sayyed Mohammed Hanif, fraîchement rentré de Dubaï, où il avait travaillé pendant quelques années. Cet individu, inconnu des services de police ou de renseignement avant son passage à l'acte, a reçu le soutien de son épouse et de sa fille aînée, âgée de 16 ans. L'implication d'éléments féminins dans les actions terroristes des groupes islamistes radicaux d'Inde et du Pakistan est relativement rare ; il semble cependant que les deux femmes aient ici joué un rôle décisif. L'épouse de Hanif aurait ainsi participé à la confection des deux engins explosifs et aurait elle-même placé l'une de ces bombes artisanales dans le coffre d'un taxi avant d'y embarquer en compagnie de ses deux filles et de demander au chauffeur de les conduire à India Gate, où les jeunes femmes s'éclipsèrent en abandonnant leur colis piégé. La seconde bombe aurait quant à elle été placée dans un taxi conduit par l'acolyte de la famille Hanif, le jeune Ashrat Ansari, âgé de 25 ans.
Pour les services de police et de renseignement indiens, les quatre « terroristes » auraient disposé de contacts

extérieurs, notamment à Dubaï. Leur principal contact aux Émirats arabes unis était un certain « Nassir », dont Hanif avait fait la connaissance lors de son séjour dans le pays, de 1992 à 2002. Ansari et « Nassir » se seraient rencontrés plus tardivement, en 2002, dans un hôtel d'une banlieue de Bombay, où les opérations d'août 2003 auraient été planifiées.

L'arrestation de ces militants et l'élimination de « Nassir », abattu par la police de Bombay le 13 septembre 2003, qui s'ajoute à celle de plusieurs militants du Lashkar-e Taiba (LeT) soupçonnés d'être impliqués dans cette vague de terreur, a certainement permis de déjouer de nouveaux attentats, comme le suggère la quantité d'explosifs retrouvée au domicile de « Nassir ».

Il semble cependant que les cellules du Lashkar-e Taiba dans le Golfe (Dubaï et Koweït) poursuivent leur travail de recrutement en Inde, en particulier parmi les populations directement touchées par les massacres du Gujarat. En juillet 2004, la police du Gujarat a ainsi abattu quatre musulmans indiens, dont une étudiante de Bombay, soupçonnés d'être affiliés au LeT. Le 29 août 2004, 8 individus soupçonnés d'entretenir des liens avec le LeT ont également été arrêtés à Hyderabad (Andhra Pradesh), alors qu'ils s'apprêtaient à perpétrer un attentat contre un temple hindou.

Pour en savoir plus

Christophe Jaffrelot (dir.), *L'Inde contemporaine*, Fayard, 1998.

Jean-Luc Racine (dir.), *La question identitaire en Asie du Sud*, Éditions de l'EHESS, coll. « Purusartha » n° 22, 2001.

Max-Jean Zins, *Inde. Un destin démocratique*, La Documentation française, 1999.

Internet

www.satp.org
Site spécialisé sur les conflits intérieurs d'Asie du Sud, animé par l'ancien chef de la police du Pendjab, K.P.S. Gill.

www.outlookindia.com
Site de la revue *Outlook*.

www.frontlineonnet.com/
Site du magazine *Frontline*.

Les implantations maoïstes au Népal

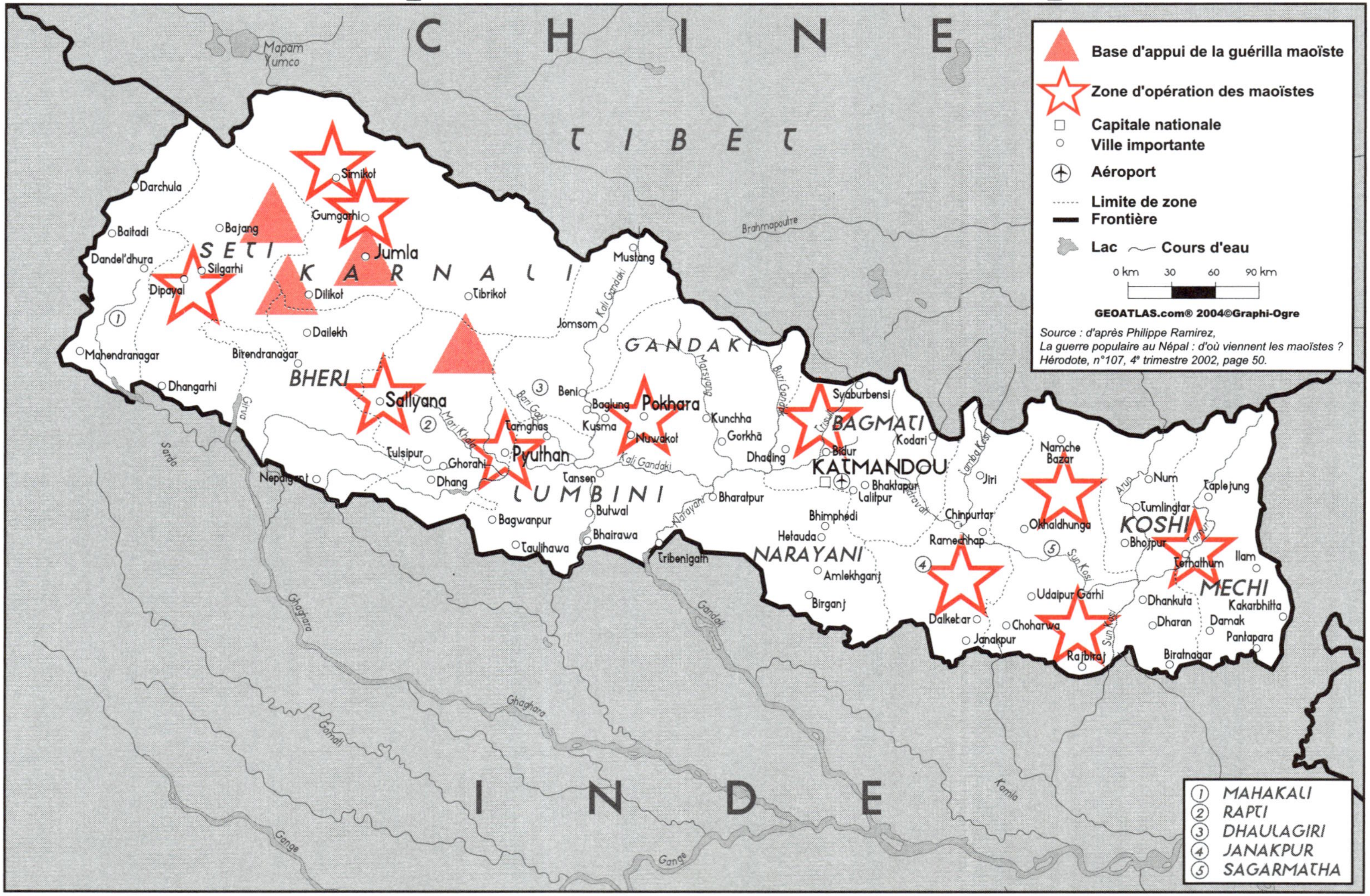

Superficie : 145 000 km²
Population : 23,7 millions
Composition ethnique : Chetri (15,8 %), Bahun (12,7 %), Magar (7,1 %), Tharu (6,8 %), Tamang (5,6 %), Newar (5,6 %)
Religions : hindouisme (religion d'État), bouddhisme, chamanisme, islam

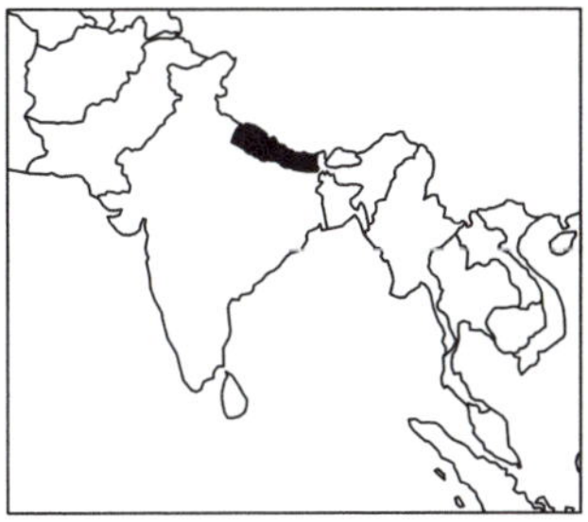

Népal

Le petit royaume himalayen du Népal traverse depuis 1996 une crise politique sans précédent. Il fait face à une insurrection maoïste qui, au fil des années, s'est étendue à l'ensemble du territoire, à partir de ses bastions de l'Ouest. Si ce mouvement insurrectionnel répond à la faillite ou à l'absence de l'État dans les districts reculés du pays, il se nourrit également de la crise des institutions issues du mouvement démocratique de 1990, qui aboutit à l'instauration d'une monarchie constitutionnelle.
Rompant avec les réformes engagées par son frère, assassiné par le prince héritier en juin 2001, le roi Gyanendra a recouru à une série de mesures d'exception pour s'accaparer le pouvoir, remettant en cause les acquis de la révolution de 1990. Parallèlement, le nouveau souverain a fait appel à l'armée pour mater la rébellion maoïste, bénéficiant de l'aide militaire américaine dans cette tâche. Cette réponse militaire à un conflit social et politique n'a fait que radicaliser l'opposition maoïste en même temps qu'elle élargissait son audience, l'armée s'étant rendue coupable de nombreuses exactions contre les populations civiles.

UN ÉTAT TAMPON ENTRE LES DEUX GÉANTS DE L'ASIE

Carrefour entre le monde indien et chinois, le Népal s'est constitué en royaume autonome à la fin du XVIIIe siècle. À partir de sa principauté de l'est du pays, la dynastie des Gorkha entreprit de conquérir tout l'Himalaya central, avant que l'Inde britannique ne parvienne à contenir cet expansionnisme territorial en 1816. Depuis, le Népal n'a dû la préservation de son indépendance qu'à sa neutralité et à son statut d'État tampon entre ces deux géants rivaux que sont l'Inde et la Chine. En dépit de cette neutralité préservée vaille que vaille depuis le XIXe siècle, le Népal a été beaucoup plus influencé culturellement et politiquement par l'Inde que par la Chine. Cette proximité culturelle avec l'Inde hindoue s'explique en grande partie par la géographie du pays. La frontière avec la Chine est en effet constituée par l'Himalaya alors que celle avec l'Inde traverse la plaine du Teraï. Bien que l'Himalaya n'ait jamais constitué un obstacle infranchissable pour les marchands et les voyageurs (et plus récemment pour les réfugiés tibétains), la grande plaine tropicale du sud du pays est un espace d'échanges commerciaux et de flux démographiques bien plus intenses.

Un royaume hindou. Longtemps demeuré replié sur lui-même, le Népal

est le dernier royaume hindou du monde. L'hindouisme y est la religion d'État et le souverain est considéré comme l'incarnation du dieu Vishnou. Contraint de renoncer à certaines de ses prérogatives depuis la révolution démocratique de 1990, le souverain népalais n'en conserve pas moins un rôle central dans le jeu politique et, en vertu de l'article 327 de la Constitution de 1990, il peut prendre les mesures qu'il juge nécessaires afin de « garantir l'application de la Constitution ».
La société népalaise se compose d'une soixantaine de castes et de groupes ethniques, parlant 70 langues et dialectes. Elle s'organise autour d'un système de castes extrêmement strict, dominé par deux groupes sociaux, les Bahun-Chetri et les Newar. Ces derniers ne représentent que 34,1 % de la population mais ils occupent 80 % des postes importants du pays.
Le Népal demeure l'un des pays les moins développés du monde et le plus pauvre de l'Asie du Sud. Sa population demeure à 90 % rurale et 50 % a moins de 15 ans. De mieux en mieux éduquée (le taux d'alphabétisation est de 54 % chez les hommes et de 19 % chez les femmes), cette jeunesse se trouve privée de perspectives d'avenir par l'absence de développement économique et par le fort taux de chômage qui en résulte. C'est cette jeunesse frustrée, ainsi que les populations tribales tenues à l'écart du pouvoir par les groupes sociaux dominants, qui constituent la base sociale du mouvement maoïste, qui a déclenché la « guerre du peuple » en 1996.

UNE CRISE POLITIQUE SANS PRÉCÉDENT

La crise des institutions. Le roi Gyanendra est arrivé au pouvoir en juin 2001, dans des circonstances tragiques, à la suite du massacre de dix membres de la famille royale par le prince héritier, au cours d'une querelle familiale. Après avoir abattu son père, sa mère, son frère et plusieurs autres personnes présentes, le prince Dipendra retourna l'arme contre lui et mourut peu de temps après. Depuis son arrivée au pouvoir, le roi Gyanendra n'a eu de cesse d'affaiblir les partis politiques et de museler l'opposition. Cette dérive monarchique est venue remettre en cause les acquis du mouvement démocratique de 1990, qui avait donné naissance à une monarchie constitutionnelle au Népal. Encore faible et instable – pas moins de douze gouvernements se sont succédé entre 1990 et 2004 –, la jeune démocratie népalaise a gravement souffert de la reprise en main du palais royal. Après avoir décrété l'état d'urgence le 26 novembre 2001, le roi Gyanendra a dissous le Parlement le 22 mai 2002, puis limogé le Premier ministre, Sher Bahadur Deuba, pour « incompétence » le 4 octobre 2002. Le roi a depuis cherché à court-circuiter les six partis démocratiques népalais qui demeurent partisans de la monarchie constitutionnelle, bien que les idées républicaines aient gagné du terrain depuis quelques années (il s'agit des deux factions du Parti du Congrès népalais, du Parti communiste marxiste-léniniste – CPN-UML, du Majdoor Kisan Party, du Nepal Sadbhavana Party et du Jana Morcha Nepal). Pour recentraliser le pouvoir autour de sa personne, le roi s'appuie notamment sur les royalistes du Rashtriya Prajatantra Party, dont sont issus les deux Premiers ministres qui se sont succédé depuis 2002, Lokendra Chand et Surya Bahadur Thapa.
En 2004, le roi a cédé du terrain dans le conflit qui l'oppose aux partis politiques. En mars, il s'est engagé à organiser des élections générales avant la mi-avril 2005. En juin, sous la pression de la rue, il a rappelé aux affaires l'ancien Premier ministre Sher Bahadur Deuba, issu de l'une des deux factions du Parti du Congrès népalais : le Parti du Congrès (démocratique). Le nouveau Premier ministre a aussitôt formé un gouvernement d'union nationale, où le Parti du Congrès (démocratique) et le Parti communiste (marxiste-léniniste) se taillent la part du lion, le roi ayant veillé à conserver des hommes de confiance à la tête de certains ministères sensibles, en particulier celui de l'Information et de la Communication. Ce gouvernement multipartite devra démontrer sa capacité à administrer le pays. En tout état de cause, la politique d'ouverture du palais royal demeure timide et suscite la méfiance des partis. Elle vise avant tout à éviter un ralliement définitif de ces forces politiques légales aux idées républicaines, ralliement qui permettrait un rapprochement entre ces partis et les rebelles maoïstes.

La rébellion maoïste. Le conflit opposant le gouvernement népalais et les maoïstes a débuté le 13 février 1996, par l'attaque de trois postes de police et d'une agence bancaire. Depuis, cet affrontement a fait près de 10 000 victimes et a connu plusieurs phases :
– de 1996 à 1997, les attaques de la guérilla demeurèrent peu meurtrières. Les insurgés s'en prirent essentiellement à des postes de police isolés, afin d'accroître leur stock d'armes. À travers des activités de propagande, ils cherchèrent parallèlement à s'enraciner dans les districts les plus isolés du pays ;
– de 1998 à 2000, la guérilla s'est attaquée aux représentants du pouvoir féodal et de Katmandou ; elle a parallèlement instauré un véritable État parallèle à partir de ses « bases d'appui », prélevant l'impôt, redistribuant les terres et administrant la justice ;
– à partir de 2000, la guérilla a gagné de l'assurance et a commencé à s'attaquer à des contingents de policiers puis, après la rupture de la trêve qui s'étendit d'août à novembre 2001, à l'armée. En novembre 2001, cette dernière est venue épauler la police dans la répression du mouvement insurgé. Après une nouvelle trêve, de janvier à août 2003, la guérilla a repris les armes et le conflit a atteint une intensité meurtrière sans précédent, faisant une quinzaine de morts par jour.
Malgré une assistance militaire américaine (en 2003-2004, les États-Unis ont débloqué 60 millions de dollars d'aide de toutes sortes, dont 20 millions pour le volet militaire), britannique et indienne, qui a permis à l'armée royale népalaise (NRA) de se moderniser, celle-ci ne semble pas en mesure de l'emporter sur les maoïstes. Mais ces derniers ne semblent pas non plus en mesure de renverser le régime, même s'ils « contrôlent » désormais

près de 70 % du territoire, l'autorité du pouvoir central ne s'exerçant plus que sur la capitale et sa vallée, ainsi que sur les chefs-lieux de district. Il n'y a donc pas d'issue militaire au conflit et celui-ci ne pourra se dénouer qu'à travers une solution négociée. L'évolution des relations entre les partis démocratiques et les maoïstes sera à cet égard décisive. Les partis politiques légaux, frustrés par la dérive autoritaire du palais royal, pourraient à l'avenir se rapprocher des maoïstes pour demander l'abolition de la monarchie. Mais rien ne permet de présager des capacités du CPN (M) à s'intégrer au jeu démocratique, qui se ferait au prix d'un renoncement à son « État parallèle ».

L'environnement régional de la crise népalaise. L'attitude de l'Inde, plus encore que celle des États-Unis, sera déterminante dans l'évolution de la crise népalaise. Craignant que le succès de la rébellion maoïste népalaise ne renforce les mouvements naxalites opérant sur son territoire, mais aussi les groupes insurgés d'Assam qui bénéficieraient de camps d'entraînement au Népal, l'Inde se montre plus ferme depuis quelques années, notamment en luttant contre l'implantation de bases arrière sur son sol. Longtemps, le territoire indien a en effet tenu lieu de sanctuaire aux maoïstes népalais, les cadres du parti pouvant s'y abriter en toute sécurité. Cette situation s'est trouvée remise en cause depuis 2003 par l'arrestation de plusieurs cadres du CPN (M), arrestations auxquelles les maoïstes népalais ont répondu en s'en prenant aux intérêts indiens dans le royaume. Le rapprochement entre Katmandou et New Delhi s'est poursuivi avec le retour au pouvoir du Congrès en Inde, au printemps 2004. Le nouveau ministre des Affaires étrangères indien, Natwar Singh, a effectué sa première visite officielle à Katmandou, pour réaffirmer son soutien aux autorités népalaises et la nature privilégiée de la relation entre l'Inde et le Népal. De fait, au-delà de leur proximité géographique, les deux pays sont profondément intégrés économiquement, l'Inde étant le premier partenaire commercial du Népal et accueillant près de 2 millions de travailleurs népalais, qui constituent une manne vitale pour l'économie du royaume.
L'autre grand voisin du Népal, la Chine, a toujours eu une position très claire à l'égard de la crise népalaise. Pékin n'a jamais apporté son soutien aux insurgés népalais, qu'elle accuse de « salir la mémoire du Grand Timonier ». Elle a donc apporté un soutien inconditionnel à Katmandou, avec laquelle elle a par ailleurs résolu son différend sur la question des réfugiés tibétains, qui ont longtemps transité par le Népal avant de rejoindre l'Inde. Depuis 1990, les réfugiés tibétains ne sont plus autorisés à entrer au Népal et toute manifestation en faveur du Tibet libre y est interdite.

Les acteurs

◆ CPN (M) – Communist Party of Nepal (Maoist)

Le Parti communiste maoïste du Népal, le CPN (M), a été fondé en 1994, après une scission du Parti communiste népalais, qui vit le jour en 1949 à Calcutta. Le CPN (M) est dirigé par deux brahmanes, Pushpa Kamal Dahal – *alias* le camarade *Prachanda,* le « Brave » – et Baburam Bhattarai. Âgés d'une cinquantaine d'années, les deux hommes se sont politisés dans les mouvements étudiants des années 80. Pushpa Kamal Dahal est l'homme de terrain du parti, son lien avec les « masses », de par ses origines modestes. Bhattarai est quant à lui l'idéologue du parti, issu d'un milieu urbain et formé à l'université de Delhi, où il a obtenu un doctorat en ingénierie. La rébellion contre Katmandou a été lancée le 13 février 1996. Une première agitation maoïste, le mouvement des Jhapali, avait eu lieu à la fin des années 60 mais était restée de faible ampleur. Le mouvement maoïste actuel peut en revanche compter sur un noyau dur d'environ 6 000 combattants, sur un total de 15 000 à 20 000 militants. En l'absence de soutiens étatiques extérieurs, les maoïstes ont acquis leurs premières armes en s'attaquant à des postes de police isolés. Au fil des années, les rebelles ont cependant pu moderniser leur armement, le CPN (M) étant devenu l'un des groupes armés les plus prospères de l'Asie du Sud, avec un « trésor de guerre » évalué à 128 millions de dollars. Ces fonds proviendraient pour 40 % de l'extorsion de fonds, pour 25 % du trafic de drogue (cannabis et pavot), pour 20 % d'attaques à main armée et pour 15 % de contributions des migrants népalais établis en Inde (fonds notamment collectés par la All India Nepal Society, qui revendique 150 000 membres dans la « diaspora » népalaise en Inde).
Le CPN (M) n'a jamais été soutenu par la Chine et ses principales sources d'influence sont les groupes naxalites indiens et le Sentier lumineux péruvien. Il est affilié à l'International Revolutionary Movement (IRM), fondé à Londres en 1984, qui coordonne l'action d'une vingtaine de mouvements d'obédience maoïste à travers le monde. Le CPN (M) entretient également des contacts étroits avec divers groupes insurgés du sous-continent indien, en particulier avec le People's War Group (PWG) d'Andhra Pradesh, le Maoist Communist Centre (MCC) du Bihar et les Tigres tamouls (LTTE).
Le principal objectif du CPN (M) est le renversement de la royauté au profit d'une « vraie démocratie », où le féodalisme n'aurait plus sa place. Les maoïstes népalais réclament également le départ des multinationales (ils se sont d'ailleurs attaqués à une usine de Coca-Cola à Katmandou) et, dans une veine plus nationaliste, militent pour l'abrogation du traité de paix et de coopération de 1950 avec l'Inde, la fin du recrutement des Gurkhas dans les armées britannique et indienne et celle de la « pollution culturelle » en provenance de l'Inde.
La guérilla recrute avant tout dans la jeunesse rurale éduquée mais privée de perspectives d'emploi et, par-là même, de reconnaissance sociale. Les avantages sociaux et économiques procurés par la participation au mouvement insurgé n'excluent pas, naturellement, une adhésion sincère à l'idéologie du parti. La guérilla a également profité

La question des réfugiés bhoutanais

Le Népal entretient des relations difficiles avec le royaume himalayen voisin du Bhoutan. Le principal point de friction entre Katmandou et Thimpu est la question des 108 000 Bhoutanais réfugiés dans 7 camps à l'est du Népal. Ces réfugiés bhoutanais de langue népalaise ont été expulsés au début des années 90. Les autorités népalaises demeurent hostiles à l'installation durable de cette population, alors que leurs homologues bhoutanaises s'opposent à leur retour, craignant que celui-ci ne bouleverse les équilibres démographiques dans le royaume.

d'un recrutement ethnique. Les bastions historiques de la guérilla, situés dans les districts isolés et forestiers de Rolpa et de Rukum, abritent une importante population tribale khammagar, qui a vu dans le mouvement maoïste la promesse de lendemains meilleurs mais qui y a aussi trouvé un outil de consolidation de son identité collective.

À l'instar de groupes naxalites indiens tels que le PWG, le CPN (M) a largement ouvert ses rangs aux femmes. Ces dernières participent surtout aux activités de soutien logistique et de propagande mais aussi aux combats, parfois dans des brigades exclusivement féminines (qui rappellent les « Mahila Brigades » du PWG).

Pour en savoir plus

Philippe Ramirez, « La guerre populaire au Népal : d'où viennent les maoïstes », *Hérodote*, n° 107, 4e trimestre 2002, pp. 47-66.

Philippe Ramirez, « Pour une anthropologie religieuse du maoïsme népalais », *Archives de sciences sociales des religions*, n° 99, 1997, pp. 47-68.

Anne de Sales, « Entre revendications ethniques et maoïsme : le pays Kham-Magar (Népal) », dans Jean-Luc Racine (dir.), *La question identitaire en Asie du Sud*, Éditions de l'EHESS, coll. « Purusartha » n° 22, 2001, pp. 271-301.

Internet

www.himalmag.com
Site du meilleur magazine en langue anglaise du Népal.

www.nepaltimes.com
Site du meilleur hebdomadaire en langue anglaise du Népal.

Superficie : 63 000 km²
Population : 19 millions
Composition ethnique : Cinghalais (74 %), Tamouls (18 %), « Musulmans » (7 %), autres minorités (1 %)
Religions : bouddhisme (69 %), hindouisme (15 %), islam (7 %), christianisme (7 %), divers (2 %)

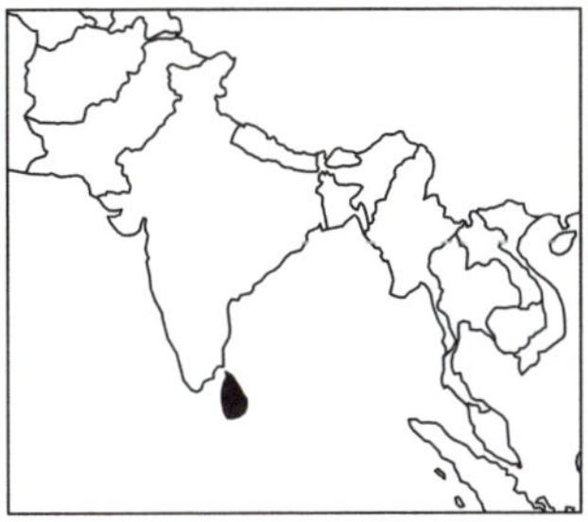

Sri Lanka

Sri Lanka connaît depuis 1983 un conflit sanglant qui a causé la mort de plus de 60 000 personnes. Le conflit oppose les deux principales ethnies de Sri Lanka, les Cinghalais et les Tamouls. Ces derniers, dénonçant leur discrimination systématique par l'État majoritairement cinghalais, revendiquent un État indépendant – l'Eelam – couvrant toute la partie nord-est du pays, où est rassemblée la plus grande partie de la population tamoule. La grande majorité de cette population est encadrée par les Tigres de libération de l'Eelam tamoul (Liberation Tigers of Tamil Eelam – LTTE), placés sous l'autorité longtemps incontestée de Velupillai Prabhakaran. Le LTTE s'est progressivement engagé dans la voie de la lutte armée dans les années 80, devenant un mouvement exemplaire à plus d'un titre, par son organisation, sa logistique et ses capacités militaires. De nombreux accords de cessez-le-feu et une intervention de la Force indienne pour le maintien de la paix (*Indian Peace Keeping Force* – IPKF) en juillet 1987 n'ont pu mettre fin à cette guerre civile. Aujourd'hui, Sri Lanka connaît la plus longue trêve dans l'histoire du conflit. Le processus de paix, engagé en février 2002 avec la médiation d'une équipe norvégienne dirigée par Erik Solheim, a rendu possible plusieurs initiatives destinées à normaliser la situation dans le nord-est de l'île. Ce processus est cependant confronté à des obstacles de taille, qui rendent son issue imprévisible.

L'ANCRAGE HISTORIQUE DU CONFLIT

Les origines de ce conflit, qui ne s'est militarisé qu'à partir de 1983, sont anciennes. La minorité tamoule avait été favorisée par les colons britanniques jusqu'à l'indépendance en 1948, mais a ensuite été victime d'une discrimination étatique qui s'est rapidement étendue à toutes les catégories socioprofessionnelles tamoules. De nombreuses initiatives destinées à remédier à cette situation, comme le pacte Bandaranaike-Chelvanayagam de 1957, reconnaissant le tamoul comme langue officielle, ont cependant souffert d'un manque de volontarisme politique et sont demeurées lettre morte.

Un événement précipite la dérive violente du conflit. Le 24 juillet 1983, les corps de 13 soldats cinghalais tués dans la ville de Jaffna sont rapatriés à Colombo. Des émeutes éclatent alors, prenant la communauté tamoule comme cible et incitant le LTTE et d'autres groupes tamouls rivaux à prendre les armes. Depuis cette date, gravée dans les mémoires sous le nom

Groupes ethniques au Sri Lanka

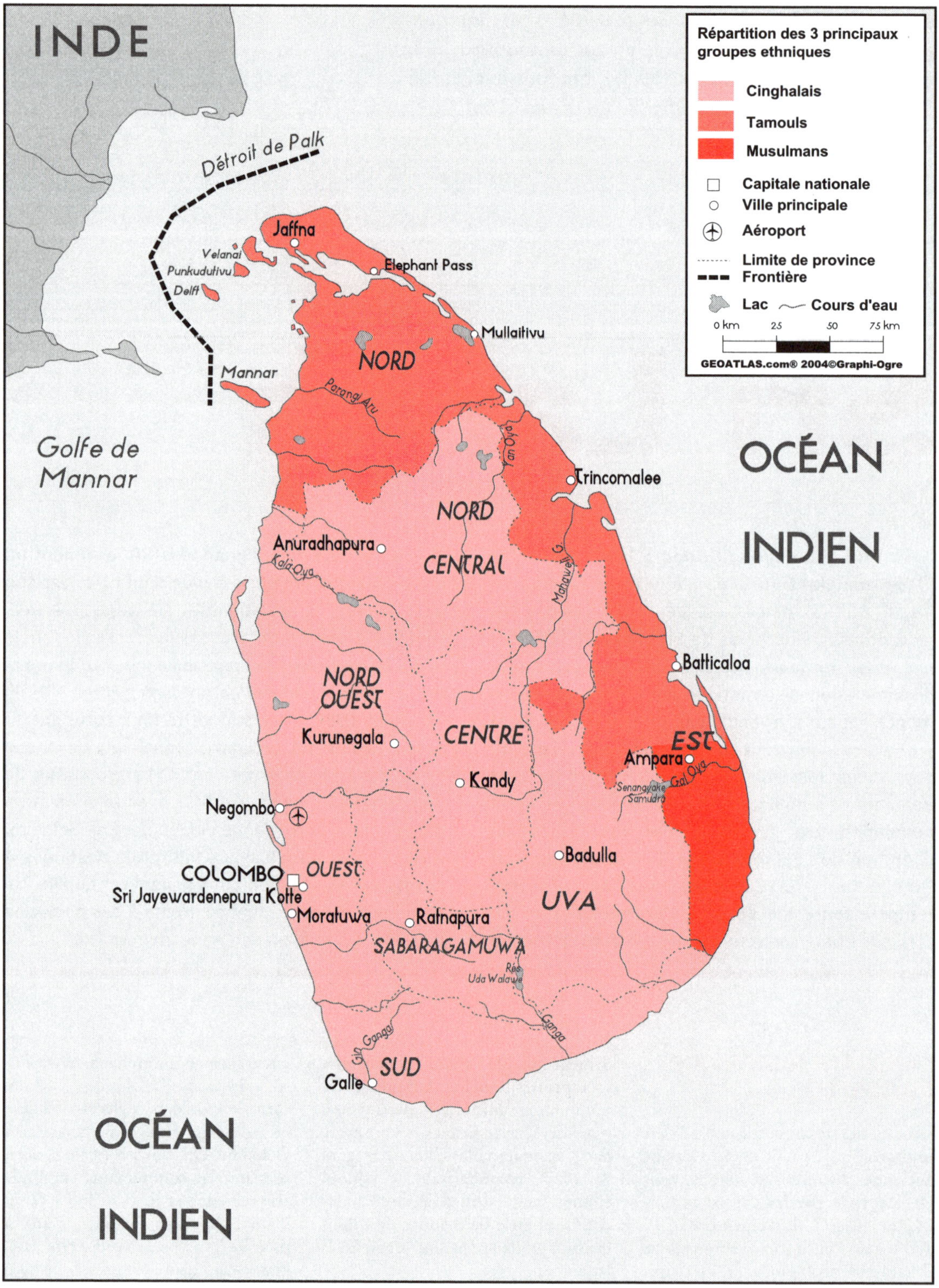

de « *Black July* », une guerre sanglante oppose les rebelles tamouls aux forces du gouvernement sri-lankais. Le bilan est lourd : plus de 60 000 morts et des milliers de blessés, 1,3 million de personnes déplacées dont 800 000 à l'intérieur du pays, principalement dans la région Nord-Est. Cinq cent mille Sri-Lankais se sont pour leur part réfugiés en Inde, en Europe, en Amérique du Nord et en Australie. Plus de 15 % des enfants du Nord-Est ne sont plus scolarisés, nombre d'entre eux ont été recrutés comme soldats et de multiples violations flagrantes des droits de l'homme sont recensées *(voir encadré sur les indicateurs socio-économiques)*.

LE LENT ET DIFFICILE PROCESSUS DE PAIX

Depuis 2000, la Norvège s'est impliquée dans le règlement du conflit en tant que « facilitateur ». Le LTTE a décrété, le 25 décembre 2001, un cessez-le-feu unilatéral qui a été suivi, le 22 février, par la ratification d'un protocole d'entente. Ce cessez-le-feu est toujours en vigueur. Depuis, six « rounds » de négociations ont eu lieu entre le gouvernement et le LTTE afin de parvenir à une solution politique au conflit *(voir encadré sur les détails des négociations)*.

Toutefois, le 21 avril 2003, le LTTE décide de se retirer des négociations de paix, arguant du non-respect de ses engagements par le gouvernement. Le mouvement accuse notamment les autorités de Colombo de ne pas avoir entrepris de mesures satisfaisantes pour assurer un retour à la normale dans le nord-est du pays. La question des zones de haute sécurité, toujours occupées par les forces armées, demeure la principale pomme de discorde entre les deux parties. De plus, une pression croissante de la part de la communauté internationale, notamment en matière de respect des droits de l'homme et sur la question des enfants soldats, semble avoir découragé le LTTE de poursuivre les négociations.

Aussi le LTTE a-t-il brillé par son absence lors de la conférence des pays donateurs, organisée à Tokyo, en juillet 2003. Au même moment, une délégation du LTTE, accompagnée de représentants de l'équipe des « facilitateurs » norvégiens, s'est rendue dans plusieurs pays étrangers – la France, la Belgique, la Suisse et l'Afrique du Sud – pour se familiariser avec le système de décentralisation pratiqué dans ces pays. Sur la base des informations glanées au cours de ces missions à l'étranger, le LTTE a fait connaître, le 2 novembre 2003, ses propositions pour la création d'un gouvernement intérimaire. Deux jours plus tard, la présidente Chandrikha Kumaratunge a dissous le Parlement et repris les portefeuilles de la Défense, de l'Intérieur et de la Communication, avant d'annoncer la tenue d'élections générales le 2 avril 2004. Cette décision de la présidente constitua le point d'orgue de sa cohabitation difficile avec le Premier ministre Ranil Wickramasinghe qui s'était activement impliqué dans le processus de paix. D'autres éléments, plus internes, auraient également influencé cette décision présidentielle,

Indicateurs socio-économiques

	1975	1983	1990	1995	2000	2002 (indications provisoires)
Démographie (en millions d'habitants)	13 496	15 417	17 015	18 136	19 359 (indications provisoires)	19 007
PIB (en millions de roupies)	260 469	396 867	516 153	670 742	857 035	877 160
Croissance PIB	2,8 %	5 %	6,2 %	5,5 %	6 %	4 %
Balance des paiements (% du PIB)	0,3 %	0,3 %	1,5 %	0,4 %	-3,1 %	2 %
Dette nationale (% du PIB)	54,8 %	81 %	96,6 %	95,2 %	96,9 %	105,3 %
Chômage	19,7 %	–	15,9 %	12,3 %	7,6 % (la région Nord-Est n'est pas prise en compte)	9,3 %

Les détails des négociations entre le gouvernement et le LTTE

1er round du 16 au 18 septembre 2002, en Thaïlande :
– La pérennisation de la paix, plutôt que la création d'une administration intérimaire, est considérée comme une priorité.
– Mise en place d'une Joint Task Force (JTF), équipe composée des représentants du gouvernement sri-lankais et du LTTE pour les activités humanitaires et la reconstruction de la région Nord-Est.

2e round du 31 octobre au 3 novembre 2002, en Thaïlande :
– Création d'un sous-comité pour les besoins immédiats concernant l'humanitaire et la réhabilitation dans le Nord-Est.
– Organisation, pour le 20 novembre, d'un sommet des pays donateurs à Oslo en vue de recueillir les soutiens financiers nécessaires à la réhabilitation du Nord-Est.
– Mise en place d'un sous-comité pour la normalisation (Sub-Committee on De-escalation and Normalisation).
– Mise en place d'un comité pour les affaires politiques chargé des aspects constitutionnels, légaux, politiques et administratifs en vue de trouver une solution politique au conflit ethnique.
– Accord des deux parties pour améliorer la sécurité dans la région Est du pays.

3e round du 2 au 5 décembre 2002, en Norvège :
– Accord des deux parties pour chercher une solution politique au conflit.
– Acceptation par le LTTE de la présence d'autres groupes politiques dans la région, y compris à Jaffna et sur les îles.
– Acceptation par le LTTE que ses mécanismes judiciaires et policiers ne s'étendent pas au-delà des zones occupées par le mouvement.

4e round du 6 au 9 janvier 2003, en Thaïlande :
– Accord des deux parties pour traiter en priorité des questions humanitaires urgentes ainsi que des besoins des enfants affectés par la guerre.
– Mise en place d'un fonds pour la reconstruction du Nord-Est (North-East Reconstruction Fund – NERF).
– Aucune décision concernant les zones de haute sécurité (High Security Zones – HSZ) mais la réinstallation des populations devrait se dérouler hors de ces zones.

5e round les 7 et 8 février 2003, en Allemagne :
– Discussion sur les questions de droits de l'homme en présence de Ian Martin, ancien président d'Amnesty International.

6e round du 18 au 21 mars 2003, au Japon :
– Désapprobation du LTTE sur la persistance des zones de haute sécurité.
– Davantage de pouvoir octroyé à la Mission pour la surveillance à Sri Lanka (Sri Lanka Monitoring Mission – SLMM).
– Mise en place d'un comité composé des représentants de la marine sri-lankaise, de la marine du LTTE (Sea Tigers), des facilitateurs norvégiens et de la SLMM pour régler tout différend concernant non seulement le transport maritime mais aussi des disputes sur le territoire du Nord-Est.
– Yasushi Akashi, envoyé spécial du Japon, a rappelé que le versement de l'aide internationale dépendait des progrès substantiels des négociations de paix.
– Anton Balasingham, négociateur principal du LTTE, a refusé d'admettre des observateurs internationaux pour surveiller le respect des droits de l'homme dans la région Nord-Est. Il a déclaré que le LTTE n'était pas capable à l'heure actuelle de respecter la vision occidentale des droits de l'homme.

notamment la pression des marxistes du Front de libération du peuple (*Janatha Vimukti Peramna* – JVP), qui avait conclu une alliance avec le parti de la présidente.

ÉTAT DE CRISE DANS LES DEUX CAMPS

Les enseignements des élections de 2004. L'annonce des élections parlementaires a suscité de nombreuses craintes dans la grande majorité de la population sri-lankaise. Toutefois, ce scrutin s'est révélé relativement pacifique, par comparaison avec certaines élections du passé.
L'élément de surprise de ce scrutin fut la montée en puissance du Front de libération du peuple (JVP), dont le soutien a permis à l'Alliance populaire (People's Alliance – PA) d'obtenir une nette majorité (45,6 %) contre le Parti national uni (United National Party – UNP) du Premier ministre (37,8 %). L'autre fait marquant de ces élections fut l'arrivée sur la scène nationale de l'Alliance nationale tamoule (*Illankai Tamil Arasu Kachchi* – TNA), alignée sur les positions du LTTE et, dorénavant, la troisième force politique de ces élections (6,8 %).
Après avoir mis un terme à sa cohabitation difficile avec le Premier ministre, la Présidente a exprimé son désir de relancer les négociations de paix. Or, des éléments internes, notamment les pressions du JVP et des extrémistes du Parti de l'héritage cinghalais (*Jathika Hela Urumaya* – JHU), risquent de faire obstacle à toute initiative de réconciliation lancée par la présidente Kumaratunge, qui manque d'une majorité claire à l'Assemblée. Son renoncement, annoncé le 4 août 2004, à ses fonctions dirigeantes au sein de son parti politique, témoigne des divisions qui parcourent son parti.

L'émergence de la faction Karuna. À l'instar du camp présidentiel, le LTTE est confronté à des problèmes internes. Jusqu'alors placé sous l'autorité incontestée de Velupillai Prabhakaran, le LTTE s'est pour la première fois trouvé confronté à une scission.

Karuna, chef militaire dans la région de l'Est, a rompu avec le LTTE et a annoncé la création de sa propre faction.

À la suite de cette scission, le LTTE a connu une crise interne sans précédent. En effet, peu de cadres du LTTE ont jusqu'à présent osé s'opposer à leur leader et ceux qui s'y sont risqués l'ont souvent payé de leur vie. Perturbé par « l'affaire Karuna », le LTTE a accusé le gouvernement sri-lankais d'avoir aidé ce rebelle à fuir la région et de l'avoir hébergé à Colombo. Un climat d'insécurité s'est alors instauré dans l'est du pays. Meurtres et enlèvements se sont multipliés, le LTTE et la « faction Karuna » se renvoyant la responsabilité de ces exactions.

Un attentat suicide à Colombo, le 7 juillet 2004, le premier depuis le lancement du processus de paix en 2002, a réintroduit l'élément de la violence et rappelle amèrement les capacités militaires du LTTE. Douglas Devananda, leader du parti tamoul de l'EPDP et soupçonné d'avoir assisté Karuna à s'évader, aurait été visé par cet attentat (non revendiqué, mais portant la « griffe » du LTTE).

L'INTERNATIONALISATION DU CONFLIT

De l'exode des réfugiés tamouls vers l'Inde du Sud à l'approvisionnement en armes en provenance de pays de l'ex-Union soviétique, plusieurs États ont été mêlés directement ou indirectement au conflit. Mais, si l'on exclut l'intervention directe des soldats indiens de 1987 à 1989, cette internationalisation est demeurée relativement limitée. La situation a commencé à évoluer lorsque le nombre de Sri-Lankais demandeurs d'asile dans les pays occidentaux a brutalement augmenté, au cours des années 90.

Depuis 2001, l'implication de la Norvège en tant que « facilitateur », à la demande des deux parties, témoigne de l'intérêt inédit de la communauté internationale pour le conflit sri-lankais. L'absence de passé colonial et d'intérêts géostratégiques et commerciaux dans la région aurait favorisé le choix de la Norvège. Par ailleurs, en dépit de ses effectifs limités (approximativement 8 000 personnes), la diaspora tamoule en Norvège représente la communauté d'immigrés qui a le mieux réussi son intégration socioculturelle et économique.

La création, en février 2002, de la *Sri Lanka Monitoring Mission* (SLMM) marque une autre étape dans la résolution du conflit. Sous la direction norvégienne, cette mission composée de pays scandinaves surveille le respect du protocole d'entente et enquête sur toute violation. Pourtant, le SLMM n'a aucun pouvoir coercitif et ses décisions n'ont qu'une valeur indicative. Parallèlement, dans l'euphorie qui a initialement suivi la signature du protocole d'entente, de nombreuses ONG et bailleurs de fonds (dont le Japon, les États-Unis, l'Union européenne) ont afflué vers Sri Lanka. Lors de la réunion des pays donateurs et des institutions financières, au Japon en juillet 2003, il a été décidé de réunir la somme de 4,5 milliards de dollars d'aide en faveur de la reconstruction du pays entier.

Les acteurs

◆ LTTE – Liberation Tigers of Tamil Eelam

(Tigres de libération de l'Eelam Tamoul)

La nouvelle Constitution de 1972 donnant peu de garanties pour la protection des minorités, un groupe d'étudiants tamouls décide de créer l'organisation des Tamil New Tigers, qui deviendra le Liberation Tigers of Tamil Eelam en 1976. Créé initialement pour la défense des droits de la minorité tamoule, le LTTE jouit d'un soutien considérable de la part de la population tamoule de l'Inde du Sud, au Tamil Nadu, ainsi que de l'État indien. Préoccupée par la politique pro-américaine menée par le gouvernement sri-lankais de l'époque et sous la pression émanant des autorités du Tamil Nadu en faveur du LTTE, l'Inde offre son soutien politique et technique à l'organisation tamoule.

Dirigé par Velupillai Prabhakaran, né en 1954 et issu d'une famille modeste, le LTTE est convaincu de la justesse de sa cause et du soutien tamoul, aussi bien à Sri Lanka qu'à l'étranger. Le recrutement se fait facilement auprès des jeunes Tamouls, essentiellement issus des basses castes, qui désirent lutter contre les discriminations dont ils font l'objet de la part de la majorité cinghalaise et sont séduits par le discours égalitaire affiché par le LTTE.

Au fur et à mesure que la guerre s'intensifie, le LTTE fait face à une pénurie de cadres et se livre d'abord au recrutement forcé des jeunes avant de se lancer dans le recrutement d'enfants. Le nombre exact des cadres LTTE n'est pas connu, mais des estimations varient de 7 000 à 17 000 cadres. En outre, certaines sources estiment que le LTTE aurait recruté plus de 10 000 cadres depuis l'an 2000.

Lors de leur intégration au mouvement, les cadres LTTE attachent autour de leur cou une capsule contenant un cachet de cyanure, signe de leur dévouement total à l'organisation. Cet esprit de sacrifice s'est d'ailleurs traduit par de nombreux attentats suicides : assassinat du Premier ministre indien Rajiv Gandhi en 1991, du président sri-lankais Ranasinghe Premadasa en 1993, attentat à la banque centrale de Sri Lanka en 1996, attentat au temple bouddhiste hébergeant la relique de la dent de Bouddha à Kandy en 1998, tentative d'attentat contre la présidente actuelle, Chandrikha Bandaranaike Kumaratunge, lors de sa campagne électorale en 1999, attentat à l'aéroport de Colombo en 2001 et, plus récemment, tentative d'attentat suicide contre le député tamoul Douglas Devananda le 7 juillet 2004.

La multiplication des actes de violence perpétrés par le LTTE et sa militarisation rapide inquiètent le gouvernement indien qui, en juillet 1987, envoie la *Indian Peace Keeping Force* à Sri Lanka. Les forces indiennes sont pourtant incapables de mettre fin au mouvement des Tigres et sont contraintes de se retirer du pays en 1989. Deux ans plus tard, en 1991, le Premier ministre Rajiv Gandhi est assassiné par une kamikaze du LTTE. Depuis, l'Inde se tient à l'écart du conflit sri-lankais.

Le LTTE dispose d'un immense réseau international, qui finance la plus grande partie de ses dépenses. Reconnus pour leur persévérance et leur sens du travail, de nombreux Tamouls se réfugient à l'étranger et contribuent volontairement (dons) ou involontairement (taxation forcée) au fonctionnement du LTTE. Au début des années 2000, on comptait au moins 1 million de Sri-Lankais à l'étranger, en majorité tamouls, et les sommes rapatriées en 1999 s'élevaient à 1,12 milliard d'euros. Le financement du LTTE provient également du commerce (magasins, restaurants, télécommunications) et du trafic de drogue et de personnes. Les attentats du 11 septembre 2001 aux États-Unis et l'interdiction du LTTE par de nombreux pays occidentaux, tels que les États-Unis et la Grande-Bretagne, ont considérablement ralenti ses activités financières.

Depuis le 11 Septembre, le LTTE semble avoir abandonné sa politique de violence. Il cherche maintenant à accéder à la reconnaissance internationale et à se présenter comme une organisation politique plutôt que comme un mouvement rebelle. Ainsi des délégations du LTTE, généralement conduites par leur idéologue Anton Balasingham, se rendent-elles régulièrement à l'étranger. Le siège du LTTE, sous l'autorité de son chef politique (et ancien chef militaire) Tamilselvan, reçoit des délégations internationales à Kilinochchi. Ainsi assiste-t-on aujourd'hui à l'émergence d'une certaine « diplomatie » et, par extension, à celle d'un embryon d'État dirigé par le LTTE, doté d'une marine, d'une police et d'un système judiciaire propres dans les régions qu'il contrôle. Sur la scène politique nationale également, l'émergence de la Tamil National Alliance, reconnue comme la branche politique du LTTE, marque une évolution importante. Lors des élections parlementaires d'avril 2004, la Tamil National Alliance a ainsi remporté 6,8 % des voix.

◆ JVP – Janatha Vimukti Peramna

(Front de libération du peuple)

Les origines du JVP, auquel appartiennent essentiellement de jeunes Cinghalais de classe moyenne, remontent à la deuxième moitié des années 60. Dirigé par Rohana Wijeweera, étudiant en médecine à Moscou, qui a également séjourné à Pékin, le JVP est constitué de jeunes éduqués uniquement en langue cinghalaise, qui connaissent un taux élevé de chômage, en raison de leur faible maîtrise de l'anglais. Ainsi, le JVP s'oppose à l'élite cinghalaise de Colombo et au système politique (démocratie parlementaire) qui a favorisé la montée en puissance de cette élite.

Après une première insurrection en 1971, laquelle est vite réprimée par les forces gouvernementales, le JVP a dû attendre six ans avant de pouvoir se constituer en parti politique en toute légalité. Il est pourtant interdit en 1983, mais continue de manière clandestine à s'opposer aux autorités centrales et avance des idées nationalistes et cinghalo-bouddhistes. Il n'est donc pas étonnant que le JVP s'oppose fortement à la signature de l'accord indo-sri-lankais (juillet 1987), qui annonce l'arrivée des forces indiennes sur le territoire sri-lankais, afin de mettre fin au conflit qui oppose les Tigres tamouls au gouvernement sri-lankais. On assiste alors à la deuxième insurrection du JVP, et à des émeutes violentes pendant deux ans. Désireux d'étendre son autorité, le JVP menace les familles des soldats qui refusent de rejoindre son camp.

Une offensive sans pitié est alors menée par les autorités contre le JVP, en 1990, qui coûte la vie à des centaines de partisans, y compris au chef du parti, Wijeweera. Il faut attendre près d'une décennie avant que le JVP réapparaisse sur la scène politique. Lors des élections présidentielles de 1999, il obtient 4 % des voix et se présente comme une force politique importante. Au cours des élections parlementaires d'avril 2004, une coalition avec le JVP permet à l'Alliance populaire de Kumaratunge de remporter les élections. Pourtant, le JVP étant peu disposé à discuter avec le LTTE et à faire des concessions, le processus de paix entamé il y a deux ans se trouve aujourd'hui dans une impasse sans précédent, la présence des moines bouddhistes, qui se sont constitués en parti politique – le *Jathika Hela Urumaya* (Parti de l'héritage cinghalais – JHU) –, ne faisant que compliquer le processus de négociations. Lors des élections d'avril 2004, le JHU réussit à obtenir 5,9 % des voix. On observe alors, pour la première fois dans l'histoire politique sri-lankaise, la présence de moines bouddhistes au Parlement. L'influence considérable, tant directe qu'indirecte, qu'exercent les moines sur la politique sri-lankaise, ainsi que leur capacité impressionnante à mobiliser la population, font d'eux un atout politique incomparable. Leur nationalisme cinghalo-bouddhiste, analogue à celui du JVP, fait obstacle à toute avancée dans le processus de paix.

Pour en savoir plus

Oivind Fuglerud, *Life on the Outside : the Tamil Diaspora and Long Distance Nationalism*, Londres, Pluto Press, 1999.

Saman Kelegama, « The Economic Cost of War in Sri Lanka », *World Development*, vol. 29, n° 9, 2001.

Eric Meyer, *Sri Lanka : entre particularismes et mondialisation*, La documentation française, 2001.

S. D. Muni, *Pang of Proximity : India and Sri Lanka's Ethnic Crisis*, New Delhi, Sage Publications, 1993.

Jayadeva Uyangoda et Morina Perera, *Sri Lanka's Peace Process*, Colombo, Social Scientists' Association, 2003.

Internet

www.peaceinsrilanka.org
Site du secrétariat pour la paix du gouvernement sri-lankais.

www.lttepeacesecretariat.com
Site du secrétariat pour la paix du LTTE.

www.theacademic.org
Articles de presse quotidiens.

www.cpalanka.org
Site d'un laboratoire de recherche sri-lankais, sondages réguliers de l'opinion publique sur la paix.

www.icescolombo.org
Site d'un laboratoire de recherche sri-lankais.

Amérique latine et Caraïbes

Amérique du Sud

L'Amérique latine et les Caraïbes constituent probablement, en ce début de millénaire, l'ensemble géographique et humain le plus démocratique de la planète. Tous ses dirigeants, à l'exception de Fidel Castro à Cuba et du tandem Alexandre-Latortue en Haïti, ont été élus au suffrage universel direct au terme d'élections libres et ouvertes. Seule exception, qui ne remet pas en cause la légitimité du titulaire, la Bolivie, où le président actuel, Carlos Mesa, a accédé légalement au pouvoir en tant que vice-président lors de la démission de son prédécesseur.

Cette constatation devait être faite en ouverture de cette présentation, ne serait-ce que pour permettre ensuite de mettre en exergue les imperfections de ces systèmes démocratiques, qui les rendent de moins en moins attractifs à ceux-là mêmes auxquels ils sont censés profiter : les citoyens.

L'enquête d'opinion réalisée chaque année par l'institut de sondage chilien Latinobarómetro dans l'ensemble de l'Amérique latine (Cuba excepté) témoigne de cette désaffection. En 2004, les Latino-Américains ne seraient plus, à l'en croire, que 53 % à soutenir la démocratie, alors qu'ils étaient encore 61 % il y a dix ans à peine. Un tel résultat ne doit en aucun cas être interprété comme la marque d'une nostalgie du bon vieux temps des dictatures, mais plutôt comme la preuve que le mythe du suffrage universel remède aux déséquilibres du monde a bien vécu. Afin de mieux comprendre un tel désamour, sans doute convient-il d'examiner les statistiques publiées régulièrement par le Pnud (Programme des Nations unies pour le développement) ou la Cepalc (Commission économique pour l'Amérique latine et les Caraïbes), qui nous apprennent que l'inégalité sociale dans la région n'a fait que s'accroître au cours du dernier quart de siècle, de même que le nombre de nécessiteux (44 % de la population totale de l'Amérique latine en 2003) alors même que le PIB de la plupart des pays augmentait considérablement.

Une telle inadéquation entre le décollage économique d'un continent et l'appauvrissement continu de ses habitants rejaillit immanquablement sur l'opinion qu'ont ces derniers de ceux qui les gouvernent.

Les gouvernements sont-ils les seuls à blâmer ? Évidemment pas. Les enseignements tirés de l'histoire nationale, les structures politiques et sociales héritées du passé, l'ancrage de la tradition démocratique diffèrent considérablement d'un pays à l'autre. Les gouvernants actuels ne sont jamais que les héritiers de tous ceux qui les ont précédés, et ce même s'ils s'inscrivent dans une politique de rupture par rapport au passé. En un mot, quels que soient sa volonté réformatrice et son credo égalitaire, on ne gouverne pas le Chili comme on gouverne Haïti ou l'Équateur.

L'Amérique latine et les Caraïbes sont en crise, nous répètent chaque jour nos quotidiens. Cette crise, dont l'intensité et la nature dépendent comme nous l'avons vu d'un grand nombre de paramètres, se manifeste en revanche de manière souvent identique d'un pays à l'autre. Elle se caractérise notamment par :

– l'émergence sur le devant de la scène des catégories sociales et ethniques les plus défavorisées, venues à la politique par le syndicalisme, qui découvrent soudain leur poids électoral et cherchent, parfois maladroitement, à s'organiser pour en tirer profit ;

– l'apparition concomitante de nouveaux leaders aux accents populistes, qui cherchent à profiter du désarroi des citoyens et de la décomposition des systèmes politiques traditionnels pour s'imposer « à la hussarde » ;

– une impatience grandissante de ces mêmes citoyens qui sont prêts à brûler rapidement ce qu'ils ont adoré faute de résultats concrets immédiats ;

– une délinquance sociale en croissance exponentielle, qui constitue désormais la principale menace de déstabilisation des sociétés latino-américaines.

Afin de tenter d'étudier de plus près ces différents facteurs crisogènes, il est apparu opportun de décliner quelques exemples soigneusement choisis de pays qui ont récemment fait la une de l'actualité et qui illustrent, chacun à sa manière, le mal-être que connaît le sous-continent dans son ensemble :

– Haïti, qui conjugue tous les maux liés à une histoire tragique, à un sous-développement profond et à une violence politique chronique, et qui ne survit que grâce à l'aide étrangère ;

– la Colombie, qui, au contraire, dispose de tous les atouts économiques et humains nécessaires à son décollage, mais demeure prisonnière d'une culture de violence, entretenue par de multiples phénomènes (drogue, guérilla, faiblesse de l'État) qu'elle tente désespérément d'éradiquer ;

– la Bolivie, où le réveil de la population indienne majoritaire est en train de bouleverser la donne politique et pourrait mettre en péril l'unité du pays, alors même que la découverte de nouvelles richesses naturelles ouvre de nouveaux horizons pour le pays ;

– le Venezuela, où le « phénomène Chávez » essaie de manière brouillonne et parfois autoritaire de mener une révolution sociale pacifique malgré les coups de boutoir répétés de ceux qui avaient mis le Venezuela à leur service depuis un demi-siècle ;
– l'Amérique centrale, enfin, qui, à peine sortie de décennies de guerre civile, se trouve confrontée à travers le phénomène des *maras* à un défi sécuritaire majeur qui illustre la faiblesse des petites démocraties locales face à des groupes de délinquants transnationaux qui prospèrent sur le terreau du sous-développement.

Superficie : 27 750 km²
Population : 7 millions
Composition ethnique : Noirs (95 %), mulâtres (5 %)
Religions : catholiques (80 %), protestants (10 %), baptistes, vaudous

Haïti

Dans l'histoire d'Haïti, les périodes d'espoir sont rares et généralement brèves. L'élection de François Duvalier en 1957 fut, on l'oublie trop, accueillie avec enthousiasme par le petit peuple haïtien, dont il était le candidat et qui mit tout de même quelques semaines pour déchanter. L'avènement de « Baby Doc » en 1971, comme successeur de feu son père, ouvrit une nouvelle période d'espoir, plus discrètement exprimée mais tout aussi fugace. Puis il fallut attendre 1986 et la chute de la dynastie pour se remettre à croire en l'avenir... Le temps pour les militaires de démontrer que, si les dirigeants avaient changé, les méthodes de gouvernement, elles, restaient les mêmes. L'« avalanche » (*lavalas* en créole) de soutiens dont bénéficia Jean-Bertrand Aristide lorsqu'il se décida, lui, le petit prêtre des bidonvilles de Port-au-Prince, à se porter candidat à la magistrature suprême à la fin de l'année 1990 constituait une énième manifestation de ces bouffées d'optimisme qui submergent périodiquement le peuple haïtien, mais elle signifiait également beaucoup plus. Jamais sans doute, au cours des presque deux siècles d'indépendance, l'attente n'avait été aussi forte, la confiance aussi totale, la symbiose aussi parfaite entre « eux » et « lui ». Titid, si l'on parvenait à le faire élire au nez et à la barbe de l'armée, des élites et de Washington, ne pourrait pas trahir ceux-là même qu'il symbolisait si bien : ce serait se trahir lui-même. D'ailleurs, la meilleure preuve de sa sincérité ne résidait-elle pas dans la modestie même de ses engagements : « faire passer le peuple haïtien de la misère à la pauvreté digne ». L'attente et la confiance dureront dix ans. Elles subsisteront dans le cœur des Haïtiens y compris entre 1991 et 1994, années noires entre toutes. C'est que Titid, au cours des quelques mois de sa première présidence tragiquement interrompue le 29 septembre 1991, n'avait pas encore eu le temps de s'inscrire dans la lignée des petits potentats ou des grands manipulateurs qui ponctuent l'histoire d'Haïti. Dès 1992 il se murmurait bien que l'humiliation subie lors du coup d'État et l'exil auquel il était contraint commençaient à métamorphoser le naïf illuminé en un calculateur cynique. Plus tard, d'anciens proches s'inquiétèrent de l'influence néfaste qu'exercerait sur lui celle pour qui il avait renoncé à la prêtrise, sa nouvelle épouse Mildred (une créole, comme Michèle Bennett, l'épouse de Baby Doc), mais rien n'y fit, les Haïtiens continuèrent à y croire. Et ils continuèrent à y croire après son retour au pays, dans les bagages des Américains. Les premiers doutes commencèrent malgré tout à se faire jour durant la présidence de

Haïti

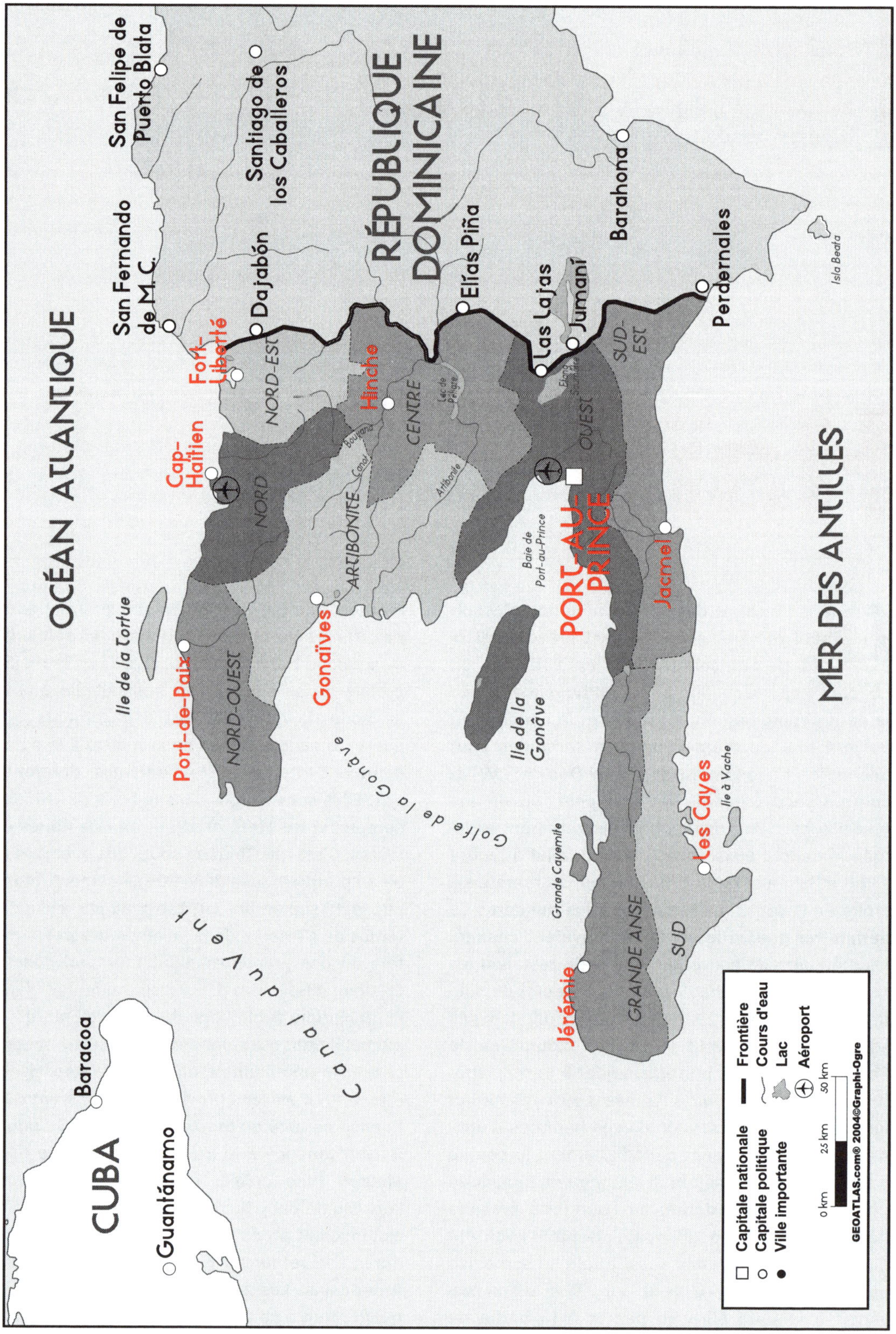
OCÉAN ATLANTIQUE
MER DES ANTILLES
RÉPUBLIQUE DOMINICAINE
CUBA
Guantánamo
Baracoa
Canal du Vent
Golfe de la Gonâve
Ile de la Tortue
Ile de la Gonâve
Grande Cayemite
Ile à Vache
Isla Beata
Baie de Port-au-Prince
San Fernando de M.C.
San Felipe de Puerto Plata
Santiago de los Caballeros
Dajabón
Elías Piña
Las Lajas
Jumaní
Barahona
Perdernales
Fort-Liberté
Cap-Haïtien
Port-de-Paix
Gonaïves
Hinche
PORT-AU-PRINCE
Jacmel
Les Cayes
Jérémie
NORD-OUEST
NORD
NORD-EST
ARTIBONITE
CENTRE
OUEST
SUD-EST
SUD
GRANDE ANSE
Canal
Bouyaha
Artibonite
Lac de Péligre
Capitale nationale
Capitale politique
Ville importante
Frontière
Cours d'eau
Lac
Aéroport
0 km
25 km
50 km
GEOATLAS.com® 2004©Graphi-Ogre

René Préval, le pâle remplaçant qu'Aristide, empêché constitutionnellement de se succéder à lui-même, s'était choisi. Des rumeurs de plus en plus insistantes faisaient état de trafics en tout genre, commandités à partir de sa résidence de Tabare par l'ancien président, de ses efforts pour noyauter la police, terroriser les opposants, paralyser la vie politique du pays afin d'apparaître, à l'expiration du mandat de son *factotum,* comme le seul recours. La parodie d'élections législatives et municipales de mai 2000 et le scrutin présidentiel de décembre confirmèrent les pires craintes : le « système Aristide » était désormais bien en place, la démocratie haïtienne avait vécu. Les derniers missionnaires de l'ONU quittèrent alors le pays, les bailleurs de fonds fermèrent le robinet des subventions : la communauté internationale se détournait une nouvelle fois d'Haïti tandis que les Haïtiens, désormais amers et résignés, se préparaient pour leur part à entamer un interminable tête-à-tête avec celui qui n'avait plus désormais qu'un seul programme : durer à tout prix, cinq ans, dix ans, ou pourquoi pas *pou tou tan* (à vie), comme les Duvalier père et fils avant lui. Comment dès lors expliquer l'effondrement, en l'espace d'à peine trois ans, d'un régime qui paraissait pourtant totalement verrouillé ? Que représentaient vraiment ces « rebelles » dont on assure que le passage à l'acte fut l'élément déterminant de la chute d'Aristide ? Sur quoi débouchera la phase de transition qui devrait s'achever à la fin de l'année 2005 ? Les Haïtiens peuvent-ils à nouveau se remettre à espérer en un avenir meilleur ? Pour répondre à ces questions, il est indispensable de rappeler quelques éléments intangibles, puisés dans l'histoire nationale, qui aideront à comprendre les raisons profondes de ce qui peut, à première vue, apparaître comme une fatalité : la fatalité haïtienne.

LES FANTÔMES DU PASSÉ

Dans son précieux petit livre *Haïti n'existe pas* (Autrement/Frontières, 2004), publié alors que la fin de l'ère Aristide se profilait, l'historien Christophe Wargny, compagnon des temps difficiles de l'ancien président, citant lui-même l'écrivain haïtien René Depestre, s'interroge : « Comment et pourquoi, née d'une indépendance glorieuse, Haïti, précurseur et pionnière, est-elle affligée d'un surplace existentiel sur fond de cruelle inhumanité ? » La réponse est à rechercher, comme souvent, dans l'histoire. Et celle d'Haïti est particulièrement tragique.

De l'esclavage dans les textes à l'esclavage dans les têtes. Tout avait pourtant bien commencé. Trop bien même. À la veille de notre révolution, la partie occidentale de l'île d'Hispaniola, française en vertu du traité de Ryswick de 1697, « vaut un empire » comme on le dit à l'époque. Modèle de développement colonial, Haïti, qui ne s'appelle pas encore Haïti mais Saint-Domingue, alimente en effet le tiers du commerce extérieur français et fournit l'essentiel de la production mondiale de sucre. On y cultive également le café et l'indigo. Et pourtant, derrière cette prospérité insolente, les ingrédients du malheur haïtien sont déjà rassemblés.

En premier lieu, l'Haïtien de l'époque – celui qui vit et meurt sur la colonie – est, dans 90 % des cas un esclave. Régi par le Code noir instauré à la fin du XVIIe siècle, son statut fait de lui un simple objet, taillable et corvéable à merci, qu'il n'est même pas nécessaire de ménager pour qu'il dure ou se reproduise tant la « ressource » africaine est abondante. Seules portes de sortie, la fuite dans la montagne (le « marronnage ») ou l'affranchissement, qui récompense parfois un esclave remarqué par son maître. Mais les affranchis, ces « libres de couleur » mulâtres pour la plupart, ne représentent en moyenne que 4 % des Haïtiens et demeurent, aux yeux des 6 % de Blancs (colons, fonctionnaires, aventuriers ou militaires), de simples esclaves améliorés.

La lutte pour l'indépendance, qui commence en fait en 1791 par une révolte de *Bossales* (littéralement « peaux sales »), fraîchement arrivés d'Afrique et qui se poursuivra jusqu'en 1804, coalisera tous les non-Blancs. Mais, dès après l'indépendance et le départ des maîtres blancs, la « première République noire » est prise en main par la minorité créole (majoritairement constituée d'anciens affranchis), qui imposera ses choix aux 90 % de *Bossales* qui n'auront servi que de chair à canon. L'esclavage, aboli dans les textes, survivra longtemps dans la pratique sous une forme à peine améliorée et perdure encore aujourd'hui dans les têtes. L'antagonisme Noirs/Créoles, s'il explique bien des épisodes de l'histoire récente d'Haïti, doit cependant être compris autant comme une opposition de classes que comme une opposition de races. On dit d'ailleurs communément : « Un Nègre riche est un Créole, un Créole pauvre est un Nègre. » Quoi qu'il en soit, les faits sont là : la bourgeoisie haïtienne est aujourd'hui créole dans son immense majorité et la société haïtienne est l'une des plus inégalitaires du monde (1 % de la population possède plus de la moitié des richesses).

La perpétuation, deux siècles durant, de cette terrible injustice à l'encontre du *Nèg,* marque d'une totale absence d'évolution dans les rapports sociaux,

explique en grande partie la permanence de certains comportements, de certaines croyances héritées de la colonisation et qui caractérisent aujourd'hui encore cette société.
Il en va ainsi de la toute-puissance du vaudou, hérité de l'Afrique des ancêtres mais adapté à la réalité haïtienne. Le vaudou consacre tous les actes de la vie sociale, il fournit un système de références qui explique les mystères de la vie et de la mort. Ses fidèles sont animés de l'esprit de communion et y trouvent à la fois un réconfort et une raison d'espérer en l'avenir puisqu'il est possible de communiquer avec le « Grand Bon Dieu » et les esprits inférieurs (les *loas*) par l'intermédiaire des prêtres (les *houngans* et les *mambos*), dont l'influence, surtout dans les campagnes, demeure immense. Bien évidemment, le culte vaudou, particulièrement haut en couleur, est régulièrement détourné au profit des moins scrupuleux. François Duvalier, présenté au début de sa présidence comme le symbole de la revanche du *Nèg* sur le Créole, n'hésitait pas à faire répandre le bruit qu'il était l'incarnation du « Baron Samedi », le dieu de la mort du panthéon vaudou. Ses chefs « macoutes » *(voir infra, Les acteurs)* étaient souvent choisis parmi les *houngans.* Tout laisse d'ailleurs accroire que derrière le cynisme de « Papa Doc » se dissimulait une profonde superstition. Plus récemment, les rumeurs qui ont fait état de cérémonies vaudou régulièrement organisées au Palais national par Jean-Bertrand Aristide prouvent s'il en était besoin l'enracinement du phénomène dans les esprits.
Au niveau des comportements individuels et collectifs, la singulière histoire d'Haïti a également laissé des traces indélébiles. Plus qu'un banal pillage, le *desoukaj* (ou déchoukage, littéralement « arrachage des souches »), phénomène de défoulement collectif d'une extrême violence qui s'apparente à une purification par le vide, est directement issu des premières révoltes d'esclaves. Il en va de même du « marronnage » déjà évoqué (à l'origine fuite de l'esclave qui se réfugie dans les montagnes pour tenter d'échapper à son maître), qui continue d'être pratiqué par les opposants pourchassés ou les criminels en cavale et qui, au sens figuré, désigne l'attitude du *Nèg* qui cherche à dissimuler ses actes ou ses sentiments pour ne pas avoir à rendre de comptes à autrui.

De la prospérité insolente à la misère absolue. Celui qui survole Haïti à moyenne ou basse altitude ne peut qu'être frappé par le paysage quasi lunaire qui s'offre à ses yeux. Que reste-t-il de la « perle des Antilles » ce véritable eldorado qui, à la veille de son indépendance, exportait plus que les treize colonies anglaises d'Amérique du Nord réunies ? Rien, ou si peu. Plusieurs facteurs se sont conjugués au cours des siècles pour aboutir à cette réalité consternante : une déforestation qui touche désormais 97 % du pays. D'abord et avant tout, l'exploitation de la canne à sucre qui commence très peu de temps après la découverte de l'île et devient rapidement massive. Au cours des années précédant l'indépendance, les colons sont pris notamment d'une frénésie productiviste qui les conduira à traiter la terre comme ils traitent ceux qui la travaillent : sans aucune mesure. Le paysage haïtien en subit bien évidemment les conséquences. Le « boom » caféier, qui survient sur ces entrefaites, accentue l'érosion des sols qui gagne cette fois les mornes.
Les années de combat qui précéderont l'indépendance vont également contribuer à appauvrir l'île. Le souci des révoltés de supprimer tout ce qui se rapportait à leur existence d'esclave les conduiront notamment à détruire les systèmes d'irrigation construits par les colons sur les grands domaines agricoles.
Le coup de grâce sera asséné après 1804 par les nouveaux « hommes libres » eux-mêmes. Les soucis égalitaires qui domineront au cours des premières années d'indépendance vont conduire au démembrement des plantations dans un but moralement louable : distribuer un lopin de terre à chaque « citoyen ». Tandis que les élites, qui vont vite se reprendre, tentent de sauver ce qui peut l'être du système ancien, les nouveaux propriétaires, baptisés « cultivateurs », s'éloignent des plaines pour s'établir sur les collines et les montagnes, là où la nature se montre plus bienveillante. Mais, dans l'euphorie de la liberté conquise et totalement ignorants des règles de gestion d'une exploitation si petite soit-elle, ils commencent à négliger les servitudes qui s'attachent à la conservation des sols. Durant les périodes de sécheresse, les parcelles de terrain récemment conquises sur la jungle s'érodent. « Lorsque arrivaient les tempêtes, l'eau qui dévalait des montagnes transformait le lit des ruisseaux en ravines et les ravines en crevasses. La terre glissait en direction de la mer chaque fois un peu plus. Chaque fois le pays et les habitants souffraient plus sévèrement. Les magnifiques montagnes aux sommets auréolés de nuages virèrent du vert au marron. » Bernard Diederich et Al Burt *(voir bibliographie)* décrivent bien le phénomène qui a peu à peu transformé Haïti en un cauchemar écologique aux conséquences humaines désastreuses (famines, exode rural, expatriation, catastrophes naturelles...). La canne à sucre ne cessera plus de décliner au fil des années, au point que le café finira par représenter, à la fin du XIXe siècle, les trois quarts des recettes d'exportation du pays. Celles-ci ne seront d'ailleurs pas employées à développer l'île mais serviront en grande partie à rembourser la dette de l'indépendance. En effet, la reconnaissance par l'ancienne puissance coloniale de cette indépendance, pourtant conquise par les armes, fera l'objet en 1825 d'une transaction d'un montant de 150 millions de francs-or (soit l'équivalent de 800 millions d'euros). Seuls 90 millions seront effectivement payés, mais, jusqu'à la fin du siècle, une relation de dépendance économique majeure s'établira entre Haïti et la France, l'ancienne métropole. Pillage des ressources naturelles, défaillance chronique de l'État central (dont l'autorité s'est le plus souvent limitée à la capitale et à ses faubourgs, au point qu'on parle de la « République de Port-au-Prince »), sous-développement structurel et corruption des élites, la liste est longue des maux qui se sont abattus sur l'ancien eldorado. Haïti figure désormais, seul de toute la

région, au nombre des 45 PMA (pays les moins avancés). Les chiffres sont éloquents : un PIB par habitant de 405 dollars, une espérance de vie de 52 ans, une mortalité infantile record (76 pour 1 000), un taux d'analphabétisme de presque 50 %. Deux siècles après son indépendance, Haïti se retrouve, comme si souvent au cours de son histoire, totalement tributaire de l'étranger pour sa survie.

De l'indépendance glorieuse à la dépendance chronique. En Haïti, *se blan ki deside*. Le *blan* (l'« étranger » sans considération de couleur, en créole haïtien) est toujours resté en Haïti la référence, celui vers lequel on se tourne quand les choses vont mal (et elles vont rarement bien !). Il est vrai que, tout au long de ses deux siècles d'indépendance, le *blan* s'est souvent imposé dans le paysage sans demander la permission à ses hôtes. Comme le rappelle Christophe Wargny : « Au XIXe siècle, les intrusions françaises, anglaises, allemandes sont monnaie courante : pressions financières ou irruption de la marine de guerre dans les eaux haïtiennes. Quant à l'oncle Sam, il se fait de plus en plus pressant : quinze interventions préfigurent la mise sous tutelle. Et la justifie ! » La politique de la canonnière donne d'excellents résultats lorsque s'élève une controverse d'origine financière entre ces *blans* qui se disputent l'honneur de « veiller aux intérêts légitimes » de la première République noire du monde. Il suffit de financer une révolution et de placer un homme à soi au Palais national pour reprendre l'avantage sur ses rivaux. À ce petit jeu, les grands gagnants sont les Français, meilleurs clients (et rappelons-le principaux créanciers) d'Haïti et l'Empire allemand, qui contrôle la plupart des services publics importants et assure, grâce à sa marine, le gros du commerce extérieur du pays.

Les États-Unis, doctrine Monroe oblige, ne peuvent se résoudre à laisser Haïti devenir le champ clos des rivalités européennes, d'autant qu'eux aussi détiennent d'importants intérêts (notamment 40 % du capital de la Banque nationale d'Haïti, qui fait fonction de direction du Trésor). Le 28 juillet 1915, alors que le pays est une fois de plus en plein chaos, ils débarquent militairement sur l'île et occupent Port-au-Prince. Par un traité imposé à l'occupé, l'occupant prend en main toute l'administration à quelques rares secteurs près.

L'occupation américaine durera dix-neuf ans au cours desquels les rares révoltes de *cacos* (paysans armés) sont écrasées dans le sang. Quand ils se retirent, en 1934, les *marines* laissent le pays transformé. Les moyens de communications (infrastructures routières, moyens de transport) ont été considérablement développés, l'adduction d'eau et l'hygiène collective améliorées. Hôpitaux, écoles, installations portuaires ont fleuri dans le pays ; la monnaie a été stabilisée. Une gendarmerie, formée aux méthodes américaines, est chargée de garantir la stabilité future du pays. Les États-Unis n'ont pas pour autant oublié leurs intérêts propres. La nouvelle Constitution haïtienne permet en effet au *blan* d'acquérir la terre. Par ailleurs – les deux dispositions sont évidemment liées –, tous les occupants sans titre, et ils sont légion, sont purement et simplement expropriés. S'ensuivront d'importants mouvements de population, qui se poursuivent encore aujourd'hui, et qui iront du repli vers l'intérieur du pays au départ définitif vers des cieux plus cléments (États-Unis, autres États des Caraïbes...) en passant par les migrations saisonnières en Dominicanie voisine, particulièrement pénibles et humiliantes pour les Haïtiens. Offrant, pour une bouchée de pain, leur force de travail aux planteurs dominicains, ces malheureux *braseros* sont en effet traités comme du bétail, puis renvoyés chez eux sans ménagement la récolte terminée. Certains parviennent à rester sur place et sont alors parqués dans d'immenses bidonvilles où ils tentent vaille que vaille de survivre. On en compterait aujourd'hui près de 1 million. Au moins ceux-là ne redoutent-ils plus de subir un nouveau massacre collectif, comme leurs milliers de prédécesseurs qui, en octobre 1937, périrent, victimes de la vindicte du dictateur dominicain de l'époque, le *Benefactor* Rafael Leonidas Trujillo.

Soixante ans après leur départ d'Haïti, les États-Unis seront de retour, le 19 septembre 1994, pour « soutenir la démocratie » (ainsi ont-ils baptisés l'opération militaire qui mobilisera jusqu'à 21 000 *marines*). Les raisons profondes de cette nouvelle intervention tiennent plus à des considérations de politique intérieure américaine qu'à un réel souci de libérer Haïti d'une dictature militaire particulièrement féroce. Lorsqu'il n'était que candidat démocrate, le président Clinton s'était en effet engagé auprès de la communauté afro-américaine pro-Aristide à rétablir ce dernier dans ses fonctions au cours de ses quatre ans de mandat. S'il veut pouvoir compter sur le soutien du *Black Caucus* pour sa réélection en 1996, il lui faut impérativement tenir sa promesse. Par ailleurs, les *boat people* haïtiens sont de plus en plus nombreux à se presser sur les côtes de Floride et menacent le fragile équilibre entre communautés, notamment à Miami. Le responsable numéro un de cet exode massif, c'est l'embargo décrété par les États-Unis, puis par les Nations unies pour venir à bout pacifiquement de la dictature. Le résultat ne s'est pas fait attendre : les militaires et la grande bourgeoisie, en organisant le marché noir, ont détourné l'embargo à leur profit tandis que l'immense majorité des Haïtiens en subissait de plein fouet les conséquences. Une fois encore, *se blan ki deside*. Une intervention militaire a donc été programmée par le Pentagone. Mais, pour les Américains, il n'était pas question de risquer la vie d'un seul *boy* pour libérer Haïti. Aussi la « transmission du pouvoir » entre anciens et futurs maîtres du pays a-t-elle été longuement discutée et minutieusement réglée en amont. Du coup, les « vaincus », assurés de ne pas être inquiétés, n'ont opposé aucune résistance armée à leurs vainqueurs... une simple promenade de campagne pour les *marines*. Cette fois-ci, les Américains ne s'éterniseront pas. Dès avril 1995, ils laissent la place aux 7 000 soldats et gendarmes des Nations unies. Minuha (Mission des Nations unies en Haïti), Manuh (Mission d'appui des Nations unies à Haïti), Mitnuh (Mission de transition des Nations unies en Haïti), Miponuh (Mission de police des Nations unies en Haïti) se succéderont jusqu'en mars 2000.

Malgré un investissement financier et humain considérable, le bilan de cette longue intervention, trop fragmentée et dont le mandat variait au rythme des missions successives, apparaît, avec le recul, largement en deçà des espérances initiales. L'échec était d'ailleurs inscrit en filigrane dès l'origine, dans la mesure où les dérives qui conduiront à l'instauration du « système Aristide » ont commencé avant même le début du mandat de René Préval, sous le regard réprobateur mais impuissant de la communauté internationale.

AUTOPSIE D'UNE CRISE

La « deuxième chance » gâchée. Lorsqu'il prête serment pour la seconde fois comme président constitutionnel d'Haïti, le 7 février 2001, Jean-Bertrand Aristide est déjà, depuis longtemps, le véritable maître du pays. Les diplomates étrangers ne s'y trompent pas, qui ont depuis longtemps pris l'habitude de s'adresser directement à lui et non au chef de l'État nominal, René Préval, lorsqu'ils ont à débattre d'une question importante. Élu avec 98 % des suffrages exprimés deux mois plus tôt, Titid est apparemment toujours en phase avec son peuple... à ceci près que ce dernier ne s'est pas, cette fois-ci, mobilisé pour son champion, bien au contraire : à peine 15 % de participation. Il faut dire – et les Haïtiens le savent – que l'échec total de son prédécesseur lui est en grande partie imputable. Blocage institutionnel, stagnation économique, montée de l'insécurité sont en effet essentiellement dus aux manœuvres des Lavalassiens (membres et sympathisants du parti Lavalas au pouvoir) soucieux à la fois de consolider leur emprise sur le pays et de démontrer que seul Aristide sera en mesure de redresser la situation à son retour. Les « chimères », ces groupes de miséreux des bidonvilles qui servent de supplétifs au nouveau président ont quant à eux méticuleusement entretenu, au cours des dernières années, un climat de violence propre à décourager les oppositions *(voir infra, Les acteurs).* La communauté internationale, qui achève son désengagement d'Haïti et a suspendu l'essentiel de ses aides au développement, fait malgré tout semblant d'y croire. L'administration américaine offre ainsi officiellement une deuxième chance à celui qu'elle a rétabli par la force six ans et demi plus tôt et lui fixe un programme en huit points comme condition à une normalisation des relations bilatérales, que le président s'empresse d'accepter. La France et la plupart des autres pays de l'Union européenne demeurent pour leur part plus circonspects. Les premiers mois de la seconde présidence Aristide déçoivent ceux qui en attendaient sinon des miracles, du moins quelques progrès concernant les dossiers les plus brûlants comme l'ouverture du dialogue avec l'opposition. Cette dernière réclame à cor et à cri la constitution d'un Conseil électoral réellement indépendant comme prélude à des élections générales. Fidèle à son habitude, le président tergiverse, utilisant avec un art consommé la pusillanimité de ses adversaires, pour finalement ne rien céder. Ses méthodes de gouvernement déconcertent par ailleurs autant qu'elles inquiètent. Au grand dam de ses anciens partisans dont l'influence est battue en brèche, il s'entoure de plus en plus de chefs chimères brutaux et incompétents dont il achète le soutien en leur distribuant argent et postes lucratifs. Il rebaptise ensuite certains des gangs « organisations populaires » (OP) afin de « politiser » leurs interventions le plus souvent musclées.

Au matin du 18 décembre 2001, le gouvernement annonce l'échec d'une tentative de coup d'État. Un petit groupe armé d'individus proches des milieux de l'opposition et du narcotrafic aurait cherché, au cours de la nuit, à éliminer le président Aristide en prenant d'assaut le Palais national mais se serait heurté à l'unité de sécurité de la présidence qui l'aurait décimé. L'ancien commissaire de police Guy Philippe *(voir infra, Les acteurs : les ex-« rebelles »),* déjà mis en cause quelques mois plus tôt à l'occasion d'un prétendu complot de policiers, est immédiatement désigné comme l'instigateur de l'aventure, qui prendra rapidement l'allure d'une mauvaise farce. L'opposition a beau jeu de dénoncer les invraisemblances et les contradictions qui pullulent dans la version officielle. Elle souligne que les partis d'opposition et la presse ont immédiatement été la cible de la riposte « spontanée » des OP et s'interroge à haute voix sur les raisons qui ont poussé Aristide à monter cette grossière mise en scène. Quoi qu'il en soit, l'affaire se transforme vite en fiasco pour ce dernier et décille les yeux des quelques hésitants qui croyaient encore possible une ouverture du régime.

Sans doute cet événement est-il à l'origine du changement d'attitude progressif des adversaires du régime. Au cours de l'année 2002, conscients de la faiblesse des structures politiques classiques et du peu d'écho dont elles bénéficient au sein de la population, ceux qui se baptiseront les « secteurs vitaux » de la société haïtienne décident de s'organiser en groupe de pression. Le 26 décembre 2002, 184 organisations représentatives de la société civile rendent publique une déclaration conjointe appelant à l'établissement d'un nouveau « contrat social » entre Haïtiens et exigeant l'organisation à terme de nouvelles élections. Au rang des signataires figurent la quasi-totalité des organisations patronales et des mouvements syndicaux, les principales associations paysannes, de nombreux représentants des secteurs de l'artisanat, de la presse, des professions libérales, de l'enseignement, des associations féminines... La figure émergente de ce « groupe des 184 » est l'homme d'affaires André (Andy) Apaid, dont les origines syro-libanaises et la double nationalité (il est également citoyen américain) provoqueront des réactions empreintes de xénophobie chez certains lavalassiens. L'une des premières initiatives de ces nouveaux venus sur la scène politique haïtienne, qui se heurtent au refus du pouvoir de prendre en compte leurs exigences, est d'appeler à une grève générale d'avertissement le 24 janvier 2003. Assez suivie dans la capitale et dans les principales villes du pays, elle est saluée par ses organisateurs comme une étape importante dans la reconquête de l'opinion publique haïtienne.

Aristide tente alors de détourner l'attention de son peuple tout en le remobilisant. Il lance en avril une grande campagne pour la *restitisyon* (« restitution ») par la France de la dette de l'indépendance dont il évalue le montant actualisé à près de 22 milliards de dollars. Tout au long des derniers mois de sa présidence, il ressassera ce thème qu'il croit porteur, mais qui laissera dans les faits une grande majorité des Haïtiens indifférents.

Forts de leur premier succès, les «184 » vont pour leur part inventer une nouvelle forme de contestation qu'ils baptisent « caravane de l'espoir ». L'idée est de mettre sur pied un forum itinérant de discussions, réunissant, ville après ville, les Haïtiens autour du thème de la re-fondation de l'État. L'initiative devrait permettre de concurrencer le pouvoir sur son propre terrain, la mobilisation populaire, et de faire connaître en dehors de Port-au-Prince les thèmes chers à l'opposition.

Le régime réagit comme à son habitude avec brutalité. À chacune de ses étapes, la caravane doit faire face à une attaque en règle de membres des OP locales, qui utilisent des arguments plus physiques qu'intellectuels pour s'imposer sur le terrain.

Le 12 juillet 2003, les 184 se transportent à Cité Soleil, le plus grand bidonville d'Haïti au nord de la capitale. Conscients du danger qu'ils courent, ils ont demandé à plusieurs diplomates étrangers de les accompagner. Les OP sont bien au rendez-vous et se déchaînent contre ces « provocateurs » qui osent venir les défier dans leur propre fief. Le bilan de ce « mouvement de résistance populaire » est éloquent : on relève trois morts et de nombreux blessés. Les forces de police, loin de s'interposer, ont manifestement prêté mainforte aux chimères, comme le prouvent les images vidéo présentées par les organisateurs de la caravane quelques jours plus tard. Si l'indignation de la communauté internationale irrite le président haïtien, elle ne l'inquiète pas vraiment. L'essentiel pour lui était de démobiliser l'opposition et il pense bien y être parvenu. Mais la véritable menace qui pèse sur sa présidence a peu à voir avec cette opposition-là. Elle est en fait liée à la décomposition accélérée du système qu'il a lui-même mis en place et qui l'entraînera dans sa chute.

Les « cannibales » à la manœuvre. Le compte à rebours à proprement parler commence pour Aristide le 23 septembre 2003, avec l'assassinat à Gonaïves d'une personnalité locale, Amyot Métayer alias « *Cubain* ». Lavalassien de la première heure – il a subi dans sa chair, en septembre 1991, le prix de sa fidélité à Titid –, Métayer s'était peu à peu imposé, après le retour de son mentor, comme son principal représentant à Gonaïves. C'est à ce titre qu'il participera, en décembre 2001, à la répression contre l'opposition au lendemain de la pseudo-tentative de coup d'État du 17 décembre. Il profitera d'ailleurs de l'occasion pour mettre la ville en coupe réglée, avec l'aide de partisans armés (moins d'une cinquantaine) qu'il baptisera « armée cannibale ». Supervisant les OP locales, contrôlant les services douaniers de la ville et assuré du soutien du délégué départemental (préfet), il se conduit de plus en plus en véritable « seigneur de la guerre ». Son indépendance, notamment financière, commence à inquiéter à Port-au-Prince où l'on craint qu'il ne fasse des émules. « On » tente bien de le raisonner, mais « on » ne parvient qu'à le dresser contre son ancien maître auquel il était demeuré jusqu'ici fidèle. « On » décide alors de lui tendre un piège et, à l'occasion d'une invitation au Palais national, il est arrêté, le 2 juillet 2002 et emprisonné au pénitencier de Gonaïves. Il n'y restera pas longtemps. Un mois jour pour jour après son incarcération, il est libéré avec une centaine d'autres prisonniers par ses partisans qui prennent purement et simplement d'assaut la prison.

Incapable de s'assurer à nouveau de sa personne, sauf à provoquer un véritable affrontement armé qui ne serait pas du meilleur effet pour son image de marque déjà passablement écornée, le pouvoir tente alors d'acheter sa reddition, sans plus de succès.

Le temps presse désormais pour Jean-Bertrand Aristide. L'Organisation des États américains (OEA) réclame maintenant à cor et à cri l'arrestation de « Cubain » comme preuve de l'existence, en Haïti, d'un État de droit propice à une éventuelle normalisation de la situation politique. Plus grave, Métayer, en réponse à la trahison dont il estime être l'objet, commence à distiller des révélations mettant en cause le président lui-même dans un certain nombre d'affaires jamais élucidées. Enfin, alors que se rapprochent les cérémonies du bicentenaire de l'Indépendance de la première république noire, il devient urgent de reprendre le contrôle de la « ville de l'indépendance » où se dérouleront une grande partie des cérémonies, en commençant par en chasser le maître des lieux.

Le 23 septembre, le corps criblé de balles et mutilé d'Amyot Métayer est retrouvé dans la banlieue de la ville de Saint-Marc, au sud de Gonaïves. Dès la nouvelle de sa mort connue, ses partisans désignent nommément le président comme unique commanditaire de l'assassinat et appellent à la mobilisation populaire. Le pouvoir, qui accuse quant à lui la « branche armée de l'opposition », dépêche à Gonaïves d'importants renforts de police qui utilisent la manière forte pour tenter de reprendre l'avantage. Bilan : une dizaine de morts.

À la grande surprise d'Aristide, ce qui n'aurait dû être qu'une péripétie de plus – après tout, ce n'est pas la première fois qu'un chef chimère est victime d'un règlement de comptes – se transforme en véritable détonateur. Cap-Haïtien se mobilise à son tour à l'appel de l'opposition politique locale, puis c'est au tour de Saint-Marc, Petit Goâve, Jacmel...

Le gouvernement tente par tous les moyens d'empêcher les manifestations de se dérouler. Aux côtés de la police, de plus en plus souvent débordée, les OP sont appelées en renfort et utilisent leurs méthodes habituelles, l'intimidation et la violence, encouragées par le président lui-même qui répète à l'envi que « le sang appelle le sang ».

Ce climat délétère va se prolonger tout au long du dernier trimestre de 2003. Les étudiants, qui avaient été les premiers à braver courageusement la répression au cours des mois précédents pour défendre l'autonomie universitaire, tentent d'organiser la mobilisation anti-Aristide à Port-au-Prince. Quant à l'opposition « légale », elle remporte un premier succès en parvenant mi-novembre à rassembler plusieurs milliers de manifestants sur le Champ de Mars, face au Palais national, et ce malgré une présence policière menaçante. Le 5 décembre au soir, la police pénètre dans les locaux de la faculté des sciences humaines de la capitale occupée par les étudiants et les professeurs et s'y livre à une véritable chasse à l'homme. On relèvera plus de 25 blessés, dont certains par balle. Le recteur de l'université d'État d'Haïti lui-même est grièvement atteint aux jambes. Au lendemain de ce « vendredi noir », la ministre de l'Éducation nationale démissionne, refusant de cautionner ces « incidents révoltants ». À partir de cette date, les démissions se multiplieront dans l'entourage du président.

Jean-Bertrand Aristide est alors entièrement accaparé par la préparation des fêtes commémoratives du bicentenaire de l'indépendance du 1er janvier. Celles-ci devront marquer le point d'orgue de sa présidence. Un grand nombre de chefs d'État ont été invités et, il en est sûr, leur présence montrera à l'opinion publique internationale en quelle estime est tenu l'ancien petit prêtre de Saint-Jean-Bosco. Ce succès éclatant lui permettra par la suite de régler leur compte à ceux qui auront tenté de lui gâcher la fête.

Malheureusement pour lui, le scénario ne se déroule pas tout à fait comme prévu. Les invités se décommandent les uns après les autres. La plupart des délégations étrangères sont dirigées par des personnalités de second plan. Seul le président sud-africain Thabo Mbeki est au rendez-vous ; encore assume-t-il un service minimum. Le jour venu, il refuse notamment d'accompagner Aristide à Gonaïves. Bien lui en prend car la ville de l'indépendance, en quasi-insurrection, ne tolère Titid qu'une demi-heure tout au plus et ce dernier repart à Port-au-Prince à bord de son hélicoptère sur fond de tirs d'armes automatiques. Quelques heures auparavant, dans un de ces discours fleuris dont il a le secret, le président, après avoir salué ses hôtes en plusieurs langues (dont le chinois et le zoulou), avait dressé, du perron du Palais national, un catalogue de promesses totalement surréalistes, qui ne faisaient que plus cruellement ressortir l'état de délabrement de son pays. Au moins la foule des sympathisants était-elle, cette fois, au rendez-vous pour reprendre ses mots d'ordre, dont le désormais célèbre « Titid pour cinq ans ».

Au soir de ce 1er janvier 2004, Aristide, en contemplant le feu d'artifice qu'il offre à son peuple, mesure désormais les difficultés qu'il aura à rétablir son pouvoir en dehors de Port-au-Prince. Ce qu'il ignore en revanche, c'est que soixante jours plus tard, il se retrouvera en exil en République centrafricaine, à des milliers de kilomètres d'Haïti.

L'alliance de la carpe et du lapin. L'opposition légale se sent le vent en poupe. Sa nouvelle stratégie est d'agir désormais comme si toute solution politique passait forcément par le départ du président. Elle a ainsi rendu public, à la veille des célébrations, un document détaillé intitulé « Alternative de transition » qui n'omet qu'une question – mais elle est de taille : comment faire partir Aristide. Le document, il est vrai, s'adresse avant tout aux pays amis – la France, les États-Unis, les États membres de l'OEA – qui continuent à encourager les parties à reprendre langue. Tout au long du mois de janvier, le dialogue de sourds se poursuit. Le 12, la quasi-totalité des membres du Parlement terminent leur mandat sans avoir été remplacés, ce qui conduit le chef de l'État à promettre, une fois de plus, l'organisation de nouvelles élections « dans les meilleurs délais », rien que de très habituel dans ce flou artistique.

Les choses vont brusquement s'accélérer et révéler en l'espace de trois semaines l'état de décomposition du système, qui finira par s'effondrer.

L'insurrection, à laquelle on attribue la chute d'Aristide, commence à proprement parler le 5 février par la prise, définitive cette fois, du contrôle de Gonaïves par les rebelles de l'« armée cannibale » qui, depuis plusieurs mois déjà, harcelaient les autorités légales et rendaient la ville ingouvernable. Les insurgés, dirigés par Butteur Métayer, frère d'Amyot, et Winter Étienne, se sont entre-temps, à la demande expresse de l'opposition politique, rebaptisés « Front révolutionnaire de résistance de l'Artibonite » (FRRA), appellation moins « colorée » mais plus respectable.

La rébellion va brusquement changer de nature avec l'entrée en scène une semaine plus tard, aux côtés du FRRA, d'anciens membres des ex-Forces armées d'Haïti et du Front pour l'avancement du progrès en Haïti *(voir infra, Les acteurs : les ex-« rebelles »).* Ceux-ci, qui « marronnent » depuis déjà plusieurs mois dans le Plateau central, s'étaient jusqu'alors essentiellement illustrés par leurs coups de main contre les populations locales, qui relevaient plus du banditisme que de l'action politique. Ce sont d'ailleurs eux que le gouvernement stigmatisait au lendemain du pseudo-coup d'État de décembre 2001. Ce renfort inattendu va bouleverser la donne sur le terrain, d'autant que les nouveaux venus, dont le nombre est évalué entre 100 et 200, disposent d'un armement de bien meilleure qualité que les miliciens de l'ex-« armée cannibale » et ont quelques idées sur la stratégie à mener. Il est difficile d'imaginer que le ralliement soudain de ces hommes de l'ancien régime aux anciens « cannibales » ait été entièrement spontané. Comme toujours en Haïti, les rumeurs vont déjà bon train. Les nouveaux venus auraient préparé leur *come back* dans un camp d'entraînement en territoire dominicain, encouragés par les États-Unis désireux d'éprouver la solidité du régime Aristide confronté à une résistance armée. Les militaires dominicains auraient servi d'intermédiaires et fourni l'essentiel de l'armement.

Cette version, qui n'est pas à ce jour confirmée, apparaît en contradiction flagrante avec la position de principe du gouvernement américain, qui, tout en adoptant une attitude de plus en plus critique vis-à-vis du gouvernement haïtien, a officiellement défendu, jusqu'au dernier jour, la légitimité, même écornée, de son chef. Pour autant, personne ne peut croire que les États-Unis, dont la préoccupation essentielle demeure la stabilité d'Haïti, n'aient pas envisagé, à un moment ou à un autre, le départ anticipé d'Aristide qui s'est révélé au fil des jours de moins en moins capable de la garantir. La véritable question, à laquelle on ne peut à ce jour apporter de réponse, réside dans

le degré d'implication de Washington dans la cascade d'événements qui ont entraîné la chute du régime.
Les choses s'accélèrent donc à la mi-février. Alors que l'ancien commissaire Guy Philippe à la tête de ses ex-militaires s'impose comme le leader de la nouvelle coalition, ses troupes, beaucoup plus mobiles que les miliciens de Winter Étienne cantonnés aux Gonaïves, lancent une série d'attaques contre les principales localités des départements du centre et du nord. Hinche est investie le 16, puis toute une série de petites bourgades, Maïssade, Belladère, Thomonde, Pandiassou... À vrai dire, ces offensives éclairs se heurtent à un minimum de résistance de la part des groupes de chimères locaux et des policiers, qui s'enfuient souvent avant même l'arrivée des insurgés. Ceux-ci, trop peu nombreux pour occuper les localités « libérées », repartent presque immédiatement après avoir paradé dans les rues et incendié les postes de police locaux. Ouanaminthe tombe le 18, Saint-Marc le 21, puis c'est le tour de Cap-Haïtien, la deuxième ville du pays, que les chimères affirmaient vouloir défendre jusqu'à la mort et qu'elles abandonnent sans combattre. Reste l'ultime étape, Port-au-Prince.
Chacun commence désormais à spéculer sur les capacités militaires des rebelles, qui se sont jusqu'ici contentés de victoires faciles, et sur le degré de résistance des chimères, omniprésentes dans la capitale. Celles-ci – sur ordre exprès du Palais national ou spontanément – se déchaînent. Pillages, mitraillages, saccages font régner un véritable climat de terreur dans les quartiers populaires. Il se murmure qu'Aristide est résolu à jouer la politique du pire et souhaite désormais le déploiement d'une force d'interposition pour « garantir la légalité » (c'est-à-dire permettre son maintien au pouvoir). Une ultime proposition de négociations lancée à l'initiative de la Caricom (Marché commun des Caraïbes) se heurte à un refus pur et simple de l'opposition politique, qui craint que le chef de l'État n'en profite une fois de plus pour gagner du temps. Les États-Unis, quant à eux, affectent de ne pas prendre parti et lancent des appels au calme. Mais, à l'instar de la France qui, dès le 25, invitait, par la voix de son ministre des Affaires étrangères, le président à quitter le pays, ils sont dans les faits déjà résolus à lâcher ce dernier, comme l'indique en termes éminemment diplomatiques le communiqué publié par le service de presse de la Maison-Blanche le 28.
Les rebelles font finalement savoir qu'ils comptent investir Port-au-Prince le 29 février pour y débusquer Aristide et lui régler son sort. Les habitants de la capitale retiennent leur souffle.

Fin de partie pour Aristide. La bataille de Port-au-Prince n'aura finalement pas lieu.
Le 29 février au matin, les Haïtiens apprennent que leur président a quitté le pays pour une destination inconnue (en fait la République centrafricaine) après avoir démissionné en bonne et due forme. Comme toujours en Haïti, d'innombrables versions circuleront par la suite sur les conditions de ce départ précipité. Les Américains, qui l'ont entièrement orchestré, n'ont cessé depuis lors d'affirmer que la décision d'Aristide a été librement consentie. À les en croire, le président, se sentant en passe d'être pris au piège, aurait passé la soirée du 28 à négocier par téléphone avec l'ambassadeur des États-Unis, James Foley. Après avoir obtenu satisfaction sur l'essentiel, il se serait résolu à rédiger sa lettre de démission et aurait attendu dans sa résidence privée l'arrivée d'un diplomate de l'ambassade afin de la lui remettre. Celui-ci aurait pris en charge aux premières heures de la matinée le couple présidentiel, l'aurait accompagné à l'aéroport international de Port-au-Prince et mis dans un Boeing 757 pour Bangui. Selon d'autres sources, la démission du président lui aurait été arrachée au Palais national par une équipe de la DEA, l'agence américaine de lutte antidrogue, qui aurait mis sur la table des documents prouvant son implication dans différentes activités illégales, notamment liées au narcotrafic, afin de lui forcer la main. Cautionnant cette dernière version, Aristide affirmera par la suite qu'il n'a jamais démissionné et soutiendra avoir été victime d'un enlèvement politique.
Quoi qu'il en soit, la vacance du pouvoir exécutif est immédiatement proclamée et l'intérim de la présidence confiée, comme le prévoit la Constitution, au président de la Cour de cassation, Boniface Alexandre, personnalité plutôt effacée qui choisit, lors de sa première conférence de presse, d'apparaître aux côtés du Premier ministre du régime déchu, Yvon Neptune, pour apaiser les esprits.
Sitôt connue la nouvelle de la fuite de leur chef, les partisans du président déchu livrent un baroud d'honneur aux alentours du Palais et s'en prennent à tout ce qui bouge. Certains habitants de Port-au-Prince, profitant de la confusion, participent à des pillages qui n'ont rien de politique, tandis que plusieurs centaines de détenus du pénitencier national choisissent de fêter l'événement en faussant compagnie à leurs geôliers. Les rebelles, pour leur part, décident, étant donné les circonstances, de différer leur entrée dans la capitale. Ils ne « libéreront » Port-au-Prince que le 1er mars et apparaîtront pour ce qu'ils sont vraiment : moins d'une centaine d'hommes casqués et fortement armés, équipés d'une demi-douzaine de *pick up*. Guy Philippe, leur chef, est ovationné par la foule et se sent pousser des ailes. Sans doute, en son for intérieur, se félicite-t-il d'avoir si bien réussi à intoxiquer ses adversaires au point de précipiter leur débâcle, simplement en laissant courir la rumeur qui a fait de lui, deux siècles après Toussaint Louverture, le chef d'une nouvelle armée de libération.

LA TRANSITION, BILAN ET PERSPECTIVES

Un premier bilan en demi-teinte. Le 29 février au soir, le Conseil de sécurité des Nations unies adopte à l'unanimité la résolution 1529 qui autorise notamment le déploiement d'une force multinationale intérimaire (FMI-H) pour une période maximale de trois mois (dans les faits, ce sera quatre). Celle-ci a pour mission de « [...] contribuer à la sécurisation et la stabilisation de l'environnement [...] partout dans le pays, faciliter l'approvisionnement de l'aide humanitaire [...]

faciliter l'approvisionnement de l'aide internationale à la Police haïtienne dans le but d'assurer et de maintenir la sécurité publique, la loi et l'ordre ». Quatre pays participeront à la FMI-H qui totalisera 3 600 hommes, les États-Unis (principaux contributeurs avec 1 900 hommes issus pour la plupart du *Marine Corps*) qui en prendront le commandement, la France (un millier d'hommes appartenant dans leur majorité aux forces prépositionnées aux Antilles et en Guyane), le Canada (400 hommes) et le Chili (300 hommes). Haïti est divisé en deux zones. Le contingent français prend en charge les départements du nord, du nord-ouest, du nord-est et de l'Artibonite, tandis que les États-Unis, renforcés par les troupes chiliennes et canadiennes, se déploient dans le reste du pays, et contrôlent notamment la capitale Port-au-Prince.

La FMI-H restera en Haïti quatre mois avant de céder la place, le 25 juin, aux casques bleus de la Mission de stabilisation de l'ONU en Haïti (Minustah).

Si l'on tente un rapide bilan de cette première phase de la normalisation, il apparaît assez contrasté.

Au plan sécuritaire, la priorité pour la FMI-H était d'éviter à tout prix les affrontements sanglants entre factions rivales désireuses d'en découdre. Sa marge de manœuvre s'est révélée d'autant plus étroite que sa durée de vie était limitée et son mandat restreint : elle ne pouvait intervenir en effet qu'en support de la Police nationale haïtienne (PNH) et ne devait en aucun cas se substituer à elle dans les opérations de maintien de l'ordre. Ce premier objectif a cependant été pratiquement atteint. Au cours des quatre mois qui ont suivi le départ d'Aristide, aucun dérapage sérieux n'a été signalé, à l'exception de l'attaque par un groupe de chimères d'une manifestation pacifique célébrant le départ d'Aristide, qui fera 5 morts et une vingtaine de blessés le 7 mars. Ce succès s'explique avant tout par le caractère dissuasif qu'a constitué pour les différentes factions antagonistes le déploiement de militaires en armes qui leur inspiraient au mieux un certain respect, au pire une crainte révérencieuse. En revanche, la petite et moyenne délinquance n'a reculé, au cours de la même période, que très marginalement, dans la mesure où les opérations de désarmement, seules susceptibles d'avoir un réel impact sur son niveau, sont demeurées symboliques. La principale difficulté pour la force intérimaire aura été de travailler avec une police très discréditée du fait de ses accointances passées avec l'ancien régime et par ailleurs notoirement insuffisante, que ce soit en termes d'effectifs, d'équipements ou de qualification.

Dans le domaine politique, la désignation par un Comité des sages *ad hoc*, largement influencé par le Groupe des 184, de Gérard Latortue pour diriger le gouvernement de transition est apparue plutôt habile. Ayant effectué la majeure partie de sa carrière à l'étranger, notamment dans le système onusien, le nouveau Premier ministre se situait en dehors des contingences politiques traditionnelles et symbolisait à la fois la rupture avec le passé et la nécessaire réconciliation entre Haïtiens. Son équipe, composée de personnalités choisies à la fois pour leur compétence et leur sérieux, a d'emblée bénéficié d'un préjugé favorable de la part de la communauté internationale. De fait, les principales réalisations à mettre à l'actif du gouvernement intérimaire au cours de ses premiers mois d'existence sont loin d'être négligeables. Ses efforts déployés pour rompre avec la violence institutionnelle et rétablir un minimum d'état de droit dans le pays constituent, malgré le peu de moyens disponibles, l'avancée la plus concrète et la plus prometteuse pour l'avenir. Le nouvel exécutif peut être également crédité d'une habileté certaine dans ses négociations avec les principaux bailleurs de fonds en vue de l'élaboration d'un cadre de coopération intérimaire. À preuve, l'aide internationale de 1,085 milliard de dollars (dons et crédits nouveaux confondus) consentie à Haïti le 20 juillet 2004 à l'occasion d'une conférence des donateurs, aide sensiblement supérieure à celle espérée initialement. Enfin, la réinsertion réussie du pays au sein de la communauté internationale, obtenue il est vrai avec le concours actif des États-Unis, du Canada et de la France, a beaucoup contribué à asseoir la légitimité d'un gouvernement non issu des urnes mais désormais reconnu par tous, y compris par ses voisins de la Caricom, à l'origine hostiles aux conditions de départ d'Aristide.

Dans la colonne « passif », on mentionnera, outre la persistance déjà signalée d'une insécurité chronique, les premiers signes de népotisme observé dans l'entourage direct du Premier ministre, et qui évoquent fâcheusement le passé. La personnalité de Youri Latortue, son neveu et principal conseiller, auquel on prête une ambition personnelle démesurée, fait notamment l'objet de controverses. Mais le plus préoccupant reste un certain flou artistique entretenu par le Premier ministre concernant les prochaines échéances de la transition, révélateur des difficultés qu'il éprouve à se projeter dans l'avenir et à élaborer un plan d'action à moyen terme indispensable pour que la rupture avec deux siècles de dérive devienne enfin effective.

Espérer une fois encore ? Et voilà qu'une fois encore, en dépit du fatalisme qui les habite presque en permanence, les Haïtiens se reprennent à espérer.

Pourtant, si l'on examine les choses objectivement, et surtout si l'on se réfère au passé, les risques d'une nouvelle désillusion sont immenses. Il suffit de remonter au dernier « sauvetage » en date d'Haïti, il y a de cela à peine dix ans.

Le diagnostic est une fois pour toutes établi. Haïti souffre, on l'a dit, du poids conjugué d'un passé historique annihilant, d'un sous-développement économique record et d'une mal-gouvernance chronique responsable du fossé qui s'est creusé entre la « République de Port-au-Prince » et les provinces.

Le traitement ne pourra être que long et progressif, mais comment d'ores et déjà jeter les bases d'une transformation en profondeur de la réalité haïtienne ?

Face à une société totalement déstructurée, la priorité absolue est de fournir aux Haïtiens des repères institutionnels qui tiennent la route : une administration honnête et soucieuse du bien public, des forces de sécurité efficaces, une justice indépendante. Cet objectif était déjà celui de l'ONU en 1994 mais la communauté internationale n'a pas été capable de le mener à bien, faute pour elle d'obtenir la collaboration d'un président qui poursuivait un but diamétralement opposé au sien. L'obstacle a aujourd'hui disparu et la Minustah a, dans le domaine de la réforme de l'État, les coudées plus franches que les missions précédentes. Sans se substituer aux autorités haïtiennes de transition, il lui faudra veiller à la qualité du recrutement à tous les niveaux de la fonction publique. La transformation de la PNH, sortie exsangue et dévoyée de la période Aristide, en une force publique à la fois bien entraînée, adaptée aux besoins du pays et inspirant confiance aux Haïtiens, est avant tout fonction du choix de ses futurs cadres. D'ailleurs, les aides multiformes que ne manqueront pas de dispenser les pays occidentaux en matière de sécurité publique (matériels, formations) ne seront efficaces que dans la mesure où ceux qui les recevront sauront en faire bon usage.

Dans ce contexte, faire du désarmement des gangs, milices ou simples individus la priorité absolue, comme beaucoup le réclament, n'apparaît pas très réaliste. Dans un pays où la Constitution permet la détention d'arme à domicile, la réalisation d'un tel objectif n'est envisageable qu'à deux conditions : que le rapport de force soit clairement en faveur de la police et que la réputation de sérieux et de neutralité de celle-ci ne puisse être mise en cause.

Quoi qu'il en soit, il faut bien être conscient que la violence endémique qui règne en Haïti ne diminuera réellement que lorsqu'elle n'apparaîtra plus à ceux qui la pratiquent comme le seul et unique moyen d'assurer leur survie. Le problème est donc bien, avant tout, économique.

Or, le défi économique et social que pose Haïti est immense. Seule une stratégie à long terme permettant de mobiliser l'ensemble des acteurs – États, institutions financières internationales, diasporas haïtiennes – susceptibles d'intervenir dans la reconstruction du pays permettra d'obtenir des résultats tangibles. Encore faut-il que ces différents acteurs se montrent prêts à fournir l'effort nécessaire. Pour les y inciter, la nouvelle administration, aidée en cela par la Minustah, devra démontrer sa volonté de poursuivre dans la voie de la normalisation institutionnelle déjà évoquée.

Quant au type de développement à mettre en œuvre, compte tenu de l'état de la société haïtienne, les microprojets locaux semblent devoir être privilégiés, du moins dans un premier temps. Ceux-ci pourraient s'appuyer sur les solidarités locales existantes (elles sont bien réelles). Leur multiplication, en même temps qu'elle offrirait aux Haïtiens une alternative à la violence de groupes, leur fournirait la preuve concrète que les choses commencent réellement à changer pour eux.

Rompre avec le passé, ce sera également pour le nouveau pouvoir intérimaire tirer un trait sur les pratiques qui ont toujours caractérisé la vie politique nationale. Dans cette perspective, les futures élections, prévues pour 2005 et vraisemblablement supervisées par la communauté internationale, serviront de test grandeur nature. Qu'elles soient ouvertes et honnêtes, et la nécessaire confiance entre gouvernés et gouvernants sera rétablie. Qu'elles semblent jouées d'avance et tout recommencera comme avant.

« Pour sortir du trou, il faut commencer par arrêter de creuser », recommandait il y a de cela quelques mois un diplomate de haut rang qui quittait Haïti au terme d'un séjour de trois années, au cours desquelles il avait pu mesurer, au jour le jour, la dégradation de la situation dans son pays de résidence. Si l'on file cette métaphore, on peut dire que l'intervention alliée de février 2004 a eu pour principale mission de remiser les pelles et les pioches. Le rôle de la Minustah, qui a pris la relève en juin, sera d'aider le gouvernement intérimaire à combler le trou avant de rendre finalement aux Haïtiens leurs outils, qu'ils devront désormais utiliser non plus pour creuser, mais pour bâtir.

L'enjeu est capital aux dires mêmes du général brésilien Augusto Heleno Ribeiro Pereira, qui considère que cette Mission, dont il assume le commandement, est vraisemblablement celle de la « dernière chance » pour permettre à Haïti de rompre enfin avec son passé.

Les acteurs

Les « chimères »

Prétendre exposer avec précision ce que recouvre le vocable de « chimère » en Haïti apparaîtrait fort présomptueux, pour ne pas dire... chimérique. De fait, chimère est désormais devenu, surtout dans les campagnes, un terme générique pour désigner tout délinquant de droit commun, quel que soit son *modus operandi*. Dans les villes, et surtout à Port-au-Prince, il conserve encore une certaine acception politique et sert souvent à désigner les derniers partisans armés de l'ancien président Aristide.

À l'origine, le « phénomène chimère » n'a rien de très original. Il est l'une des principales manifestations du niveau de sous-développement que connaît Haïti et on trouve son équivalent dans la plupart des pays du tiers-monde : des bandes de jeunes chômeurs, vivant d'expédients dans les périphéries des grandes villes, et qui constituent une main-d'œuvre idéale et bon marché pour les politiciens sans scrupule.

S'il est tentant de voir dans les « chimères aristidiennes » les héritiers des « Tontons macoutes » duvaliéristes (1958-1986) et des « attachés » de l'ère Cédras (1991-1994), la filiation n'est cependant pas totalement pertinente. Macoutes et attachés appartenaient en effet à des organisations structurées et hiérarchisées, ce qui ne fut jamais le cas des chimères, réparties au sein de gangs souvent rivaux. De même, alors que les Macoutes, « volontaires de la sécurité nationale », présents dans les moindres villages, ont représenté, surtout sous la présidence de Duvalier père (1958-1971), un semblant de système administratif parallèle et constitué un lien solide entre Port-au-Prince et la province, cela ne fut jamais les cas des chimères, surtout implantées dans les bidonvilles des principales villes du pays et « travaillant » par intermittence pour le pouvoir.

« Président du peuple », Jean-Bertrand Aristide a longtemps cherché à politiser et à encadrer les populations des quartiers périphériques de la capitale en suscitant la création d'« organisations populaires » (OP) sur le modèle castriste des « comités de la révolution ». L'idée était de « fidéliser » et d'organiser les supplétifs auxquels le régime faisait régulièrement appel tout en leur offrant un habillage idéologique légitimant leurs activités aux yeux de l'extérieur. Les plus engagés des compagnons de route d'Aristide assurèrent un minimum de formation politique aux chefs d'OP, la plupart du temps déjà responsables de « bases » chimères.

Mais à aucun moment le pouvoir n'est parvenu à créer une véritable mobilisation populaire pro-Aristide autour de ces OP, dont les noms et les structures ont beaucoup varié au cours des années. Censées contrer les initiatives de l'opposition en faisant entendre la voix du peuple, elles ont utilisé pour ce faire les méthodes des chimères : violence et intimidation. Par ailleurs, les OP ne sont jamais parvenues à se fédérer, bien au contraire, et ont souvent épousé les rivalités des caïds locaux qui les contrôlaient (parmi les plus hauts en couleur, on peut citer So' Anne, Ronald « Kadav », René Civil, « La Bannière »...). Elles sont rapidement apparues comme de simples groupes politico-mafieux, vendant leur force de frappe au plus offrant, en l'occurrence Aristide, ou parfois à certains de ses ex-lieutenants entrés en rébellion contre lui, notamment le sénateur Dany Toussaint.

Les liens unissant les chimères à leur protecteur sont en effet toujours demeurés largement pécuniaires, faute pour le pouvoir lavalassien d'avoir véritablement cherché à répondre aux attentes de ce sous-prolétariat urbain, dont elles sont issues, et qui formaient pourtant, à l'origine, son électorat naturel. Les propos désabusés tenus sur « Titid », face aux caméras d'une chaîne de télévision française, par plusieurs chefs chimères de Cité Soleil, quelques semaines avant la chute de ce dernier, signent, mieux que toutes les déclarations des opposants, l'échec d'un homme et d'un système.

Le régime, pleinement conscient de cet échec, tentera d'y remédier en incorporant plusieurs centaines de chimères au sein de la PNH, mais le remède se révèlera pire que le mal, accentuant encore le malaise et la désorganisation au sein de l'institution.

Tout ceci explique à la fois le peu de soutien populaire dont a réellement bénéficié le président déchu au cours des dernières semaines de sa présidence, et la violence désordonnée de ses derniers groupes de partisans, plus soucieux de préserver leurs territoires et leurs prébendes que d'offrir leur vie pour leur sponsor.

Réfugiées dans leurs fiefs depuis l'intervention alliée et le départ d'Aristide pour l'exil, les chimères ne semblent pas nourrir de véritable nostalgie à l'égard de l'ancien régime. Si, depuis septembre, la violence issue de leurs rangs a sensiblement augmenté par rapport aux six mois précédents, on peut difficilement y voir la marque d'une véritable reprise en mains à distance par Aristide de ses anciens supplétifs. Sans doute ce dernier continue-t-il à financer quelques groupes, depuis son exil sud-africain, en vue de déstabiliser le gouvernement. Mais l'essentiel des exactions, quotidiennement perpétrées, constitue des actes de délinquance pure, même s'ils affaiblissent la crédibilité du pouvoir.

Neuf mois après l'intervention alliée, les groupes et sous-groupes chimères aux noms exotiques (Tchétchénie, Kosovo, Armée rouge...) existent toujours mais leur degré d'organisation varie largement suivant les localités. Si, dans les principales villes du nord et du Plateau central, ils sont en voie de délitement, dans les bidonvilles de Port-au-Prince et notamment à Cité Soleil, l'heure semble plutôt au regroupement sous l'égide des « chefs de base » les plus brutaux, tels Robinson Thomas alias « La Bannière » ou Dread Wilme, tous deux anciens chefs d'OP.

Les ex « rebelles »

Les « rebelles », dont l'action a été déterminante pour faire prendre conscience à la communauté internationale de la faiblesse et de l'isolement d'Aristide, n'ont jamais constitué un groupe homogène. Alliance de circonstance entre éléments disparates unis par la seule volonté de renverser le pouvoir en place, la rébellion, provisoirement fédérée par l'ex-commissaire Guy Philippe, s'est rapidement délitée. Demeurent schématiquement aujourd'hui deux groupes distincts, qui défendent des intérêts sinon opposés du moins très différents.

◆ Les « anciens cannibales »

L'« armée cannibale », catalyseur de la rébellion qui a conduit au départ d'Aristide, n'était à l'origine qu'un simple gang de chimères lavalassiennes de la ville de Gonaïves, et plus précisément du quartier-bidonville de Raboteau. L'assassinat de son leader, Amyot Métayer, l'a transformé en adversaire résolu du pouvoir. Repris en main par le frère d'Amyot, Butteur Métayer, les « cannibales » ne seraient restés qu'une petite rébellion locale sans l'irruption soudaine de l'ex-commissaire Guy Philippe qui, de retour d'exil en République dominicaine, s'est, du jour au lendemain, imposé comme le commandant en chef d'un front associant l'ensemble des oppositions armées.

Après le renversement d'Aristide, les chefs de l'« armée cannibale » devenue entre-temps « Front révolutionnaire de résistance de l'Artibonite » ont paru tentés de se replier sur leur fief de Gonaïves, d'où ils n'étaient d'ailleurs que rarement sortis. Cette attitude s'explique sans doute par la profonde aversion qu'ils ont éprouvée dès l'origine envers certains de leurs alliés de circonstance, notamment les hommes du Front pour l'avancement du progrès en Haïti (Fraph), milice du gouvernement Cédras chargée des basses besognes entre 1991 et 1994, qui les avaient combattus dix ans plus tôt.

Le leader du Fraph, Louis Jodel Chamblain, ayant été neutralisé en avril, les ex-cannibales ont alors définitivement scellé leur union avec Guy Philippe et constitué avec lui un Front de reconstruction nationale (FRN). Présidé par Butteur Métayer et « coordonné » par son principal adjoint Winter Étienne, le FRN apparaît surtout comme une machine électorale au service de Philippe, dont la candidature à la prochaine élection présidentielle a d'ores et déjà été annoncée. Si le profil du futur candidat est séduisant, de nombreuses zones d'ombre subsistent s'agissant de son passé. Élève officier au moment de la dissolution des forces armées en 1994, devenu commissaire de police dans la foulée, il s'était ensuite vu confier le poste très exposé de directeur général de la police de Cap-Haïtien par Aristide. Accusé par les États-Unis d'être lié aux narcotrafiquants, il est alors lâché par son protecteur qui le soupçonne d'avoir trempé dans un complot en vue de le renverser et se réfugie en octobre 2000 en République dominicaine. L'exil lui réussit et il s'enrichit rapidement – toujours le narcotrafic, soutiennent les mauvaises langues – sans jamais être inquiété par les autorités dominicaines. En décembre 2001, Aristide tente une nouvelle fois de l'impliquer dans une tentative de coup d'État manifestement fabriquée. Il ne réapparaîtra qu'en février 2004 pour unifier les rébellions et sera fortement soupçonné à cette occasion d'agir « en service commandé ».

Aujourd'hui, tout semble indiquer que l'ex-commissaire Guy Philippe, « libérateur d'Haïti », ambitionne de jouer un jour les premiers rôles. S'il en est vraiment ainsi, il va lui falloir tenter de maintenir intacte l'indéniable popularité acquise dans l'euphorie d'une victoire, dont on a pu voir qu'elle était en grande partie usurpée.

Mais, pour certains observateurs, Guy Philippe jouerait en fait, une fois encore, les prête-noms pour le neveu du Premier ministre, Youri Latortue, dont on murmure qu'il nourrirait lui aussi des ambitions nationales.

◆ Les « anciens militaires »

Les quelques « anciens militaires » (ou désignés tels), qui ont rejoint la rébellion des « cannibales » dans les dernières semaines précédant la chute d'Aristide, n'étaient à l'origine qu'une poignée. On estime en effet leurs effectifs entre 100 et 200, mais leur équipement et leur sens du terrain ont beaucoup contribué à crédibiliser le mouvement d'insurrection qui a abouti à la chute d'Aristide.

Si la majorité de ces « combattants de la liberté » (comme le Premier ministre Latortue s'est une fois hasardé à les qualifier) était bien issue des ex-Forces armées d'Haïti (FAD'H), dissoutes par l'ex-président peu après son retour d'exil en 1994, on comptait également dans leurs rangs quelques anciens « attachés », ayant appartenu au Front pour l'avancement du progrès en Haïti (Fraph).

Sans véritables leaders, les uns et les autres ont accepté, du moins provisoirement, de se placer sous l'autorité de Guy Philippe jusqu'au renversement d'Aristide.

Au cours des semaines chaotiques qui ont suivi le départ du président et précédé le déploiement de la force multinationale, les graves problèmes d'insécurité posés, dans la plupart des départements, par l'absence de toute autorité légale et la débandade de la PNH ont conduit d'autres ex-militaires, beaucoup plus nombreux, à tenter de se remobiliser afin de prendre en main, au niveau local, l'ordre public.

Le relatif succès de cette opération, associé au manque de moyens dont disposait – et dispose encore – la nouvelle administration provisoire pour reprendre le contrôle des provinces, a rapidement incité ses promoteurs à remettre en avant les revendications qu'ils exprimaient dans l'indifférence générale depuis la disparition des FAD'H: reconstitution de la force, « illégalement dissoute par Aristide », paiement des arriérés de salaire et constitution d'un fonds de pension pour les démobilisés.

La nouvelle équipe au pouvoir s'est montrée d'emblée assez divisée concernant le retour au premier plan des ex-militaires. Si certains considèrent en effet qu'Haïti ne pourra pas faire l'économie de la recréation d'une véritable force armée, d'autres gardent dans leur esprit, voire dans leur chair, le souvenir des années de dictature et se refusent obstinément à envisager une telle solution. Soucieux d'éviter l'épreuve de force, le gouvernement a tenté de désamorcer la crise qui s'annonçait en incitant les intéressés à intégrer la police nationale, dont l'effectif est en voie de reconstitution.

Peu d'anciens militaires ont répondu à cet appel, arguant du fait que la Constitution de 1987 reconnaissait l'existence de deux corps distincts chargés de la sécurité nationale, les forces armées et la police, et qu'il convenait avant tout d'éviter le mélange des genres.

Depuis lors, chacun campe sur ses positions.

Les « anciens militaires », estimés à environ 1 500 hommes, bénéficiant du soutien des populations locales, refusent de déposer les armes, considérant que les véritables libérateurs du pays proviennent de leurs rangs et que, de ce fait, ils ne doivent pas être traités comme les chimères, qui appartiennent, elles, au camp des vaincus.

Sans véritable commandement central, ils se répartissent en plusieurs groupes d'inégale importance. Le groupe le plus important – il compterait près d'un demi-millier d'hommes – est cantonné dans le département du centre, autour de la ville de Hinche. Il a à sa tête l'ancien commandant Joseph Jean-Baptiste, qui se présente souvent comme le porte-parole « officiel » de la mouvance ; un groupe d'environ 300 hommes placé sous l'autorité du commandant Ravix Ramissainthe, principal rival de Jean-Baptiste, localisé dans la région des hauts plateaux ; un groupe localisé à Cap-Haïtien, deuxième ville du pays, qui compterait pour sa part 400 membres et qui était dirigé, jusqu'à sa reddition, par Louis Jodel Chamblain, ancien responsable du Fraph, et placé depuis sous les ordres du commandant Michel Dieuseul, alias « commandant Mano ».

On note également quelques contingents de moindre importance (moins de 300 hommes) cantonnés aux alentours de Ouanaminthe, dans le département du Nord-Est, et du côté de Port-de-Paix, dans le département du Nord. La position du gouvernement intérimaire à leur égard, telle qu'exprimée en juillet dernier par le ministre de l'Intérieur, le général Abraham, ancien chef d'état-major des FAD'H en 1989, est claire, du moins en apparence. Pour lui, si l'« armée » prétend être légitime, les militaires qui la composent doivent en conséquence se soumettre aux ordres du gouvernement et rendre leurs armes. S'ils s'y refusent, ils se placent délibérément dans l'illégalité. Le paradoxe est que ce même général Abraham se déclarerait en privé favorable à la reconstitution d'une force armée. Décidément, rien n'est simple en Haïti.

Pour en savoir plus

Jean-Bertrand Aristide et Christophe Wargny, *Tout un homme est un homme*, Éditions du Seuil, 1992.

André Corten, *Misère, politique et religion en Haïti*, Karthala, 2001.

Bernard Diederich et Al Burt, *Papa Doc et les Tontons Macoutes*, Albin Michel, 1971.

Pierre-Raymond Dumas, *La transition d'Haïti vers la démocratie*, Port-au-Prince, Collection Pacte pour la réforme et la démocratie, 1997.

Robert Debs Heinl et Nancy Gordon Heinl, *Written in Blood – The Story of the Haitian People 1492-1995*, New York, University Press of America, 1996.

Christophe Wargny, *Haïti n'existe pas, 1804-2004 : deux cents ans de solitude*, Autrement, 2004.

Internet

www.toiledhaiti.com
Répertoire complet des sites sur Haïti.

www.haitipressenetwork.com

www.haitienmarche.com

www.haitiprogres.com

Superficie : 1 141 748 km²
Population : 42 millions
Composition ethnique : Métis et Mulâtres (72 %), Blancs (20 %), Noirs (6 %), Indiens (2 %)
Religion : catholiques (90 %)

Colombie

Deuxième pays d'Amérique du Sud par sa population, la Colombie est secouée depuis près de cinquante ans par une guerre civile sanglante qui a trouvé un nouveau souffle avec l'explosion du narcotrafic. Quelque peu oublié jusqu'à la fin des années 90, l'affrontement des guérillas avec les institutions de la « plus vieille démocratie d'Amérique latine », qui a volé des dizaines de milliers de vies, s'est enrichi d'un nouvel acteur dans les années 80, le mouvement paramilitaire, fils dévoyé d'un État faible et d'une élite égoïste et irresponsable. C'est l'industrie de la drogue qui a violemment rappelé au monde, et particulièrement à Washington, les difficultés de ce pays et la nécessité d'y porter attention. Après dix ans de lutte acharnée contre les organisations mafieuses, les États-Unis ont finalement étendu le champ de leur intervention à la lutte antiguérilla quand ils ont compris que cette dernière était partie intégrante de la solution au problème du narcotrafic. Le climat post-11 Septembre a également favorisé la fermeté à l'encontre de groupes qui sont devenus de véritables narcoguérillas terroristes. C'est dans ce contexte que la Colombie accumule les tristes records, en matière de narcotrafic bien sûr, mais aussi de violence, avec plus de 30 000 homicides par an en moyenne, de violations des libertés fondamentales, de déplacements de population et de sabotage des infrastructures du pays. L'exceptionnelle prolongation du conflit a peu à peu grignoté les frontières entre la violence politique et la grande délinquance. Pourtant, au-delà de cette apparence calamiteuse, qui assure au pays la quasi-totalité de sa publicité mondiale, la Colombie affiche un taux de croissance remarquable et reste un modèle de stabilité démocratique et économique pour toute l'Amérique latine. Deux ans après l'accession au pouvoir d'Álvaro Uribe Vélez, ce leader atypique suscite toujours l'adhésion enthousiaste d'une société qui veut croire en un avenir meilleur et qui constate enfin des progrès sensibles en matière de sécurité. Comment expliquer qu'en 2005 la démocratie colombienne reste assiégée par des groupes se réclamant du marxisme-léninisme ou du guévarisme, alors que le reste de l'Amérique latine s'est débarrassé de ses guérillas ? Au-delà des clichés, la crise colombienne, enracinée dans l'histoire et dans la culture du pays, est multiforme et particulièrement complexe.

RACINES ET DÉVELOPPEMENT DU CONFLIT

La dyarchie politique colombienne. Né de et dans la division entre les deux grands héros de l'indépendance, Simón Bolívar, premier président de la Grande Colombie (qui incluait alors, en plus du territoire actuel de la Colombie, le Venezuela, le Panamá et l'Équateur), et Francisco de Paula Santander, son vice-président, le bipartisme colombien a contribué à assurer au pays une stabilité politique remarquable dans l'environnement latino-américain. Les partisans de Simón Bolívar plaidaient pour un État fort et centralisé, travaillant de concert avec l'Église catholique et s'appuyant sur un suffrage censitaire. Ils allaient former le noyau du parti conservateur.

Les disciples de Francisco de Santander envisageaient pour leur part un État décentralisé et laïc, s'appuyant sur un suffrage plus large. Ils allaient donner naissance au parti libéral. Ces deux courants vont se partager le pouvoir tout au long du XIXe siècle et au début du XXe. Leur opposition donna lieu à de dramatiques déchirements, dont les plus sanglants, la « guerre des mille jours » (1899-1902) et la « *Violencia* » (1946-1957) coûtèrent respectivement 100 000 et 300 000 vies à la Colombie. La *Violencia,* creuset des mouvements armés clandestins, va finalement consacrer la dyarchie. Fin 1957 est créé le Front national, institutionnalisation du pouvoir des deux partis, qui gouvernent ensemble jusqu'en 1978. Le système prévoit la parité précise pour tous les postes. Cette répartition va mettre un terme à la *Violencia,* mais gommer les quelques disparités idéologiques entre les deux partis et plonger le pays dans une torpeur politique que seules les guérillas, entre-temps largement gagnées aux différents courants marxistes révolutionnaires, viendront secouer.

À la question de savoir quelle est aujourd'hui la principale différence entre libéraux et conservateurs, les Colombiens répondent avec humour que les premiers vont à la messe plus tôt que les seconds...

La continuité institutionnelle colombienne n'a été rompue qu'une seule fois au cours du XXe siècle par le coup d'État du général libéral Gustavo Rojas Pinilla en 1953. Le légalisme dont est imprégnée la société « éduquée » a empêché la valse des caudillos qui a rythmé l'histoire de la Bolivie, de l'Équateur, du Paraguay ou du Venezuela entre autres. La qualité de la formation des élites, la faiblesse de l'influence et des moyens des forces armées et l'absence de graves conflits de frontières n'étaient guère propices à l'irruption de leaders populistes et à la répression brutale des guérillas.

Cette image de plus vieille démocratie d'Amérique latine a ainsi masqué les profondes frustrations de la population, les vices d'un bipartisme un peu languissant et les méthodes clientélistes qui assuraient son pouvoir. Le monde extérieur autant que les élites locales ont dû attendre l'irruption du phénomène de la drogue pour appréhender toute l'ampleur du cancer dont souffrait le pays. La corruption généralisée, quasi culturelle, et les risques, bien réels, de dislocation du pays se sont alors révélés en pleine lumière.

Élu président le 26 mai 2002, dès le premier tour, avec 53 % des suffrages, Álvaro Uribe Vélez, dissident du Parti libéral, représente dans ce contexte un véritable phénomène dans le paysage politique sclérosé qui caractérise la Colombie contemporaine. Sa popularité persistante et son indépendance vis-à-vis des appareils politiques traditionnels en font sans doute l'un des présidents les plus atypiques de l'histoire du pays. Son accession à la magistrature suprême est avant tout une manifestation éclatante de la déroute des deux grands partis qui se sont partagé le pouvoir en Colombie depuis l'indépendance.

Le schéma du balancier. L'État colombien alterne les phases de fermeté et de répression à l'encontre des guérillas et les tentatives de négociation et d'intégration politique des mouvements. Jusqu'à présent, ces stratégies ont été globalement vaines : malgré des succès ponctuels (démobilisation et transformation en parti politique du M-19, guérilla « nationaliste », en 1990) et une diminution du nombre des groupes, le volume des combattants illégaux et l'intensité de leur lutte n'ont fait qu'augmenter.

Le pouvoir acquis par les cartels de la drogue dans les années 80 aurait pu constituer le ferment d'une union sacrée contre le crime, à supposer que les différents acteurs du conflit n'en eussent pas profité. C'est durant cette période particulièrement sombre de l'histoire colombienne que les tentatives de négociation ont été les plus nombreuses. La politique répressive du gouvernement de Julio César Turbay (1978-1982), flirtant avec des méthodes autoritaires, coïncida avec une intensification du conflit. Son échec patent permit aux mouvements de guérilla de s'affirmer comme de véritables acteurs politiques, luttant contre des atteintes bien réelles à la démocratie. La victoire en 1982 du président Belisario Betancur, apôtre du dialogue et de la réconciliation nationale, confirma ce succès des groupes insurrectionnels. En 1984, Belisario Betancur signa avec les Forces armées révolutionnaires de Colombie (Farc), qui étaient déjà la principale et plus vieille guérilla du pays, un accord qui se voulait historique et qui prévoyait un cessez-le-feu ainsi que la fin des pratiques terroristes (mais pas la démobilisation des combattants) en échange d'une amnistie et d'une participation à la restructuration des institutions colombiennes. L'Union patriotique, créée à cette occasion par les Farc, participa à quelques scrutins, non sans un certain succès, mais subit une persécution violente, qui entraîna la disparition de 2 à 3 000 de ses militants et élus. Le M-19, guérilla née de la défaite électorale contestable de l'ancien président Rojas Pinilla en 1970, entama lui aussi des négociations avec le gouvernement, qui tournèrent à l'épreuve de force et eurent pour résultat final la prise du palais de justice de Bogotá par un commando issu de ses rangs, qui causa la mort de 115 personnes.

Le président Virgilio Barco (1986-1990) consacra la plus grande partie de son énergie à la lutte contre les cartels mais ce fut pourtant avec lui que la démobilisation du M-19 et d'une partie de l'EPL (Armée populaire de libération, troisième guérilla du pays) devint réalité, grâce à des règles strictes de négociation et à la fermeté du gouvernement. Les mouvements démobilisés participèrent ultérieurement à la conception d'une nouvelle Constitution (la précédente datait de 1886), qui sera l'œuvre principale du président César Gaviria en 1991.

Depuis, les choses n'ont guère avancé. Le président Samper (1994-1998) a été bloqué par le scandale du financement de sa campagne par le cartel de Cali. Lui aussi conciliant avec les guérillas, il obtiendra pour bilan un renforcement spectaculaire des Farc qui, en 1998, sont plus menaçantes que jamais.

Le président Pastrana (1998-2002), qui avait reçu du peuple colombien un mandat pour la paix, a échoué et terriblement déçu. Très schématiquement, sa politique a consisté à rechercher avec les Farc un cessez-le-feu tandis que celles-ci voulaient avant tout réaliser un échange de prisonniers leur permettant de bénéficier du régime international de partie belligérante et de récupérer des cadres. Après des concessions exorbitantes du gouvernement (une zone démilitarisée, le Caguán, de la taille de la Suisse, laissée sous administration des Farc), rien de concret n'a été obtenu et la guérilla s'est renforcée sans mettre un terme aux hostilités. Avec l'ELN, la tenue de négociations à Cuba n'a pas permis de trouver une solution définitive. Enfin, le paramilitarisme s'est considérablement développé, justifiant son développement par la pusillanimité de l'État.

Logiquement, retour de balancier oblige, c'est un discours de fermeté qui a permis au président Uribe de l'emporter haut la main à l'élection présidentielle de 2002. Le président Pastrana ne pourra que constater son échec en rompant le processus de paix avec les Farc le 21 février 2002, à quelques semaines de la fin de son mandat.

Depuis, les Farc, qui ont enregistré des revers considérables, organisent leur repli en minant les zones qu'elles abandonnent et en étirant les lignes de front pour disperser l'effort de l'armée. Elles consolident certaines positions rurales afin de contrôler au mieux les zones stratégiques pour le trafic d'armes et de stupéfiants, ce qui a donné lieu à de nombreux affrontements avec les autodéfenses unies de Colombie (AUC). Pour autant, la guérilla n'a pas renoncé à faire des incursions dans les grandes villes, comme l'ont montré quelques opérations spectaculaires qui lui ont été attribuées : l'accueil du président Uribe, le jour de son investiture, par une salve de roquettes lancées sur le quartier du palais national de Bogotá, la destruction du Nogal, un club de détente au centre de la capitale en février 2003. Les paramilitaires, dont la principale organisation, les AUC, ont entamé des négociations avec le gouvernement, n'ont pas cessé leurs opérations, destinées à « nettoyer » les zones d'influence des guérillas tout en prenant le contrôle du narcotrafic.

PLUSIEURS FACTEURS AGGRAVANTS

Un certain nombre de caractéristiques démographiques, économiques et sociales expliquent, au-delà du contexte politique, l'intensité et la permanence du conflit, alors que les guérillas ont presque disparu ailleurs en Amérique latine.

Le « vide ». La densité de population (38 habitants/km^2) est faible en Colombie, surtout si l'on tient compte de sa concentration sur le tiers du territoire (région andine et frange côtière caraïbe). À titre d'exemple, les 10 départements à l'est des Andes, qui représentent 58 % du territoire total du pays, rassemblent moins de 6 % des Colombiens. Le département de l'Amazonas, le plus grand du pays, a une densité de moins de 1 habitant/km^2.

L'histoire du peuplement de la Colombie, en cela similaire à celle de toute la zone andine, montre un attrait des populations indiennes puis des colons, fuyant la chaleur, pour la montagne et ses vallées, qui constituent en outre des voies de communication par lesquelles les ressources sont acheminées vers les grands ports de la mer des Caraïbes. L'activité économique s'y est greffée et y demeure largement concentrée.

En revanche, la côte pacifique, en raison de ses conditions climatiques extrêmes (7 000 mm de précipitations/an) et de sa végétation équatoriale, n'a attiré que les orpailleurs et quelques esclaves en fuite, pour lesquels elle constituait une excellente protection. La grande plaine orientale, enclavée et peu propice à l'agriculture, ainsi que la région amazonienne sont également quasi désertes. Ce vide d'une grande partie du territoire et son relatif abandon par l'État ont largement favorisé l'activité des groupes illégaux, pour lesquels ce gigantesque *no man's land* est à la fois une cachette, une zone d'opérations idéale et une base arrière solide. L'extension des frontières terrestres du pays (6 000 km), qui les rend incontrôlables, constitue un atout supplémentaire non seulement pour les groupes insurrectionnels, mais aussi pour tous les contrebandiers de la région et les mafias locales ou étrangères. Les incursions des groupes armés colombiens dans la région du Darién au Panamá, dans le nord de l'Équateur et au Venezuela sont ainsi courantes.

La situation sociale de la population colombienne. La population du pays a été multipliée par dix en cent ans. Société rurale régie par une organisation de type féodal, que la décolonisation n'avait presque pas modifiée, la nation colombienne a profondément évolué au XXe siècle sous l'influence de plusieurs révolutions économiques (le café, l'exploitation des ressources naturelles, la naissance d'une industrie de transformation notamment) et de la violence, qui ont causé un exode rural massif. Plus de 70 % de la population vit désormais en ville.

La Colombie a par ailleurs acquis la réputation d'être l'un des très rares États latino-américains à disposer d'une classe moyenne, née d'une croissance économique continue : la proportion de Colombiens vivant en situation d'extrême pauvreté a drastiquement chuté ; depuis les années 70, des avancées sociales majeures ont en effet été enregistrées, en matière d'éducation et d'accès aux soins et aux services publics.

Un ralentissement de la croissance économique s'est amorcé au milieu des années 90 et a finalement provoqué une récession en 1999, dont les causes sont multiples : augmentation de la dette publique, aggravée par les problèmes de perception des recettes alors même que les dépenses augmentaient (on estime qu'aujourd'hui moins de 500 000 Colombiens payent l'impôt sur le revenu), désaffection des investisseurs extérieurs (liée à la mauvaise image du pays), impact de la violence. Si la croissance est repartie depuis, la situation sociale de la nation se redresse plus lentement et de façon très inégale. Les déplacements de population liés au conflit (1 million de personnes entre 2000 et 2002) continuent de représenter un frein majeur au développement humain en Colombie. Ils contribuent à expliquer la relative faiblesse de l'indice de développement humain établi par le Pnud, qui place la Colombie à la 73e place mondiale.

Le café

Première source de devises de la Colombie jusque dans les années 80 (la moitié des exportations du pays en 1986), la culture du café a profondément marqué la société colombienne et continue d'imprimer sa marque dans l'organisation agricole du pays. Ayant favorisé le développement d'une classe moyenne rurale et de mécanismes de solidarité sociale localisés, la caféiculture colombienne est souvent décrite comme la vitrine de la démocratie paternaliste qui a longtemps prévalu dans le pays. 450 000 familles, soit 2,5 millions de Colombiens vivraient encore du café dans 15 des 32 départements du pays.

Structurée depuis 1927 par la puissante Federación Nacional de Cafeteros de Colombia, organisme de régulation des tarifs du café qui veille sur la qualité de la production (l'Arabica colombien est toujours surcoté sur le marché mondial par rapport aux autres variétés) et sa promotion internationale, la culture du café traverse depuis plusieurs années une crise grave, liée à la concurrence de nouveaux producteurs (le Vietnam par exemple) et aux gains de productivité du premier producteur mondial, le Brésil. Les cours actuels du café rendent l'activité à peine rentable pour les caféiculteurs colombiens, peu habitués au dumping social qui prévaut ailleurs. Certains parlent du début de la fin pour l'industrie phare du pays, la production s'étant considérablement réduite depuis les années 90. La Colombie fait désormais le pari de la qualité pour sauver ce volet de son économie et de sa culture.

Des richesses empoisonnées. La Colombie dispose de ressources naturelles variées. Elle est le premier producteur de charbon d'Amérique latine et l'un des premiers exportateurs au monde. Elle est également un grand producteur d'hydrocarbures (11e fournisseur de pétrole des États-Unis en 2002, devant le Koweït), d'émeraudes (50 % de la production mondiale officielle et probablement 60 % de la production réelle), d'or et d'argent, etc.

Deuxième producteur mondial de café, elle dispose également de ressources agricoles variées et considérables, grâce notamment à une diversité naturelle exceptionnelle.

Le pillage de ces ressources et la concentration de leur exploitation en peu de mains sont les deux constantes de l'histoire économique du pays. De l'époque de la colonie aux temps présents, en passant par la période de la grande razzia des sociétés américaines, ces richesses n'ont, à l'exception notable du café, presque jamais profité au développement harmonieux de la société colombienne mais ont, au contraire, favorisé la violence et l'accroissement des contrastes socio-économiques. À titre d'exemple, l'essence à la pompe est plus chère en Colombie qu'aux États-Unis... Aujourd'hui encore, l'exploitation de l'or colombien et d'une partie substantielle des émeraudes est contrôlée plus ou moins directement par les groupes insurrectionnels et servent ainsi à alimenter la guerre. Mais l'activité, de loin la plus rentable, repose sur le trafic de drogue.

Le poids du facteur drogue. De nombreux records mondiaux de production et de trafic de produits stupéfiants valent à la Colombie, en plus de sa triste réputation, des soucis internes majeurs parce qu'ils exacerbent les phénomènes courants en Amérique latine que sont la corruption et la violence.

Premier producteur et principal exportateur mondial de cocaïne, la Colombie est également un grand producteur de marijuana et, depuis quelques années, d'héroïne.

La « vocation narcotique » du pays s'est affirmée dans les années 70 avec l'explosion du marché nord-américain de la marijuana. Dans les années 80, la cocaïne, beaucoup plus rentable, a fait la richesse des grands cartels. Pablo Escobar et son cartel de Medellín ont alors défrayé la chronique mondiale et alimenté une vision quasi romanesque de la Colombie, s'inscrivant parfaitement dans l'album d'images d'Épinal qui tient souvent lieu de présentation de l'Amérique latine.

Les États-Unis, principal marché pour les narcotrafiquants, étaient alors alimentés par de grandes quantités de cocaïne expédiées essentiellement par voie aérienne. Très structurés et contrôlés par quelques individus, les cartels, pratiquant une double concentration verticale et horizontale, rivalisaient d'imagination et, pour certains, de sauvagerie pour s'imposer. La mort brutale de Pablo Escobar en 1993, traqué puis abattu par la police colombienne appuyée par la DEA *(Drug Enforcement Administration)* consacra finalement la stratégie d'entrisme de l'autre grand cartel, celui de Cali, qui s'était moins illustré par le nombre de ses victimes que par ses relations dans toutes les sphères d'influence de la Colombie. Corrompre les puissants s'avérait bien plus fructueux que de les combattre frontalement. Lorsque le président Ernesto Samper (1994-1998), accusé d'avoir profité des largesses du cartel de Cali pour financer sa campagne électorale, fut paralysé dans son action par ses adversaires politiques et certains de ses propres amis politiques, et internationalement discrédité (il perdit même son visa pour les États-Unis), et que les chefs du cartel de Cali, les frères Rodriguez Orejuela, furent arrêtés en 1996, l'ère des grands cartels céda la place à une structure du narcotrafic plus décentralisée et finalement moins vulnérable. Désormais, 200 organisations mafieuses très hétéroclites se consacreraient au juteux négoce de la cocaïne, la produisant à partir de la pâte de coca, souvent achetée aux groupes armés (en particulier aux Farc, qui imposent aux paysans de cultiver la coca) dans des laboratoires protégés notamment par les AUC, auxquelles elles payent une sorte d'impôt pour la circulation de la marchandise et son exportation. L'atomisation du trafic, la vigilance des autorités et surtout l'obstination de Washington en matière de blanchiment ont, selon plusieurs Colombiens, l'inconvénient majeur d'avoir fait fuir du pays les capitaux de la drogue, qui sont désormais placés ailleurs, dans des pays moins regardants et moins observés, voire aux États-Unis mêmes. Les mauvaises langues affirment que Miami a été un grand bénéficiaire des dispositions antiblanchiment mises en œuvre en Colombie...

Les statistiques de la production nationale de cocaïne sont assez variables selon les sources et globalement assez traîtres, dans la mesure où toute la région andine produit de la coca. Il semble ainsi que les campagnes d'éradication dans un pays entraînent, par un système de vases communicants, l'augmentation de la production chez ses voisins. Selon les derniers chiffres de l'ONU (qui sont en fait des extrapolations construites à partir des surfaces cultivées effectivement recensées), la quantité de cocaïne produite en Colombie en 2003, 440 tonnes, aurait été réduite de 40 % par rapport à l'année précédente. D'autres spécialistes avancent plutôt le chiffre de 1 000 tonnes produites ou commercialisées par les organisations colombiennes, parfois à partir de pâte de coca acquise chez les voisins andins.

Les campagnes de fumigation des cultures conduites dans le cadre du plan *« Colombia » (voir encadré)*, l'extrême réactivité des organisations qui contrôlent la production de coca et la fécondité des terres andines (jusqu'à 4 récoltes par an) rendent malaisée la détermination exacte des zones de culture à un moment donné. Relativement circonscrite au Putumayo dans un premier temps, cette culture s'est disséminée sous l'effet de la fumigation massive dans les départements du sud (Putumayo, Nariño, Cauca, Huila, Caquetá, Guaviare et Meta) et du nord-est (Arauca, Norte de Santander).

La sortie de Colombie d'une grande partie de la cocaïne se fait par voie maritime, à partir de la côte caraïbe pour la côte orientale des États-Unis et l'Europe (les plus gros marchés, l'Europe représentant désormais un tiers des exportations colombiennes), via le corridor centraméricain et les Antilles, et à partir de la côte pacifique pour l'ouest des États-Unis et l'Asie. Les grandes routes terrestres conduisent aux ports vénézueliens et surinamais ou bien permettent au contraire d'évacuer vers le sud la marchandise via l'Équateur et le Pérou. Enfin, avec ses cohortes de « mules » facilement recrutées dans tous les milieux et rémunérées entre 20 et 50 fois le salaire mensuel minimum colombien par vol, la voie aérienne continue d'être un vecteur largement utilisé par les narcotrafiquants. Une combinaison des trois moyens est courante. Un hors-bord emportant une tonne au maximum de cocaïne quitte par exemple la Colombie pour la côte orientale du Nicaragua, dépeuplée et incontrôlable ; de là, le chargement de cocaïne sera acheminé par voie terrestre au Guatemala, puis à Houston ou Miami par des mules empruntant des vols commerciaux, ou au Mexique par des petits avions appartenant aux organisations mafieuses locales ou mexicaines, lesquelles se chargeront de l'exportation définitive.

LA « MANO DURA »

Le phénomène Uribe. Deux ans après son investiture, le président Uribe jouit d'une immense et unique popularité (plus de 70 % selon tous les sondages) qui est la consécration de son style, sobre et consciencieux, et la reconnaissance des progrès réalisés. Malgré les menaces et les nombreuses tentatives d'assassinat dont il a été l'objet, le président ne s'est jamais départi d'un courage certain. Sillonnant le pays pour rencontrer les élus locaux et les fonctionnaires de son administration, il cherche aussi à redonner une crédibilité aux institutions. Le point le plus notable de son bilan à mi-mandat est qu'il semble avoir rendu un certain optimisme à une bonne partie de la population.

Dans un premier temps, personne n'a osé s'élever contre ce leader d'un nouveau genre, et les partis politiques en déroute ont attendu plusieurs mois pour commencer à formuler des critiques contre la nouvelle administration. Puis, petit à petit, en commençant par adresser quelques piques contre les membres les plus controversés du gouvernement, comme le ministre de l'Intérieur Fernando Londoño, qui a depuis démissionné, des voix se sont élevées pour dénoncer la raideur orgueilleuse, les gaffes et l'autoritarisme de la nouvelle équipe, puis l'hyperactivité et l'omniprésence du président.

Il a fallu attendre les scrutins d'octobre 2003 pour qu'une véritable opposition se développe. De tous côtés, Álvaro Uribe n'ayant pas de parti politique uni pour le soutenir, des critiques plus ou moins directes fusent sans pour l'instant affaiblir le soutien populaire dont jouit le chef de l'État. Mais le projet de réforme constitutionnelle en vue d'autoriser la réélection des présidents, immédiatement applicable, semble pour certains être devenu la principale préoccupation du président et pourrait finir par éroder son image. En tout état de cause, ce ne sont pas les critiques véhémentes qu'adressent à Uribe plusieurs ONG (et tout particulièrement Amnesty International) sur sa politique de sécurité qui sont susceptibles de faire évoluer l'opinion colombienne – elle s'est par exemple indignée de l'accueil que le Parlement européen, sous l'influence de certaines ONG, a réservé à leur président (cinquante parlementaires ont ostensiblement quitté l'hémicycle au début de son intervention).

Le CV du président Uribe

Álvaro Uribe est né le 4 juillet 1952 à Medellín, dans le département d'Antioquia, poumon économique du pays, vivier de grands entrepreneurs, mais aussi laboratoire de la violence en Colombie. Son père est mort en 1983 lors d'une tentative d'enlèvement par les Farc.

De formation juridique, Álvaro Uribe commence sa carrière en 1977 dans l'ombre de grandes figures libérales. Élu gouverneur d'Antioquia en 1995, il suscite la polémique en créant, dans un contexte d'insécurité galopante, des groupes d'autodéfense citoyenne, les *« Convivir »,* sorte de comités de quartiers destinés à mieux contrôler les activités criminelles. Le concept des *Convivir,* souvent attaqué par certaines ONG, qui y voient une promotion du paramilitarisme, sera étendu au pays et défendu avec succès par leur créateur devant la cour suprême colombienne. Il inspire aujourd'hui le réseau de coopération citoyenne mis en place peu de temps après son investiture, destiné à favoriser le retour d'informations et à mobiliser les Colombiens pour leur sécurité.

Dès 1999, Álvaro Uribe Vélez décide d'être candidat au scrutin de 2002. Dissident du Parti libéral, bon dernier dans les sondages, il va peu à peu trouver sa place dans le paysage politique colombien, en adoptant un discours de fermeté à l'égard des Farc, dont les négociations avec le gouvernement de Pastrana, qui s'était donné pour objectif de gagner la paix, piétinent. Finalement, dans les derniers mois de la campagne, il devient le favori de l'opinion et remporte l'élection, battant au premier tour Horacio Serpa, candidat officiel du Parti libéral pour la deuxième fois. Certains journalistes ont dénoncé les liens de la famille Uribe avec le cartel de Medellín et avec des paramilitaires, sans apporter de preuves sérieuses. Le président a reconnu avoir fréquenté les frères Ochoa (figures du cartel) dans sa jeunesse, avant qu'ils ne tournent mal, leur père étant un ami du sien. La sympathie des États-Unis pour le président et le fait qu'il ait été admis en 1993 à l'université de Harvard, en pleine offensive américaine contre Pablo Escobar et son cartel, plaident en faveur de son innocence. S'agissant de ses liens avec les paramilitaires, ils relèvent de spéculation. Les AUC avaient effectivement déclaré le choisir comme candidat, mais il convient de replacer ce « baiser de Judas » dans le contexte d'affirmation politique du paramilitarisme, Uribe étant le candidat le plus ferme à l'encontre des guérillas.

Des succès relatifs. Élu avant tout sur un programme de lutte contre l'insécurité, le président Uribe peut présenter un bilan solide dans ce domaine. Pratiquement tous les indicateurs de la violence ont baissé. Le taux d'homicide en 2004 est le plus faible des dix-huit dernières années, le nombre des enlèvements a chuté de près de 40 % en un an et les déplacements de population ont diminué de moitié. La police est désormais présente dans toutes les communes du pays et le nombre d'actions violentes imputables aux groupes armés enregistre une baisse sensible. Bien sûr, plusieurs actes délictueux ou criminels ne sont pas enregistrés et ne figurent donc pas dans les statistiques, notamment une quantité substantielle d'enlèvements. Il est par ailleurs difficile de tenir une comptabilité précise des déplacements de population. Toutefois, il est incontestable que la sécurité est bien meilleure en Colombie en 2004 qu'elle ne l'était en 2002. L'armée colombienne s'est renforcée grâce à un effort budgétaire inscrit dans la durée et au matériel cédé par les États-Unis (en particulier des hélicoptères). Le « plan patriote » visant à frapper les groupes armés, et spécialement les Farc, au cœur de leur sanctuaire dans le sud-est du pays, montre une capacité d'intervention beaucoup plus importante que par le passé. Elle a également gagné en considération auprès de la population, qui facilite son travail sur le terrain.

Au plan économique et social, les deux premières années du gouvernement ont été marquées par une croissance du PIB notable, liée à la conjoncture mondiale mais aussi au retour de la confiance des consommateurs et des investisseurs. Plusieurs réformes structurelles ont été entamées et, malgré certains blocages ou retards, il semble que certains gros dossiers « chauds » devraient se régler après plusieurs années d'immobilisme (remise en ordre du système de retraites et réforme fiscale notamment), tandis que le chômage baisse progressivement.

Au plan politique, les résultats sont plus contrastés. Faute de disposer d'un vrai parti de gouvernement, et ayant le plus grand mal à dissimuler son mépris pour le landerneau politique, et notamment pour le Congrès, véritable vitrine des pratiques clientélistes de la classe politique colombienne, le président Uribe navigue au gré d'alliances changeantes et précaires, avec le parti conservateur d'abord, puis avec certaines figures du libéralisme à la fidélité intermittente et coûteuse. C'est une des explications de l'échec du référendum d'octobre 2003, sérieux accident de parcours du président. Ce référendum, qui comportait quatorze questions très complexes, se voulait un plan global pour assainir les finances publiques et réformer l'État. Faute d'une participation suffisante et malgré les importants taux d'approbation à chacune des questions, une seule des propositions a pu être validée.

La question des négociations avec les groupes armés et le point particulier de l'échange humanitaire plombe un peu le bilan du président, ou en tout cas l'image que certains s'en font. Il s'agit également d'une épine dans les relations internationales de la Colombie. Le gouvernement s'est dit prêt à engager des négociations avec tous les groupes armés, posant comme préalable un arrêt des hostilités. À ce jour, la guérilla la plus rétive est celle des Farc, mais le processus en cours avec les paramilitaires est très controversé et les espoirs de relance de négociations avec l'ELN sont encore bien timides :

– Les Farc exigent pour ouvrir des

négociations que les départements du Caquetá et du Putumayo (soit plus de 110 000 km²) soient démilitarisés et que s'y tiennent les discussions. Sur le point précis de l'échange humanitaire, déconnecté de la cessation des hostilités, la proposition des Farc est de libérer les prisonniers politiques, les militaires et les policiers en sa possession, à l'exclusion de ses otages « économiques », en échange des guérilleros détenus. Elles exigent par ailleurs que le gouvernement nomme un négociateur officiel. Le gouvernement veut pour sa part obtenir la libération des otages et la garantie que les guérilleros libérés ne reprendront pas les armes. Pour cela, il se dit prêt à étudier leur accueil dans un pays tiers, comme la France, qui l'avait proposé à demi-mots, sans en faire une condition *sine qua non* de la négociation. La situation est donc bloquée par les Farc, qui ne cèdent sur rien et jouent la montre, comptant sur les pressions internes et surtout extérieures auxquelles le gouvernement est soumis pour imposer leurs conditions. L'Église catholique, médiateur reconnu dans toutes les négociations en Colombie, vient de conforter le président Uribe en condamnant le principe d'un troc entre guérilleros combattants et civils innocents. Elle préconise plutôt un échange entre combattants des deux bords et une libération unilatérale et sans rançon de tous les civils détenus par les Farc.

– L'ELN avait engagé à Cuba une négociation avec les autorités colombiennes à la fin du mandat d'Andrés Pastrana. Celle-ci s'est interrompue fin 2002 faute d'accord. Depuis, l'ELN a été inscrite sur la liste des organisations terroristes de l'Union européenne et a subi plusieurs revers. Après avoir accepté de libérer des otages étrangers dont elle s'était emparée dans la Sierra Nevada (nord du pays) fin 2003, elle a accepté en juin 2004 une proposition de médiation du Mexique pour ouvrir, à nouveau, des négociations en vue de sa démobilisation. Pour autant, les progrès seront sans doute lents malgré les motivations des deux parties. Le gouvernement souhaite, en négociant avec une des deux guérillas, montrer qu'elle ne favorise pas les paramilitaires, tandis que l'ELN, en position de faiblesse, se demande si elle sera toujours en mesure de négocier dans quelques mois.

– Les AUC ont déclaré un cessez-le-feu unilatéral le 29 novembre 2002 et, le 15 juillet 2003, ont signé avec le gouvernement l'accord de Santafé de Ralito prévoyant leur démobilisation progressive d'ici à 2005. Après ces avancées, des obstacles sont apparus et bloquent le processus. Ils tiennent d'abord au manque de cohésion des différents mouvements paramilitaires, qui n'exécutent pas toujours les directives des AUC, simple fédération destinée à renforcer leur image politique et leur pouvoir de négociation. C'est ainsi que le cessez-le-feu est régulièrement violé. En outre, comme dans tous les processus de ce genre, se pose le problème de l'amnistie, qui serait inacceptable pour les proches des victimes et, surtout, pour les partenaires internationaux de Bogotá. Le gouvernement voudrait mettre en place des peines alternatives à la prison, mais la question de l'extradition vers les États-Unis de certains responsables, narcotrafiquants notoires, est devenue un des principaux points d'achoppement. Le 1er juillet 2004, une table de négociation unique s'est ouverte à Santafé de Ralito (département de Córdoba) et une petite zone de concentration des insurgés a été autorisée par le gouvernement.

Naissance d'une gauche démocratique. La plus grande nouveauté politique en Colombie depuis l'avènement du président Uribe est sans conteste l'irruption d'une nouvelle gauche dans le jeu politique. Après les malheurs de l'Union patriotique, l'assimilation de la gauche aux mouvements insurrectionnels et l'élection d'un président classé à droite par les observateurs extérieurs, il ne semblait plus y avoir d'espace pour un vrai parti de gauche. Le Parti libéral fait certes partie de l'internationale socialiste, mais n'a pas grand-chose à voir avec ce que peut être la gauche européenne ou la gauche progressiste de Lula au Brésil. La nouvelle gauche colombienne a été portée par le front social et politique constitué autour de la candidature de Luis Eduardo (Lucho) Garzón, ancien président de la Centrale unitaire des travailleurs, le grand syndicat de gauche du pays, à l'élection présidentielle de 2002. Rassemblant des figures du syndicalisme, des ex-guérilleros du M-19, des leaders indigènes et des « intellectuels », le front, fort de la troisième place de son candidat au scrutin (avec un peu plus de 6 % des votes) a constitué la base du Pôle démocratique indépendant (PDI), enregistré comme parti politique en 2003.

Les élections régionales et locales d'octobre 2003 ont confirmé le relatif succès de l'année précédente. Lucho Garzón a remporté dès le premier tour la mairie de Bogotá, considérée comme le poste le plus prestigieux après la présidence (à tel point que l'un des principaux magazines du pays titrait « Cohabitation » après les résultats). Par ailleurs, des candidats soutenus par le PDI ont remporté la mairie de plusieurs grandes villes du pays et gagné deux postes de gouverneurs. Enfin, la consigne d'« abstention constructive » donnée par le PDI et certains leaders du Parti libéral lors du référendum d'octobre 2003 semble avoir été assez bien suivie.

Le pari de cette nouvelle gauche est celui de la démocratie. Ses premiers succès contredisent l'affirmation des guérillas selon laquelle la gauche ne peut pas jouer la carte électorale en Colombie. C'est ainsi qu'un responsable de gauche affirmait, en commentant le succès de Lucho Garzón, qu'il s'agissait du plus rude coup asséné aux Farc depuis quarante ans.

Toutefois, l'équilibre du jeune PDI reste précaire, écartelé qu'il est entre les « pragmatiques », qui rejettent complètement les méthodes de la guérilla et pour lesquels Lula représente un modèle à suivre, et les « blessés », imprégnés par la dialectique marxiste et arrimés à de vieux concepts proches de ceux utilisés par la guérilla. Le PDI, dépourvu de structures stables, n'est pas encore un parti de gouvernement, et plusieurs ambitions rivales menacent son unité. Il n'est pour l'heure que le précipité de sensibilités d'opposition diverses, qui rejettent aussi bien le vieux bipartisme et sa nomenklatura que le « phénomène Uribe ».

L'INTERNATIONALISATION DU CONFLIT, UNE CHANCE POUR LA COLOMBIE ?

« Oublié » pendant la guerre froide, plus intense ailleurs, le conflit colombien a été escamoté à partir des années 80 par le problème de la drogue, dont il était dissocié à tort par une grande partie de la communauté internationale. Il aura fallu attendre la présidence Pastrana pour que sa perception évolue et que ses liens avec le narcotrafic soient enfin admis. Beaucoup d'observateurs s'accordent à reconnaître qu'il s'agit là du principal succès du prédécesseur d'Uribe, Andrés Pastrana, qui a dans d'autres domaines beaucoup déçu. Personnalité brillante, ancien journaliste rompu à la communication publique, Andrés Pastrana a passé une bonne partie de son mandat à voyager à l'étranger, contribuant en cela à faire évoluer l'image des institutions de son pays et à favoriser une approche plus bienveillante des bailleurs de fonds. Son image de démocrate bon teint et son engagement total en faveur d'une solution négociée avec les acteurs insurrectionnels lui ont permis de développer les forces armées sans s'attirer les foudres de certaines ONG et de préparer le terrain, volontairement ou pas, à la politique de fermeté de son successeur, en faisant éclater au grand jour le radicalisme des Farc.

Le président Pastrana, bien aidé en cela par les guérillas devenues de véritables multinationales du crime – on parle de narcoguérillas –, a également réussi à convaincre ses voisins des risques que présentait pour eux le conflit colombien. En « sortant » le conflit de ses frontières, il a peut-être ouvert la voie à une solution que n'ont pas su trouver les gouvernements colombiens précédents.

Les États-Unis, acteur tutélaire.

La Colombie est le troisième bénéficiaire de l'aide publique américaine après Israël et l'Égypte. L'engagement américain dans ce pays n'est pas nouveau, mais son degré d'intervention et la résipiscence des autorités ont atteint des sommets. L'aide de Washington à la Colombie de 2000 à 2003 atteint 2,5 milliards de dollars. En 2003, 605 millions de dollars ont été consacrés aux programmes d'assistance à la police et à l'armée et 149 millions aux programmes économiques et sociaux. En 2004, ce seront encore à peu près 700 millions de dollars que l'administration américaine fournira à son fidèle « allié » sud-américain.

C'est évidemment la question de la drogue qui a réveillé l'intérêt américain pour la Colombie. Il s'agit en fait pour les États-Unis d'attaquer le mal qui ronge la société américaine (4 millions de cocaïnomanes réguliers) à la source, de sous-traiter à la Colombie la guerre ou une partie de la guerre qu'on ne peut ou ne veut pas livrer dans les grandes villes américaines. Le principe de sous-traitance s'applique aussi à la coopération militaire. L'*outsourcing* ou la privatisation de l'aide militaire en est le moyen privilégié. La Colombie est ainsi devenu un marché juteux pour les grandes sociétés privées de sécurité américaines, que l'on retrouve sur tous les théâtres intéressant les États-Unis. DynCorp, qui est ou a été présent en Bosnie et au Moyen-Orient entre autres, fournit par exemple des conseillers aux différents services de sécurité colombiens mais aussi des « techniciens » qui participent eux-mêmes aux opérations d'éradication des plantations de coca ou de pavot.

L'ampleur de cette aide consentie laisse aux États-Unis toute latitude pour en fixer les modalités et en exiger une juste rétribution. Le président Uribe ne peut pas se permettre d'aller contre son principal soutien, ce qui explique le suivisme de Bogotá sur la plupart des dossiers internationaux. C'est sans doute à contrecœur que les élus et les militaires finissent par obtempérer

Le plan « Colombia »

Lancé en septembre 1999, le plan *« Colombia »* est une initiative de l'administration Pastrana, conçue, avec l'aide des États-Unis, comme une stratégie globale destinée à répondre aux grands besoins du pays (justice sociale, résolution du conflit, lutte contre le narcotrafic, redressement de l'économie et renforcement des institutions démocratiques).

Souvent confondu avec le financement par les États-Unis de certains de ses volets, le plan initial prévoyait une enveloppe de 7,5 milliards de dollars, dont 4 milliards seraient apportés par la Colombie, le reste étant fourni par Washington et les autres bailleurs de fonds (Union européenne, Japon et organismes multilatéraux). Le volet strictement militaire de cette stratégie ne devait représenter qu'une petite fraction du budget (7 %). En fait, les difficultés budgétaires rencontrées par la Colombie, dans un contexte économique particulièrement mauvais, ont sérieusement compromis l'engagement financier de la partie colombienne, tandis que les bailleurs de fonds, à l'exception de Washington, ont boudé ce plan, jugé trop sécuritaire. C'est ainsi que, pour les médias, le plan *« Colombia »* a été assimilé à la seule contribution initiale annoncée par les États-Unis, 1 319 milliards de dollars sur deux ans. L'aspect le plus visible de la contribution américaine est la fumigation des plantations de coca, fortement décriée pour ses conséquences écologiques.

Une partie des fonds américains destinés au feu plan *« Colombia »* est en fait distribuée ou investie dans les pays voisins. L'aide de Washington est devenue en 2001 « Initiative régionale andine » et s'est jusqu'à présent prolongée, voire accrue, malgré certaines réticences du Congrès. Plusieurs parlementaires américains redoutent un engagement militaire croissant et une vietnamisation du conflit. Certaines ONG mènent en outre de virulentes campagnes contre l'administration du président Uribe et le soutien que lui apporte Washington, donnant parfois l'impression aux Colombiens d'être assez sélectives dans leurs dénonciations.

à certaines injonctions américaines (s'agissant par exemple de la conclusion d'un accord de non-extradition des Américains devant la Cour pénale internationale), mais la dépendance des forces armées à l'aide américaine et l'indifférence d'autres partenaires potentiels comme l'Europe ne leur laissent guère le choix.

La prise de conscience de l'Amérique latine. Les voisins de la Colombie, confrontés pour la plupart à des problèmes intérieurs considérables, se sont bien gardés pendant plusieurs années d'intervenir dans la guerre civile colombienne, au nom de la non-ingérence et d'une prudence à courte vue. De la même façon, ils ont presque unanimement critiqué le plan *« Colombia »*, criant à l'interventionnisme américain et aux risques de déstabilisation de la région.
Pourtant, les ramifications du narcotrafic se sont progressivement étendues à toute l'Amérique latine, et les voisins de la Colombie sont au minimum des pays de transit, souvent des pays de production (Pérou et Bolivie surtout), de transformation de la coca et/ou de blanchiment d'argent.
Plus personne ne mettant en cause l'implication massive des guérillas dans le commerce de la drogue et dans les trafics d'armes, les pays voisins de la Colombie, quoique réticents à condamner les guérillas marxistes, souvent pour des raisons de politique intérieure, ont progressivement manifesté leur solidarité, au moins formelle, aux autorités colombiennes. C'est ainsi que l'Équateur, confronté à des incursions fréquentes de guérilleros colombiens, a récemment fini par arrêter puis livrer à Bogotá Simon Trinidad, le plus haut responsable des Farc arrêté ces dernières années. Le Brésil, bien que partisan d'une solution négociée avec les guérillas, a mis à la disposition de son voisin colombien certains moyens radar mis en place dans l'Amazonie. Seul le Venezuela reste en retrait, du fait des postures idéologiques très engagées de son président. Pourtant, malgré les critiques qu'échangent régulièrement les deux pays, leurs responsables jugent dans leur majorité que leurs intérêts bien compris les condamnent à la coopération face à une menace commune.

L'absence de l'Europe. L'Amérique latine en général et la région andine en particulier ne sont pas des priorités pour l'Union européenne ni pour ses États membres. Seule l'Espagne y voit une zone d'influence importante, mais elle manque, au-delà des sommets et des discours et malgré des investissements privés importants, des moyens économiques et politiques pour devenir un acteur majeur dans la région.
La politique européenne, à quelques nuances près, se construit en opposition plus ou moins ouverte aux initiatives des États-Unis. Compte tenu de la modestie de ses engagements financiers et de sa méconnaissance profonde de la région, mâtinée d'idées préconçues et de paternalisme un peu docte, voire franchement méprisant, l'Europe est incapable de peser de façon décisive sur les choix à long terme de la Colombie. Elle dispose pourtant d'un atout culturel important, les élites colombiennes étant toujours soucieuses de ne pas apparaître prisonnières du modèle américain, même s'il domine ici comme ailleurs.
Les autorités colombiennes réalisent aussi qu'une diversification de leur coopération les rendrait un peu moins dépendante de Washington. C'est dans ce contexte qu'il faut inscrire les laborieuses prospections menées par les Colombiens pour acquérir des armements en Europe, toute utilisation des matériels acquis aux États-Unis étant étroitement contrôlée par le fournisseur.

Le conflit colombien est encore loin d'un règlement définitif, en particulier parce que le profil de ses acteurs est de plus en plus insaisissable et que la frontière entre violence politique et grande délinquance est de plus en plus ténue. C'est ainsi qu'un accord de paix simultané avec les trois commandements des groupes armés ne suffirait sans doute pas, aujourd'hui, à mettre un terme à la sédition dans le pays. L'atomisation de ses ennemis de l'intérieur, conséquence du narcotrafic et de la mort lente des idéologies révolutionnaires, demeure un défi colossal pour l'État colombien.

Les acteurs

Seuls sont ici présentés les trois acteurs principaux que sont les Farc, l'ELN et les AUC. Les autres groupes, tels l'EPL (Ejército Popular de Liberación), l'ERG (Ejército Revolucionario Guevarista) et l'ERP (Ejército Revolucionario del Pueblo) pour ne citer qu'eux, sont marginaux et ne servent le plus souvent que de couverture à des actes de délinquance commune.

Des caractéristiques communes

« Les affaires sont les affaires et, en matière de narcotrafic, il n'y a pas d'idéologie qui compte. On se bat pour contrôler les champs de coca, mais on sait aussi collaborer à l'occasion », affirment certains enquêteurs colombiens en parlant des factions combattantes. Sans exagérer la collusion de groupes armés qui se combattent violemment, il apparaît que des accommodements locaux ont bien eu lieu entre les deux pôles de l'insurrection colombienne, les Farc et les AUC. Il s'agit d'une indication de plus sur la dépendance croissante des acteurs armés au narcotrafic. Ceux-ci semblent d'ailleurs se spécialiser. La guerre devient le prolongement de l'économie…
Les trois groupes armés ont quelques points communs supplémentaires : le recours à l'extorsion ; un mépris total pour la population civile, et notamment pour les Indiens, dont ils cherchent à contrôler les vastes territoires ; l'utilisation d'enfants soldats, l'une des plus grandes tragédies du conflit : un guérillero et paramilitaire sur quatre au moins serait mineur ; les Farc utilisent en outre beaucoup de femmes et de jeunes filles.
Globalement, les négociations en cours ou futures se ressembleront assez. La peur de l'extradition, l'exigence d'une large amnistie et le souhait d'une ouverture à l'action politique unissent les acteurs armés. Le basculement d'une partie des effectifs des trois groupes dans la délinquance commune constitue enfin un des paramètres les plus préoccupants.

Les sources de financement des mouvements insurrectionnels

À l'évidence, il est impossible de définir précisément les « budgets » des groupes armés qui opèrent en Colombie. Des estimations existent cependant, qui, à défaut d'être tout à fait concordantes, permettent de comprendre la structure de leurs recettes et d'avoir une idée de leur force.

La participation des Farc au narcotrafic leur fournit autour de 60 % des 350 millions de dollars qui constitueraient leur budget. Les revenus provenant de l'extorsion (« impôt révolutionnaire ») et des enlèvements représenteraient un peu plus de 30 % et les trafics divers (or, émeraudes et hydrocarbures) et quelques investissements légaux, en Colombie et à l'étranger, compléteraient la fortune de la guérilla.

L'ELN, beaucoup moins impliquée dans le narcotrafic, dépend financièrement à plus de 85 % des revenus de l'extorsion. Son budget est évalué à 140 millions de dollars par an.

Enfin, les AUC tirent, selon la présidence de la République colombienne, 70 % des 300 millions de dollars dont ils disposent annuellement des activités liées au narcotrafic, les enlèvements étant beaucoup moins pratiqués par les paramilitaires, qui se font par contre rétribuer pour la protection qu'ils assurent, de gré ou de force, aux entreprises et aux propriétaires terriens.

L'industrie des enlèvements

En 2000, 3 700 personnes ont été officiellement enlevées en Colombie, en majorité par les deux principales guérillas du pays, les Farc et l'ELN (près de 60 % du total). Si ces chiffres ont baissé assez nettement depuis l'accession d'Álvaro Uribe à la présidence, la Colombie détient toujours le record mondial en la matière, avec 2 200 personnes enlevées en 2003. Ces données sont toutefois très difficiles à établir, dans la mesure où, le paiement d'une rançon étant illégal en Colombie, nombre de familles ou de sociétés préfèrent ne pas informer les autorités de l'enlèvement pour négocier directement avec les ravisseurs. Les statistiques établies sur la période 1996-2003 font état de paiements très variables. 15 % des rançons dépassent 30 000 euros tandis que plus de 20 % des otages ne sont pas rendus avant un an.

Cette « industrie » représente également un fonds de commerce important pour les compagnies d'assurance et les entreprises de négociation, qui ont pignon sur rue à Miami par exemple.

Les enlèvements dits politiques ou militaires représentent une partie minime du total mais représentent une monnaie d'échange et de pression internationale importante, comme l'illustre l'affaire Betancourt. En l'espèce, la communication remarquable de la guérilla des Farc est parvenue à faire peser une partie sinon toute la responsabilité de la prolongation de la détention d'Ingrid Betancourt sur la prétendue intransigeance de l'État colombien.

Mais la rapacité des guérillas a considérablement tari la ressource. Ainsi, les étrangers, cibles privilégiées des enlèvements, ont déserté les zones à risque tandis que plusieurs dizaines de milliers de Colombiens fortunés ont émigré, majoritairement vers les États-Unis, afin de protéger leurs familles et leurs biens. Les classes moyennes ne sont donc désormais plus à l'abri des kidnappings. La politique volontariste du gouvernement fait cependant peser un danger croissant sur les ravisseurs, pour lesquels l'activité est devenue moins rentable qu'à la fin des années 90.

◆ Farc-EP – Fuerzas Armadas Revolucionarias de Colombia-Ejército Popular

(Forces armées révolutionnaires de Colombie-Armée populaire)

Les Forces armées révolutionnaires de Colombie ont célébré en mai 2004 leurs quarante ans d'existence, record de longévité qui en fait la plus vieille guérilla d'Amérique. Elles constituent le groupe le mieux structuré et le plus volumineux des mouvements insurrectionnels colombiens.

De l'autodéfense paysanne libérale à la guérilla communiste. L'histoire des Farc se confond avec celle de Pedro Antonio Marín, né en 1930. Fils d'une famille libérale, persécutée par les conservateurs, il rejoint à l'âge de 19 ans, en pleine période de la *Violencia,* un des nombreux groupes clandestins de libéraux qui mènent la lutte contre le pouvoir conservateur et ses nervis. Vite déçu par l'appareil libéral, qu'il juge peu soucieux des problèmes de distribution des terres qui ont motivé son engagement, il se rapproche du Parti communiste colombien (PCC) et, après 1953, il rejoint le camp des *« guerrilleros sucios »,* c'est-à-dire les communistes qui refusent de cesser le combat et sont à ce titre pourchassés par l'État. Il abandonne cette même année son nom et emprunte celui d'un syndicaliste assassiné, Manuel Marulanda Vélez. Son surnom, *Tirofijo* (« Tir au but »), vient d'une légende selon laquelle il aurait abattu un policier à 500 mètres de distance. En 1958, dans les débuts du Front national, il prend une part déterminante dans les milices d'autodéfense communistes qui investissent des zones réputées impénétrables, vues par Bogotá comme des républiques sécessionnistes. Les Forces armées colombiennes déclenchent en 1964 l'opération *« Marquetalia »* pour reprendre le contrôle de la principale zone rebelle, dans le Tolima.

Naissance et développement des Farc. Le résultat de cette offensive sera la fédération des autodéfenses en une guérilla qui fait le choix de la mobilité pour disperser l'effort des troupes régulières. Cette guérilla prend en 1964 le nom de Bloque Sur (« Bloc sud ») et reçoit plus directement le concours idéologique du PCC qui lui dépêche le syndicaliste Jacobo Arenas (de son vrai nom Luis Morantes) qui devient le commissaire politique du mouvement. Cet appui du PCC s'inscrit dans sa stratégie de combinaison de toutes les formes de lutte pour parvenir au pouvoir. En 1966, fort de 350 hommes, le Bloque se rebaptise Fuerzas armadas revolucionarias de Colombia pour bien marquer sa nouvelle stratégie offensive.

La croissance du mouvement sera lente et irrégulière, d'une part à cause de la pression militaire et d'autre part parce que le PCC, n'y voyant qu'une espèce de « réserve stratégique », lui ferme toutes les voies de l'action politique légale. En 1978, l'effectif des Farc ne dépasse pas le millier d'hommes.

En 1982, les Farc redéfinissent leur stratégie et décident de faire revivre l'idée de l'extension du conflit, née après l'opération de *« Marquetalia »*. L'objectif est de créer de nouveaux fronts pour en avoir au total 48 sur le territoire. C'est à ce moment que les Farc s'autoproclament *« Ejército del pueblo »* (« Armée du peuple »). Cette extension suppose un effort de recrutement et de nouvelles recettes. Les enlèvements et l'extorsion augmentent tandis qu'un impôt sur les activités du narcotrafic apparaît.

L'échec de la stratégie politique. Les accords de la Uribe en 1984 marquent une pause dans l'offensive des Farc, qui, sans abandonner les armes, fondent un parti politique, l'Union patriotique, reprenant ainsi la stratégie du PCC (qui s'associe d'ailleurs au projet) de lutte pour le pouvoir sous toutes ses formes. Les résultats encourageants de l'UP en 1986 déclenchent une violente chasse aux sorcières, œuvre commune des narcotrafiquants et des mouvements paramilitaires naissants réalisée avec la bénédiction des caciques locaux des deux grands partis du pays, soucieux d'éliminer cette concurrence et la complaisance voire le soutien actif d'agents de l'État. Près de 3 000 assassinats sont ainsi perpétrés en quelques années. La mort – naturelle – de Jacobo Arenas, le plus politique de tous les responsables du mouvement, l'échec des dialogues de paix du début des années 90 et, bien entendu, les déboires de l'UP renforcent très nettement l'aile la plus militariste des Farc.

La guerre totale. Le nouvel élan offensif des Farc coïncide avec une exploitation beaucoup plus rentable du phénomène du narcotrafic. Si, depuis plusieurs années, les Farc prélevaient un impôt sur la coca qui sortait des zones qu'elles contrôlaient, elles commencent à cette période à acheter la coca pour la vendre aux narcotrafiquants. Les recettes considérables que ce commerce génère leur permettent d'amplifier leurs ambitions territoriales et de se développer considérablement. De combustible de la lutte, le narcotrafic est sans doute alors devenu la motivation du mouvement ou, au moins, de plusieurs de ses membres. Sa façade idéologique s'est craquelée et ne trompe guère plus que certains romantiques incurables. La logique de guerre a fini par l'emporter sur les objectifs politiques initiaux qui, après la chute du mur de Berlin et la dislocation de l'URSS, apparaissaient un peu dépassés. La guerre ne serait plus la continuation de la politique mais la continuation de l'économie par d'autres moyens.

La guérilla pratique les enlèvements politiques (elle détient une vingtaine d'otages relevant de cette catégorie) afin d'exercer une pression sur le gouvernement, l'idée étant d'avoir une monnaie d'échange et d'amener le gouvernement à négocier en position de faiblesse sans abandonner la pratique des enlèvements économiques.

Les Farc conduisent des offensives sur plusieurs fronts afin de disperser l'effort des forces armées et d'empêcher un succès décisif. Elles livrent une vraie guerre de guérilla, qui s'enrichit de méthodes terroristes contre les civils réputés proches des paramilitaires et contre des lieux symboliques, dans les grandes villes, pour frapper l'opinion nationale et internationale.

Organisation, finances et armement. En 2004, les Farc sont organisées en une soixantaine de fronts qui compteraient en tout 17 000 hommes, regroupés en 7 blocs régionaux coordonnés par un secrétariat ou état-major central. L'unité de base compte 6 hommes. Il est bien sûr malaisé de reconstituer les organigrammes de ces structures. L'actualité fait parfois émerger une figure mais, comme dans tout mouvement clandestin, les responsables réels ne sont pas toujours exposés. La dispersion et le cloisonnement des différentes cellules constituent un atout majeur de la guérilla, qui explique les difficultés que rencontre le pouvoir pour appréhender les principaux responsables et pour comprendre les stratégies du commandement.

Jusqu'à la preuve de son décès ou de son abdication, l'un et l'autre annoncés puis démentis plusieurs fois, Manuel Marulanda Vélez est le chef du mouvement. Les membres du secrétariat se répartissent selon deux clans, les « politiques » avec Alfonso Cano et Raúl Reyes notamment et les tenants de la guerre à tout prix emmenés par Jorge Briceño (alias Mono Jojoy).

La multiplicité des fronts de la guérilla lui fournit un atout territorial majeur puisqu'elle frappe partout dans le pays, même si les succès de l'armée depuis 2002 limitent progressivement son champ d'action. La grande zone dépeuplée du sud-est du pays constitue le bastion de la guérilla où sa mobilité et son contrôle sont les plus faciles. En revanche, cette décentralisation représente une menace potentielle pour la cohésion du mouvement, et on peut s'interroger sur la bonne communication des ordres et l'effective coordination des fronts.

L'armement des Farc provient de plusieurs fournisseurs différents et ne semble pas comporter d'armes lourdes. L'utilisation par ce groupe d'explosifs sophistiqués pourrait selon certains spécialistes accréditer un recours à l'expertise de groupes terroristes étrangers (IRA et ETA en particulier).

◆ ELN – Ejército de Liberación Nacional

(Armée de libération nationale)

Formation du mouvement. Trouvant ses sources profondes comme les Farc dans les déchirements de la *Violencia,* l'ELN s'est développée en tant que telle dans des circonstances propres, liées à l'exemple cubain. En 1962, le régime castriste, en pleine période de prosélytisme révolutionnaire, accorde des bourses à de jeunes Colombiens pour qu'ils viennent se former aux doctrines de guérilla. À l'époque, les autodéfenses paysannes qui donneront naissance aux Farc ne sont pas mobiles et l'objectif de la coopération cubaine est de constituer des groupes capables de harceler le pouvoir.

Les élèves colombiens se constituent en brigade « José Antonio Galán », en mémoire de l'un des premiers opposants au vice-roi espagnol à la fin du XVIIIe siècle. Sept étudiants lauréats de la formation vont former le noyau de ce qui deviendra deux ans plus tard l'Ejército de liberación nacional. L'un d'eux, Fabio Vásquez Castaño, est choisi comme chef militaire de la nouvelle organisation, dont la règle est l'ouvrage de Che Guevara, *La guerre de guérilla: une méthode*.

La guérilla s'implante dans le département de Santander puis dans ceux de Bolívar et Antioquia en 1964 ; l'ELN est officiellement créée l'année suivante et le prêtre catholique Camilo Torres rejoint la guérilla et s'y impose comme chef. D'autres clercs, influencés par la théologie de la libération, le suivent rapidement et impriment à cette organisation cette spécificité d'un christianisme rouge qui a prospéré dans tout le sous-continent et, dans une moindre mesure, en Europe. Parmi eux, le curé Manuel Pérez, d'origine espagnole, qui deviendra en 1983 responsable politique de la guérilla.

En 1973, l'ELN subit une lourde défaite (Anorí) et met plusieurs années à se relever. Dans les dix années qui suivent, la guérilla commence à s'implanter dans quelques villes (Bogotá, Medellín, Bucaramanga, Barrancabermeja) et se reconstitue progressivement. En 1974, Fabio Vásquez Castaño quitte le pays et est remplacé à la tête du mouvement par Nicolás Rodríguez Bautista (dit Gabino).

En 1984, l'ELN, à la différence des Farc, rejette la trêve de Belisario Betancur et montre une intransigeance particulière.

Mode opératoire et fonctionnement. L'ELN s'est illustrée par un tactique de sabotage des infrastructures du pays (pylônes électriques, oléoducs) destinée à décourager les investisseurs étrangers, taxés d'impérialisme, à exaspérer le peuple colombien et à le dresser contre les autorités du pays, incapables de prévenir ces opérations. Dans les années 80, l'ELN a réussi à obtenir des sommes très importantes des compagnies pétrolières étrangères qui souhaitaient acheter la paix dans leurs zones d'opération.

La structure de l'ELN est moins solide que celle des Farc. Un commandement central (Coce) rassemble les grandes figures du groupe, « Gabino », Antonio García, Pablo Beltrán, Ramiro Vargas et Óscar Santos, deux autres leaders étant emprisonnés, Francisco Galán et Felipe Torres. Des dissensions entre les membres du Coce et une certaine émancipation des fronts sont très probables. L'ELN a subi de sévères défaites, infligées par l'armée colombienne et les paramilitaires, et plusieurs centaines de combattants auraient déposé les armes ou rejoint les Farc ou les paramilitaires.

L'ELN n'a pas voulu ou su profiter du boom du narcotrafic, et tire toujours la plupart de ses recettes des enlèvements et de l'extorsion. Le budget de cette guérilla ne dépasserait pas 150 millions de dollars. Comme les Farc, l'ELN dispose essentiellement d'un armement léger. Une aide modeste a pu être fournie à ce groupe par Cuba dans le passé, et les autorités vénézueliennes ont été soupçonnées de leur fournir des armes, via les sandinistes nicaraguayens dans le passé, et peut-être directement depuis l'arrivée d'Hugo Chávez à la présidence.

Aujourd'hui, cette guérilla rassemble vraisemblablement moins de 4 000 hommes, répartis en une trentaine de fronts, dont certains sont en sommeil. Elle agit essentiellement au nord du pays (Santander, Norte de Santander, Bolívar, Antioquia) ainsi que dans le Sud-Ouest (Valle del Cauca, Cauca). Farc et ELN sont devenues rivales dans certaines zones, malgré les alliances et une certaine proximité idéologique. La suprématie des Farc semble évidente et constitue un facteur supplémentaire d'affaiblissement du mouvement de « Gabino ».

◆ AUC – Autodefensas Unidas de Colombia

(Autodéfenses unies de Colombie)

Origines et formation des AUC. Le paramilitarisme est un phénomène ancien en Colombie, liée à la faiblesse de l'État central et au développement de la sécurité privée au profit des grands propriétaires terriens et des industriels. Dans les années 50, des groupes d'autodéfense paysanne apparaissent dans les zones où sévissent les guérillas. Dans les années 80, les mouvements paramilitaires se développent et deviennent de véritables armées privées de dimension régionale, échappant peu à peu à leurs commanditaires initiaux. Ils opèrent essentiellement dans le nord et l'ouest du pays, dans le cours moyen du fleuve Magdalena et dans les grandes plaines orientales du pays. Parmi les mouvements les plus importants à l'origine de la formation des AUC, et afin d'illustrer la diversité de ce phénomène, on peut citer le groupe des Pepes (Perseguidos por Pablo Escobar) qui s'était créé pour tuer Pablo Escobar et ses proches, le MAS (Muerte a los Secuestradores) créé en 1981 pour lutter contre les guérillas, quelques soldats perdus de l'EPL... Mais le vrai noyau des AUC est l'organisation des autodéfenses paysannes de Córdoba et Urabá (Accu) créé dans les années 80 par les frères Fidel et Carlos Castaño après l'exécution par les Farc de leur père, malgré le paiement d'une rançon. Luttant par tous les moyens contre les guérillas, les Accu ont voulu se donner une image de « Robin des Bois » en distribuant des terres à certains paysans « libérés ». Leur collaboration ponctuelle et locale avec des éléments de l'armée est avérée, certains chefs militaires intermédiaires n'ayant pas hésité à utiliser les paramilitaires comme des supplétifs pouvant agir sans scrupules.

En avril 1997, un communiqué annonce le regroupement des principales formations paramilitaires en « Autodéfenses unies de Colombie ». Carlos Castaño s'impose comme le leader de cette fédération et la renforce tout en tâchant de développer un discours politique assez composite, mélangeant des revendications sociales proches de celles des guérillas, une haine farouche pour les Farc et une exaltation patriotique qui conduit de nombreux observateurs à qualifier les AUC de mouvement d'extrême droite, ce qui sonne un peu creux dans un pays comme la Colombie.

Organisation et financement. Parmi les figures du mouvement apparaissent Ramón Isaza, chef des autodéfenses du Magdalena Medio, Adolfo Paz, « inspecteur national » des AUC, Ernesto Baéz, membre d'un improbable directoire politique, et Salvatore Mancuso, qui, depuis la mort annoncée de Carlos Castaño début 2004, s'est imposé comme le nouveau patron des paramilitaires. La disparition de Carlos Castaño en avril 2004 a donné lieu à toutes sortes de spéculations (exflitré vers Israël pour certains, tué dans le cadre de luttes internes entre les composantes des AUC pour d'autres) et n'est pas à ce jour avérée. Quoi qu'il en soit, il est aujourd'hui probablement hors jeu.

Il existe dans les AUC des fronts et blocs comme chez les Farc, mais leur coordination semble bien aléatoire comme l'illustre la difficulté du gouvernement à réunir l'ensemble des composantes de la fédération à Santafé de Ralito.

Salvatore Mancuso, dont la famille a été victime de l'extorsion des guérillas, a fait des études supérieures dans la grande université jésuite de Bogotá et est considéré comme proche de plusieurs personnalités influentes du pays. Très riche, il a rejoint tardivement la clandestinité.

Quoique la désintégration des AUC semble assez avancée et que les informations disponibles soient très parcellaires, on peut considérer qu'en 2003 les AUC disposaient d'un budget de 300 millions de dollars, dont 70 % proviendraient du narcotrafic. Carlos Castaño avait d'ailleurs bien volontiers avoué ce financement. Leur armement provient de trafics internationaux, notamment d'Amérique centrale. Des intermédiaires israéliens ont été identifiés dans une vente d'armes nicaraguayennes destinées au Panamá et détournées au profit des paramilitaires.

Il serait erroné d'appréhender les AUC comme les Farc. Les différents fronts et blocs constituant les AUC ne sont pas toujours des forces permanentes. Par essence, les mouvements paramilitaires sont plus ou moins intermittents et à géométrie variable.

Les opérations des différentes composantes paramilitaires, très théoriquement suspendues, sont destinées à étendre leur contrôle des zones de production de coca au détriment des Farc et de l'ELN. Ce faisant, elles n'hésitent pas à massacrer des individus suspectés de collaboration avec les guérillas et à déplacer massivement les populations.

Pour en savoir plus

Atlas de Colombia, Bogotá, Instituto Geográfico Agustín Codazzi, 2003.

J. G. Ferro Medina et Graciela Uribe Ramón, *El orden y la guerra. Las FARC-EP entre la organización y la política*, Bogotá, CEJA, 2002.

Absalón Jiménez, *Democracia en tiempos de crisis*, Bogotá, Editorial Planeta Colombiana, 2003.

Alfonso Lopez Michelsen et Enrique Santos Calderón, *Palabras pendientes*, Bogotá, El Áncora editores, 2001.

Eduardo Pizarro, *Una democracia asediada*, Bogotá, Editorial Norma, 2004.

Luis Carlos Restrepo, *Más allá del terror*, Bogotá, Aguilar, 2003.

Gerardo Reyes, *Don Julio Mario*, Bogotá, Ediciones B., 2003.

Internet

www.miami.edu/nsc
www.lacc.fiu.edu
Divers travaux de l'université de Miami (North South Center) et de l'université internationale de Floride (Latin American and Caribbean Center).

www.ciponline.org/colombia
Le site très documenté du Center for International Policy.

http ://fr.groups.yahoo.com/group/info_colombie
Les sélections de l'école de la paix de Grenoble.

www.cambio.com.co
www.semana.com.co
www.eltiempo.com.co
www.elespectador.com.co
Sites de la presse colombienne, de très grande qualité : *Cambio*, *Semana*, *El Tiempo*, *El Espectador.*

www.eln-voces.com
Site officiel de l'ELN.

www.farcep.org
Site officiel des Farc.

www.colombialibre.com
Site officiel des AUC.

Territoire aymara

Superficie : 1 098 580 km^2
Population (2003) : 8,8 millions
Composition linguistique : espagnol, quechua, aymara
Religion : catholiques (95 %)

Bolivie

Suivre les méandres de la politique bolivienne n'a jamais été chose aisée. Les quelque deux cents coups d'État ou tentatives de coup d'État qui jalonnent l'histoire de la Bolivie sont de nature à décourager les plus opiniâtres.

Les choses avaient paru changer au milieu des années 80. Les militaires étaient rentrés dans leurs casernes après avoir occupé le devant de la scène durant des décennies, la démocratie avait été restaurée et l'alternance démocratique semblait fonctionner aussi bien que possible. Certes, la Bolivie conservait le plus faible PIB par habitant de toute l'Amérique du Sud (960 dollars américains), mais les observateurs se voulaient rassurants : la stabilité engendrerait la croissance, qui à son tour finirait bien par profiter aux Boliviens.

Et voilà qu'à nouveau tout s'est emballé au cours des derniers mois. Le pays a soudain paru régresser et se réfugier dans son passé. Plusieurs événements, apparemment sans grand rapport les uns avec les autres, se sont bousculés. Seul lien manifeste entre eux : leur caractère plutôt anachronique.

D'abord, ce fut le succès enregistré par les partis indigénistes aux élections générales de juin 2002. Rien de surprenant à première vue dans un pays indien à plus de 70 %, si ce n'est l'objectif principal mis en avant par certains de leurs leaders : le retour pur et simple à l'*ayllu,* la communauté paysanne ancestrale, et la reconstitution du *Tanhuantinsuyo,* l'ancien empire inca.

Puis on assista à une montée des tensions avec le voisin chilien… à propos d'une guerre perdue par la Bolivie cent vingt-cinq ans plus tôt.

Enfin, en octobre 2003, le président démocratiquement élu fut chassé du pouvoir par une émeute populaire, un type d'événement qui tend à se répéter ces dernières années en Amérique latine, mais auquel la Bolivie semblait avoir définitivement renoncé.

Depuis, les choses se sont encore compliquées. Un référendum portant sur l'avenir du secteur gazier a mobilisé les Boliviens durant le premier semestre de l'année 2004 avant que la future réforme constitutionnelle prévue pour 2005 ne prenne le relais… Ajoutons à cela que l'opposition indienne, qui constitue désormais un sérieux challenge pour le pouvoir blanc, s'est construite autour du syndicat… des cultivateurs de coca, les *cocaleros,* et l'on obtient un inventaire à la Prévert qui renvoie de la Bolivie l'image d'un pays saisi de folie et incapable de maîtriser son destin. La réalité est évidemment tout autre : ces épisodes, en apparence incohérents, constituent dans les faits autant de pièces d'un puzzle qu'il s'agit ici de tenter de reconstituer.

LES ORIGINES DE LA CRISE

La dimension historique : la perte du littoral pacifique. Les modifications géographiques intervenues tout au long du XIXe siècle entre les nouveaux États indépendants d'Amérique du Sud ont abouti, en privant la Bolivie de tout accès à la mer, à une situation d'autant plus inacceptable pour ce pays qu'elle constitue une entrave difficilement surmontable à son développement économique.

Il faut souligner que, de tous les pays du sous-continent, la Bolivie est sans conteste celui qui a le plus pâti des luttes fratricides entre ces jeunes États auxquels le colonisateur n'avait pas attribué de frontières assez bien définies, ou reposant sur des critères suffisamment sérieux, pour éviter aux plus forts la tentation de s'agrandir au détriment des plus faibles.

Les premières guerres d'indépendance avaient pourtant été profitables à la Bolivie. Dès 1826, l'année suivant sa fondation, elle étendait déjà sa superficie en occupant, sans aucune violence et avec l'assentiment de Bolívar (brièvement président du Pérou après l'avoir été de la « grande Colombie ») une portion du territoire péruvien sur le Pacifique. Cette bande littorale, abondamment dotée de richesses naturelles aisément exploitables, va faire de la Bolivie un enjeu des puissances économiques occidentales. C'est finalement vers les Anglais qu'elle se tourne, à l'instar de ses voisins le Chili et le Pérou. Et c'est ainsi que débute l'exploitation de ces richesses naturelles, essentiellement le guano, financée par les capitaux anglais relayés par les entreprises chiliennes. Mais les implantations chiliennes sur le littoral bolivien se multiplient rapidement, au point que la Bolivie, inquiète de cette colonisation rampante doublée d'un pillage économique, envoie son armée occuper la zone concernée. Le Chili réagit en proclament « propriété nationale » le dépôt de guano du littoral d'Atacama. Après trente-sept ans de *statu quo,* le Chili, profitant des difficultés politiques de son voisin bolivien, le contraint à admettre que, compte tenu de la pérennisation de la situation aux frontières littorales, le traité des limites conclu en 1825 lors de l'accession à l'indépendance de la Bolivie devait être reconsidéré. En 1866, un nouveau traité fut conclu, qui étendait la souveraineté chilienne au secteur côtier autour du 24e parallèle (à la place du 25e) et légalisait la présence des entreprises britanniques et chiliennes en territoire bolivien. Par ailleurs, la clause prévoyant le partage des bénéfices tirés de l'exploitation des ressources naturelles mettait à la charge de la Bolivie tous les frais y afférents. Le Chili, dont la véritable ambition était d'annexer l'ensemble du littoral bolivien (et qui commençait déjà à s'intéresser au littoral péruvien), revint à la charge en 1874 et imposa à la Bolivie un second accord prévoyant une totale exemption de taxes pour toutes les entreprises chiliennes implantées en territoire bolivien. Mais, quatre ans plus tard, le gouvernement bolivien se ressaisit et, considérant qu'il avait fait l'objet d'un véritable diktat, revint sur son acceptation. Profitant de cette opportunité, le Chili, qui n'attendait qu'une bonne raison pour intervenir militairement, occupa sur le champ l'ensemble du littoral bolivien sous prétexte d'« affirmer les droits que le Chili revendiquait légitimement avant le traité de 1866 sur le territoire auquel celui-ci a trait ». La Bolivie riposta en déclarant la guerre au Chili, le 16 mars 1879, déclenchant la terrible « guerre du Pacifique ». Quant au Pérou, inquiet des visées expansionnistes chiliennes, il se rangea aux côtés de la Bolivie.

Au terme de quatre années d'un conflit particulièrement sanglant, le Chili remporta une victoire totale sur ses deux adversaires qui payèrent le prix fort. Le traité d'Ancon dépossédа le Pérou de trois départements (dont l'un, celui de Tacna, lui fut par la suite rétrocédé) tandis que le « pacte de Trêve », conclu en 1884, priva définitivement la Bolivie de tout débouché maritime et l'amputa de 153 000 km² de territoire.

Au cours du siècle passé, la Bolivie a accumulé en outre beaucoup d'autres frustrations. Opposée militairement au Brésil en 1901, elle a dû lui concéder pour la somme ridicule de 2 millions de dollars les provinces de l'Acre et du Mato Grosso (près de 500 000 km²). Elle a enfin subi une nouvelle défaite militaire en 1938 face au Paraguay dans la guerre du Chaco (130 000 morts dont 80 000 Boliviens) qui lui a cette fois-ci coûtée 234 000 km², ce qui lui vaut encore aujourd'hui la réputation d'éternel vaincu, particulièrement difficile à assumer en Amérique latine ! Mais, de tous ces revers, c'est sa défaite face au Chili qui demeure pour la Bolivie la plus grande humiliation. Ses relations avec son vainqueur sont passées tour à tour par des phases de détente et des périodes de tension. On a même frôlé à plusieurs reprises un autre conflit ouvert, notamment à la fin des années 70, après une nouvelle rupture des relations diplomatiques entre les deux pays, relations qui n'ont toujours pas été rétablies à ce jour.

De fait, bien qu'ayant renoncé une nouvelle fois, en 1904, à toute prétention à un littoral en échange de la promesse chilienne de disposer d'un droit d'accès au Pacifique par le rail, la Bolivie n'a jamais cessé depuis lors de revendiquer son « droit imprescriptible à disposer d'une façade maritime ».

La dimension politique : de la démocratie « pactée » à la démocratie confisquée. Un élément explique en partie la faiblesse de la Bolivie par rapport à ses voisins : une grande autonomie régionale, facteur d'atomisation politique, qui engendrera des secteurs dirigeants boliviens plus occupés à se battre entre eux pour s'imposer à la tête de l'État que disposés à défendre l'intégrité et la souveraineté, et qui créera la fameuse « instabilité politique à la bolivienne ». À partir de 1978, au terme de sept ans d'une dictature nationaliste sous la houlette du général Banzer, la Bolivie va connaître à nouveau l'une des périodes les plus troubles de son histoire. Jamais le pays n'aura autant mérité sa réputation de « laboratoire des coups d'État ». Pas moins de huit présidents, six militaires et deux civils, se succéderont au *Palacio Quemado,* la présidence bolivienne, en à peine quatre ans. Ce n'est qu'en octobre 1982 que les militaires renonceront définitivement au pouvoir, reconnaissant comme nouveau président le Dr Siles Suazo,

dont le parti de centre-gauche, l'Unión Democrática Popular (UDP), était sorti vainqueur deux ans plus tôt d'une élection invalidée dans la foulée par l'armée. Le Dr Siles se retrouvera rapidement incapable de gouverner faute de disposer d'une majorité à la Chambre et, après trois ans de vaines tentatives pour imposer des mesures économiques de plus en plus indispensables, il se décidera à organiser des élections anticipées un an avant la date prévue. La crise généralisée dans laquelle se retrouve plongé le pays va conduire la classe politique à lancer une réforme en profondeur des pratiques institutionnelles héritées de la « Révolution de 1952 » qui, si elle avait à son actif le suffrage universel, la réforme agraire, la nationalisation du secteur minier et l'organisation des syndicats paysans, n'était en revanche jamais parvenue à établir une stabilité politique.
Cette nécessaire consolidation institutionnelle, dont l'enjeu n'est autre que l'avenir de la démocratie à peine restaurée, va prendre la forme d'un jeu d'alliances gouvernementales successives entre les quelques partis auxquels la Constitution assigne le monopole de la représentation parlementaire. Ces coalitions seront successivement baptisées « Pacte pour la démocratie » (présidence Paz Estenssoro de 1985 à 1989), « Accord patriotique » (présidence Paz Zamora de 1989 à 1993), « Pacte pour la gouvernabilité » (première présidence Sánchez de Lozada de 1993 à 1997), « Compromis pour la Bolivie » (présidence Hugo Banzer de 1997 à 2001, puis Jorge Quiroga de 2001 à 2002) et enfin « Gouvernement de responsabilité nationale » (début de la seconde présidence Sánchez de Lozada, de 2002 à 2003).
Cette « démocratie pactée » apportera à la Bolivie dix-huit années de stabilité et permettra aux trois grands partis dominant la vie politique au cours de ces années, le Movimiento Nacionalista Revolucionario (MNR), le Movimiento de la Izquierda Revolucionaria (MIR) et l'Alianza Democrática Nacionalista (ADN), de se succéder au pouvoir. Les lois de participation populaire (1994) et de décentralisation administrative (1995) élargiront par ailleurs notablement la représentation des secteurs les moins favorisés, notamment les paysans et les Indiens (qui sont presque toujours les mêmes) et accroîtront la participation populaire à la prise de décision. Mais, malgré d'indéniables réalisations, le nouveau système politique bolivien va voir sa crédibilité s'amenuiser au fur et à mesure qu'il révélera ses imperfections. La désaffection des Boliviens envers ce système se traduira par une augmentation régulière de l'abstention au fil des scrutins nationaux et par une perte de confiance progressive dans les institutions de base, notamment le Congrès, la Cour électorale et le pouvoir judiciaire, considérés comme des places fortes de la corruption et du favoritisme. En revanche, ces mêmes Boliviens s'impliqueront de plus en plus dans des initiatives locales qu'ils tenteront d'ériger en autant de contre-pouvoirs. La rupture entre l'opinion et ses gouvernants s'amorcera au tournant de la dernière décennie, alors même que la récession économique réapparaît, mettant en lumière avec de plus en plus d'acuité les dysfonctionnements de l'État.
Ceux-ci tiennent à la fois :
– au dévoiement de la notion de pacte de gouvernement, à l'origine élément essentiel du fonctionnement de la démocratie mais devenu simple instrument de partage du pouvoir entre partis dominants, sans aucune considération idéologique. Ce « détournement de procédure » a engendré une succession d'alliances contre nature entre formations *a priori* antagonistes, rendant le jeu politique illisible ;
– aux pratiques illégales, notamment liées au trafic de drogue, auxquelles tous les gouvernements sans exception ont été mêlés au cours de ces deux décennies, et qui ont rarement abouti à la condamnation pénale de leurs auteurs. Cette impunité a été interprétée par les Boliviens comme la preuve que l'appartenance à l'élite politico-économique, symbolisée par la « bande des trois » partis dominants, exonérait de toute responsabilité corrompus et corrupteurs issus de ses rangs ;
– au manque de légitimité personnelle du président de la République, pourtant clé de voûte des institutions, qui tient à son mode d'élection. C'est en effet au Congrès qu'il appartient de choisir, au second tour, le président entre les deux candidats désignés au premier tour par le suffrage universel. Le nouvel élu doit donc son élection à la coalition d'intérêts qui s'est formée autour de lui. Privé de tout ou partie de ces soutiens, il se retrouve faible et démuni comme ce fut le cas pour le président Sánchez de Lozada en 2003.

Le réveil indien. La cassure entre le peuple et ses élites s'accompagne par ailleurs d'un autre phénomène d'une importance capitale pour l'avenir des institutions boliviennes : l'irruption fracassante de ces éternels oubliés que sont les Indiens dans l'arène politique nationale, jusqu'ici réservée aux seuls Blancs.
En Bolivie, les Indiens, qui représentent entre 60 et 70 % de la population, sont répartis entre trois ethnies principales : les Aymara de l'Altiplano, majoritaires, les Quechua de la région de Cochabamba et les Guarani localisés dans le sud et l'est du pays. Victimes d'une « pigmentocratie » considérée comme naturelle, ils ne sont jamais parvenus depuis l'indépendance, et ce malgré de réelles avancées dans les textes (restés malheureusement en grande partie lettre morte), à se voir traités comme des citoyens à part entière. Leur vie, dont le prix a été évalué une fois pour toute par l'État en 1997 lorsqu'il s'est agi de dédommager les familles de victimes d'émeutes, vaut trois fois moins que celle d'un Blanc (7 000 bolivianos contre 20 000). Pour eux, les richesses naturelles que recèle leur terre ont toujours été synonymes d'exploitation. Pour la première fois de leur histoire, à la fin des années 90, ils vont canaliser leur frustration et leur colère, auxquelles jusqu'alors seules les luttes sociales servaient d'exutoire, à travers un combat politique qui révélera leur important potentiel électoral mais également leurs divisions.
Ce « réveil indien » n'est pas l'apanage de la Bolivie. Il touchera également de manière concomitante la plupart des États latino-américains à forte population indigène, notamment l'Équateur, le Mexique et, dans une moindre mesure, le Pérou. Mais, dans aucun

d'entre eux, l'émergence des mouvements autochtones en tant qu'acteurs essentiels du jeu politique n'aura été aussi rapide et leur remise en cause du système économique et social existant aussi radical. L'expression de cette radicalité, et notamment le rejet des règles du régime représentatif au bénéfice d'un modèle de démocratie directe avec mandat impératif dont l'origine remonte à l'ancien empire inca, contribuera d'ailleurs à affaiblir un peu plus la démocratie bolivienne, dont les règles de base – et plus seulement leur non-application – sont désormais directement mises en cause.

La dimension socio-économique : « katarisme » et « cocaleros », nouveaux acteurs du mouvement social. Jusqu'au milieu des années 80, la principale force sociale d'opposition aux différents régimes qui se succèdent à la tête de la Bolivie est concentrée au sein de la Central Obrera Boliviana (COB), créée en 1952 et dirigée d'une main de fer par son leader historique, le trotskyste Juan Lechin. La COB, un des exemples les plus aboutis du syndicalisme ouvrier latino-américain, tire sa puissance de l'importance du secteur minier dans l'économie nationale. Le mouvement paysan, qui a longtemps été le principal soutien des régimes militaires, s'est pour sa part, au cours des années 70, entièrement réorienté vers la défense de l'identité culturelle aymara, qui trouve sa traduction politique dans le mouvement *katariste* et se trouve ainsi fort éloigné des préoccupations du mouvement ouvrier. Il faudra attendre 1979 pour que les deux branches du syndicalisme bolivien se rejoignent. La nouvelle union ouvriers-paysans démontre rapidement sa capacité de mobilisation et se consolidera dans la clandestinité à laquelle la poussent les militaires. À partir de 1985, la politique de rationalisation économique menée par le président Victor Paz Estenssoro, qui conduira notamment au démantèlement de pans entiers du secteur minier privatisé, affaiblira considérablement la branche ouvrière du mouvement syndical bolivien. Les dizaines de milliers d'anciens mineurs, reconvertis dans la culture de la coca, renforceront tout naturellement le mouvement paysan, notamment son principal représentant, la Central Sindical Única de los Trabajadores y Campesinos de Bolivia (CSUTC).
Celle-ci est cependant loin d'être homogène. Depuis la fin des années 70 s'y côtoient deux courants qui deviendront antagonistes et ne cesseront plus de fluctuer entre accords tactiques et luttes de clans :
– le courant indigéniste radical symbolisé par son chef Felipe Quispe, lié au mouvement indien international, anti-Blancs et partisan d'un retour à l'organisation sociale héritée de l'empire inca, l'*ayllu* ;
– le courant syndicaliste, tenant d'un indigénisme intégré au système, et dont le premier leader, Víctor Hugo Cárdenas, acceptera en 1993 le poste de vice-président de la République. C'est ce courant, repris par le charismatique Evo Morales, qui « récupérera » le mouvement *cocalero* en pleine expansion et lui donnera un prolongement politique, le Movimiento al Socialismo (MAS).
Avec les années, les *cocaleros* sont peu à peu devenus la principale force en même temps que la véritable avant-garde du syndicalisme paysan. Obligés en permanence de lutter pour leur survie, ils se sont dotés, au début des années 70, de structures syndicales autonomes. Mais c'est l'arrivée massive dans leurs rangs des ex-mineurs victimes du démantèlement du secteur de l'étain et porteurs d'une longue tradition de luttes radicales qui donnera à leur mouvement l'élan décisif. Les nouveaux venus coloniseront les terres encore inexploitées du plateau central et seront à l'origine d'un nouveau boom de la production de coca.
Les politiques d'éradication de la culture de la coca ont toujours varié en fonction des exigences américaines du moment. Les leviers économiques et financiers dont les États-Unis disposent leur permettent en général d'obtenir de tel ou tel pays un « effort » plus ou moins important dans ce domaine. La Bolivie, l'un des principaux producteurs de feuille de coca avec la Colombie et le Pérou, n'a pas fait exception. Depuis près d'un demi-siècle, pratiquement tous ses gouvernements se sont engagés à des degrés divers dans des campagnes d'éradication, même si paradoxalement la plupart d'entre eux ont largement bénéficié des fruits du narcotrafic. Mais c'est en 1988 que la première offensive de grande envergure est lancée avec la promulgation de la loi 1008 qui distingue trois zones de production : l'une à usage traditionnel, tolérée ; la deuxième « en sursis », en attendant qu'y soient développées des cultures de substitution dans le cadre d'un programme de développement alternatif régional (PDAR) ; la troisième purement et simplement illicite. La mobilisation des *cocaleros* fait reculer le pouvoir, comme elle le fera à nouveau reculer cinq ans plus tard lorsque, répondant aux injonctions de la Banque mondiale, le gouvernement Sánchez de Lozada s'engagera à appliquer l'« option zéro coca » qui prévoit la destruction de tous les plants situés dans les zones où la production est considérée comme « non traditionnelle ».
En revanche l'ancien dictateur Hugo Banzer, revenu légalement aux affaires en 1997 dans le cadre de la « démocratie pactée » parviendra, avec son plan « Dignité », à réaliser presque complètement ce même « objectif zéro » dans une région au moins, celle du Chapare. Assistée par les agents de la *Drug Enforcement Administration* (DEA) et épaulée par un groupe de militaires américains (baptisé « troupe d'occupation » par les autochtones), une force d'action commune installe ses campements au cœur des communautés indigènes. Les affrontements se multiplient avec les *cocaleros* (on recensera 16 morts entre avril et novembre 1998) mais les résultats sont au rendez-vous. Des 38 000 hectares de coca recensés en 1994 dans la région n'en subsistent plus que 5 000 six ans plus tard.
Le résultat est très satisfaisant pour Washington, engagé à fond dans le plan antidrogue *« Colombia »* (qui, comme son nom ne l'indique pas, concerne l'ensemble des pays andins), mais il l'est infiniment moins pour les paysans des hauts plateaux. Faute d'une politique élaborée, les cultures de substitution, lorsqu'elles sont mises en place, s'écoulent mal et rapportent peu, ce qui incite une masse de paysans à migrer vers les autres régions cocaï-

La coca en Bolivie

Au cours des cinq dernières années, la culture de la feuille de coca aurait chuté de 20 % dans la région andine selon les statistiques publiées en juin 2004 par l'Office des Nations unies contre la drogue et le crime (ONUDC). La surface de production de coca dans les trois principaux pays concernés – la Bolivie, la Colombie et le Pérou – a atteint l'année passée 153 800 hectares.
En Bolivie, l'essentiel du travail d'éradication des cultures illicites de coca a été réalisé sous la présidence d'Hugo Banzer (1997-2001). Depuis l'année 2002, on note une certaine stagnation, qui pourrait être le prélude à un renversement de tendance.
La police spéciale en charge des opérations d'éradication considère qu'un peu moins de 30 000 hectares sont encore actuellement consacrés à la culture de la feuille de coca en Bolivie :
– plus de 80 % de cette superficie totale, soit environ 25 000 hectares, est localisée dans les Yungas (nord/nord-est du département de La Paz) ;
– les 20 % restants se situent dans le Chapare (région située entre Cochabamba et Santa Cruz) avec près de 5 000 hectares, et dans la région d'Apolo, au nord du département de La Paz (quelques centaines d'hectares).
Les « éradicateurs » ayant jusqu'ici concentré l'essentiel de leurs efforts dans la région du Chapare, ce sont désormais les Yungas, aux reliefs très encaissés et difficilement pénétrables, qui sont devenus leur principal objectif. On estime en effet qu'à peine la moitié de la surface cultivée dans cette région est licite.
À raison de deux à trois récoltes annuelles, 1 hectare produit entre 600 et 700 livres de feuilles qui, une fois transformées, donnent à leur tour entre 1 et 1,5 kilo de cocaïne.
Environ 50 000 familles boliviennes vivent à l'heure actuelle de la culture de la plante de coca.
Si la feuille de coca brute est effectivement mastiquée ou consommée localement en infusion, l'immense majorité de la production est destinée à être transformée en cocaïne (essentiellement en Colombie) et exportée vers les États-Unis et l'Europe.
Malgré les progrès accomplis, la Bolivie demeure le 3e producteur mondial de coca. Le gouvernement du président Mesa a annoncé, en septembre 2004, que 1 milliard de dollars serait consacré, dans les quatre prochaines années, à la poursuite de son éradication. Plus de la moitié de cette somme, financée à 80 % par les gouvernements étrangers, devrait être consacrée au développement de cultures de substitution.

fères du pays, notamment les Yungas, pour tenter de survivre. Ce n'est évidemment pas un hasard si les premiers succès électoraux du MAS sont enregistrés en pleine période de crise.
Parallèlement à la lutte spécifique des *cocaleros,* d'autres acteurs sociaux, urbains ou ruraux, apparaîtront à la fin de la décennie 90, chacun défendant une cause spécifique mais tous ayant en commun leur rejet du système néolibéral et de ses excès. Leur capacité de mobilisation leur permettront de mettre le pouvoir en échec à plusieurs reprises. L'exemple le plus significatif de ce type de mouvement spontané est la « Coordination de l'eau ». Née du refus des habitants de Cochabamba d'accepter les tarifs prohibitifs que tentait de leur imposer la filiale locale de la société transnationale Bechtel qui assurait la distribution de l'eau potable dans la ville, elle organisa la résistance en avril 2000. Au terme de plusieurs semaines de manifestations ininterrompues, et malgré l'envoi de troupes, le gouvernement du président Banzer fut contraint de capituler et les cadres de Bechtel durent quitter le pays.

LES ÉTAPES DE LA CRISE ET SON DÉNOUEMENT PROVISOIRE

Comme on a pu le voir, la crise multiforme que connaît la Bolivie a des racines profondes, qui plongent dans son histoire et dans ses structures. L'analyse se concentrera, toutefois, sur la période récente durant laquelle les événements se sont précipités, du fait de la conjonction des divers facteurs crisogènes précédemment cités, qui produisaient déjà séparément leurs effets. Cette approche incite, un peu artificiellement, à prendre comme point de départ de la « crise » de 2003 l'élection, un an plus tôt, de Gonzalo Sánchez de Lozada à la présidence, qui semble avoir servi d'événement déclencheur.

Les prémices : le retour de « Goni ». L'élection par le Congrès bolivien, le 6 août 2002, de Gonzalo « Goni » Sánchez de Lozada à la présidence de la République, qu'il avait déjà occupée de 1993 à 1997, est tout sauf un triomphe pour le nouvel élu. Ayant rassemblé autour de son nom à peine 22 % des voix lors du premier tour, organisé un mois plus tôt au suffrage universel, il ne doit sa désignation qu'à la « logique des pactes » en vigueur depuis deux décennies. Pis, son challenger, l'Indien Evo Morales, a réalisé à cette occasion un score presque égal au sien, résultat salué par les observateurs comme une remarquable performance. Le choix de « Goni », pourtant effectué en toute légalité par les parlementaires, est considéré par beaucoup comme une véritable provocation. À l'heure où la Bolivie, en proie à une crise économique, sociale et institutionnelle majeure, semblait à la veille de remettre profondément en cause ses propres structures, l'heureux élu apparaît en effet comme la personnification de l'ancien système. Son alignement sur les États-Unis, où il a vécu une partie de sa vie et qu'il considère comme « l'espoir du futur », est également redouté par ses adversaires qui craignent que ne s'accentue encore la mainmise de Washington sur le pays. Trois mois après son élection, le nouveau président se rend d'ailleurs dans la capitale américaine. Il y rencontre notamment les autorités du FMI auxquelles il demande de financer son « Plan Bolivie » de création de 200 000 emplois. Cinq milliards de dollars sont promis au gouvernement s'il parvient à rétablir l'équilibre des dépenses publiques. Rentré au pays, « Goni » présente alors au Parlement un projet de loi de finances qui grève les revenus des fonctionnaires dépassant 840 bolivianos (environ 110 euros) d'une taxe de 12,5 %. Cette nouvelle, annoncée début janvier 2003, est très mal accueillie par la population. Elle tombe par ailleurs en pleine mobilisation des *cocaleros*, qui ont entamé une opération de blocage routier le long de l'axe La Paz-Cochabamba-Santa Cruz, réprimée dans le sang (plus d'une dizaine de morts). L'opposition, au premier rang de laquelle le MAS, auréolé de son récent succès électoral, tente de fédérer les mécontentements au sein d'un « état-major du peuple bolivien » et reçoit, début février, le concours... du Groupe spécial de sécurité de la police (GES) dont les membres réclament l'annulation de la nouvelle taxe qui ampute encore leur maigre salaire. *Cocaleros* et policiers, qui s'affrontaient encore quelques jours plus tôt, sont rapidement rejoints par plusieurs autres catégories de la population (étudiants, ouvriers, petits fonctionnaires, chômeurs...) qui, toutes, dénoncent la politique antisociale du gouvernement. L'armée, appelée en renfort, tire sur la foule, faisant une trentaine de victimes et 200 blessés par balles. Le mouvement ne faiblissant pas, le président annonce finalement, le 19 février, le report de la mesure à l'origine des troubles et un profond remaniement de son gouvernement. À en croire certains, les militaires, ses ultimes soutiens, auraient pesé le pour et le contre avant de se décider à intervenir et on serait passé très près du coup d'État.

Au cours des mois qui suivent, la tension ne disparaît pas. Des affrontements sporadiques opposent les *cocaleros* aux forces de l'ordre et une polémique éclate à propos des militaires américains présents en Bolivie, que le gouvernement cherche à exonérer de toute possibilité de poursuite dans l'exercice de leurs fonctions. Mais peu à peu le débat politique va se recentrer, de manière indirecte, autour de l'éternelle question propre à enflammer tous les esprits : les rapports avec le Chili.

Tout est parti en fait de la question de savoir par quel pays faire transiter et liquéfier le gaz naturel bolivien susceptible d'être exporté vers le Mexique et les États-Unis. L'enjeu est de taille et se chiffre en milliards de dollars pour l'heureux élu. Le Chili est sur les rangs et ses propositions ne manquent pas d'intérêt au plan financier. Le Pérou, plus lointain, est quant à lui plus acceptable politiquement pour des raisons historiques évidentes.

Les Boliviens suivent la question avec une particulière attention. Les réserves de gaz prouvées, qui ont augmenté de manière exponentielle depuis 1996 au point de devenir les secondes du sous-continent, représentent en effet le principal espoir de décollage à terme du pays. Pour une grande majorité de la population, il est totalement hors de question que le Chili, qui a privé la Bolivie de cet accès à la mer – qui lui fait en l'occurrence tant défaut –, profite, même indirectement, de la manne gazière.

La publication, en mars 2003, d'une étude d'un groupe « indépendant » d'experts qui se prononce en faveur de l'option chilienne « plus rentable pour le pays » éveille les soupçons de l'opposition. Celle-ci ne manque pas de rappeler par ailleurs que c'est l'actuel président qui, au cours de son précédent mandat, avait confié la gestion du secteur gazier à des entreprises étrangères (33 % au brésilien Petrobras et 23 % au français Total) plutôt que de le conserver dans le giron national. Les projets du gouvernement se précisent quelques mois plus tard et donnent raison aux plus pessimistes. L'exploitation du gaz national sera intégralement cédée au capital étranger, en l'occurrence la transnationale Pacific LNG (formé du pétrolier espagnol Repsol-YPF, de British Gas et de Pan American Energy LLC), et c'est par le port chilien de Patillos qu'il transitera vers ses destinataires nord-américains. D'après les calculs effectués par les experts, la Bolivie ne récupérera que 18 % des bénéfices de la vente, le reste allant dans les caisses du consortium exploitant. Pour les opposants au « mégaprojet de développement » (*dixit* le président lui-même), les choses, dès lors, sont claires : le gouvernement s'apprête à brader les ressources nationales du pays aux Américains par multinationale interposée et n'hésite pas, pour ce faire, à s'allier à l'ennemi héréditaire qui tirera d'importants bénéfices de l'opération. De quoi mobiliser le pays tout entier !

La « guerre du gaz » d'octobre 2003. La « guerre du gaz », comme on baptisera improprement le mouvement de grande ampleur qui conduira au départ forcé du président Sánchez de Lozada, débute par un appel des syndicats à la grève générale, le 28 septembre. En fait, la question des hydrocarbures va rapidement servir de catalyseur à toutes les revendications latentes. Ces revendications, au départ axées sur un thème précis, en l'occurrence la renonciation par le gouvernement au projet de gazoduc, vont rapidement se diversifier. Les mêmes acteurs sociaux que ceux de février reprennent les mêmes slogans. Et comme c'était déjà le cas à l'époque, c'est à El Alto, sur les hauteurs de La Paz, que le mouvement s'organise et se coordonne. El Alto, c'est, à plus de 4 000 mètres d'altitude, un concentré de toutes les misères de la Bolivie. Le climat y est terrible, les infrastructures souvent inexistantes. Une grande partie de ses 750 000 habitants – à 90 % des Indiens, essentiellement d'ethnie aymara – sont arrivés par vagues successives, chassés de leurs villages par la crise, et tentent de survivre à force de petits boulots. Ils n'ont rien à perdre et sont facilement mobilisables. Par ailleurs, El Alto, où se situe l'aéroport international, domine la capitale et en contrôle les principaux moyens d'accès, terrestres et aériens ; c'est là un atout décisif que les leaders du mouvement comptent bien, une fois de plus, exploiter à leur profit.

À partir du début du mois d'octobre, les manifestants, fidèles à une stratégie qui a déjà fait ses preuves, commencent donc à multiplier les barrages routiers le long des axes menant à La Paz. Entre-temps, leurs exigences

ont changé. Ils réclament dorénavant le départ pur et simple du président comme préalable à toute négociation sur le fond. Evo Morales, leader des *cocaleros* mais surtout chef de l'opposition parlementaire depuis les élections de 2002, coordonne le mouvement. Le 11 octobre, désespérant de desserrer l'étau qui étrangle désormais la capitale et la prive de carburant, le gouvernement se décide à faire appel à l'armée. Plusieurs milliers de militaires appuyés par des chars sont mobilisés pour dégager les barrages routiers mis en place par les manifestants. Le 12, l'aéroport international est fermé et l'armée entre en jeu. On dénombrera plus d'une vingtaine de morts – chiffre contesté par les autorités qui n'en concéderont que cinq – et de très nombreux blessés. L'Église catholique et les organisations de défense des droits de l'homme dénoncent « l'emploi d'armes de gros calibre, y compris des mitrailleuses lourdes, contre les manifestants ». Le 13 octobre, « Goni » cède et, tout en repoussant une éventuelle démission, annonce à la fois la suspension des exportations de gaz naturel et l'ouverture d'espaces de concertation sur ce sujet explosif. Il s'en prend par ailleurs, dans une interview au journal espagnol *El País,* à ces « narcosyndicalistes » qui ne visent ni plus ni moins qu'à instaurer une dictature en Bolivie. Ceux-ci lui répondent en l'accusant de préparer un « autoputsch » avec l'aide de l'ambassade des États-Unis. Le recul du président n'a pas calmé les esprits, loin de là. Quelques heures après son intervention, plus de 100 000 manifestants descendent sur la capitale pour exiger une nouvelle fois son départ. Ses propres partisans commencent quant à eux à prendre leurs distances. Tandis que la coalition gouvernementale vole en éclats, le vice-président Carlos Mesa lui-même déclare que, « en tant que citoyen et en tant qu'être humain, il ne peut accepter que tuer soit une réponse à la pression populaire », et il ajoute qu'« [il] ne pense pas que le dialogue proposé soit désormais suffisant ». En revanche, les États-Unis et l'Organisation des États américains (OEA) apportent leur appui au chef de l'État et exhortent les Boliviens à respecter la Constitution et à accepter le dialogue.
Le président essaie désespérément de reprendre la main. Le 15, il annonce la prochaine tenue d'un référendum sur les hydrocarbures, repoussé comme une « mauvaise farce » par l'opposition. Celle-ci dénonce la duplicité du chef de l'État qui, alors même qu'il renouvelait ses offres d'ouverture, n'hésitait pas à faire tirer sur les travailleurs des mines d'étain de Huanuni, à une centaine de kilomètres de La Paz. Tandis que, dans la capitale, on comptabilise les morts – on a dépassé la soixantaine –, le mouvement gagne peu à peu la province, notamment Cochabamba, le fief d'Evo Morales, aux portes du Chapare. La crise du gaz est désormais celle des institutions dans leur ensemble.

La rapidité de son dénouement surprendra tout le monde, à commencer par les manifestants qui s'attendaient à une résistance acharnée de la part de « Goni ». Le 17 octobre au soir, devant le Congrès réuni précipitamment en session extraordinaire, le vice-président Mesa donne lecture de la lettre de démission du président. Celui-ci, qui a quitté la capitale quelques heures auparavant pour se réfugier aux États-Unis, y dénonce « la désintégration nationale, l'autoritarisme corporatif et syndical et la violence fratricide » qui le conduisent à s'effacer et lance une dernière mise en garde aux Boliviens : « Plaise à Dieu que nous n'ayons pas un jour à nous repentir de ces événements. » Conformément à la Constitution, Carlos Mesa prête serment et, dans son discours d'investiture, il reprend à son compte l'engagement de son prédécesseur d'organiser un référendum sur le sujet du gaz et annonce qu'il écourtera son mandat, dont l'échéance normale est fixée à 2007. Washington pour sa part prend acte de cette transition constitutionnelle en douceur, non sans « regretter les circonstances » qui ont conduit à la démission d'un homme dont, quelques heures plus tôt le secrétaire d'État adjoint chargé de l'Amérique latine affirmait : « Il défend une démocratie de vingt et un ans. »

Comment expliquer le départ précipité de Gonzalo Sánchez de Lozada, connu pour sa pugnacité et qui, quelques heures avant de jeter l'éponge, réitérait son intention de résister coûte que coûte aux pressions de la rue ? Tout laisse à penser qu'il a été en fait sacrifié par ceux-là mêmes qui l'avaient porté au pouvoir. L'ampleur prise par le mouvement populaire, due à la fois aux erreurs accumulées par le président et son équipe depuis le début de son mandat et à la brutalité de la répression, a persuadé les classes moyennes et l'élite que la confrontation généralisée allait devenir inévitable si on ne réagissait pas rapidement. Les manifestations indiennes de masse, en plein cœur de La Paz ont par ailleurs ravivé, au sein de la population blanche de la capitale, la crainte ancestrale d'une insurrection à caractère ethnique. Tous en ont conclu que, dans la mesure où le départ du président était devenu l'unique revendication fédératrice des opposants, la leur concéder les démobiliserait au moins provisoirement et permettrait sans doute de sauver l'essentiel, ce qui s'est révélé être un bon calcul. Mais ce lâchage n'explique pas tout. La soudaine accélération des événements est manifestement due à l'armée qui, quelques heures à peine avant que le président ne cède, publiait un communiqué de son haut commandement affirmant « accepter le principe d'une transition démocratique ». Même exprimé en termes fort diplomatiques, le message était clair et a d'ailleurs été parfaitement décrypté par celui auquel il s'adressait. Trois raisons peuvent expliquer ce revirement d'une institution demeurée jusqu'ici, malgré parfois quelques hésitations, entièrement loyale au président en place, et ce depuis octobre 1982 :

– en premier lieu, l'armée bolivienne, en intervenant discrètement mais fermement pour dénouer une crise qui menaçait directement la paix civile, n'a fait que suivre l'exemple d'autres forces armées régionales confrontées, au cours des années précédentes, au même type de problème. Aux termes de cette « jurisprudence », l'institution militaire maintient sa loyauté au président légalement élu jusqu'au moment où il apparaît que celui-ci, par son intransigeance, est devenu le principal obstacle au fonctionnement régulier des pouvoirs publics. Ce cap franchi, l'armée lui retire son soutien, organise son

départ et veille à ce que la transition se déroule selon les règles constitutionnelles en vigueur ;
– la deuxième raison tient aux profondes réticences nourries par les militaires boliviens envers le projet gazier du gouvernement, qui ne pouvait que heurter leur nationalisme et exacerber leur patriotisme anti-chilien ;
– enfin, certains mettent en avant la crainte profonde exprimée par la hiérarchie d'être rapidement confrontée à un refus d'obéissance d'une partie de la troupe si, comme tout le laissait penser, la répression avait dû s'intensifier. Indiens dans leur immense majorité, les hommes du rang faisaient en effet l'objet de suppliques répétées de la part des insurgés qui les pressaient de ne pas tirer sur leurs frères de race.

« Entre les urnes et les fusils... »

Le 64e président constitutionnel de la Bolivie, Carlos Mesa Gisbert, est tout de suite présenté comme l'antithèse de on prédécesseur. Cet intellectuel quinquagénaire, issu de la bourgeoisie « éclairée » – ses parents étaient éditeurs –, est un cinéphile passionné, fondateur de la cinémathèque nationale. Doté d'une excellente connaissance du pays, due à sa double formation d'historien et de journaliste (l'un de ses principaux ouvrages s'intitule d'ailleurs *Entre les urnes et les fusils*), il manque cependant de base politique solide. Cet élément qui constitue un atout immédiat pourrait bien à terme le pénaliser, soulignent nombre d'observateurs. Ses premières déclarations sont apaisantes. Reconnaissant que la Bolivie n'est toujours pas un pays égalitaire, il affirme comprendre les Indiens auxquels, ajoute-t-il, il est temps de fournir des réparations. Evo Morales, qui ne souhaite pas être en reste, annonce en réponse qu'il est prêt à juger le président sur ses actes et qu'il lui offre un répit « afin qu'il puisse s'organiser pour répondre aux demandes des organisations sociales ». Au cours des mois suivants, Carlos Mesa va tenter de mettre en œuvre des réformes de fond sur la plupart des sujets en suspens. Il bénéficiera d'une certaine neutralité, qu'on hésite à qualifier de bienveillante, de la part du MAS mais se heurtera, comme cela était prévisible, aux partis traditionnels qui constituent la majorité parlementaire. Il faut dire que le nouveau président a d'emblée rompu avec le modèle de « démocratie pactée » aux pratiques obscures, auquel il oppose son propre système de gouvernement, fondé sur l'indépendance et la transparence. Ses velléités réformistes seront cependant ralenties par deux phénomènes contradictoires :
– une pression sociale constante de la part des acteurs les plus radicaux de la crise d'octobre qui réclament des mesures concrètes immédiates, pression heureusement en partie contenue par la désapprobation de la majorité de la population, lasse du désordre endémique et des conflits à répétition ;
– une résistance active de différents intervenants extérieurs – organismes financiers internationaux, administration américaine, entreprises pétrolières – qui désapprouvent les premières concessions faites par Carlos Mesa aux revendications exprimées par le mouvement d'octobre, et s'inquiètent des conséquences à terme d'une politique qu'ils jugent erratique.
Le 20 février 2004, le Congrès bolivien se décide malgré tout à voter une série de lois constitutionnelles proposées par l'exécutif. Celles-ci constituent en quelque sorte le canevas des futures réformes envisagées. Elles prévoient notamment :
– une réforme des conditions d'éligibilité qui étend à tout citoyen le droit de se présenter à un mandat local ou national et qui met un terme au monopole exercé dans ce domaine par les partis traditionnels, enterrant *de facto* le système de « démocratie pactée » ;
– une réduction drastique du champ de l'immunité parlementaire, dont l'étendue expliquait le degré de corruption atteint par le personnel politique ;
– la possibilité pour le gouvernement de convoquer un référendum sur un sujet d'importance nationale ;
– la future formation, au premier semestre 2005, d'une assemblée constituante chargée de définir un nouveau pacte social.
Son premier combat d'envergure, le président va le mener, comme il s'y était engagé, sur le terrain des hydrocarbures. Le 18 juillet est organisé un référendum à la formulation particulièrement alambiquée, surtout pour un pays qui compte une majorité d'illettrés *(voir encadré)*. Le texte se veut un compromis raisonnable entre la libéralisation brutale du secteur des hydrocarbures voulue par le gouvernement précédent et sa nationalisation pure et simple accompagnée de l'expropriation des compagnies étrangères réclamée à cor et à cri par les « hypernationalistes ». Carlos Mesa n'ignore pas qu'il joue gros et, pour inciter les Boliviens à le suivre dans sa démarche, il n'hésite pas, profitant de sa forte popularité, à mettre sa démission dans la balance. Si Evo Morales et le MAS, entrés dans une logique de conquête du pouvoir par les urnes, soutiennent le projet, qu'ils considèrent comme une étape primordiale vers les scrutins municipaux de décembre et les élections générales de 2007, les autres composantes de la gauche politico-syndicale, quant à elles, le rejettent en bloc. Il en va ainsi de la COB, qui se prononce pour le boycott du scrutin, et de la CSUTCB, contrôlée par le courant indigéniste radical proche du MIP qui, pour sa part, appelle à s'y opposer par la violence. Les uns et les autres seront désavoués par les Boliviens qui se déplaceront en nombre, y compris dans les fiefs des indigénistes radicaux, pour apporter leur soutien au projet gouvernemental. Même si les résultats sont quelque peu contrastés (notamment en fonction des questions posées), leur homogénéité géographique, qui semble provisoirement réconcilier les deux Bolivie, la « blanche » et l'« indienne », constitue un réel succès pour le gouvernement. Celui-ci n'est cependant pas au bout de ses peines...

UNE OU DEUX BOLIVIE ?

Un an à peine après son entrée en fonctions, et malgré le soutien dont il bénéficie à titre personnel au sein de la population, Carlos Mesa est, politiquement, un homme seul et son isolement semble appelé à s'accentuer. L'alliance tacite (et tactique) conclue avec le MAS, qui dépend totalement de l'évolution interne de cette formation, paraît

Le référendum du 18 juillet 2004

Le référendum du 18 juillet 2004 portant sur l'avenir de la gestion des ressources en hydrocarbures de la Bolivie comprenait cinq questions sur lesquelles étaient appelés à se prononcer les 4,5 millions d'électeurs inscrits :

– Souhaitez-vous l'abrogation de la loi sur les hydrocarbures (loi 1689 promulguée par l'ex-président Sánchez de Lozada) qui prévoit l'exploitation intégrale des gisements par des compagnies étrangères ?

– Souhaitez-vous que l'État bolivien récupère la propriété de tous les hydrocarbures en sortie de puits ?

– Souhaitez-vous restructurer [la compagnie publique] YPFB (Yacimientos Petrolíferos Fiscales Bolivianos), en lui transférant les actions des compagnies pétrolières privatisées détenues par les Boliviens et les Boliviennes, de façon à ce que YPFB puisse participer à toutes les étapes de la production des hydrocarbures ?

– Êtes-vous d'accord avec la politique suivie par le président Mesa consistant à utiliser le gaz comme ressource stratégique pour obtenir un accès utile et souverain à l'océan Pacifique ?

– Êtes-vous d'accord pour que la Bolivie exporte son gaz naturel dans le cadre d'une politique nationale qui couvre les besoins des Boliviens et des Boliviennes, encourage l'industrialisation du gaz sur l'ensemble du territoire national, recouvre les impôts et royalties des compagnies pétrolières jusqu'à 50 % de la valeur de la production de gaz et pétrole et utilise les ressources obtenues par l'exportation et l'industrialisation du gaz en priorité pour l'éducation, la santé, le réseau routier et l'emploi ?

Le taux de participation s'est situé aux alentours de 60 %, mais on comptait 13 % de votes blancs et 12 % de votes nuls.

À toutes les questions qui leur ont été posées, les Boliviens ont répondu oui, mais la proportion de votes positifs diffère sensiblement d'une question à l'autre : si les trois premières ont fait l'objet d'un quasi-consensus (avec respectivement 85 %, 92 % et 86 % d'opinions favorables), les deux dernières n'ont recueilli respectivement que 59 % et 68 % de votes positifs.

en effet condamnée à terme : qu'Evo Morales choisisse la voie des urnes et il lui faudra tôt ou tard prendre ses distances avec l'actuel pouvoir pour coaliser les mécontentements ; qu'il opte pour l'illégalité et la rupture sera automatiquement consommée. À cet égard, le résultat des élections municipales de décembre 2004, que Morales compte bien remporter, devrait être déterminant.

Mais, pour le chef de l'État, d'autres échéances se précisent déjà. Elles devront être abordées par lui avec détermination – biaiser lui ferait perdre tout crédit – et circonspection, tant est grand le danger d'une fausse manœuvre qui mettrait le feu aux poudres.

Il lui faudra en premier lieu transformer, au Parlement, l'essai qu'a constitué sa victoire lors du référendum sur les hydrocarbures, ce qui ne devrait pas être chose aisée. Le projet qu'il a déposé le 8 septembre, et qui s'inspire pourtant directement des engagements pris par le gouvernement et ratifiés par le peuple, est en effet jugé trop timoré par le MAS. Or, aller plus loin dans la voie d'une nationalisation du secteur gazier signifierait pour le pouvoir entrer en guerre ouverte avec les pétroliers, mais également risquer à la fois une rupture avec les organismes financiers internationaux et le départ des investisseurs étrangers, qui plongeraient le pays dans le marasme.

Il devra par ailleurs, dans les mois à venir, réussir à neutraliser « en douceur » le MIP et son chef Felipe Quispe, qui appelle presque ouvertement à la guerre ethnique et dont l'influence s'étend désormais au-delà des frontières de la Bolivie. La multiplication de « zones grises » où les Indiens imposent leurs propres règles et leur propre justice pose en effet directement la question de l'autorité de l'État dont le président est le garant et qui est gage de sa crédibilité.

Le futur débat autour de l'assemblée constituante sera également lourd de menaces pour Carlos Mesa. Cette fois, l'enjeu est, ni plus ni moins, le maintien de l'unité de la Bolivie. Les plus radicaux des Indiens réclament en effet que les travaux de l'assemblée débouchent sur une nouvelle division territoriale du pays entre les trois ethnies dominantes, aymara, quechua et guarani. La logique d'exclusion que contient ce projet est, pour l'instant, rejeté par le MAS, mais on peut craindre qu'il s'y rallie *in extremis,* soucieux de ne pas se couper de sa base.

La question du redécoupage territorial est d'autant plus cruciale que, en réaction à ce qu'ils considèrent comme un futur dépeçage du pays, une partie des habitants de la province de Santa Cruz, la plus prospère et la plus « blanche » du pays, réclament à leur tour une large autonomie qui leur permettrait de s'autogérer. La cassure entre ces deux Bolivie existe bien, malgré ce que pourraient laisser penser les résultats du référendum de juillet, et il existe un réel danger que, en exacerbant les passions, le débat au sein de la future assemblée constituante ne la rende irrémédiable.

Dans son parcours du combattant entamé il y a à peine un an pour tenter de réformer un pays au bord de l'implosion, Carlos Mesa dispose d'un atout majeur : sa méthode de gouvernement. Son ouverture d'esprit, ses capacités d'écoute et de synthèse et son absence de démagogie ont déjà fait leur preuve. Quant aux critiques qui lui reprochent son indécision, elles sont surtout le fait de ceux dont l'aveuglement et les erreurs sont directement à l'origine de cette société bloquée dont le nouveau président a hérité et qu'il essaie de transformer en douceur.

Il n'est cependant pas dit que ces qualités suffiront à lui permettre de gagner ce pari difficile.

Le rôle qu'acceptera ou non de jouer le MAS, qui représente jusqu'ici la frange légaliste des mouvements indigénistes, sera déterminant pour l'avenir.

Le fait que la sauvegarde du système repose en partie sur la stratégie qu'adoptera cette formation « antisystémique », et pourtant seule capable, pour peu qu'elle le souhaite, d'éviter la rupture entre pays blanc et pays indien, n'est pas le moindre des paradoxes de la Bolivie.

Les acteurs indiens de la crise bolivienne

◆ MIP – Movimiento Indigenista Pachakuti

(Mouvement indigène Pachakuti)

Créé en novembre 2000, le MIP représente l'aboutissement politique de l'itinéraire personnel de son fondateur, *« el mallku »* (le grand condor en aymara) Felipe Quispe, un Indien aymara de 62 ans. Très tôt sensibilisé à la question indienne, celui-ci fera ses premières armes dans les années 80 au Nicaragua sandiniste. De retour en Bolivie et convaincu du bien-fondé de la lutte armée, il participe à la fondation, en 1991, de l'Ejército guerillero Tupac Katari (en référence à la figure de la résistance indienne au colonisateur espagnol, capturé et exécuté en 1781). Ce groupe, au discours indigéniste marqué (ce qui le distingue du *Sendero Luminoso* – « Sentier lumineux » – péruvien dont les emprunts historiques au passé de la culture inca, utilisés pour rallier les paysans de l'Altiplano péruvien, passaient au second plan derrière les références idéologiques de son chef : marxisme-léninisme pur et dur), ne dépassera jamais la centaine de membres – pour l'essentiel des jeunes aymara en rupture de ban – et se spécialisera dans le sabotage des infrastructures énergétiques (pylônes électriques, oléoducs). Ses zones d'actions privilégiées seront l'Altiplano bolivien et la région du Chapare, frontalière du Pérou. Arrêté en 1992 avec d'autres militants, Felipe Quispe lancera à un journaliste au teint clair qui suit son procès : « Je lutte pour que ma fille ne soit jamais ta servante. » Condamné à cinq années de prison, il profitera de son isolement pour parfaire sa culture et publier plusieurs ouvrages. En 1998, l'année suivant son élargissement, Quispe se fera élire à la tête de la Confederación Sindical Unitaria de los Trabajadores Campesinos de Bolivia (CSUTCB) dont il évincera la composante *cocalera.* Sa véritable notoriété date de septembre 2000, lorsqu'il organise avec succès le blocus de la capitale, La Paz, en ralliant à lui différentes catégories de mécontents pourtant fort éloignées de la rhétorique indigéniste, des chauffeurs routiers aux instituteurs ruraux. Convaincu que le moment est venu de donner une base politique à son action, Felipe Quispe crée alors le Movimiento Indigenista Pachakuti (du nom du 8e souverain inca, qui régna de 1430 à 1440) qui obtiendra, aux élections générales de juin 2002, 6 parlementaires. Le *mallku,* candidat à l'élection présidentielle, recueillera quant à lui 6 % des suffrages de ses concitoyens.

Le MIP apparaît avant tout comme un mouvement ethnico-culturel régionaliste. La quasi-totalité de son électorat est originaire du département de La Paz et plus particulièrement du Chapare et de la région du lac Titicaca, en terre aymara (Quispe s'est d'ailleurs autoproclamé président de la nation aymara). L'« idéologie » du MIP fait continuellement référence au glorieux passé précolonial de la région, ce *Tanhuantinsuyo* (l'ancien empire inca qui couvrait une partie de l'Équateur, de la Bolivie, du Pérou, du Chili et de l'Argentine) qu'il conviendrait de restaurer. Ainsi, c'est l'*ayllu,* communauté paysanne ancestrale, qui représente le modèle d'organisation de la société idéale tel qu'il est exposé par le MIP. Ses préceptes d'organisation sont des plus simples : *« Ama shua, Ama quilla, Ama llulla »* (ne pas mentir, ne pas voler, ne pas être lâche). Ce mouvement s'inscrit tout naturellement en tant que nouveau vecteur d'une rébellion indienne dont les manifestations actuelles ne sont qu'un épisode de plus d'une longue histoire. La rhétorique, à forte connotation raciste anti-Blancs, est destinée exclusivement à son électorat naturel, celui qui constitue la « deuxième Bolivie ».

Au cours des derniers mois, le discours du MIP n'a cessé de se radicaliser. Quispe a notamment comparé le nouveau président Carlos Mesa à Pizarro, le fameux *conquistador* espagnol. Plus grave, il a applaudi aux lynchages perpétrés par des paysans aymara contre plusieurs élus locaux et estimé « juste » que les autorités blanches ou métisses soient remplacées, y compris de force, par des autochtones.

Le *mallku* met par ailleurs de plus en plus systématiquement en avant le caractère régional de son combat, récusant sa nationalité bolivienne et s'affirmant *collasuyano,* par référence à l'une des quatre provinces de l'ancien empire inca qui englobait une partie de l'Équateur, de la Bolivie, du Pérou, du Chili et de l'Argentine *(voir carte).* Il a à plusieurs reprises encouragé ses « frères » aymara des pays avoisinants, notamment du Pérou, à se soulever à leur tour.

Ainsi, alors même qu'il est désormais reconnu comme une force politique non négligeable dans le paysage politique bolivien, le MIP apparaît de plus en plus engagé dans une fuite en avant qui ne peut, à terme, que le conduire à rompre définitivement avec la légalité. Les signes allant dans ce sens se multiplient :

– Felipe Quispe a démissionné avec fracas du Parlement en mai 2004, mettant ainsi un terme à la contradiction qui existait entre son refus de reconnaître l'État bolivien, ses frontières et son système, et sa participation à la vie politique nationale, contradiction de moins en moins comprise par sa base qui rêve désormais à haute voix d'un grand soir ;

– à l'occasion du référendum du 18 juillet, le MIP, se prononçant pour une appropriation pure et simple par les Indiens des ressources naturelles, a appelé ses partisans à brûler les urnes.

◆ MAS – Movimiento al socialismo

(Mouvement pour le socialisme)

Le MAS tel qu'il apparaît aujourd'hui n'a pas grand-chose à voir avec le MAS originel, dissidence de la Phalange socialiste bolivienne, mouvement nationaliste de droite qui s'était opposé à la révolution de 1952 et avait soutenu la prise du pouvoir par le général Hugo Banzer en 1971.

Devenu une coquille vide, le sigle MAS fut repris à la fin des années 90 par la gauche syndicale indigéniste représentant les *cocaleros* qui en fera la seconde formation du pays.

L'histoire du MAS nouvelle manière se confond avec la personnalité de son secrétaire général, Evo Morales, 48 ans, qui fait désormais figure de principal interlocuteur du pouvoir blanc. Ce syndicaliste d'ethnie aymara, originaire du département d'Oruro, représente depuis plus de deux décennies les intérêts des producteurs de coca au sein du mouvement syndical paysan, et son rôle a pris de l'ampleur à mesure qu'augmentait le poids de ces derniers au sein de la structure. Ses débuts en politique remontent au milieu des années 90, mais c'est à l'occasion des élections municipales de 1999 que le MAS remporte son premier vrai succès dans la région dite du « tropique de Cochabamba ».

Le scrutin général du 30 juin 2002 confirme et amplifie cette percée. Le MAS devient contre toute attente la deuxième formation du pays avec 34 élus au Congrès et son candidat à l'élection présidentielle, Evo Morales, arrive, avec 21 % des suffrages, en seconde position, distancé d'à peine un point et demi par l'ancien président Sánchez de Lozada. Il est vrai que la déclaration intempestive, quelques jours avant le scrutin, de l'ambassadeur des États-Unis menaçant les Boliviens de supprimer toute l'aide américaine à leur pays en cas de victoire du candidat du MAS a certainement contribué à ce brillant résultat.

Evo Morales saura fort bien jouer de son tout nouveau statut de leader de l'opposition pour coordonner les différents mouvements sociaux qui aboutiront, en octobre 2003, au départ précipité de son vainqueur de l'année précédente. Soucieux d'asseoir sa crédibilité, il apportera à partir de cette date un soutien critique et non dépourvu d'arrière-pensées au nouveau président Carlos Mesa, dont il cautionnera notamment le référendum sur les hydrocarbures en juillet 2004. Quelques mois plus tôt, en novembre 2003, Evo Morales s'était vu reconnaître une sorte de légitimité internationale. À l'occasion du sommet ibéro-américain organisé à Santa Cruz il avait été reçu par plusieurs chefs d'État latino-américains, au nombre desquels le Brésilien Lula, l'Argentin Kirschner et le Vénézuélien Chavez, qui l'avait incité à suivre son exemple et à « faire la révolution dans la démocratie ».

Le programme du MAS, au sein duquel ont trouvé refuge nombre d'anciens trotskystes « orphelins » de la COB, le situe franchement à gauche sur l'échiquier politique bolivien comme le prouvent par exemple son discours ouvertement anti-néo-libéral (rejet du projet de ZLEA initié par les États-Unis), sa récupération du mouvement des « sans-terre » et ses références au modèle cubain.

Dans l'optique du MAS, la question identitaire est essentielle. Ses développements sur la revalorisation des cultures originaires, la relation à la nature et la libre détermination des peuples selon un modèle préhispanique en attestent. Mais, à la différence du MIP, l'identité indienne est vécue comme facteur d'intégration et non d'exclusion. Revendiquer son appartenance ethnique, c'est se mêler à la longue cohorte des laissés-pour-compte du capitalisme triomphant. En ce sens, le MAS apparaît beaucoup plus proche des zapatistes mexicains et de leurs forums antilibéraux que de leurs frères aymara du MIP. Mais, pas plus que le MIP, le MAS, pris entre une base *cocalera* radicalisée et un électorat potentiel plus modéré qu'il s'agit de conquérir, n'échappe à ses propres contradictions internes.

Celles-ci ont éclaté au grand jour à l'occasion de la crise qui a opposé, en mai 2004, Evo Morales à son fidèle second et ancien mentor le sénateur Filemon Escobar, tenant de la ligne légaliste et conciliatrice au sein du mouvement. Cette crise, qui s'est conclue en juillet par l'exclusion d'Escobar et de deux autres sénateurs soupçonnés de s'être laissé acheter par les États-Unis (ce que personne n'imagine compte tenu du passé et de la personnalité du principal accusé), pourrait bien obérer sérieusement l'avenir du MAS et de son chef.

Alors même qu'il semblait s'être définitivement engagé dans la voie d'une conquête du pouvoir par les urnes, la rupture d'Evo Morales avec les modérés de son parti brouille en effet les cartes et permet de s'interroger sur la cohérence de son projet.

Au-delà du procès en sorcellerie fait à son vieux compagnon de lutte, Morales donne en effet l'impression de s'engager désormais dans la voie d'une radicalisation, alors même que son autoritarisme, révélé au grand jour, est en passe de lui aliéner le soutien d'une grande partie de la vieille garde. Les défections que ce double phénomène ne manquera pas d'entraîner chez ses électeurs risque de porter un coup d'arrêt à l'irrésistible ascension du MAS, précipitant sa rupture avec le système démocratique qu'il conteste mais dont il s'est jusqu'ici, au contraire du MIP, plutôt accommodé.

Pour en savoir plus

André Franqueville, *La Bolivie : d'un pillage à l'autre*, Éditions IRD, 2000.

Jean-Pierre Lavaud, *Identité politique : le courant Tupak Katari en Bolivie*, CNRS/ERSIPAL, 1982.

Marcel Niedergang, *Les vingt Amériques latines* (tome 2), Éditions du Seuil, 1969.

Christian Rudel, *La Bolivie*, Karthala, 1995.

Internet

Sites des principaux quotidiens nationaux :

www.eldiario.net
Site d'*El Diario.*

www.lostiempos.com/hoy/index.shtml
Site de *Los Tiempos.*

www.la-razon.com
Site de *La Razon.*

www.correodelsur.net
Site de *Correo del Sur.*

Superficie : 912 050 km²
Population : 25 millions
Religions : catholiques (96 %), protestants (2 %)

Venezuela

Depuis six ans déjà, le Venezuela vit au rythme de son tonitruant président, l'ex-lieutenant-colonel parachutiste Hugo Rafael Chávez Frias, triomphalement élu en décembre 1998, réélu en 2000, renversé puis rétabli en 2002 et finalement confirmé en 2004.

Son arrivée au pouvoir, par la voie démocratique, a marqué l'aboutissement d'un long processus de décomposition du système antérieur, instauré en 1958 et qui avait survécu à la vague « guévariste » des années 60. Les rébellions militaires de 1992, organisées par de jeunes officiers au nombre desquels figurait déjà, pour l'une d'entre elles au moins, le futur président, avaient à l'époque résonné comme autant de coups de semonce pour les deux partis politiques – l'Action démocratique (sociale-démocrate) et le COPEI (chrétien-démocrate) – qui se succédaient au pouvoir dans le cadre d'alternatives formelles. Mais leurs dirigeants étaient restés sourds à ces mises en garde répétées, trop occupés qu'ils étaient à se répartir les dividendes d'une rente pétrolière qui, malgré son importance, n'avait jamais été employée ni à diversifier l'économie, ni à réduire les criantes inégalités sociales.

Chávez, pour sa part, était bien décidé à changer les choses en profondeur. Au-delà du symbole, le « bolivarisme », dont il a fait une doctrine quasi officielle au point de rebaptiser le pays « République bolivarienne du Venezuela », était censé s'attaquer à tous les maux dont souffrait la société vénézuélienne (gabegie, corruption, apartheid social, clanisme...). Comme c'était prévisible, un tel programme ne pouvait que susciter le rejet de tous ceux, et ils sont nombreux, qui sont demeurés attachés aux rapports sociaux traditionnels dont ils ne tiraient pourtant le plus souvent que des avantages dérisoires. Le caractère brouillon et provocateur du nouveau président, son absence de stratégie de gouvernement, ses rapports ambigus avec les militaires ont cristallisé un peu plus la frustration des nostalgiques des temps anciens. Dès les premiers mois de sa présidence, Chávez a dû faire face à une opposition multiforme, regroupant des intérêts les plus contradictoires (patronat et syndicats, barons de l'ancien régime et déçus du chavisme, militaires putschistes et militants d'extrême gauche), simplement unis dans leur détestation du personnage. Les ingérences ponctuelles des Américains prompts à réclamer le départ de ce nouveau Castro susceptible, du moins le pensent-ils, de menacer leur approvisionnement en pétrole, les continuelles campagnes lancées par des médias presque entièrement aux mains de l'opposition, les grèves générales à répétition ont ainsi ponctué les trois premières années de bolivarisme.

À partir de 2002, les opposants au régime, profitant de la grande latitude qui leur est laissée par un gouvernement dont l'autoritarisme est avant tout verbal, vont tout tenter pour aboutir à renverser un président pourtant régulièrement légitimé par son peuple. Cette longue période de crise, dont les multiples rebondissements ont toujours tourné en faveur d'Hugo Chávez, lui a permis en fin de compte de transformer son image vis-à-vis de l'extérieur. Les outrances et l'irresponsabilité dont ont fait preuve ses adversaires au cours de ces trois années de folie ont en effet tranché avec le sang-froid et l'habileté de ce président jusqu'alors considéré comme une tête brûlée. Le résultat est là : depuis son triomphe au référendum d'août dernier, le « *comandante* » vénézuélien est désormais considéré, (même aux États-Unis !) comme l'élément stabilisateur d'un pays fatigué d'être en guerre contre lui-même.

Le chapitre qui suit est l'histoire de cette métamorphose.

LE TOURNANT DE L'ANNÉE 2002

L'année 2002 a mal commencé pour Hugo Chávez. Le « lâchage » de ses plus anciens partisans, entamé deux ans plus tôt par la défection de son ancien compagnon de putsch, Arias Cárdenas, suivie en 2001 de celles de ses soutiens politiques d'extrême gauche, Patria para Todos (PPT) et Movimiento al Socialismo (MAS), se confirme. Cette fois, c'est son ministre de l'Intérieur, le vieux Luis Miquilena, qui l'abandonne fin janvier, officiellement pour convenances personnelles, officieusement en raison du profond désaccord qui oppose les deux hommes à propos de la politique économique et de l'attitude à adopter vis-à-vis de l'opposition.

Quelques jours plus tard, Chávez doit faire face à la « rébellion des deux Pedro » : le colonel Pedro Soto, de l'armée de l'air, et le capitaine Pedro Flores, de la garde nationale. Ce baroud d'honneur très médiatisé de deux « laissés-pour-compte » de l'institution militaire tourne rapidement à la confusion, mais les observateurs notent cependant que, pour excessive qu'elle soit, leur attitude est symptomatique du malaise qui continue d'agiter les casernes. D'ailleurs, le haut état-major, prié à cette occasion de manifester publiquement la fidélité indéfectible de l'armée à son commandant suprême, se réfugie dans une prudente neutralité. Le chef d'état-major de l'armée de terre ira même jusqu'à exprimer son soutien à l'ancien président de l'entreprise pétrolière nationale PDVSA, un militaire écarté quelques jours plus tôt de son poste pour son attitude critique vis-à-vis du pouvoir. Un conflit de fond *(voir encadré)* oppose en effet depuis plusieurs mois la direction de l'entreprise nationale et le gouvernement, et celui-ci vient de passer à l'offensive en opérant d'importants changements à la tête du géant pétrolier, au grand dam de ses cadres qui dénoncent le caractère arbitraire des méthodes employées.

Cette épreuve de force va servir de prétexte à l'opposition pour tenter de relancer une nouvelle fois l'agitation sociale qu'elle tente d'entretenir depuis l'avènement d'Hugo Chávez. Une nouvelle grève générale est convoquée pour les 9 et 10 avril à l'appel de la Confederación de los Trabajadores Venezuelanos (CTV), principale centrale syndicale (une survivance de l'ancien régime), et de la fédération patronale Fedecámaras. La mobilisation n'est que relative et, pour dramatiser le mouvement, l'opposition annonce alors que le gouvernement se prépare à décréter l'état d'exception prévu dans l'article 337 de la Constitution. Les Vénézuéliens sont appelés le lendemain à une grande marche pacifique dans la capitale pour dissuader le pouvoir de mettre sa prétendue menace à exécution.

Le fiasco du 11 avril. À l'aube du 11 avril, un cortège de près de 300 000 opposants s'ébranle en direction du siège de PDVSA, situé dans l'est de la capitale. Ils sont en passe d'atteindre leur objectif en fin de matinée lorsqu'un nouveau mot d'ordre, rapidement relayé par les chaînes de télévision privées, commence à circuler dans les rangs des manifestants : « Tous à la présidence, tous à Miraflores ». Tandis que le cortège fait demi-tour, les « cercles bolivariens », créés en juin 2001 pour servir de fer de lance à la révolution (et que l'opposition assimile un peu abusivement semble-t-il aux « comités de la Révolution » cubains), se mobilisent à leur tour. Des colonnes de « chavistes », munis pour la plupart d'entre eux d'armes de fortune, descendent des quartiers périphériques pour empêcher les opposants d'investir la présidence. L'affrontement pourrait encore être évité si la garde nationale était déployée à temps pour s'interposer entre les adversaires. Or, aucun ordre n'est donné en ce sens par son état-major, qui n'ignore pourtant rien du drame qui se prépare. Seule une poignée de militaires se trouve sur place quand une fusillade éclate, qui fera 15 morts et plus de 300 blessés (dont la moitié par armes à feu). Les images diffusées en boucle par la télévision ne laissent aucune place au doute : ce sont bien les partisans du président qui ont tiré sur les opposants. Ce n'est que plusieurs jours plus tard que d'autres images, prises sous un angle différent, montreront des *snippers* dissimulés sur les toits d'immeubles environnants, ouvrir le feu les premiers sur les partisans du président, avant de retourner leurs armes vers les opposants. La question n'est pas anodine : c'est en effet la première des deux versions, celle qui fait porter la responsabilité de la fusillade sur les seuls chavistes, diffusée en boucle sur les chaînes de télévision privées, qui contribuera à faire basculer du côté des putschistes une partie importante du haut commandement.

Les premiers à se déclarer en état d'insubordination sont les chefs de la garde nationale, ceux-là mêmes qui n'ont rien fait pour empêcher le carnage. Puis, en fin d'après-midi, c'est au tour du général Vásquez Velasco, « patron » de l'armée de terre, d'annoncer son refus d'obéissance. Des négociations sont alors engagées entre Hugo Chávez, retranché au palais avec ses partisans, et les représentants des putschistes. Ces derniers annoncent au milieu de la nuit que le président s'est finalement incliné et qu'il a signé en bonne et due forme sa lettre de démission, immédiatement imité par le vice-président Diosdado Cabello.

La nouvelle va précipiter les choses. On apprendra en effet que de nombreux militaires, au nombre desquels le commandant en chef des armées, le général Lucas Rincón, continuaient jusqu'alors à montrer la plus grande réticence à violer la légalité constitutionnelle. Pour ces derniers, l'annonce des démissions librement consenties du chef de l'État et de son successeur désigné change totalement la donne : il ne s'agit plus en effet d'entériner un coup de force mais d'organiser une transition. Ceci explique leur ralliement aux putschistes, qui intervient dans les premières heures de la matinée.

Les événements s'enchaînent alors rapidement. Dans l'après-midi du 12, le « patron des patrons », Pedro Carmona Estanga, est investi en tant que président d'un « gouvernement démocratique d'union nationale » qui tient son hypothétique légitimité d'un « acte constitutif » signé par 8 membres de la société civile. M. Carmona symbolise jusqu'à la caricature l'ancien régime balayé par les urnes en 1998. Sa première décision est d'abroger d'un trait de plume tous les projets de réforme sociale engagés par Hugo Chávez et de retirer au Venezuela le qualificatif de « bolivarien ». Tandis que le nouveau pouvoir prend ses marques, ses partisans se lancent dans une chasse aux sorcières effrénée contre les partisans du régime renversé. Ceux-ci sont pourchassés, arbitrairement arrêtés. Des centaines de locaux et de domiciles privés sont perquisitionnés...

Mais tout bascule à nouveau en l'espace de quelques heures. À la suite de rumeurs de plus en plus étayées selon lesquelles ni le président ni le vice-président n'ont en réalité donné leur démission, le chef de la brigade parachutiste de Maracay (80 kilomètres à l'ouest de Caracas), le général Raúl Baduel, se déclare le 13 en rébellion contre le nouveau pouvoir. Ce même jour, plusieurs hauts responsables militaires, parmi lesquels le général Vásquez Velasco, se désolidarisent publiquement du gouvernement provisoire, accusé de mener une répression aveugle et sans nuance. Prenant acte de ce désaveu, l'éphémère président Carmona quitte précipitamment le palais national, réinvesti dans la foulée par les chavistes. Après une nouvelle période de confusion, le vice-président Cabello, sorti de la clandestinité, prête à son tour serment, le temps pour Hugo Chávez, libéré par ses partisans, de faire un retour triomphal à Miraflores, tandis que les militaires légalistes reprennent, une à une, le contrôle de toutes les garnisons.

Les « événements du 11 avril » n'ont pas encore, à ce jour, été parfaitement élucidés. A-t-on assisté, comme l'a prétendu Hugo Chávez, à une manipulation orchestrée de bout en bout par certains secteurs de l'opposition et des forces armées, avec le concours actif de l'ambassade des Etats-Unis ? Ou bien les auteurs du « coup d'État de 36 heures » ont-ils agi dans l'improvisation, profitant de la manière dont les événements tournaient pour tenter de réaliser « sur le tas » leur objectif numéro un : se débarrasser du président ?

La vérité se situe probablement entre ces deux versions.

Hugo Chávez a, par la suite, fourni de multiples preuves que certains dirigeants de l'opposition préparaient activement son remplacement. Ceux-ci disposaient de relais au sein des forces armées, qui se sont montrés particulièrement efficaces pour mystifier leurs collègues légalistes. Pour autant, la maladresse insigne dont les nouveaux maîtres du pays ont fait preuve durant leurs quelques heures au pouvoir démontrent à l'évidence le degré d'impréparation du projet. Les mensonges grossiers distillés, le choix particulièrement malheureux de M. Carmona pour diriger le pays, le revanchisme à courte vue qui a guidé ses premières décisions ne pouvaient qu'indisposer la grande majorité des officiers qui, bien que critiques vis-à-vis du président renversé, n'avaient rejoint le mouvement qu'avec la plus grande réticence et sur la foi d'informations erronées. Quant au degré d'implication de Washington, il est également difficile à évaluer. La réaction « à chaud » du porte-parole du département d'État, rendant directement responsable Hugo Chávez de son propre renversement, et la mauvaise grâce avec laquelle Condolezza Rice prendra acte quelques heures plus tard de son rétablissement en disent long sur l'antipathie que nourrit l'administration Bush à l'égard de ce dernier. Il est par ailleurs pratiquement établi que des conseillers militaires américains en poste à l'ambassade des États-Unis à Caracas étaient en contact avec les militaires putschistes au moment du coup d'État. Quant à considérer que toute l'opération a été organisée et montée à Washington et que ses acteurs civils et militaires étaient entièrement téléguidés par le gouvernement américain, ce serait largement extrapoler. Le plus probable est que celui-ci, au courant des intentions à terme des apprentis putschistes mais ignorant tout des conditions d'un futur passage à l'acte, s'est efforcé de les accompagner une fois le coup de force déclenché mais n'a probablement eu ni la latitude ni le temps d'empêcher la dérive et, finalement, l'échec de la tentative.

L'enjeu pétrolier. À mesure que les mois passent, Hugo Chávez, sérieusement ébranlé comme on l'a vu par les événements d'avril, reprend peu à peu la main. Son premier souci va être de consolider ses positions au sein de l'armée, qui demeure profondément divisée. En quelques semaines, 78 des 180 généraux et amiraux ont été démis de leurs fonctions et sommés, selon le général Rincon devenu entre-temps ministre de la Défense, d'« éclaircir leur situation ». Ces mises à l'écart constituent bien, pour les adversaires du gouvernement, la preuve que l'objectif de Chávez est, comme ils l'ont toujours affirmé, de « mener les forces armées sur la voie du castro-communisme ».

L'opposition civile pour sa part n'a pas désarmé, d'autant que l'économie connaît, au cours de l'année, une sérieuse dégradation, génératrice de mécontentement, notamment dans la classe moyenne. Si elle semble avoir renoncé à la solution violente pour parvenir à ses fins, elle reste fidèle aux mobilisations générales à répétition et utilise ses réseaux d'influence, notamment au sein du Tribunal suprême de justice, pour empêcher le jugement des principaux officiers félons. Tout cela contribue à entretenir la tension entre partisans et adversaires du président, qui s'affrontent périodiquement dans les rues, mais n'ébranle pas apparemment le principal intéressé qui, bien qu'en forte baisse dans les sondages, rejette toute idée d'élections anticipées. Le 2 décembre 2002, l'opposition, la fédération patronale Fedecámaras et le syndicat CTV, une nouvelle fois réunis, lancent conjointement une grève générale, la quatrième en un an, dont l'objectif est officiellement d'obliger d'Hugo Chávez à organiser dans les plus brefs délais un référendum sur son maintien au pouvoir. Un scénario qui ressemble étrangement à celui du 11 avril !

Dès le lendemain, un rassemblement d'opposants est organisé devant le siège de la PDVSA, signe que c'est bien autour de l'enjeu pétrolier que se jouera la nouvelle épreuve de force qui se prépare.

D'autres secteurs de l'économie nationale, notamment les commerces et les banques, débraient à leur tour au cours des jours suivants.

Le 10, le taux de paralysie du secteur pétrolier atteint 80 %. La grève de la marine marchande, la fermeture des ports et le débrayage des cadres administratifs bloquent les embarquements. Faute de débouchés, raffineries et puits ont été contraints de réduire leurs activités au minimum. Le président tente bien symboliquement de commander l'abordage par l'armée d'un tanker immobilisé par les grévistes dans le golfe de Maracaibo, mais il est immédiatement désavoué par la justice, qui lève la mesure au motif que le nouvel équipage militaire ne remplit pas les règles de sécurité exigées par les normes internationales.

À mesure que le pays se paralyse, les exigences de l'opposition se radicalisent. Celle-ci est désormais décidée à se passer de référendum et réclame à nouveau la démission pure et simple du président. Quant aux États-Unis, ils « prennent acte de la dégradation de la situation » et s'affirment « convaincus que la seule voie pacifique et politique pour sortir de la crise est l'organisation d'élections anticipées ».

Cette fois encore, le sort d'Hugo Chávez apparaît irrémédiablement scellé.

Une première bonne nouvelle arrive pourtant de Brasilia le 26 décembre. À une semaine de sa prise de fonction officielle, le président élu Lula da Silva annonce qu'il a décidé de voler au secours de son « ami Chávez » en autorisant l'envoi immédiat d'une cargaison de 520 000 barils de brut. La mesure est certes symbolique, mais elle prouve au moins que le président vénézuélien conserve des alliés, et non des moindres, à l'extérieur de ses frontières.

Ce n'est qu'à partir des premiers jours de 2003 que la tendance commencera à s'inverser. Au cours des semaines qui suivront, sans qu'aucun événement ne vienne à proprement parler bouleverser la donne, le gouvernement parviendra à regagner la maîtrise du temps qui jouait jusqu'alors en faveur de la *coordinadora.*

L'opposition va se voir en effet, dans le courant du mois, obligée de modifier sa stratégie et d'appeler à la reprise d'une partie des activités, limitée cependant au secteur commercial, à la demande pressante des petites et moyennes entreprises littéralement asphyxiées par un mois de grève. En contrepartie, syndicats et patronat lanceront une campagne de désobéissance civique, notamment fiscale, pour assécher les finances gouvernementales.

C'est le moment que choisit le président pour durcir le ton et mobiliser ses partisans qui occupent à leur tour la rue. Il n'hésite pas par ailleurs à employer la troupe pour assurer le ravitaillement d'une partie de la population qui souffre cruellement des pénuries artificiellement organisées par le secteur de la grande distribution. L'épisode de la « prise » d'un entrepôt de boissons gazeuses par la garde nationale dont le chef de corps n'hésitera pas, après avoir proclamé la légalité de son action, à répondre par un rot bruyant aux questions des journalistes, fera paradoxalement beaucoup pour populariser ce type d'action. Enfin, pour permettre à l'opposition, désormais en perte de vitesse, d'envisager une sortie de crise, Hugo Chávez accepte le principe d'une négociation avec l'opposition sous l'égide d'un « groupe des pays amis » (Brésil, Chili, Mexique, États-Unis, Espagne, Portugal) en vue de trouver une issue électorale à la crise.

Le 2 février, deux mois jour pour jour après son lancement, les partenaires sociaux décident de lever « partiellement » la grève générale. Tentant de sauver la face, le porte-parole de la *coordinadora* affirme que, avec l'établissement de la table de négociation, le mouvement initié en novembre a bien atteint son objectif. Il ajoute que la mobilisation continuera dans le secteur pétrolier jusqu'à la réintégration des 5 000 employés de la PDVSA mis à pied.

Mais personne n'est dupe : Chávez sort définitivement vainqueur du bras de fer que lui ont imposé ses adversaires, lesquels tirent d'ailleurs rapidement les conséquences de leur défaite. Le 4 février, le président de la CTV met un terme officiel à l'alliance de circonstance patronat-syndicat, en critiquant au passage « ces patrons qui ont profité de la grève pour prendre des mesures inacceptables ». L'union sacrée a bien vécu.

Immédiatement, le président organise la riposte. Après avoir annoncé qu'il n'était pas dans ses intentions de laisser réintégrer les milliers de licenciés du secteur pétrolier, il ordonne l'arrestation de Carlos Fernández, président de la Fedecámaras (qui sera remis en liberté le mois suivant), et de Carlos

La réforme du secteur pétrolier vénézuélien

Le sociologue vénézuélien Luis Lander l'affirme : la politique pétrolière gouvernementale et les revenus fiscaux qu'elle génère « portent tout le programme de Chávez ». Il suffit de regarder les chiffres pour s'en convaincre : en 2001 l'entreprise pétrolière nationale PDVSA fournissait 55 % des recettes fiscales du pays et l'activité pétrolière contribuait pour 30 % au PIB.

Hugo Chávez a compris, dès son arrivée au pouvoir, la nécessité absolue qu'il y avait pour lui de prendre le contrôle du secteur des hydrocarbures, afin de pouvoir financer les réformes qu'il s'était engagé à accomplir en utilisant à son profit la rente pétrolière. Il s'y emploiera rapidement.

La Constitution de 1999, dans ses articles 302 et 303, définit d'abord le cadre de la nouvelle politique pétrolière telle que le gouvernement la conçoit. Puis deux lois organiques, adoptées respectivement en septembre 1999 et novembre 2001, fournissent les bases légales de la réforme.

Celle-ci poursuit la réalisation cinq objectifs :

1) récupérer, au profit du ministère de l'Énergie c'est-à-dire du pouvoir, le contrôle de l'entreprise chargée de développer l'industrie pétrolière Petróleos de Venezuela-Sociedad Anónima (PDVSA), confisquée depuis sa nationalisation en 1976 par ses propres administrateurs et gestionnaires. Ce sera tout l'enjeu de la « guerre du pétrole » de décembre 2002 ;

2) imposer à PDVSA une hausse des revenus fiscaux tirés de l'industrie gazière et pétrolière, passés au cours des années de 80 % à moins de 20 % (le reste étant consacré aux investissements productifs, mais aussi et surtout à des transferts au capital international). Après avoir largement augmenté la part des *royalties* versées à l'État (+ 20 % pour le gaz, + 30 % pour le pétrole), le gouvernement les indexera sur le volume de la production nationale et la variation des cours sur le marché international ;

3) renforcer la concertation avec tous les autres pays producteurs d'hydrocarbures, membres ou non de l'Opep, afin de parvenir, en jouant sur l'offre globale, à maintenir le prix du baril dans une fourchette comprise entre 22 et 28 dollars. Cette politique volontariste, qui a produit les effets escomptés, a été saluée par les autres pays producteurs, qui ont, en septembre 2002, nommé Ali Rodriguez, ministre vénézuélien de l'Énergie, au poste de secrétaire général de l'Opep ;

4) négocier avec les pays d'Amérique centrale et des Caraïbes (dont Cuba) des prix et des conditions préférentiels en matière de fourniture d'hydrocarbures, par « solidarité bolivarienne », excellent moyen pour le Venezuela d'étendre son influence régionale ;

5) freiner à la fois l'ouverture du secteur des hydrocarbures au capital étranger et l'« internationalisation » de PDVSA (qui dispose d'un important réseau de filiales dans la distribution d'essence échappant au contrôle de l'État vénézuélien) sans pour autant exclure l'investissement privé.

Le gouvernement encourage notamment l'établissement d'associations entre l'entreprise publique et le secteur privé, à condition que l'État conserve le contrôle effectif de cette association et obtienne la plus grosse part des profits réalisés.

Le succès de cette réforme est désormais patent. En gagnant la « guerre du pétrole » il y a deux ans, le gouvernement est parvenu à prendre (définitivement ?) le contrôle de PDVSA et, ce faisant, de l'utilisation de la rente pétrolière dont il a su tirer profit au cours de la campagne référendaire.

Par ailleurs, de nombreuses coopératives se sont créées depuis la grève de décembre 2002 et ont signé des contrats avec la société nationale afin de prendre en charge certains services allant du transport de combustible à la restauration des employés. Ce développement du secteur coopératif généré par PDVSA constitue sans nul doute une illustration indirecte de ce qu'Hugo Chávez entend par « mettre la richesse du pays au service du peuple ».

Ortega (qui préfère disparaître provisoirement de la circulation) aux motifs de rébellion, trahison de la patrie, incitation à la délinquance, association de délinquants et saccages ! Dans le même temps, il bouscule la hiérarchie de la garde nationale en éliminant les numéros deux et trois de l'institution, coupables d'avoir condamné l'attitude de leur collègue, l'« éructeur » Acosta Carles, félicité quant à lui par le président pour son attitude exemplaire et son courage.

Comme tout le laissait prévoir, PDVSA, dernier bastion des grévistes, reprend peu à peu ses activités. Chaque jour qui passe, ses nouveaux dirigeants publient les derniers chiffres de la production qui connaît une hausse régulière. Contrairement aux prévisions, il ne lui faudra que quelques semaines pour retrouver le chiffre de trois millions de barils par jour correspondant peu ou prou au niveau de novembre 2003.

Le 28 février, le ministère des Finances publie ses comptes. Les 63 jours de grève auront coûté au pays plus de 6 milliards de dollars, dont 2,5 milliards pour le seul secteur pétrolier. La perte en termes de rentrée fiscale est quant à elle estimée, pour le trimestre écoulé, à près de 1,4 milliard de dollars. Ces chiffres catastrophiques seront confirmés en septembre par la Banque centrale qui fera état d'une chute de 9,4 % du PIB pour les six premiers mois de l'année (26,7 % pour le premier trimestre).

En fin de compte, le seul bénéficiaire de cet immense gâchis est Hugo Chávez. La longue épreuve de force dont il est sorti vainqueur lui a en effet permis de reprendre fermement le contrôle de cet État dans l'État que représente PDVSA. Les mois suivants démontreront qu'il saura mettre à profit ce contrôle pour damer une nouvelle fois le pion à ceux qui ont juré sa perte.

LE RÉFÉRENDUM RÉVOCATOIRE : TRIOMPHE DU CHAVISME OU NAUFRAGE DE L'OPPOSITION ?

Alors que la grève générale qui aurait dû balayer le régime s'étiole, l'opposition, qui subit là son deuxième échec en moins d'un an, réfléchit déjà à un autre moyen, plus légaliste, d'atteindre son objectif suprême : le départ du président. Ses nouvelles têtes pensantes, Julio Borge, leader du mouvement Primero Justicia, et Enrico Mendoza décident de se raccrocher désormais au vieux serpent de mer du référendum révocatoire *(voir encadré),* passé au second plan au cours des semaines précédentes en raison des événements.
C'est ainsi que va s'engager l'interminable bataille de la révocation, qui mobilisera, un an et demi durant, toutes les énergies et mettra une nouvelle fois en lumière la faculté d'adaptation et les talents de manipulateur d'Hugo Chávez.

Chávez, vainqueur au jeu du « qui perd gagne ». Une fois de plus confronté à de nouvelles manœuvres de l'opposition pour le faire chuter, Hugo Chávez prendra tout son temps pour organiser sa riposte. Celle-ci peut se décomposer en trois phases, au cours desquelles il va successivement :
1) Multiplier les arguties juridiques et manipuler les institutions pour tenter d'échapper au piège qui lui est tendu... Hugo Chávez, qui s'est engagé auprès des « pays amis » à rechercher avec l'opposition une solution électorale à la crise, ne peut se contenter de rejeter purement et simplement la voie référendaire. Il va donc, en bon tacticien, en accepter, au moins, le principe. C'est ainsi que, au terme de plus de six mois de négociations, un accord est finalement conclu, le 29 mai, entre le gouvernement et l'opposition (à nouveau réunie) sous l'égide de l'Organisation des États américains (OEA). Paraphé par les ambassadeurs des six « pays amis » ayant fourni leurs bons offices, ce texte ouvre la voie à l'organisation d'un référendum à l'occasion duquel les Vénézuéliens auront à se prononcer sur l'avenir de leur président. Celui-ci profite de l'opportunité pour marquer des points : l'accord prévoit également la mise en place d'une « commission Vérité » chargée de faire toute la lumière sur les violences survenues lors de la tentative de putsch de l'année précédente. En juillet, le président annoncera, à l'occasion d'un discours prononcé sur la base de Maracay, la dégradation de plusieurs généraux et amiraux compromis dans la tentative de putsch d'avril 2002 – aux rangs desquels figurent notamment le général Medina Gómez, ancien attaché militaire à Washington et principal animateur du mouvement des « officiers libres » dont les membres squattent depuis près d'un an la Plaza Francia, en plein cœur de la capitale.
Pour les partisans du référendum, le véritable compte à rebours commence le 18 août, qui marque officiellement la mi-mandat du président. C'est d'ailleurs ce même 18 août que les opposants choisissent de remettre au CNE les quelque 2 236 320 signatures qu'ils prétendent avoir recueillies. Seul problème, mais il est de taille, le Conseil national électoral (CNE), qui doit juger de la validité de la procédure, n'est pas en état de fonctionner, l'Assemblée nationale déchirée entre chavistes et anti-chavistes s'avérant incapable de décider de sa composition.
Le 25 août, les membres du Tribunal suprême de justice, la plus haute juridiction du pays, prennent l'initiative de se substituer à l'organe législatif et complètent de leur propre initiative la composition du Conseil.
Le 12 septembre, le CNE nouvellement formé, rejette officiellement la demande de référendum révocatoire au motif que les signatures recueillies l'ont été hors délai (en l'occurrence au cours du mois de février), la Constitution prévoyant que le droit à révoquer le président de la République ne peut être activé avant la mi-mandat du président. Il annonce cependant qu'il se prépare à édicter de nouvelles règles ouvrant la voie à une autre tentative. Le 25 septembre, il publie un calendrier précisant les modalités désormais requises pour valider la procédure : toute nouvelle demande sera examinée dans les deux jours suivant son dépôt. Les requérants disposeront ensuite de vingt jours pour organiser la logistique, à l'issue desquels quatre jours seront consacrés à la collecte des signatures proprement dite. Le CNE devra ensuite vérifier que le nombre de signatures récoltées représente au moins 20 % des électeurs inscrits, et ce dans les trente jours suivant le recueil. Si ces vérifications s'avèrent positives, les responsables de l'initiative auront alors quatre-vingt-dix-sept jours pour organiser le processus électoral.
L'interminable feuilleton du *revocatorio* continuera plus de huit mois, ponctué de coups bas et de tentatives d'intimidation venant des deux côtés. Un nouveau *firmazo* est organisé en décembre, qui tourne à l'avantage de l'opposition. Le nombre de signatures requises est largement dépassé. Chávez crie immédiatement à la « méga-fraude » et le CNE rend un nouveau verdict : sur les 3,1 millions de paraphes recueillis, 1,2 million sont déclarés douteux. L'opposition se voit alors proposer un *reparo* au cours duquel les signataires devront confirmer leur engagement précédent. Cette solution est rejetée dans un premier temps par la *coordinadora* qui reviendra finalement sur sa décision. Les parties s'accordent sur la période de 27 au 31 mai.
Mais, à quelques jours de l'échéance, les partisans de Chávez annoncent la découverte d'un nouveau complot visant à renverser le régime. Une cinquantaine de paramilitaires colombiens revêtus d'uniforme de l'armée vénézuélienne ont en effet été arrêtés au sud de Caracas par la garde nationale. Le président dénonce une « tentative d'invasion du pays » préparée par un mystérieux réseau international « Miami-Colombie-Venezuela ». Les services de renseignement indiquent que l'objectif de la poignée d'envahisseurs arrêtés était « d'armer un contingent de plus de 1 500 hommes au cours des jours prochains. D'importantes personnalités de l'opposition ne tardent pas à être mises en cause et cer-

taines se retrouvent même inculpées. Pour la *coordinadora,* il ne fait pas de doute que ce « show médiatique » a une seule raison d'être : intimider les signataires de la pétition de décembre afin de les dissuader de confirmer leur signature ou, mieux, les persuader de la retirer. On prête même au gouvernement l'intention d'annuler le *reparo* au motif que la patrie est en danger ! Le Rubicon ne sera pas franchi et la procédure sera finalement menée à son terme dans un calme relatif.

2) Tout en remobilisant, dans le même temps, son électorat naturel... La réactivation de l'économie vénézuélienne au second semestre de 2003 est arrivée à point nommé pour permettre à Hugo Chávez de développer l'autre volet de sa stratégie : la reconquête de son électorat naturel. Les conséquences calamiteuses de la grande grève du pétrole se sont grandement estompées au cours de la seconde moitié de 2003. Les mesures prises par la nouvelle direction de PDVSA en matière de réduction des coûts de fonctionnement et d'augmentation de la contribution fiscale versée à l'État commencent en effet à produire leurs effets. Cela permet au gouvernement de relancer l'industrie pétrolière et de stimuler les autres secteurs de l'économie. Dès le quatrième trimestre de 2003, on enregistre une reprise de 8,6 % du PIB et une hausse de 25 % du seul secteur pétrolier. Le budget 2004 ayant été calculé sur la base d'un baril de pétrole à 20 dollars, et ce dernier dépassant largement les 30 dollars dès la fin de 2003, les « ressources exceptionnelles » à disposition du gouvernement s'avèrent nettement supérieures à ce qui était prévu. Les « marchés » contribuent paradoxalement à la survie politique du bouillant colonel.

Hugo Chávez n'ignore pas que, si un référendum révocatoire s'avère inévitable, il ne pourra être repoussé que grâce à la mobilisation du petit peuple des *barrios,* les quartiers populaires, qui l'a toujours soutenu dans les moments graves. Aussi décide-t-il de consacrer l'essentiel de son trésor de guerre à financer un vaste programme de plans sociaux susceptibles d'être lancés sans délais et de porter rapidement leurs fruits. Parmi ceux-ci, on peut citer notamment *Barrios adentro* (santé publique), *Misión Robinson* (alphabétisation de masse), *Misión Ribas* (formation médicale), *Misión Sucre* (enseignement supérieur), *Misión Identidad* (assistance sociale). L'opposition a beau hurler au gaspillage des deniers de l'État, ses protestations n'émeuvent que son propre électorat. Celui de Chávez, comme il le prouvera le 15 août suivant, apprécie.

3) Avant de changer finalement son fusil d'épaule et d'accepter de relever le défi. Lorsqu'il devient de plus en plus évident que l'opposition a gagné la première manche (c'est une habitude !) et qu'elle a réussi, malgré les multiples entraves, à imposer légalement son référendum, Hugo Chávez se retrouve face à deux options :

– s'obstiner dans son refus au risque de compromettre aux yeux de tous sa légitimité, et permettre ainsi à l'opposition de remporter une première victoire morale tout en accentuant son isolement au plan international ;

– changer son fusil d'épaule et accepter le combat, en tentant d'amener l'opposition sur son propre terrain pour mieux la terrasser.

C'est cette dernière solution qui aura sa préférence. Le 3 juin 2004, le CNE, au terme d'un laborieux processus de validation, annonce officiellement que l'opposition est parvenue à ses fins et que les conditions requises pour l'organisation d'un référendum sont désormais réunies. Contre toute attente, le président s'incline le jour même et déclare s'en remettre à la décision du CNE.

Une fois cette – difficile – décision prise, il décide de diriger en personne l'état-major de campagne, baptisée *« operación Maisanta »* et s'autoproclame « chef de la bataille de Santa Inés » (du nom d'un combat décisif remporté par les « unitaires » au XIXe siècle contre l'oligarchie de Caracas, grâce à une ruse consistant à feindre la faiblesse pour attirer l'ennemi sur son propre terrain et l'écraser). Rien ne sera laissé au hasard pour remporter cette nouvelle « bataille de Santa Inés ». D'abord, la question qui fera l'objet de la consultation est libellée avec soin afin de semer la confusion dans l'esprit des adversaires : « Êtes-vous d'accord pour laisser sans effet le mandat populaire accordé à travers des élections démocratiques et légitimes au citoyen Hugo Rafael Chávez Frias comme président de la République bolivarienne du Venezuela pour l'actuelle période présidentielle ? » Ainsi donc, les opposants qui entendent dire non à Chávez, devront-ils voter oui ! D'autres moyens sont employés au cours des deux mois et demi de campagne pour « aider » à une victoire du non, comme par exemple la naturalisation expresse de dizaines de milliers de réfugiés colombiens (dont on espère la reconnaissance) ou la distribution massive de documents d'identité à ceux qui n'en ont pas (et qui évidemment font partie de l'électorat naturel du président : les plus démunis). Ces petits arrangements permettront, en quelques semaines, d'augmenter de 2 millions le corps électoral ! L'opposition n'est pas en reste : de nombreuses tentatives d'intimidations sont dénombrées, notamment à l'encontre d'employés ou d'ouvriers du secteur privé qui se voient menacés de perdre leur emploi en cas de victoire du non.

À mesure que la campagne prend de l'ampleur, la dynamique passe peu à peu dans le camp des partisans d'Hugo Chávez, que les sondages donnaient pourtant, à l'origine, largement perdant. Celui-ci a choisi, en s'appuyant sur les programmes sociaux qu'il a mis en route, de parler « concret » aux Vénézuéliens. Face à lui, l'opposition paraît soudain mal à l'aise, comme si elle avait épuisé toutes ses forces avant le grand rendez-vous. Ses thèmes de campagne favoris, la dénonciation du caractère totalitaire du régime, de sa mauvaise gestion et de ses amitiés sulfureuses avec Fidel Castro, paraissent décalés. Ainsi, beaucoup de Vénézuéliens perçoivent-ils Cuba plus à travers les 9 000 médecins cubains présents dans les bidonvilles que comme une menace pour le système démocratique vénézuélien.

Par ailleurs, la *coordinadora,* une fois encore reconstituée pour la circonstance, n'ignore pas que son unité est fragile et que la désignation d'un candidat pour l'éventuelle élection présidentielle de l'hypothétique « après-

Chávez » a toutes les chances de la faire voler en éclats. Aussi évite-t-elle soigneusement d'aborder le sujet, offrant sur un plateau aux partisans du président un nouveau slogan : « Le 15 août, Chávez ou le chaos ».

À mesure que les semaines passent, les sondages commencent à s'inverser. Même les médias, qui font une fois de plus, dans leur grande majorité, cause commune avec l'opposition, commencent à mettre en avant la difficulté qu'il y aura pour les partisans du oui à dépasser le score obtenu en 2000 par le président lors de sa réélection, condition *sine qua non* pour que le résultat soit homologué. Tout le monde s'accorde cependant sur une chose : le degré de mobilisation des électeurs sera l'élément clé du scrutin, la participation devant dépasser 25 % du corps électoral pour permettre sa validation.

La suite est connue. Le 15 août, dès l'aube, les électeurs se précipitent aux urnes, au point qu'on devra retarder à deux reprises la fermeture des bureaux de vote pour permettre à tous de s'exprimer. Jamais le taux de participation n'aura été aussi fort : le peuple des bidonvilles a répondu présent. Sans doute les leaders de l'opposition comprennent-ils dès le milieu de la journée qu'ils ont perdu leur pari. Mais une fois encore ils ne se montreront pas à la hauteur. Alors qu'aux premières heures du 16 août le CNE publie des estimations créditant le non de plus de 58 %, la *coordinadora* annonce qu'elle refuse d'entériner le résultat pour cause de fraudes massives. Les observateurs internationaux, en particulier le Carter Center et l'OEA, réagissent rapidement : si, çà et là, on a effectivement noté quelques irrégularités, celles-ci ne sauraient à première vue remettre en cause le résultat global du scrutin en raison de l'écart considérable séparant le non du oui. Le CNE propose cependant de procéder à la vérification d'un échantillon de bulletins. Nouveau refus de la *coordinadora* qui exige un recompte de l'ensemble des votes et parle d'organiser la résistance jusqu'à ce qu'elle obtienne gain de cause. Le mouvement est cependant stoppé net, dès le lendemain, par la défection de la principale organisation patronale, la Fedecámaras, dont le leader reconnaît que l'opposition « n'a pas eu assez de force ni de capacité pour porter son message ». Même les États-Unis, qui s'étaient alignés dans un premier temps sur l'attitude jusqu'au-boutiste de la *coordinadora*, finissent par reconnaître du bout des lèvres la probable victoire du non, tout en exigeant qu'il soit procédé à un audit du scrutin. Il commence d'ailleurs à se murmurer que les *majors* pétroliers, dont chacun connaît la proximité avec l'hôte de la Maison-Blanche, se réjouissent secrètement du résultat qui met fin à une longue période d'incertitude. Ils seraient en effet convaincus que le président, fort de sa nouvelle victoire, n'hésitera plus dans le futur à faire appel aux compagnies pétrolières étrangères afin de l'aider à exploiter l'énorme potentiel en hydrocarbures que recèle le pays...

Référendum consultatif *vs* référendum révocatoire

La Constitution de 1999 prévoit deux types de référendum dont la portée est différente :

– le référendum de l'article 71, qui, pour être organisé, nécessite les signatures de 10 % des électeurs inscrits. Il est de portée très générale et peut être convoqué à tout moment, mais il n'a qu'un caractère consultatif ;

– le référendum de l'article 72, spécifiquement prévu pour écourter le mandat de n'importe quel élu, président compris. Son caractère est obligatoire mais ses conditions plus strictes : 20 % des électeurs inscrits doivent l'avoir officiellement demandé et il ne peut être engagé contre un élu qu'au cours de la seconde moitié de son mandat.

L'idée de prendre Hugo Chávez au piège de sa propre Constitution « bolivarienne » remonte à l'année 2002. Puisque, en gage d'ouverture démocratique, ce dernier avait offert sur un plateau à ses opposants le moyen de le destituer le plus légalement du monde, ce serait pécher que de ne pas tout mettre en œuvre pour profiter de cette opportunité ! Pressée d'en terminer avec Hugo Chávez, l'opposition a longtemps exigé la tenue d'un simple référendum consultatif immédiatement convocable, persuadée que son résultat serait tel que le président n'aurait d'autre choix que de partir, même s'il n'y était pas légalement contraint. Celui-ci a, de son côté, toujours affirmé que l'utilisation de l'article 71 en place de l'article 72 constituait un détournement de procédure qu'il ne saurait cautionner.

Mais, à mesure que les mois passaient et que se rapprochait l'échéance de la mi-mandat du président, l'option révocatoire a refait surface. Plus difficile à mettre en œuvre par l'opposition, elle avait en revanche pour avantage majeur de trancher une fois pour toute le « cas Chávez ».

LE CHAVISME, ÇA PEUT ENCORE DURER DIX ANS, QUINZE ANS...

La victoire par KO d'Hugo Chávez sur ses adversaires, mais surtout le pitoyable spectacle qu'ont offert ces derniers en refusant, contre toute évidence, de reconnaître leur échec les disqualifient pour un certain temps, au moins aux yeux de leur propres partisans. Les élections régionales du 31 octobre 2004 ont constitué, à cet égard, un test qui s'est révélé catastrophique pour l'opposition qui a perdu la plupart de ses fiefs, ce qui explique *a posteriori* les fortes réticences de certains de ses dirigeants à participer au scrutin.

À deux ans et demi de distance, l'interrogation principale des observateurs est la même qu'au lendemain du coup de force manqué d'avril 2002 : au cours des mois à venir, Chávez va-t-il mettre l'accent sur ce qui rassemble ou sur ce qui divise ? Fort sa nouvelle légitimité – incontestable cette fois –, va-t-il tendre la main à ses adversaires ou se replier sur sa base et continuer d'entretenir les tensions entre « les siens » et « les autres » ? Cette dernière tactique lui a jusqu'ici plutôt réussi électoralement. Elle constituerait pour lui une solution de facilité, d'autant qu'il pourra facilement mettre en avant la mauvaise foi et la pusillanimité de l'opposition pour justifier son refus d'ouverture. Pour autant, rien n'indique qu'à ce jeu il soit gagnant sur le long terme. En effet, au-delà des plans sociaux successifs, réponses ponctuelles (et souvent électoralistes) à l'immense déséquilibre social ambiant, Hugo Chávez, s'il veut transformer en profondeur son pays, aura besoin de définir tôt ou tard une véritable stratégie de développement. Pour ce faire, il dispose de la durée (ses ambitions en la matière dépassent largement 2007 !) et des moyens financiers nécessaires. Reste pour lui à réaliser un large consensus social autour de son futur programme, sous peine de le voir s'effondrer de lui-même, miné par les mouvements sociaux et les grèves générales à répétition. La conjoncture apparaît aujourd'hui particulièrement favorable. Les industriels et les chefs d'entreprise, en reconnaissant sans délai sa victoire au référendum, lui ont en effet adressé un signe encourageant, même si les « politiques » poursuivent pour leur part sur une ligne intransigeante.

Quant aux États-Unis, dont l'influence sur l'opposition a toujours été décisive, ils paraissent décidés à se montrer pragmatiques envers un adversaire qu'ils n'apprécient guère mais qu'ils analysent désormais comme un facteur de stabilité régionale. Ainsi Colin Powell affirmait-il début octobre 2004 que son pays espérait bien à l'avenir améliorer ses relations avec le Venezuela, déclaration interprétée à Caracas comme un signe discret adressé à l'opposition afin qu'elle se montre elle-même plus coopérative.

Le journaliste argentin Tomás Eloy Martínez raconte qu'en janvier 1999, quelques jours avant son investiture, Hugo Chávez eut une longue conversation à bâtons rompus avec Gabriel García Márquez, au terme de laquelle le prix Nobel affirma qu'il s'était entretenu avec deux hommes différents : celui qui se préparait à sauver son pays et celui qui pourrait fort bien se transformer en despote.

Pour la première fois depuis qu'il est président, Chávez a tous les atouts en main pour décider en conscience lequel de ces deux hommes il a choisi d'être pour son peuple.

Pour en savoir plus

Carlos Blanco, *Revolución y desilusión : el Venezuela de Hugo Chávez*, Caracas, Los libros de la Catarata, 2002.

Hugo Chávez, *Venezuela and the Latin America*, Melbourne, Ocean Press, 2004.

Steve Ellner et Daniel Hellinger, *Venezuelan Politics in the Chávez Era : Class, Polarization, and Conflict*, Boulder, Lynne Rienner Publishers, 2004.

Richard Gott, *In the Shadow of the Liberator : Hugo Chávez and the Transformation of Venezuela*, Londres, Verso, 2001.

Frédérique Langue, *Chávez et le Venezuela*, L'Harmattan, 2002.

Frédéric Lévêque, « La réforme pétrolière nationaliste de Chávez », article paru dans la revue suisse *À l'encontre*, le 29 mai 2004.

Internet

www.venezuela.gov.ve

www.interex.fr

www.el-nacional.com

www.el-universal.com

www.abc-latina.com/venezuela/news.htm

Le phénomène des « maras »

LES ORIGINES DU PHÉNOMÈNE

L'origine du phénomène *mara* (« gang » en argot salvadorien) remonte aux années 80.

À l'époque, l'Amérique centrale est à feu et à sang. Au Salvador et au Guatemala, les gouvernements militaires en place ont le plus grand mal à empêcher les guérillas marxistes de s'emparer du pouvoir. Au Nicaragua, c'est le schéma inverse : les sandinistes tentent de sauver leur révolution des coups de boutoir que leur infligent les *contras* armés par Washington.

Fuyant les guerres civiles et leur cortège d'atrocités, des centaines de milliers de Centraméricains tentent de se réfugier à l'étranger et la plupart d'entre eux optent pour les États-Unis. Los Angeles est la destination favorite de ces nouveaux immigrants, en majorité salvadoriens. Mais cette arrivée massive empêche une bonne assimilation et beaucoup se retrouvent entraînés à terme dans la délinquance, aux côtés d'autres *latinos* implantés de plus longue date.

Deux gangs émergent rapidement de la multitude de groupes plus ou moins bien organisés qui pullulent à LA : la M18 (pour Mara 18, le 18 faisant allusion à la 18ᵉ rue, où le groupe a installé son quartier général), qui est, à l'origine, dominée par des Mexicains ; la Mara Salvatrucha ou MS (*Salva* pour Salvador, *trucha* signifiant en argot salvadorien « alerte »), au départ simple regroupement d'amateurs de *heavy metal music* sans véritable organisation. M18 et MS demeurent encore aujourd'hui de loin les deux *maras* dominantes aux États-Unis comme dans l'isthme centro-américain.

Les rivalités vont rapidement apparaître entre gangs *latinos* et afro-américains. Les *maras,* sans constituer un front uni face à leurs adversaires, bien au contraire, commencent cependant à se doter de codes et autres signes de reconnaissance. Le tatouage devient la règle. Il fait un peu office de « médaille commémorative » attestant d'un important fait d'armes ou d'un long séjour en prison. Lorsque deux membres de *maras* se croisent, ils savent immédiatement qui est qui, leurs tatouages parlant pour eux.

L'« éthique » en usage au sein de la *mara* est fondée sur l'identification totale de l'individu au groupe. N'intègre pas une *mara* qui veut. La cooptation est de rigueur et l'impétrant doit prouver qu'il a les qualités requises pour en faire partie. Pour montrer son courage, il devra résister à un tabassage en règle de la part de ses futurs compagnons. Devenu membre, il s'engage à être fidèle jusqu'au bout à sa nouvelle famille qu'il ne sera pas question pour lui de quitter sauf à se condamner à mort. S'il veut grimper dans la hiérarchie, il lui faudra gagner le respect de ses pairs, en accomplissant par exemple des actes d'une sauvagerie particulière, qui le distingueront de la masse des anonymes. Dans ce domaine, l'imagination ne manque pas aux jeunes recrues qui viennent de pays en pleine guerre civile, où les atrocités sont monnaie courante et où la vie n'a qu'une valeur très relative.

Le développement continu de leurs activités criminelles et les sommes de plus en plus considérables qu'ils brassent vont conduire les deux principales *maras* à consolider leur organisation et à affiner leurs méthodes. À l'exemple de Cosa Nostra, elles commencent à se payer les services d'une batterie d'avocats afin de bénéficier de tous les avantages offerts par la législation américaine, notamment l'octroi du statut de résident permanent à leurs membres. Afin d'augmenter leurs effectifs, elles « recrutent » dans la plupart des pays de l'isthme et mettent en place de véritables filières de trafic d'êtres humains. Dans le même temps, les rivalités s'exacerbent entre M18 et MS pour le contrôle de nouveaux territoires, générant au début des années 90 un niveau de violence encore jamais atteint.

La municipalité de Los Angeles décide de réagir avec fermeté. En 1992, une disposition prévoyant l'expulsion pure et simple vers leur pays d'origine des jeunes *latinos* convaincus d'appartenance à une *mara* et s'étant rendus coupables de crimes ou de délits graves est adoptée. Dans la foulée, une unité spéciale anti-*mara* est mise sur pied.

Les résultats ne se font pas attendre. Plus d'un demi-millier de Salvadoriens, cibles privilégiées de la police, sont renvoyés chez eux entre 1993 et 1994. Puis vient le tour des autres Centraméricains, Guatémaltèques et Honduriens notamment.

À partir du milieu de la décennie, le phénomène des *maras* cesse d'être un problème exclusivement nord-américain pour devenir également, par contagion, un problème, puis « le problème », de l'Amérique centrale.

Les centaines de jeunes *latinos* qui retrouvent leur ancienne patrie en ce milieu des années 90 y sont accueillis dans l'indifférence générale. L'heure

est alors à la reconstruction après deux décennies de guerre civile et il n'y a pas vraiment de place pour ces « enfants prodigues » dont beaucoup s'expriment uniquement dans un sabir anglo-espagnol, le *spanglish,* difficile à comprendre pour un non-initié.
Sans aucune possibilité d'intégration immédiate, les nouveaux venus renouent donc tout naturellement avec leurs activités habituelles et ne rencontrent aucune difficulté pour « embaucher », dans les quartiers les plus pauvres, une masse d'adolescents fascinés par la légende qui s'attache à eux.
Alertés par la hausse inquiétante de la criminalité, les gouvernements locaux des pays concernés au premier chef – El Salvador, Honduras et Guatemala – tentent bien de stopper cette offensive, mais la lutte apparaît vite inégale. D'un côté, des *mareros* rompus aux techniques des gangs californiens, d'une audace et d'une cruauté impressionnante, de l'autre des polices en pleine restructuration, aux moyens insuffisants et à l'efficacité limitée. Le souci des gouvernements civils de tenir les militaires en dehors de tout ce qui touche au maintien de l'ordre, conformément à la redéfinition des missions des forces armées, les privent par ailleurs d'un outil qui leur serait pourtant fort utile. D'importantes inflexions seront apportées à ce principe, notamment au Guatemala, où des patrouilles mixtes (policier/militaire) commenceront à être organisées pour lutter contre les activités des *maras.*
« Relocalisés » dans leurs pays d'origine, les *mareros* n'ont pas pour autant coupé tout lien avec leurs « maisons mères » des États-Unis, qui continuent par ailleurs à se développer et à essaimer (la « branche nord-américaine de la MS revendique à elle seule plus de 20 000 membres, dont la moitié à Los Angeles et le reste réparti entre la Californie, New York, Washington et la Virginie). Celles-ci conservent leur mot à dire concernant les décisions stratégiques importantes prises par leurs branches centraméricaines.

LES « MARAS » EN AMÉRIQUE CENTRALE : ÉTAT DES LIEUX

Le phénomène des *maras* n'a cessé de se développer dans l'isthme au cours de ces dix dernières années, au même rythme que la délinquance ordinaire. Une *mara* centraméricaine se caractérise à la fois par son caractère autarcique, la grande jeunesse de ses membres, un recours systématique à la violence gratuite dans le but de terroriser et une absence de véritable stratégie criminelle due à la faible envergure de ses chefs.
On compte aujourd'hui plusieurs centaines de gangs, plus ou moins bien structurés, localisés essentiellement au Salvador, au Honduras et au Guatemala, et qui rassembleraient plus de 200 000 membres. Les deux grandes *maras* de référence, la M18 et la MS, en contrôleraient à elles seules environ 60 000.
Le Salvador a été le premier pays d'Amérique centrale touché par ce type de délinquance et est aujourd'hui considéré comme le plus violent de toute l'Amérique latine, largement devant la Colombie, en grande partie en raison de sa très forte densité de population (285 h/km^2) qui rend les affrontements entre gangs particulièrement meurtriers. La MS et la M18 y règnent en maîtres – plus de la moitié de leurs membres sont salvadoriens – aux côtés de quelque 300 groupes exclusivement locaux comme la *mara* Maquina ou la *mara* Trece... Les *mareros* salvadoriens, estimés à environ 10 000 par les autorités, seraient dans les faits trois fois plus nombreux.
Le Honduras, resté pourtant soigneusement à l'écart des guerres civiles de la décennie 80, est actuellement le pays de l'isthme le plus ébranlé dans ses structures par le phénomène *mara.* Moins dynamique économiquement que son petit voisin salvadorien, il offre un terreau particulièrement fertile au développement des groupes criminels. On compterait près de 100 000 *mareros* dans le pays, dont un bon tiers appartient à la MS et à la M18.
Le Guatemala, plus tardivement infiltré, était jusqu'ici plutôt moins concerné que ses voisins du Sud par le phénomène des *maras.* Cependant, les chiffres communiqués par la police nationale guatémaltèque (8 000 *mareros,* dont 3 000 membres de la MS et de la M18) paraissent très largement sous-évalués (on parle plutôt de 25 000 membres).
Mais la gangrène *mara* n'est pas circonscrite à ces trois pays.
Les états du sud du Mexique, qui de fait sont infiniment plus proches de l'Amérique centrale que du reste du Mexique, constituent également un terrain propice aux activités des gangs. La M18, fondée originellement à Los Angeles par des Mexicains, y est particulièrement active et concurrence directement les *maras* locales, dont la plus fameuse est la Mafia Mexicana (MM). L'une des principales cibles des gangs mexicains est l'immigrant illégal, venu d'Amérique centrale et qui traverse le Mexique du sud au nord. Celui-ci sera, dans le meilleur des cas, « accompagné et protégé », moyennant finance, jusqu'au Rio Grande, ou tout simplement dépouillé, puis liquidé au cours de son périple.
Les seuls pays de l'isthme relativement épargnés par la prolifération des gangs sont le Costa Rica, qui est également le plus développé économiquement, et le Nicaragua, sans doute en raison de ce qui subsiste des techniques de quadrillage du pays, en vigueur sous la période sandiniste. Mais l'un et l'autre sont sérieusement menacés de contagion, à l'instar de leur voisin panaméen. C'est ainsi en effet qu'à Panama, les services de sécurité ont identifié plus de 150 bandes opérant dans des activités liées au trafic de drogue, au meurtre commandité ou à d'autres activités illégales. Leurs membres ressemblent trait pour trait à ceux des *maras* classiques : des jeunes de 15 à 24 ans, habitants des quartiers pauvres de Panama City et de Colon. Souvent utilisées pour veiller sur les cargaisons de drogue expédiées de Colombie vers l'Amérique centrale et l'Amérique du Nord, ces bandes ont des méthodes violentes qui n'ont rien à envier à celles de leurs modèles. Seul, en fait, le niveau de criminalité, encore largement inférieur à ce qu'il est dans les trois principaux pays cibles

des *maras,* permet aux autorités panaméennes de continuer à parler à leur propos de délinquance classique.

COMMENT COMBATTRE LES « MARAS » ?

Confrontés au pire défi qu'ils aient eu à relever depuis la fin des guerres civiles, les gouvernements des pays de l'isthme ont jusqu'alors réagi chacun de leur côté. Pour autant, les recettes utilisées ne diffèrent pas fondamentalement d'un pays à l'autre.

L'exemple salvadorien mérite d'être évoqué, en ce qu'il est révélateur des difficultés rencontrées pour tenter d'apporter une réponse suffisamment énergique à la grande délinquance sans s'écarter pour autant de l'État de droit. Le 23 juillet 2003 entrait en vigueur au Salvador une série de dispositions « anti-*maras* » baptisées plan *« Mano dura »,* censées anticiper le vote par le Parlement d'une législation d'exception concernant le même sujet. Cet événement faisait suite à l'échec électoral alarmant subi en mars de la même année par le gouvernement du président Flores, défaite attribuée à la vertigineuse montée de l'insécurité enregistrée au cours des mois précédant le vote. Conscient de la nécessité pour lui de frapper vite et fort s'il voulait conserver à son parti, l'Alliance républicaine nationale (Arena), la présidence de la République lors des élections de mars 2004, Francisco Flores se montrait très ambitieux dans son initiative : devaient être interpellés et déférés devant un juge d'instruction tous les jeunes de plus de 12 ans stationnant en groupe sur la voie publique et créant du scandale d'une quelconque manière (peine requise : quatre-vingt-dix jours de prison). Par ailleurs, tout individu arborant des signes distinctifs (tatouages notamment) laissant à penser qu'il appartenait à une *mara* ou à un groupe de délinquants devenait passible d'une amende correspondant à soixante jours de salaire.

Le résultat ne se fit pas attendre. Quelques semaines après l'entrée en vigueur de la loi, les arrestations se comptaient déjà par centaines. Débordées, les autorités judiciaires se contentaient le plus souvent de garder quelques heures en détention les jeunes interpellés avant de les relâcher faute de charges légales. Mais le décompte des interpellations était soigneusement tenu à jour par les médias qui mettaient quotidiennement en avant les « succès spectaculaires » enregistrés par les autorités dans leur guerre contre la grande criminalité.

Ce n'est que le 25 octobre que les députés finirent par doter le plan *« Mano dura »* d'une base légale en définissant avec précision ses conditions d'application.

Une polémique commença alors à se développer, opposant le gouvernement au pouvoir judiciaire, le premier reprochant au second de saboter, par son trop grand laxisme, ses efforts en vue d'éradiquer le crime organisé, et le second accusant le premier de sortir de son domaine de compétence en proférant de telles accusations.

Beaucoup attendaient les chiffres officiels de la criminalité en 2003 pour apprécier la réelle efficacité du plan *« Mano dura ».* Les résultats firent l'effet d'une douche froide pour le gouvernement : le nombre d'homicides recensés (2 172) étaient en légère augmentation par rapport à celui de 2002 (2 118).

En réponse, les autorités, soulignant que, depuis l'entrée en vigueur de la loi d'exception, 60 % des jeunes interpellés avaient été relâchés sans condamnation, en conclurent que la législation devait être nettement durcie. Le candidat de l'Arena à l'élection présidentielle de mars 2004, Antonio Saca, reprit l'initiative à son compte, ce qui contribua sans nul doute à sa brillante victoire au premier tour. Le projet en gestation, intitulé plan *« Super mano dura »,* contenait notamment des dispositions permettant de mieux cibler les principales *maras* (MS et M18), frappées d'interdiction légale, obligeant le parquet à poursuivre tout délit quelle que soit son importance, aggravant les peines encourues par les *mareros* ou assimilés et limitant leurs droits. À peine ce projet connu, les protestations ont redoublé de vigueur. Ses adversaires ont notamment mis en avant que, même s'il était entériné, le texte de loi avait toutes les chances d'être rejeté par la Cour suprême de justice en raison de ses nombreuses dispositions contraires à la Constitution. Un véritable débat s'est depuis lors engagé dans le pays sur le thème de la lutte contre l'insécurité.

Malgré ses engagements de campagne, le nouveau président Antonio Saca semble lui-même, depuis qu'il a officiellement pris ses fonctions, le 1er juin 2004, s'interroger sur la pertinence qu'il y aurait à continuer dans la voie du « tout-répressif », d'autant que les dernières statistiques qui lui ont été communiquées font état d'une nouvelle hausse des homicides au cours du premier semestre 2004. C'est ainsi que le nouveau ministre de l'Intérieur a rapidement annoncé la création de trois groupes de concertation, associant les principaux acteurs impliqués dans le traitement de la délinquance, et traitant respectivement : de la prévention de la criminalité, de la réinsertion des délinquants et de leur réhabilitation ; d'une éventuelle réforme de la loi d'octobre 2003 ; d'une possible révision du Code pénal et du Code de procédure.

Les premières conclusions de leurs travaux pencheraient en faveur de la suppression de la législation d'exception, de la refonte au moins partielle des codes en vigueur et d'une approche plus « préventive » du problème, laquelle pourrait devenir, dans les mois à venir, une priorité gouvernementale.

Ce net infléchissement de la politique sécuritaire du Salvador pourrait, s'il se confirme, influencer celle de ses voisins immédiats, confrontés également aux limites du « tout-répressif ».

Au Honduras, où l'actuel président Ricardo Maduro mène pour des raisons personnelles (un de ses fils ayant été assassiné par des voyous avant même son élection) une véritable croisade anti-*maras,* une législation d'exception est également en vigueur depuis août 2003. Le plan *« Libertad »,* équivalent local de la *« Mano dura »* a mis sur pied une *task force* de 1 500 hommes (militaires et policiers réunis). Ici aussi les résultats sont mitigés et les critiques nombreuses.

Au Guatemala, les autorités ont, rappelons-le, à plusieurs reprises ces dernières années fait appel à l'armée pour prêter main-forte aux forces de l'ordre classiques. En août 2004, 1 600 militaires ont ainsi reçu pour mission de se déployer dans la capitale, Guatemala City, afin de contenir la vague de violence qui a fait plus de 3 000 victimes depuis le début de l'année. Cette dernière initiative, ainsi que la démission concomitante du ministre de l'Intérieur en place depuis à peine sept mois, mettent en lumière non seulement les insuffisances criantes de la police, mais également celles du système judiciaire et du ministère public. Il est intéressant de souligner que, comme dans le cas du Salvador, un « front contre la violence » regroupant organismes de défense des droits de l'homme, syndicats et autorités religieuses s'est récemment constitué dans le but de convaincre le gouvernement de renoncer au « tout-répressif ».

UN PHÉNOMÈNE EN VOIE DE MUTATION ?

Les spécialistes qui scrutent à la loupe le phénomène des *maras* depuis leur implantation dans les pays de l'isthme notent, ces derniers temps, un certain nombre de changements notables dans le comportement des gangs, qui pourraient être le prélude à la mutation en profondeur dudit phénomène et à sa dissolution dans le crime organisé classique. Les *maras* centraméricaines s'apprêteraient donc à connaître la même évolution que celle subie quinze ans plus tôt à Los Angeles par leurs « maisons mères ».

On observe en effet que certaines d'entre elles, et non des moindres, jusqu'ici habituées à travailler presque exclusivement « à leur compte », notamment en matière de trafic de drogue, sont dorénavant de plus en plus fréquemment utilisées comme sous-traitants par les groupes mafieux transnationaux, et notamment les cartels mexicains et colombiens.

Parallèlement, ce qui n'est pas incompatible, ces mêmes *maras* se mettent à copier les méthodes de leurs « employeurs » et diversifient de plus en plus leurs activités en privilégiant les plus lucratives d'entre elles : enlèvement, trafic d'êtres humains et bien évidemment trafic de drogue à plus grande échelle.

Autre phénomène déjà observé à Los Angeles au début des années 90, il s'opère un resserrement des liens entre différents groupes d'un même gang, s'accompagnant d'une perte progressive d'autonomie de chacun d'eux, le but étant d'obtenir plus de discipline et une meilleure efficacité.

Enfin, dernier élément qu'on voudrait rassurant mais qui ne laisse pas d'inquiéter les forces de sécurité, on rencontrerait de plus en plus, chez certains *mareros,* un souci de discrétion qui les conduirait à abandonner le folklore identitaire et à cultiver au contraire un anonymat plus protecteur.

Cette modification – encore timide – des rites et des méthodes des *maras* s'accompagnerait par ailleurs d'une certaine intensification des réseaux *maras* transnationaux. De par leur commune origine, les principales *maras* (MS, M18) ont toujours entretenu des liens d'un pays à l'autre, mais ceux-ci étaient jusqu'ici assez informels. Leur approfondissement offrirait aux *mareros* une liberté de circulation transfrontalière dont ils ne disposent pas vraiment à ce jour et les rendrait de ce fait beaucoup plus difficile à appréhender.

Ces constatations, mises bout à bout, sont très préoccupantes. Si elles préfigurent la création de *maras* plus hiérarchisées, plus solidaires (ce qui nécessiterait au préalable un changement en profondeur des mentalités des *mareros*), aux méthodes plus sophistiquées et traitant d'égal à égal avec les grands acteurs continentaux du crime organisé, le défi posé aux gouvernements régionaux changera lui aussi de nature.

La chance des pays de l'isthme est d'avoir développé, depuis la fin des guerres civiles, un processus d'intégration régionale, le Système d'intégration centraméricaine (Sica), qui a considérablement rapproché les équipes en place. C'est dans ce cadre qu'a été signé, le 16 janvier 2004, un premier accord entre Salvadoriens, Honduriens, Guatémaltèques et Nicaraguayens prévoyant notamment une plus grande coordination inter-polices des activités anti-*maras* et un meilleur échange d'informations concernant les principaux groupes.

Cet effort devra être poursuivi et amplifié, et les politiques sécuritaires nationales harmonisées si l'Amérique centrale veut sortir victorieuse d'une guerre régionale dont les principaux responsables sont l'ignorance et la misère et les principales victimes les plus ignorants et les plus miséreux.

Pour en savoir plus

« Maras y pandillas en Centroaméricana », ERIC, IDESO, IDIES, IUDOP, Éditions UCA, 2004.

« Criminal Mara Gangs Pose Threat to Central America », *Jane's Intelligence Review* (juin 2004).

« Derrière la violence des gangs du Salvador », *Le Monde diplomatique*, mars 2004.

Enquête sur les *maras* de l'Institut universitaire d'opinion publique (IUDOP), publiée sous le titre *Barrios adentro* (San Salvador, Éditions UCA, 2001).

« Central America Youth Gangs : this Decade's Crime Lords », *Stratfor* du 30 janvier 2004.

« Bringing it all back home », *The Economist*, 20 mai 2004.

Internet

www.couleurorange.com/philippe-revelli/salvador_maras/index.html

Europe

Europe

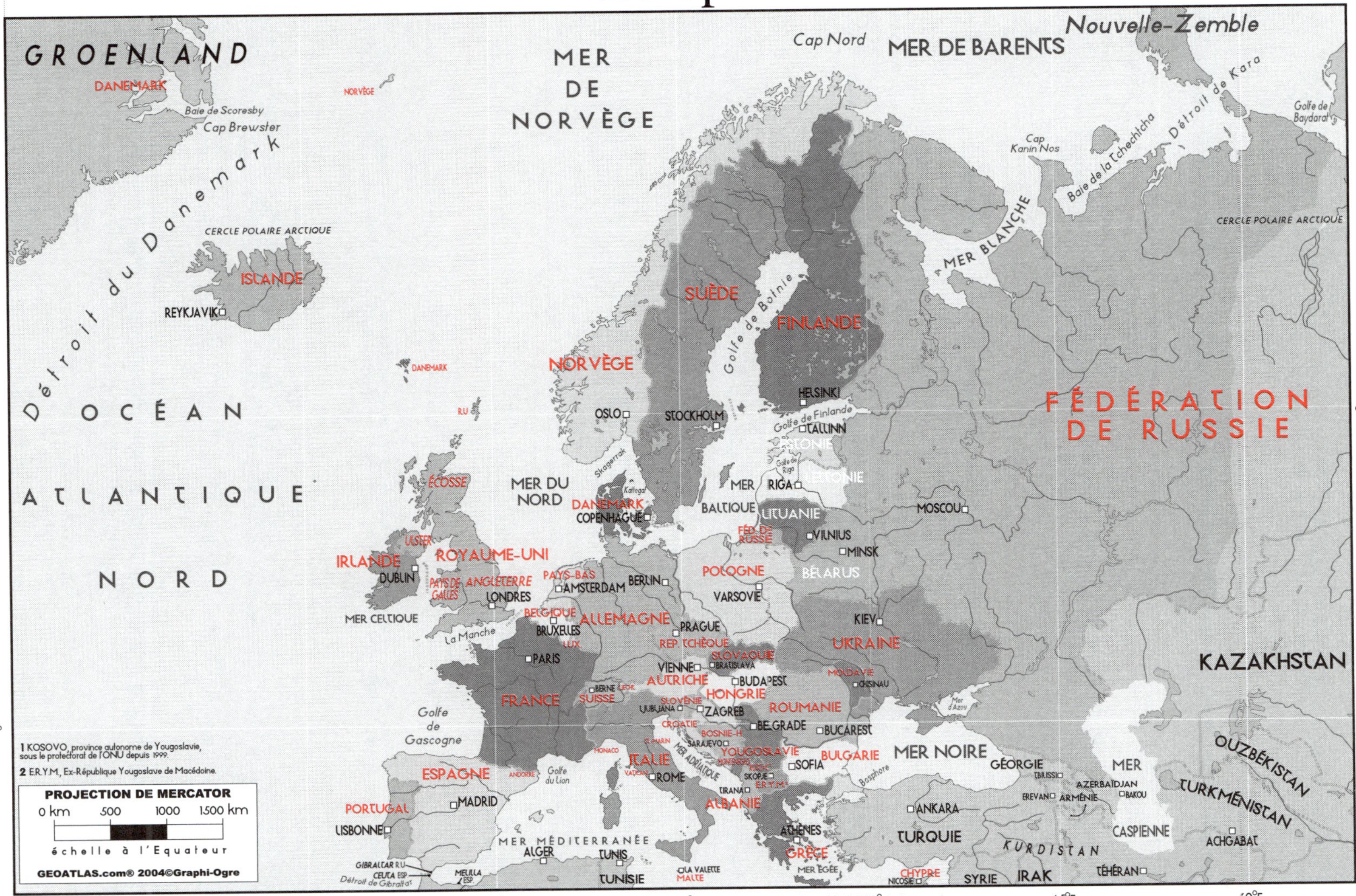

Longitude Ouest 30° de Greenwich — 15°W — 0° — 15°E — Longitude Est 30° de Greenwich — 45°E — 60°E

L'Europe aussi a eu son 11 Septembre, le « 11 M », qui, en mars 2004, a endeuillé la capitale espagnole. Dès les premières heures, le gouvernement mettait la presse sur la piste d'ETA. L'organisation séparatiste basque était la responsable désignée. Rapidement, il a bien fallu se rendre à l'évidence : il s'agissait en fait d'une violence d'importation, d'un acte terroriste islamiste à l'ampleur sans précédent dans la « vieille Europe ». La polémique dure toujours, alimentée par une commission d'enquête : à quelques jours d'une élection cruciale, le pouvoir de José María Aznar aurait voulu repousser l'émergence d'une piste islamiste, inévitablement reliée dans les esprits à son engagement controversé en Irak au côté de George W. Bush. Mais, au-delà des frontières espagnoles, l'onde de choc du 11 Mars a couru dans toute l'Europe. Les principaux alliés de l'Amérique en Irak – la Grande-Bretagne et l'Italie au premier chef – ont redouté d'être les prochaines cibles de la nébuleuse Al-Qaïda. Les pays européens vivent aujourd'hui avec la crainte d'être frappés par un terrorisme d'importation de grande ampleur. Un troisième type de menace aux côtés de conflits nationalistes résiduels à l'Ouest et de soubresauts indépendantistes qui perdurent à l'Est.

À L'OUEST, DES CONFLITS NATIONALISTES QUI S'ESSOUFFLENT

L'Irlande du Nord a montré la voie – non sans mal – vers une sortie de conflit honorable dans les pays d'Europe de l'Ouest. C'est au printemps 1998 que tout a basculé, quand l'accord dit du « vendredi saint » a enfin ouvert de sérieux espoirs de règlement du plus vieux et du plus meurtrier conflit d'Europe occidentale, qui a fait plus de 3 200 morts en une trentaine d'années. L'accord n'avait été rendu possible que par un cessez-le-feu de l'IRA décrété l'année précédente. Il posait le principe d'une Irlande du Nord semi-autonome, se rapprochant de la République d'Irlande tout en voyant ses liens avec la Grande-Bretagne réaffirmés. Bien sûr, le pouvoir de nuisance des extrémistes des deux camps, la réticence des milices à se laisser désarmer et la dérive mafieuse de certains groupes pèsent encore négativement sur le processus de paix. Mais la dynamique n'est pas remise en question.
En Espagne, après force hésitations, ETA a été tentée d'imiter l'IRA avant de revenir à ses vieux réflexes terroristes, preuve de l'impasse intellectuelle meurtrière dans laquelle s'enferrent ses dirigeants. Mais les jusqu'au-boutistes basques sont de plus en plus isolés. La répression policière, nourrie par une coopération franco-espagnole sans cesse renforcée, a laminé l'organisation séparatiste. Des centaines de militants ont été arrêtés. Et parmi eux, la plupart des cadres principaux. Plus grave encore peut-être, le soutien du mouvement au sein de la population basque s'est érodé, y compris dans ses franges radicales. Et même si ETA n'était pas impliquée dans le drame du 11 Mars, les attentats de Madrid ont eu une répercussion indirecte sur son propre combat, en abaissant considérablement le seuil de tolérance de l'opinion face aux actes terroristes. Difficile en effet, dans un contexte aussi dramatique, de justifier la lutte armée.

À L'EST, DES GUERRES DE SUCCESSION D'ÉTAT

La désagrégation de deux « empires » de l'Est, la grande Union soviétique et la petite Yougoslavie, a donné naissance à une vingtaine de nouveaux États et à presque autant de conflits. Dans le Caucase, des États se sont disputé des territoires comme le Haut-Karabakh, revendiqué par l'Arménie et l'Azerbaïdjan. Certains peuples comme les Tchétchènes ont voulu profiter de ce dégel géopolitique pour se frayer un chemin vers l'indépendance. En ex-Yougoslavie, la surenchère nationaliste et l'imbrication des différentes nationalités ont fait tourner au drame la dislocation de la fédération. Des questions de frontières et de nationalités, que l'on croyait apaisées depuis la fin de la Seconde Guerre mondiale, ont fait résurgence.
Nombre de ces braises rougeoient encore aujourd'hui. En Bosnie, même si les armes se sont tues depuis 1995, le pays reste divisé en deux entités, l'une serbe et l'autre croato-musulmane. Et les derniers scrutins ont montré la position dominante des partis nationalistes, qu'ils soient musulmans, serbes ou croates. Au Kosovo, les graves émeutes du printemps 2004 ont fait prendre conscience, cinq ans après l'intervention militaire de l'Otan, de l'échec de la politique de réconciliation. Les déçus de l'après-guerre forment de nouveaux groupes radicaux qui échappent à l'influence des partis traditionnels. Et, ces dernières années, la contagion a déjà touché le sud de la Serbie ou la Macédoine. Mais c'est dans le Caucase que la situation reste la plus explosive. La Tchétchénie est un théâtre dévasté où les civils paient chaque

jour le prix d'une répression brutale des forces russes et de leurs affidés locaux. Depuis le 11 septembre 2001, Vladimir Poutine s'est senti d'autant plus les mains libres que, au nom de la guerre mondiale contre le terrorisme et pour agir librement en Afghanistan ou en Irak, George W. Bush s'est abstenu de toute critique sur le dossier tchétchène. Au risque de laisser la Russie jouer un jeu extrêmement dangereux dans une région charnière.

LA VULNÉRABILITÉ INTERNE DES PAYS OCCIDENTAUX

Là encore, le 11 Mars a été un tournant en faisant prendre conscience aux capitales européennes que l'« hyperterrorisme » n'était pas un fléau réservé à l'ennemi numéro un d'Al-Qaïda, les États-Unis. Plus récemment, en novembre 2004, l'assassinat de Theo Van Gogh par un groupuscule islamiste aux Pays-Bas a suscité des débats dans un certain nombre de pays, notamment l'Allemagne, sur le développement de sociétés parallèles dans des États européens. Or, Madrid et une cascade de démantèlements de réseaux islamistes aux quatre coins de l'Europe ont fait prendre conscience du caractère endogène de ce terrorisme. D'origine internationale, il se greffe sur des foyers locaux. Une grande partie des membres présumés des réseaux dormants ou actifs démantelés en France ou dans les pays voisins au cours des dernières années sont des nationaux. Ils peuvent être d'origine maghrébine ou français de souche. Munis de papiers en règle, ils circulent selon leur bon vouloir, lorsqu'ils n'ont pas été repérés par les services de renseignement. Connus des policiers, certains d'entre eux sont libres de leurs mouvements dans la mesure où ils n'ont jamais commis de délits. D'autres sont rendus invisibles par leur absence apparente d'engagement. Le massacre de Madrid a donc placé l'Union européenne face à un nouveau défi, celui de renforcer sa coopération interne contre le terrorisme.

Superficie : 13 000 km²
Population : de 700 000 à 1 million
Composition ethnique : majoritairement tchétchène ; une toute petite minorité ingouche et russe
Religions : musulmans soufis, orthodoxes

Tchétchénie

La Tchétchénie semble une poussière d'empire à l'échelle de l'immense Russie. Pourtant, depuis la fin de l'année 1994, cette petite république du Caucase du Nord est le cadre d'un conflit aigu et complexe dont le deuxième acte se joue encore actuellement et semble vouloir s'éterniser. Les principales victimes, là comme ailleurs, sont des cohortes de civils immolés au nom d'un « grand jeu » dont les tenants et les aboutissants, politiques, stratégiques et financiers, les dépassent totalement.

UNE LONGUE TRADITION DE RÉSISTANCE

Côté tchétchène, la crise actuelle s'inscrit dans une longue tradition de résistance au joug de Moscou (qu'il soit tsariste, communiste ou post-soviétique) dont les principales péripéties s'égrènent sur près de deux siècles, de la fin du XVIIIe jusqu'à nos jours. En 1944, Staline a ordonné la déportation de la totalité du peuple tchétchène en Asie centrale et en Sibérie, les accusant faussement de collaboration avec les envahisseurs allemands.
Côté russe, la crise tchétchène apparaît comme un révélateur permettant aux dirigeants qui se sont succédé au Kremlin de mesurer leurs aptitudes à postuler au titre d'homme d'État. Si le président Boris Eltsine y a ainsi démontré ses limites, son successeur, Vladimir Poutine, s'en est servi comme d'un tremplin électoral lui permettant d'asseoir, auprès d'une population globalement désenchantée et d'une institution militaire humiliée, son image d'homme d'État déterminé à rendre à la Russie post-soviétique un peu de la grandeur perdue.
Le conflit en cours est un combat totalement disproportionné entre un centre lointain, omnipotent et brutal, et une périphérie soucieuse de préserver son indépendance. Avec un million d'individus, les Tchétchènes constituent l'un des plus grands des « petits peuples » du Caucase. Progressivement islamisés à partir du XVIIIe siècle, ils professent un islam sunnite d'inspiration soufie. Cet islam confrérique est l'un des principaux ciments de la société tchétchène. Même si le facteur clanique est source d'innombrables rivalités et jalousies, qui débouchent souvent sur d'implacables vendettas.

LA RUPTURE AVEC MOSCOU

Bien qu'ils aient été officiellement réhabilités en 1957, les Tchétchènes ont été tenus en suspicion par Moscou tout au long des années 60 à 80. Une petite agitation nationaliste voit le jour à partir de 1987. Après s'être emparé du pouvoir fin août 1991, Djokhar Doudaïev, jeune et brillant général tchétchène de l'armée soviétique, proclame l'indépendance de la république en novembre, contre la volonté de Moscou.
Tout au long des années 1992-1994, Moscou et Grozny se livrent à un sévère bras de fer au sujet du statut de

Caucase

FÉDÉRATION DE RUSSIE
ADYGEJA
KARATCHAÏVO-TCHERKESSIE
KABARDINO-BALKARIE
OSSÉTIE DU NORD
INGOUCHIE
TCHÉTCHÉNIE
Grozny
Beslan
DAGHESTAN
ABKHAZIE
Soukhoumi
GÉORGIE
Rioni
OSSÉTIE DU SUD
Tskhinvali
Poti
Batumi
ADJARIE
Kura
TBILISSI
MER NOIRE
TURQUIE
Coruh
ARMÉNIE
ozero Sevan
EREVAN
AZERBAÏDJAN
NAGORNO KARABAKH
Araks
AZERBAÏDJAN
IRAN
MER CASPIENNE
BAKOU
FÉDÉRATION DE RUSSIE
Terek
INGOUCHIE
Grozny
Gudermes
Nazran
Shali
Beslan
Vedeno
TCHÉTCHÉNIE
GÉORGIE
DAGHESTAN
EUROPE
ASIE
MOYEN-ORIENT
AFRIQUE
Capitale nationale
Ville importante
Limite de république autonome
Frontière
Cours d'eau
Lac
0 km
40
80
120 km
GEOATLAS.com® 2004©Graphi-Ogre

la république rebelle. Moscou ne peut tolérer durablement l'évolution que suit la Tchétchénie depuis fin 1991 : un précédent de cette sorte induirait des risques immenses pour l'avenir de l'intégrité territoriale de la Fédération de Russie.
À la nécessité de préserver cette intégrité s'ajoute pour Moscou la volonté de satisfaire des intérêts plus matériels. De son passé pétrolier, la Tchétchénie a conservé d'importantes installations, dont certaines recèlent un intérêt stratégique. Les tensions se produisent alors que de grandes manœuvres pétro-stratégiques sont en cours, relatives au choix du tracé des futurs oléoducs devant évacuer le pétrole de la mer Caspienne.
Installé au pouvoir, Doudaïev ne tarde pas à sombrer dans l'autoritarisme et le népotisme. Sous son égide, la Tchétchénie se convertit à un libéralisme débridé. Mais la grande majorité de la population subit les conséquences de la rupture avec Moscou. L'opposition tchétchène, qui grossit, est militarisée par les services secrets russes, qui ont le feu vert du Kremlin pour en finir avec Doudaïev. À partir de juillet 1994, la Tchétchénie s'enfonce lentement dans un climat de guerre civile, sur fond de rivalités interclaniques. Mais les partisans de Doudaïev résistent aux bandes armées de l'opposition.

LA PREMIÈRE GUERRE DE TCHÉTCHÉNIE

Le 11 décembre 1994, les forces russes pénètrent en Tchétchénie pour ce qui ne doit être qu'une « promenade militaire » de quelques heures. Pour l'armée russe, qui sous-estime totalement la pugnacité des combattants tchétchènes, une cruelle et meurtrière désillusion s'annonce. L'opération russe mobilise 30 000 hommes et plus de 450 blindés. C'est la plus grande opération lancée par Moscou depuis l'invasion de l'Afghanistan. La bataille de Grozny débute le 20 décembre. Les Russes mettent en œuvre leur schéma tactique habituel, celui du rouleau compresseur, qui fait peu de cas des pertes civiles. Mais les Tchétchènes font preuve d'une résistance inattendue. Courant janvier, le dispositif russe atteint près de 58 000 hommes. Le palais présidentiel est finalement pris le 19 janvier 1995. La ville de Grozny est en grande partie détruite.
La guerre se poursuit dans l'ensemble de la Tchétchénie. L'armée russe traque les indépendantistes qui tiennent toujours les principales localités du territoire. Mais une nouvelle fois, après le précédent de l'Afghanistan, l'armée russe confirme son incapacité à pratiquer efficacement la contre-guérilla. Elle est perçue comme une armée d'occupation, tandis que la crédibilité du gouvernement pro-russe est quasi nulle. L'assassinat de Doudaïev, le 21 avril 1996, ne met pas fin à la résistance.
En août 1996, les combattants tchétchènes reprennent le contrôle de Grozny, infligeant de lourdes pertes aux troupes russes. Moscou se voit dans l'obligation de négocier et retire ses troupes de la république indépendantiste. Un accord de paix est signé le 31 août. Mais il laisse de côté la question du statut de la Tchétchénie. Au terme de vingt et un mois d'un conflit extrêmement sanglant (environ 100 000 morts), Moscou abandonne Grozny aux combattants tchétchènes victorieux.

LES DIVISIONS INTERNES

Indépendante *de facto,* la Tchétchénie est pourtant loin d'être pacifiée. La belle union qui avait prévalu durant la guerre se fragmente à nouveau en de multiples bandes armées. Ancien chef d'état-major des forces indépendantistes, Aslan Maskhadov devient le second président de Tchétchénie en janvier 1997. Il hérite d'un pays dévasté dont l'essentiel des infrastructures économiques a été détruit par les combats et les bombardements. Très vite, Maskhadov se heurte à l'influence de multiples groupes armés et forces d'opposition auxquels il ne sera jamais en mesure d'imposer son autorité.
La fin des hostilités amplifie le phénomène des prises d'otages. Dès 1998, les partisans d'un islamisme radical se retrouvent en position de force, grâce aux millions de dollars tirés des rançons versées, pour attirer et recruter les jeunes Tchétchènes, touchés par le chômage et la pauvreté. Malgré tous ses efforts, Maskhadov ne réussit pas à reprendre le contrôle de la république, ravagée par la corruption et la criminalité.
L'influence fondamentaliste, importée du Moyen-Orient, est restée relativement discrète en Tchétchénie jusqu'à la fin de la première guerre. Tardivement islamisée, la population tchétchène pratique un soufisme d'une grande tolérance marqué par l'importance des confréries. Mais à partir de l'été 1995, avec l'arrivée de djihadistes étrangers, une partie des combattants s'approprie le thème de l'islam. Le président Maskhadov n'a pas les moyens ni l'autorité suffisante pour s'opposer au wahhabisme, adopté par plusieurs chefs de guerre, anciens héros de la résistance. Mais l'intégrisme musulman est rejeté par la majorité de la population.

LA SECONDE GUERRE

Dès le printemps 1999, les tensions augmentent en Tchétchénie. La guerre reprend à l'automne, sur fond de campagne électorale en Russie et d'incursions armées des combattants tchétchènes au Daghestan. À Moscou, Poutine est élu sur une promesse électorale : « Il faut buter les terroristes jusque dans les chiottes. » Mais, cette fois, les responsables politiques prient les généraux d'utiliser des moyens et des méthodes permettant d'éviter le renouvellement des erreurs faites pendant le premier conflit. Ils font notamment en sorte de contrôler strictement l'information. Le 1er février 2000, les combattants tchétchènes se retirent de Grozny pour se replier dans les montagnes.
Quatre ans plus tard, la normalisation de la république paraît toujours aussi illusoire. Moscou continue de s'enliser dans une guerre dénuée de perspectives et dont les motivations politiques sont plus que jamais obscures. Pour en finir avec Maskhadov, le seul dirigeant tchétchène à pouvoir revendiquer une

Le Daghestan

Avec 2,5 millions d'habitants, le Daghestan est la plus grande des républiques du Nord-Caucase. Elle est aussi la plus diversifiée aux niveaux ethnique et linguistique. On y répertorie environ 30 langues différentes et plusieurs dizaines de peuples, presque tous musulmans. Utilisé comme couloir d'approvisionnement par les Russes pendant la première guerre, le Daghestan avait réussi à rester en dehors du conflit tchétchène. Mais, en août 1999, des combattants tchétchènes ont tenté, avec l'aide de fondamentalistes musulmans locaux se revendiquant du wahhabisme, d'établir un État islamique dans certaines régions du Daghestan. La révolte a été rapidement matée par l'armée russe. Mais l'incident a servi de déclencheur à la seconde guerre de Tchétchénie. Depuis, des attaques sont ponctuellement menées au Daghestan.

quelconque légitimité depuis qu'il a été élu en 1997, Moscou a lancé en mars 2003 un pseudo-référendum constitutionnel en Tchétchénie, dont le résultat était connu à l'avance. En octobre, une pseudo-élection est organisée par Moscou pour porter l'homme du Kremlin, le pro-russe Akhmad Kadyrov, un émule de Saddam Hussein, à la présidence.

UNE RÉPRESSION IMPITOYABLE

Les organisations des droits de l'homme dénoncent depuis plusieurs années la répression menée par les forces russes en Tchétchénie : assassinats, disparitions, tortures. Depuis le début de la guerre, une cinquantaine de fosses communes ont aussi été recensées. La sale guerre touche davantage les civils que les combattants. Les forces russes multiplient les actions de représailles, les « opérations spéciales » et les actions de « nettoyage » dans les villages tchétchènes. Des escadrons de la mort sèment partout la terreur.

Parallèlement, les attaques des indépendantistes contre les forces russes se poursuivent en Tchétchénie, où les soldats de Moscou sont mis à rude épreuve. Les actes de violence contre les représentants de l'ordre moscovite se multiplient. En mai 2004, le président tchétchène pro-russe a été assassiné à Grozny. C'est le huitième attentat contre Akhmad Kadyrov.

En septembre 2004, le conflit tchétchène a brusquement débordé en Ossétie du Sud, lorsqu'un commando caucasien s'est emparé de plus de 1 000 civils dans une école de Beslan. L'assaut des forces russes, déclenché dans le plus grand chaos, a tourné au carnage. Trois cent vingt otages ont été tués, dont de nombreux enfants, dans un incendie, lors de l'effondrement du toit du gymnase et dans les combats entre les membres du commando et les forces russes. Et environ 200 personnes ont été portées disparues. D'ordinaire si prompt à accuser les indépendantistes tchétchènes, Vladimir Poutine s'est empressé de désigner le terrorisme international et les fondamentalistes islamistes comme principaux responsables de la prise d'otages. L'action a pourtant été revendiquée quelques jours plus tard par le chef de guerre tchétchène Chamil Bassaïev.

Les acteurs

◆ Les « boïvikis »
(Les combattants)

Depuis 1994, ils sont les principaux acteurs du conflit tchétchène. Comme dans les autres guerres ensanglantant le Caucase depuis le début des années 90, le camp indépendantiste se caractérise par l'absence de mouvement politico-militaire au sens classique du terme. Il n'existe pas de Front de libération de la Tchétchénie. Les indépendantistes cherchent à se placer sur le même niveau, politique et juridique, que le gouvernement central de Moscou, et considèrent la crise comme un conflit interétatique opposant deux sujets de droit international. L'un des principaux fondements du succès du camp indépendantiste repose non pas sur l'excellence d'une organisation politique moderne, qui n'existe pas, mais sur la qualité des valeurs traditionnelles de la société tchétchène, sorte de démocratie patriarcale égalitariste et fortement solidaire. L'autre grand facteur tient à la qualité intrinsèque des combattants, issus d'une société plaçant les valeurs martiales au pinacle des vertus individuelles et collectives. Face aux troupes russes, faiblement motivées et peu entraînées à cette guerre de guérilla, les indépendantistes ont pu aligner dès le début du premier conflit près de 45 000 hommes.

Un camp tchétchène divisé

Trois camps hétérogènes divisent la société tchétchène. Le premier, majoritaire, qui ne brandit pas la bannière de l'islam et qu'on pourrait qualifier de légitimiste, est constitué par les hommes du président élu Aslan Maskhadov. Le deuxième, celui des islamistes, est éclaté en de multiples groupes armés d'importance variable. Chacun d'eux est structuré autour d'un chef de guerre. Le troisième camp, celui des pro-Russes, est incarné par les membres de l'administration mise en place par Moscou en 2000. Tous les villes et villages tchétchènes, hormis ceux situés dans les zones montagneuses les plus reculées qui échappent encore au contrôle des fédéraux, sont désormais officiellement gérés par ces administrateurs et leurs équipes.

Aslan Maskhadov

Président élu de Tchétchénie depuis 1997, il a été renié par Moscou, qui nomme à Grozny des marionnettes pro-russes à la présidence. Né en 1951 au Kazakhstan, Aslan Maskhadov est un ancien officier de l'armée soviétique. En 1992, il rejoint les forces armées séparatistes tchétchènes et devient chef d'état-major en 1993. Après avoir négocié et signé les accords de paix de Khassaviourt en août 1996, il est élu président de Tchétchénie en janvier 1997. Dès 1998, il se heurte cependant à une forte opposition politique, incarnée par les tenants de la

mouvance islamiste et par d'anciens chefs de guerre qui le trouvent trop mou vis-à-vis de Moscou. Depuis la reprise de la guerre en 1999, Aslan Maskhadov, tenant de la ligne modérée, s'efforce tant bien que mal de coordonner les actions menées par les diverses composantes de la résistance. Retranché avec sa garde présidentielle dans les montagnes du sud de la république, il est contraint à de multiples déplacements pour échapper aux troupes fédérales. Et son influence sur la résistance tchétchène s'est affaiblie.

L'Ingouchie

En juin 2004, les indépendantistes tchétchènes ont organisé une opération d'envergure contre les forces de sécurité et les institutions d'Ingouchie. Plusieurs dizaines de personnes, dont un ministre ingouche, ont été tuées au cours de l'attaque. Ce n'est pas la première fois que le conflit tchétchène déborde sur le territoire de cette république voisine de 500 000 habitants, qui à l'époque soviétique formait un seul et même ensemble avec la Tchétchénie. Réunis en 1936 par les Soviétiques, Ingouches et Tchétchènes ont été déportés en 1944 par Staline, qui les accusaient d'avoir collaboré avec les nazis. Et si, contrairement à la Tchétchénie, l'Ingouchie ne s'est pas révoltée contre Moscou à la chute de l'URSS, les sympathies pour les indépendantistes ont toujours existé. L'Ingouchie a accueilli la plupart des réfugiés ayant quitté la république. Il existe aujourd'hui un réel danger de débordement du conflit dans les républiques voisines, notamment en Ingouchie.

Chamil Bassaïev

Le plus radical des chefs de guerre tchétchènes a revendiqué une grande partie des opérations (attentats ou prises d'otages) organisées contre les Russes. Né en 1965 dans le village de Vedeno, Chamil Bassaïev prend part en août 1991 aux combats antiputchistes à Moscou et défend le Parlement de Russie contre les conservateurs. De retour dans le Caucase en 1992, il s'engage aux côtés des Abkhazes sécessionnistes contre les Géorgiens. Il participe ensuite aux côtés de Doudaïev à la lutte contre l'opposition armée soutenue par les Russes. Il devient ensuite l'un des principaux chefs de guerre de la guérilla tchétchène, s'illustrant notamment par l'organisation de la prise d'otages de Boudenovsk, en juin 1995. Il est alors l'un des hommes les plus populaires de Tchétchénie. Après avoir échoué aux élections de 1997, il entre au gouvernement du président élu Aslan Maskhadov. En désaccord avec ce dernier, il quitte le gouvernement, rejoint l'opposition et se rapproche des intégristes. Contre l'avis de Maskhadov, il mène en août 1999 avec le djihadiste Khattab une incursion armée au Daghestan. Cette attaque constituera l'élément déclencheur de la seconde guerre russo-tchétchène. Après avoir subi l'amputation d'une partie de la jambe pendant la retraite des *boïvikis* de Grozny en janvier 2000, il continue ses coups de force contre les Russes. Personnage atypique au parcours parfois obscur, Chamil Bassaïev a parfois été soupçonné d'être un agent des services de renseignement russes. Déjà entamé par son rapprochement avec les islamistes, le prestige dont il a joui en Tchétchénie a considérablement diminué depuis la prise d'otages de Beslan (320 otages tués), qu'il a revendiquée.

L'armée russe dans le Caucase

En 2004, environ 38 000 soldats russes étaient toujours basés en Tchétchénie. Déjà entachée par l'issue sanglante des précédentes prises d'otages tchétchènes à Boudenovsk, à Pervomaiskoïe pendant la première guerre et au théâtre de la Doubrovka à Moscou en 2002, la réputation des Spetnaz, les forces spéciales russes, s'est encore détériorée à Beslan. Directement subordonnées au FSB, l'ex-KGB, les troupes Alpha ont tiré dans le tas à Beslan au lieu d'effectuer des frappes ciblées, moins meurtrières. Résultat : 40 % des otages ont été tués dans les combats qui ont opposé les forces russes aux combattants tchétchènes. Le Kremlin a depuis annoncé sa énième réforme des forces armées russes.

Pour en savoir plus

Marie Bennigsen Broxup, « Tchétchénie : une guerre coloniale », *Politique internationale*, n° 67, printemps 1995.

Lesley Blanch, *Les sabres du Paradis*, Lattès, 1990.

Alexandre Dumas, *Chamil et la résistance tchétchène contre les Russes*, Nautilus, 2000.

Isabelle Facon, « L'armée et la seconde guerre de Tchétchénie », *Le Courrier des pays de l'Est*, n° 1004, avril 2000.

Carlotta Gall et Thomas De Waal, *Chechnya, Calamity in the Caucasus*, New York, New York University Press, 1998.

Patrick Karam et Thibaut Mourgues, *Les guerres du Caucase, des Tsars à la Tchétchénie*, Perrin, 1995.

Anatol Lieven, *Chechnya : Tombstone of Russian Power*, New Haven, Yale University Press, 1999.

Anna Matveeva : « The North Caucasus, Analysis of Current Issues », Bruxelles, Center for European Policy Studies, janvier 2000.

Anna Politkovskaïa, *Tchétchénie : le déshonneur russe*, Buchet-Chastel, 2003.

Comité Tchétchénie, *Tchétchénie : dix clés pour comprendre*, La Découverte, 2003.

Internet

www.iwpr.net
L'un des meilleurs sites sur le Caucase, fait par l'Institute for War and Peace Reporting.

www.kavkaz.org
Site de la guérilla tchétchène.

www.hrw.org
Human Rights Watch.

www.tchetcheniеparis.free.fr
Site du Comité Tchétchénie.

www.fidh.org/europe/tchetch.htm
Site de la Fédération internationale des droits de l'homme.

Superficie : 70 000 km²
Population : 5,5 millions
Composition ethnique : Géorgiens (70 %), Arméniens (8 %), Russes (6 %), Azéris (5 %), Ossètes (3 %), Abkhazes (2 %)
Religion : orthodoxes

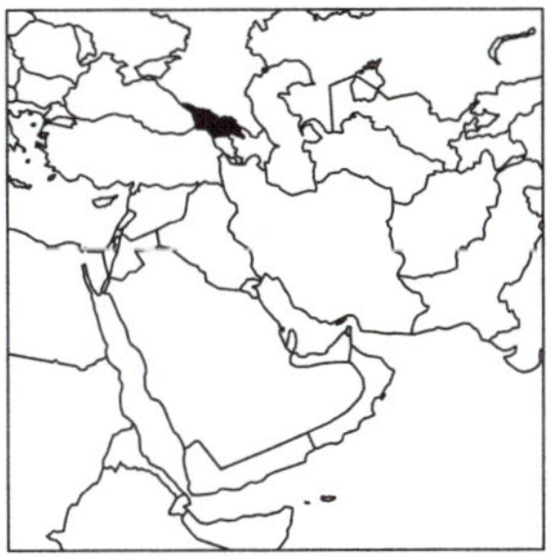

Géorgie

La Géorgie a longtemps été l'une des républiques caucasiennes les plus prospères et les plus frondeuses de l'Union soviétique. Petite enclave chrétienne isolée dans un environnement régional dominé par l'islam, la Géorgie a cherché la protection impériale de Moscou, collaborant en retour à la poussée russe dans le Caucase. En contrepartie, Moscou y a toujours toléré une relative liberté d'expression. Historiquement, Tbilissi et Moscou sont liés par une sorte de partenariat stratégique qui s'est, il est vrai, le plus souvent résumé à une colonisation pure et simple de la part des Russes. Avec l'implosion de l'Union soviétique et l'indépendance géorgienne, Tbilissi a tenté de s'affranchir de la pesante tutelle de Moscou. Mais la Russie a tout fait pour inciter les autorités géorgiennes à adopter une politique plus conciliante envers ses intérêts. Elle a instrumentalisé la question des minorités et utilisé toute la gamme dont dispose une grande puissance pour remettre au pas un État-satellite récalcitrant : déstabilisation du régime en place, soutien aux séparatistes, abkhazes ou ossètes.

LA MONTÉE DU NATIONALISME GÉORGIEN

Dès la fin des années 70, l'intelligentsia géorgienne s'est trouvée en première ligne dans la lutte pour la démocratisation du régime soviétique et pour la défense de la spécificité géorgienne. Le développement d'un puissant courant nationaliste à Tbilissi à la fin des années 80, militant en faveur de l'indépendance, amena de nombreux Géorgiens à faire abstraction de la réalité géopolitique et à négliger la nature des relations « spéciales » et ambiguës prévalant avec Moscou.
Mais le mouvement national géorgien se développe autant contre la domination moscovite que contre les particularismes des différentes minorités animées par des aspirations centrifuges. Les troubles que connaît la Géorgie reposent en partie sur l'incapacité de ses dirigeants à prendre en compte la dimension plurielle du pays. La petite république caucasienne est une véritable société multiethnique et multiculturelle dans laquelle se juxtaposent des groupes humains ethniquement, linguistiquement et religieusement connotés. Une fracture réelle prévaut notamment entre Géorgiens orientaux et occidentaux. Les divisions internes du camp géorgien sont cependant dépassées par le clivage existant entre la majorité géorgienne et les différentes minorités (30 % de la population), notamment abkhazes et ossètes. En dépit de plusieurs périodes de grandeur historique, l'unité de la « nation géorgienne » a toujours été éphémère.

L'INDÉPENDANCE ET SES TROUBLES

À partir de la fin de l'année 1991, la Géorgie connaît une phase de grande violence politique : lutte implacable pour le contrôle du pouvoir exécutif à Tbilissi et remise en cause de son intégrité territoriale. En 1991, Zviad Gamsakhourdia organise un référendum qui plébiscite l'indépendance. Il est triomphalement élu président. Mais l'image du dissident tourné vers l'Europe cède vite la place à celle du dictateur xénophobe et pourfendeur des droits de l'homme. Moins de sept mois après son élection, il est évincé à la suite d'un coup de force sanglant.
Les troubles qu'a connus la Géorgie depuis son indépendance ont été en partie dus à la lutte pour le pouvoir que se sont menées différentes factions politico-militaires ou politico-mafieuses. À l'exception d'Édouard Chevardnadzé, les principales figures du drame géorgien sont tous d'anciens militants de la cause indépendantiste, dont les intérêts personnels ont divergé dès la fin 1990, les conduisant à s'entredéchirer. Le réveil du nationalisme géorgien provoque, en réaction, un sursaut identitaire chez les Abkhazes et les Ossètes. Réfutant la « géorgisation » apparemment inéluctable, ces populations se battent pour leur survie en tant qu'ensemble spécifique d'un point de vue identitaire et linguistique.

LE RETOUR DANS LE GIRON DE MOSCOU

Édouard Chevardnadzé réussit néanmoins à s'imposer et à stabiliser la situation en 1992. À partir de l'automne 1993, il assure la pérennité de son régime en pactisant avec Moscou et en acceptant l'entrée de la Géorgie dans la CEI, la Communauté des États indépendants, moyennant l'arrêt des opérations de déstabilisation. Cette volte-face se traduit par un spectaculaire retournement de la situation militaire. Les rebelles sont écrasés et les foyers insurrectionnels gelés. Chevardnadzé s'attelle alors à remettre de l'ordre en Géorgie et à bâtir à Tbilissi un État moderne.
Le déclenchement de la seconde guerre en Tchétchénie entraîne un regain de tension entre la Géorgie et la Russie. En octobre 1999, plusieurs milliers de Tchétchènes franchissent la frontière pour se réfugier dans la vallée de Pankissi. Moscou accuse Tbilissi d'être complice de la rébellion tchétchène en permettant aux combattants d'utiliser une partie de son territoire comme base arrière. Depuis, la frontière a été fermée et les rebelles ont déserté la vallée, où ne se trouvent plus que des réfugiés tchétchènes.

LA CHUTE DE CHEVARDNADZÉ

En novembre 2003, une grave crise politique éclate à l'issue des élections législatives. Les partis d'opposition dénoncent la « fraude massive » organisée par les autorités et réclament la démission de Chevardnadzé. Le président géorgien n'a pas réussi à juguler la corruption et à enrayer l'effondrement de l'économie. Ses anciens alliés se coalisent pour le forcer à passer la main. La « révolution des roses » débouche sur le départ de Chevardnadzé et le triomphe, à l'élection présidentielle, de Mikhaïl Saakachvili, le jeune chef de l'opposition, l'un des initiateurs de la révolte populaire. Le succès de ce jeune avocat de 36 ans est confirmé dans la foulée par la victoire écrasante de son parti, le Mouvement national-Front démocratique, aux élections législatives. Soutenu par l'Union européenne et les États-Unis, le nouveau maître de la Géorgie a aujourd'hui les coudées franches pour mener à bien la politique de réformes qu'il a promise.

L'ABKHAZIE

Petit territoire au nord-ouest de la Géorgie et véritable mosaïque ethnique, l'Abkhazie a été le théâtre de l'un des plus sanglants conflits provoqués par l'implosion de l'URSS. L'affirmation de la mouvance nationaliste en Géorgie a provoqué un puissant sursaut identitaire en Abkhazie. À la fin des années 80, la « question abkhaze » devient l'élément moteur de l'évolution politique de la Géorgie, cristallisant deux dynamiques nationalistes contradictoires : celle des Géorgiens, qui défendent l'intégrité territoriale de leur République, et celle des Abkhazes, qui cherchent à préserver leur spécificité identitaire gravement menacée. L'exécutif géorgien décide de reprendre en main la République autonome en août 1992. La guerre civile dure plus d'un an, jusqu'à la victoire des Abkhazes, facilitée par l'attitude compréhensive des troupes russes à leur égard. Depuis, le *statu quo* militaire se perpétue. Les Abkhazes revendiquent toujours leur intégration à la Russie ou, à défaut, leur indépendance. La tension s'est accrue en août 2004 entre Tbilissi, d'une part, et Soukhoumi et Moscou, d'autre part, la Russie étant accusée de soutenir en sous-main le régime séparatiste abkhaze. Les Abkhazes, qui observent avec inquiétude la politique de réunification de la Géorgie menée par Mikhaïl Saakachvili, ont refusé un projet de confédération proposé par Tbilissi.

L'OSSÉTIE DU SUD

Il s'agit là aussi d'un bras de fer opposant le pouvoir central géorgien à une petite minorité. Comme en Abkhazie, Moscou a joué au pompier pyromane en Ossétie du Sud, soufflant sur les braises pour mieux éteindre ensuite le brasier.
Les Ossètes constituent le troisième peuple chrétien du Caucase, avec les Arméniens et les Géorgiens. En dépit des diversités ethniques et linguistiques, l'histoire commune de l'Ossétie et de la Géorgie a favorisé une lente osmose entre les deux peuples. En 1922, l'Ossétie du Sud est rattachée à la République soviétique de Géorgie, tandis que l'Ossétie du Nord est intégrée à la Russie.
Le fond de la crise sud-ossète repose également sur l'incapacité des nationalistes géorgiens à aborder sereinement la question des minorités. Le frémissement nationaliste perceptible à Tbilissi à partir de la seconde moitié des années 80 provoque un sursaut identi-

taire chez les Ossètes, auxquels le pouvoir géorgien refuse tout droit spécifique. Les incidents se multiplient en 1990. En janvier 1991, les autorités de Tbilissi décident l'envoi de 6 000 militaires afin de rétablir l'ordre dans le territoire. La guerre gagne peu à peu tout le pays. Au printemps 1992, les troupes russes, restées jusque-là relativement neutres, penchent ouvertement en faveur des Ossètes. Leur engagement et les pressions diplomatiques exercées par Moscou sur Tbilissi permettent d'aboutir à un accord de paix le 24 juin 1992, qui réaffirme l'intégrité territoriale de la Géorgie et de la Russie. Un calme précaire a depuis régné en Ossétie du Sud jusqu'en 2004. Mais, après avoir mis au pas la province rebelle d'Adjarie, le bouillant président géorgien Mikhaïl Saakachvili se lance à l'assaut de la province d'Ossétie du Sud. En juin, puis en août, des escarmouches opposent les Ossètes du Sud, soutenus en sous-main par les Russes, aux forces géorgiennes. La situation, très tendue, pourrait dégénérer au moindre incident.

L'ADJARIE

Au printemps 2004, le conflit latent opposant Tbilissi à la région autonome d'Adjarie s'est envenimé. L'une des premières mesures du nouveau président géorgien Mikhaïl Saakachvili a été de rétablir l'autorité de Tbilissi sur la région indépendantiste dirigée par le russophile Aslan Abachidzé. Le bras de fer qui oppose pendant plusieurs semaines Mikhaïl Saakachvili au leader local a failli tourner à la confrontation directe après le refus de Batoumi de laisser le nouveau président géorgien entrer en Adjarie. Mais, face aux pressions de ses parrains moscovites, Abachidzé a finalement dû s'incliner et promettre d'organiser des élections démocratiques en Adjarie. Principal obstacle à la restauration de la « souveraineté de la Géorgie » voulue par Tbilissi, il a été neutralisé en quelques jours par les pressions conjuguées de Tbilissi et de Moscou. L'Adjarie a depuis réintégré le giron géorgien.

Les acteurs

Mikhaïl Saakachvili

À 36 ans, ce jeune avocat, leader de la « révolution des roses » qui détrôna Édouard Chevardnadzé fin 2003, est devenu l'homme le plus populaire de Géorgie en quelques semaines. Ancien allié de Chevardnadzé – il est nommé ministre de la Justice en 2000 –, ce réformiste radical et pro-occidental ne se sent pas à l'aise dans un gouvernement qu'il juge trop conservateur et corrompu. Il fonde son propre parti en 2002, le Mouvement national-Front démocratique, avant de triompher, à l'issue d'une révolution pacifique, à l'élection présidentielle en janvier 2004, puis aux élections législatives en mars. Depuis son arrivée au pouvoir, Saakachvili clame son intention de réunifier son pays, déchiré après la chute de l'Union soviétique.

Pour en savoir plus

Thorniké Gordadzé, « Le Cercle de feu caucasien », *Politique internationale*, n° 86, hiver 1999-2000.

André Sellier, *Atlas des peuples d'Orient : Moyen-Orient, Caucase, Asie centrale*, La Découverte, 1999.

François Thual, *Le Caucase*, Flammarion, 2001.

Internet

www.iwpr.net
www.georgia.net.ge
www.presidpress.gov.ge
Site officiel de la présidence géorgienne.

Balkans

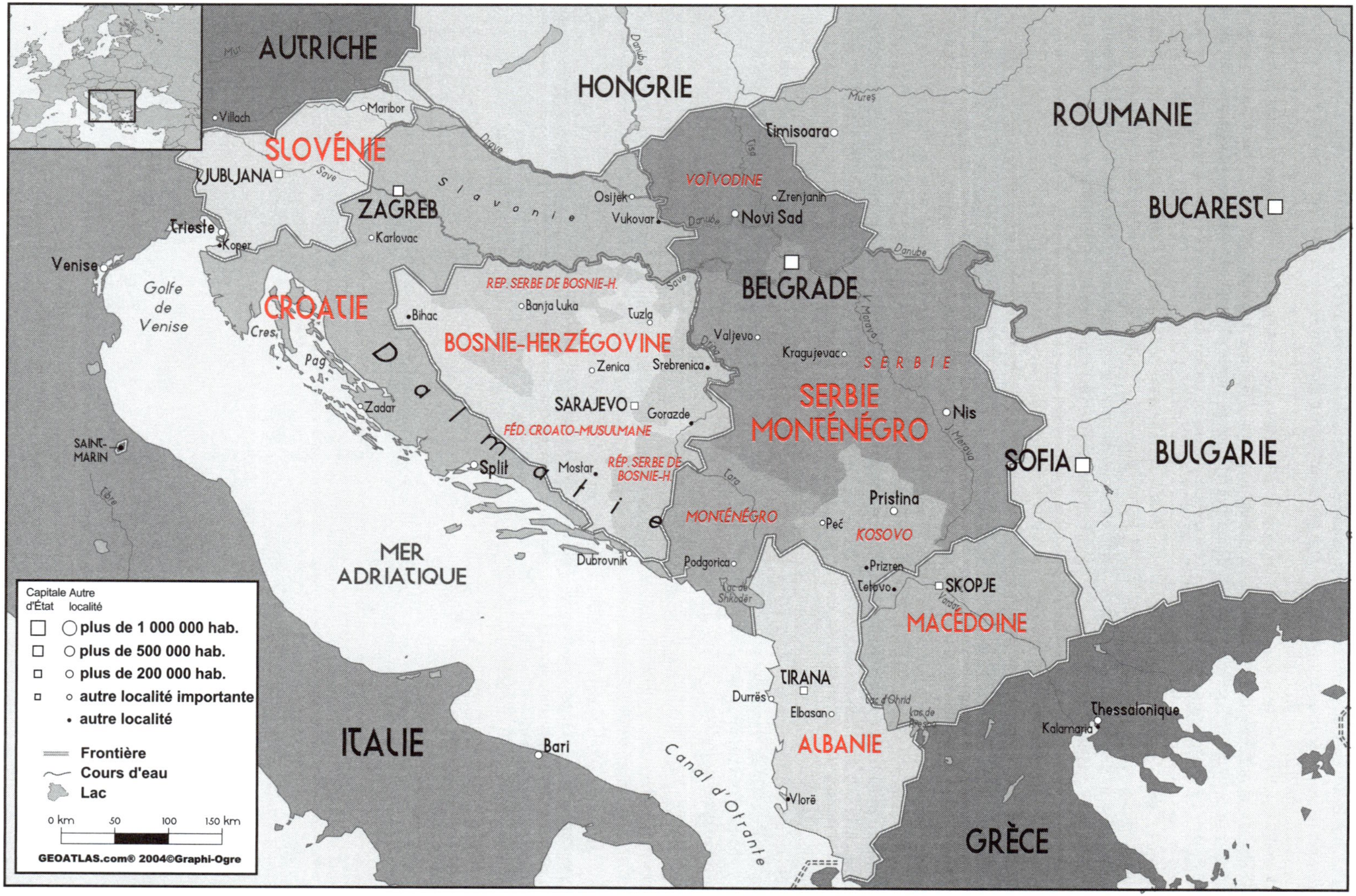

AUTRICHE
HONGRIE
ROUMANIE
BUCAREST
SLOVÉNIE
LJUBLJANA
Villach
Maribor
ZAGREB
Karlovac
Slavonie
Osijek
Vukovar
VOÏVODINE
Timisoara
Zrenjanin
Novi Sad
BELGRADE
Trieste
Koper
Venise
Golfe de Venise
CROATIE
Cres
Pag
Zadar
Split
Dalmatie
REP. SERBE DE BOSNIE-H.
Bihac
Banja Luka
Tuzla
BOSNIE-HERZÉGOVINE
Zenica
Srebrenica
SARAJEVO
Gorazde
FÉD. CROATO-MUSULMANE
Mostar
RÉP. SERBE DE BOSNIE-H.
Dubrovnik
Valjevo
Kragujevac
SERBIE
SERBIE MONTÉNÉGRO
Nis
SOFIA
BULGARIE
MONTÉNÉGRO
Podgorica
Pristina
Peč
KOSOVO
Prizren
Tetovo
SKOPJE
MACÉDOINE
TIRANA
Durrës
Elbasan
ALBANIE
Vlorë
Thessalonique
Kalamaria
GRÈCE
SAINT-MARIN
MER ADRIATIQUE
ITALIE
Bari
Canal d'Otrante
Danube
Drave
Save
Tisa
Mureş
Morava
Drina
Tara
Vardar
Mur
Tibre
Lac de Shkodër
Lac d'Ohrid
Lac de Prespa
Capitale d'État
Autre localité
plus de 1 000 000 hab.
plus de 500 000 hab.
plus de 200 000 hab.
autre localité importante
autre localité
Frontière
Cours d'eau
Lac
0 km
50
100
150 km
GEOATLAS.com® 2004©Graphi-Ogre

Superficie : 88 361 km² avec les provinces du Kosovo et de Voïvodine
Population : 9,8 millions d'habitants, dont 5,8 pour la Serbie proprement dite
Composition ethnique : Serbes (66 %), Albanais (17 %) (essentiellement au Kosovo), Hongrois (4 %)
Religions : orthodoxes, musulmans

Serbie

La Serbie revient de loin. Après avoir chassé Milosevic du pouvoir en octobre 2000, après l'avoir extradé à La Haye au printemps 2001, elle a opéré un retour en arrière entre 2003 et 2004. L'assassinat du Premier ministre réformateur Zoran Djindjic, à Belgrade en 2003, suivi par le succès des ultranationalistes aux élections législatives de décembre, ont entraîné l'arrêt des réformes. Alors que la Croatie s'est rapprochée à grands pas de l'Europe en 2004, la Serbie semblait s'en éloigner aussi rapidement. Un sursaut démocratique a finalement permis au candidat réformateur Boris Tadic de battre son rival ultranationaliste à l'élection présidentielle de juin 2004. Mais les élections municipales, organisées en septembre 2004, ont confirmé la fracture qui divise la Serbie en deux camps : les ultranationalistes et les réformateurs. La progression des nationalistes risque de freiner les efforts de la Serbie pour intégrer les institutions européennes.

LA RÉVOLUTION INACHEVÉE

À l'origine de ce recul de la démocratie et des réformes en Serbie, les promesses non tenues de la « révolution » qui a provoqué la chute de Milosevic en octobre 2000. Les principales structures d'État, l'armée, la police, les services de sécurité et la justice, n'ont pas été nettoyées des résidus de l'ancien régime et sont toujours dirigées par des proches de Slobodan Milosevic. La Constitution n'a pas été changée. La victoire des ultranationalistes de Vojislav Seselj en décembre 2003, suivie de la formation d'un nouveau gouvernement dirigé par le nationaliste Vojislav Kostunica, qui s'est appuyé sur les socialistes du SPS de Milosevic, a même renforcé l'emprise des hommes de l'ancien régime.

UNE CRISE POLITIQUE PERMANENTE

Divisés sur la plupart des dossiers, les opposants démocrates n'ont pas pu, ou pas voulu, s'attaquer aux institutions d'État de l'ancien régime. Comme ils n'ont pas pu, ou pas voulu, mettre fin à la corruption qui gangrène l'État et le pays. Le seul homme qui avait publiquement défendu la coopération avec le Tribunal pénal international de La Haye, et promis d'en finir avec les mafias, Zoran Djindjic, a été assassiné. Les autres ont toujours considéré le tribunal de l'ONU comme une institution « politique » et « antiserbe », et les hommes de l'ancien régime comme un « mal nécessaire » de la transition serbe.
La politique de la communauté internationale a sans doute alimenté la crise politique et économique dans laquelle s'est débattue la Serbie en 2003 et 2004.

En forçant Belgrade et Podgorica, les capitales de la Serbie et du Monténégro, à demeurer au sein d'un État commun, les capitales occidentales ont canalisé l'énergie du pouvoir serbe sur le maintien de la fédération et non sur le démantèlement du régime de Milosevic.
L'élection présidentielle de juin 2004 a bien failli replonger la Serbie dans l'isolement international qu'elle avait connu dans les années 90 sous Milosevic. Après avoir passé deux ans sans président – les trois élections précédentes ont été invalidées faute de participation suffisante –, la Serbie a manqué d'élire un ultranationaliste. Le soutien de dernière minute apporté au candidat réformateur par le Premier ministre Kostunica, qui a cédé aux pressions d'une communauté internationale inquiète, a permis de changer le cours des choses. Et de faire élire le démocrate Boris Tadic, l'héritier politique de Zoran Djindjic.
Le jour de sa victoire, le nouveau président a confirmé son choix européen pour la Serbie. Il a annoncé une reprise des réformes économiques. Il a aussi promis de coopérer avec le Tribunal pénal international, une « obligation » de la Serbie, membre des Nations unies. La réorganisation de la scène politique serbe n'est cependant pas terminée. En désaccord sur presque tous les sujets avec le chef du gouvernement, le nouveau président devra choisir entre une cohabitation difficile et la convocation d'élections législatives anticipées.
Il devra aussi s'attacher à régler les épineux dossiers qui empoisonnent la vie politique serbe. Notamment celui du Kosovo. Vojislav Kostunica a proposé un plan de « cantonisation » ou de « partition » de la province, qui n'a pour l'instant les faveurs ni de la communauté internationale ni de Pristina. Après les émeutes albanaises du mois de mars, un grand nombre d'hommes politiques en Serbie se sont prononcés pour un retour des forces serbes au Kosovo. Zoran Djindjic, lui, s'était dit prêt à se séparer de la province indépendantiste. Reste à savoir si Tadic assumera son héritage sur ce sujet ultrasensible.

LE SUD DE LA SERBIE, TOUJOURS BALLOTÉ ENTRE BELGRADE ET LE KOSOVO

Au sud de la Serbie, les villes majoritairement albanaises de Precevo, Bujanovac et Medvedja, sont les otages du bras de fer qui oppose Belgrade et Pristina. Au début de l'année 2000, des affrontements ont éclaté entre l'Armée de libération de Precevo, Medvedja et Bujanovac (UCPMB) et les forces de l'ordre serbes. Après des négociations organisées sous l'égide de la communauté internationale, un accord de paix a été signé en 2001. La guérilla locale a été désarmée et dissoute. Malgré leur souhait d'être rattachés au Kosovo, les Albanais du sud de la Serbie ont accepté de rester dans le giron de Belgrade, pour peu que leurs droits soient davantage respectés. Mais cette intégration en Serbie se fait contre leur volonté. Et il suffirait d'un rien, aujourd'hui, et notamment une nouvelle poussée de violence au Kosovo suivie d'un retour des forces serbes dans la province, pour que le sud de la Serbie s'enflamme à son tour. Le sort des Albanais du sud de la Serbie est politiquement lié à celui de la minorité serbe du Kosovo. Comme les Serbes du Kosovo, les populations albanaises ont d'ailleurs fait de la décentralisation l'une de leurs priorités.

LE CAS DE LA VOÏVODINE

Le sort de la minorité hongroise est longtemps resté dans l'ombre des conflits yougoslaves. La mise sous contrôle direct de la province de Voïvodine par les autorités de Belgrade en 1989 s'est opérée de concert avec la contestation des garanties précédemment accordées aux minorités. Face à la « serbisation » qui semblait les menacer, les minorités de Voïvodine, notamment la hongroise, qui représente 14 % de la population, ont tenté de résister. La chute de Slobodan Milosevic en 2000, suivie de l'arrivée au pouvoir de la DOS (Opposition démocratique de Serbie), a changé la donne. Les réformistes de Voïvodine ont été à l'avant-garde de la contestation anti-Milosevic. Mais la victoire des ultranationalistes en Serbie aux élections législatives de décembre 2003, a fait craindre le retour des tensions. Au lendemain du scrutin, des attaques ont été menées par des extrémistes contre des Croates de Voïvodine.

LE MONTÉNÉGRO EN MARCHE VERS L'INDÉPENDANCE ?

Avec ses 650 000 habitants, le Monténégro est la seule des six républiques de l'ancienne Yougoslavie à ne pas avoir obtenu son indépendance. Mais ce n'est peut-être qu'une question de mois. Partisan d'un divorce complet avec la Serbie, avec laquelle le Monténégro est uni dans une fédération, le président réformiste Milo Djukanovic envisage de convoquer un référendum sur la question. Et ce malgré l'opposition de la communauté internationale, celle également de près de 50 % de la population et du Parti socialiste populaire de son adversaire Pedrag Bulatovic. Estimant que Podgorica n'a d'autre choix pour assurer son développement politique et économique que de rompre avec un partenaire serbe à la taille disproportionnée (8 millions d'habitants), le gouvernement monténégrin a déjà franchi les premières étapes qui pourraient un jour le mener à l'indépendance.
La république a renoncé au dinar yougoslave pour adopter le deutschmark, puis l'euro. Elle a créé sa propre banque centrale et sa politique étrangère s'est tournée vers l'Occident. Contrairement à toutes les attentes, la chute de Milosevic et la victoire de l'opposition démocratique à Belgrade en octobre 2000 n'ont pas ralenti cette marche vers l'indépendance. Les autorités de Podgorica reprochent à Belgrade de vouloir contrôler le Monténégro. Elles réclament la création de deux États indépendants avec des sièges distincts à l'ONU.
Après avoir longtemps soutenu le régime réformiste de Djukanovic, qui luttait contre le régime de Milosevic, la communauté internationale a pris ses distances avec Podgorica depuis l'avè-

nement d'un nouveau pouvoir à Belgrade. Les capitales occidentales ne veulent pas d'une indépendance du Monténégro qui signerait la fin de la Fédération Serbie-Monténégro et pourrait ouvrir la voie à d'autres sécessions, au Kosovo, en Macédoine et en Republika Srpska, l'entité serbe de la Bosnie-Herzégovine.

Les acteurs

La guérilla albanaise au sud de la Serbie

Après la guerre du Kosovo, les forces yougoslaves ont affronté une nouvelle guérilla albanaise au sud de la Serbie, dans la vallée de Precevo. Apparue en décembre 1999 pour, à l'origine, empêcher tout contact physique entre les forces de Slobodan Milosevic et les Albanais du Kosovo, l'UCPMB (Armée de libération de Precevo-Medvedja-Bujanovac) prétendait défendre les droits des Albanais, majoritaires dans ces trois communes du sud de la Serbie. Le conflit, qui a duré seize mois, a été réglé par la nouvelle approche, basée sur le dialogue, des successeurs de Milosevic. Après des mois de négociations sous l'égide de l'Otan, rebelles albanais et responsables serbes ont signé un plan de paix prévoyant l'intégration politique et économique de cette région délaissée par l'ancien régime. L'UCPMB a été dissoute en mai 2001. Et les forces yougoslaves ont été autorisées à réinvestir la zone de sécurité. Mais l'absence de solution politique au Kosovo et la radicalisation de la jeunesse albanaise pourraient à terme provoquer de nouvelles tensions au sud de la Serbie.

Boris Tadic

Le leader du Parti démocratique a été élu président de Serbie en 2004. Proche de Zoran Djindjic, l'ancien Premier ministre serbe assassiné en mars 2003, Boris Tadic a promis de rompre avec l'héritage des années Milosevic. À 46 ans, ce réformateur convaincu veut offrir à la Serbie un avenir démocratique, libéral et pro-européen. Soutenu par les jeunes et les grandes villes, il est considéré comme un pragmatique et non comme un idéologue. Mais ses relations avec le Premier ministre nationaliste Vojislav Kostunica ne sont pas bonnes.

Vojislav Kostunica

Propulsé à la tête du pays après la chute de Milosevic en 2002, ce professeur de droit de 58 ans a réussi à réintégrer la Serbie dans la communauté internationale. Mais il n'a jamais voulu débarrasser les principales institutions du pays (administration, armée, services de renseignement...) des proches de Slobodan Milosevic. Son refus de collaborer avec le Tribunal pénal international de La Haye, son manque de souplesse sur le dossier du Kosovo et ses réticences à imposer des réformes en Serbie ont exaspéré les réformateurs serbes et fini par agacer la communauté internationale. Après avoir échoué à se faire réélire à la présidence de Serbie, il est devenu Premier ministre.

Pour en savoir plus

Paul Garde, *Vie et mort de la Yougoslavie*, Fayard, 1992.

Paul Garde, *Les Balkans*, Flammarion, 1994.

Vidosav Stevanovic, *Milosevic, une épitaphe*, Fayard, 2000.

Internet

www.iwpr.net
Site de l'Insitute for War and Peace Reporting.

www.balkans.eu.org
Le Courrier des Balkans, un portail francophone.

www.betanews.com

Superficie : 10 887 km²
Population : 1,8 million
Composition ethnique : 90 % d'Albanais ; minorités serbe, tzigane, turque
Religions : musulmans, orthodoxes

Kosovo

Le Kosovo est un cas typique de confrontation de légitimité historique entre deux peuples, les Albanais et les Serbes. Les Albanais font valoir qu'ils descendent des Illyriens qui se sont installés au Kosovo dès le IIIe siècle avant J.-C. Mais les Serbes considèrent le Kosovo comme le berceau historique de leur histoire et de leur culture. En 1999, les avions de l'Otan ont mis fin à la répression exercée par les forces serbes de Slobodan Milosevic contre les civils albanais du Kosovo. Mais le départ des troupes de Belgrade s'est accompagné de celui d'une grande partie des Serbes du Kosovo, que la communauté internationale n'a pas réussi à protéger. Depuis, la province, dont le statut a été gelé, n'a guère enregistré de progrès économiques et politiques. Les Albanais revendiquent toujours l'indépendance. Belgrade refuse de faire la moindre concession sur ce sujet. Au Kosovo, les Serbes vivent dans des enclaves protégées par l'ONU et la jeunesse albanaise se radicalise. Faute de se résoudre à faire un choix politique sur l'avenir du Kosovo, la communauté internationale, qui a déjà investi des milliards au Kosovo, risque de voir se reproduire les violences antiserbes de mars 2004.

UN BERCEAU POUR DEUX PEUPLES

Ancienne possession ottomane entre le XIVe siècle et le début du XXe siècle, le Kosovo a été reconquis par les Serbes en 1913. La référence historique majeure des Serbes au Kosovo reste la bataille de Kosovo Polje, le « champ des merles », qui se solda par une défaite face aux Ottomans en juin 1389, scellant cinq siècles de domination sur la nation serbe. Aujourd'hui encore, la « glorieuse défaite » est célébrée chaque année comme une victoire en Serbie. C'est même à cette occasion que le mouvement nationaliste pan-serbe a pris son essor, Slobodan Milosevic ayant rassemblé un million de personnes, le 25 juin 1989, jour du 600e anniversaire de la bataille, pour appeler à la renaissance de la « Grande Serbie ».

À partir de 1913, sous la Yougoslavie monarchiste, les Albanais subissent la répression de la Serbie orthodoxe. Leur résistance dure jusqu'en 1923. La Serbie implante des colons au Kosovo et les élites kosovares émigrent en Turquie. De 1948 à 1966, une nouvelle politique de répression systématique est menée au Kosovo. En 1974, la politique de Belgrade s'assouplit : la nouvelle constitution yougoslave, celle de Tito, reconnaît le Kosovo comme « élément constituant » de la République.

LE RÉVEIL DU NATIONALISME ALBANAIS

Mais, à partir de 1981, les manifestations étudiantes se multiplient. Elles marquent le réveil du nationalisme albanais. Dès 1986, la violence d'État exercée par le pouvoir serbe et ses bras armés – police et armée – contre les Albanais (90 % de la population) devient permanente. Faisant du Kosovo son cheval de bataille, Milosevic supprime le statut d'autonomie de la province en 1989. L'année suivante, Belgrade dissout le Parlement et le gouvernement albanais. En 1992, des élections clandestines portent Ibrahim Rugova à la présidence du Kosovo.

Plus de 20 000 hommes des forces de sécurité serbes sont stationnés dans la province. Les groupes paramilitaires ultranationalistes tentent de forcer à l'exode progressif les populations albanaises en terrorisant les civils. Les rafles policières se multiplient. Le pouvoir serbe a noyauté la police, l'administration, l'enseignement et l'économie. Les Albanais ne sont plus que des citoyens de seconde classe.

LA RADICALISATION DE LA RÉSISTANCE

Chef de file de la Ligue démocratique du Kosovo (LDK), Ibrahim Rugova prône pendant plusieurs années une politique de résistance passive. Il met aussi sur pied des structures parallèles, comme les universités et les écoles clandestines. Mais l'impatience de la population albanaise conduira peu à peu à sa radicalisation. Une nouvelle organisation albanaise, l'Armée de libération du Kosovo (UCK), s'active dans les montagnes. Déçus par l'attitude de la communauté internationale, qui a laissé de côté la question du Kosovo dans les accords de Dayton, de nombreux Albanais se détournent de la politique pacifique de Rugova, qui selon eux n'a mené qu'à l'échec, pour rejoindre la ligne plus radicale de l'UCK.

À partir du printemps 1998, Milosevic lance une vaste opération militaire au Kosovo. Après l'échec des négociations de Rambouillet, Belgrade lâche ses troupes à l'assaut des combattants de l'UCK retranchés dans les montagnes de la Drenica. Des centaines de milliers de Kosovars sont forcés à l'exil, poussés hors de la province par l'avancée des troupes serbes et les exactions commises contre les civils.

LA GUERRE DE L'OTAN

Choquée par les images d'exode, instruite par son expérience des frappes aériennes en Bosnie, qui ont finalement fait plier les Serbes en août 1995, la communauté internationale réagit cette fois très rapidement. Les frappes aériennes de l'Otan contre la Yougoslavie sont lancées le 24 mars. La campagne aérienne dure jusqu'au 10 juin. Le président yougoslave est contraint de signer un accord et de retirer ses troupes du Kosovo. La guerre aura fait entre 8 000 et 10 000 morts chez les Kosovars. Mais le 12 juin 1999, la province est en liesse : les forces serbes sont remplacées par des soldats de l'Otan. Depuis, le Kosovo est devenu un protectorat international.

Mais, si l'intervention de l'Alliance Atlantique a permis de mettre fin à la répression policière des forces serbes au Kosovo, elle n'a pas débouché sur la stabilité. La Kfor (Force de paix de l'Otan au Kosovo) et la Minuk, l'administration provisoire de l'ONU, devaient mettre en place une autonomie substantielle, démocratiser la vie politique, assurer le retour des réfugiés et la reconstruction des infrastructures ainsi que désarmer les combattants de l'UCK, qui ont été réintégrés dans un Corps de protection du Kosovo (TMK).

Mais le retrait des forces serbes s'est accompagné d'un exode de la population civile serbe, qui s'est poursuivi pendant de longs mois en raison des agressions et des meurtres commis par des Albanais désireux de se venger des Serbes. Gelée pendant cinq ans en attendant que la province soit pacifiée, la question du statut du Kosovo n'a pas été réglée. Les Albanais réclament toujours l'indépendance de la province, tandis que les Serbes veulent son maintien dans la fédération.

LES ÉMEUTES ANTISERBES

Les 17 et 18 mars 2004, des émeutes albanaises, spontanées le premier jour, récupérées par les courants radicaux le second jour, secouent la province. Ce sont les plus graves violences que le Kosovo ait connues depuis le départ des forces de Belgrade. Les maisons de nombreux Serbes sont incendiées, leurs habitants chassés des enclaves. Des églises orthodoxes sont aussi détruites. Les affrontements ont fait 22 morts dans les deux camps. Trente-cinq militaires de l'Otan sont blessés.

Cinq ans après l'intervention militaire qui a libéré les Kosovars albanais de l'oppression serbe, la communauté internationale mesure l'ampleur de l'échec de sa politique de « réconciliation nationale ». Les dernières émeutes ont montré combien la vision officielle d'un Kosovo « stable, multiethnique et démocratique » était éloignée de la réalité. Elles ont aussi montré la fragilité de la mission de l'Otan, qui, avec ses 17 500 hommes, a été incapable d'enrayer rapidement les violences.

Mais le soulèvement a aussi révélé la faiblesse des institutions kosovares. Cinq ans après le départ des forces serbes, l'espoir a cédé la place à la désillusion et à la colère au Kosovo. Dans les montagnes, une nouvelle guérilla, l'Armée nationale albanaise (ANA), menace de reprendre les armes. Le Mouvement national pour la libération du Kosovo (LKCK), un petit parti politique ultraradical qui prône la Grande Albanie, s'impose dans les manifestations. Les facultés sont en ébullition. Ceux qui dans les années 90 manifestaient contre les Serbes descendent aujourd'hui dans la rue pour réclamer le retrait la Minuk, la mission de l'ONU au Kosovo.

Nourris par la jeunesse, les déçus de l'après-guerre et les anciens combattants de l'UCK, les nouveaux groupes radicaux échappent à l'influence des partis politiques traditionnels, décrédibilisés. Les ex-leaders de l'UCK qui participent au gouvernement se voient reprocher leur enrichissement et leur indifférence au sort des anciens combattants.

Occupée ailleurs en Irak ou au Proche-Orient, freinée par la bureaucratie onusienne et les dissensions entre l'Europe et les États-Unis, la communauté internationale hésite. Refuser l'indépendance au Kosovo mènerait à un nouvel embrasement de la province. Lui accorder sa liberté, contre la volonté de Belgrade, risquerait d'entraîner une nouvelle désagrégation de la région, la sécession du Monténégro, de la Republika Srpska, l'éclatement de la Macédoine. Mais, depuis le mois de mars, le *statu quo* n'est plus tenable. La communauté internationale a donc décidé d'ouvrir des négociations sur le statut du Kosovo en 2005.

DES ÉLECTIONS BOYCOTTÉES PAR LES SERBES

Les secondes élections législatives organisées par l'ONU depuis 1999 ont confirmé, en octobre 2004, que l'idéal multiethnique que la communauté internationale voulait imposer au Kosovo n'était qu'une illusion. Estimant que leur sécurité n'est plus assurée depuis les émeutes antiserbes de mars 2003, 99 % des 150 000 Serbes du Kosovo, dont 80 000 seulement habitent dans la province, ne sont pas allés voter. Ils sont restés sourds aux appels de la communauté internationale et du président serbe réformateur Boris Tadic, préférant suivre une consigne de boycott du président Vojislav Kostunica et de l'Église orthodoxe.

Pour le reste, le scrutin n'a pas modifié en profondeur le paysage politique albanais. Le parti du président Ibrahim Rugova, la Ligue démocratique du Kosovo (LDK), est arrivé en tête, suivi du Parti démocratique du Kosovo (PDK) de l'ancien leader de la guérilla, Hashim Thaci.

Les acteurs

◆ L'ex-UCK – l'ex-Armée de libération du Kosovo

C'est elle qui a mené, avec l'Otan, la guerre contre les forces serbes au Kosovo, en 1999. Apparue pour la première fois publiquement en 1997, l'Armée de libération du Kosovo a été inspirée par un groupe d'intellectuels albanais marxistes-léninistes. Née dans les montagnes de la Drenica, nourrie par la répression menée par le régime de Slobodan Milosevic au Kosovo, elle a mené une lutte armée pour réaliser l'objectif partagé par tous les Albanais du Kosovo : l'indépendance. Après l'intervention de l'Otan et le départ des forces serbes, l'UCK a été démantelée et ses combattants recyclés dans la TMK, un corps de protection civile. Mais des petits groupes de guérilla subsistent néanmoins dans les montagnes. Ils se manifestent régulièrement pour rappeler aux Serbes et à la communauté internationale qu'ils reprendront les armes si l'indépendance n'est pas accordée au Kosovo.

◆ Ibrahim Rugova

Chef de la résistance passive aux forces serbes sous Milosevic, en mauvais termes avec l'UCK, Ibrahim Rugova est le président du Kosovo. Chef du principal parti albanais du Kosovo, la Ligue démocratique du Kosovo (LDK), il est un personnage incontournable de la vie politique. À 60 ans, celui qu'on a surnommé le Gandhi des Balkans s'est promis de conduire la province à l'indépendance. Diplômé de la Sorbonne, il fut l'un des pionniers de l'intelligentsia dans l'ancienne Yougoslavie communiste. Lorsque Milosevic supprime l'autonomie du Kosovo en 1989, il fonde la LDK, crée des institutions parallèles au Kosovo et mène pendant dix ans une politique de résistance passive à la répression des forces serbes et du régime de Milosevic. Débordé par les radicaux de l'UCK, il est brièvement marginalisé pendant et juste après la guerre. Mais il réapparaît avec l'arrivée de l'ONU et de l'Otan au Kosovo et est élu président en mars 2002, à l'issue des premières élections organisées par l'ONU dans la province. Entretenant de mauvaises relations avec les anciens de l'UCK, il est critiqué au sein de son propre parti qui lui reproche son inaction et son attitude dictatoriale. Mais le bon score réalisé par son parti en octobre 2004 prouve qu'il a encore un avenir politique.

◆ ANA – Armée nationale Albanaise (ou AKSH)

Petite sœur de l'UCK, elle a mené la rébellion des Albanais en Macédoine en 2001. Cette armée de l'ombre est apparue en Macédoine pendant le bref conflit ethnique qui a opposé les rebelles albanais aux forces de sécurité macédoniennes en 2001. La plupart des combattants de l'ANA sont d'anciens membres de l'UCK kosovare. En Macédoine, ils luttaient pour obtenir des droits supplémentaires pour la communauté albanaise. En août 2001, les accords d'Ohrid mettent fin au conflit et la guérilla est démilitarisée. Des groupes sont cependant restés actifs, en Macédoine mais également au Kosovo et dans la vallée de Precevo, au sud de la Serbie, où vit une importante communauté albanaise.

◆ Kosovo Action Network

Nouvelle organisation radicale fondée par Albin Kurti, ancien leader des mouvements étudiants, emprisonné pendant deux ans et demi par les Serbes au début de la guerre du Kosovo. Le « réseau », qui a appelé au boycott des élections législatives de 2004, réclame le départ de la Minuk, la mission des Nations unies au Kosovo. Albin Kurti estime que la Minuk a échoué dans tous les domaines, qu'il s'agisse de restaurer la multiethnicité, de lutter contre le crime organisé et la violence ou d'assurer le développement économique du Kosovo. Il réclame l'organisation d'un référendum sur l'indépendance au Kosovo.

Pour en savoir plus

Antoine Garapon et Olivier Mongin, *Kosovo : Un drame annoncé*, Éditions Michalon, 1999.

Internet

www.iwpr.org
Site de l'Institute for War and Peace Reporting.

www.balkans.eu.org
Site du Courrier des Balkans, un portail francophone.

Superficie : 51 129 km²
Population : 4,4 millions
Composition ethnique : Musulmans, Serbes et Croates
Religions : musulmans, orthodoxes, catholiques

Bosnie

Malgré les accords de Dayton, qui ont mis fin aux combats en 1995, la Bosnie ne s'est toujours pas remise d'une guerre qui, entre 1992 et 1995, a fait plus de 200 000 morts. Partagée en deux entités, l'une serbe et l'autre croato-musulmane, la Bosnie est portée à bout de bras par la communauté internationale qui, depuis la fin de la guerre, a injecté 5,1 milliards de dollars d'aide financière. Les dernières élections municipales, organisées en octobre 2004, ont confirmé la suprématie des partis nationalistes, musulman, serbe et croate.

UNE GUERRE AU CŒUR DE L'EUROPE

Les premiers affrontements interethniques en Bosnie-Herzégovine ont commencé début février 1992, dans la région de Mostar. Le 29 février, les Musulmans et les Croates de Bosnie se prononcent pour l'indépendance de la Bosnie par référendum. La république est reconnue par les Douze, puis par les États-Unis. Le siège de Sarajevo commence presque aussitôt : le centre-ville est bombardé au mortier par les Serbes de Bosnie.

Après la découverte de camps de détention au mois d'août, la communauté internationale condamne la politique de « purification ethnique » menée par les Serbes en Bosnie. À l'automne, les forces de Radovan Karadzic et de Ratko Mladic, les chefs politique et militaire des Serbes de Bosnie, ont conquis 70 % du territoire.

Alliés contre les Serbes au début de la guerre, Croates et Musulmans s'opposent violemment en Bosnie à partir de 1993. Le président croate Franjo Tudjman et son homologue serbe Slobodan Milosevic s'étaient en fait secrètement entendus pour partager la Bosnie, au détriment des Musulmans bosniaques.

Fin 1993, l'offensive serbe marque le pas. Bien que soumise à une double pression militaire, serbe et croate, l'armée bosniaque a réussi à se renforcer et à se réorganiser.

OFFENSIVES TOUS AZIMUTS

Après des années d'échecs diplomatiques, la donne politico-militaire change brusquement en 1995. En mai, les Croates lancent une offensive éclair en Krajina pour récupérer les territoires annexés par les Serbes. Ce même mois, 400 casques bleus de l'ONU sont pris en otage par les Serbes de Bosnie. Les forces de Mladic tentent aussi de s'emparer des « zones de sécurité » de l'ONU. L'enclave de Srebrenica, en Bosnie orientale, tombe le 11 juillet. L'attaque se solde par la mort d'environ 8 000 Musulmans bosniaques, exécutés par les forces serbes sans que l'ONU ni l'Otan ne réagissent. Dans la foulée, Mladic et Karadzic sont inculpés de génocide par le Tribunal pénal international de La Haye. Le 30 août 1995, l'opération « *Deliberate Force* » est lancée par l'Otan contre les Serbes de Bosnie.

LES ACCORDS DE DAYTON

Les accords de Dayton, qui mettent fin à la guerre, sont signés le 21 novembre 1995 par les présidents serbe Slobodan Milosevic, croate Franjo Tudjman et bosniaque Alija Izetbegovic, sous l'égide de la communauté internationale. La République de Bosnie-Herzégovine devient un État souverain, composé de deux entités, la Fédération croato-musulmane et la République serbe. Le pouvoir exécutif est assuré par une présidence collégiale. Une force de stabilisation de l'Otan, la Sfor, veille à l'application des accords de paix.

LE DÉPART DE TUDJMAN, DE MILOSEVIC ET D'IZETBEGOVIC

Depuis, le contexte régional a évolué. Le président croate Franjo Tudjman est mort en 1999, son homologue bosniaque en octobre 2003. L'Otan a infligé une défaite militaire à la Serbie au Kosovo et le président serbe Slobodan Milosevic a été extradé à La Haye en 2001. Le nouveau pouvoir de Zagreb a consacré la rupture avec les Croates de Bosnie, qui rêvaient d'être rattachés à la Croatie. Mais les nationalistes, à l'origine de la guerre, ont à nouveau gagné les élections en octobre 2002. La guerre, qui s'est achevée sur le champ de bataille, n'a jamais cessé sur le plan politique. La réconciliation nationale n'a pas eu lieu.

LA FAIBLESSE DES INSTITUTIONS LOCALES

Les accords de Dayton, qui ont doté la Bosnie d'un système de gouvernement très complexe et ont légalisé les frontières issues du « nettoyage » ethnique, sont de plus en plus critiqués, en Bosnie mais également dans la communauté internationale. Faibles et dominées par les intérêts divergents des deux entités, les institutions locales n'ont pas réussi à s'imposer en Bosnie et à propulser le pays vers l'Europe. Le service audiovisuel public n'a toujours pas été unifié. La coopération avec le Tribunal pénal international de La Haye est inexistante en Republika Srpska (RS), où de nombreux Serbes refusent de sacrifier leur rêve d'indépendance sur l'autel de l'intégration européenne. Une majorité d'entre eux continue d'espérer que la RS sera un jour rattachée à la Serbie voisine. Ces espoirs sont alimentés par la persistance des courants indépendantistes au Kosovo et au Monténégro.

LE PROBLÈME DES CRIMINELS DE GUERRE

Accusant la Republika Srpska de protéger Radovan Karadzic, Paddy Ashdown, le haut représentant de la communauté internationale en Bosnie, a limogé une soixantaine de responsables bosniaques en juin 2004, parmi lesquels, le président du Parlement et le ministre de l'Intérieur. Inculpé de génocide, de crimes de guerre et de crimes contre l'humanité pour son rôle dans les massacres de Srebrenica et le siège de Sarajevo, Karadzic se cache depuis neuf ans dans les montagnes de Bosnie. Il a, depuis, échappé à toutes les tentatives de la communauté internationale pour l'arrêter, protégé par ses partisans, soutenu par la population et par l'Église orthodoxe.
Quelques mois auparavant, Paddy Ashdown avait gelé les comptes bancaires de plusieurs dizaines de personnes accusées d'entretenir des réseaux de soutien à Karadzic. La politique d'obstruction systématique des autorités de RS est à l'origine du refus de la candidature de la Bosnie au Partenariat pour la paix de l'Otan, annoncé au dernier sommet de l'Alliance à Istanbul, en juin 2004.
Plus favorables à l'intégration, les Musulmans et les Croates de Bosnie ont cependant été accusés par la communauté internationale d'empêcher le transfert des compétences judiciaires au niveau de l'État ou de bloquer la création d'un système scolaire unifié.

L'OTAN PASSE LE RELAIS À L'UNION EUROPÉENNE

La Sfor est passée sous contrôle de l'Union européenne le 2 décembre 2004. L'UE compte déployer 7 000 hommes en Bosnie, pour une mission essentiellement militaire, mais avec une composante civile – la formation de la police bosniaque. Le transfert est considéré comme une étape majeure dans les relations entre l'Otan et l'UE. Bruxelles espère aussi que cette mission en Bosnie sera un stimulant pour le renforcement de la Politique de défense et de sécurité commune (PDSE).
L'Otan héritera néanmoins de la traque des criminels de guerre après le transfert de pouvoir à l'UE. Le principal échec de la communauté internationale est d'avoir manqué de volonté pour arrêter Karadzic et Mladic. Pendant les cinq premières années, cette volonté politique lui a à ce point manqué que les opérations de l'Otan se sont comptées sur les doigts d'une seule main. Malgré l'intensification des opérations depuis le début de l'année 2004, Karadzic et Mladic courent toujours.
Peut-être plus pour très longtemps cependant. Les États-Unis aimeraient quitter les Balkans la tête haute. Ils veulent aussi fermer le Tribunal pénal international de La Haye, ce qui ne peut se faire avant que Karadzic et Mladic aient été jugés.

Les acteurs

◆ L'Otan

L'Organisation du Traité de l'Atlantique Nord est déployée depuis décembre 1995 en Bosnie, son premier théâtre d'intervention après quarante ans de guerre froide. De décembre 1995 à décembre 1996, les 60 000 militaires de l'Ifor se sont interposés entre les belligérants serbes, musulmans et croates, pour faire appliquer les accords de paix de Dayton. Depuis décembre 1996, les 30 000 militaires de la Sfor se sont consacrés à une mission visant à empêcher toute reprise des hostilités. L'Otan a poursuivi depuis la réduction graduelle de ses effectifs pour ne plus compter que 7 000 hommes à l'automne 2004. En décembre 2004, elle a été remplacée par l'Union européenne, pour ne plus garder qu'un petit état-major chargé de la traque des criminels de guerre.

Pour en savoir plus

Jovan Divjak, *Sarajevo mon amour*, Buchet-Chastel, 2004.

Thomas Hofnung, *Désespoirs de paix*, Atlantica, 2001.

Internet

www.iwpr.net

www.balkans.eu.org

Les réseaux djihadistes en Europe

Avec la fin du *djihad* afghan, le salafisme djihadiste, matrice idéologique des réseaux d'Al-Qaïda, se répand à travers de nombreux pays du monde musulman, avec des ramifications jusqu'en Occident. C'est à Londres – à cause d'une législation d'accueil favorable et de la présence de solides réseaux financiers – que se forme la capitale politique et médiatique de cet islam rigoriste. Les islamistes qui affluent dans ce havre se positionnent comme des opposants politiques militant pour la défense des musulmans opprimés et l'instauration d'un État islamique sur leur territoire d'origine. Ils vont mettre en place des stratégies d'implantation aussi différentes que complémentaires, de façon à légitimer leurs positionnements dans le champ religieux des musulmans de Grande-Bretagne.

LA CRÉATION D'UN PÔLE MÉDIATIQUE AVEC LE LONDONISTAN

C'est dans ce contexte que des prédicateurs, intellectuels, opposants politiques se présentant comme les défenseurs du salafisme djihadiste, arrivent sur le territoire britannique. Ils forment un groupe hétérogène qui va se développer tout au long des années 90, pour prendre le nom de Londonistan, terme attribué par les médias arabes. C'est le cas du Saoudien Khaled al-Fawaz, qui a dirigé, avant son arrestation en 1998, le Bureau du conseil et de la réforme, créé à l'initiative d'un autre opposant bien connu, le cheikh Oussama ben Laden. Apparaissent sur la scène médiatique le Jordanien Abou Qatada, emprisonné depuis novembre 2002, et l'Égyptien Abou Hamza al-Masri, fondateur du groupe Supporters of Shariah, arrêté lui aussi en mai 2004. Ils apporteront tous deux leur caution à différentes causes djihadistes, en Algérie, en Bosnie ou en Tchétchénie. Par ailleurs, un autre courant islamiste, plus internationaliste, tente d'apporter son soutien à différentes causes islamistes dans le monde. Il est incarné par un autre prédicateur très présent, le cheikh Omar Bakri Mohammad, Syrien d'origine, qui cherche à construire un nouveau discours prêt à être exporté vers des terrains propices à l'instauration du djihad en vue de renverser les systèmes politiques en place. À l'origine de la création du Mouvement des émigrants (Al-Mouhajiroun), qui recrute en priorité parmi les immigrés pakistanais jeunes et défavorisés, cet imam estime que la relance d'un idéal islamiste peut s'engager à partir du territoire d'accueil, autrement dit la Grande-Bretagne. La présence de ces prédicateurs favorables au djihad va servir de point d'appui essentiellement idéologique à la fois pour des causes nationales comme en Algérie, mais aussi pour internationaliser une partie des militants, originaires d'Afrique du Nord, qui vont se réorienter vers les thèses avancées par les idéologues d'Al-Qaïda, appliquant leurs recommandations sans pour autant avoir de liens établis avec eux.

LA DÉLOCALISATION DES GROUPES ALGÉRIENS EN EUROPE

En Algérie, à partir de 1992, le Front islamique du salut (FIS) voit sa victoire électorale confisquée par le pouvoir et devient une organisation clandestine. Les dirigeants historiques Abassi Madani et Ali Belhaj sont arrêtés. Si le passage à la confrontation armée avec le régime ne fait pas l'unanimité dans ses rangs, en revanche une délocalisation à l'extérieur du territoire algérien s'avère indispensable. Ainsi, ceux qui ont pu quitter le territoire s'organisent et décident de monter un Comité exécutif du FIS à l'étranger (CEFE), en septembre 1993, à Tirana, en Albanie. L'ensemble des participants au CEFE souhaite constituer une opposition islamiste nationale en exil et va réussir à s'implanter dans les pays occidentaux – Allemagne, Belgique, Suisse et naturellement Grande-Bretagne – sous le statut de réfugiés politiques, formant une série de réseaux. Leurs activités politiques en exil vont alors dépendre beaucoup des espaces de liberté laissés par les législations locales. Très vite, ceux qui étaient installés en France et en Allemagne rencontrent des difficultés et certains sont même arrêtés comme Rabah Kebir et Moussa Kraouch. Des filières de soutiens financiers sont démantelées en France en 1994, avec la découverte du réseau de Mohammed Chalabi. En revanche, la Grande-Bretagne et le Benelux sont davantage épargnés et représentent les sanctuaires les moins exposés pour les activités du CEFE.

De leur côté, les Groupes islamiques armés (GIA), structures djihadistes formées d'anciens éléments du FIS et de moudjahidines de retour d'Afghanistan, envisagent, à l'instar du FIS, de se doter de réseaux extérieurs, avec des objectifs plus diversifiés. Ils doivent tout d'abord rechercher des soutiens financiers et logistiques pour alimenter les filières d'approvisionnement en armes et assurer la libre circulation de militants grâce à la fabrication de faux papiers. Un comité spécial d'information et de relations extérieures est créé par le premier émir du GIA. Il nomme à sa direction Rachid Ramda (alias Abou Fares al-Djazaïri), qui devient le coordinateur du GIA à l'étranger en s'installant à Londres, et finance les réseaux européens qui commencent à s'implanter au Benelux, en France et en Grande-Bretagne. Une filière bosniaque se spécialise même dans la fourniture d'armes et la formation de nouvelles recrues. Dans le monde arabe, les places fortes de l'islamisme, au Soudan, en Arabie saoudite et au Yémen, contribuent également au soutien financier du GIA. La mouvance salafiste djihadiste dans l'entourage d'Al-Qaïda considère le combat des groupes islamistes algériens – qui veulent établir un État islamique – comme légitime. À partir de juillet 1993, sous l'impulsion de Rachid Ramda, les réseaux, surtout londoniens, prennent forme, en opérant des liens avec le courant internationaliste du Londonistan. Ainsi, la publication *Al-Ansar* sert à la fois de vitrine pour les revendications de la mouvance, et aussi de *think tank* idéologique. Depuis son installation sur le territoire britannique, Abou Fares al-Djazaïri a su profiter des avantages que pouvait présenter le Londonistan en termes d'influence idéologique et de légitimation religieuse. La plupart des rédacteurs de cette publication sont tous des penseurs du courant salafiste djihadiste, comme le Palestinien Abou Qatada, l'Égyptien Abou Hamza, et le Syrien Abou Musaab. Tous trois représentent le relais propagandiste de l'action politique dont le GIA avait besoin et donnent une répercussion internationale aux opérations menées sur le terrain. À partir de l'été 1995, l'exportation des opérations sur le territoire français (avec le détournement d'un avion d'Air France en décembre 1994 et la campagne d'attentats en France durant l'été 1995) témoigne de l'internationalisation croissante de l'action du GIA. Depuis Londres, la revue *Al-Ansar* assure le soutien des internationalistes aux GIA et reçoit l'appui du groupe Al-Djihad de l'Égyptien Ayman al-Zawahiri, le numéro deux d'Al-Qaïda. La publication londonienne tente de fédérer également des groupes djihadistes maghrébins, créés par d'anciens moudjahidines arabes du front afghan. Une tribune est ainsi réservée au Groupe islamique des combattants libyens (GICL), aux groupuscules marocains du GICM (Groupe islamique combattant marocain), mené par Mohammad Gharbouzi réfugié à Londres, et tunisiens du FIT (le Front islamique tunisien). Profitant de l'espace de contacts londoniens, cette dernière structure est créée en 1992 par des « Afghans tunisiens », dont les principaux réseaux clandestins étaient basés en Italie. Le FIT bénéficie d'une revue djihadiste, toujours éditée à Londres, *Al-Minhaj* (« La Méthode »), fondée par un ancien d'Afghanistan, Abdallah Sofyan al-Tunisi. Les militants du FIT fréquentaient aussi l'entourage d'Abou Qatada et cette revue était censée représenter la matrice idéologique du prédicateur d'origine palestinienne.

Plus tard, le Londonistan va conserver son influence sur la mouvance djihadiste algérienne. Après l'atomisation du GIA vers la fin des années 90, miné par des divisions internes et affaibli par la répression militaire du régime, le Groupe salafiste pour la prédication et le combat (GSPC) est créé en août 1998 par un émir local sorti du GIA depuis près d'un an. En réalité, ce changement de nom, de façon à se démarquer du GIA (voire des GIA, tant le mouvement est infiltré et manipulé par les services algériens) est attribué aux oulémas salafistes djihadistes du Londonistan relayés par les idéologues d'Al-Qaïda en Afghanistan. Dès 1996, la mouvance de Ben Laden souhaite mettre fin aux divisions internes et initie donc des contacts avec Hassan Hattab, représentant du courant salafiste. Par l'intermédiaire d'Abou Qatada, deux « Afghans algériens », ex-étudiants passés par les mosquées jordaniennes, Boulsiba Abdel Rahman (alias Abou Fares) et Abdel Majid Dishou (alias Abou Musaab al-Djazaïri) sont envoyés spécialement en Algérie en 1996 pour convaincre Hassan Hattab de fédérer le GIA sous la bannière du salafisme et de mettre un terme au désordre interne et aux dérives des massacres collectifs. Dès la création du GSPC, Abou Qatada est considéré par la presse arabe et les médias internationaux comme le mufti en exil de la mouvance salafiste algérienne.

LA MOBILISATION AUTOUR DE NOUVEAUX DJIHAD : BOSNIE ET TCHÉTCHÉNIE

Dans la continuité historique du djihad afghan après 1992, la naissance d'un État musulman au cœur de l'Europe aurait dû être le nouvel élément fédérateur des groupes djihadistes. Du point de vue de la charia, les données n'étaient pas très différentes de l'Afghanistan. Pour la Bosnie, il s'agissait aussi, pour tous les musulmans, de participer à l'effort de guerre, afin de libérer un territoire peuplé de musulmans d'une occupation infidèle, en l'occurrence les Serbes orthodoxes, qui tentaient d'exterminer les populations musulmanes présentes dans cette région depuis la conquête ottomane. Comme soutien des moudjahidines arabes présents sur le territoire européen, il existait une seule revue officielle, *La Rédemption du djihad (Fida al-Jihad)*, éditée sur place, faxée à Londres puis distribuée autour des mosquées importantes, y compris à l'extérieur du territoire britannique. Elle rendait compte des opérations armées menées par les moudjahidines et faisait office de vitrine idéologique pour exposer la doctrine salafiste djihadiste. Parallèlement, si les organisations humanitaires islamiques permettaient toujours à des forces étatiques de marquer leur présence sur le terrain, comme l'Arabie saoudite, elles ne bénéficiaient plus de la même influence qui avait pu jouer dans les camps de Peshawar à l'époque de l'Afghanistan. Les pays du Golfe sortaient à peine du conflit avec l'Irak pour la libération du Koweït. Depuis la fin de la guerre du Golfe, les capacités financières des organisations caritatives en provenance d'Arabie saoudite étaient réduites. De plus, des liens étroits avaient été tissés entre l'Iran et l'entourage du Parti de l'action démocratique (SDA), qui représentait les musulmans bosniaques. Cette organisation politique préférait la vision plus moderne de la Révolution iranienne au rigorisme des wahhabites saoudiens. Certes, d'autres *islamic charities* venues d'Europe occidentale participèrent à l'effort de guerre par des moyens financiers, mais elles restaient plus modestes en dépit d'une mobilisation accrue. Des convois transportant toutes sortes de produits et de denrées alimentaires furent acheminés vers le territoire bosniaque par les différentes ONG islamiques présentes sur le terrain. La médiatisation du conflit bosniaque dans les canaux audiovisuels européens contribua aussi à sensibiliser les musulmans vivant en Occident. Dans de nombreuses mosquées britanniques par exemple, des imams appartenant aux institutions officielles invitaient régulièrement tous les musulmans, au cours de leurs prêches, à concrétiser leur solidarité avec les populations musulmanes de Bosnie-Herzégovine.

Concernant les activités directes des militants, les moudjahidines arrivaient par l'aéroport de Zagreb, puis étaient transportés jusqu'au camp de Zenica, le « Peshawar bosniaque », pour y être intégrés dans une unité spéciale, la Phalange des moudjahidines *(Katiba al-Mujahidin)*, placée sous le commandement d'une brigade de l'armée bosniaque. Cet escadron particulier était dirigé par un chef militaire de la mouvance salafiste djihadiste, Abu Abdel Aziz, alias Barbaros du fait de sa longue barbe rousse. Comme Abdallah Azzam en son temps, ce djihadiste de la première heure allait s'employer à légaliser le djihad par des *fatwa* obtenues la plupart du temps auprès d'oulémas du courant salafiste. Contrairement à l'Afghanistan, l'unité des groupes était réalisée sous l'autorité d'un parti, le SDA, et de son chef Alija Izetbegovic. La coordination des opérations et son efficacité auraient donc dû en être facilitées. Pourtant, la perméabilité entre les idées salafistes et les rangs des musulmans bosniaques est restée difficile à concrétiser. En fait, ceux-ci, plus proches des pratiques d'un islam populaire, n'apparaissaient guère attirés par le rigorisme des salafistes. Lorsque les accords de Dayton mirent fin, en décembre 1995, au conflit bosniaque, l'ancrage limité des moudjahidines dans la société bosniaque ne permit pas au courant salafiste djihadiste de s'implanter durablement après la fin des combats. Au lendemain du 11 Septembre, les autorités de Sarajevo n'eurent pas beaucoup d'états d'âme pour extrader vers les États-Unis, parfois dans des conditions juridiquement très contestables, certains militants réclamés par Washington.

Dans la région du Caucase, le conflit qui éclate en décembre 1994 en Tchétchénie, petite république autonome à majorité musulmane, entre des forces sécessionnistes et les troupes russes, devient rapidement un autre djihad pour les oulémas salafistes. Selon la même terminologie, ce territoire musulman, occupé par des troupes d'infidèles, doit être libéré. Il marque en plus un certain prolongement historique avec le djihad afghan, puisque les moudjahidines vont désormais combattre l'ennemi russe sur son propre territoire afin de libérer les populations musulmanes de l'ex-Union soviétique. Pourtant, au cours de la première phase des combats, entre 1994 et 1996, l'influence des moudjahidines arabes n'est guère sensible, car l'essentiel des rebelles tchétchènes luttent alors sous les ordres de leur leader nationaliste charismatique, Djokhar Doudaïev.

En août 1999, les combats reprennent à partir de la république voisine du Daghestan. Ils sont encadrés cette fois par un chef de guerre tchétchène, Chamil Bassaïev, héros du premier conflit, et par un vétéran saoudien d'Afghanistan, Samer al-Swilen (alias Ibn Khattab), assisté d'un prédicateur salafiste, également de nationalité saoudienne, le cheikh Abu Umar al-Saïf al-Qassimi. Depuis le début de la deuxième phase des combats, en 1999, des réseaux de mobilisation djihadistes se mettent en place en Europe, utilisant Internet comme moyen de communication. Des organes comme *Azzam Publications* et *La Voix du Caucase (Sawt al-Qoqaz)* sont ainsi devenus, depuis Londres, les vitrines *on line* de la cause islamiste tchétchène en Europe. Les sites sont internationalisés, traduits dans une dizaine de langues. Les chefs militaires des moudjahidines arabes en Tchétchénie (successivement Ibn Khattab, jusqu'en 2002, puis un autre Saoudien, Abdel Aziz al-Ghamdi, et Abu Hafs al-Urduni, un Jordanien, depuis 2004) y envoient régulièrement des messages à tous les musulmans qui souhaiteraient s'engager dans les rangs djihadistes. Ils recommandent aussi d'envoyer des fonds et de suivre l'actualité sur les opérations diffusées sur les sites. Récoltées sur Internet et à la sortie des mosquées, des aides sont acheminées dans les zones limitrophes en Azerbaïdjan, en Ingouchie et en Géorgie. Cependant, ce dispositif humanitaire est beaucoup plus limité que lors des campagnes précédentes mises en place en Afghanistan et en Bosnie. L'accès au territoire concerné est devenu périlleux, car la Tchétchénie reste, de fait, une enclave à l'intérieur de la Russie. Son unique frontière internationale est située au sud avec la Géorgie. D'autre part, contrairement à la situation bosniaque dans laquelle les opérations de moudjahidines avaient pu être coordonnées avec l'armée bosniaque, les nationalistes tchétchènes, conduits par l'ancien président Aslan Maskhadov, mènent leur propre lutte sur le terrain. Simultanément, un deuxième relais de soutien, basé encore à Londres, va se mettre en place autour de la mouvance algérienne. Des réseaux de solidarité s'établissent. La revue des partisans du Front islamique du salut (FIS), *Sawt al-Jabha,* diffuse des articles qui tentent de démontrer le parallélisme existant entre les deux djihad, en Algérie et en Tchétchénie. Les régimes sont comparés, dénoncés et accusés de collaborer entre eux. À travers ces réseaux de solidarité, l'internationalisation du djihad en Tchétchénie se poursuit. En janvier 2000, une revue spéciale parrainée par les mêmes militants algériens, *Ansar al-Chichan* (« Les partisans de la Tchétchénie »), est même éditée. Des appels sont lancés à tous les musulmans pour participer à ce nouveau type de djihad. Même si sa diffusion est stoppée en 2002, elle a pour effet de sensibiliser de jeunes musulmans européens à des causes djihadistes. Elle ne disposait pourtant pas de support *on line* et publiait sensiblement les mêmes informations, mieux coordonnées avec le terrain, qui paraissaient autour des structures *Azzam Publications*. Conjugués entre eux, ces appels ont permis aussi la constitution de groupes opérationnels et la mise en place de filières d'acheminement de volontaires en partance vers le Caucase, venant de différentes régions européennes comme l'Angleterre, le Benelux ou la France. Plusieurs jeunes ressortissants français, d'origine africaine ou maghrébine, gagneront ainsi clandestinement la Tchétchénie à la fin des années 90, certains se faisant même tuer au combat. Parmi les réseaux les plus marquants devait se constituer ce que les responsables français de la lutte antiterroriste ont baptisé la « filière tchétchène », impliquant plusieurs militants algériens, arrêtés pour la plupart entre l'Allemagne, la France et l'Espagne depuis 2002, et considérée comme particulièrement dangereuse, car susceptible de « réorienter » à terme leur savoir « subversif » contre des cibles implantées en Europe de l'Ouest.

LA MISE EN PLACE D'UNE NOUVELLE LÉGISLATION CONTRE LES RÉSEAUX

En mai 2000, la loi intitulée *Terrorism Act 2000* est votée puis promulguée par le Parlement britannique, de manière à lutter contre des organisations terroristes et à organiser une législation unique à l'échelon européen. L'existence du Londonistan met régulièrement les autorités britanniques dans l'embarras, accusées de laisser se développer un pôle islamiste radical sur son territoire. Paris ne cesse de dénoncer le laxisme dont font preuve les Britanniques au profit des instigateurs « londoniens » de la vague d'attentats de l'été 1995, alors que les services français disposent de nombreuses preuves les mettant en cause. Début 2000, l'attitude britannique évolue légèrement. Officiellement, toute organisation sur le sol britannique se voit interdite de soutiens médiatiques, financiers et militaires à des mouvements considérés comme des groupes terroristes. Une liste est publiée, fin mars 2001, comportant 21 organisations avec lesquelles il est interdit d'entretenir une quelconque relation sous peine de tomber sous le coup de la législation antiterroriste de l'année précédente. Dans cette liste figurent de nombreux mouvements présents dans le monde musulman comme Al-Qaïda, les Brigades Ezzedine al-Qassam – branche militaire du Hamas palestinien –, le Mouvement du djihad islamique en Palestine (MJIP), le Fatah conseil révolutionnaire d'Abou Nidal – la branche extérieure du Hezbollah –, le GIA, le GSPC, le groupe Al-Djihad, la Jemaah Islamiya, l'Armée d'Aden Abyan du Yémen, les Modjahédines du peuple en Iran, le PKK du Kurdistan, Harkat-ul Mujahidin, Jaish-e Mohammed et Lashkar-e Taïba pour le Cachemire. En réalité, cette nouvelle législation ne précise pas si ces organisations sont présentes sur le sol britannique ou en Europe (ce qui est loin d'être le cas pour l'ensemble de ces groupes). Elle stipule seulement qu'aucune personne ou association, aucun groupe installé sur le territoire ne peut désormais entretenir de relation directe avec elles. Ces nouvelles dispositions viennent conforter différents pays, la France, les États-Unis et l'Égypte en tête, qui demandaient l'extradition de militants islamistes installés ou arrêtés à Londres, mais aussi ailleurs en Europe. Plusieurs arrestations avaient déjà eu lieu auparavant, notamment dans la capitale britannique. Depuis novembre 1995, Rachid Ramda, l'un des responsables des réseaux extérieurs du GIA, est incarcéré, suivi en 1998 de Khaled al-Fawaz et des Égyptiens Ibrahim al-Aydrous et Adel Abdel Majid, et leurs bureaux fermés. Successivement, la France réclame l'extradition de Ramda pour sa participation aux opérations de l'été 1995 menées par le GIA, les États-Unis celle d'Al-Fawaz après l'explosion des ambassades en Afrique orientale ; le gouvernement égyptien demande quant à lui aux autorités britanniques de lui livrer les militants qu'il considère comme étant liés aux attaques menées contre des touristes entre 1992 et 1997. Malgré les changements opérés en la matière, les demandes des pays concernés parviennent difficilement à aboutir, souvent bloquées par des procédures judiciaires longues et fastidieuses, ponctuées de recours de la défense. Après le 11 Septembre, les Britanniques vont une nouvelle fois modifier leur loi sur le *Terrorism Act* en autorisant cette fois l'arrestation, sans chef d'inculpation, de toute personne étrangère susceptible de mettre en danger la sécurité de l'État ; cette modification adoptée définitivement en décembre 2001 aura d'autres répercussions sur le Londonistan qui rentrera au cours des années suivantes dans un engrenage d'arrestations.

LA LUTTE CONTRE LES RÉSEAUX ISLAMISTES EN EUROPE ET LEUR INTERNATIONALISATION

La mise en place des procédures législatives et policières contre les réseaux islamistes en Europe aura des conséquences importantes sur les cellules opérationnelles des groupes, en particulier celles qui avaient été prises en main par les idéologues du Londonistan. L'une des premières figures emblématiques touchées par les dispositions sécuritaires est Mahmoud Abou Omar (alias Abou Qatada al-Filastini). Ses ennuis judiciaires commencent en février 2001, sur le sol britannique, après l'arrestation au nord de Londres de plusieurs militants algériens en relation avec un premier réseau démantelé à Francfort quelques mois auparavant. Il est interrogé une première fois par Scotland Yard et détenu pendant plusieurs jours, mais rapidement relâché devant l'absence de preuves. Ensuite, après le 11 septembre 2001, son nom réapparaît dans plusieurs réseaux touchés par les vagues d'arrestations qui sévissent dans toute l'Europe, notamment en Allemagne et en Espagne, démontrant son influence idéologique sur les groupes djihadistes qui avaient pu prendre souche dans ces pays. Il est régulièrement accusé d'être le leader spirituel d'un groupe, Al-Tawhid (« l'Unicité »), démantelé à Hambourg en mars 2002, composé d'éléments radicaux jordaniens et palestiniens ayant conservé des contacts avec les deux principaux responsables de la mouvance salafiste jordanienne : Abou Muhammad al-Maqdissi, emprisonné en Jordanie, et Abou Moussab al-Zarqawi, actuellement à la tête d'une brigade djihadiste en Irak. À cette époque, les services de police qualifient Abou Qatada de leader spirituel d'Al-Qaïda en Europe, essentiellement en raison de l'influence idéologique qu'il a pu avoir sur certains réseaux djihadistes. Arrêté finalement en novembre 2002, il est surtout accusé d'avoir entretenu des liens directs avec le responsable d'un noyau internationaliste en Espagne, Imadedin Barakat Yarkas (alias Abou Dahdah), arrêté en novembre 2001 avec plusieurs autres militants. Ce Syrien, naturalisé espagnol, avait profité de ses passages à Londres pour rentrer en contact avec deux des prédicateurs salafistes de la revue *Al-Ansar* : Abou Qatada et Abou Musaab al-Souri (Syrien ayant acquis la nationalité espagnole, en fuite à l'étranger depuis 2001). Si l'Espagne avait surtout servi, auparavant, de zone de transit pour les djihadistes maghrébins, la présence d'idéologues et de prédicateurs va favoriser l'implantation de réseaux opérationnels, susceptibles de passer à l'action, et formés à la rhétorique internationaliste du djihad. Par ailleurs, d'autres éléments radicaux de l'islamisme marocain avaient pu se structurer en Espagne, à la fois proches de la mouvance du GICM, pourtant sans véritable leadership, et des cellules locales apparues au Maroc et qui allaient conduire les attentats de Casablanca en mai 2003. La conjugaison de ces éléments a sans doute contribué à la mise en place de la cellule radicale responsable des opérations du 11 mars 2004 à Madrid, causant la mort de 197 personnes. L'engagement de l'Espagne dans la campagne militaire en Irak l'expose à des représailles de la part de la mouvance djihadiste internationale. Les recommandations de Ben Laden incitant à frapper les membres de la coalition occidentale en Irak ont été appliquées à la lettre. Les auteurs des explosions de Madrid ont fait preuve d'une détermination sans faille, même s'ils n'entretiennent pas de liens directs avec le noyau d'Al-Qaïda et disposent d'une faible formation idéologique. Aujourd'hui, la quasi-totalité du groupe a été démantelé. Plus de 19 personnes ont été arrêtées quelques semaines après les attaques, en grande partie d'origine marocaine, montrant aussi que les militants avaient mal planifié leur fuite éventuelle. L'un des coordinateurs de ces réseaux était également égyptien, Rabi Othman al-Sayyed, arrêté à son tour en Italie en juin 2004. Seuls quelques responsables, encore recherchés, accusés d'avoir jouer un rôle important dans la mise en place de réseaux marocains en Europe, sont considérés comme liés au courant salafiste djihadiste : Amer Azizi (alias Abou Othman al-Andalousi) et Karim Moujati (alias Abou Bashir al-Maghrebi), et Saïd Barraj, tous trois de nationalité marocaine. Ils ont contribué à réactiver, tant au Maroc qu'en Europe, le GICM, né dans les camps afghans mais en sommeil depuis 1998. L'Espagne semble être devenue, pour les djihadistes, un territoire opérationnel important, puisqu'une nouvelle cellule a été démantelée au printemps 2004. Celle-ci planifiait cette fois une attaque spectaculaire contre le Palais de justice de Madrid. Quant au cerveau présumé du groupe, l'Algérien Kamal al-Saadi (alias Ahmad Ashraf), il a été arrêté en Suisse – démontrant un peu plus le déploiement des groupes sur l'ensemble du territoire européen. Une vingtaine d'arrestations ont eu lieu au même moment sur le territoire espagnol, essentiellement dans les milieux islamistes algériens.

De leurs côtés, depuis le 11 Septembre, les rangs des militants islamistes algériens ont été les plus touchés par les vagues d'arrestations et de contrôles successifs déployés dans toute l'Europe occidentale, en particulier en Grande-Bretagne. Cette focalisation s'explique par le processus d'internationalisation qu'ont connu certains de ces militants. Après le déclin des groupes islamistes en Algérie, une partie de leurs partisans en Europe vont être réorientés vers de nouvelles missions. C'est le cas par exemple de Jamel Beghal et Kamal Daoudi, arrêtés respectivement en septembre 2001 à Dubaï aux Émirats arabes unis et à Leicester en Angleterre. Ils étaient soupçonnés de préparer une opération en France contre l'ambassade américaine. Rapidement, l'étau policier va se resserrer autour de cette mouvance algérienne qui avait choisi une reconversion internationale. En février 2002, le principal coordinateur des réseaux, Amar Makhloufi (alias Abou Duha), est arrêté à l'aéroport de Heathrow à Londres. Dans un premier temps, les autorités françaises l'accusent d'être lié au groupe de Francfort intercepté en décembre 2000 et qui préparait des attaques contre la ville de Strasbourg. Abou Duha est également accusé d'être l'un des recruteurs d'éléments algériens depuis les camps d'entraînement en Afghanistan. De leur côté, les États-Unis demandent son extradition : ils le soupçonnent d'avoir participé à la logistique des opérations avortées à la fin de l'année 1999, qui avaient pour but de provoquer une explosion sur l'aéroport de Los Angeles (« projet Millenium »). Ils lui reprochent aussi d'avoir aidé quelques militants à rejoindre le Canada qui devait servir à l'époque de base arrière avant d'opérer sur le territoire américain. La focalisation s'intensifie après les déclarations du Premier ministre

Tony Blair, en novembre 2002, qui considère les risques d'un attentat sur le sol britannique comme très élevés – déclarations reprises en chaîne depuis ces deux dernières années. Quelques jours plus tard, fort opportunément, après le renforcement des contrôles dans la capitale, trois militants algériens appartenant à un groupe jusqu'alors inconnu, le Front d'Afrique du Nord, sont présentés devant le tribunal et accusés de vouloir préparer une opération au cyanure dans le métro londonien. Une nouvelle affaire intervient en janvier 2003, lorsque six personnes sont arrêtées au nord de Londres après que des traces d'un poison, le ricin, eurent été trouvées dans leur appartement. D'autres arrestations auront lieu dans les milieux algériens, respectivement à Londres et à Manchester, de septembre 2003 à avril 2004. Dans la plupart des cas, ces arrestations spectaculaires, fortement médiatisées, déboucheront sur de discrètes remises en liberté, quelques mois plus tard, faute d'éléments matériels véritablement à charge.

Les réseaux du GSPC, qui ont pris depuis 1998 une position dominante dans la représentation des islamistes algériens, ne seront pas épargnés. Depuis 2002, une série d'arrestations a lieu successivement dans leurs rangs, en Belgique, en Angleterre, en Italie et en Espagne. Plusieurs ministres du gouvernement algérien ont effectué des visites à Londres et présenté une liste d'une cinquantaine de militants proches du GSPC qui utilisent le territoire britannique comme base de propagande. Les autorités algériennes parlent de filières du GSPC encadrées depuis 1998 par leur leader spirituel, Abou Qatada. Après l'arrestation de ce dernier, la structure dirigeante du GSPC en Algérie a continué à chercher des soutiens extérieurs, notamment sur le plan idéologique. Le prédicateur syrien, Abou Bassir al-Tartousi, réfugié à Londres, est intervenu afin de cautionner les changements opérés à la tête du groupe, après la mise en retrait de l'émir Hassan Hattab.

Enfin, l'autre prédicateur djihadiste influent du Londonistan, Abou Hamza al-Masri, qui avait aussi apporté son soutien à la cause islamiste algérienne dans les années 80, est également inquiété par les vagues d'arrestations policières. En décembre 1998, cinq membres de son organisation, Supporters of Shariah, dont son propre fils, sont arrêtés à Sanaa. Ils sont suspectés d'entretenir des liens avec un mouvement islamiste d'opposition, l'Armée d'Aden Abyan, fondée en 1997 par un « Afghan yéménite », Zin al-Abidin Abou Bakr (alias Abou al-Hassan), et d'avoir participé à une prise d'otages de 16 touristes britanniques et australiens. Régulièrement, les autorités yéménites, revenant à la charge pour demander l'extradition d'Abou Hamza, essuient un refus de Londres qui rétorque qu'il n'existe pas de convention d'extradition entre les deux pays et qu'Abou Hamza est aussi titulaire de la nationalité britannique. Après cet épisode, ce sont les États-Unis qui vont prendre le relais, Abou Hamza étant accusé de vouloir financer des camps d'entraînement dans l'Oregon. De plus, les autorités fédérales soupçonnent la mosquée de Finsbury Park d'avoir abrité le Marocain Zacharias Moussaoui, accusé *a posteriori* par les Américains d'avoir voulu participer aux attaques du 11 Septembre, et le Britannique Richard Reid qui avait tenté de faire exploser le vol Paris-Miami en décembre 2001. À la suite de ces accusations, Abou Hamza est placé sur la liste des personnes soutenant le terrorisme et ses comptes personnels sont gelés par les Britanniques. Un comité de supervision des associations caritatives formule également, en avril 2002, une demande d'interdiction de prêche dans la mosquée de Finsbury Park, qui devient le centre médiatique du Londonistan sur lequel se focalise l'ensemble des journalistes. Très vite, les arrestations de militants algériens dans l'affaire du ricin déclenchent une succession d'opérations spectaculaires menées par Scotland Yard. Le 19 janvier 2003, plus de 150 policiers investissent la mosquée de Finsbury Park, désormais fermée aux fidèles. Il décide de mettre à exécution la procédure de retrait de sa nationalité et d'interdiction de prêche. Après plusieurs mois de lutte au niveau judiciaire, de nouvelles perquisitions seront effectuées, et le cheikh d'origine égyptienne finalement arrêté en mai 2004.

Ainsi, avec cette série d'arrestations perpétrées au cœur du Londonistan et le démantèlement de plusieurs cellules à travers l'Europe, le continent européen semble être le maillon faible des réseaux djihadistes internationaux. Or, si le terrain avait pu jusque-là être épargné par des opérations spectaculaires, les attaques de Madrid ont changé la donne. Les mesures policières n'ont pu empêcher certains groupes de passer à l'action. De plus, l'Europe, en tout cas une partie, est devenue aujourd'hui, du fait essentiellement de la participation de certains pays à la coalition militaire en Irak, une cible à part entière. Des communiqués émanant de la direction d'Al-Qaïda, par l'intermédiaire des Brigades Abou Hafez al-Masri (du nom de l'ancien responsable des opérations militaires de l'organisation), sont venus recadrer le contexte général, en précisant que les gouvernements européens qui n'auraient pas amorcé un désengagement de leur force militaire en Irak s'exposeraient aux mêmes risques d'attentats que l'Espagne. Dans un document d'une vingtaine de pages, intitulé « Feuille de route des djihadistes » et diffusé en juillet 2004, ces mêmes brigades placent l'Italie au centre de leurs menaces. Le précédent madrilène a montré justement que l'activation d'une cellule pouvait s'opérer en totale indépendance avec les premiers cercles de la nébuleuse djihadiste Al-Qaïda, rendant difficile le travail d'identification réalisé par les services de sécurité. Ainsi, en dépit des arrestations précédentes, aucun pays européen ne semble aujourd'hui à l'abri d'une opération majeure comme celle qu'a connue l'Espagne le 11 mars 2004.

Pour en savoir plus

Ali Laïdi et Ahmed Salam, *Le Jihad en Europe*, Éditions du Seuil, 2002.

Antoine Sfeir, *Les réseaux d'Allah : les filières islamistes en France et en Europe*, Plon, 1997.

Dominique Thomas, *Le Londonistan, la voix du djihad*, Éditions Michalon, 2003.

Le nationalisme basque

Le nationalisme basque a pour particularité d'être à cheval sur deux États, l'Espagne et la France. Mais il a suivi des évolutions très différentes de part et d'autre des Pyrénées. C'est en Espagne qu'il a pris la forme d'une contestation particulièrement violente du pouvoir central. Commencée à l'orée des années 60, la lutte armée d'ETA ne s'est pas arrêtée avec la fin du franquisme. Bien au contraire, elle s'est accrue après le décès du général Franco le 20 novembre 1975, puis l'adoption du statut d'autonomie basque en 1979. Le début des années 90, avec la fin de la guerre froide et l'apaisement de nombreux conflits régionaux, avait laissé espérer un déclin des violences basques qui ont déjà fait plus de 800 morts (dont moins d'une centaine sous le franquisme). Force a été de constater que les partisans de la lutte armée n'avaient pas désarmé, alors même que la démocratie espagnole ouvrait la porte à tous les moyens de contestation légaux. Aujourd'hui, ETA apparaît cependant très affaiblie, éreintée par la répression policière et privée d'une grande partie de ses soutiens, y compris parmi la mouvance séparatiste radicale.

LE PARTICULARISME BASQUE

Le Pays basque – à la différence de la Catalogne – n'a jamais constitué une nation, excepté avec la très éphémère République basque, durant la guerre civile. Il n'a jamais eu d'unité politique et n'a jamais formé un État indépendant reconnu internationalement. La volonté d'unifier les sept « provinces historiques » basques (quatre espagnoles et trois françaises) ne s'appuie donc sur aucun précédent historique. En revanche, une réelle parenté linguistique et culturelle rassemble l'ensemble des Basques.

L'identification par la langue. La langue basque, l'*euskara,* n'appartient pas à la famille des langues romanes. Elle ne peut d'ailleurs être rattachée à aucun groupe linguistique, même si diverses hypothèses quant à l'origine ont été émises, divers rapprochements évoqués (avec les langues caucasiennes comme le géorgien, l'ensemble finno-ougrien, le berbère...) Une chose est certaine : la spécificité linguistique et culturelle basque a résisté aux nombreuses invasions et multiples influences qui se sont exercées au cours de l'histoire (romaine, celte, arabe...). Le basque n'est en fait parlé que par environ le quart de la population. Cette proportion varie beaucoup suivant les provinces : 40 % au Guipúzcoa, 10 % en Navarre et 5 % en Álava (environ 35 % au Pays basque français). Depuis l'institution de l'autonomie au Pays basque espagnol en 1979, la reconnaissance du caractère officiel de la langue basque, son introduction dans l'enseignement public et privé et la mise en place d'une radio et d'une télévision en basque visent à inverser le processus de « débasquisation » (en France, seuls quelques établissements scolaires enseignent le basque). La langue est un des piliers essentiels du nationalisme basque, son véritable ciment. Par comparaison, elle revêt une importance bien moindre pour les nationalistes irlandais, qui peuvent s'appuyer par ailleurs sur une identité géographique, historique et religieuse.

Un nationalisme transfrontalier. Les nationalistes les plus radicaux revendiquent l'unité des sept provinces historiques basques : quatre provinces espagnoles (Guipúzcoa, Biscaye, Álava et Navarre) et trois provinces françaises (Labourd, Soule et Basse-Navarre). L'ensemble de ces régions couvre 20 550 km², dont 2 900 km² pour le Pays basque français. Elles comptent environ 3 millions d'habitants, parmi lesquels 245 000 Français. Cette aire historique basque s'est réduite au fil des siècles : avant la conquête romaine, les territoires basques devaient s'étendre au nord jusqu'à la Garonne, à l'est jusqu'aux Pyrénées centrales et au sud-ouest jusqu'à Burgos. Toutes ces provinces ont eu des histoires distinctes. L'Álava, le Guipúzcoa et la Biscaye ont été absorbées par la Castille aux XIIIe et XIVe siècles. Sous influence française depuis le XIIIe siècle, la Navarre a été conquise par le roi d'Aragon au XVIe siècle. Au nord des Pyrénées, le Labourd et la Soule ont été rattachés au royaume de France dès la fin du XVe siècle et le début du XVIe. La Basse-Navarre n'a été détachée de la Navarre qu'en 1530, pour être intégrée au royaume de France en 1620. La Révolution a aboli les derniers privilèges dont bénéficiaient ces trois provinces (aujourd'hui, avec le Béarn, elles forment le département des Pyrénées-Atlantiques). Au XXe siècle, les provinces basques espagnoles ont continué à suivre des trajectoires divergentes, avec des choix opposés lors de la guerre civile ainsi que lors de l'octroi de l'autonomie en 1979 : la Communauté autonome basque *(Euskal Herriko)* ne concerne que les trois provinces occidentales. La Navarre est restée en dehors, pour former sa propre communauté en 1982.

UN SIÈCLE DE NATIONALISME MILITANT

L'émergence du nationalisme basque. Le nationalisme basque a pris véritablement son essor avec les guerres carlistes, qui, entre 1833 et 1876, ont opposé partisans de la famille régnante au prétendant absolutiste Don Carlos. Les carlistes sont particulièrement bien implantés en Catalogne, en Navarre et dans les provinces basques. Ils se battent pour la royauté absolutiste, l'Église catholique mais aussi la préservation des *fueros* (« franchises » accordées par les rois de Castille). En 1876, la défaite carliste se traduit par une suppression de la plupart des privilèges basques, notamment en Biscaye et au Guipúzcoa. Très mal perçue, cette mesure du roi Alphonse XII provoque un fort courant régionaliste. Les guerres carlistes ont développé le nationalisme, en transformant un conflit entre Espagnols en contentieux historique entre l'État espagnol et le Pays basque. En 1895, le Parti nationaliste basque (PNV – Partido nationalista vasco en espagnol, Eusko alderdi jeltzalea en basque – Parti basque de Dieu et des franchises) est lancé par Sabino Araña y Goiri *(voir encadré)*. Très catholique (comme la majeure partie de la population), il s'oppose aux socialistes. Démocrate et s'affirmant indépendantiste, il se dresse également contre la droite centraliste. L'industrialisation, avec le dynamisme particulier des provinces basques, n'a fait que renforcer les velléités d'émancipation.

Une éphémère autonomie. En octobre 1936, soit après le début de la guerre civile, l'autonomie est accordée aux provinces de Biscaye et de Guipúzcoa. En contrepartie, elles accordent leur soutien aux Républicains, contre les nationalistes du général Franco, opposés à l'autonomie. En revanche, la Navarre a refusé de lier son sort à celui des autres provinces basques. Comme l'Álava, elle choisit le camp franquiste. Une stratégie qui leur évitera la sévère répression qui s'abattra sur les populations basques, majoritaires, qui auront soutenu les Républicains vaincus : plus de 50 000 personnes périront tandis que 300 000 autres prendront le chemin de l'exode. L'autonomie, bien sûr, a été supprimée, le drapeau et la langue basques sont interdits, les privilèges fiscaux supprimés (alors que l'Álava et la Navarre vont conserver certaines franchises). Ces divergences de choix au sein des populations basques ont laissé de profondes blessures, encore vivaces aujourd'hui – c'est ainsi que la Navarre n'a pas été concernée par le vote du statut d'autonomie du 25 octobre 1979 et qu'elle a refusé de s'intégrer au gouvernement basque autonome de 1980 (bien que les Basques aient choisi un chef de gouvernement originaire de Navarre).

La naissance d'ETA. Le souvenir de l'éphémère autonomie de 1936 et les traumatismes engendrés par la répression consécutive à la guerre civile vont relancer la fièvre émancipatrice dans les années 50. Mais le profil des militants a changé : de jeunes éléments radicaux, pour la plupart des étudiants, entendent dépoussiérer le vieux PNV. Du « régionalisme petit-bourgeois », le mouvement vire à l'extrémisme révolutionnaire. ETA (Euskadi ta Askatasuna, « Pays basque et Liberté ») est créée le 31 juillet 1959. Son objectif est la construction d'un « État socialiste basque indépendant, réunifié et bascophone », réunissant les provinces basques et françaises. L'objectif est donc l'indépendance totale alors que le PNV acceptait l'idée d'autonomie dans le cadre espagnol. La dimension

Sabino Araña y Goiri, théoricien nationaliste et fondateur du PNV

Véritable théoricien du nationalisme basque, Sabino Araña y Goiri est le fils d'un armateur carliste, né à Bilbao (1865-1903). De recherches historiques en publications (il écrit en 1890 *La Biscaye pour son indépendance*), il donne un cadre à une représentation exaltée de la « nation basque », nation soumise à la domination espagnole. Les guerres carlistes – particulièrement intenses au Pays basque mais qui ont largement dépassé son cadre – sont ainsi interprétées comme une guerre de libération menée par les Basques contre les Espagnols (et non comme un conflit entre libéraux et absolutistes). La défaite carliste est le signal de la conquête du Pays basque par les Espagnols. Cette « occupation » est accentuée par la répression et le quadrillage du pays par les troupes franquistes après la défaite des Républicains. En 1895, il passe à l'action politique en fondant le PNV. Dans un premier temps, il défend le « ruralisme » et pourfend l'industrialisation, facteur de « débasquisation ». Puis le PNV va s'élargir à la bourgeoisie industrielle et aux classes moyennes. Cette capacité à mobiliser des secteurs à la fois traditionnels et modernes de la société est une clef de son succès. Sabino Araña y Goiri est aussi le créateur du drapeau basque.

catholique du PNV est également une des raisons qui ont poussé ETA à vouloir se distinguer. Un programme d'action est établi sur huit ans. L'organisation se prépare à la guérilla rurale et urbaine pour combattre le centralisme franquiste. Un Front militaire est créé au sein de l'organisation et la première action est menée en 1961. Mais c'est en 1968 que la guerre est réellement déclarée à l'État espagnol, avec l'assassinat d'un policier.

Le temps des scissions. Les contradictions internes qui agitent le mouvement depuis sa création débouchent au début des années 70 sur une profonde cassure. En 1973-1974, la VIe Assemblée consacre l'éviction des éléments les plus durs – les « militaires » – qui vont former ETA militaire, qui s'oppose à ETA politico-militaire. Malgré la démocratisation du régime, les deux factions vont se livrer à une inquiétante surenchère. Elles vont aussi se doter de façades politiques. ETA politico-militaire crée le parti Euskadiko Eskerra, qui se réclame d'un « socialisme démocratique basque » et, après un temps d'hésitation, finit par récuser l'emploi de la lutte armée. ETA militaire met à son tour sur pied une coalition d'extrême gauche, Herri Batasuna (HB), destinée à s'opposer au PNV, qui reste le premier parti basque. Cette formation politique accepte l'option armée et ne cache pas ses liens avec l'organisation clandestine. Elle devient rapidement la première formation politique nationaliste. D'autres scissions en cascade vont affecter la mouvance nationaliste. L'ETA militaire s'impose comme la plus importante des organisations politico-militaires.

La démocratisation et l'autonomie. Entretenant l'image d'une lutte contre la dictature franquiste, ETA a longtemps bénéficié d'un soutien populaire important, tant au plan national qu'international. La démocratisation (après 1975) et la marche à l'autonomie du Pays basque (1978-1979) n'ont en aucune manière mis fin aux violences de l'organisation. Au contraire, les attentats mortels se sont multipliés dans les années 1975-1980 (240 assassinats en 1978-1979). ETA a montré par là que l'indépendance, et non la démocratie ou l'autonomie, était son but ultime. Le statut d'autonomie, négocié principalement avec le PNV, n'a pas trouvé grâce à ses yeux. Présenté au Parlement espagnol en décembre 1978, ce statut est adopté par référendum en octobre 1979. Seuls de petits partis basques, qui ont constitué Herri Batasuna, s'y sont opposés. Des élections suivent en 1980. Le gouvernement espagnol et le Parlement basque signent un accord sur les *conciertos económicos* (« compétences économiques » de l'administration) ainsi que sur la police. Le Pays basque a ainsi accédé à une situation d'autonomie et d'autogouvernement qu'il n'avait jamais connue dans toute son histoire, mise à part l'éphémère République basque, et qui est plus favorable que partout ailleurs en Espagne. L'autonomie ne concerne que les trois provinces d'Álava, de Biscaye et de Guipúzcoa. Un Parlement et un gouvernement basques, dotés de compétences importantes, siègent à Vitoria (sans aucune prérogative cependant dans le domaine de la défense). Les pouvoirs de chaque ministère ont été définis par des accords de décentralisation. Une police autonome basque, la *Ertzaintza,* a été créée pour agir aux côtés de la Guardia Civil et de la police nationale. Elle a des compétences en matière de sécurité routière et de droit commun. Le Trésor public basque perçoit l'impôt et en reverse une partie à Madrid (6,24 %). La radio et la télévision publiques sont en langue basque.

UN ACTIVISME PERSISTANT

Le début des années 90 avait fait croire à un déclin d'ETA, ainsi qu'à un virage de la lutte armée à l'action politique. La relance de l'activisme *etarra,* après une trêve et des négociations de janvier à avril 1989, a montré qu'il n'en était rien. Bien que sévèrement étrillée, avec notamment la décapitation de sa direction en 1992, l'organisation nationaliste a su s'adapter et se réorganiser. Ses objectifs ont été rationalisés : admettant qu'une victoire militaire sur l'État espagnol était utopique, ETA s'est recentrée sur une stratégie de déstabilisation pour amener le pouvoir central à négocier autour de ses revendications. Dans les luttes d'influence entre modérés et radicaux, ces derniers l'ont alors largement emporté. ETA ne se pose pas de problème de légitimité : si elle a conscience de ne pas représenter la majorité de la population basque, elle se targue de jouer un rôle d'avant-garde. Elle considère ainsi que les acquis de l'autonomie sont à mettre au compte de son action (il est indéniable que la pression d'ETA a joué un rôle dans la négociation de ce statut). Les révélations sur la « sale guerre » menée un temps par les autorités espagnoles, avec l'affaire des GAL (Groupes antiterroristes de libération), ont suscité un regain de sympathie pour ETA, notamment parmi les jeunes.

L'intensification de la violence. En juin 1996, ETA décrète une trêve de courte durée, demandant au nouveau pouvoir une « réponse claire et publique sur ses intentions afin de régler le conflit au Pays basque ». Mais la violence reprend dès l'été avec des attentats contre des centres touristiques d'Andalousie et de Catalogne. Les élus du Parti populaire deviennent la cible privilégiée, ce qui a pour effet de provoquer en Espagne des vagues de protestation contre la violence sans précédent. En arrivant au pouvoir, le Parti populaire a décidé de mener sa lutte contre l'organisation séparatiste sur deux fronts : le soutien politique apporté à ETA et la violence de rues en plein essor. Pour la première fois, 23 membres de la direction de Herri Batasuna ont ainsi été poursuivis en justice pour « collaboration avec une bande armée ». Et des dispositions anticasseurs ont été prises pour endiguer la violence qui s'était répandue dans les rues du Pays basque. Elle est principalement le fait du mouvement Jarrai (Jeunesses indépendantistes radicales), sympathisant d'ETA et désireux de lancer une véritable intifada basque.

LES ESPOIRS D'UNE SORTIE DE CONFLIT

La trêve d'ETA. À la fin de l'été 1998, la paix nord-irlandaise semblait avoir fait école au Pays basque. ETA annonce le 17 septembre une « trêve unilatérale et illimitée », la première de son histoire, pour contribuer au dialogue engagé les semaines précédentes. Dans son communiqué, l'organisation replace son cessez-le-feu dans une perspective d'accession à la « souveraineté » d'un Pays basque « assujetti à l'Espagne et à la France ». Le gouvernement entend mettre la trêve à l'épreuve du temps. Cette annonce a été précédée de quelques jours d'une autre « première » : la signature par tous les partis nationalistes basques (le PNV, HB ou la gauche nationaliste d'Eusko Alkartasuna) de la « déclaration de Lizarra ». Dans ce texte – fortement inspiré par le processus de paix en Irlande du Nord –, ils s'engagent pour résoudre le conflit à promouvoir les « conversations multilatérales », dans une absence de violence. Un appel implicite à une trêve d'ETA. Le Parti populaire et le Parti socialiste ont rejeté le document. Mais de nouvelles discussions ont été ouvertes avec le PNV, l'allié « tactique » du PP au Pays basque. Le président du PNV, Xavier Arzallus, a réaffirmé les revendications nationalistes : l'« autodétermination » du Pays basque (y compris français), pouvant conduire à « l'indépendance dans le cadre de l'Europe à venir » ou à une « confédération » espagnole. Le premier scrutin organisé sans la menace du terrorisme se tient en octobre 1998. Le PNV et le Parti populaire arrivent en tête. Un résultat interprété comme un plébiscite en faveur de la paix, puisque les deux partis en pointe dans les futures négociations l'emportent. Au mois de novembre, le gouvernement Aznar commence d'ailleurs à mettre en place son dispositif de discussions avec ETA. Il autorise « la recherche de contacts directs avec l'entourage d'ETA ». Ces contacts seraient les premiers depuis le dialogue avorté entamé à Alger en 1989 par le gouvernement socialiste de Felipe González.

La rupture de la trêve. Des conversations directes entre Madrid et ETA se tiennent en Suisse en mai 1999. Mais le 3 décembre 1999, ETA met fin à quatorze mois de trêve et relance une campagne d'attentats spectaculaire et meurtrière contre des responsables politiques, des magistrats, des policiers, des militaires et des journalistes. ETA a justifié sa rupture en accusant le PNV de n'avoir pas tenu sa promesse d'entamer le processus d'indépendance de la région. En 2000, les deux grandes formations politiques espagnoles – le PSOE et le PP – ont réagi en scellant un pacte antiterroriste. En 2002, un grand débat interne a agité le mouvement séparatiste. Mais le principe de la lutte armée a été réaffirmé. ETA a ensuite été touchée par deux coups durs : son inscription sur les listes américaine et européenne des organisations terroristes ainsi que l'offensive judiciaire contre sa nébuleuse. Le juge antiterroriste Baltasar Garzón s'est attaqué aux organisations de jeunesse (Haika, Segi), considérées comme des viviers d'activistes, à l'appareil international (Xaki) et aux journaux *(Egin, Egunkaria)*. Mais, surtout, la coalition Batasuna, véritable vitrine politique d'ETA – qui avait déjà vu sa représentativité parlementaire réduite de moitié en 2001 –, a été mise hors la loi en mars 2003. En mars 2004, ETA a proposé un « dialogue » au nouveau gouvernement du socialiste José Luis Rodríguez Zapatero, qui lui a opposé une fin de non-recevoir.

UNE ORGANISATION AFFAIBLIE

À l'automne 2004, ETA apparaissait plus affaiblie que jamais. En 2003, le bilan ne fait état « que » de 17 attentats et 3 morts contre 23 morts par exemple pour l'année 2000. L'organisation n'alignerait plus que quelque 250 militants, soit dix fois moins que dans les années 80, alors que plus de 700 *etarras* sont sous les verrous. Mais, surtout, ces troupes sont désormais jeunes et peu expérimentées, tandis que les cadres du mouvement ont été laminés. Le renouveau de la coopération policière franco-espagnole a porté ses fruits. La dernière « décapitation » en date remonte au 3 octobre 2004, quand les policiers français ont arrêté dans une ferme du Béarn le numéro un d'ETA depuis 1992, Mikel Albizu Iriarte, alias Mikel Antza, et sa compagne Anboto, la *pasionaria* du groupe. Peu de temps après, on apprenait que six dirigeants historiques d'ETA, actuellement en prison, avaient envoyé au mois d'août à la direction de l'organisation séparatiste une lettre appelant à l'abandon de la lutte armée, « qui ne sert à rien actuellement ». Le texte prône le passage « à la lutte institutionnelle et politique ». Le plus connu d'entre eux, Francisco Múgica Garmendia, dit Pakito, a été le chef suprême du mouvement de 1989 à 1992. « Notre stratégie politico-militaire a été dépassée par la répression de l'ennemi », poursuit le document. Les vagues d'arrestation successives ont en effet saigné le mouvement. Mikel Antza aurait été remplacé à la tête de l'organisation par José Antonio Urrutikoetxea Bengoetxea, dit Josu Ternera, un homme qui a replongé dans la clandestinité en 2002, après avoir été député inscrit sur la liste Euskal Herritarrok (EH), l'aile politique d'ETA.

Josu Ternera devrait maintenir une ligne « dure », avec le risque d'action spectaculaire destinée à compenser la faiblesse de l'organisation et le caractère désormais inexpérimenté de ses jeunes membres issus de la *kale borroka,* la « guérilla urbaine ». Sur le plan politique, ETA apparaît cependant de plus en plus isolée. Le thème de l'indépendance est aujourd'hui repris par le PNV, au pouvoir au Pays basque. Arnaldo Otegi, porte-parole de l'ex-Batasuna et que certains ont vu un temps comme un « Gerry Adams basque », a du mal à trouver aujourd'hui des interlocuteurs réceptifs. Le principe de la lutte armée est rejeté par une immense majorité de l'opinion basque, qui y voit notamment un frein au développement économique de la région. Plus grave encore pour ETA, la grande majorité aussi de la mouvance séparatiste radicale (environ 15 % de l'électorat basque) ne croit plus à la justification de la lutte armée – en juillet 2003, une étude de l'Université du Pays basque a montré que 3 % seulement des Basques considéraient les activistes d'ETA comme des « patriotes ».

Les acteurs

◆ ETA – Euskadi ta Askatasuna

(Pays basque et Liberté)

Créée le 31 juillet 1959, ETA a commencé la lutte armée en 1961, mais c'est en 1968 qu'elle a procédé à son premier assassinat (un policier). Au début des années 60, l'exemple de différents mouvements de libération nationale dans le tiers-monde – comme le FLN algérien ou les Tupamaros uruguayens – a servi de modèle aux fondateurs d'ETA. En 1962, lors de sa première assemblée générale tenue en France, ETA se définit comme un mouvement de libération nationale, socialiste et non confessionnel. Puis, elle évolue vers un credo marxiste-léniniste pur et dur.

L'organisation a connu des scissions en cascade. Notamment en 1973, entre ETA politico-militaire et ETA militaire – cette dernière étant constituée des éléments les plus durs. L'octroi du statut d'autonomie en 1979 va être à l'origine de nouvelles scissions. Après avoir réalisé que la stratégie de l'insurrection populaire devant mener à la victoire finale était une utopie, ETA a opté au milieu des années 90 pour une tactique de déstabilisation de l'État espagnol afin de le pousser à des concessions.

ETA a toujours été traversée par deux courants, l'un modéré, l'autre radical. Une ligne de fracture qui se dessine aussi bien sur les objectifs que sur les moyens de les atteindre. Les modérés se satisferaient d'une réforme constitutionnelle garantissant le droit à l'autodétermination du peuple basque alors que les radicaux campent sur leur exigence d'un rattachement de la Navarre et d'une unification avec le Pays basque français. Les « colombes » penchent pour un rapprochement avec le PNV alors que les « faucons » maintiennent que seule la lutte armée peut amener le gouvernement espagnol à négocier.

L'organe suprême en matière de prise de décision est le Comité exécutif, formé de moins d'une dizaine de membres. Le reste du mouvement est très structuré et nourri par des décennies de clandestinité. Les unités militaires ont été organisées en trois grandes catégories :

– les commandos « légaux » *(legales)*, constitués de militants non identifiés par la police. Ils sont intégrés dans la société, avec domicile, famille et emploi ;

– les commandos « illégaux » *(ilegales)*, formés d'activistes fichés par les forces de sécurité. Ils vivent dans la clandestinité et sont rémunérés par l'organisation ;

– les commandos « spéciaux » *(especiales* ou *bereziak)* parmi lesquels des commandos itinérants.

Le recrutement se fait souvent sur des critères de « clan » – parents ou amis connus de longue date – afin de limiter les risques d'infiltration.

Les modes d'action les plus courants sont les attentats à l'explosif, le plus souvent à l'aide de voitures piégées, et les exécutions par balles. ETA a aussi fréquemment recours aux enlèvements. Ses cibles privilégiées sont les représentants de l'État, les membres des « forces d'occupation » (militaires, gardes civils, policiers...), les magistrats. En juillet 1979, ETA a eu pour la première fois recours au terrorisme aveugle, avec des attentats dans des gares de Madrid et à l'aéroport de Barajas. À plusieurs reprises, ETA a frappé hors des frontières espagnoles comme en Belgique en 1984, aux Pays-Bas en 1989-1990, en Italie et en Allemagne en 1991. Visant des intérêts espagnols, ces actions n'atteignent en aucun cas le niveau de violence de celles perpétrées en Espagne.

Ces dernières années, ETA a souffert de difficultés économiques. Les sources de financement proviennent essentiellement des cotisations des militants de toutes les organisations de soutien, des contributions volontaires d'hommes d'affaires sympathisants de la « cause », de contributions forcées extorquées aux autres (l'impôt révolutionnaire), du produit des enlèvements contre rançon, voire de bénéfices liés à certains trafics. Côté logistique, ETA aurait des réserves conséquentes d'explosifs, la principale arme du groupe. Qui plus est, ses artificiers savent confectionner des engins d'une redoutable efficacité

Le « sanctuaire français »

En 1986, Jacques Chaban-Delmas, ancien Premier ministre français, déclarait : « Il y a quelques années, j'ai protégé les réfugiés basques parce que je considérais qu'ils luttaient, comme moi-même des années avant eux, pour la démocratie ; mais, aujourd'hui, tout a changé et maintenant il faut écarter toute aide aux terroristes, parce que l'Espagne est totalement installée dans la démocratie. » Sous le franquisme, le territoire français servait de véritable refuge et de base opérationnelle aux activistes d'ETA. D'où de sérieuses tensions diplomatiques. Dans un premier temps, avec l'arrivée de la démocratie, le changement d'attitude français s'est opéré au niveau des discours, peu au niveau des faits (même si, à partir de 1979, les Basques n'ont plus bénéficié du statut de réfugié politique). Jusqu'en 1984, les militants d'ETA ont pu résider au Pays basque français sans être inquiétés. Puis le changement de politique à leur égard – avec extraditions et expulsions – les a forcés à plonger dans la clandestinité. La pression croissante des forces de sécurité françaises a obligé les *etarras* à essaimer leurs bases en France : à l'origine concentrées dans les Pyrénées-Atlantiques, le sud des Landes et la région parisienne, elles ont été déplacées, pour certaines d'entre elles, en Bretagne et même jusqu'à la frontière suisse. De nombreux cadres d'ETA ont été arrêtés en France. La fin des années 90 a vu un net renforcement de la coopération policière franco-espagnole. La dernière manifestation en est la grande opération conjointe de l'automne 2004, qui a débouché sur l'arrestation en France, dans une ferme du Béarn, du numéro un d'ETA, Mikel Antza.

mais simples et artisanaux (à base de produits agricoles).

Autour d'ETA ont toujours gravité une série d'organisations et de collectifs, au fonctionnement plus ou moins autonome, qui lui servent de relais politique ou social. C'est à cette nébuleuse de soutien que s'est attaquée la justice espagnole ces dernières années. Sur le plan politique, le rôle majeur était dévolu à Herri Batasuna, mis hors la loi en mars 2003. Sur le plan social, la nébuleuse indépendantiste a rassemblé syndicats et autres comités de soutien. L'organisation de jeunes Jarrai a joué un rôle important en fournissant une main-d'œuvre pour l'agitation de rue ainsi qu'un vivier pour le recrutement de jeunes activistes. ETA a également investi le champ des revendications écologistes. Jusqu'à la mort du général Franco, ETA a présenté sa lutte non seulement comme un combat pour la libération du peuple basque, mais aussi comme un engagement antifasciste en faveur de la démocratie. Cette dimension lui a valu d'être appuyée par la gauche espagnole, mais aussi par de nombreux milieux libéraux européens, un soutien qui a disparu.

Pour en savoir plus

Jean Chalvidant, *ETA, l'enquête*, Le Coudray-Macouart, Éditions Cheminements, 2003.

Index

A

B

Bhindranwale, Sant Jarnail Singh : 359

C

D

E

F

G

H

I

J

K

L

M

N

O

P

Q

R

S

T

U

V

W

X

Y

Z

MISE EN PAGES
DV Arts Graphiques à Chartres

CARTOGRAPHIE
Geoatlas.com®

CORRECTION
Odette Petit

Achevé d'imprimer en décembre 2004
par l'Imprimerie Hérissey Groupe CPI
pour le compte des Éditions Michalon

Imprimé en France
Dépôt légal : janvier 2005
N° d'édition : 248
N° d'impression : 98263